湖南城市大典

主　编○童中贤

副主编○韩未名　熊柏隆　刘晓

新华出版社

图书在版编目（CIP）数据

湖南城市大典 / 童中贤主编 . —北京：新华出版
社，2018.12
ISBN 978-7-5166-4382-2

Ⅰ . ①湖⋯ Ⅱ . ①童⋯ Ⅲ . ①城市建设—研究—湖南
Ⅳ . ① F299.276.4

中国版本图书馆 CIP 数据核字（2018）第 248589 号

湖南城市大典

编　　者：童中贤

责任编辑：蒋小云　　　　　　　　　　封面设计：文人雅士

出版发行：新华出版社
地　　址：北京市石景山区京原路 8 号　　邮　　编：100040
网　　址：http：//www.xinhuapub.com
经　　销：新华书店
新华出版社天猫旗舰店、京东旗舰店及各大网店
购书热线：010-63077122　　　　　中国新闻书店购书热线：010-63072012

照　　排：文人雅士
印　　刷：天津顾彩印刷有限公司
成品尺寸：210mm×285mm
印　　张：48.75　　　　　　　　　　字　　数：933 千字
版　　次：2018 年 12 月第一版　　　　印　　次：2018 年 12 月第一次印刷
书　　号：ISBN 978-7-5166-4382-2
定　　价：580.00 元

《湖南城市大典》
编 委 会

让城市文明永续流芳

罗海藩

　　一方水土孕育一方城市。湖南，地处东部沿海地区和中西部地区过渡带、长江开放经济带和沿海开放经济带结合部，因居于洞庭湖以南而得名，湘江贯穿省境南北而简称湘，也称潇湘，自古盛植木芙蓉，因此又有"芙蓉国"之美称。据考，自唐代方始传名。在行政建置中，唐首设湖南观察使，后历朝相继置荆湖南路（宋）、湖广行省（元）、湖广承宣布政使司（明），至清雍正二年（1724年）兴建湖南省后沿续迄今。现拥有建制市30座、建制镇1135座，居住着3747万城镇人口，城镇化率54.62%。湖湘儿女世世代代生于斯、长于斯、劳作于斯、奉献于斯，创造了辉煌灿烂的城市文明，蕴涵了蓬勃茂盛的城市生机，积淀了丰厚珍贵的城市财富。

　　全面系统荟萃、展示、品鉴、传扬各地各城市优异独特的资源禀赋、经典构造、标志物象与历史文化风采，是城市时代赋予城市研究者责无旁贷的光荣使命，基于此，湖南社会科学院城市发展研究中心组织相关专家历时五载，汇智聚力地编撰了全省首部、全国省级首部城市传世典籍——《湖南城市大典》，在省内各界的鼎力支持下，全体编辑人员寒暑不辍，通过精心策划、广泛征集、海量甄选、择要辑录、据实考证、反馈校定、付梓刊行……，终于成书面世了！这是湖南城市发展史上的开创盛举，更是述载湖南精粹、光昭城市经典的鸿篇巨制！

　　察览湖南城市，既有传扬千载的辉煌，也有闪耀时代的璀璨；品赏湖南城市，既是山川钟灵的毓秀巨构，也是世代创造的不朽杰作；解析湖南城市，既禀赋神奇独特的傲世基因，也蕴涵风貌流俗的兴废烙印。

　　湖南城市，山环水绕，错落并峙。审视湖南地理构造，东、南、西三面环山，中部山丘隆起，岗、盆珠串，北部平原、湖泊展布，呈北向开口的不对称马蹄形。根据形态成因，全省地貌分为湘西北山原山地区、湘西山地区、湘南山丘区、湘东山丘区、湘中丘陵区、湘北平原区。在这些不同类型区中，湖南各地城镇发育与山、水、谷、洲、原、丘、岗交互融合，或倚山面水，或滨水近山，或山水相映，彰显着浑然天成的灵秀特质与景貌品位，不同城市灿若群星，众多建制镇簇如繁花，在三湘四水间天然共生，熠熠烁辉，尤其是张家界市因坐拥世界级旅游风景名胜区而跻身国际旅游目的地，驰誉天下。

湖南城市，生境宜居，物产丰饶。湖南为大陆性亚热带季风湿润气候，光、热、水资源充沛；冬寒夏炎，春秋温煦；春夏多雨，秋冬干旱。年日照时数为1300-1800小时，无霜期长达260-310天，热量丰富。年平均降水量在1200-1700毫米之间，为我国雨水较多的省区之一。境内各种亚热带植被蓬勃茂盛，各地绿色山水多姿多彩，自古享有"鱼米之乡"的美誉。一方秀美山水、明丽风光、富饶物产，养育着世世代代的湖南人民，给湖南城市生活赋赐了许多奇丽风景，增加了许多魅力风韵，频添了许多逸群风俗。

湖南城市，历史悠久，文化多元。湖南省域十四个市州的行政、经济、文化中心城市建置史，大都已历经千余年沧桑风云，遗留了丰厚的历史文化。虽部分城市屡遭战火焚毁，但仍然屡废屡兴，生生不息。从古代、近代至现代，湖南城市人文鼎蔚，悠邈隽永，积淀了历久弥新的精神气质，孕育了兼收并蓄的包容品格。位于常德市澧县车溪乡南岳村的城头山古文化遗址，既是中国南方史前大溪文化至石家河文化时期、距今约4800至6000年的原始社会文化遗址，更是中国目前唯一发现时代最早、文物最丰富、保护最完整的古城遗址，被誉为"中国最早的城市"。1938年在宁乡市黄材镇出土的商朝晚期青铜礼器四羊方尊，被史学界赞为"臻于极致的青铜典范"，赫然列入十大传世国宝。

湖南城市，梯度有序，层级分明。湖南地理环境的内陆性、山水格局的错落化以及自然物产的丰裕度决定了城市位能强弱与级差高低的迥异。从城市功能与辐射面域上考察，全省城市体系完善，城市分布相对均衡，十四个市州核心城市首位度俱较高，尤以长沙市经济文化综合实力最强，是湖南省域经济社会发展的主动力，也是长江中游城市群聚衍的主极核之一。全省不同等级规模的城市梯次结构十分清晰，城市区位效应、极核效应、引领效应明显，建制镇的城乡融合度、经济互补性以及社会构造态呈现鲜明的位能势差与辐射序次。

湖南城市，活力勃发，声誉渐彰。城市势能加速成长，不断壮大，涌现出了一批具有竞争力的城市。通过近些年来大力推进存量提质与增量配置，城市基础设施普遍改善，城市各类功能建筑、购物、休闲、文娱、游憩等公共服务活动场所大量增加，高速公路、高速铁路、机场、水运等交通设施不断优化，城际交通便捷性和域外畅达性全面提速，城市日臻现代化、人性化、精良化、优美化。各地城市更加注重本土特色型发展定位，积极建树并营造优势城市品牌，奋力创建国家级城市品牌，部分城市拥有国际花园城市、国际湿地城市、国家文明城市、国家园林城市、中国优秀旅游城市等多项荣誉称号。城市国际化开放步伐不断加快，经济人文流空间日益拓展，城市品牌影响力与人文风情亲和力普遍增强。

作为城市历史典籍，《湖南城市大典》内容翔实、图文并茂、载述宏富、趣味洋溢，凝聚着多位专家学者苦心孤诣的智慧与辛劳，阐释着城市发展演进的精神与性格，富涵城市"史记"底蕴，将卓立城市"文治"丰碑、彰显城市"大使"形象，成为湖南跨入城市时代的重要文化标志，是湖南城市发展史上的文化里程碑。

荟萃城市文明经典。专家学者们广搜博征，编列了大量反映并表征湖南各地城市最精最美、最强最优的典型创造和突出成就，汇聚丰满，甄选精微，是湖南省域各城市发展的全面概括、系统梳理和集中汇要，阅览之余，无不令人赏心悦目。

解构城市历史底蕴。大典中列举的城市沿革、历史名胜、传统风尚、本土民俗、珍稀特产、著名品牌，无声地透射出湖南城市的历史底色、人文特色与生活本色，是湖南城市生境的真实写照和绝佳展示，将给后世留下殊为珍贵的城市记忆和美好畅想。

昭述城市时代风物。不同时代烙印不同城市风采，不同城市创造不同人文美器。我们有幸生活在一个城市化高速发展的城市时代，城市日渐变得更高大、更富强、更优美。记录城市演进的新成就，赏鉴城市状景的新风采，品味城市生活的新境界，是大典编著者们的矢志宏愿，也是城市时代创造者和见证人的自我观照与现实品析。

传扬城市人文精神。城市社会气质是城市历史氤氲化育的时尚精神，也是今人馈赠后世的传统珍礼。从城市底蕴中发现城市生长密码，从城市色彩中辨识城市风貌品格，从城市遗存中阐发城市不朽精神，对当下城市规划者、建设者和治理者既富诸多启迪，更是未来城市承继者、生活者、贡献者的真理资产与经验财富。

导引城市优宜发展。文以载道，典以资治。大典对湖南城市要素收录完整，辨识精准，刊行于世，必将凝萃彰悠，存史流芳，励今泽来，让城市人特别是城市主政者们更多地领悟城市发展理性，更好地认知城市演化规律，更高远地前瞻城市时代大势，更务实地让城市绍熙历史的优雅、彰显时代的色彩、焕发人性的光芒！

开先河，泽当代，惠后世，是《湖南城市大典》编撰者的良善初衷与坚定追求，相信他们辛勤奉献的煌煌巨制定能厚益广识于读者！

是为序。

2018年11月于长沙

前 言

　　《湖南城市大典》是第一部全面系统介绍湖南城市发展的历史书、城市经验的总结书、城市文明的传承书、城市形象的宣传书、城市工作的参考书，也是第一部全国省域城市发展的综合类大型文献典籍和统一标准范本。

　　在全球经济一体化、城市竞争国际化和湖南城市发展开放化、城市建设现代化、城市管理科学化的新背景下，编辑、出版《湖南城市大典》，对于智助政府决策、深化科学研究、促进文化传播、拓展经济合作、提升城市影响力，无不具有极其现实而深远的重大意义。

　　《湖南城市大典》由湖南省社科院城市发展研究中心等智库机构统筹编撰，全省所有行政建制城市（包括13个地级市和17个县级市）全部入编。

　　《湖南城市大典》的定位是城市历史经典、决策资政文献、科学研究灼据、宣传推介馈礼，主要内容包括：

　　城市概况。旨在反映城市总体面貌，统一下设区划范围、地理环境、资源物产、建置沿革、人口民族、区位交通、社会发展7个条目。

　　城市建设。旨在全面反映城市建设成就，包括综述、城市规划、城市新区、市政设施、公共建筑、特色城镇等条目内容。

　　城市经济。旨在全面反映城市的经济建设成就、体现城市经济发展前景，包括综述、产业园区、支柱产业、龙头企业、名特产品等条目内容。

　　城市文化。旨在全面反映城市的文化精神、文化遗产与精神文明建设成就，包括综述、地域文化、节庆风俗、地方戏曲、民间工艺、方言饮食、典故传说、大型雕塑、文物非遗、文艺机构、历史遗址、标志建筑、名人故居、传统老字号等条目内容。

　　城市生态。旨在全面反映城市的生态文明建设成就，包括综述、城市园林、公共绿地、城市风光带、自然保护区、湿地保护区、森林公园、地质公园、垃圾污水处理、环境保护工程等条目内容。

城市名片。旨在全面反映城市个性特色风貌，包括综述、特色佳致、城市荣誉、友好城市、城市象征（市树市花）等条目内容。

考虑到本书既有地级城市，又有地级城市所辖县级城市，条目内容中涉及县级城市的就不在其所属地级城市中重复单列。统计数据一般截止到2016年底，宁乡市由于2017年设市，故统计数据截止到2017年底；在征求城市政府意见时，有的城市将数据调整到2017年的则保留其意见。

《湖南城市大典》集湖南城市发展之大成，涉及面广，信息浩繁，其编纂要求高，难度大。我们深感责任重大，从制定编纂方案，确定条目，到撰稿、审稿、定稿，每一个环节都不敢稍有懈怠。本书是集体智慧的结晶，是前人和今人知识及实践成果的凝聚。全书由童中贤制定编纂方案。

参加各城市文稿撰写的作者：长沙市（童中贤、熊柏隆）、浏阳市（童中贤）、宁乡市（熊柏隆、童中贤）、株洲市（范东君）、醴陵市（范东君）、湘潭市（肖文黎、韩未名）、湘乡市（陈律）、韶山市（童中贤）、衡阳市（何绍辉）、耒阳市（何绍辉）、常宁市（何绍辉）、邵阳市（马骏）、武冈市（马骏）、岳阳市（胡守勇）、汨罗市（童中贤）、临湘市（胡守勇）、常德市（童海秀、童中贤）、津市市（童中贤）、张家界市（刘晓）、益阳市（郭丹）、沅江市（郭丹）、郴州市（李海兵）、资兴市（李海兵）、永州市（周海燕）、怀化市（黄永忠）、洪江市（黄永忠）、娄底市（李敏芳）、冷水江市（李敏芳）、涟源市（李敏芳）、吉首市（杨盛海）。

本书历时近五年，初稿形成后，由童中贤提出修改意见（熊柏隆、刘晓、韩未名、何绍辉参与部分文稿审阅），并数易其稿，最后形成征求意见稿送各城市政府审核。

根据各城市反馈意见，编辑部对文稿又从整体上再进行甄审、取舍、修改，最后由主编定稿。

在本书即将出版之际，我们向审核书稿的各城市政府表示衷心感谢；向关心、支持、参与编纂和为本书提供资料、图片的各界人士表达深深的谢意。

本书还借鉴和引用了反映湖南城市情况的一些出版物中的资料和数据，没有一一标明，在此表示真挚地歉意和谢忱！

由于我们水平有限，《湖南城市大典》难免有不妥或遗珠之憾，敬请广大读者批评指正。

《湖南城市大典》编委会

2018年10月16日

目 录

湖南城市大典 长沙市

长 沙 市

长沙市，素有"屈贾之乡""楚汉名城""潇湘洙泗"之称，公元前221年置郡，1933年设市，是湖南省省会、长江中游地区中心城市，拥有马王堆汉墓、四羊方尊、三国吴简、岳麓书院、铜官窑等丰富的历史文化遗存。

◇ 城市概况

【区划范围】长沙，古称潭州，别名星城，是湖南省省会、长江中游地区重要的中心城市。位于湖南省东部偏北，湘江下游和长沙盆地西缘。介于东经111°53′~114°15′，北纬27°51′~28°41′之间。东邻江西省宜春、萍乡两市，南接株洲、湘潭两市，西连娄底、益阳两市，北抵岳阳、益阳两市。东西长约230公里，南北宽约88公里。面积11819平方公里，其中城区面积556平方公里。现辖芙蓉区、天心区、岳麓区、开福区、雨花区、望城区、长沙县，代管浏阳市、宁乡市2个县级市。中共长沙市委员会、长沙市人民政府驻地：岳麓区岳麓大道218号；电话区号：0731；邮政编码：410013。

【地理环境】长沙市东北为连云山—九岭山脉的南段，西北是雪峰山余脉的东缘，中部是长衡丘陵盆地向洞庭湖平原过渡地带。东北、西北两端山地环绕，地势相对高峻，中部递降趋于平缓，略似马鞍形，湘江由南往北斜贯中部，南部丘岗起伏，北部平坦开阔，地势由南向北倾斜，形如向北开口的漏斗。全市地貌总特征是地势起伏较大，地貌类型多样，地表水系发达。最高点浏阳市大围山主峰七星岭海拔标高1607.9米，最低点望城区乔口镇七里湖，海拔标高23米。湘江由湘潭昭山进入长沙县暮云镇，流经全境74公里。境内湘江主要一级支流有靳江河、沩水、浏阳河、捞刀河。长沙地区属亚热带季风性湿润气候，气候温和，降水充沛，雨热同期，四季分明。年平均气温17.2℃，年均降水量1361.6毫米。年平均日照时数1510小时。

【资源物产】长沙矿产种类繁多，尤以非金属矿独具特色。已探明的有铁、锰、钒、铜、铅、锌、硫、磷、海泡石、重晶石、菊花石、煤等50余种，有全国独有的菊花石、储量居全国首位的海泡石、生产规模居全省第一的永和磷矿等，大型矿床10处，小型矿床16处，矿点300多处。植被以亚热带常绿阔叶林为主，有自然生长和引进栽培树102科、977种，其中常绿树462种，落叶树515种，乔木457种，灌木414种，竹藤类106种。主要林木有松、杉、栎、樟、楠、椿、茶、油茶、柑橘、毛竹等。境内年平均地表径流量82.65亿立方米，径流深550～850毫米。湘江流经长沙市的常年径流量年均692.50亿立方米，全年可通航。长沙市水能蕴藏量24.53万千瓦，地下水总储量9.35亿立方米/年，仅利用16.72%。

【建置沿革】春秋战国时期，长沙属楚国黔中郡。公元前221年，秦统一天下，置长沙郡，为全国36郡之一，长沙自此列入全国行政区划，郡治临湘县。西汉置长沙国，东汉复置长沙郡。公元589年，隋废长沙郡置潭州。公元927年7月，后唐封马殷为楚国王，改潭州为长沙府，作为楚国都城。1277年，元设潭州行省。1329年，潭州改天临路。1364年10月，明徐达领兵平陈理至潭州，改天临路为潭州府。1372年，潭州府更名长沙府。1664年，湖广省设右布政使司、湖南按察使司于长沙，偏沅巡抚移驻长沙。长沙府城自此为湖南省省会。民国九年（1920年），长沙设市政厅，年底设市政公所。民国二十二年（1933年）8月，设长沙市，是第14个设为行政区划的市，也是第7个设市的省会。1949年8月，长沙和平解放。

【人口民族】长沙是一个以汉族人口为主的多民族散杂居省会城市，少数民族人口的比例较小。2010年第六次全国人口普查数据显示，长沙共有51个少数民族族别，常住少数民族人口共77160人，占全市总人口的1.1%，1000人以上的少数民族有土家族、苗族、侗族、瑶族、回族、壮族、满族、白族、蒙古族9个少数民族。2016年年末，全市常住总人口764.52万人，其中市区总人口411.64万人，占全市总人口的53.8%；60岁及以上的老龄人口131.53万人，老龄人口占比为17.2%。按户籍人口计算（户籍人口696万人），人口出生率为15.04‰，死亡率为4.41‰，自然增长率为10.63‰。

【区位交通】长沙是中国南部的交通中心，承载着连接东部沿海与中西部内陆的交通转换功能。随着西部大开发和中部崛起战略的逐步推进，区位优势不断提升。长沙作为全国铁路交通枢纽，京广复线贯穿南北，湘黔、浙赣、石长线连接东西，已开通的武广高铁、沪昆高铁（南长段）和正在建设的厦蓉高铁将长沙打造成为全国少有的高铁枢纽中心。长株潭城际铁路，将长沙与周边城市距离更加拉近。长沙被列为全国第一批45个公路主枢纽城市之一，主要的高速公路有：京港澳高速公路、沪昆高速公路、长常高速公路、长永（浏）高速公路、长潭西高速公路、长株高速公路等。长沙港与长江沿岸及南京、上海、连云港等港口通航，是全国内河28个主枢纽港之一。现有长沙黄花国际机场和大托铺机场，黄花机场可直航国内75个主要城市和香港、曼谷、首尔、釜山、大阪等境外城市，2009年初，开通了直航台北、新加坡、高雄的航线。

【社会发展】2016年，全市有普通高校51所，普通高中78所，初中学校224所，普通小学931所。普通高校在校学生59万人，普通高中在校学生13.41万人，普通初中在校学生24.02万人，普通小学在校学生53.65万人。全市有科学研究开发机构95个，专利申请29758件，授权专利14961件，高新技术产业增加值2868亿元。年末全市有卫生机构（含村卫生室）4605个，其中医院、卫生院286个；卫生防疫、防治机构14个；妇幼保健机构11个。卫生技术人员7.36万人，其中执业医师、执业助理医师2.73万人，注册护士3.46万人。卫生机构床位7.13万张，其中医院、卫生院6.48万张。全市开展全民健身项目224项次（市级、区县、乡镇街道三级），全市全民健身运动参加人数达490万人。年末拥有各级健身辅导站682个，公共体育场地1780个。年末全市参加城镇职工基本养老保险的人数达212.03万人，城镇居民养老保险人数为7.79万人，新型农村养老保险人数为260.11万人；城镇职工基本医疗保险人数174.60万人，城乡居民医疗保险人数为512.91万人；参加失业保险职工人数为129.62万人，参加工伤保险职工人数为140.06万人，参加生育保险人数为119.56万人。全市有社会福利院、敬老院、养老院、光荣院等173所。各类收养性社会福利单位收养人员1.54万人。

◇ 城市建设

【综述】长沙按照建设更具国际品质和湖湘文化特色、宜居宜业宜游的现代化大都市的总目标，以规划为龙头，以项目建设为支撑，以提升城市治理水平为总揽，大力推进清洁城市、绿色城市、畅通城市、靓丽城市和更高水准的文明城市建设，展现"清洁、有序、畅通、文明"的省会城市新形象。"一江两岸、东提西拓、南延北进"战略稳步推进。"八桥四隧"、地铁、长株潭城际轻轨贯通湘江，长沙进入"地铁时代""磁浮时代""城际铁路时代"。湘江新区、高铁新城、空港新城、省府新城、隆平新城等片区建设如火如荼，环湘江风光带、橘子洲生态文化园、洋湖湿地公园、梅溪湖国际商务区等重大工程彰显品质，北辰三角洲、德思勤城市广场、开福万达广场等城市综合体鳞次栉比。黄花国际机场迈入"双跑道时代"，跻身全球百强。京广、沪昆高铁在长沙"十字交汇"。湘江新区综合交通枢纽、万家丽快速干道、火车南站东广场等重大基础设施建成，芙蓉北大道、黄兴北路、洞株公路建成通车。到2016年，长沙城镇化水平为75.99%，市区人口411.64万人，城市建成区面积364平方公里，城市建成区绿化覆盖率为42%，人均拥有公共绿地面积达到18.8平方米。

【城市规划】国务院批准的《长沙市城市总体规划（2003-2020）（2014年修订）》中明确，长沙为湖南省省会、长江中游地区重要的中心城市和国家历史文化名城，到2020年，中心城区城市人口规模629万人，城市建设用地规模629平方公里。将着力建设更具国际品质和湖湘文化特色的现代化大都市，让长沙更加宜居宜业、精致精美、人见人爱。着力优化空间布局，坚持"沿江建设、跨江发展"，构筑"一轴两带多中心、一主两次五组团"的城市空间结构。"一轴"即湘江发展轴；"两带"即北部发展廊带和南部发展廊带；"多中心"即一个城市主中心、两个城市副中心、五个组团中心；"一主"即城市主体；"两次"即岳麓片区、星马片区；"五组团"即暮云组团、金霞组团、坪浦组团、空港组团、黄黎组团，实现城市发展由"单核心圈层蔓延"向"多中心轴向组团化、廊道化"转变。暮云组团重点布局面向长株潭的旅游、商贸、体育等区域性公共设施；金霞组团布局建设霞凝新港和捞霞货运站、编组站，打造水运、公路、铁路中转联运中心，并规划仓储用地、物流中心、循环工业基地；坪浦组团主要为岳麓山大学城的远期发展用地以及与之配套的生活居住用地；空港组团重点打造以高端制造、高端服务、临空产业为主的新兴产业基地；黄黎组团大力提升商务办公、会议会展、文化娱乐和研发创新等城市综合配套功能。

【湘江新区】位于湘江西岸，东至湘江、北至望城沩水河、南至长沙湘潭界、西至宁乡城郊乡，规划总面积1200平方公里。前身为2008年6月成立的长沙大河西先导区，2015年4月8日，国务院正式批复同意设立湖南湘江新区，成为全国第12个、中部地区首个国家级新区。根据国务院批复，湖南湘江新区的战略定位是"三区一高地"，即高端制造研发转化基地和创新创意产业聚集区，产城融合、城乡一体的新型城镇化示范区，全国"两型"社会建设引领区，长江经济带内陆开放高地。到2025年，新区综合实力大幅提升，现代产业体系更加完善，生态环境进一步优化，全方位对内对外开放格局基本形成，成为带动湖南和长江中游地区经济社会发展的重要引擎、长江经济带建设重要支撑点、全国"两型"社会建设先行区。

【长沙空港新城】规划范围为东至市外环线、南至南三环、西至东三环、北至远大路，总规划面积54.6平方公里。坚持"知识型现代服务业生态城"的发展定位，突出"航空特色、现代服务、绿色环保"，积极构筑以现代高端服务产业、航空产业和临空型高新技术产业为核心的"两型"产业体系。项目一期规划面积22.69平方公里，重点建设项目包括：航空公司总部基地项目（约1000亩）、空港物流园项目（约1500亩）、航空培训基地项目（约1000亩）、通用航空产业园项目（约1000亩）、企业总部基地项目（约800亩）、高端商业聚集区项目（约1000亩）、临空电子信息产业园项目（约800亩）和长沙临空综合保税区项目（总面积2.32平方公里）。

【长沙高铁新城】地处市东南门户的浏阳河畔，属雨花区"一核四带六簇群"黄兴城市副中心，规划范围东至长沙县黄兴大道、南至湘府东路、西至京港澳高速公路、北至浏阳河及黄花机场高速公路，占地总面积46.9平方公里。2014年，长沙提出高铁新城概念，揭开了高铁会展新城发展序幕，全力打造以高铁经济和会展经济为主体的现代服务业集聚新区，形成"辐射长株潭、引领中西部"的CBD中心。以杜花路—中轴大道为发展主轴，立足高铁枢纽和会展中心"双引擎"，规划打造新城高铁商务区、会展功能区和园博文旅区三大主体功能板块，形成"一轴两带三片"的空间格局，集高铁城、会展城、博览城于一体。其中高铁商务区17.8平方公里、会展功能区2.67平方公里、园博文旅区26.43平方公里。

【长沙黄花国际机场】位于长沙县黄花镇，1986年动工兴建，1989年8月29日正式启用；2011年7月，T2航站楼启用；2017年3月，第二跑道正式投入运营，为4F级民用国际机场。总建筑面积达21.2万平方米，拥有中国南方航空、海南航空、厦门航空、奥凯航空四家基地航空公司和通往国内、国际（地区）73个城市共100余条定期航线，可满足年吞吐量3300万人次，是中国十二大干线机场之一、国际定期航班机场、对外开放的一类航空口岸。

【长沙火车站】中国铁路客运一等站，位于芙蓉区车站中路与五一大道交汇处以东、东二环荷花路口以西之间，始建于1912年，1975年重建，2015年改扩建。现为特等站，直属广州铁路（集团）公司，办理旅客乘降和行李、包裹托运等业务。全站总面积达6.8万平方米，共7台16线。京广铁路、石长铁路、长株潭城际铁路以及规划新建中的长益常城际铁路、长浏城际铁路在此交汇接轨。钟楼火炬象征湖南是毛主席家乡，中国革命的熊熊烈焰由此点燃；报时音乐《东方红》表达人民对领袖的崇敬和热爱。2009年，荣获"中国建筑学会建筑创作大奖"和"中国勘察设计协会建国六十周年建筑设计大奖"。

【长沙高铁站】位于雨花区花侯路，是连接京广高速铁路与沪昆高速铁路的重要枢纽，也是中南地区的区域性铁路客运中心、长沙高铁新城的重要组成部分，隶属中国铁路广州局集团有限公司管辖，现为特等站。2009年建成运营，设有京广、沪昆2个车场，共13个站台及28条股道。站房建筑面积27.8万平方米，新建东广场16.9万平方米。配套设有黎托高速汽车站、地铁站进出口、公交汽车站、出租车经停区等服务区，实现铁路、公路及城市轨道交通的无缝对接。

【长沙港】位于城北开福区，距中心城区约10公里，湘江中下游东岸，与长江干支线各港口相连。东靠贯穿南北的京广大动脉、南依东西走向的长石铁路，毗邻长沙新铁路货运站，铁路专线规划进港。公路与京珠高速、上瑞高速、长常高速和107国道相连，可直达黄花国际机场，形成铁、公、水、航空立体交通网络。集装箱货物以外贸为主，占吞吐量的85%以上，主要通过上海港运至世界各地（枯水季节部分经岳阳城陵矶中转），进口略大于出口。

【长沙绕城高速公路】全线分为北段、西段、南段和东段，也称为三环线。全线建有月亮岛大桥、黑石铺大桥，设12个互通分别与进出省会的国、省干道相连。北段西起319国道望城区黄花塘，过湘江月亮岛大桥和开福区捞刀河镇，在107国道长沙县安沙镇与京港澳高速杨梓冲互通相连，全长35.4公里，1999年10月建成通车；西段北起河西黄花塘，南达黑石铺大桥，包括与二环线相通的联络线，全长约20公里，2002年11月建成通车；南段西起黑石铺大桥，东与京港澳高速李家塘互通相连，全长约14公里，2004年5月建成通车；东段2013年底建成，全长约98公里。

【芙蓉大道】长沙市与湘潭市对接的南北主干道之一，经过多次修筑后，芙蓉路总长度已达约61公里，由芙蓉北路、芙蓉中路、芙蓉南路、芙蓉大道合四为一。芙蓉北路即原金霞路，芙蓉中路即原芙蓉路，芙蓉南路即原长沙大道，芙蓉大道则是原来的

长潭路。芙蓉北路南起伍家岭波隆立交桥，北至沙河，全长约22公里，于2003年建成通车。芙蓉北路北段、芙蓉南路暮云段以及芙蓉路与湘潭对接的道路贯通后，芙蓉路往北可贯穿金霞开发区，往南可直抵湘潭，成为长株潭主要通道。

【五一大道】1952年5月1日建成通车，因"五一劳动节"而得名，是长沙市东西走向最重要的城市主干道。东起长沙火车站，西至橘子洲大桥东头，全长约5.5公里，双向8车道。2001年，为改善交通状况，由四车道扩建为八车道，通过橘子洲大桥与枫林路对接。

【万家丽路】长沙市第二大主干道和南北向城市快速路，全长30公里，仅次于芙蓉路，从南至北贯穿暮云组团、雨花区、芙蓉区、开福区、星沙城区。以雨花区天际岭隧道和开福区鸭子铺路口为界。工程建设历时8年，2001年先期启动芙蓉区段和雨花区段建设，2008年8月全部建成通车。2015年10月1日，万家丽路快速化改造工程竣工通车。采取"全线高架+主辅分离"形式，主线按城市快速路标准建设，为高架双向6车道，设计车速为80千米/小时；辅道按城市主干路标准建设，为双向8车道（含一对BRT快速公交专用道）。

【长沙机场高速公路】2001年9月开工建设，2003年9月3日正式开征车辆通行费，是长永高速之后连接市区与黄花机场的第二条高速通道，西起自京港澳高速长潭段雨花

互通，东端终点为黄花机场新跑道西侧，途经雨花区黎托街道潭阳村、浏阳河、长沙县㮾梨镇、干杉乡和黄花镇，全长18公里，其中城区雨花区段长6.58公里。整路段为双向四车道，全封闭、全立交，沥青混凝土路面，设计行车时速100公里。

【长沙地铁交通】2006年1月，长沙市发布《长沙市城市快速轨道交通线网规划》，规划长沙城市轨道交通远景线网由1号线及其支线1A线，2号线及其支线2A线、2B线，3号线和4号线共4条线路组成。2009年1月15日，经国务院同意，国家发改委批准《长沙市城市快速轨道交通近期建设规划（2008-2015年）》。长沙地铁2号线起于望城坡站，终点光达站，全长22.26公里，已于2014年4月29日运营；长沙地铁1号线北起汽车北站，止于万家丽路，全长23.63公里，已于2016年6月28日运营。截至2017年，长沙地铁在建线路共有4条（段）：3号线一期、4号线一期、5号线一期、6号线中段。

【长沙磁浮快线】该条轨道交通线路是中国首条拥有完全自主知识产权的中低速磁浮铁路，标志着中国磁浮技术实现了从研发到应用的全覆盖，成为世界上少数几个掌握该项技术的国家之一。线路全长18.55公里，连接长沙火车南站和长沙黄花国际机场，全程高架敷设，初期设车站3座，预留车站2座，设计速度为每小时100公里。2016年5月正式通车试运营。长沙是继上海之后，中国第二个开通磁悬浮列车的城市。

【长株潭城际铁路】连接长沙、株洲、湘潭三市，承担三市之间的城际客流，同时兼顾城市客流。全长104.36公里，共设24站，设计目标时速为200千米/小时，初期运行时速160千米/小时，采用电力牵引，自动控制。项目于2010年6月30日正式开工建设，其中长沙站至暮云站全长24.921公里，树木岭站与长沙地铁3号线、先锋站与长沙地铁1号线均有旅客通道换乘，于2016年12月26日建成通车。长沙站至长沙西站全长约22.21公里，长沙站东西广场与长沙地铁2号线、开福寺站与长沙地铁1号线、观沙岭站与长沙地铁4号线均有旅客通道换乘，于2017年12月26日建成通车。长株潭城际铁路运行列车为C（城）字头动车组。

【营盘路湘江隧道】位于银盆岭大桥与橘子洲大桥间，东起营盘路，西接咸嘉湖路，下穿潇湘大道、傅家洲、橘子洲和湘江大道。隧道道路等级为城市主干道I级，双向四车道，隧道主线设计速度每小时50公里，匝道行车速度每小时40公里。其中主线分南北两线，北线长约3公里，南线长约2.7公里，另设四个匝道，东岸设一进一出两匝道，进口接主线南侧的湘江中路，出口接北侧的湘江中路，西岸设一进一出两匝道，连接主线北侧的潇湘北路。于2011年10月30日正式通车。

【湘江新区综合交通枢纽】原为长沙市

河西交通枢纽工程，地处西二环与枫林路交汇点。占地面积218亩，总建筑面积386955平方米。2012年11月开工建设，2015年10月，集地铁、长短途客运、城市公交、出租车、社会车辆等多种交通功能及写字楼、购物中心、商业街等商业功能于一体的城市交通综合枢纽正式投入运营。长沙汽车西站车辆主要发往省内益阳、常德、娄底、怀化、张家界、湘西、岳阳、株洲、湘潭、邵阳以及省外部分班线。

【橘子洲大桥】原名"长沙湘江大桥"或"湘江一桥"，是长沙市首座横跨湘江的大桥，位于五一大道西端与溁湾镇之间，横跨了著名的橘子洲。1971年9月6日正式开工，1972年10月1日建成通车，总投资1800万元人民币，建设用工主要来自于居民的义务投入。大桥全长1250米，主桥21跨，其中正桥17跨双曲拱桥、最大宽径76米，桥面净宽20米，其中车行道14米，两边人行道各3米。共有18个台墩，在橘子洲上有支桥。大桥的墩身为混凝土浇筑，小桥的墩身用块片石嵌砌，至今仍是全国规模最大的钢筋混凝土双曲拱公路桥。

【银盆岭大桥】原名"湘江二桥""北大桥"。位于长沙市城北，东起伍家岭，西至银盆岭，1991年1月30日建成通车。距湘江一桥约3.5公里，是长沙市第二座沟通湘江两岸的大型桥梁和"双塔单索面预应力混凝土斜拉桥"，系319国道上的一座重要枢纽桥梁，全长3616米，其中主桥长1025米，

桥面宽25米，双向4车道，其中机动车道宽15米，两侧非机动车道各3.5米，人行道各1.5米，共有桥墩159个，斜拉索15对，总投资1.45亿元。据悉，该桥建成之初还曾是中国跨度最大的双塔单索面斜拉桥。

【黄兴路步行街】地处长沙市最繁华地段，2002年修缮竣工，北起司门口，南到南门口，全长838米，街面宽23~26米，包括近万平方米的黄兴广场，商业总面积25万平方米，其中新建面积15万平方米，总投资10亿元人民币，分内街、外街，其中内街三层，商铺众多，品牌齐全。除各种常规服装店、饰品店以外，还汇集了全国各地小吃美食，旁边的坡子街更是长沙特色小吃的荟萃地，有长沙人耳熟能详的火宫殿、双燕楼、红梅冷饮等名店，是集购物、休闲、娱乐、餐饮、文化及旅游等多项功能于一体的综合性场所，赢得了"三湘商业第一街"的美誉。

【中南大学】位于湘江之滨、岳麓山下，源起于1903年创办的湖南高等实业学堂和1914年创办的湘雅医学专门学校，是中央直管、教育部直属的副部级大学，国家首批"双一流""985工程"建设高校，也是中国—中亚国家大学联盟、中俄交通大学联盟重要成员。2000年4月，由原中南工业大学、长沙铁道学院、湖南医科大学合并组建而成，现为一所以工学和医学为特长，涵盖理学、文学、法学、经济学、管理学、哲学、教育学、历史学、艺术学，辐射军事学的综合研究型大学。现有在校学生56832

人，在职教职工数5778人。

【湖南大学】校区紧邻中南大学，由教育部、工业和信息化部、湖南省人民政府、国防科技工业局四方共同建设，是国家教育部直属的全国重点综合性大学，是"双一流""985工程"建设高校，建有中国书院博物馆、国家超级计算长沙中心。起源于宋太祖开宝九年（公元976年）创建的岳麓书院，1903年改制为湖南高等学堂，1926年定名湖南大学。新中国成立后，著名哲学家、教育家李达为第一任校长，毛泽东亲笔题写了校名。2000年，与湖南财经学院合并组建新的湖南大学。现有教职工近4000人，在校学生36000余人。

【国防科技大学】全称中国人民解放军国防科技大学，直属中国共产党中央军事委员会，是第一个五年计划国家156项重点建设工程、"985工程""双一流"、军队"2110工程"建设高校，为中共中央1959年确定的全国20所重点大学之一。前身是1953年创建于哈尔滨的中国人民解放军军事工程学院，陈赓大将曾任首任院长兼政治委员，毛泽东亲自为学院颁发《训词》。1970年学院主体南迁长沙，改名为长沙工学院。1978年，改建为国防科学技术大学。1999年，江泽民签署命令组建新的国防科学技术大学。2017年，学校以国防科学技术大学、国际关系学院、国防信息学院、西安通信学院、电子工程学院以及理工大学气象海洋学院为基础重建，校本部设在长沙，内设学院位于长

沙、南京、武汉、合肥等地。

【湖南师范大学】创建于1938年，主校区紧邻湖南大学，西倚岳麓山，东濒湘江，风光秀丽，学校前身为1938年创立的中国第一所独立设置的国立师范学院，1984年正式更名为湖南师范大学，是以师范教育著称、具有悠久历史的著名综合性师范大学和国家"211工程"重点建设大学、国家"双一流"建设高校。现有7个校区，占地2700余亩，建筑面积119余万平方米；设有24个学院、85个本科招生专业，本科和研究生教育覆盖11大学科门类。截至2017年，有专任教师1800余人，在校学生3.6万人。

【湖南省博物馆】位于开福区东风路50号，占地面积5.1万平方米，筹建于1951年，1956年正式对外开放，是湖南省最大的历史艺术博物馆，也是首批国家一级博物馆、中央地方共建国家级重点博物馆。馆内藏品达18万余件，尤以马王堆汉墓文物、商周青铜器、楚文物、历代陶瓷、书画和近现代文物等最具特色。改扩建的新馆于2017年11月开放，总建筑面积91252平方米，高38.5米，地下2层、地上5层，分为公众服务与教育区、陈列展示区、典藏区、办公区、停车区、系统管理区等主要功能区，年观众接待量增加至300万人次，已成为中国最具影响力的博物馆之一，并跻身国际先进博物馆行列。

【长沙市博物馆】原址位于清水塘22号，1986年在中共湘区委员会旧址纪念馆的

基础上成立。新馆位于新河三角洲尖三角东北侧，处于湘江和浏阳河的交汇处，建筑面积为2.4万平方米，主要用于综合陈列、展示、收集、保管和研究有关自然、历史、文化、技术、科学等方面的实物及标本。收藏各类文物近5万件，其中商周青铜器、楚汉文物、长沙窑瓷器为国内外所瞩目，尤以商代青铜大铙、青铜编铙、错金银龙凤纹铜盒、蜻蜓眼琉璃珠、带鞘铜剑、曹㿲玛瑙印被誉为稀世之珍。博物馆标识外形由镇馆之宝商代象纹大铜铙的形象转化而来，像一扇敞开的大门，意指博物馆是保存和展示历史物质文化与记忆的殿堂。

【隆平水稻博物馆】2015年10月开建，是我国乃至世界上第一个大型水稻博物馆。位于芙蓉区人民东路与京珠高速交汇处，总建筑面积1.8万平方米，主体建筑面积1.1万平方米，分为陈列、库藏、公共服务、技术与行政管理5个功能区。其中陈列区包括中国水稻历史文化、水稻科技、袁隆平与杂交水稻3个基本展厅和1个临时展厅，展陈面积约6000平方米。整个博物馆的灵感来自于水稻，其外观由多个形似"稻粒"的建筑组合而成，建筑排列成绽放的稻花形状。通过视频、照片、实物等，立体诠释我国悠久的稻作文化和农耕文明。

【湖南图书馆】创建于1904年3月，源于梁焕奎等人募捐、湖南巡抚赵尔巽准令于古定王台创办的湖南图书馆兼教育博物馆。1912年，湖南图书馆改名"省立湖南图书馆"。1984年7月，湖南省图书馆改名为湖南图书馆，正式对外开放，为全国省级公共图书馆中第一座大型的现代化馆舍，由时任党中央总书记胡耀邦题写馆名。位于韶山北路168号，建筑面积2.93万平方米，设有阅览座位1570余个，馆藏实体文献450余万册（件），其中图书308余万册（件），古籍线装书80余万册（件），报刊55余万册（件），视听与缩微制品20余万件，电子图书达330万余种。

【长沙市图书馆】成立于1960年，老馆馆址定王台是湖南图书馆事业的发祥地，新馆坐落于新河三角洲长沙滨江文化园内，于2015年年底全面开放，总建筑面积3.2万平方米，建筑高度为24.5米，规划藏书量200万册，现有藏书量100万册，每天可接待读者10000余人次。图书馆外形如同巨大的顽石屹立于湘江和浏阳河汇合处，象征着开放、创新的"湖湘精神"和刚强、勇敢的"湖南性格"；外墙设计取材于《荀子·劝学篇》，展现了图书馆的文化底蕴。2004年被国家文化部评为国家二级图书馆，并荣获省文明图书馆称号。

【湖南省科技馆】位于杉木冲西路9号，占地12.4万平方米，其中建筑面积28113平方米，总投资3亿多元，由湖南省人民政府和长沙市人民政府投资共建，是政府和社会开展科学普及工作和活动的公益性基础设施。常设展览为制造天地、材料空间、能源世界、信息港湾、地球家园、生命体验、数理启迪、太空探索、儿童科学乐园共9个展区，内容涉及制造、能源、材料、信息、环境、数学、物理、生命、天文等领域，共有展品展项351件/套。2011年6月25日正式向公众开放。

【贺龙体育文化中心】位于城南的天心区内由芙蓉中路、劳动西路、白沙路与城南西路合围的大片区域，又名"新世纪文化中心"，总面积约为70公顷。2000年12月开工，2003年10月举行落成典礼，从原贺龙体育场馆改造并增扩功能设施而成，包括主体建筑贺龙体育场以及贺龙体育馆、网球场、摩天轮、城市商业广场、酒店式公寓及其他基础设施，具备体育竞技、全民健身、购物与休闲等多项功能，是长沙的标志性建筑。曾成功承接过第一届亚洲体操锦标赛、中美男篮对抗赛、五城会体操蹦床比赛、五城会男子篮球决赛等国内外大型赛事，多次承办CBA和WCBA重大赛事。

【湘雅医院】位于开福区德雅路，总占地面积13.9734万平方米，总建筑面积50.4701万平方米。始建于1906年，由美国雅礼协会创办，初名雅礼医院，是我国最早的西医院之一。1914年，湖南育群学会与美国雅礼协会联合创办湘雅医学专门学校（现湘雅医学院），雅礼医院随之更名为湘雅医院，是由国家卫生和计划生育委员会直管、国家教育部直属全国重点大学中南大学附属的大型综合性三级甲等医院。编制床位3500张，开放床位3195张，临床医技科室和亚

专科88个。现有员工6391人，其中在编5116人，合同制229人，离退休1046人。另有省外协作指导医院20家，省内"双向转诊、定点指导"医院51家，远程医学联网医院139家。"湘雅"品牌已被国家工商总局认定为"中国驰名商标"。

【湖南省中医院】前身是创建于1934年的湖南省国医院，院区所在地为历代祭祀医圣张仲景的祠堂旧址，左邻一代民族英雄辛弃疾屯兵营地，现属湖南中医药大学的第二附属医院，是一所以中医药为主体，中医中药特色鲜明、专科专病优势突出的省级综合性三级甲等中医院和国家重点建设中医院。占地面积14亩，现有职工976人，编制床位1100张，设置有46个临床、医技科室，46个专科专病门诊。医院为国家中医药特色骨伤救治能力建设基地、国家全科医生临床培养基地和中医住院医师规范化培训基地。素有"湖湘中医发祥地""三湘名医之摇篮"美誉。

【湖南省人民医院】位于解放西路61号。1912年，现代医学之父、中华医学会创始人颜福庆博士创建中国红十字会湖南分会医院，战时诊治负伤将士，平时接诊贫民百姓，先后命名为湖南仁术医院、省立长沙医院，1958年更名为湖南省人民医院，2006年与湖南师范大学合作，2014年成立湖南师范大学临床医学院，2016年与湖南省马王堆疗养院合并重新组建，系湖南省政府直属唯一集医教研于一体的副厅级三级甲等综合医院

和湖南师范大学附属第一医院。院区总占地面积近300亩，开放床位4000张，现有员工4800余人。

【长沙市第一人民医院】位于市区营盘路311号，始建于1920年，占地面积210余亩，2007年，医院与原长沙市第六医院（长沙市传染病医院、长沙市公共卫生救治中心）合并，成为新的长沙市第一医院。设有61个临床医技科室，其中普外科、妇科、泌尿外科是卫生部内镜与微创医学技术培训基地。拥有长沙市神经病学研究所、肝病研究所和糖尿病临床研究所、湖南省艾滋病诊疗质量控制中心和长沙市儿科、妇科、院感、临床用药、麻醉、血液透析、超声等质量控制中心，是一所集医疗、教学、科研、预防保健、康复和公共卫生救治于一体的三级综合性医院。

【长沙友谊商店】公司前身为长沙友谊华侨公司，系计划经济时代全国性的专门经营进口商品的"友谊华侨商店"，创办于1983年。至今已发展成为拥有友谊商店、友谊商城、新友谊商店三座大型现代化商场和三家工厂以及十二家连锁经营分公司的集农、商、工、贸于一体的大型国有商业集团。开业以来，一直经营高档商品，以高端百货旗舰店为定位，汇聚了全球500多个知名品牌，包括全球一线大牌、服饰、皮具、名表、百货精品和高档中西餐厅、咖啡之翼等各个品类，以超过60000平方米的营业面积，雄踞城市核心。

【阿波罗商业广场】地处长沙市客流、物流集散中心的火车站商圈，位于八一路和车站路交汇处，成立于2004年6月，是由湖南省商业龙头企业湖南友谊阿波罗控股股份有限公司发起设立的区域性（湖南）百货零售公司，建筑面积10万平方米，营业面积6万平方米，经营业态包括百货商场、奥特莱斯（折扣店）、购物中心、专业店、网络购物平台，拥有友谊商店AB馆、友谊商城、阿波罗商业广场等7家中高档百货商场，并成功构建了以长沙奥特莱斯购物公园及天津滨海新区奥特莱斯购物公园为代表的新型奥特莱斯业态。公司积极实施线上线下融合的O2O全渠道百货零售转型战略，重点打造"友阿海外购""友阿微店"等线上购物平台。

【长沙王府井百货】2004年12月入驻长沙，位于市中心商业区黄兴中路27号，北邻贯穿长沙市区的五一大道，南邻以休闲娱乐闻名的解放西路及著名的黄兴路步行商业街。引进"垂直型购物中心"商业新概念，除满足消费者购物需求之外，还设置了餐饮、娱乐、休闲、电影等配套项目。长沙王府井Family Park购物中心是基于河西区域特性兴建的主题概念购物中心和居家休闲购物中心。

【华天酒店】位于解放东路300号，是以酒店业为核心，以商业与旅游为两翼，誉满三湘、比肩国际的现代旅游服务企业。1988年5月8日，公司首家高星级酒店——长沙华天大酒店开业，1995年成立华天国际酒店管理公司，1996年成为全省旅游企业首家上市公司。公司旗舰店——华天大酒店总店是湖南省首家超豪华五星级酒店，共有标准、豪华客房七百余套，酒店造型奇特，楼体成胜利的"V"字型向天空伸展，如迎风的帆，象征华天人乘风破浪的气势；从空中俯视若一大写的"水"，意喻扎根三湘四水之中，尽显时尚尊容与湘楚风情。连锁酒店遍布湖南14个市州及北京、武汉、长春、西宁等全国主要中心城市，成为我国中西部地区最大的民族酒店品牌。"华天"品牌已荣获中国驰名商标。

【湘江长沙综合枢纽】湘江干流9级开发的最下游一级，其主要开发任务是保证长株潭城市群生产生活用水，适应滨水景观带建设和进一步改善长沙—株洲段航道通航条件为主，兼顾发电等功能。坝址位于长沙市下游望城区境内的蔡家洲，上距株洲航电枢纽132公里，下距城陵矶146公里，枢纽主要建筑物由双线2000吨级船闸、泄水闸、电站和坝顶公路桥组成。船闸设计年通过能力9400万吨，电站装机容量5.7万千瓦，年均发电量2.32亿千瓦时。工程于2009年12月开工，分三期建设，2015年年底完工。

【株树桥引水工程】2005年10月31日开工建设，取源于长沙东部"大水缸"浏阳株树桥水库，输水管线总长98公里，供水通过隧洞和埋管，利用80米高差全封闭不加压自流到市区，供水范围以长沙市东部城区为主，其余部分由城市供水管网传输至市区调节水池，承担了全市近100余万人口的生产、生活用水，设计供水规模95万吨/日，年供水能力为3.47亿吨，占株树桥水库年径流量的60%，保证率为95%。

【圭塘河生态引水工程】圭塘河作为浏阳河一级支流，是长沙唯一的城市内河，发源于跳马镇鸭巢冲水库（石燕湖），在黎托街道花桥汇入浏阳河，河道全长28.265公里，流域面积125平方公里。2016年，雨花区全面启动了圭塘河流域综合治理，通过水质恢复、生态改造、生态引水等项目，实施圭塘河生态引水工程建设，将浏阳河水从雨花区跳马镇冬斯港引入，通过压力管道和引水明渠，跋涉7.97公里注入圭塘河。该工程为长株潭绿心增添了一道蜿蜒秀美的湿地风景线。

【开慧镇】长沙县辖镇，1949年属白石乡，1956年为开慧乡，1958年属开慧公社，1983年复置乡。位于县境北部，距县府38公里。京珠高速公路过境，并设分路口，通往107国道。2011年，撤乡设镇。2015年，根据长沙县乡镇区划调整方案，开慧镇和白沙镇成建制合并设立开慧镇。辖开慧、开明、葛家山、清泰桥、枫林市、飘峰山、白沙、双冲、曾家、大花、报母、桃源、石燕、上华、窑上、锡福16个建制村和板仓、李家山2个社区，总面积122平方公里，总人口4.2万人。镇内杨开慧纪念馆景区是国家级4A级风景旅游区。

【乔口镇】望城区辖镇，地处三地四县（长沙、益阳、岳阳，望城区、宁乡县、赫山区、湘阴县）交界处。总面积46.23平方公里，辖11个村（社区），总人口3.5万人。有团头湖、青草湖、南湖、湛湖等大小湖泊。获评全国重点镇、国家级生态环保乡镇、全国环境优美乡镇、全国都市农业休闲第一镇等称号，2012年成功举办中国（望城）第四届农业与乡村旅游节。杜甫南下时的《入乔口》诗早已深入民心，深厚的文化底蕴浸润着乔口人民的生活。

【铜官镇】望城区辖镇，全国重点镇，位于望城区沿湘江下游东岸，南距离长沙市城区约30公里。铜官又称陶都，历来以陶瓷闻名于世，早在1300多年前的隋末唐初，铜官镇便出现了大型的窑场，即现在仍保存完整的"长沙铜官窑"。这里是世界陶瓷釉下多彩发源地，被誉为陶瓷史上的里程碑，其产品在当时畅销29个国家和地区。现辖9个村（社区），面积29.44平方公里，人口2.6万。有铜官冶陶坊陶艺厂、长沙窑铜官手工陶艺厂、铜官"泥人刘"艺术陶瓷厂和陶艺大师谭异超等手工陶艺作坊。2012年6月5日，长沙铜官窑国家考古遗址公园正式对外开放。

【靖港镇】望城区辖镇，原名芦江，又名沩港，系沩水入湘江口。因唐李靖将军屯兵驻扎而得名，自古以来就是天然良港，素有"小汉口"之称。到2015年，辖石豪、复胜、农溪、金星、福塘、前榜、新峰、杨家山、格塘、柏叶、合池、高桥、三桥、凌冲14个建制村，芦江、众兴2个社区，总面积92.5平方公里，总人口6.7万人。2007年9月，启动靖港古镇保护性开发工作，先后推进了靖港古镇大景区框架建设和核心区景点打造，重现了"八街四巷七码头"的辉煌盛况。先后获评"中国历史文化名镇""中国特色景观旅游名镇""全国优美乡镇"、国家4A级旅游景区。

【跳马镇】雨花区辖镇，位于长株潭"两型社会"综合配套改革试验区核心区域，处于长沙市雨花区南部的丘陵地带。原属长沙县管辖，2015年1月14日成建制划归雨花区。现辖13个村、2个社区。其中金屏为农村社区，斑竹塘为城市社区。总户数15739户，总人口56565人，其中农业户15452户，55671人。现有山林面积8508.4公顷，生态公益林7842公顷，境内的石燕湖和百倍冲水库为大型水库，所属水系分别注入湘江和浏阳河。

【莲花镇】岳麓区辖镇，原属望城县，2008年6月长沙市区划调整后，与原望城县含浦镇、坪塘镇一并划入岳麓区。全镇辖16个村、1个居民社区，总面积113平方公里，人口5.1万人，农田30920亩，山林115394亩，水面5912亩。境内群山环抱，丘岗起伏，山清水秀，风景宜人，五峰山、虎形山、黄毛大岭等处尤为险峻秀丽。全镇自然资源丰富，有煤、石灰石、路石，还有丰富的森林资源，森林覆盖率达50%以上，产业结构以农业为主。

◇ 城市经济

【综述】改革开放以来，长沙抓住机遇加快发展步伐，提升发展质量，成为全球城市竞争力提升速度最快的城市之一。全市形成了以工业为主体，以民营经济为主力，以工程机械、汽车零部件、新材料、电子信息、生物医药、食品六大优势产业集群为支柱，5家国家级开发区（即长沙经济技术开发区、长沙高新技术产业开发区、浏阳经济技术开发区、宁乡经济技术开发区和望城经济技术开发区）、9家省级园区（含工业集中区）为支撑的较为完整的产业体系。涌现出了中联重科、远大空调、梦洁家纺等一批国内外知名企业，是全国"两型社会"综合配套改革试验区、国家自主创新示范区、全球装备智能制造重要基地、区域性服务业中心。2016年，全市实现地区生产总值9323.70亿元，按常住人口计算，人均GDP达123681元，三次产业结构为4.0∶48.4∶47.6，一般公共预算收入1231.02亿元，固定资产投资6693.32亿元，社会消费品零售总额4117.40亿元，进出口总额（海关口径）726.71亿元人民币（折合109.35亿美元），城镇居民人均可支配收入43294元，农村居民人均可支配收入25448元。

【长沙高新技术产业开发区】创建于1988年10月，1991年3月经国务院批准为首批27个国家级高新区之一。综合经济实力在全国115个国家级高新区中排名第15位，综合创新能力名列第10位，在中部11个国家级高新区中综合经济实力名列第2位，连续7次被评为全国先进高新区。2009年以来，先后获批成为国家级首批9个创新型科技园区之一、国家3个科技与金融结合试点高新区之一、国家15个科技服务体系试点园区之一和湖南省首个国家海外高层次人才创新创业基地。2014年底，以长沙高新区为龙头的长株潭国家自主创新示范区正式获批，标志着长沙高新区进入国家级高新区的"第一方阵"。目前，长沙高新区已成为国家级湘江新区、长株潭自主创新示范区和长株潭两型社会示范区的核心园区。

【长沙经济技术开发区】创建于1992年8月，2000年2月被国务院批准为国家级经济技术开发区。规划面积100平方公里，拥有企业1600余家，其中规模以上工业企业145家，年产值亿元以上企业73家，过10亿元企业16家，世界500强企业31家，已成为长沙乃至湖南工业发展的重要增长极和核心驱动力，加快打造产业支撑、产城融合、两型发展、宜业宜居的现代城市工业经济综合体和"中国力量之都"，培育工程机械和汽车制造两个千亿产业集群和十大百亿元企业，奋力建设"世界工程机械之都""中国汽车产业集群新板块"。先后被评为"国家新型工业化产业示范基地""国家知识产权示范园区""中国最具投资潜力十强开发区"。

【望城经济技术开发区】成立于2000年，2014年升级为国家级经济技术开发区。规划控制面积60平方公里，建成面积20平方公里，园区全境纳入了国家级湘江新区、环洞庭湖生态经济圈、长株潭"两型社会"综合配套改革试验区和国家自主创新示范区四大国家发展战略范畴，列为国家、省、市、区重点建设区域。已引进美国、加拿大、比利时、日本、韩国、澳大利亚、台湾、香港等十几个国家和地区的200多家知名企业，其中包括30多家境内外上市公司、世界500强企业；形成了有色金属新材料暨智能制造、食品加工、电子信息、现代商贸物流四大产业集群，入驻企业1300余家，其中规模以上工业企业162家，境内外上市公司、世界500强企业51家；获批国家有色金属新材料精深加工高新技术产业化基地、国家新型工业化产业示范基地、国家知识产权试点园区、中国物流示范基地。

【中联重科股份有限公司】创立于1992年，坐落在银盆南路361号。2000年10月在深交所上市、2010年12月在香港联交所上市，是中国工程机械装备制造领军企业，全国首批创新型企业之一，生产制造基地分布于全球各地。主要从事工程机械、农业机械等高新技术装备的研发制造。20多年的创新发展，使中联重科逐步成长为一家全球化企业，主导产品覆盖9大类别、49个产品系列、800多个品种。是业内首家A+H股上市公司。目前，公司积极推进战略转型，致力打造集工程机械、农业机械和金融服务多位一体的高端装备制造企业。

【三一集团有限公司】始创于1989年，坐落于长沙经开区三一工业城。自成立以来，公司秉持"创建一流企业，造就一流人才，做出一流贡献"的企业宗旨，打造了业内知名的"三一"品牌。三一集团的核心企业三一重工在上海证券交易所上市，是中国股权分置改革首家成功实现全流通的企业，2011年，三一重工荣登全球市值500强。主导产品为混凝土机械、筑路机械、挖掘机械、桩工机械、起重机械、非开挖施工设备、港口机械、风电设备等全系列产品。2005年和2010年两次荣获"国家科技进步二等奖"，2012年荣获"国家技术发明二等奖"，成为建国以来工程机械行业获得国家级最高荣誉的企业。

【山河智能装备股份有限公司】创始于1999年，坐落在长沙星沙漓湘中路16号山河智能产业园，是以装备制造为主业，在国内外具有一定影响力的国际化企业集团，跻身于全球工程机械企业50强。已在大型桩工机械、全系列挖掘机、现代凿岩设备、工业车辆、矿业装备、起重机械、路面机械、液压元器件、军用工程机械和通用航空设备等十多个领域，成功研发出上百个规格型号，具有自主知识产权和核心竞争力的高品质、高性能工程机械产品。获得"国家认定企业技术中心""国家博士后科研工作站""国家创新型企业""国家技术创新示范企业""国家863成果产业化基地""国家工程机械动员中心"等称号。

【广汽菲亚特汽车有限公司】位于长沙经济技术开发区映霞路18号,2010年,由广汽集团和菲亚特集团以50:50的股比共同投资成立,占地面积超过70万平方米。首期总投资约为50亿元,注册资本为18亿元。一期形成年产销14万辆整车的规模,二期计划形成年产25-30万辆整车的规模,建成集乘用车、发动机生产等业务于一体的具备全球领先水平的汽车生产基地。主要业务包括乘用车产品的整车、发动机、零部件的研究开发、生产制造、销售及售后服务等。

【长沙比亚迪汽车有限公司】坐落在雨花区环保东路88号,成立于2009年。在整体收购美的客车的基础上,通过兼并重组形成了涵盖纯电动大巴、轿车、电动轿车及相应配套零部件的汽车生产基地,第一台车于2012年5月16日成功下线。已形成年产80万辆轿车、10万台发动机、5000辆纯电动大巴、10000套客车底盘及相应配套零部件的产能。主要业务包括汽车零部件及配件制造(不含汽车发动机制造),汽车及汽车零配件批发,新能源汽车零配件制造、研发、充电桩运营及技术服务等。

【上汽大众汽车有限公司长沙分公司】位于长沙经济技术开发区,厂区占地面积

167万平方米,总建筑面积约48万平方米。总投资121亿元,规划年产能30万辆。2013年5月签约、奠基,2015年5月建成投产。拥有冲压车间、车身车间、油漆车间、总装车间四大整车制造车间以及技术中心、培训中心、零部件配送中心、整车发运中心和办公生活楼、动力、消防、环保等配套设施。

【湖南旺旺食品有限公司】坐落于望城区旺旺路9号。1992年成立,投资总额达1.36亿美元,注册资本6200余万美元,占地360余亩。拥有标准化厂房、办公楼、配套设施约77150平方米,员工人数逾1700名,以及湖南旺旺、长沙旺旺、湖南大旺三家子公司,下设米果厂、豆果厂、饮料厂和包装厂,现有旺旺、旺仔、浪味、珍旺、老翁五大系列产品,生产包括米果、豆果、休闲食品、饮料在内共计二十余种产品及配套纸箱。获"全国高新科技百强企业""中国500家最大外商企业""执行食品卫生法先进企业"等称号。

【澳优乳业(中国)有限公司】坐落于五一广场新大新大厦,成立于2003年,是一家专业从事高端乳业的食品公司,总资产12亿元,占地150亩,建筑面积15000平方米。通过了国家ISO9000和HACCP、奶粉生产GMP认证并获得QS生产许可,建立了婴幼儿奶粉全过程信息溯源系统。2009年,澳优作为国内第一家婴幼儿乳品企业在香港上市,2012年澳优成功实现海外并购,控股荷兰百年乳品企业—海普诺凯集团,形成了全

产业链发展模式。

【湖南晟通科技集团有限公司】 坐落在金星路109号晟通长沙产业园内，2003年成立。拥有国家认定企业技术中心和国家级检测中心。主要产品有双零铝箔、双金属合箔、空调箔、轨道交通用高性能大截面挤压材，以及汽车、船舶、航空航天、军工等高性能、大截面、高强度铝合金管、棒、型材等产品，其中板带箔坯料国内市场份额接近70%。所属企业均通过了ISO9001质量、ISO14001环境、OHSAS18001职业健康安全管理三大体系认证。

【湖南金龙国际铜业有限公司】 坐落在望城经济开发区金星东路8号，2006年成立，占地面积326.8亩，总投资规模10.26亿元，是一家专业利用铜铝再生资源循环经济制造铜铝新材的国家高新技术企业，拥有湖南铜铝材精深加工工程技术研究中心、湖南铜铝产品检测中心等多个技术创新平台，主要产品有光亮铜（铝）杆、铜板、铜线、铜材、铜管、铜（铝）排、铜包铝、铜（铝）合金、铜包钢、纳米漆包线、扁铜线、铜（铝）箔等，其中铝合金D型管、曲型管2个系列产品具有完全自主知识产权，填补了国际国内空白。

【湖南杉杉户田新材料有限公司】 坐落在麓谷工业园麓天路17-8号。前身为2003年成立的湖南杉杉新材料有限公司，是宁波杉杉股份有限公司（1998年上市，发行股票600884）全资控股的子公司。2010年与日本户田、伊藤忠商社合资后更名为湖南杉杉户田新材料有限公司，是国家高新技术企业，致力于新型锂离子电池正极材料的开发与生产，拥有年产10000吨锂电正极材料的生产规模，目前产品有钴酸锂、锰酸锂、镍钴二元系、镍钴锰三元系、磷酸铁锂、钛酸锂等。

【长城信息产业股份有限公司】 坐落在长沙市经济技术开发区东三路5号，是中国电子信息产业集团公司旗下的一家综合性高科技上市公司和重点扶持的骨干企业。1997年6月成立，1997年7月在深交所上市（股票代码：000748）。拥有主要控股企业4家、主要参股企业3家，业务涵盖金融电子、高新电子、医疗电子、软件园区开发、软件系统集成与服务及电子产品制造。

【九芝堂股份有限公司】 坐落在桐梓坡西路339号，其前身"劳九芝堂药铺"创建于1650年。1999年5月，由长沙九芝堂（集团）有限公司、湖南省医药公司等共同发起成立股份有限公司。下辖8家直接控股子公司、2家间接控股子公司，拥有近200家连锁门店。目前公司年销售14亿元，是国家重点中药企业、国家重点高新技术企业。2004年"九芝堂"被认定为中国驰名商标，2006年"九芝堂"被认定为"中华老字号"，2008年九芝堂传统中药文化被列入国家级非物质文化遗产保护目录。

【长沙远大空调有限公司】 中国著名民营企业，位于长沙市东郊的远大城，1997

年命名为"远大科技园"，是国家第一个以企业名字命名的科技园区。1988年以3万元创业，1995年以来无贷款，一直以滚雪球方式发展。这里诞生了全球第一台发电尾气非电空调、洁净新风机、工厂化可持续建筑等数百项影响世界的科技发明；提供以真空为条件，以燃气和废热为能源的非电中央空调主机以及一体化输配系统；以非电中央空调主机产品享誉全球，销往80多个国家和地区。

【湖南梦洁家纺股份有限公司】坐落于麓谷产业基地谷苑路168号梦洁家纺工业园内，1956年创立，2010年在深圳证券交易所中小板上市。公司在德国收购SICHOU Gmbh（丝绸）公司后，成功代理Somma、Kauffmann、Hamam、Venini、Billerbeck、Drahoma等9大海外家居品牌，全面引领家纺行业。2002年，"梦洁"商标为"中国驰名商标"，"梦洁"牌床上用品为"中国名牌产品"。梦洁产品已涵盖绣花套件、绗绣套件、被芯、毛毯、床垫及其他家居饰品等8大类、2600多个品种。在全国各省（自治区、直辖市）拥有758家梦洁专卖店、522家梦洁专柜，产品出口美国、欧盟、东南亚等46个国家和地区。

【湘绣】中国优秀的民族传统工艺之一，已传承2500多年历史，是以湖南长沙为中心、具有鲜明湘楚文化特色的湖南刺绣产品总称。分平绣类、织绣类、网绣类、纽绣类、结绣类五大类72种传统针法以及后来发展完善的鬅毛针与乱针绣等针法。擅长以丝绒线绣花，绣品绒面花型真实感强，拥有"绣花能生香，绣鸟能听声，绣虎能奔跑，绣人能传神"的美誉。2006年，湘绣入选第一批国家级非物质文化遗产名录。1995年，长沙沙坪镇被国务院授予"中国湘绣之乡"称号。

【中国红瓷器】兴盛于一千多年前中晚唐的长沙窑，是世界彩釉尤其是红釉的开创者。当代红瓷发明人尹彦征历经近20年潜心研究，攻克了陶瓷大红色颜料不耐高温的国际难题，研制、生产出了能耐1200℃以上高温的大红色瓷器，居国际领先水平，荣获国家多项发明专利，开创了工艺美术的全新品类——中国红瓷器，被世人称誉为"中国红"，简称"红瓷"。位于长沙市隆平高科技园内的中国红瓷器工艺园，成为集中国红瓷器生产、研究、展览、文化休闲、艺术创作和学术交流于一体的文化艺术园地。

【湘江漆】由湖南湘江涂料集团有限公司生产。中国环境标志产品，十佳油漆品牌，中国驰名商标。涂料产品涵盖国家标准的18大类1000余个花色品种，形成了以水性、粉末、高固体份为主符合国家环保发展低VOC排放的产品体系，覆盖汽车、机械制造、建筑装饰、军工、特种涂装等国民经济各个行业，并通过了ISO9001质量管理体系认证、ISO14001环境管理体系认证、3C标志认证、C标志计量标准认证。

【明园蜂蜜】由坐落于隆平高科技园内的湖南省明园蜂业有限公司生产。主要产品有蜂蜜、蜂王浆、蜂胶、蜂花粉、日化品、礼盒、蜂产品制品、休闲食品八大系列，近百个品种；产品远销全国各大中城市和东南亚各国。"明园"商标是全国蜂产品行业第二个、省内唯一一个"中国驰名商标"，自1999年起，先后被授予"湖南省消费者信得过品牌""湖南省名牌产品""中国优质产品"等荣誉称号，骨干产品已通过国家农业部无公害农产品认证。

【长沙牛奶法饼】湖南中式糕点中唯一发酵的产品，至今已有70余年历史。初称"发饼"，作为一种风味独特的新型大众化食品，面世即受到市民青睐，以致店家卖俏而只于夜间出售，以招徕其他生意，促进了夜市繁荣，成为当时湖南糕点行业的"拳头"产品。主要原料为精面粉、饴糖、奶粉、甜酒、纯碱、苏打等，经面团调制、甜酒发酵、腌糖、切块、成型、烘烤等工序精制而成。饼呈扁圆形，表面乳白色，底面棕黄色，入口松软，奶香浓郁，酒香醇绵，甘甜味美。

◇ 城市文化

【综述】长沙是国务院首批公布的历史文化名城，历经三千年城名、城址不变，素有"屈贾之乡""楚汉名城""潇湘洙泗"之称。在这里，留下了马王堆汉墓、四羊方尊、三国吴简、岳麓书院、铜官窑等一批丰富遗存，兴起过清末维新运动、旧民主主义革命和新民主主义革命等一批爱国救亡运动，走出了黄兴、蔡锷等一批仁人志士，孕育了毛泽东、刘少奇等一批开国领袖，诞生了伟大的共产主义战士雷锋，凝练了"经世致用、兼收并蓄"的湖湘文化，铸就了"心忧天下，敢为人先"的长沙精神，打造了"电视湘军""出版湘军""动漫湘军""演艺湘军"等一大批文化品牌。2013年，获评首批国家公共文化服务体系示范区。2017年11月，获评联合国"创意城市网络—媒体艺术之都"，成为中国首个获得"媒体艺术之都"称号的城市。全市现有艺术表演团体12个、文化馆10座、纪念馆（博物馆）15处。全市广播综合人口覆盖率达99.41%；电视综合人口覆盖率达99.04%；有线电视用户达120.22万户。2016年文化产业实现总产出2581.4亿元，实现增加值811.2亿元，文化产业增加值占GDP的比重为8.67%。

【湖湘文化】先秦、两汉时期，湖南文化属于楚文化范畴，是湖湘文化的源头之一。南北朝时，史书有"湘州之奥，人丰土闲"的记载，至唐代湖南方"地称活壤"。历经先秦及宋、元、明大规模移民融合后，湘楚文化与中原文化不断渗透汇流，引致湖湘士民在人口、习俗、风尚、思想观念等重大变化，相继哺育了理学鼻祖周敦颐、主张经世致用而反对程朱理学的王夫之以及"睁眼看世界"的魏源等一系列杰出思想家，在多家学说的传播交融过程中逐步组合、滋衍出一种新的区域文化形态，即湖湘文化，其精神内核可概括为"淳朴重义""勇敢尚武""经世致用""自强不息""内圣外王"，其思想意识表征为心忧天下、敢为人先、变通包容、开拓创新，催生近代湖南英烈辈出、群星闪耀，赢得了"湖南人材半国中""中兴将相，什九湖湘""半部中国近代史由湘人写就""无湘不成军""惟楚有才，于斯为盛"等社会盛誉。

【楚文化】楚国先民最初生活在黄河流域的中原地区（河南新郑），南迁后给楚地带来了先进的华夏文明因素，逐步形成了以中原商周文明特别是姬周文明为基础向前发展的楚文化。湖南是春秋中期以后楚文化的中心地区之一，"楚人入湘，始有长沙"，长沙是著名的楚汉名城，上承荆楚，下达吴粤，自古称"东南之会"，是古代楚文化的重要发源地之一，在这片土地上滋长的湘楚文化，对中国历史产生过重要影响。楚文化光芒四射、灿烂辉煌，楚名人宛若群星、闪耀星空。从先秦时期起，以屈原为代表的楚文化精神滋养湘楚文明3000年来生生不息。长沙因屈原和贾谊的影响而被称为"屈贾之乡"；马王堆汉墓发掘出土的女尸和帛书、帛画、丝织品等珍贵文物，均是楚文化的杰出代表。

【清水塘文化街】位于开福区清水塘路，是长沙老城区历史文化底蕴深厚的老街，紧邻中共湘区委员会旧址，毛泽东、杨开慧曾在此居住，留下了革命足迹。全街长1.5公里，两侧造型别致的文化墙、公益广告和宣传栏图文并茂地向市民展示中共湘区委员会旧址及其相关历史和以社会主义核心价值观为主要内容的书法作品、红色志愿者服务队活动等主题制作，彰显出"以家为家，以乡为乡，以国为国，以天下为天下"的家国情怀，与清水塘路相互映衬，成为文化街的独特景观。

【毛泽东文学院】位于岳麓区岳麓大道186号，占地面积3万平方米，总建筑面积2.3万平方米。整体建筑风格体现了江南园林和湖南民居特色，为古城长沙标志性建筑。1995年初动工兴建，1997年12月26日毛泽东诞辰落成。1995年3月21日，时任中共中央总书记江泽民听取筹建情况汇报，欣然为学院题写院名。作为湖南省精神文明建设重要基地，文学院具有毛泽东文艺思想展览、研究、交流访问、业界集会、教育培训、书刊发行、来访接待等多种功能。1998年荣获湖南省优秀设计一等奖。

【湖南省画院】湖南省级专业美术创作机构，是湖南对外文化艺术交流的重要窗口之一。1984年4月，经省编委批准成立；1991年3月，第一任领导班子成立时更名为"湖南书画研究院"；2008年12月，恢复"湖南省画院"原编制名称。画院坐落在市区中心，毗邻省博物馆、省展览馆及烈士公园，建筑面积4500平方米，其中有美术馆专业展厅800平方米，专业画室600平方米，画廊960平方米，公共设施齐全，为艺术家创作、研究和艺术作品展示、交流提供了良好的环境条件。已成为集美术创作、研究、展览、交流于一体的唯一省级专业美术创作机构，专职画家的作品多次在全国重要美术展览中入选、获奖，更有部分作品赢得了广泛的国际声誉。

【湖南卫视】湖南广播电视台和芒果传媒有限公司旗下的一套综合性电视频道，1997年1月1日开播，推出首个娱乐性综艺节目《快乐大本营》。2004年6月，又推出"快乐中国"频道宣传口号；同年，举办的女性歌手选秀赛《超级女声》，开启了中国的选秀节目时代；2017年9月，再推出"青春扬益"频道宣传口号。2010年以来，曾先后获得过中国国际广告节"2009-2010年度中国最具影响力十大省级卫星频道"称号、中国电视发展年会年度最具网络传播影响力上星频道称号、"TV地标"年度最具影响力省级卫视称号。

【长沙美术馆】位于天心区白沙路92号，拥有三层1000平方米展厅。2010年12月开馆，长沙画院与美术馆为二块牌子一套机构，全天免费对外开放，常年陈设展出湖湘文化名家的百余件书画作品，担负着对湖湘艺术珍品的收藏、研究、展示以及公民素质教育、对外文化交流、推动长沙美术事业发展的社会责任，具备收藏、研究、陈列展览、教育、交流、服务等功能，既是促进湖湘书画艺术传承与发展的服务平台，也是省

会长沙文明创建的重要窗口。

【长沙市音乐厅】位于湘江与浏阳河交汇的新河三角洲滨江文化园内，总建筑面积为28161平方米，建筑高度约28米，共四层，主要包括可满足四管编制大型交响乐队的1446座交响乐厅、490座多功能音乐厅、298座室内音乐厅和2个排练厅以及化妆室、艺术培训中心、录音棚、琴房、音乐咖啡吧等设施。集音乐演出、餐饮休闲、艺术培训、贵宾接待等功能为一体，可同时容纳约3000名音乐爱好者欣赏艺术、参加艺术培训。2006年8月奠基，2007年12月动工，2015年12月首演。音乐厅外墙表面纹理采用五线谱和"潇湘水云""洞庭春晓"两首表现湖南风韵的中国古琴减字谱装饰，表面肌理为国内外首创。

【琴岛演艺厅】位于天心区劳动西路339号贺龙体育馆旁。创始于1993年茶座休闲式的琴岛歌厅，是中国第一家以剧场演出模式作为主要经营要素的民间演艺舞台。自诞生之日起便盛名远播，率先缔造了被业界称为影响全国的"琴岛模式"，将歌厅经营与剧场表演相结合，观众购票入场看演出，场内气氛活跃，金牌主持、诙谐明星、实力歌手轮番登场，荟萃中外的精品节目，雅俗共赏。奇特的策划、华丽的包装、轰动的演出效果，搅动了湖湘娱乐文化的"一池春水"，促成了长沙歌厅界百家争鸣、百花齐放、活色生香！

【湖南大剧院】位于韶山北路139号，

占地面积12亩，高29层（其中地下3层），建筑面积84000平方米。2013年划归省演艺集团管辖，省文化厅实行行业管理。集电影放映、文艺演出、文化娱乐、中西餐饮、体育健身、会议庆典、商贸办公为一体，主要经营剧场演出、电影放映、剧院物业管理、文化艺术交流、文化音像出版和新业态（动漫和网络经营）6大业务板块，是湖南高档次、大规模的综合性多功能文艺演出场所之一，也是省会长沙标志性的大型现代文化建筑，2007年被确定为湖南省文化产业示范基地，2010年成为国家级文化产业示范基地。

【田汉大剧院】位于天心区劳动西路347号，占地15.4亩，建筑面积2.8万平方米，总投资近2亿元，分大剧场、音乐厅、田汉纪念厅及艺术走廊、前坪田汉群众文化广场四个部分。大剧场有1206个座位，拥有国内一流的16米旋转舞台和四块升降台、全数字化控制的音像灯光设备、超大型的LED电子屏幕、世界顶级的伯恩斯坦钢琴。剧场每晚上演的综艺晚会给广大观众以赏心悦目的艺术享受，是享誉全国的长沙歌厅文化代表场所。

【湖南省湘绣研究所】中国湘绣生产、研发、销售的专业机构，2011年被商务部认定为中华老字号，2014年被文化部命名为国家级非物质文化遗产生产性保护示范基地，2017年被省文化厅认定为湖南省非物质文化遗产代表性项目保护单位。所内集中有包括

九位国家级工艺美术大师、十位省级工艺美术大师在内的一大批专业技术人才，拥有多项核心技艺，独创"鬃毛针"绝技使狮虎成为湘绣经典代表作，研制的双面全异绣新工艺被世人誉为"令人不可思议的魔术般的艺术"。代表作品《雄狮》《饮虎》《望月》等荣获中国工艺美术百花奖金杯奖，并被国家工艺美术馆收藏；大型双面座屏《百鸟朝凤·洞庭春色》被湖南省人民政府作为百年回归贺礼馈赠香港特区政府；《毛主席和五十六民族》《岳阳楼》《张家界》等多幅巨型作品陈列于人民大会堂；《荷塘清趣》《毛利族大会堂》《布什总统全家福绣像》等作品作为国礼由国家元首外赠。《经天纬地·和平中国》获2010年上海世博会"迎世博纪念品全球华人设计大奖赛"最佳刺绣艺术奖，并被上海世博会纪念馆收藏。2012年7月，巨幅山水湘绣《冬雪北国》悬挂于全国人大常委会会议厅，被誉为"传世佳作"。

【湖南省文化馆】原湖南省群众艺术馆，位于天心区杉木冲西路69号，成立于1956年7月。直属省文化厅，是一个省级全额拨款的公益性文化事业单位。新馆于2009年建成，自有面积16950平方米，其中：办公楼建筑面积5342平方米，培训中心建筑面积3667平方米，音乐厅建筑面积4186平方米，多功能剧场建筑面积1413平方米。拥有一批在社会颇有声望的艺术家和艺术人才，如剧作家王一飞，画家、书法家莫立唐，作曲家鲁颂，儿童文学作家邬朝祝等。省文联

各协会（如舞协、曲协、摄影家协会等）都曾有该馆艺术家担任主席、副主席、常务理事等职务。2016年3月，更名为湖南省文化馆。

【梅溪湖国际文化艺术中心】位于湘江新区，2012年10月启动建设。总用地面积10万平方米，总建筑面积12万平方米，包括3.5万平方米的大剧院和2.5万平方米的艺术馆，总投资约20亿元。大剧院由1800座的主演出厅和500座的多功能小剧场组成；艺术馆由12个展厅组成，展厅面积达1万平方米，能承接世界一流的大型歌剧、舞剧、交响乐等高雅艺术表演，是省内规模最大、功能最全国际文化艺术中心。

【中国金鹰电视艺术节】简称金鹰节，即原"中国电视金鹰奖"评选活动，也是中国第一个以国产电视艺术作品作为评奖和交流对象的电视艺术节庆活动。中国电视金鹰奖是以观众投票为主选方式产生的全国性电视艺术综合大奖。中国金鹰电视艺术节首届电视金鹰奖评选活动于1983年在云南省昆明市举行。1997年第15届开始，"大众电视金鹰奖"改由中国文联和视协主办，成为经中宣部批准、中国电视界唯一由观众投票评选的全国性电视艺术大奖，并更名为"中国电视金鹰奖"。自2000年第18届开始，改称为"中国金鹰电视艺术节"，由中国文学艺术界联合会、湖南省人民政府、中国电视艺术家协会、湖南省广播电视局联合主办，湖南广电传媒股份有限公司承办，每年第四季度

固定在长沙市举行。金鹰电视艺术节现设有电视剧、电视文艺片、电视纪录片、电视美术片、电视广告片五大门类优秀作品奖和若干单项奖共99个。

【湖南省歌舞剧院有限公司】湖南省歌舞剧院成立于1953年，2012年4月正式转企改制为湖南省歌舞剧院有限责任公司。下辖四团（舞剧团、民族乐团、歌剧团、合唱团）两部（舞美工程部、演出营销部）、艺术创作室和舞蹈学校，培养了一大批国内外知名艺术家，创作演出的剧（节）目也在国内外比赛中多次获奖，其中舞剧、歌舞《刘海砍樵》《红缨》《蝶恋花》《风雷颂》《三湘杜鹃红》等都曾名动大江南北，歌曲《洞庭鱼米乡》《挑担茶叶上北京》获金唱片奖。现为湖南对外文化交流和中外文化合作的重要窗口，先后派团出访过奥地利、德国、俄罗斯、澳大利亚、波兰、南非、日本、新加坡、以色列、约旦等数十个国家以及港澳台地区，促进了中外文化艺术交流。

【湖南省花鼓戏剧院】湖南省文化厅直属的省级重点表演艺术团体，以长沙花鼓戏为主体，兼容邵阳花鼓戏、衡阳花鼓戏、岳阳花鼓戏、零陵花鼓戏等艺术之长，继承、改革和弘扬湖南花鼓戏传统，创作人民群众喜闻乐见的新型花鼓戏剧。地处湘江之滨，与长沙古城门"天心阁"遥遥相望。自1953年建立以来，以《打铜锣》《补锅》《三里湾》《喜脉案》《桃花汛》《乾隆判婚》等优秀剧目闻名遐迩，多次赴京演出，先后荣

获工程奖、文华奖、梅花奖，是"长沙花鼓戏"国家非物质文化遗产传承保护单位和全国文化工作先进集体。

【体坛周报】1988年创办于湖南长沙，原隶属于湖南省体委，1994年后借助中国甲A联赛和欧洲足球联赛的大量报道，逐渐开始占据中国体育传媒市场。曾于2001年中国世界杯出线时创下期发量262万份的纪录，目前一周三期，每周一、三、五发行，期发量约为160万份，周发量500万份。《体坛扣篮特刊》专注于篮球项目，自2007年10月27日开始每期16版（周三8版），随《体坛周报》全国发行。周报现已成为中国期发量最大的体育报纸，被中国新闻研究中心评为体育类报刊中影响力、公信力最强媒体，拥有华人圈最大的专业体育编辑、记者团队，专业人才遍布全球5大洲，总数超过150人，应用超过12种语言采编世界各地的体育资讯。作为中国体育平面媒体集团的旗舰，是包括FIFA、FIBA、Beijing Olympiccommittee、CBA、F1Shanghai、MasterCup、A1Shanghai、SHGolden Grand Prix等全球各大国际体育组织在中国的首选合作伙伴。

【长沙湘剧】湖南代表性剧种，兼有高腔、低牌子、昆曲、乱弹四大声腔以及一些杂曲小调，是多声腔的综合性剧种。因用"中州韵，长沙官话"演唱，故称长沙湘剧。2008年被列入第一批国家级非物质文化遗产名录。现有传统剧目上千个，其中《琵琶上路》《打猎回书》《拜月记》《李三娘》等传统剧和《李贞回乡》《布衣毛润之》《古画雄魂》等现代戏影响较大。著名演员左大玢、王永光、曹汝龙、贺小汉、王阳娟曾荣获中国戏剧梅花奖。

【长沙花鼓戏】以长沙官话为舞台语言，流行于湖南益阳、南县、沅江、桃江、西湖（洞庭湖旧分西、东两区）、长沙市区、宁乡、湘阴、望城、浏阳、湘潭、株洲等地，源起于农村劳动山歌、民间小调和地方花鼓（包括打花鼓、地花鼓—花鼓灯），距今已有一百六十余年历史，是艺术风格独特、群众基础深厚、地方色彩鲜明、生活气息浓郁的民间小戏剧种，在湖南花鼓戏中影响较大。原有益阳花鼓戏、宁乡花鼓戏、醴陵花鼓戏等区别，20世纪50年代，统称为长沙花鼓戏。新中国成立后，依靠老艺人和文艺工作者的合作，对传统剧目进行了挖掘、改编，重点加工整理的有《刘海砍樵》《芦林会》《阴阳扇》《南庄收租》《刘海戏金蟾》等五十个剧本。

【长沙弹词】源于道情，用方言说唱，流行于湖南湘江、资水流域的长沙、益阳、湘潭、株洲、浏阳等地，亦称为道情，是湖南传统戏曲剧种，有200多年历史。初以鼓板唱道情，后来演变为一人弹月琴，一人以渔鼓简板和小铙击节，二人对唱的"渔鼓道情"，艺人在秋收之后串村说唱，平时在城镇街头卖唱。辛亥革命时，许多进步知识分子运用弹词宣传民主革命思想，以极为通俗、生动的唱词痛陈列强瓜分中国的危急形势，激发民众爱国热情，陈天华的散韵夹杂弹词作品《猛回头》，在当时就产生了强烈影响。二十世纪50年代定名为"长沙弹词"，2008年入选第二批国家级非物质文化遗产名录。

【望城剪纸】长沙地区流传盛广的一种传统民间艺术，内容纯朴秀美，风格多样，影响广泛。创作既无画稿，也无蓝本，全凭艺人头脑的想象构思，信手剪出各种人物、花卉、鸟兽等图案，栩栩如生，造型古朴，线条流畅，刀刀联结，浑然一体，动态感强，富有楚文化特色，生活情趣浓郁，给人以美的感受。以湘江为界，分河西、河东两大流派，代表湘中一带民间剪纸艺术风格，民间艺人的高超技艺，享誉国内外。

【长沙棕编】以棕叶编制而成的小工艺品，被誉为"江南一绝"。生活用品棕编历史悠久，早在春秋时期的《诗·小雅·无羊》就有"何蓑何笠"的描写，现四川新繁、贵州塘头、浙江武义均属此类。但工艺美术棕编，唯长沙一处，棕编之巧与湘绣之美、菊花石刻之奇，并称为"长沙三绝"。相传长沙棕叶编始于三国时代。在传承中，形成了"纯叶""全棕"两大派别。"纯叶派"，单纯用棕叶编织，具有精致小巧特点，精于编制虫鸟等小动物。"全棕派"，选用棕树的苞、干、叶、枝籽及干衣、花苞等全棕树的各部位作材料，用手工编制成工艺美术品，作品豪放，利于表现重大题材。

2012年，被入选第三批省级非物质文化遗产名录。

【长沙话】指分布于长沙主城区和望城区、长沙县中南部以及宁乡市东北部地区通用的长沙方言，其中长沙县、望城区与城区方言略有差别，宁乡市和浏阳市的方言又与市区差异较大，浏阳东部的方言则属于赣方言和客家方言，不能与长沙方言互通。长沙市区方言与湘潭市区、株洲市区方言大体相同，三者之间可以互通。长沙方言特点是古全浊声母字舒声字清化为不送气清音，与官话古全浊声母字清化平声送气仄声不送气截然不同，属于湘方言新湘语的一支代表。

【火宫殿火神庙会】在火宫殿举行的传统民俗文化活动，可追溯到我国古老的氏族部落时期。那时先祖已广泛利用火来煮食、取暖，但因用火不慎，常造成灾难。为减少火灾，约公元前26世纪-公元前21世纪，帝喾任命有专门管理火源的火官。因祝融管理火源有功，死后葬于南岳衡山，并建祝融庙，名曰"祝融峰"。为纪念这位火官，坡子街兴建了"火神庙"。清乾隆12年6月23日（农历），火神庙重修落成，此后当日就定为火神寿辰祭日。现每逢春节、五一、国庆等重大节日，火宫殿都举办庙会以弘扬火庙文化，丰富节日生活，深受广大顾客的喜爱和称赞。2006年5月，火宫殿"火神庙会"被认定为省级非物质文化遗产。

【船山学社】原湖南自修大学旧址，位于中山东路。始建于清光绪初年，初为"思贤讲舍"。民国三年（1914年），浏阳人刘蔚庐（人熙）联合社会进步人士，在此设立"船山学社"。旧址单层三进四合院，砖木结构，山字墙，小青瓦，朱漆门窗，方砖地，闹中雅静。1921年9月，毛泽东、何叔衡等人利用船山学社的社址和经费，由蔡元培命名创办自修大学，原船山学社的社长贺民范为校长，毛泽东任教务长。1922年11月，李达受邀担任校长。1923年11月，自修大学被湖南省长赵恒惕以"学说不正"为由查封。1938年毁于文夕大火。1954年原址复建。现旧址门首"船山学社"四字是毛泽东亲笔题书。

【新民学会旧址】位于新民路岳麓山风景区内，是一座竹篱斜护的古朴农舍，5间青瓦白屋，几株香樟，石径蜿蜒，菜畦纵横。1918年4月14日，毛泽东在第一师范求学期间，与蔡和森、何叔衡等13人在溁湾镇蔡和森家中成立新民学会，毛泽东当选为干事，是"五四时期"最早的学生进步团体和湖南革命斗争的核心组织。原址于1938年毁于大火，1972年原貌复建。现存建筑为1984年重建，邓小平、陈云分别为旧居题写"蔡和森故居""新民学会成立会旧址"匾额和馆名。已被辟为爱国主义教育基地。

【湖南第一师范旧址】位于天心区书院路东侧妙高峰下，前身是南宋绍兴三十一年（公元1161年）所建的城南书院。1903年，始立为湖南师范馆，是当时全国五所师范馆之一，享有"千年学府，百年师范"的美

誉。1911年迁建长沙书院坪"城南书院"旧址后，1912年、1914年，相继改为"湖南公立第一师范学校"和"湖南省立第一师范学校"。1913年春至1918年夏，毛泽东在第八班学习。校舍系仿日本青山师范（今东京学艺大学）建筑风格，砖木结构，坐东朝西，由师范部和附属小学部两大建筑群组成，平房与二层楼房有机结合，栋栋之间或有走廊，或由亭楼连接，长廊迂回，互为贯通，廊柱硕大，成双顶拱，形成四合院落。1938年毁于长沙大火。解放后更名为"湖南省第一师范学校"。1949年到1956年，毛泽东为学校题写了校名和校训"要做人民的先生，先做人民的学生"；1951年又将两本亲笔签名的《毛泽东选集》第一卷赠送给校图书馆。1966年至1969年复建。2006年5月被国务院公布为全国重点文物保护单位。

【湖南革命烈士纪念塔】位于东风路烈士公园内，为纪念近百年来为民族独立、国家富强、人民幸福而英勇牺牲的湖南革命烈士而建，1959年建成。纪念塔高58.7米，由2932块白玉石和花岗石砌成。整个建筑由纪念碑和奠堂两大部分组成。奠堂正面竖立着1951年12月安放的奠基纪念碑，上刻"近百年来，特别是近三十年来为中国人民解放事业而光荣牺牲的湖南人民英雄烈士们永垂不朽！"奠堂四周有陈列室。奠堂上面是38.7米高的塔楼，毛泽东亲书"湖南烈士公园纪念碑"九字镌刻在20米高的玉石上，金光闪耀。塔后建有仿宋代建筑的纪念亭。1983

年，烈士纪念塔重新公布为湖南省重点文物保护单位。

【杜甫江阁】地处湘江路中段和西湖路交界处的湘江风光带上，与天心阁、岳麓山道林二寺和岳麓书院形成一条文脉带。清康熙年间，长沙有文人名士提议为杜甫修建江阁、诗碑、立塑像，2002年长沙市政府决定修建江阁，2005年9月建成。江阁园林区占地6000多平方米，建筑面积3800多平方米，其中包括楼阁、碑亭、碑廊、长廊、茶室五部分，主阁共分四层，高18米，属大型唐风园林仿古建筑群。主楼文化工程围绕杜甫与长沙、杜甫在湘创作诗歌以及杜甫对湖湘文化的影响而设计，融知识性、休闲性于一体，登上江阁，可饱览湘江风光带的美丽风景。

【白沙古井】位于城南回龙山下西侧的天心阁东南约一公里处，自古以来为江南名泉之一。泉水清澈透明，甘甜可口，四季不断。古井始凿于何时，已无从考证。民谣流传："无锡锡山山无锡，平湖湖水水平湖，常德德山山有德，长沙沙水水无沙"。清乾隆年间，进士旷敏本、优贡张九思曾作有《白沙井记》《白沙泉记》，盛称其泉"清香甘美，夏凉而冬温""流而不盈，挹而不匮"。清末后，挑卖井水者多居于井旁，遂成白沙街。1950年，长沙市政府拨款维修，成为解放后最早修复的名胜古迹。

【禹王碑】立于岳麓山北峰，最早发现于衡山岣嵝峰，又称岣嵝碑，被文物保护界誉为与黄帝陵、炎帝陵齐名的中华民族三大瑰宝，对研究中国古代民间故事传说和考证古文字的演变具有重要历史价值。碑镌石崖壁，宽140厘米，高184厘米，上刻奇特古篆文，字9行，每行9字，共77字，末有寸楷书"右帝禹制"，是记述、歌颂大禹治水的功德碑，其字体似蜷身蝌蚪，有谓蝌蚪文，有谓鸟篆，奇古难辨，系宋嘉定年间人们从南岳衡山拓来的复制品。原碑被称为衡山"镇山之宝"。1935年，湖南警备司令部参谋长周翰建石亭围护，并在禹王碑石上阴刻"禹王"二字横额，落款为"中华民国廿四年十月重建碑亭周翰勒石"。石亭为片石依碑立四柱，莲花藻井，球状宝鼎，亭侧有清乾隆二十一年（1756）岳麓书院山长欧阳正焕所书"大观"石刻。2013年，被公布为全国文物保护单位。

【开福寺】位于城北新河，临湘江，主体建筑南北朝向，为佛教禅宗临济宗杨岐派著名寺院。始建于五代时期，时马殷割据湖南，建立楚国，史称"马楚"。马氏以长沙为都城，在城北营建行宫会春园，作为避暑之地。唐天成二年（公元927年），马殷之子马希范将会春园部分施舍给僧人保宁，创建了开福寺。马希范继位后，又在旁垒紫微山，开碧浪湖，使开福寺一带成为有内外16景的著名风景胜地。现寺庙占地面积4.8万平方米，建筑面积1.6万平方米，有三圣殿（弥勒殿）、大佛殿（大雄宝殿）和毗卢殿。东厢有客堂、斋堂、库房、方丈居室，西厢为说法堂、禅堂等，寺内有清康熙、光绪年间石碑各一道，是中国佛教重点开放寺院之一，湖南省佛教协会和长沙市佛教协会均设在寺内。

【朱家花园故址】朱家花园又名"馀园"，在今德雅路国防科大干休所及省社科院一带，系清咸丰十年（1860）朱镕基先祖朱昌琳（字雨田）为休养馀年而建。曾占地400余亩，靠山面水，青山耸翠，鸟语飞旋；三进庭院，砖木结构，园内兰堂、宜春馆、一笠亭、去寮亭、延眺轩、众绿轩等亭台楼阁，回环错列；池塘环绕，假山嶙峋；奇花斗采，乔木高参，风景宜人。亭台内悬挂联匾均出自郑板桥、左宗棠、王文治、黄自元、曾熙等名家手笔。有48株罗汉松扎成的七层大园景及多种名花异卉，供人游览。据方志载：朱雨田因开店囤谷米并转贩盐茶、设钱庄、开矿业成长沙首富后乐善好施，设保节堂、育婴堂、施药局、麻痘局，置义山、办义学、疏浚新河、赈济灾民，是"长沙近代慈善事业的开创者"。1936年出版的《长沙市指南》将朱家花园列为长沙园林之首。

【走马楼简牍】走马楼位于市中心五一广场东侧，此处原系明朝吉王府故地，东、西牌楼翼张于左右，走马楼是府内地名，汉代为长沙郡治中心。1987年以来，在五一地下商场、中山商业大厦、锦绣大厦、东汉名店等建筑工地相继发掘出楚汉时期大量建筑构件、古井和作坊遗址。1996年，在平和堂建设工地走马楼22号井又出土了大量木简、竹简、木牍、签牌和封检等三国简牍，上有三国吴嘉禾元年（232）至嘉禾六年（237）的年号。出土简牍呈灰棕色或黄褐色，长短宽窄各异。每片字数多少不等，木牍每枚80至120字，竹简每枚30字至40字。内容主要为地方文书档案，包括经济券、司法文书、黄簿民籍、名刺、官刺、缴纳赋税以及出入仓库的簿籍等种类。据初步统计，约有10余万片、200余万字，超过全国历年出土简牍总和，字数是《三国志》的总和、《三国志·吴书》的十数倍。国家文物局宣布，三国孙吴纪年简牍为继殷墟甲骨、敦煌经卷、居延汉简、清宫档案之后的第五次文史资料大发现，誉之为"世纪性成果"，被评为当年全国十大考古发现之一。

【捞刀河传说】捞刀河原名涝塘河，如何变成了捞刀河，需从落刀嘴说起。落刀嘴位于开福区凤嘴路北头湘江对岸，即浏阳河入湘江口，原名骆驼嘴，因河口形状象骆驼嘴而得名。传说关羽从此过河攻打长沙，手中的青龙偃月刀不慎落入河中。宝刀上镶嵌的青龙入水而活，荷着宝刀进入湘江，逆水而上，游到涝塘河入湘江口，再逆水游至涝塘河。周仓下水一口气逆水追了七里才把宝刀捞上来。从此，关羽落刀之处的骆驼嘴改叫落刀嘴，涝塘河也成了捞刀河。

【定王台传说】相传为西汉景帝之子长沙定王刘发所筑。刘发由于挂念他的两个母亲程姬和唐姬，每年都要挑选出上好的大米，命专人专骑送往长安孝敬母亲，再运回长安的泥土，选择城东的高地筑台，以便时刻登台遥望。年复一年，从长安运回的泥土筑成了一座高台。由于刘发死后，追谥为长沙定王，故名定王台。每当夕阳西下之时，刘发便登台北望，遥寄对母亲的思念之情。所以，"定王台"也被人们称为"望母台"。从长安到长沙有1500多公里，当时条件下全部运土筑台恐怕不可能，但象征性带土、筑台望母，张扬孝心，当无疑问。

【长沙国王陵遗址】汉长沙国始建于公元前202年，都于临湘（今长沙），辖今湖南全境及黔、赣、桂、粤等省各一部分，是大汉帝国开国七大诸侯国之一。先后由13代计14王统治。其中，吴氏长沙国历5代5王，刘氏长沙国历8代9王。自二十世纪70年代以来，在岳麓区天马山到望城区风篷岭的湘江西岸山丘30多平方公里范围内，共发现汉长沙国王陵26座、城址一处，目前仍保存24座陵墓及城址1处，是我国现存数量最多、规模最大、保存最完整的汉代诸侯国陵园，为研究汉代中央与诸侯国的关系、各诸侯国之间的关系乃至整个大汉帝国的政治、经济、军事和文化提供了珍贵资料。

【长沙铜官窑遗址】位于望城区丁字镇彩陶源村，是唐代出现在潭州（今长沙）石渚湖、铜官一带的瓷器作坊。兴起于公元8世纪中后期，至公元10世纪五代时期而衰，是世界釉下彩瓷发源地，打破了当时只有青瓷和白瓷的单一格局，被称为"汉文化向外扩张的里程碑"，在世界陶瓷发展史上具有划时代意义。为有效保护这一宝贵的民族文化遗产，1988年，长沙铜官窑遗址被国务院公布为第三批全国重点文物保护单位，2006年被纳入全国100个重要大遗址保护项目。2010年，长沙铜官窑考古遗址公园获国家文物局第一批国家考古遗址公园立项，2011年入选第三批国家级非物质文化遗产名录。

【太平街】长沙古城保留原有街巷格局最完整的一条街。坐落于长沙市老城区南部，街区以太平街为主线，北至五一大道，南达解放路，西接卫国街，东连三兴街、三泰街；其中重点地段为沿太平街、西牌楼、马家巷、孚嘉巷、金线街、太傅里两侧呈鱼骨状的历史街区，全长375米，宽不过7米，占地面积约12.57公顷，交通便利。2005年，市政府筹资1.5亿元实施街区一期保护整治工程，2007年9月底竣工，不仅保留了贾谊故居、长怀井、明吉藩王府西牌楼旧址、辛亥革命共进会旧址、四正社旧址等文物古迹和近代历史遗迹，也给乾益升粮栈、利生盐号、洞庭春茶馆、宜春园茶楼等历史悠久的老字号注入生机。沿主街现有门店87个，经营面积近3万平方米，以老字号、字画、民族工艺品、文化休闲产业、特色旅游产品为主，西泠印社书法篆刻大师李伏雨与李早父子、脸谱艺术大师曾金贵、书画家陈羲明等著名人士入驻，成为城市新坐标、新名片。

【潮宗街】位于开福区，东起北正街

（今黄兴北路），西至湘江大道，又名草场门正街，是迄今长沙市仅存的3条麻石街道之一，长511米，宽9米。朝宗，即朝拜祖宗之意。旧时街口聚居着许多挑卖河水的脚夫，终日街头淌满河水，"朝"遂演化成"潮"；因临城门潮宗门而得名，明清时是长沙县署和临湘驿站所在地，行人往来，车水马龙，旅店业特别发达。旧时是出潮宗门达湘江河运码头的必经之道，因而成为米业、堆栈业的集中之地，是中国四大米市之一，也曾是长沙大米交易集中地和最大的一条米街。潮宗街还是人文荟萃之区。清末军机大臣瞿鸿机宅第位于此街，人称"瞿相府"。1914年湘雅医学专门学校创办于此。原56号系1920年毛泽东创办的文化书社旧址。清代古朴的木结构建筑、民国精致的西洋建筑、解放初期民族形式建筑、上世纪八十年代实用主义瓷砖房和筒子楼、千禧年后混乱风格的混凝土房，是不同时代背景留存在街区的历史符号和鲜明印记。

【坡子街】位于市区中心地段，商业文化悠久，可考证的历史就有1200多年，是湖湘文化的街巷代表。"茅斋定王城郭门，药物楚老渔商市"，盛唐时期栖居长沙的杜甫这样描述当时坡子街盛况。清代则有"四时恒满金银气，一室常凝珠宝气"的记述。至近代，街内闻名于世的老字号达68家，是长沙商业繁荣的重要象征。"文夕大火"毁于一旦，由此逐渐沉寂。2002年底，市委、市政府开始重建坡子街。2005年10月1日新街

开街，东起黄兴南路，西至湘江大道，全长640米。两厢建设范围180亩，将五一商圈、解放西路酒吧街、黄兴南路步行商业街联结成片，成为一条传承湖湘文化、引领时代潮流的标志性商业文化街，同时也是一条在国内外具有较大影响力的民俗名食街。

【化龙池】位于湘江东岸天心区古城区，紧邻长沙黄兴南路步行商业街，全长203米，原名"玉带街"，至今保留麻石路面，是长沙目前仅存的4条麻石街之一。麻石铺设方法与潮宗街、金线街稍有不同。两侧直铺，中央亦直铺一道麻石，将街面一分为二，左右则为横排麻石，南北走向。街道弯曲，呈S形。"玉带"实指古长沙"八大公沟"之一。化龙池东侧系古善化县学宫所在地，明嘉靖四十年（公元1561年），按长沙府学宫规制仿建，规模宏大。自北宋开始到民国元年，善化县治一直在附城南郭，与长沙县治同城。明万历四十年（公元1612年）善化知县唐源在学宫屏墙外横开一渠，池曰化龙。民间另传因善良铁匠夫妇以铁水化孽龙成池而得名。清代著名书法家何绍基故居稀石山房和民国政要、福建省主席刘建绪公馆也在此街。

【天心街】位于市区中心东南，旧为里仁坡的一部分，正对天心阁，西起今里仁坡，东止席草田，小道幽深，古树参天。里仁坡原名"醴陵坡"，清人为纪念明朝张献忠攻克长沙后宁死不降的崇祯丁丑进士、长沙府推官福建晋江人蔡道宪，改名理灵坡，

后又取《论语》"里仁为美"之意，更称里仁坡。街南侧尚有高出街面约3米的古老墓基，上镌"蔡忠烈公墓石"，石级上残存"忠魂千古"等石碑。小街本属天心古阁公园的范畴，是一条长沙城南古城墙旁的麻石老街，民国13年（1924年）长沙市政当局修环城马路时（今城南西路），从古阁公园中另立"天心街"的门户。蔡道宪后被历届湖南巡抚誉为"忠臣烈士"，其墓多次修缮。现已列为"晋江历史名人"，该市曾派寻访团专程来凭吊蔡公遗迹。

【金线街】金线街至太平街口，是著名的贾谊故居所在地。明崇祯《长沙府志》名为金线。清康熙《善化县志》载：巷内人家得洞宾像，悬之壁，其子幼，每馆四则捐之。一日途遇道士，宛然画像，遂牵其衣曰：'尔吾家洞宾仙也。'道士鼓石与之，归献其父，随至石处合之，仍为石，唯中留一线，金色灿然，故称为金线巷，又称吕仙石巷。明万历十九年（1591），伊斯兰教传入长沙，曾在此巷建清真寺，清康熙三年（1664）迁建三兴街，清光绪三十年（1904），湘抚赵尔巽在这里开设实业学堂。学生皆英俊少年，一时有"实业美人"之称。金线街石库门民居尚存，一石库门上方用石灰水泥制作的"金线巷爱房委员会"八字完整无损。长沙民间流传的集街名趣对中，有一副以金线街有关，联曰：金线吊灯笼，老照四方八角；玉带缠如意，连升一步三台。

【连升街】北邻潮宗街，南接三贵街，呈曲尺形，相邻街巷还有群胜里、楠木厅、永清巷、福星街等。连升街、三贵街、福星街皆因清乾嘉年间协办大学士、礼部尚书刘权之宅第位于此地而得名，其时有刘宅"前有如意，后有连升，左有三贵，右有福星"之说。今群胜里尚存国相庙遗迹。老百姓尊刘权之为国相，庙堂虽已改成民居，但飞檐的庙顶仍保留着原貌。光绪二十三年（公元1897年）维新运动期间，刘权之故宅成为时务学堂，停办后又开办了泰豫旅馆。1922年8月，原时务学堂中文总教习梁启超重游故地，应老板言清华之请题写了"时务学堂故址"条幅。建筑毁于"文夕"大火，幸得已故省文史馆名誉馆长陈云章生前将梁公墨宝碑刻迁于时务学堂原址。楠木厅原是明吉王府广智门外的一座大牌楼，梁柱皆以巨大楠木为之，高达10余米，牌楼横书"护国佑民"四个大字，字径达2米。永清巷传为清康熙年间湖南布政使郎永清旧居所在地。连升街一带，留存着众多民国时期的老公馆，已有数栋列为保护建筑。

【九如里】位于开福区潮宗街历史文化街区梓园巷西侧，至今保存着一片民国时期的红砖清水墙老式公馆，今为居民住宅。传说因有九座民国公馆而得名，据考证，事实上历史上仅七座公馆，现存三座。"九如"又是一吉祥用语，出自《诗·小雅》中"天保九如"的祝寿之辞，取"九九如意"吉祥之意。有资料显示，公馆业主，多为民国政要、商界巨子。门楼为连升街进入巷口的门坊，是长沙城仅存的一处街巷门坊。两厢公馆多建于1916—1918年间的民国初期，公馆群包括九如里2号、4号、6号和与之相连的连升街60号，用一色的机制红砖砌成，石库门，屋顶盖琉璃筒瓦，内部保持天井回廊结构，阳台、甬道、歇亭、花园等一应俱全。巷口门坊保存完好，顶部嵌汉白玉石碑，刻有"九如里"三字，为著名书法家黎泽泰所书。

【古潭街】位于天心区，黄兴路步行商业街的西面，人民西路与湘江大道交汇处，现全长430米，宽5.1米，含原下黎家坡、学宫门街、古潭街，是长沙市历史文化街巷之一。因地处唐代古潭州碧湘门的进城之处而得名。过去古潭街北街口有一条横街名"古楼门"，疑即古潭州碧湘门的遗址。古楼门外西湖桥码头，为新修杜甫江阁所在地。其原始的石库门、青砖墙壁、四合院、回楼护栏、古朴石井，可一窥清代街巷骨架格局风貌。府学宫、学院衙门、登瀛桥、韩玄墓、白鹤观、射蟒台、黄香井、娘娘庙、天妃宫、屈子祠、华光庙、德厚堂、"贤关"石坊、登瀛瓯星、梅公老屋、白花愉园、杜甫江阁等等，为古街增添几分神秘色彩，能一望宋代文庙官学的昌运。自西湖路口入古潭街，从下黎家坡出人民西路（原樊西巷），三街连成一线，是长沙老城区历史风貌保存较好的街区。

【都正街】位于老长沙善化县的中心区，属芙蓉区定王台街道管辖，是长沙市老街之一。全长314米，宽5.5米，占地面积约83亩。东邻天心阁，西邻蔡锷南路，北至人民西路，南到县正街，是长沙保存下来的为数不多的历史街巷之一，也曾是古长沙最繁华热闹的一条街巷。这里曾聚集被称为"定湘王庙"的善化县城隍庙、纪念湘菜祖师爷的詹王宫以及传承湖湘文化和梨园风采的桃花井等古迹，街内有毛泽东同志早期革命活动纪念地修业学校。经大规模修缮与改造，古宅、古景、古井重返千年老街，这里还是吃货们的美食天地。

【白果园】从化龙池往北横过人民西路（原织机街）便是白果园，南止苏家巷。旧名"老泉别径"，循别径便进入一片白果树林，故名白果园。街道曲折，麻石路面保留至今。路面未经大整修，系最原始古道。清末民初，分布着程潜公馆、陈明仁公馆、郑家溉公馆、杜心武公馆、刘斐公馆等长沙最著名的公馆群，堪称民国时期长沙的"富人区"，其中长沙府醴陵人程潜曾任湖南省政府主席和新中国全国人大副委员长，与陈明仁共同为湖南和平解放做出了历史贡献，长沙县白沙乡人郑家溉为著名书法家、清末翰林，坚拒受命日本维持会长。

【楠木厅金九旧居】位于开福区，西起群胜里，东止永清巷。楠木厅6号为一复合公馆建筑，建筑面积472平方米，建于20世纪30年代，石库大门内有小天井，二至三层，木结构楼梯与地板，木板房，青砖白粉外墙。1937-1938年公馆内曾入住一位异国名人，即20世纪30年代韩国临时政府主席金九。1937年上海沦陷后，金九率韩国临时政府成员迁来长沙。楠木厅公馆不仅成为金九居所，而且成为韩鲜革命党本部驻所和韩国光复战线三党合一的会场。韩国光复战线原由朝鲜革命党、韩国独立党和韩国国民党组成，主席分别为李青天、赵素昂和金九。三个党合并为韩国国民党，金九任主席。1938年冬，战火逼近长沙，金九等韩国志士不得不离开长沙，不久迁到重庆。2001年7月，韩国国家报勋处组织的访问团来长沙，专程寻访了西园北里韩国临时政府遗址和楠木厅6号金九故居旧址暨三党合一会场旧址。2007年，楠木厅6号公馆以"金九活动旧址"经中华人民共和国外交部批准，辟为对外开放的景点。

【**坡子街伍厚德堂**】位于长沙市坡子街148号的制高点，是民国时期长沙四大钱庄之一"裕顺长钱庄"经理伍芷清的公馆，被附近老街坊们称为"将军楼"，建于1946年，建筑面积约1200平方米，四层西式洋楼。由当时长沙知名泥木匠祖利父子主持修建。"厚德堂"取名于老子"上善若水，厚德载物"之意。民初伍家来长沙经营，收进零碎细小扎银，铸成每个53两重元宝，渐成富商。整栋建筑风格以西式为表，中式为本。以天井分隔为前、中、后三部分，各部分以回廊相连，既利冬夏室温调节，又兼

顾日夕采光通风，另辟有通江秘道、金库暗室，室口隐蔽，高宽各1米左右，暗道曲折，壁厚达70厘米。公馆建在1米高的台基上，琉璃筒瓦，尖坡屋顶，砖木结构，粉墙围护。每层房屋数间，大小不一，分布各异，一、二层均设有会客大厅。后栋有露天小花园，置假山、花草、六角亭等。1951年，由当时的兵工厂总局二八二厂（其前身为中国历史上著名的汉阳兵工厂）即今江南机器集团有限公司购得。目前仍是长沙市区保存最完好、最豪华的民国时期公馆式建筑，堪称中西合璧富丽型民居代表作之一。

【**贾谊故宅**】贾谊祠，亦称贾太傅祠、湖南省文物保护单位，位于天心区太平街太傅里。公元前177年至公元前174年，贾谊居住于此，有"贾长沙"之称。故宅规制，初时无考，晋代长沙郡公陶侃曾居此，故又一度称陶侃庙。宋、元时，祠几度兴废。明成化前为兵营，成化元年（1465），长沙太守钱澍赎回修葺，仍复祀贾谊。万历八年（1580），兵备道李天植于祠内增祀屈原，又有屈贾祠之名。清康熙、乾隆两度重修，嘉庆间，巡抚左辅再修贾祠。光绪元年（1875），粮道夏献云、巡抚王文韶择地另建屈祠，此处仍为贾祠。1938年毁于大火。今祠为火灾后复建，仅陋室一间，建筑面积56平方米，坐东向西，砖木结构，青砖墙，小青瓦硬山顶，室内东向砖墙设龛，额题"太傅殿"，龛内供木雕描金的贾谊坐像一尊，1971年像被盗，至今下落不明。1996年

11月，长沙市人大常委会决定重修，目前有门楼、贾谊井、贾太傅祠、太傅殿、寻秋草堂、古碑亭、碑廊等景点和《贾谊生平事迹陈列》，被誉为"长沙最古的古迹"。

【清水塘毛泽东、杨开慧旧居】位于芙蓉区八一路，原为旧城区东北郊，离城约0.5公里，当时有一座砖木结构的三开间简朴的农舍平房，周围是菜圃、瓜棚、小径，非常僻静。因门前有两口池塘，池水明亮清澈，故名清水塘。1921年7月，毛泽东和何叔衡出席中国共产党第一次全国代表大会后，10月毛泽东在长沙建立了全国最早的省级支部——中共湖南支部，不久，中共湖南支部改为中共湘区委员会（辖湖南及江西萍乡），成为中共湘区委员会的秘密驻址。1922年5月前后，建立了中共湘区委员会，毛泽东任书记，区委机关仍设于此。1921年冬至1923年4月，毛泽东和杨开慧曾居住于此。1969年，改名为"中国共产党湘区委员会旧址陈列馆"。现为旧址陈列馆，周围环境和室内陈设恢复了当年原貌。

【徐特立故居】位于长沙县城东五美乡观音塘，为一所砖木结构民居，是典型的清末南方四合院式建筑。始建年代待考。1914年改建，其后两次扩建并多次维修。占地面积约1700平方米。坐北朝南，中轴线上依次有大门、过厅、庭院、上屋等，左右建厢房、杂屋，有大小房间19间，建筑面积581.7平方米。前临田野，后靠小山，周围松柏、香樟、翠竹环绕，十分幽雅。原从东厢外院侧门出入，院内有水井一眼，檐下形成回廊，小青瓦屋面，方格窗向内支撑。1916年，徐特立在此开设五美高级小学后，房舍除上屋东侧及东厢房计九间留用外，其余均归学校管理。西侧新建五美中学校舍和操坪，与之连成一体。1980年，故居修缮。2013年被列入全国重点文物保护单位。

【黄兴故居】位于长沙县杨托乡（今黄兴镇）凉塘，为一所泥砖青瓦平房的民居建筑。建于清同治初年，1981年维修。1874年10月25日，黄兴出生于此。占地面积28亩，右滨浏阳河，前朝鹿芝岭，四望平畴，阡陌纵横。门前三口水塘并列，昔日塘畔遍植垂柳，林木茂密，浓荫蔽日，暗送清凉，凉塘因而得名。主体建筑座西北朝东南，砖木结构，为二进五开间，共有房屋12间，包括上堂屋左右正房和下堂屋左右正房及厢房、横屋过堂。前有水塘，后有花园，四周有护庄河环绕，具有浓郁的江南农家大庄院风格。正门有廖承志题书"黄兴故居"门额。1980年，成立黄兴故居纪念馆。1988年被国务院公布为全国重点文物保护单位。

【火宫殿】位于坡子街，又名乾元宫。是长沙乃至湖南集民俗文化、宗教文化、饮食文化于一体的大众性经典人文活动场所，也是长沙市著名特色景点和驰名中外的"中华老字号"企业，在这里可以吃到诸如臭豆腐、红烧肉、糍粑等湖南各地特别是长沙传统风味小吃。始建于明万历五年（1577）前，道光六年（1826）重修。晚清时期，发展成为祭祀、看戏、听书、观艺、小吃的庙市。民国二十七年（1938），文夕大火焚毁殆尽，民国三十年（1941）重修，成为小吃闹市。人们把它同北京天桥、上海城隍庙、南京夫子庙相媲美，其风味小吃为老长沙居民及南北美食家所称道。1956年，成立火宫殿饮食店。1959年、1960年，先后兴建楼房，辟为对外开放单位。1984年、1992年又两度修葺，踵事增华。2002年2月，改扩建竣工，俱增旧制，风华胜昔。

【玉楼东】全省唯一的"国家特级酒家"和"全国十佳酒家"，是久负盛名、饮誉三湘的百年名店和湖南餐饮企业中唯一的"小巨人企业"。始建于1904年（清光绪三十年），初名玉楼春，取自白居易《长恨歌》中"金屋妆成娇侍夜，玉楼宴罢醉和春"之意。后因位于老长沙青石桥的东茅巷口，故以"东"字取代"春"字，正式命名为玉楼东酒家，真正声名鹊起可追溯到1920年，当时由号称"湖南第一厨"的谭奚庭掌勺主理，是达官贵人宴请宾客的首选场所。目前拥有玉楼东远大路店、玉楼东五一路店、新玉楼东美食文化广场、玉楼东星沙店和玉楼东张家界店五个门店。因雄厚的技术和特有的历史文化底蕴，成为正宗湘菜的发源地，享有湘菜"黄埔军校"的美誉。历代湘菜名厨都曾在此掌勺主理。

【九芝堂】前身为"劳九芝堂药铺"，创建于1650年。主要从事补血系列、补益系列、糖尿病用药、肝炎系列等中药以及调节人体免疫力的生物制剂斯奇康的生产与销售。经过辛亥革命、文夕大火、公私合营和改革开放，从斗室药铺不断发展，现已成为与北京同仁堂齐名的南药瑰宝，公司生产的中成药片剂、玉泉丸等浓缩丸系列产品出口欧美、日本、东南亚等地区，其中十多种浓缩丸、片剂出口日本已20多年。2004年2月，"九芝堂"商标被国家工商总局商标局认定为"中国驰名商标"；2006年9月，"九芝堂"被国家商务部认定为"中华老字号"。2008年6月，九芝堂传统中药文化被列入国家级非物质文化遗产保护目录。

【凯旋门】前身系"凯旋门摄影社"，创建于民国35年（1946）3月1日，由摄影行家朱振三为首集资开设的灯光照相馆，店址设药王街，店名意寓庆祝抗战胜利。开业后生意兴隆，列行业前茅。1947年，被编入《长沙一览》中"著名商店"。1948年，被《长沙日报》誉为"长沙五大摄影权威之首"。门店长期开办在市区五一广场，是湖南省一家特级照相企业，以其雄厚实力、精湛技艺成为享誉三湘的摄影明珠。1993年荣获"中华老字号"、"中国十大杰出影楼"；2003年荣获"中国摄影业百强企业"，董事长龙立荣获"中国摄影业管理成就奖"；2004年荣获"中国摄影名店"；2005年荣获"全国放心消费影楼"称号。2006年荣获国家商务部"中华老字号"首批重新认定。

【老杨明远】老杨明远眼镜，明末万历

年（约公元1618年）由杨氏在长沙开设。因时代变迁，老杨明远数易其主。直到1934年，当时老板盛寿山后继无人，将店转给员工周元恺经营。20世纪80年代初期，老杨明远眼镜"重出江湖"，店面在南阳街巷口再次挂出了"老杨明远眼镜"品牌。周捷三是老杨明远眼镜商标的拥有者，在2005年成立了老杨明远眼镜股份有限公司，1993年经国家工商行政管理局商标局核准注册"老杨明远"商品商标和服务商标；1997年国家内贸部颁发给公司私营企业首批《中华老字号》证书，现已拥有十几家公司，业务扩展到长沙、株洲、衡阳等地。

【九如斋】1915年，由绸缎庄股东饶菊生创建，原址八角亭。名号"九如"出自《诗·小雅·天保》中的"天保九如"，为祝颂福寿绵延之意。主要生产中西糕点、卤辣制品、菌油等产品，"选料考究，工序严谨，制作精良，质量上乘"。1931年，成立股份有限公司。1938年"文夕大火"前，成为名闻于世的南货店大企业。当时长沙有"三元斋""三吉斋""三多斋"3家南货名店。"文夕大火"中，店铺付之一炬。翌年下半年，在中山路三分公司旧址因陋就简重新开张。1951年，改为国营食品店。1955年，划归长沙市糖业糕点公司管辖。"文革"中，曾改名"东方红食品店"，1971年恢复"九如斋"店名。1993年，被国家内贸部授予"中华老字号"；后被商务部公布为第一批授予"中华老字号"认定名单。

【玉和】长沙玉和酿造有限公司注册商标。清朝顺治六年（1649年），江苏苏帮酿造大师董玉和来湘开设酱园，以自己名字命名为"玉和酱园"，原址位于古城小西门，现长沙"玉和园巷"因此得名。因玉和醋（俗称玉醋）驰名，经久未衰。玉醋以优质糯米为主料，辅以紫苏、花椒、茴香、食盐等，并以炒焦的草米为着色剂，从原料加工到成品包装各道工序的操作规程极为严格，产品制成后储存一两年方可出厂销售。玉和酱园用压印有"玉"字的泥团封坛口，既是原始商标品牌、产品标记，又确保醋味不变。清朝中晚期至民国初年，玉和醋成为与山西醋、镇江醋齐名的全国三大名醋之一。1983年，更名为长沙玉和醋厂，产品行销全国十七个省、市（自治区）及东南亚等国，多次被评为部优、省优产品称号。2006年，"玉和"被商务部评定为首批"中华老字号"。

【德茂隆】始创于1875年（清光绪元年），创始人为晚清富商魏鹤林，原名魏德茂，位于湘江之滨的天心区沙河街，系主营湘味豆制品、酱腌菜、调味品的专业厂家，特色产品为茂隆兰花干、牛肉香干、腊八豆、辣椒萝卜等。公司前身是长沙调料食品批发公司本部及所属调料食品综合商行、德茂隆酱园、通泰综合商场4家国有企业，2006年11月改制成立股份制公司，生产基地位于天心区沙河街76号，现已形成了以德茂隆香干为拳头的系列产品，建立了覆盖整个长沙市区的超市、农贸、酒店食堂等完整的销售网络。"德茂隆"被商务部认定为第二批"中华老字号"。

【三吉斋】开创于1827年（清朝道光六年），是长沙糕点业中唯一的百年老字号。最初位于长沙青石桥（今解放路），起始店名叫"浙绍徐元吉斋"，为绍兴人徐元吉开设。1879年徐老板将店转给长沙人李康臣经营，更名为"浙绍元吉斋"。后因3次失火，更名为"浙绍三吉斋"，其中"三吉斋"三字为湖南巡抚王文韶所题。以制作和经营点心、酱菜为主，销售各种南货为辅，主要产品有绍饼、绍酒、绍糕、大面薄脆和元宵等。1993年，长沙市副食品经营公司（后改制更名为长沙市沃华经贸公司）恢复百年老字号招牌，出资在兴汉门（蔡锷北路384号）成立三吉斋饼屋。开业后，恢复了部分传统产品，经营品种达200个。1999年，三吉斋被评为全国首批"中华老字号"。

【毛泽东青年艺术像雕塑】傲立于橘子洲头。2007年，经中共中央办公厅批准，青年毛泽东艺术雕像开始建设，至2009年建成。以1925年毛泽东青年形象为摹本，艺术地再现了毛泽东当年风华正茂的非凡英姿和胸怀大志的豪迈气概。雕像高32米，长83米，宽41米，钢筋混凝土框剪结构，简体外设钢结构主、次龙骨外挂永定红花岗岩，背面采用摩崖雕刻《沁园春·长沙》诗词，面积达3500平方米的基座为纪念馆。基座设计为毛泽东肩膀，寓意站在巨人肩膀上，缅怀历史，放眼未来。由广州美术学院黎明创作，湖南省建筑设计院设计，是中国雕塑史上的里程碑和世界上有影响力的标志之一。

【浏阳河雕塑】位于长沙市芙蓉广场中心，雕像是一位手拉小提琴的少女正在演奏音乐，飘逸的秀发宛如浏阳河蜿蜒不断的流水，头发上隐约可见《浏阳河》的音符，少女脚下是铜制的浏阳河菊花石，被誉为长沙的"自由女神像"，是长沙的标志性雕塑和全省目前最大的艺术铜雕，高15米，全由铸铜制成，由雷宜锌、聂仕华主创，创作灵感来自著名的歌曲《浏阳河》。2002年5月，经数十名中青年雕塑家历时四个月制作完成。

【人与自然雕塑】一组六座大型铸铜雕塑，位于长沙新世纪体育中心广场，反映绿色环保、人文奥运精神，表现了人类与动物的和谐共存的友善关系，体现了人类与自然界的生存、竞技、拼搏、奋进的体育精神，分别以《奔》《爆》《跃》《浪》《搏》《舞》命名，对应着人与马、人与豹、人与鹿、人与海豚、人与熊、人与鹤共生存同竞技。作者是广州美术学院院长兼雕塑系主任黎明教授和黄麓老师。2002年10月建成。

【湘菜】中国历史悠久的八大菜系之一，又称湖南菜，早在汉朝就已形成菜系，有羹、炙、煎、熬、蒸、濯、脍、脯、腊、炮、醢、菹等多种烹调方法和盐、酱、豉、曲、糖、蜜、韭、梅、桂皮、花椒、茱萸等调料，因湖南物产丰富，素有"鱼米之乡"

的美称，自唐、宋以来，尤其在明、清之际湖南饮食文化逐步成为特色鲜明的菜系，以湘江流域、洞庭湖区和湘西山区三种地方风味为主，制作精细，用料广泛，口味多变，品种繁多。色泽上油重色浓，讲求实惠；品味上主味突出，注重香辣、香鲜、软嫩，以酸、辣、香、鲜、腊见长；制法上以煨、炖、腊、蒸、炒诸法见称。常用佐料是豆豉和辣椒，几乎无菜不辣。民国时期名人谭延闿及其家厨创立的组庵湘菜，是官府湘菜的典型代表和著名流派，以"原材料选取精良、刀工处理精细、烹制技艺精湛、味道调和精准"而闻名，被称为"湘菜之源"。

【长沙臭豆腐】长沙人称臭干子，色墨黑，外焦里嫩，鲜而香辣，焦脆而不糊，细嫩而不腻，初闻臭气扑鼻，细嗅浓香诱人，具有白豆腐的新鲜爽口，油炸豆腐的芳香松脆，分为豆腐干和臭豆腐乳两种流行小吃。以含蛋白质高的优质黄豆为原料，经过泡豆、磨浆、滤浆、点卤、前期发酵、腌制、灌汤、后期发酵、油炸等多道工序制成，是长沙传统特色名吃。

【口味虾】又名麻辣小龙虾、长沙口味虾、香辣小龙虾等，是湖南省著名小吃。以小龙虾制成，色泽红亮，质地滑嫩，口感香辣鲜浓。20世纪末开始传遍全国，成为人们夏夜街边啤酒摊的经典小吃。主料所用龙虾原产自北美洲，1918年由美国引入日本，1929年再由日本引入中国，生长在中国南方河湖池沼中。口味虾自20世纪末在长沙出现后，一直备受长沙人的喜爱，逐步形成为特色文化，2005年、2006年、2008年长沙市分别举办了3届口味虾节。

【欧阳询】（557-641），字信本，南朝梁太平二年（公元557年）出生于衡州（今湖南衡阳），祖籍潭州临湘（今长沙）。唐代著名书法家，官至太子率更令，弘文馆学士，封渤海县男。擅楷书，与同时代的虞世南、褚遂良、薛稷并称初唐四大家。因其子欧阳通亦通善书法，故其又称"大欧"。与虞世南俱以书法驰名初唐，并称"欧虞"，后人以其书于平正中见险绝，最便于初学者，称为"欧体"。传世碑刻中，著名的代表楷书有《九成宫醴泉铭》《虞恭公碑》《皇甫诞碑》《化度寺塔铭》。有书法论著《八诀》《传授诀》《用笔论》《三十六法》传世。

【张百熙】（1847-1907），字埜秋，一作冶秋，号潜斋。长沙沙坪人，墓葬春华洞田村（现百熙村）。清末大臣，著名教育家。同治十三年（1874年）进士，改翰林院庶吉士。曾先后担任过侍读、侍讲、日讲起居注官、国子监祭酒、都察院左都御史、顺天府尹和工部、礼部、刑部、吏部、户部、邮传部尚书，还担任过赴英国头等专使大臣、政务大臣、新贡士朝考阅卷大臣、殿试读卷大臣、编纂官制大臣等重要官职。1902年1月至1904年1月任京师大学堂管学大臣时，主持拟订的《钦定大学堂章程》，是中国第一部以政府名义颁订的完整学制，对近代教育作出了卓越贡献。《清史稿·艺文志》有《张百熙奏议》四卷，另有《退思轩诗集》六卷、《补遗》一卷传世。

【黄兴】（1874—1916），汉族，原名轸，改名兴，字克强，一字廑午，号庆午、竞武，曾用名李有庆、张守正、冈本、今村长藏。原长沙府善化县高塘乡（今长沙县黄兴镇凉塘）人，中国近代民主革命家，中华民国的创建者之一，孙中山先生的第一知交，辛亥革命时期的先驱和领袖，以字克强闻名当时，与孙中山常被时人以"孙黄"并称。1916年10月31日，病故于上海。1917年移柩长沙，同年4月15日，受民国元老尊以国葬于岳麓山云麓峰以北小月亮坪上方。著作有《黄克强先生全集》《黄兴集》《黄兴未刊电稿》及《黄克强先生书翰墨绩》刊行。

【杨开慧】（1901—1930），号霞，字云锦，长沙板仓人（现长沙县开慧镇），杨昌济之女。1920年冬，杨开慧和毛泽东结婚，1922年初加入中国共产党，成为毛泽东的助手。大革命失败后，毛泽东去领导秋收起义，开展井冈山根据地斗争；杨开慧则独自带着孩子，参与组织和领导了长沙、平江、湘阴等地武装斗争，发展党的组织，坚持革命整整3年。1930年10月，杨开慧被捕，她拒绝退党并坚决反对声明与毛泽东脱离关系，随之被害。1957年毛泽东为纪念杨开慧特写了《蝶恋花·答李淑一》词一首，赞其为"骄杨"。

【雷锋】（1940—1962），湖南望城人。原名雷正兴。中国人民解放军战士、中国共产党员。1961年5月，被选为辽宁省抚顺市第四届人民代表大会代表。1962年2月，以特邀代表身份，出席沈阳军区首届共产主义青年团代表会议，并被选为主席团成员在大会上发言。1962年8月15日，因公殉职，年仅22岁。因以无私奉献而命名的雷锋精神在国内外产生了卓著影响。

【田汉】（1898—1968），湖南长沙县人，乳名和儿，学名寿昌，笔名田汉、陈瑜、伯鸿、汉儿倚声、首甲、绍伯、漱人、陈哲生、明高、嘉陵、张坤等，剧作家、戏曲作家、电影编剧、小说家、词作家、诗人、文艺批评家、文艺活动家，中国现代戏剧三大奠基人之一。他创作歌词的歌曲《万里长城》的第一段后来成为中华人民共和国国歌《义勇军进行曲》的歌词。田汉早年留学日本时曾自署为"中国未来的易卜生"。1968年，田汉在中国文化大革命中不幸被迫害死于狱中。

【章士钊】（1881—1973），字行严，笔名黄中黄、青桐、秋桐，1881年3月20日生于湖南省善化县（今长沙市）。清末任上海《苏报》主笔。1911年后，曾任同济大学教授、北京大学教授、北京农业学校校长、广东军政府秘书长、南北议和南方代表。新中国成立后为著名民主人士、学者、作家、教育家和政治活动家。曾任中央文史研究馆副馆长、第二任馆长，第二、三届全国政协常委，第三届全国人大常委。

【李富春】（1900-1975），长沙人。1919年赴法勤工俭学；1921年加入中国共产主义青年团；1922年加入中国共产党，是中共旅欧总支部领导人之一；1925年回国参加北伐战争；1934年参加长征。抗日战争时期，历任中共中央秘书长、组织部副部长、财政经济部部长、办公厅主任。解放战争时期，历任中共中央西满分局书记，中共中央东北局常委、副书记，东北人民政府副主席，东北军区副政委。建国后，历任政务院财政经济委员会副主任，重工业部部长，国家计划委员会副主任、主任，科学规划委员会副主任，国务院副总理兼国家计委主任、国务院工交办主任，是第七至十届中央委员，第八届中央书记处书记、政治局常委。

【朱镕基】（1928-），湖南长沙人，1949年10月加入中国共产党，1948年12月参加工作，清华大学电机系电机制造专业毕业，大学文化，高级工程师。曾任第十四届、十五届中央政治局委员、常委，1998年3月至2003年3月任国务院总理。主要著作有《朱镕基讲话实录》。该书收录了朱镕基同志担任国务院副总理（1991年4月至1998年3月）、国务院总理（1998年3月至2003年3月）期间的重要讲话、文章、信件、批语等348篇，照片和批语、书信影印件302件。

【李铁映】（1936-），湖南长沙人，1955年4月加入中国共产党，1961年9月参加工作，捷克斯洛伐克卡理士大学物理系毕业，大学学历，高级工程师。曾任辽宁省委书记，电子工业部部长、党组书记；国家经济体制改革委员会主任、党组书记；国务委员兼国家教育委员会主任、党组书记；中国社会科学院院长、党组书记；全国人大常委会副委员长。中共第十二届中央候补委员、委员，十三届、十四届、十五届中央委员、中央政治局委员。

◇ 城市生态

【综述】长沙作为全国"两型社会"综合配套改革试验区，集山、水、洲、城于一体，岳麓山雄踞城西，湘江水穿城而过，橘子洲遏浪中流，是国家生态建设示范城市和国家森林城市。近年来，长沙积极探索生态文明建设和绿色发展新路径，大力推进水土气治理，将生态环境保护责任落实情况纳入全市年度绩效考核重要内容，制定了《长沙市较大环境问题（事件）责任追究办法（试行）》，构建了分解明责、监督履责、失职问责的责任体系和联合执法长效机制，形成了"大环保格局"。修改完善了《长沙市境内河流生态补偿办法》和《境内河流生态补偿实施细则》，下发了《关于全面推行河长制的实施意见》《长沙市贯彻落实〈水污染防治行动计划〉实施方案（2016-2020年）》等一系列文件。现拥有国家风景名胜区2个，国家森林公园5个，国家湿地公园4个，国家地质公园1个，省级自然保护区1个。曾获评"十佳生态文明建设示范城市"，位列"中国十佳休闲宜居生态城市"之首。

【**岳麓山风景名胜区**】位于市区西部湘江之滨，总面积35.2平方公里，主要包括麓山景区、天马山景区、橘子洲景区、桃花岭景区、石佳岭景区、寨子岭景区、后湖景区、咸嘉湖景区八大景区，建成并对外开放的有麓山景区、橘子洲景区、桃花岭景区。岳麓山海拔300.8米，风景名胜有爱晚亭、岳麓书院、麓山寺、云麓宫及黄兴、蔡锷、蒋翊武、陈天华等名人墓葬。橘子洲景区自2009年元月提质改造后正式开园，面积增到94公顷，成为市民休闲的好去处。2010年，修建以景观欣赏为主题的桃花岭公园，总规划面积约367亩，兼具郊野游览、生态观光、徒步登山、科普体验、假日休闲等功能。2012年，岳麓山风景名胜区晋级国家5A级旅游景区。

【**千龙湖国家湿地公园**】位于望城区格塘镇，距长沙市区30公里。公园以湿地保护与恢复、科普宣教和休闲娱乐为主题定位，以维护湿地健康为重点，以展示湿地生态功能为宗旨，以体现湖湘文化为特征，以亲历湿地的娱乐休闲活动为靓点，分生态保育区、湿地恢复展示区、科普宣教区、休闲娱乐区、生态种植示范区、管理服务区等功能区，是具有独特韵味的湖泊湿地公园。

【**松雅湖国家湿地公园**】位于长沙县北部，北至捞刀河，南至滨湖路，东至东六线（北段）和东八线（南段），西至松雅河，是团结垸退田还湖工程实施后形成的城市湖泊。东西长约3.1公里，南北长约2.6公里，总面积365公顷，其中湿地面积为274.4公顷，占总面积的75.2%，分为湿地保育区、恢复重建区、宣教展示区、休闲体验区和管理服务区5个功能区。2011年3月，经国家林业局批准，松雅湖正式开展国家湿地公园试点建设，以湖光山色、自然生态为基础，集休闲、旅游、娱乐、健身、水上活动等功能于一体，现已成为全省国家级湿地公园中湿地面积最大的的综合性城市湿地公园。

【**洋湖国家湿地公园**】位于洋湖大道以北，潇湘南大道东线以西、靳江河以南、以东。规划面积4.85平方公里，其中修复和保育区域面积4平方公里、河流湿地0.85平方公里，集生态、文化、休闲、教育等多功能于一体，分湿地科教区、湿地生物多样性展示区、湿地生态保育区、湿地休闲区以及管理服务区等五大功能区。公园定位为修复湿地生态系统，保护生物多样性，发挥湿地净化水质功能，构建城市、湿地生态与人居和谐发展的示范新城区，年接待游人可达400万人次，已荣获中国人居环境范例奖、国家4A级景区、省两型示范景区、省科普教育基地、全国旅游行业文明旅游先进单位等荣誉称号，洋湖湿地科普馆于2016年荣获"中国十大最美科普场馆"。

【天际岭国家森林公园】位于雨花区洞井镇，也称湖南森林植物园，占地140公顷，境内有山有谷，有平坦的草地、开阔的斜坡和碧波荡漾的湖面，森林覆盖率达85%以上。园内辟有植物分类区、珍稀濒危植物区、药用植物区、观赏植物区等10个功能区，其中包括樱花园、桂花园、茶花园、竹园、木兰园、杜鹃园、梅园和花卉盆景园。建园20多年来共，引种植物107科749属1883余种，驯养野生动物38种。2006年8月，经国家林业局批准，成为首批获得中国国家森林公园专用标志使用授权的国家级森林公园。

【黑麋峰国家森林公园】位于望城区东北部的桥驿镇境内，面积4079公顷，其中3个主要水体水域面积89.6公顷。夏季平均气温为20~28℃之间，形成了"夏无酷暑，冬无严寒"的山地森林小气候，动植物资源丰富，主峰海拔590.5米，森林覆盖率为83%，有种子植物124科438属651种，其中具有药用价值的达113种；有野生脊椎动物74种，其中哺乳动物28种、鸟类28种、爬行类11种、两栖类7种。史上曾以人文鼎盛著称，唐高僧及书法家怀素、明正德皇帝朱厚照曾游历麋峰，至今墨迹犹存。唐大诗人刘长卿入山寻游访胜，有诗纪行。据传八仙之一的吕洞宾曾入山修道，今有"寿"字石刻、洞宾崖等十多处吕仙遗迹，故道家称此山为"洞阳山"，列入"三十六洞天福地"之二十四洞天。2011年被批准为国家级森林公园，是市区内最大、海拔最高的国家级森林公园。

【湖南烈士公园】位于开福区，西到东风路，东临浏阳河，南至营盘路，北抵丝茅冲。1951年动工兴建，1953年建成开放，占地面积138.93公顷，其中陆地面积69.6公顷，水域面积69.33公顷，由纪念区、游览区两部分组成，分"烈士纪念园""百姓休闲园""水域风光园""民俗风情园""儿童游乐园""山水休闲园"六大专项园区，以纪念湖南革命先烈为主题，以自然山水风光为特色，集纪念、游玩、休闲于一体，是全国烈士建筑物重点保护单位，也是湖南省首个"国家重点公园"和实行免费开放、长沙市面积最大的综合性公园。

【长沙南郊公园】位于长沙市南郊新开铺，占地36公顷，1965年5月1日建成开园。前身是1958年开始筹建的桥头公园，后改作南郊苗圃，经过26年封山育林，形成了绿化覆盖率为92.57%的森林植物公园，有多达65个248种的树木16700多株（丛）。公园开辟了"梅亭""翠竹坡""长寿林""临江口""双亭"等10多个景点，以自然风光、植物造景为特色，充满野趣，楼台亭阁、花坛水榭点缀其间，享有"绿色明珠"的美誉。

【月湖公园】位于金鹰文化城片区的浏阳河畔，总面积1003亩，紧靠国防科技大学和长沙大学。以"月"为主题，分为人文景观区、生态湖景区、运动休闲区、办公服务区、浏阳河景观带等8大板块，塑造有秋月湖、月光岛、满月堤、芙蓉新晖、洪山余韵、潇湘渔火、荷塘月色、长堤春柳、月舞潇湘、音乐喷泉等特色人文景观。景点各具特色又相互呼应，亭台阁楼、水榭栈道的大量运用，渗透着古朴丰厚的文化底蕴，配合因山势微微起伏的而量身挑选的植物配置与园林小品，呈现出自然风光与人文景观浑然天成的优美韵律。2006年12月建成开园并向广大市民免费开放，是一座新型城市景观公园。

【天心阁公园】 坐落在200多米长的古城墙之上。古城墙始建于公元前202年，公园始建于1924年，现占地面积约3万余平方米，园内花木扶疏，亭阁错落，古雅精致，景点林立，相映成趣，令有限空间蕴藏着无穷的诗情画意。大型"历史文化名人刻画廊"，汇集了3000余年间众多历史名人的业迹；《太平军魂》巨型群雕，再现了太平天国农民起义攻打长沙的壮烈画面。"天心阁"地处长沙城区中心最高处，是中国八大名楼之一。古阁古城墙连为一体的古典园林，历代均视为长沙的标志。

【西湖公园】 位于河西城区的中心腹地，又名咸嘉湖公园、西湖公园，属岳麓山风景名胜区的三级景区，总面积约130公顷。分为岳麓文化展示区、游船文化展示区、水乡风情文化、西湖天地、书院文化、湘楚遗韵、历史名人展示、文化广场以及环湖文化景观带等文化功能区，各文化节点通过中心湖面、步行系统形成文化景观体系，是以西湖为生态景观核心，以岳麓山绿化为生态屏障，以展示和表现长沙历史文化的休闲娱乐、旅游服务为主，集商务、旅游度假为一体的综合性城市公园。

【长沙生态动物园】 位于长沙县暮云镇，地处长沙、株洲、湘潭三市融城的中心地带。面积1500亩，大门入口在两小山丘之间，与自然环境浑然一体，"门自天成"。2010年10月建成开放，其前身为长沙动物园。由中日著名设计师参照世界知名动物园标准联合设计，分为步行圈养区、车行放养区、科普教育区、生态景观区、休闲娱乐区、后勤服务区，建有动物笼舍区和驯化场37个，饲养动物300余种类、约5000余只（羽），是全省唯一一家经国家林业总局和农业部批准发证，能引进饲养一、二类水陆野生动物的公益性、事业性的专业野生动物饲养和展示单位，是市民百姓旅游最佳目的地和全省最大的中小学科普教育基地。

【湘江风光带】 位于湘江大道，南起规划中的长沙湘江黑石铺大桥，北至月亮岛北端，长约26公里。建于1995年，由十余个休闲健身广场、绿化带以及历史文化景观组成，以休闲长廊和雕塑为主景，配套以形式各异的小广场、景观小品、灯光亮化等载体设施，组合种植了多品种乔木和灌木，体现了江水两岸相互映衬的自然风光，营造了优美环境，集防洪、观光、旅游、休闲、健身等功能于一体，被称为长沙"外滩"，是游人观光小憩、市民休闲漫步的好去处。

【长沙市天然气利用工程】由长沙新奥燃气公司总投资3亿元，在开元路以北建星沙储配站，用地规模100亩，开口气量达24000立方米/日。储气量可保证上游气源停止供应后的长沙市用气15至20天，为长沙市高峰时期安全平稳供气提供有效保障。公司与省公安厅等8家单位签署了天然气改烧协议。签约标的创天然气利用工程全省之最，开口气量规模大，在长沙市天然气利用工程历史上尚属首次。节能降耗效果明显，相对于柴油运行费用，每年可降低35%，减少长沙上空200余吨二氧化硫排放。

【黑糜峰固体废弃物处理场】位于望城区桥驿镇黑糜峰固体废弃物处理场西侧山谷，地处长沙市区北面，与市中心的直线距离为20公里，项目总投资约25.86亿元，占地面积约450亩，设计处理规模为5000吨/日，年处理生活垃圾约180万吨。由湖南建工集团工业设备安装公司承建，是湖南省重点工程和亚洲最大的生活垃圾发电厂。

【长沙市第一垃圾中转处理场】位于长沙市洪山管理局果林分场，总投资估算约6500万元，占地面积10404.97平方米，包括废水处理系统、污泥处理系统、臭气处理系统及其公共配套工程，一期设计处理规模800立方米/天，二期规模增加400立方米/天，总规模达到1200立方米/天；污水处理采用"升流式厌氧污泥床（UASB）+膜生物反应器（MBR）"主体处理工艺，达到《污

水综合排放标准》（GB8979-1996）三级标准后经市政污水管网排入城市污水处理厂，其中氨氮达到《污水排入城镇下水道水质标准》（CJ343-2010）B等级。

【长沙危废医废处置中心】中心占地300亩，2013年12月开工建设，是集"焚烧、填埋、利用"于一体的危险废物综合处理处置基地，总投资3亿元，工程主要包括焚烧、物化、安全填埋（填埋场总库容150万立方）处理工艺，年处置规模约46000吨/年，主要特许收运处理长沙、湘潭、株洲、岳阳、常德、益阳、娄底、怀化、张家界、湘西自治州等地的危险废物，但不处理任何放射性（辐射性）废物、爆炸性废物等高危废物。

【长沙市固体废弃物处理场】位于望城区桥驿镇附近大山上，工程投资2亿元，包括填埋场区工程和进场专用道工程，占地面积2600多亩，其中填埋场区占地2300亩，库容为4500万立方米，设计服务年限为34年，全部按国家建设部和环保总局的有关要求设计并运作。采用改良型厌氧卫生填埋方式，对填埋垃圾按单元分层作业，其流程为计量—倾倒—推平—压实—消杀—覆土—封场—绿化；对垃圾填埋后产生的气体经导排系统收集后用于供热或发电；对垃圾渗透漏液经调节池集中收集后通过日处理达1500吨的污水处理厂进行生物和化学处理，达到国家二级排放标准后排放。2002年6月全部建成，是目前国内容量最大的垃圾处理场。

【洪山桥垃圾中转站】位于开福区洪山桥，是长沙目前唯一的垃圾中转枢纽。各区环卫车辆运送来的生活垃圾首先通过场内大型垃圾压缩打包设备进行压缩处理，同步实施除臭等工序后，再经大型垃圾中转专用运输车辆统一运送至35公里外的垃圾填埋场。自2017年起，逐步对城区内600余座地埋式举升站、高台站等旧式生活垃圾收集站进行改造，实现压缩、密闭、智能管理。

◇ 城市名片

【综述】长沙是湖南省的省会及经济、政治和文化中心，亦是中国中部地区的核心城市之一。长沙文化底蕴深厚，有书面记载的历史可追溯到公元前1600年。1982年长沙市即被国务院命名为国家首批"历史文化名城"。长沙还荣获东亚文化之都、世界"媒体艺术之都"、国际美食之都、全国文明城市、国家园林城市等称号，获有中国人居环境范例奖等奖项。山、水、洲、城融为一体，被誉为"中国第一洲"的橘子洲头；中国四大著名书院之一的岳麓书院；世界十大古墓稀世珍宝之一的马王堆；世界釉下彩瓷发源地，打破当时只有青瓷和白瓷单一格局，被称为"汉文化向外扩张的里程碑"的铜官窑遗址等。还有"天河"超级计算机、超级杂交稻、高性能3D激光打印机、新型耐3000℃烧蚀陶瓷涂层等科研成果。2016年长沙在国内"最具幸福感城市"评选中荣居首位。

【天心阁】位于长沙市区城南路与天心路交会的古城墙上，是长沙古城楼之一。楼阁三层，建筑面积846平方米，碧瓦飞檐，朱梁画栋。清乾隆十一年（1746）由抚军杨锡被主持兴建，当时为全城最高处。阁名引含《尚书》"咸有一德，克享天心"之寓意。原名"天星阁"，源于明代盛传的"星野"之说，"天星阁"正对应天上"长沙星"。据传，当时星象学者认为此地势高峻，为文运昌隆之祥兆，于是在城楼建"天心"与"文昌"二阁以应之。昔有对联："四面云山皆入眼，万家灯火总关心"，即是建阁初衷。岁月流逝，天心、文昌两阁均毁，只有"天心"匾额留存，后世便在文昌阁遗址旁兴建天心阁，是兵家攻守必据之地。太平天国时，西王萧朝贵率军由此进攻长沙。1905年，孙中山、黄兴派遣陈家鼎回湖南组建的同盟会机关，一度秘密设在阁内。1930年7月，彭德怀率领工农红军攻入长沙，在天心阁向部队作过报告。1938年被大火烧毁。1983年重建，被历代视为长沙古城重要标志。

【爱晚亭】位于岳麓山下清风峡中，坐西向东，三面环山。清乾隆五十七年（1792），由岳麓书院院长罗典始建，原名红叶亭、爱枫亭。后由湖广总督毕沅根据杜牧"停车坐爱枫林晚"的寓意改名爱晚亭，经同治、光绪、宣统、民国多次大修，与陶然亭、湖心亭、醉翁亭并称中国四大名亭。

抗战时期被毁，1952年重建，1987年大修。亭形为重檐八柱，琉璃碧瓦，亭角飞翘。内为丹漆圆柱，亭中彩绘藻井。亭前有池塘，桃柳成行。四周皆枫林，深秋时红叶满山。东西两面亭楹上悬的红底鎏金"爱晚亭"匾额，由时任湖南大学校长李达专函请毛泽东所书。

【岳麓书院】坐落于岳麓山东面山下的湖南大学校园内，前临湘江，后枕岳麓山，四周林木荫翳，环境幽静雅致，自然景观与人文景观融为一体，是宋代著名的四大书院之一。由潭州太守朱洞创建于北宋开宝九年（976）。北宋天禧二年（1018），真宗赐"岳麓书院"门额。南宋孝宗乾道年间（1165–1173），著名理学家张栻到书院主持讲事，朱熹闻名从福建来院讲学，并手书"忠、孝、廉、节"四字。绍熙五年（1194），朱熹任湖南安抚使，书院规制一新，当时有"道林三百众，书院一千徒"之说。清光绪二十九年（1903）改为高等学堂。占地面积21000平方米，现存建筑大部分为明清遗物，完整地展现了中国古代建筑气势恢宏的壮阔景象。主体建筑有头门、二门、讲堂、半学斋、教学斋、百泉轩、御书楼、湘水校经堂、文庙以及文昌阁、六君子堂、十彝器堂、半学斋、赫曦台等，分为讲学、藏书、供祀三大部分；正中讲堂又称为"忠孝廉节堂"，正面悬乾隆皇帝手书的"道南正脉"匾，西厢有御史衡山人欧阳正焕所书"整、齐、严、肃"四个大字。书院还以保存大量的碑匾文物闻名于世，建筑风格典雅朴实。

【橘子洲头】位于湘江江心的橘子洲南端。橘子洲系湘江下游众多冲积沙洲之一，也是世界上最大的内陆洲，形成于晋惠帝永兴二年（305）。唐代即盛产南橘，远销江汉等地。橘子洲西瞻岳麓山，东望长沙城，四面环水，凌波绵延数十里，狭处横约40米，宽处横约140米，形如长岛，从西向东，山、水、洲、城融为一体，形成了"一面青山一面城"的独特景观，是长沙重要名胜之一，被誉为"中国第一洲"。古潇湘八景之一的"江天暮雪"就在此地。毛泽东青年艺术像雕塑傲立于橘子洲头，洲中还有水陆寺、拱极楼、外国领事馆、高级别墅等名胜古迹。

【马王堆汉墓遗址】位于长沙市区东郊浏阳河旁的马王堆乡，是西汉初期长沙国丞相利苍及其家属的墓葬。1972–1974年，考古工作者在这里先后发掘了3座西汉时期墓葬。墓葬结构宏伟复杂，椁室构筑在墓坑底部，由三椁、三棺及垫木所组成。木棺四周及其上部填有木炭，木炭外又用白膏泥填塞封固。墓葬内的随葬品十分丰富，共出土丝织品、帛书、帛画、漆器、陶器、竹简、印章、封泥、竹木器、农畜产品、中草药等遗物3000余件，还出土保存完好的女尸1具以及中国迄今所能见到最早的方剂帛书《五十二病方》。二号汉墓墓主利仓为长沙国丞相，一号汉墓墓主辛追为利仓夫人。

2013年5月，国家文物局将马王堆汉墓列入第七批全国重点文物保护单位名单。2016年6月，马王堆汉墓被评为世界十大古墓稀世珍宝之一。

【城市荣誉】先后获得过全国文明城市、国家园林城市、全国森林城市、全球绿色城市称号和人居环境良好范例奖，以及2005年度中国十大节庆城市、2010-2011年度中国十大会展品牌城市、中国十佳休闲宜居生态城市、中国最具幸福感城市、中国首届最具软实力城市、全国十大幸福省会城市、2017年度中国最具投资潜力城市50强、2017世界特色魅力城市200强等荣誉。

【友好城市】自1982年长沙市与刚果（布）布拉柴维尔市结成湖南省第一对友好城市以来，至2017年7月20日与白俄罗斯莫吉廖夫市结成友好城市，长沙市已与24个国家的40个城市结为友好城市或友好经贸合作城市。

【城市象征】1985年11月30日，长沙市八届人大常委会第十四次会议通过决议，确定香樟树、杜鹃花分别为市树、市花。

湖南城市大典 浏阳市

浏阳市

浏阳市，公元209年置县，1993年撤县设市，是胡耀邦、谭嗣同故里，秋收起义发祥地，世界闻名的花炮之乡，福布斯中文版《中国大陆最佳县级城市榜》上榜城市，中国工业十强县级市。

◇ 城市概况

【区划范围】浏阳，为湖南省辖县级市，由长沙市代管，因县城位于浏水之北（阳面）而得名。古为"吴楚咽喉"，是省会长沙副中心和湘赣边区域性中心城市。地处湖南省东部罗霄山脉北段，东邻江西省铜鼓、万载、宜春；南接江西省萍乡和湖南省醴陵、株洲，西倚省会长沙，北靠湖南省平江。居于北纬27°51′~28°34′，东经113°10′~114°15′之间，全市东西宽105.8公里，南北长80.9公里，距长沙市政府62公里，距长沙黄花国际机场42公里。现辖2乡26镇4街道，总面积5007.75平方公里。中共浏阳市委员会、浏阳市人民政府驻关口街道环府路8号，电话区号：0731，邮政编码：410300。

【地理环境】浏阳地处幕阜—罗霄山脉北段，属幕阜连云山丘区。地势东北高，西南低。地形为丘陵、山区。境内有浏阳河、捞刀河、南川河三大水系，浏阳河发源于大围山。主要山脉有大围山、连云山九岭山等，境内最高峰位于大围山七星岭，海拔1608米，最低位于柏加镇杉湾里，海拔37.5米，海拔相差1570.5米，地势高低起伏大。浏阳属亚热带季风湿润气候，其特点是热量充足，降水丰沛，光照较足，气候变化随山地垂直差异明显。春季温和，暮春初夏雨多，盛夏晴热高温，秋季凉而不寒，冬季寒冷，但严寒期短。多年平均气温17.5℃，元月平均气温5.4℃，7月平均气温28.7℃。境内主要气象灾害有暴雨洪涝、龙卷风、干旱、雷雨大风、寒潮、低温冷害、高温热害、强雷暴、冰雹等。

【资源物产】浏阳资源较多，物产丰富。矿产资源已探明的有61种，其中非金属矿产26种，金属矿产29种，能源矿产4种，水气矿产2种。已开发利用矿种26种。有矿产地186处。海泡石、硫铁矿和磷矿位居全国矿产资源储量前十位，其中海泡石位居全国首位。菊花石是全球独一无二的稀世珍品，也是浏阳市特有的矿种，资源储量2357.2万吨。地表水资源共有41.3亿立方米，地下水储量估计为2.9亿立方米，人均占有3842立方米。浏阳地处全球8个候鸟迁徙通道之一的"东亚—澳大利亚"的中心区域，野生动植物资源十分丰富。发现野生动物200多种，其中国家重点保护的有20多种、国家"三有"保护的有180多种。鸟类120多种，其中候鸟类30多种、留鸟类80多种。

【建置沿革】在古代九州中，浏阳属荆州，西周、东周属长沙国，春秋、战国均属楚国。西汉属长沙国临湘县地。东汉建安十四年（209）临湘县地始置浏阳县。治所设"县东"旧城隍庙附近。建安十五年（210）属汉昌郡，建安二十二年（217）属长沙郡。隋大业三年（607），浏阳县并入长沙县。唐景龙二年（708）分长沙县复设浏阳县，属潭州长沙郡。县治设故城西面淮川。元初（1271）县治迁往居陵镇。元贞元年（1295），升县为州，属天临路。明洪武二年（1369）复降为县，治所迁往淮川，属长沙府。清康熙三年（1664）属长宝道。民国三年（1914）属湘江道，民国七年（1918）属湘东道。民国15年（1926）属第一行政督察区。民国二十六年（1937），成为督察专员公署治所。中华人民共和国成立后，先后属长沙专区、湘潭专区、湘潭地区。1983年，改属长沙市。1993年，经国务院批准，撤县设市。

【人口民族】2016年，全市年末户籍户数42.22万户，总人口为149.1万人。其中，城镇人口70.84万人，乡村人口78.26万人。年内出生人口23918人，出生率为16‰。年内死亡人口12107人，人口死亡率为8.1‰；人口自然增长率7.9‰。浏阳市有30万以上的客家人，嘉靖年间，一批福建人避倭寇，逃江西吉安、宜春等地，后随广东棚民一部分迁入。浏阳有苗族、土家族、壮族、侗族、瑶族等34个少数民族，在籍少数民族人口3040人。其中，人口超过500人的有苗族和土家族，苗族970人，土家族752人。

【区位交通】古为"吴楚咽喉"。距长沙黄花国际机场42公里。蒙华铁路浏阳段全长约96.7公里（至省界），途经市域内社港、龙伏、淳口、溪江、古港、三口、沿溪、官渡、达浒、张坊共10个乡镇，设置车站8座。319国道和106国道过境浏阳，截至2016年年底，浏阳市公路通车里程达到6623.8公里，其中高速公路三条：大浏高速、长浏高速和浏醴高速，里程227.31公里；浏阳乡镇公路通达率100%，部分行政村实现了组组通公路和户户通公路的目标，已初步形成以高速公路为大动脉、国省干线公路为主骨架、县乡村公路为支脉，辐射全市各个村落的公路交通路网格局。

【社会发展】2016年，全市拥有普通小学296所（含散学点），教职员工3960人，在校学生101171人；普通初中52所，教职员工3036人，在校学生43458人；普通高中12所，教职员工1891人，在校学生22136人；中等职业学校3所，在校学生8115人；特殊教育学校1所，在校学生212人。2012年来，浏阳科技名片的含金量不断提高。荣获"全国科技进步先进（县）市""全国科普示范县（市）"、首批"国家知识产权强县工程"县（市）等荣誉称号。科技创新能力2013年在全国县市级排名48名，成为湖南省唯一进入前50强的县（市）。2016年末，全市拥有卫生机构50个，其中医院42所。卫生机构床位数7568张，卫生技术人员7259人。2016年末，全市参加城镇基本养老保险人数82000人，城镇基本医疗保险的参保人数118950人，参加失业保险人数75400人，参加新型农村合作医疗人数1247897人，参保率达98.5%，参加新型农村社会养老保险人数842000人。

◇ 城市建设

【综述】浏阳是湖南省重点建设的五座县级大城市之一，1993年撤县建市以来，城区建设扩容提质，配套设施不断健全，城市功能不断完善，绿化亮化不断推进，城区面貌更加靓丽。总投资9亿多元的西北环线的开通，拉开了浏阳城市的骨架，将浏阳主城区骨架由现在的25平方公里扩容到50平方公里，城区面积将扩大一倍。高标准设计建设了花炮观礼台、豫园步行街、体育运动

中心、欧阳予倩剧院、档案馆新馆大楼、道吾山路景观工程等一批精品亮点工程。城区路网功能提升，禧和路、南川路、百宜路等7条城市主次干道相继开通。永安、大瑶、镇头、沿溪、大围山、中和等重点城镇建设健康有序发展，"一轴三带"新型城镇化格局初步形成，城镇化率达55.4%。公共交通基础服务设施完善，拥有城乡客运班线142条，城乡客运车辆551辆，行政村客运班线通达率为100%。

【城市规划】2016年9月，浏阳公布了《浏阳市城市总体规划（2001-2020）（2016年修订）》（以下简称《规划（修订）》）方案。《规划》自2003年12月实施以来，对全市经济社会发展和城市建设发挥了重要的引导作用。全市已培育发展了永安、大瑶、镇头等各具特色的新型城镇，"一轴三带"城镇格局初步形成，主城区扩容提质成效显著。截至2015年底，主城区建成区用地面积约27.9平方公里，人口约24.3万人。同时，浏阳突出城市道路交通建设，建成城市道路总长达180余公里；突出公共服务设施配套和生态环境保护，城市功能显著提升，人居环境明显改善。《规划》提出，构建"一轴三带、两城七园、三河三山"的市域发展格局。形成"一市两区""一水三山四带"的空间结构。中心城区形成"一心两翼、双廊三轴"的空间发展结构。到2020年将浏阳建成国际花炮名城，省会副中心和湘赣边区域性中心城市，全市

政治、经济和文化中心，以生物医药、电子信息、机械制造、旅游及文化创意为主导产业的生态宜居城市。

【浏阳工业新城】 位于浏阳市西部，东临浏阳市约20公里，西距长沙市黄花机场8公里，临近长沙霞凝港、京珠高速公路、京广铁路，荆岳吉铁路（拟建）。319国道贯穿规划区，长浏高速S20、大浏高速、浏醴高速三条高速公路纵横。已经获得可行性研究批复的长浏城际铁路与G319平行横贯规划区。规划区以长沙国家生物产业基地（浏阳生物医药园）和浏阳制造产业基地（浏阳制造产业园）为主体，范围涉及到永安、洞阳、北盛、蕉溪四个乡镇，区域总面积为369.5平方公里。

【新文路步行街】 与才常广场相接，构成一街一园的特有景致。街中央每隔4米设有风格各异的花坛，花坛边都是进口大理石铺就的座凳，光洁锃亮，可供市民休憩。路面由麻石和大理石铺成。街的两侧多为名牌服饰店。新文路商业步行街长约1000米，宽16米，是浏阳核心商业区。它由浏阳市城建投资开发公司兴建，由同济大学、华南理工大学、湖南大学、长沙市建筑设计院四家单位设计，总投资4000万元，于2000年10月6日竣工，成为浏阳市一道最亮丽的风景。

【仿古步行街】 也称浏阳特产城，位于劳动北路市体育馆的对面，总长大约1200多米，主体设计是仿古式设计，连细节门窗都是木制，扶手梯，窗格都以暗红色调为主。

仿古步行街内凉亭、观戏台、小楼、听雨阁、厅、堂、轩、廊之人文景观样样具备，另有牌坊、古钟等具有浏阳特色的造型。一楼以门面为主，主要对外开放，其招牌设计以古典文字做造型，近年来有很多怀旧的80、90后喜欢去仿古步行街拍婚纱照。

【豫园步行街】 位于浏阳经开区（长沙国家生物产业基地）纬二路与环园东路（原健安大道）交汇处，占地面积为67亩，项目总投资近10亿元人民币，建筑面积19万平方米，以大型超市为主，融商业购物、休闲娱乐、餐饮美食、高档公寓等为一体的商业综合体。项目由步行街区-1、1、2、3层商业、三栋24层的电梯高层住宅、一栋18层的公寓、9栋6层的小独栋组成。为了让消费者有一个优越的购物环境，项目还配置了购物观光电梯、高档数码影院、最大地下停车场、超大广场等诸多配套，主体建筑还采用了首个"连廊式"商业设计，时尚的情景街区布局，超前十年的现代商业建筑风格。

【浏阳火车站】 始建于1966年。离源门铺站71公里，离永和站37公里，隶属醴浏地方铁路处管辖，办理客货业务。醴浏铁路于2004年5月拆除，该铁路上的浏阳火车站也被废置，现被作为遗址保存。根据2014年《国家发展改革委关于新建蒙西至华中地区铁路煤运通道可行性研究报告的批复》，新建设的蒙华铁路将横贯浏阳，并在东部溪江乡（现与关口街道合并为关口街道）设浏阳站。

【浏阳市汽车西站】位于花炮大道花炮市场右侧（电力局对面），因旧浏阳长途汽车站（老东站）拆迁，浏阳长途汽车站和浏阳汽车西站合并为新西站，并于2013年12月开始运营，承担浏阳西线、北线乡镇车站功能，浏阳发出的所有省际、市（县）际以及长浏、高铁长沙南站、黄花机场等线路的班线车均由此站发出。新西站每日的发车量，由此前的两百多车次增加到近六百车次。

【浏阳大道】前身为世纪大道，是浏阳市一条南北走向的道路，也是浏阳市兴建的档次最高、环境最优美的一条高等级城市道路。浏阳大道全长3.2公里，车道路幅为双向六车道城市主干路，设计速度60千米/小时，2003年建成。2016年启动提质改造，此次提质改造路段长约1.5公里，面积约为7万平方米，改造内容主要包括道路红线范围内交通优化、管线工程、绿化及建筑立面改造等。

【自来水三厂】位于浏阳市李畋路，占地5.3公顷，设计供水能力10万立方米/日，分三期完成，并留有适当发展余地。一、二期工程于2004年5月全面竣工，日供水能力6万吨，三期工程于2015年竣工。在建成水源头、源水自流管以及取水送水泵房等建设工程项目的同时，建成自动控制系统并完成水厂前期自动化配套改造，成功实现了建设一个全自动无人值守水厂的设计目标。

【浏阳市第一中学】位于圭斋东路81号，是湖南省示范性普通高级中学。校徽为圆形，由大成门、胡耀邦总书记题写校名和英文对照校名组成，校徽设计体现了学校深厚的文化底蕴和独特的文化内涵。校训为"崇德尚志　勤奋创新"。浏阳市第一中学创办于1929年，始称浏阳公学。1949年，确定以浏阳文庙作为固定校址。1955年更名为"湖南省浏阳县第一中学"。截至2015年，学校占地面积17.3公顷，校舍建筑面积12.8万平方米。

【浏阳市人民医院】位于人民中路49号，创建于1952年，现为综合性二级甲等医院。医院前身为1916年将西医传入浏阳的天主教教会医院。发展至今，已是一所集医疗、急救、教学、科研、康复为一体的三级综合医院，拥有医护、行政后勤等各类员工1500人，其中主任医生28名，中高级专业技术人员515名，开设37个临床科室和5个医技科室，开放病床1200张，开展介入、显微、微创等先进技术，有8个省级重点学科。2015年，首批通过"二甲"复审，获湖南省卫计委批准设置三级医院。

【浏阳市中医医院】位于北正中路67号，成立于1956年，是一所集中西医疗、急救、教学、科研、康复、预防、保健于一体的三级甲等中医医院，为湖南中医药大学附属第二中西医结合医院，先后荣获全国中医名院，全国中医药文化建设先进单位等荣誉，全国县级中医医院竞争力排名第6。医院现有干部职工1228人，其中高级职称124人，博士生2人，硕士生69人。医院拥有64

排螺旋CT、1.5T磁共振、平板DSA、DR、CR、四维彩超、全自动生化分析仪等先进医疗设备。开放床位836张，设有28个临床科室，9个医技科室，1个司法鉴定所。

【浏阳市体育运动中心】位于劳动北路，是集体育训练、体育比赛、体育健身、休闲娱乐为一体的综合性体育活动场所。主体建筑由两大场馆组成：体育场和多功能体育馆。体育场占地230亩，是按照国家标准建造的足球田径运动场。该工程2002年6月12日奠基，2003年9月底竣工并投入使用。总投资1.2亿元，拥有省内一流的功能设施，可以容纳2万名观众。多功能体育馆是浏阳市第一个以BT融资模式运作的政府工程，该项目于2010年10月12日顺利完成。总建筑面积约26000平方米，主体建筑高度23.10米。

【欧阳予倩大剧院】位于浏阳河广场予倩路9号，建成于2004年底，以著名戏剧艺术家欧阳予倩先生名字命名。占地面积20.5亩，总建筑面积15000平方米，后倚苍翠天马山，前凭九曲浏阳河，具有得天独厚的人文优势和地理风光。剧院集歌舞演艺、影视会议、休闲娱乐、艺术教育于一体，是全国县市中品位最高、规模最大、功能最全的大剧院之一。1号大厅共1182座，具有会议、演出、电影等多功能；2号厅是专业IMAX影厅，共347座，是全国电影院第13块IMAX巨幕影厅。同时还有3至6号不同规格大小的影厅，以及各种规格的大小型贵宾厅和会议厅。

【中国浏阳国际花炮展示交易中心】位于花炮广场西南侧，2001年建成，是浏阳市政府依托花炮支柱产业而建设的国际性大型专业市场，也是全球最大的花炮产品展示交易中心、花炮产业信息发布中心、花炮及原材料集散中心。占地面积139403平方米，有门面871个，配套住宅408套，商务办公房72套，可容纳1000多户商家。

【花炮观礼台】位于环府路，坐落在美丽的浏阳河畔，由水景工程、水上舞台、观众看台、前置广场、停车场、设备用房六部分组成。全长208米，台高60米，其中水上舞台面积4000平方米，观众看台面积9000平方米，能容纳观众9000人，前置广场14000平方米。焰火燃放场设置在观礼台对岸，每逢佳节庆典，五彩缤纷、绚丽多姿的浏阳烟花焰火就在这里腾空而起。

【花炮广场】位于市区西北入口花炮大道、金沙北路、浏跃公路、浏永高等级公路交汇处，占地68000平方米。广场由一个中心岛和四个扇形角组成。中心岛上矗立的"九曲浏阳河"雕塑，高30米，外围栏杆饰以歌曲《浏阳河》的五线谱；四角以绿化为主依山建成可俯视广场全景的"小长城"，四角广场设有休息亭、水池、假山、小雕塑等园林小品。

【将军广场】位于车站路与花炮大道交汇处，占地面积25000平方米。广场东北角建有王震、宋任穷、杨勇、李志民、唐亮为代表的浏阳籍将军雕塑群，以及面积44平方米的浮雕墙。广场中心岛雕塑取名为"腾"，以红色为基调，并以红旗为基本变形，下半部以振翅欲飞的翅膀象征着蒸蒸日上的美好生活，造型旋转向上，显示出奔腾不息的气势；上半部直插云天，寓意着勇于进取、敢于创新，集中体现了"自强不息，敢为人先"的浏阳精神。

【中国花炮文化博物馆】坐落于大瑶镇，建在原李畋阁遗址上，属仿唐古建筑，青砖碧瓦、流檐画栋。原阁前门尚存，古风依然。两厢偏楼建花炮文化展示厅，设展室四间，展馆分为四大部分"千年巡礼""传统工艺""现代科技""辉煌业绩"。馆内收藏有明清时期的花炮印刷版、手推车等实物100多件，记载着浏阳花炮1400多年的发展历史，陈列各时期的照片200多幅，展示了花炮自诞生以来漫长而复杂、辉煌而壮丽的历程。花炮博物馆是中国首家村办花炮博物馆，享有花炮"中国第一馆"的美誉。

【浏阳市图书馆】建于1929年11月，时称"浏阳民众图书馆"，1935年撤并民众图书馆称号，创建民众教育馆，后改为浏阳中正图书馆，当时书刊较少，时关时开。解放后，"浏阳中正图书馆"改名为"浏阳县图书馆"。1960年县图书馆并入县文化馆。1976年3月，恢复重建浏阳县图书馆。1982年，图书馆选址城关下河街4号，兴建图书馆舍一栋，面积1040平方米。2001年，兴建一栋3000余平米的阅览大楼，并大量添置图书，逐渐形成集收藏人文社科、自然科学、古籍文献、地方史志和各时期报刊杂志、现代电子文献于一体的综合性公共图书馆，现有藏书达16万余册。

【株树桥水库】位于浏阳市境内，在湘水一级支流浏阳河南源小溪河下游，属大Ⅱ型水库，于1986年10月兴建，1992年建成，下距浏阳市28公里。库区长31米，坝顶高程171米，最大坝高78米，坝顶长245米，顶宽8米，库容2.78亿多立方米，水库集雨面积564平方公里，正常蓄水位165米，是长沙市最大的水库，也是长沙的第二水源，还是浏阳河的"龙头"水库和浏阳市调节性能好、效益大的水电骨干电源点。

【大瑶镇】全国重点镇。位于浏阳市东南部，地处湘赣两省三市（萍、浏、醴）结合处，2015年合并杨花乡后镇域总面积150.75平方公里，城区面积6平方公里，辖10村（社区），总人口达8.3万，城区常住3.9万。长浏高速、106国道、319国道、310省道穿境而过，是浏阳南部重要的政治、经济、文化中心，也是中国优秀乡镇、中国农村改革与发展综合试点镇、中国小城镇建设示范镇、中国经济发达镇行政管理体制改革试点镇、浏阳市城乡一体化建设规划的区域中心城市。全镇经济以花炮产业为主导，是世界上最大的花炮及材料集散中心，同时也是花炮始祖李畋诞生地和花炮文化的发祥地。

【永安镇】全国重点镇。位于浏阳市西北部，在长沙市东郊，是浏阳高新区所在地。长永高速穿境而过。距离浏阳市区35公里，距离长沙市区25公里，前往黄花国际机场约8分钟车程、武广高铁长沙南站约30分钟车程。镇域总面积112.2平方公里，辖9个行政村、4个社区，园镇建成区面积达12.7平方公里，总人口约10万人，其中户籍人口6.87万人。先后荣获全国重点镇、全国小城镇建设试点镇、湖南省"文明乡镇"等称号。

【镇头镇】全国重点镇。位于浏阳河中下游，地处于长株潭融城经济圈的交叉地带，镇中心距省会长沙45公里、株洲市区31公里、浏阳市区34公里、黄花国际机场30公里，车程均在30分钟以内，国道319线、省道211线、浏阳河、花木产业带公路、上瑞高速穿境而过。镇域总面积158平方公里，辖11个村、2个社区，人口5.8万。是长沙市五个重点建设中心镇之一和浏阳西区的政治、经济、文化中心。

【文家市镇】位于浏阳市东南部，北与小河乡、西与中和镇接壤，东与江西省万载县慈化镇接壤，南与萍乡市桐木镇交界。镇域总面积148平方公里，辖11个行政村，1个居委会，共46795人。2005年，文家市镇就实现了财税收入过亿元，成为湖南省首个"亿元乡镇"，也是全国革命老区中第一个实现财税收入过亿元的乡镇，有"浏阳财税第一镇"之称。1927年，毛泽东率领秋收起义部队在文家市会师，在中国革命历史上写下了光辉的一页。

◇ 城市经济

【综述】浏阳市已连续多年进入全国百强县。2014年首次入选中国全面小康十大示范县市，成功跻身福布斯中国大陆最佳县级城市榜第28位，是中部地区唯一上榜县市，现有国家级浏阳经开区、制造产业基地、两型产业示范园、浏阳河文化产业园、花炮产业集中区、浏阳河生态经济示范区、大围山国家级生态旅游示范区七大板块园区和电子信息、生物医药、机械制造、鞭炮烟花、健康食品、生态旅游、现代服务、文化创意八大产业。是全国发展改革试点城市、国家级经济技术开发区、国家再制造示范基地、全国休闲农业与乡村旅游示范县（市）、湖南省首家特色食品工业园、湖南省可持续发展实验区等。2016年，全市实现生产总值1218.2亿元，县域经济与县域基本竞争力跃升至全国百强县第19位。2017年12月，入选中国工业百强县。

【浏阳经济技术开发区】前身为浏阳工业园，创立于1997年，2001年9月，更名为浏阳生物医药园。2006年10月，经国家发改委批准为中西部地区第一个国家级生物产业基地；2010年10月，经国家科技部批准为中西部地区唯一的国家创新药物孵化基地。2012年3月，经国务院批准升格为国家级经济技术开发区，现已成为长沙高新科技产业发展的重要增长极。浏阳经开区距浏阳市区25公里、距长沙星沙收费站30公里、距长沙黄花国际机场15公里、距京港高铁长沙南站33公里，首期规划面积13.4平方公里，开发面积已达16平方公里。

【浏阳高新技术产业开发区】创建于2003年，地处长沙东部开放型经济走廊中心位置，距离长沙市中心约25公里，离黄花国际机场仅15分钟车程，是长沙入浏的"第一站"，已纳入长沙市区总体规划，2016年获批湖南省级高新技术产业开发区，是国家再制造产业示范基地、湖南省新型工业化产业示范基地和"园镇一体、产城融合"示范区。园区总规划面积50平方公里，建成区面积约12.7平方公里。浏阳高新区坚持"特色立园、产业强园"方针，现有企业300余家，形成了智能装备制造、汽车及零部件、再制造三大主导产业，以及新能源、新材料、生活消费品、家具建材、现代服务业等竞相发展的产业格局。

【浏阳河文化产业园】自2012年成立起，浏阳河文化产业园突破传统"画地为园"概念，以"浏阳河"与"浏阳花炮"两大品牌为核心，着力发展烟花艺术、文旅体验、数字创意、非遗美学、移动互联网等主导产业。通过打造"智慧浏阳河"文化创意孵化基地、欧阳予倩文化产业基地、国际烟花创意梦工场，共汇聚了420余家企业，形成了业态丰富的"文化消费新地标"和"创意输出新平台"。文化产业增加值从2012年

的118亿元增加到2016年的239亿元。2017年获评湖南省首批特色文化产业示范园区。

【浏阳市两型产业园】地处浏阳东北郊古港、沿溪两镇交界处，大浏高速、湘赣309省道、浏东高等级公路穿园而过。园区创建于1999年，前身为现代农业园，2007年更名为农业科技产业园，2012年更名为两型产业园，是集聚食品产业、兼顾新型工业的综合型园区，现被列为全国农产品加工示范基地、湖南特色食品产业园、湖南省农业科技产业园。园区规划总面积21.55平方公里，建成区面积已达3平方公里，入园企业50家，初步形成了以健康食品为主导、关联配套产业齐头并进的产业格局，具有良好的经济、社会、生态效益。

【浏阳花木走廊】位于浏阳西区的一条交通主干道（X036线）。在这条道路上，形成了中南地区最大的花卉苗木生产示范基地，成为湖南花木产业的一张名片，源源不断地走向全国甚至世界，在传播美丽的同时也为西区人民创造着财富。花木品种达600多个，种植面积超过10万亩，其中"红花继木""罗汉松"等拳头产品远销香港、东南亚等国家和地区。1999年以来相继被有关部门授予"全国花卉苗木生产示范基地""中国花木之乡"等称号。

【烟花爆竹业】浏阳是烟花爆竹的发源地。经过1000多年的发展，已形成13大类4300多个花色品种，畅销海内外。2016年，

浏阳烟花爆竹在国内市场占有率超过40%，出口超过60%。现已培育形成了浏花、金猴、红鹰、奔鹿等一系列知名品牌，烟花爆竹业走上品牌化、国际化、科技化发展之路。通过关停并转，淘汰了一批散小乱差的烟花爆竹企业，到2020年，烟花爆竹企业总数控制在600家以内，其中10亿元产值以上的企业5家以上，1亿元产值以上的企业超过50家。

【生物医药业】 依托浏阳生物医药园发展的新兴支柱产业。浏阳生物医药园自1998年10月开园建设以来，现已建设成为长沙国家生物产业基地核心区，拥有生物医药、生物农业企业370余家，其中工厂170家，是国内GMP工厂最集中的医药园区，著名企业有尔康制药、九芝堂斯奇生物、威尔曼制药、老百姓安邦制药、九典制药、泰尔制药及蓝思科技、介面光电等。在全国医药类开发区中，园区的占地规模、企业数量、增长速度仅次于上海张江开发区，成为中西部地区发展最快、规模最大、成长性最好的一个医药专业园区。2006年浏阳生物医药园被批准为国家级生物产业基地。

【浏阳市金生花炮集团公司】 位于人民中路，生产基地占地面积120万平方米，员工总人数2000余人，其中管理人员180多人，技术骨干力量30多人，其中高级工程师、经济师、会计师、工艺美术师、燃放大师等专业技术人员60多人。金生集团是浏阳自产、自销大型烟花的重点基地，是中国目前最大的花炮生产、经营、焰火燃放企业集团之一，主营礼花弹、盆花、鞭炮、火箭、喷花、烛光、冷光、玩具系列烟花鞭炮共1000多个品种，年销售额过亿元，产品通过了ISO9001国际质量管理体系认证，拥有"红鹰""金生"两个世界知名品牌，且被认定为"中华老字号"企业。

【浏阳市东信烟花集团有限公司】 公司总部位于世纪大道。占地面积约为6000亩，厂房建筑面积为12.6万平方米，拥有固定资产1.2亿元，2010年生产销售2亿元，是中国花炮精品园内规模最大的现代化花炮生产龙头企业。主要生产高空礼花弹、组合盆花、冷光架子烟花、水上烟花、舞台烟花、玩具烟花、火箭烟花和鞭炮八大类3000多个品种的烟花爆竹产品。先后成功承办了上海合作组织首脑峰会焰火晚会、第29届北京奥运会和残奥会开闭幕式焰火晚会、北京天安门国庆60周年焰火晚会、上海世博会开幕式焰火晚会等国内外各类大型焰火500余场。

【湖南尔康制药股份有限公司】 成立于2003年10月，于2011年9月27日在深交所挂牌上市，公司坐落在国家级浏阳经济技术开发区内。自成立以来，公司一直从事医药产品的研发、生产和销售，主要业务包括药用辅料及新型抗生素产品，是国内品种最全、规模最大的专业药用辅料生产企业之一和国内少数几家拥有新型青霉素类抗生素——磺苄西林钠原料药与成品药注册批件的企业之一。目前，公司拥有116个药用辅料品种，可为各种片剂、针剂、硬胶囊剂、颗粒剂、丸剂、口服液等药品的生产提供药用辅料，主要产品包括药用甘油、药用蔗糖、药用乙醇、药用丙二醇、药用氢氧化钠等。

【蓝思科技股份有限公司】位于浏阳经济技术开发区蓝思路1号，2003年创立，是一家以研发、生产、销售高端视窗触控防护玻璃面板、触控模组及视窗触控防护新材料为主营业务的上市公司。公司以科技创新为先导、以先进制造为基础，坚持走外向型和技术先进型集团化发展的道路，在全球高端电子消费产品主机配套零部件制造领域，依靠特有的技术创新和产品国际化经营的管理模式创新，凭借持续领先的研发投入，具备从专用模具开发设计、专用生产设备研制开发、专用产品快速研发和规模生产能力，工艺、技术、规模一直稳居国际领先地位。

【丰日电气集团股份有限公司】位于长沙国家生物产业基地绿之韵路。原为长沙丰日电气集团有限公司。创建于1982年，占地面积26万多平方米，是国内最早生产阀控式密封铅酸蓄电池和直流电源、电气成套设备的专业企业之一。1998年6月，现公司成立，注册资本为3188万元，经营本企业生产所需的原辅材料、仪器仪表、机械设备、零配件及技术的进口业务（国家限定公司经营和国家禁止进出口商品及技术除外）；经营进料加工和"三来一补"业务；制造销售电气与自动化系列产品（阀控式密封铅酸蓄电）。产品注册"丰日"牌。目前团队有268人。

【浏阳夏布】浏阳又被称作夏布之乡，浏阳夏布（又叫苎麻布）是以苎麻为原料、手工纺织而成的纯麻纤维制品而驰誉中外的传统产品。其漂染方法尤为独特，不需漂白粉等外加剂，完全用浏阳河水漂洗，即将原色夏布用石灰水加碱蒸煮后于河中反复漂洗干净，晾于河滩而成。浏阳夏布曾以织工精巧、质地特别细腻称雄于世，明代即被列为朝廷贡品。1901年（清光绪二十七年），承载着民间精湛纺织技艺和中国农耕文化特质的浏阳夏布，开始远渡重洋，销往日本、朝鲜、南洋等地。

【浏阳豆豉】浏阳市传统土特产名品。浏阳豆豉是以泥豆或小黑豆为原料，经过发酵精制而成，具有颗粒完整匀称、色泽浆红或黑褐、皮皱肉干、质地柔软、汁浓味鲜、营养丰富、且久贮不发霉变质的特点。加水泡涨后，汁浓味鲜，是烹饪菜肴的调味佳品。浏阳豆豉以其独特的风味和丰富的营养价值深受民众喜爱，远销日本、新加坡、港澳、东南亚一些国家和地区。浏阳豆豉，历史悠久，马王堆汉墓出土物中的豆豉姜与浏阳豆豉相似，距今已2000年。

【浏阳黑山羊】中国少有的纯黑山羊品种，1985年正式定名为浏阳黑山羊并编入《中国山羊》一书。浏阳黑山羊肌纤维细，硬度小，肉质细嫩，味道鲜美，膻味极小，营养价值高，蛋白质含量在22.6%以上，脂肪含量低于3%，胆固醇含量低，比猪肉低75%，比牛肉和绵羊肉低62%，含人体必需氨基酸15种以上，尤以谷氨酸含量高，达11.03%，具有滋阴壮阳、补虚强体、提高人体免疫力、延年益寿和美容功效。

【浏阳茴饼】浏阳著名传统产品，已有300多年的历史。据传茴饼起源于毗邻江西的枨冲集镇的硬壳饼，距今已有120来年的历史。光绪末年，浏阳制作硬壳饼发展到42家，从业人员达100多人。因其互相竞争，质量提高很快。浏阳茴饼采用糖皮包酥、缸隔炉烤的独特制作方法，以面粉、茶油、白糖、饴糖作主料，金桔花、小茴香、熟芝麻、桂子油、碎冰糖等为辅料，经过十多道工序精制而成。成品外表美观，面圆微凸，火色金黄光亮，表面起酥，里皮燥脆，内馅丰满，松泡爽口，油甜不腻。

【文市油饼】浏阳传统产品，中外驰名，其制作始于唐朝，经唐太宗李世民品尝后，历朝历代成为贡品。浏阳油饼在传统技术基础上，给合现代技术，制作更加严格，选料更加考究，由本地山茶油、精面粉、白糖、桂花、百合粉、芝麻、八角等十余种香料精制而成。浏阳油饼具有酥、脆、香、甜的特点，多吃不腻，回味无穷。

◇ 城市文化

【综述】浏阳历史悠久，自古以来人才辈出，富有光荣的革命传统，文物古迹众多，有精湛的民间工艺和美妙的神话传说，共同构成了富有特色的地域文化。拥有胡耀邦故居、谭嗣同故居、浏阳文庙等人类文化遗址24处以及经济文化遗址、军事遗址、各种古建筑等名胜古迹。花炮制作工艺、菊花石雕刻工艺等被列入国家级非物质文化遗产名录。由于历代兵燹频仍，许多姓氏村落都是从外省移民而来，因此风俗各异，在语言上就有赣语、湘语和客家语三大方言区，即江西方言区、长沙方言区和客家方言区。近年来，浏阳对文物古迹进行了大规模修复和陈列改版，市民文物保护意识也日渐增强。

【浏阳话】浏阳城区以及南区大部所通行的"浏阳话"属于赣方言宜（春）浏（阳）片，为浏阳主体通用语言。宜浏片的特点是有入声，但不分阴阳，"百白绿六"等字声调相同。去声也不分阴阳。丰城和万载入声分阴阳，属例外情况。宜浏片除新余之外，声母送气都不影响调类分化。宜丰、上高、新淦、万载四县声调有变音现象，变音为高升调，表示小称、爱称、鄙称等感情色彩。

【客家语】客家人的历史是汉民族形成历史的缩影。西晋永嘉之乱时，为了躲避战祸而大量外逃的中原汉人，南迁到闽粤赣之后形成了自己独特的语言和风俗，世代相传。客家人在此繁衍生息300余年，在东区一些乡镇如沿溪、永和、古港、官渡等地，一些年纪大的老人仍能讲出流利的客家话，而其子孙却均不会讲客家话。"宁卖祖宗田，不卖祖宗言"，客家人作为古代南迁的汉人，其语言也保存了大量的古音古韵古词，如：吃饭—食饭、睡觉—睡目、下雨—落水、你们—你等、我们—俺等、不知道—唔知个、衣服—衫裤等。

【浏阳客家民歌】浏阳有18个讲客家话的山乡，广泛流传着一种客家民歌。客家民歌是客家人创作的口头咏唱文学，生活气息浓郁，内容丰富多彩。歌词比喻贴切，唱调高昂多变，富有山区文化特征，已流传700余年。在客家聚居的山区，男女老少都爱唱，都会唱民歌，客家民歌营造着浓郁的山区文化氛围。这朵湘东原野的艺术之花，经受着伟大时代的生活洗礼，正在精神文明建设中焕发新的光彩。

【浏阳文庙祭孔音乐】集音乐、舞蹈、礼仪、服饰、建筑为一体、具有地方特色，专用于祭祀儒学创始人、大教育家孔子的古乐。浏阳文庙祭孔音乐源自商周时期雅乐，是清道光年间浏阳人邱之稑以其毕生心血研究和调查，最终恢复、发展而成。邱之稑复制出早已失传的"匏"音，补齐了八音之缺。之后，他著《律音汇考》一书，同时编创了浏阳祀孔丁祭乐舞，在浏阳文庙开设礼乐局，教授全国各地来学习祭孔音乐的学生。浏阳文庙祭孔音乐与山东曲阜孔庙祭孔音乐齐名，有"国乐古礼在浏阳"之美誉，浏阳由此而得"南方礼乐中心"之称。

【中国浏阳国际花炮文化节】起始于1991年。花炮节在全市经济、政治、文化生活中具有举足轻重的地位和作用。20世纪90年代以来，浏阳市致力于扩大浏阳经济发展

的外向度，通过"文化搭台、经贸唱戏"，成功地组织了多次中国浏阳国际花炮节。中国浏阳国际花炮节两年一届，一般在十月份举行（除第九届以外），内容为烟花燃放、展销、经贸洽谈、文艺演出等。2006年在中国国庆节年会上，浏阳国际花炮节夺得中国十大物品类节庆和中国十大最具潜力节庆奖两项大奖。

【《浏阳河》】中国经典民歌，自创作以来，广为流传，分别有多位演唱家，如蒋大为、李谷一、宋祖英等，以不同方式及风格进行演唱。此曲原是二十世纪五十年代一首著名的歌曲，七十年代改编为古筝曲。乐曲中各段虽然都是对原旋律的原样重复和不加发展的变奏，但多样的演奏技法使音乐产生出鲜明的层次和对比，尤其是双手交替演奏的快速乐段及采用竖琴下行琶音的手法，精炼准确的表达出湖湘儿女对家乡、对生活的热爱之情和对未来的美好憧憬。

【牛马会】文家市镇由于地理位置与江西的万载、上栗、宜春等地毗邻，历史上商贸云集，市场繁荣，其中以"牛马会"最为著名。文家市镇的"牛马会"始于清嘉庆年间，是湘赣边界群众性、自发性的商贸文化活动，约定俗成每年农历十月初十至二十为会期，其内容最先以当时农家饲养的牛马比赛为主，故称"牛马会"，后发展为集牛马比赛、牛马交易、商贸活动、文化交流于一体的综合性边贸交易活动。

【浏阳文庙】始建于宋，清道光二十三

年（1843）改建成现格局。位于浏阳市圭斋路北侧，中轴线上依次为泮池、石桥、棂星门、石阶、大成门、御道、祁阳石雕"卧龙抱珠"、月台、大成殿、御碑亭。两侧为辕门、回廊、钟鼓亭和偏殿。大成殿居高临下，重檐歇山顶，琉璃筒瓦铺面，青花瓷砖作脊，中置葫芦宝顶。大殿由32根花岗岩石柱支撑，分3层排列。正面以雕花镂空的中堂门作屏，周围置石栏围廊。殿后御碑亭昔有康熙乾隆所题"斯文在兹""万世师表"等匾额。殿前月台高1.67米，花岗岩铺地，周护石栏。月台之东南、西南两隅耸立着四角重檐攒尖顶舞亭、乐亭，为旧时春、秋祭孔舞乐场所。文庙金碧辉煌，东西对称，回廊贯通，朱墙环抱，具有典型的清代江南建筑风格。

【官渡古镇】官渡位于浏阳东区的中部，汉代，元初曾为浏阳县治，是具有1800多年历史的文化古镇。享誉天下的浏阳河在官渡拐过了第一道弯后由北向南折转向西，过境长4公里。官渡古镇，就在其中一段水面宽阔的河道旁。这里河水清澈，两岸绿树成荫，将军捧印、关潭映月、河口归帆、马渡夕阳、松江夜雨、龙山瑞色、云雾桃花、五马奔槽八大自然奇观，与大溪河上的古墩古桥和单孔新桥交相辉映，形成景区内独特的自然风光。吊脚楼、龙王庙、李贞树、航道码头、渔家小院、民俗文化展示馆等景点更是美不胜收。

【大光寺】始建于晋，盛极于唐，衰于明初，焚毁于民国十九年大革命时期的战乱之中。该寺分前、中、后三殿，前有山门，遗址尚存；前殿有半月塘，中殿陈列诸多罗汉，后殿为观音殿，即现在的观音庙（二十世纪八十年代重修）。整个寺占地面积30余亩，唐代二祖华老上人曾是这里的著名住持。大光寺是浏阳四大名寺及各大小寺及平江一带的和尚和道官弘法之地，盛时约几千人在这里听法。寺内建筑气势宏伟，雕梁画栋，蔚为壮观。后山及周围古木参天，阴翳蔽日，后人毁之。唯有后殿观音寺前一古罗汉松仍长势尚好。

【培文塔】位于浏阳市龙伏镇培文村，耸立于捞刀河西岸红岩上。建于清同治八年（1869），由乡绅沈少白倡建，意在培文。塔高26米，由红石、青石、花岗石、三合土砌成，七层八方，重檐高翘，底层周长9米多，南向门额书"培文塔"三字。塔内空，有54级青石板跳梯可旋至最高层，各层均开四拱门，每层八角，安有56只花岗石龙头。该塔为典型的清代文峰塔，造型古雅美观，八角重檐，檐角飞翘，在湖南现存古塔中殊为少见。人们常说"胜造七级浮屠"，浮屠即塔，层数一般为单数，此塔层数为八层，实属罕见。

【谭嗣同故居】又名为大夫第、湖南浏阳会馆，为全国重点文物保护单位。位于浏阳市城关北正路。建于明末清初，占地约10000平方米。故居坐西南朝东北，砖木结构，二进院布局，东侧有园圃，前栋临街，面阔5间，进深2间，二层硬山顶。中堂与后堂之间有一过亭，歇山顶，封火山墙，盖小青瓦，建筑面积约1200平方米，基本保存完整。在五间西房的北套间，谭嗣同自题为"莽苍苍斋"。他的许多诗文、信札都在这里写成。莽苍苍斋原有一幅谭自书的门联：上联是"家无儋石"，下联是"气雄万夫"。后改上联为"视尔梦梦，天胡此醉"，改下联为"于时处处，人亦有言"。

【胡耀邦故居】位于浏阳市中和镇苍坊村敏溪河畔，北靠西岭，四周流水潺潺，风景优美，是典型的湖南农家建筑，坐北朝南，小青瓦，砖木结构，故居始建于清朝咸丰年间，已有140余年的历史。所存房屋为胡耀邦的曾祖父胡名钟和其兄胡明镜当年所共有，成凹字形布局，占地面积450平方米，共计19间。自中轴线以西为胡耀邦故居，以东，部分为胡氏宗亲住房。中间的"泮公享堂"最高大，是当年明镜、名钟兄弟供奉其父亲胡中泮牌位的地方，为两家共有，作为大客堂。经两代相传，属于胡耀邦父亲胡宜仓家的房子为7间半，约200平方米。

【浏阳蒸菜】相传起源于明朝，历经500多年发展。是一道湖南的传统名吃，属于湘菜，含油脂少、热量低，易于消化吸收。蒸制过程中以水渗热、阴阳共济，清淡养胃。2011年8月30日，中国烹饪协会批准授予浏阳"中国蒸菜之乡"称号。2012年12月"浏阳蒸菜"获得国家地理标志集体商标。

【李畋】（621-691）中国花炮祖师，生于浏阳醴陵上栗交界处的麻石村。传说曾师从孙思邈采药炼丹，用火药做成了花炮，在炼丹时引爆了。他将此方传授给当地花炮工人，并逐步改进爆竹，由竹筒改为纸筒，火药由黑药而为白药，并由单一爆竹产品发展为各种烟花礼炮，推动了烟花爆竹业的发展，每到四月十八日，李畋诞辰，香火甚旺。李畋因此被烟花爆竹业奉为花炮祖师。

【欧阳玄】（1274-1358），字元功，号圭斋，浏阳马渡人。祖籍江西分宜县防里村，为欧阳殊之后裔，元代史学家、文学家。初为地方官，后调京任职，历10余年，多次掌管国家文教、修史等事务。主要作品有辽、金、宋三史；《太平经国》《至正条格》《经考大典》《纂修通议》《康书纂要》《元律》《至正河防记》等史著多种，共达1120卷；《圭斋文集》15卷遗世；《元诗选》《全金元词》《渔家傲南词》12首等。

【谭嗣同】（1865-1898），字复生，号壮飞，湖南浏阳人，中国近代著名政治家、思想家，维新派人士。所著的《仁学》，是维新派的第一部哲学著作，也是中国近代思想史中的重要著作。谭嗣同早年曾在家乡湖南倡办时务学堂、南学会等，主办《湘报》，又倡导开矿山、修铁路，宣传变法维新，推行新政。光绪二十四年（1898）谭嗣同参加领导戊戌变法，失败后被杀，年仅33岁，为"戊戌六君子"之一。

【唐才常】（1867-1900），字伯平，

号佛尘，汉族，湖南浏阳人，清末维新派领袖。是中国近代史上著名的政治活动家。贡生，与谭嗣同时称长沙时务学堂教习中的"浏阳二杰"，戊戌政变后，去日本、南洋集资。1900年在上海组织"正气会"，后易名"自立会"，组成自立军七军，唐才常任督办。7月，由唐才常、秦力山发动和领导的自立军起义，在江南古镇大通爆发。这是介于戊戌变法和辛亥革命之间的一次全国性起义，具有重要的作用和影响。周旋于汉口谋发动自立军起义，事泄被捕就义。有《唐才常集》传世。

【欧阳予倩】（1889-1962），湖南浏阳人，中国著名戏剧艺术家。1902年留学日本，1907年加入春柳社，演出话剧《黑奴吁天录》；1910年回国后组织新剧同志会；1916年起做京剧演员，创造了独特的舞台表演风格；1919年创办南通伶工学社；1925年底步入影坛；1926年加入南国社，创作剧本《潘金莲》等；1929年创办广东戏剧研究所。1931年加入"左联"，抗战时期编写历史剧《忠王李秀成》等；抗战胜利后编导《关不住的春光》等电影。新中国成立后任中国文联副主席，中央戏剧学院院长。著有《欧阳予倩剧作选》《自我演戏以来》《一得余抄》《电影半路出家记》《唐代舞蹈》《话剧、新歌剧与中国戏剧艺术传统》等。

【杨勇】（1913-1983），原名杨世峻，湖南浏阳市人。1927年加入中国共产主义青年团。1930年参加中国工农红军，同年由团转入中国共产党。抗日战争时间，随红一方面军主力长征，参加了在全县、金沙江、大渡河、土城、娄山关、四渡赤水等的战争。解放战争时期，任晋冀鲁豫野战军第1纵队司令员。抗美援朝期间，任志愿军副司令员兼参谋长、司令员。回国后，任解放军副总参谋长，中共中央军委常委、副秘书长。1955年被授予上将军衔，获一级八一勋章、一级独立自由勋章、一级解放勋章。

【胡耀邦】（1915-1989），字国光，湖南浏阳人，中国共产党和中华人民共和国的主要领导人之一，曾任中共中央主席和中共中央总书记。胡耀邦早年加入中国共产党、中国工农红军，任红三军团第五师第十三团党总支书记。抗日战争期间，担任抗日军政大学政治部副主任、中共中央军委总政治部组织部副部长。第二次国共内战期间，担任晋察冀野战军第三纵队、第四纵队政治委员、华北军区十八兵团政治部主任、第一野战军政治部主任等职。1981年6月至1982年9月担任中共中央主席，1982年9月至1987年1月担任中共中央总书记。

【王震】（1908-1993），湖南浏阳人。1924年参加工作。1927年加入共青团，同年转入中国共产党。1929年参加中国工农红军。上将军衔。曾任中共中央政治局委员、国务院副总理、中共中央军委委员、中央军委常委、中共中央党校校长、中华人民共和国副主席等职，是中国共产党的优秀党员，伟大的无产阶级革命家、政治家、军事家，坚定的马克思主义者，党和国家的卓越领导人。

【王首道】（1906-1996），原名王芳林，湖南浏阳人。无产阶级革命家、新中国交通运输事业的开拓者和奠基人之一，中国共产党第七届中央候补委员、委员，第八、九、十、十一届中央委员。1950年4月-1952年3月，任湖南省人民政府主席。1958年2月-1964年7月，任交通部部长、党组书记（1958年8月起）。1970年12月-1978年11月任中共广东省委书记（当时设有第一书记）。1978年3月，当选为政协第五届全国委员会副主席。1982年9月-1992年10月，中共中央顾问委员会常委。1996年9月13日，在北京逝世。

【宋任穷】（1909-2005），原名宋韵琴，曾用名宋绍梧，生于浏阳市乌石垅村一个破落地主家庭。1926年6月加入中国共产主义青年团，1926年12月转入中国共产党。1955年被授予上将军衔。曾任中国共产党第八届中央政治局候补委员、第十一届中央书记处书记、第十二届中央政治局委员，中共中央顾问委员会副主任，中国人民政治协商会议第四、五届全国委员会副主席。

【谭仲池】（1949-），笔名谭笑、辛宁、淡泊、叶子，湖南浏阳市人。1977年11月加入中国共产党，当过农民，参过军，当过教师，后从事行政工作。曾任浏阳县县长，潇湘电影制片厂厂长，娄底行署常务副专员，长沙市委副书记、市政府市长、市政府党组书记，湖南省政府副秘书长，湖南省政协副主席，湖南省作家协会副主席、湖南省文联主席。中国作家协会会员、国家一级作家，1969年开始发表作品，迄今已出版《芭蕉雨》《月之梦》《岁月与梦幻》等诗集、散文集、小说、文论20余部。

◇ 城市生态

【综述】浏阳市生态环境优良，在两型社会建设中，创建了国家级生态乡镇5个，国家级生态村6个，获批22家省两型示范单位、78家长沙市两型示范单位。大力推进浏阳河、捞刀河、南川河三大河流综合治理，完成"4511"绿化工程，森林覆盖率达66.2%。实施清霾、碧水、静音行动，主要污染物排放量年均下降5%，城区生活垃圾无害化处理率达100%，城区空气优良率保持96%（老标准）以上，太阳能、沼气、绿色建筑等清洁低碳技术得到广泛推广，在城乡环境卫生整洁行动和文明城市创建考核测评中均名列湖南省首位，入选"中国十佳生态文明城市"，被授予"中国生态魅力市"，获批全国可再生能源建筑应用示范县（市）。

【大围山国家森林公园】位于浏阳东北的大围山镇境内，距离长沙市区148公里，属于罗霄山脉北段。最高峰七星岭，海拔1607.8米，也是长沙地区最高峰。1992年经林业部批准成立大围山国家森林公园。森林公园面积共7万余亩，境内植物种类众多，迄今为止已知有23个植物群系，3000多种植物，60余种野生动物。其中有国家一、二类保护树种17种，如南国红豆杉，香果树等；国家一、二类保护动物14种，如华南虎，云豹等；蝴蝶1200多种。海拔1515米的五子石峰在夏天满山杜鹃花，胜景堪称一绝。

【大围山国家地质公园】 大围山地质年代古老，第四纪冰川地质遗迹地貌明显，有冰斗、冰窖、冰坎、鱼脊峰、U形谷、葫芦谷、冰溜面、冰川擦痕、冰川漂砾、冰桌、冰臼等，类型多样，保存完整。有海拔1300米以上的大小不等的湖泊13个，现呈高山湿地状态为第四纪冰川的冰窖所形成，13个高山湖泊孕育了伟大的浏阳河，具有重要的科考价值和保护意义。第四纪冰川将球状风化形成的花岗岩石蛋缓慢移动，漂至满山，形成了大小不等、形态各异的漂砾和漂砾群，如壮士石、补天遗石、围山大佛、风动石等壮丽而奇特的景观。2016年6月23日，国土资源部同意命名湖南浏阳大围山国家地质公园。

【浏阳河国家湿地公园】 总面积2361公顷，以高坪镇小溪河流域为核心，保护范围包括株树桥水库及沿岸第一层山脊内的部分生态公益林、浏阳河及上游的大、小溪河水域、滩涂和两岸部分耕地，湿地公园保护和恢复、建设总面积2361.0公顷，其中湿地面积为1423.4公顷，公园湿地率60.29%。根据湿地生态系统特征，浏阳河国家湿地公园划分为保护保育区、恢复重建区、宣教展示区、合理利用区和管理服务区五个功能区。2015年12月31日，国家林业局批准其为国家湿地公园试点。

【浏阳河风光带】 包括浏阳河风光桥、鹤源步行桥、将军路及浏阳河路等工程项目。其中将军路全长1456米，含防洪堤、步行风景观光带、沿河休闲带、亲水平台、车行道五部分，实行了城市防洪与城市景观的有机结合。浏阳河风光桥，全长200米，宽17米，总投资1200万元，是中南地区第一座中承式钢筋混凝土拱桥。鹤源步行桥，全长228米，宽12米，将老城区的新文路步行街和新城区步行商业区联为一体。浏阳河路，全长1725米，建成亲水平台、七彩景观灯、健身器材、雕塑景点、沿路建筑物的"穿衣戴帽"美化亮化等工程，将人、河、景、水融为一体。

【思邈公园】 位于市区圭斋路、浏阳河路、319国道天马桥交叉处以及济川河与浏阳河的交汇处，园中有一座山，叫做孙隐山，山下存有升冲观、洗药桥、洗药井遗迹。据《浏阳县志》记载，"东城外小山丘伏城隅，传孙思邈隐处，有洗药泉、炼丹诸迹"，孙隐山因此而得名。山下原有的洗药桥，相传是孙思邈洗涤草药之处，桥下流水潺潺，岩石嵯峨，呈现出"药桥泉石"之胜景，是原"浏阳八景"之一。

【西湖山公园】 西湖山又称巨湖山，位于浏阳城西，临近浏河。西湖山公园内有巨湖塔、老年公园、城区体育公园等景点。西湖山上，有清代进士周忠信、县丞徐日的诗词题咏。山上有包公祠，系元代兴建，达官贵人、平民百姓，常登山祈祷，几毁而复建。山麓有仙人石、老虎洞、别驾祠（为纪念晋代忠愍侯易雄将军而建立）、遗经阁（南宋学者朱熹、杨万里曾题有诗词）等诸多人文景观。

【周洛风景区】位于长沙、浏阳、平江三市（县）交界的社港镇境内，地处海拔1359.7米的连云山脉西部，是捞刀河发源地。周洛境内人文遗址、自然景观众多，在迷人谷上游有月亮潭，形似上下两水缸口对接，下部装水呈圆形，上部呈下大上小的圆形，上有一斜形瀑布倾泻入潭，在潭内形成旋转状态。周洛尤以瀑布众多闻名，高约50米，宽约2-6米的天龙瀑布，上级一泻而下，中部有一深潭，下级呈"之"字形，全景一气呵成，好似天龙从天而降，故取名天龙瀑布。人文景观有铁坟坪、水口塔、陈家祠堂、颜家屋场，大时餐馆等，具有一定考古价值。

【道吾山风景区】坐落于城北约6.5公里处，西起蕉溪，东达宝盖，列峰七十一，山峦重叠，群峰竞秀。道吾山古时称白鹤山，又名赵王山，是中外驰名的佛教圣地，景区规划为六大景区，43个景点，有高峡平湖、千年古松、五老雪暴和千年禅寺，距今1100多年历史。道吾山峻特奇耸，峰岭起

伏，沟谷纵横，泉瀑遍布，裸露的岩石无不奇形怪状、灵岫绝峤，素有一湖、三洞、六泉、十潭、十三溪、二十八岩、七十一峰之美景，其中"三绝（引路古松群、千年古刹兴华禅寺、高山天湖）四奇（烟雨、雾霏、云瀑、雪霁）"更是久负盛名。

【浏阳湖】又名株树桥水库。位于大围山西南侧、浏阳河南源小溪河下游高坪镇，距浏阳市区33公里，距长沙110公里。2001年6月在库区批准建立浏阳市级森林公园，面积158.6平方公里。浏阳湖森林公园"面清水，背绿山，怀彩灯，缀凉亭"。浏阳湖所处的株树桥，是一个有着百年历史的小村庄，这里的树木郁郁葱葱四季常青。更令人称奇的是，在这个位于浏阳市区东部31公里处的叫做"株树桥"的小村庄里，出现过近10名百岁老人，村庄也因此成为了远近闻名的"寿星村"。

【象形山】位于达浒镇象形村，西临沿溪镇原潘溪村，背倚连云山，距浏阳市区40公里，素有"湘东小桂林"之美称，2009年被浏阳市政府确定为自然保护区，该区由紫红砂砾经自然雕塑，形成一种奇特的丹霞地貌。麒麟岩陡壁高跷，几成90度直立于金坑河，直上云霄，素有"湘东第一岩"之称。

【古风洞】又名仙人洞，位于高坪镇古风村境内，被称为"湘东第一大溶洞"。古风洞距浏阳市区约30公里，古风洞在古港—高坪公路左侧几百米处。古风洞是一个典型

的喀斯特溶洞，洞深数十里，总面积三万平方米以上，纵横延伸两乡一镇，自明朝嘉靖至清代同治的《浏阳县志》均有记载，被古人称之为"天造地设之奥区"。被誉为"神仙洞府、福地洞天"。古风洞口有嘉庆四年（1799）所刊《仙人洞破暗记》青石碑，碑文由古风禅寺一高僧智灯主持所著。

【石柱峰】位于社港、龙伏、古港三镇交界处。其峰矗云霄，壁立千仞，尖削如柱，因名石柱。峰高海拔1359.7米，高出南岳山70米，是古城长沙方圆70公里内的最高点。石柱峰源于连云山脉的主脉之中。东倚大围山，北邻幕阜山，南达道吾山，西隔捞刀河盆地（社港）与龙华山相望。峰顶存有三清殿，还有保存完好的玉皇殿（原名樱桃观）；峰左有孙思邈的炼药台、晒药坪；北有后周（公元951至960年）诰授兵部袁侍郎的铁坟古迹；西坡有传为大禹治水所用的拴船桩、云雾殿、祷雨灵台等古迹。山腰的陈家祠堂，属明末时期建筑，陈家祠堂后有长沙地区最古老的香椿树。

【仙人湖生态旅游区】仙人湖系柏加镇境内的一大型水库，距离省会长沙37公里，距离浏阳市区41公里，距离柏加集镇3公里。涵盖数百条山冲。1957年至1961年，为了解决柏加境内的农田灌溉问题，当时的柏加乡前后抽调了数千人力，在金谷村境内的大石岭两山之间筑起一座高达78米的大坝，有如天造地设，所以喻为"仙人造"。2008年，浏阳市引进重庆万科公司，投资开发，将"仙人造"更名为仙人湖。

◇ 城市名片

【综述】浏阳是世界闻名的花炮之乡，依托"国际花炮名城"的战略定位，打造城市名片，提升城市形象，先后获得中国烟花之乡、中国花卉苗木之乡、中国蒸菜之乡、中华诗词之乡、中国优秀旅游城市、中国人居环境范例奖、湖南省文明城市"等美誉，获得"全国文明城市提名奖"，是中国发展改革试点城市、国家生态示范县（市）。2015年，福布斯中文版发布2015年《中国大陆最佳县级城市榜》，浏阳再次上榜，成为中西部地区县市中连续两年唯一入榜的城市。

【浏阳花炮】浏阳是国家命名的中国烟花之乡。浏阳花炮"始于唐，盛于宋"，起源于浏南重镇大瑶镇，迄今已有1300余年的历史。清咸丰年间，大瑶、金刚头、澄潭江、文家市及城区等地百分之九十的居民以家庭作坊式生产，烟花鞭炮已形成大行业，素有"十家九爆之称"。在光绪年间，已销往香港、澳门、南洋诸地，成为名牌产品。2002年，成立国际烟花协会（IFA），总部常设浏阳；2003年国家质量监督检验检疫总局对浏阳花炮实施原产地域产品保护；2004年，国家工商总局注册"浏阳花炮"驰名商标；2006年5月20日，浏阳花炮的制作技艺经国务院批准列入第一批国家级非物质文化遗产名录。

【浏阳菊花石】被誉为"全球第一"的浏阳菊花石，是天然稀世珍品，产于湖南浏阳永和镇大溪河底岩石层中，蕴育于二亿多年前，因地质运动而自然形成于岩石中，堪称"吸天地之灵气，取日月之精华"。其花型酷似异彩纷呈的秋菊，花呈乳白色，且纹理清晰、界线分明、神态逼真、玉洁晶莹、蔚为奇观。据《浏阳县志》记载，约在清乾隆年间，浏阳永和镇的欧锡藩偶然发现了菊花石，并取石雕砚，一时传为奇物。1915年，巴拿马万国博览会，中国著名工艺大师戴清升之绝创"映雪"花瓶以及"梅、兰、竹、菊"屏风参展，一举荣获"稀世珍品金奖"，至今保存在联合国博物馆。

【大围山】位于湘赣界，是连云山脉的腹地，东边属江西宜春市下辖的铜鼓县，西北方为湖南浏阳市的东北部，它既是浏阳河的发源地，又是湘东第一高峰，主峰七星峰海拔1607.9米。距省会长沙119公里，浏阳市67公里。1992年经原林业部批准开发建设为国家森林公园，1996年8月1日正式开园。2007年6月8日被评为4A级景区。2012年6月大围山通过了国家地质公园的评审。现留有省苏维埃旧址——锦绶堂古建筑群，白沙上坪会议旧址、湘鄂赣第一次党代会旧址——楚东山大屋等红色旅游景点。享有"湘东明珠"之美誉。

【秋收起义文家市会师旧址】位于文家市镇人民路33号，背靠文华山。旧址原为一所古老书院，创办于清道光二十一年（1841），初名文华书院，1908年改为里仁学校。1927年9月，秋收起义部队在这里会师，毛泽东主持前委会议，及时作出从进攻大城市转变为向农村进军的决定，初步形成了农村包围城市的战略思想，中国人民革命史开始了具有决定意义的新起点。1961年，秋收起义文家市会师旧址被国务院列为第一批全国重点文物保护单位。2016年12月，秋收起义文家市会师旧址被列入《全国红色旅游经典景区名录》。

【城市荣誉】浏阳获得的荣誉主要有：中国优秀旅游城市，中国生态魅力市，中国花卉苗木之乡，中国蒸菜之乡，中华诗词之乡，中国人居环境范例奖，全国森林旅游示范县（市），湖南省文明城市等。

【友好城市】1998年与巴西贝尔德朗市结为友好城市，2003年与德国新鲁宾市结为友好城市，2007年与日本雾岛市结为友好城市。

湖南城市大典 宁乡市

宁乡市

❧

　　宁乡市，公元977年建县，2017年撤县设市，是刘少奇故里，中国工业十强县级市，炭河里遗址出土了国宝四羊方尊，以及人面纹鼎、象纹大铜铙等1500多件青铜器，被誉为"南中国青铜文化中心"。

◇ 城市概况

　　【区划范围】宁乡市，为湖南省辖县级市，由省会长沙市代管。地处湘东偏北的洞庭湖南缘地区，被称为湖南的"一部一带"（长株潭城市群和环洞庭湖生态经济圈的结合部，省会长沙辐射带动湘中、湘西地区发展的过渡带）。地理上介于东经111°53′~112°46′，北纬27°55′~28°29′，东邻望城，南接湘潭、湘乡，西与涟源、安化交界，北与益阳、桃江毗连。东西最大跨度88公里，南北纵长69公里，总面积2906平方公里。现辖25个乡镇、4个街道。中共宁乡市委员会、宁乡市人民政府驻玉潭街道金洲大道5段398号，电话区号：0731，邮政编码：410600。

　　【地理环境】宁乡市居于雪峰山余脉向东北滨湖平原过渡地带，境内分布着山地、丘岗、平原地貌。地表轮廓大体是北、西、南缘山地环绕，东南丘陵起伏，北部岗地平缓，东北低平开阔，整个地势由西向东呈阶梯状逐级倾斜，沩水、乌江、楚江、靳江四条主要河流径流其中，沩水、靳江为湘江一级支流，楚江、乌江是沩水一级支流。山多林茂，生态优良，风光秀美。宁乡属中亚热带向北亚热带过渡的大陆性季风湿润气候，四季分明，寒冷期短，炎热期长。全市年日平均气温16.8℃，一月日平均4.5℃，七月日平均28.9℃。年平均无霜期274天，年平均日照1737.6小时。雨水充足，年均降水量1358.3毫米，年平均相对湿度81%。空气质量优良率达85%。

　　【资源物产】宁乡是全国闻名的"鱼米之乡""牲猪之乡"和"茶叶之乡"，全国重要的商品粮生产基地和农产品后勤基地。宁乡花猪属中国四大名猪种之一，沩山毛尖获国家地理标志保护产品。2013年，宁乡入选全省首批特色县域经济农副产品加工重点县，主要出产沩山毛尖、沩山素食、黄材腊制品、灰汤贡鸭等土特产。现已探明矿产达

40多种，已开发利用的有煤、铁、锰、铀、金钢石、海泡石、花岗岩等20多种。宁乡县水资源非常丰富。县境内有沩水、乌江、楚江、靳江四条主要河流，其中沩水、靳江为湘江一级支流，黄材水库汇流240.8平方公里，蓄水量为1.47亿立方米。灰汤温泉是全国三大高温温泉。

【建置沿革】考古发现商周时期宁乡境内即有方国城池。春秋战国时期隶属楚黔中郡，秦属长沙郡，汉为益阳县地，三国时期为吴新阳县，晋太康元年（280）改名新康，隋开皇九年（589）并入益阳，唐武德四年（621）复析益阳置新康。唐贞观元年（627），取"乡土安宁"之意置宁乡县。宋太平兴国二年（977）析益阳、长沙、湘乡部分地域建宁乡县，县治设今横市镇，后改设今玉潭镇，隶潭州长沙郡。元隶湖广行中书省湖南道宣慰司天临路。明隶湖广布政使司长沙府。清隶湖南省长沙府。民国时，隶湖南省第5行署。中华人民共和国成立后，宁乡曾归属益阳、湘潭两地区，1983年划归长沙市管辖。2017年4月10日，经国务院批准撤销宁乡县，设立湖南省辖县级宁乡市。

【人口民族】2017年末，全市总户数45.51万户，户籍总人口142.08万人，人口密度为每平方公里489人。户籍人口中，人口性别比为103∶100，人口出生率14.12‰，死亡率18.34‰，自然增长率为-4.22‰。年末常住总人口128.22万人，其中城镇人口76.32万人。有汉族、蒙古族、回族、藏族、维吾尔族、苗族、彝族、壮族、布依族、朝鲜族、侗族、瑶族、白族、土家族、哈尼族、傣族、畲族、高山族、拉祜族、仫佬族、羌族、怒族、黎族等24个民族。

【区位交通】宁乡城中心距长沙黄花国际机场60公里，长张高速、长湘高速、长韶娄高速、319国道横贯东西，石长、洛湛、沪昆铁路客运专线三条铁路纵横交汇，S206、S208、S209和S311四条省道穿越市境，金洲大道、岳宁大道直通省会长沙主城区。截至2016年，市内公路建设里程达6161.73公里，管养里程4346.6公里，其中国道161.59公里，省道339.79公里；境内铁路里程68公里、通车高速公路里程72.19公里。全市29个乡镇（街道）可"半小时上高速、一小时到长沙"，初步形成了对接省会、辐射湘中、畅达全国的立体大交通格局。

【社会发展】2017年，全市共有普通中小学323所、中职学校7所、特教学校1所、幼儿园285所，适龄儿童入学率达到100%，九年义务教育完成率100%，小学升学率100%。拥有高新技术企业和生产高新技术产品的企业193家，国家级高新技术产业化基地1个、国家级农业科技园区1个、国家级科技企业孵化器1个、博士后科研工作站2家、院士工作站4家、国家级工业设计中心1家、国家级企业技术中心2家、省级重点实验室1个、省级科技企业孵化器3个、省级企业技术中心14家、省级工程技术研究中心10家，实现高新技术产值1453.13亿元。拥有医院、卫生院53个，市直医卫单位8个，乡镇卫生院29个，街道卫生服务中心4个，民营医院12个，医疗机构床位总数7130张，执业医师及执业助理医师3100人（含临聘人员），注册护士2631人（含临聘人员）。拥有体育场馆9座，400米田径场16个，乡镇门球场20个，体育协会19个。全年新增城镇就业11649人，年末城镇登记失业率为2.91%。城镇职工五大社会保险参保总人数43.18万人，城乡居民医疗保险和养老保险参保人数分别达到112.95万人和79.8万人。

◇ 城市建设

【综述】宁乡把推进城市化、构建发展新平台作为城市发展战略，从"东进融城"到打造"省会次中心"再到建设"国家中心城市副中心"，积极加大公共基础设施建设力度，累计投入150多亿元用于城市基础设施建设，老城区以"一江两岸三洲"为代表，不断提升城市建设品质，新城区以金洲新区为桥头堡向省会长沙对接融合，四大门户广场焕然一新，"四溪一渠"实施治理，城区主干道绿化提质，34条背街小巷完成改造，污水处理、管道燃气、自来水厂扩容等市政建设全面推进。构建了金洲大道、岳宁大道、金唐公路、南北横线、长益复线、长韶娄高速、益娄衡高速、1121军民合用等交通大格局。高标准建成了市民广场、文体中心、玉潭公园、沩水风光带、宁乡企业文化公园、廉洁文化公园、炭河里遗址文化公园、道林古镇乡村文化公园、靳江源湿地公园、大科园创新文化公园和一批社区公园。按"1+5+N"发展布局，建设了花明楼红色小镇、大屯营航空物流小镇、月亮湖车生活小镇、双凫铺鞋业小镇、煤炭坝门业小镇、金洲电竞小镇、双江口菜商小镇、灰汤互联网创客小镇等一批特色小镇。通过国家卫生城市、文明城市、园林城市的创建和智慧城市建设，城市品质、城市功能和民生服务水平迅速提升和完善，绿化率、污水处理能力、城市基础配套设施、人居环境等方面都已达到现代中等城市水平。2017年，城市化水平为59.5%，公共绿地面积1116.3万平方米，城市绿化覆盖率达到35.5%，人均绿化面积42.9平方米，城市主干道亮化率、城市道路硬化率均达到100%。2017年12月3日，宁乡市举行成立揭牌仪式，按国家智能制造中心、国家创新创意中心、国家交通物流中心目标，正在加快新型城镇建设，着力打造国家中心城市副中心，构建内陆开放高地的桥头堡和湖南湘江新区的增长极。

【城市规划】2015年7月，《宁乡县城总体规划（2000-2020）（2015修改）》经长沙市政府批准实施。"新总规"将宁乡定位为：省会长沙次中心，宁乡政治、经济、文化中心和宜居宜业的生态城市；划定中心城区适建345.97平方公里控制区、670.02平方公里远景控制区，将新增的沩东新城片区定位为大学城、文化园和专业服务中心。至2020年，全市城市化水平达到66%，其中中心城区人口规模达到70万人；县城建成区达到75平方公里以上，人均建设用地面积为107.19平方米；中心城区绿化覆盖率达到40%以上，人均公共绿地达到10平方米以上。全市形成"中心城区—重点镇——一般镇—村庄"的四级城镇体系，形成灰汤、花明楼、双凫铺、横市、流沙河、回龙铺、煤炭坝7个重点镇。

【沩东新城】位于沩水以东和城区东部，是湖南湘江新区"一主三次"规划的重要次中心，东与岳麓区接壤，北至长常高速，南至香山森林公园，面积约188.36平方公里，包括历经铺乡、夏铎铺镇以及金洲镇、东湖塘、坝塘镇部分范围，规划区共有28个村、2个社区，总人口约9.6万。岳宁大道直达长沙梅溪湖。新城以"宁乡东进融城的桥头堡、工业园区的靓丽客厅、两型发展的县域示范、幸福宁乡的新增长极"为战略定位，以文化教育、商贸旅游、宜居生态等为主导产业，将建成产城融合、城乡一体、全域景区的生态、智慧、财富新城。

【金洲新区】位于市正东，东距长沙市政府15公里，距国家级长沙高新技术区15公里。与已建的国家级经开区湖南宁乡经济开发区隔沩江相望，距宁乡市中心5公里。新区规划面积55.6平方公里，近期开发19.1平方公里，建设以工业为主，集居住、商贸、科教、物流、休闲、娱乐于一体的第四代复合型园区。重点发展纺织服饰、新材料新能源、现代制造、软件、塑胶等优势产业，着力打造泛珠三角及长株潭城市群产业转接基地、长沙先进制造业基地、长沙西部物流中心和长沙西部生态休闲中心。

【宁乡火车站】建成于1998年，位于玉潭镇街道办事处，南距宁乡市中心2公里，是石长铁路责任有限公司下辖的一个集客运、货运为一体的中间站，1998年10月1日开通运营；2013年3月6日起，因为站场改造以及石长铁路复线修建而停办客运业务；2016年1月18日，石长铁路增建二线电气化工程开通，火车站通过提质改造，在对站前广场和停车场翻修重建，站内设备更新、装修改造和外部立面改造及站台安全设备安装完成后，于2016年7月25日正式恢复通车。

【宁乡大道】南连东沩路，北接长常高速出口。2015年启动北延线建设，采取左右车道分离下穿长常高速的建设方式，从空中俯看，宛如天使之眼。宁乡大道北延线系长沙北横线的一段，属于北横线改扩建项目。原规划按26米宽干线公路标准建设，2016年4月调整为市政道路，在原规划上增设非机动车道、人行道、测风带、绿化带、强弱电管网、污水搜集系统，总投资比原投资计划增加约1亿元，整个项目的投资达到1.7亿元。2017年9月全部建成通车。

【金洲大道】金洲大道宁乡段全长9.6公里，以金洲大道为核心，依托长常高速公路、319国道、石长铁路，与长沙城区在时间和空间上实现无缝对接，长沙市四环路紧邻新区东侧，并与多条交通干线结成内外融会贯通的大交通网络，1小时车程可辐射11个地级市5000万人，既是宁乡接受长沙和长株潭城市群经济辐射的前沿阵地，也是长沙市辐射带动湘西北发展的咽喉要道。

【南门桥】曾名"玉带桥""玉潭桥"。隆庆六年（1572）在城东南处阳春台前的薛花岩下，开始架设木桥，从此有了木桥飞渡，有如玉带漂空，即命名为"玉带桥"，为今日南门桥的前身和它的乳名。隆庆二十五年（1591），知县刘善谟与全县绅商共同商议，决定改木桥为石桥，并移址南门口，乾隆三十一年（1766）建成，26个石墩，花岗石条块盖面。后多次被洪水冲毁、多次重修，于1965年改建成现在的四墩复线钢筋水泥大桥。

【宁乡商业步行街】绿地新天地是绿地中央花园的一条城市中轴商业街，整条步行街呈中轴古典对称式空间布局，采用Art-deco建筑风格，中轴商业建筑面积25077.07平方米，层数为地下一层，地上三层。街长约300米，宽幅33-60米，路面停车和地下车库约200个停车位，是宁乡独一无二的公园购物街和第四代商业购物街，步行街容纳商超、特色餐饮、咖啡厅、娱乐、KTV、茶楼、台球、休闲、电玩、健身、美容等诸多业态。

【城市供水】由长沙（中国水务）集团有限公司（前身为宁乡县自来水公司）承担。公司坚持"以水为本，达善社会"的经营理念，目前，已拥有2个水厂3个加压站，日供水能力从13万吨/日即将达到21万吨/日，从城市供水逐步延伸至煤炭坝、历经铺、双江口等乡镇供水。有沿江风光带、玉潭路、中水一品3个营业网点，形成了供水、管道和户表安装、市政工程施工、直饮水和纯净水生产、商品混凝土、物业管理和金融担保等多元产业格局，打造供水服务、智慧水务平台。

【宁乡市一中】宁乡市第一高级中学即原宁乡县第一中学，是湖南省首批省级重点中学，湖南省示范性普通高级中学，全国教育科学实验基地，中国百强中学。位于金洲大道——宁乡二环东路之间，占地400亩，总建筑面积13万平方米。现有高中班70余个，在校学生5000余人。258名专任教师全部具有本科或本科以上学历，其中特级教师7人，中学高级教师138人，中学一级教师105人。徐特立、李淑一、杨昌济、周世钊等先后执教于此。校训为"诚、信、勤、朴"。

【宁乡市人民医院】创建于1939年9月8日，占地180亩，建筑面积12万平方米。现有高中级专业技术人才545人，其中正高职称28人，副高职称152人；设有20多个门诊专科诊室、10个医技科室、35个临床科室和40个护理单元；编制病床1500张；拥有20万元以上的先进医疗仪器设备200多台件。医院先后与北京天坛医院、北京地坛医院、省人民医院、湖南省妇幼保健院、第二军医大学上海长征医院等开展了对口指导与协作扶助，连续五年入选中国最具竞争力县级医院100强，2015年名列42位，湖南省第1位。

【宁乡市中医院】国家三级甲等中医医院和湖南省农村示范中医医院，成立于1956年，是湖南中医药大学、长沙医学院等单位的教学、实习医院和长沙医学院附属医院、吉首大学协作型附属医院、湖南省中医附一医院定点指导医院。2017年通过全国三级甲等中医医院评审。现拥有专业技术人员790人，其中高级职称76人，开设20多个临床科室。编制病床800张，中医操作设备齐全。院内研发自制的中药药品有强筋壮骨丸、活血通经丸等30多种；推出了固元膏、补肾养精膏等基础膏方15种。全面开展多种针法、灸法、拔罐、针刀、中药熏蒸、推拿、刮痧、中医正骨、中药保留灌肠、敷贴、现代康复等中医诊疗项目。

【宁乡市图书馆】民国元年（1912），宁乡成立县通俗图书馆，1930年在县城成立民众图书馆；1934年，由宁乡县人鲁涤平、陶峙岳捐献一批书籍，归并旧藏公书，于飞凤山文庙创建县立图书馆；1938年，将县立图书馆合并于民众教育馆内。1951年1月，在县文化馆内开辟图书阅览室，图书对外开放。1959年，县图书馆成立。图书馆新馆位于文体中心办公大楼的2、3层，设有成人借阅室、少儿借阅室、报刊借阅室、电子阅览室、地方文献阅览室、多媒体室、读者自习室等8个对外服务窗口，所有流通阅览窗口免费向读者开放。

【宁乡大剧院】位于市文体中心文化活动中心B段，由快乐天下文化传媒（湖南）有限公司经营，大剧院建筑面积约12000多平方米，包括剧场、舞蹈排练厅、乐队排练厅、书吧、文创孵化基地、青少年活动中心、餐厅等各类场馆，是一个围绕剧院节目演出、多门类艺术培训、文化教育培训、文化创意孵化和文化创意研发、生产的大文化产业基地。剧场面积约为3000平方米，设置座位800多个，剧场设备多采用国际知名的先进产品，音响、视频、灯光系统、舞台机械，均按照高标准配置，可满足国内外各类演出需求。

【宁乡市民之家】位于花明北路，总建筑面积5.6万平方米，集政务服务、市民馆、档案管理、公共资源交易、会议服务、智慧城市运营中心等多种功能于一体，是宁乡市的"办事大厅""文明展厅"和"城市客厅"，也是宁乡撤县建市、建设幸福新宁乡的标志性建筑。以现代信息技术为支撑，利用智慧政务系统，把轻松愉快留给群众，致力打造"随时、随地、随需、随行"的"互联网+政务"新平台，已进驻审批服务部门37个、公共服务单位20家，设置窗口231个，进驻事项470项，集审批服务、公共服务、中介服务、便民商务配套服务等多种服务为一体。

【黄材水库】又名青洋湖（因位于长沙至安化古驿道青洋铺而得名），地处湘江一级支流沩水上游，主坝坝址位于黄材镇以西3.5公里的铁山里，东距宁乡县城52公里。1958年9月动工，1965年枢纽工程基本竣工，1968年灌区配套完成，为当时全国著名的三大土坝水利工程之一，是湖南省修建最早的一座以灌溉为主，兼发电、防洪、养殖等综合效益的大Ⅱ型综合水利工程之一。枢纽工程由主坝、副坝、溢洪道、输水洞、电站及引水坝等建筑物组成。水库汇流240.8平方公里，12000多亩水面，蓄水量1.47亿立方米，总库容1.53亿立米，正常水位166米，相应库容1.26亿立米，有效库容1.24亿立米。

【灰汤镇】地处市境西南部，南与湘乡市交界，位于长沙—花明楼—韶山红色旅游线上。镇域总面积43.7平方公里，辖7个村（社区），总人口2.3万人。灰汤温泉是中国三大著名高温复合温泉之一，已有两千多年历史，历来被誉为"神水""圣泉""国汤"。老一辈革命家乌兰夫、王震、王首道、张震曾在此休养，被国家环保部授予"全国环境优美乡镇"称号，并列入全国重点镇。

【花明楼镇】地处市境东南端，取南宋诗人陆游名句"山重水复疑无路，柳暗花明又一村"之意境，得名"花明楼"。是刘少奇故乡与全国重点镇，长韶娄高速、S208、S807省道穿境而过。镇域总面积112平方公里，辖19个村（社区），总人口51200人，拥有机械制造、建材螺丝、玻璃制品等主要产业，尤其耐火产业历史悠久、有"全国耐火材料之乡"之美誉。位于炭子冲村的刘少奇同志纪念馆是全国5A级景区，全国重点文物保护单位。先后获得了"中国文明镇""中国小城镇建设重点镇"等荣誉称号，并列入全国重点镇。

【双凫铺镇】地处市境中部。距长沙66公里，距洛湛铁路横市火车站7公里，省道S209线、新宁横高等级公路、县道双煤线、双偕线贯穿全镇。镇域面积89.5平方公里，辖双凫铺社区和双明、余新、合轩、粟江、麦田、泉井、回龙山等行政村，总人口4.2万人，城镇区面积4.2平方公里。拥有双凫铺鞋业纸业工业小区，入区企业达65家。镇区内教科文卫设施齐全，是宁乡中西地区休闲、文化、娱乐、购物的中心，并被列入了全国重点镇。

◇ 城市经济

【综述】以宁乡经开区、高新区等园区为平台，建成了全国首家中国食品工业示范园区和湖南省食品加工特色产业园，创建了三一汽车起重等36个长沙市级智能制造企业、东方时装等2个省级智能制造示范工厂（车间）和格力暖通等5个国家级智能制造示范企业，培育形成了以加加食品、华润怡宝为代表的绿色食品，以格力电器、三一起重为代表的先进装备制造，以邦普循环、杉杉新材为代表的新能源新材料三大主导产业，构建了"3+5"工业产业园区聚集体系，国家级宁乡经开区成功获批长江经济带国家级转型升级示范开发区、全省食品加工、家电特色产业园，宁乡高新区成功晋升省级高新技术产业园区，获批国家新型工业化产业示范基地。金玉工业集中区获批全省乡镇"飞地经济"试点园区。宁乡农科园获批国家农业科技园区，获批全国电子商务进农村示范县。连续荣获全国粮食生产先进县，成功入选第二批国家全域旅游示范区创建名单。2017年，全市实现地区生产总值（GDP）1224.45亿元，按常住人口计算，人均GDP达96118元，跃居全国第17届县域经济基本竞争力排名第31位，中部第3位。三次产业结构为10.1∶65.9∶24.0，工业增加值占GDP的比重为59.7%。全年完成固定资产投资1059.09亿元，实现社会消费品零售总额318.12亿元，全年进出口总额5.15亿美元，实现财政总收入93.22亿元，城镇居民人均可支配收入39906元，农村居民人均可支配收入24852元。

【宁乡经济技术开发区】位于城区东北部、沩水两岸，地理标识为"蓝月谷"。成立于1998年，2002年成为省级开发区，2010年11月升格为国家级经济技术开发区，规划面积60平方公里，建成开发区面积近20平方公里。已引进企业400多家，拥有规模企业260多家、高新技术企业70多家，形成了以食品饮料、先进装备制造、新材料为主导，以妇孕婴童、保健品、化妆品为特色，以现代商贸服务业为补充，功能布局相对分区的"321"现代产业体系。2016年完成规模工业总产值970.7亿元。先后获批全国唯一的中国食品工业示范园区和湖南省新型工业化食品产业示范基地，也是现代都市工业旅游的好地方，正致力打造中国时尚消费品研发生产基地、中部轻工产品贸易集散基地、全域工业旅游示范基地、蓝月谷创新创意基地。

【宁乡高新技术产业园区】位于城区东部，规划面积65平方公里，是宁乡对接长沙市区的关键通道、工业经济和创新创业的重要平台，也是湘江新区内发展高新技术产业的重要组团，形成了新材料、先进装备制造业、光电信息三大主导产业，培育了"有色金属资源—锂电池材料—锂电池电芯制造与组装—锂电池应用—锂电池回收—回收材料再利用"的绿色循环产业链，拥有上市公司10家、高新技术企业52家、企业自建或同高校共建研发中心43家，高新技术产值占全部产值的70.8%。园区含砷固废治理技术、钨基复合材料、超级节能气凝胶、细胞异种移植等13项技术处于国际领先水平。2016年规模以上工业总产值达825.69亿元，综合实力位列全省146个开发区第16位，省级高新区第1位。先后获批国家节能环保新材料高新技术产业化基地、国家新型工业化产业示范基地。

【楚天科技股份有限公司】成立于2002年，是一家主要从事制药装备研发、生产与销售的机电一体化高新技术企业，也是中国优秀民营科技企业、"中国驰名商标"企业。公司兴建的楚天科技工业园坐落于宁乡经开区内，占地300多亩，拥有员工1100余名。公司主营业务为水剂类制药装备的研发、设计、生产、销售和服务。公司主要产品覆盖国内制药工业百强中的64家企业，已组建国家认定的企业技术中心，建立了博士后科研流动站协作研发中心和制药装备工程技术研究中心，系全国制药装备标准化技术委员会委员单位、全国企事业知识产权试点单位，先后参与制定、修订行业标准14项，其中10项已颁布实施，是中国制药装备行业拥有专利最多的企业之一。

【三一汽车起重机械有限公司】2008年成立，位于金洲新区金洲大道西168号，占地面积1800亩，主要从事汽车起重机、全地面起重机、越野起重机、特种起重机及塔式起重机产品的研发、生产及销售，是全球最大的轮式起重机制造基地。2010年3月，公司生产的亚洲首台千吨级全地面起重机SAC12000下线，标志中国超大吨位轮式起重机研发、制造水平进入世界先进行列，目前已全面掌握油气悬挂、单缸插销等超大吨位起重机关键制造技术，累计独立申请专利708件，其中发明专利378件。公司"大吨位系列履带式起重机关键技术与应用"荣获"国家科技进步二等奖"；SRC865机型荣获"美国工程设备top100产品"；SAC12000机型、SSC1020机型荣获"中国工程机械top50金奖"。

【长沙格力暖通制冷设备有限公司】成立于2014年4月，位于宁乡经济技术开发区内，是珠海格力电器股份有限公司独资兴建的子公司和在全球布局的第十个空调生产基地，占地718亩，总投资20亿元，主要从事家用空调和商用空调生产。公司购置国内外先进设备1022台套，新建生产线11条，工厂采用大量国际领先和格力自主研发的智能装备，工艺自动化水平、生产效率和节能环保等方面都走在行业前端，是格力最大的中央空调生产基地，也是"绿色工厂、智能工厂"。

【湖南松井新材料有限公司】原名湖南鸿海新材料有限公司，成立于2006年9月，是一家集涂料研发、生产、销售为一体的高新技术企业，是国家科技部技术创新基金重点扶持企业。现拥有PVD涂料、塑胶涂料、金属烤漆涂料、油墨、汽车部件涂料、水性涂料六大系列三百余个产品，广泛应用于手机、笔记本电脑、数码相机、汽车零部件、穿戴式产品等领域，是国内最具影响力的消费电子类产品外观用涂料品牌企业、中国PVD技术发展的重要推动者和领跑者，与阿克苏、PPG等国际知名品牌共同跻身世界一流企业阵营，目前向苹果、谷歌、微软、惠普、戴尔、亚马逊、MOTO、华为、小米、OPPO、VIVO等国内外战略合作伙伴提供优质产品和服务。公司位于三环北路777号。

【长宁碳素制品有限公司】生产炭素制品的专业厂家，始建于1987年，地处喻家坳乡湖溪村，总占地面积200余亩，现有员工700余名，固定资产8000多万，年生产炭棒可达20000吨，占国内市场销售额的40%以上，是全国最大的电池炭棒生产厂家和中国电碳协会、中国电工协会会员。公司与湖南大学等多所高校结成技术联盟，成立了炭材料加工中心、新产品研发中心，通过了ISO9001：2000质量体系认证，涉足电池炭棒、石墨粉、新型炭材料、等静压石墨、机械装配、机械设计等产业。

【湖南中财化学建材有限公司】公司成立于2008年，由浙江中财招商投资集团投资组建，系中财集团董事局特别企业，位于宁乡经济开发区发展路8号，占地431亩，项目总投资10亿元，生产涵盖工程、高档家装用PPR、PVC管道及真彩、新型塑料门窗异型材在内的各类产品，是年产30万吨、销售额40亿元的大型化学建材生产基地和先进的模具及设备制造基地。

【圣得西（集团）有限公司】始创于1989年，主要从事西服、西裤、休闲上衣、茄克、T恤、休闲裤、毛衫、衬衣、皮具等男士正装和商务休闲系列化产品的开发、生产和销售，目前拥有"圣得西""圣奥威斯"等品牌。先后在巴黎、上海建立研发设计中心，引进意大利、日本、德国等国家20余条顶级生产线，聚结世界前沿服装技术，为男士量身打造优雅、舒展男装，是目前国内高级男士正装和休闲装的代表。公司坐落在金洲大道西016号圣得西时尚产业园。

【加加食品集团股份有限公司】创建于1996年，位于市站前路，是一家集研发、生产、营销于一体的国内大型知名调味食品上市企业，拥有4家子公司，先后荣获3项国家级荣誉，综合实力位居国内酱油行业中第2位。在全国各地拥有近1,200家总经销商，结合"互联网+食品"的新型商业模式，形成了以湖南长沙、河南新郑、四川阆中三大生产基地为中心，辐射全国的销售网络。先后荣获"中国名牌""中国驰名商标""国家级农业产业化重点龙头企业""国家食品工业重点企业""全国酿造酱油示范企业""高新技术企业"等荣誉称号。

【华润怡宝饮料（长沙）有限公司】2012年成立，隶属华润集团属下香港上市公司华润创业有限公司，位于宁乡经济开发区车站路359号。主营"怡宝"牌系列包装饮用水，是国内最早专业化生产包装饮用水的企业之一，华润怡宝也是《瓶装饮用纯净水》国家标准的主要发起和起草单位之一。拥有自主品牌"怡宝""加林山""魔力"及日方授权的"午后奶茶""火咖"系列等多个著名品牌，产品包括纯净水、矿泉水、奶茶、咖啡、功能性饮料等品类。

【宁乡花猪】原产宁乡市，1981年国家标准总局颁布GB273-81《宁乡花猪》，将宁乡花猪列为全国四大优良地方品种之一，2003年再次颁布实施了新标准，2006年农业部将宁乡花猪列入《国际级家畜遗传资源保护名录》，2007年取得国家无公害农产品产地和产品认证证书。宁乡花猪在完全天然、健康的环境下生长，远离任何人工生长素，因此与洞庭湖的湘莲、武冈的铜鹅一起被誉为湖南"三宝"。

【沩山毛尖】产于沩山乡。沩山产茶历史悠久，远在唐代就已著称于世，清同治年间（1862-1874）《宁乡市志》载："沩山茶，雨前采摘，香嫩清醇，不让武夷、龙井。商品销甘肃、新疆等省，久获厚利，密印寺院内数株味尤佳"，"文革"中发现密印寺大佛像体内存有茶叶三十余斤，是"茶佛一味"的又一生动见证。沩山毛尖外形微卷成块状，色泽黄亮油润，白毫显露，汤色橙黄透亮，松烟香气芬芳浓郁，滋味醇甜爽口。

【灰汤汤鸭】产于灰汤镇。清康熙年间，灰汤汤鸭被定为贡品，进贡朝廷，故又称"贡鸭"。灰汤有我国著名高温复合温泉，温泉含有动物和人体所需的铁、铜、锌、钼、氟等29种微量元素，素有"天然药泉"之称。饲养在汤泉附近的灰汤汤鸭便以其微量元素大大超过普通鸭子而驰名。灰汤鸭外形也与一般鸭不同，趾蹼肥大，嘴喙深黄，体胖毛滑，毛色深褐，肉质丰腴细嫩，骨酥髓多，炖熟之后不放盐而汤微咸，特鲜甜。

◇ 城市文化

【综述】考古发现商周时期宁乡就出现了方国城池。唐代灵祐禅师来沩山创建密印寺，开创中国佛教著名流派沩仰宗。1938年始出土的四羊方尊、人面纹鼎、象纹大铜铙、提梁卣等文物，被誉为"南中国青铜文化中心"。1998年发掘于老粮仓师古寨的编铙更是馆藏年代最早、最为完整，2014年仍能演奏的乐器。2001年，黄材镇出土的青铜罍，为国内最大、最重的商周罍王；宁乡市库存文物达万余件。不可移动文物十分丰富，涵盖了湖湘文化、革命文化、佛教文化、青铜文化、历史文化等范畴。宁乡市有文物保护单位60处，其中国家级2处、省级8处，包括党一大代表何叔衡故居、国家主席刘少奇故居、党和国家重要领导人谢觉哉故居；楚国靳尚大夫堂、佛教禅宗沩仰祖庭密印寺、祖师塔院；国宝四羊方尊出土地炭河里遗址等重点文物保护单位。从宋代起，出现过灵峰、南轩、玉潭、云山四大著名书院，近代拥有"湖南学堂，宁乡为首"的美誉。2017年，全市拥有广播电台1座，电视发射台和转播台2座，广播、电视综合人口覆盖率均达到98.5%，有线电视用户19.24万户。公共图书馆1座，藏书量23万册。24小时自助图书馆2个。群众文艺团队160余支。

【人面纹鼎】1959年宁乡县黄材镇炭河

里乡胜溪村出土，现藏湖南省博物馆。鼎体通高38.5厘米，口长29.8厘米，宽23.7厘米，呈长方形，立耳，四柱状足，为商代后期鼎常见的样式。鼎腹的四面各以浮雕式人面作主体装饰，面部较为写实，特征突出，十分醒目。表情威严肃穆，高颧骨，双眼圆睁，眉弯曲，唇紧闭。双耳肥大，上饰勾云纹，下有手爪形纹饰。地衬云雷纹。腹部四角有外凸的扉棱，并带有齿状凸饰，使形体庄重而富于动势。足上部饰兽面纹，也饰扉棱，与腹部呼应，下有三道弦纹。耳外侧饰阴线夔龙纹。在鼎腹内壁近口沿处有铭文"大禾"二字。

【玉潭书院】原名玉山书院。明代嘉靖二年（1523）知县胡明善创建玉山书院。明代末年，因兵祸频发，书院被毁。清乾隆十九年（1754），重新恢复书院。乾隆三十二年（1767）山长周在炽与宁乡耆宿周岸斋等认为这地方"玉潭横带，泻碧于前，龙凤斜骞，茸翠于后，龙溪绕其右臂，狮峰键其下关，近抱楼台，远凌天马，居然一名胜地也。"因此将玉山书院更名为玉潭书院。光绪二十八年（1902）改为高等小学堂。1912年改为县立第一高等小学。1913年下半年，刘少奇考入玉潭学校（前身即为玉潭书院）。

【云山学校】位于城西45公里处水云山下。清同治三年（1864），邑人陕西巡抚刘典倡建云山书院于此，同治六年（1867）建成。辛亥革命后，改名为云山学校。何叔衡、姜梦周、王凌波、谢觉哉（人称"宁乡四髯"）同在此读书和任教，并从事革命活动。青年毛泽东曾来此进行过社会调查。云山学校师生中，许多人为中国的革命和建设事业立下不朽功勋，如何叔衡、谢觉哉、姜梦周、李笋生、邓履平、谢南岭、李甲农、尹澍涛、杨晋稽、萧述凡、张福生、甘泗淇、刘雪初、刘立清、谢放等。现为湖南省文物保护单位。

【官山】原地名是龙塘，山名为罗带山。得名源于南宋抗金宰相张浚和理学家、教育家张栻父子。南宋时期，有一对父子，老父叫张浚，字德远。官至枢密院使，封魏国公，为抗金派领袖。后受投降派排挤，被贬任潭州（今长沙）刺史。客死江西余干，葬于罗带山。儿子张栻，字敬夫，号南轩，世称南轩先生，是著名理学家和教育家，当过岳麓书院的院长兼教授，为湖湘学派的奠基人。与同时代的朱熹、吕祖谦并称"东南三贤"。张栻死后归葬于父茔之侧。明世宗嘉靖三年"命其墓地为'官山'"。

【何叔衡故居】位于市区西70多公里的沙田乡杓子冲。故居为一所普通农舍，建于清乾隆五十年（1785）。平面呈方形，坐东朝西，土木结构，有正房、左右厢房计23间，小青瓦屋面，土砖泥筑院墙，占地约2600平方米。平头槽门，门额上端悬挂廖沫沙题写的"何叔衡烈士故居"七字横匾。槽门上挂着胡耀邦书写的"何叔衡同志故居"匾额。前坪里安放着何叔衡半身塑像。1876年

5月27日，何叔衡诞生于此。1972年后多次维修。2013年列入第七批全国重点文物保护单位。2016年12月，何叔衡故居被列入《全国红色旅游经典景区名录》。

【谢觉哉故居】位于市区西70多公里的沙田乡堆子村。谢觉哉于清光绪十年四月初三出生于沙田乡堆子村肖家湾一个农民家庭，后家境小康，搬迁至附近南山坡上的兰馥冲，在这里度过了青少年时代。兰馥冲曾有"南国花香在此冲"之美誉。故居始建于1821年，2进3间。门额上端悬挂邓小平题写的"谢觉哉同志故居"七字横匾。2013年，列入全国重点文保单位。2016年12月，列入《全国红色旅游经典景区名录》。现由谢老大孙子谢金铺一家居住，产权也属谢金铺，故居保存得很完整，里面陈列的家具都是清朝遗物，其中不乏谢觉哉生前爱物。纪念馆公建私管，在全国并不多见，每天接待游客和负责讲解的都是谢金铺家人。

【关山古镇】位于金洲镇，距省会长沙仅28公里。"关山"地名源于三国关云长在此屯兵，与老将黄忠大战于长沙并最终将其收服的历史典故。这一带至今仍遗有关山、箭楼村、颜塘村、烈马卧槽、歇气岭等地名。经当地政府重新发掘关山的历史文化底蕴，结合当地秀美风光和风土人情，通过引资兴建了包括三国古镇、关山博物馆、湖湘古村、湿地氧吧、开心农场、四季果园等项目的古镇旅游区。关山村被农业部评为十个

"中国最有魅力休闲乡村"之一，被国家旅游局评为4A级景区。

【宁乡花鼓戏】形成于清代，流行于湘中、湘东和洞庭湖滨，是一个艺术风格独特、群众基础深厚、地方色彩鲜明、生活气息浓郁的地方小戏剧种，随着花鼓戏艺人的创作实践逐渐形成多种流派，其中以浏阳、宁乡、益阳、西湖、醴陵五路为主要流派，五路花鼓戏均因以宁乡话为统一的舞台语言，所以通称为宁乡花鼓戏。

【何叔衡】（1876-1935），宁乡人，中共一大代表，中共早期主要领导人。湖南省立第一师范毕业，清末秀才。无产阶级革命家，新民学会骨干会员，长沙共产主义小组成员。1935年2月24日，从江西转移福建途中，在长汀突围战斗中壮烈牺牲，时年59岁。

【甘泗淇】（1903-1964），原名姜凤威，别名姜炳坤，宁乡人。中国人民的革命战士、中国人民解放军上将、中国人民解放军高级将领。苏联莫斯科中山大学毕业，历任红二方面军政治部主任、八路军一二零师、晋绥军区、陕甘宁晋绥联防军政治部主任、中国人民志愿军副政委兼政治部主任、中国人民解放军总政治部副主任。

【刘少奇】（1898-1969），宁乡人。伟大的马克思主义者，伟大的无产阶级革命家、政治家、理论家，党和国家主要领导人之一，中华人民共和国开国元勋，是以毛泽

东同志为核心的党的第一代中央领导集体的重要成员。于1969年11月12日蒙冤病逝。1980年恢复名誉。

【谢觉哉】（1884-1971），字焕南，别号觉哉，亦作觉斋。历任中央工农民主政府秘书长、内务部长、司法部长等职。中国共产党的优秀党员、"延安五老"之一、著名的法学家和教育家、杰出的社会活动家、法学界的先导、人民司法制度的奠基者。

【欧阳钦】（1900-1978），号惟亮，宁乡人。历任中共旅大市委书记兼市长，中共黑龙江省委第一书记兼省长，东北协作区主任，中共中央东北局第二书记，第五届政协全国委员会副主席，是中共第八届中央委员和第五届全国人民代表大会常务委员会委员。

【陶峙岳】（1892-1988），宁乡人。先后任人民解放军第二十二兵团司令员，西北军政委员会委员，新疆军区副司令员，新疆生产建设兵团司令员，全国政协副主席。1955年被授予上将军衔和一级解放勋章，1988年7月被授予胜利功勋荣誉章。

【周光召】（1929-），宁乡人，科学家、世界公认的赝矢量流部分守恒定理的奠基人之一、两弹一星功勋奖章获得者。1985当选为第三世界科学院院士。历任中国科学院院长、中国科协主席，全国政协副主席等职。

◇ 城市生态

【综述】宁乡市域沩、乌、楚、靳四条河流贯穿全境，襟湘江，入洞庭，流域面积2209.75平方公里，山多林茂，生态优良，风光秀美。全市拥有国家重点风景名胜区1处，国家森林公园2处，国家湿地公园1处。全市森林覆盖率达48.8%，空气质量优良率达85%。拥有13个国家级环境优美乡镇和5个国家级生态村。在入围全国第二批生态文明先行示范区建设的45个地区和县域中，宁乡是唯一入选的县级行政单位。近年来，宁乡积极探索两型发展模式，推进生态文明体制，不断夯实生态文明建设基础，实现了经济、社会、生态效益的有机集合。国家级经开区成功申报国家再制造产业基地，金洲新区晋升为国家级新型工业化示范基地和省级高新区，金玉乡镇工业集中区成为全省飞地经济示范样板。全力加强环境基础建设和环境执法整治，乡镇污水处理厂实现全覆盖，畜禽污染治理模式全省推广，所有大中型水库退出投肥养鱼，沩江流域治理全面启动，取缔了所有非法采砂场，关停了境内的煤矿企业、非煤矿山和"五小"企业。

【沩山风景名胜区】沩山，亦名大沩山，沩水发源地，位于宁乡市西部，最高处的雪峰顶海拔927米。风景区规划面积190平方公里，有4A级景区1处、3A级景区3处、全国重点文物保护单位1处、省级文物保护单位8处、市级文物保护单位4处，涵盖了古文化遗址、古建筑、古桥梁、古墓葬等历史遗产。盆地西北侧的毗卢峰下，有始建于公元807年的千年古刹密印寺，是中国佛教禅宗五派之一的沩仰宗祖庭，另有灵祐肉身塔、裴休墓、齐己墓、易祓墓、张浚张栻父子墓及何叔衡、谢觉哉故居等历史名胜。

【香山国家森林公园】位于夏铎铺镇，属于衡山余脉北支，起于黄茅大岭，地处长沙—韶山—花明楼—灰汤名人名泉黄金旅游线的中枢联络点、省道S208线和国道S319之间，面积2159公顷，森林覆盖率99.5%。2009年12月，批准为国家级森林公园。原名湖南凤凰山国家森林公园，2015年8月国家林业局下文，准予公园更名为湖南宁乡香山国家级森林公园，获得首批"湖南省森林康养试点示范基地"荣誉称号。现已查明国家重点保护植物23种，国家重点保护动物14种，堪称湘中丘陵区种质基因库。公园分为香山冲、龙凤峡、嵇加山三个景区，共有山、水、石、寺等知名景点50多个。

【青羊湖国家森林公园】位于宁乡西部黄材镇，属雪峰山余脉，距省会长沙仅一小时车程，与湘潭、益阳、韶山、娄底4市毗邻。总面积3247.47公顷，景区面积150平方公里，森林覆盖率96.15%，森林蓄积量为19.5万余立方米。2010年，由国家林业局批准成立，隶属湖南省林业厅直接管理，是花明楼少奇故里、沩山国家级风景名胜区、"南中国青铜文化中心"的炭河里遗址公园和灰汤温泉旅游线路中的"绿色生态核心"。

【望百峰森林公园】素有"小南岳"之称的望百峰（又名望北峰）位于老粮仓镇，是一座海拔523.4米的大山，系雪峰山余脉，据传望百峰取自站在山顶能看见四周百峰之意。公园位于宁乡楚江河畔，海拔523.4米，总规划面积86.64平方公里（约13万亩林地），距长沙100公里，灰汤25公里，炭河里古城20公里，洛湛铁路穿山而过。拥有白龟扫墓、金牛疏河、狮古寨基、悔此坳、棋盘石、七仙台、瘦牛脊、白沙头、烟波冲等景点。

【金州湖国家湿地公园】位于市郊，距省会长沙市区仅16公里，公园区域内沩水河长约16公里，总面积1427公顷，其中永久性河流湿地与泛洪平原湿地两种类型占公园总面积的82.84%，以拦蓄形成的河流湿地为主体，兼有湖泊湿地、沼泽湿地与人工湿地、水库、池塘、灌溉用沟渠、稻田等多种湿地类型，生态系统相对完整且类型丰富多样，发挥着蓄纳洪水、涵养水源、净化水质、维护湿地生物多样性、调节区域气候等重要生态功能。

【花明楼旅游区】位于市境东南的靳江河畔，东北与长沙市岳麓区接壤，西南与湘潭市、湘乡市相邻，东距省会长沙20公里，南距毛泽东故里韶山30公里，西距县城34公里。景区共占地690多亩，包括少奇同志故居、纪念馆、铜像广场、文物馆、花明楼和修养亭几个组成部分，为国家5A级旅游景区。旅游区内兴建的革命伟人、已故前国家主席刘少奇同志故居和刘少奇同志纪念馆是全国爱国主义教育基地之一。

【灰汤温泉】位于灰汤镇，距长沙市西北80公里处，毗邻毛泽东、刘少奇等伟人故里，总面积48平方公里，温泉水水温高达89.5℃，是闻名全国的古老温泉。据康熙、嘉庆年代宁乡县志记载，汤泉有三眼，上沸、中温、下热。上可宰猪杀鸡，扯毛拔羽，下可沐浴。鸭子饮食温泉水而肉嫩髓多，味道鲜美，号称"汤鸭"。清代时，地方官吏将其作贡品，可减赋税，贵为宫廷佳肴。曾被授予"全国百佳健康温泉"等荣誉称号。

【沩水风光带】沩水河两侧沿江风光带从滨江新外滩到爱琴湾，全长2.3公里，总面积7.8万平方米，分为嫩柳娇堤、鸥鹭图画、洲上彩虹、满天星湖、碧天乐园、丛林鸟鸣6个主题区，由宁梅大道串联其中，主要设施有人行园路、自行车道、观景平台、儿童游乐运动区、书吧茶吧、广场、绿化、月牙湖、卫生间、停车场等，建筑和小品为生态自然的现代简约风格，主要建、构造物高于20年一遇的洪水位标高，防洪安全堤高于50年一遇的洪水位标高。

【玉潭公园】位于市区西南角，北靠玉兴路，东临319国道、一环南路，南接白龙大道，西至二环南路，占地面积约786亩，建有四季生态景观区、山水休闲区、儿童乐园、入口区、山林游赏区、礼佛朝拜区六大功能区，绿化率达85%以上，是

大型天然氧吧和休闲、娱乐、修身、养性的好去处。

【亮月湖公园】位于二环南路与玉煤大道交汇处，又名碧玉潭公园，由玉潭镇投资建设，占地415亩，水面面积约300亩，自然光影与城市静态水景相得益彰，塑造了游人休闲、娱乐的动与静、刚与柔的唯美意境，是市区唯一的大型开放式水景公园和重要城市景观。

【八家湾水体公园】位于城郊乡、菁华铺乡交界处，面积3286亩，水面约1200亩，淹没区面积约967亩，水库总库容649.25万立方米。公园建有儿童游乐区、体育活动区、生态湿地观赏区、生态农业观光区等十个功能分区，是以集体林场的模式、城市中心绿地的品位、城市绿肺的功能，打造的全功能城市公园和辐射长沙、益阳、娄底等周边县市的知名休闲旅游度假目的地。

【宁乡中心公园】位于市政府以北，东临宁乡大道和石长铁路，南靠学府路和站前路，占地面积约5970亩，是市区的中心花园和城市的绿心，其中兴建有企业文化公园、市民公园、教育公园等系列主题公园。通过保护和利用绿心地区现有的地貌和植被，恢复自然界植物群落、山体丘陵和保护利用区域内水资源，在景观美化、调节气候、水土保持、生态隔离净化等方面具有重要作用。

【宁乡污水处理厂】污水处理厂于2015年建设，采用较为先进的污水处理工艺，占地面积约120亩，污水处理能力5万吨/日，极大地改善了周围水体环境，对治理水污染，保护当地流域水质和生态平衡具有十分重要的作用。

◇ 城市名片

【综述】早在三千年前，勤劳智慧的先民就在土地肥沃、风调雨顺的南方腹地——黄材盆地筑起南中国最早的城池、以原始农耕为主的"大禾"方国，精细的农耕文化将这里衍变成天下粮仓。这里是前国家主席刘少奇的故里。上世纪先后出土四羊方尊、人面纹鼎、象纹大铜铙等青铜器1500多件，被誉为"南中国青铜文化中心"。密印寺为禅宗一叶的发源地，其万佛大殿佛像神态各异，令人叹为观止。灰汤温泉水温高达89.5℃，是全国三大高温温泉之一。2016年，县域经济基本竞争力居全国百强县第35位。2017年，跻身中国工业百强县（市）前十强。现拥有刘少奇故居等5处国家级重点文物保护单位，国家级风景名胜区1个，国家级旅游度假区1个、国家5A级景区1个、4A级景区3个。

【四羊方尊】商朝晚期青铜礼器，祭祀用品。1938年出土于宁乡黄材镇月山铺转耳仑山腰，现属炭河里遗址。方尊是中国现存商代青铜方尊中最大的一件，其每边边长为52.4厘米，高58.3厘米，重量34.5公斤，长颈，高圈足，颈部高耸，四边上装饰有蕉叶纹、三角夔纹和兽面纹，尊四角各塑一羊，肩部四角是4个卷角羊头，羊头与羊颈伸出于器外，羊身与羊腿附着于尊腹部及圈足上。方尊肩饰高浮雕蛇身而有爪的龙纹，尊四面正中即两羊比邻处，各一双角龙首探出器表，从方尊每边右肩蜿蜒于前居的中间。被史学界称为"臻于极致的青铜典范"，位列十大传世国宝之一。原件现收藏于中国国家博物馆。

【炭河里遗址】位于黄材镇寨子村塅溪与沩水交汇的台地上（黄材镇坐落在山间盆地），亦称炭河里国家考古遗址公园和炭河里西周城址，是已知南方地区最早的西周城址，发现于1963年初，考古工作者曾对此先后进行了五次发掘，证明炭河里遗址为西周时期"大禾方国"的都城所在地。该地共出土了包括"全国十大国宝"之一的"四羊方尊"在内的2000余件文物，遗址曾被公布2004年"全国考古十大新发现"，属"全国重点文物保护单位"。

【密印寺】位于沩山山腰、毗卢峰下，是中国佛教南禅五大宗之一沩仰宗的起源地。禅宗有"一花五叶"之说，沩仰宗为五叶之首。唐宪宗元和二年（807），灵祐禅师来沩山开法，公元847年兴建，时任潭州观察使、后任唐朝宰相裴休奏请朝廷，唐宣宗李忱御笔亲书"密印禅寺"门额。现存有山门、大殿（万佛殿）、警策殿、选佛场、禅堂、祖堂等建筑，占地共9000多平方米。万佛殿是密印寺内最著名的建筑，高九丈，重檐歇山顶，内外三十八根柱，全为白色花岗石，金色琉璃瓦顶。墙砖高尺余，每砖模制贴金佛像，共12988尊，镶嵌于四壁，佛像神态肃穆，殿内金光灿烂，令人目眩，实为我国寺院之奇观。

【刘少奇故居】位于花明楼炭子冲。1898年11月24日，刘少奇诞生于此，并在此度过了童年和少年时代。故居是一栋坐东望西、土木结构的内套四合院式房子，建筑面积300多平方米，属于刘少奇家的住房有21间半，余为刘少奇伯父家的住房。1961年5月，刘少奇回家乡进行调查研究工作时，曾在此居住一周。1959年，湖南省人民委员会公布炭子冲刘少奇旧居为省级重点文物保护单位，颁发"刘少奇同志旧居"匾额悬于槽门门楣。同年，炭子冲屋场旧居对外开放。1980年，故居按原样修复，现已成为全国重点文物保护单位。

【城市荣誉】撤县前先后获国务院批准的对外开放县、全国经济百强县、中国旅游强县、全国卫生县城、全国生态示范区、全国绿化先进县等荣誉称号。

【友好城市】贵州省仁怀市。

湖南城市大典 株洲市

株 洲 市

❧

　　株洲，古称楮洲。1951年成立县级市，1956年升格为地级市。株洲是中华民族始祖、农耕文化创始人炎帝神农氏安寝之地；是国家"一五"计划期间重点新建设的8个工业城市之一；是航空发动机、电力机车等两百多个填补国内工业产品空白的诞生地。

◇ 城市概况

　　【区划范围】株洲，位于湖南省东部、湘江下游，南岭山脉至江汉平原的倾斜地段。地理位置为东经112°57′27″~114°07′15″，北纬26°03′05″~28°01′27″。东西最宽处88.75公里，南北最长处219.25公里。东邻江西省萍乡市所辖的湘东区、上栗县、莲花县及吉安市所辖的永新县、井冈山市、遂川县；南连湖南省郴州市所辖的桂东县、永兴县、资兴市；西接郴州市所辖的安仁县、衡阳市所辖的衡东县和湘潭市及所辖的湘潭县；北依长沙市所辖的长沙县、浏阳市。是全国两型社会综合配套改革试验区，是湖南省"一点一线"区域经济带的重要城市，也是全省经济最发达的长、株、潭"金三角"支撑成员。2017年，辖芦淞区、荷塘区、石峰区、天元区、渌口区、醴陵市、攸县、茶陵县、炎陵县9个县市区，总面积11247.6平方公里。中共株洲市委员会驻天元区天台路308号、株洲市人民政府驻天元区天台路58号，电话区号：0731，邮政编码：412000。

　　【地理环境】位于罗霄山脉西麓，南岭山脉至江汉平原的倾斜地段上，市域总体地势东南高、西北低。北中部地形岭谷相间，盆地呈带状展布；东南部均为山地，山峦叠嶂，地势雄伟。水域637.27平方公里，占市域总面积的5.66%；平原1843.25平方公里，占16.37%；低岗地1449.86平方公里，占12.87%；高岗地738.74平方公里，占6.56%；丘陵1916.61平方公里，占17.02%；山地4676.47平方公里，占41.52%。山地主要集中于市域东南部，岗地以市域中北部居多，平原沿湘江两岸分布。株洲市域的河流长度5公里以上的341条，30公里以上的19条，100公里以上的7条，均属湘江水系。湘江干流在株洲市域内全长89.6公里，占湘江总长的10.46%。市域内湘江一级支流较大的有洣水、渌水；湘江二级支流长度在100公里以上的有洮水、攸水、澄潭江、铁水4条。株洲属亚热带季风性湿润气候，四季分明，雨量充沛、光热充足，风向冬季多西北风，夏季多正南风，无霜期在286天以上，年平均气温16℃至18℃，是名副其实的膏腴之地。

【资源物产】 境内物产资源丰富，植物种属古老，种类繁多，群落交错，分布混杂。自然分布和引种栽培的约有106科、296属、884种。其中珍稀乡土树种约有40余种。共有古树名木3万余株，其中500年以上的国家一级古树245株。境内有洮水水库，总库容达5.25亿立方米，其中防洪库容1亿立方米，水库的水量足以满足株洲城区的用水需求。水库水量充沛，库区植被良好，没有工业污染，水质全年达到了Ⅱ类标准。全市范围内共有水库964座，有中大型水库4座、中型水库14座、小一型水库60座；小二型水库886座。全市已开发水电站258处，总装机36.5万千瓦，其中在建电站4处，装机2.6万千瓦。已发现矿种44种，矿床（点）360处，其中大型矿床5处，中型15处，小型65处。探明资源储量矿种34种。其中，能源矿产5种，金属矿产16种，非金属矿产22种，水气矿产1种。已探明的矿产有煤、铁、钨、铅、锌、锡、铀、铜、铌、钽、稀土、萤石、石膏、硅石土、高岭土、石灰石、花岗岩等40余种，为有名的有色金属之乡。高岭土、铸石用辉绿岩、冶金用石英岩资源储量居全省之首。

【建置沿革】 春秋战国时期，株洲属楚国黔中郡。三国吴设建宁县，属长沙郡，县城在今株洲市区，后迁今株洲县淦田镇。隋开皇九年（589），隋灭陈，废建宁县。唐高祖武德四年（621），复置建宁县，属南云州。唐太宗贞观元年（627），将建宁县并入攸县。唐天宝八年（749），今城区划入湘潭。民国23年（1934）12月，设株洲镇，隶属湘潭县。民国36年（1947）2月，株洲镇和白关乡、昭阳乡合并为株洲乡，直属湘潭县。1949年8月8日，建立湘潭县株洲区人民政府（区公所）。1951年6月6日，株洲镇升格为株洲市（县级），隶属长沙专员公署。1953年4月14日，株洲市改为省辖市（县级），株洲市人民政府驻大胜岭，1954年迁建设大道，1968年迁今芦淞区新华西路（株洲大桥东头），隶属湘潭专员公署。1956年3月23日，株洲市升格为省辖地级市。1983年7月，实行市管县体制，将湘潭地区所属的醴陵县（1985年5月24日改为醴陵市）、攸县、茶陵县、酃县（1994年4月5日改为炎陵县）划归株洲市管辖。1997年7月，株洲市辖区进行调整，将株洲市东区、南区、北区、郊区调整为株洲市荷塘区、芦淞区、石峰区、天元区。

【人口民族】 根据公安部门提供，全市户籍总人口4026044人，负增长0.40%。户籍总人口中，男性为2044059人，女性为1981985人，男性比女性多62074人，男女性别比103.13：100；全市城镇户籍人口1834678人，户籍人口城镇化率45.57%，增加了2.75个百分点；户籍人口自然负增长

10087人，户籍人口自然负增长2.505‰。全市户籍总人口中，0-17岁以下的820168人，占总人口的20.37%，增加了0.55个百分点；18-34岁的869141人，占总人口的21.29%，下降1.11个百分点；35-59岁的1555699人，占总人口的38.64%，增加0.2个百分点；60岁以上的781036人，占总人口的19.40%，增加了0.09个百分点。全市户籍总人口中，文化程度登记为大专以上的为202772人，登记为高中的（含中专、技校）为424929人，登记为初中的为1221757人，登记为小学的为1253085人。全市户籍总人口中，民族成份登记为少数民族的为32109人，其中登记为土家、苗族、瑶族的人口较多。

【区位交通】京广铁路和沪昆铁路在株洲交汇成为中国重要的"十字型"铁路枢纽，和郑州并称"北郑南株"，株洲距长沙黄花国际机场仅40公里，经长株高速公路30分钟可以到达。此外，株洲通用机场位于株洲市东南部10公里处的芦淞区五里墩乡境内，可起降起飞重量5500公斤以下的各型通用飞机、直升机。2014年7月1日建成通车的吉衡铁路在株洲南3县设有攸县南站、茶陵南站、炎陵站3个客运火车站。株洲为铁路双特等站城市，株洲站是中国客货运输特等站之一，平均每3分钟接发列车一次，日接发车达230趟之多；株洲北站是全国最重要的12个路网性编组站之一。湖南"3+5"城市群城际铁路中，株洲也成为其枢纽，并于2016年12月26日建成通车，株洲市中心坐城际列车到长沙市中心只需要30分钟。株洲公路四通八达，境内公路总里程达1.3万公里，京港澳、沪昆、长株、岳汝、衡炎等7条高速公路，G106、G320、G322等26条国省道，300余条县乡道路和数千条农村公路形成了深度通达的公路网络。境内有湘江、洣江、渌江等通航河流10条，航道总里程558公里。湘江绕城而过，四季通航，沿江上溯衡阳、广西，下通洞庭湖、长江，株洲港为湖南省八大港之一。千吨级船舶可顺湘江、经长江、通上海、达世界各地。

【社会发展】2017年，拥有国家重点实验室4个，省级工程技术研究中心32个，省级重点实验室13个。全年完成专利申请7476件，其中发明专利2709件；专利授权3728件，其中发明专利授权919件；每万人发明专利拥有量突破10件。有普通高校11所。小学适龄儿童入学率100%，九年义务教育巩固率96.4%。全市共有体育场地5386个。截至2017年底，全市有医疗卫生机构2904个，其中，医院79所（有三级综合医院7个，二级综合医院22个），社区卫生服务中心27个，乡镇卫生院111个，医务室和诊所938个，村卫生室1719个。共有卫生技术人员25445人，其中，执业（助理）医师为10620人、注册护士11428人、药师（士）1243人、技师（士）1231人。每千人口卫生技术人员6.5人，每千人口执业（助理）医师数2.64人，每千人注册护士数2.84人，医护比为1：1.09。共有医疗机构病床26284

张，每千人口床位数为6.5张。新增城镇就业5.22万人。城镇基本医疗保险参保人数380.02万人。基本养老保险职工人数283.1万人。2017年，累计保障城市低保对象68.1万人次，最低生活保障支出4.27亿元，其中城镇2.35亿元。

◇ 城市建设

【综述】株洲城镇规模不断扩大、城镇功能不断增强、城市活力不断激发、城市形象不断提升，成功创建全国文明城市，城市管理体制获评"中国人居环境范例奖"，获批国家首批新型城镇化综合试点城市。市域将形成"一核一圈一廊"城镇体系空间结构，即"中心城区核心增长极、株醴都市圈、醴炎县域经济走廊"。中心城区将实施"北联、东拓、南进"的发展战略，"北联"即向北沿云龙大道、长株高速两轴，重点建设云龙新城、轨道科技城；"东拓"即建设产城融合的航空城、服饰城、金山新城；"南进"即以湘江为轴，建设天易科技城和南洲新区，不断扩充城市新空间，构建"一体三极"城市空间结构。中心城区将形成"一环十一射"的快速路系统（"一环"即城市快速环道，由东环路、南环路、西环路、北环路组成；"十一射"即株洲大道、铜霞路、时代大道、迎宾大道、金环大道、金溪路、莲易大道、渌枫大道、东城大道、湘江大道、武广大道）和"二十三纵二十七横"主干路系统。已建成了职教城、新二

中、神农剧院、艺术中心、标准文化馆、体育中心、档案馆、博物馆等文化教育设施，建成了株洲市创业广场、未来云商业中心、奥园广场、汇金财智中心、高科总部一号、美的万豪酒店、大汉·希尔顿等商业服务设施。小城镇建设步伐加快，17个小城镇众星拱月般分布在城区周围。其中国家级明星镇两个，国家小城镇建设试点镇、示范镇、试验镇3个，全国重点镇9个，全国特色小镇1个。2017年，株洲市城镇建成区达到338平方公里，市区建成区面积144平方公里，城镇化率达到65.67%，城镇人口264.08万人，顺利通过国家新型城镇化试点中期评估。

【城市规划】根据国务院批准的《株洲市城市总体规划（2006-2020年）（2017年修订）》，到2020年，中心城区常住人口控制在170万人以内，城市建设用地控制在164平方公里以内。全市户籍人口城镇化率达到43%，常住人口城镇化率达到73%。为落实国家新型城镇化、"一带一路"和长江经济带战略，形成了"一核一圈一廊"的市域城镇空间结构。同时，强化了城市发展底线控制要求，强化了城市总体设计和历史文化保护规划，优化调整了产业发展、综合交通、市政基础设施、地下空间利用等专项规划。在综合借鉴多个城市控规编制体系的基础上，形成了"管理分区—功能片区—控制单元—街坊"四级层次结构。大力推进武广新城博古山公园、雪峰岭公园、万丰湖公园、株洲火车站片区规划、金山新城、武广

新城、枫溪生态城、龙母河风光带等项目的规划与建设实施。致力城市转型升级，加快建成"一谷三区"，天易示范区自主创业园规划开启了城市向南扩展大幕；轨道科技城规划为打造千亿轨道交通产业集群提供强有力的支撑；航空产业城规划为落实"两机重大专项"，打造国家通航产业创新发展综合示范区、实践"两型"社会的绿色智慧科技新城提供规划保障与支持；金山新城规划将荷塘区北部打造为装备特色、产城融合、生态宜居的株洲东部门户。坚持"全域株洲"规划理念，优化"一核一圈一廊"城乡空间格局，划定主体功能区、城镇开发边界，做到规划"一张图"，统筹推进城乡一体化发展。

【云龙新城】位于市北部，辖一镇两街道（云田镇、龙头铺街道、学林街道），与长沙县、浏阳市接壤，是国务院2007年批复的长株潭城市群"两型"社会建设综合配套改革试验区五大示范区之一，长株潭城市群规划中的东部先进制造业产业带，是正在实施的长株高速、上瑞高速两轴沿线的优先发展区域，也是对接长沙东部扩张发展的前沿地带和株洲市区"东提"及产业布局调整的纵深地带。云龙新城区内生态资源丰富，山清水秀，绿色资源和优质山水资源较多。龙母河蜿蜒流经全境，拥有升龙湖、飞龙湖、盘龙湖等7000多亩湖面。为国家绿色生态示范城区之一。区内基础配套逐步完善，与长沙对接的云龙大道全面贯通，"五纵十横"

骨干路网基本形成，30平方公里区域具备大规模开发条件。

【清水塘生态科技新城】位于石峰区南部，北至现状建设北路—清水路、南至湘江、东至石峰公园、西至规划湘芸路，总面积15.14平方公里，其中建设用地面积为13.10平方公里。总体形成"一轴、四核、一网、四板块"的空间结构，将清水塘片区分为科技创新板块、工业文旅休闲板块、口岸开放（物流）板块、临山居住板块四大功能区，从产业转型、生态修复、品质提升三个方面着力，发展科技创新产业、工业文旅产业、体验式商业、口岸电商（综保物流）产业四类主体业态，将片区打造成一座青山绿水和生态修复的示范之城、一座工业遗产保护与利用的典范之城、一座产业转型和创新再造的活力之城。其中，清水塘科技创新产业园，定位为以创新服务、创业平台为主要功能的科技创新服务型园区，打造融合企业总部、研发设计、创业孵化基地等业态于一体的国内绿色、低碳、数字化高端园区。工业文化旅游产业园，依托现存的工业遗址和工业文化，打造集生态休闲、体育运动、主题博览、影视娱乐、产业拓展和体验消费于一体的工业文化产业园。

【武广教育生态城】以高铁株洲西站为核心，面积近11平方公里（16500亩），其中经营性土地近7000亩。东起西环线、湘江风光带、西至京珠高速公路、南邻西站南路、北至长江西路、新马东路。片区交通便利，50分钟可直达黄花机场，武广高铁、渝长厦高铁、娄醴城际铁路、株洲轻轨、地铁一号线将交汇于此。株洲西长途客气站以及辐射全株洲的快速公交线路也将在此集结。武广片区现在定位为武广教育生态城，即以教育为核心牵引的生态宜居新城，包含三个层次，一是自然生态新城，二是教育生态新城，三是宜居生态新城。

【枫溪生态新城】位于芦淞区，规划范围为12.9平方公里，南起芦淞区行政区界，北接庆云山路，东临京广线经南环线至望云路，西望湘江。依托优越的区位和优良的生态，总体定位为江湾第一城、最美枫溪港、幸福生态城，以生态为基础，以推动现代商业、城市公共服务业、健康休闲产业、旅游文化产业为发展目标，建设先进水平的综合性城市功能区。产业定位为打造以文化休闲旅游、健康养老产业为主线，绿色智慧社区为主要功能的现代服务业聚集区，并形成"一带、三轴、五区"的总体空间结构。

【南洲生态新城】位于渌口区南洲镇，北至渌江、南至南洲新区规划01号道路、西至京广铁路、东至乘霞湖，总规划用地面积约8.4平方公里。在"以人为本"的新型城镇化模式指引下，以"建设智慧生态、宜居宜业的幸福城市"为理念，配合株洲市的产业结构升级和城乡一体化的"南进"战略，打造株洲南部新城区，加快渌口区的经济发展。项目定位为"智慧生态新城"，作为新材料、新能源、新技术等新兴产业的培育、

转化、应用基地，承接株洲市南部城市化功能，形成产业特色明显、城市配套功能完善的"产城融合示范区"。同时将进一步改善周边农村的生产生活环境，提高农民的生活品质，使该项目成为乡村振兴计划的示范项目。

【芦淞服饰城】芦淞服饰产业起步于20世纪80年代，依托深厚的炎帝服饰文化底蕴和特殊的区位优势，经过三十多年的发展壮大，现已成为中南地区最大的服装市场群和区域性、国家级、现代化的物流中心。规划面积25.5平方公里，包括1.5平方公里的市场群板块、4.9平方公里的龙泉总部板块和19.1平方公里的白关服饰产业园板块。其中，市场群板块现有38个专业市场、4000多个品牌，销售覆盖全国20多个省、230多个县（市区），年成交额超过500亿元，相继被授予中国服饰名城、中国品牌市场、中国女裤名城、中国十大服装批发市场、中国十大服装专业市场、中国服装商贸名城等权威殊荣。龙泉总部板块核心区面积约2500亩，总投资超200亿元，以服饰商贸全配套链为核心，吸引品牌运营、研发、设计、创意等总部入驻，打造服饰总部的区域标杆。白关服饰产业园板块总投资200亿元，将建成400万平米标准厂房、30万平米布辅料市场，可入驻品牌企业400家、吸纳员工20万。现已建成标准厂房、公寓和业务办公用房超40万平米，入驻服饰生产及生产配套企业52家。同时，年洗水能力达2亿件的洗水工业园、建

筑面积23万平米的株洲小巨蛋中国服饰品牌发布中心等已建成投入使用，芦淞已成为全国服饰产业配套最成熟的地区之一，正在全力打造服饰全产业链生态圈。

【株洲·中国动力谷通用航空城】 规划面积58.1平方公里，包括11.6平方公里中小航空发动机研制区、30平方公里整机制造与通航运营区、6.1平方公里科技创新及配套衍生产业区、10.4平方公里航空小镇生活配套区。累计投入建设资金约70亿元，拉通了全长18.56公里的航空城主干道，开工了全省最大的项目"两机重大专项"（总投资220亿元），2018年4月18日，民航中南地区管理局向株洲芦淞通用机场颁发A类通用机场使用许可证，成为湖南省第一家获得颁证的通用机场。同时，积极推进航空小镇、南方中学、航空科创园、智能制造产业园、人才公寓等生活配套设施建设，致力打造一座功能布局优化、产业配套完善的产业新城。

【天易科技城】 位于株洲高铁西站往南800米，距离黄花机场30分钟车程，概念规划面积237平方公里。目前主要在建的是天易科技城自主创业园项目，该项目规划占地9.02平方公里，拟分三期建设标准厂房及相关商住配套服务设施约400万平方米，总投资超100亿元。截至2018年6月，已建成厂房面积37万平方米（定制厂房11万平方米，标准厂房26万平方米），租售面积达28万平方米，租售率77%，已签约入园企业近50家，聚集了世界500强子公司长城电脑及南方机电、上市公司岱勒新材，行业龙头企业立方新能源、铼因铼合金材料、艾美新材料、ITO靶材等一批优质的战略性新兴产业，初步形成了以电子信息、新材料、新能源为集聚的专业特色园区，为推动株洲打造中国动力谷"3+5+2"产业体系的发展起到了十分重要的作用。天易科技城现已列入"省135工程"和"市146工程"，2016年9月被市政府批准为"株洲市新一代信息技术产业园"；同年11月，加挂"株洲台湾工业园"牌子。

【株洲站】 位于芦淞区人民中路，始建于1911年。为中国中南部国家级铁路枢纽，和郑州并称"北郑南株"。株洲有"被火车拖来的城市"之称，是中国中南部重要的铁路十字枢纽。京广、沪昆两大铁路干线在这里交汇，株洲站是中国客货运输特等站之一，平均每3分钟接发列车一次，日接发车达230趟之多，日均客流量约1.6万人。

【株洲南站】 位于芦淞区航空城与渌口区交界处，是长株潭城际铁路株洲线的终点站，原名七斗冲站，后更名为株洲南站。株洲南站站房设计为三层，其中，地下一层，地上两层，总建筑面积2500平方米。近期站台规模为2台6线，同时其还将预留远期新增站台及轨道建设用地。长株潭城际铁路于2016年12月26日正式通车。

【株洲西站】 位于天元区群丰镇，距长沙南站45公里。工程于2007年开工建设，2009年完成。隶属中国铁路广州局集团有限公司管辖，现为一等站。总建筑面积46669平方米，站房建筑面积15436平方米，站台雨棚投影面积28988平方米，地下进出站地道建筑面积1140平方米；建筑层数地上二层，建筑高度32.3米；站台雨棚高度为18.95米。由主站房和3座站台雨棚组成。站前广场共14万平米，设有4个停车场，面积达4万平米。

【株洲北站】位于市北部，全国十大路网性编组站，是沟通华东、华南、西南和北方的交通枢纽。1966年9月1日铁道部将原田心火车站正式改名为株洲北站，株洲北站主要办理京广、沪昆两大铁路干线四个方向货物列车的到达解体、编组出发以及各个方向旅客列车的通过作业。每天不仅有大量的中转车流通过，而且有大量地区车流产生和集散。

【株洲轨道交通】2013年，经过科学系统的认证，初步规划：株洲轨道交通为3条城区线路，均分别与长沙和湘潭连接，成为长株潭城市群联系的血脉。其中1号线、2号线为主骨架，3号线为远景预留线。株洲轨道交通1号线起于京广高铁株洲西站、止于华强，全长32.7公里，横向贯通株洲城。株洲轨道交通2号线起于湘天桥、止于南州，全长30.9公里，纵向贯通株洲城。

【株洲汽车中心站】位于荷塘区红旗广场南侧，为一级甲等客运站，占地37.5亩，拥有16个发车区，建制客运车辆70余台，日发班次220个左右，日均旅客发送量5000余

人次，该站环境优美，秩序良好，拥有一流的服务设施。

【株洲汽车站】位于株洲市南侧、新华西路北侧，毗邻火车站，为二级甲等客运汽车站，1984年建成。占地面积5900平方米，建筑面积4921平方米。现已开通80个班线，150个班次。

【株洲港】位于市湘江东岸，为中国南方重要水陆交通枢纽。1960年开始扩建港区。1994年，永利千吨码头一期工程建设完毕；2001年，永利港三期工程完工，株洲港因此成为湖南省八大港口之一。2012年新港区建成5个2000吨级泊位。2018年株洲航电枢纽二期工程竣工通航。现在的株洲港已是集航运发电、中转换装、装卸存储、多式联运、信息系统、物流服务、"一关三检"等多项功能于一身的现代化港区。

【株洲大桥】株洲地区建桥时间最早的一座湘江大桥，在株洲市区中心广场西侧横跨湘江，连接河西新区，西通潭衡，连接湘东，沟通320国道与107国道，从320国道转107国道可缩短公路里程35公里。大桥1986年1月20日动工，1988年12月28日建成通车。全桥长1192.28米，宽24米，预应力凝土双箱连续梁结构，共31孔。

【石峰大桥】位于株洲大桥下游约5公里处，东接石峰区，西连天元区，是株洲市第二座横跨湘江的公路大桥。它东起响石路西端，西接东湖立交桥。全桥长1946.38

米，桥面宽28米，双向6车道。工程总投资为2.34亿元，开工日期为1999年10月21日，竣工日期为2002年9月30日（主体建成通车），2002年12月30日全部完工。石峰大桥作为中环大道的重要组成部分，它的建成通车，缩短了石峰区与天元区的交通距离，缓解了市内的交通压力，改善了城市交通环境，促进了区域经济发展，提升了城市品位，对实现株洲"东提西拓、合拢三角"的城市发展战略具有重要意义。

【建宁大桥】是株洲快速环道工程重要子项目，位于株洲大桥上游6公里处，连接株洲城市快速环道西环线和南环线。桥宽30米，全长1721.35米，斜拉桥主桥长457.7米，主跨240米，边跨217.7米，主塔塔高138米，31对斜拉索。为独塔单索面斜拉桥。工程造价约2亿多元，由中铁大桥局集团第五工程有限公司承建。2003年3月8日动工兴建，2005年9月30日通车。

【天元大桥】是株洲城市基础设施建设的第一个BT项目。东起株洲市场群密集的芦淞区，与正在建设的建宁大道相接，西连天元区的泰山路，总长3648米，桥宽29米，主桥长1256.2米，为单索面部分斜拉的大型城市桥梁。工程总投资4.43亿元。工程于2006年10月18日开工，2007年6月12日通车。

【芦淞大桥】西起天元区，接庐山路，跨湘江，东至芦淞区，接红港路，为城市主干道、特大型城市桥梁。工程概算总投资7.26亿元，全桥总长2495.6米，主桥主孔为90米+150米+90米拱梁钢构组合体系；主桥副孔为9×46米顶推连续箱梁；接线、辅道长2544.791米，匝道桥分为ABE匝道桥和CDF匝道桥两部分，共长440.65米。双向6车道，主桥总长1821.6米，主桥宽33米。该桥于2008年5月16日开工建设，2010年12月26日正式通车。

【枫溪大桥】2016年11月13日建成通车。全长1729.4米，其中主桥为3×45+300+3×45自锚式悬索桥，矢跨比1/5，桥梁部分长1401米。工程设计概算总造价7.9亿元，是株洲城区标志性建筑。

【渌口大桥】原为省道S333（原S313）的一部分，是原株洲县渌口至米山塘公路（南洲新区至雷打石镇）的一座跨湘江大桥。2014年10月20日开工，2017年3月20日建成。大桥全长957米，宽28米。主桥长650米，引桥长300米，桥台7米，为双向六车道预应力砼变截面连续箱梁结构公路桥梁。

【株洲大道】位于天元区，东起中环大道（快速环道）东湖立交，西至京珠高速株洲西立交，全长4.112公里。2003年9月12日开工，2005年9月30日竣工，工程总投资2.55亿元，株洲大道路面宽敞，设计科学合理。它的建成，改善了原有道路网络，打通了市城区从河西通向京珠高速的通道，成为外地进入株洲市的标志性景观道路。

【中环大道】原名为株洲快速环道。由

"五路两桥三立交"组成，分别为东环路、红旗立交桥、南环路、建宁大桥、西环路、东湖立交桥、石峰大桥、响石路、响田路、田心立交桥，全长32.79公里，路幅宽28-60米不等，设计车速60-80千米/小时，沥青砼路面。其中绿化长度32.79公里，全线绿化覆盖率45.12%，绿地率43.268%。1999年10月开工，2006年11月28日竣工通车，工程投资额为23.8亿元。中环大道的建成，使市城区连成一体，绕城一圈仅需40分钟，且外连320国道和京珠高速公路，极大地改善了市区交通拥堵状况，对发展株洲经济，加快长株潭经济一体化起着十分重要的作用

【云龙大道】全长17.55公里，投资18亿元。分两期建设，一期始建于2010年，于2012年9月28日建成通车。全长15.8公里，项目分A、B两段，A段为双向8车道，B段为双向6车道，是株洲市一次性设计施工、一次性投资最大、建设里程最长的城市主干道。二期工程于2015年6月在株洲云龙示范区云田镇开工。采用城市主干道建设标准，设计速度为60千米/小时，总体走向为东西向。东起茶马路（与云龙大道一期界点K15+940），西接长沙市洞株公路（长沙与株洲交界点K17+696.843），全长1.75公里，路幅宽度为42.5米。

【电动公交】近年来，株洲市积极推动公交优先发展，推进低碳交通体系建设，让"绿色公交、幸福城市"成为株洲的城市名片。2009-1011年，成功实施公交车电动化三年行动计划，建成了全国首个电动公交城。2011年9月，"冒黑烟"的公交车全部"下岗"，城区627辆公交车全部换成纯电动或混合动力车，株洲成为我国首个实现城市公交电动化的城市。储电90度，可以跑上100公里，每公里消耗0.9度电，公交车充电像手机充电一样方便。

【株洲通用机场】位于市东南部10公里处的芦淞区五里墩乡境内。2009年12月，株洲通用机场纳入《长株潭国家航空高技术产业基地发展规划》，并获省发改委批复。一期按昼间目视飞行要求建设，飞行区等级为1B，跑道长800米，宽30米，可起降最大起飞重量5500公斤以下的各型通用飞机、直升机；远期按照3C等级标准建设，规划1800米跑道，可以起降各型公务机和中型客机。通用航空机场是使用民用航空器从事公共航空运输以外的民用航空活动而使用的机场。包括可供飞机和直升机起飞、降落、滑行、停放的场地和有关的地面保障设施。

【株洲市全民健身服务中心】位于市中心地带，北临湘江、与巍峨的石峰山隔江相望，南靠株洲大道，占地840余亩，集体育、文化、休闲、商贸、会展、房地产开发于一体，规划为场馆区、游乐区、奥林匹克花园三个相辅相成的功能区域。体育场建筑面积为70651平方米，主场设42740座。主场可承接国际足球、田径等赛事；体育馆建筑面积19044平方米，其中训练馆场地面积1100平方米，主馆固定座椅5087张，活动座

椅2020张，可承接体操、艺术体操、篮球、排球、手球、羽毛球、乒乓球、蹦床等国际国内赛事；游泳跳水馆建筑面积17463平方米，馆内可承接游泳、花样游泳、跳水、水球等国际国内赛事。配套建设有室内外网球场，五人制和八人制足球场，以及占地20000平方米的全民健身广场，极大地方便了广大市民文化体育生活。

【**株洲市规划展览馆**】位于天元区天台路，是湖南省首座城市规划展览馆，也是国内美誉度较高的城市规划展览馆之一。2009年3月5日，株洲市发改委同意建设株洲市规划展览馆项目。于2010年5月27日向广大人民群众免费开放。分别陈列"印象株洲""蓝图总览"和"豪迈开拓"三个展厅，共设置16个展区。一层为豪迈开拓展厅，有近期建设规划与成就、县市区规划、基石浇铸、阳光公示4个展区；二层为印象株洲展厅，有领导关怀、印象株洲、株洲春秋、工业华章、山水画卷、中心城区总体规划模型、株洲故事7个展区；三层为蓝图总览展厅，有总体规划、控制性详细规划、交通规划、生态宜居、公众互动5个展区。配套设置了多功能展厅、会议室、贵宾厅及城市书吧，能够满足不同观展团队的需要。

【**株洲市博物馆**】成立于1984年6月，为省、市两级爱国主义教育基地。主要负责收藏、保管、展示文物，包括文物征集、研究地方历史、举办各类展览、编辑出版各类文物资料书籍。现博物馆建筑规模4200平方米，馆藏文物5万余件，其中，国家珍贵文物1200件。近年来，株洲市博物馆先后荣获"湖南省文明博物馆""三峡十大考古发现""全国文物系统先进集体"等荣誉称号。株洲市博物馆新馆正在建设之中，位于天元区神农城，占地60亩，建筑面积20516平方米，基本陈列包括自然地理展、历史文物展、名俗文物展和美术精品展四大板展。

【**株洲市图书馆**】位于芦淞区建设中路，筹建于1960年，1964年正式对外服务，1986年新馆落成开放，占地面积3900平方米，馆舍面积5216平方米，现有馆藏书刊90余万册，职工42人，其中高级职称7人，中级职称19人，初级职称16人。曾两次被文化部授予"全国文明图书馆"称号，2013年被评为"国家一级图书馆"，2014年被文化部、人社部评为"全国文化系统先进集体"，2015年被评为"全民阅读示范点"。

【**株洲市中心医院**】始建于1953年，是一所集医疗、科研、教学、预防保健于一体的三级甲等综合医院，为中南大学湘雅医学院附属株洲医院，中南大学临床医学博士、硕士培养单位，全国最早开展公立医院改革首批试点单位、国家药物临床试验机构、国家第一批住院医师规范化培训基地、全省首家牵手"TEMC"单位。医院由本部和田心院区（原田心医院）组成，编制床位1800张。现有在职职工3000余人，其中高级职称552人。现有消化内科、血液科两个国家级临床重点专科建设项目，有省级重点专科3

个，省级临床重点专科建设项目5个，市级重点学科、特色专科12个，13个外聘教授工作室。株洲市心脏中心、肝胆胰中心、脑血管病中心、血液病中心、生殖中心、胸痛中心均落户医院。

【株洲市三三一医院】始建于1950年，是株洲医疗重要发源地之一，现为三级综合医院，全国"市级医院常见肿瘤规范化诊疗试点单位"和高血压防治研究基地；长沙医学院附属医院和南华大学医学院、湖南中医药高等专科学校等高校的教学和实习基地。医院为芦淞区区域医疗中心，由本部和株洲三三一爱尔眼科分院两部分组成，总占地面积75961平方米，编制床位610张。现有在职职工825人、其中市领军人物1人、核心专家3人、市卫生系统人才"135"工程学科带头人2人、学科骨干11人。拥有1.5T光纤磁共振（MRI）、64排128层螺旋CT、进口医用直线加速器、全数字X光照片机（DR）、C型臂X光机、进口生化仪及各种进口内窥镜等高档设备百余台（件）。设有临床专业38个，医技科室11个，与首都医科大学附属北京同仁医院、湘雅医院、湖南省人民医院建立专科联盟。

【株洲人民医院】成立于1953年，位于荷塘区，现为三级综合医院、全国爱婴医院、省级文明卫生单位、省级园林式单位、湖南省行业作风建设工作先进单位、市"双信"单位、湖南师范大学、长沙医学院临床教学基地，荷塘区区域医疗中心。医院是株

洲地区为老人医疗服务的龙头机构和老年病救治的研究中心，老年病科是湖南省临床重点专科建设项目。现有职工700多人，中、高级职称医务人员400多人，医院可开放床位近1000张，学科设置健全完备，现有临床、医技专业科室42个。创伤与矫形、骨科微创、老年病科是株洲市特色专科，老年病中心、创伤救治中心、围产医学中心是医院三大重点学科，具有鲜明的医疗特色和较高的医疗水平。

【株洲市中医伤科医院】始建于1958年，地处天元区圆方路，是三级甲等中医骨伤专科医院，中国中医药研究院北京望京医院协作医院，国家中医肋骨骨折诊疗方案牵头单位，湖南中医药高等专科学校附属中医伤科医院，湖南省校企合作骨伤人才培训示范基地。医院骨伤科是国家重点专科，针灸理疗科是湖南省"特色专科"，康复科为株洲市第二批重点专科建设单位。实际开放床位435张，现有在职职工515人，其中高级职称59人，中级职称124人。按照"大专科小综合"发展理念，开设25个临床医技科室，其中骨伤亚专科有正骨科、髋关节科、脊柱科、膝关节科、肩肘科、胫踝科、手足科、筋伤科、小儿骨科、骨病科10个科室。医院拥有独立的制剂大楼，自主研发的伤科外敷散等骨伤系列特色制剂。

【湖南工业大学】位于天元区泰山西路，是国家工商行政管理总局和湖南省人民政府共建大学，是国际包装协会（IAPRI）

的会员单位、中国包装联合会副会长单位和中国包装技术培训中心。办学历史最早可追溯到1958年创办的株洲师范学校和1979年株洲基础大学，1985年更名为株州大学，1989年更名为株洲工学院。2001年、2004年，湖南城市建设学校、湖南省财会学校先后并入株洲工学院。2006年2月，株洲工学院、株洲师范高等专科学校、湖南冶金职业技术学院合并，升格为湖南工业大学。现有2个校区，占地面积3853.7亩；教职员工2370人，专任教师1822人；截至2017年，有全日制学生31192人，其中，硕士研究生1570人。设有22个教学院（部）和1个独立学院、开办69个本科专业，拥有1个"服务国家特殊需求博士人才培养项目"、12个硕士学位一级学科硕士学位点、57个二级学科硕士学位点、9个硕士研究生专业学位的授权领域。

【湖南铁道职业技术学院】位于石峰区田心大道，是教育部全国重点建设职教师资培养培训基地、国家骨干教师师资培训基地和中德师资培训国内基地，是国家高职高专先进制造技术学生实训（师资培训）基地和首批"国家高技能人才培训基地"。始办于1951年，2000年7月，经湖南省人民政府批准，原株洲铁路电机学校和铁道部工业职工大学合并升格为湖南铁道职业技术学院。截至2015年1月，学校占地面积25.15万平方米，总建筑面积23.10万平方米，固定资产总值20500.48万元，教学仪器设备总值8099.06万元；设有5个二级学院及思政课

部、体育课部、继续教育学院，招收高职专业（方向）36个；有全日制高职在校生10000余人。

【湖南中医药高等专科学校】位于市高家坳，始建于1959年，是2004年经国家教育部批准升格，由湖南省卫生计生委、湖南省教育厅管理的公立全日制普通高等专科学校，是湖南省中医药实用型技能性人才的主要培养基地。占地900余亩（含云龙职教城新校区），总建筑面积20.8万平方米。现有专任教师358人，有正高职称教师31人，其中教授26人；副高职称教师102人；博士研究生5人，硕士研究生124人；"双师型"教师183人。有直属附属医院1家、协作型附属医院3家，其中附属第一医院（湖南省直中医院）系三级甲等医院。学校下设医学系、护理系、药学系、康复保健系、思政与公共课部、继续教育部6个教学系（部），开设有中医学、中医骨伤、针灸推拿、康复治疗技术、护理、助产、中药、中药制药技术、药品质量检测技术、医疗美容技术、药品营销等15个专业。在籍学生10000余人，其中全日制学生9400余人。

【株洲市第一中学】创始于1932年3月，是市城区基础教育的发源地。校园占地面积72亩。现有教学楼4栋，校舍面积32302平方米；综合办公楼1栋；科教楼1栋，学生公寓2栋，学生公寓面积6700平方米，最大容量为1200个床位；师生食堂1栋，面积3200平方米，可容纳1000名师生同时就餐；

艺术培训中心1栋；250米跑道的塑胶运动场和塑胶风雨跑道各一个。绿化面积约27000平方米，绿化率达43%，是静谧的园林式校园，2010年被评为"株洲市绿色学校"。现有教职工183名，教学班级37个，在校学生1600多名。

【株洲市南方中学】位于市东南部芦淞区凤凰山西麓航空城内，依山傍水，风景秀美，是湖南省"园林式单位"。占地面积10.7万平方米，建筑面积4.8万平米，各种现代教学、生活设施一应俱全，办学条件优越，设施先进。学校创建于1958年，原为航空航天部株洲南方航空动力机械公司子弟中学。1994年学校晋升湖南省重点中学，2004年挂牌"湖南省示范性普通高级中学"。2018年，株洲市人民政府决定迁建南方中学，新校区选址芦淞区航空城。

【株洲市九方中学】始建于1956年8月，原为铁道部株洲电力机车厂子弟中学。2001年被湖南省教育厅确定为省重点中学，为市最早挂牌的3所省重点中学之一，2004年，被省教育厅确定为湖南省示范性高级中学。学校占地面积33967平方米，总建筑面积29592平方米，校园绿化率达42.3%。学校教学设施及设备先进，每间教室在全市率先配备国内最新一代的教室多媒体教学终端系统，建立了校园局域网，100M校园网进入各教室，并与互联网联通，实现了"班班通"。现有在校学生1400余人，教职工135人，其中专任教师121人。

【株洲神农塔】位于天元区天台路，高293米，海拔365米，是株洲最高建筑物，钢结构带旅游的多功能综合电视塔。塔座面积超过3000平方米，设置了医务室、厕所、售票处、游客中心、监控指挥中心、导游处以及5D影院等设施。塔身呈六边形双曲线，造型独特，气势宏大，从上而下一次由天线段，上塔楼，下塔楼，塔座大厅，塔体和中心井架六部分组成。塔身标高70米处装有四面大钟，边长10.1米，象征着中华人民共和国国庆日。乘坐高速电梯登上塔顶观光平台，可俯瞰株洲全貌，湘江北去、飞虹座座，车水马龙的都市繁华景色尽收眼底。神农塔既是株洲广播电视的重要基础设施，同时又成为当地的标志性景观和人民群众文化娱乐的重要场所。

【神农广场】位于天元区天台山路的顶端，为株洲神农塔的主出入口，集文化、集会、娱乐、健身、休闲、商贸、交通等功能于一体。广场凸出炎帝神农塑像的统领作用，也称炎帝广场。占地面积约10万平方米，广场一万块地砖上均刻有福字，所以又称之为万福广场。主体建筑为巨型炎帝塑像，环绕巨型塑像有象征"太阳之神"的基台和寓意炎帝精神与日月同辉的弯月状喷水池，拥有286米全球最宽投影幕，融历史文化与现代经济于一体，以光耀始祖、弘扬炎帝精神为寄托，振兴株洲求永恒！

【中心广场】地处市中心区，株洲大桥东端，起点接株洲大桥，终点接新华西路，并与建设路相交，路段上车行道宽度为28米，划分为双向六个机动车道及每侧一个非机动车道，其中机动车道宽3.5米，非机动车道宽3.25米，同时可供公交车入站停靠。广场新建的渠化岛之间的路面宽度为29.1米，设置七个机动车道及每侧一个非机动车道，机动车道分为四个进口车道、三个出口车道，四个进口车道分为两个直行、两个左转，每个机动车道宽为3.3米，非机动车道宽为2.5米。广场设地下通道，建筑面积1679平方，顶层主梁采用有粘结预应力体系，结构形式为钢筋混凝土框架结构，建筑层高5.2米。于2008年8月3日动工，2008年10月22日竣工。

【长江广场】位于天元区，株洲大桥西端头，连接长江北路，长江南路以及天台路。广场车行道采用沥青砼路面，渠化岛人行道采用彩色大理晶石，侧石及锁边石均采用麻石，广场面积约11500平米，总造价约400万元。2007年7月6日动工，2007年8月15日竣工。

【洮水水库】位于茶陵县洣水支流沔水末端，是一座以防洪、发电为主，兼顾灌溉、养殖、旅游和城市供水等综合利用的水利水电枢纽工程，2003年通过国家批准立项，2006年12月18日实现截流，主体工程开工，2011年10月17日下闸蓄水，是洣水流域防洪体系中的骨干水利枢纽，大Ⅱ型水库；水库设计坝高102米，坝顶高程为210.5米，总库容5.25亿立方米，防洪库容1亿立方米；电站装机容量为6.9万千瓦，多年平均发电量为1.485亿千瓦时。水库水面长达40多公里，直抵井冈山下，两旁青山延绵，山川秀美，库中水天一色，风景独特，有"水路八十里，湖南千岛湖"之美誉。

【白关镇】芦淞区辖镇。镇域总面积120.1平方公里，建成区面积1.7平方公里，辖17个村、1个社区，总人口4.5万人。该镇经济实力雄厚，是沿海产业承载区、株洲市千亿服饰产业的承载区、千亿航空产业的拓展区，也是建设东部新城的门户。经济发展以加工服务、商贸流通为主。该镇建有两个大型大棚蔬菜基地和九个常规蔬菜基地，是湖南省无公害蔬菜示范基地、湖南省放心菜基地、株洲市绿色食品基地。有农业部确定为重点推介蔬菜品牌白关冬瓜和白关白丝瓜。服饰产业集聚区已建精工厂房近30万平方米，吸引卡尔菲特等10多家国际知名企业入驻。

【三门镇】天元区辖镇。辖22个行政村2个居委会，417个村民小组，33579人，其中农业人口31874人，非农业入口1705人。土地总面积92.03平方公里，属典型的丘陵地貌。全镇初步形成了以灯饰玻璃、建筑建材、机械加工为拳头的三大支柱产业。企业产值、利税、增加值等几项主要经济指标均居株洲县各乡镇前列。玻璃企业（日月、合力、吉利、兴旺、松林、蹈程、天龙）共7家，生产日用、灯饰、工艺、医药、等八大类20多个花色的玻璃产品产品远销东南亚各国。

【云田镇】石峰区辖镇，是一个农业大镇，总面积53平方公里，辖16个行政村，226个村民小组，2.0万人。距长沙、株洲市区均为20公里，属长、株、潭三市融城半小时经济圈腹地。享有国家林业局和中国花卉协会授予的"全国花卉生产示范基地"和"中国花木之乡"美誉。全乡花木种植面积达1.7万亩，年销售收入8000万元以上，销售网络覆盖全国10多个省市，与长沙跳马、浏阳柏加合称为湖南省花木金三角。2010年9月30日，经湖南省人民政府正式批准，撤销云田乡，建立云田镇。

【淦田镇】渌口区辖镇，属历史建宁古城，誉为楠竹之乡，1982年建镇，2012年被省政府批准为中心镇。位于渌口区中部，距县城30公里。东连醴攸，西临湘江，京广铁路、省道S211穿境而过。2005年八斗乡并入淦田镇，2015年平山乡并入淦田镇。镇政府驻新街，全镇现辖14个行政村，2个居委会，总人口34595人，土地总面积140.8平方公里，建成区面积1.53平方公里，有两横两纵四条街道，已建成两个专业市场，是服装、家电、建材、禽蛋、百货、农副产品的集散地。建材、建筑、机械是淦田的三大支柱产业。

◇ 城市经济

【综述】株洲始终坚持工业强市战略，充分发挥轨道交通、航空、汽车三大动力产业优势，全力构建"3+5+2"现代化产业体系，"全产业、全地域、全生态"的株洲·中国动力谷正挺起株洲乃至湖南工业高质量发展的脊梁。先后获批国家自主创新示范区、中国制造2025试点示范城市、国家通航产业综合示范区等一系列国家级发展荣誉，稳增长系列措施、培育发展战略性新兴产业、老工业基地转型升级等工作获国务院表彰。2017年，全市完成地区生产总值2580.4亿元，按年末常住人口计算，人均地区生产总值64207元。三次产业结构为8：48：44，第一、二、三产业对GDP的贡献率分别为3.6%、47%和49.4%。全市社会消费品零售总额1038.5亿元。对外开放水平不断提高，进出口总额21.9亿美元，实际利用外资金额12.1亿美元，实际利用内资金额409.3亿元。城镇居民人均可支配收入39787元，农村居民人均可支配收入18340元。城乡居民收入比为2.17：1。城镇居民和农村居民人均消费支出分别为26070元和13841元，其中食品支出分别为6961元和3956元。城乡居民恩格尔系数为27.2%。

【株洲高新技术产业开发区】成立于1992年5月，同年12月经国务院批准为国家级高新技术产业开发区。2000年，科技部批准株洲高新区实行"一区三园"的发展格局，同年底与天元区进行职能归并、效能整合，统一领导体制、财政体制、人事管理和机构设置。经过三次行政区划调整后，现辖四个街道、三个镇，总面积328平方公里，常住人口36万。园区现入驻工业企业700余家，规模以上企业150个，2017年株洲高新区营业总收入、技工贸收入双双突破2000亿元大关；完成公共预算收入78.7亿元，增长12.3%；综合实力在全国146家国家级高新区中综合排名第23位。

【株洲经济开发区】亦称云龙示范区，地处株洲市北部，与长沙接壤，西南紧邻湘潭，是株洲与长沙融城的关键节点，是株洲打造湖南东大门的核心区域，也是国务院2007年批复的长株潭城市群"两型"社会建设综合配套改革试验区五大示范区之一。区域总面积97.9平方公里，辖一镇（云田）两街道（学林、龙头铺），23个社区，总人口8.2万人。2017年10月，株洲经开区在云龙示范区基础上组建挂牌，定位调整为"新型工业和现代服务业并重发展"，着力构建以大数据为引擎、智能制造和电子信息为基石、现代服务业为支撑的现代产业体系。重点发展轨道研发、旅游休闲、智能制造、电子信息、总部经济、职教创新、文化创意等产业。构建北部文化旅游板块，南部职教研发板块，中部智能制造、大数据版块三大产业板块。

【株洲渌口经济开发区】1994年经省政府批准的省级经济开发区，由湾塘工业区和南洲新区组成。湾塘工业区规划面积3.5平方公里，2003年成立开发区管委会后正式启动工业园建设，建成了以机械制造、硬质合金为主导产业的工业基地，共有规模以上企业56家。南洲新区是渌口经济开发区扩规发展的新区，规划面积136平方公里，控制性详细规划面积50平方公里，其中一期开发建设面积15平方公里，目前已落户企业30余家。2015年获评"全省园区集约节约利用土地先进单位"。园区内光明重机、时代绝缘、奇宏散热、鸿远阀门4家企业获评省"专精特新"示范企业，时代绝缘获评省级企业技术中心。

【攸县工业集中区】2012年经省政府批准为省级工业集中区，2016年批准扩区后形成"一区两园"格局，即攸州工业园和网岭循环经济园。其中，攸州工业园位于攸县县城西侧，规划面积8.8平方公里；攸县网岭循环经济园位于网岭镇北部，规划面积12.8平方公里。现有企业115家，其中规模企业96家、高新技术企业40家，拥有54项国家专利，已形成新材料，新能源，新制造，新医药四大主导产业。

【茶陵经济开发区】1992年成立，2006年经国家发改委审核通过为省级经济开发区。园区规划面积8.46平方公里，地理位置优越、交通物流便捷，主导产业有有色金属深加工、建筑建材、农副产品加工。目前，园区入驻企业163家，其中获中国驰名商标企业2家，省著名商标企业2家。2009年，开发区被列入全省推进新型工业化30个重点调度园区。2010年，被中国建筑陶瓷协会授予"承接建筑陶瓷产业转移示范基地"称号。2013-2015年连续3年在全省产业园区发展综合评价排名中位列第一方阵。

【炎陵工业集中区】省级工业园区（即省级开发区），于2007年组建，辖区面积46.3平方公里，其中规划建设面积10.67平方公里，空间布局为一区两园（"一区"即九龙经开区，"两园"即九龙工业园和中小企业创业园）。九龙经开区发展定位为："产业新城、城市新区、产城融合"。产业定位为"三主多辅"："三主"即做强做大业已形成的纺织服饰和新材料两大主导产业；同时努力把旅游产品及文创产业培育成主导产业；"多辅"即适时发展电子机械、装备制造、新能源新技术、商贸流通等产业。入区企业达到149家，投产企业达到96家，规模以上企业76家。先后获评湖南省棉纺织产业基地，省级综合性高技术产业基地，湖南省承接产业转移特色园区，2015年在全省132家省级以上产业园区中综合排名第20位。

【株洲国家高新区田心高科技工业园】简称田心高科园，是株洲国家高新区"一区三园"组成部分之一，于2000年由国家科技部批准成立。2010年，由省发改委批准，以田心高科园为核心扩展建设轨道交通城，目前规划总面积为38.7平方公里（其中石峰区规划范围面积约25平方公里）。园区以轨道交通装备制造研发为主导产业，规划有主机产业园、零部件配套产业园、新产业园、IGBT应用及电子产业园和物流产业园。聚集了中车株机、中车株所、中车电机等轨道交通产业企业91家，其中规模以上企业46家，包含百亿级企业2家（中车株机、中车株所）、50亿级企业2家（中车电机、联诚集团）、过亿元企业10家，形成了集轨道交通产品研发、生产制造和营运维保、物流配套于一体的完整产业链，是国内规模总量最大、综合实力最强、技术最先进、配套最完善的轨道交通装备产业发展集聚区。

【荷塘工业集中区】始建于2003年，2008年获批国家硬质合金产业基地，2012年获批省级工业集中区，2014年获批国家高新技术产业基地，2015年获批湖南省复合新材料特色产业园、湖南省创新创业带动就业示范典型。规划面积约62平方公里，主要包括太阳商贸集聚区、金山新城产城示范区和荷塘月色康养休闲区三个片区，以医学健康、复合新材料、轨道交通装备以及装配式建筑材料四大产业为主导。太阳商贸集聚区规划面积5平方公里，主要以现代商贸、现代物流、专业市场为主。金山新城产城示范区规划面积29平方公里，主要以装配式建筑新材料、生物医药及医疗器械生产、轨道交通装备和复合新材料等产业为主导。荷塘月色康养休闲区总规划面积28平方公里，主要以医学健康、康养休闲为主。

【株洲国家高新区董家塅高科技工业园】简称董家塅高科园，2000年9月经国家科技部批准成立的国家级园区，是株洲高新区"一区三园"的重要组成部分；作为国家级高科技工业园区，依托本区域的航空动力科研与产业优势，着力建设中国中小航空发动机特色产业基地。规划面积为58.1平方公里，拥有企业125家，其中规模以上企业84家，2017年园区完成技工贸总收入157.5亿，增长12.3%，被评为全国首批、湖南唯一"国家通航产业综合示范区"。

【株洲·中国动力谷】2013年以来，株洲在国家科技部和湖南省委、省政府的全力支持下，充分发挥轨道交通、汽车、航空三大动力产业的雄厚基础和独特优势，提出了打造中国动力谷的重大战略。近年来，株洲充分把握中国制造2025、国家自主创新示范区等系列国家重大发展机遇，大力创新驱动、转型升级发展战略，深入推进制造强市"1093"行动，以"3+5+2"的中国动力谷产业体系取得长足发展。2017年，中国动力谷"3+5+2"产业总产值增长11.3%，占规模工业的比重达70%。其中，轨道交通、汽车、航空等动力产业增长11.2%，电子信息、新能源、新材料、节能环保、生物医药等新兴产业增长12.6%，陶瓷、服饰等优势产业增长11.9%，呈现出特色鲜明、多点支撑的发展格局。

【中车株洲电力机车有限公司】前身为株洲电力机车厂，创建于1936年，中国重要的电力机车研制基地、湖南千亿轨道交通产业集群的龙头企业，被誉为"中国电力机车之都"。公司主要业务集中在电力机车、城轨车辆、城际动车组、磁浮车辆、储能式有轨/无轨电车等新技术公共交通车辆、重要零部件、专有技术延伸产品及维保服务等领域。公司本部2.25平方公里、总资产266亿元，在国内外设有21家子公司。现拥有员工10000余人，其中包含1名在企业成长的中国工程院院士以及12名享受国务院政府特殊津贴的行业专家。建有国家级企业技术中心、国家重点实验室、国家工程实验室、检测试验中心，掌握了系统集成、交流传动、重载运输、磁悬浮、车辆储能、铰接轻轨车辆、高速受电弓、超级电容等多项前沿技术，始终处于轨道交通装备行业的前列。

【唐人神集团股份有限公司】位于株洲市国家高新技术产业开发区栗雨工业园，1988年从饲料起家，正式成立于2000年。是首批农业产业化国家重点龙头企业，由中国农业大学、中国肉类食品综合研究中心、香港大生行饲料有限公司等股东强强联合，共同投资的现代股份制企业。公司致力于生猪产业链一体化经营，已经形成了"品种改良、安全饲料、健康养殖、肉品加工、品牌专卖"五大产业发展格局，在全国拥有40余家子公司。集团旗下的"唐人神""骆驼"牌是中国驰名商标，"唐人神"肉品和"骆驼"牌饲料都是中国名牌产品。"美神"种苗通过美国NSR认证，达到美国同步育种水平。集团位列饲料、肉类行业十强，跨入中国制造业500强。

【株洲千金药业集团】位于天元区株洲大道，千金集团始建于1966年，集团经营范围涵盖中成药、化学药、中药衍生品（养生保健）的研制、生产和销售、医药批发及零售、中药材种植和加工、文化娱乐、实业投资、股权投资等领域。集团内除母公司千金药业外，还有子公司千金湘江药业、千金协力药业、千金大药房、千金药材、神农千金、千金医药、千金文化广场、千金卫生用品、千金养生坊、千金瑰秘酒业、千金投资控股11家成员单位，员工约7000人。主要产品妇科千金片（胶囊）是"国家秘密技术品种""国家中药保护品种""国家基本药物""国家医保目录甲类品种"《中国药典》收载品种。"千金"商标被评为中国驰名商标。母公司千金药业2004年在上海证券交易所上市。

【株洲冶炼集团股份有限公司】位于天元区珠江南路，由1956年建厂的株洲冶炼厂改制而成。公司主要生产铅、锌及其合金产品，并综合回收铜、金、银、铋、镉、铟、碲等多种稀贵金属和硫酸。铅锌产品年生产能力达到65万吨，其中铅10万吨，锌55万吨，生产系统有价金属综合回收率居全国同行业领先水平。公司先后通过ISO9001质量体系、ISO14001国际环境管理体系和OHSMS18001职业健康安全体系认证，是中国铅锌业首家通过三大管理体系认证的企业。公司"火炬"牌铅锭、锌锭、银锭先后在伦敦金属交易所和上海期货交易所认证注册，"火炬"牌商标获中国驰名商标称号。公司是国家级高新技术企业、国家第一批循环经济试点和"两型建设"试点企业。

【株洲时代新材料科技股份有限公司】位于天元区海天路，始建于1984年，为原铁道部株洲电力机车研究所橡胶试验室。湖南省著名商标，中车旗下新材料产业平台，全球领先的非轮胎橡胶制品生产商，专业从事高分子复合材料的工程化研究与应用推广的上市企业。公司主要从事减振降噪、轻量化等高分子材料的研究开发及工程化应用，产品主要应用于轨道交通、汽车、新能源和特种装备等领域。2014年9月，成功并购德国ZF集团旗下橡胶与塑料业务。

【株洲天桥起重机股份有限公司】位于石峰区，成立于1999年，是国内专业从事高端智能装备制造的上市公司。注册资本14.16亿元，总资产34亿元，占地面积19.8万平方米，产品广泛应用于钢铁、铝电解、电力等行业。拥有7家控股子公司，业务范围从物料搬运装备扩大到有色冶炼智能装备、港口装卸设备、选煤机械、智能立体停车设备、风力发电设备等，初步形成以智能制造为核心的企业集团。产品销售覆盖全国30多个省、市、自治区，并出口德国、阿曼、俄罗斯、越南、赞比亚、马来西亚等国家。拥有"湖南省工程技术中心""省级企业技术中心"称号，并建立"院士专家工作站"，在起重机行业内具备较强的研发力量。

【茶陵黄牛】茶陵县属半山、丘陵地区，草场资源丰富，饲养黄牛历史悠久，各地农民均有养黄牛的习惯，1999年被省政府确定为草食动物发展基地县。茶陵黄牛由农民天然放牧，肉质细腻、味道鲜美，具有高蛋白、低脂肪，富含氨基酸和矿物元素等特点，在国内外享有盛誉。2011年3月，茶陵黄牛经国家工商总局商标局地理标志认证，注册了"茶陵黄牛"商标。

【炎陵黄桃】 又称高山黄桃，以香、脆、甜而闻名于世，为国家地理标志保护产品，已有30年的栽培历史。是1987年从上海市农业科学院引进最新选育的优良黄桃新品种——锦绣黄桃，在海拔400～1000米的山区进行试种，表现出适应性强、早果丰产、果型大、不裂果、外观美、产量高、品质优、效益好等优点。炎陵黄桃被誉为"湖南优质水果"，2007年通过国家"绿色食品"认证，2011年炎陵县被评为"中国优质黄桃之乡"。2016年正式注册为"国家地理标志证明商标"，并获评"2016湖南十大农业品牌"。

【攸县豆腐】 据《攸县志》记载，明清时期，攸县豆腐就作为一个行业而繁盛，誉满三湘。攸县许多豆腐师傅都是祖传父教，世代为之。制作的豆腐工艺独特，做工精细。从用水、选豆、磨豆、蒸煮、点膏等方面严格把关，保证了质量，以其新鲜滑嫩、色泽温润、清香美味而颇受欢迎。主要产品为"拉子"牌腐乳、腐竹、香干等9个系列21个产品，销往北京、长沙、上海、深圳、乌鲁木齐等地。

◇ 城市文化

【综述】 株洲是"神农福地"，华夏民族的老祖宗炎帝安寝于此，其历史悠久，文化灿烂，现有各类文物古迹2351处，非物质文化遗产项目1800余项。株洲是"红色摇篮"，这里诞生了第一个县级红色政权，走出了左权、李立三、谭震林、宋时轮、耿飚、杨得志等一大批革命家。株洲是"音乐之城""歌剧绿洲"，创作的现代大型花鼓戏《红藤草》和大型红色歌剧《沥沥太阳雨》荣获"五个一工程"奖，歌剧《从前有座山》荣获"文华奖"，音乐剧《天使合唱团》荣获省五个一工程奖，大型民族歌剧《英·雄》入选2017年"中国民族歌剧传承发展工程"九部重点扶持歌剧之一。近年来，结合国家公共文化服务体系示范区创建，构建了"覆盖城乡、便捷高效、保基本、促公平"的现代公共文化服务体系。先后建成了神农大剧院、市博物馆、市美术馆、市文化馆和市戏剧传承中心等一批标志性文化场馆，形成了乡村大舞台、社区大舞台、神农湖水秀、周周乐、株洲读书月、公益电影展映月等一批特色文化活动品牌，推动了周末剧场、神农大讲坛等公益文化品牌和"福满株洲"元宵系列文化活动、国庆系列文化活动等节庆文化品牌，提升了城市的影响力和美誉度。结合国家文化消费试点工作，大力增强文化产品供给，培育文化消费群体，扩大文化消费需求，产业发展后劲增强。全市共有文化企业1860余家，涵盖文化旅游、演艺娱乐、新闻出版、广播电影电视、网络动漫、创意设计、陶瓷烟花等各领域，基本形成了规模较大、品种较全、功能较为完善的文化市场体系。

【红色文化】株洲是革命老区，留下了弥足珍贵的伟人足迹，留下了许多感天动地的先烈故事，留下了许多红色文化遗产；有炎陵的水口战略决策、水口连队建党、中村分田运动、朱毛第一次会面、工农革命军第一军第一师第一团团部——洣泉书院，毛泽东指挥鄙城战斗旧址——接龙桥、红军标语博物馆等；茶陵县的工农兵政府旧址、中国共产党茶陵县委员会旧址、中共茶陵县委、茶陵县苏维埃政府旧址、九渡冲战斗遗址、茶陵烈士陵园、红军村和红军墙、红军学校——茶陵县立列宁高级小学校旧址等；攸县东冲兵工厂、南岸列宁室、攸县烈士公园、六十分烈士墓群，谭震林墓等；醴陵毛泽东同志考察农民运动旧址——东富寺、毛泽东革命活动纪念地——先农坛、李立三故居、左权将军纪念碑等。1928年，毛泽东亲手在洣水河边的前进村缔造了全国第一个红色政权。从此，革命之火在茶陵大地上愈烧愈旺。1927年11月18日，借着"一打茶陵城"的声威，工农革命军再次发力，攻克了茶陵县城。11月28日，全国第一个县级红色政权——茶陵县工农兵政府正式诞生。

【炎帝陵祭典】千百年来炎黄子孙缅怀炎帝丰功伟德所形成的一整套祭祀活动，分为官方祭祀和民间祭祀两种类型。官方祭祀古称之为御祭，最早有记载的炎帝陵官方祭祀活动在宋乾德五年（967），太祖诏命"建庙陵前，肖像而祀，随之遣官诣陵致祭"，之后"三岁一举，率以为常"。此后，元、明、清各代对炎帝陵的祭祀从未间断。祭祀程序一般为：迎神、行初献礼、读祝（祭文）、行亚献礼、行终献礼、受胙、撤馔；辞神等，每道程序，主祭人行三跪九叩首礼。当代称之为公祭。公祭大典采用传统祭祀仪式的基本程序，融入现代文化内容与形式，祭祀程序一般为主祭、陪祭人员就位；击鼓鸣金、鸣炮奏乐、歌《祭炎帝》、敬献花篮、主祭人敬献高香、向中华民族始祖炎帝神农氏行三鞠躬礼、主祭人恭读祭文、焚帛书；鸣炮、奏乐、礼成。仪式结束后，主祭、陪祭人员依次进入神农大殿，瞻仰炎帝神农氏雕像，之后谒陵。民间祭祀以告祭为主，祭祀时间多选在每月的初一、十五以及各种节令、节庆。此外，每逢炎帝生辰日（农历四月二十六日），方圆几百里的民众都会汇集于炎帝陵，祭祀炎帝，祈福求平安。2006年，"炎帝陵祭典"列入首批国家级非物质文化遗产名录。

【云阳山南岳宫庙会】茶陵云阳山古南岳宫始建于唐初永徽二年（651），主祀南岳圣帝。相传唐初，云阳山曾封为南岳，因洣水河不通大船，不便朝拜，所以后来改封衡山。但南岳圣帝仍眷恋云阳山，就在这里建造了行宫，称"古南岳"，并于每年的农历六月和七月来这里度过。这时，四面八方的香客纷至沓来，祈祥纳福，从而形成了"六月、七月朝云阳，八月朝衡山"的习俗。因此，每年农历五月三十日、七月三十日，云阳山都要举行盛大的迎、送驾庙会，祈求风调雨顺，五谷丰登。云阳山南岳宫庙会已有1300多年的历史，代代流传，相因成俗。每到农历六、七月，来自本县和湖南安仁、攸县、炎陵以及江西省莲花、永新、宁冈的香客云集，到云阳山敬香朝拜。2012年，"云阳山南岳宫庙会"列入湖南省非物质文化遗产目录。

【智能文化岛】是株洲与新华社、中央电视台株洲转播台等优质资源共同打造的城乡电子阅报屏及城市公共应急信息发布平台暨新华联播网项目。通过新兴互联网技术，将电子报刊、政府服务、活动直播、便民服务、新闻资讯、图集、视频、即时公告、应急播报、LED滚动字幕、实时天气等各种信息以多媒体形式自由组合在一起。现收录报刊、杂志100多种，每天7：30-23：00推送、发布，内容包含新华社、央视权威发布等相关新闻和株洲市文化体育、旅游、公安政法等32个政府单位的政务信息，8大医疗单位医疗信息，18个教育单位的教育信息及人才招聘、交通出行等信息。

【神农大剧院】位于天元区神农大道，占地面积约6万平方米，建筑面积4万平方米，外形设计以"山高人为峰"为主题，像平地拔起的峰峦，是株洲市标志性文化地标之一。委托北京保利剧院管理有限公司经营

管理，旨在传播主流文化、普及高雅艺术、满足广大市民文化需求。自开业以来，共承接国内外演出133场，开展免费开放日、公益演出等活动40余场。神农大剧院大堂区域由大剧院、多功能厅和售票大厅三个部分组成。大剧院建有国际一流舞台，可容纳观众1190名，能适应歌剧、舞剧、交响乐、话剧、演唱会等各类演出，是一个综合性、可塑性较高的演出场所。多功能厅，可容纳观众352名，主要用于各类小型文艺汇演，大师名家讲座等。

【株洲市群众艺术馆】成立于1949年，馆舍面积10000平方米。内设综合部、活动部、培训部、群团部、"非遗"工作部。在2015年第四次全国文化馆评估定级中被评为"国家（地市级）一级馆"。承办国家级、省市级大型文化艺术活动千余场，获得国家级、省市级奖励百余次。原创的优秀艺术作品频登各大舞台、屡获各类嘉奖。

【株洲美术馆】2012年4月正式成立，2013年8月更名为株洲美术馆，具备教育、研究、收藏、展陈、交流、服务六大功能，担负着对国家艺术珍品的收藏、研究、展示以及公民素质教育、文化交流等职责，肩负着推动当代美术事业发展的社会责任和历史使命，2017年"欢乐节日爱我湖湘"项目被省文化厅评为文化志愿服务示范项目。

【槚山皮影戏】皮影，别名影戏、纸影戏，在北宋初年，由说书演变而成，属于傀儡艺术，全国流行的皮影都是宋人影戏的继

承和发展。清朝末期，皮影从湘潭传入攸县槚山，慢慢在全县繁衍发展。民国初期，槚山皮影队有8个以上，演出地区已遍及全县和相邻县域。百年来，皮影在攸县大部分地区繁衍发展，形成了攸县槚山皮影品牌。槚山皮影是一种古老的传统戏剧艺术形式之一。人物造型淳朴粗犷而不失典雅，其剧目、唱腔多与地方戏相互影响，由剧本、表演、导演、造型、音乐及舞台美术等内容组成。槚山皮影是用兽皮或垫圈纸雕刻出生旦净末丑等各类人物的脸谱、形体，其手脚的各关节灵活自如。槚山皮影用纸壳或牛皮雕制的人物和动物造型淳朴粗犷而不失典雅，身形浑厚，抽象简洁。

【炎陵三人龙】古老的传统民俗舞蹈。起源于古代农耕文化的龙，是中华民族几千年来崇拜的图腾。炎陵三人龙，是流传在湖南炎陵县境内火星龙、香火龙、蓼叶龙、草药龙、竹龙等各种"龙"的总称。发展到现今，炎陵"三人龙"有白天表演的"五彩布龙"和夜间表演的"火星龙""香火龙"等。这一独特的民间艺术表现形式在神农祭典、时令节庆、寿丧嫁娶、乔迁新居，处处可见，所以，"炎陵三龙"在民俗以及文化体育等活动中代代相传，经久不衰。

【石峰古寺】位于市北区的石峰山头下，前身叫狗头庙，庙中供着一只狗头。民国二十几年间，重建石峰寺。相传大约在明末清初的一年春天，一个姓王的人在江上放排，突然遇到一股洪水，他和狗被冲入水中，幸好狗和他一起上了岸。于是带着狗爬上了半山腰，找到了一个几丈深的山洞，他就进到洞里住了下来。谁想到一躺下就发了大病，起不来了。他想自己会在这洞里饿死病死了。好在洞顶上的石头缝里滴下来的水可以喝。正当他等死的时候，带的那只狗嘴巴上叼着一只碗来到了他的身边，一看，竟是一碗白花花的大米饭，他忙端起碗吃了起来。第二天，这只狗又叼回了满满的一碗饭来，他觉得奇怪，这只狗又是从哪里叼来的饭呢？原来此时正值清明时节，有人带着供饭在山上挂坟扫墓。这只狗是经过训练的，它能懂得主人的意思，所以自己吃饱后又叼着饭回来给主人吃。当地人称狗头庙。有人认为狗头与观音又扯不到一块，后来人们根据石峰山这个地名，将狗头庙改为了石峰寺。

【空灵岸】位于湘江西岸雷打石镇盘石村，为湘江沿岸著名风景之一。有和尚岩、石钟山、悬钟岩、狮子岩等别称。南北朝梁武天监七年（508）建空灵寺，中奉观音大士像，故又名观音岩。空灵寺壁立于石岸中部，上下三层，歇山重檐式建筑。由南侧山门拾级而上，有一牌坊上书"空灵岸"三字。1987年10月大修，依岩修筑山门、栈道、三圣殿、藏经楼、大雄宝殿、地藏阁、钟鼓亭、僧舍等，建筑面积960平方米，红墙金瓦，蔚为壮观。1990年，继续修葺房屋、旅游等基础设施，扩大规模，形成人们旅游、观光、拜佛的理想场所。

【洣泉书院】省级文物保护单位，全国百个爱国主义教育基地之一。始建于宋代，原名烈山书院，清嘉庆2年（1797）增修斋舍。因县境内有耕熟岭，山下出泉，清纯不染，涓涓不息，是为洣水之源，学者诚如泉水，则百川归海，无所不包，故改名为洣泉书院。1928年3月，工农革命军第一军第一师第一团、第二团攻克炎陵县城，第一团团部设在洣泉书院。1928年4月中旬，毛泽东率部队从井冈山来到炎陵，迎接朱德南昌起义部队和湘南起义部队，毛泽东就在后厅左厢房住宿、办公，亲自部署、指挥了接龙桥阻击战，掩护了朱德部队向井冈山转移。

【建宁县城遗址】公元214年，三国东吴定都建业，孙权割湘南县湘江以东和醴陵、修县沿湘江东岸地带置建宁县，筑县城于今株洲市城区建宁港一带，株洲县淦田湘江东岸。公元257年，建宁县城迁今株洲县淦田。晋时，又将建宁县城迁回株洲。至今尚存建宁古城基遗址。

【茶陵县工农兵政府旧址】全国第一个县级红色政权诞生地，是全国红色旅游30条精品线路第8条中的重要景点。原系南宋至清代的州（县）署衙门，始建于南宋中叶之末，占地面积18000余平方米，建筑面积4975平方米。1927年11月，工农革命军第二次攻克茶陵县城后，根据毛泽东的指示，在此创建了中国历史上第一个县级红色政权——茶陵县工农兵政府，1928年毁于战火，2005年修复。2016年12月，茶陵县工农兵政府旧址被列入《全国红色旅游经典景区名录》。

【红军标语博物馆】全国首家红军标语专题博物馆，于2011年建成开馆，地处"韶山——井冈山"的文化中轴线上，是湘赣红色旅游精品线路的中间站。先后被授予了"全国爱国主义教育示范基地""全国社会科学普及基地""省思想政治教育基地""当代军人核心价值观培育基地""中国井冈山干部学院现场教学点"等荣誉称号，2012年入选了第二批全国红色旅游经典景区和首批湖南省红色旅游点，2017年成功创建国家4A级旅游景区。

【攸县米粉】攸县特色传统美食，国家地理标志保护产品，因其精细耐煮、营养丰富、滋润爽口，远销株洲、长沙、广州、深圳等城市。其口感细腻，爽嫩。与其他的米粉制作方法大致相同，主要以大米为原料，经浸泡、蒸煮、压条等工序制成的细小的条状，然后在自然阳光下晒干，做工纯正不含防腐剂，其质地柔韧，富有弹性，水煮不糊汤，干炒不易断，配以各种菜码或汤料进行汤煮或干炒，爽滑入味。

【李东阳】（1447-1516），字宾之，号西涯。祖籍湖广长沙府茶陵县，其父因家族世代为行伍出身，入京师戍守，属金吾左卫籍。李东阳八岁时以神童入顺天府学，天顺六年中举，天顺八年举二甲进士第一，授庶吉士，官编修，累迁侍讲学士，充东宫讲官，弘治八年以礼部右侍郎、侍读学士入职文渊阁，预机务。立朝五十年，柄国十八载，清节不渝。官至特进、光禄大夫、左柱国、少师兼太子太师、吏部尚书、华盖殿大学士。死后赠太师，谥文正。李东阳文学成就卓越，是我国文学史上"茶陵诗派"的领袖。

【谭延闿】（1880-1930），湖南茶陵人。与陈三立、谭嗣同并称"湖湘三公子"；与陈三立、徐仁铸、陶菊存并称"维新四公子"。曾任两广督军，三次出任湖南督军、省长兼湘军总司令，授上将军衔，陆军大元帅。曾任南京国民政府主席、行政院院长。1930年9月22日，病逝于南京，去世后，民国政府为其举行国葬。

【谭震林】（1902-1983），湖南攸县人，是中国共产党的优秀党员，久经考验的忠诚的共产主义战士，杰出的无产阶级革命家。1902年出生于攸县城关镇一个普通工人家庭，1926年加入中国共产党。曾任中共中央委员，中央书记处书记，中央政治局委员，国务院副总理，全国人大常委会副委员长，中央顾问委员会副主任等职。1983年9月30日在北京逝世，享年81岁。

【金庆民】（1939-1999），女，炎陵县三河乡人，1961年在北京地质学院毕业后，分配到新疆工作了20年。曾先后三次赴南极进行地质科学考察，她三十多年的地质研究工作，获得多项科研成果，填补了我国和南极地区几项地质科研空白，为我国地质事业发展和提高我国对南极研究的国际地位作出了重要贡献，是世界第一位赴南极腹地考察的女科学家，先后被国务院、全国妇联、地质矿产部授予"全国先进工作者""全国三八红旗手""地矿部劳动模范"等称号。

【肖旭初】（1937-2015），1937年3月出生于攸县石羊塘镇洲上田村一个贫苦农民家庭。正军职退休干部、原海南军区司令员。1956年2月应征入伍，1959年4月加入中国共产党，1988年8月授予少将军衔。肖旭初曾当选为第七届全国人民代表大会代表，中国共产党第十四次代表大会代表。2015年10月逝世，享年78岁。

【周玉书】（1933-），湖南攸县人，1949年9月参加革命工作，1953年9月参加中国人民解放军，1956年9月加入中国共产党，解放军军事学院速成系毕业，大专学历。1955年被授予中尉军衔，1988年9月被授予少将军衔，1990年1月改为武警少将警衔，1990年7月晋升为武警中将警衔，1992年12月改为陆军中将军衔。

【苏纪兰】（1935-），湖南攸县人，物理海洋学家，被誉为"海洋之子"。1967年获美国加州大学博士学位，在国外工作多年。1979年回国到国家海洋局海洋二所工作，长期致力于物理海洋学环流动力学研究。1989年获全国先进工作者称号，1991年当选为中国科学院院士。同时还先后当选为俄罗斯科学院外籍院士、第三世界科学院士、联合国教科文组织政府间海洋学委员会副主席、主席。

【谭冬生】（1940-），攸县莲塘坳乡春龙村人。1958年初参加中国人民解放军，历任战士、班长、排长、技师、参谋。1970年调总参谋部机关工作，先后任参谋、副处长、处长、主任、动员部副部长、部长，期间兼任中国红十字会理事、中央综合治理委员会委员、国防部征兵办公室主任、1996年任广州军区副司令员，1997年授中将军衔。

◇ 城市生态

【综述】株洲市积极推进两型社会建设，坚持生态优先、绿色发展，以改善环境质量为核心，持续推进湘江保护与治理，坚决打好环境治理战役，生态环境保护工作取得重大进展，城市生态建设取得较大成就。2017年，147家中小企业关停验收，其中61家企业转型发展。同时，完成工业污染治理、水资源保护、黑臭水体整治等项目259个，自来水普及率、卫生厕所普及率达100%，生态环境得到明显改善。在近几年的株洲城市转型发展中，污染重的企业慢慢搬离了城区，城市正在向第三产业倾斜。2016年，万元GDP能源消耗下降5.5%，空气良好天数283天，空气质量优良率77.7%，细颗粒物（PM2.5）浓度下降35.7%。截至2017年底，实有封山（沙）育林面积6万公顷，活立木蓄积2533.47万立方米。自然保护区5个，其中，国家级自然保护区1个，省级自然保护区1个。森林覆盖率稳定在61.95%。

【神农谷国家森林公园】原名桃源洞，位于炎陵县东北部十都镇，南北长32.25公里，东西宽13.50公里，同南岭山脉的万洋山为主体组成，海拔1000米以上的山峰有103座、山体呈南北走向，地势较低，但山峦重叠，地势险峻，沟谷纵横。区内最高海拔2115.2米，为湖南省第一高峰，最低海拔420米，相对高差1700米，总面积10000公顷。自然景观有神农飞瀑、"雄狮滚绣球"石崖、珠帘瀑布、田心里清溪涧等景点40多处和大森林云海林涛。森林覆盖率高达90%以上。植物森林资源丰富多样，各类树木共计81科、191属、478种，脊椎动物2000多种，其中国家重点保护植物20多种、重点保护动物30余种。境内四季分明，是一个集风景观赏和科学考察于一体的旅游佳境。

【大京风景名胜区】地处市郊东南，离市区15公里，是一个以山、水、林、禽同生共荣为主要特征的自然景观与盛极明清的古庙遗迹为主的人文景观相结合集游览、度假、娱乐于一体的旅游胜地。京水湖面近3000亩，蓄水量达1500万立方米。分仙峰岭、京水湖、屏风岭三大景区，拥有"金轮古寺""谷音清溪""山水佳处""百鸟天堂"四个一级景点，"仙峰胜境"等十个二级景点，"双井清泉"等二十个三级景点，景色各异，各领风骚。自成立以来，新建了京湖度假村、大京山庄、醉仙楼、栖凤园、京湖酒楼等设施和白仙路、婆仙路及部分环湖游路。

【湖里沼泽湿地保护区】位于茶陵县严塘镇爱里村，其地形地貌十分独特，四周是低矮的山峦，中部是大面积常年降积水的沼泽，四周山体海拔在250-300米，沼泽地海拔约150米，地下是众多的岩洞，整个湿地状似一个大葫芦，面积为200-220亩。茶陵湖里湿地水生植物十分丰富，物种多样性程度之高全国少见，作为我国目前已知的唯一保存完整的湿地，在植物育种方面具有极高的科研价值。2003年，被农业部批准为国家野生植物保护区。

【神农峰】原名酃峰，又名斗笠峰，海拔约2115.2米，为湖南省第一高峰，位于炎陵县东南部下村乡酃峰村景区境内，西北与株洲市区相距200公里，西偏北与衡阳市区相距160公里，与江西交界，是井岗山重要的组成部分。本区位于罗霄山脉中段、万洋山北段之西北坡、南岭山脉北麓，为南岭山地向湘中丘陵过渡的边缘地带，属中山地貌。山体呈南北走向，地势较低，但山峦重叠，地势险峻，沟谷纵横。

【株洲恐龙遗迹】2008年6月，在天元区东湖学校建设工程中，施工人员在现场发现大量黑色不明硬块。随后，先后有国家、省地质古生物专家16人共40多次到现场进行实地考察，认定工地下掩埋着上亿年前的巨大恐龙化石群，范围达到了一万平方米，化石层厚度达到13米，采集到化石226块。经考证，这些化石为蜥脚龙、鸭嘴龙、虚骨龙、霸王龙、似鸟龙、鸟臀类等种类丰富的晚白垩纪恐龙化石遗迹，在国内外均属罕见。化石数量和种类十分丰富，在华南地区首屈一指。2015年被列入国家级地质遗迹。

【神农公园】位于市区中心，前临建设路，背倚湘江，是株洲市规划最早、建园时间最长，以炎帝文化为特色的综合性公园。1953年开始筹建，1955年建成对外开放，1959年10月正式命名为"株洲公园"。1988年，因奔龙山及其优美的传说，更名为"奔龙公园"。因奔龙山顶（原永利水塔址）兴建了神农阁，1993年再次更名为"神农公园"。全园占地483.92亩，其中森林面积318亩，水面118.69亩，共有乔木37500多株，绿化覆盖率85%。株洲市的标志性建筑——神农阁，雄踞奔龙山顶，建于1992年，高52.5米，九层，建筑面积2715平方米，外观巍峨挺拔，明快潇洒，雄视八方；内部装饰典雅，古气可掬，阁内敬奉中华民族的始祖之一的炎帝神农氏，是弘扬炎帝文化和精神的重要场所，2005年获得全国弘扬传统文化奖。

【石峰公园】位于石峰区，地处商业区与工业区交界处，东靠市区主干道，南临湘江，占地153公顷，主峰海拔167.38米，相对高度120米。山虽不高，但错落有致，或平缓，或陡峭，被誉为新城"绿宝石"。公园建有"清心斋""听月亭""松涛廊""望江亭""寻梦山庄"等散点园林小品。园内长达1500米，由40余组碑石组成的碑林路也形成了公园极富雅趣、翰墨飘香的人文景观。

【流芳公园】毗邻新华东路，因抗日阵亡将士墓而成立，其历史渊源追溯自1941年9月，国民党暂编第六师的数百将士为抗击日寇壮烈牺牲于此，当地乡民将其合葬，称"千人堆"。二十世纪八十年代末，经市政协多次提议，市政府修葺纪念墓并划址成立流芳公园，于1991年7月建成开放，占地面积32亩，集纪念、休闲功能于一体，各项设施完备，建设有株洲烈士纪念碑、抗日阵亡将士墓、烈士群雕、铜雕、流芳纪念馆、流芳图书室等爱国主义教育设施以及2000余平方米退役武器装备国防教育展区。园内建筑以青瓦白墙的江南民居风格为主，兼以桥、亭、假山、石刻、古桩等园林小品加以点缀，绿树成荫，鲜花烂漫，园林景观清新秀雅，是市民休闲游憩理想场所。

【石子湖公园】南靠工业大学、北接繁华的合泰路的石子湖公园总占地面积为552亩，其中水面有300亩，是株洲最大的公园水面。石子湖公园被定性为株洲最具代表性的城市娱乐休闲水景公园。设有音乐喷泉长达100米，以及可供市民泡吧、喝咖啡的酒吧街，游艇、游泳池的水上乐园，垂钓休闲的渔乐园和休闲、茶舍的滨水会所，餐饮业的渔公餐厅等娱乐项目。

【天鹅湖公园】原名鹅颈洲，位于荷塘区红港路以南、人民路以东。于2006年8月正式建成并开放。公园总投资达6700万元，占地21.47公顷，其中水体面积14.53公顷，公园以水为载体，以3个湖心岛和一个半岛为核心，装点天鹅湖，打造浑然天成的水景观。园内建有亲水平台、湿地景观、动感彩虹桥等景观，张扬出水上公园的个性和魅力，《天鹅湖》五线谱花坛、梅兰竹菊景墙赋予了公园丰实的文化内涵。园内绿化疏密有致，沿湖以垂柳为主，岛上林荫道多种植景烈白兰、桂花、石楠、大叶冬青等树种，主岛区有健身器材、儿童游乐设施，是一座集休闲和观光一体的生态公园。

【株洲方特欢乐世界】位于云龙示范区云田镇，地处长株潭城市群中心，是一个国际一流的第四代主题公园。2011年9月正式开园。项目将动漫、卡通、电影特效等时尚娱乐元素和中国传统文化符号完美结合，一、二期公园汇集聊斋、水漫金山、猴王等大量以中国文化为背景的项目，所有室内项目完全拥有自主知识产权。株洲方特欢乐世界由20多个主题项目区组成，包含主题项目、游乐项目、休闲及景观项目200多项。以科幻体验为最大特色，采用国际一流的理念和技术精心打造，可与当前西方最先进的主题公园相媲美，被誉为"东方梦幻乐园"。二期方特梦幻王国于2016年8月开园营业。为国家级4A景区。

【株洲湘江风光带】2012年2月1日起，湘江风光带东岸（城区段）初步规划方案，年内开工建设，全长33.07公里，概算投资

9.43亿元。是首批入选世界银行在华实施的城市发展战略研究计划项目，也是国家"十五"计划重点扶持发展的七大城镇密集区建设项目之一。利用自身良好的自然与人文资源，将临江而立的山、港湾、寺庙等资源结合起来，形成独具特色的风光带景点，打造出"一江两岸十景"的景观结构。即东岸（城区段）北起石峰大桥，南至天池路，全长约10公里，打造龙抬头、白石水韵、神农眼、神农瀑、神农湾、银河天街、诺亚方舟、老株洲、彩翼坊、幸福岛等"河东十景"和建宁记忆、曲尺幽径、古刹诗情、芳洲鹭影、石峰远眺、动力港湾、神农水韵、红动湘江、时尚生活等"河西十景"。

【栗雨休闲谷】位于栗雨工业园中部，由株洲大道、栗雨西路、珠江北路和规划六路围合而成，属于中央商务区核心景观工程。项目总规划面积433亩，其中水体约200多亩，主游道3700米，自行车道3600米，总投资约2亿元。项目秉承两型社会建设和"三生协调"的设计理念，关注人与环境的绿色和谐，营造了生态化的人居环境和现代审美的工业园区休闲谷。美的、佳兆业、万豪酒店等知名企业前来投资兴业，极大地提升了园区城市化功能，加速推动园区与城区融合。

【万丰湖】位于株洲国家高新区新马创新城万丰港流域，南起京港澳高速，北至湘江，东、西分别为万丰路、新丰路，总面积约2000亩，其中水体约1000亩、山体公园150亩，全长约5公里，流域面积35.3平方公里，总投资约12亿元。项目设计依托河湖自然资源优势，结合地区规划，兼顾河道治理、防洪与园林工程，与湘江风光带、武广绿带构建了大河西环形生态绿色走廊，全面提升了新马创新城生态环境、土地价值与生活品质，带动新马EBD和中国动力谷的开发建设。

【清水塘工业区环境污染综合整治】2011年3月，国务院批准《湘江流域重金属污染治理实施方案》，明确将清水塘列为全国重金属治理重点区域。株洲相应制定了《株洲清水塘工业区重金属污染综合治理总体实施方案》，2011年12月，启动了霞湾港重金属污染综合治理工程项目，投资近两亿元对霞湾港进行大刀阔斧的治理，包括排污口整治、港水截留清淤及引排、底泥处置、施工废水处理、港底硬化与砌护（含堤面道路）、施工期在线监测等项目。株洲市工业废水处理项目总投资为3.09亿元，包括霞湾污水处理厂提质改造工程、重金属工业污水综合处理厂以及配套建设工业废水管网、生活污水管网及提升泵站。新建的工业废水处理系统可日处理3万吨废水，配套管网6.5公里，完全可以满足清水塘建成区、环保产业园等区域需求。经过多年综合治理，含重金属底泥被彻底清除，共处理4.06公里河床内的含重金属底泥5万多立方米、废水4.75万立方米；同时大力整治沿线排污口，建设了一座底泥稳定固化处理场。

◇ 城市名片

【综述】株洲是新中国成立后首批重点建设的八个工业城市之一，是中国老工业基地。自第一个五年计划开始，在国家战略布局规划下，株洲工业起飞发展，成为城市发展的先锋。京广铁路和沪昆铁路在株洲交汇成为中国重要的"十字型"铁路枢纽。株洲是长株潭城市群三大核心之一，是长株潭两型社会建设综合配套改革试验区的一部分。株洲还拥有国家绿化城市、国家卫生城市、国家文明城市、国家园林城市等荣誉称号。株洲，一座具有浓厚现代化气息与历史沉淀的城市，是老祖宗福地、老工业基地、老革命根据地，也是国家"两型社会"建设新区。工业株洲、服饰株洲、动力株洲，产业发展成就了株洲一张又一张的城市名片。

【炎帝陵】位于炎陵县鹿原镇鹿原坡，是安放中华民族始祖炎帝神农氏的陵寝，享有"神州第一陵"之誉。陵庙始建于宋，历代均有修葺。自宋代建殿以来，朝廷、地方官府和民间祭祀不断。1986年6月28日，由株洲市人民政府主持，陵殿修复工程正式破土动工，1988年10月竣工。现为国家级风景名胜区、全国重点文物保护单位、全国爱国主义教育示范基地、中华全国归国华侨爱国主义教育基地、国家4A级旅游景区、国家首批非物质文化遗产传承地、湖南十大文化遗产、新潇湘人文八景、海峡两岸交流基地、湖南省最佳景区。

【神农城】项目以原有的炎帝广场和天台公园为核心，沿现状保留城市森林带向两侧拓展，总占地面积2970亩，其中核心区规划面积1620亩，拓展区规划面积1350亩，总投资超过100亿元。项目以神农文化主题，建设有神农太阳城、神农像、神农塔、神农湖、神农大剧院、博美馆、神农坛、神农大道、神农广场等一系列标志性建筑和景观，形成集文化、旅游、休闲、娱乐于一体的新型城市开放空间。现今的神农城，已成为中华民族的一个优秀文化项目、神农文化展示和传播基地、全球华人炎帝文化景观中心；成为中南地区的一个优秀旅游项目、最佳人文旅游胜地、游客首选目的地；成为长株潭地区的一个优秀休闲项目，市民休闲、娱乐、购物、健身的首善之区。

【酒仙湖】位于攸县酒埠江镇的东南部，包括酒仙湖、攸女仙境、宝宁寺、地质博物馆、大坝、官田古镇、水上乐园等景点，它始建于1958年，1960年合闸蓄水、湖区集水面积为610平方公里，总蓄水量为3亿立方米，平均宽度为500米，最大宽度为2300米，平均水深37米，深水航道为24公里。酒仙湖两岸群山巍巍，层峦叠嶂，林木葱茏，四季竞翠，湖区空气清新，碧水蓝天。2011年2月24日，国家旅游局正式颁文公告，株洲酒仙湖被批准为国家4A级旅游景区。国家级大Ⅱ型水库和国家级水利风景区。

【城市荣誉】株洲获得的荣誉主要有国家绿化城市、国家卫生城市、国家文明城市、国家森林城市、国家园林城市、全国公交都市建设示范城市、国家交通管理模范城市、国家知识产权示范城市、中国优秀旅游城市、中国最具魅力旅游城市、国家城市环境综合整治优秀城市、全国双拥模范城市、国家社会治安综合治理先进城市、国家金融生态城市、全国科技进步先进城市（八次荣膺）、全国制造业信息化工程试点市、科教兴市先进城市、2010年获"中国十大最具投资价值城市"称号、2011年"中国十大地级活力城市"称号、2012年度位列"福布斯中国大陆最佳商业城市排行榜"第72位，中部商业城市排行榜第7位，省内第2位、2012年全球风景园林领域最高荣誉——"国际风景园林师联合会亚太区土地资源管理杰出奖"、2012年入选"中国特色魅力城市200强"、2013年度"福布斯中国大陆最佳商业城市排行榜"第68位，省内第2位。

【友好城市】国内：湖北省黄冈市、山东省威海市、河北省唐山市、四川省德阳市、重庆市合川区、河南省商丘市；国外：南非—彼得马里茨堡市、挪威—腓特烈斯塔市、韩国—京畿道抱川市、越南—芽庄市、乌兹别克斯坦—纳沃依市、美国—德拉姆市。

【城市象征】2007年4月12日，株洲市十二届人大常委会第三十次会议审议决定，确定樟树为株洲市市树，红檵木为株洲市市花。

湖南城市大典 醴陵市

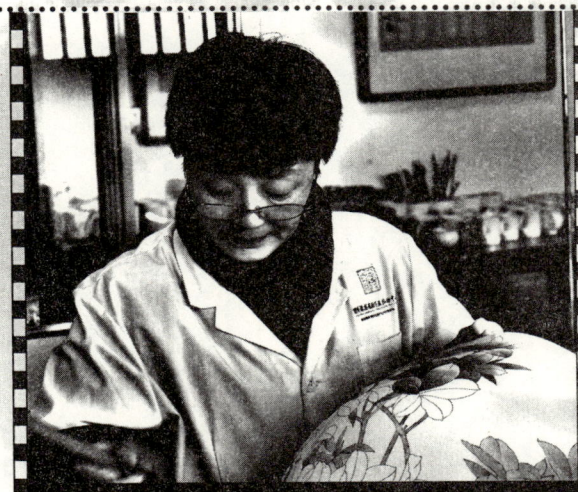

醴 陵 市

❧

醴陵市，东汉初置县，1985年撤县建市，是中国工业百强县，举世闻名的釉下五彩瓷原产地，被誉为"中国陶瓷历史文化名城"，孕育了李立三、左权、耿飚、蔡升熙、宋时轮、程潜、陈明仁等大批仁人志士和革命先驱。

◇ 城市概况

【区划范围】醴陵，湖南省辖县级市，由株洲市代管。地处湖南省东部，东邻江西省萍乡市湘东区、上栗县，北接浏阳市，西倚株洲市区，南界攸县。地处东经113°09'49"~113°45'43"，北纬27°22'15"~27°58'07"，东西宽58.51公里，南北长66.75公里，总面积2156.46平方公里。现辖白兔潭、李畋、浦口、王仙、沩山、东富、孙家湾、泗汾、沈潭、船湾、明月、嘉树、茶山、石亭、均楚、板杉、左权、枫林、官庄19个镇，来龙门、阳三石、仙岳山、国瓷4个街道。中共醴陵市委员会、醴陵市人民政府驻仙岳山街道左权路59号，电话区号：0731，邮政编码：412200。

【地理环境】位于湖南东部，罗霄山脉北段西沿，湘江支流渌水流域，地处长沙、株洲、湘潭"金三角"经济区东南部。境内江河交织，均属湘江水系。主要河流有渌水、昭陵河和涧江，水利资源蕴藏量为8.7万千瓦，地下水量5.267亿立方米。市内共有大中小型水库193座。地貌以山地、丘陵和岗地为主，平原占16%，水域占5%。土壤成分以板页岩为主，占47.8%；次为红色粘土，占20.7%。醴陵市境属亚热带季风气候。年均气温17.8℃，年平均无霜期348天左右，年平均日照1537.1小时，年平均降水量在1519.9毫米左右。

【资源物产】境内植物资源丰富，具备粮食作物、经济作物和林木生长的良好自然条件。森林资源丰实，全市林地面积12.57万公顷，有727种木本植物，森林蓄积量为200.47万立方米，森林覆盖率为52.34%，高出全国平均水平30%以上。境内有仙岳山省级森林公园1个、县级自然保护区5个、县级生态保护区5个。瓷土、陶土、耐火泥、石灰石、沙石等非金属矿产和铅、锌等金属矿产蕴藏丰富。已发现的矿种有铀、金、银、铁、锰、铅、锌、煤、石灰石、瓷泥等23

131

种，矿床123处，矿点78处。

【建置沿革】秦朝时属长沙郡临湘县。汉高后四年（公元前184年）封长沙相刘越为醴陵侯。东汉初，从临湘县、湘南县划出一部分置醴陵县。三国时，醴陵属吴国荆州长沙郡。大业三年（607），改临湘为长沙县，撤醴陵并入长沙。至唐武德四年（621），复从长沙县划出置醴陵县。宋朝，属荆湖南路潭州长沙郡。元朝，属湖广行省天临路。元贞元年（1295）升为中州，天历年间（1328-1330）由州降为县，至正二十四年（1364）复升为州。明洪武二年由州改县，属湖广布政使司潭州。清朝康熙三年（1664），隶属湖南省长宝道长沙府。民国元年（1912年），属湖南省湘江道。1937年属第一行政督察区。1949年7月，醴陵和平解放，属湖南省长沙专区。1952年，醴陵属湘潭专区。1959年1月，渌口、姚家坝等乡镇共349.3平方公里地域划入株洲市郊区管辖。1983年7月，醴陵县划入株洲市管辖。1985年8月，撤县建市。

【人口状况】2017年，全市户籍总人口105.19万人，增长0.35%。户籍总人口中，男性为53.87万人，女性为51.32万人，男性比女性多25543人，男女性别比104.98：100；全市城镇户籍人口41.84万人，户籍人口城镇化率39.77%，增加了4.32个百分点；户籍人口自然增长3617人，户籍人口自然增长3.45‰。全市户籍总人口中，0-17岁以下的214357人，占总人口的20.38%，增加了0.41个百分点；18-34岁的237421人，占总人口的22.57%，下降1.08个百分点；35-59岁的402899人，占总人口的38.3%，下降0.08个百分点；60岁以上的197242人，占总人口的18.75%，增加了0.74个百分点。年末常住人口为96.85万人，其中城镇人口59.31万人，按常住人口比例计算，城镇化率61.24%。

【区位交通】境内有浙赣复线铁路横贯东西，湘东铁路连通南北，西距特等货运编组站株洲北站仅40公里。沪昆高铁长沙到南昌段2014年9月16日建成通车，醴陵进入高铁时代。重要公路干线有沪昆高速、平汝高速、106国道、320国道等，以及在建的莲株高速、东城大道和待建娄醴高速；醴陵距西北部的长沙黄花国际机场约90公里，已基本形成以高铁、高速为大动脉、国省干线公路为主骨架、县乡村公路为支脉，辐射全市各个村落的公路交通路网格局。

【社会发展】2017年，全市有中、小学校267所，其中小学（含教学点）213所、初中44所（含九年一贯制学校）、高中9所（普高5所、中职4所）、特殊教育学校1所；有公、民办幼儿园299所（含小学附属学前班）。在校学生、在园幼儿共149376人，其中普高10769人、职校8982人、初中25551人、小学65148、幼儿园38772人、特校154人。学校、幼儿园教职工共10398人。共申请专利1133件，其中发明申请214件。授权451件，其中发明授权27件。科技计划项目立项23项，科学技术经费本级支出1.44亿元。年末拥有高新技术企业53家，完成高新技术产品产值518.4亿元。拥有各级各类医疗卫生机构692个，有执业（助理）医师1881人，执业护士2315人，每千人口拥有医生1.93人、护士2.38人；有全科医生67人，村卫生室人员531人，有编制床位5705张，每千人口拥有5.88张。基层公卫专（兼）职专干271人。全市新型农村参合农民74.6万人，参合率95.10%；累计补助25.24万人次，补助金额4.19亿元，统筹地区政策范围内补偿率75.03%。养老保险、医疗保险、生育保险、失业保险、工伤保险等九项社会保险参保总人数达162.77万人次，支付各类待遇14.01亿元。新改扩建农村敬老院5所，农村五保分散供养标准达3804元/年，农村五保集中供养标准达5760元/年。

◇ 城市建设

【综述】醴陵坚持以新型城镇化为导向，以建设"富强、美丽、幸福、文明新醴陵"为目标，深入推进产业突围、城镇提质，以"三创四化"为契机，以城镇提质为抓手，按照"做活新区、做美老城、做强集镇、做精社区"的新型城镇化工作部署，以丰富市民生活、传承历史记忆、打造文化与个性、提高城市竞争力等为宗旨掀起了新一轮城镇建设高潮。着力构建以城区为中心、以特色集镇为支撑、以重点村庄为补充的城镇体系。小城镇建设不断加快，优先推进重点镇区基础设施和公共设施建设，注重提高重点镇建设档次和功能，分阶段打造一批有特色的精品小城镇。白兔潭镇2014年7月被列入全国重点镇，2015年被湖南省评为省级新型城镇化建设试点镇，2017年列入株洲市"多规合一"试点镇和特色小镇。日新月异，美轮美奂的"官庄山水""枫林印象""黄乡民居""沩山古窑"正在建设中。"瓷城古韵·一江两岸"建设强势推进，将醴陵现代的绰约风姿与千年古韵完美融合、相互成就。

【城市规划】2011年，湖南省人民政府批准了《醴陵市城市总体规划（2010–2020）》（2011年修改）。围绕加快建设"富强、美丽、幸福、文明新醴陵"目标，以全面推进城镇提质，全力推进"三创四化"工作为主题，主动融入长株潭一体化和"一核一廊"空间布局，推动"一城一区一园"建设，统筹城乡发展，重点突破，整体推进，提升城市品位，力争到2020年实现"三创目标"，即创国家卫生城市、国家园林城市、国家文明城市。重点推进一江两岸、中国陶瓷谷、渌江新城、东富工业园、特色城镇等项目建设，加强城市基础设施建设与公共设施建设，打造良好的人居环境。到2030年将醴陵市中心城区人口达50万，城镇化率达70%，进一步把美丽富饶的瓷城醴陵建设成为幸福文明的宜居城市。

【渌江新城】规划面积21平方公里，地处醴陵大道长庆示范区范围内两厢区域。按照"溯江而上，向东发展"的总体思路，该片区定位为：以"城""商"为主导，以"产"为补充，形成产城融合、互动发展的格局，致力打造推动城市转型升级的综合服务中心、汇聚多样功能的产城融合示范平台、展现山水文化特质的魅力宜居新城，成为醴陵新的政治经济文化中心。未来，将凸显政教医中心、高端房产、现代服务业、绿色工业四大功能。

【醴陵一中】省属重点中学，位于醴陵城中青云山，1905年，民主革命先驱宁调元、文俊铎等倡新学，改渌江书院为渌江中学堂，是为学校之肇创。后校名几经改易，1950年定名县立中学，1951年春，县立中学与美国基督教会创办的遵道中学、爱国志士张伯兰先生创办的湘东中学合并成立醴陵县第一中学。1952年4月，湖南省教育厅将醴陵县第一中学命名为湖南省醴陵第一中学，一直沿用至今。学校师资力量雄厚，现有教职工249人，其中专任教师221人，拥有省中学特级教师1人，高级教师82人，一级教师78人，地市学科带头人10人。现有高中教学班级54个，在校学生2894人。学校占地面积99500多平方米，总建筑面积95400多平方米。

【湖南师范大学附属湘东医院】1951年5月成立于湖南省耒阳县，当时名为抗美援朝第69预备医院；1954年1月，由耒阳迁至醴陵县，9月，更名为中国人民解放军第167医院；1987年10月，由广州军区成建制整体移交原湖南省卫生厅。1989年6月，地处南岳的湖南省结核病防治医院迁至醴陵市，合并组建湖南省湘东医院；1998年2月，醴陵市人民医院并入，更名为湖南医学高等专科学校附属湘东医院；2002年3月，并入湖南师范大学，成为湖南师范大学附属湘东医院，是集医疗、教学、科研、急救和社区服务于一体的省级综合性三级医院，湘东地区的区域医疗中心，也是湖南师范大学临床医学二级学科硕士学位点、湖南省住院医师规范化培训基地、湖南省全科医师临床培养基地。现占地330亩，建筑面积11万余平方米，编制床位1000张。现有职工1600名，其中享受国务院政府津贴专家2人，高级职称160余名，其中正高职称40余名，硕士研究生导师20余名，博士、硕士研究生50余名；设有38个临床医技科室和中心、10个教研室、2个湖南师范大学重点实验室（心血管研究室、危急重症医学研究室）。

【醴陵市中医院】位于市瓷城大道3号，是国家三级甲等中医医院，创建于1900年，在改革开放之初，是湖南省四家国营中医医院之一，是醴陵市政府举办的唯一一所集医疗、保健、教学、科研于一体的大型综合性中医医院，也是中南大学湘雅医院定点指导双向转诊医院、湖南中医药大学的教学医院、长沙医学院等9所高等院校的实习医院、株洲市中心医院对口支援双向转诊医院。占地面积31亩，建筑面积82000平方米，其中医疗业务用房

67000平方米，开放床位1000张。现有在职在岗职工1058人，有卫生专业技术人员870人，博士研究生1人，硕士研究生61人、本科学历351人，高级职称108人，中级职称237人，湖南省名中医1名，株洲市名中医5名，株洲市首届中青年知名医师2名，醴陵名医10余人。购置了飞利浦1.5T超导磁共振、飞利浦FD20血管造影系统、飞利浦16排螺旋CT机、臭氧射频、针灸治疗仪、熏蒸治疗机等一大批中医诊疗与康复设备。

【泉湖体育馆】 位于市阳三石街道办事处泉湖村和西山街道办事处河西村。于2011年开工建设，2015年对外开放使用。整座建筑目前已经呈现出独特的书卷之形和现代神韵，采用了统一的大面积玻璃幕墙和大跨度的网架结构。作为醴陵兴建的第一座大型群众体育综合设施，泉湖体育馆给广大市民提供一个体育锻炼和健身休闲的新阵地。项目建设内容包括体育馆、市民广场、二圣河改造等，总占地面积5.6公顷，建筑面积约15000平方米，总投资约1.69亿元。

【醴陵火车站】 位于市国瓷南路，占地1.1万平方米，建于1995年10月，为湖南省首个火车站。离株洲站42公里，离南昌站325公里，离广州站697公里。隶属中国铁路南昌局集团有限公司宜春车务段管辖，现为三等站。途径铁路有浙赣铁路、醴茶铁路。日均办理旅客列车约35列左右，主要为北京、南昌、广州、上海、昆明等到发的各类旅客列车。客运：办理旅客乘降；行李、包裹托运。货运：办理整车、零担货物发到，办理整车爆炸品及以及氧化剂发到。

【醴陵高铁站】 位于市东北郊长庆示范区王仙镇清潭村，为沪昆高铁入湘首站，也是沪昆高速铁路在株洲境内的唯一一座车站。总占地面积17116平方米，站房8000平方米，站台450米，2500平方米的售票大厅设置7个人工售票窗口和3个自助式售票机。醴陵高铁站分上、下两层设计，上下两层分为售票厅、候车厅、出站通道和站台雨棚四个建设区段，2个站台4条轨道，最高集聚人数可达800人。地上和地下，实现枢纽交通无风雨换乘。地上主要功能是广场、换乘及商业入口。地下一层主要功能是换乘、商业、出租车候车场、公交车换乘站。

【醴陵汽车中心站】 位于立三大道与渌江大道交汇处，总投资5000余万元，占地面积50余亩，站场面积6000平方米，设施齐全，功能完备，被省道路运输局评定为"二级甲等汽车客运站"。2017年5月，长达40年历史的醴陵汽车老站正式搬迁至湘运醴陵汽车中心站开始运营，平均日发班次80次，平均日发送旅客1000余人次。

【东城大道醴陵段】 起于国瓷街道五华庙，途径国瓷街道、板杉镇和左权镇，终于左权镇油田村周家冲，与醴陵周家冲至芦淞区栗塘村段对接，全长19.06公里。原设计采用六车道一级公路建设标准，路基宽32米，投资估算为10亿元。经市委市政府研究决定将设计变更升级为双向八车道一级公路标准，路基宽35米，投资估算为11.9亿元，开工建设时间为2016年10月，计划完工时间2018年10月。

【醴陵大道】位于市区东北角，于2009年5月开工建设，2011年正式建成通车。是城市"一环六放射"交通骨架中的一条放射道路，西起醴泉路口，东至沪昆高速黄沙互通口，也是醴陵内环线与沪昆高速的连接线。道路全长6.6公里，路幅宽100米，双向八车道，两侧各后退20米作为绿化用地，总投资约6亿元。醴陵大道的建成，大大缩短了醴陵到株洲、长沙等地的距离，也为长庆示范区提供了出入道路，成为醴陵联系外界的一个重要窗口，既是一条景观大道、形象大道、更是一条人文大道，现代化大道。

【醴陵市图书馆】位于市状元洲，前身为始建于1930年的醴陵县立图书馆，为省内最早的县立公共图书馆之一。现馆舍于1980年新建，2010年6月全面装修改造完成。馆内共有藏书19.6万册，其中包括大型文献《四库全书》《古今图书集成》1600册，醴籍地方文献5千多册，家谱100套，电子文献2600种，以及建国以来报刊合订本2.9万册，下设图书外借处、电子阅览室、综合阅览室、地方文献室、少儿活动室、文化信息共享工程分中心等服务窗口。

【官庄水库】始建于1958年，是湘东地区最大的水库。水库集水面积210平方公里，坝高40.4米，附坝高23米；溢洪道堰顶宽79.7米，长56米，陡坡段长95.99米，消力池长47米。有效库容为10690万立方米，最大水面10000亩，其中养鱼水面为8000亩。库区内生态植被丰富，地形多变，环境优美，古迹众多，有涧江秋月、小溪桃涨、松谷松涛、龙池烟雨、狮岭暮云、远村夕照、古寺疏钟八景，如诗如画，引得游人纷至沓来。

【望仙桥水库】位于市沩山镇沩山村，建成于1959年，属于中型水库，担负着醴陵城市供水和2.82万亩农田灌溉任务，是湖南省饮用水源一级保护区。主要功能是防洪、发电、灌溉、供水等。最大坝高33.3米，正常蓄水位78.8米，总库容0.167亿立方米，水面面积1.1平方公里。总装机容量0.0285兆瓦，设计多年平均发电量0.003亿千瓦时。设计灌溉面积1800万亩。

【白兔潭镇】位于市东北部，距市区25公里，与上瑞高速、浙赣复线、沪昆高铁相距不到20公里，新106国道穿境而过，主产烟花鞭炮，湘东赣西的商贸重镇。现辖10个行政村，2个居委会，全镇总面积72平方公里，管理人口6.97万人。宋时醴陵分为六乡十六里，白兔潭隶属醴陵乡上丰仁里；元代无记载；明代改乡、里为坊、都；清康熙年间，醴陵全县设三十都，白兔潭隶属十三都，称渣江境；民国时期称河清乡；1949年后，称渣江乡，1952年隶属白兔潭区，1956年正式称为白兔潭乡，1985年撤乡建镇，2005年被列为国家、湖南省小城镇建设示范镇，2014年7月被列入全国小城镇建设重点镇，2015年8月被列入湖南省新型城镇化试点镇，2017年被纳入株洲市特色城镇培育对象并被湖南省住建厅评为省级美丽乡镇示范镇。集镇规划区面积6.6平方公里，建成区面积4.2平方公里。

【石亭镇】位于市西部，距醴陵市区25公里，距株洲市区30公里，东邻茶山镇，西与渌口区南洲镇毗邻，北与左权镇毗邻，南与均楚镇接壤。清康熙二十一年（1682）已有石亭之名。1950年属第七区、第六区，1951年属第九区，1953年属第十区，1956年为石亭乡，1958年改石亭公社，1961年析置长岭公社，1984年改乡，1997年6月石亭撤乡设镇。2005年，石亭镇与长岭乡合并设立新的石亭镇。全镇总面积107平方公里，耕地面积2101公顷，辖9个行政和1个石亭居委会，10660户，总人口4万余人。集镇内拥有占地3300平方米、规模居全市乡镇一流的农副产品批发交易市场。石亭镇种养业以优质稻、荸荠、湖鸭、鲜蛋、生猪为主产品，工业产品以鞭炮、烟花、化工产品为主。民营企业异军突起，以长塘村、石亭居委会、樟树村为主体的农业小区初具规模。

【东富镇】位于市东南部，距城区5.6公里，面积80.4平方公里，辖10个行政村、1个居委会，10个行政村，355个村民小组，总人口39675人，有劳动力1.5万人。1949年属楚东等乡，1950年属第三区，1951年属第四区，1956年为林仪乡、枧头洲乡。1958年为八里坳公社，1961年析置枧头洲公社。1968年为纪念毛泽东主席早期革命活动时前来东富寺进行湖南农民运动考察，八里坳公社改名为东富公社。1984年改东富乡、枧头洲，1999年东富撤乡建镇。2005年，东富镇与枧头洲乡合并设立新的东富镇。耕地1600公顷，林地3710公顷，森林覆盖率超过国家标准，是长江流域第一批消灭宜林荒地的乡镇。镇内拥有各类企业84家，其中规模以上企业32家，拥有全市唯一一家上市企业株洲醴陵旗滨玻璃有限公司和国家一级建筑施工企业湖南东富集团。

【枫林镇】位于市北部，长株浏三市县结合部，为醴陵北部交通枢纽，是株洲市首批建设20个特色小镇之一。1950年属第十一区，1951年属第十四区。1956年为黄獭嘴乡，1958年属黄獭嘴公社，1984年复置乡，1988年建镇，镇名黄獭嘴镇；1950年属第十一区，1951年属第十四区。1956年为枫林市乡，1958年属黄獭嘴公社，1961年析置枫林市公社，1984年复置乡，乡名枫林市乡。2015年，枫林市乡与黄獭嘴镇成建制合并设立枫林镇，2016年完成建制村合并工作。新设立的枫林镇辖11个建制村，2个社区，总面积100.64平方公里，总人口4.31万人，镇人民政府驻黄獭嘴社区（原黄獭嘴镇人民政府驻地）。枫林镇围绕建设"美丽乡村宜居宜业宜游小镇"总体定位，根据区域要素禀赋和比较优势，聚力建设核心养生度假区，大力培育生态观光农业，全力推动两型工业发展。

【泗汾镇】地处醴陵南部中心位置，北邻孙家湾镇，东接沈潭镇，西与嘉树镇、明月镇接壤，南与船湾镇为邻。旧县志载铁水河原分四水，因名"四分"。1950年属第四区，1951年属第五区，1956年为泗汾乡，1958年属红旗公社，1961年为泗汾公社。1982年设乡级建制镇，1983年泗汾乡与其合并成现制（中国政区大典资料：1984年建镇）。1985年批准成为醴陵市首批四个建制镇之一，2002年被确定为醴陵市南部重点发展建设中心集镇。共有耕地26960亩。其中：水田24372亩。辖4个居委会：枧上、农场、何田、双塘；7个村委会：石湾、泗汾、陈家垅、花茂、符田、茶田、石虎。359个村（居）民小组，9448户。其中：集镇常居非农业人口4249人。加快推进新型工业化，初步形成了以陶瓷、花炮、现代农业、商贸、服装等为支柱的产业体系，以华瑞兴邦、恒凯通信息科技、丰德利瓷业、明维烟花等为龙头的企业群，现有工业企业108家，私营企业和个体工商户1035家。

◇ 城市经济

【综述】醴陵市已连续多年进入全国百强县。依托区位优势和资源优势，以醴陵经济开发区、东富工业园等省级工业园区为平台，形成了陶瓷、花炮、玻璃、汽配、轨道交通等工业为主的工业体系。高新技术企业104家，完成高新技术产业增加值122.6亿元，占地区生产总值比重达21.1%。

2017年，实现地区生产总值607亿元，公共财政总收入54亿元，工业总产值1192亿元，固定资产投资442亿元，社会消费品零售总额204.6亿元，外贸进出口总额2.5亿美元，城乡居民人均可支配收入分别达36558元、24335元。县域综合发展实力居全国百强县（市）第56位，工业竞争力位居"中国工业百强县（市）"第86位，跻身全国县域成长竞争力排行榜第45位。

【醴陵经济开发区】原名湖南醴陵陶瓷产业园区，是2003年获批的省级开发区，已纳入长株潭"两型社会"改革试验区核心区，是全市重点打造的产城融合新区。经开区由"一谷（中国陶瓷谷）一城（渌江新城）一园（东富工业园）"三部分组成，规划面积100平方公里，是市"北大门"和与株洲市融城的对接区域。经开区交通区位优势明显，沪昆、岳汝、莲株高速纵横交错，东、西、北"三站"遥相呼应，形成了四通八达的高速公路网络；距长沙黄花国际机场仅40分钟车程，距沪昆高铁醴陵东站10分钟车程，已完全融入长株潭城市群一小时经济圈。先后被评为"国家新型工业化产业示范基地""省新型陶瓷材料特色产业园""省高新技术产业示范基地""省科技成果转化示范基地""陶瓷出口转型示范基地""省新型工业化产业示范基地"。经开区现有企业325家，其中规模企业269家，高新技术企业34家；拥有211项国家专利、10个中国驰名商标、33个中国名牌产品以及1家国家级企业技术中心，产业工人约6万，已确立了陶瓷，玻璃、电子和新材料，交通装备制造三大主导产业。

【东富工业园】该片区控规面积14.1平方公里，位于东富镇旗滨玻璃所在区域，是国家批准的湘赣边境合作试验区的启动区。该片区的规划定位为：醴陵"大招商、大工业"的主战场，经开区新兴产业基地；未来五年，在形成玻璃、新材料、新能源、物流、惠农等产业功能的同时，将作为经开区"3+X"产业体系中X产业的承载区。

【陶瓷业】醴陵享有"瓷城"美誉，是举世闻名的釉下五彩瓷原产地。2013年"醴陵釉下五彩瓷器"地方标准成功获批，国家级电瓷电器检测中心正在建设中。官润窑、红官窑为首13家陶瓷企业的入选"醴陵釉下五彩瓷烧制技艺"首批传承基地。2009年6月，红官窑获批2010年上海世博会特许生产商与零售商。醴陵生产的釉下五彩瓷器凭其"白如玉、明如镜、薄如纸、声如磬"的卓越品质，无论经济价值还是社会影响都是地理标志的佼佼者。有23家企业被国家质检总局获准使用"醴陵瓷器"地理标志产品专用保护标志，发放超过100万枚"醴陵瓷器"防伪标识，另有15家陶瓷企业审核待批。"醴陵瓷器"产量占湖南省陶瓷总量的94.7%，占有全国14%，占世界日用瓷产量的9.6%。

【株洲醴陵旗滨玻璃有限公司】位于东富镇龙源冲村，2012年7月，按照湖南省株洲市政府城市规划发展要求，株洲玻璃生产基地整体绿色搬迁至醴陵市，并成立株洲醴陵旗滨玻璃有限公司，注册资金7亿元。2016年，醴陵搬迁项目改建、扩建完成。公司占地近2000亩，员工近4000人，拥有4条优质浮法玻璃生产线、1条在线Low-E镀膜玻璃生产线、1条在线TCO镀膜玻璃生产线，1条超白光伏基片生产线和一个中南部大规模的玻璃深加工中心，日熔量达4600吨。已成为华中地区品种最全、品质最高、技术最先进的节能玻璃、太阳能光伏玻璃生产基地，跻身国内十大大型玻璃企业集团。

【醴陵市湘成陶瓷制造有限公司】总厂在东堡乡樟墩村（距醴陵火车站4公里），分厂在板杉乡枫树桥村七里山。公司创建于2010年，投资2000万元。工厂总占地面积5万余平方米，建筑面积3万平方米，窑炉有76米天然气辊道窑二座、32米煤气发生炉推板窑二座。制泥成型设备先进、有30T球么机一台、8T球么机2台、5T球么机5台、液压滤机8台、100T塑压机4台。350不锈钢练泥机4台、600成型机16台、链式干燥机5条、流水线6条等。另配有先进的陶瓷原料和产品物理性能检测设备，2012年通过ISO9000质量管理体系认证，2013年通过输美陶瓷认证，2016年评为湖南省高新技术企业。

【湖南德兴瓷业有限公司】位于市孙家湾乡荷塘组，成立于2001年12月10日。是一家集研发、生产、销售中高档艺术瓷于一体的综合型企业。现有干部员工600余人，占地面积80多亩，固定资产近6000万元。公司致力于醴陵釉下五彩瓷品质的提升，潜心于中国红瓷、帝王黄瓷等特殊色釉瓷的研发。主要经营日用瓷、陶瓷原材料、陶瓷机械制造销售；包装材料生产及加工；建筑材料、化工原料（不含易燃易爆有毒品）、金属材料（不含贵重金属、稀有金属）、机电产品、橡塑制品、陶瓷颜料、工业用瓷、电瓷、艺术陶瓷、建筑陶瓷销售等。成为了上海世博会、南京青奥会等重大盛会纪念瓷的特许生产商，是中国电信、三一重工、西凤酒集团股份有限公司、汾酒集团等众多大型企业礼品瓷或陶瓷酒瓶的定点生产商，还是茅台、五粮液等名酒高档酒瓶的设计制造商。

【醴陵花炮】醴陵是全国花炮四大主产区之一，形成了集花炮机械生产、安全药物生产、花炮商贸、花炮物流于一体的花炮产业集群，全市共有烟花爆竹生产企业199家，从业人员近20万，年产值超200亿元。醴陵花炮是国家地理标志产品，产品种类涵盖9大类，共4000余品种，其中以爆竹、混合烟花、盆花和小礼花弹为特色优势产品。近年来，醴陵加速推动花炮产业向"四化两型"（即布局集约化、生产机械化、产品标准化、管理信息化和过程安全型、产品环保型）转型升级，安全效应、生产效率、产品质量实现质的飞跃。

◇ 城市文化

【综述】醴陵历史悠久，文化底蕴深厚，有"农耕、人文、陶瓷、花炮"四大文化元素，塑造了"开放包容、勇于创新、敢于担当、乐于奉献"的醴陵精神，生生不息地影响着一代又一代醴陵人。醴陵釉下五彩瓷烧制技艺已被列入国家级非物质文化遗产保护名录，《醴陵市星子灯》和《醴陵鞭炮制作技艺》被列入湖南省省级非物质文化遗产保护名录。醴陵属于一个多省地区人民融汇到一起的种族，形成了当地一个独具特色的方言，经千百年来生产中的语言交流，逐渐相互渗透、融合演变成隶属赣方言，杂有粤语、闽南话和其他一些方言的痕迹，且保留有某些本土方言和古汉语，却又与周边毗邻市、县有较大差异的当代醴陵方言。2017年末，全市电视用户总数11.71万户，全市广播综合覆盖率为100%，电视综合覆盖率为100%。

【醴陵釉下五彩瓷烧制技艺】釉下五彩瓷是醴陵独创的一个陶瓷品牌，制瓷填料、釉料和颜料均选用本地优质原料，从原料制作到产品烧成经过近100道工序，全部靠手工完成。醴陵釉下五彩瓷器以其独特的工艺和优良的品质，在国际国内屡屡获奖。1958年被选为毛泽东主席用瓷，即所谓"毛瓷"，并成为中南海、人民大会堂、天安门、钓鱼台、联合国大厦等重要场所的专用瓷。赠送日本天皇裕仁的瓷器文具，赠送英国女王的釉下彩瓷挂盘、赠送法国总统希拉克的挂盘、赠送美国总统克林顿的咖啡具都是在醴陵设计、通过釉下五彩瓷手工技艺制作烧成。醴陵釉下五彩瓷是中国民间手工技艺大花园中的一朵奇葩，醴陵也因此享有"瓷城"的美誉。2008年，醴陵"釉下五彩瓷烧制技艺"列入第二批国家级非物质文化遗产名录。

【中国醴陵国际陶瓷产业博览会】2015年3月举办了第一届陶瓷博览会，不但让全国顶尖工艺大师、优秀陶瓷企业进行了深度交流研讨，且借助该平台改善了醴陵瓷器产业小而全、小而散、小而乱的问题。2017年9月在中国陶瓷谷国际会展中心成功举办第二届，共吸引来自25个国家和香港台湾地区的671家企业参展，参观人数达46.2万人次，现场产品交易额1.2亿元，合同额6.5亿元，招商签约项目32个、合同额182亿元。

【渌江书院】坐落在市城区西山，宋明大儒吕祖谦、张栻、朱熹、王守仁等曾先后寓理讲学，留下诸多吟咏。清乾隆十八年（1753）在宋元明学宫基础上建立，起先坐落于城东朱子祠右侧，道光九年（1829）迁建于西山。清末废科举后，先后改为中学堂、乡村师范、教师进修学校。书院依山临水，环境幽静。周边有宋名臣祠、靖兴寺、红拂墓、宁太一墓等文物胜景。书院乃醴陵文化之脉，是醴陵人的精神家园。左宗棠（后为清末重臣）年轻时在此任山长三年。书院春秋更替，英才辈出。宁调元、傅熊湘、李立三、左权、陈明仁等著名人物由此造就。2013年列为全国重点文物保护单位。

【渌江桥】地处市城南，状元洲西侧。至今已有800多年的历史，为交通要津。渌江桥仍以其独特的地理位置成为醴陵城南北交通的咽喉。桥建于南宋乾道年间早中期。南宋宝佑年间始建石墩木梁桥，长200米，高17米，宽5.3米，桥成至清，曾7次毁于火，14次毁于水，1918年军阀纵火将桥烧毁，1924年重修，全长190米，宽8米，高12米，最大跨径16米，基深14米，并于桥中建支桥接通状元洲，支桥长45米，6孔。1996年，湖南省人民政府将其公布为省级文物保护单位。

【沩山古窑】沩山有三古：古窑、古村、古洞天。此处众山环绕，绵亘数十里，泉清林茂，风景秀丽，唐代道家学者司马承祯在《天地宫府图》中将其列为第十三小洞天。沩山早在宋元时期就开始制瓷，至清末更为兴盛，有中国最大的古窑群。现保存着自宋至清古窑址100余座，有文物古迹100余处。完整地保留了原生态的自然与历史人文环境，其原始的山水、植被与古窑群、古作坊、古村落民居、古塔、古桥、古寺等融为一体，是为人间福地，别有洞天。2010年，沩山村被评为湖南省历史文化名村。2013年沩山醴陵窑列为全国重点文物保护单位。

【耿传公祠】位于枫林镇龙兴坳村的云

霄山下，著名将军外交家耿飚幼年时寄居在此，现祠堂内有耿飚生平事迹陈列馆。祠堂始建于清咸丰十一年（1861），现为近年恢复性建筑，共有三进八十一间，占地面积3500平方米，建筑面积2356平方米。采用湘东地区典型的庭园式布局，融入南方明清时期建筑的文化理念，设计巧妙，建筑精美，规模宏大，是醴陵祠堂建筑的杰出代表，也是醴陵传统民居中最具代表性的景点。以耿传公祠为中心，周边有60余栋晚清民居，粉墙黛瓦，古香古色，与耿传公祠的建筑风格相互呼应。

【云岩寺】位于市明月镇境内九峰山麓，初为唐代著名高僧无住禅师昙晟（781-841）所建，昙晟禅师初侍江西百丈山怀海禅师，二十年，继由百丈山云游至醴陵九峰山麓傍岩坐禅。后投澧洲药山惟俨禅师门下得法。唐文宗大和年间再来醴陵，在原九峰山坐禅处劈岩建寺，聚徒大阐佛法，所著《宝镜三昧歌》为中国禅宗曹洞宗纲宗。其弟子洞山良价、再传弟子曹山本寂将其学说发扬光大，创立曹洞宗。云岩寺被尊为曹洞祖庭。现寺及昙晟师塔为20世纪80年代恢复建成。多年来，许多国内外学者、曹洞宗高僧前来云岩寺寻根礼祖。

【东富寺】位于市东富镇东富村芷泉岭旁。始建于明代。清嘉庆二十一年（1816）重修，占地3300平方米，为砖木石结构，硬山式顶。寺正中大门横额楷书"东富寺"，"富"字写成"冨"字，系仿山东曲阜孔府门联的"冨"字写法，意为"富贵无顶"。但却成为百余年来不少人议论的话题：有人说东富寺后有一小山丘，书写门额的作者，以寺后小山代替富字上的一点。过去东富一带比较贫困，当地人便说："富"没一点，是东富贫穷，富不起来的原因。

【先农坛】又名神农殿，初创于清雍正五年（1727），位于县城北郊五里牌籍田之傍，道光六年（1826）毁圮于大水。清光绪三十一年（1905），改建先农坛于醴陵城东东正街今址，占地约950平方米，座北朝南，砖木石结构，由月台、前厅、回廊、正殿、侧室和庭院组成，共有房屋12间，是醴陵城区现存保护最完整的古建筑。其庄严的殿堂、精巧的仓廪、华丽的坛台等，堪为研究中国古代建筑难得的实物标本。

【左权将军纪念碑】坐落在仙山醴陵烈士陵园内。为深切缅怀八路军抗日阵亡的最高将领（八路军副参谋长）左权将军的丰功伟绩，1985年醴陵市奉命立碑，邓小平同志亲笔题写碑名，纪念碑背面是彭德怀元帅亲自为他写下的碑志。纪念碑后立有一道碑墙，嵌有周恩来、朱德、贺龙、董必武、叶剑英、陆定一等悼念左权将军的题词碑刻。纪念碑基座长3.25米，宽2.9米，高3米。基座屹立着左权将军塑像，像高5.5米。

【李立三故居】坐落在市渌江乡福建围村（1982年更名立三村）。始建于19世纪80年代，占地面积2355平方米，建筑面积922平方米，坐东朝西，黄色围墙，八字柴门，门额题"芋园"，有房屋32间，为土木结构的单层庭院式民居。原为他人产业，1891年由李立三的祖父所购置，李立三的父亲和伯父均为前清秀才，都在故居内办过私塾。门联为"春华秋实，日升月恒"。进柴门28米为正屋，大门石刻门额由原中共中央总书记胡耀邦题"李立三同志故居"。

【醴陵话】属于赣语—宜浏片—宜春小片，通行于醴陵市的绝大部分地区，渌口等地也有类似醴陵话的方言，但声调上受到新湘语的影响。醴陵话属于赣语系统，同时又受到闽语粤语移民方言岛的影响，这样一个多省地区人民融汇到一起的种族形成了当地一个独具特色的方言。可以说是四不像，但又融合了湘赣三地人民的智慧结晶。醴陵话除平声以外仄声皆不分阴阳，浊上归去，声母送气不影响到调类的分化。止摄开口三等精、庄组字和知三、章组字因为声母的不同韵母而有差别，与湖南新湘语差异巨大，反而完全符合赣语宜浏片定义，体现出醴陵话与江西赣语的深厚渊源。

【星子灯】是流传于市境内的一种传统民俗舞蹈艺术形式。因其用硝、硫磺等物制作而成，点燃后，火星四溅，明亮闪烁，有如天上的繁星，故名为"星子灯"。倘若人们将"星子灯"摇动起来，则如一条火龙，故又称之为"火龙舞"。醴陵星子灯形成于明末清初，流行于白兔潭镇及东乡一带，始创于醴陵田心村，是中国目前独一无二的龙舞，也是中国最古老的火龙舞之一。"星子灯"的形成，引发了炮竹生产的历史性变革，产生了它的分支——花炮。"星子灯"开创和流行于花炮生产主产区——醴陵东乡地区。由于种种原因，这一优秀的民间舞蹈曾经一度濒临灭绝。经挖掘和整理，已被列为省级文化遗产保护项目。

【思情鬼歌】歌词简单明了，通俗易懂，曲调则活泼火辣，充分表达了青年男女对爱情、对生活的追求和向往，情意绵绵，在民间广为传唱，已被列为湖南省非物质文化遗产。它是醴陵本土文化的一种生动表达，既反映了音乐与方言之间的密切关系，又留存了深厚的醴陵民俗文化传统。1957年3月由醴陵民间艺人陈阳辉、谭金祥两人唱到了中南海，受到了周总理的高度赞赏。由此醴陵"满哥鬼"的名声在全国传开。近年，中央电视台多次将《思情鬼歌》变奏曲搬上大型音乐会。

【醴陵炒粉】美味可口的传统小吃，属于湘菜系醴陵菜。醴陵炒粉完全是炒菜的架势，一次只能炒一盘，几个顾客同时来，每份还得单独分开来炒。炒粉的时候需大火，先将锅中的油烧得吱吱爆响。传统的步骤是先煎一个鸡蛋，煎到鸡蛋两面刚刚凝固就轻轻拨到锅底一侧，马上放入豆芽菜。豆芽菜下锅也要听得到清脆的爆油声音，这才是适宜。等豆芽菜炒到五成熟的时候，将泡好的米线放到豆芽菜旁边，依次撒上干辣椒粉、豆油、盐和味精、葱花，动铲翻炒到豆油将整个米线染成深棕色，再将铁锅在火口上颠簸几下，让粉和豆芽菜、鸡蛋混合，这炒粉就成了。

【醴陵蒸草鱼】醴陵菜系的代表菜品，也是最常见菜品，食材简单易得，做法也不复杂，但出自不同人之手味道绝不相同，与醴陵炒粉一道既是醴陵厨艺人高超的烹饪技术的菜品代表，也是醴陵人巧手办事、化平淡为神奇的精明特质的体现。醴陵人居家吃鱼多用腌制，醴陵蒸草鱼也叫做伏鱼，或叫醡鱼，口味香醇。常选用新鲜的鱼块，打上花刀，微盐腌制，洒干辣椒粉、蘸酱油、添豆豉、排姜片、撒葱白和味精，淋上醴陵特有山茶油放于锅中蒸煮一刻钟。

【文俊铎】（1853-1916），字代耕，东堡人。光绪十七年（1891）中举，以一等知县候补湖北，耻于纳金竞补。后相继主管发审局、硝磺局与来凤厘局。中日甲午之战，随吴大徵出关征倭，因计谋不被采用，辞归乡里。光绪三十年冬，文俊铎同科举人熊希龄赴日考察教育与实业。次年4月来醴，遂陪同赴东乡泗山、王仙等粗瓷产区和县城考察瓷业。三十一年，与熊希龄创办湖南官立瓷业学堂于姜湾，招生数百人。次年，创办湖南瓷业公司，醴陵从此生产细瓷。

【左权】（1905-1942），字孳麟，号叔仁，曾用名左纪权，醴陵新阳人，黄埔一期毕业。是八路军的高级将领，无产阶级革命家、军事家、中国工农红军。后任红15军军长、八路军副总参谋长。1942年在山西辽县突围时殉国，年仅37岁。左权一生军事著作40多篇，对学习运用毛泽东军事思想，对国家的独立和民族的解放作出了重要贡献。2009年，左权被中央宣传部、中央组织部等11个部门评为"100位为新中国成立作出突出贡献的英雄模范人物"。

【朱克靖】（1895-1947），字竹懿，1895年10月29日生于醴陵县北乡株树下村朱家老屋，1919年考入北京大学，1922年加入中国共产党。1923年冬，朱克靖受中共北方区委的选派，到苏联莫斯科东方大学学习。1925年7月，被派到广州任国民革命军第三军党代表兼政治部主任。1926年7月，他被武汉国民政府任命为江西省政府秘书长，南昌起义后，任第九军党代表。抗日战争时期，先后任新四军政治部顾问兼军部战地服务团团长、苏中三分区专员、浙西行政公署主任等职。解放战争初期，任新四军秘书长、山东野战军联络部部长。1947年7月因叛徒出卖被捕，同年10月在南京郊外英勇就义。

【汤飞凡】（1897-1958），医学微生物学家，醴陵神福港（今茶山镇）人。汤飞凡于1921年毕业于湘雅医学院。1925年，入美国哈佛大学医学院进修细菌学。回国后，即从事高等教育和科研工作。1943年，用自己分离的菌种，研制出中国第一批青霉素。新中国成立后，历任卫生部生物制品研究所所长、中国科学院学部委员、国家菌种保藏委员会主任、中国医学会理事、中国微生物学会理事长、中国生物制品委员会主任等职，在生物学、病毒学、免疫学方面取得巨大成就。1955年，分离出世界上第一株沙眼病毒，并植入自己的眼睛做试验，被世界医学界誉为"汤氏病毒"。

【李立三】（1899—1967），醴陵城区福建围人。无产阶级革命家，中国共产党的优秀党员，中国工人运动的杰出领导人之一，原中共中央政治局常委兼秘书长、宣传部长，全国人民防空委员会秘书长，全国总工会副主席。1923年和刘少奇发动和领导安源路矿工人大罢工。1926年任全国总工会执行委员，组织部长，在武汉先后组织10万人参加的反英游行示威和30万人参加的反对奉系军阀游行示威，表现出卓越的组织才能。1927年任全国总工会执行委员会常务委员，同年任中共临时中央政治局常委，进入中共领导核心。新中国成立后，他历任中共中央工委书记，中华全国总工会副主席等职。1967年6月22日在北京蒙冤逝世。

【程潜】（1882—1968），字颂云，生于湖南醴陵官庄，清末秀才，同盟会会员，日本陆军士官学校第六期毕业，国民革命军陆军一级上将。曾任湘军都督府参谋长、非常大总统府陆军总长，广东大本营军政部部长。武昌起义后，参加阳夏战役。历任国民革命军第六军军长、第一战区司令长官、湖南绥靖公署主任兼省政府主席等职。解放战争后期，在长沙宣布和平起义。新中国成立后，曾任民革中央副主席、全国政协常委、全国人大常委会副委员长、国防委员会副主席、中央人民政府委员、湖南省省长。1968年4月5日在北京病逝。

【袁昌英】（1894—1973），西山街道办事处（今仙岳山街道办事处）枫树塘人，我国著名作家、翻译家、剧作家、外国文学史家。袁昌英博览欧洲戏剧名著，写了《孔雀东南飞》等十多个剧本，后编辑出版了两大剧作集，其专长散文和小说，代表作有《游新都后的感想》《再感想》等。

【陈明仁】（1903—1974），醴陵洪源人（今李畋镇）人。1924年毕业于黄埔军校第一期。在革命生涯中，历任国民革命军少将旅长、中将师长、军长、兵团司令官、湖南省政府代主席等职。1949年8月4日率部在长沙起义，后任第二十一兵团司令员、湖南省临时政府主席、湖南省军区副司令员、第五十五军军长等职。1955年，被授予中国人民解放军上将军衔。1974年5月21日在北京逝世。

【宋时轮】（1907—1991），醴陵枫林市人，新中国开国上将。中国共产党的优秀党员，久经考验的忠诚的共产主义战士，无产阶级革命家、军事教育家。1926年考入黄埔军校第五期，并加入中国共产主义青年团。1927年1月转为中国共产党党员。1955年被授予上将军衔，获一级八一勋章、一级独立自由勋章和一级解放勋章，1988年获一级红星功勋荣誉章。是第一至第三届国防委员会委员，中共第八和第十届中央候补委员、第十一届中央委员和中央军委委员。在中共第十二、第十三次全国代表大会上，被选为中央顾问委员会常务委员。

【耿飚】（1909-2000），醴陵北乡严家冲人，1925年加入中国共产主义青年团，1928年转入中国共产党。1978年3月，任国务院副总理，1983年6月，当选为第六届全国人民代表大会常务委员会副委员长，并兼任全国人大外事委员会主任委员。是中国共产党的优秀党员，久经考验的忠诚的共产主义战士，无产阶级革命家、军事家、外交家。是中共第九届、十届、第十一届中央委员，第十一届中央政治局委员。在党的第十二次、第十三次全国代表大会上，当选为中央顾问委员会委员、常委。1988年7月被授予中国人民解放军一级红星功勋荣誉章。

【李铎】（1930-），醴陵市新阳乡易家渡人，中国著名书法家、军人。历任中国人民革命军事博物馆研究员、第九届全国政协委员、第六届全国文联委员、第三届中国书法家协会副主席、第四届中国书协顾问、中国国际友好联络会理事、中国书画函授大学特约教授、中国国际书画艺术研究会顾问、中国文学艺术界联合会第十届荣誉委员。享受政府特殊津贴。2001年获中国书法艺术特别贡献奖。2006年获第二届中国书法兰亭奖·终身成就奖。2009年获中国文联第八届造型艺术成就奖。

◇ 城市生态

【综述】醴陵市生态环境优良，积极开展两型社会建设，坚持"绿水青山就是金山银山"的发展理念，紧扣"美丽湖南"目标，通过建好绿色长廊，推进湿地公园建设，争创森林城市。治理高能耗、高污染、高排放，向资源节约、环境友好型产业挺进。2017年，全市万元规模工业增加值能耗下降3.1%。工业"三废"处理率100%；全年空气质量优良天数315天，优良率达86.3%。按要求完成湘江保护和治理"第二个三年行动计划"年度任务，深入开展"三创四化"工作，城区禁养区畜禽养殖场全部退出；推广使用清洁能源，完成燃煤窑炉改造及拆除4座；完成3个城市集中运用水源保护区划定，完成19个镇共35处农村饮用水源保护区划分和200个水井保护工作。

【醴陵官庄湖国家湿地公园】2014年12月18日批准成立，总面积1363.7公顷，湿地面积为795.9公顷，园内有国家一级保护植物2种、国家二级保护植物3种，脊椎动物215种。官庄国家湿地公园是以官庄水库和涧江、潭塘江、桃花江和小横江的部分江段为主体，以及水库和河流第一层山脊内的部分生态公益林地等周边部分区域，涉及官庄乡的6个行政村。

【仙岳山森林公园】位于市城南，公园总面积1049.2公顷，海拔351.9米。2001年经省政府批准建立省级森林公园，2003年完成总体规划设计，并通过专家评审。地处湖南省东部，罗霄山脉北西沿，湘江支流渌水流域，东邻江西省萍乡市，西靠工业新城株洲市，北接浏阳市，紧靠长、株、潭金三角经济特区，是重要的湘东门户。公园气候温和，空气清新，是人们回归大自然的生态旅游、避暑度假的最佳宜人场所。公园系砂岩红壤地，有机质含量丰富，腐殖质层厚是形成公园森林景观的重要物质基础。登上仙岳山，俯瞰醴陵城，渌水蜿蜒西去，四周山色葱茏，风光尽收眼底，极目远望巍巍南岳，不禁心旷神怡。

【状元洲】亦称卢洲，坐落于市区东侧，秀江中流，面积约6公顷，形似巨舰。据说醴陵有古谶云"洲过县门前，醴陵出状元"，故取名"状元洲"。状元洲历来为醴陵八景之一，称为"状元芳洲"。坐落在渌江之中，洲呈纺锤状，长约500米，宽约100米，明时为菜园，清朝时辟为桑园。公元1925年渌江桥建成，造引桥与洲相连。1930年9月，红一方面军攻打长沙后，回师赣南途中，毛泽东、朱德、彭德怀等率部在醴陵整休，司令部设状元洲原桥公所内。20世纪80年代在洲尾造状元阁。大革命失败时，状元洲是国发党反动派杀害共产党人和革命者的刑场。

【三狮洞】王仙镇东有大山，三峰矗立，外形似狮，下有深洞，名三狮洞。世传仙人王乔炼药于此，因名王仙山，又名王乔山。卧狮伏光洞上，洞口高、宽、深各十余

米，可容数百人，洞顶清泉滴沥。民国时，曾在洞中造石像、石龛等，后毁。现内设如来佛祖、观音菩萨、十八罗汉、二十四位诸天等神像。洞左30米有黑洞，内分三洞，内洞似楼阁。两旁分列观音和包公神像。有一伏流，总面积6000平方米。隔流有石床，石臼遗迹则难找到。站狮张口雄峙于卧狮右侧。登狮头，入狮口，须沿头侧小道下行，险峻异常。坐狮位峭壁上，原有朱兰，春末夏初开花，每茎9朵，紫红剑叶，芳香四溢。

◇ 城市名片

【综述】醴陵是一座被誉为"千年古邑、人文渊薮、瓷彩天下、花炮之都"醇厚的毓秀之城。千年窑火燃烧在峰峦叠嶂间，文化底蕴与独特美景交融升华。"书院春秋、古桥芳洲、仙山望岳、五彩瓷谷、沩山洞天、云岩禅音、官庄平湖、耿祠荷风"，为"新醴陵八景"，古城的历史遗迹与现代大厦的交相呼应。走进千年学府——渌江书院，理学大师朱熹、王守仁的讲学余音绕梁，湘军名将、洋务派首领左宗棠持教的英姿仍在。青松翠柏西山上，高大的左权将军雕像仍在眺望着故土；黄墙青瓦芋园里，230余件实物、照片、文字资料，默默诉说着李立三艰苦奋斗的一生，为有牺牲多壮志，敢叫日月换新天。2016年，醴陵成功入选"国家全域旅游示范区"创建名单。

【醴陵陶瓷】醴陵享有"瓷城"美誉，是举世闻名的釉下五彩瓷原产地。瓷器是中国劳动人民独创的发明之一，至今英文仍把瓷器称之为"china"。醴陵陶瓷生产已有近两千年的历史，远在东汉时期，醴陵就有较大规模的作坊，专门从事陶器制作。清朝雍正七年（1729）醴陵开始烧制粗瓷。清朝末年至民国初年，醴陵瓷业进入到一个新的发展时期。自古就有"天下名瓷出醴陵"之称，被称为东方陶瓷艺术的高峰。醴陵瓷器不仅走进了首都人民大会堂、中南海、毛主席纪念堂，而且飘洋过海，出口世界五大洲，深受各国人民的喜爱。醴陵瓷器的瓷质细腻，图案画工精美，尤其釉下五彩瓷器，五彩缤纷，具有较高的艺术价值和使用价值。1915年，在巴拿马国际博览会上，吴寿祺彩绘出的多种釉下彩荷花瓶，荣获一等金牌奖，轰动世界。2008年，醴陵釉下五彩瓷烧制技艺入选第二批"国家级非物质文化遗产名录"。

【中国陶瓷谷】亦称醴陵世界陶瓷艺术城，艺术城以陶瓷器皿作为建筑外观，由意大利阿克雅事务所设计。总占地面积28平方公里，基础投入200亿元，由多个功能片区组成，大小数十个子项目支撑。总体目标是打造国内外独树一帜，集"产、创、展、商、游"于一体的陶瓷文化集中展示体验区。已建成中国陶瓷谷国际会展中心、陶瓷艺术创作中心、陶瓷博物馆、1915特色街区、釉下五彩生产基地、瓷器口文化商业街区、李铎艺术馆和大型雕塑广场等。其中，中国陶瓷谷国际会展中心，2016年4月破土动工，2017年9月14日正式全面竣工，总投资9.8亿元，占地20万平方米，总建筑面积13.8万平方米，是醴陵市目前最大的单体建筑，获评"2017中国最佳服务会展中心"。

【城市荣誉】醴陵市获得荣誉主要有全国县域经济与县域基本竞争力百强县、中国工业百强县、国家农村综合性改革试点试验县（市）、中国最具投资潜力中小城市百强县市、2016年国家全域旅游示范区、2017年度全国新型城镇化质量百强县市、2017年中国中小城市创新创业百强县市。

【友好城市】1987年与日本的瑞浪市结为友好城市。

湖南城市大典　湘潭市

湘潭市

湘潭市，汉代置县，1950年7月，建立县级湘潭市，1983年8月，湘潭地市合并，是湖湘文化的重要发祥地，被称为"中国湘莲之乡"，一代领袖毛泽东、开国元勋彭德怀，文化名人齐白石等都诞生于此。

◇ 城市概况

【区划范围】湘潭市，古称"潭州"，简称潭，别称"莲城"，又称"潭城"，是湖南省辖地级市。东接株洲市区，南与衡东县、衡山县、株洲县交界，西与双峰县、涟源县接壤，北连宁乡县、望城区、长沙县。地域介于东经111°58'11"~113°5'0"，北纬27°50'55"~28°5'40"之间。位于湖南中部偏东，湘江下游，与长沙、株洲各相距约40公里，三市成"品"字状，构成湖南省政治、经济、文化最为发达的"金三角"。在平面直角坐标上，湘潭东西最大横距108公里，南北最大纵距81公里，辖区总面积5005.8平方公里。下辖湘潭县、湘乡市、韶山市、雨湖区、岳塘区五个县（市）区。中共湘潭市委员会驻双拥中路1号、湘潭市人民政府驻芙蓉中路1号，电话区号：0731，邮政编码：411100。

【地理环境】市域内为典型的低山—丘陵地貌，北、西、南地势较高，中、东部地势低平。市区坐落于盆地开口处湘江下游的河谷平原上。最高点为湘乡市境的白云峰，海拔802米，最低点为易家湾吴家港，海拔29.06米。大致可以分为构造侵蚀低山—丘陵地貌、构造侵蚀剥蚀中低丘陵地貌、侵蚀堆积河谷平原地貌三种地貌类型。湘潭地处欧亚大陆东部低纬地区，有明显的季风气候特点，属中亚热带季风湿润气候类型。气候温和，四季分明，热量丰富，雨水集中，降水多集中在春、夏两季；春温多变，夏秋多旱，暑热期长，严寒期短。年平均气温为16.7~17.2℃，降水量为1376.9~1404.1毫米，相对湿度80%，日照时数1522.1~1579.5小时，年平均风速2.4米/秒，无霜期270~283天。

【资源物产】境内自然植被属中亚热带常绿阔叶林，树种资源丰富，有国家二级保护植物楠木、花榈木等10余种，100年以上古树名木约2030株。境内有陆生野生动物21

目，78个科近100个种，列为国家二级保护动物有21种，列为省重点保护的野生动物有54种。共发现矿产46种，探明矿种储量列全省前五位的有锰、磷、石膏、海泡石、陶瓷土。水资源量为40.92~42.97亿立方米，属全省弱降水区，人均占有径流量为1321立方米，为全省的56.5%。主要经济林树种有柑桔、油茶、板栗和杨梅等。粮食作物以水稻为主，全市粮食播种面积和总产常年保持在310万亩和145万吨左右，良种覆盖率99%以上，是湖南重要的双季水稻主产区，水稻单产位居全省前列。经济作物主要有湘莲、茶叶等，湘莲是湘潭特产，境内湘潭县被誉为"中国湘莲之乡"。生猪养殖全国闻名，本地生猪保护品种砂子岭猪为国家农产品地理标志产品。

【建置沿革】 西汉初置湘南县，是境内历史上第一个县级政权。西汉哀帝建平四年（公元前3年）封长沙王之子刘昌为"湘乡侯"，为湘乡建置之始。东汉建武初年，在原湘乡侯领地置湘乡县，属零陵郡。东汉延光四年（125），安帝刘佑封中常侍黄龙为湘南侯，食五千户，湘南县属之。东晋时，湘南县属湘州（州治长沙）。梁天监年间（502-519）分阴山县地置湘潭县，由此始见湘潭之名。唐天宝八年（749），将衡山县北部（湘西故地）并入湘潭县，为新设之湘潭县，县治设洛口（即今易俗河镇）。五代时，湘潭县、湘乡县属楚国长沙府。宋因唐制，湘潭县、湘乡县属潭州长沙

郡，宋移湘潭县治于今雨湖区城正街（观湘门直街）。元元贞元年（1295）湘潭县、湘乡县各升为州属天临路。明时，降州为县，属长沙府。清代，湘潭县、湘乡县仍属长沙府。民国3年（1914）属湘江道；民国29年（1940）湘潭县属第一行政督察区，湘乡县属湖南省第五行政督察区。中华人民共和国成立后，湘潭县属长沙专区，湘乡县属益阳专区。1950年7月，建立县级湘潭市。1953年，湘潭市被定为省辖市，由湘潭专署代管。1958年8月，升格为地级市。1980年10月，湘潭市改为省辖市。1983年8月，湘潭地市合并，将其原湘潭地区的浏阳县划归长沙市，醴陵、攸县、茶陵、鄢县划归株洲市，湘潭、湘乡两县划归湘潭市。湘潭实行市管县体制。

【人口民族】 截至2016年底，全市总人口290.4万人。常住人口283.8万人，其中城镇人口171.0万人，城镇化率60.3%。0-15岁（含不满16周岁）人口45.6万人，占常住人口的16.1%；16-59岁（含不满60周岁）人口179.9万人，占常住人口的63.4%；60岁及以上人口58.3万人，占常住人口的20.5%。男性人口148.5万人，女性人口141.9万人。2000年"五普"结果显示，湘潭市辖域汉族居民占99.5%，少数民族12,382人。主要少数民族人口有土家、苗、蒙古、侗、回、瑶、满、壮等民族，其中土家族人口3,805人，占少数民族人口的30.73%；苗族2,779人，占少数民族人口的22.44%，其余少数民

族人口占46.83%，均在千人以下。据2010年第六次人口普查统计，湘潭市6岁及以上常住人口平均受教育年限为10.5年，小学程度人口651643人，初中程度人口1073885人，高中程度人口499308人，大学专科及以上程度人口322294人。人口平均预期寿命为75.47岁。

【区位交通】湘潭踞于湘江腹地，在地理上承东启西、通南达北、通江达海，水陆交通发达，距黄花国际机场只有半小时车程；基本形成了以铁路、公路、水运为主体的综合交通运输网络。京广、湘黔、武广、洛湛等铁路大动脉穿境而过，10余家大型企业各有铁路专线与主干线相通，境内设有湘潭站、湘潭东站（货运站）、湘乡站和韶山站四个站。沪昆高铁投入运行，长株潭城际铁路湘潭段建成。域内高速公路有京港澳、沪昆、临武、长潭西、韶山、长韶娄、益娄7条，G320、G107国道通达所有县（市）区，在全省率先实现行政村通畅率100%，与省内长沙市、株洲市形成省内最便捷的公路网，并合组为国家公路运输枢纽。全市航道5条，为湘江、涟水、涓水、靳江、韶山灌渠，通航总里程260.25公里。自2014年10月长株潭湘江段库区蓄水后，湘潭港常年可通航2000吨级船舶，并形成4个港口作业区，1000吨级以上泊位19个，最大靠泊能力3000吨级。2016年，邮电业务总量达到61.3亿元。其中，邮政业务总量2.4亿元；电信业务总量58.9亿元。年末固定电话用户总数

达到23.64万户，移动电话用户259.95万户。年末互联网宽带用户53.0万户，城市宽带用户20M接入带宽覆盖率达94.8%，已获批4G试点城市。

【社会发展】教育具有良好的历史传统，基础教育发展较好，全市共有小学481所，普通中学181所，其中湖南省示范性中学达11所。小学适龄儿童入学率100%，初中阶段教育毛入学率100%，高中阶段教育毛入学率为96.0%。同时湘潭也是湖南省高等教育副中心，区域内有湘潭大学、湖南科技大学、湖南工程学院等大专院校12所。全日制普通高等院校在校学生数达12.6万人。全市有各类科研机构97所，各类专业技术人员达13万余人，有国家级（含部级）重点实验室6家；省级重点实验室29家，省级工程技术研究中心22家。全年专利申请量4523件，授权量2315件。高新技术产业增加值656.2亿元。湘潭市医疗卫生事业快速发展，至2017年末，全市共有医疗机构2389个，其中医院63个，乡镇卫生院50个，社区卫生服务中心（站）25个，诊所（卫生所、医务室）777个，村卫生室1453个，疾病预防控制中心6个、卫生监督所6个。全市共有卫生技术人员18937人，其中，执业（助理）医师7550人；注册护士8287人。至2017年年末全市有体育场地5551个。全市小型全民健身中心13个，新增室外健身路径91个，农民健身工程129个，全市人均健身场地面积1.9平方米。全市新增城镇就业5.6万人。

2017年末参加城乡居民基本养老保险人数120.8万人，参加城乡居民基本医疗保险人数233.0万人，参加失业保险人数33.0万，参加工伤保险人数41.6万人，参加生育保险人数20.5万人。年末领取失业保险金人数7143人。全市获得政府最低生活保障的城镇居民3.4万人，发放最低生活保障经费1.55亿元；获得政府最低生活保障的农村居民3.4万人，发放最低生活保障经费1.3亿元。

◇ 城市建设

【综述】湘潭以创建全国文明城市为引领，加快主城区（含易俗河城区）建设改造和内涵提升，着力提升城市的建设品质、环境品质、人文品质和生活品质，全面塑造精美湘潭形象，进一步增强中心城市的带动能力。结合精美湘潭行动、新型城镇化试点、地下综合管廊试点、水体治理及无障碍城市创建、国家森林城市创建、国家文明畅通模范城市创建等方面的项目，致力于建设一座"生态、畅安、宜居、智慧、精美、人文"的新型城市。新建了板霞路、湘江风光带铁路桥至大埠桥段、莲城大道九华段、熙春北路延长线、芙蓉大道等道路、湘江二大桥、三大桥、四大桥、五大桥、铁路二桥、杨梅洲桥等一批城市主次干道和桥梁，河东大道路面完成改造。火车站南广场、沪昆北站广场、长株潭城际铁路站场按期投入使用，湘潭以全新的姿态迈入普铁、高铁、城铁"三铁时代"。到2016年，城市化水平为60.3%，城市建成区面积130平方公里，市区人口118万人。2017年，跻身第五届全国文明城市。

【城市规划】国务院批准的《湘潭市城市总体规划（2010-2020年）》明确定位湘潭为长株潭地区中心城市之一，湖南省重要的工业、科技和旅游城市，建设资源节约型和环境友好型城市。总体战略定位是全国"两型社会"建设的示范区，中部地区率先崛起的经济强市，长株潭城市群向西辐射的城乡服务中心，具有国际品质的文化旅游名城和现代化生态型宜居城市，把湘潭打造成为经济强市、文化名城、宜居家园和旅游胜地。中心城区规划范围为湘潭市区范围的大部分区域（不含楠竹山镇、鹤岭镇和易家湾镇、昭山乡），面积约为220平方公里；城市规划区范围确定为现湘潭市城市两区（即岳塘区、雨湖区行政区范围，不含楠竹山镇）和现湘潭县的易俗河镇、河口镇、梅林桥镇、杨嘉桥镇、姜畬镇、响塘乡、响水乡的行政辖区范围，规划区总面积约为1069平方公里。整体空间发展战略为"北拓东连、西进南延、点轴支撑、网络完善"，为"两型社会"示范建设和统筹城乡协调发展提供空间载体。市域城镇空间结构为"一心五区、两轴两通道"："一心"指湘潭市中心城区，是辐射带动湘潭城乡发展的空间核心、支撑湘潭向内辐射带动发展的平台和对外开放合作的门户；"五区"指五个协调发展的特色化空间区域；"两轴"指城镇和产业聚集发展的复合走廊，包括市域南北重点提升轴和东西集聚发展轴。2013年7月，《湘潭市中心城区控制性详细规划》通过法定程序正式批准。编制了湘潭境内湘江两岸全线84公里、面积约15平方公里的湘江风光带修建性详细规划，着力打造一条历史、文化与生态长廊。到2020年，中心城区城市人口控制在140万人。

【昭山示范区】湘潭城市新区。于2009年6月8日正式挂牌成立，是长株潭城市群生态"绿心"和全省"两型社会"建设综合配套改革试验五个示范区之一，总面积68平方公里，功能定位为"生态绿谷、创意之都"。示范区位于长沙、株洲、湘潭三市的结合部，地处三市"Y"字形中心点，扼三市水陆交通咽喉，与三市市中心公路均距不超过15公里。京珠、上瑞高速公路和G107、G320国道在此交汇，京广、湘黔铁路，武广高铁穿境而过，距黄花机场仅30分钟车程，长株潭城际铁路在此设有站点，素有湖南"金三角"之美称。境内初步形成了"三纵四横"的路网结构，"三纵"即湘江风带景观道路、芙蓉大道和昭山大道，"四横"即昭云大道、白合大道、红易大道和昭华大道，交通便利。

【九华新城】湘潭城市新区。是湘潭市"两型社会"建设的示范区，紧邻湘江新区和大王山旅游度假区，是在作为一个产值过千亿的国家级经开区的基础上，在民生配套上下大力气，逐渐建成的一座现代化的

工业新区、滨江新城。境内上瑞高速贯穿东西，长潭西线高速连接南北，湘江黄金水道通江达海，还有沪昆高铁、湘黔铁路，具有得天独厚的区位优势。九华大道、奔驰路、沿江风光带、九华德文化园等重点工程相继建成。同时陆续建设了大型城市综合体、商业综合体、特色街区、酒店等。九华滨江新城建设到2015年实现建成区30平方公里，人口规模达到30万人，将全面实现与长沙的快速对接，成为湘潭的新城区、长株潭的新都心。

【湘潭火车站】始建于1958年，位于雨湖区车站路，离株洲站30公里，离贵阳站875公里，隶属中国铁路广州局集团有限公司管辖，现为二等站。湘潭火车站于2008年12月26日进行改扩建工作，工程投资估算总额4.52亿元，新建始发列车客运场、整备场等配套设施规模1000亩左右，站前广场建设规模达3万平方米，并于2012年12月26日开通运营。改扩建后的湘潭火车站作为长株潭铁路客运枢纽之一，站场定位由原来的技术站提升为规模始发站，拥有五站台十三股道，站房及站内相关配套设施面积达2万平方米。2016年12月21日，湘潭火车站南广场正式投入使用。湘潭火车站兼容长株潭城际轻轨，2016年12月26日，长株潭城际铁路长沙站以南长沙至湘潭、株洲段正式开通运营。

【湘潭北站】也称湘潭高铁站，位于九华经济技术开发区北部，东北距长沙南站26

公里，西距韶山南站40公里。湘潭北站以3台7线的始发站规模进行建设，采用线侧下式站房，站房位于线路南侧，车站共设正线2条，到发线5条，总建筑面积2.8147万平方米，站房建筑面积约1.2万平方米，设计使用年限为50年。候车厅面积6060平方米，最高聚集人数2000人，高峰小时发送量3200人。湘潭北站于2013年11月正式动工，2014年12月16日建成通车。

【东方红广场】坐落于市中心区南北景观轴上，东抱现代圆润的湘潭大剧院，西拥高雅清秀的广电中心，南接宽敞平直的芙蓉路，北依山清水秀的湖湘公园，地下有近5万平米的综合商城。广场建设投资逾5亿，历时近3年。其状内圆外方，面积15公顷，东西长598米，南北宽248米。东方红广场是一个融纪念、集会与休闲诸功能于一体的综合性文化广场。整个广场由三部分组成：中部主广场面积近8万平方米，其中地面硬质铺装面积5万多平方米，绿化面积1万多平方米。其直径为218米的圆形广场可满足大型集会之需，主场北部有一名为《乡情》的主题雕塑和大型露天舞台。东部以湘潭大剧院为中心，占地3.78万平方米，其中地面硬质铺装面积1万多平方米，绿化面积4000多平方米。西部广场以广电大楼为中心，占地近4.48万平方米，其中地面硬质铺装面积1万多平方米，绿化面积近5000平方米。东西部广场设计均以休闲功能为要，体现人文关怀和绿色情韵。

【建设路】为贯穿市区南北的一条主干线，分南、中、北三段。建设南路系君子莲广场至书院路一段，1982年10月1日建成，路幅宽60米，全长2560米（后延长为2600米），主路宽30米、面积8.51万平米；建设中路系君子莲广场至湘潭一桥一段，1993年拓宽改造后长1098米，路幅宽51.2米，主路宽21米；建设北路南起一大桥引桥，北抵潭锰路，原长2680米，1994-1995年逐段拓宽改造，延长为2933米，路幅宽32米，主路宽22米。2000年起投资3500万元，对建设路全线作多次提质改造，对主道路铺设沥青，人行道铺设道板，增植绿化隔离带，设置主下水管道，2005年完工。

【湘潭大道】东西走向的城市主干道，东端连接京港澳高速，西端至雨湖路。2017年，湘潭大道开始提质改造，首次融入了"海绵城市"的道路设计理念，采用生态自然、韵律和谐的设计手法来打造一条更具湘潭特色的城市道路。项目分两期，一期将新建铁牛埠路至岳塘路，改造岳塘路至建设南路路段，二期将改造芙蓉大道至茶园路路段。其中铁牛埠路段是湘潭大道西延线段，全长550米，主干道宽50米，双向六车道。

【韶山路】西起砂子岭广场接潭衡路，东至湘潭三大桥接双拥路，由西、中、东三段组成，全长6699米，成为湘潭市东西方向的大动脉。韶山西路东起建设北路、西至砂子岭广场，全长3625米，路幅宽33-41米。韶山中路为建设路至车站路一段，道路长

500米，1985年由雨湖区建成，1993年纳入城市主干道路，后经几次改造路幅宽50米，机动车道28米，人行道2×11米。韶山东路西起车站路与和平路交汇点，东至湘潭三桥，是河西地区一条东西主干道。2000年，韶山东路全线贯通，全长2574米，道路宽50米，机动车道16米，非机动车道13米，共投资1.28亿元。

【北二环路】东起莲城大桥，经富洲路、湖南科技大学，与潭锰路、高岭路、湘大路相交，西至湘潭市羊牯塘与320国道相接，全长10.3公里。2000年6月破土动工，建桥梁3座，总投入资金1.20亿元，2003年10月18日通车。完成东起潭邵高速公路湘潭连接线，西至湘潭大学一段，道路长7.84公里，道路宽60米，机动、非机动车道宽43米，双向6车道，路面面积337120平方米。2004年完成湘大路至羊牯塘320国道一段，形成环路，缓解了城区交通压力，2006年向东与莲城大桥相接。

【湘潭铁路桥】在市东北五里堆处横跨湘江，位于板塘铺（湘潭东）站与湘潭车站之间，桥中心里程为湘黔线K20+834。该桥由孔75米的下承接钢桁梁、7孔72.8米上承钢桁梁和1孔35米上承钢钣梁组成，全长843.95米，是湖南省第一座铁路特大桥。民国25年（1936）铁道部开始钻探设计，民国27年（1938）完成桥墩后，因日本侵略军进逼而停建。中华人民共和国成立后，由铁道部大桥设计事务所进行勘测重新设计：

钢梁载重按中—22级设计，由山海关桥梁工厂制造；桥墩按中—26级标准。该桥的拼铆架设和加固东桥台，以及桥头至湘潭老车站3.6公里的引线工程，由大桥工程局于1953年6开始施工，1954年1月该桥全部建成，3月由铁道部验收合格后即通车。该桥（包括引线）总投资547.1万元，共用钢材3043.8吨。

【湘潭一桥】建成于1961年，是107国道、320国道与市区路网连通的唯一通道，是湘潭通往邵阳、衡阳的重要通道，湘江一大桥为9墩8孔，净跨60米上承式肋型钢筋混凝土拱桥，全长1515米，其中主体605.22米，桥宽21米，主车道16米。从1986年到2001年，多次对该桥进行路面整修，桥墩、护坡加固、护栏、引桥更新、灯饰美化、亮化等工程。

【湘潭二桥】位于向家塘的易家嘴地带至易俗河的凤凰岭地带，北起吉安路，南至湘潭县易俗河镇。1990年3月26日奠基，全长1830.4米，其中主桥850米，引桥980.4米，桥面宽20.5米，总面积37054平方米，主桥面积17054平方米，主桥连续梁为单室箱梁、薄壁结构，引线北岸为预应力空心板。该桥1993年12月19日正式竣工通车，使途经湘潭的107国道缩短17.4公里，分流无需过境市区的车辆约50%，缓解了城市交通压力。

【湘潭三桥】北起小东门，南至丝绸北路，位于湘黔铁路大桥上游460米处，全长1354.56米，桥梁采用双塔双索面斜拉桥大跨径通航主桥孔，双塔双索面斜拉桥和简支T梁引桥，东引桥长289.50米，西引桥长365.06米，简支梁采用桥面连续结构。桥面铺装为沥青砼，桥宽20.50米，其中行车道宽16米，人行道2×2.25米。航道等级为三级航道，航行水位39.56米，通航净高10米。2001年4月30日，湘潭三桥竣工并交付使用。全桥总投资2.55亿元。大桥建成后，形成城市环路的东半环，缩短两岸城区和320国道交通里程5～8公里。

【莲城大桥】西起湘潭市北二环线与富洲路交点，东接107国道，下游距上瑞高速公路大桥4公里，是湘潭二环线、320国道和长株潭三市城际间快车道的一段。全长4488米，大桥主体1345米，桥面宽27米，主桥为斜拉双飞燕混凝土系杆拱桥，东引线1325米，西引线1818米，路宽63米，由6米人行道+4米非机动车道+9.5米绿化带+24米车行道+9.5米绿化带+4米非机动车道+6米人行道组成。2007年6月30日正式通车。

【城际轨道交通】长沙—湘潭—株洲轨道交通，是目前长株潭地区省统筹建设的第一条城际轨道。这条轨道将贯穿长沙、湘潭、株洲三市，形成一个闭环，使三市互联互通，由长沙地铁3号线南延线终点站学士路站引出，向南至湘潭境内，经湘潭北站、九华核心区、湘潭城际站、河西商业中心、河东CBD及中心城区、天易示范区等湘潭市城市主要功能片区和交通枢纽，折向西至株洲境内，然后再连接长沙，形成一个闭合的轨道线路。

【湘潭港】位于湘江湘潭段下游，溯江而上接株洲、衡阳；顺江而下通长沙、岳阳，入洞庭湖进长江。湘潭港区全长42公里，目前形成了九华、易家湾、铁牛埠等五大港区，拥有泊位55个，已建成1000吨级泊位10个，500吨级泊位7个，拟建和在建的1000～2000吨泊位达5个以上。此外还有易俗河港区、河西港区和易家湾港区等3个港区。湘潭港承担了湘钢、涟钢、萍钢、湘潭大唐电力、湘电风能和高新区、九华经开区大量钢材、矿石、机械设备，江西的部分木材和省内其他货物的运输。

【城市防洪工程】湘潭城区共有堤防6处，71.29公里。其中岳塘区2处：河东大堤25.9公里，防洪标准100年一遇；仰天湖大堤6.25公里，防洪标准50年一遇。雨湖区3处：十万垅大堤12.13公里，防洪标准100年一遇；河西大堤9.12公里，防洪标准上段约30年一遇，下段100年一遇；姜畲大堤16.1公里，防洪标准20年一遇；湘潭经开区1处，九华大堤18.9公里，防洪标准100年一遇。共有城市排渍泵站44处，总装机容量26335千瓦，排涝标准为10年一遇24小时暴雨24小时排干，共有涵闸101处。

【湘潭中环水务有限公司】前身为湘潭市自来水公司，成立于1959年3月，2004年9月30日与中环保水务投资公司合资注册成立——湘潭中环水务有限公司，注册资金为

2亿元。其中中环保水务投资有限公司占股70%，湘潭市自来水公司占股30%，全面承继湘潭市自来水公司主营业务。位于湘潭市河东大道潭水大厦，于2004年10月28日正式挂牌，并经政府批准享有30年的独家城市供水特许经营权。现拥有地表水厂4座，日供水能力达37.5万吨；地下水井3口，供水主干管700公里，供水管道南至二大桥沿江路，北至易家湾和九华经济开发区，东至马家河，西至湘潭大学，整个城区供水管网已联通形成环状管网。

【湘潭大学】位于湘潭市西郊，创办于1958年，是湖南省人民政府与教育部共建大学。覆盖10大门类，化学、材料科学、工程学、数学4个学科的ESI排名进入全球大学和科研机构前1%，5个学科跻身2017软科世界一流学科排名。现有3个国家重点学科，2个湖南省优势特色重点学科，4个国防特色学科；15个一级博士学位授予点，31个一级硕士学位授予点，13个硕士专业学位类别，11个博士后科研流动站。有国家地方联合工程实验室2个、国家地方联合工程研究中心1个、教育部高校人文社会科学重点研究基地2个、教育部重点实验室3个、教育部工程研究中心2个等。现有专任教师1478人（另有外聘教师863人），汇聚了包括中国工程院院士3人、"千人计划"专家1人、"万人计划"领军人才1人、"万人计划"教学名师1人、"百千万人才工程"国家级人选7人、"长江学者"特聘教授3人、国家杰出青年

科学基金获得者4人、国家优秀青年科学基金获得者1人、教育部"新世纪（跨世纪）优秀人才支持计划"人选31人、享受国务院政府特殊津贴专家52人等一大批高水平师资和科研队伍。现有在校学生31611人。

【湖南科技大学】位于雨湖区桃园路。于2003年由湘潭工学院与湘潭师范学院合并组建而成，是湖南省人民政府与国家国防科技工业局、国家安全生产监督管理总局共建高校。设有19个教学学院及研究生院、继续教育学院、国际教育学院和潇湘学院（独立学院），90个本科专业覆盖11个学科门类。拥有3个一级学科博士后科研流动站，4个博士学位授权一级学科，25个硕士学位授权一级学科。拥有3个国防特色学科，1个省级优势特色重点学科，8个省级重点学科，8个国家特色专业、17个省级特色专业、1个国家专业综合改革试点专业。学校现有教职工2406人，其中专任教师1618人、正高职称279人。有国家863计划主题专家、"万人计划"哲学社会科学领军人才、"四个一批"人才、国家有突出贡献的中青年专家、"新世纪百千万人才工程"国家级人选、国家级教学名师和享受国务院政府特殊津贴专家等30余人，教育部"新世纪优秀人才支持计划"6人。

【湖南工程学院】2000年6月，经教育部批准，由湘潭机电高等专科学校与湖南纺织高等专科学校合并组建而成，实行中央与湖南省共建，2007年通过教育部本科教学

工作水平评估。现有主校区和南校区2个校区，主校区位于湘潭市福星东路88号。2010年6月，获批为教育部"卓越工程师教育培养计划"首批实施高校。2011年10月，经国务院学位委员会批准，成为"服务国家特殊需求硕士专业学位研究生教育"试点高校。学校涵盖工学、管理学、文学、理学、经济学、艺术学六个学科门类，拥有电气、机械、纺织、化工、管理等优势专业群，形成了以工为主、多学科协调发展格局。现设有16个教学院（部、中心）、51个本科专业，2个硕士专业学位点，全日制在校学生1.6万余人。现有教职工1119人，专任教师871人，其中高级职称教师373人。

【湘潭市中心医院】位于雨湖区和平路，始建于清光绪二十六年（1900），其前身为美国长老会所创惠景医院。1951年由政府接管，1953年更名"湘潭人民医院"，1983年地、市合并，医院改名"湘潭医院"，1990年易名"湘潭市中心医院"。医院现有在职职工3000人，编制床位2300张，临床学科40余个，病区52个，承担着湘潭地区50%的医疗业务量和90%的急救任务。现为国家三级甲等医院，中南大学临床教学医院和研究生培养基地，国家级冠脉介入诊疗培训基地，长株潭"国家级区域性医疗中心"，拥有2个国际合作平台和8个国家级平台。

【湘潭市第一人民医院】位于岳塘区书院路100号，始建于1958年，前身为"湘潭市工人医院"，1976年正式更名为"湘潭市第一人民医院"，是一所集医疗、教学、科研、预防、保健于一体的大型三级综合医院。医院占地面积9.99万平方米，建筑面积12.64万平方米；编制床位1733张；医院开设40个临床业务科室、10个医技科室；拥有省市级重点专科19个。医院现有职工1561人；其中高级职称210人、硕导17人；博士5人、硕士126人；全国劳模1人、省级劳模2人；9人为国家级专业委员会委员，7人为湖南省专业委员会副主委、常务理事，14人为湘潭市医学会专业委员会主任委员及质控中心主任。

【湘潭市中医医院】又名湘潭市骨伤科医院，位于雨湖区人民路238号，创建于1957年，是一所中医特色浓厚、临床科室齐全、医学人才汇聚，集医疗、科研、教学、预防保健、康复于一体的国家"三级甲等"综合性中医医院，同时是国家小儿马蹄内翻足矫治中心，湖南中医药大学、湖南中医药高等专科学校教学医院，湖南中医药大学第一附属医院临床指导医院。医院设有20余个临床和医技科室，开设病室12个，小儿马蹄内翻足科为国家级中医重点专病专科，为国家独有的两个中医专病之一，病床460张。医院现有职工470人，拥有享受国务院政府特殊津贴专家1人，省、市级名中医11人、市名中药师2人，高级专业技术人员50余人。

【湘潭市体育中心】位于岳塘区建设中路，湘江一大桥东侧，成立于1986年。占地

318亩，总投资4.9亿，总建筑面积28227平方米，其中包括一个具有400米标准跑道和21000个座位的田径场，一个集羽毛球、篮球、乒乓球、游泳池、体操等于一体的综合训练馆，一个网球场与一个副田径场。体育中心先后承办了湖南省第六届运动会、甲A联赛、湖南省第十一届运动会等赛事。

【湘潭党史馆、湘潭市博物馆、湘潭市规划展示馆】"三馆"地处梦泽山庄以东，湖湘公园东南角，用地54.6亩，建设规模约42000平方米（包括地下车库约4500平方米）。其中规划展示馆展陈面积约9400平方米，博物馆展陈面积约8600平方米，党史馆展陈面积约1500平方米。于2015年12月25日正式开馆。"三馆"合建模式开创了国内展馆建设的先河。方案由泰宁院士主持设计，立足于湘潭地理环境和人文历史，以"山连大岳"为主题，寓意湘潭"格物致知""经天纬地"的厚重文化和特色，红色的基座寓意红色的文化底蕴，白色的主体寓意厚重的湖湘文化内涵，外露的架构寓意湘潭人民敢于担当的精神，整体造型恰似一艘启航的航船。

【湘潭市图书馆】1954年5月，湖南省人民政府文化事业管理局决定将南岳图书馆迁往湘潭。南岳图书馆的古籍被分别运往长沙湖南图书馆、衡阳市和湘潭市，而人员、设备及新书全部运往湘潭。同年8月20日，湘潭市图书馆在湘潭干部业余文化学校内临时开馆。1955年5月，该馆迁入大同北路（今建设北路）新建馆舍，面积540平方米，藏书3.2万册。1960年10月迁雨湖路，面积656平方米，藏书9万余册。1984年2月迁湖园路新建馆舍，建筑面积5238平方米。藏书40余万册，其中古籍1.6万余册。总馆位于湖园路38号，分馆位于雨湖路264号。

【湘潭防洪景观道路】属于湘江风光带，全长84公里，集道路、防洪、休闲等功能为一体，既是连通长株潭三市的重要城际干道，又是湘潭防洪度汛的安全屏障，还是串联"千里湘江第一湾"景区各节点的重要纽带。截至2015年底，已建成7.2公里。精美湘潭行动计划建设76.8公里，共分为14个项目。河西大埠桥—铁路桥段、河西铁路桥—莲城大桥段2个项目已完工，其余项目正在建设中。

【湘潭步步高广场】位于建设路口商圈。是湖南省首家真正的大型购物中心，集百货、超市、家居、餐饮、影视、娱乐、休闲为一体，是湖南省单体面积最大的商业场所。其前所未有的购物休闲娱乐体验，为湘潭市树立起全新的时尚风标，享誉"湖南第一MALL"。一期项目于2009年12月29日开业，总建筑面积12万平方米。湘潭华隆步步高广场二期项目于2015年11月7日开业，总建筑面积16万平方米。至此，华隆步步高广场共计28万平方米，成为湖南省单体面积最大、最具时尚、最具丰富业态的优生活体验中心。

【莲城商业步行街】位于建设南路以

西、岚园路以南、霞光西路以北、岚霞路以东，规划占地面积约178亩，总建筑面积约30余万平方米，总投资约10亿元。整个项目是集大型综合购物中心、大中型专卖店、室外精品购物街、酒店、大型美食广场、休闲娱乐中心、综合风情街、大型地面和地下停车场和综合商务楼于一体的大型复合型商业步行街区，其中城市广场面积近万平方米、停车面积2万余平方米、绿化面积2万多平方米，整个商业街区规划以步行街为中轴、中心休闲广场为核心、分支街区为支点，形成错落有致、个性鲜明、富有时代特征的建筑群落。

【昭山镇】岳塘区辖镇，由昭山示范区代管。由昭山乡、易家湾镇成建制合并设立，总面积77.8平方公里，总人口3.87万人，镇区建成面积3.06平方公里。是长株潭三市的生态"绿心"和郊游地，是一个以休闲、度假、旅游业为龙头，以工贸为基础的山水城镇和"都市绿吧"。位于湘潭东北部，区位优势明显，距长沙黄花国际机场只有半小时车程，京广铁路、京珠高速等南北大动脉与湘黔铁路、上瑞高速等东西向通道在这里交汇；107与320两条国道贯穿镇域；湘江绕镇而过，易家湾码头可常年停泊千吨级船舶；长株潭公交互通在该镇株易路口汇合。引进的项目有仰天湖水上公园、昭祥新城安置区、基础设施项目、城际铁路、两型产业发展中心项目等。

【楠竹山镇】雨湖区辖镇，国家重点镇、省级示范镇。1980年4月，为楠竹山街道办事处。1993年8月经省、市批准恢复镇的建制。现辖爱国、团结、楠竹、丁字、永丰、新桥6个社区居委会和一个行政村罗金塘村，总面积8.9平方公里，人口3.5万人。镇内湘黔铁路和320国道纵横东西，潭邵高速公路和（省道208线）横贯南北，公交、巴士、县际班车将楠竹山镇与长株潭连接贯通，交通便利。城镇化率达到98%，自来水普及率100%，电话普及率93%。工业经济以江南工业集团有限公司为主体的军工特色产业链，围绕江南军工产业和江南民品产业，形成了以汽车制造零配件产业链、新能源制造配套产业链和民品裂变配套制造产业链等特色产业链。农业经济主要是种植水稻、水果、蔬菜和养殖家禽、鱼类，耕地面积271亩，林地面积368亩。

【鹤岭镇】雨湖区辖镇，1952年置鹤岭乡，1957年改冷水冲镇，1960年设湘潭市锰矿公社，1964年改鹤岭镇，1980年改鹤岭街道，1993年复建镇，位于湘潭市北约12公里处，与长沙市岳麓区的坪塘街道接壤，处于湘潭市和长沙市的中间，是长沙开发大河西湘潭的天然对接点。同时距离东部的湘潭市九华经济开发区直线距离5公里。镇政府驻白马寺。现辖18个建制村，总面积156.2平方公里，总人口8.29万人。镇内有公路连接320、107国道，S61岳临高速，长潭西高速，铁路专线与京广铁路、湘黔铁路、沪昆高铁相连。鹤岭镇是工业强镇，现有规模以上企业15家，形成了以锰制品、机械加工为主，其他相关产业并存的循环经济产业格局，境内有"中国锰都"之称的湘潭锰矿。

【姜畲镇】雨湖区所辖镇，距湘潭市区5公里，涟水水运纵贯全境，320、107国道、潭邵高速公路、长湘、潭衡西线等高速公路穿境而过，湘黔铁路复线穿越其境。镇域面积90.23平方公里，现辖34个行政村和1个社区，总人口5.3万余人，其中农业人口4.93万人。境内石灰石、白云石、锰矿石等矿产资源丰富，并有丰富的水资源，总蓄水面积达7200亩，有小型水库一座，蓄水量240万立方米；有主干网138670米、支网管道117330米的自来水厂1座；韶山灌渠渠系交织成网，形成整体灌溉体系。农业方面有以湘潭市姜畲现代农业示范区为核心的休闲观光农业。工业产业方面姜畲镇结合板块经济发展，突出玻璃产业的发展，建设了姜畲镇玻璃工业园区。

◇ 城市经济

【综述】湘潭是湖南乃至全国重要的工业基地，拥有湘潭高新区、湘潭经开区两个国家级园区和湘潭综合保税区。早在"一五""二五"时期，就是全国重点建设的23个工业城市之一，湘钢、湘机、江麓、江南等中央、省属企业相对集中布局，华菱湘钢是全国500强企业，湘潭电机被誉为全国"电工产品的摇篮"。近几年来，经过加强产业引进和培育，步步高集团、吉利汽车、泰富重装等先后成长为百亿企业，中部

国际商贸物流城、万达广场等已落户湘潭，湘潭业已形成以先进装备制造、新能源装备、电子信息、精品钢材及深加工、汽车及零部件、食品加工等产业为支撑，现代商贸物流、文化旅游、高端服务业等协调发展、特色鲜明的产业体系。湘潭还是全国商品粮生产基地、瘦肉型猪饲养基地和湘莲产业基地，被称为"中国湘莲之乡"。2016年，完成地区生产总值1845.7亿元，按常住人口计算，人均地区生产总值65200元。三次产业结构为8.2：52.9：38.9，第一、二、三次产业对经济增长的贡献率分别为3.0%、44.4%、52.6%。全市一般公共预算收入186.5亿元，固定资产投资（不含农户）1938.2亿元，社会消费品零售总额582.4亿元，进出口总额143.5亿元。居民人均可支配收入25304元，其中，城镇居民人均可支配收入31607元，农村居民人均可支配收入16576元。城乡居民收入比为1.91：1。

【湘潭高新技术产业开发区】成立于1992年，2009年晋升为国家级高新区，2014年获批长株潭国家自主创新示范区。位于湘潭湘江之滨，是省"一点一线"经济走廊的中心，下辖双马、板塘两个街道，总面积46.8平方公里。现入驻企业865家，规模企业148家，重点围绕智能技术研发、能源装备、新材料、现代服务业、3D打印与大数据等产业，依托长株潭国家自主创新示范区建设，着力打造湘潭智造谷核心。园区拥有湖南首家院士创新产业园、5家院士工作站、中南地区科技孵化基地领航者力合创

新中心以及国省级技术研究中心21个，16项国家"863"计划、国家火炬计划项目，95项国家创新基金项目，2600多种高新技术产品，聚集了60多位科技领军人才。

【湘潭经济技术开发区】也称湘潭九华经济技术开发区，始建于2003年11月，是长株潭城市群国家资源节约型、环境友好型社会建设综合配套改革试验区的示范区，也是省政府批准的台商投资区，2011年获批为国家级经济技术开发区。开发区地处长株潭核心区域，南距湘潭市中心5公里，北距长沙市中心27公里，总面积138平方公里，总人口13.2万人。现有企业241家，已投产企业144家，园区定位为"工业新区、滨江新城"，确定了以吉利汽车为代表的汽车及零部件产业，以全创科技、爱铭数码为代表的电子信息产业，以泰富重工、中冶京诚为代表的装备和制造产业。2015年成为全省领先的"千亿园区"之一。2017年实现技工贸总收入2134亿元，工业总产值1230亿元，进出口14亿美元，成功突破"两千亿园区"大关。

【湘潭天易经济开发区】地处湘潭县，省级经济开发区、长株潭城市群"两型社会"建设综合配套改革试验示范区。成立于2009年，总规划面积99平方公里，功能定位为"创新服务基地、生态工业新区"。先后吸引了美国ADM公司、中国兵器、珠啤集团、湖南建工集团等一批实力雄厚的大中型企业，以及碧桂园高端社区、鑫田国际大酒店、同丰中央广场、凯依克物流等一批高端服务业项目落户园区。现拥有规模以上工业企业120余家，高新技术企业近30家。拥有国家级先进矿山装备集群示范基地、省新型工业化食品产业示范基地、省地方特色产品（湘莲）质量监督检测中心等研究机构50余家和农产品精深加工园、宏信创新产业园、动力配件产业园等创新创业平台，为园区可持续性发展提供有力的产业和技术支撑。

【湘潭岳塘经济开发区】2012年，由湘潭双马工业园更名而来。2013年湘潭市委、市政府正式授牌湘潭岳塘经济开发区。岳塘经济开发区地处长株潭三市几何中心，被长株潭"绿心"和秀美湘江所环抱，离长沙、株洲仅20分钟车程，规划面积约33.36平方公里，其中一期控规13.11平方公里，是以商贸物流、总部经济、会展经济、生态休闲等现代服务业为主导产业的省级开发园区。在建、新建产业项目达到18个，总投资达300亿元。中部国际机械物流、玮鸿冷链物流、步步高生鲜物流、步步高荷塘商务区、金阳农产品商贸城、中国（中部）国际商贸城等一批重大商贸项目已正式落户并且进展顺利。开发区致力建设成为产业转型升级高地、现代商贸物流中心、滨江生态宜居新城。

【湘潭雨湖工业集中区】地处长株潭城市群"两型社会"建设的核心区。2013年6月，被授予"国家新型工业化产业（军民结合）示范基地"称号；2014年6月，获批湘潭雨湖省级工业集中区。园区北达长沙，西连韶山、湘乡，南连湘潭县，东接湘潭经开区、河西老城区。园区现有入园企业74家，其中上市企业3家，规模以上工业企业32家。园区实行"一区两园"模式，以雨湖工业集中区为核心，下辖鹤岭工业园和先锋现代产业园。鹤岭工业园主动承接长沙和湘潭经开区的辐射效应与溢出效应，形成配套产业与协作产业，重点发展先进装备制造业、新材料新能源、现代物流和旅游休闲产业（矿山公园）等；先锋现代产业园突出科研优势，定位为中小企业总部基地、大学生创业园、矿山装备制造等，全力推进军民结合产业示范基地的建设。

【湖南华菱湘潭钢铁有限公司】位于岳塘区钢城路，始建于1958年，是国内现代化大型钢铁联合企业，也是南方重要的精品钢材生产基地。湘钢拥有炼焦、烧结、炼铁、炼钢、轧材等全流程的技术装备和一整套科学的生产工艺，具备年产钢1000万吨的综合生产能力，资产总额近500亿元，在岗职工1.58万人。湘钢产品涵盖宽厚板、线材和棒材三大类400多个品种。以船体和海洋平台用钢、压力容器用钢、桥梁结构用钢等品种为主的板材产品，在国内处于领先地位。其中，33个品种获得国家和部、省级优质产品称号，12个品种获得国家冶金产品实物质量金杯奖和卓越奖。

【湘电集团有限公司】位于岳塘区所属摄司街。该公司享有"中国机电产品摇篮"

的美誉，前身是创建于1936年的国民政府资源委员会中央电工器材厂，是我国电工行业的骨干企业、国家重大技术装备的生产研制基地、国防装备定点生产厂家。1953年更名为第一机械工业部湘潭电机厂，2002年7月"湘电股份"在上海证券交易所发行，2007年公司正式更名为湘电集团有限公司，2011年底，公司资产总额达260亿元。公司先后研制开发新产品1000多项，100多种重大新产品开创了中国第一。所生产的大中型交、直流轧钢电机为国内驰名品牌，独家生产的大吨位工矿电机车系列和千万吨级矿用108吨、154吨、220吨、300吨电动轮自卸车遍布全国各大露天矿，是国家城轨车辆电机电器成套设备的重点生产企业。

【湘潭电化科技股份有限公司】位于岳塘区滴水埠，是由湘潭电化集团有限公司联合其他四家优势企业于2000年9月30日共同发起设立的股份制企业，注册资本13913万元。公司经营范围是研究、开发、生产和销售电解二氧化锰、电解金属锰、电池材料和其他能源新材料。公司在国际上率先研发出以碳酸锰贫矿为原料生产无汞碱锰电解二氧化锰的新工艺技术，在世界电池工业发展史上具有里程碑意义，被国家科技部、国家税务总局、对外贸易部、国家质量技术监督局和国家环保总局共同认定为"国家重点新产品"。该无汞碱锰电解二氧化锰生产线被评为国家高技术产业化示范工程。2003年经湖南省科技厅认定为高新技术企业，并在国内电解二氧化锰行业中首家通过ISO9002质量体系认证。"潭洲"牌商标连续16年被评为省著名商标，2008年被认定为中国驰名商标。

【江麓机电集团有限公司】位于解放北路，始建于1958年，是中国兵器工业集团公司直属国有大型企业，国家高新技术企业，国家技术创新示范企业。公司具有较强的机加工、钣金、焊接、有色精铸、热表处理、总装及联调试验等综合制造能力，培育了一批核心产品技术和工艺技术。军品已经发展成为我国中轻型装甲车辆、综合传动装置、电气电控装置的研制生产基地。民品主要有工程机械、传动机械、公共安全装备三大类产品，包括塔式起重机、施工升降机、液压挖掘机、压路机、垃圾压实机、汽车无级自动变速器（CVT）、风电偏航/变桨驱动装置、森林消防车、高机动抗灾抢险车、自驱式矿山救援系统、沙漠植被机等。

【江南机器（集团）有限公司】位于市西郊楠竹山镇。始建于1952年，拥有完备的科研、生产和质量管理体系，拥有国家级企业技术中心和博士后工作站，下设7个分厂，2个全资子公司，6个控股、参股子公司。公司拥有从德国、日本、美国等引进的立卧转换加工中心，精密数控车削中心，三轮旋压机等百多台国际一流先进设备，有各类机床近6000台，拥有四条（焊装、涂装、总装、检测）高标准现代化轿车生产线。正在生产的主要民品有高速工业包缝机、江南

奥拓轿车、多功能家用碾米机、压力容器系列（如液化气钢瓶）、灶具、各类专用机床（如四自由度数控缠绕机、卧式冲压机、双端面磨床等）、工装、模具等产品。公司现为国家一级计量、一级理化、一级保密资质单位，兵器工业安全级企业，1996年1月通过ISO9000质量体系认证。

【泰富重装集团有限公司】位于九华示范区奔驰中路。成立于2012年，是一家以先进装备制造及系统总承包、配套服务为主的创新型企业集团。泰富重装自身定位为全球智能制造示范企业和工程综合服务提供商，主要为客户提供物料输送高端成套装备、港口和海工装备的设计、研发、制造、销售、安装、调试、售后服务、融资租赁及总承包、配套服务。集团下设泰富重工、泰富工程、泰富海工、泰富建设、泰富租赁、泰富金融、泰富中诚等20多个子公司，在北京、上海、香港等地成立了分公司，在巴西里约热内卢、印度加尔各答、澳大利亚悉尼、韩国浦项等国家设立了办事处。2016年1月以"智能制造引领重工产品品质提升的实践经验"被国家工信部评为"湖南省工业质量标杆企业"，为湖南省第一批工业质量标杆企业。

【步步高集团】位于湘潭市韶山西路309号。"2017中国企业500强"企业。始创于1995年，目前拥有商业、置业两大产业，涵盖了超市、百货、电子商务、商业地产、便利店、电器、餐饮、服装、物流、大型综

合体等多个业态。步步高集团公司立足于中小城市，以密集式开店、跨区域的发展模式，多业态无缝对接，为消费者提供零售、商业地产投资、开发、运营及金融等方面的服务，连锁门店已遍布湖南、江西、四川、重庆、广西各地州市，并已战略性地进入云南、贵州等省份。截至2016年底，共有多业态实体门店592家，年销售逾370亿，提供就业岗位6万余个。2010年1月，"步步高"商标被认定为中国驰名商标。

【湖南吉利汽车部件有限公司】位于九华经济示范区吉利路。2016年湖南省民营企业百强公司。占地面积约840亩，是浙江吉利控股集团投资兴建的全资子公司，也是吉利集团为支持中西部发展与战略需要，在中西部建立的第一个生产基地。公司成立于2006年1月，2006年12月25日第一辆汽车下线。2008年11月完成二期项目建设，形成10万辆的年生产能力。2012年9月三期项目新涂装厂建成，具备全自动化喷涂生产线。目前公司已拥有冲压、焊装、涂装、总装汽车整车制造的四大工艺及整车检测线等相关设施，已形成20万辆整车的年生产能力。

【迅达科技集团股份有限公司】始创于1984年，是一家集科研、生产和国内外销售于一体的高科技民营企业，主营家厨和新能源两大领域。公司是"全国专利先进单位""国家火炬计划重点高新技术企业"，获批国家专利212项。集团在全国各地拥有全资子公司8家，建有迅达湖南科技园、湖北工业园、湖北可再生能源产业园三大产业园区，总占地面积720亩，年生产能力达800万台以上。产品包括各种气源为燃料的燃气灶具、燃气热水器，家用电器如吸油烟机、消毒碗柜、浴霸、电磁炉，以及整体橱柜、器皿等。迅达集团还将自身战略目标定位于可再生新能源产品的开发和生产，是全国最大的沼气灶具及配套产品专业制造商。

【龙牌酱油】中华老字号、中国驰名商标。由湖南龙牌酱业集团有限公司生产。湖南龙牌酱业集团有限公司系由清乾隆初年吴元泰、吴恒泰等专业酱园基础上演变发展而来。始产于1740年，1915年荣获"巴拿马万国博览会"奖后闻名遐迩。龙牌酱油至今采用传统天然小缸晒露发酵工艺酿造，产品富含18种氨基酸、260余种香气成分。为保持龙牌酱油的传统特色，公司在湘潭市九华示范园区新建龙牌酱油生产基地，项目总投资2.5亿元，占地面积为132.8亩。湖南龙牌酱业集团有限公司位于湘潭市南岭路123号。

【胖哥槟榔】中国驰名商标，湖南著名商标、湖南名牌产品。胖哥槟榔拥有糊涂味、细纹路、纯香坊、Fans7、清香K口、青果庄园、V-love（微爱）为代表的数十种细分产品，由湖南胖哥食品有限责任公司生产。湖南胖哥食品有限责任公司是业内唯一一家能同时研发、经营青果和黑果两大类产品线的槟榔企业，销售网络遍布全国30多个省市。公司位于湘潭县易俗河经济开发区

107国道旁。

【金凤牌电缆】中国驰名商标。由湖南华菱线缆股份有限公司（原湘潭电缆厂）生产。湖南华菱线缆股份有限公司始建于1951年，是新中国最早的电线电缆品牌之一，曾连续3年入选全国500强。"金凤"商标诞生于上世纪60年代，曾伴随着湘潭线缆享誉全国，载入中国电缆史。主要产品包括：航空导线、抗电磁脉冲电缆、低烟无卤阻燃舰船电缆、耐寒特软控制电缆、超高温电缆、水密电缆、低噪音电缆、制导线、分支电缆、承重电缆、脐带电缆、射频电缆、高低压动力电缆、矿用电缆、橡套电缆、扁平电缆等，也可根据客户需求设计各类电缆。湖南华菱线缆股份有限公司位于湘潭市建设南路1号。

【迅达牌厨电】中国名牌，中国驰名商标。由迅达科技集团股份有限公司生产。迅达牌燃气灶具采用世界首创的"缝隙孔旋流集中燃烧"专利技术，使火焰与炊具之间形成一种更有效、更集中的热交换过程，从而大大提高灶具的燃烧效率。迅达牌燃气灶具产品涵盖多种气源（天然气、液化气、人工煤气），产品系列包括台式灶具、嵌入式灶具和嵌入式聚能灶具，涵盖中式直吸烟机、欧式烟机、侧吸烟机三大产品系列。迅达牌燃气热水器产品系列包括冷凝机型、数码恒温机型、机械恒温机型、户外恒温机型、普通强排机型等。迅达科技集团股份有限公司位于湘潭市高新区迅达大道迅达科技园。

【MCC系列电动轮自卸车】中国国际工业博览会铜奖产品。由中冶京诚（湘潭）重工设备有限公司生产，是国家发改委"产业振兴与技术改造"重点支持产品。MCC系列矿用电动轮自卸车具有可靠性高、维护简便、运行成本低等特点，广泛用于煤、铁、铜、金、油砂等各种露天矿产和特大工程土石方的运输，对于大型露天矿山企业提高采矿生产率，降低运输成本效果显著。系列产品可与各规格的电铲、液压铲高效配套使用，同时也可以与大型前装机配套使用，能够满足国内外千万吨级露天矿山高效率、低能耗开采的需要。中冶京诚（湘潭）重工设备有限公司位于湘潭市九华江南大道8号。

【湘莲】地理标志保护产品。湘莲是莲子的一个品种，外观圆形，带壳1.5厘米大小，湖南、湖北、江西等均有种植。湘莲之中最优者为湘潭莲子，湘潭莲子不仅栽培历史悠久，而且产量高，质量优良，驰名中外，饮誉古今，为历代皇室贡品，尤以"寸三莲湘莲"名声最著。湘潭湘莲产量占全国的63.4%，且质量均为上乘，年成交额1.2亿元左右。1992年中国国家商检局对湘莲测定认为，净莲肉含十八种人体不可缺少的微量元素、性平、味甘，具有降血压、健脾胃、安神固精、润肺、清心之效，莲芯性味苦寒，有强心镇静、清热平火、除烦利尿之功能，被誉为中国南方"人参"。

◇ 城市文化

【综述】湘潭自古受楚文化影响，至唐宋已成为楚文化的重要区域。南宋以后湘潭县城因为水陆交通方便而逐渐成为湖南重要的物资集散地。明、清时期，湘潭"科举甲于长沙、六艺抗于九府、经学著于列县"。晚清邓显鹤辑《沅湘耆旧集》，录湘潭（县）人士诗"诧为七十二县之首"。近现代以来，以韶山为中心的40平方公里范围内相继出了140多位历史文化名人，毛泽东、彭德怀、陈赓、黄公略、彭绍辉、齐白石、王闿运、刘揆一、刘道一、杨度、黎锦熙、肖三、张天翼、吕冀、黄友葵等一大批在中国近、现代史上颇具影响的政治家、军事家、艺术家、文学家、科学家、语言文字学家。湘潭文化遗址、历史古迹及革命文化遗存众多，昭山之"山市晴岚"为著名的潇湘八景之一，水府庙被誉为"人间瑶池"，其"水府醉月"是"新潇湘八景"之一，毛泽东故居为中宣部首批全国爱国主义教育基地。2016年末，全市有艺术表演团体3个，群众艺术馆、文化馆6个，公共图书馆6个，博物馆、纪念馆6个。有线广播电视用户57.2万户，其中有线数字电视用户47.2万户。年末广播综合人口覆盖率为100%，电视综合人口覆盖率为100%。国家级非物质文化遗产保护名录1个，省级非物质文化遗产保护名录10个。

【齐白石艺术节】全称中国（湘潭）齐白石国际文化艺术节。由中国文联、中国美协、中国书协、湖南省人民政府主办，湖南省文化厅、湘潭市人民政府承办。主要活动有齐白石艺术论坛、全国著名艺术家笔会、全国当代美术书法家作品展、近代以来全国已故艺术家作品展、以及其他文化、艺术类活动，已于2004、2007、2011、2015年举办4届。其中，中国现、当代20大艺术家纪念馆馆主作品联展，全国70余知名艺术家现场集体创作175米国画长卷，世界范围内第一次"齐白石对话毕加索"作品联展，英、美、日、澳、韩艺术家作品联展，齐白石艺术讲座（论坛）、全国中青年美术书法大赛等，在国内产生广泛影响。

【湘潭花鼓戏】清嘉庆年间（1796-1820）发祥于湘潭。至清同治年间（1862-1875），渐有益阳、善化（今长沙县、望城县）、浏阳、醴陵等地花鼓戏出现，都以长沙官话为统一的舞台语言。新中国成立后，遂将上述各地花鼓戏统称为长沙花鼓戏（省内至今还有其他以当地方言演唱的花鼓戏，如衡阳、岳阳等）。长沙花鼓戏唱腔来自地方民歌、山歌、灯调、皮影、渔鼓等，广采博纳，兼收并蓄而自成一体。其表演载歌载舞，欢快活泼。新中国成立后，湘潭自创花鼓戏剧目主要有《柴山恨》《骆四爹买牛》《真的对不住》《碧螺情》《破铜烂铁》《风流嫂子》《筒车谣》等，后者获文化部文华新剧目奖。2012年，省人民政府将湘潭定为省级非物质文化遗产保护项目——长沙花鼓戏的保护地。

【湘潭湘剧】起源于宋、元杂剧。元末明初，有江西人大规模向长、潭移民，并将江西早已流传的弋阳腔带入。与此同时，许多安徽商人也将安徽青阳腔传入湖南。湖南艺人吸收弋阳、青阳二腔某些元素，以长沙话演唱，形成湘剧的原始形态。清初，昆曲（苏昆）传入湖南，湘剧又吸收昆曲的某些元素，逐渐形成湘剧高腔、昆腔、弹腔、低牌子四大声腔，并称之为湖南地方大戏，在沿湘江一带流行。目前，仅长沙、湘潭有少量湘剧演出。湘剧传统剧目多达600余个。新中国成立后，湘潭湘剧创作剧目主要有《韶山怒火》《杨昭植》《焦裕禄》《程陈起义》《龙头杖下》等。

【青山桥唢呐】国家级非物质文化遗产保护项目。青山桥唢呐为中国南派唢呐的代表，它以其曲调婉转、音色优美，表现手法细腻而享誉省内外。其传承人莫柏槐在南派唢呐器乐挖掘整理、曲调创作、节目编排、舞台表演等均有独到之处，先后获湖南省"三湘群星奖"，全国民间文艺山花奖、全国民间艺术展演优秀奖（未设等级奖）、中国乡土艺术表演成就奖、湖南艺术节金奖。该唢呐主要流行于湘潭县青山桥一带而故名。

【湘潭槟榔】槟榔原产地为我国台湾、云南、海南及东南亚。相传清乾隆44年（1779），湘潭瘟疫流行，县令劝民众嚼槟榔而防之，果然有效，后民众不时而嚼之，渐而成为日常小吃。当代湘潭槟榔以味美、肉体厚、纤维细而耐嚼的海南槟榔干为基材，经煮、切等10余道工序，配以饴糖、桂子油等调制的"卤水"，清爽可口，且有一定的治鼻塞的疗效，成为湘潭人与烟酒同行的嗜好，且流至全国二十余个省市。

【湘潭方言】湘潭除湘乡市以外的地区一般都讲湘潭话。湘潭话以湘潭市雨湖区语言记录为准，属湘方言区中的长衡片。其主要特点是保留无塞音韵尾的入声，在阳低调中保留浊音，但有清化倾向。较为特殊的是岳塘区的昭山乡接壤长沙，语言与长沙接近。韶山市与宁乡接壤，语言有宁乡话倾向。湘潭县青山桥地区与湘乡市接壤，语言有某些湘乡话倾向。

【湘潭市艺术剧院有限责任公司】组建于1961年，时称湘潭市歌舞剧团。2003年，从被撤销的市歌舞剧团、市湘剧团、市花鼓戏剧团中，择优70余人组建新的湘潭市艺术剧院，为兼演花鼓戏、湘剧、歌舞剧的综合性艺术表演团体。2012年，注册登记为湘潭市艺术剧院有限责任公司。该团体创作剧目主要有《中原女烈》（由中央电视台国庆40周年期间播出）、《蜻蜓》（1984年，开我国轻音乐剧之先河）、《深宫欲海》（1987年，参加首届中国艺术节演出，中国文联《文艺极》认为该剧是中国歌剧里程碑式的作品之一）等。公司位于湘潭市雨湖区平政街道湖园路44号。

【湘潭市艺术馆】国家一级文化馆。始建于1950年。馆址位于城镇街，时称人民教育馆，1951年改称文化馆。1983年，与湘潭地区文化馆合并，馆址迁至湖园路。2004年建成新馆，改称艺术馆，馆址迁至白马湖畔。新馆建筑面积7200平方米，内设可座400人的小型演出、放影厅。

【齐白石纪念馆】为纪念杰出的人民艺术家、世界文化名人齐白石为主题的纪念馆，位于雨湖区大湖路2号白石公园内。纪念馆始建于1983年，由中共中央宣传部、中华人民共和国文化部批准在湘潭修建齐白石纪念馆，于1993年竣工，并于当年5月20日对外开放，2004年重建。纪念馆为两层楼仿木砖瓦庭院式建筑群，具典型的湖湘名居风格，馆址用地10000平方米，主体建筑2000平方米。馆内收藏齐白石国画作品和早期雕花作品数十件，并收藏了近、当代名家书画作品数百件。

【彭德怀纪念馆】1998年建成开放。位于湘潭县乌石山下，占地面积450亩。由牌楼、德怀大道、门楼、序言广场、百米长楼、铜像广场、纪念馆主体建筑等部分组成。主体建筑面积3100平方米，设三个陈列厅，系统介绍彭德怀为中国革命和世界和平所作出的贡献，以及蒙冤受屈、追求真理、刚正不阿、顾全大局、忍辱负重的高贵品质。纪念馆前的彭德怀铜像高5.1米，基座3米，通高5.1米，象征彭德怀为解放军缔造者之一。1999年，纪念馆获全国十大文物陈列精品奖。2001年，纪念馆入选全国爱国主义教育示范基地。2016年12月，彭德怀纪念馆被列入《全国红色旅游经典景区名录》。

【关圣殿】全国重点文物保护单位。始建于清康熙年间（1661-1722），位于湘潭市平正路，原为山西、河南、山东、陕西、甘肃会馆，故又称北五省会馆。关圣殿占地4066平方米，为三进式宫殿建筑。前殿自成院落，设山门和戏台，门额上方泥塑"桃园结义""二龙戏球""犀牛望月""刘海戏蟾"等人物故事。中进为春秋阁，立于高1米、面积213平方米的花岗石平台上。殿前有透雕汉白玉盘龙柱1对，柱高4.8米，直径0.8米，镂空石龙扬头跃尾，盘旋而下，其镂空技法为全国罕见。殿内塑高2.5米，关羽像一尊，侧立关平、周仓像。殿前石级中央浮雕为汉白玉石仰空翘首盘龙。

【鲁班殿】位于湘潭市十六总自治街。始建于清乾隆初年，原为泥木行业公所。民国元年（1912）烧毁，3年后重建。殿为全木结构，上下两层，庙堂宽阔，门楼正面为"八"字墙。门额上方为泥塑浮雕《湘潭全城实貌图景》，图景由三部分组成，右景（4米×0.6米）为文昌阁至小东门景；中图（5.2米×2.6米）为县城至窑湾各街、巷、码头景；左图（4米×0.6米）为杨梅洲全景。整件作品形貌生动，颇具匠心，为民间泥塑艺术珍品。正殿门额悬"天下无敌"木匾。

【高峰塔】原名"宝塔"，地处宝塔街道江边村，兴建于明朝万历42年（1651），至今已有398年的历史。高峰塔在文革期间被毁，1994年岳塘区宝塔街道江边村在旧址上重建，2013年高峰塔再次完成了修复。宝塔青砖砌成，七层八角，高十三米。底层为红砂石和麻石垒砌，有大门可出入，门额有石刻"屹镇重离"四字。塔内甬道曲折，盘旋而上可直达顶层。每层中有佛阁，外有走廊，均有三门相通。宝塔建成后，湘潭地方逐渐形成了"八月十五游宝塔"的民俗，并演绎出中秋儿童放孔明灯、以瓦片垒塔而"烧宝塔"的异俗，"宝塔镇蜈蚣"的传说也不胫而走。宝塔是一种寓意文运昌盛的中国传统建筑，用意在于鼓励学子努力学习上进，多出人才，以振起地方之学风，推进地方之文明。

【湘潭之光】坐落于湘潭市河东风光带，是湖南省目前体量最大的金属雕塑。主体净高21.8米，重70余吨，放射状体块由38块组成，采用不锈钢制作，表面着大红色，中间的小圆球表面着金色，基座上的浮雕是主题为《我们沐浴阳光》（56个民族）的花岗岩浮雕，高3.6米，长32.8米，采用福建光泽红花岗岩制作。它以"红太阳升起的地方"为设计主题，中间有一颗金色的圆球，寓意在这片红色沃土，升起一轮金色的朝阳，红色放射状的线条是太阳迸发的万丈光芒，照亮神州大地，也表现了湘潭人的开拓精神和智慧之光。

【湘潭砚井】位于湘潭县城飞羊铺。因宋太史路堂在此洗砚，故名；又传宋时，飞羊铺饮水困难，人们便自动捐资修建此井，故又名"井"。井口边长1.5米，井深5米是飞羊铺的铺井，湖广古驿道的驿井。砚井的泉水千百年来供着飞羊铺百多号铺役、几十驿马的用水，供着驿道老街居民的用水。砚井与驿道不到两米的距离，一千多年来见证了驿铺驿道的历史。

【湘潭肖氏宗祠】位于今易俗河，建于清代中期，有戏台、神位、厢房、鼓楼、天井等。祠后有肖家湖，面积10余亩。肖氏宗祠是湘潭、湘乡、望城、醴陵四县肖姓族人共同的祖先祭祀宗祠。肖氏宗祠还有"肖祠卧龙"之称。相传，明正德皇帝朱厚照曾南巡至易俗河，宿于涓水河边一间茅屋，夜晚蚊虫叮人，皇帝用御扇一扇，并说："一扇蚊虫走千里。"当夜果然无蚊。由于皇帝在此住了一晚，此地便叫做"一宿河"，即今天的易俗河。后来，明正德皇帝下榻的地方建了肖氏宗祠。

【伍家花园】位于雨湖区长城乡花园村宋仙路，建造于20世纪初期。湘潭人伍舜卿独资创办享誉长沙钱业"四大金刚"之一的"裕顺长"钱庄，发家致富后，在家乡营造的大型宅第，即伍家花园。1937年11月13日长沙大火（文夕大火）后，杜聿明奉命率国民革命军第二百师（装甲兵团）接防湘潭，设师部于湘潭河东板塘铺附近的膏盐矿同业工会，后移驻伍家花园。近百年的风雨洗礼，伍家宅第只剩下旧址伍氏墓庐。伍氏墓庐为中西合璧亭式建筑，横开三间，清水砖墙，周围用青砖砌以伞柱，环以十柱构成回廊。屋顶为歇山顶，屋面覆以不着色的琉璃瓦，屋角作龙形图案，飞檐翘角，装潢精美。整座建筑现在已经严重破损。

【湘潭板石巷】湘潭县治所在地城正街中的小巷。板石巷在明代称为攀龙街，街内多为富商大贾、文人、官吏住宅，为历史上的五总所在。巷子内有唐氏义门建于明代，是为了旌表唐姓族众捐米救灾的义行而建。明永乐皇帝为了旌表义举，让知府题赠了"唐氏义门"四个大字。现在"唐氏义门"为市级文物保护。单位板石巷以前是交通要道，湘潭县交通局、财政局、印刷厂、邮政局等机关单位、县属企业都在附近。上世纪90年代，湘潭县政府及相关机构迁到了易俗河镇，板石巷繁华不再。

【石潭老街】位于湘潭县石潭镇。2200多年前，秦灭楚并在其境内设立郡县"湘南县"，位于现在的石潭镇古城村。1500多年前，湘南县治撤掉以后，兴起了石潭古镇。石潭古镇以涟水之便，自古以来商贸繁盛，是明代湘潭县四大集镇之一。石潭老街包括正街和横街两部分，成"丁"字状。长约300米的正街始于油榨口，往北直至涟水边的码头口。横街只有大约200米长，从正街中间开始往西延伸，横街口是出石潭通衡岳的主要道口。

【窑湾古街】位于雨湖区。窑湾古街于秦代立壶山港，建制于晋代公元313年，历经1700余年的沧桑巨变，已成为湘潭城区文化发源最早、人文资源最丰富、文化底蕴最

深厚的地方。窑湾得名于清代，在此之前的元代和明代，它被称为锦湾。窑湾古街项目于2013年10月开工建设，意欲重现"古韵商华"，街区示范区望衡亭至潭宝汽车站段现已基本完工。

【齐白石】（1864-1957），湘潭县白石铺人，艺术家，世界文化名人。14岁开始学木工，15岁开始学雕花、刻印，25岁开始拜当地多位名师学习诗、画。1899年，师事王闿运学古典文学。1902年及以后8年，五出五归，足迹遍及西安、北京、桂林、广州、香港、上海、苏州、南京等地，结识各方名家，扩展绘画境界。1919年定居北京，以刻印、卖画为生，并结交陈师曾、徐悲鸿等名家。新中国成立后，任中央美院名誉教授。1953年当选中国美术家协会第一任主席，并由文化部授予"中国人民杰出的艺术家"称号。1954年，当选为全国人大代表。1956年，获国际和平金奖。1957年9月16日逝世于北京。1963年，被世界和平理事会追认为世界十大文化名人之一。2000年元旦，东、西方艺术界不约而同地评选齐白石、毕加索分别为东、西方艺术世纪第一人。

【彭德怀】（1989-1974），湘潭县乌石寨人，中华人民共和国开国元帅。1928年加入中国共产党，并与腾代远、黄公略等领导平江起义，任红五军军长。1934年，参加长征。1935年，任陕北革命军事委员会副主席、第一方面军司令员。1936年，任红军前敌总指挥。抗战暴发后，先后任八路军副总

指挥，代理中共中央北方局书记，中央军委副主席兼总参谋长。解放战争期间，担任中国人民解放军副总司令、第一野战军司令员兼政治委员。新中国成立后，任中央军事委员会副主席、中国人民志愿军司令员兼政治委员，国务院副总理兼国防部长。1955年被授予中华人民共和国元帅军衔。1956年被选为第八届中央政治局委员。1959年庐山会议后，受到错误处理。1974年，被迫害至死。1977年12月被平反昭雪，恢复名誉。

【黎锦熙】（1890-1978），字劭西，出生于湖南湘潭，汉语言文字学家、词典编纂家、文字改革家、教育家。1915年受聘为教育部教科书特约编审员，1916年成立了"中华国语研究会"。1924年，出版《新著国语文法》。1935年，出版《国语运动史纲》。1949年，北京刚解放，黎锦熙就被毛泽东指定和吴玉章、马叙伦、范文澜、成仿吾、郭沫若、沈雁冰7人组成"中国文字改革协会"（中国文字改革委员会的前身）。1950年，继任北京师范大学教授兼中文系主任，中国大辞典编纂处总主任。1955年当选为中国科学院哲学社会科学学部委员（院士）。

【吕骥】（1909-2002），曾用笔名：穆华、霍士奇、唯策等，湖南湘潭人。中国著名的作曲家、理论家及音乐教育家，我国新音乐运动的先驱者之一。1930年入上海音乐专科学校学习，1932年在上海加入中国左翼戏剧家联盟，1935年加入中国共产党，

1937年赴延安，参加筹建鲁艺。1945年后任东北鲁艺院长、东北音乐工作团团长。建国后，历任中央音乐学院副院长、中国音协主席，是人大代表、全国人大常委，中国音乐家协会一、二、三届主席和第四届名誉主席。吕骥早年创作了《自由神》《新编"九一八"小调》《中华民族不会亡》《武装保卫山西》《抗日军政大学校歌》《开荒》《参加八路军》等歌曲。新中国成立后，主持编辑《中国民间歌曲集成》，出版《吕骥文选》（两卷集）。2001年获首届中国音乐金钟奖颁发的"终身荣誉勋章"。

【谭天伟】（1964-），湖南湘潭人，现任北京化工大学校长，国家自然科学基金委员会学科评审组成员，国家生物化工重点实验室学术委员会委员，国家生物反应器重点实验室学术委员会委员。兼任中国化工学会理事，生物化工专业委员会副主任委员，中国可再生能源学会理事。长期致力于工业生物技术领域研究，包括生物基化学品、生物能源和生物材料，以第一获奖人先后获得国家技术发明二等奖2项。系教育部"长江学者奖励计划"特聘教授，"国家杰出青年基金"获得者，国家级高等学校教学名师，"973"项目首席科学家。2011年当选中国工程院院士。

◇ 城市生态

【综述】湘潭是长株潭城市群"两型社

会"建设综合配套改革试验区，市域内有韶峰、褒忠山、昌山、晓霞山四山为主体的中低山环绕，中、东部有湘江和涟、涓两水为主体的水系分布，形成"四山一江两水"为骨架的生态格局。全市林业用地面积稳定在336万亩，活立木蓄积量达到了909.79万立方米。湘潭市现已初步建成3个万亩油茶基地，2个万亩楠竹基地；涌现了盘龙、昭舜、月意、大地园林等全省著名的花卉苗木企业，建成了湘潭市木材公司珍贵树种示范基地等3家省级珍稀树种示范基地；创建了盘龙生态示范园、茶恩寺竹木产业园、花园林产品市场3个省级特色产业园。其中，盘龙花卉苗木基地建设成4A级景区，大地园林被中国科协、财政部授予"全国科普惠农兴村先进单位"的称号。以韶山、昭山、东台山、水府庙、白石等生态文化、红色森林旅游为主导的森林公园，初步形成规模。推进了碧泉湖、仰天湖、百亩湖生态建设，爱劳渠、争光渠、丰收渠等水系治理。2016年，全市森林覆盖率46.3%，城区污水处理率95%，城市生活垃圾无害化处理率100%。全市地表水参与考核评价的断面中，达到III类标准以上的比重为100%。全年空气质量达到优良以上标准286天。

【湘潭锰矿国家矿山公园】位于雨湖区鹤岭镇。2013年1月17日获批全国第三批国家矿山公园建设资格。公园总规划面积9.92平方公里，核心景区1060亩，预计总投资4亿元，由地方政府自筹资金建设，分矿山环境恢复治理示范区、生态农业观光休闲区、井下探秘区、现代工业参观区、矿山综合服务区、科普教育区六大功能区。公园以独特的锰矿矿业遗迹为核心，通过重现锰矿探、采、选、冶、加工工艺流程和中国锰业发展历程以及矿山环境恢复整治过程，集中展现"中国锰都"百年辉煌的历史，集爱国主义、工业参观旅游、历史文化回顾和休闲娱乐功能为一体，打造成全国以"锰"为中心的科普教育和全国矿山环境恢复治理示范基地。该项目的文化走廊、主碑广场、风筝广场、停车场、观景台等项目已基本完工。2018年将全面完成整个矿山公园核心区建设。

【湘江湘潭段湿地】范围为湘潭境内的湘江主体区域，总面积3486.8公顷。其具体湿地保护范围，以市林业局划定的界线为准。2013年，湘潭市人民政府发布了《关于加强湘江湘潭段湿地保护的通告》（潭政通〔2013〕9号），划定了杨梅洲内河道和杨梅洲至涓水入江口岸线300米范围为水生生物保育区，杨梅洲和杨梅洲至潭衡公路16.5平方公里范围为涟湘湿地候鸟保护区。

【齐白石森林公园】距湘潭市50公里，公园北连长沙、株洲，南接衡阳、两广，近瞰湘江，远眺南岳，属于长株潭衡的"金三角"，面积766公顷，林地面积占70%，森林覆盖率达68.6%。公园常绿乔木有壳斗科、樟科、山茶科、禾本科、松科、杉科等，其中国家一级保护的树种有银杏，园内森林繁茂，万木葱茏。公园中空气负离子含量高，6个测点的含量均达到和超过了CI评价标准，特别是2个测点负离子浓度超过5000个/立方厘米。公园有七大景区：齐白石故居景区，属国家重点保护文物单位、黎氏八骏故居景区、狗头寨景区、晓林桥景区、紫荆湖景区、晓霞山景区和龙王庙景区。公园充分把白石文化、宗教文化、民俗文化与森林景观相结合，是长株潭生态文化旅游中心。

【九华湖德公园】以德文化为主题的大型城市公园，位于湘潭经开区滨江新城核心区域，东临湘江。总体布局为天地立德、德润湖湘、德耀中华、盛德日新四大主题文化景区，以中华传统建筑及雕塑、石刻、碑亭以及新科技手段等形式，来表现四个主题所选之典型人物及事件。公园以德楼为统领，周边布局仁爱楼、诚信楼、知行楼等系列建筑，打造德泉、德门、德岛、至善长廊等一系列景观节点，还通过举办一系列主题活动倡导、传承、弘扬德文化，共创和谐美好家园。

【白石公园】位于湘潭市河西中心地带。东起齐白石纪念馆，西至南岭路，长约900米，北临高标路，南靠中山街道旧城区，宽约350米。公园规划面积约393亩，其中湖面100亩，开发面积137亩，公共建筑、绿化用地156亩，建成于2005年底。园中设齐白石系列雕像，公园按艺术景观轴、环境景观轴、艺术人生轴三条轴线布局，以画之坊、篆之所、书之台、诗之亭表现了齐白石在画、印、书、诗四个方面的成就，以雕塑、园林交互渗透反映出齐白石的人生历程。

【雨湖公园】位于湘潭市中心，湘江一大桥西侧。因地势低洼，积雨成湖而得名。历来就为湘潭风景名胜地，自古就有"垂柳碧孤塔，夕阳红半桥"的名句传诵至今。公园创建于1954年，园内修复了原有的发源殿、岸花亭、双壁坊、夕照亭，还在湖中修筑了七星、八仙两座桥梁，桥拱宽大，游船畅通，此外，还新建了儿童乐园、水谢、风车、花圃、温室等。园内经常举办花卉、书画、摄影等各种小型展览，已成为湘潭市民和外地游客娱乐、休息的中心场所。

【湘潭和平公园】位于市区北面，湘黔铁路以西。新中国成立之初，湘潭市为发展城市公用事业而兴建，公园占地36公顷，其中水面23公顷，陆地13公顷。和平公园主要以独特的森林气候、优雅的自然环境为景观的公共憩地，园内已植梓、樟、楠与玉兰、银杏等乔木100多种，地栽盆景、花卉、丝竹600余种，4万多株。绿地覆盖率已达80%以上，占总面积70%以上为林地，突出了公园以"绿"为主的特点与功能。1986年4月，中共中央顾委王首道视察和平公园时，称赞该园盆景江南风味浓，并为盆景园手书了"湘潭盆景"匾额。

【湘潭湖湘公园】位于市中心区，面积约35公顷，为湘潭最大的城市公园。公园内山水相依，三片丘陵呈"品"字排列，标高在51米至81米之间。现状植被较好，环境优美，交通便利。湖湘公园以湖湘文化为依托，将建筑、水岸、山体与绿化紧密结合，总体布局为"一带两轴三区"。一带即环湖景观休憩带，两轴为锦程大道45°历史文化轴以及梦泽湖山水文化轴，三区为生态休闲区、观光休闲区、娱乐休闲区。著名景点有锦桥、南轩、规划展示馆。

【湘潭盘龙大观园】位于岳塘区芙蓉大道195号。于2009年投资兴建，2013年1月正式开园，占地11600多亩，总投资20亿元。盘龙大观园内的杜鹃园是目前中国规模最大、数量最多、品种最全的杜鹃花专类园，也是中国杜鹃花基因库培植基地，拥有800多个品种，35000多盆杜鹃。此外还有樱花园、荷花园、兰草园、紫藤园、玫瑰园、蔬菜博览园、农耕园、葡萄园等十一个花卉主题园区和一个花海乐园。园内有珙桐、水杉、桫椤、红豆杉、赤颈鹤、丹顶鹤、翘鼻麻鸭等国家级珍稀动植物。目前，湘潭盘龙大观园正在全力创建国家5A级旅游景区，着力打造"中国花世界"旅游品牌。

【竹埠港工业遗址公园】前身为湘潭市竹埠港老工业区，始建于20世纪60年代初，曾是湖南乃至全国最具活力的化工生产片区。2013年9月，湖南省将湘江流域重金属污染治理列为"一号重点工程"五大重点区域之一，竹埠港进入了"退出第二产业，开发建设第三产业"的转型期。2016年11月，

竹埠港工业遗址博物馆项目部正式成立，竹埠港工业遗址公园进入建设阶段。竹埠港工业遗址公园主要包括：水生态区、康体运动区（含运动场馆）、植物净化区（含工业遗址博物馆）、雕像艺术广场，以及关联的配套基础设施与公用设施。总体空间结构为"一带一基地二广场四馆"。

【湘潭河西污水处理厂】位于雨湖区护潭乡湘竹村。污水处理厂设计处理能力为日处理污水15万立方米。河西污水处理厂（湘潭市污水处理有限责任公司）自2005年6月正式投入运行以来，污水处理设备运转良好，日平均处理污水量为14.14万立方米。该项目采用先进的污水处理设备，厂区主体工艺采用氧化沟处理工艺，经处理后的污水水质排放标准为《城镇污水处理厂污染物排放标准》（GB18918-2002）一级标准。

【湘潭市河东污水处理厂】坐落于岳塘区云盘村大塘湾，设计处理能力为日处理污水10.00万立方米。河东污水处理厂（湘潭中环污水有限公司）自2009年6月正式投入运行以来，污水处理设备运转良好，日平均处理污水量为9.52万立方米。该项目采用先进的污水处理设备，厂区主体工艺采用A2/O处理工艺，经处理后的污水水质排放标准为《城镇污水处理厂污染物排放标准》（GB18918-2002）一级B标准。

【湘潭九华污水处理厂】位于湘潭经济技术开发区内，总用地面积为101.32亩，纳污范围是湘潭经开区北片共计49平方公里的

地域。湘潭九华污水处理厂设计规模为15万吨/日，一期工程规模为5万吨/日，二期规模为10万吨/日。2017年12月26日，湘潭九华污水处理厂项目一期正式通水运行。湘潭九华污水处理厂项目采用半地埋式设计，即把污水处理厂的预处理、生化池等主要构筑物埋设到地下，结合景观要求，地上建设新型市政教育公园形式。湘潭九华污水处理厂项目的正常运营将对保护湘江水质、优化生态环境、降低区域污染、改善人居环境、提升城市品位做出更大贡献。湘潭九华污水处理厂日均处理污水量4000吨，最新出水指标已经达到国家城市污水排放一级标准的A标准。

◇ 城市名片

【综述】湘潭是一代伟人毛泽东主席的家乡，是长株潭城市群"两型社会"建设综合配套改革试验区、长株潭国家自主创新示范区核心成员，先后赢得了"中国优秀旅游城市""国家园林城市""全国科技进步先进城市""全国知识产权示范城市""全国双拥模范城""全国文明城市"等一张张闪亮的城市名片。湘潭是湖湘文化发祥地，人文鼎盛，山川形胜。湘潭是湖南乃至全国重要的工业基地，也是全国商品粮生产基地、瘦肉型猪饲养基地和湘莲产业基地，被称为"中国湘莲之乡"。拥有韶山国家风景名胜区、毛泽东故居、齐白石故居、彭德怀故居、东山书院等风景名胜区，昭山之"山市晴岚"为著名的潇湘八景之一。湘潭先后与日本、美国、越南、乌克兰、西班牙、坦桑尼亚、俄罗斯、法国的8个城市结为友好城市。

【昭山】位于湘潭市东北20公里的湘江东岸，为长沙、湘潭、株洲三市交界处。相传周昭王南征至此，故名。昭山海拔185米，是旧时"潇湘八景"中的"山市晴岚"，自古以来米芾、王船山等名人题咏很多。昭山前山正路是一条用花岗石铺成的磴道，共有七百余级，自江岸盘旋直达山顶的昭山禅寺。昭山禅寺始建于唐，寺内辟有玄宫、玉皇阁、观音堂、关圣殿等，每逢庙会，四方香客云集，寺后侧有棵千年银杏，树高30多米。

【齐白石故居】全国重点文物保护单位。位于湘潭县白石铺乡杏子坞星斗塘，建于清朝咸丰年间，为一栋两横各三间的土墙茅舍，占地200平方米。齐白石1864年1月1日出生于此，并一直在此生活，直至1900年迁居到附近的梅公祠。在故居生活的36年为齐白石奠定了绘画及日后成才的基础。1996年湖南省政府将其公布为省级文物保护单位。

【彭德怀故居】全国重点文物保护单位。位于湘潭县乌石镇乌石村彭家围子。原居为茅屋，清光绪24年（1898）10月24日，彭德怀诞生于此。故居现存建筑是1925年彭德怀为湘军任团长时出资修建，是彭德怀早年居住地，也是其投身革命后在家乡唯一长时间居住活动的场所。故居占地面积2490平方米，主体建筑面积350平方米，座西北朝东南，砖木结构，粉墙青瓦，具有典型江南风味的普通农舍，彭德怀手书门联"为善最乐，见恶必除"。2016年12月，彭德怀故居被列入《全国红色旅游经典景区名录》。

【君子莲雕塑】位于建设路与河东大道交汇处，是莲城（湘潭市）的地标。1985年11月6日落成，以宋代文学家周敦颐《爱莲说》誉莲花为花中君子之意而命名。雕塑设计为一朵含苞欲放的莲花，矗立在直径30.5米的水池中央，周围是四位婀娜多姿的采莲姑娘，手捧着莲花，面带微笑。雕塑主体高31.5米，占地面积1.2万平方米，所表达的是莲花"出污泥而不染，濯清涟而不妖"的品格，教诲着一代又一代的湘潭人民向着美好未来奋勇前行。君子莲雕塑是目前湘潭市内最有代表、特色的城雕，设计者为浙江美院教授许叔阳。

【万楼】又名文昌阁，位于雨湖区宋家桥的湘江岸边，湘江铁路桥下游约500米处。万楼始建于明朝万历四十三年，时任京官李腾芳为其取名万楼，寓意"万，乃数之大者，邑从此而大"。古代湘潭文人墨客常聚于此，登楼观景吟诗作赋。300余年间，万楼屡废屡建，先后5次重修。2009年万楼由湘潭地产集团经营有限公司开始第6次重建，于2013年竣工。万楼总高63.48米，其中主楼为52.58米，采用内九层、外五层的结构，寓意"九五至尊"。湘潭有这么一句古话"万楼兴，湘潭兴"，在过去的几百年中，万楼以雄伟磅礴的气势，厚重深沉的文化积淀成为湘潭繁荣兴旺的时代象征和精神寄托。

【城市荣誉】湘潭获得的荣誉主要有全国文明城市、国家园林城市、中国优秀旅游城市、中国书法名城、中华诗词之乡、全国科技进步先进城市、全国双拥模范城、全国科技进步先进市、全国创业先进市、国家能源示范城市、国家知识产权示范城市、全国制造业信息化重点建设城市、中国十佳和谐可持续发展城市、2016年"中国最佳表现城市"、2016年中国十佳最具投资营商价值城市/园区、2017年中国最安全城市、2017年中国特色魅力城市200强。

【友好城市】1984年7月17日与中国上海市长宁区结为友好城市，1998年11月2日与中国海南省海口市结为友好城市，1991年11月1日，与日本彦根市结为友好城市，1994年11月1日与美国南艾尔蒙地市结为友好城市，2001年11月24日与越南边和市结为友好城市，2003年10月1日与乌克兰卢茨克市结为友好城市，2015年10月15日与西班牙莱昂市结为友好城市，2016年5月9日与坦桑尼亚姆索马市结为友好城市，同年7月19日与俄罗斯乌里扬诺夫斯克市结为友好城市，2017年7月21日与法国加莱市结为友好城市。

【城市象征】1986年，湘潭市第八届人大常委会第二十一次会议通过决议，确定樟树为湘潭市市树，菊花为湘潭市市花。

湖南城市大典 湘乡市

湘乡市

湘乡市，东汉建武初年置县，1986年撤县建市，曾"以百里之地荟萃群才，以一军之威维系全局"，"以一县之兵，征伐十八省"，历经半个多世纪，在中国近代史上写下了浓重的一笔。

◇ 城市概况

【区划范围】湘乡，古称龙城，是湖南省辖县级市，由湘潭市代管。位于湖南省中部偏东，湘江支流涟水之畔。东与韶山市和湘潭县相邻，南与双峰县相接，西与娄底市毗邻，北与宁乡县交界。北纬27°29′2″~28°3′45″，东经111°59′40″~112°38′55″，东西最宽为65.4公里，南北最长为64.8公里。全市总面积1967平方公里。下辖3乡15镇4个街道办事处，人口约92.41万人。中共湘乡市委员会驻人民路南，湘乡市人民政府驻书院路，电话区号：0731，邮政编码：411400。

【地理环境】属华南湘赣丘陵区，地貌以丘陵山地为主，"五山一水三分田、一分道路和庄园"，处于湘中丘岗向湘江河谷平原的过渡带，为雪峰山东北余脉和越城岭北端余脉所夹峙。西部和南部较高峻，东部和北部较平缓。最高点是褒忠山的三尖峰（又

名白沙井山），海拔802米，最低处于涟水出境处的新研文佳滩附近，海拔41米，地势比降从西向东为19‰。主要河流有涟水、石狮江。靠近北回归线，是较为典型的亚热带季风湿润气候。夏秋多旱，严寒期短，无霜期长，冬冷夏热，四季分明，光热充足，雨水充沛，土地肥沃，作物生长期长。年平均气温17.3℃，无霜期280天左右。

【资源物产】境内资源丰富。植物种类繁多，分属300多科（目），600多属，1000多种。重点保护的野生植物有水杉、樟等20多种。有利用价值和已被利用的野生植物有600多种。1998年，进行野生动物资源普查，全市有陆生野生动物15目，78科，110种，属省二级保护的有穿山甲、水獭、果子狸等9种；属省三级保护的有白鹭、灰燕、喜鹊、猫头鹰等37种，另引进繁殖动物有梅花鹿、牛蛙等。矿藏资源丰富，现已勘明优质矿藏30多种，矿产地169处，主要矿产有石膏、锰砂、磷矿、钾长石、高岭土等。

"棋梓灰岩"、含锌天然矿泉水、白云石、矽石、石膏、滑石、铁、锰等质优量多。境内河流密布，水资源较丰富。涟水横贯市境，直接汇入支流16条，由西向东，蜿蜒97公里，纳入湘乡集雨面积1784平方公里，占全市总面积的89%。涟水最大年径流量为61.43亿立方米，最少年径流量为16.80亿立方米。水资源总量为15.2466亿立方米。

【建置沿革】春秋战国时期属楚国，秦朝属长沙郡湘南县。后于哀帝建平四年（公元前3年），皇帝刘欣封长沙王的儿子刘昌为湘乡侯，此为湘乡建置之始。东汉时改长沙郡，原湘乡侯领地改为湘乡县。三国吴时属衡阳郡，并为衡阳郡治所在。南朝宋永初三年（442）并连道入湘乡县，县域扩大，仍属衡阳郡。隋朝开皇九年（589）撤衡阳郡，将湘乡、湘西、衡山三县合并为衡山县，属潭州总管府。唐武德四年（621），析衡山县复置湘乡县。元朝元贞元年（1295），升为湘乡州。明洪武二年（1369），湘乡州降为湘乡县。清代，湘乡县属长沙府。1914年改府州建制为道，湘乡县属湘江道。1922年，废道制，湘乡县直属省辖。中华人民共和国成立后，属益阳专区。1952年，划出双峰县全境及涟源一部分，余下仍称湘乡。1953年，改属邵阳专区。1965年，改属湘潭专区。1983年2月，湘潭撤地建市，湘乡改由湘潭市管辖。1986年，撤县建市（仍属县级）。1987年，湘乡县正式改为湘乡市。

【人口民族】截至2016年年末，总人口为93.19万人，其中城镇人口26.98万人，乡村人口66.21万人。男性人口48.08万人，女性人口45.1万人，18岁以下人口18.66万人，18—59岁人口55.22万人，60岁以上人口19.31万人。常住人口80.59万人，其中城镇人口33.72万人，占常住人口的比重为41.8%。总人口中，全年出生人口11332人，出生率为12.26‰；死亡人口4548人，死亡率为4.92‰；人口自然增长率为7.34‰。湘乡市常驻人口以汉族为主，少数民族人数极少，共有26个少数民族4000多人，包括土家族、苗族、蒙古族、侗族、满族、回族等。

【区位交通】地处长株潭城市群和娄底两个核心城市的辐射半径之中，交通方便。湘黔铁路、洛湛铁路、沪昆高速铁路、上瑞高速公路、长韶娄高速、沪昆高速、潭市互通及连接线和水府连接线贯穿全市东西南北，国道G320斜列东南，省道S331湘壶线、S332湘棋线、S209娄湘线以及灰虞线，湘韶线、韶外环（湘乡段）等全面提质升级，公路通车里程实现了从1987年的1017公里到2016年的6500多公里，已形成以国道320线湘乡段为主干，以市城区为中心，向相邻县市和市内农村辐射的公路网。在建中的益娄高速公路、醴娄高速公路快速推进，湘乡至湘潭、湘乡至韶山、水府庙至娄底3条城际快车道建设快马加鞭，主动对接长株潭核心经济圈和韶山独特的旅游资源。

【社会发展】教育事业稳步发展。2016

年，共有各级各类学校413所，在校学生112880人，教职工8271人。科技创新水平不断提高。共有高新技术企业11家，高新技术产业增加值92.38亿元，占GDP的比重为25.3%。完成专利申请219件，授权152件，有效发明专利79件。选派282名科技特派员下乡。卫生事业不断进步。2016年末全市共有医疗卫生机构812个，其中医院10个，乡镇卫生院18个，社区卫生服务中心4个。卫生技术人员4963人，其中执业医师和执业助理医师3499人，注册护士1221人。医疗卫生机构床位4218张，其中医院3060张，乡镇卫生院911张。社会保障不断完善。2016年，全市机关事业单位养老保险参保人数16362人，企业职工养老保险41268人，城乡居民养老保险263600人；城镇职工基本医疗保险63310人，城镇居民基本医疗保险798980人，工伤保险31642人，失业保险26125人。新型农村合作医疗参合率为98.2%，全年新型农村合作医疗基金支出总额为3.74亿元。城镇新增就业人员7750人，失业人员实现再就业1802人，就业困难人员再就业363人，新增农村劳动力转移就业6067人，城镇登记失业率控制在4.25%以下。全市享受最低生活保障的居民为47112人，其中城镇5141人、农村41971人。

◇ 城市建设

【综述】曾经的湘乡，以"三街九巷十八弄"定下城市格局。上世纪80年代，湘乡建成区面积约9平方公里。1987年撤县建市后，湘乡市改造老城区、新建新城区，掀起了城市建设高潮。1991年8月，健康西路的竣工通车拉开了高标准道路建设的序幕，东风路、解放路、新湘路、东山路、滨河路的建设依次动工，老城区的道路骨架基本搭建而成，有效缓解了道路狭窄、车堵人挤的现象。道路延伸的同时，1996年4月，湘乡市投入了近3亿元正式启动工贸新区建设，打造了一个包括建材大市场、农贸市场、汽配市场、五金家电市场等在内的设施完善、功能齐全的城市新区，成为湘乡城市建设的典范。"十五"期间，湘乡市确立了城市建设"南拓北进"的发展战略，向南越过涟水河推动东山新城开发，把东山新城建设成政治、文化、教育、居住中心；向北突破铁路线的阻隔，建设城北新区，拓展城市框架，再造一个湘乡城。一南一北分头挺进，如同鸟之两翼，为湘乡城市建设插上了翅膀。建市30年来，湘乡城区建成区面积翻了三番，达到24.2平方公里，城镇化水平达到44.6%，城市污水处理率达到95%，建成区绿化覆盖率37.78%，城市绿地率达到32.31%，城市人均公园绿地面积8.96平方米。城市面貌发生了翻天覆地的变化，跻身省文明城市和省园林城市行列。

【城市规划】湘乡新一轮规划编制（2016-2030年）提出以建设"精美湘乡"为目标。到2030年，湘乡市域常住人口达94万，其中城镇人口为62万，城镇化率达到

65%。市域空间结构分为一带两心三区。一带：中心城区—潭市—棋梓发展带；两心：中心城区、棋梓镇；三区：即北部生态农业经济区、西部旅游休闲经济区、南部综合经济区。坚持践行创新、协调、绿色、开放、共享的发展理念，打造人与自然、区域之间、产城之间和城乡之间融合的生态文明城市。到2020年初步将湘乡建设成湖南"两型社会"示范城市，2030年建设成生态文明建设示范城市和美丽宜居示范城市。

【东山新城】湘乡市"南拓、北进、东延、西展"城市框架的重要组成部分，也是实现湘乡主动对接长株潭的主战场。东山新城东起茅浒水乡，西至东山南路，南临东山、塔子山脉，北到涟水河。2013年，湘乡市委、市政府做出了3年内拉通主干道、5年内基本建好东山新城的战略决定。规划总面积12.85平方公里。总体目标是用5至8年的时间，通过"两大平台"建设，实现"两大中心"（即成为湘乡进军全省七强的建设平台和湘乡改革发展的创新平台，成为湘乡政治文化中心和宜居休闲中心）。目前，三纵（东山南路、励志大道、书院路）三横（滨河南路、起凤路、文运路）的主干道已全部拉通。蒋琬广场、东山广场、涟滨南路、人民路相继建成，湘建家园、鑫龙丽都、尊城水岸、缇香尊邸等项目拔地而起。

【城北先导区】规划南起涟水河，北至上瑞高速公路，西起湘乡大道，东至宁花高速，规划总用地面积20平方公里。城北新区

作为湘乡市城市发展的重要板块，拥有韶山干渠沿线天然风光，植被保护较好，自然条件优雅；连接湘乡老城区，对接红仑工业园区，与城区资源和工业园区发展优势互补；上瑞高速、沪昆高铁、火车站、汽车站都在其中，交通优势十分明显；整个片区地势平坦，北高南低，拥有上万亩的可开发利用土地，开发前景优良。随着火车站、汽车站、湘韶线、320改线的落户建设以及龙城大道东线、车站南路西线、车站北路、人民路西线、桑枣安置区、东郊居民新区、金塘居民新区等建设项目的新建，该区域目前面临着重大发展机遇。

【湘乡市人民医院】地处湘乡市健康路，始建于1947年，1997年通过卫生部二级甲等综合医院评审，2014年进入全国重点扶持建设医院，2016年经省卫计委批准设置为三级综合医院，是长沙医学院附属医院、广东肇庆医学高等专科学校附属医院。医院先后荣获"全国百姓放心示范医院""全国模范职工之家""湖南省文明单位""湖南省青年文明号"等荣誉称号，医院综合实力居全省同级医院前列。医院建筑面积10万余平方米，开放病床1478张，设置临床医技科室45个，在职职工1300余人，其中高级技术职称200余人，博士、硕士60余人。拥有大中型医疗设备200余台（件）。近年来，引进和开展新的诊疗技术项目400余项，开展了各类高难度开放手术及介入、微创手术，先后有10多项科研成果获得湖南省、湘潭市科技

成果进步奖。肝胆胰肛肠外科评为湖南省肝胆胰疾病临床技术应用示范基地，有湖南省重点专科6个，湘潭市重点专科7个。

【湘乡市中医院】成立于1955年，位于湘乡市新湘路，为一所集医疗、科研、教学、预防、保健为一体的国家二级甲等中医医院，年门诊诊疗近10万人次，收治住院近5000人次，开放病床280张。在职职工278人，其中副主任医师以上职称18人，主治医师以上职称75人。医院注重突出中医药特色和优势，立足中医，精中会西，突出专科，形成特色。中医眼科、中医内科先后被授予"湘潭市重点中医专科"，中医眼科还被确定为"湖南省重点中医专科建设单位"，中风专科被列入国家特色专科建设单位，中药房获得省中医药管理局授予的"放心药房"称号并被列入省重点中药房建设单位。

【湘乡市第一中学】创办于1904年，位于湘乡市东山路，其前身是湘乡中学堂和驻省湘乡中学堂，1952年成为全省首批22所重点中学之一，1982年被再次认定为全省重点中学，1995年被列为挂牌的湖南省重点中学。2004年学校成功通过湖南省示范性中学评估。2010年5月7日，省教育厅再次授予湘乡一中"湖南省示范性普通高级中学"。学校占地面积近250亩，拥有120多个教学班和7000余名师生员工。教职员工460多人，其中特级教师2人，高级教师140多人，一级教师200余人。2013年7月7日，经美国ACT中国总部官方授权的湘乡一中国际部正式成立，"美国高考"登陆湘乡，湘乡一中的发展进入了新的时期。

【滨河涟水两岸沿江风光带】从2005年开始，累计投入资金18亿元，从道路交通、照明亮化、绿化景观、人文历史等多方面入手，建设沿河两岸的滨河景观带，总里程长达10公里，集防洪交通，观光旅游，休闲娱乐于一体。其中，滨河南路沿江风光带于2016年完成建设，全长2.2公里，包含读书堤、镇湘楼、城南堤三大项目。在这条沿河旅游风情带中，有亲水台、景观雕塑墙，还有风格迥异的特色景观带，把涟水河畔装扮得令人着迷。

【南岸休闲广场】地处镇湘桥南头，东山办事处东山村境内，规划面积12890平方米，2010年完成建设。以中心广场和道路组合成意向性的龙形图案，中心广场为龙头，道路为龙身龙爪。细节上又分设有多处龙元素景观，使有形的龙与无形的龙交相呼应。南岸休闲文化广场作为湘乡的城市广场，是城市的绿肺，是城市的开放空间，是市民休闲、娱乐、集会的场所，是展示城市文化、彰显城市面貌的城市明信片。

【东山广场】位于东山新城育才中学南侧，项目总面积24000平方米，于2016年完成建设。建设内容包括广场、停车场、游步道、绿化、亮化及水电安装等配套设施工程。广场以毛泽东求学成长之路为主题，以求学励志、以诗言志、光辉人生、日出东山作为主线，通过地雕、透空诗词文化学墙、主题雕塑等形式，结合绿化种植、湘乡历史名人雕塑、休闲走廊、停车场地的布置，使其成为集文化、生态、休闲于一体的城市广场。

【蒋琬广场】位于涟水河畔，镇湘楼东侧，涟滨南路西侧，是湘乡涟水河南岸沿河风情线的一颗明珠。总占地面积25800平方米，约合38.7亩。项目含广场、游步道、绿化、亮化工程和水电配套设施等建设，投资6000万元。2015年9月正式开工建设，2017年全部修建完毕并对外开放。蒋琬广场与伫立数百年的镇湘楼珠璧交辉，彰显出湘乡深厚的历史文化底蕴。

【湘乡市博物馆】始建于1959年，为湖南省最早的县级博物馆，前身是湘乡县经济建设展览会和湘乡文物工作队。1959年合二为一称湘乡县博物馆，郭沫若于1964年题写了湘乡县博物馆馆名。1989年，湘乡由县改市，该馆改名湘乡市博物馆，馆址原设省级文物保护单位云门寺内，2000年迁址市工贸新区。现有馆藏历史文物5000余件。其中国家一级文物7件，二级文物300多件。馆藏文物既有原始社会的陶器、石器，奴隶社会的青铜器，战国时期的铜方壶、玉匜，封建社会早期的铜器、铁器、玉石、漆器、琉璃、玛瑙，明代制作的青花石榴瓷水盂等，还有明清时期的字画等珍品。

【湘乡市图书馆】前身是清咸丰年间在县城荷花池设立的"藏经阁"。民国初，由劝学所接管。1928年县教育局改名为"湘乡县图书馆"。1934年更名为"湘乡县民众教育馆"。当时，收藏五经四书等约二万册，报纸杂志34种。1952年8月，人民文化馆成立，接管了"湘乡县民众教育馆"遗留下来的部分图书，在文化馆里设图书室。湘乡县图书馆正式建立。2013年，被评定为"国家一级图书馆"，同年，湘乡投资近2亿元，建设建筑面积为15000平方米的新图书馆（镇湘楼内）。新馆藏书量70余万册，使用interlib图书馆区域集群自动化管理系统，配置了自助借还设备一套，少儿图书馆智慧空间一套，歌德电子图书借阅机、报刊机各一台等智能系统，于2017年底正式开馆。

【湘乡市火车站】始建于1958年，于2008年12月启动改扩建工程，2012年12月26日正式通车。新建火车站位于湘乡市东风路，站房面积达1.2万平方米，是原站房的10倍；普通候车室达到4377.7平方米，是原先候车室面积的10倍，拥有四站台九股道，无站台雨棚4.4万平方米，8米宽进站天桥出站地道及与之相配套的现代化设施、4万平方米的现代信息广场等，是全国规模最大的县级火车站之一，成为龙城的新地标。现每日接发旅客列车21列。

【湘乡市红仑汽车站】位于湘乡大道与车站北路交汇处东北角，距沪昆高铁韶山南站15公里，靠近湘乡市火车站，地理位置优越。规划用地面积62.91亩，内部设施包括客运候车楼、综合（公寓）楼、车辆维修车间、停车坪、检车台等，项目总投资9800万元，建设标准为一级甲等客运站。2016年10月湘乡新汽车站投入使用后，有337台应班车辆，日均发车567班次，年发送旅客达100多万人次，实现城市公交、班线客车、出租车的无缝连接，成为湘乡重要的交通枢纽。

【湘乡市洙津水厂】建于1994年，生产能力为4万吨/天。于2013年12月28日对洙津水厂启动改扩建，新建日生产能力6万吨的生产设备，同时对现有的4万吨生产设备进行提质改造，新安装洙津水厂至城区直径1.2米的供水主管。整个工程分三期进行，一期工程为2013年至2014年，按二类水质标准、10万吨规模、自动控制系统建设到位，建设6万吨常规处理土建工程和4万吨供水设备安装。二期工程为2015至2017年，按二类水质标准，从洙津水厂安装1.2米输水管进城。第三期工程，按一类水质标准对已建的10万吨生产设备改造，实施深度处理净水工程。

【嘉亨茂（湘乡）购物中心】位于市东风广场，是湖南省流通再造示范工程，由万隆控股投资建设，嘉亨茂商业公司招商运营的大型商业综合体项目，中心以"全新、品位、快乐"为价值核心，是湘乡市首家集购物、餐饮、休闲和娱乐于一体的一站式大型国际化购物中心。2014年正式开业。成功引进了10多个国际国内一线品牌和商家，同时，嘉亨茂购物中心为湘乡市提供了上千个就业岗位和近2000万的年税收，营业至今已形成2000万的年广场人流、500万的年场

内人流、15万辆停车场年车流、2000人的年就业量，已经形成了集购物、休闲、娱乐、餐饮、观光于一体的现代化商业业态，让消费者到嘉亨茂购物成为一种生活的快乐和享受。

【湘乡东山大桥】湘乡市的主要桥梁之一，修建于20世纪60年代，全长226米，桥宽10米，桥高15米，是湘乡第一座钢筋混凝土结构空腹式双曲拱桥，也是湘乡最早的一座城市景观桥和城区标志性建筑。因受历年来洪水的冲刷，桥墩、拱圈等部分地方出现裂缝和露筋，2012年，湘乡市投资300余万元对大桥进行全封闭维修改造并恢复通车。

【水府大桥】于2015年12月动工修建，坐落在水府示范区溪口渔场三分场，跨越水府庙水库至毛田镇万洲村仁安组杉山坨，三级通航，是连接棋梓镇和毛田镇的主动脉，全长598.5米，桥面宽12.5米。2018年4月，水府大桥已顺利合龙，主体建设已经完工。6月16日，横跨湘乡水府庙水库的水府大桥正式通车。

【龙城大道】位于城北先导区，是贯穿湘乡市城北东西走向的交通"大动脉"，西起湘乡大道，东至东郊旺兴320国道处，全长5.1公里，分为西线与东线。西线已于2015年建成。东线于2017年5月正式开工建设，起于大将路，止于东郊乡旺兴村，长3.2公里，宽40米。预计2018年年底完成全线竣工目标。

【水府庙水库】又名溪口水库，是一座以防洪、灌溉为主，兼顾发电、供水等功能于一体的大型水利枢纽工程。该工程于1958年9月开工，1959年9月建成，1960年7月水库蓄水。水库水域面积44.3平方公里，最大库容为5.6亿立方米，正常库容3.7亿立方米，集水区面积3160平方公里。水库主体位于湘乡市，大坝位于双峰县境内，库尾回水到达娄底市娄星区，属不完全年调节水库。年发电1.2亿度，库内各种奇形岛屿30多座。

【长江水库】坐落于湘乡市白田镇长江村地段，建于1958-1965年，最大库容1380万立方米（有效库容1180万立方米），水面面积3200亩，是一个以灌溉为主的水利工程。灌溉白田镇、金石镇、月山镇、育塅乡和韶山市大坪乡5个乡镇的2.2万亩农田，渠水流程达50多公里。库区内水域宽，水面深，适宜发展养鱼产业，每年可创造100余万元的养鱼产值，库区附近有座山，相传曾是蛟龙出没的地方，人称"古龙山"，于是有人又称长江水库为"古龙湖"。

【棋梓镇】位于湘乡市西南边陲，与娄底市毗邻。1986年系区级镇，1991年划归谷水区管辖，1995年全市撤区并乡，原棋梓镇、谷水乡合并为新的棋梓镇。面积138.9平方公里，辖33个村，4个居委会，5.3万人，其中农业人口3.7万。总耕地面积27130亩，其中水田20585.5亩。全镇有山地9万余亩，可用水面5万多亩。矿产资源丰富，拥

有地质学上著名的石灰岩石床——"棋梓灰岩"，已探明储量在60亿吨以上。湖南省大型水库——水府庙水库也位于此镇。境内还有10多华里长的青龙潭。交通也相当便利，娄湘高等级公路自东向西贯穿全镇，湘棋、棋杏等省、县、乡道四通八达。旅游产业更是厚实，先后投资2.8亿元，开发建成桃花岛、白鹭岛、鳄鱼岛、蛇岛、风情园、生态农庄等人文休闲度假景点15个。2006年，成功入围湖南省新潇湘八景，素有"水府醉月"之美称。

【泉塘镇】地处湘乡市城西郊，毗邻涟水河，地势平坦，资源丰富。1950年置泉塘乡，1962年改公社，1984年复置乡，1994年建镇。面积98.7平方公里，其中耕地面积4.74万亩，人口5.4万。镇政府驻繁育。湘黔铁路过境，S312国道湘棋公路，潭邵高速公路贯穿全镇，交通便捷。拥有青山水库、石鱼山、万安寺等秀水名山福地。现辖47个村，现农村从业人员28000人，其中第一产业19700人，第二产业4700人，第三产业3600人，是典型的农业大镇，个体工商业、餐饮业、服务业日益发展壮大。乡镇企业有矽砂矿及水泥预制品、石膏粉等厂。农业主产稻谷，兼产茶叶、蜜橘。

【壶天镇】地处长沙、湘潭、娄底三地市交界地，跟娄底市区仅10余公里。总面积144.7平方公里，耕地面积34488亩，总人口49583人。省道1810线、1816线和洛湛铁路穿过境内，交通便利，基础设施条件较好，

地缘区位优势突出。辖50个村委会和壶天街、北风铺2个居委会。农业主产稻谷。乡镇企业有石灰厂、副食品加工厂、煤矿。镇内归云、角峰、胜岩、仙迹、石钟、石鼓、石狮、石虎为"湘乡八景"。2015年7月，湖南省湘乡市壶天镇入选第三批全国特色旅游名镇。

【龙洞镇】因一条长达4公里的古老"龙洞"而得名。1995年，撤区建乡，由原来的大田乡和龙洞乡合并而成的。2008年7月1日，龙洞撤乡建镇。龙洞位于湘乡市城郊，与伟人故里韶山毗邻，是开国元勋陈赓、谭政两位大将的故乡。有巍巍韶峰、"杨门七雄"烈士遗址，有毛泽东亲自主持成立的湘乡第一个农村党支部——徐家湾支部旧址等红色革命旅游景点，红色旅游资源丰富。镇域面积76.8平方公里，下辖22个村、2个居委会，人口2.92万。其中农业人口24500多人，总耕地面积28000多亩。境内交通便利，湘韶公路横贯其中，上瑞高速公路穿身而过，距湘乡出口仅6公里。

◇ 城市经济

【综述】湘乡经过多年发展，城市经济取得长足进步，综合实力不断提升，已形成以韶峰、湘碱、湖铁、燕京、湘铝、怀其等大企业为龙头，以冶金、建材、食品、机电、化工、制革等支柱产业为主导，以工业园区为载体的发展格局。2014年、2015年获评省全面小康经济强县，湖南省县域经济十强县。2016年全市完成工业增加值151.37亿元，园区规模工业增加值占全部规模工业的比重达到67.5%。农业发达，粮食生产连续五年进入全国先进县，生猪出栏稳居全国前六位。主要农特产品有茶叶、粉丝、干椒、火焙鱼、咸鸭蛋、腊鱼等。矿藏资源丰富，现已勘明优质矿藏30多种，"棋梓灰岩"、含锌天然矿泉水、白云石、矽石、石膏、滑石、铁、锰等质优量多。第三产业蓬勃发展，获批省农村电子商务示范市，电商平台抢滩湘乡；旅游产业不断壮大，催热全域旅游；金融安全区创建再结硕果；房地产市场有序发展。2016年完成地区生产总值365.65亿元，按常住人口计算，人均地区生产总值为45465元，三次产业比重为16.4：50.2：33.4，对经济增长的贡献率分别为5.9%、47.5%、46.7%。全市实现财政总收入19.64亿元，其中地方收入14.11亿元，财政总支出46.67亿元，其中一般预算支出44.72亿元。完成固定资产投资204.83亿元，社会消费品零售总额101.07亿元，全市进出口总值7212万美元，城镇居民人均可支配收入30074元，农村居民人均纯收入15474元。

【湘乡经济开发区】位于上瑞高速公路湘乡出口两侧，于2005年8月启动开发建设，规划总面积逾50平方公里。2006年7月经国家发改委核准为省级开发区，2012年4月更名为湖南湘乡经济开发区。下辖红仑新型产业园、皮革工业园、城西老工业区、泉塘工业园和金石工业园，累计投资200多亿元，先后建成红仑大道、湘乡大道等10条干道，形成了"五纵五横"交通网络，给排水、绿化、亮化等配套设施日趋完善，建有30万平方米标准厂房区，园区承载能力不断加强。共引进入区企业近200家，其中工业企业172家，就业人员逾1.3万人，初步形成了机械制造、电子电器、皮革加工、绿色食品等主导产业，拥有深思电工、绿湘园米胚油等4个中国驰名商标，怀其皮革、盘峰水泥等8个湖南省著名商标。

【（五矿）湖南铁合金有限责任公司】
位于湘乡市新湘西路，是中国五矿集团根据与湖南省政府签订的重组湖南铁合金集团有限公司相关协议，于2007年4月底在湘乡市注册成立的。原湖铁始建于1958年，是建国初期国家"156项重点工程"建设项目之一，也是原冶金部直属企业，全国18家重点铁合金生产企业之一，国家大型一档企业。公司占地面积115万平方米，拥有总容量为137400KVA的大中型电炉12台、120立方米高炉一座和钛铁生产系统，年生产能力30万吨。2008年公司跻身国家高新技术企业行列，这是全国铁合金行业首家通过认定的企业。公司拥有多项铁合金生产技术专利，产品覆盖硅、锰、铬、钛、镍五大系列30多个品种，是目前国内品种最齐全的大型铁合金综合生产企业之一。公司按ISO9001：2008标准，建立了完整的质量管理体系，并通过认证。

【湖南省怀其皮革集团】位于湘乡市向红路，创建于2004年，前身是湖南省湘乡市怀其制革有限公司。集团下辖制革有限公司、皮革制品有限公司、进出口贸易有限公司、建设开发有限公司、污水处理有限公司等。集团拥有资产总额3亿元，其中固定资产7800万元，先进的机器设备900多台，年加工生产能力为400万张猪皮革，300万打手套。集团现有员工726人，其中管理、技术人员78人，有一支操作技能稳定的技工队伍，产品2003年通过了ISO9001：2000质量管理体系认证，产品质量超过了GB1872-1993标准，98%以上出口美国、德国、俄罗斯、欧盟等国家和地区。公司被国家农业部等8部委评选为"农业产业化国家重点龙头企业""全国农产品加工业示范企业""国家高新技术企业""全国猪皮加工贸易企业"。

【湖南有色湘乡氟化学有限公司】位于湘乡市新湘路，始建于1958年，原名湘乡铝厂，2001年改制为湖南湘铝有限责任公司，2006年分立重组氟化盐优良资产成立湖南有色氟化学有限责任公司，2008年湖南有色组建氟化学集团，公司名称变更为湖南有色湘乡氟化学有限公司。公司注册资本28620万元，资产总额6.3亿元。现有在职职工3792人。公司主要生产经营氟化盐、电解铝二大系列产品，其中氟化盐年产能10万吨。从瑞士和德国引进的干法氟化铝生产线，属国内独家，其产品为国家级新产品。目前开发并批量生产了氟钛酸钾、氟硼酸钾等20多个氟系列产品。公司通过了ISO9001：2000质量体系认证，公司拥有自营进出口权，产品除供应国内大中型铝厂外，还远销20多个国家和地区。

【久大集团湘潭碱业有限公司】位于湘乡市昆仑桥南津路，其前身是湘乡市化工厂，四川久大盐业（集团）公司2009年成功收购湖南湘潭碱业有限公司，跨入盐化工行业。主要经营氨、硫磺生产、碳酸钠、肥料用氯化铵、硫酸铵化肥生产、销售；化工机械制造、销售；化工产品销售等。久大集团湘潭碱业有限公司现有注册资金4700万元，总资产4亿元，净资产12583万元，员工600人。2009年以来，公司总销售收入达40亿元，上缴税金1.29亿元，发放员工工资福利2.46亿元，为当地的经济发展发挥了重要作用。

【湖南燕京啤酒有限公司】位于湘乡市东山路，前身湖南省湘乡啤酒厂是湖南省建厂最早的啤酒企业，始建于1976年，由原湘乡啤酒厂先后经过两次资产重组改制而成的。1997年与北京军神集团兼并联合，成立湖南湘啤饮料有限公司；1999年7月由军神集团将湘啤80%的资产转让给北京燕京集团公司，并正式挂牌更名为湖南燕京啤酒有限公司，成为燕京集团下属的一个子公司。公司于2005年通过了ISO9001：2000质量管理体系认证和QS市场准入验收工作，于2006年通过了质量体系认证复审工作。公司现拥有固定资产2.65亿元，厂区占地22万平方米，年生产啤酒规模能力20万吨，职工总人数1100人，有大中专毕业和各类专业技术员工169名，各级管理人员64人。

【湖南埃普特医疗器械有限公司】位于湘乡经济开发区湘乡大道，成立于2006年底，是一家集心脑血管内微创介入器械研发、生产与销售为一体的高新技术企业。现有职工70多人，拥有一支以国内外专家为骨干的精良技术队伍，形成了国内外专家参与的，集合医学、工程学、金属处理、焊接、记忆合金应用、塑料加工和制造、计算机技术应用等多方面人才的研究开发力量。现已成功开发和生产应用于诊断和治疗心血管疾病的S5带止血阀导管鞘、房间隔穿刺系统、导引导管、PTCA球囊导管、超滑导丝、超滑造影导管、血管鞘组、远端保护器、血流重建装置、血管内支架、微导管以及脑血管疾病治疗用的血栓切除器等20种产品。特别是血管内介入导管和微导管生产核心技术处于国际先进水平，是国内唯一获市场准入的介入电生理电极导管生产厂家。2009年被评定为国家高新技术企业。目前，该公司拥有专利35项，其中发明专利11项，实用新型专利24项。

【吉昌股份有限公司】位于湘乡经济开发区红仑工业园区引凤路，2012年落户湘乡经开区，是集动漫玩具、婴儿用品设计及开发为一体的大型外商独资有限公司，湘乡吉昌动漫分公司负责动漫玩具生产与销售，公司注册资金9988万港元，资产总额1.8亿元，项目总投资7.5亿元，占地面积267亩，第一期工程120亩，第二期工程147亩。企业第一期建设5万平方米现代厂区，配备20套规模生产流水线。2016年年底一期工程已完成3栋厂房建设。下一步，该企业计划与AREA、腾讯、百田、倍乐生等公司合作，实现出口与内销同步进行，形成动漫设计、发行、玩具设计、销售、模具开发等一体的产业链，预计实现年产值3亿元左右，着力5年内将公司打造成中国最佳的动漫玩具产业基地。

【湖南香雪园食品工业有限公司】位于湘乡经济开发区湘乡大道，创办于2006年，是目前国内规模最大的条装糖果制造商。公司拥有多条糖果和休闲食品生产线，旗下拥有"香雪园""小狐狸""久珍"三大核心品牌，糖果、休闲食品两大品类，橡皮糖、夹心奶糖、蛋筒燕麦巧克力、清凉糖薄荷/话梅等多种主打产品。先后与国内多家知名食品企业签订合作协议，产品远销国内外，以其创新工艺和卓越口感赢得了消费者的信赖和喜爱。其拥有的"香格里拉"商标被认定为"湖南省著名商标"。

【壶天粉丝】因纯天然、绿色无污染，壶天红薯粉丝很受市场欢迎，不少本地的村民都会制作，也是当地人家家户户必不可少的年货。红薯粉丝是利用红薯为原料，靠红薯内的淀粉制作的一种食物，清香可口、食法多样，与许多食品搭配能用多种方式烹调，做出凉、热、荤、素、炒、蒸各式各样

的菜肴。是湘乡人新春佳节餐桌上一道美味可口的菜肴。

【红仑春茶】由湘乡市红仑春绿茶厂生产。茶场位于海拔800米的金盆岭，这里常年云雾缭绕，气候温和，日照时间短，气压低，具有夏凉、冬寒、雾多、雨量充沛的特点，为茶叶提供了得天独厚的生长条件。红仑春天然毛尖茶是经传统制茶工艺与现代科学技术相结合精制而成，具有茶叶外形弯曲、色泽翠绿、白毫显露、汤色绿亮、滋味醇厚、回甘、叶底嫩绿匀齐等品质特征。一经冲泡，汤色嫩绿明亮，嫩香持久，滋味鲜醇悠长，品后口留余香。

【湘乡咸鸭蛋】咸鸭蛋历史悠久，营养丰富，是湘乡一道传统美食。湘乡咸鸭蛋的制作为1公斤鸭蛋配比200克盐，待盐水冷却，与黄泥搅拌，将鸭蛋没入其中，鸭蛋在密封的坛子里封存。一个月后，盐分渗入，水分渗出，鸭蛋固有的性状和风味发生改变，蛋壳滚上草木灰，保质保鲜、防止破碎，洗去黄土煮食，腌制过程中分离出的脂肪，聚集形成鲜香的蛋黄油，咸蛋黄独有一种绵密与颗粒感兼备的沙软口感，蛋黄发红、起沙、油多，蛋白鲜细嫩滑，口感上佳。2014年曾在央视纪录片《舌尖上的中国2》中得以展示播出，引发强烈反响。

【湘乡腊肉】腊肉是湘乡餐桌上的一道美食，也是湘乡美食名片之一。腊肉选用新鲜的带皮五花肉，分割成块，加入食盐腌制后，晾挂在宽敞地方待自然风干。在密闭性

很好的水缸或废油桶内，放入稻谷壳、茶叶、橘皮等，将腌制好的肉悬挂在水缸上，用青烟持续熏制。除了腊肉，鱼、牛肉、其他家禽野畜的肉外，牲畜内脏也可用同法熏制。经过两到三天的烟熏，色泽鲜艳诱人，味道醇厚香浓。食用时，取肉在火上将肉皮烧焦黄，再放在温水中将皮泡软，刮洗干净备用。不同部位腊肉的烹调使用的方法不同，如排骨、猪蹄一般用来炖，制作火锅；其他部位一般用来与蒜苗、藠头、萝卜皮一起炒、蒸，口味极佳。

【湘乡酒糟鱼】 酒糟鱼在湘乡流传已久，虽说"鱼和百味"，但湘乡"酒糟鱼"的风味却特别独特。酒糟鱼是湘乡饮食文化的一种地方特色，在清咸丰同治时就已盛行。至今有"左宗棠的红焖鳝、曾国藩的酒糟鱼"之说法。酒糟鱼是用鲜鱼腌制，晾到半干时，放进晾好的米酒坛子里封起来。十余日，即可取出，或蒸或煮，与酒糟同沸之，飘香四溢。曾国藩故居离虞唐镇小路距离不过二十里，所以酒糟鱼也是当地的家乡菜。恰如湘乡蛋糕一样，经名人著作一传而香飘四海。

【湘乡啤酒】 由原湘乡啤酒厂生产。据清朝嘉庆《湘乡杂志》记载："乡泉井，水香如椒兰，酿酒殊腾，南齐时以之充贡。"以此井水酿制的啤酒，酒味醇香，纯正爽口，是湖南省唯一获"湖南名酒"称号的啤酒。原湘乡啤酒厂在芗泉井附近钻井220米深，引水作为酿造用水。经化验，水无污染，属"低矿化度重碳酸盐钠极软水"，极宜酿造浅色啤酒。1989年经国家地质部、轻工部、卫生部专家联合鉴定，该水属于含锌、硒、锶等11种微量元素的天然矿泉水。湘乡啤酒此后依托燕京品牌，在湘的销量一直独霸龙头。

◇ 城市文化

【综述】 湘乡是湖湘文化的重要发源地，湘乡的湘军文化、红色文化、传统文化、民间文化交相辉映、相得益彰。湘军文化闻名遐迩，"自古无湘不成军，天下湘军出湘乡"。湘乡曾"以百里之地荟萃群才，以一军之威维系全局"，"以一县之兵，征伐十八省"，历经半个多世纪，在中国近代史上写下了浓重的一笔。红色文化资源丰富，杰出将领黄公略，大将陈赓与谭政，无产阶级革命家李卓然等都是湘乡红色文化的杰出代表。新中国成立后，又走出了贺国强、成思危、宋文汉、丁一平等一批党和国家、军队领导人。传统文化源远流长，这里发现战国以来的古墓葬5000多座及大量文物。文庙、伏虎井、褚公祠、观音阁、状元塔、宋窑遗址等20多处古迹保存完好。民俗文化生动活泼，湘乡方言、壶天火龙灯、金石石坝鼓、梅桥夜唢哪等均被列入湘潭市非物质文化遗产保护名录，不同的习俗风情见证了湘乡的发展，彰显了湘乡人民的生命力和创造力。城区现有文化馆、图书馆、博物馆、剧院各1处，电影院2处，各种艺术团体数十家。2016年，全市文化产业增加值占GDP比重达7.26%。省级非物质文化遗产保护名录1项，湘潭市级非物质文化遗产保护名录6项。

【湘乡方言】湘乡话通行于古湘乡地区，包括今天的湘乡市，双峰县，娄星区以及涟源的一部分（1952年以前一直是一个县）。据查证，湘乡话是目前保存最完整最古老的两个古语之一，湘乡话属古楚语。湘乡方言各地差异很大，是"老湘语"的重要代表之一，具有鼻音重、池音声母多、声调低音成分占优势等语音特点。湘乡话在历史上也有过不同划分：1960年划至老湘语，1987年归为湘语—娄邵片，1991年划至南片湘语（老湘语），2001年将湘乡方言作为湘乡型方言的代表方言，2002年又归为湘语—娄邵片，2005年将其归为湘语娄邵片中的湘双小片。其中鲍厚星、陈阵的划分意见，即将湘乡方言归为湘语娄邵片中的湘双小片，目前比较广泛地被人接受。

【湘乡龙洞】位于湘乡市龙洞镇，境内有一条长达千余米的石灰岩溶洞。传说很久以前洞内出了一条龙而得名。以大、深、曲、奇而闻名。龙洞的特点是洞里有洞，大洞串小洞，小洞连大洞。头洞甚大，高约10余米，宽约10米，长约在30米至35米之间，可容纳数百人。洞门上方悬一吊石，舌状，约有2米多长，1米多宽，传说为龙舌。20世纪50年代两次土炮，炸去十之六七，雄伟状色减大半。四壁光滑如绸，有人说是龙舌之

功，千百年来竟无有疑者。尽管传说相当美丽动人，但从地质学的角度看，龙洞也不外乎是一种"喀斯特"现象，石灰岩的碳酸钙质，长期为水溶解而形成的"溶洞"。

【万福桥】位于湘乡市西南五公里处的洙津渡，横跨涟水，衔接湘潭与邵阳，是湖南省颇有名气的大型石拱桥。清代以前，有湖南民谣说："走尽天下路，难过洙津渡"。《南中纪闻》载："洙津渡渡夫最刁，客担经涉，受其逼诈者无不切齿。"对此，邵阳人徐公明非常气愤，决心变卖家产，广募资金，在渡口修一座桥。该桥动工于清雍正元年（1723）秋，竣工于四年夏。以后大桥经多次维修，特别是黄文玉、黄笃伦、黄景云祖孙三代三修大桥，传为佳话。现在的桥长166.8米，宽6.7米，高10.8米的9拱10墩公路桥。桥东建楚南大观牌坊一座，牌坊下立"万福桥"石碑一块。

【石鱼山】在湘乡市城西十里的湖山乡境内，又名石鱼屏，曾誉称"石鱼彭鬣"，为湘乡八景之一。一千多年以前，我国古代卓越的地理学家郦道元在《水经注》中这样记载过："涟水东入湘乡，历经石鱼山，山高数十丈，广十里，山下多元石，色黑而理若云母，凿开一层，辄有鱼形，鳞鳍首尾，宛若刻画，长数寸，鱼形备足，烧之作鱼膏腥，因以名之。"石鱼给人以奇特神秘之感，它就是一种石。据考证，在几百万年以前，湘乡的湖山及至苏坡乡一带是一个偌大的湖泊，湖泊里生长着鱼和其他浮游生物。

后来，由于地壳的剧烈运动，这些生物一批一批被埋在泥沙下面，长期受着压力和地心热力的作用，泥沙形成为岩石，鱼经过炭化也就凝胶在岩石层中，成为化石。

【湘乡烘糕】自清雍正元年（1723），由县城天元斋斋馆研制成功以来，历200余年而不衰。咸丰年间，曾国藩率湘军镇压太平天国时，曾以烘糕作兵士军粮，战后呈皇帝及朝廷大臣品尝，倍受赞誉，被钦定为贡品。1932年曾送芝加哥博览会展出。1937年湖南各界携烘糕赴沪慰劳十九军将士，对抗日将士鼓舞极大。烘糕以上等白米、白糖为原料，经浸米、磨粉、筛粉、拌糖、上匣、划片、烘焙等工序制成。象牙色、落口溶、火炙香、清纯爽口，营养丰富；因不含油盐，又系直接火烤而成，故卫生无菌，便于保存，既可作旅行干粮，又可作婴儿代乳食品，尤宜家庭备用，馈送亲友。1980年挖掘传统工艺，改进包装，获省优质产品证书。湘乡烘糕被列入湘潭市第四批市级非物质文化遗产项目名录。

【湘乡蛋糕花】又名湘乡蛋糕、湘乡蛋卷，是湘乡第一名菜。毛主席的外婆是湘乡人，少年毛主席在湘乡东山学校启蒙读书时候，多次品尝外婆家的蛋糕花。后来毛主席在《湖南农民运动考察报告》中提到了湘乡的蛋糕、蛋糕席。在湘乡的传统宴席中，蛋糕花是头菜，即第一道菜。湘乡饮食传统没有蛋糕不成席。湘乡蛋糕被列入湘潭市第四批市级非物质文化遗产项目名录。

【水府火焙鱼】深藏于"天下水府，人间瑶池"的湘乡市水府庙库区的天然氧吧中，全部采用纯手工加工，从选料到清洗沥干，再到腌制清洗，杀菌消毒，晒干，烘焙，再配以糟糠、木屑烘烤。熏制出炉后，鱼香扑鼻，身子黄、肉儿鲜。"水府火焙鱼"系列产品包括野生刁子鱼、水府四宝、水府鳜鱼、水府棍子鱼、水府银鱼等多个品种，远销湖南、广州、贵州等地，以其独特的原材料、独到的加工手法、独有的水府风味，成为市场上一道独特的风景。水府火焙鱼已被列入湘潭市第四批市级非物质文化遗产项目名录。

【湘乡云门寺】位于湘乡市望春门53号，始建于宋皇祐二年（1050），原名"石碑寺"，后因明永乐九年（1411），有高僧慈惠从浙绍云门山来，卓锡于此，天现祥云，邑侯秦豫奏于上，以其祥瑞，更名云门寺。云门寺占地约10亩，其主要建筑有前殿、中殿、大雄宝殿和观音阁。其中观音阁最为壮观。殿阁进深35.4米，通面宽17.5米，高约15米。古寺居城市中心，历千余年风霜雪雨，刀兵火劫，依然得以保全，在全国实属罕见。现殿内供奉有全国第二大之木雕泥塑千手千眼观音像。佛像身高12米，全身贴满黄金，直立于莲花宝座上，面颊丰满，双目微俯，形态端庄慈祥。寺内还有著名文物石雕十八罗汉像。十八罗汉，建于清光绪十九年（1893），每尊都是同一块整体的汉白玉雕刻而成，身高1.5米，形态各异，或舒目展颜，或挖耳蹙听，或捧腹憨笑，或掩卷沉思，或眉目传情。刻画栩栩如生，充分显示了古代高超的雕塑技艺。1959年，云门寺被湖南省人民政府定为省级文物保护单位。

【曾国藩生平研究馆】从原湘乡走出去的晚清名臣湘军统帅曾国藩，是这方神奇土地孕育的湖湘文化的杰出代表，对近代中国影响巨大，是湘乡的一大文化品牌和名片。为了挖掘湘军文化，2010年，湘乡市在曾国藩曾就读的湘乡涟滨书院旧址（今一中南校区内）建立了曾国藩生平研究馆。展馆为独立上下二层楼房，外貌为晚清建筑风格。设有寒窗苦读、京师岁月、湘军统帅、总督南北、倡办洋务、一代儒宗、家教传承、流被桑梓、精品展室9个展室，共800平方米。采用声、光、电相结合的手段，将"立德、立功、立言三不朽，为师、为将、为相一完人"的"全身"曾国藩穿越历史时空，再现世人面前。

【镇湘楼】湘乡城市的标志性建筑，是湘乡历史上最负盛名的古楼。始建于明代晚期，先是作为戍楼而建，人在楼上守望，一有战事发生即鸣铃报警。历史上曾先后四次重建，最后毁于20世纪五十年代。湘乡市于2009年决定易址重建镇湘楼。西北临涟水河，东南接滨河南路，处于涟水河风光带上，用地为呈东西走向的长形地带。整个工程风格为仿明清风格五层建筑，台座以上的主楼取"明五暗九"格式，主体高度57.9

米，总用地面积14209平方米，总建筑面积10245平方米，由镇湘楼建筑群、休闲广场、庭院等组成。楼面布局明暗相间、合二为一，突出"灵山秀水""腾龙起凤""镇湘卫国""共和新天""天地人和"5个主题，古朴大气，恬静优雅。

【褚公祠】褚公即褚遂良，为唐朝政治家、书法家，博学多才，精通文史，工于书法，与欧阳询、虞世南、薛稷并称"初唐四大家"，传世墨迹有《孟法师碑》《雁塔圣教序》等。因坚决反对武则天为后，被贬潭州，将唐初最先进的中原文明传播到了湘乡。褚公祠最初修建于宋绍定二年，现位于湘乡市夏梓桥街道和涟滨北路之间，滨临涟水。修缮工程于2015年7月启动，2016年12月完成主体修缮，2017年11月完成壁画字体修复、碑刻保护、陈列布展和其他服务配套设施建设等，总用地3200平方米，修复原有建筑面积约800平方米，新建建筑面积约1200平方米。褚公祠设有纪念厅、生平厅、书法厅、碑刻厅、游客中心以及童志雄、丁广茂、胡建雄、罗志坚、周志为、黄元6位湘乡书法名家的工作室。

【湘乡孔庙】又称文庙，是湘乡最古老的宏伟建筑之一，始建于北宋大中祥符二年（1009），庙址原在涟水之东仙林冈（今东岸坪），宋、元、明、清四朝，曾先后修复、重建、扩建达七次之多。清雍正十一年（1733），各地奉旨查修天下文庙，邑人黄宜中、萧衍等因见庙居郭外，临坍岸，便集银五千两，申议移建于黄甲岭。这就是今天见到的坐落于湘乡一中校园内的孔庙。孔庙旧时的最后一次修复是清同治三年（1864），系湖南道台许隆阿为首组织。两百多年后的1994年，经湘乡一中奔走呼号，多方募捐，筹集资金百余万元再度重修，使孔庙这一古代建筑艺术的杰作，重现出金碧辉煌、庄严肃穆的绚丽异彩。孔庙主体建筑大成殿系典型的明清古建筑结构，重檐斗拱，红墙碧瓦，酷似天安门城楼。

【蒋氏宗祠】位于湘乡市壶天镇山坪村杨树坡组，据蒋氏家谱记载，清咸丰六年，由蒋泽澐为首倡修。蒋泽澐，县生员，任盐运史衔，江西、浙江执知府，赏戴花翎，授通义大夫，其父曾任陕西布政司，山西按察使等职。宗祠原由三进（现第三进改建成学校）组成，硬山顶，阶梯式封火墙，垂脊有翘角，正脊有中花，面阔五开间，进深38米，抬梁式结构。前两进两侧均有廊道，直达第三进，廊道围墙上部有动植物、乐器、兵器图案的泥塑。立柱为38个砖砌圆柱，用洋灰抹面，圆柱上方有似罗马风格的构件。大门左右两侧墙上有1946年绘制的清版中国地图和世界地图，保存较好。蒋氏宗祠是湘中传统古建筑风格和西洋建筑风格相融合的产物，它反映了近代中国人对洋文化的吸收和运用。

【文塔】南宋淳熙十四年王容中状元，湘乡文运始兴，为资纪念，因建文塔。2002年重修，总投资超过500万元，为湘乡市的标志性建筑，文塔总共七层八面，二十余米高，塔下有花岗岩底座和水磨青砖护栏。塔内有孔子、文殊、财神、寿星等塑像，文塔坐落于涟水河畔，东台山东南侧，距湘乡市区约五公里的文塔山上，毗邻东台山，登塔远望，湘乡全城尽收眼底。

【观音阁】又名潮音阁，是湘乡八景之一。位于湘乡市潭市镇，观音阁面朝涟水，背倚悬崖而建，地理位置险峻奇特。主殿黄色外墙红色屋瓦，檐下雕梁画栋，四周石栏上铭刻从古至今关于观音阁的诗词句。始建于宋末元初，临山依水而建，规模宏伟。500多年前，明朝正德皇帝游经涟水西岸潮音阁时，曾留下"山水奇观，人间仙境，天地造物，鬼斧神工"的玉言，是一处具有厚重历史文化底蕴的景点。

【伏虎井】位于湘乡市北正街，在城区北门有蒋公祠，志载为三国蜀汉大司马蒋琬故宅。祠内有联题曰："蜀中曾继卧龙相，湘上今传伏虎名"。旁有"汉大司马故里"碑。祠前有井相传为三国时蜀国继诸葛亮为相的大司马蒋琬年轻居家时所凿。旁立一石碑刻"伏虎古井"，为清道光典史袁宪健题。古井犹在，惜故居无存。

【宋窑遗址博物馆】位于湘乡市西南35公里处。该窑址为南宋时期的宋窑，距今约有八百多年的历史，分布面积大，文化层厚达1至3米，已发现的二处窑址相距不超过500米，只有小范围有盗挖痕迹，绝大部分保存完好。出土的瓷器品种繁多，釉色丰实，装饰技艺娴熟，手法多样，是具有一定历史研究和科学价值的古代窑址。出土的瓷器常见的器型有：杯、盏、碟、碗、瓶、壶、罐、钵、盘、炉，并有乐器拍鼓。有不少器物属国家二级、三级珍贵文物。

【牛形山战国墓】位于湘乡市区东北角，丘陵起伏，形似卧牛，俗称牛形山。这一带有密集的战国墓葬，是湘中地区战国时期墓葬最集中的地区之一。1975年和1976年对其中两个毗邻的高大土冢进行了发掘和清理，并定名为牛形山一号和二号战国墓。这两座墓葬无论从墓葬的规模或葬具来看，都明显地可以看出是湖南中部地区最大的战国墓葬。两座墓葬的随葬品，有漆器、木器、陶器、竹编织品、铜品、玉器、琉璃器和其他器物等近三百余件。漆器中的彩绘漆几，造型精巧，色彩鲜艳；纹饰秀丽，线条流畅。其他如彩绘漆案、圆形奁、豆和耳环以及彩绘虎座凤鼓架等，也都非常精致，玉器等保存也很完整。

【大湖状元塔】位于湘乡市金石镇大湖村赵公桥组靳江河畔，建于明末清初，塔高17米，共七层。状元塔用花岗岩石砌成，塔式重檐式建筑，是当地民众为纪念本地才子王容高中状元而建。该塔具有独特的历史文化底蕴，也是湘乡市现存的古文化建筑，2000年被评为湘乡市级文物保护单位。1928年因遭雷击，状元塔第5、6、7层及塔刹被击毁，其他各层也不同程度受损，2013年湘乡市金石镇启动状元塔修缮工程，如今这座状元化石已修复如旧。

【陈赓故居】位于湘乡市龙洞乡泉湖村杨吉湾。杨吉湾是一个建筑群体，土砖青瓦，上下两栋，左右两横呈"凹"形，共有40余间房屋，属中型民居款式。故居修缮项目于2008年2月启动，2009年9月竣工。总占地面积3200平方米，总投入1500余万元，充分保存了原有建筑风格与历史面貌，灰墙青瓦，砖木结构，以堂屋和过厅为中轴线，两侧基本对称，是典型的清末湘中民居。2011年3月，陈赓夫妇的骨灰回归故土，安葬在故居后面的山顶上。2011年陈赓故居已获批国家3A级旅游景区，为湖南省省级文物保护单位。

【黄公略故居】位于湘乡市中沙镇朝阳村高木冲，湘乡市区往南40多公里处的朝阳峰顶。朝阳村因居朝阳大山上部而得名。朝阳大山山势奇伟，周围数十里绵亘着许多大大小小的山头，众星捧月般把主峰朝阳峰捧上半空。黄公略故居就深藏在峰顶的怀抱里。故居始建于清咸丰二年（1852），1983年被湖南省人民政府公布为省级文物保护单位。因原故居已毁，1986年，湖南省人民政府拨款对故居进行了修复。整个建筑占地1275平方米，系一栋万字形平房，坐北朝南，砖木结构，小青瓦双坡顶，典型的江南民宅。杨尚昆题写了"黄公略同志故居"匾额。聂荣臻、王震、邓颖超、杨得志、张爱萍、浦安修、郭沫若、李聚奎等为故居题词。

【谭政故居】位于今湘乡市龙洞镇楠香村楠竹山屋场，是一座典型的江南大农舍。它北依蛇形山，南眺虎形山（现改名谭政大山），门前有10多棵古老而参天的松柏和常年清澈的堰塘水，构成一处仙境般山庄。楠竹山屋场曾居住谭、张两姓八九户人家。1906年6月14日，谭政大将诞生在农舍东头一侧。因年久失修及之后的人为改建等历史原因，谭政故居的建筑格局和历史风貌受到部分破坏。2018年启动修缮工程，规划中的谭政故居占地480余平方米，市有关部门拟按原貌进行修缮，将作为省级重点文物保护单位进行申报。

【李卓然故居】位于湘乡市山枣镇保元村，由故居、生平业绩陈列室和纪念园组成，占地面积约4000平方米，现为省级文物保护单位。李卓然故居系晚清湘中地区居民风貌建筑，由中间主体建筑和东、西两侧建筑构成。通过故居复原陈列，再现了李卓然少年时代的成长环境。李卓然故居景区现已成为湘乡市红色旅游的重要景点，同时也是缅怀革命先烈丰功伟绩、进行爱国主义教育的重要场所。

【金石石坝鼓】诞生于我国鼓乐乐器大繁荣的清末时期，主要用于花鼓戏、宗教、地花鼓、闹龙灯等各种祭祀场合。金石石坝鼓分为大鼓、堂鼓、高音鼓、手鼓、班鼓五种不同类型，尤以堂鼓闻名省内外。其主要材质是牛皮、木材、金铆钉等，牛皮浸泡液体材料及配方和蒙皮、定音技巧最为关键，其制作采用传统制鼓工具和工艺进行，再配以鼓面图案设计和印制。金石镇石坝村的"石坝鼓"有百多年历史，现已传承了五代。据"石坝鼓"传人丁德仁介绍，"石坝鼓"为纯手工制作，它用料讲究，工序繁杂，制作出来的鼓美观大方，经久耐用，现已远销湖北、江西、四川、内蒙古等多地，形成了很好的口碑。2009年，"石坝鼓"纳入湘潭市级非物质文化遗产保护名录。

【梅桥夜唢哪】梅桥镇与湘潭青山桥交界一带，山清水秀、风景优美，民风淳朴。每当那里有老人仙逝，孝家子孙为表深切悼念之心，把丧事办得庄重体面、热热闹闹。往往会请来鼓乐师，通宵达旦地吹吹打打，这种习俗已传承百年之久，形成了闻名三湘的"夜唢哪"艺术。夜唢哪属大吹小打，曲目无数，多为套曲。往往通过个人的吹奏技巧和复杂的指法变化，即使是三五天乃至十日半月仍不觉重复，反而更加新鲜，故得名"吹无底"。"夜唢哪"包括四种乐器，分别为：唢哪，有大唢哪、二堂、三音子、挤哪子（又名小青）；丝弦乐器，有大筒、中胡、笛子；特效乐器——笔杆；打击乐，有乍鼓子（又名竹篾公）、可子、堂鼓锣钹等。现在已被列入了湘潭市第三批非物质文化遗产保护名录。

【虞唐高跷】虞唐高跷于2014年被列入湘乡市第一批市级非物质文化遗产名录，2016年被列入湘潭市第四批非物质文化遗产保护名录。相传明朝正德年间，明武宗朱厚照私访江南，春节期间途经湘乡虞唐，明武宗一行参加虞唐花灯会的游艺活动，传授了高跷技艺，从此这门技艺被传承下来，至今已近五百年。2017年，被列入了湘潭市第四批市级非物质文化遗产保护名录。

【王容】（1163-1206），字南强，号希颜，南宋湘乡县十四都大湖（今金石镇白果村状元坪）人。从五代时司徒王仝至王容，历经十代，皆为书香门第，官宦世家。其中三代进士，一代状元，四代诰封光禄大夫，王容为其佼佼者。少年慕名入县城涟溪书院读书，十五岁入岳麓书院，从师张栻。宋孝宗淳熙十四年（1187）参加丁未科殿试中状元，任议政大夫礼部侍郎。金兵南侵时，力主复仇驱除金兵，遭主和派忌而劾之，谪为绍兴签判。宋宁宗嘉泰元年（1201）复召回朝廷，任起居郎职，掌记朝典。宋开禧二年（1206）因内忧外患致心力交瘁忧死家乡。

【黄公略】（1898-1931），湘乡桂花人，是红军将领、军事家、中国共产党早期领导人之一。黄公略1926年入黄埔军校学习，1927年加入中国共产党，是湘鄂赣边区革命根据地创始人之一。他历任红五军副军长和中国工农红军第三军军长等职。曾先后参加过北伐战争、广州起义、平江起义以及第一、二、三次反"围剿"，英勇善战，屡建奇功。在赣西南的斗争中，成绩卓著，毛泽东同志曾以"赣水那边红一角，偏师借重黄公略"的壮丽诗句给予高度评价。1931年在战斗中中弹牺牲。2009年，黄公略被中央宣传部、中央组织部等11个部门评为"100位为新中国成立作出突出贡献的英雄模范人物"。与林彪、伍中豪一起被称为井冈山斗争时期毛泽东的"三骁将"。

【释虚云】（1840-1959），法名古岩、演彻，法字德清，法号幼游，谷姓萧，今湘乡市梅桥墩镇横铺人。一生经历晚清、民国、新中国三个朝代，活了120岁，乃近代"一身而系五宗法脉"之禅宗大德，为近代禅门泰斗。1951年4月，中央人民政府赠誉"中国佛教最杰出的高僧。"1953年被选为首届中国佛教协会名誉会长，大力恢复重兴寺院，为后世禅宗复兴而选择培养储备了大量的护法居士和弘法高僧。虚云大师的代表作品主要有：《鼓山列祖联芳集》《校正星灯录》《具行禅人行业自化记》《虚云和尚法汇》等。衣钵传人：本焕、佛源、净慧、传印、一诚等。宗派：曹洞、临济、云门、法眼、沩仰。

【陈赓】（1903-1961），原名陈庶康，湘乡市龙洞乡人。中国人民解放军高级将领，军事家。陈赓1917年投湘军当兵。参加了护法战争、驱张（敬尧）战争、湘鄂之战。后脱离军阀部队，投身工农运动。他是久经考验的忠诚的共产主义战士，杰出的无产阶级革命家、军事家，中国人民解放军的卓越领导人，中央军委确定的36位军事家之一，新中国国防科技、教育事业的奠基者之一。历经北伐、南昌起义、长征、抗日战争、解放战争，为人民的解放事业立下汗马功劳。1955年被授予大将军衔。1961年3月16日在上海逝世，终年58岁。

【萧三】（1896-1983），湘乡横铺桃坞人，杰出的无产阶级文化战士，国际著名诗人。萧三与毛泽东1918年在长沙参与创建新民学会，1920年赴法国勤工俭学，参加工学世界社、少年共产党。1922年加入法共。同年转为中共党员。次年入莫斯科学习。1924年回国，1927年曾以中国"左联"常驻莫斯科代表身份出席国际作家会议，并加入国际革命作家联盟，主编《世界革命文学》中文版，同时开始诗歌创作，出版诗集10本，被译为英、法等多种文字。1939年回国，曾任"鲁艺"编译部主任，中央宣传部文委委员、边区和延安文协常委、《大众文艺》主编、曾出席中共"七大"，全国首届政协会议。1949年后任中国保卫世界和平委员会委员等职。其重要著述已整理成《萧三文集》《萧三诗选》出版。

【谭政】（1907-1988），湘乡市龙洞乡人。1927年参加秋收起义。同年加入中国共产党。谭政历任红四军军委秘书长、红十二军政治部主任、红一军团一师政委，中央军委总政治部副主任，东北民主联军政治部主任，第四野战军副政委兼政治部主任，中国人民解放军总政治部副主任、主任，国防部副部长，中央监察委员会副书记，解放军监察委员会书记，中央军委常委，中央

书记处书记等职。他是党和军队的优秀领导人，杰出的无产阶级革命家、军事家，人民军队卓越的政治工作领导人。中央军委确定的36位军事家之一，开国大将。

【李卓然】（1899-1989），湘乡市洪塘人。早年参加了五四时期学生活动，1920年赴法勤工俭学。1923年转为中共党员；后在苏联学习；1930年春回国，派往中央苏区工作，参加了第2-5次反围剿斗争；长征途中参加了遵义会议；1935年9月任红四方面军前敌政治部副主任；1936年11月任西路军军政委员会、工作委员会委员；1949年4月至1954年冬李卓然为改变东北地区的科学、教育、卫生等工作的面貌，做了许多工作。1954年11月，李卓然调任中共中央宣传部副部长兼马列学院院长。1979年1月，任中共中央宣传部顾问，1982年9月当选为中共中央顾问委员会委员。

【成思危】（1935-），湖南湘乡人。中国著名经济学家，"中国风险投资之父"。全国人大常委会副委员长，民建中央主席。软科学专家及化工专家。1951年参加工作，美国加州大学洛杉矶分校毕业，研究生学历，硕士学位，教授级高级工程师。曾任国际金融论坛（IFF）主席、中国软科学研究会理事长、中国管理现代化研究会理事长、中国科学院虚拟经济与数据科学研究中心主任、中国科学院研究生院管理学院院长，华东理工大学名誉校长，中国科学院、中国社会科学院、北京

大学光华管理学院、南开大学等院校兼职教授、博士生导师。

【贺国强】（1943-），湖南湘乡人。1966年1月入党，1966年9月参加工作，北京化工学院无机化工系无机物工学专业毕业，大学学历，高级工程师。2007-2012年，中央政治局常委（至2012年11月），中央纪律检查委员会书记（至2012年11月），中央组织部部长（2007年10月，不再兼任中央组织部部长）。第十二届、十三届、十四届中央候补委员，十五届、十六届、十七届中央委员，十六届中央政治局委员、中央书记处书记，十七届中央政治局委员、常委，十七大当选为中央纪委委员、常委、书记。

【彭崇谷】（1954-），湖南湘乡人，1981年12月加入中国共产党，大学文化。曾任湖南省衡阳市市长、湖南省省委组织部副部长、湖南省人力资源和社会保障厅厅长、湖南省编办党组书记，中华诗词学会副会长、中国书法家协会会员、中国楹联学会顾问、湖南省诗词协会会长等职。出版《西行诗集》《衡山新语》《南洋诗话》等诗集和《走近大家》书法专辑。全国有长白山、衡山、崀山、莽山、五指山、阳明山、舜皇山、君山、衡阳回雁峰、浯溪以及永州市、衡阳市等20余处名川大山，风景名胜地均有其诗、赋、联、题词书法刻石立碑。《三江源赋》被编进由高等教育出版社出版的《大学语文》教科书。

◇ 城市生态

【综述】东台山国家森林公园的旖旎秀丽、母亲河涟水河的碧波荡漾以及曾国藩诗文岛的花香扑鼻、树影婆娑，共同构建了环境优美、生态优良的湘乡"山水洲"城。湘乡市也在全力推进全域绿化，积极创建国家森林城市。全市有国家级森林公园1处，国家4A级景区3处，县级自然保护区3个，风景名胜、森林公园及旅游度假区多处。到2016年，全市林业用地面积为139.3万亩，占土地总面积的47.2%，森林覆盖率45.6%，绿化率46.9%，城镇建成区绿化覆盖率26%。全市活立木蓄积量408.3万立方米。全市城镇污水处理率为76%；空气质量达标率为97%，集中式饮用水水源地水质保持在II类水质标准，地表水质达标率为100%。主要污染物减排工作有序推进，全市化学需氧量较上年下降6.4%，氨氮较上年下降12.7%，氮氧化物较上年下降14.3%。

【茅浒水乡】坐落在湘乡市东郊乡的风水宝地——茅浒洲，紧邻湘乡市政府和毛泽东母校东山书院，距市区8公里，与湘江支流涟水河一衣带水。西有湘黔线、潭邵高速公路、国道320线贯穿，便捷的交通可直达湘潭、韶山、宁乡、娄底等周边城市；南与东台山国家森林公园及东山新城相连，碧水青山，交相辉映。荣获国家4A级旅游景区、全国休闲农业与乡村旅游示范点、湖南省五星级休闲农庄、湖南省十大品牌休闲农庄等多项殊荣，堪称长株潭地区一座不可多得的"后花园"。

【韶山灌区】国家水利风景区。地处湖南省中部广阔丘陵地区的韶山灌区，灌溉包括湘乡市在内的7个县（市、区）100万亩农田，是一个以灌溉为主，兼具防洪撇涝、发电、工矿城镇供水、航运、养殖等综合利用的大型引水工程。韶山灌区于1965年7月动工，在曾任国家主席华国锋同志的领导下，十万建设劳动大军仅用了十个月的时间，就顺利建成了引水坝、总干渠和北干渠主体工程，并于1966年6月2日通水灌溉。灌区工程由蓄水枢纽、引水枢纽、渠道工程三部分组成，其蓄水枢纽——水府庙水库、引水枢纽——洋潭引水坝以及起于洋潭的总干渠共20公里，都在湘乡境内。是湖南省最大的引水灌溉工程。

【曾国藩诗文岛】坐落在涟河中央的曾国藩诗文岛，被誉为湘乡城区的"绿心""绿肺"，占地168亩，呈梭形，是由碧洲公园提质改造而成的外向型、开放型的市域都市综合性公园。她以自然风光为主体，突出"文化、旅游"主题，兼具"休闲、健身"功能。岛上建有健身广场；环岛游道、护坡、游艇码头、曾国藩诗文雕塑景观。这里音乐婉转，游人如织，95块曾国藩诗文碑刻遍布小岛，浓缩着湖湘文化精髓，凸显着以曾国藩为代表的湘军文化内涵，让游人在休闲漫步中不知不觉接受传统文化的熏陶和启迪。

【褒忠山】位于市城西约35公里陶月山区境内，海拔八百多米，曾名"贞女山"，相传有邱氏二女终身不字，于此山修道成仙。宋末，乡民刘叔荣起兵抗元，踞山不屈。最后，兵尽粮断，坠崖牺牲。后人为纪念他，褒奖忠义，遂改名为褒忠山。景观有白云关、报恩寺遗址、仙女庙旧址、舍身岩、一尖峰、二尖峰等，其中以白云关最为壮观。褒忠山峰峦重修，修竹摇曳，林木荫蔽，山花香馨，百鸟啭鸣；山谷间，清泉飞瀑，流溪潺潺，如歌似曲，令人陶醉。有水杉、黑壳楠、润楠、红桐等许多珍贵树种，是一处难得的天然植物园。

【湘乡市污水处理厂】位于湘乡市东郊乡花亭村皮革工业园，一期设计处理能力为日处理污水2.5万立方米，自2009年9月正式投入运行。主要建设内容包括厂区土建施工，工艺设备、工艺管道安装、电气、自控系统安装，照明，防雷接地，采暖，通风，厂区道路施工及绿化等。二期于2013年12月竣工，厂区工程占地30多亩，日处理规模在一期2.5万吨/天基础上将可达到5万吨/天，项目采用卡鲁塞尔氧化沟生物处理工艺，同步增加了污泥深度处理、精密滤池和尾水循环利用示范点，出水水质指标将由原一期的一级B标准提高到一级A标准。

【湘乡市生活垃圾处理场】即湘乡市生活垃圾焚烧发电项目。项目概算总投资4亿元，建设规划用地120亩，焚烧生活垃圾500吨／日，配置12兆瓦汽轮发电机组一套，年发电量将达到5741万度，预计2018年可投入试运行。项目主要建设内容包括：生活垃圾焚烧、热力系统、烟气净化系统、灰渣处理系统、电气系统及自控仪表系统、利用余热发电等。标志着湘乡在生活垃圾处理上向实现资源化、节能化、无害化迈出了坚实的一步。

◇ 城市名片

【综述】湘乡，湘军源地、楚南重镇。近几年来，湘乡市获评"湖南省文明城市""湖南省旅游强县""湖南省园林城市"等多种美誉，不断朝着"实力湘乡、幸福龙城"的美好目标迈进。湘乡有国家重点文物保护单位东山书院，是伟人毛泽东走出韶山，求学励志、成长报国的第一站。东台山既是自然保护区也是国家级森林公园，红色旅游资源丰富。水府庙既是自然保护区也是国家湿地公园，享有"天下水府、人间瑶池"之美誉，为湖南省新潇湘休闲八景之一。

【东山书院】国家重点风景名胜区。东山书院为全省乃至全国保存最完好的一所书院，是全国重点文物保护单位、全国爱国主义教育示范基地、全国红色旅游经典景区、国家4A级旅游景区。东山书院于清光绪二十一年（1895）由原湘军将领、新疆巡抚刘锦棠及湘乡县举人许时遂、黄光福等人倡修，于光绪二十六年（1900）建成，规模为正厅三进，东西各五斋，合计60余间。书院门额"东山书院"四字，系清代榜眼、大书法家黄自元所书。书院建筑具有典型的湖湘书院文化特色，在布局上体现了"礼乐相成"的儒家思想，给人以幽深宁静的感觉。装潢上不求华丽，青砖青瓦，呈现出端庄、朴实、宁静、典雅的特色。书院建筑同时融入了地方祠庙建筑特点和西式建筑风格。书院是甲午战争后国人救亡图存的产物，它秉持"公诚勤俭"的校训和"唯才是教"理念，"废科举，兴新学"，开湖湘新式教育先河。为共和国开国领袖毛泽东主席的母校。

【东台山】位于湘乡市行政中心南侧，与少年毛泽东求学的东山书院毗邻，1992年获原林业部批准成立国家级森林公园，与市区隔河相望，总面积370平方公里，森林覆盖率95.45%，辖东台山、塔子山、狮子山三大景区。东台山国家森林公园属于亚热带常绿阔叶林植被区，树种资源丰富，木本植物有63科187种，草本植物1000余种，植被覆盖率93.54%，主要树种有银杏、杉、松、樟、玉兰以及杜鹃、红继木等。茂密的森林给动物提供了良好的生存环境，园内野生动物资源丰富，栖息着鼬、蛇、啄木鸟、大山雀、竹鸡、猫头鹰、穿山甲、小灵猫等多种动物。东台山不仅自然景观优美，而且人文古迹众多，历史悠久。景区内的文塔、八角亭、凤凰寺有千余年历史；唐代恒氏二女炼丹求仙的晒药石、洗药井，旁侧的天书石独具神韵；紫树玄台，风景别致；领袖台、将军坨挺拔秀丽，气势雄伟；引凤桥、门楼群，古色古香，构造绝妙，独一无二；凤凰山庄集楼阁亭榭、碑林书画、奇花异草、山珍野味于一体，引人入胜，耳目一新。

【水府庙】坐落在湘乡市棋梓镇，规划面积177.2平方公里，其中水域面积45平方公里，库容量5.6亿立方米。库面最窄处约10米，最宽地段3.5公里，碧波荡漾，烟雾缥缈，山峦倒影，令人心旷神怡，水中有岛，岛上有景。水府庙旅游区内有大小岛屿44个，是环长株潭地区面积最大的湿地资源之一。水库四周群山叠嶂，90多平方公里山地植被资源丰富，常年生长着近千种珍贵物种和多类国家二级保护动物，水鸟嬉戏，水面冬春多雾，夏秋多云，朝晖夕阳，气象万千。沿岸半岛，港湾纵横，岸柳成行花木繁茂，稻谷飘香，茶园泛绿，桔柚流芳，充满着诗情画意。2014年被评为国家4A级景区，力争打造成为国际国内著名的湖泊型生态休闲度假旅游目的地。

【城市荣誉】湘乡市获得的荣誉主要有：全国拥军优属先进县（市）、全国文化工作先进县（市）、全国造林绿化百佳县（市）、全国粮食生产先进县（市）、全国最具投资价值旅游城市、全国科技进步先进市、湖南省园林城市、湖南省社会治安综合治理先进（县）市、湖南省文明城市。

湖南城市大典 韶山市

韶山市

❀

韶山市，相传舜南巡时，奏韶乐于此，因名，1961年建区，1990年撤区设市，是中华人民共和国的缔造者之一、中国各族人民的伟大领袖毛泽东的故乡，国家重点风景名胜区，全国文明城市。

◇ 城市概况

【区划范围】韶山市，相传舜南巡时，奏韶乐于此，因此得名。为湖南省辖县级市，由湘潭市代管。位于湖南中部偏东湘中丘陵区。地理坐标为东经112°23'52"~112°38'13"、北纬27°51'40"~28°1'53"。位于湘乡、宁乡、湘潭交界处、距湘潭市40公里，距长沙市100公里。处于湘潭市市区以西、北、东与宁乡县麻山乡、朱石桥乡、三仙坳乡毗连，东南与湘潭县良湖乡、楠竹山镇接界，南与湘乡市龙洞乡、白田镇、金石镇接壤，西与湘乡市白田、金石镇相邻。辖清溪镇、银田镇2个镇，韶山乡、杨林乡2个乡，市域总面积为247.3平方公里。中共韶山市委员会、韶山市人民政府驻韶山市英雄路，电话区号：0731，邮政编码：411300。

【地理环境】韶山属于湘中低山丘陵区。地貌基本格局奠定于侏罗纪末期的燕山运动。以后随着地壳运动的间歇性缓慢上升与流水下切，形成了韶河溪谷与阶地，以及挺拔的韶峰山脉与丘岗剥蚀面。总的地貌轮廓是以韶峰山脉和韶河、石狮江两水为骨架，构成西部隆起，往东及东南倾斜的地势，山、丘、岗、平原齐备。全市最高点韶峰，海拔518.9米，最低点六亩洲海拔48米。韶山山脉由南往北，曲折延伸，于韶山冲内虎踞龙盘，遂构成众多的冲、洞、谷、壑等。韶山河流属于湘江水系，均经涟水入湘江。发源于韶山山脉的韶河最大。韶河原名云湖河，曾经是九曲十八弯。韶山地处亚热带湿润气候区，四季分明，冬冷夏热，夏热期长，严寒期短。年平均气温16.7℃，较四周县市略低，年极端最高气温为39.5℃。一月份平均气温为4.4℃。7月最热，月平均气温28.9℃。韶山年平均降水1358毫米，最多年份达到1719.9毫米。韶山日照偏多，年日照达1717小时，分布趋势与气温变化基本一致。

【资源物产】韶山已发现矿产12种，

有储量的矿产7种，矿床规模均属小型或矿点。铁、锰分布于韶山乡花园村、永义乡永义亭附近及杨林乡、永义乡铁矿体出露地表3层，地质贮量为118.188万吨，属小型、中品位。杨林乡谭家冲铁锰矿为火成的淋滤型褐铁锰矿，地质贮量36.23万吨，量少，不集中，矿质高，同时伴生锌、铅等。境内自然植被属亚热带常绿阔叶林，区系组成为壳斗科、樟、冬青科、山茶科、蔷薇科、芸香科等，共65科280多种，山林之胜，前人咏为"峰高青碍目，树远翠迷天"。韶山曾经是虎豹风生、龙蛇出没之地。滴水洞、虎歇坪、滑油潭、石旗冲历来是藏龙卧虎之地。1949年前后尚有华南虎约10多头，豹多头，1957年后虎渐绝迹，1963年后豹无踪影。有野猪、獾、狐狸、麂、花面狸、山羊、娃娃鱼、龟、鳖、雀、喜鹊、画眉、鹰等。韶山水域面积14.22平方公里，占土地总面积的6.8%。人均耕地0.89亩。

【建置沿革】秦至晋末属湘南县。南齐属湘西县。隋开皇九年并入衡山县。唐天宝八年改衡山县为湘潭县，自此至宋。元湘潭县升湘潭州，韶山归湘潭州。明代属湘潭县移风乡居义里；清代为湘潭县的第七都；民国时期先后属湘潭县西二区，第九区、清溪乡和银田乡、清田乡。新中国建立以后，韶山建制曾多有变化。1961年，湘潭全县恢复区级体制，设立韶山区，1968年12月，撤销韶山管理局和湘潭县韶山区，升为地级区，属湖南省直辖。1981年1月，省委、省政府决定，撤销湖南省韶山区，再度成立湖南省韶山管理局和湘潭县韶山区，分别隶属湖南省委和湘潭县委领导。1984年湘潭县韶山区升为县级区，改为湘潭市辖。1990年12月26日，经国务院批准，撤销湘潭市韶山区，建立县级韶山市，属湖南省辖，由湘潭市代管。

【人口民族】2016年末，全市总户数35681户，户籍人口118711人，其中男性59612人，女性59099人；0-17岁人口21097人，18-34岁人口26981人，35-59岁人口45948人，60岁以上人口24685人。全年出生人口1521人，出生率为12.8‰；死亡人口1344人，死亡率11.3‰。人口自然增长率为1.5‰。年末全市常住人口数9.84万人，其中城镇常住人口5.32万人，农村常住人口4.52万人，城镇化率54.1%。

【区位交通】位于湘乡、宁乡、湘潭交界处，距省会长沙市区公路里程100公里（铁路131公里），距湘潭市区公路里程47公里（铁路50公里），距宁乡市区公路里程45公里，距湘乡市区公路里程25公里，对外交通极其方便。韶山专线铁路与湘黔铁路相连，韶山高速与沪昆高速相接，沪昆高铁穿境而过。截至2016年末，全市农村公路中等量（PQI值）以上比例达90%，绿化率达90%，农村公路列养率达100%，行政村客运班车通达率100%。公交车通村率达60%，公交车出行分担率达45%，公交综合用地220平方米/标台，万人拥有公交车保有量21.69标台。

【社会发展】2016年，全市研究与试验发展（R&D）经费支出占地区生产总值之比为1.9%。全年发明专利授权量22件，万人拥有有效发明专利6.43件，全年共签订技术合同22项，技术合同成交金额2300万元。成功获批全省科技成果转移转化示范县，韶山市科技创业服务中心获批为省级众创空间。韶山普通高中在校生778人。初中在校生1979人。普通小学在校生5483人。中等职业教育在校生546人。在园幼儿3232人。小学适龄儿童入学率100%，初中阶段教育毛入学率100%，高中阶段毛入学率为95.2%。全市共有医疗机构93个，其中医院2个，乡镇卫生院5个，诊所（卫生所、医务室）25个，村卫生室60个，疾病预防控制中心1个，卫生监督所1个。全市共有卫生技术人员547人。医疗卫生机构床位506张。有体育场地241个。其中，体育馆1座，运动场（含体育场、小运动场、田径场）3个，游泳池（含游泳跳水场馆）1个。全市人均健身场地面积1.73平方米。2016年，年末参加城镇基本养老保险职工人数0.96万人。参加城乡居民基本养老保险人数3.85万人。参加城镇基本医疗保险人数1.3万人。参加失业保险人数0.47万人。年末领取失业保险金人数136人。参加工伤保险人数1.98万人。参加生育保险人数0.63万人。年末参加新型农村合作医疗人数9.4209万人，参合率98.56%。获得政府最低生活保障的城镇居民0.076万人，发放最低生活保障经费0.034亿元；获得政府最低生活保障的农村居民0.29万人，发放最低生活保障经费0.079亿元。年末各类养老机构床位750张，入住352人。

◇ 城市建设

【综述】韶山始终坚持"东城西景"的城乡空间结构，构建以清溪镇为中心的"东城西景北农"的功能格局。加大城镇基础设施建设资金投入，基础设施和公共服务设施日趋完善，城市品位不断提升。对城乡结合部、老城区、公路沿线、农贸市场、城市主要出入通道、车站、集镇、核心景区等重点区域的集中整治力度，城乡环境显著改善。供排水、环境整治、道路亮化等加快向农村延伸，土地综合治理、农业综合开发、农村电网升级改造成效显著，实现村村公路互通。城镇化水平显著提高，到2016年，全市城镇化率54.1%，城市建成区面积5.3平方公里，市区人口4万余人。2017年，入选为第五届全国文明城市。

【城市规划】湖南省人民政府2012年7月批复的《韶山市城市总体规划（2002-2020）》（2011年修改）指出，实行城乡统一规划管理，在全市域范围内，通过城乡一体化建设，在产业发展、空间布局、资源配置、基础设施建设、社会服务、劳动就业与社会保障、旅游、生态环境建设与保护等方面逐步实现城乡一体化发展。《规划》确定城市规划范围为32平方公里，在城市空间布局上坚持"东城西景"，引导人口合理分布，形成以清溪镇为中心的"东城西景北农"的空间格局。《规划》根据韶山市资源、环境的实际条件，坚持集中紧凑的发展模式，强调切实保护好耕地特别是基本农田。着力打造文化旅游、新型工业、商贸服务、现代农业四大产业。《规划》提出，2020年韶山市中心城区人口规模控制在10万人以内，建设用地规模控制在14平方公里以内，努力把韶山建设成为红色经典旅游城市。

【韶山高速公路】为进入韶山市的快速交通通道。路段起于潭邵高速公路韶山互通，由南向北延伸，经银田镇北，经湘潭县、宁乡市和韶山市三县市地域，过韶山灌区和韶山铁路，止于洞江口，连接韶山天鹅路。全长13.295公里，其中，高速公路11.3公里，一级公路连接线1.76公里，全路段为双向四车道、全沥青混凝土路面。共设置2座主线桥，5座主线上跨分离式立交桥，7座上跨主线分离式立交桥，互通式立交内桥梁3座，1处渡槽和1座跨铁路分离式立交。工程总投资3.86亿元，主线于2006年8月开始施工，2008年12月25日正式通车。公路沿线设有景观带，景观带长5.1公里，总投资5300多万元，景观建设资金全部由湖南省内19个省直政府机构、25家金融机构和18家大型企业捐赠。

【韶山专线铁路】韶山铁路，是中国湘潭市境内的一条支线铁路，由湘潭县向韶站经银田站通往韶山市清溪镇韶山站，全长21.4公里，在向韶站与湘黔线连接。韶山铁路由广州铁路集团管辖。1967年2月5日，韶山铁路建设工程正式开工，于1967年年底顺利建成，整个工程概算为910万元，竣工决算为993万元，正线每公里造价为46.04万元。这条"红色铁路"堪称新中国铁路建设史上修成标准最高、费用最少、质量最好、施工时间最短的铁路。1967年12月28日，韶山铁路正式通车。

【韶山火车站】位于韶山市市中心清溪镇，距韶山毛泽东青年塑像正前方50米，建于1967年。离向韶站21公里，隶属广州铁路（集团）公司娄底车务段管辖，现为三等站。韶山站一共有2趟列车经过，通过韶山站可以直达3个火车站。业务范围包括客运（办理旅客乘降；行李、包裹托运），货运（办理整车、零担货物发到，危险货物仅办理农药、化工品）。

【韶山南站】即韶山高铁站，位于韶山市永义乡境内，隶属广州铁路（集团）公司管辖。横跨韶南村与永泉村，毗邻韶山工业园区，距离市中心约6.5公里。车站地处丘陵地带，地表植被茂盛，山上多为树木、杂草，山脚多为稻田、水塘。车站中心里程为DK65+885，上行方向毗邻湘潭北站，下行方向与娄底南站相邻。车站性质为客运中间站。2014年12月16日建成通车。

【韶山大道】2008年开始建设，2009年5月建成通车，起于烈士陵园，止于与湘宁线交汇处叉路口，全长1860米，双向6车道，机动车路幅宽21米，加绿化带和人行道总宽50米，按城市主干道标准建设。

【韶峰路】由原来的创业路和竹鸡路组成，创业路于2010年建成通车，机动车路幅宽28或31.5米，两边人行道6米宽，全长2068米，按城市主干道标准设计。竹鸡路于2011年建成通车，路幅宽36米，全长963米，按城市主干道标准设计。整条路起于竹鸡塅，止于S208线。

【毛泽东广场】因位于毛泽东铜像前，故得名。是人民群众表达对毛主席崇敬、追思、纪念的主要场所。广场总面积102800平方米，分瞻仰、参观、纪念和休闲四个层次和区域。其中，瞻仰区1500平方米，纪念区1700平方米，集会区6300平方米，休闲区93300平方米（含瞻仰大道面积：长183米（寓意主席身高1.83米）×宽12.26米（寓意12月26日是主席的生日）=2244平方米，（农田面积20亩）。在广场中轴线瞻仰大道入口处有一块景观石，题刻中国书法家协会原主席沈鹏先生的"中国出了个毛泽东"几个大字。大道两旁有对称的六处小景观石，分别题刻《沁园春·雪》等毛主席诗词。广场总投资6600万元。

【韶山宾馆】位于韶山市韶山冲，距毛泽东同志故居500米，是湖南省委、省政府设立在韶山的国宾馆，隶属于湖南省韶山管理局领导。该馆采用传统园林建筑形式，处于青山绿水掩翳映带之中，环境清新幽雅，是旅游度假，召开会议的理想场所，自1952年建立以来已接待了包括毛泽东，邓小平，江泽民等在内的党和国家领导人80多位，外国元首14名，外国政府首脑80多名。发展成为集旅游度假，餐饮住宿，娱乐购物，会议接待等多项服务功能于一体的现代化宾馆。

【韶山新天地商业步行街】位于韶山市厦门大道与新颜路交汇处。是由新天置业发展有限公司精心打造的"城市旗舰综合体项目"，于2017年年初正式开业。项目总占地面积4.8万平方米，总建筑面积16万平方米，总投资5亿元，汇集5大顶级业态，由3万平方米的高端商业配套领航，涵盖高级购物中心、星级酒店、5A写字楼、高档住宅、商业街区，全方位满足客户在娱乐、休闲、办公、购物、居住等方面的需求，为韶山打造一个城市商业中心。

【韶山学校】坐落在毛泽东故居西侧的张家山上，是毛泽东亲笔题写校名并亲自视察过的一所全日制学校，其前身是1921年毛泽东倡导创办的毛氏族校。1922年，毛氏族校一分为二。毛氏族校改为毛氏一校，新辟毛震公祠为毛氏二校。1943年，毛氏一校改为兴华小学，毛氏二校改为震东小学。1951年，毛氏兴华小学改为韶山乡第三村校。1952年，改称为湘潭县韶山小学。1953年正式更名为韶山学校。现拥有教职员工150余名，班级42个，在校学生3000余人，校园占地面积60873平方米，校舍建筑面积23000平方米，是一所从小学至高中的"一条龙"全日制学校。2004年，学校升为省重点中学。

【韶山市人民医院】即韶山医院，位于韶山市民主路7号。是1967年经国家计委批准兴建，湖南省卫生厅直接组建的毛主席故乡韶山唯一的一所综合医院。1980年由省卫生厅下放到湘潭市卫生局成为湘潭市一所市直医院。2011年3月28日由湘潭市卫生局正式移交韶山市人民政府管理，经过省、市编制管理部门批准，于2012年12月20日更名为韶山市人民医院，从此韶山人民拥有了一家属于自己的"二级甲等"综合性医院。医院占地面积85亩，建筑面积40000平方米。现有职工380人，其中主任医师4人，副主任医、药师16人，中级职称95人。开设病床300张，设内儿、传染、妇产、五官、外科、骨伤、中医、肿瘤8个临床科室。

【韶山市文化馆】历史可以追溯到1952年8月，由湘潭县在银田镇建立的文化站。1956年5月，韶山区文化馆建立，银田文化站并入文化馆，馆址建在韶山冲（现毛泽东同志纪念馆处）。1963年，因筹建毛泽东旧居陈列馆，馆址被征用而暂停活动。2008年由长沙市委、市政府敬建的韶山文艺馆于12月26日毛泽东诞辰115周年时全面移交韶山市，并由韶山市文化馆管理。韶山文艺馆位于韶山市行政中心以东的红太阳广场内，外部造型独特，建筑设计寓意深远，以"根植大地，横空出世，千古一人"为设计理念，占地15亩，三层全框架结构，高18米，建筑面积3850平方米，2011年，韶山市文化馆被文化部评定为国家一级文化馆（县级）。

【毛泽东图书馆】旨在建成"毛泽东思想研究资料中心"，是经中共中央批准、江泽民同志题写馆名的纪念性专业图书馆。于1996年12月20日建成开放，业务上受湖南省文化厅指导。计划藏书50万册，现已征集收藏图书十万余册、书画作品600余幅、影碟3000多张。该馆自开放以来，陈锦华、毛致用、刘云山等党和国家领导人亲临视察，接待了来自20多个国家和地区的60多位海外同行，还有来自美国、英国、日本等22个国家的60多位外宾读者，接待国内读者、研究人员、观众30余万人次。2002年开办"韶山毛泽东图书馆"网站。

【韶山市图书馆】建于1974年3月，借用商业部门2间共计40平方米房屋作馆舍。1979年，由湖南省文化局拨款，正式修建馆舍。1981年2月，韶山特区政府被撤销，恢复为湘潭县辖区，韶山区图书馆被撤销，馆舍改作省文化艺术干部学校校舍，图书移交文艺干校图书室收藏。1986年9月，省文艺干校迁到长沙，馆舍和全部图书等财产移交韶山区人民政府。10月1日，该馆正式宣告成立。11月1日，正式对外开放借阅。2010年9月21日，韶山市"两馆一校"工程（韶山市图书馆、档案馆、党校）选址遵义路正式开工，建筑面积约5000平方米。2012年5月29日韶山市图书馆新馆正式免费开放。

【韶山毛泽东同志纪念馆】位于韶山冲引凤山下，坐南朝北，引凤山为韶山山脉落脉。纪念馆于1963年开始筹建，1964年10月

1日正式对外开放，加上后来扩建面积，总面积约8千余平方米，所管辖范围包括毛泽东故居、毛泽东父母墓、毛泽东私塾旧址—南岸、毛泽东铜像、毛氏宗祠、毛鉴公祠、毛震公祠以及毛泽东青年时代塑像8个参观景点。2003年，为迎接毛泽东同志110周年诞辰，韶山毛泽东同志纪念馆进行了陈列改造，现有十二个展厅，其中八个展厅为《中国出了个毛泽东》生平业绩展，四个展厅为专题陈列：《毛泽东遗物展》3个展室、《毛泽东一家六烈士》1个展室。展出版面386块，实物436件，照片378张，艺术品22件，置景12个，多媒体12个，触摸屏5台。

【韶山东方红大剧院】2009年兴建，位于韶山乡乡政府对面的红色记忆城中心位置，占地20余亩，建设面积为10500平方米，设观众席位1280座，加座可容纳1500名观众。剧院建筑风格采用中国现代与近代相结合，庄重典雅，与韶山红色记忆城完美组合，成为韶山市新的地标。剧院引进了领先全国，世界一流的音响和舞台灯光设备，制造"重返昔日场景"，能够给观众带来震撼性的舞台效果，颠覆了人们长期形成的湖南演绎剧场传统的视听觉印象。

【韶山供水公司】公司创建于1968年，主要担任毛泽东故里韶山"三区"（即城区、景区、工业园区）和周边18个行政村的生产、生活以及旅游接待供水任务。拥有竹鸡、青年两座花园式水厂和南塘、球山、银田、韶山冲6座取水、加压泵站，日最大供水能力为3.5万立方米，输水管网DN100-600输水主管近132公里，供水面积约28平方公里，供水扬程150米。供水人口4.2万人，供水用户11000余户（其中农村用户5100户），是全省唯一一家集城市与农村供水一体化的供水公司。

【青年水库】位于韶山市中部韶山乡境内。拦截云湖止源溪流。大坝坐落在湘潭市城区西北39公里。1958年建成。为均质土坝，主坝长148米，高20.5米。溢洪道宽33.2米。最大积水面积0.56平方公里。库容430万立方米。南北两干渠共长12.1公里。灌溉韶山农田1.8万亩。兼具养殖功能。水库周围秀岩叠翠，水面碧波粼粼，山光水色，相映生辉。

【韶山银河】位于韶山市银田镇东南。系韶山灌区北左干渠大型渡槽，跨云湖河及湘潭—韶山公路。1965年建成。长268米，14墩，墩柱八面棱柱体，高17.62米，止嵌当年灌区总指挥、时任中共中央主席的华国锋于1978年题写的"韶山银河"四字。槽高2.4米，净宽3.8米。流量10.4立方米/秒。可航行10吨级船舶。两侧各有宽105米人行道，并有八对照明灯柱。进口处有游泳池。渡漕以灌溉为主，兼具航运功能。

【银田镇】位于韶山市东南部，东北接宁乡市，南接湘潭县和湘乡市，西边是韶山市永义乡。镇域总面积28平方公里，辖9个行政村，总人口19560人。明天顺三年（1459）于此建静安寺，俗称白庙。清同治初改建，于田中挖出白银一缸，遂称银田寺。镇从寺名。1949年置银田乡，1952年设银田镇，1958年属韶山公社，1974年复建银田镇，1984年复置银田乡。2001年11月，银田乡与银田镇合并为银田镇。银田镇交通便利，省道S208线和韶广铁路穿境而过。全镇的环球、毛巾、水泥、长丰、银园煤矿等是全市的骨干企业，个体私营企业发展迅速，电杆和电杆钢模制造业闻名全国，有"电杆之镇"之称。

◇ 城市经济

【综述】全市综合实力大幅跃升，2016年，全市地区生产总值完成777864万元，按常住人口数计算，人均地区生产总值79051元。完成财政总收入（不含基金）61019.4万元，固定资产投资937212万元，社会消费品零售总额205471万元，进出口总额9.25亿元。结构调整扎实推进，全市三次产业结构调整为8：55.5：36.5。完成第一产业增加值62429万元，第二产业增加值431324万元，第三产业增加值284112万元。全部工业增加值403530万元，园区规模工业增加值占规模工业增加值比重88.7%。发展全域旅游，打造经典景区，全年来韶游客累计达1879万人次，其中过夜游客268万人次，实现旅游总收入528183万元。全体居民人均可支配收入29245元，其中，城镇居民人均可支配收入34582元，农村居民人均可支配收入22037元。

【韶山高新技术产业开发区】简称"韶山高新区"，2005年6月经省委常委会议决定设立，2006年9月奠基，2012年4月经省人民政府正式批复升级为省级高新区，总体规划面积6平方公里。高新区以建设"创新型、生态型、效益型"园区为目标，着眼科学规划，着手夯实基础，着力产业建设，先后获得了"湖南省生物医药基地""省生产力促进中心韶山创新成果产业化基地""两型社会建设试点""湖南省新型工业产业化基地"等称号。2015年全区实现工业总产值127亿元，高新技术产值61亿元，工业增加值38亿元，财税收入3.2亿元，税收8170万元，其中工业增加值占全市比例的75%。成为全市工业经济的核心平台和前沿阵地。

【湖南新韶光电器有限公司】创建于1994年，总部位于世界伟人毛泽东主席的故乡——韶山市永泉科技园，主营电热管产品，后发展到电热元件、发热电缆、电器接插元件、家用小电器、多用插座转换器、电源线加工等10多个系列60多个品种，市场占有率在湖南省名列前茅，在国内市场占70%以上的份额。公司拥有国内先进的生产设备和一流的生产技术，致力于"电热管、发热电缆、发热元件、家用电器、多用插座转换器"等高新科技节能电器新产品的开发、生产、销售一条龙服务。"新韶光"系列产品通过了CQC中国质量认证、3C认证、ISO9001：2000质量管理体系认证。2007年"新韶光"商标被认定为中国驰名商标。现成为同业中最具有经济实力和最具影响力的品牌企业。

【韶山润泽东方文化产业发展股份有限公司】由中科招商集团、韶山红色文化旅游集团、湘潭城乡建设集团于2011年11月联合发起创立，注册资本1.5亿元，分三期建设韶山润泽东方文化产业基地，该基地位于韶山高铁站旁，北临韶山城区、南临景区。公司经营范围包括经营大型演出；对旅游、房地产、酒店、交通等。2014年4月核心工程全球大型实景演出《中国出了个毛泽东》正式向全球公演，并荣获最佳旅游演艺项目奖。

【韶山旅游发展集团有限公司】前身为韶山市旅游建设投资有限责任公司。是由韶山市政府直接管理的国有独资企业。公司成立于2009年5月，于2016年3月成立韶山旅游发展集团有限公司。公司位于韶山游客换乘中心，注册资金为8200万元，占地面积24.9万平方米，主要负责韶山景区资源开发、建设和管理工作。公司设有董事会，由旅发集团董事长任执行董事兼法人代表，市财政局、市发改局、市旅游局、市规划局行政正职和公司总经理为董事会成员。目前集团公司下设5个部门和韶山旅游发展集团景区经营有限公司、韶山旅游发展集团广告有限公司、韶山旅游发展集团商贸服务有限公司、韶山旅游发展集团停车场管理有限公司、韶山旅游发展集团运输有限公司5家子公司，拥有员工近300人。

【湖南韶山毛家饭店发展有限公司】原址在毛泽东同志故居对面，由曾受到毛主席亲切接见的汤瑞仁女士于1987年创办。1995年，"毛家"商标在国家工商局进行商标注册，1999年6月正式成立韶山毛家饭店发展有限公司。"毛家饭店"在国内首创了浓烈的主席文化氛围，推出了浓郁的具有湖南乡土风味的"毛家特色菜肴"。"毛家饭店"成立三十载以来，相继被湖南省餐饮协会、中国烹饪协会、中国连锁经营协会等相关行业协会吸纳为会员单位，并荣获"中国特许连锁百强""中华餐饮名店""全国绿色餐饮企业""湘菜领军企业""红色文化餐饮第一品牌"等诸多荣誉。

【韶山毛家食品有限公司】公司坐落于韶山高新技术产业开发区新杨东路。公司拥有全套现代化的生产设备和专业技术人员二十几人，设有食品生产厂、韶山市场部、产品研发中心、配送中心、营销中心等部门，并与相关专业食品研究机构建立了紧密的战略协作关系和合作研发关系。"民以食为天，食以味为先"，公司经过多年深入研究、探索和挖掘毛家菜的秘制方法，以传统加工工艺结合现代技术，让昔日的宫廷御宴，成为今日百姓餐桌上的美味佳肴。

【韶山丰圆工贸有限公司】位于韶山市南塘，前身系韶山工艺精品厂，于1992年创办。2013年1月3日，湖南韶山丰圆工贸实业有限公司正式挂牌成立，成为一家集收藏、研究、开发、设计、雕塑、铸造、加工、销售为一体的综合性企业。该公司采用传统的雕塑工艺和现代压铸、精密铸造、树脂浇筑、电镀等高科技工艺生产、加工各种有色金属和非金属铸造工艺、工业产品。拥有毛泽东同志开国大典为原型的系列产品的生产、发行和销售权，成为企业的版权所有产品和主导产品。2013年被评为湖南省工业旅游示范点。

【毛家红烧肉】又名毛氏红烧肉，是一道色香味俱全的传统名肴，属于湘菜系。毛家红烧肉以五花肉为主料，白糖、料酒为有色调味料烧制而成。成菜后，色泽金黄，油而不腻。早年，毛泽东吃的菜里是可以放酱油的。进了北京之后，毛泽东所有吃的菜里，都不让放酱油。中南海前"御厨"程汝明琢磨出解决办法，就是用糖色加盐，代替酱油为肉着色调味，这样烹制的红烧肉咸鲜不失、甜味兼得，毛泽东尝过之后很是受用。

【韶峰茶】产于湖南省韶山市茶厂，于1968年创制，品种包括韶峰茉莉花茶、韶峰绿茶、韶峰功夫红茶、黑毛茶等。其产品销往全国各地。1987年获湖南省乡镇企业局优秀产品奖。1991年6月在湖南省第九届名优茶鉴评会上，评为湖南名茶。同年，还被国家旅游局授予优质产品奖。1994年获北京第二届名优茶叶国际金奖。近年来，韶山市韶峰茶庄推出了"滴水春茶"系列产品，包括云雾绿茶、贡品银针、韶山毛峰等，其茶叶条索紧细有锋苗，色泽墨绿光润，品质清秀

芳郁，滋味鲜爽，有效成份含量丰富，深受消费者欢迎。

◇ 城市文化

【综述】韶山历史源远流长，古属荆楚。"韶"乃虞舜时乐名。《书·益稷》曰："箫韶九成，引凤来仪。"《湖南省志·地理志》（引《嘉庆一统志》卷354）载：韶山，相传舜南巡时，奏韶乐于此，因名。《辞海》据此诠释韶山："相传古代虞舜南巡时，奏韶乐于此，故名"……山有八景，风景优美。虞舜，远古时代父系氏族社会后期的部落联盟首领。舜继位之后，为造福人类，开拓疆土，辞别爱侣，甘冒苦辛，渡黄河，涉长江，深入荆楚蛮荒之地，探测山川利弊，规划拓垦宏图。南下途中舜与侍从宿营韶山，侍从们为舜帝载歌载舞，随着优美的音乐舞蹈，山崖翕然，山鸣谷应，声震林木，凤凰闻乐展翅，嘤嘤和鸣。山间胜境，人间盛会，亘古传诵。日久，人们便把舜帝欣赏过的音乐称为韶乐，把他赏韶乐的山岭叫韶山。境内有毛泽东故居、毛泽东铜像、毛泽东纪念馆、毛泽东遗物馆、毛泽东诗词碑林、毛泽东纪念园等人文景观，以及充满神秘色彩的"西方山洞"滴水洞、黑石寨等自然景观。有新石器时代留下的遗址——大坪乡新联村的雷祖寨；战国、东汉时期的古墓群；唐、宋、元时期的陶、瓷窑遗址。此外，还有唐代建造的清溪山法海寺、宋代形成的五羊潭集市、明代建成的银

田寺等。

【韶乐】《韶乐》是一部歌颂、宣传舜帝九功之仁德，集诗、乐、舞为一体的尽善尽美的乐舞。从夏朝韶乐至清代，中和韶乐失传，《韶乐》经历了4000多年的延绵史，韶乐神秘，韶乐奇妙，是"华夏第一乐章"。乐舞：韶乐所使用的乐器是严格按文史考证作为远古至明、清宫廷雅乐《韶乐》所使用的乐器制作演奏的。使用的乐器有甬钟、四虎缚钟、歌纽钟、歌缚钟，编馨铜鼓、木鼓、陶鼓、建鼓、悬鼓、鼗鼓、雷鼓、路鼓、灵鼓、古琴、古筝、古瑟、萧、笛、排箫、埙、笙、柷、缶（4种）、石、相、铃、土号、角共36种200余件。舞蹈有文舞—长袖舞、羽毛舞、牛尾舞和武舞（盾牌舞）。韶山因舜在此奏《韶乐》化解一场恶战而得名。

【毛泽东文化】毛泽东根据马克思主义关于社会存在和社会意识辩证关系的原理，确立了其文化观。强调人民群众是历史的创造者，是文化的主体，因此，文化发展的性质和方向，就是为人民服务；对人民的态度，就是评判文化价值取向的标准。强调文化领域中马克思主义的指导地位和无产阶级政党的领导地位；并明确了文化领域中继承、借鉴、批判、创新、发展之间的辩证关系。毛泽东的文化观，批判地继承了中国传统文化的精华，以马克思主义哲学为指导，把马克思主义普遍原理与中国革命和建设的实际相结合，形成马克思主义中国化的社会主义意识形态，指导和推动着中国社会主义总体文化的发展。

【毛泽东诗词碑林】位于韶峰半山腰，距毛泽东故居4公里，1991年动工兴建，1993年正式对外展出，总占地面积约2万平方米，园中由100块汉白玉、大理石、花岗岩等组成，收录了毛泽东的100首诗词，以纪念毛主席诞辰100周年，整个景园按照毛泽东的革命生涯分为5个部分，按照时间顺序分为4个时期：第一区为毛泽东青年时代所写的诗词。第二区为大革命和二次国内革命战争时期。第三区为红军长征，抗日战争及解放战争时期。第四区为新中国建立以后的毛泽东诗词。碑林造型与毛泽东诗词的博大精深，雄浑气势相结合，既突出古朴、典雅、神秘的传统园林特点又追求新颖别致，大胆变化的现代园林艺术，使诗碑与韶峰的自然美景浑然一体。

【毛氏宗祠】位于韶山乡韶山村十八罗汉山麓，坐东南朝西北。清乾隆六年（1741）毛尔达、毛彝生等人开始倡修宗祠，二十年（1755）七月购得毛介人的土地，二十三年（1758）开始动工兴建，二十八年（1763）建成。该祠为砖木结构，青砖青瓦，建筑面积668.8平方米。宗祠建成时距毛氏迁韶有370多年了，它是韶山毛氏的总祠。宗祠大门门额有"毛氏宗祠"四字。大门外两边各立一石鼓。两侧对联为"注经世业，捧檄家声"。祠堂房屋分为三进。第一进为戏楼。楼阁中部为戏台，可容纳数十人登台演戏。楼两侧为化妆室。楼下中部为一小厅。两侧各一厢房，左为庖厨地，右为酒饭舍。第二进为中厅。右廊悬钟，左廊悬鼓，这里是全族办公、讲约、祭祀和摆酒设宴的地方。第三进是"敦本堂"享堂。堂中安放历代祖宗神主牌位，堂左为住宿处，堂右为钱谷、祭器等物的收藏处。

【毛泽东纪念园】 位于毛泽东故居西侧约500米的层山叠岭之上，纪念园最初定名为"毛泽东之路景园"。该景园选取毛泽东革命生涯中各个重要时期的人文景观和自然景观，按缩小比例建造，分清塘村色、南湖航影、索桥金秋、纪念堂以及综合游乐区五大景区。景区内主要有清水塘湘区委员会旧址、武昌农运所故居、遵义会议旧址、茅坪故居等15个微缩景点，从多个侧面反映了毛泽东光辉的革命历程。建筑采用传统庙堂式，白色粉墙，琉璃青瓦，既有高堂的雄伟，又有韶山民居特征。整座景区建成只用了一年的时间，占地约二十万平方米，大小建筑近百处，集纪念、教育、游览等多种功能于一体。

【韶山毛泽东文艺馆】 2008年毛泽东同志诞辰115周年之际，由长沙市捐建的研究毛泽东文化艺术的重要基地，位于韶山烈士陵园北侧，占地45亩，总建筑面积约4800平方米。设计外型如一个美丽的金字塔，"设计如此外型，是因为毛泽东文艺思想已经成为许多文艺工作者的指路明灯。"整个陈列将分为五大部分，主要收藏毛泽东对文学艺术方面的论述、著作，文学作品，书法作品，毛泽东革命历程中的一些原始照片等。

【韶山红色文化研究会】 成立于2016年11月26日，是有关单位和个人自愿组成的宣传扩大红色文化影响的学术和艺术性社会团体。韶山红色文化研究会是以"红色耀中华，精神传后人"为响亮口号，以"继承中国革命的优良传统，弘扬爱国主义和自强不息的中华民族精神；深入学习革命先烈、仁人志士的先进事迹，诠释先进的革命文化思想和理论知识"为宗旨，研究、挖掘、传承红色文化精髓，让红色文化体现时代风貌，为中华民族的伟大复兴提供强大的精神动力！

【大型实景演出《中国出了个毛泽东》】 《中国出了个毛泽东》是韶山乃至湖南旅游的新名片和中国红色文化传播的标志性产品。演出以毛泽东同志为中国革命立下的丰功伟绩为线索，以4D、全息投影、超大规模与高智能舞台装置等为支撑，是一部将山水实景文化、艺术、旅游与高科技高度融合，以歌、舞、戏剧、杂技、威亚、水火特效等多种元素完美展现的恢弘之作。全剧由《序》《安源煤矿》《秋收起义》《万里长征》《民族抗战》《扭转乾坤》与《开国大典》六个篇章组成。2015年3月，该剧获得上海大世界吉尼斯认证——最大户外舞台（1.83万平方米）。2016年1月16日，大型实景演出《中国出了个毛泽东》荣获ITIA（艾蒂亚）2015中国最佳旅游演艺项目奖。

【毛泽东青年塑像】坐落于韶山火车站正前方约200米处的山岗上，建成于1967年12月。为永久纪念毛泽东同志12月26日诞辰，塑像总高为12.26米，其中像身高6米，基坐高6.26米。塑像面朝东南，身着长衫，左手撑腰，右手刚劲有力地伸向前方；同时，右脚向前迈开健步。面部神采奕奕，雄姿英发，生动而形象地体现了青年时代毛泽东"指点江山，激扬文字，粪土当年万户侯"的伟大抱负和"欲与天公试比高"的豪迈气概，是一件不可多得的造型艺术珍品。塑像为钢筋混凝土结构。像身用斧剁石作表面装饰，仿花岗岩效果；基座外侧用花岗岩薄片贴面，上部是"白虎涧"，下部为"南口红"；平台铺大理石，细麻石镶边。

【韶峰古寺】坐落于韶峰峰顶。始建于唐贞观年间（627～650），明清时期香火旺盛，方圆百里内的佛徒信士，必到此顶礼膜拜。20世纪50年代时，僧尼还俗，寺亦年久失修。"文革"时仅剩残垣断壁。在纪念毛泽东诞辰百周年前夕重建，以舜帝驻足韶山的传说为依据。该寺下部建筑为正方体，上部为圆锥形，顶端为锥尖，产生一种"升天"之感，表现人们供神敬天的虔诚心理和追求幸福安宁的情怀。寺的顶盖采用"重檐式""金字塔式"建筑。中下部建筑具古城楼风格。韶峰寺寺内大厅有舜帝和他的二妃像、十八罗汉等上百尊塑像。"韶峰寺"寺名为原中国佛教协会主席、全国政协副主席赵朴初所题。

【毛泽建】（1905-1929），革命烈士。湘潭韶山冲人，毛泽东堂妹。1921年随毛泽东来长沙，入崇实女子职业学校读书，加入青年团。1923年加入中国共产党。曾任衡阳省立第三女子师范学校中共学生支部书记和湘南学联女生部部长。1926年以后任中共衡山县委妇女运动委员，发展农民运动。"马日事变"后，参加领导南岳暴动，后转移至耒阳坚持游击战争。1928年5月被捕，1929年8月就义于衡山。

【毛泽覃】（1905-1935），湘潭市韶山冲人，中共党员。1923年10月加入中国共产党。由于卓有战功，曾获一枚二级红星奖章。1934年10月中央红军主力长征后，任中共中央苏区分局委员、红军独立师师长、闽赣军区司令员。1935年4月26日，在江西瑞金红林山区被国民党军包围，为掩护游击队员脱险而牺牲，时年29岁。2009年被评为"100位为新中国成立作出突出贡献的英雄模范人物"之一。

【毛泽民】（1896-1943），化名周彬，男，汉族，湘潭市韶山冲人，中共党员。1922年10月加入中国共产党。抗日战争爆发后，1938年2月，受党中央派遣，先后出任新疆省财政厅、民政厅厅长等职。1942年9月17日，毛泽民和陈潭秋等共产党员被反动军阀盛世才逮捕。1943年9月27日，毛泽民与陈潭秋等共产党员被敌人秘密杀害，时年47岁。2009年被评为"100位为新中国成立作出突出贡献的英雄模范"之一。

【毛楚雄】（1927－1946），革命烈士，是毛泽覃与周文楠的儿子、毛泽东之侄；原籍湘潭县，生于长沙，从小由外祖母抚养成人。1945年9月，在湖南参军，入王震率领的359旅，后任中原军区干部；1946年6月29日，参加中原突围，随359旅自湖北大悟县宣化店出发，经湖北、河南等地到达陕南；次年秋，护送张文津、吴祖贻等赴西安参加和平谈判的途中，在陕西省宁陕县东江口镇被国民党部队截留，蒋介石授意胡宗南"就地秘密处决"，一行四人惨遭杀害，时年19岁。

【毛岸英】（1922－1950），原籍湘潭县，生于湖南长沙市，是毛泽东与其妻子杨开慧的长子，出生后，他随父母到过上海、广州、武汉，1927年大革命失败时，随母亲及两个弟弟回长沙县东乡板仓隐蔽。1930年，杨开慧被湖南军阀何键逮捕时，8岁的毛岸英也被一同抓进监狱，随后被保释出狱。1936年，毛岸英和弟弟毛岸青被安排到苏联学习。1946年，毛岸英回到延安。1950年10月参加中国人民志愿军，到志愿军司令部任俄语翻译兼机要秘书。1950年11月25日在美军空袭中牺牲。2009年被评为"100位为新中国成立作出突出贡献的英雄模范人物"之一。

【毛泽东】（1893－1976），字润之（原作咏芝，后改润芝），笔名子任。湘潭市韶山冲人。中国人民的领袖，马克思主义者，伟大的无产阶级革命家、战略家和理论家，中国共产党、中国人民解放军和中华人民共和国的主要缔造者和领导人，诗人，书法家。1949至1976年，毛泽东担任中华人民共和国最高领导人。他对马克思列宁主义的发展、军事理论的贡献以及对共产党的理论贡献被称为毛泽东思想。因毛泽东担任过的主要职务几乎全部称为主席，所以也被人们尊称为"毛主席"。毛泽东被视为现代世界历史中最重要的人物之一，《时代》杂志也将他评为20世纪最具影响100人之一。

【彭绍辉】（1906－1978），中国人民解放军上将。湖南省韶山人。1928年7月参加中国工农红军，同年秋加入中国共产党。在革命生涯中，历任班长、中队长、大队长、团长、师参谋长、师长、科长、军参谋长、军团参谋长、处长、旅长、军分区司令员、大学副校长、分校校长、军区副司令员、纵队副司令员、军区司令员、纵队司令员、军长、军区参谋长、军区副司令员、军事科学院副院长、副总参谋长等职，参加了平江起义、长沙战役、中央苏区历次反"围剿"、长征、百团大战、吕梁战役、汾孝战役、陇东追击战、指挥陇南和四川金堂地区的剿匪作战等。1978年4月25日在北京病逝。

【毛岸青】（1923－2007），又名毛永寿、毛远义，原籍湘潭县，生于湖南长沙市，毛泽东与杨开慧的次子；毛岸青之兄毛岸英1950年11月在朝鲜牺牲后，他是唯一在世的毛泽东儿子。1937年由康生带往莫斯科，改中文名叫岸青。1947年加入共产党。1949年7月抵北京挂阶中校，在军事科学院从事研究工作。1960年与邵华在大连结婚。1970年诞下一子毛新宇。毛岸青晚年居于北戴河总参疗养院，2007年3月23日凌晨毛岸青因心脏病在北京301医院逝世。

◇ 城市生态

【综述】坚持"生态靓市"发展思路，全市环境整治成效明显，生态建设取得重大进展。2016年，韶山市活立木总蓄积量520602立方米，森林资源蓄积量增长率为4.97%。全市完成人工造林面积4450亩，封山育林面积10333亩，森林抚育3000亩，"裸露山地"造林200亩，全市森林覆盖率达到52.47%，获评"全国绿化县（市区）"。城镇污水处理率达95.06%，工业用水重复利用率达到90%，主要污染物排放总量减少10%，重点企业污染物达标排放率达到100%，全市环境质量保持良好，空气质量达标率达95%以上，地表水质达标率达100%，农村居民安全饮水比率达100%。

【韶山风景名胜区】位于韶山市境。由毛泽东故居、韶峰、滴水洞、清溪、黑石寨五大景区组成，面积115.3平方公里。故居景区主要有：毛泽东故居、毛泽东父母墓、毛泽东图书馆、毛泽东纪念馆、毛泽东纪念园、毛泽东铜像、毛氏宗祠等。洞水洞景区主要有：滴水洞一号别墅、毛泽东曾祖父、

祖母墓、龙头山等。韶峰景区主要有：韶峰寺、六朝松、胭脂古井、毛泽东诗词碑林等。清溪景区主要有毛泽东青年时代塑像和韶山烈士陵园。黑石寨景区有"八仙吹箫"等景观。韶山钟灵毓秀，风光旖旎，人文景观和自然景观交相辉映。1994年经国务院批准为国家级风景名胜区。

【虎歇坪】位于牛形山东南侧，与南面的龙头山对峙，形成虎踞龙盘的壮丽景象。曾有人如此称赞："龙头山，虎歇坪，聚龙之灵，集虎之威，通三山之风，贯八面之气，藏龙卧虎，风云际会。"虎歇坪为毛泽东祖父的长眠之地。祖坟北侧现建有一座虎亭，亭分两层，依山傍石，古趣盎然，为休憩观景佳处。亭栏汉白玉石上，彩绘神态各异的猛虎37只，栩栩如生。虎亭朝向正对毛泽东故居上屋场前面的小山"韶山嘴"。登亭远眺，湘潭县、宁乡县和湘乡县望之在即；韶峰古寺、八仙吹箫、观音抱子、承相印、鹰嘴石、滑油潭、黑石寨等景点尽收眼底。

【龙头山】与虎歇坪对峙，为滴水洞南面屏障，主峰海拔440米，系韶山冲第3高峰。《韶山毛氏二修族谱》如此描绘龙头山：拔地而起，昂头独立于千山万壑之中，别开生面，山极峻。上有田土，沃甘泉……山扑人面，云生马头。龙头山有一终年不绝的山泉，被称为龙王涎液，晶莹甘冽，纯净可口。山泉汇集成溪，自幽深山谷流向山口，宛如银钩，斗折曲行，跌宕而下。登上

龙头山，只见山脊一片怪石嶙峋，形似龙鳞，嬉藤逐木，神妙多姿，如同天然石画。立于龙头山上远眺：西南，碧镜千面，良田万顷；东面，木梓、祝融两山相夹；东北，韶山冲建筑群鳞次栉比；南面，韶峰如柱，直耸云霄。龙头山为毛泽东曾祖父母的长眠之地。

【黑石寨景区】位于韶山风景名胜区北部，景区内群山起伏，绿水滢滢，植被丰富，迷人欲醉，一幅世外桃源之象。有青沟里水库、红旗水库、韶山鹿场、杨林鹿场、黑石寨等景点。境内景区最高海拔500.9米，最低海拔118.8米，总面积30平方公里。当地为典型的中亚热带气候，自然植被属亚热带常绿阔叶林等。景区内人烟稀少，现存大量的野生动物。景区内山脉蜿蜒，沟壑纵横，水库环绕，植被茂盛，每到春季则山花遍野，群芳争艳。而秋季来临则层林尽染，迷人欲醉。

【狮子山景区】位于韶山风景名胜区的东部，有如意亭、大塘湾、板凳岭、坪顶岭、燕子洞、四仙抬宝、雄狮吞日、乳桐庙等景点。狮子山景观小区以岩石景观为主，沿狮子山山脊成带状分布。狮子山形似雄狮，狮头怪石嶙峋，狮身巍然，雄狮下有一如母狮状小山，两山之间为球山，构成狮子滚绣球景观。山上树木苍翠，四季常青，景色宜人。板凳岭小区则以大塘湾、如意亭等革命旧址为主，这一带是毛泽东杨开慧开展农民运动频繁活动之地。杨开慧曾在如意亭创办农民夜校，毛泽东韶山脱险，即从狮子山下直插宁乡。

【韶河】为湘江二级支流涟水一级支流，由南北两源及干流组成。北源是韶河主源，发源于韶山市杨林乡云源村罗仙寨；南源发源于韶山市韶山乡滴水洞，在双河口于北源汇合；南北两源加干流总长47.39公里，流域面积160.21平方公里，灌溉耕地总面积3.2万亩。韶河是1971-1977年修建的人工河，由于年久失修、河道淤积。2010年，开始对韶河进行整治，到2016年，韶河一、二、三、四期河道整治工程基本完成。整治内容包括河堤加固、河道清淤、新建蓄水闸坝、河岸绿化等。通过一系列举措，将韶河河道打造成了风光带、生态带、经济带建设相统一，人们休闲、文化教育的"清水绿带"。

【韶山污水处理厂】位于韶山市如意镇韶河南面，占地面积28亩，分两期工程建设。一期工程设计日处理污水1.0万吨，项目总投资6750万元（包括污水管网建设），于2008年10月开工建设，2009年10完成环保竣工验收投入运行。二期工程设计日处理污水1.2万吨，项目投资3400万元，于2013年7月开工建设，2014年5月进入生产调试阶段，采用厌氧、好氧结合的生物除氮脱磷活性污泥法（A/A/O工艺），处理后的污水经纤维转盘滤池过滤和二氧化氯消毒后排放，出水水质能达到《城镇污水处理厂污染物排放标准》（GB18918-2002）一级A排放标准。整个污水处理系统基本实现机电一体化，全自动运行，管理简便，美观实用，使用寿命长，比较适用于中小型城镇的生活污水处理。

【韶山笑天狮垃圾填埋场】2008年建成投入使用，占地18亩，容纳量18万立方（已填埋12万立方），日容纳量50-60吨。

◇ 城市名片

【综述】韶山历史源远流长，相传虞舜南巡至此奏韶乐而得名。这里原本是一条狭长而灵秀的山冲，数十里山川相互成趣，一谷清风，与常青韶峰，浑然一体，精微质朴。因孕育一代伟人毛泽东而名扬四海，光照五洲。韶峰是南岳衡山第七十一峰，有韶峰耸翠、仙女茅庵、胭脂古井、塔岭晴霞、石屋清风、顿石成门、凤仪亭址、石壁流泉八景。韶山钟灵毓秀，风光旖旎，人文景观和自然景观交相辉映。1994年经国务院批准为国家级风景名胜区，2011年，韶山旅游区被评为国家5A级旅游区，入选2017中国特色魅力城市200强。

【毛泽东故居】位于韶山市韶山乡韶山村土地冲上屋场，坐南朝北，系土木结构的"凹"字型建筑。故居建于中华民国初年，为南方农宅形式，坐南偏东，土木结构，泥砖墙，青瓦顶，一明二次二梢间，左右辅以厢房，进深二间，后有天井、杂屋，总建筑面积472.92平方米。东边是毛泽东家，西边是邻居，中间堂屋两家共用。1929年春故居房屋被当地国民党政府没收，屋内家具大部分被破坏和劫走。1950年，人民政府将旧居收归国有，并按原貌进行加固维修后，对外开放。1961年被中华人民共和国国务院公布为全国重点文物保护单位。1983年6月27日邓小平在门额匾上题字"毛泽东同志故居"。1997年7月，入选中宣部首批全国爱国主义教育基地。

【韶峰】是韶山瑰宝，它以独特的自然风光和韶峰八景的美丽传说而吸引着中外游人。韶峰，顾名思义，韶山的最高峰，海拔518.9米。位于韶山冲南，距毛泽东故居3公里，山南为湘乡，山北为湘潭。韶峰又名仙女山、仙顶灵峰，皆与韶氏三女升仙事有关。因有"韶乐"的传说，故又被誉为"音乐之峰"。韶峰亦名仙女山、仙顶灵峰。因清光绪《湘潭县志》载，桓氏三女从长沙来，择此筑庵，静心修炼，乃白日升仙。具有江南第一索道之称的韶峰游览索道是跨越在毛泽东诗词碑林和韶峰古寺之间的现代化空间通道，使游人在惊奇而又愉快的空间移动中俯瞰山峦秀色，闻听鸟语花香，回归自然，赏心悦目……

【滴水洞】位于韶山市毛泽东铜像以西约四公里处的峡谷中。洞中碧峰翠岭，茂林修竹，山花野草，舞蝶鸣禽，自然景观清雅绝伦。滴水洞景区的三大核心部分：以一号楼为中心的别墅系列；西面以毛泽东祖坟、虎雕、虎亭、滴水清音为主的虎歇坪景观系列；东面以毛泽东曾祖父母坟、龙泉三叠、奔龙泉池、观音远眺为主的龙头山景观系列。1959年6月，毛泽东回到阔别32年的故乡，来到了滴水洞口的韶山水库游泳。滴水洞别墅始建于1960年，房屋建筑形式与北京中南海房屋的结构相近似。1966年6月，毛泽东南下视察到韶山，在一号楼住了11天。滴水洞景观集造化之神秀，萃人文之盛事，因而蜚声海内外，吸引游人如织，江泽民、胡锦涛等党和国家领导人曾欣然前往游览。

【毛泽东铜像】位于韶山毛泽东纪念馆大门前80米处，像区占地5200平米。是经中共中央批准兴建的纪念毛泽东一百周年诞辰重点献礼工程。毛泽东铜像重3.7吨，像高6米，基座高4.1米，通高10.1米，象征着"10.1"国庆，更象征着毛泽东是新中国的缔造者。铜像面朝东南方，身着中山装，左胸前挂着"主席"证，手执文稿，目光炯炯，面带微笑，正视前方，巍然挺立，成功地再现了人民领袖毛泽东出席开国大典时的风采。铜像褐红色大理石基座正面，镌刻着前中共中央总书记、国家主席、中央军委主席江泽民题写的"毛泽东同志"五个贴金大字。1993年12月20日上午，江泽民同志专程赴韶山为毛泽东铜像揭幕。

【城市荣誉】韶山是全国著名革命纪念地、全国爱国主义教育基地、国家重点风景名胜区、中国优秀旅游城市。2017年，入选为第五届全国文明城市。同年12月24日，入选2017中国特色魅力城市200强。

湖南城市大典 衡阳市

衡阳市

衡阳市，雅称"雁城"，西汉高祖五年（前202年）置县，1942年设市，是蔡伦、王夫之、罗荣桓的故乡，有南岳衡山、石鼓山、迴雁峰、来雁塔、石鼓书院、南岳忠烈祠、南岳大庙等名胜古迹，是湖南省域副中心城市。

◇ 城市概况

【区划范围】衡阳，湖南省辖地级市，湖南省域副中心城市，地处蜿蜒千里的湘江中游、五岳独秀的南岳衡山之南，相传"北雁南飞，至此歇翅停回"，故又雅称"雁城"。介于东经110°32'16"~113°16'32"之间，北纬26°07'05"~27°28'24"之间。东邻株洲市攸县，南接郴州市安仁县、永兴县、桂阳县，西毗永州市冷水滩区、祁阳县以及邵阳市邵东县，北靠娄底市双峰县和湘潭市湘潭县。南北长150千米、东西宽173千米。衡阳市总面积15310平方千米。现辖南岳、雁峰、石鼓、珠晖、蒸湘5区，衡南、衡阳、衡山、衡东、祁东5县，代管常宁、耒阳2市。中共衡阳市委员会驻蒸湘区延安路22号，衡阳市人民政府驻蒸湘区解放大道16号，电话区号：0734，邮政编码：421000。

【地理环境】衡阳处于中南地区凹形面轴带部分，周围环绕着古老宕层形成的断续环带的岭脊山地，内镶大面积白垩系和第三系红层的红色丘陵台地，构成典型的盆地形势。衡阳境内有河长5千米或流域面积10平方千米以上的江河溪流393条，总境长达8355千米，河网密度为每平方千米0.55千米。衡阳属亚热带季风气候，具有"四季分明、气候温和，热量充足、雨水集中，春温多变、夏秋多旱，严寒期短、暑热期长"的气候特征。年平均气温17.9℃，年极端最低气温-10.3℃，极端最高气温41.6℃。全年极端最高气温≥35℃的高温日25~38天。年平均降水量1339.3毫米，降雨时空分布不均。

【资源物产】全市植物资源丰富，有木本植物99科、342属、1047种。国家一级保护珍稀树种有银杏、金钱树、摇钱树、水松伯乐树（钟萼本）、绒毛皂荚、香果树等。动物资源已知衡阳市有兽类和鸟类200余种，其中兽类30种，鸟类17目40科170种以上。国家一级保护动物有云豹、白鹳、河鹿（车獐）、中华秋沙鸭。全市河流众多，水系发达，均属湘江水系，水量较为丰富，全市水资源总量95.49亿立方米，自产地表天然径流量为145.5亿立方米，总体水质状况满足Ⅲ类标准的断面比例为100%。境内矿产资源丰富，已发现的有：煤、铁、铅、锌、钨、锰、铜、锡、高岭土、萤石、重晶石、硼、石膏、盐、钠长石、大理石等50余种。其中有色金属居全国前列，瓷泥储量、纳长石产量为全国之冠，萤石、重晶石蜚声海内，素有"有色金属之乡"和"非金属之乡"之称。

【建置沿革】战国属楚地，秦属长沙郡。西汉高祖五年（前202年）始建酃县（今珠晖区酃湖乡，西汉至隋朝酃县治，现衡阳市珠晖区酃湖，后迁现炎陵县治），属长沙国。隋置衡州，唐天宝初改为衡阳郡，宋为衡州、衡阳郡，明清为衡州府。1914年废衡州府改置衡阳道，1922年废道存县，1937年属第二行政督察区，1942年置衡阳市。1949年10月8日中国人民解放军进入衡阳，设衡阳专区，专署驻衡阳市。1950年，衡阳市改为省辖市，专区辖8县。1952年，衡阳县析置衡南县，专区辖9县，同年衡阳专区撤销，设立湘南行署。1954年，撤销湘南行署，复置衡阳专区，专署驻衡阳市。1959年，省辖市衡阳市改归衡阳专区，衡南县改归衡阳市管辖。1970年，衡阳专区改称衡阳地区，行政公署驻衡阳市。

【人口民族】2017年，全市城镇人口377.99万人，城镇化率52.46%，比上年末提高1.39个百分点。全市0~14岁人口为137.94万人，占总人口的19.14%；15~59岁人口为455.06万人，占总人口的63.16%；60岁及以上人口为127.53万人，占总人口的17.70%。与上年比，全市0~14岁人口比重减少了0.23个百分点，60岁及以上人口比重增加了0.63个百分点。全年出生人口10.53万人，出生率12.76‰；死亡率6.36‰；人口自然增长率6.40‰；出生人口性别比为108.6。衡阳属于少数民族散杂居地区，常宁塔山瑶族乡是衡阳市唯一的少数民族乡。全市现有42个少数民族，少数民族人口1.78万人，占全市总人口0.25%，人口较多的瑶族主要聚居在常宁塔山瑶族乡。回族相对集中居住在珠晖区火车站至飞机坪一带。

【区位交通】衡阳是湘江及其支流耒水、蒸水的汇合处，京广、湘桂铁路的交点，为湘南水陆运输中心和沟通南北的综合交通枢纽，是全国45个公路交通主枢纽城市之一。境内有G4京港澳高速、G72泉南高速、衡邵高速、京港澳复线、南岳高速及东延线、娄衡茶高速，规划建设衡阳至永州高速、衡东石湾至衡山白果高速。国道有107国道、322国道。铁路、高速公路总里程分别为525千米、668千米，居全省第二和第三位。南岳机场成功通航并开辟13条航线，通航城市达22个。衡阳还是全国32个宽带骨干网重要节点城市之一。

【社会发展】全市完成高新技术产业增加值380.73亿元，专利申请量4645件，新增省级工程技术研究中心1家，省级重点实验室2家，衡阳中关村金种子创业谷投入试运营。特变电工组建湖南高端输变电装备创新战略联盟，湖南高速铁路职业技术学院组建湖南盐卤化工产学研战略联盟。全市共有各类学校3337所，共有学生151.1万人，共有教师（不含高校）9.57万人。高等院校共有12所，其中本科院校4所，分别是南华大学、衡阳师范学院、湖南工学院、湖南交通工程学院（民办），高职院校5所，成人高校3所。中小学校共有1908所，学生107.7万人；省级示范性普通高中13所，省级以上示范性职业中专9所。幼儿园共有1417所，其中公办169所，民办1248所。全市城镇职工养老保险参保人数85.26万人，城镇基本医疗保险职工参保人数73.71万人，失业保险职工参保人数61万人，工伤保险职工参保人数60.6万人，生育保险职工参保人数39.78万人。全市2200多个村启动建设农村综合公共服务中心。全市拥有各类医疗卫生机构5273家，其中三级医院8家，二级医院40家，民营医院77家，乡镇卫生院199家，社区卫生服务中心32家，社区卫生服务站5家，村卫生室4212家，门诊部、个体诊所及企事业单位医务所（室）650家。卫生技术人员4.1万人，其中执业医师和执业助理医师1.78万人，执业护士1.64万人。医院、卫生院床位4.4万张。全市拥有体育场地14513个，其中体育馆20座，运动场1332个，游泳池51个，各种训练房797个。

◇ 城市建设

【综述】衡阳作为湖南地区中心城市，近年来城市建设扩容提质，各种配套设施不断健全，城市骨架全面拉开，来雁新城、滨江新区等片区建设有序推进，蔡伦大道、蒸湘路、蒸阳路、船山路、解放路、衡州大道等城市主干道构成的"三纵三横三环"城市路网格局基本形成，建成和实施"三江两岸"风光带等一批拓城提质项目，"西南云大城镇群"融城扎实推进。到2016年，全市城镇化率达到51.07%，中心城区建成区面积达120平方公里，人口125万人。

【城市规划】国务院批准的《衡阳市城市总体规划（2006-2020年）（2017年修订）》（以下简称《总体规划》），明确"衡阳是湘南地区中心城市"。到2020年，中心城区常住人口控制在170万人以内，城市建设用地控制在161.5平方公里以内。根据《总体规划》明确的区域发展策略，将强化衡阳在湖南省和"3+5"城市群的副中心地位，立足湘南、依托"西（西渡）南（南岳）云（云集）大（大浦）"城镇群建设省域副中心城市，服务湖南省域的整体发展。2020年全市预计为750-770万人。届时，为城镇化速度平稳增长、质量提升阶段，城镇化水平达到56%左右，城镇体系结构更加趋于合理。《总体规划》中以各个区域的综合型城镇为枢纽，以工业、商贸、旅游和其他特色型城镇为发展动力，形成不同类型、互相协作的城镇职能结构。规划期末，通过发挥中心城区的集聚和辐射作用，强化城镇密集地区、次中心城市、重点城镇与中心城区的经济联系，完善综合型城镇的职能，提升工矿型城镇的产业结构，以及培植新兴城镇，在市域形成较为鲜明的城镇职能体系层次。中心城区在近期完善西部高新区、置换改造北部合江套工业区的基础上，主要向东、向南发展。在中心城区特殊的地形地势条件下，城市布局结构总体上由两条功能主轴构成，即一条沿湘江向南、向北展开的生活居住主轴，和一条自西向东挺进、垂直于生活居住主轴的综合服务功能主轴，呈现为"十字"型的空间形态。

【南华大学】工业和信息化部、国防科技工业局、中国核工业集团公司、中国核工业建设集团公司与湖南省人民政府共建的综合性大学。由中南工学院与衡阳医学院合并组建，核工业第六研究所并入，是国家中西部高校基础能力建设工程支持建设高校。现有红湘和雨母两个校区，以工学、医学为主，哲学、经济学、法学、文学、理学、管理学、艺术学等9大学科协调发展。设有直属学院23个，直属型附属医院4所，协作型附属医院11所，研究生协作培养单位25个。设有本科专业77个，一级学科硕士学位授权点19个，硕士专业学位授权类别9种，二级学科硕士学位授权点149个；一级学科博士学位授权点3个，二级学科博士学位授权点

18个；一级学科博士后科研流动站3个。校本部现有教职工2316人，其中专任教师1419人；在校学生50810人。

【衡阳师范学院】经教育部批准、湖南省直属的普通全日制公办本科院校，前身为1904年创办的湖南官立南路师范学堂。1999年3月，经教育部批准，衡阳师范高等专科学校、衡阳教育学院合并组建衡阳师范学院。2001年2月，湖南省第三师范学校并入。学校现有东、西两个校区，西校区32.07公顷，位于雁峰区黄白路；东校区（新）112.33公顷，位于珠晖区衡花路。有专任教师899人，其中具有正高级专业技术职务135人（二级教授13人），具有博士学位教师183人，具有硕士以上学位教师728人。现有20个二级学院，53个本科专业，1个一级学科硕士学位授权点，2个硕士专业学位授权点，全日制在校学生2.1万多人。

【湖南工学院】2007年经教育部批准由湖南建材高等专科学校和湖南大学衡阳分校合并升格的省属公办普通本科院校，2010年3月湖南工业科技职工大学整体并入，是全国实施"卓越工程师教育培养计划"最年轻的本科院校。是一所以工为主，工、理、管、经、文、艺等多学科协调发展，具有较强的科技服务能力，培养基础实、技术精、能力强、具有创新精神和社会责任感的高素质应用型专门人才的本科院校。现有三个校区，占地90.53公顷，校舍建筑面积56.89万平方米。全日制在校学生17762人。有教

职工1133人，其中正高职称69人（教授57人），副高职称255人（副教授178人），博士90人，硕士663人。学校设有10个二级教学院、1个教学部、1个工程训练中心，39个本科专业（招生专业38个）。

【衡州大道】2006年1月开工建设，2012年12月25日全线建成通车。是衡阳城市快速干道东西向中轴线，东连京港澳高速公路，西接潭衡高速公路、衡桂高速公路、衡祁快速干道、衡永高速公路。衡州大道横穿衡阳市珠晖区、雁峰区、蒸湘区、衡南县三塘镇，全长27公里，总投资29亿元，路幅宽64米，双向6车道。

【蒸湘南路】连接衡阳中心城区与衡南县城及南岳机场的重要交通通道，投资11.8亿余元，蒸湘南路原名衡云干线，2015年通车。始于蒸湘路南端（白沙工业园内），两跨湘江，途经珠晖区东阳渡街道、衡南县云集镇，终点到达衡阳南岳机场。全长11.47公里，蒸湘南路全线采用城市Ⅰ级主干道标准，路基宽分别达64米至44米，两座跨湘江大桥宽29.5米，设计时速为80公里。

【船山路】贯穿城市东西、连接中心城区与衡阳县的一条重要交通大动脉。船山路途径珠晖区、石鼓区、蒸湘区，到达衡阳县西渡镇，船山路全线总长34.2千米，项目总投资45亿元，从2013年7月1日正式动工，历时3年半，实现全线通车。其中船山西路17.4千米、投资约15亿元；船山东路10.4千米、投资约30亿元。

【衡阳湘江公铁大桥】湖南省第一座、中国第二座续武汉长江大桥之后建成的双层式公路、铁路两用大桥，是贯通衡阳市湘江东西两岸的交通纽带，也是连接湘桂、京广铁路干线的重要桥梁。衡阳湘江大桥位于衡阳市东洲下游200米处，桥连湘江南路、蒸阳南路和广东路，1955年建造，是进出衡阳市的咽喉之一。该桥为公路铁路两用桥，铁路桥为单线铁路，七孔，全长426.7米，公路桥全长643.5米，宽10米，桥高3米，桥下净空4米。引桥为预制钢筋混凝土装配式结构，该桥荷载为汽—15级、拖—80吨。整座大桥横卧湘江，雄伟壮观，为衡阳市的一景。

【衡州大桥】衡州大道横跨湘江的枢纽工程，于2009年7月8日正式开工建设，2012年8月31日竣工。包括两端引桥和跨铁路桥全长2.62公里，其中跨湘江主桥长493米，桥宽27.5米，为五跨变高度连续箱梁，跨度布置为63.5+3×122+63.5米。桥梁通航标准为Ⅲ-3级航道标准。在江中建19、20、21号三座桥墩，有许多"双手展开型"路灯。

【茶山坳大桥】省道315线上的主要桥梁，位于衡阳市至茶山坳公路线上。于1977年建成通车，长267.9米，宽12米。是5跨混凝土双曲拱桥，孔跨布置为40+50+50+50+50米，50米跨主拱圈为等截面悬链线，主拱两侧各设3个腹拱，支撑在立墙上，净跨4.3米，立墙厚度0.55米。

【衡阳火车站】位于珠晖区车坪1号，隶属中国铁路广州局集团有限公司衡阳车务段管辖，按技术性质为区段站，位于京广线K1752+300处，下辖耒河站（位于京广里程K1748+529处）。站型为纵列式两级两场，分为南场和北场，车站按业务性质为客货运综合性车站。下设客运、货运、运转、乘务、查堵、装卸、旅行服务、劳动服务公司、贸易公司9个生产经营车间和部门。车站年旅客发送量达370万人次，年货物发送量达73万吨，装卸作业量270万吨，日均办理客、货列车280余列。

【衡阳东站】位于珠晖区耒水东岸，西临衡阳大学城。西距京广铁路衡阳站8千米，北距特等编组站衡阳北站4公里。衡阳东站现为湖南省第二大高铁站，建筑规模及客流量在湖南省的高铁站中仅次于长沙南站，东距攸县南站90千米，南距耒阳西站55千米，西距祁东站74千米，北距衡山西站41千米、株洲西站125千米、长沙南站176千米。

【衡阳中心汽车站】原为衡阳汽车西站，坐落于蒸湘区，为国家一级甲等大型长途汽车客运站，隶属于衡汽集团。是衡阳周边省市跨地市、跨省长途客运班线最多、班车最多、旅客发送量最大的车站，在衡阳周边省市道路旅客运输中有着举足轻重的龙头作用。2007年，进行整体迁建，新址投资1.5亿，主楼高16层，占地面积7.87公顷，主体工程占地约5公顷，西临蔡伦大道、冠都现代城，南临船山中路。主站房地下一层，地上十五层，建筑总面积19902平方米，与市广播电视中心遥相呼应。

【南岳机场】位于衡南县城云集镇，东临京广高铁衡阳东站、衡炎高速公路、京港澳高速公路、107国道，北接衡阳白沙洲工业园区（深圳工业园）、湘桂高铁衡阳南站、衡昆高速公路、泉南高速公路，西连岳临高速公路、衡邵高速公路、娄衡高速公路、衡永高速公路。按4D规划、4C建成、4E留足发展空间，航站楼工程于2013年初正式开工，2014年12月23日衡阳南岳机场正式通航。已开通航线13条，通达城市22个。机场一期工程由南岳机场投资总公司承建，由国家和省、市出资建设，总投资9.98亿元，其中国家总投资4.78亿元，市自筹5.2亿元，占地面积2142亩。

【衡阳市博物馆】于1973年6月建立，前身为坐落于岳屏公园内的王船山纪念馆。1992年迁建于明翰路28号，建筑面积6430平方米，内设馆藏文物陈列厅、湖湘文化展览厅、中心文物库房、多媒体室、接待室、资料室、办公室，建筑风格仿我国江南明清古建筑，典雅、庄重、古朴，总投资700万元。衡阳市博物馆属地方综合类博物馆，现有馆藏文物2万余件，2005年被国家文物局定为全国重点博物馆，属二级风险单位。陈列展览有《馆藏青铜器陈列展》《馆藏陶瓷珍品陈列展》《馆藏工艺杂项展》《湖湘名人书画展》和《湖湘文化展》5个展览。

【衡阳市图书馆】筹建于1917年，于1921年元旦开馆服务，曾名衡阳县公立图书馆、省立衡阳图书馆、衡阳市船山图书馆，是全省唯一成建制保留到新中国成立后的市级公共图书馆。馆舍屡经迁徙，馆名多次变换，1966年定现名，1975年迁现址。2009年启动全面维修改造，2010年7月恢复正常服务，2011年9月实行免费开放。现有建筑面积6200平方米，内设报刊部、借阅部、采编与数字服务部、特色文献部、辅导活动部和办公室，对外服务窗口15个。馆藏图书62万余册，其中古籍和民国图书5万余册、衡阳名人著作等地方文献近2万册。

【衡阳市文化馆】坐落于市人民路与蒸阳北路交汇处（蒸阳路9号），成立于1953年，是全国最早建立的文化馆之一。1982年2月因地市合并，改名为衡阳市群众艺术馆。2018年3月按照文化发展的时代要求更名为衡阳市文化馆。2006年经市编委批复，加挂"衡阳市非物质文化遗产保护中心"牌子，2008年、2011年、2015年连续三次被国家文化部评为国家一级文化馆。总建筑面积5400多平方米，内设讲座厅、小剧场、多功能展厅及用于全民艺术普及的舞蹈、声乐、美术、书法、器乐、摄影、文化活动等教室。

【衡阳市体育中心】位于衡州大道以南，衡阳师范学院与湖南工学院之间，分为体育场、体育馆和游泳综合训练馆。体育场占地1.78公顷，建筑面积43000平方米，固定座位33762个，于2009年5月开工，2010年11月竣工，是中国田径协会确认的"国家级一类田径场地"，总投资约2.8亿元。体育馆占地12亩，建筑面积13000平方米，座位4954个，2013年12月开工建设，2015年9月竣工，可举行篮球、排球、乒乓球、羽毛球、体操等大型国家单项比赛，投资约1.2亿元。游泳综合馆占地0.5公顷，建筑面积19000平方米，座位3025个，可举行游泳、跳水、水球、花样游泳等国家单项比赛，同时可提供射击、体操、羽毛球、乒乓球、武术、柔道、举重等项目的日常训练和比赛，总投资约2.2亿元，2017年10月竣工。

【衡阳市第一中学】系湖南省示范性普通高级中学，前身是船山书院（创建于1884年，民国初亦称"存古学堂"）——船山国学院——船山大学——湖南私立船山中学，迄今已有133年历史，历来被誉为著名学府、湘南名校。1950年8月，湖南省文教厅和衡阳市人民政府将衡阳市立中学、私立含章中学的高中部并入船山中学，改为"衡阳市立第一中学"，校址在东洲岛。1952年，省文教厅又将"衡阳市立第一中学"改名为"衡阳市第一中学"，属省重点中学。1958年学校由东洲岛搬迁到丁家牌楼。2005年，又从丁家牌楼整体搬迁至华新开发区51街区。现有正高级教师2人，特级教师6人，高级教师92人，一级教师119人，二级教师38人。占地面积135198平方米，建筑面积78254平方米，班级66个，学生3600余人。

【衡阳市中心医院】位于雁城路12号，是衡阳市属规模最大的三级甲等综合性医院，是南方医科大学附属医院，是湘南地区历史上最早成立的西医医院，被誉为"湘南西医之源""湘南西医的发祥地"。始建于1902年，前身为基督教英国伦敦会皮克医师创办的仁济医院，1951年易名为衡阳市立第二医院，1968年更名为衡阳市第二医院，1991年改称为衡阳市中心医院，是国家住院医师规范化培训基地、国际急救网络医院、爱婴医院。一院三址，总用地面积3.17公顷，总建筑面积40多万平方米，现有编制病床1500张，集医疗、预防、保健、急救、科研、教学于一体，有医学博士9人、硕士226人，衡阳市学科带头人8名，硕士研究生导师16名，正高级职称人员40人，副高级职称200人。设置临床医技科室62个，其中，心胸外科、普外科是省重点专科，神经内科、心内科、肿瘤科、骨科、儿科是市重点专科。

【衡阳市中医医院】创建于1952年，现为一家集医疗、科研、教学、康复、保健于一体的综合性国家三级甲等中医医院，全国示范中医医院，国家中医药管理局确认的首批中医住院医师、全科医生规范化培训基地，国家中医药传承创新工程建设项目单位。医院现有业务用房建筑面积4.7万平方米，床位900张；在岗职工670人，博士1人、硕士55人，硕士研究生导师11人，主任医师22人，副主任医师54人。国家级名中医传承工作室指导老师1人，国家级、省级师承指导老师6人。肾病学为国家中医药管理局重点学科，肾病科为国家中医药管理局重点专科，省级重点专科有5个。医院坚持医药并重，专科专病制剂18种。医院本部位于衡阳市蒸湘北路25号，南院位于蒸湘区联合街道大栗新村10号（为原衡钢职工医院）。

【衡阳市第一人民医院】位于珠晖区湖北路，于2005年11月由原衡阳铁路医院和湖南省衡阳中西医结合医院合并组建，是一所集医疗、保健、教学、科研于一体的三级综合性医院。医院占地面积2.08万平方米，建筑面积6.55万平方米，总资产4.295亿元，固定资产3.06亿元，年门诊病人25万人次，年出院病人2.2万人次。人员编制1280人，实有在编人员777人，其中卫生技术高级职称人员124人，硕士研究生38人，床位编制800张，开设临床医疗科室29个，医技科室11个。拥有CT、DR、心血管造影机、体外循环机、磁共振、直线加速器、高压氧舱、电视腹腔镜、宫腔镜、四维彩超、血透（血滤）机、全自动生化仪、钬激光等高新先进医疗设备。

【南华大学附属第一医院】坐落在蒸湘区船山路69号，创建于1943年，前身为衡阳地区人民医院，于1994年被国家卫生部首批授予"三级甲等医院"称号。它是一所集医疗、教学、科研、预防、康复于一体的大型综合性医院。占地面积7.13公顷，建筑面积13.79万平方米。在岗正式职工2693人，其中医师791人，护士1332人；正高职称100人，副高职称314人；博士125人、博士后4人、硕士588人。现设有43个临床科室、58个护理单元、10个医技科室、8个专科实验室、1个健康管理中心和1个临床研究所。开放床位2567张，重症监护床位120张。医院为全国著名的医学人才培养基地、全国全科医师培训基地、湖南省住院医师规范化培训基地。

【**南华大学附属南华医院**】坐落在珠晖区东风南路336号，创建于1958年，前身为核工业四一五医院，2002年成建制划转成为南华大学直属型附属医院，是一所集医疗、教学、科研、预防、康复于一体的三级甲等医院，辖核工业卫生学校。占地面积370余亩，建筑面积21万平方米。在岗职工1264人，其中医师322人，护士573人；正高职称40人，副高职称201人；博士12人、硕士263人。现设有36个临床科室、11个医技科室、1个专科实验室、1个健康管理中心、1个临床研究所，开放床位1280张。医院为国家首批核应急医学救援分队、全国老年健康急救一体化示范基地、湖南省卒中中心、创伤中心、胸痛中心、神经退行性疾病临床研究中心及衡阳市手外科中心、危重儿童与新生儿救治中心、衡阳市蛇伤与蛇毒救治培训基地。医院普通外科、骨科（手外科）、神经内科、急诊医学科为省级临床重点专科。

【**衡阳市自来水公司**】成立于1958年1月3日，坐落于雁峰区。是一家日供水能力

167万立方米、日污水处理能力20万立方米的国有大型企业。总资产8.2亿，现有在职职工1500多人。公司下辖城南、演武坪、江东、城北4个水厂和兴达市政工程有限公司、名洋水务研发公司、鑫源水务营销公司、金达污水营运公司、湘水物业有限责任公司、机电安装公司6个基层单位以及14个机关部门。曾先后获得"中国自来水行业功勋企业""湖南省优秀企业"等荣誉称号。

【**欧阳海灌区枢纽工程**】地处湘江支流春陵水和耒水下游地区，由欧阳海水库和灌区干、支渠组成。水库位于春陵水的中游，集雨面积5409平方千米，多年平均年径流总量41.1亿立方米，总库容4.24亿立方米，有效库容2.96亿立方米。欧阳海灌区大坝为58米高的混凝土双曲拱坝，坝腰连开五个泄洪孔。灌区渠道灌溉工程分布在耒阳、衡南、常宁三县和衡阳市郊，分右总干、东支干、西支干、左干四条干渠，长291千米。可灌溉农田4.85万公顷。自流灌溉3.8万公顷，提水灌溉1.02万公顷。工程兴建渡槽47座、隧洞32处、倒虹吸管一座、小型建筑物3000多处。自1966年至1970年，衡阳每年出动数十万民工修建欧阳海灌区。1970年6月，欧阳海水库大坝竣工蓄水，1970年8月1日，灌区工程通水。1971年7月完成枢纽配套工程。

【**斜陂堰水库**】于1958年冬破土动工兴建，1960年春建成投入运行，是一处以灌溉为主，结合防洪、发电、养殖等综合利用的

中型水库工程。水库控制流域面积92.5平方千米，干流发展于南岳衡山山脉的雷钵岭，全长19.56千米，水库最大淹没432.53公顷，正常水位106.5米，正常蓄水4260万立方米，是衡阳县蓄水量最大的一处中型水库。水库枢纽部分由主坝、副坝、常用溢洪道、备用溢洪道、高涵、低涵、电站所组成。

【牛形山水库】又名织女湖，位于蒸水河一级支流，武水河中游，坐落于衡阳县岘山镇泉井村。该水库于1958年10月动土兴建，1960年大坝基本建成，集雨面积246平方千米，正常水位114.2米，正常库容3090万方，湖区面积400多公顷。织女湖碧水含春，鹭舞鸥翔，被誉为"家园深处的真正美丽"，历史悠久，乃是明清时期吴三桂争夺之地。这里山清水秀、气候宜人、空气清新、物产丰饶、经济繁荣，是著名的鱼米之乡、艺术之廊、文化之邦。湖内具有山抱水合的山水特色，水域宽阔、水源充沛、水质清洌、无工业污染，符合生活用水水质标准。

【湘江土谷塘航电枢纽】位于衡南县城云集镇南部，湘江干流航道8个梯级枢纽之一、湘江千吨级航道向上延伸的控制性工程，上游距近尾洲水电站50千米，下游距大源渡航电枢纽101千米，是湘江的梯级分段渠化（筑坝分段疏浚）项目的最后一个。2010年12月30日开工，2016年10月11日进入全面运营。总投资27.97亿元，船闸工程为三级航道标准，设计年通过能力1420万吨，并预留二线船闸位置。电站总装机容量9万千瓦，年均发电量3.63亿千瓦时。建设常宁松柏港1个千吨级综合泊位和衡南云集港1个千吨级件杂货泊位，并配套建设1座湘江公路大桥（长1100米，宽15米）和湘江航电枢纽群联合调度中心。

【衡阳市城市生活垃圾焚烧发电厂】位于衡阳县樟木乡，由永清环保股份有限公司投建。该项目2013年开始筹建，设计生活垃圾总处理规模为1500吨/天，分两期建设。一期建设规模为1000吨/天，建设两条500吨/天的生活垃圾焚烧线及余热锅炉。发电厂运营一年来，日处理垃圾1000余吨，双炉运行日均发电量达到35万度以上，吨入炉垃圾平均发电量达到了378度，最高可达420度，有效实现了"变废为能"。

【茶山坳镇】珠晖区辖镇，三面环水，东邻衡南县咸塘镇，南与酃湖乡隔耒水相望，西与石鼓区仅"一江之遥"，北与衡东县大浦镇隔江相望。镇内地形以山地、丘陵为主，山水资源丰富，物华天宝，人杰地灵，尤以百年宝塔——珠晖塔闻名遐迩，素有"衡阳东花园"之称。全镇总面积56.8平方公里，辖14个村、2个社区，现有人口3.28万人，其中城镇常住人口1.5万；耕地面积1200公顷。近年来，茶山坳镇坚持"生态立镇、旅游兴镇、项目强镇、产业富镇、和谐安镇"的发展战略，经济社会蓬勃发展，相继荣获全国重点镇、湖南安全生产示范乡镇等荣誉称号。

【岳屏镇】雁峰区辖镇，前身是岳屏乡。岳屏镇坐落在衡阳市雁峰区南面，东邻湘江乡，东南濒临湘江；南面和西面与衡南县接壤，北靠黄茶岭街道，全镇面积38平方千米。原属第七区，后为第五区，1958年属上游公社，1964年析置岳屏公社，1984年改乡，2001年成立岳屏镇。全镇人口2.8万人，耕地面积587.93公顷，菜地94.07公顷，境内盛产柑桔、鱼类及各类蔬菜，地境内的衡枣高速公路、蒸湘南路延伸线、西外环路及衡常公路为主道的公路网四通八达。

【呆鹰岭镇】原属衡阳县，2001年区划调整时划入衡阳市蒸湘区。东与衡阳市高新技术开发区隔蒸水相望，西与衡阳县接壤，北与衡阳市石鼓区毗邻。315省道、船山西路、岳临高速贯穿呆鹰岭镇，蒸水绕镇而过。辖13个村，1个居委会，拥有村办小学11所，初中1所，县属高中1所，大中专院校4所，本科院校1所，区级中心医院1所。建筑石材丰富，可为建筑市场提供上万吨建筑资源。引进工业企业4家，实现引资额1.1亿元。民营运输、服务业、建材加工业等成为服务城区发展的排头兵，呆鹰岭镇共有工业企业、民营企业479家，年创产值1.3亿元。

【南岳镇】位于风景秀丽的南岳衡山风景名胜区东部，坐落在祝融峰之南麓，东距京广高铁衡山西站5千米，东距衡山县城15千米，南至衡阳市40千米，西枕邵阳，北接长株潭，107国道、南岳高速公路和京广高铁穿境而过。改革开放以来，依托千古名山优势，以旅游为龙头，以宗教文化为特色，经济社会得到了快速发展，各项事业彰显出了强大的生命力。先后获得了"全国创建文明村镇先进单位""湖南省文明乡镇""湖南省经济百强镇"等荣誉称号。

◇ 城市经济

【综述】改革开放以来，衡阳抓住发展机遇，加快发展步伐，提升发展质量，成为中南地区主要工业城市。经过四十年来发展，衡阳形成了以装备制造业、电子信息产业、矿冶产业、食品加工业等为优势产业的产业集群，以白沙洲工业园、衡阳高新技术产业开发区、湖南衡阳松木经济开发区、衡山科学城为支撑的产业体系。衡阳是中国信息化城市50强之一，是"中国制造2025"试点示范城市群城市之一，是全国26个老工业基地之一，拥有湖南第一家综合保税区和国家级高新区，被定位为国家承接产业转移示范区以及全国加工贸易重点承接地。2016年，衡阳市实现地区生产总值2853.02亿元。按常住人口计算，人均地区生产总值39020元。衡阳市三次产业结构为15.1：41.5：43.4，固定资产投资（不含农户）2282.18亿元，社会消费品零售总额1127.98亿元，进出口总额177.17亿元。全市城镇居民人均可支配收入28848元，城镇居民人均消费支出19615元，农村居民人均可支配收入15603元。

【衡阳高新技术产业开发区】简称"衡

阳高新区"，1992年经省人民政府批准成立，2012年8月19日经国务院批准升级为国家高新区。衡阳高新区位于衡阳市城区的西南部，规划面积137平方公里。已拥有科技部授予的"衡阳国家输变电装备高新技术产业基地"，工信部授予的"国家级新型工业化产业示范基地"，国家级加工贸易梯度转移重点承接地、国家高技术产业基地、国家高技术产业基地衡阳盐卤及精细化工产业园、湖南省综合性高技术产业基地、国家生物产业基地衡阳集聚区、湖南省汽车零部件基地8块"金字招牌"。汇聚了华为、中兴通讯、富士康、娃哈哈、帝斯曼、广汽长丰等一大批世界和国内500强企业。培育了特变电工、紫光古汉、共创光伏、镭目科技等为代表的高新技术核心企业。衡阳高新区形成了智能制造、电子信息、高科技服务三大核心产业集群，成为衡阳经济发展重要增长极。

【**白沙洲工业园区**】位于市中心城区南部，共三大片区，面积42.17平方千米。2006年3月建园，2012年底与高新区联合申报国家级开发区获批。园区正实施创建"中国制造2025"试点城市示范园区行动，瞄准全面建设现代制造业基地，全力提升实体经济竞争力这一目标，在强化6大支柱产业补链、建链、强链基础上，重点围绕打造亚马逊中国制造中心，创建全国精密模具示范园，建设综保区开放型经济平台，推动军民融合产业新城发展，引进新能源汽车制造五

大板块精准发力。园区集聚了156个法人单位（4家央企、7家上市公司、4家争取上市的公司均在园区设立企业），其中工业企业42家，高新技术企业9家，外向型经济企业13家（园区7家，综保区6家）。

【**湖南衡阳松木经济开发区**】原名松木工业园区，位于衡阳市松木经济开发区创业路，2006年4月设立，2013年1月正式更名；规划控制面积54.66平方公里，行政区划面积23.95平方公里。既是全国第七批省级开发区、第一批国家级循环化改造示范试点园区、国家高技术产业基地，也是湖南省最具产业影响力产业园区、信息化和工业化融合试验区、盐卤化工特色产业基地。近四年来，新引进重大工业项目55个，新开工建设项目50个，其中，全省"5个100项目"两个；新竣工投产项目41个，新增规模以上工业企业36家，其中，500强企业两家，央企4家，高新技术企业19家。

【**衡山科学城**】位于雁峰区内，总规划面积20平方公里，一期开发面积5平方公里。首期启动红树林片区、凤凰台片区、未来湖片区和梧桐国际片区四个片区，以航空航天产业集群、智能机器人产业集群、生物及高性能医疗器械产业集群、新能源、新材料五大产业集群为支撑，通过建设上下游产业链，逐步打造湘南优势产业，力争2025年在科学城形成千亿级产业集群。已完成征地2279亩，建筑面积29万平方米，注册企业63家，投资额78.6亿元。与清华、北航、北

邮、国防科大等知名高校建立了战略合作关系，共建科技成果产业转化基地。引进了光纤陀螺、惯性导航项目，北斗羲和项目，航空航天领域新材料项目，3D打印新材料项目及医疗机器人、协作机器人项目，检测治疗机器人和新型生物材料项目等。

【衡阳综合保税区】2012年10月25日，国务院批准设立。位于白沙洲工业园区，为全国第十八家国家级综合保税区、中部第三家综合保税区、湖南省第一家综合保税区，规划面积2.57平方公里。区域进出区业务与海关手续办理工作区合二为一，参照上海洋山保税港区政策。2014年9月9日，正式封关运行。保税区距离衡阳港丁家桥两千吨级码头8分钟车程，距离衡阳南岳机场10分钟车程，距离衡昆高速公路、京港澳高速、京港澳高速复线入口分别2分钟、15分钟、10分钟车程，距离京广高铁衡阳东站12分钟车程。

【中钢集团衡阳重机有限公司】简称"中钢衡重"，位于白沙洲工业园白沙路，是中国中钢集团公司的全资子公司，是由中国中钢集团公司并购重组衡阳有色冶金机械总厂优良资产改制而成的国有法人生产制造企业。中钢衡重继承并发展了原企业完整的销售体系、先进的技术中心和强大的制造系统，是一家具有年产钢水100000吨、异型铸锻件20000吨、钢结构件10000吨的综合能力和25000吨的配套机加工及装配能力的大型机械制造企业，主要致力于开发、制造、销售冶金、矿山成台大型设备及备件。主要产品有连铸机、电动挖掘机、井下铲运机、牙轮钻机、卷取机、轧机、破碎机、球磨机、烧结机、冶金炉窑十大系列产品及大型耐热耐酸铸件。

【湖南衡阳钢管（集团）有限公司】位于蒸湘区蔡伦大道，隶属湖南华菱钢铁集团有限责任公司，系全球大型无缝钢管生产企业，中国第2大专业化无缝钢管生产企业。始建于1958年，现有在岗员工3905人，总资产135亿元。衡钢集团不断引进、消化、吸收世界无缝钢管领域的先进装备和尖端技术，现拥有Φ50、Φ89、Φ180、Φ219、Φ340、Φ7206条钢管生产线、2条管加工生产线、小、大、特大3套圆管坯生产系统、1座1080立方米高炉炼铁系统，具备年产110万吨铁、170万吨钢、150万吨管、83万吨热处理、60万吨螺纹加工的能力，是全球无缝钢管生产机组最全、先进机型最多、产品规格最配套的企业之一。

【建滔化工集团有限公司】位于松木工业园，1988年成立，业务范围已由覆铜面板发展至印刷线路板、化工产品及国内房地产多个领域，为全球最大覆铜面板生产商，全中国最大印刷线路板制造商，中国化工产品龙头供货商之一。1993年在香港交易所上市，并于1999年12月成功分拆其子公司建滔铜箔集团有限公司在新加坡证券交易所上市。2004年11月成功收购依利安达国际集团有限公司。2006年，集团成功分拆其覆铜面板业务，建滔积层板于香港联合交易所主板上市。集团与中海油化学于海南岛之合营天然气甲醇项目于2006年12月成功投产。现今建滔拥有雇员约50000人，已跻身于每年营业额超过四百亿港元之跨国企业。集团2011年5月获福布斯杂志连续两年评选为世界2000大上市公司，并于2010年5月获彭博商业周刊评选为科技公司100强。

【湖南机油泵股份有限公司】前身为"湖南机油泵厂"，位于衡东县康佳路，创建于1949年。同年进行股份制改造，正式成立湖南机油泵股份有限公司。2016年11月30日在上海证券交易所发行上市。公司是中国内燃机工业协会常务理事单位，全国冷却水泵/机油泵分会副理事长单位，机油泵行业标准制定单位，高新技术企业，国家技术创新示范企业，是中国内燃机工业协会确认的"中国内燃机工业排头兵企业"。公司通过了质量ISO/TS16949、环保ISO14000、安全OHSAS18001体系认证。公司设有国家级企业技术中心，设有衡山齿轮有限责任公司和湖南省嘉力机械有限公司两个全资子公司。公司产品有九大系列、两百多个规格，主要为柴油机/汽油机机油泵、机械及电控变排量机油泵、燃油输油泵、变速箱液压泵、冷却水泵、模块集成产品、硬齿面减速机、精密齿轮、高精度有色黑色铸件。

【湖南大三湘茶油股份有限公司】简称"大三湘"，位于衡南县兴园路工业园，是一家专注于油茶产业的新型农林高科技企业。公司立足中国油茶核心产区——湖南衡阳，以"振兴油茶民族产业，带动千万农民致富"为使命。大三湘自2008年成立以来，致力于打造"从茶山到餐桌"（包括油茶的育苗、种植、工艺研发、压榨生产、油茶关联产品的精深加工及终端销售渠道、增值服务拓展）的全产业链的现代农业企业，主要经营食用植物油及销售，预包装食品、散装食品批发兼零售，农副产品原料收购及销售等。

【湖南天雁机械有限责任公司】坐落于石鼓区合江套，是中国兵器装备集团公司和中国南方工业集团公司的国有大型独资控股企业。公司占地60余万平方米，现有员工1560人，其中享受国务院特殊津贴专家2名，高级职称人员32名，中级技术人员132名，具备大学学历152人，专科学历390人。公司主要从事涡轮增压器、气门节温器等车辆发动机部件的生产销售，其主导产品增压器属新型、高效、节能、环保型产品，现有7大系列360多个品种；气门现有12大系列40多个品种。公司建有国家认定企业技术中心和国家博士后科研工作站，系国家高新技术企业和内燃机标准化技术委员会涡轮增压器工作组组长单位。"江雁"商标为中国驰名商标。增压器、气门为湖南省名牌产品。

【南岳电控（衡阳）工业技术股份有限公司】由中方湖南省衡阳汽车配件厂与美方YACC第一投资公司于1994年8月合资组建的一家中外合资企业（曾用名：湖南省衡阳汽车配件厂、南岳油泵油嘴有限公司、亚新科南岳（衡阳）有限公司、南岳电控（衡阳）工业技术有限公司）。公司总资产15亿，现有员工1600人，占地面积35万平方米。公司为国家高新技术企业，拥有国家企业技术中心、省级企业技术中心、省级工程技术研究中心三个研发平台，是湖南省知名大学的培训基地。拥有国内外最先进的燃油喷射系统及其零配件研发和生产手段，是中国最大的燃油喷射系统制造企业之一。公司主要生产各类柴油机燃油喷射系统、铝铸件和出口件产品，其中，柴油机燃油喷射系统产品拥有机械泵、电控单体泵、电控单体组合泵和高压共轨系统等1000多个系列，年生产能力达80万台套。

【特变电工衡阳变压器有限公司】位于白沙洲南郊大道，始建于1951年，是国家战略性新兴产业"高端装备制造"和"智能装备制造"的重要承担者，服务范围覆盖10千伏~1000千伏变压器及电抗器，±200千伏~±1100千伏换流变压器，箱式变压器、高压开关、电线电缆、综合自动化保护系统、配网自动化保护系统、电力工程总承包、变电站检修、新能源变电站及充电站建设等。通过近几年来的快速发展，产品研发能力已达到1200千伏，容量达到100万千伏安，并先后为国家1000千伏及750千伏输变电示范工程、长江三峡、西电东送、小浪底工程、澜沧江流域开发、青江流域开发等国家示范工程、标志性工程和国家重点工程研制了一大批高可靠性、高科技含量、节能环保的新产品。公司还参与了40多个国家和地

区的电力基础工程建设，实现了由单机出口向系统集成总承包、制造业向制造服务业、装备中国向装备世界的重大转型。

【金杯电工衡阳电缆有限公司】位于雁峰区白沙洲塑电村，成立于2004年，现为金杯电工股份有限公司的全资控股子公司。公司现占地面积25万平方米，员工1100余人，总资产14亿余元，是湖南省最大的电线电缆制造企业、高新技术企业、国家火炬计划衡阳输变电产业集团骨干企业。公司设备先进、齐全，拥有专业生产及检测设备491台套，并从德国、加拿大、美国、瑞士等国引进了世界先进的生产和检测试验设备，许多设备填补了国内空白。主导产品为110千伏及以下电力电缆、塑料绝缘电线、特种电缆、控制电缆、架空绝缘电线等产品，品种齐全，拥有数十项技术专利，并已建立起与世界接轨的技术开发体系和省级技术中心。

【酥薄月饼】在衡阳生产已有140余年的历史。衡阳市南北特食品厂对传统酥薄月饼的配料、制作进行了详细研究，创造出配料考究，做工精细、风味独特、松酥可口的新一代石鼓牌酥薄月饼，受到海内外食客喜爱。它以高精白糖、饴糖、精粉、奶油、动植物油、玫瑰、桂花、乔饼等十二种原料配方，经十四道传统工艺与现代技术相结合精制而成。面呈金黄色，地呈米黄色，四周铺满了大大小小的芝麻；馅大皮薄，形圆如月，厚薄均匀，入口松脆；具有浓郁的芝麻和玫瑰香味。

【南岳雁鹅菌】用雁鹅菌油炸浸泡制成，故名。南岳多野菌，品质以雁菌为最。雁鹅菌生于每年农历三月和八月，即鸿雁南迁北归飞越衡山之时。菌色浅棕，形如伞状，小如铜钱，大似菜碗，均质松肉肥，用以调汤、烧肉、下面，无不鲜香甜美，滑嫩可口。但最别致的食法是做菌油。取新鲜未展开的鹅子菌去蒂、洗净、沥干，茶油炸熟至水分全部蒸发，待冷却，连油带菌缸浸渍贮存，可数年不变质。成品色泽橙黄，形如铜扣，油亮素雅，肉质脆嫩，被人们誉为山珍。

【西渡湖之酒】产于衡阳县西渡镇而得名。以衡阳特产"麻矮糯"为主要原料、辅之科学配方和传统工艺精心酿制而成，质纯天然，富含营养，风味独特，陈年窖香，闻则生津，喝则怡神。曾连续三届被评为省优部优产品，1988年荣获全国首届食品博览会铜牌奖和法国巴黎"世界之星"奖。产品畅销全国28个省市，远销日本、新加坡、台湾、香港等地。湖之酒属甜型黄酒、发酵酒，选料精细，工艺严密，祖传秘方制出，传统工艺酿造。此酒含有人体所必需的多种维生素和二十六种氨基酸。

【古汉养生精】衡阳知名品牌。产品名的意义是源自古汉，荟萃精华。1985年11月26日，"古汉养生精"正式获得国家生产批文，以获得药品"准"字号更显得弥足珍贵。"古汉养生精"补气、滋肾、益精，补充人体之精、气、神。处方精选十二味地道中药材，配伍精良，不湿不滞，药性平和，避免了药物致偏的弊端，且功能显著，疗效确切，利于长期服用。

◇ 城市文化

【综述】衡阳，是一座当之无愧的历史文化名城。是中华五岳之一南岳衡山所在地，是火文化的发祥地，是大禹治水的智慧获取地，是制蚕始祖嫘祖的"安身"地，是古代四大发明之一造纸术发明者蔡伦的诞生地，是伟大的思想家王船山学说发源地，是中国古代四大书院之一石鼓书院的承载地，是抗战史中衡阳保卫战的发生地，是汉民族"春社"习俗保存最完整的展示地。衡阳是以祝融祭祀、神农崇拜的民风习俗为鲜明代表的农耕文明活化石，以南蛮血性、船山风骨的精神品质为显著特点的湖湘文化大本营，以名山为凭、三江汇流的风水格局为突出特征的生态文化样板城。衡阳市拥有各类艺术表演团体11个，群众艺术馆、文化馆13个，公共图书馆14个，博物馆、纪念馆16个。全市国家级非物质文化遗产保护项目6个，省级11个。全年新闻出版业销售收入14.05亿元，全年新闻出版业利润总额1.2亿元。

【火文化】衡阳是火文化的发祥地。火神崇拜是衡阳历史文化的主要源头。衡山七十二峰，其中五十二峰包括主峰祝融在衡山境内。南宋罗泌编撰的《路氏》说："祝诵氏，一曰祝和，是为祝融氏。……以火施化，号赤帝，故后世火官以为号。其治百年，葬衡山之阳，是以谓祝融峰也"。祝融火神是中华文明史的一部分，是海内外华人的共同信仰。火文化深刻影响着人们生活习惯和文化心理。由祭祀火神衍生而来的礼乐制度，演变成衡阳地区节日与婚丧仪程的范式，遗风犹存。古镇界牌的"火灯节"、高塘的"火龙节"流传至今。界牌镇传统民俗活动"火灯节"，村民点亮火把、红烛，彩灯等，走街串巷，祈求风调雨顺。

【**农耕文化**】人们在长期农业生产生活中形成的一种风俗文化。农耕文化标志性创始人物与衡阳紧密关联。农耕文化包含了众多特色耕作技术、科学发明。黄帝的妃子嫘祖在衡阳发明养蚕，用蚕丝纺织制衣，使人们告别了着兽皮树叶的时代，死后葬岣嵝峰嫘祖坟。渔猎经济时代，衡阳原住民"火耕水耨"，炎帝"神农氏"到衡阳后"创耒"，后世称"耒阳"。《周易·系辞》曰："神农氏作，斫木为耜，揉木为耒，耒耨之利，以教天下"。农耕文化始终是流淌在衡阳大地的文化血脉。

【**湖湘学派**】湖湘学派盛行于湖南地区，是湖湘文化极重要的组成部分。湖湘学派是宋明理学的一个分支，是一个源远流长的地域性儒家学派。以宋明理学开创者，而学义励于湖湘。至南宋年间，因著名学者胡安国、胡宏、张栻等人在湖南讲学著述，弟子千人，使得湖湘学派规模形成。后历"朱张会讲"、朱子岳麓中兴，使得湖湘之学，

名扬于当时。其至元明走入沉寂，但明末清初，衡州王夫之继起，至清末邓显鹤、曾国藩等中兴，影响湖湘千余年，对中国文化发展都具有极大影响。

【**船山文化节**】为纪念明末清初伟大思想家、哲学家王船山逝世310周年，2002年11月10日在衡阳县西渡镇隆重举办中国（衡阳）船山文化节。中国（衡阳）船山文化节遵循"弘扬船山思想，推进现代文明"的宗旨，举办王船山铜像揭幕式和题为"船山思想与现代文明"的国际学术研讨会，开展各种大型文化、体育、旅游、商贸活动。节会主要展出王船山生平事迹及部分极其珍贵的手稿原件。

【**湘南学生联合会旧址**】简称湘南学联旧址，位于珠晖区粤汉码路1号，其管理机构是湘南学联纪念馆，隶属衡阳市文体广新局，为第七批全国重点文物保护单位。现有馆藏文物624件，其中一级文物5件，二级文物7件，三级文物82件，有文献资料2万余件。1966年起辟为革命纪念地，是全国仅存最完整的一座学运基地。湘南学联旧址原为浮桥公所，始建于清光绪二十八年（1902），占地面积900平方米，建筑面积700平方米，为中国明清时期南方会所格局。旧址坐东朝西，砖木结构，硬山顶，小青瓦，封火墙，墀头施堆塑；二进，面阔五间，前后置天井；八字槽门，杉木板墙，雕花门窗。汉白玉门额上镌前清进士、候补道曾熙题书"浮桥公所"。

【来雁塔】坐落于北部石鼓区，与珠晖塔、接龙塔并称雁城三塔。地处湘江、耒水、蒸水三江交汇处西北部和衡阳来雁新城中心，南与石鼓书院、回雁峰对峙，寓雁有来回，故名为来雁塔。塔基为垒石构成，塔身用青砖砌成。整个塔体内为楼阁式，共七层，呈八角形，高36米。塔的第一层东南设门，南向拱门上嵌有清朝兵部尚书彭玉麟手书"来雁塔"横额的汉白玉碑一块。从第二层起塔身逐级递缩，塔的每层皆设有对称神龛，开两窗四门。塔檐为叠座，下无斗拱，外壁饰石图案。拱门上有石质龙凤浮雕。塔角旧有风铃，塔上有铁顶，置相轮。整个塔的结构突出了明代的建筑特点。

【珠晖塔】位于珠晖区茶山坳镇藕塘村，珠晖塔在湘江东岸耒河口，与来雁塔对峙，雄踞江东岸之拜亭山上。因"积珠玉放光辉"得名。为清代安徽巡抚衡阳人王之春主持兴建，耗白银6万两，费时13载，于光绪丁酉年（1897）建成。高35米，八角七层砖石结构，正门有王之春手书"珠晖塔"三字，并撰楹联三幅，门正联"高峙船山远绵学脉，流回耒水广助文澜"。塔内有石级旋梯，拱门还嵌有前清进士黄自元手书大理石刻碑文。

【接龙塔】位于雁峰区德源小区附近（回雁峰景区对面），又名白骨塔、焚字炉，塔高五层，底层有南北二门，塔身由方石砌成。清康熙年间衡阳县丞周燮倡修，距今已有300余年历史。此塔坐南朝北，五级八楞，自下而上渐收，置于高约1米的须弥座台基上，通高15米。台基平面亦八边形，边长2.62米，上施仰莲纹浮雕。台基及一至三层为红砂石构筑，四、五层为青砖砌成，各层出石板檐，攒尖顶，置葫芦宝瓶。门额自右至左剔雕"接龙塔"三字，楷书，两边分别是高浮雕文曲星和天官。

【衡州窑】位于雁峰区东南部，因衡阳古称衡州得名。衡州窑始烧于晚唐，盛烧于五代，终烧于宋。窑址主要集中在湘江沿河两岸，达100余座，号称百里窑场，重要窑口有归阳窑、云集窑、衡阳市区蒋家窑和茶山窑、衡山窑、耒阳磨形山窑。以青瓷为主，有双色和多色、花釉、彩釉、白釉等瓷器，主要器形有碗、坛、盂、碾、钵、杯、盏等，注壶为最多，可归纳为茶具、酒器、文房用品三大系列。

【欧阳氏故宅】建于清代晚期，保存比较完整，具有较高的建筑艺术与历史价值，2014年被湖南省政府公布为"湖南省重点文物保护单位"。这是一处典型的湘南民居，坐东朝西，砖木结构，硬山顶、穿斗式梁架、小青瓦屋面，面阔三间，前后两进，中有天井。从外观上看，四周都是用青砖所砌，由于南北两面山墙墙顶呈金字形，又称为金字墙，它既可以防火，又可以防盗，也称之为风火山墙。由于曾国藩岳父欧阳凝祉出任衡阳莲湖书院山长期间，举家从衡阳县迁居于此达数年之久，故称"欧阳氏故宅"。

【申公馆】始建于1808年，位于珠晖区和滨江新区交汇处，为清朝提督申道发的宅邸。砖木结构，占地面积3200平方米，建筑面积2900平方米，是衡阳市区现存最完整、规模最大的清代私家园林建筑和衡阳市级文物保护单位。2016年8月3日，衡阳市城乡规划部门审查通过了申公馆迁移保护修建性详细规划。申公新馆位于珠晖区湘江东路晏家坪，面向湘江，主入口临街，三进深、每进九开间，总用地面积9152平方米，总建筑面积3483.67平方米。

【陆家新屋】位于高新区新桥管理处第七组，系清代衡阳籍记名提督、振威将军陆成祖（1838-1891）于光绪七年（1881）建造。陆家新屋依山伴水，坐北朝南，砖木结构，二进四厢，右侧厢房东面置马房，长80米，宽33米，占地面积2640平方米。中轴线上由南至北分二进。第一进为槽门，第二进为正屋，两进间为庭院。厢房及马厩均为硬山顶，盖小青瓦，封火墙爪角飞翘。新屋石木构件及山墙墀头、檐下、窗额等分别施雕刻、彩绘、堆塑，内容有"丹凤朝阳""玉兔望月""福禄寿喜""博古八宝"及珍禽瑞兽、人物花卉、如意云纹等祥瑞图案。是典型的湘南民居风格古建筑群。

【岭茶古脊椎动物化石遗址】位于衡东县岭茶乡。1982年10月，中国科学院古脊椎动物与古人类研究所野外考察队在岭茶乡甑箕岭考察时，发现了大批古脊椎动物化石。

化石大都保存完好，有完整的头骨、牙齿、肢骨等。这批化石距今5千万至5千2百万年，有原古马、小白鼠、宽白齿兽、冠齿兽和食虫类等10余种哺乳动物，还有蜥蜴、鳄两种爬行动物。

【彭子岭遗址】位于南岳镇以东8千米的彭家岭萧家大屋背后，范围约1万平方米。1965年发现。遗址文化堆积较厚，最厚处约1.3米。采集的石器有斧、锛等，均磨制。陶片有夹砂红陶、夹砂灰陶、泥质灰陶、夹砂黑陶和印纹硬陶；纹饰有回纹、菱形纹、人字纹、波浪纹、绳纹、篮纹、方格纹、附加堆纹与镂孔等，其中以方格纹多见；器形有罐、釜、壶及锅形器等。文化堆积主要分为两个时期，下层以夹砂红陶为主，属新石器时代晚期龙山文化时期；上层以印纹硬陶、泥质灰陶为主，相当于商代。

【罗荣桓故居】位于衡东县荣桓镇南湾村，现为国家4A级旅游景区，距衡阳市区38千米，毗邻省道S315和衡炎高速公路，为南岳衡山—洣水—炎帝陵—井冈山黄金旅游线路的重要组成部分。建于1914年，是罗荣桓元帅的父亲罗国理为纪念第12代先祖异山公倡建的族祠，三进四厢，房屋20间，建筑面积530多平方米。故居内设有陈列室，展出珍贵文献、照片和实物150余件。故居坐西朝东，砖木结构，单层两进五开间。

【衡阳抗战纪念城】位于岳屏公园山顶，占地面积达60000平方米，建筑面积760余平方米。是为了纪念"衡阳保卫战"而建。日军为了开辟到达越南的陆上运输路线，在1944年6月22日，倾其所有精锐兵力攻打衡阳，遭到了衡阳军民的强烈抵抗。该战役历时48天之久，史称"东方的莫斯科保卫战"。抗日战争胜利后次年，1946年12月18日，国民政府主席蒋介石正电令，正式命名在抗日战争中损失最惨重、贡献最大的衡阳市为"衡阳抗战纪念城"。2014年9月1日入选第一批国家级抗战纪念设施、遗址名录。纪念城包括衡阳抗战纪念城碑，碑上的"衡阳抗战纪念城"七个大字原为蒋介石题写，另有一座纪念塔，塔前还有两座记功亭和一座抗战牌坊，以纪念抗日战争胜利和缅怀抗战的先烈。塔的西侧是一个欧式风格的建筑，为衡阳抗战纪念堂。在纪念堂的西南面，建有一座军民人物铜雕。另外，还有和平钟，抗日文化墙等。

【衡阳忠烈祠】 位于衡阳市距南岳古镇4千米处，1943年6月全部竣工。1944年，南岳沦陷，遭日军破坏。整座祠宇坐北朝南，中轴线上，按前低后高地形布局，依次为牌坊、"七·七"纪念碑、纪念堂、纪念亭和享堂，除纪念碑、纪念亭为纯石结构外，其余皆为石墙碧瓦，单檐翘角。第一批入祠的将领有张自忠、郝梦麟、佟麟阁、赵登禹等三十八名。

【欧阳海纪念馆】 位于衡东县新塘镇欧阳海村京广铁路侧旁，是湖南省级文物保护单位、湖南省爱国主义教育基地。1967年建碑，1972年列为省级文物保护单位，1982年新建了340平方米的欧阳海纪念馆。纪念碑有欧阳海烈士推马救列车的水泥塑像，高10米，占地3000平方米，旁有纪念馆，陈列有烈士的生平事迹与实物。

【南岳素食】 南岳风景名胜区为各地到南岳进香的人们提供的一种食物。各大丛林与镇上饭馆，均擅长制作的以茄类、豆类、面粉、面筋、百合、芋芥、莲藕、红白萝卜及各种瓜菜为原料，仿制成鸡、鱼、肉、蛋，形象逼真，清香、鲜嫩。南岳素食有一品香、二度梅（霉）、三鲜汤、四季青、五灯（炖）会、六子连、七层楼、八大碗、九如意、十样景等，以十样景最为丰盛，食此可领略斋席的全部风味。

【王夫之】（1619—1692），字而农，号姜斋、又号夕堂，湖广衡州府衡阳县（今湖南衡阳）人。他与顾炎武、黄宗羲并称明清之际三大思想家。王夫之自幼跟随自己的父兄读书，青年时期王夫之积极参加反清起义，晚年王夫之隐居于石船山，著书立传，自署名船山病叟、南岳遗民，学者遂称之为船山先生。著有《周易外传》《黄书》《尚书引义》《永历实录》《春秋世论》《噩梦》《读通鉴论》《宋论》等书。

【彭玉麟】（1816—1890），字雪琴，号退省庵主人、吟香外史，祖籍衡永郴桂道衡州府衡阳县（今衡阳县渣江），生于安庆府（今安徽安庆市）。与曾国藩、左宗棠并称大清三杰，与曾国藩、左宗棠、胡林翼并称中兴四大名臣，湘军水师创建者、中国近代海军奠基人。官至两江总督兼南洋通商大臣，兵部尚书，封一等轻车都尉。中法战争时，率部驻虎门，上疏力排和议。光绪十六年（1890）三月，病卒于衡州湘江东岸退省庵。彭玉麟于军事之暇，绘画作诗，以画梅名世。他的诗后由俞曲园结集付梓，题名《彭刚直诗集》（八卷），收录诗作500余首。

【王闿运】（1833-1916），字壬秋，又字壬父，号湘绮，颜其居曰湘绮楼，人称湘绮先生。祖籍衡阳西乡，后徙湘潭，生于善化（今长沙）。其"壬父"两字小印，颠倒观之则为"文王"，隐喻素王改制。《清史稿》说他"年十有五明训诂，二十而通章句，二十四而言礼，二十五举孝廉，二十八遂通诸经"。乡试中举后，他一度入曾国藩幕，后游说京师，以布衣而动公卿。

【夏明翰】（1900-1928），字桂根，湖南衡阳县人，出生在湖北秭归，12岁随全家回乡。1917年，夏明翰违背祖父心愿报考新式学校。1919年在衡阳参加学生爱国运动。1924年任中共湖南省委委员，并负责农委工作。1925年兼任湖南省委组织部长、农民部长和长沙地委书记。极力主张武装农民。1927年春，任全国农民协会秘书长兼武汉中央农民运动讲习所秘书。6月，调回湖南，任中共湖南省委委员兼组织部长。中共八七会议后，在湖南积极参加组织秋收起义。1928年初，调任中共湖北省委常委。同年2月，在汉口被敌人逮捕。1928年3月20日在汉口被杀，时年28岁。2009年被评为"100位为新中国成立作出突出贡献的英雄模范人物"。

【唐群英】（1871-1937），字希陶，号恭懿。是中华民国的缔造者之一，女权运动领袖、女权主义先驱、民主革命家、教育家、辛亥革命功臣、中国同盟会第一个女会员。首倡女权，为中国妇女解放运动作出了卓越贡献。被誉为"创立民国的巾帼英雄"。

【刘揆一】（1878-1950），民主革命家。字霖生，祖籍衡山，先祖刘汉宗迁入湘潭县白石铺杨柳冲，落籍湘潭。父刘方尧，太平天国起义时应募为湘军营勇，后充湘潭县衙刑房差役，和会党常有接触，同情他们"反清复明"的宗旨。刘揆一原在白石铺读私塾，光绪二十年（1894）拜师王闿运。代表作品有《黄兴传记》《救国方略之我见》。

【符定一】（1877-1958），字宇澄，号梅庵，衡山人。著名文字学家，解放后中央文史研究馆第一位馆长，以《联绵字典》传名于世。幼读家塾，稍长入衡阳南路师范学堂，后入京师大学堂。曾任资政院秘书、顺天高等学堂教习。历任岳麓书院山长、湖南省教育总会会长、湖南省立第一中学校长、湖南师范学校校长。1912年创办省立一中。1926年6月，任北洋政府财政部次长，新中国成立后，出任政务院文化教育委员会委员、中央文史研究馆第一任馆长。著有《联绵字典》《新学伪经考驳谊》《说文本书证补》《说文古籀本书证补》等。

【罗荣桓】（1902-1963），原名慎镇，字雅怀，湖南衡山县人，中国军事家、政治家，中华人民共和国元帅，中国人民解放军和中华人民共和国缔造者之一，中国人民解放军政治工作奠基人，党、国家和军队卓越领导人。1902年11月26日生于衡山县寒水乡南湾村（今属衡东县荣桓镇）。在衡东县荣桓镇南湾村有罗荣桓故居和罗荣桓元帅纪念馆。著有《秋收起义与我军初创时期》《学习毛泽东同志的思想》《处在总反攻前夜的山东解放区》《分散性游击战争与对敌政治攻势问题》《继续发扬我军的光荣传统》等。

【洛夫】（1928-2018），原名莫运瑞、莫洛夫，笔名野叟。国际著名诗人、世界华语诗坛泰斗、诺贝尔文学奖提名者、中国最著名的现代诗人。1928年生于衡阳东乡相公堡（今衡阳市衡南县相市乡），1943年以野叟笔名发表第一篇散文《秋日的庭院》于衡阳市《力报》（今《衡阳日报》）副刊。《中国当代十大诗人选集》将洛夫评为中国十大诗人首位。1999年，洛夫的诗集《魔歌》被评选为台湾文学经典之一，2001年又凭借长诗《漂木》获得诺贝尔文学奖提名。

【唐浩明】（1946-），衡阳市人，著名作家、湖南省作家协会名誉主席，曾入岳麓书社工作，任编辑室主任、总编辑等职。著有长篇历史小说《曾国藩》《彭玉麟》《杨度》《张之洞》等，整理出版《曾国藩全集》；《杨度》获国家图书奖，《张之洞》获中宣部第九届"五个一"工程入选作品奖。唐浩明是第十届全国政协委员，中国作家协会第六、七届全委会委员；获国家有突出贡献的中青年专家、中国出版政府奖·优秀人物奖等荣誉称号。《曾国藩》被香港《亚洲周刊》评为20世纪中文小说百强。

◇ 城市生态

【综述】衡阳市围绕建设宜居家园目标，致力改善生态环境，努力建设美丽衡阳，推进生态文明建设，实施绿化提质工程，建设西湖公园、虎形山公园等一批城市绿地，搬迁城区规模生猪养殖场，还绿于民、还水于民。大力实施湘江保护和治理"一号重点工程"，全市27个地表水考核断面水质达标率99.4%，13个县级以上集中式饮用水水源地水质达标率100%，"水十条"6个考核断面均达到国考年均目标值要求。全面实施大气污染防治，市城区环境空气质量优良率达78.9%。扎实开展"三边"造林、通道绿化和裸露山地造林，森林覆盖率达47.65%。深入推进农村环境综合整治工作，全市创建了8个国家级生态乡镇，3个国家级生态村，47个省级生态乡镇、59个省级生态村。围绕城市周边连片推进新农村建设，31个村被评为省级"美丽乡村建设示范村"。2014年，获评"全国首批创建生态文明典范城市"。2016年，获批全国生态文明先行示范区。2017年，获评"国家园林城市"。经住建部城乡规划管理中心遥感测评，衡阳市建成区绿化率39.93%，绿化覆盖率42.06%，人均公园绿地面积10.34平方米。

【南岳衡山国家级自然保护区】以南岳衡山生态圈为主体建立的自然保护区，包括衡山县、衡阳县部分区域。总面积17075.5公顷，其中核心区4368.7公顷、缓冲区3873.9公顷、实验区8832.9公顷。保护区以保护黄腹角雉、大鲵、穿山甲、大灵猫、小灵猫、林麝、鸢、松雀鹰、虎纹蛙等珍稀濒危野生动物及其栖息地和南方红豆杉、伯乐树、银杏、篦子三尖杉、金钱松、闽楠、喜树、香果树、榉树等珍稀濒危植物及其群落，以及中国亚热带少数地区保存较为完整的森林植被和森林生态系统为主要保护对象，属森林生态类型自然保护区。1984年5月，经省人民政府批准设立省级自然保护区。2007年4月，经国务院批准晋升为国家级自然保护区。

【岣嵝峰国家森林公园】位于衡阳县岣嵝乡，毗邻石鼓区，为衡阳西南云大都市区绿肺。地处中亚热季风湿润气候区，主峰岣嵝峰为南岳72峰之一（辖南岳七十二峰之岣嵝峰，嫘祖峰、白石峰等五峰），最高海拔1143米。有原始次生林60余公顷；总面积2066.67公顷，森林覆盖率95%。森林公园由禹王殿景区、理纱河景区、成功湖景区、白石峰景区、西极景区和南林寺景

区组成。1995年11月1日经国家林业部批准成立，2011年7月申评为湖南省五星级乡村旅游区，2012年7月创建湖南生态文明教育基地。

【西湖公园】位于石鼓区，为衡州八景之一，至今已有1000多年历史，素有"西湖夜放白莲花"的美誉，列全国36个西湖之一。西湖公园占地面积20余公顷，其中陆地面积54%，水面46%。园内通过山、水、绿地来分割空间，形成山水园林景观，颇有闹中取静的艺术意境。现有周敦颐爱莲阁、爱莲书斋、太极广场、爱莲亭、夏明翰烈士铜像、夏明翰烈士纪念广场、中日樱花友谊林等。地处石鼓区演武坪，东临蒸阳北路，南邻船山大道，西接蒸湘北路，北依蒸水，李定国斩大清尼堪亲王、曾国藩创建湘军水师于此。

【雁峰公园】位于衡阳市南区，湘江西岸。海拔95.4米，为衡山72峰之首。峰名由来有二：一说山形如大雁引颈昂首，展翅飞翔；旧志及古诗文中则多认为北雁南飞，至此而归。唐王勃名句"雁阵惊寒，声断衡阳之浦。"宋王安石诗联"万里衡阳雁，寻常到此回。"均指此峰，因而名扬天下。古潇湘八景之一"平沙落雁"即在此处。南朝梁天监十二年（513），山上建云禅寺，隋改名为雁峰寺。

【石鼓公园】位于衡阳市北门外，雄踞在蒸水湘江汇合处。柳宗元、韩愈、范成大、朱熹、张载、文天祥、徐霞客、王夫之

等都曾到此游览或讲学。唐时李宽筑庐读书于此，宋时建于书院之一。1944年毁于日寇炮火，1965年在书院遗址上修建公园，更名为石鼓公园。2006年重修石鼓书院，2007年对外开放。

【平湖公园】位于衡阳市高新区，占地37.93公顷。因园内有一个大面积的石狮堰水库，故名"平湖"。园址位于船山大道以南、西外环路以西、祝融路以北、长湖路以东。2006年11月11日平湖公园开工，2007年3月整体施建，2007年10月1日建成正式对外开放。平湖公园体育设施一应俱全，现有两个篮球场、羽毛球场、排球场、门球场、网球场和一个溜冰场、乒乓球场，兴建足球场，基本囊括热门球类项目。

【酃湖公园】坐落于珠晖区，将耒水河U型湾道和原酃湖渔场连成一体扩建而成。东临酃白路和蒋酃路，南临清泉路，西临西酃路，北临衡州大道，一期总投资20亿元，占地面积164.39公顷，酃湖渔场呈半月型镶嵌在公园正中心，湖面开阔，湖岸逶迤曲折。以酃县遗址文化、酃湖水文化及酃酒文化为特色内涵，形成了"一湖两带，四个中心广场，六个主题区域"整体结构。酃湖公园现有沙滩浴场、儿童乐园、游乐场、福彩娱乐岛、百米喷水柱、花港观鱼、名人广场、湖湘文化会馆等景观区，五星级度假酒店，秦汉、唐宋、明清等建筑风格街区、世界特色风格街区，美食街、娱乐街、商业步行街、土

特产街、艺术品街等景区。

【东洲岛】位于衡阳市区东南面的湘江中央，长2千米左右，宽约200余米，沙滩面积1.67公顷，东面水域宽300米，西面水域宽500米。因其状似大船北航，故又曾号船山。洲形南北长1970米，南部最宽处210米。洲上旧有明太仆寺少卿刘稳别业地，桂王常瀛改建万圣宫，内塑有布袋和尚铜像，故又称祖师殿。岛上有庵殿、有书院、有古树、有桃花，水少的季节还能看到沙滩。该岛四面环水，岛上树木茂密，绿荫浓蔽，环境十分幽静，岳阳君山、长沙橘子洲、衡阳东洲岛并称湘江流域3大洲。东洲岛是古衡阳八景之一。

【耒水风光带】位于珠晖区，现建有耒水东岸风光带、耒水西岸风光带、耒水南岸风光带、耒水南岸生态绿廊，已建成17.8千米。耒水东岸风光带为船山大道至白渔潭水电站南段与滨江大道之间的区域，全长3.2千米，总投资6.74亿元，建设用地63.43公顷。耒水西、南岸风光带坐落在珠晖区酃湖乡和白渔潭园艺场，全长12.5千米，总投资12亿元，建设用地约59.67公顷。衡阳市耒水南岸生态绿廊全长2.1千米，东至衡茶路、宽度50-300米，总用地面积23.87公顷，为耒水生态区。

◇ 城市名片

【综述】衡阳是中南地区工业城市，是

历史文化名城，是湘南地区中心城市。衡阳历史文化底蕴深厚，有南岳、石鼓书院、蔡伦故里、王夫之故里等古迹，涌现出了洛夫、唐浩明等现代文化名家，石鼓书院是宋初四大书院之一。

【南岳衡山】中国五岳名山之一，主峰祝融峰在湖南省衡阳市南岳区境内，七十二峰，群峰逶迤，其势如飞。自尧舜以来，衡山作为五岳之一的历史已达四千余年。南岳是中国南方唯一最古老的人文始祖的祭祀山。素以"五岳独秀""祭祀灵山""宗教圣地""中华寿岳""文明奥区"著称于世。现为首批国家重点风景名胜区、首批国家5A级旅游景区、国家级自然保护区、全国文明风景旅游区和世界文化与自然双重遗产提名地。

【石鼓书院】建于唐代衡州石鼓山（今衡阳市石鼓区石鼓山），故名。唐初，刺史齐映，建合江亭于山的左侧。宪宗元和年间，衡州人李宽筑屋山巅，读书其中。宋代太平兴国2年（978），宋太宗赵光义赐"石鼓书院"匾额，宋太宗至道三年（997），衡州人李士真请求郡守在这里建立了正式的书院，招收生徒讲学。仁宗时一度荒废，到南宋孝宗时，因旧址复院扩建，规模益增，迄宁末不废。朱熹曾为之作记。石鼓书院面积4000平方米，三面环水、四面凭虚、地理位置独特，风光秀丽绝美，绿树成荫，亭台楼阁，飞檐翘角，江面帆影涟涟，渔歌唱晚，自古有"石鼓江山锦绣华"之美誉。石

鼓书院是一座历经唐、宋、元、明、清、民国、共和国七朝的千年学府。

【船山书院】坐落于雁峰区东洲岛，为清末最著名书院。光绪四年（1878）在兵部尚书彭玉麟的支持下，张宪和创于回雁峰下的王衙坪王氏宗祠，四年后（1882），曾国荃将家藏《船山遗书》332卷珍本捐给书院。光绪十一年改建东洲岛，并由彭玉麟亲聘，国学大师王闿运任山长。从此，东洲岛船山书院名之日显，"海内传经问学者踵相接""岳麓、城南，渌江书院学子纷纷南下"，一时有"学在船山"之称。船山书院因祭祀王船山而建立，以王船山为先师，以船山思想陶冶学生，始终致力于弘扬王船山思想。

【回雁峰】坐落于雁峰区，为八百里南岳衡山七十二峰之首，又称南岳第一峰。回雁峰山虽不高，因历史名人的诗文以它为典故者甚多，文因景成，景借文传，故名扬天下。回雁峰为寿佛源头，地处衡阳市区中心，集"大雁文化、宗教文化、船山文化"三大文化品牌于一身，是探索湖湘文化起源的最佳旅游胜地，衡阳因此峰而得"雁城"之雅称。回雁峰景区设计合理，布局巧妙，登回雁峰，南望东洲桃浪；北眺来雁塔，珠晖塔；东瞰湘江如带，百舸争流；西看岳屏胜景，高楼鳞次，车水马龙。

【祝融峰】位于南岳衡山，高出芙蓉、紫盖、天柱、祥光、烟霞、轸宿诸峰之上，海拔1300.2米，高耸云霄，雄峙南天，是南

岳衡山72峰的最高峰和主峰。祝融峰是根据火神祝融氏的名字命名的，相传祝融氏是上古轩辕黄帝的大臣，是火神，人类发明钻木取火后却不会保存火种和不会用火，祝融氏由于跟火亲近，成了管火用火的能手。主要景点包括老圣殿、上封寺、望月台、南天门、会仙桥等景点，是一个以自然景观为主，人文景观为辅的景区。

【城市荣誉】衡阳市是国家园林城市，全国历史文化名城，国家老工业基地城市，全国抗战纪念名城，中国优秀旅游城市。

【友好城市】至2017年，衡阳市分别与日本的栗东町、俄罗斯的波多利斯克市、乌克兰的布洛瓦雷市、西班牙的丰希罗拉市、罗马尼亚的克勒拉什市缔结友好城市关系。2017年9月20日，与白俄罗斯共和国博布鲁伊斯克市签订了建立友好城市关系意向书。

【城市象征】1986年，衡阳市第八届人大常委会确定衡阳市"市花"为山茶花、月季花，"市树"为樟树。

湖南城市大典 耒阳市

耒 阳 市

耒阳市，别称"纸都"，公元前221年置县，1986年撤县设市，是中国四大发明之首造纸术发明家蔡伦的故乡，也是炎帝神农创"耒"之地，蔡伦竹海绵延16万亩，为亚洲最大连片竹海，素有"荆楚名区""三湘古邑"之美称。

◇ 城市概况

【区划范围】耒阳市，别称"纸都"，为湖南省辖县级市，由衡阳市代管，位于湖南省东南部，五岭山脉北面。东北邻安仁县，东南及南面连永兴县，西南角与桂阳县接壤，西临舂陵水与常宁市隔河相望，北界衡南县。地处东经112°38′~113°13′，北纬26°8′~26°43′。南北长62公里，东西宽58公里，总面积2656平方公里。耒阳市辖6个街道、19个镇、5个乡。中共耒阳市委员会、耒阳市人民政府驻蔡子池街道金阳路1号，电话区号：0734，邮政编码：421800。

【地理环境】地处衡阳盆地南缘向五岭山脉地过渡地段，地形较为复杂，山、丘、岗、平地俱全，但以岗地、丘陵地貌为主。山地最高点坪田乡元明坳，地势比降19‰，东、南、西南由元明坳、五峰仙、侯憩仙、鼎丰坳、神岭、马仔山等45座海拔500米以上的山峰和165座海拔300~500米的山峰；山地前沿丘陵起伏，海拔200~300米，为市境地的油基地；中部和西北部地势低平，起伏和缓。岗地、平原相间，海拔65~130米左右。市内较大的垌田主要有遥田垌、仁义十里垌、夏塘垌、马水垌、三都垌、高炉垌等15个。耒阳属亚热带季风湿润气候，常年平均日照时数为1608小时，平均气温为17.9℃，降雨量1348毫米，无霜期290天。

【资源物产】境内主要植物种类有木本植物、草本植物、藤本植物等。有木本植物93科，470多种，其中稀有珍贵树种有水杉、银杏、胡桃、鹅掌楸、杜仲、金钱松、红豆杉、闽楠、华南五针松等12种。草本植物属于农作物的共有40种，品种276个。属于药用类草本植物计有5门，83科，507种。境内动物种群特产动物少，多华南区系和西南区系的种类，并有少数北方种类杂其中。有野生动物哺乳类31种、飞禽类39种、爬行类19种、鱼类22种、两栖类9种、贝类5种、昆虫101种。矿产资源较丰富，已发现矿种

45种，其中能源矿产2种，金属矿产18种，非金属矿产23种，水汽矿产1种，煤、高岭土、大理岩为优势矿产。全市共发现矿床（点）178处，探明储量并列入《湖南省矿产资源储量平衡表》的矿产地47处（包括煤炭34个井田）。土壤种类繁多，共有8个土类，17个亚类，61个土属，165个土种和41个变种。以红壤为主，适应性广，较肥活。耒阳水资源丰富，以地表水为主，但时空分布不均，且客水比重大，遇大旱年缺水比较严重。

【建置沿革】 夏商属荆州，战国时属楚。秦始皇二十六年置耒县，因耒水而命名，隶长沙郡。西汉高祖五年更名耒阳县，隶属桂阳郡。王莽新朝开凤元年，改为南平亭，隶南平郡。东汉建武年间，废南平亭，复耒阳为县，隶桂阳郡，属荆州刺史部。东汉献帝建安十三年，"刘豫洲"据荆州，取桂阳，耒隶之。蜀汉隶桂阳郡，属荆州刺史。东晋孝武帝太元二十年，隶桂阳郡，属江洲。南北朝时，隶桂阳郡，属湘州。梁元帝时，改隶湘东郡，上属湘州。隋文帝开皇九年平陈，耒阳县更为涞阴县。唐武德四年，复名耒阳县，治所迁回汉晋故治，隶衡州。贞观元年起，上属江南道。宋朝，改名为耒阳县，隶衡州衡阳郡。元世祖至元十九年，因耒阳民众繁富，升为州，直隶湖广行省湖南道宣慰司。明洪武三年三月，复降为县，隶衡州府。清朝仍为耒阳县，隶衡州府。民国三年，改为衡阳道，隶衡阳道。1949年10月，耒阳解放，12月成立县人民政府，隶衡阳专区。1952年11月，隶湘南行政区。1954年7月，隶郴县专区（1960年改名为郴州专区，1979年更名为郴州地区）。1983年7月，隶衡阳市。1986年11月，经国务院批准，撤县设市。

【人口民族】 全市常住人口总户数34.22万户，总人口117.22万人。其中，男性60.51万人，女性为56.71万人；农村人口58.64万人，城镇人口58.58万人；城镇化率达49.97%。全年出生人口1.91万人，出生率13.01‰；死亡率6.17‰；人口自然增长率6.84‰；出生人口性别比为107。耒阳市境内有汉族、苗族、侗族、蒙古族、壮族、土家族、朝鲜族、回族、满族、瑶族、彝族、藏族、布依族、维吾尔族、纳西族、白族、佤族、仡佬族、高山族、畲族、哈瓦族、塔吉克族、塔塔尔族、独龙族，以汉族居多，截至2014年底，汉族人口占全市总人口的99.99%，其他民族人口占总人口的0.01%。

【区位交通】 耒阳处于"一点一线"区域，京广铁路、武广高铁、京珠高速公路、107国道、320省道等多条交通干线在境内交织成网，南下广州仅需100分钟，北上首都仅需8小时，距南岳机场仅40公里。境内有铁路120余公里，水路180余公里。水运、陆运、空运形成网络。水路交通较便利，从耒水乘船，南可到永兴、资兴，北可入湘江至衡阳、长沙，穿越洞庭湖到达长江。截至2016年底，耒阳市机动车保有量10.25万台，其中汽车5万台，重点车1953台，摩托车4.99万台，挂车97台，农用车451台。全年交通运输、仓储和邮政业完成增加值33.93亿元。全年各种方式完成客运周转量6.15亿人/公里。全市公路线路年末里程4400公里。

【社会发展】2016年底，全市有各类基础教育学校（园）718所，其中幼儿园297所，义务教育学校411所，高中学校8所，特殊学校2所。有在校学生人数24.71万人，其中普通中学在校学生7.8万人，普通小学在校学生11.6万人，在园幼儿5.3万人，特殊学校在校学生188人。共完成高新技术产业产值179.29亿元，实现高新技术产品增加值45.36亿元。有52家高新技术企业，申请专利873件。年内组织开展各类群众文化体育活动300余次，其中举办承办大型群众文化体育活动60余次，指导、协助开展各类文化体育活动200余次，组织开展送戏下乡惠民演出55场次。拥有各类卫生机构773个，其中医院26个、卫生院（分院）44个、疾控中心1个、社区卫生服务中心5个、村卫生室656个，专业公共服务机构41个。有卫生技术人员4569人，其中执业医师1187人，执业助理医师825人，注册护士1682人，其他专业技术人员875人。医院、卫生院有床位4955张。参加机关事业单位养老保险的人数为3.27万人，企业单位参加养老保险人数6.41万人。新型农村养老保险参保人数达到68.98万人，发放人数16万人。城镇职工医疗保险参保人数7.8万人，城镇居民基本医疗保险人数8万人。农村合作医疗参保人数103.14万人。

◇ 城市建设

【综述】耒阳自从撤县设市以来，已有三十多年，经过三十多年的城市发展和建设，耒阳新型城市化加速推进，城市建设扩容提质，城市功能不断完善。承载能力不断增强，中心城区建成区面积由2010年的40.46平方公里扩大到47.52平方公里，全市城镇人口由2010年的47.81万人增加到57.6万人，城镇化率达48.86%。中心城区主次干道基本拉通，城区道路全部提质，背街小巷启动改造；第二消防站建成投入使用，第二水厂建成供水，管道燃气成功供气，白洋渡污水处理厂建成运行，新市镇污水处理厂加紧建设，中心城区主下水道改造、垃圾压缩站建设有序推进，城区"两供两治"问题得到有效缓解。武广新城建设不断加快，顺湖公园建成开园，烈士陵园改造、狮子岭公园一期建设基本完成，人居环境不断改善，被评为省级文明卫生城市。城市公共绿地面积达1677公顷，绿地覆盖率达39%。

【城市规划】2017年9月18日，湖南省人民政府对《耒阳市城市总体规划（2016-2030）》（以下简称《总体规划》）作出批复，同意了这个《总体规划》。耒阳市上一轮总体规划（1994-2015年）已于2015年到期，为更好地指导城乡建设，协调城乡空间布局，按照"一法一办"要求，2014年耒阳市启动了《耒阳市城市总体规划（2016-2030）》编制工作。《总体规划》以指导耒阳市建设成为湘南重要的经济增长极、生态和谐的宜居、宜游城市为目标，引导耒阳市由中心城区向西北发展。此次规划期限为2016-2030年。其中，近期2016-2020年，中心城区人口规模56万人，城市建设用地规模56平方公里，人均城市建设用地90平方米/人；远期2021-2030年，中心城区人口规模65万人，城市建设用地规模65平方公里，人均城市建设用地100平方米/人。规划区总面积为492平方公里。

【耒阳武广新城】位于耒阳之西，原本是一座宁静偏远的村庄，武广客运专线在耒阳设站改变了这一切。为配合武广高速铁路的建设，耒阳市决定对耒阳西站配套设施进行建设，包括站场配套建筑约1.2万平方米，联络线长约3.8公里，并对耒阳西站站前区及联络线周围地段约9.95平方公里范围进行规划设计。

【耒阳市第一中学】肇始于公元907年开办的杜陵书院，1902年在书院旧址创办新学，抗战期间曾作湖南省政府临时驻地，1958年学校更名为耒阳县第一中学，1985年随耒阳县改市，定名为耒阳市第一中学。2002年学校被评为湖南省重点中学，现为湖南省示范性普通高级中学。学校坐落于马埠岭下、耒水河畔，新老校区面积共150余亩。图书馆藏书丰富；理化生实验仪器设备水平先进。校内杜甫墓和杜工部祠为省级保护文物，"杜陵烟雨"居耒阳古八景之首。整个校园融现代化、园林式、书院气于一体，既现代别致，又古朴典雅。现有教职工397人，其中特级教师7人，高级教师129人；全国模范教师1人，全国优秀教师4人，国家骨干教师7人，湖南省121人才工程优秀人才1人，省骨干教师4人，省优秀教师16人，现有学生5780人。

【耒阳市人民医院】位于耒阳市城北东路，是一所集医疗、急救、保健、科研、教学为一体的大型二级甲等综合医院，现为中国医学科学院阜外医院心血管病远程会诊中心，湘雅医院定点指导、双向诊疗医院。占地面积70余亩，建筑面积6.4万平方米。开放病床1000余张，开设有神经内科、神经外科、胃肠烧伤外科等29个临床科室和病理科、放射影像科、输血科等11个医技科室。现有在职职工1100余人，其中享受国务院特殊津贴专家1人，衡阳市学科带头人2人，耒阳市学科带头人16人，高级职称91人，中级职称271人，博士学位2人，硕士学位33人。

【耒阳市中医院】位于耒阳市大桥路，建于1962年，是一所集医疗、预防、保健、教学、科研于一体的二级甲等综合性中医院。现有职工608人，正高职称5人，副高职称43人，中级职称134人，开放病床800张，拥有螺旋四排日立CT、彩超、经颅多普勒、电子胃镜、肠镜、全自动生化仪、体外碎石机、500MAX光机、全自动数字摄影系统——DR、麻醉机、bipap无创呼吸机、多参数心电监护仪、德国狼牌胆道镜、输尿管肾镜、等离子双极电切镜等大型先进医疗设备。住院部设中风专科、肝脾胃病科、心病科等十余个临床住院科室。现有针灸推拿科、重点中药房、糖尿病专科3个国家级专科，感染科、急诊科、治未病中心3个省级重点中医专科。

【耒阳火车站】建于1935年，位于耒阳市灶市镇，离北京西站1836公里，离广州站458公里（京广线）。车站设有客运、货运、运转三大车间。站场设到发线7股，存车线2股，货物线7股，在站内接轨的有永耒铁路、灶市钢铁厂专用线各1条，广铁线路工程公司基地1处，配调机车一台。办理客运业务建筑面积3980平方米，设有中央空调候车室、售票厅、行包房、旅客站台2座、旅客地道1座等配套设施。每天有20列旅客列车在车站停车办理客运业务。货运仓库2座，建筑面积7374平方米。

【耒阳西站】又称武广耒阳西站、京广客运专线耒阳站，位于耒阳市区西侧约3.5公里的三顺村街道三顺六冲陈家，是京广客运专线武广段的一个中型车站，隶属广州铁路（集团）公司管辖。整个车站的设计理念为"一张纸"，寓意世界最伟大的造纸发明家——蔡伦的故乡。总建筑面积16755平方米，由主站房（建筑面积6060平方米）和站台雨棚（建筑面积10695平米）组成。主站房为钢筋混凝土框架结构，主要分为2层，

其中首层为候车层和出站层，二层为管理和设备用房，夹层为设备层，尾盖为曲面网架结构，造型似一张铺开的纸卷轴。站台雨棚为单层单臂悬挑钢结构，设计2站台，2条到发线。

【竹海大道】耒阳市二级干线公路。2011年申报立项，2015年建成通车。起于京港澳高速公路公平连接线，经公平镇、黄市镇，止于蔡伦竹海风景区游客中心，全长15.809公里。全线采用二级公路标准建设，路基宽12米，路面宽9米，项目建设总投资1.6亿元，路面类型为沥青混凝土路面，设计速度60千米/小时。竹海大道由公平镇至黄市公路，主要是为改善蔡伦竹海旅游风景区的进入条件，助推耒阳旅游产业发展而兴建。

【发明家广场】又称蔡伦广场，位于市区西湖路狮子岭下。广场规划用地面积340亩。由东广场、西广场（市政广场）和蔡伦商城步行街组成。于2001年1月5日开发筹建，2001年9月5日竣工并交付使用，建设期历时8个月。东广场突出崇尚科学、传承文明的主题。矗立了高14.7米的蔡伦大型主铜像，此外还有袁隆平、黄道婆、莫尔顿、牛顿、爱迪生、诺贝尔等古今中外31位著名发明家铜像及大理石像。四大浮雕柱和中国古代四大发明工艺浮雕墙再现爱因托芬、乐德莱、法拉第、富兰克林、达·芬奇、李冰、鲁班、华佗、张衡等古代发明家业绩和古文明光芒。广场南、北区规划为商业步行街，总占地62000平方米，东区规划为大型商贸

中心。

【神农广场】位于耒阳市德泰龙路，占地48000平方米，距离青龙古塔1.5公里左右。以绿化为主，着力凸显古代江南那种茂林修竹、小桥流水的田园风光，是典型的公园式广场。广场呈扇形布置，中心为神农创耒主雕像。神农头长双角，面向西南，左手握耒，赤足走在广袤的大地之上，雕像净高9.5米，意为神农为中华民族的九五之尊。侧面雕刻了相传是神农发现的"稻、黍、稷、麦、菽"五种谷物的文字图案。

【耒阳大桥】处于S320省道耒阳城区段的一座大桥，建于1970年，是耒阳市第一座跨耒水大桥，跨径309米。2008年，耒阳大桥被纳入大型桥梁危桥改造项目，2016年建成通车。新耒阳大桥的桥位选定原址，主桥长322米，宽31米，相当于目前宽度的3倍，是目前跨耒水桥梁中最宽的。桥面采用一级公路标准，双向六车道，通航孔按照四级航道要求。

【耒阳南正街】南起人民路，向北至五一广场止，为耒阳市主要干道。因解放初期耒阳市只有两条正街，而按方位定名。"南正街"自古就有，1994年，耒阳市开始重修南正街，改建后的南正街两边排列着明末清初建筑群，高低不等，错落有致，青砖青瓦，木门木窗，很有古典味。街道宽处12米，窄处10米，街面用水泥、米石渗合，成块浇灌，干后用斧凿花纹制成仿麻石形态。

【耒阳市图书馆】坐落在耒阳市蔡子湖畔，1958年10月建馆，是湖南省较早组建的县级公共图书馆之一。设有成人借书、少儿借阅、综合阅览、科技阅览、资料、采编、办公等处室。为了方便读者，热忱为读者服务，馆内采取工作人员轮休的办法，坚持各处、室全天对读者开放。

【耒阳烈士陵园】位于陵园路，建于1956年，陵园面积42平方米，原为当地农民的桔子山。园内建了一座烈士纪念馆，塔基为水泥台基，塔座成阶梯三层，高1.5米，塔身高9米，6面锥形，有三面朱红楷书"耒阳县（市）革命烈士纪念塔"，塔顶塑有红五星，巍峨雄伟。烈士塔前通道有牌坊、八角攒尖式英烈亭、水池、假山、花园、小卖店、摄影部、儿童游乐场等。

【小水镇】位于耒阳市南部，地处南通郴州、北抵衡阳城乡连接处，与泗门洲、公平圩、太平圩、磨形、灶市街等乡街道办事处接壤，据传圩后一溪江汇集耒水，两者相比，故曰小水，小水镇由此得名。小水镇是耒阳市的南大门，距市区3公里。总面积142.8平方公里，耕地面积37895亩，其中水田面积23176亩，旱土面积14719亩。下辖38个村、1个居委会，共400个村民小组，总人口7.3万人，其中非农业户口1.6万人，是耒阳市人口最多的建制镇。107国道、京珠高速公路、京广铁路、武广高速铁路贯穿全镇。建有小水铺市场、梧桥铺市场、坦家山市场、红卫市场4个市场。已探明有煤、锰、钨、膨润土、石灰石等多种矿产，其中石灰石储量全市第一。

【新市镇】地处耒阳市东北部，东与马水镇接壤，南与大市镇交界，西跨耒水与遥田镇毗邻，北与衡阳市衡南县江口、冠市两镇相通。濒临耒水，京珠高速公路穿境而过，并设联络出口直达107国道，历史渊源悠久，人文底蕴深厚，是一座千年古镇。2005年，被湖南省政府授予湖南省重点建制镇荣誉称号。新市镇本名新城市镇，得名于新城县，自晋已有1500多年的历史，历来为水路码头，商贸重镇。新市镇总人口4.8万余人，面积75平方公里，耕地总面积24112亩，其中水田面积21226亩，旱土面积2886亩。全镇23个行政村，3个居委会。新市历为水路码头，商贸重镇，古衡州郡曾设郡于此，新城县在此四设县城。

【黄市镇】位于耒阳市南部，东、北面与大义镇相邻，南面与永兴县便江镇及马田镇接壤，西靠公平圩镇，西北面与小水镇、灶市街道及水东江街道交界，总面积93.28平方公里，山林面积14万亩，耕地9700亩，总人口4万多人。耒水沿边界而过，既有公路直达，又有水路通航，还有与京广铁路相连的永耒铁路。截至2016年8月，黄市镇下辖大河滩村、竹海村、上堡村、严村村、金坪村、清水铺村、阳塘村7个行政村及黄市居委会。有贮藏量较大的煤炭、大理石、铁矿、坦坭矿、高岭土等矿产资源，素有"十宝仙"之美称。

◇ 城市经济

【综述】耒阳自建市三十年来，注重抓住发展机遇，积极推进项目建设，经济指标稳健增长，产业结构持续优化。获批了耒阳市经济开发区、循环经济工业园区等园区，孕育了新达微科技有限公司、耒阳兴隆生态农牧有限公司等企业。先后荣获中国经济转型发展示范县、全省全面小康经济强县等称号，成功跻身中国最具投资潜力中小城市百强县。2016年，实现地区生产总值428.6亿元，按平均常住人口计算，人均地区生产总值36393元，增长10%。三次产业比为16.1：36.1：47.8，固定资产投资完成357.59亿元，社会消费品零售总额127.4亿元。人均城乡居民可支配收入23078元，农村居民人均可支配收入17461元。

【耒阳市经济开发区】创建于1992年，属省级开发区。2003年增设东江工业区，2005年按照国家清理整顿开发区的要求，原经济开发区和东江工业区整合为耒阳经济开发区，经国家发改委审核批准园区规划面积886公顷。2012年11月，调区扩区通过湖南省政府批准，调区扩区后新增面积10.38平方公里。形成了"东江工业园、蔡伦科技工业园和哲桥精美制造园"的一区三园发展平台。园区先后被省政府授予"承接产业转移示范园区"，被省政府办公厅、省发改委联合授予"综合性高新技术产业基地"，被衡阳市政府授予"先进园区"称号。

【循环经济工业园区】位于大市乡和竹市镇的交界处，规划区范围北到大导路，东到敖山西路，南到东湾路，西到有色大道。距城区直线距离约12公里，总用地面积7.34平方公里。主要建成以有色金属冶炼为起点，有色金属精深加工为主导的综合型循环经济工业园区。目前，湖南红印电源高新科技有限公司等已落户园区。

【白沙矿务局】建于1973年，地处耒阳、永兴和苏仙区3个县、市，京广铁路、107国道以及耒水河通过矿区。现辖马田煤矿、湘永煤矿、街洞煤矿、红卫煤矿、白山坪煤矿、南阳煤矿6个煤矿，一个基建工程处、一个机电厂、一个水泥厂共10个单位。有在职全民制职工23159人，集体制职工3000人，工程技术人员3304人（高级职称159人，中级764人，初级2381人），全局固定资产净值5.47亿元，主要生产高碳、高发热量、低硫、低灰分的优质量无烟煤，年产180万吨，商品煤灰分19.87%，含奔矸率0.76%，含硫0.76%，发热量为5600~6700大卡。

【新达微科技有限公司】于2012年落户耒阳市经济开发区，注册商标为xdw（省著名商标），主要生产高精密轴承、P4、P2级数控机床轴承、机器人轴承、无人机轴承、各种轴承自动化生产设备的研发，产品广泛用于各类微型电机、航空航天、ATM机、3D打印机、计算机、汽车电机，精密仪器，数控机床，无人机，机器人，医疗器械

等各个领域。拥有自主知识产权发明与实用新型专利100多项，填补了国内多项空白，2014年被认定为国家高新技术企业。目前，公司正在持续扩产能，通过5-8年的时间把耒阳打造成轴承之乡。

【湖南汇升生物科技有限公司】位于耒阳市经济开发区东江工业园，2014年成立，占地面积100亩，注册资本5000万元，主营淀粉糖醇、大米蛋白粉的生产和销售，主导产品有海藻糖、麦芽糖、高果糖等。公司现有厂房20000平方米，配备有各类先进的检测仪器和现代化自动生产工艺设备，拥有3条生产线，具备年产淀粉糖及蛋白粉系列产品10万吨生产能力。2016年，该公司海藻糖项目完成小试中试与试生产，通过湖南省高新技术企业认定。

【大唐耒阳发电厂】原名湖南省耒阳电厂，筹建于1983年，正式建厂在1987年。2002年，耒阳电厂被归于中国大唐集团公司，改名大唐耒阳发电厂，属大唐集团公司独资企业。坐落在耒水河畔，厂区占地260公顷，三面环水，一面靠山，是湖南省"花园式工厂"。一期工程两台20万千瓦国产燃煤机组分别于1988、1989年投产发电；二期扩建工程两台30万千瓦机组分别于2003年12月、2004年6月投产发电，为湖南第一个百万级火力发电厂。

【耒阳钜旺鞋业有限公司】位于耒阳市东江工业区，于2004年7月12日正式签约，8月1日开始动工平整土地，2005年6月1日一

期主体工程落成竣工，目前公司有员工近4000多人。公司是由东莞钜旺鞋业有限公司投资兴建的企业。注册资本320万美元。现年产出口中、高档皮鞋150万双，年产值过亿元，安置劳动力约4000人。

【耒阳油茶】耒阳素有"湖南油海"之称。耒阳油茶，源远流长。早在1800年前，耒阳人就开始栽培油茶树，其油素以品质纯正、营养丰富而香飘万里，闻名于世。1976年，湖南定耒阳为油茶商品基地县。1983年8月下旬，联合国粮食计划署派来两名专家专程到中国耒阳考察油茶林。一年后，一项由联合国援助的、命名为WFP——中国26962工程的耒阳油茶林改造工程项目正式启动，现有油茶林120万亩，常年产茶油400余万吨。先后两次被湖南省林业厅评为"全省油茶更新改造先进市"，1996年被农业部、林业部、水利部授予"全国粮援项目油茶工程项目先进单位"，2000年该市国家林业局命名为"全国名特优经济林油茶之乡"。

【耒阳坛子菜】起源于远古时代，那时候人们食物不多，为渡过饥荒，就选用陶罐封存鲜菜，以备应急用。经过数千年的口传心授，推陈出新，耒阳坛子菜发展为一种风味独特、品种多样的传统名特产。耒阳坛子菜不同于泡菜、酱菜等腌菜，它突出的是坛子，坛子越老菜越香。新置的坛子，只有经过严格的技术处理后才能使用。在耒阳农村，几乎家家户户都有几个甚至十几个坛子，有的坛子传了好几代人。而坛子菜的制作技术更是每个家庭主妇都会，不但所有蔬菜能制成坛子菜，而且花样百出。以萝卜为例，就有酒浸萝卜、豆腐乳萝卜、盐水萝卜、甜酸萝卜，达数十个品类。每一个品类风味不一，却是佐粥、拌饭、下酒的佳品。

【张飞酒】耒阳市酒厂生产。相传三国时庞统任耒阳县令，蜀五虎大将之一的张飞奉命考察庞统政绩。庞统用民间陈酿美酒招待张飞，张飞发现庞统雄才大略，回成都后举荐庞统为军师，后人因张飞在耒阳畅饮此酒称为张飞酒。张飞酒以优质糯米为原料，经多次特殊加工，入窖久贮，精制而成。该酒色泽清亮透明，醇香浓郁，甜美爽口。1990年在北京第十一届亚运会期间举办的酒文化博览会上，荣获最受中外消费者欢迎的产品——"长城杯"奖和包装装磺特等奖。"张飞酒"系国家体委主任、耒阳籍人伍绍祖题写。

◇ 城市文化

【综述】耒阳是文化大观园，至今已有2200多年历史，不曾改名，是炎帝神农创"耒"之地、"纸圣"蔡伦诞生之地、"游圣"徐霞客巡游之地。庞统治耒、张飞巡耒、韩愈咏耒等历史典故，也为耒阳增添了厚重的文化底蕴。耒阳是革命大摇篮，中共第一个出席国际会议的是耒阳人贺恕；创建的湖南省第一个县委是"中共耒阳县委地方执委"；第一首军歌《国民革命歌》的歌词由耒阳人邝墉创作；发行的第一张苏区货币在耒阳；第一个兵工厂建在耒阳。耒阳还是湘南暴动的主战场，朱德曾在此坐镇指挥湘南起义50余天，林彪在敖山庙伏击战中一战成名，耒阳作为抗战临时省政府办公地点长达5年。2016年，耒阳有电影院4个，公共图书馆1个，博物馆、纪念馆3个，广播电台1座，电视台4台，乡镇综合文化站31个，农家书屋625个，完成直播卫星"户户通"18818户，广播电视综合覆盖率达99.9%，有线电视用户达18.2万户。

【蔡伦纪念园】位于耒阳市城区人民路蔡子池畔，占地116亩，是纪念伟大的造纸术发明家蔡伦的重要场所，是国家级重点文物保护单位，全国中小学爱国主义教育基地，新潇湘八景之一，国家3A级旅游景点。2001年在原"蔡侯祠"基础上扩建，整个纪念园面积9万多平方米，园内景观主要由主大门、蔡子池、怀圣台、碑廊、手工造纸作坊、六角亭、蔡侯祠、蔡伦墓八大部分组成。主大门由护墙、牌坊、照壁以及门外小广场组成。大门高12米，宽15.6米，呈三孔拱门式，坡式顶青色墙，琉瓦飞檐，古色古香。

【耒阳农耕文化博物馆】坐落于耒阳德泰隆开发新区，2004年5月建成，是全面展示农耕文化历史及实物的主题博物馆。馆内有数百件珍贵农具文物，再现了从神农创耒到现代农业的历史文化脉络。该馆史料众多，为全框架式三层式楼房，总高度13.7米，平均面积为729平方米，共2188平方米，一二层为展览用房，三层为图书馆用房。该馆突出历史渊源"神农创耒"主题。炎帝是农耕文明的始祖，流传在衡湘大地有关炎帝的传说，从神农拾穗、炎帝创耒到设坛祈雨，耒阳烙下了先祖深深的足印。还有近代农具演示厅，较为全面地展示了文明故土耒阳农业进化的过程。

【蔡伦纸博物馆】位于蔡伦纪念园西南端，2010年正式开馆。建筑面积3000平方米，总投资1000余万元，是中国第一家展示蔡伦造纸文化的专业纸博物馆。整个陈列展览分为六个部分："纸祖千秋"展示蔡伦研制植物纤维纸，开辟写事记录新纪元，影响和推动了后世印刷术的发明与发展。"纸路辉煌"呈现造纸术的传播与推广，造纸业的兴旺景象，纸伴随着中国与东亚、中亚、西亚、东南亚等地的交往而流布四方。"纸以载文"展现纸本书籍不断涌现，儒家经典、《佛藏》《道藏》等广泛流传，书画艺术、剪纸技艺迅猛发展。"纸与生活"体现了从经济到祭祀，从娱乐到家居，从装饰到交际，纸的用途与价值。"纸彩纷呈"再现造纸工业的日新月异和纸品的推陈出新。"纸墨传情"展示中国传统书画艺术的独特魅力。

【杜陵书院】杜工祠唐哀帝天佑四年（907），耒阳知县朱昂立杜陵书院，于墓前建杜公祠。位于耒阳一中校内，建于唐代大历五年（770），周砌石栏，占地100平方米，封土高1.2米，底径5米，正面横帜文为"唐工部杜公之墓",为四合院封山式,正中明堂设木质雕像,各祭文碑刻环刻于石栏上,东西栋有房子10余间,供祭祀与守墓用。墓前立有1940年湖南省主席薛岳重修杜公墓碑。1956年7月,湖南省人民委员会确定为湖南省重点文物保护单位。1967年,杜甫像和所有碑刻全被毁弃。1975年,耒阳一中扩建校舍,将杜公祠主殿及东侧房子拆除,仅存有西侧和后栋八间危房,1992年由市一中依原样重新建西栋创杜甫陈列室,2002年9月立青铜杜甫塑像于墓碑前。

【谷朗碑】坐落于耒阳蔡伦纪念园,碑纵176厘米,横72厘米,青石质。碑额"吴故九真太守谷府君碑"(九真即现越南河内市),为全国现存的三块半楷书母体碑之一,堪称国宝,世界文化遗产。碑文18行、每行24字,字体介于隶书与楷书之间,人称原始楷书,是隶书向楷书过渡的代表作。碑原在谷府君祠内,宋代移至杜工部祠前,1979年移置蔡侯祠内,此碑是研究书法史的珍品,亦是中越两国交往的重要史料。谷朗墓在耒阳市亮源乡睦村虎形山,与谷朗碑同为湖南省重点保护文物。

【青龙塔】也称青麓塔、凌云塔。位于耒阳市城区东北三公里处青麓山巅,东悬耒水岩畔,清康熙五十八年(1719)建,塔立青麓山风水龙脉最佳处,有镇风水宝地之意,为楼阁式青砖石塔结构。1956年列为耒阳县级重点文物保护单位,2002年重修。青麓塔坐北朝南,七级八角四门,置于石

基上,底层用花岗岩砌成,基高约1米。其塔身各面均有浮雕,每层高3.96米,第一级边长4.31米,自下而上逐级渐收,通塔高33米,塔中空,内设石磴沿内壁旋至最上层,各级四面设拱券门,每级仅一面开拱券窗,门窗檐穹状,各层券窗防卫错置各级出檐,檐角微翘。塔顶铸置铁质空心葫芦宝瓶。第一级以砂石砌筑,各面饰云气、人物、瑞兽龙、狮、虎、卷叶纹雕刻;第二级以上均以青砖砌筑。各级南向券门均置门额,分别阴刻楷书"云梯初级""更上一层""禹门春渡""明达境界""蓬莱不远"等字样。

【环秀楼】位于耒阳市东南旧通津门处,耒水之旁,楼分四层,高约20米,周长约31米,最上层用八柱支顶成亭状,飞檐均有风铃,角檐下彩雕有狮、鹿、麟、豹等,工艺精美。此楼建于明洪武年间,由学士解缙书额,以后多次进行维修,为省级重点文物保护单位。

【蔡子池】位于耒阳市南城区,相传为东汉蔡伦造纸时浸洗麻头、破布、树布的池子,池约20万亩,四周麻条石砌成,池子正中处东西向筑石桥一座,分成南北二池。星朗月明夜晚,闲步石桥上,流连石亭,可见到南北池中各有月影,故有"蔡子池上双月美"的佳名。池南有蔡侯祠、宝鼎。

【敖山庙】位于耒阳大市乡,因供奉一位名仙敖王(后汉高祖刘知远),而香火旺盛,名声远播,是耒阳市有史记载的最古老

的寺庙。2006年6月被列为首批"湖南省非物质文化遗产代表作"名录。敖山庙，原为真安寺。《县志》载，"真安寺，在鳌山金谷山下，永定元年僧守德建"。今敖山庙，即真安寺发展而来。每年正月初二，当地六个行政村（共分为三堂二十三个船头）的群众2000余人天蒙蒙亮就起床，分别抬出三艘纸船（每届分上、中、下三堂各一只）至鳌山庙集中，朝拜神灵2个多小时，当日上午八点钟左右，万炮齐鸣，锣鼓喧天，三个船座分成三个队伍，按祖辈规定线路向各自然村巡游，是为敖山庙会。

【蔡伦】（？-121）字敬仲，东汉耒阳县人。汉明帝永平末年入宫给事，章和二年（88），蔡伦因有功于太后而升为中常侍，蔡伦又以位尊九卿之身兼任尚方令。蔡伦总结以往人们的造纸经验革新造纸工艺，终于制成了"蔡侯纸"。元兴元年（105）奏报朝廷，汉和帝下令推广他的造纸法。建光元年（121），因权力斗争自杀身亡。蔡伦的造纸术被列为中国古代"四大发明"，对人类文化的传播和世界文明的进步作出了杰出贡献，千百年来备受人们的尊崇。被纸工奉为造纸鼻祖、"纸神"。

【谷朗】（218-272），字义先，三国衡阳郡耒阳县（今衡阳市耒阳市亮源乡）人，三国杰出的政治家、军事家、民族英雄，历任吴国郎中、尚书令史、郡中正、浏阳令、都尉、尚书郎、广州督军校尉、拜五官中郎将、迁大中正大夫。平定交趾（今越南）叛乱，维护吴国南疆稳定，平乱后迁九真太守。吴凤凰元年（272），病逝任所，归葬耒阳。捍卫整肃边疆，抗击外族侵犯，人民安居乐业，治理南疆卓有成效。

【罗含】（292-372），字君章，号富和，东晋衡阳郡耒阳县（今衡阳市耒阳市）人。伟大的思想家、哲学家、文学家、地理学家，中国山水散文的创作先驱。历任郡主簿、郡从事、州主簿、征西参军、州别驾、尚书郎、郡太守、郎中令、散骑常侍、廷尉、侍中、长沙相等职，加封中散大夫。有"湘中琳琅、江左之秀"之称，是湖南第一个哲学家，所著《更生论》是湖南最早的哲学著作和中国古代重要的哲学著作，《湘中记》三卷是第一部关于湖南地理的著作。

【梁镇中】（1872-1927），字醉生，号旷庵，耒阳市永济镇人，船山书院首批弟子，学业优良，有"政治之想""种族之思""怀抱伟略"（《旷庵文集》卷七）。1903年，在长沙与黄兴、陈天华等组织华兴会。辛亥革命后，赴南京参加中华民国临时政府工作。孙中山让总统位给袁世凯，梁即东渡日本。一年后回国，到河北宛平开展民主革命活动。1917年9月，中华民国军政府在广州成立，孙中山就任大元帅，梁被任命为大元帅秘书，奔波西南各省，联络部队，支持护法战争，深得孙中山信任。1927年随军北伐，9月27日病逝于上海，是年12月18日归葬故里。

【邝墉】（1897-1928），又名光炉，

字子一,号爱陶,衡永郴桂道衡州府耒阳县仁义圩邝家(今衡阳耒阳市仁义乡邝家村)人。中华民国国民政府暂代国歌、国民革命军军歌、中国共产党第一首军歌——《国民革命歌》作者。7岁入私塾,1915年入县立第一高小,1919年入省立第一中学,1922年考入北平大学,1923年加入中国共产党。1924年5月,受党组织派遣,考入黄埔军校第二期,学习成绩突出,为校长蒋介石器重,曾与之合影留念,毕业后留校办公室工作,兼政治、军事教官。1926年7月,参加北伐,任国民革命军政治部宣传科科长。曾参加南昌起义、湘南暴动、井冈山会师,是红军早期著名将领。1928年6月5日,在耒阳南京桥遭敌围困被俘,坚决拒绝投诚,次日遇害于仁义圩。

【贺恕】(1899-1947),字仲平,号如心,后更名树,字君立,衡阳市耒阳太平乡寿洲村人。为中国共产党第一个出席国际会议的党员,革命烈士。1917年,考入湖南省立第三师范学校。1921年10月,加入中国共产党。1934年10月,由于叛徒出卖被捕入狱,后监禁于南京。在狱中受尽各种酷刑,身受严重摧残,于1947年4月16日病逝,终年49岁。解放后,追认为革命烈士。历任湘南学生联合会首任总干事、国民革命军第六军政治部宣传科长、经济处党代表兼黄埔军校教官、中央军事政治学校第三分校政治教官、中共湖南区委组织部长、中共湘西南特委书记、中共江西省委书记。

◇ 城市生态

【综述】耒阳坚持抓环保就是抓发展、抓环保就是抓民生、抓环保就是抓稳定的理念,广泛开展生态文明宣传教育,着力增强全民环保意识,树立全域、全民环保理念,较好地保护了耒阳的蓝天、青山和绿色。耒阳是生态大观园,杜陵烟雨、马阜晴岚、鹿歧晚障、花洲春涨、蔡池双月、耒水夕照等耒阳十景,美不胜收。国家4A级景区蔡伦竹海绵延16万亩,为亚洲最大连片竹海,也是湘南唯一以竹海为主的风景名胜区。耒水国家湿地公园栖息着200余种、10万余只鸟类,被称为"鸟的天堂"。

【耒水国家湿地公园】2011年3月25日经国家林业局批准成立,位于耒阳市永济镇,北距省会长沙市180公里,南距耒阳城区30公里,距广州市480公里,与江口鸟洲隔耒水相望。湿地总面积3242.5公顷,主要包括湘江最大支流——耒水河流主体以及周边缓冲区域,由南向北呈廊道走向,最南端至蔡伦竹海,最北端至衡阳市永济镇大众村与衡南县江口镇交界处。公园具有生态系统典型性、湿地物种多样性、人文景观丰富性、科考价值显著性等特点,观飞鸟、赏宜园,游耒水、品人文为耒水国家湿地公园核心旅游景区。主要保护的野生种子植物931种,野生脊椎动物191种。

【鹿歧峰森林公园】位于耒阳市城区2.5公里处的耒水东岸,紧临京珠高速公路。鹿歧峰被誉为耒阳的"苏仙岭"。相传中原逐鹿至此，遇歧路，苏仙引鹿入峰，相伴修道成仙，故得名鹿歧峰。寓意劝天下英豪，激流勇退。鹿歧峰为南岳衡山七十二峰之一，有"小南岳"之誉，是风景、文化、宗教名山。三面环水，峻峭挺拔，层峦叠嶂，文化底蕴浓厚。为耒阳八景之首，有诗"白云霭霭鹿歧峰"之句，相传为汉名儒苏耽悟道升天之所，明状元罗洪先修炼成道之地。

【马阜岭公园】由三座小山组成，集休闲、娱乐、运动为一体的综合性生态公园，经三个入口，直达山顶。其建设范围为：东至领秀佳园、神农建材市场，西至金桥普罗旺斯项目，南至神农广场，北至迎宾大道。规划设计了自然景观高山流水、篮球场运动中心、散步活动中心。该项目建设内容除了增加公园绿化量，完成主干道油化、游步道、停车场、景观构筑物、公园入口及其他配套设施建设，在充分挖掘青龙塔、杜陵书院、马阜岭、庞统治耒、张飞巡耒等历史文化元素的基础上，重点突出庞统治耒公园主题文化，着力将其打造成"千年古县""蔡伦故里"的重要景点。

【西湖游园】位于耒阳市五一中路西湖塘，西湖亭，也称原棕塘，耒阳西湖，是全国三十六座西湖之一。相传4000多年前一个妖怪在耒阳为非作歹，被天界两个仙女知道了，便偷偷下凡，把妖怪降服，并将妖怪镇入城外一个塘底。两仙女觉得还少点什么，于是一点一拂，把池塘变成了一个美丽的湖。由于一仙女叫"西"，另一仙女叫"湖"，后人为纪念仙女，就把湖取名为"西湖"，西湖由此而来，故有"东洲桃李争春色，西湖荷花映日红"之句。耒阳西湖紧靠山丘，湖水由山上的泉水汇合而成，因此湖水很清，原有水面三百亩，湖中遍种湘莲，"西湖莲舫"的西湖塘曾为耒阳古代八景之一。1994年耒阳市政就确定开发建设西湖游园，2009年7月29日开园。

【狮子岭公园】位于耒阳市城西东路附近，2013年11月启动建设，2017年1月建成。是耒阳最早启动建设的综合性城市公园，项目占地面积665亩，计划总投资5400万元。为耒阳城市生态增添了一块"天然氧吧"，又为"千年古县"打造了一张靓丽的"城市名片"。

【杜甫公园】前身是东洲，又叫花洲、靴洲、鸭婆洲、鸳鸯洲，位于城区耒水中流偏东，距东岸一水之隔又生成一小洲，便形成大小不一的两洲，四面环水，雅称为鸳鸯洲。2000年耒阳市政府将此改建为杜甫公园，使之锦上添花。从西岸到东岸的中部，建造了一座宏伟壮观的张飞索桥，方便游客跨过耒水，观赏水上风光后，再游览杜甫公园景色。游客漫步张飞索桥，流光溢彩，彩旗飘飘，星沉河汉，水天一色，不禁唾口而出联语："上下影摇波底月，往来人渡镜中桥。"

【耒阳市哲桥污水处理厂】于2016年建

设，采用较为先进的污水处理工艺，其设计规模为8万立方米/日，先期日处理规模达到5万立方米/日，项目投资近12600万元，总建设面积2800平方米。污水处理规模按照统一规划、分期建设、远近结合，确定近期工程建设规模为5.0×104立方米/天，总建设规模为8.0×104立方米/天，以及配套收集管网78.5千米。

◇ 城市名片

【综述】耒阳是著名造纸术发明家蔡伦的家乡。耒阳历史记载久，人文底蕴深厚，涌现出了一批杰出人物。素有"荆楚名区""三湘古邑"之美称，是中国油茶之乡。

【蔡伦竹海】位于耒阳市黄市镇和大义乡境内，京珠高速公路、京广高铁并辔而过，107国道、320省道和京广铁路交织成网。总面积100平方公里，分中心景区和外围景区两大部分，中心景区66平方公里，以突出竹海特色的观光项目为主，集观光、休闲、科学、文化旅游于一体。外围景区以休闲度假、水上游乐、生态农业观光、科学旅游等多种活动为主。是我国连片面积最大的竹海，有着"亚洲大竹海""天然大氧吧"的美誉，集观光、休闲、探险、寻宝于一体的复合型旅游风景区，现为国家4A级旅游景区、中国最具魅力生态旅游景点景区、国家级水利风景区、省级风景名胜区、省级森林公园和省级山地车训练基地。

【蔡伦纪念馆】又名蔡侯祠，原为东汉造纸发明家蔡伦（公元63–121）故宅，后人就其宅基建祠，纪念蔡伦。《水经注》载："（耒水）西北经蔡洲，洲西即蔡伦故宅，旁有蔡子池"。占地总面积16000平方米，由4个展室和有关蔡伦的文物及1个手工造纸作坊组成，1987年正式开放，展出内容包括蔡伦生平、蔡伦发明造纸、纸的发展和蔡伦遗迹4个部分。有关蔡伦的文物有蔡侯祠、蔡子池、蔡伦墓、宝鼎等。今祠为清代重修，祠为砖木结构，分前、中、后3栋。位于蔡侯祠前的蔡子池长180米，宽57米，传为当年蔡伦回家乡传授造纸术时用来浸泡纸浆的池子。蔡伦墓位于蔡侯祠西南百余米处，1981年重修，墓室高2米、长4米、宽2米余，墓碑为郭沫若手书，此墓为蔡伦衣冠冢。宝鼎置于一六角亭内，为人们祭祀蔡伦时烧纸钱之炉。

【城市荣誉】素有"荆楚名区""三湘古邑"之美称，被誉为"油茶之乡""楠竹之乡""能源之乡""汉白玉之乡"。

湖南城市大典 常宁市

常宁市

常宁市，公元257年置县，1996年撤县设市，素有"八宝之地，金属之都"之美称，铅锌居全国之首，拥有百年老矿、"世界铅都"——水口山，被誉为"鱼米之乡""油茶之乡""有色金属之乡""版画之乡"。

◇ 城市概况

【区划范围】常宁，湖南省辖县级市，由衡阳市代管。位于湘江中游南岸，地处五岭山系，地理位置为东经112°07′~112°41′、北纬26°07′~26°35′。全市总面积2046平方公里，总人口101万。距衡阳市75公里，距省会长沙265公里，濒临衡枣、衡昆高速公路，居衡阳、郴州、永州三市之一隅。东隔春陵水与耒阳市为界，南与桂阳县相连，西与祁阳县接壤，北濒湘江与祁东、衡南二县相望。常宁市辖3个街道办事处、18个乡镇。中共常宁市委员会驻常宁市东正街，常宁市人民政府驻常宁市宜阳街道青阳中路，电话区号：0734，邮政编码：421500。

【地理环境】境内地质地层复杂，自古生界的寒武系到新生界的第四系，除新生界第三系外，均有出露。地势南高北低，大致呈两级阶梯形分布，南部是南岭山簇余脉的塔山和大义山，分别呈北东、南北走向，两山之间夹有庙前——西湖的低平谷地，成为常（宁）、桂（阳）市县的交通孔道，海拔1000米以上的山峰有16座，1000米以下至100米的山峰63座，群峰巍峨，构成南部的天然屏障，为第一级阶梯。北部的平原，丘陵交错，海拔多在200米以下，地形起伏，为第二阶梯。境内地势类型分山地、丘陵、平原三种，其中山地面积、丘陵面积、平原面积分别占全市总面积的37.6%、26%和37.4%。因地处南岭南北侧，属中亚热带季风湿润性气候，四季分明，雨量充沛。但因塔山、大义山绵亘南部，中部低盆，有利空气滞留，春秋天气多变。年均降水量1421毫米、气温18.1℃、无霜期297天。

【资源物产】境内树木有树种75科，750种。稀有珍贵树种有银杏、金叶白兰、南云红豆杉、三尖杉、滇楸、山拐李、青檀、闽楠、半枫荷以及引种栽培的杜仲、鹅掌楸、凹叶厚朴等。竹类主要有南竹（毛竹）、青皮竹、阔叶箬竹、箬竹、变形竹等16种。药用植物有150余种，其中实用价值高、药源较丰富的有80多种。境内山区及半山区有野生动物豹、狼、野猪、野山羊、山牛、穿山甲等。禽类主要有翠鸟、白鹭、鹰、绿头鸭等。鱼类有80余种，分为7目、63属，以鲤科为大宗，约占62%，鳍科次之，主要有青、草、鲢等，境内湘江干、支流既有江湖回游性鱼类，也有山溪定居性鱼类。矿产资源丰富，其资源包括有色金属、黑色金属、可燃性有机岩（煤）、化工原料、陶瓷原料、建筑材料及辅助材料等矿藏。探明稀有金属等40余种矿藏。其中铅锌储量居中国之首，砂锡储量居中国第二，硼矿石、硅灰石储量居华南第一，黄金储量占全省一半以上，瓷泥、大理石均在亿吨以上。境内多年平均地表水总量约为162.11亿立方米，其中河川径流量15.36亿立方米，还原水量1.63亿立方米，容水量145.12亿立方米。地下水主要有松散岩类孔隙水和红层孔隙裂水，前者赋存于河流临岸阶地沙卵层中，受季节影响变化较大，一般厚度1-5米，均以散流或下降的形式向河谷等地排泄，后者赋存于紫色页岩中，以裂隙水为主，水量贫乏。

【建制沿革】常宁自三国年间建县，历时1700余年。战国时属楚，秦属长沙郡，汉时属贵阳郡。三国吴孙亮析耒阳西南地置新宁、新平二县，东晋太元二十年（396）并新平于新宁县，唐天宝元年（742）改新宁为常宁，属衡州。五代及宋属衡州。元十九年（1282）升为州，无领地，属湖广行省领北湖南道。明洪武三年（1370）三月降为县，属湖广布政使司衡州府。清属湖南衡永郴桂道衡州府。民国元年（1912）废府，属衡阳道。民国11年（1922）废道，直属湖南省。民国26年（1937）属湖南省第五行政督察区。1949年10月12日常宁和平解放，属湖南省衡阳专区。1952年4月改属湖南行政区。1954年7月仍属衡阳专区。1983年7月属衡阳市。1996年11月26日经国务院批准，撤销常宁县，设立常宁市。

【人口民族】2017年底，全市户籍人口总户数28.95万户，总人口96.13万人；常住人口82.36万人，其中：农村42.12万人，城镇40.24万人，城镇化率48.9%。据2017年市计生委统计，全市共上报出生12488人，出生率为12.88‰，出生人口性别比为108：100。2012年，常宁有瑶族、蒙古族、回族、藏族、维吾尔族等21个少数民族，塔山瑶族乡是衡阳市唯一的少数民族乡，另一个少数民族居住较多的地区为弥泉乡。

【区位交通】位于衡阳、永州、郴州三市地理几何中心，区位优势较为明显。公路方面，京港澳高速复线、省道214线贯穿南北，华常高速、国道356线横跨东西。铁路方面，境内瓦松铁路连接京广线将竣工通车；境外与耒阳高铁站仅20分钟车程。水路方面，水口山湘江千吨级航运码头直达长江。航空方面，距南岳机场不到30分钟车程。水陆空立体交通网基本形成，已成为湖南省乃至中西部地区货物出境珠三角距离最近、运输成本最低的地区之一。常宁市民用车辆保有量达到8.89万辆。完成货物周转量32.23亿吨/公里；完成客运周转量27.69亿人/公里。实现交通运输、仓储和邮政业增加值7.98亿元。

【社会发展】 截至2017年底，常宁有学校215所，在校学生12.75万人，普高、职高、初中、小学在校学生分别为15506人，5559人、33889人、72556人，在岗教师7260人。适龄儿童入学率达到100%，小学、初中巩固率分别达到100%、98.60%。全市高新技术企业17家，高新技术产值达94.61亿元，全年专利申请186件，其中发明专利申请36件，有效发明专利拥有量36件。高新技术产业增加值占规模以上工业总产值42%。全市拥有各级各类卫生机构871所，其中二级医疗机构7所，包括二级综合医院2所、中医院1所、妇幼保健院1所、二级专科民营医院3所、乡镇卫生院23所、社区卫生服务中心3所、村级卫生室367个、民办诊所50所、其他各类医疗机构81所（包括分院、一级民营医院、厂矿医务室等）。卫生技术人员4198人，其中执业医师和执业助理医师1933人，注册护士1509人。各级各类医疗机构总床位3997张。基本社会养老保险覆盖率达到95%，城乡居民养老保险参保人数485707人，基本医疗保险覆盖率达到100%，失业保险参保人数58488人，工伤保险参保人数57377人，失业人员

再就业3548人。

◇ 城市建设

【综述】 常宁市自1996年撤县设市以来，不断加强基础设施建设，城市环境不断改观，城市面貌日渐日新。交通条件大为改观，岳临高速建成通车，国省道"五纵三横"格局初步成型，修建乡村公路517.42公里，所有乡镇、村通上水泥路，立体交通网络初具规模。城市建设大幅提质，投入近30亿元推动城市扩容提质，城市建成区面积扩大到18平方公里，城镇化率达49%，青阳新区、莲花新区、宜水新城加快建设，完成主次干道建设和背街小巷改造，城市综合承载能力大幅提升。城乡面貌大有变化，完成城市总规修改和18个乡镇总规修编，加快特色小城镇建设，3个乡镇列入全国重点镇，2个乡镇评为全国环境优美乡镇。

【城市规划】 2016年3月，《常宁市城市总体规划（2006-2020年）2015年修订》公示（以下简称《规划（修订）》）。《规划（修订）》自2006年实施以来，对全市经济社会发展和城市建设发挥了重要的引导作用。规划至2020年常宁市中心城区人口规模为24万人，城市建设用地规模为23.5平方公里。规划至2050年，常宁市城市发展规模约为40-45万人，40-45平方公里。常宁市的城市性质为：湘南地区次中心，宜居宜业宜游的山水园林城市。常宁城市的主要发展方向为"北扩东延"。常宁市城区空间形态规划

为"一城二水四片"的结构，"二水"是指宜水、潭水；"四片"是指以宜水、潭水划分的泉峰、培元、宜阳三个片区以及东外环两侧的工业走廊片区。

【梅埠桥水库】别称梅步桥水库、超英水库，位于常宁市西岭镇超英村，于1960年3月开始修建，属湘江支流春陵水中游欧阳海灌区。大坝高30米，总库容3005万立方米，雄伟壮观，巍然屹立。水库内空气清晰，地势平坦，半岛几十处，湖光山色，相映成趣，高低远近，相拥而居。库中鱼类丰富，有鲫鱼、鲤鱼、草鱼、鲢鱼、鳙鱼、桂鱼、鳊鱼和甲鱼，等等。

【常宁市人民医院】位于常宁市宜阳镇群英西路，是集医疗、科研、教学、预防、康复、咨询、保健为一体，传承中西医经典并具有现代化先进技术的多功能医院。占地面积27.1亩，房屋建筑面积20390平方米，其中医疗用房面积11517平方米，固定资产1398万元。现有在职职工510人，其中医技人员385人，副高职称11人，中级职称145人。设有18个临床医技科室，两个门诊部和一个中心血站，共有病床270张。拥有CT、B超、电子胃镜、经颅多普勒、200毫安遥馈刨光机、动态心电图、脑电地形图、心电工作站、全自动血球计数仪、尿十二次分析仪、PCR基因扩增仪、照相裂隙显微镜偏瘫治疗仪、呼吸机、麻醉机、新生儿恒温箱等当今先进的医疗设施。1997年被省卫生厅评审通过为二级甲等医院。

【常宁市中医院】位于常宁市宜阳镇群英东路，创建于1956年4月，现已发展为一所以骨伤科为特色，集医疗、预防、保健、教学、科研为一体的非营利性国家综合性二级甲等中医院。是常宁市新型农村合作医疗、医保、工伤、城镇居民医保、老干部医疗等定点医院。总占地面积19600平方米，其中业务用房面积14250平方米；开放病床500张，开设临床科室20个，其中特色专科有9个。医院现有职工人数589人，其中卫生专业技术人员371人，具有高中级技术职称人员156名，有省市名中医8名，国家、省级重点建设专科6个。

【常宁市第一中学】位于常宁市宜阳镇两江路，是一所公立全日制普通高级中学，2002年被评为衡阳市教研教改示范校，2005年被评为湖南省现代教育技术实验学校，2006年被评为湖南省示范性高中。前身为创办于1902年的合江学堂，1913年改名为常宁县立高等小学，1925年改为常宁县立第一高等小学，1929年复名常宁县立高等小学，1941年改为常宁县立初级中学，1953年学校改称湖南省常宁初级中学，1955年改名为常宁第一初级中学，1958年更名为湖南省常宁县第一中学，1997年随常宁市更名为湖南省常宁市第一中学。校园面积约180亩，校舍面积约50407平方米，有72个教学班，在校学生4500余人，教职工345人。

【常宁市图书馆】位于常宁市泉峰街道泉峰西路，1958年正式建馆，时有藏书1

万册，管理人员2名和一间60平方米的借阅室，服务方式主要是读者借阅。1961年至1964年，与文化馆合署办公，1965年与文化馆分离单独开展图书服务工作。现有馆藏图书11.7万册，阅览座位320个，其中少儿阅览座位60个，藏书架总长2074.65米，年接待读者13.5万人次，借阅图书8.7万多册，发放集体借书证135个，个人借书证2963个，每周开放56小时。有明版《十七史》《同治常宁县志》等古籍书7648册，地方文献358册。

【常宁市汽车站】又叫莲花车站，位于常宁市群英西路。是衡阳汽车运输集团有限公司旗下的一个二级甲等汽车站，进站参运车辆156台，日发班次170个，年日均发送旅客5350人次。

【常宁市青市车站】于2014年开工建设，是按二级汽车站标准设计建成的，共投资6000万元，占地面积100.63亩，中心站房总建筑面积达6019平方米，经营线路48条，班车通达省内、广东沿海十多个城市及市内周边县市。最高日发送旅客1万多人次，日发班次达600班。

【官岭镇】位于常宁市境西部，距市城15公里。东邻兰江乡，西交祁阳县，南连洋泉镇，北抵大堡乡、新河镇。1995年5月，撤区并乡时，由原官岭镇、富贵乡、麦园乡、鹅院乡合并组成新的官岭镇。境域总面积81平方公里，辖37个村、2个居委会、433个村民小组、3个居民小组、9030户、41546

人。耕地面积29700亩，其中水田26280亩，旱土3420亩，农业以产水稻为主。

【新河镇】位于常宁市西北部，湘江中游南岸，东与兰江乡毗邻，西南与官岭镇、大堡乡共界，西与祁东县隔江相望，北与江河乡相连。1995年撤区并乡时，由原新洲区的新河镇、株梓乡、珠塘乡合并而成。全镇91.93平方公里，辖29个村，2个居委会，3.4万人，其中非农业人口4762人。境内水陆交通十分便利，衡枣高速公路常宁连接线穿境而过，距常宁市区仅12公里，离衡阳市也只有30分钟车程，素有常宁"西大门"之称。

【水口山镇】2015年11月，常宁市松柏镇、水口山街道办事处合并设立水口山镇。水口山镇北依湘江，东临春陵河，北距衡阳市区27公里，南距常宁市区30公里，总面积78平方公里。辖24个行政村26个居委会，人口10万。岳临高速、省道214线穿境而过，东至京广铁路瓦园路20公里，湘江航运可直达长江。水口山镇山山有宝，水水含金，素有"有色金属之乡"美誉。地下蕴藏着丰富的铅、锌、金、银、铜、硫、铍、铋、铀等20多种矿产资源。闻名世界的水口山有色金属有限责任公司就坐落在镇内。

◇ **城市经济**

【综述】常宁自建市以来，抓住改革发展的良好机遇，注重转型发展，提升发展质量，成为资源转型发展较为成功的城市之一。坚持把工业强市作为市域经济发展的"一号工程"，工业发展步伐加快。注重发展矿业经济，拥有国有矿产企业13家。拥有省级重点开发区——水口山经济技术开发区，还有松柏工业园、宜阳工业小区等重点园区。2017年，实现地区生产总值（GDP）330.96亿元。按常住人口计算，人均地区生产总值39995元。三次产业比为16.1：37.0：46.9，完成固定资产投资214.84亿元，财政总收入14.3亿元，社会消费品零售总额98.91亿元，进出口总额37433万美元，城镇居民人均可支配收入为29773元，农村居民人均可支配收入为15418元。

【水口山经济开发区】1992年6月设立。1994年3月经省人民政府明确为省级开发区。2012年10月调区扩区，调区扩区后规划面积为912公顷（全部为新增建设用地，用地性质为工业用地）。2012年经省环保厅明确为水口山有色金属化工工业园。2013年8月经省发改委批准为省级循环经济示范试点园区。2015年6月经国家发改委和财政部批准为国家级循环化改造示范试点园区。园区坐落于常宁市北部的水松地区，衡桂高速、省道S214线纵穿而过，湘江自西向东流经园区。园区重点培育冶炼、化工、新型材料、高新技术产业，现有有色金属冶炼、化工规模企业28家。引进一批以铜产品为原料的企业进入园区，形成铜产业集群；引进水口山有色金属集团有限公司，形成铜、铅、锌、化工产业集群；引进金翼公司10万吨粗铅及水口山八厂粗铅等铅制品发展下游产业，形成了铅产业集群。引进以凯威化工的氧化锌、硫酸锌为核心，吸引兴喜生物公司以生产微量元素的饲料添加剂生物产业集群。

【宜阳工业园】别名宜阳工业走廊，成立于2006年，地处常宁市区西北部。规划用地总面积为131公顷，用地1200亩。总体规划是以农副产品加工、高新技术产业、机械制造为主的环保型、低耗能工业园区，配套发展商贸、服务等第三产业，重点引进一批加工技术先进、附加值高、低污染的企业。落户了鑫炀塑钢、天伦机电、波泽酒业、广电科技和创世纪锡业公司等项目。截至目前，已入园企业7家，正式投产2家。

【铜铅锌产业基地】位于常宁市水口山经济开发区，总投资为100亿元，占地204.35公顷，属于株洲冶炼集团股份有限公司。该基地以铜铅锌产品为基础，以深加工产品为依托，以新能源、新材料、新型环保产业和新型服务业为增长极，主要生产铅、锌及其合金产品，并综合回收铜、金、铟等多种稀贵金属和硫酸，产能规模将达到年产30万吨/年锌、30万吨/年铜、10万吨/年铅。环保投资占建设投资比重超过30%。项目实施后，湘江流域二氧化硫可减排1.5万余吨/年，重点防控元素——铅、砷、镉、汞在湘江流域实现1.5倍削减。彻底解决水口山三厂、四厂、六厂稀贵系统的历史遗留问题，并通过工业废水零排放规避湘江水污染风险。

【湘南纺织产业基地】基地项目是常宁

加快工业经济发展、补齐轻工业产业链不完整的短板而着力引进的项目，也是衡阳市千亿级重点项目之一。项目总投资100亿元，由环保设施园项目（位于常宁市三角塘镇和荫田镇交汇处）、服饰生产园项目（位于常宁市宜阳工业园）组成。规划用地分别达到2000亩、9000亩，做到印染洗水与服饰生产分离。该基地采用新的生产工艺、新的环保处理方式，确保环境不污染的前提下，承接产业转移至少300家企业，达产后服饰年产量15亿件，年产值1000亿元，带动10万人口就业。

【湖南水口山有色金属集团有限公司】坐落在常宁市松柏镇，是集有色金属采矿、选矿、冶炼、加工、贸易于一体的大型国有企业。公司2004年加入湖南有色金属控股集团有限公司。2009年加入中国五矿集团公司。前身水口山矿务局，始建于1896年，距今已有120余年历史。现有在岗职工1万余人。拥有铜铅锌矿山三座，铜、铅、锌、氧化锌、稀贵金属和无汞锌粉冶炼厂各一座。其中，康家湾矿为湖南省最大的铅锌金矿山，柏坊铜矿为湖南省唯一的采、选、冶工艺完整的铜企业。拥有60万吨铜铅锌采选、20万吨铜铅锌冶炼、1000千克黄金、240吨白银生产能力，生产规模、销售收入等指标位居全省有色金属行业前列。

【五矿铜业（湖南）有限公司】简称"五矿铜业"，设立于2013年10月，位于常宁市松柏镇。属五矿有色金属控股有限公司直管企业，负责实施水口山金铜综合回收产业升级技术改造项目（简称"金铜项目"）。金铜项目充分利用中国五矿掌控的海外铜资源，有效整合湖南省内铜资源，并资源化无害化处理水口山含砷金硫精矿和五矿有色下属成员企业冶炼含铜中间渣料，积极打造成中国五矿在国内主要的铜冶炼加工及综合回收基地。金铜项目一期产能规模10万吨／年，总投资30.1亿元，主要产品包括：阴极铜、黄金、白银、硫酸、锑、铋等。

【常宁市齐家茶油有限公司】成立于2009年10月，坐落于常宁市新村路泉峰世家（泉峰广场旁），注册资金2120万元，占地面积50余亩，总资产2258万元，其中固定资产535万元，主要生产"齐家"牌系列天然纯正茶油。现有职工85人，其中专业技术人员9人，安置下岗职工就业18人，拥有油茶种植基地22万亩，生产厂房2000平方米，原料仓库和成品仓库各一栋，仓容3000吨，是一家集油茶种植、精深加工、销售于一体的油脂生产企业。2010年11月被批准为衡阳市级农业产业化龙头企业。

【湖南天衡儿童用品股份有限公司】位于常宁市宜阳工业区工业走廊，2011年12月22日成立，主要经营儿童用品、玩具、礼品、工艺品生产、销售及上述产品的配套塑料制品、相关配件产品销售、货物进出口；糖果制品（糖果）（分装）；预包装食品、散装食品批发兼零售。

【常宁茶油】常宁油茶栽培和茶油食用文化源远流长，素有"天然油库"美誉。大力推进油茶产业规模化、标准化、品牌化建设，油茶成为市域经济的主导产业。全市种植面积已扩展至100万亩，有21家规模油茶开发企业、30多家专业合作社、350多家种植大户，年产茶油1.13万余吨，成为国家油茶示范林基地试点县（市）、全国唯一油茶生物产业基地，"常宁茶油"被国家质检总局批准为全国首个国家地理标志保护的茶油产品，常宁成为全国首个通过森林经营认证（CFCC）的县（市）。

【无渣生姜】此姜嚼之无渣，故名。产自常宁市，栽培历史悠久，已有2100年。栽种面积最高达100公顷，单产每公顷18750-22500公斤。其特点是：块外形肥大，姜瓣粗壮，肉质脆，姜质细嫩，姜味柔和。是制作菜肴的上等调味品，还可用于药。"常宁无渣生姜"2008年被评为国家地理标志证明商标，是目前常宁市两项国家地理标志证明商标之一，并编入《中国名优土特产词典》。

◇ 城市文化

【综述】常宁市历史悠久，人才辈出，文物古迹众多。常宁版画、剪纸全国闻名，瑶族歌舞、中田古民居享誉全国。曾先后涌现出了袭盖卿、何满宗、滕文生等历史文化名人，先后获评中国民间文化艺术之乡、全国科普示范市、全国农村艺术教育实验县、

省生态有机茶之乡等荣誉称号。2017年底，常宁拥有全国重点文物保护单位1处、中国传统村落4个、中国工业遗产1处、国家2A旅游景区1个；6处省级文物保护单位、30处市级文物保护单位，共登记在册的可移动文物8261件，人均拥有公共文化体育设施面积5.12平方米，电视台1个，广播电台1个。

【常宁版画】从上世纪60年代发展至今已有50来年的历史，培植了版画作者300余人，以教师、工人、农民为主，不少作品在各项比赛中获奖并出国展出。2008年，常宁被国家文化部命名为"中国民间文化艺术之乡"。常宁版画是湘南大地绚丽的艺术奇葩，其拙朴、自然、精巧的艺术手法，多角度刻画出当地的自然风貌、民族风情、乡村变化与劳动者的忧乐，具有浓郁的生活气息和乡土特色。在版画表现形式上，常宁版画从单一的黑白木刻，发展为丰富的套色油印、水印、粉印、丝网等多种表现形式。

【板桥剪纸】板桥镇因剪纸艺术而闻名，1999年以来先后被评为衡阳市"十佳群众文化艺术之乡"、湖南省"群众文化艺术之乡"、国家文化部"中国民间艺术之乡"与"中国民间文化艺术之乡"。板桥镇剪纸艺术源远流长，早在明末清初，剪纸就大量运用民间，结婚喜庆剪窗花，逢年过节扎龙灯，红白喜事做纸扎，表现题材多为花草鱼虫、飞禽走兽，为人们喜闻乐见、与生活息息相关。如：民居窗棂上的大红窗花、元宵盛会的五彩灯笼、祭祀先祖的河灯和纸人纸

马……剪纸艺术伴随着板桥人民度过了春夏与秋冬。至今，板桥镇还保留原生态的民间剪纸技巧。他们剪刀一舞一转，左折折右剪剪，不一会工夫打开一看，一张张意想不到的画面呈现眼前。

【瑶族歌舞】塔山瑶族乡是常宁市唯一的少数民族自治乡，地理位置十分独特，物产丰富。2008年，《瑶族谈笑》已列入湖南省首批省级非物质文化遗产重点保护项目之一。"甘介"，瑶语，即汉话"谈笑"的意思。它是湘南瑶族特有的一种民间曲艺形式。流传常宁、祁阳、新田、桂阳等县瑶族聚居的地方，起源于宋代，至今已800年。瑶家人，讨亲、嫁女、新迁、做寿，家家都宾客满堂，喜气盈门。夜间，常常举行"谈笑"，以加强相互了解，增进民族团结，活跃气氛，加深感情。

【水口山工人俱乐部旧址】位于常宁市松柏镇，始建于清代，坐北朝南，砖木结构，歇山顶，脊中饰葫芦宝顶，台角悬风铃，浮雕装饰，具有民族建筑特色，面积77.84平方米。1959年、1972年、1983年均公布为湖南省级文物保护单位。1969年曾进行较大修缮。2010年5月28日，成为第一批衡阳爱国主义教育示范基地。

【至圣寺】位于常宁市盐湖镇内，为湘南名寺，占地面积1000余亩，始建于清顺治二年（1646），约有400年历史。1975年因修水库，旧址被淹。20世纪80年代，僧人及信众在原址附近重建寺庵。至圣寺现有大雄宝殿、观音殿、地藏殿等建筑物，规模宏大，建筑雄伟，素有"义山福地"之美誉。曾有开心祖师净讷和尚"倒栽柏树"传说，境内风景幽雅秀丽，有五子峰之险，圣竹林之幽，五龙湖之秀，更具晒经石、量金斗、一线天等奇特景观。

【培元塔】位于常宁市城北宜阳镇大立村，常宁人唐训方由鄂藩陟升皖兼提督军门时倡仪建造。始建于同治三年（1864），于同治五年（1866）竣工。因与崇文塔对照，故名培元塔。塔七层八角楼阁式砖石结构，高36米，底层边长6.14米。塔基为青石构筑，高0.86米，南面施垂带踏跺。底层由花岗岩石砌成，其余六层由青砖砌成，塔身各层四面设券门。底层南门额阴刻楷书"培元塔"。两侧施文曲星浮雕，上下镌莲瓣、八宝图案，东、西、北门额分别为："迎紫气""邑青口""洪恩至"，周施如意云纹、瑞兽、莲瓣、八宝、八卦等浮雕。每层都有四个拱窗，石雕飞檐，斗拱楼顶，塔顶为空心铁葫芦状顶。塔中空，塔内有石阶盘旋而登各层，七层施夹壁，上留一孔可攀塔顶。塔心室一、二层为方形，三至六层八边形，七层为圆形，室顶砌成叠涩穹窿，各级有鱼尾状上翘的石质塔檐，悬风铃。塔顶有四铁链所系铁质葫芦宝瓶。2002年被公布为省级文物保护单位。

【中田古民居】经古建筑学家考证，认定中田古民居始建于永乐二年（1404），迄今600多年。虽历经数百年的风雨剥蚀，目前仍保留旧宅100多幢，天井200多个，巷道108条，建筑面积达14000平方米。民居既有江南民居的建筑特色，又有独特的艺术风格，是湖南省目前保存较完好、规模最大的明清古建筑之一。中田村民居是一部用砖和木写成的史书，坐南朝北，整个建筑群气势恢宏，规划整齐，无廊无檐，雕刻精美，并具有完整的排水设施，户户相通，形成一体。

【龚盖卿】（生卒不详），字梦锡，南宋常宁县（今常宁市）人，乾道五年（1169）以明经中进士，授右正言，以直道事君。从朱熹学，朱熹所著《池州语录》，乃龚所纂辑。与王居仁同时执经于张栻之门，潜心研究理学。因"庆元学禁（1196）"，朱熹被逐，遂退居故里，于城南门外学宫之后双蹲石前设馆授徒，开常宁创建书院之先河。嘉泰二年（1202），朝廷解除学禁，重被起用，后携谏垣右正言，累迁国子监司成。著有《正性篇》《反诚篇》等。

【王祚隆】（1625-1695），字卜子，别号一峰，今瑶塘乡人。清顺治时廪生，才思敏捷，精通经史百家之书。顺治十四年（1657）湖南巡抚袁廓宇聘之为岳麓书院山长，掌教七年。巡抚高士俊一见奇之，叹"屈宋种子，于今不绝"。入都寄书云，"当以千秋第一人自待"。卜子一生坎坷，终身以著书为乐。其诗文清拔活泼，风格别致。著有《岳麓诗草》《半山草》《长沙吟》《楚江吟》《讲合麈余》《桑阴晚啸》《荆游唱和》《洞庭杂咏》和《易经解》《学庸解》等。

【王良弼】（1852-1920），原名安邦，字苤宣，祖籍桐黄乡黄家桥，在科举时代获得了翰林之职。5岁入私塾，10岁能作文章。清光绪七年（1882），他曾在长沙岳麓书院经堂肄业，得选优贡，由提督学政从全省在学生员中挑选保送入京参与光绪八年（1897）的朝考，被选授湖南兴宁（资兴）县代理教渝，后调城步代理县学训导。清光绪十年（1885），王良弼乡试得中，成为举人。光绪十七年（1892），他进京殿试，被礼部录取为进士，此后，再试于保和殿，又名列前茅，授翰林院庶吉士，即点翰林。光绪十九年（1904），他以道员外用，分发广东。光绪二十二年（1907）罢官回乡。他闭门整理著述，计有《湘山文集》《湘山诗集》等11种、共164卷，但均未会梓，尽皆散失。

【张国辉】（1927-），常宁市宜阳镇人。国家一级作曲家（教授级）。系中国音乐家协会、中国戏剧家协会会员。历任中国音乐家协会湖南分会理事，湖南省戏曲音乐学会会长。20世纪30年代末至40年代初先后就读于湖南省立二中和国立针灸医学院，后因家乡沦陷而辍学。建国前夕考取衡阳地区革命干校。50年代初先后在衡阳地区南岳文工团、衡南文化馆工作。1954年调湖南省花鼓戏剧院从事戏曲音乐研究和作曲。从业四十多年来，为花鼓戏创作百余部上演剧目的音乐，代表作有《补锅》《三里湾》《刘海戏金蟾》《翠鸟衣》等。为花鼓戏上演剧目写下不少花鼓新腔新调，其中大部分已收入《中国戏剧音乐集成·湖南卷》《花鼓戏常用曲调》第一、二集。

【吴基传】（1937-），湖南常宁人。1960年7月加入中国共产党。1959年北京邮电学院有线电通信工程系毕业后在北京邮电学院任助教。1960年至1965年先后在北京大学无线电系电子计算机训练班、北京邮电学院有线电通信工程系调干班学习。1965年后任邮电部供应局技术员，邮电部物质设备处副处长、处长。1982年任邮电部物质局副局长；1983年任邮电部计划局副局长。1984年任邮电部副部长、党组成员兼部直属机关党委书记。1990年任中共河南省委委员、常委、副书记兼河南省委党校校长。1993年任邮电部党组副书记、副部长；同年任邮电部部长、党组书记，国家无线电管理委员会常务副主任。1998年3月至2003年3月任信息产业部部长、党组书记。2003年4月任全国人大常务会委员、全国人大教科文卫委员会副主任。是中共第十四届中央候补委员、第十五届中央委员；第八届、第十届全国人大代表。

【滕文生】（1940-），常宁市官岭镇人。1964年8月毕业于中国人民大学。分配到马列研究院工作，1965年6月加入中国共产党，11月调红旗杂志社工作。期间，先后到北京市通县搞"四清"，河北省石家庄"五七"干校劳动锻炼。1974年12月调人民出版社工作；1975年9月调国务院政治研究室工作，1979年8月调中央办公厅研究室。1980年3月调中央书记处研究室工作，先后任办事员、理论组副组长、理论组组长。1988年3月任中央顾问委员会副秘书长。1989年11月任中央政策研究室副主任。1997年8月任中央政策研究室主任。2002年10月至2007年12月任中央文献研究室主任。是中共第十五届、第十六届中央委员、第十一届全国政协常委。著有《向历史和现实的实践学习》《答记者问——十一届三中全会以来，我们先在哪些方面发展了毛泽东思想》等。

【何满宗】（1956-），常宁市官岭镇富贵勒塘村人。中共党员，清华大学研究生毕业，硕士学位。历任湖南年轻人杂志社副总编、湖南省广播电视学校校长、湖南省文学艺术界联合会副主席、湖南省书法家协会主席等职。是湖南省第九届人大代表，长沙市第十一届人大代表，湖南省青联第七届常委。2004年7月在澳门、10月在长沙举办"何满宗书法展"。主要书法专辑有《当代书风·何满宗书法系列》《怀素自叙帖技法》《王铎草书书法论文》《四体千字文》《中国书法与传统文化研究》等。主要书法论文有《中国书法百年论》《湖湘书风分析》《毛泽东书法宏观思考》等。

◇ 城市生态

【综述】常宁作为全国资源枯竭城市，

百年老矿、"世界铅都"——水口山，铅锌储量居全国之首，砂锡储量居全国第二，曾在新中国工业史上书写了辉煌的一页。然而，长期的粗放式发展模式也给常宁特别是水松地区造成了严重的重金属污染问题。水松地区被列为湖南重金属污染防治7个重点区域之一。面对双重压力，常宁上下保持清晰的头脑，积极推进转型发展，抓住湖南省将湘江保护与治理列为"一号重点工程"的重大机遇，大力开展重点地区污染治理，实施"关停并转"，共关停190余家。同时加强环境基础设施建设，投资2亿元建设水口山污水处理厂、松柏生活污水处理厂，还投资1.58亿元新建了一座水口山危险固体废弃物处理中心，水口山经济开发区被列为国家循环化改造示范试点园区。2017年，全市植树造林35.51万亩，森林覆盖率达54.58%，空气优良率为97.8%，城市集中式饮用水源源头洋泉水库、自来水取水口断面水质分别达到Ⅰ类、Ⅲ类水质标准，达标率100%。

【天堂山国家森林公园】位于常宁市西南部，总面积6695.81公顷。森林公园前身为常宁市弥泉国有林场，2009年12月由国家林业局批准在湖南铜钟岭省级森林公园的基础上升格为国家森林公园。公园主体范围内分两大景区，即南江园景区和九龙塔景区。两大景区内森林风景资源十分丰富。公园内的森林植被景观有：杜鹃，天然常绿的落叶阔叶林，白栎+水青冈+化香灌丛，高山草甸等。公园还有杉海寻幽、竹海叠翠、同心竹、瑶山茶苑、野生猕猴桃等森林植物

景观。公园的地文景观主要有：天堂山、狮子脑、猴子洞、观音坐莲台、和尚脑、夫妻岩、双猴斗嘴、仙人桥、孔雀开屏、点将台、如来神石等。

【天湖国家湿地公园】位于常宁市洋泉镇，北距衡阳市区58公里。总面积891.7公顷，有湖泊湿地、永久性河流湿地、洪泛平原湿地、草本沼泽湿地、库塘湿地和运河/输水河湿地4类6型湿地，维管束植物148科483属797种、野生脊椎动物5纲23目61科148种，其中鱼纲37种、两栖纲10种、爬行纲15种、鸟纲175种、哺乳纲11种。天湖国家湿地公园以天然的水库、河流和河滩湿地为主，有岛屿11个、半岛37个，山水相映，素有"小千岛湖"之称，是迁徙鸟类飞越南岭的重要停歇驿站。

【庙前地质公园】隶属于省级地质公园景区，距市区32公里，景区属地壳上升过程中遭剥蚀而形成的岩溶蚀余地貌，主要地质遗迹是溶丘—洼地岩溶地貌。类型有湖泊、瀑布、涌泉、石林、塔林、石芽、天坑、峡谷、峭壁、洼地、落水洞。象形石景观主要是一线天、天生桥、中国龙、饮马石、孔雀迎宾、天狗吠月、舜皇手印，等等。

【浯洲岛】位于常宁市新河镇，面积206亩，地势平坦，岛形似柳叶，江面开阔。距广州458公里，地处衡阳盆地南缘与南岭北向余脉交接地带，湘江中游南岸。岛内地形地貌奇特，风光秀丽迷人，民俗风

情浓郁，旅游资源得天独厚。北距衡阳45公里，东距衡桂高速公路39公里、京广铁路、107国道和京港澳高速公路50公里，衡昆高速公路、国道三南公路横穿东西，省道214线纵贯南北，湘江从西北流过，水上运输可达长江和沿海口岸，公路网络普及村寨，京广光缆穿越全岛。

【中国印山】位于常宁市庙前镇金龙村。"中国印山"为全国首创，这座山把几千年来的中国玺印图案摩岩于山石上，使人文景观与自然景观融为一体，首期工程汇集了570多枚形态各异的印章图案。包括古代名人名章、现代名人名章，以及历代名言警句印章、历代肖形印章，还有书法石刻作品等。建造了名人名章山、纪念印章山、书法艺术山之后，将为小朋友建造一座"观印峰"。雕刻内容以经典国学为主，形成"三山一峰"格局。"中国印山"景区创意获国家级银奖。

【舂陵河】又名舂陵水，亦称舂源河，全长302公里，流域面积6623平方公里，源出蓝山县人形岭，流经嘉禾、新田、桂阳、耒阳、常宁等县市，于常宁市茭河口注入湘江。舂陵河如一条绿色玉带蜿蜒曲折，贯穿常宁南北，早在秦汉时期，就被开发利用。长期以来，常宁人在这片广袤而连绵的两岸休养生息，艰苦创业，把这里变成了肥沃富饶的鱼米之乡。

【古铁树】位于胜桥镇大毛坪村池塘组。该树被一排齐腰高的围墙圈住，粗壮的树干倾斜着，一个用砖堆砌的墩子将树干支撑起来。树不高，树干显得很枯老了，叶子集中生在茎的顶部，围着树干向四周展开，好像一只正在开展的孔雀。每片大叶子都分成许许多多像针似的小叶子，色泽如翡翠，呈羽毛状，摸起来很是光滑。远观，铁树像一把撑开的大伞，又像喷涌而出的绿泉。树高约4米，胸径为0.39米。

◇ 城市名片

【综述】常宁自唐天宝元年置县，至今已有1264年。拥有被誉为"中国铅锌工业的摇篮""世界铅都"——百年老矿水口山，有汇纳天堂山八方溪水、清幽神秘的天堂湖，被誉为"鱼米之乡""油茶之乡""有色金属之乡""版画之乡"。

【水口山铅锌矿】始建于1896年，位于衡阳市以南23里处，即湘江南岸松柏一带，是产于花岗闪长岩周边与石灰岩接触带上的矽卡岩型铅锌矿和石灰岩中的交代型铅锌矿。是中国第一家炼铅厂、中国第一家炼锌厂、中国第一家氧化锌厂、中国第一家铍冶炼厂，"世界铅都""中国铅锌工业的摇篮"，自主研发"水口山氧气底吹熔炼法"，引领中国铅铜冶炼新时代。

【天堂湖】坐落于常宁市洋泉镇，与湖南省省会相距240公里，库容6700万立方米，水面宽3700亩，最深处45米，东西水面最宽2公里，南北水面最长7.5公里，是一座集灌溉、防洪、拦沙、发电、养鱼和观光旅游等多功能于一体的大型水库。主要景点有寨子岭、回归岛、跑马坪、慈母峰、观鱼舫、品茶园、卧龙岗、鳌鱼头、田螺形等。湖中大小岛屿11座，半岛37处，坐落有致，山水相映。

【城市荣誉】素有"八宝之地，金属之都"之美称，被誉为"油茶之乡""杉木楠竹之乡""有色金属之乡""非金属之乡"，全国第二批商务综合行政执法试点县市。

【城市象征】2018年6月，常宁市第十七届人大常委会第十三次会议审议确定樟树为"市树"、油茶花为"市花"。

湖南城市大典 邵阳市

邵阳市

邵阳市，史称"宝庆"，西汉初始设昭陵县，226年三国吴置昭陵郡，1950年设县级市，1977年升为省辖市，是魏源故里，拥有世界自然遗产地崀山，国家级风景名胜区南山、虎形山-花瑶。

◇ 城市概况

【区划范围】邵阳，史称"宝庆"，是湖南省辖地级市。位于湘中偏西南，资江上游，东与衡阳市为邻，南与永州市和广西壮族自治区桂林市接壤，西与怀化市交界，北与娄底市毗连；介于北纬25°58′~27°40′，东经109°49′~112°57′之间，邵阳市域总面积20876平方公里，全市共辖邵东县、新邵县、邵阳县、隆回县、洞口县、新宁县、绥宁县共7个县、城步县是1个自治县，代管武冈市1个县级市，辖区包括双清区、大祥区和北塔区，总面积约436.12平方公里。荣获省级文明城市、省级园林城市等称号，目前正全力创建国家卫生城市。中共邵阳市委员会驻大祥区宝庆中路157号，邵阳市人民政府驻邵阳市大祥区城北路6号，电话区号：0739，邮政编码：422000。

【地理环境】邵阳市域境内系江南丘陵向云贵高原过渡地带，南岭山脉绵亘南境，雪峰山脉耸峙西、北，衡邵丘陵盆地展布中、东部。整个地势西南高而东北低，顺势向中、东部倾斜，呈东北向敞口的簸箕形。地形类型多样，山地、丘陵、岗地、平地、平原各类地貌兼有，以丘陵、山地为主，山地和丘陵约占全市面积的三分之二。最高峰为城步苗族自治县东部二宝顶，海拔2021米；最低处是邵东县崇山铺乡珍龙村测水岸边，海拔125米，地势比降为10.25%。境内溪河密布，有5千米以上的大小河流595条，分属资江、沅江、湘江与西江四大水系，主要是资江水系。资江干流两源逶迤，支派纵横，自西南向东北呈"Y"字型流贯全境，流域面积遍及市辖9县3区。巫水源出城步，横贯绥宁，西入沅江，为境内西南部的主要水道。全境属中亚热带季风湿润气候区，光照充足，水雨丰沛，四季分明，气候温和，夏少酷热，冬少严寒。境内年平均气温16.1~17.1℃，无霜期272~304天，日照时数1347.3~1615.3小时，降水量1218.5~1473.5毫米；雨水大多集中在4~6月，易遇夏秋连旱。

【资源物产】邵阳市是湖南四大林区之一，境内资源丰富，物产丰饶。截至2016年，邵阳市高等植物有245科，792属，2826种。其中用材林树种210种，以杉木、马尾松和阔叶用材林为大宗。经济林树种432种，楠竹、油茶、油桐、漆树、板栗、乌桕、白蜡树、山苍子树等成片分布。受国家重点保护的珍稀树种有60种，一级保护的银杉，二级保护的资源冷杉、银杏、钟萼木、连香树、鹅掌楸、香果树、水青树、篦子三尖杉等。境内有野生脊椎动物397种，分属5纲，33目，102科。受国家一、二级保护的珍稀动物有金钱豹、云豹、华南虎、水鹿、黄腹角雉、红腹锦鸡、鼋、大鲵等36种。境内已发现的矿藏有煤、铁、锰、钨、锑、金、银、铅、锌、硫铁、石膏、大理石、辉绿岩、优质石灰岩等74种。矿藏地有644处，其中大型矿床23处。非金属矿藏蕴藏量大，品位高。石膏矿远景储量4.4亿吨，工业储量1.229亿吨，邵东县是全国八大石膏矿产地之一。煤矿工业储量1.417亿吨，远景储量1.447亿吨。邵阳市境内河川水系发育，水域面积为111.9万亩，多年平均水资源总量为168.3亿立方米，其中河川径流量157.44亿立方米。人均占有水资源2749立方米。水能资源理论蕴藏量144.73万千瓦，可开发利用量68.77万千瓦。邵阳市中国国家地理标志产品主要包括：武冈铜鹅、武冈卤菜、武冈葛根、崀山脐橙、邵东黄花菜、邵东玉竹、邵阳茶油、隆回金银花、龙牙百合、雪峰蜜桔、绥宁青钱柳茶、绥宁绞股蓝、新宁脐橙等。

【建置沿革】邵阳是一座历史古城，早在新石器时代，境内即有先民栖息屯居。西周召伯，甘棠布政；春秋白善，垒土筑城，距今已有2500余年。周朝其地属荆州；春秋战国时期属楚，雄溪（今巫水）流域为南楚与百越相交之域。西汉初，始设昭陵县，属于长沙国零陵郡。县治设今市西区，为境内有县级建制之始。三国初属汉。226年吴国置昭陵郡，隶荆州。其后在资江流域，相继建立都梁、夫夷、昭阳3个侯国。吴宝鼎元年（266），分零陵郡北部都尉置昭陵郡，治今市西区，境内建郡自此开始。西晋太康元年（280），武帝司马炎因避其父司马昭之讳，改昭陵郡为邵陵郡，移郡治于资江北岸北塔湾。后相继被改为建州（隋末）、南梁州（唐初）、邵州（唐太宗贞观十年636）和敏州。隋废邵陵郡，一域之内单立邵阳一县。唐代设邵州。邵州与邵阳县自此在今市西区同城而治，历千余年。南宋理宗赵昀当太子时，曾封为邵州防御使，他做皇帝后年号"宝庆"（1225），把邵州升为宝庆府，故邵阳又有"宝庆"之称。宝庆之名沿袭700余年。1949年10月，设置湖南省邵阳区督察专员公署，同时建立邵阳市，隶邵阳县。1950年7月，邵阳市升格为县级市。1977年7月，邵阳市升格为省辖市。1986年1月国务院批准撤销邵阳地区建制，实行市管县体制。

【人口民族】截至2016年末，全市户籍总人口826.46万人，全市常住人口737.54万人，城镇人口和乡村人口分别为338.46万人和399.08万人。常住人口中男性人口383.77万人，女性人口353.77万人，性别比为100∶109，平均预期寿命76岁。根据第六次人口普查数据，邵阳市人口年龄结构为：幼年组（0-14岁）人口数为1512662人，占总人口数的21.39%；成年组（15-64岁）人口数为4862462人，占比为68.76%；老年组（65岁以上）人口数为696611人，占比为9.85%。受教育程度方面，小学文化程度人数最多的年龄段是50-59岁，有192123人，占整个小学文化程度人数的14.86%；具有初中文化程度人数最多的年龄段是40-44岁，有402251人，占初中文化程度总人数的14.74%；具有高中文化程度人数除去正处于读高中阶段的15-19岁人群，最多的年龄段是20-24岁，有162220人，占高中文化程度总人数的16.66%；具有大专及以上文化程度人数最多的年龄段是20-24岁，有90357人，占大专及以上文化程度总人数的28.45%。截至2016年，邵阳的苗族、瑶族、回族、侗族4个少数民族，人口均在万人以上。其中苗族有30.6825万人，瑶族31665人；回族29126人，侗族22203人。其他35个少数民族，人口在500人以上的有土家族、壮族、仫佬族；100人以上的有满族、布依族、拉祜族、黎族、彝族、白族。

【区位交通】邵阳市地处湘中偏西南，邵水与资水汇流处，历来就是通向云南、贵州、广西和湘西南的要塞重镇和湘中西南地区最大的中心城市，素为"上控云贵、下制长衡"的商贾之地，区位优势明显，2008年被国家确定为"全国交通枢纽城市"。境内2016年末全市公路通车里程为2.2万公里，其中等级公路1.75万公里。目前，邵阳已有沪昆、邵永、邵怀、衡邵、娄邵、包茂、洞新、邵坪、安邵等10条的高速公路，武靖高速邵阳段即将通车，崀山（白新）高速、呼北高速完成前期工作，通车总里程504公里，居湖南省第四位。以邵阳市区中心、以沪昆高速为东西主轴、以二广高速公路为南北主轴畅通各县市，辐射长株潭、珠三角、长江经济带、大湘西地区及东盟地区的高速公路主骨架已基本形成，拥有邵东军民两用机场和武冈机场。境内有航道837公里，资江水运可达洞庭湖。2016年全年，完成邮电业务总量85.35亿元。年末局用交换机总容量831.57万门。年末固定电话用户达到50.62万户，移动电话用户453.51万户，电话普及率达到每百人69.42部。

【社会发展】截至2016年底，全市2所普通高等学校在校生2.92万人，各类中等职业教育在校生7.3万人，普通高中在校生12.64万人，初中和小学在校生91.88万人，特殊教育在校生0.31万人。幼儿园在园幼儿21.3万人。各类民办学校88所，在校学生10.3万人。小学适龄儿童入学率和毕业生升学率均达到100%。拥有高新技术产品生产企业401家，其中省科技厅认定的高新企业59家。全部高新企业实现产值1098亿元。

全年专利申请量2786件，其中发明专利413件，专利授权量1522件。签订技术合同610项，技术合同成交金额2.5亿元。财政对科学技术投入2.17亿元。文化产业蓬勃发展，实现增加值70.85亿元，占GDP的4.66%。有线电视用户92万户，电视综合人口覆盖率96.54%。2016年全年共举办各类群众体育活动200余次，参与活动的人数达250万人次。组织队伍参加了湖南省青少年常规比赛，共获得18枚金牌、37枚银牌、42枚铜牌。全市共有卫生机构1115个，其中医院和卫生院298个，拥有床位总数3.3万张，卫生技术人员3.06万人，执业医师和执业助理医师1.22万人，注册护士1.21万人。全市参加基本养老保险职工人数74.20万人，其中在职职工46.10万人。参加失业保险职工人数30.12万人，领取失业保险金人数1.82万人。参加医疗保险职工人数52.84万人，其中在职职工35万人。参加工伤保险人数52.82万人。参加生育保险职工人数为33.69万人。全市保障孤儿27865人，支付保障经费1.36亿元，孤儿养育保障实现应保尽保，目标人群覆盖率100%。对高龄老人和失能半失能老人实行养老补贴，全市每年发放养老补贴达1000余万元，补贴对象人数70多万人，占老年人口数的55%。

◇ 城市建设

【综述】邵阳市定位"湖南省域副中心城市""湘中湘西南经济文化中心""全国区域性综合交通枢纽"，在城市发展过程中实施"东扩、南优、西进、北并"战略，形成"一城三区四大功能组团"的总体布局。以市区为中心，以邵东、新邵为辅城，以邵阳县、隆回县为卫星城，构建"1+4"的邵阳东部城镇群。中心城区通过实施"城市基础建设三年行动计划"，"两桥四路"等城市骨架工程，市体育中心、市文化艺术中心、气化邵阳等重点民生工程快速推进，古城墙、文化遗址、古建筑修复大力推进，建成蔡锷故居、资江南路文化步行街、爱莲文化广场和魏源文化广场。投入1亿元开展"三百"行动，打造了资新、西湖桥、双清等一批最美城中村和城乡结合部。新创建省级"美丽乡镇"2个，"美丽乡村"16个，市"美好社区"120个，成功创建省级园林城市和省级文明城市。截至2016年，全市城镇化率达43.75%，市区建成区面积72平方公里，人口72万，市城区绿地率、绿化覆盖率分别为38.35%、39.45%，人均公共绿地面积11平方米。

【城市规划】根据《邵阳市城市总体规划（2012-2030）》，确定2020年邵阳中心城区的人口规模为：2020年90万人左右，2030年为125万人左右。规划2030年城市建设用地面积129.61平方公里，人均建设用地面积103.69平方米，规划建设形成"一群一区，一主两次多点，轴线拓展"的城镇体系空间结构。"一群一区"是指东部培育为城镇群、西部形成城镇点轴发展区。"一主"即加速邵阳市区、新邵县城融城，打造市域主中心。"两次"即将邵东县城打造为市域经济副中心，武冈市区打造成为市域西部副中心。邵阳市中心城区空间结构形成"两带、两轴、三片、多组团"联动发展格局，将邵阳建设成为湘中、湘西南以先进制造业为龙头，现代服务业为重点，现代物流为纽带，文化旅游和现代农业为特色的宜居宜业宜游的山水生态城市。

【宝庆工业新城】位于城区东南邵阳大道两厢，西起邵水河，东临320国道，南抵改线后的洛湛铁路，北至宝庆路，规划占地50平方公里，并与佘湖新城、紫薇花卉产业基地形成"一体两翼"、互为补充的空间格局。新城规划确定"三位一体"的城市综合体理念，将产业园区建设、城区功能与社区服务全面对接。

【邵阳市火车站综合交通枢纽】北至邵阳大道（邵州路），南抵桃源路，西临铜铃西路至金山路（包括金山路以西局部地块），东靠铜铃东路至紫霞路，是洛湛、怀邵衡和规划中的呼南、长邵城际、邵冷等5条铁路的交汇中心。共用地614.53亩。控规面积1477亩，包含5.2万平方米的现代化高铁站房、长途客运站、火车站南北广场、公交和出租车系统、路网配套工程、商业配套设施建设、停车场系统建设、站前（南北两面）广场景观系统建设八个方面的内容。

【邵阳大道】东起320国道高崇山镇浏阳收费站，西与杨家坽320国道相连，跨越邵水与资江，穿过双清、大祥和北塔三区，

连接宝庆科技工业园、紫薇花卉产业基地、佘湖新城、桃花新城。全长22公里，2004年开始动工，于2008年7月建成通车。该大道是沥青路面，双向8车道，全程限速50千米/小时。

【雪峰北路】位于北塔区，南起魏源路，北至虎形山路，与规划中的龙山路、云山路、南山路、中山路等城市主干路相交，是北塔区南北走向的城市主干路，全长4759.195米，路幅宽55米，综合管廊工程4760米，路面结构为沥青混凝土路面。建设总投资预算8.7亿元。

【邵西大道】邵阳市区三环线的重要组成部分，是连接桂花大桥和320国道、贯通东西的一条城市主干道。项目建设工程总投资7.4亿元，于2015年12月开工建设，2017年12月建成。工程项目由邵阳公路桥梁建设有限责任公司承建，道路全长6.32公里，路幅宽度60米。

【邵阳城市三环线】为城市市政主干道，于2017年9月开工建设。由金鸡路、虎形山路（L3线）、邵西大道（新G320）和新城大道等道路组成，全路段设苗儿大桥、邵西大桥、邵水桥、檀江桥四座跨江河桥梁，金鸡路和学院路两处跨洛湛铁路桥，学院路和东互通两座立交桥，邵阳学院段隧道。三环线项目总投资111亿元，道路横断面采取封闭或半封闭的形式，规划全长50.8公里，路幅宽为60米，全路段都设计地下综合管廊。管廊类型为干线，初步设计为双舱

形式，钢筋混凝土结构，入通信、电力、给水、燃气，雨、污水管等。

【资江一桥】位于邵阳市双清区，是双清、北塔两区相接的交通要道，车流量大，修建于1968年，曾是邵阳市区唯一的西出口大桥，是连接邵阳西部各县及广西、贵州、云南、重庆等地的重要通道，全桥长358.8米，由6孔组成，2边孔为实腹式等截面圆弧线无铰石砌板拱，其余4孔为空腹式变截面悬链线钢筋混凝土双曲拱，桥梁下部结构为小石子混凝土砌片石桥墩和浆砌块片石重力式桥台。

【雪峰大桥】2017年9月28日建成通车，是省道S217线新邵县至市区公路中的一段，也是市城市规划中跨越资江的重要通道。大桥南接白公路，北连魏源西路，采用预应力混凝土翼型斜拉桥结构设计，桥长651.68米，桥面宽32米，双向6车道。

【桂花大桥】2017年9月28日建成通车，桥梁全长542.13米，宽33.8米，总投资4.5亿元，主桥最大跨径为120米，为钢箱梁结构，引桥为9跨30米现浇混凝土箱梁，匝道4条总长1.1公里，与资江南路、资江北路形成上桥的自主回路。双向六车道，设计时速80公里。

【邵阳市自来水公司】位于市工业街田江路4号，始建于1949年，解放初期日供水200立方米。经过62年的发展，已成为一家拥有工业街、洋溪桥、城西、桂花渡四座水厂，日供水能力（设计能力）51.5万立方米，管网总长度（DN100毫米以上）600公里，主要承担整个邵阳城区和邵东县城及沿途四个建制镇的供水任务，集自来水生产供应、管道设计安装、水表制造与维修服务于一体。

【邵阳供电公司】位于大祥区敏州西路10号，前身为湖南省电力公司邵阳电业局，1978年成立，2013年5月，更名为国网邵阳供电公司。2015年10月，邵阳西部6家代管县电力公司正式上划，邵阳电网实现了统一管理。邵阳境内共有变电站167座；220千伏线路895公里、110千伏线路1612公里、35千伏线路2327公里、10千伏线路18172公里；公变台区19524个。境内有小水电站617座，装机80.48万千瓦，风电场8座，装机64.57万千瓦，2017年上网电量13.47亿千瓦时。

【邵阳市第一中学】位于邵阳市区邵水西路306号，原名"湖南省立第六中学"，占地面积130多亩，校舍建筑面积5万平方米，有55个教学班，学生3300余人。学校三面环水，绿树成荫，是省级"花园式学校"，学习环境为全市之最。学校始建于1941年3月，享有"湖南第三所好学校"美誉。首任校长是毛主席的老师、著名的教育家张干先生。现有特级教师4人、高级教师77人，一级教师73人，任课教师学历合格率100%，国家级省级骨干教师18人，有20人先后荣获全国、省市优秀班主任、优秀教师、模范教师称号。

【邵阳学院】位于大祥区七里坪，学校创建于1958年，前身是邵阳师范专科学校，2002年与邵阳高等专科学校合并升格为本科层次院校并更为现名。2011年获得工程硕士学位招生权（服务国家特殊需求人才培养项目）；2017年11月，学校新增为湖南省硕士学位授予单位立项建设单位（第三批）。根据2016年6月学校官网显示，该校占地面积2376亩，校舍面积72.35万平方米，固定资产10.69亿元，教学仪器设备原值1.54亿元，馆藏图书177.68万册；设有李子园、七里坪、江北三个校区；有食品工程、机械工程2个硕士点，开办61个本科专业、10个专科专业，在校学生共25381人。

【邵阳市第一人民医院】位于双清区通衡街38号，前身是英国基督教于1906年创建的普爱医院，1951年由邵阳市人民政府接管，改名为邵阳市立医院，1979年更名为邵阳市第一人民医院。医院现有职工1249人，其中高级职称205人，病床1070张，设有40多个临床、医技科室。是集医疗、教学、科研、预防保健、康复服务为一体的大型综合性医院。1997年被省卫生部评审为三级乙等医院。拥有眼科和小儿脑瘫康复治疗中心两个省级重点学科，妇科、儿科、普腹外科、腹腔镜中心、耳鼻喉科及消化内科等6个市级重点学科。7个市级质量控制中心。

【大汉东风商业步行街】地处于邵阳市最繁华的东风路与五一南路西南角，系邵阳市旧城成片改造、城市扩容提质的重点工程，占地25098平方米，总建筑面积22.4万平方米，其中项目一期占地面积为14206平方米，总建筑面积71531平方米，街区步行路面三纵两横一弧近千米；二期项目正在开发建设当中。大汉东风商业步行街是一个集体验购物、新潮娱乐、时尚餐饮、观光休闲等互动体验消费于一体的街区开放式SHOPPINGMALL。

【金罗湾国际商贸城】位于双清区商圈龙须塘路与塔北路交汇处，项目投资15亿元，占地240亩，建筑面积36万平方米，集建材家居、五金机电、汽贸汽配、各类小商品、物流配送、电子商务、酒店公寓、休闲娱乐等五大商城六大中心于一体，涵盖五金机电、精品建材、家居家饰、小商品、烟酒副食、轻纺百货、及汽车饰品等28大业态。

【邵阳市友阿国际商场】位于双清区宝庆东路铁砂岭，是目前邵阳最大的城市综合体。设计采用全国首创玻璃天幕商业街和购物中心无缝融合模式，项目占地面积为60亩，总规划35万平方米，商业建筑面积为15万平方米，涵盖了友阿购物中心、沃尔玛超市、高端影城、主题室内步行街、美食中心、休闲娱乐场所等，是集吃、喝、玩、乐、购、办公为一体的一站式商业中心。

【廉桥中药材专业市场】位于邵东县廉桥镇。该市场拥有各类中药材专业药材经营店、栈1000余家，经营场地4万多平方米，经营中药材2000余种（其中本地产药材200余种），集全国各地中药材之大成。药材销售辐射到全国各地，部分品种运销新加坡、马来西亚、香港等国家和地区。市场年成交额达70亿元以上，成为全国重要的中药材集散地，并跻身全国十大药材市场行列。

【邵阳市体育中心】位于大祥区城南街道办湖口井村、紫霞村、茅坪村，系桃花新城的区域中心。该项目规模占地约1700余亩，主要由体育中心和体育公园两部分组成，拟定总投资为13.5亿元。该工程于2013年开始动工兴建，预计2018年完工，并承办2018年省第十三届运动会。

【邵阳市博物馆】位于双清区八一路与邵阳大道交叉口的邵阳市文化艺术中心A幢西侧，共四层楼，总建筑面积15000平方米，一、二楼为博物馆，分为基本陈列区和专题陈列区，基本陈列区共设立古代部分、近代部分、现代部分；专题陈列区设有《资源风物》《名人风范》《邵商风采》三个专题，共展出文物1100余件。三楼为非遗展览馆，分为序厅、邵风邵俗、邵人邵艺、邵音邵韵、尾厅（大事记）五个部分。

【邵阳市文化馆】位于邵阳市中心城区西湖路240号，始建于1949年10月，1986年与邵阳地区群众艺术馆合并，2005年更名为邵阳市文化馆。邵阳市文化馆是政府设立的公益性文化事业单位，承担着组织、指导全市群众文化工作，免费为社会公众提供文化艺术类服务的任务。文化馆现有占地面积11200平方米，公共文化服务建筑面积4579平方米。2002年被国家文化部授予"国家一级群众艺术馆"称号，2011年再次被国家文化部授予"国家一级文化馆"称号。

【邵阳市科技馆】位于邵阳市大祥区宝庆西路，于2016年初投资520万元进行升级改造，以青少年科普教育为主要对象，是一处集展览展示、知识科普、宣传教育为一体的多功能综合性展馆。该馆共设4层，展览设电磁奥秘主题、力与机械主题、光影之绚主题、天籁之声主题、数学之趣主题、消防安全主题、现代机械化主题，同时设有小科学家创新探究活动室等。

【邵阳市美术馆】位于邵阳市大祥区红旗路256号，展览面积近1000平方米，共设9个展厅，主要承担美术作品和美术文献的征集、收藏、陈列和展示，并利用美术资源开展教育推广、学术研究、对外交流和公益服务。

【邵阳市松坡图书馆】位于邵阳市大祥区红旗路216号。于1943年底邵阳各界人士为纪念蔡锷将军的丰功伟绩等原因所建，是省内14个地（市）州里唯一没有以市命名的图书馆。该馆古籍总藏书量四万余册，在去年古籍报备中，总藏量在全省第一。其中《曝书亭集》等入选了中国珍贵古籍名录，更有像《泰山金刚经》这样的明代孤本。

【邵阳市少年儿童图书馆】位于邵阳市红旗路六岭公园内，由市人民政府主办的公共图书馆，是以广大少年儿童为主要服务对象的社会文化教育机构，成立于1994年，现有馆舍面积1640平方米，藏书10万余册，2009年被文化部评定为国家三级图书馆。

【人民电影院综合文化中心】位于大祥区，北临红旗路，东临青云街支巷，南靠青云街，西靠红旗派出所。项目在市人民电影院原址上建设，规划总用地面积3013.93平方米，总建筑面积15916.32平方米，以现代影院为主，其他文化产业为辅的综合性文化中心。

【邵东谷大厦】位于新邵湘中汇商硅谷产业园七秀路与胜利路交汇处的资江河畔，是湘中汇商硅谷产业园功能配套建筑之一，占地面积42.5亩，总建筑面积约3.2万平方米，主楼采用"H双子座"造型，共23层。大厦采用纯写字楼加全玻璃外墙设计方案，配套LED动态夜景亮化。

【魏源广场】位于邵阳火车站北面，邵州路以南，占地面积9.4万平方米，是以纪念邵阳名人魏源并以其命名的站前广场。广场设有旅客活动区、乘车区、休闲区、雕塑了近代思想家魏源铜像，并配设音乐喷泉和构架框廊。

【爱莲文化广场】位于邵阳大道与新华南路交汇处，是一个以周敦颐的《爱莲说》为主题，围绕独特的"莲"文化打造的地标性城市文化广场。分为南、北广场，面积12.5万平方米。南广场设有周敦颐雕塑、《爱莲说》全文雕塑、"廉"文化灯柱等；北广场设有莲花池、十四尊邵阳历史名人雕

塑等。

【白云水库】位于城步苗族自治县县城东南方，是修建白云电站形成的人工蓄水湖，坝高121米，为垒石坝构造。湖区总面积9.6平方公里，平均水深83米，总体容量3.6亿立方米，系大型水库。

【廉桥镇】邵东县辖镇，位于邵东县的北部，是邵东县第1大镇，是邵阳市的东大门。全镇面积98平方公里，人口8.1万，辖55个村、2个居委会，镇区建成区面积3平方公里，镇区人口2.5万。镇内交通便捷。320国道穿境而过，潭邵高速出入便捷，洛湛铁路客货站正在建设，"八老线"省道改建即将动工。产业基础优势强。拥有全国排名第14的湖南廉桥中药材专业市场，2016年10月，入选第一批中国特色小镇。

【高崇山镇】双清区辖镇，地处邵阳市东大门，320国道、娄邵铁路、潭邵高速公路及其东连接线穿境而过，区位条件优越，交通便捷，是邵阳市十三个重点建制镇之一，辖有1个社区，13个行政村和1个渔场，2.3万人口，总面积30.5平方公里，耕地面积9735亩，系双清区面积最大，人口最多的农业大镇。产业建设实现了"一村一品"的格局，在全镇范围内形成规模养殖、种植基地，已有东郊渔场、长木、短陂、大兴、浏阳等村、场为代表的专业基地，逐渐形成村村有特色的农业产业格局。

【渡头桥镇】双清区辖镇，原名鸡笼

乡，位于双清区东南方，邵水北岸，与大祥区板桥乡，邵东魏家桥乡隔水相望，总面积24平方公里，镇政府位于渡头社区距市区10公里，下辖12个行政村和1个社区，207个村民小组，5436户，18322人。渡头桥镇一直以来都是双清区重要农产品基地。主产水稻、薯类、柑桔、茶叶、西瓜等，同时也是邵阳市东南部经济活动中心，设有一座大型农产品交易中心，辖区内现有2家规模工业企业，即邵阳市资江水泥有限公司和邵阳市昭阳食品有限公司。

◇ 城市经济

【综述】邵阳以轻工、装备制造、食品、建材为主的优势产业不断发展壮大，生物医药、纺织服装、新能源、新材料、电子信息、有色冶金等传统和战略性新兴产业稳步发展，实现了对工业经济增长的多点支撑，形成了比较完整的产业体系。主要产品有印刷机械、纺织机械、液压基础件、汽车零部件、苯系列化工产品、白酒及饮料酒。湖汽公司新基地、湘窖酒业二期工程、国电宝庆电厂工程、亚洲富士电梯、锐科机器人、3D打印等一批重大项目建成投产。邵阳正在实施"二中心一枢纽"战略，即打造湖南省域副中心、湘中湘西南经济文化中心、全国区域性交通枢纽。2016年全市完成地区生产总值1520.86亿元。三次产业结构为21.5：35.2：43.3，完成一般预算收入97.73亿元，固定资产投资（500万元以上项目）1627.64亿元，完成社会消费品零售总额834.82亿元，进出口总额13.05亿美元，城镇居民人均可支配收入22996元，农村居民人均可支配收入9721元，建成油茶、奶业、药材等特色农业生产基地1190万亩，全市规模工业企业1141家，其中产值过亿元的企业585家。金融机构存款余额2447.12亿元。

【邵阳经济开发区】位于邵阳市北塔区，1996年8月12日经省人民政府批准设立。2005年7月，开发区与北塔区实行"政区合一"的管理体制。园区规划总面积18平方公里，其中工业园规划面积6平方公里，分三期开发建设，第一期为3.2平方公里，第二期扩大至10.4平方公里，第三期全面完成总体规划，从而形成北塔、双清、大祥三足鼎立的城市新格局。邵阳经济开发区受资水环抱，资江一桥、西湖大桥、资江二桥将其与市中心区连为一体，距火车站3公里左右，320国道贯穿东西，207国道连通南北，上瑞高速公路、洛湛铁路侧旁而过，规划建设的太澳高速、衡邵高速、渝衡高速在开发区交汇。

【宝庆科技工业园】位于邵阳大道、沙塘路交汇处以东，是邵阳市人民政府2006年批准成立的第一个市本级工业园。规划面积17.5平方公里，包括宝庆工业组团、白马工业组团两大部分。产业空间布局为"一心、两谷、七点、八组团"。"一心"，即行政管理机构（管委会）、企业服务中心、银行、会展中心、酒店和科技联谊会所及小型商业设施为主，形成园区的服务核心和景观标志。"两谷"，即"宝庆银谷"和"宝庆金谷"，"宝庆银谷"为中小企业孵化器，园区先期创业中心，以研发、标准厂房、配套设施为主；"宝庆金谷"为高科技研发中心，形成高品质的研发中心，实现园区"双动力"发展。"七点"，即与园区相配套的拆迁安置点和居民点。"八组团"，即四个先进机械制造产业组团，两个电子信息产业组团，两个食品加工产业组团。

【湖南湘窖酒业有限公司】位于邵阳市北塔区西湖北路，前身为邵阳市酒厂，始建于1957年10月，2003年8月被湖南金六福酒业有限公司（华泽集团）成功收购后更名为湖南湘窖酒业有限公司。园区占地1700余亩，年酿造优质基酒5万吨，原酒窖藏能力10万吨。园林式的工厂，实现了酒与历史、酒与文化、酒与环境的完美结合，成为代表湘酒产业高度的地标。

【湖南省永吉纸品有限公司】位于邵东县两塘路5号，原名为邵东县永吉红包亿森纸品厂，成立于1994年4月。是一家以从事传统红包、特色红包及喜庆用品生产与销售为一体的大型民营企业。现已成为中国规模最大的红包生产销售企业、湖南省级龙头企业，"永吉"品牌也被国家商标局认定为"中国驰名商标"。

【湖南李文食品有限公司】位于江北开发区蔡锷路，注册资金2000万元，是邵阳市目前唯一采取"公司建基地，基地带农户""产供销一条龙，科工贸一体化"经营模式，集生产营销、科研开发于一体的综合性、科技型农产品高新技术产业实体。主导产品有：功能性保健食品——速溶南瓜粉及其系列产品；经欧盟有机食品BCS认证机构认证的有机食品——糖水桔片（1200T）、甜酸荞头（6000T）、辣油椒酱（800T）。公司有自营进出口权，出口注册编号为P29。固定资产2572万元，占地面积36668平方米，现有车间10000平方米，已建成原料基地1.2万亩。

【湖南浩天米业有限公司】位于邵阳市城南七里坪，创建于1993年11月，注册资金5000万元，是一家集优质稻推广种植、稻谷收购、储存、加工、销售（贸工农）为一体的省级农业产业化龙头企业和省级粮食加工重点企业，全国大米加工50强企业排名第32位。公司现拥有资产总额6900万元，精米、标米生产线5条，年大米加工能力10万吨。

【亚洲富士电梯股份有限公司】位于邵阳市邵阳大道中段D-02号，成立于2009年，占地面积200亩，注册资本5亿元，是一家专业从事各种电梯技术研发、生产、销售、安装与维保的高科技企业，该生产基地已于2016年11月一期工程4万㎡左右的现代智能化（4.0）厂房正式生产运营，年产电梯1万台。集团公司具有完全自主的核心技术和数十项国家专利，连续多年被评为国内十大品牌电梯。

【邵阳通达汽车零部件制造有限公司】位于邵阳市宝庆西路443号，成立于2003年，前身邵阳市汽车零件厂，邵阳通达公司主要生产汽车支撑气弹簧、汽车座椅调角器、各类机加工零部件以及汽车发动机配件，产品与国内主要汽车制造厂配套，（如：上汽通用五菱汽车公司、二汽神龙汽车有限公司、一汽海马汽车制造有限公司，郑州宇通客车公司、厦门金龙客车公司等等。）是全国规模最大的汽车支撑气弹簧生产企业之一，是中国汽车工业协会车身分会理事单位，湖南省汽车工业协会常任理事单位。

【雪峰蜜桔】又称"无核蜜橘"，盛产于湖南省西南部雪峰山东麓的洞口县。70年代初，经周恩来总理审定，以"雪峰蜜橘"商标出口，因此得名。雪峰蜜桔色泽鲜艳，外形美观，果肉香甜无核，果汁含可溶性固形物11%左右，糖酸比10：1以上，品质优良，畅销国内外。

【邵阳茶油】邵阳县生产茶油历史悠久。在这块古老而肥沃的红土地上，不但油茶生长条件得天独厚，油茶栽培和茶油食用文化源远流长，这里的人民也对油茶树情有独钟，几乎家家户户都栽植油茶树，邵阳县素有湘南"天然油库"之美誉。2009年中国食品工业协会实地考察后，经过专家论证，最终批准命名湖南省邵阳县为"中国茶油之都"。涌现出了"茶籽皇""宝庆桂芳""日日恋""蓉峰"等一批精制茶油品牌。

【邵东黄花菜】邵东县有"黄花菜之乡"的美名，被列为全国八大名贵蔬菜之一，邵东黄花菜产量约占全国四分之一。经中国医学科学院测定，邵东黄花中蛋白质、脂肪、碳水化合物、钙、磷、铁、胡萝卜素、核黄素的含量，都高于西红柿等常见的蔬菜。据《本草纲目》记载，黄花有利胸膈、安五脏、通乳健胃、轻身明目等功效。在人们的餐桌上，常用黄花做汤、烧肉、蒸鱼、炖鸡，味道十分鲜美。

【龙牙百合】隆回县传统名牌产品，已有200多年的栽培历史，邵阳乡土志载称，"百合邵阳出者，特大而肥美"。以其干品瓣形肥大微弯，色泽洁白至宝黄，形似龙牙而著称。隆回是"龙牙百合"种植最适合地区，以其优良品质全国著名，年种植面积稳定在6000亩左右，年产百合干3000吨左右，产值1.05亿元。隆回龙牙百合为地理标志保护产品和地理标志证明商标。

【宝庆朝天椒】宝庆种植辣椒，历史悠久，清道光年间所修《宝庆府志》就有朝天椒的记载："辣椒……小者为朝天辣椒，又名七姐妹，其味甚辣。"宝庆朝天椒还是一味良药，有生热发汗之功，能帮助消化，治疗伤风感冒和食欲不佳等症。

◇ 城市文化

【综述】邵阳建城2500多年，邵阳精神表述语"尚信重义、敢为人先；文明开放、求实图强"，有着丰富而深厚的梅山文化内涵和底蕴。目前全市有各级各类文物保护单位702处，其中有北塔、魏源故居、蔡锷故居、塘田战时讲学院等国家保护单位5个，省级文物保护单位49处，市级文物保护单位102处。拥有"蓝印花布印染技艺""宝庆竹刻""滩头年画""洞口墨晶石雕""洞口木雕""邵阳县传统榨油术"等众多的非物质文化遗产资源。国家级非物质文化遗产保护项目14个，省级保护项目21个，市级保护项目77个，国家级传承人8人，省级传承人20人。文艺精品不断涌现，一批思想精深、艺术精湛、在全国有影响的优秀作品接连涌现，祁剧《梦蝶》首次入选国家舞台艺术精品工程，创作了一批本土优秀祁剧、邵阳花鼓戏作品，如祁剧小戏《今天有客来》、祁剧折子戏《挂画》、大型优秀传统剧《白蛇传》、花鼓戏《喜盈门》等。群众文体活动有声有色，打造和形成了一批特色鲜明的全民健身品牌，市区的"江北激情广场""水府庙音乐之夜""城南公园广场"和"西湖文化广场"等活动已成为了地方群众文化品牌。文化产业实现快速发展，一批重点文化项目和邵阳文化旅游产业园建设加快推进。市文化艺术中心、市体育中心和县乡文化站、文化馆、图书馆等文化设施建设加快推进。农村公益电影、周末剧场、送戏下乡公演等文化惠民工程深入人心。

【邵阳方言】邵阳方言属于湘语（娄邵片）、赣语（洞绥片）。属东部、北部湘乡话、新化话为代表的老湘语到湘西、贵州、桂北西南官话的过渡带。邵阳城区话受国语影响较深，邵阳郊县保留的古音更多。邵阳市区和邵阳、武冈、新宁、城步四个县以及隆回县南部、洞口县一小部分地区都属湘语娄邵片。邵东、新邵两个县和绥宁县南部都属湘语长益片。隆回、绥宁两个县的北部和洞口县大部分地区都属赣语。从保留古声母蚀音系统来说，娄邵片是湘语中具有代表性的地区。邵阳市区方言分新老两派，老派仍保留古浊音声母，新派全浊声母趋于消失。境内瑶族和苗族有自己的语言，分属汉藏语系的苗瑶语族的瑶语支和苗语支。

【花瑶文化】邵阳市隆回县北部高寒山区，有一支六千余人的瑶族部落，据东汉应劭《风俗通义》记载，瑶族祖先"积织木皮，染以草实，好五色衣服"，从头到脚都穿戴着花花绿绿的刺绣衣裙，行走在青山绿水之中，就像一束束耀眼的山花特别抢眼，所以这个瑶族部落叫"花瑶"。花瑶女性通常在统裙、腿绑、裤脚、腰带、衣袖、马褂、头巾、背带、围裙等上面挑花，花纹图样广涉而纷繁：花草树木、飞禽走兽、人物生活、古老传说等等。时至今日仍承袭着他们先祖代代相传的古老遗风，"拦门酒""顿屁股""打泥巴""手工挑花""篝火舞会""呜哇山歌"等花瑶传统民俗构筑了这个民族的文化内涵。

【绥宁"苗族四月八姑娘节"】苗族四月八姑娘节，又称"黑饭节""跳花跳月节"，是苗族群众一年一度最隆重的群众性的民族节庆活动，主要流传于以黄桑坪苗王古国为中心的绥宁县及周边的广大苗族地区。苗族四月八姑娘节是一种集祭祀活动、饮食习俗、歌舞表演、婚俗、服饰展示等于一体。苗族四月八姑娘节集民风民俗、民族文化于一体，原汁原味地保存了大量苗族古代的祭祀仪式、民俗风情、口头文化、古代音乐，充分显示了苗族人民的智慧。2008年，苗族四月八姑娘节被公布为国家级非物质文化遗产保护名录。

【新邵"赛双清艺术节"】赛双清艺术节是新邵县群众文化艺术的集中展示，每两年举办一次，自1992年以来已经成功举办了十一届。大部分节目都来自社区、乡村，由老百姓演、让老百姓看，群众自导自演，内容原汁原味，节目富有感染力和生命力。艺术节包括全县广场舞大赛以及美术、书法、摄影、诗词作品赛展等活动。赛双清艺术节大部分节目都是由当地原创，"新邵特色"贯穿始终。参与表演的男女老幼，都是非专业演员，有离退休的文艺爱好者，有来自行政和企事业的干部工人以及学生文艺骨干等。

【邵阳花鼓戏】旧称"花鼓"。湖南民间小戏剧种，兴起于旧时邵阳县境，20世纪50年代命名为"邵阳花鼓戏"。主要流行于邵阳市和邵东、新邵、邵阳、隆回、洞口、新化等县市，以祁剧宝河派戏白结合邵阳地方语言为舞台语言。邵阳花鼓戏的音乐源于当地山歌小曲，在发展过程中曾受祁剧音乐、宗教音乐和说唱音乐的影响，演出风格诙谐、活泼、明快清丽。

【邵阳布袋戏】发祥于邵阳县九公桥镇白竹村燕窝岭。据刘氏家谱记载：元末明初，为避战乱，刘姓祖宗胜公携家眷肩挑布袋戏逃难至燕窝岭定居，至今已有六百余年。布袋戏从胜公传至"永"字辈，共18代。邵阳布袋戏系口传心授。其表演方式和表演技巧为：一个艺人一副戏担，不管大戏小戏、文戏武戏，生旦净末丑，吹打弹唱耍，全靠艺人一个人手、脚、口、舌并用，十指灵活调度。主要剧目有《封神榜》《三国演义》《西游记》《杨孝打虎》等，以武打戏、鬼怪戏、滑稽戏居多。音乐以祁剧唱腔为主，风格清新、古朴、纯真，自成流派。

【隆回花瑶呜哇山歌】一种"高腔山歌"，它是花瑶人民在田野山岗劳动时自我愉悦，自我抒情的歌曲，是花瑶人非常喜欢的一种文化娱乐活动，反映了神秘花瑶人独特的审美观念、思想感情和民族心理。花瑶呜哇山歌一般用汉语来演唱，是随着瑶、汉民族大融合形成而发展的，是汉文化与当地花瑶土著文化相融合，以及周边文化影响的产物。花瑶呜哇山歌作为一种特殊的劳动号子，具有协调和指挥劳动的实际功用，被称为民歌中的绝唱。2008年，入选第二批国家级非物质文化遗产名录。

【滩头年画】湖南省唯一的手工木版水印年画，产于隆回县滩头镇。隆回滩头年画形成于唐朝李世民时代，至今已有1300多年历史。最后一代传人高腊梅创作了29个年画版本，其中有一版本《老鼠娶亲》。鲁迅先生在《朝花夕拾》中专门描述了滩头年画《老鼠娶亲》，并将该画视为珍品收藏，此画大英博物馆亦有收藏。2002年，滩头年画被列入中国民间文化遗产抢救工程第一批项目。2006年6月，滩头年画列为首批国家级非物质文化遗产项目。

【花瑶挑花】隆回县瑶族女子中流传的一种独特的手工艺，花瑶没有文字，挑花便成为记载该民族历史文化的重要载体，具有深厚的文化内涵。在许多以动物和花瑶日常生活为题材的挑花中，充分反映了花瑶民族的宗教信仰、独特的节庆和婚嫁习俗。花瑶挑花主体图案的材料都用平粗深蓝布作底，白色粗线挑成，花纹古拙粗犷。被中国美术馆、民族博物馆列为珍品收藏，我国著名文学家沈从文先生称其为"世界第一流的挑花"。1994年花瑶挑花在文化部举办的"中国民间艺术一绝大展"中获得铜奖，2003年又获"中国首届文物仿制品暨民间工艺品大展"金奖，隆回县虎形山瑶族乡因此被湖南省文化厅命名为"文化艺术之乡"。2006年5月，经国务院批准列入第一批国家级非物质文化遗产名录。

【蓝印花布】又称豆浆布，是一种用石灰豆浆防染花靛蓝色的双色布。深重的蓝，纯净的白，质朴的色彩，古拙的纹样，显现出浓烈的乡土气息。邵阳蓝印花布源自远古

时代苗族、瑶族人的"阑干斑布"和"蜡缬"。据《邵阳县志》《宝庆胜揽》记载：唐贞观时期，邵阳境内棉纺织业兴起，邵阳人在苗瑶腊染的基础上，首创以豆浆石灰代蜡防染的印染法。至明清两朝，邵阳由于水陆交通发达，资江直抵长江，武汉有专用的宝庆布码头，商贾云集，已成为华南乃至西南地区最大的蓝印花布生产、染印、销售中心。邵阳因此被誉为蓝印花布之乡。

【墨晶石雕】中国古老的民间石雕艺术的一个重要品种，为湖南省独具一格的传统手工艺品。其雕刻工艺源于湖南民间，始于明代，清末民初达鼎盛时期，其工艺代代相传，历久不衰，远近闻名。以洞口特产墨晶石，又叫紫石，古称楚石，为雪峰山区之特产，石质细腻，黝黑发亮，黑色而脂润，抛光以后格外晶莹，所以又被人称为"黑玛瑙"。以浓黑为贵，有"晶石"或"晶玉"之称。洞口墨晶石雕从雕刻印、章、符、信等使用为主演变发展为雕刻山水，人物，花鸟、走兽，神话历史故事等观赏品为主的工艺美术品，既具有深厚的文化底蕴，又具有很高的艺术价值，这些艺术特色使墨金石雕明显区别于其他石雕工艺品而独树一帜。

【宝庆竹刻】从实用竹器工艺中脱胎出来的一种集观赏、实用于一体的民间工艺。宝庆竹刻的雕刻技艺种类齐全，题材丰富，手法别致，仅刀法就多达二十余种。艺人将竹子去青去节，剥、削出竹簧，经煮、晒、碾等工序后，压平贴于木胎或竹胎之

上，再抛光打磨，运用不同的手法在上面雕刻人物、山水、花鸟。竹簧雕刻色泽犹如象牙，格调高雅，一经问世，即成为达官贵人和文人雅士竞相收藏的珍品，并被宫廷定为贡品和外交礼品。宝庆竹刻的历代大师们擅长于将自己高超的艺术表现技巧与文人的审美情趣和中国古典书画的意境融会贯通，创造了无数精美的竹刻艺术作品，具有极高的艺术价值和文化内涵。2006年，该遗产经国务院批准列入第一批国家级非物质文化遗产名录。

【洞口木雕】产生于雪峰山腹地的洞口县，因产地而得其名，其工艺主要散布、影响和传承于以洞口为中心的整个湘西南地区，是湖湘民间木雕艺术的主要代表。洞口木雕以雪峰山脉盛产的黄杨木、梨木、香樟木、白果木、梓木、檀香木、楠木、柚木、千年木、核桃木、椿木等质地细密畅通、坚韧牢实的木材及其根蔸为雕刻材料，主要运用在于当地建筑中的民居、宫殿、祠堂、寺庙、桥梁、牌楼、戏楼的厅堂、梁柱、门窗等建筑装饰，日常生活实用器物中的床、柜、箱、案、几、屏、轿、酒具、烟具、茶具、文房清供、案头陈设等家具雕饰，神佛造像中的祭祀神龛，供桌摆设，神、佛、鬼、傩的各式造像，品种繁多，造型奇特而富于想象，线条夸张而明快流畅，呈现出浓郁的湖湘文化色彩。

【苗族插绣】苗族传统手工刺绣艺术的一个主要品种，主要流传于以绥宁县关峡、寨市为中心的苗族聚居区，不仅形式多样、构图质朴、工艺精湛、色彩艳丽，还蕴含着丰富的文化内涵，亦让其大放异彩。插绣的针法比较讲究，主要有平针法、抽针法、并针法、混针法、叠针法等。成品插绣图案富于层次感和立体感。插绣的图案主要有被苗族群众视为吉祥的龙、凤、麒麟以及常见的风光、山水、虫鱼、花卉、桃子、石榴等，也有人物。插绣图案的色彩主要以红绿色为主，其他颜色为辅，着色热烈、大胆、张扬鲜活，常用反差大而对比强的手法，把色块的分割与组合适用到极至，使它具有极高的观赏性和强烈的震撼力。2012年，苗族插绣被列为省级非物质文化遗产保护名录。

【宝庆猪血丸子】亦称血粑，是邵阳的传统食品，始于清康熙年间，民间历代相传，至今已有好几百年的历史。甚至有食客把爆炒猪血丸子列为五十个城市必吃的经典美食之一。宝庆猪血丸子的主要原料是豆腐，先用纱布将豆腐中的水分滤干，然后将豆腐捏碎，再将新鲜猪肉切成肉丁或条状，拌以适量猪血、盐、辣椒粉、五香粉以及少许麻油、香油、味精、芝麻等佐料，搅拌匀后，做成馒头大小椭圆形状的丸子，放在太阳下晒几天，再挂在柴火灶上让烟火熏干，烟熏的时间越长，腊香味越浓，熏干后即可食用。

【邵阳米粉】一种湖南邵阳地区的风味小吃，米粉历史悠久，对于居住在本地的市民而言，吃米粉就是一种生活方式。正宗的邵阳米粉直径在1/8-3/16毫米之间，原料选用优质本地大米，用纯净过的资江水淘洗泡胀，研磨为浆，待到滤干，揣成粉团煮热，经过选米、发酵、打浆、压团、打团、榨粉六道工艺制成洁白、混圆、细长且有弹性的粉条，只要用开水烫煮，加上作料后即可食用，吃起来润滑可口、风味独具。

【洞口雪峰山会战】雪峰山战役也称湘西会战，1945年4月至6月，是中国人民抗日战争中的最后一次会战。侵华日军此战目的是争夺芷江空军基地，故又称"芷江作战"。战争起于1945年4月9日，止于6月7日。双方参战总兵力28万余人，战线长达200余公里。雪峰山战役最后一仗主战场为雪峰山东麓的洞口县的高沙、江口、青岩、铁山一带。战役以日本军队战败而结束。

【蔡锷故居】位于邵阳市大祥区蔡锷乡蔡锷村，始建于清嘉庆年间，结构保留着清代同治至光绪时期的建筑特征，始建时由一幢连五间正房和一幢连三间的偏屋平面组成"L"型布局。正房为两层，前檐廊的楼上带木晒廊。偏屋即现在所指的蔡锷故居：面朝西北，土木结构，青瓦盖顶，面阔三间带前廊，单檐悬山顶土砖墙，两坡顶上盖小青瓦屋面。2006年6月被国务院公布为第六批全国重点文物保护单位。

【蔡锷公馆】位于邵阳市洞口县山门镇回龙街拐角，秀云山西山脚，黄泥江北岸，沿着小巷能通往秀云南岳庙以及洞口县第四中学。原为"武安宫"，始建于清康熙21年（1682）。蔡锷公馆座东北朝西南，砖木结构，前后三进，各面阔五间，进深二间，占地面积1300平方米。2006年6月被国务院公布为第六批全国重点文物保护单位。

【宝庆府城墙遗址】该遗址位于邵阳市大祥区资江南岸，2002年被公布为湖南省级文物保护单位。宝庆府古城墙经历了汉、宋、明、清历朝营建，传承着邵阳2000多年的历史信息，经历了一个由县城而郡城、州城，由州城而府城的逐步升级、拓展的历史变迁过程。曾有过邵阳县署、宝庆府署、江川王府一城三府的盛况，其防御体系完整坚固，又是太平天国重要的战争遗址，因宋理宗曾授封邵州防御使，也使宝庆府城成为封建皇权的象征，也是宋明理学与湖湘文化的发源地之一。具有较高保护开发利用价值。

【塘田战时讲学院旧址】位于邵阳县塘田市镇夫夷江对岸，与芙蓉峰隔江相望。是抗日战争时期，中共湖南省委和中共代表徐特立委派马克思主义史学家吕振羽负责创办的一所军政大学，被誉为"南方抗大"。院址原为清末中宪大夫、太子少保席宝田的别墅，始建于清光绪三年（1877）。旧址为晚清风格建筑，占地面积9500多平方米。现存原院房16栋，大小60余间，建筑面积2448平方米。现旧址前有张爱萍题字："塘田战时讲学院旧址"，门前立有纪念碑。为第六批全国重点文物保护单位。

【水浒庙】地处资、邵二水汇流处，始建于明万历年间。二水交汇，常有水患，建此庙祈求河神，消灾解难、祈求平安。清顺治年间复建，道光年间再建。庙前江畔建有戏楼，每年庙会，祈神唱戏，盛极一时。戏楼顶额上题有"半入云"三字，两旁原有一副对联：妙手空空，一弹秋水一弹月；余音袅袅，半入江风半入云。戏台后化装间有集合对联，曰：古往今来只如此；淡妆浓抹总相宜。现已划定为国家重点文物保护单位。

【双清亭】位于邵阳市北，资、邵二水汇于其下，被誉为"宝庆十二景"之一，建于北宋的双清亭，小巧玲珑。双层翘檐雕满飞禽走兽，朱红色的柱梁在阳光下璀璨夺目。出生于邵阳的近代著名思想家魏源则称双清亭是："屿扼双流合，江涵一廓烟。"辛亥革命的重要人物、民主革命先驱蔡锷等也在双清亭留下了咏叹的诗篇。双清，双层翘檐雕满飞禽走兽，朱红色的柱梁在阳光下璀璨夺目。双清亭与北塔遥遥相对，中间一湾清水流过，别有一番情趣。明朝湖广巡抚赵览为这一佳景题名为"双清胜览"。

【东塔】位于市人民广场左侧的东塔山上。唐代曾在此建风水塔，五代时毁于兵灾。宋高宗建炎元年（1127）重建，后又毁于兵。是塔之建，始于清道光14年（1834），修到四级，又因战争而中辍。直到同治元年（1862）续修，直到同治13年竣工。东塔高27米，因地势高岸，所以看去高耸入云，十分壮观。1965年、1982年，东塔经过两度维修，已列为市级重点文物保护单位。市人民政府已将这里辟为"东塔公园"。面积105亩，公园有南大门，面向广场，门内建有三角亭，还为纪念著名的蔡锷将军，建立了"艮寅庄"茶社。

【邵阳北塔】位于邵阳市北塔区，为全国重点文物保护单位。建于明朝万历元年（1573），高26米，七级八角，砖石结构，铁顶，塔内宽敞，有砖砌旋梯、可登塔顶。石基插地，底层可容百人。一至三层塔檐斗拱皆镶以精磨片石，工艺精美。塔顶以三个叠立的铁质宝瓶组成塔刹。第二层墙间，由铁片楔紧的石碑，载工匠姓名。塔内空，有砖砌旋梯登塔顶。1944年，日寇空袭，一铁宝瓶震落，重500千克，塔一角被宝瓶撞坏。

【洞口宗祠建筑群】位于洞口县城郊，包括金塘杨氏宗祠、钟元帅庙、谭氏宗祠、王氏宗祠、黄氏宗祠、廖氏宗祠、尹定公祠、潘荣公祠、肖氏宗祠、曾八支祠、曲塘杨氏宗祠共11个文物保护单位，是国务院核定公布第七批全国重点文物保护单位。洞口宗祠建筑群有独特的民俗风采和地域特色，外形恢宏奇伟，古风肃然；内饰精美灵动，素朴大气。宗祠古朴自然，石雕、泥塑、彩画工艺精湛，匾额楹联题材广泛、内涵丰富，是中国乡土建筑奇葩和重要文化遗产，具有很高的历史、艺术、科学价值，也是开发文化旅游的重要资源。

【邵东荫家堂】位于邵东县城东约28公里处杨桥镇清水村，建于清道光三年（1823），距今已有195年。由清代富商申承述兄弟修建，坐北朝南，纵深四进，横列为十一排，面宽125.4米，进深67.86米，占地面积9191平方米，主体建筑为砖瓦结构，屋墙全部用青砖砌成，有正屋108间，杂屋40间，天井44个，圆木柱156根，是一座体量庞大、布局严谨的湘西南民居古建筑群，现存木雕、石刻、彩绘、泥塑等建筑装饰十分丰富。2013年被列为第七批全国重点文物保护单位之一。

【中国工农红军第七军军部旧址】位于中国历史文化名镇寨市古镇西河街，系绥宁老县城所在地，是邓小平、张云逸率领的中国工农红军第七军重要军事活动的纪念地，也是邓小平、张云逸当年指挥部旧址。旧址系砖木结构的二层四合院，门联、浮雕精美、鳌头高耸，充分反映了湘西南苗、侗族地区的建筑特点。2010年公布为湖南省爱国主义教育基地，2011年公布为省级文物保护单位，2013年被列为第七批全国重点文物保护单位之一。

【小坳遗址】位于邵阳市隆回县城以北72公里处高平镇小坳村，是一处群山环抱的盆地。遗址总面积约3万平方米。小坳遗址经省考古所专家鉴定，确认为典型的龙山文化时期遗址，土质取样分析遗址年代距今3800~4200年。文化堆积距地表0.2~1米不等，厚约0.5米。从文化层横端面看，大致可分为三层：第一层为灰褐色泥沙土，杂有不规则的石片；第二层为黄色粘土；第三层系黑色熟土层，质地松软，稍带粘性，含有较多的陶片和石器。

【夫夷侯国遗址】遗址在今邵阳县小溪市乡梅州村。夫夷侯国是汉代帝王封给其子孙的世袭领地，侯城是侯王居住的府第庄园。这里自然环境优美，临水依山，开阔平坦，资水自南而东再西，三面环城，形成一道天然的护城河，历尽沧桑。侯城早废，遗物难寻，今幸存一残"城墙矿"位于田垅中央，当地百姓都能指其所在。《新宁县志》载："汉之夫夷侯国，府志云在今邵阳六十里之梅州。"《后汉书》注云："夫夷故城在武冈东北。"一统志云："夫夷故城在武冈东北二百四十里。"今查，亦相符。夫夷侯国自封至废，共传六世，一百三十一年。夫夷江是流经夫夷国的主要河流，其流域大部分在夫夷侯国境内，很可能在二千多年前因此得名，意即夫夷侯国的江河。

【古卸甲坊】位于邵阳市中心路沙井头巷尾。该坊系砖木结构建筑，相传为三国时张飞卸甲处，后人为纪念张飞而建，始建年代不详，现存的房屋为清嘉庆二十五年（1820）重建。该坊面阔三间，砖木结构，封火山墙，盖小青瓦。木构架的梁枋、瓜柱等构件保留了古典建筑的风格和特色，正面檐椽口饰有精美的花纹图案。明间大门门额上楷书"古卸甲坊"四个大字，笔力苍劲，古朴典雅。正厅内原供有张飞塑像，人像毁，仅存座基。

【大团侗寨】位于绥宁县乐安铺苗族侗族乡大团村境，坐落于大团溪畔的深山幽谷之中。宋开宝元年（968）建寨，后经元、明、清三代不断的扩建、续建，形成今天的布局，其村寨发展的历史沿革脉络清晰。从大团侗寨的村落构成看其空间：全寨可分上团寨、中团寨、下团寨。村寨以大团溪为主线，沿溪成"船形"分布。2012年，被列入《中国世界文化遗产预备名单》。

【大园苗寨古建筑群】位于绥宁县关峡苗族乡大园村，村寨占地面积6平方公里，系杨姓聚族而居的村落。村寨内保存的古建筑有土地庙、三公同心路、窨子屋、杨光裕墓，4条总长1800米的铜鼓石巷道，单拱券石桥、水井、寨门、鼓楼、凉亭、店铺、驿馆及33座砖木结构民居。现存古建筑总面积38200平方米，共计56组。大园苗寨始建于宋，明朝达到鼎盛，清朝臻于至善。时空跨度大，建筑类型多样，木雕工艺精湛，具有较高的历史、艺术、科学价值。

【邵阳市文化艺术中心】坐落在邵阳大道与新华南路交会处，与邵阳市行政中心南北辉映，由"五馆一院一楼"构成，"五馆"即博物馆、文化馆、图书馆、美术馆、城市规划展览馆，"一院"即大剧院，"一楼"即综合楼。文化馆包含青少年活动中心和妇女儿童活动中心，大剧院可容纳2000余人，综合楼为演职人员办公楼。邵阳市文化艺术中心是省重点建设项目、当地10大重点社会发展项目之一，总投资近5亿元。建筑群造型美丽独特，形似舟行莲叶间，成为邵阳新地标，2015年11月建成。

【宝隆和】由隆回人增贵阳先生自清末创建于隆回、桂林等地的粉面店，至今已有百年历史，也是邵阳自文革后留下的为数不多的老字号品牌。主营米粉，以汤好、面好、码子好为特色，成为邵阳传统粉面店的代表。

【胡曾】（约840-？），邵阳人，号秋田。唐代诗人，咸通中，举进士不第，滞留长安。咸通十二年（871），路岩为剑南西川节度使，召为掌书记。乾符元年（874），复为剑南西川节度使高骈掌书记。乾符五年，高骈徙荆南节度使，又从赴荆南。后终老故乡。以关心民生疾苦、针砭暴政权臣而著称。初累举不第，咸通中，始中进士。尝为汉南节度从事。高骈镇蜀，辟为书记。胡曾以《咏史诗》著称，共150首，皆七绝。每首以地名为题，评咏当地历史人物和历史事件，如《南阳》咏诸葛亮结庐躬耕，《东海》咏秦始皇求仙，《姑苏台》咏吴王夫差荒淫失国。

【杨再兴】（？-1140），武冈军（治所在今新宁县盆溪）瑶族人。南宋抗金名将。宋崇宁三年（1104）生于城步，年幼丧父，随母李氏来新宁崀山盆溪外婆家居住。自幼习武，弓法神奇。原是曹成部将，后降于岳飞，成为岳飞部将，跟随岳飞抗击金军，曾试图单枪匹马冲阵擒获金兀术，失败后仍能单骑而还。绍兴十年（1140），杨再兴与金人在小商桥相遇，杨再兴寡不敌众，中箭无数，奋战而亡。

【魏源】（1794-1857），邵阳县金潭（今隆回县司门前镇）人，清代启蒙思想家、政治家、文学家，近代中国"睁眼看世界"的先行者之一。魏源认为论学应以"经世致用"为宗旨，提出"变古愈尽，便民愈甚"的变法主张，倡导学习西方先进科学技术。并提出了"师夷长技以制夷"的主张，开启了了解世界、向西方学习的新潮流，这是中国思想从传统转向近代的重要标志。著作主要有：《书古微》《诗古微》《默觚》《老子本义》《圣武记》《元史新编》和《海国图志》等。

【刘坤一】（1830-1902），湖南新宁人，字岘庄。晚清军事家，政治家，湘军宿将。廪生出身，1855年参加湘军楚勇与太平军作战。累擢直隶州知州，赏戴花翎；1862年，升广西布政使；1864年升江西巡抚；1874年，调署两江总督；1875年9月，授两广总督，次年兼南洋通商大臣；1891年受命"帮办海军事务"，并任两江总督。

【魏光焘】（1837-1916），隆回人，晚清政治、军事、外交上的重要历史人物。与李鸿章、张之洞、刘坤一等同为十九世纪八十到九十年代清政府的重臣。曾任新疆省布政使，新疆巡抚、云贵总督、陕甘总督，后任两江总督、南洋大臣、总理各国事物大臣。署理两江总督期间，继刘坤一、张之洞之后，实施筹建三江师范学堂，为开启近代新疆博达书院，南京大学的重要人物。

【蔡锷】（1882-1916），邵阳人，原名艮寅，字松坡，1915年云南护国起义的主要组织者和领导者，中华民国开国元勋。中国近代著名的革命家，军事家，政治家，爱国将领。中华民国历史上第一位享受国葬殊荣的革命元勋。曾发动反对袁世凯洪宪帝制的护国战争，是中华民国初年的杰出军事领袖。

【袁也烈】（1899-1976），洞口人，原名炎烈，字树成，号映吾。曾任国家水产部副部长、中共海军党委常委、海军党监委副书记、海军直属机关党委副书记、第三届全国人大代表。著有《在黄埔军校中锻炼成长》《八一的枪声》（收录于星火燎原普及本之八一的枪声）《回忆八一南昌起义》《龙州起义与俞作豫烈士》《苦战七千里》《清河平原抗日游击战争第六年战斗总结》《我的历史传略》等。

【贺绿汀】（1903-1999），邵东县人，原名贺楷，当代著名音乐家、教育家，1949年加入中国共产党。中华人民共和国成立后，任上海音乐学院院长，全国文联第四届副主席，中国音乐家协会第二、三届副主席，第五、六届全国政协常委。著作已编辑出版的有《贺绿汀独唱歌曲集》《贺绿汀歌曲选》《贺绿汀合唱曲集》《贺绿汀钢琴曲集》《管弦乐六首》《贺绿汀音乐论文选集》（一、二）《贺绿汀作品精选》。

【李自健】（1954-），邵阳人，中国旅美著名油画家，美国油画家协会会员，中国美术家协会会员。1982年毕业于广州美术学院油画系。1988年移居美国洛杉矶。旅美之前，他创作的《山妹》和《孕》二幅油画，先后入选中国第六届全国美展和首届油画展，在画坛初露头角。李自健最知名的一幅油画是《南京大屠杀》，画家用两个狞笑的日本军官，一个哭喊的中国婴儿与一名收拾尸体的僧侣真实再现了当年南京大屠杀的惨状。他旅居海外多年，心系祖国。

◇ 城市生态

【综述】邵阳市牢固树立"金山银山就是绿水青山"的发展理念，大力推进生态文明建设。全市整体纳入首批国家生态文明先行示范区，市区成功创建全国新能源示范试点城市和省级园林城市。深入开展"三边三区三年"和"四边五年"绿色行动，森林覆盖率达61.03%。在市区，着力打造资江风光带、邵水两岸林荫广场，加快双龙紫薇博览园、西苑公园、北塔公园建设。目前，城区年度空气优良天数连续五年超过278天，市区功能区噪声监测昼间和夜间年平均值分别为55.3、45.5分贝，符合各类别功能区的国家标准。市城区绿地率、绿化覆盖率分别为38.35%、39.45%，人均公共绿地面积11平方米。城市生活垃圾无害化处理率达到94.2%，城市污水集中处理率达86.5%。在县市，大力实施绿化、净化、亮化工程，加快城镇园林景观道和绿化带建设。创建省级生态乡镇93个、生态村100个，绥宁、城步、新宁、新邵、隆回、洞口被列入国家重点生态功能区。隆回虎形山瑶族乡成功创建国家级生态乡镇。新宁纳入全省低碳试点县范围，城步南山草原获得"中国美丽田园"称号，隆回县虎形山获"国家级生态乡镇"称号，全市20个单位成功创建湖南省两型示范单位。市域境内拥有舜皇山、黄桑、金童山等多个国家级自然保护区。

【城南公园】位于邵阳古城区之南，地处邵阳市中心城区，占地面积10.76万平方米，始建于1955年秋。城南公园原有围墙内园内区面积仅113亩，2006年经改造后园区面积达到200亩，扩园87亩。改造后的城南公园分九大功能区：即主入口文化休闲广场、次入口广场、文化活动区、老年活动区、儿童游艺区、滨水娱乐区、山林休闲区、园务管理区、景观协调区。改造后的城南公园体现四大特色：即公园广场特色、绿色生态特色、亮化景观特色、历史文化特色，实现自然生态、历史文化、现代科技的有机结合。

【双清公园】位于资邵两水汇流处下游1.3公里处，占地区1.42万平方米。因位居资水、邵水汇合处，故以"双清"命名。其中有双清亭为纯木结构，六角重檐，脊饰龙凤，雀替斗拱，绕以明廊。亭侧有高庙，原名康济庙，宋徽宗赵佶曾题额"康济"。双清胜景曾吸引历代墨客骚人揽胜抒情，留下许多墨迹和诗文。

【东塔公园】位于东塔岭，全园以塔为中心，向四周拓展，占地6.99公顷。公园雄踞城区东大门，紧靠人民广场，有百余级石蹬道直通公园南大门。园内绿树成荫，绿化覆盖率达93.7%，主要景点有东塔、艮寅庄、南大门、东塔禅寺、望江亭，还有小儿童游乐场与"地下世界"相通的"别有洞天"建筑小品。

【佘湖山生态文化旅游公园】 位于在邵阳市佘田桥镇。距县城35公里，园内共建有森林生态旅游风景区、生态休闲农庄旅游区、宗教文化旅游区、中华文化民俗风景旅游区等五个旅游景区。佘湖山旅游风景区山奇、水秀、林幽、云幻，充满了诗情画意。主要旅游景点有凤凰峰顶、千年道观、飞仙石、金斗寨、金井、银井、练丹池等几十个景点，属市级旅游风景区。

【西苑公园】 位于邵阳市敏洲西路上，西临资江，江中有岛名蓬莱，是以植物专类园展示为主题的市级综合性生态公园。公园西北岸为宝庆十二景之一的"神滩晚渡"，神韵十足。公园占地面积（不包括蓬莱岛）约723亩，投资概算8亿元，分为五个功能分区，即入口形象区、休闲娱乐区、滨水景观区、文化展示区、生态休憩区，各景区通过公园游步道和山林植物紧密关联，相互渗透。

【松坡公园】 位于邵阳市大祥区雨溪桥镇。松坡公园是由蔡锷将军的字——松坡命名（蔡锷，原名艮寅，字松坡）；松坡公园是邵阳市青少年国防教育基地、爱国主义教育基地、青少年思想道德教育基地和未成年

人教育基地，旨在建设一个以突出邵阳历史文化为主题，以生态环保为特色，集旅游观光、休闲度假、教育照护、生态科研为一体的大型综合性公园。

【时代公园】 位于邵阳大道佘湖桥头，公园面积100余亩，绿化率87%，是集"梦之幻"音乐喷泉、现代大型雕塑和浮雕、景观亮化、背景音乐、儿童游乐园、扬帆膜构架和原生态自然山水于一体的开放式综合生态公园。

【六岭公园】 位于邵阳市中心城区的六岭为古宝庆十二景之一。宋嘉定12年，六岭的6座小山上各建有一亭，后又建镇边楼与6亭相映，春至百花争妍，千树呈芳，故有"六岭春色"之誉。随后，因兵灾而亭阁俱毁。生态公园占地1.1万多平方米，成为城区开放型绿地空间。

【双龙紫薇园】 位于邵阳市双清区，东起东大路，南至洛湛铁路，西至邵石路，北接宝庆东路，规划总用地面积240.4公顷。被誉为"中国紫薇第一园"，这是扮靓古城邵阳的一道靓丽风景，也是提升邵阳城市品位和形象的烫金名片。双龙紫薇园秉承生态、环保、低碳、可持续发展理念，创新开发了上万个紫薇扎景、100多个紫薇高档园艺品及14个湖湘文化园，2012年，与中国科学院研究所联合成立紫薇研究所。

【北塔生态园】 位于市园艺场内，由湖南东方新绿洲农林科技有限公司投资兴建，

始建于2010年7月，总投资1.5亿元，目前已经完成开发面积1200亩。该生态园已种植各类乔木、亚乔木及灌木5万余株，其中包括银杏、樱花、红玉兰、白玉兰、美国红豆杉、巨樟等名贵树木，在工作人员的精心设计下，树木、灌木及花卉被合理搭配，营造出错落有致、色彩斑斓的森林景观。该园各项配套设施正逐步完善，目前园区已硬化道路3000米，游园小径1万米，方便市民全方位欣赏景观。

【爱莲池公园】北邻邵阳大道，东靠新华南路，与新行政中心相望，与紫薇博览园遥遥相对，为红旗河整治工程的重要部分。项目总投资约4900万元，规划净用地面积为147310平方米（221亩），水体面积为55810平方米（83.7亩），绿化用地面积为70590平方米（106亩）。公园以人工湖为主体，计划打造成集绿色生态、都市休闲、观光旅游等功能于一体的城市绿地。该项目完全建成后，不仅可作为城市亲水园林景观，还将起到调蓄水量、防涝防旱、生态保护的重要作用。

【邵阳市城市污水处理厂】位于邵阳市双清区城东乡洋溪村，总占地面积约124亩。服务范围为江南片区，即大祥区和双清区，总服务面积约35平方公里，服务人口约30万人。项目总设计规模为20万吨/日，项目采用A-A2/O改良型氧化沟工艺，出水排放指标执行《城镇污水处理厂污染物排放标准》（GB18918-2002）一级B标准。

【邵阳市城市生活垃圾卫生填埋场】位于在大祥区蔡锷乡枧杆村。该场占地31.95公顷，总库容860万立方米，设计规模日处理生活垃圾720吨，服务年限30年。场内设施包括：管理中心、填埋场区、污水处理厂和其附属设施和设备，项目引进了国外垃圾无害化处理的先进技术，是湖南省"资源节约与环保的重点示范工程"。

【邵阳市医疗废弃物集中处置中心】项目选址在大祥区檀江乡青风村，总投资1275.98万元，厂区占地面积6372.49平方米，建有医疗处置车间、冷贮间、清洗消毒间、残渣暂贮、仓库、化验室、配电房和地埋式污水处理系统，及消防水池、车库等建筑。建设规模为日处理医疗废物能力8吨。目前已承接市内三区和邵东等7县城区主要医疗机构医疗废物的收集、运输、处置服务工作。

【资江流域邵阳市城区段水环境综合治理工程】项目总投资11.3亿元，对资江流域邵阳市城区段进行水环境综合治理。工程与2016年11月开工建设，2020年10月建成，建设时间为4年。项目治理的范围包括资江矮子洲至北塔区响水村段、洋溪沟高家村至洋溪沟入资江口段和枫江溪陈家桥乡至枫江溪入资江口段，主要内容有饮用水安全工程、工业点源污染治理工程、城镇污水处理工程、垃圾处理工程、面源污染治理工程及生态修复工程等。

【资江两岸沿江风光带】定位为资江景观风光带与城市融合，以山、水生态和植物群落组成的生态自然景观为基底，以城市桥梁景观为点缀，以现代工业文明为文化主线，整体营造现代、时尚的城市滨水景观。建成后将成为集滨江时尚休闲商业区、现代化生态宜居新区、商务服务示范区等多功能为一体的新型城市综合体。

【宝庆森林公园】位于邵阳市城区西南12公里处，是经湖南省人民政府批准建立的省级森林公园，为邵阳市城郊罕见的绿洲和近郊避暑胜地。东西宽1.9公里，南北长3.0公里，总面积261.4公顷，森林覆盖率95%以上。动植物资源丰富，现有林木种类200余种，其中珍贵树种20余种，野生动物种类繁多，主要哺乳动物近20种，鸟类160余种。园内竹园、梅花园、紫薇园、樱花园、木兰科园五园景色独特，引人入胜。公园林木茂盛、景色宜人，现有度假村、水上乐园、休闲山庄、钓鱼山庄、森林宾馆、百竹园、动物园等10个旅游休闲项目。动物园、避暑山庄、跑马场、水仙庵、民俗文化村等一批项目正在筹备。

【天子湖国家湿地公园】位于邵阳县城西北，为资江两大支流赧水和夫夷江汇合地，有着丰富的水资源和湿地资源，天子湖国家湿地公园规划区生态良好，具有较高的保护价值。湿地公园内有微管束植物106科、430种；脊椎动物有5纲25目63科151种，其中国家重点保护野生动物7种，省级

81种。湿地公园规划总面积784.2公顷，其中湿地面积472.1公顷，湿地率为60.2%。

【平溪江国家湿地公园】位于洞口县境内，湿地公园总面积981.6公顷，其中湿地面积704.9公顷，湿地率为71.8%。平溪江湿地公园生态良好，生物多样性丰富，具有独特的保护价值。分布有维管植物149科，412属，804种，占湖南省维管植物种数的18.6%，其中有以菖蒲、短尖苔草、藨草、节节草、益母草、球果蔊菜等为优势种的湿生植物100余种。分布有野生脊椎动物154种，隶属25目67科，占湖南省已知脊椎动物总种数的16.8%，其中有鸟类93种。

【夫夷江国家湿地公园】位于新宁县境内，总面积1722.7公顷，其中湿地面积1230.1公顷，湿地率71.41%。湿地公园及周边共有野生脊椎动物5纲25目64科186种。公园范围内共有种子植物160科、551属、957种，其中：湿地植物69科、172属、238种，国家Ⅱ级重点保护植物有5种。重点为保护世界自然遗产崀山和国家自然保护区舜皇山所在地的生物多样性和生态环境。

【百里（大）龙山国家森林公园】位于新邵县东北部，总面积3936.4公顷（40平方公里）。境内有人文景观8处，自然景区37处。境内森林覆盖率88.3%，有高等植物1000多种，国家重点保护树种银杏、香果树、金钱松、伯乐树、杜仲、篦子三尖杉、闽楠7种；珍稀古老树种摇钱树、山拐枣、鸭头梨、毛红椿等41种；珍稀动物穿山甲、

灵猫、锦鸡、丹凤鸟、石蛙、石蟹等50多种，丰富的动植物资源构成了一幅美丽怡人的天然画卷。

【崀山国家地质公园】 位于新宁县境内。由北向南依次由紫霞峒、扶夷江、骆驼峰、牛鼻寨及八角寨5个相互联系的景区组成，宽约4~8公里，长约18公里，面积108平方公里。地质公园以丹霞地貌为特色，是国内最为典型的丹霞地貌风景区，地质结构奇特，山、水、林、洞浑然一体。辖八角寨、辣椒峰、天一巷、扶夷江、紫霞峒、天生桥六大景区。

【白水洞国家地质公园】 位于新邵县境内，核心景区在严塘镇白水村。由白水洞、白云岩、资江小三峡三个景区组成，面积160平方公里，是一处集峡谷、溶洞、瀑布等自然景观与寺庙、道观、民俗等人文景观于一体的风景名胜区。作为白水洞风景名胜区的核心景区，它呈现出三种地貌：峡谷地貌，崩塌堆积地貌，流水浸蚀地貌，公园出露地层除志留系、三叠系、侏罗系、古近系、新近系外，从震旦系至第四系均有出露。2018年获批第八批国家地质公园。

◇ 城市名片

【综述】 邵阳境内山环水复，风光秀美，景色宜人，旅游资源丰富。有被誉为"山水甲桂林"的丹霞地貌崀山风景名胜区，有八十里南山的江南草原风光，有全国

七十二佛地之一的武冈云山，有原始次生林绥宁黄桑自然保护区。邵阳城区内，有"双清秋月""龙桥铁犀""六岭春色"、"佘湖雪霁""神滩晚渡""山寺晓钟""洛阳仙洞""白云樵隐""岳平云顶""桃洞流香"等景观。其中如双清亭，地处资江砥矶上，与北塔夹江对峙，大有云带钟声穿林去，月移塔影过江来之神韵；东塔、北塔地处邵阳市两处制高点，隔资江而望，遥相呼应，而水浒庙则又恰处于东、北塔之间，于资、邵水交汇处，形成邵阳市中心区标志性城市历史景观视觉联系纽带。其他如城墙、古码头等都具有极大的历史文化挖掘潜力。邵阳先后与日本、澳大利亚、泰国等国家的三个城市结为友好城市。

【崀山】 位于邵阳市新宁县，南靠广西桂林风景区，北与张家界风景区呼应，是世界自然遗产、国家地质公园、国家5A级风景名胜区崀山"崀"见于《辞海》，曰："崀，地名，在湖南新宁县境内"。"崀"，山之良也，可见崀山之美。包括天一巷、辣椒峰、夫夷江、紫霞峒、天生桥六大景区，18处风景小区，已发现和命名的重要景点有500余处，有三大溶洞和一个原始森林，总面积108平方公里，属典型的丹霞地貌。

【南山】 位于城步县城西南80公里处，城步南山风景名胜区又被称为城步南山牧场景区，连接雪峰山脉的南方，绵延80余里，人称八十里大南山。平均海拔1760米，上有

48坪，48溪，23万亩集中连片的草山草坡，被誉为"南方的呼伦贝尔"。南山牧场年平均气温10.9℃，一月份平均气温-0.5℃，七月份平均气温19℃，夏秋最高气温28℃。1975年建立的南山牧场是我国南方最大的现代化山地牧场，同时也是国家重点风景名胜区。

【魏源故居】始建于清乾隆初年，系魏源的祖父孝立公遗留下的产业。相传魏氏九世祖元瑛公至魏源祖父孝立公居所称"垭塘湾公馆"，民国初年改建为宗祠，孝立公另给十个儿子建了十座大体一致的宅院。魏源的父亲魏邦鲁，字春煦，排行老五，魏源故居就是他及家人所分住的的其中一座。魏源在这里诞生并度过了他的童年和少年时期，至他27岁那年（1820）全家迁往江苏定居，很少回家。

【虎形山—花瑶】虎形山—花瑶风景名胜区位于隆回县西北部，范围涉及虎形山、小沙江二个乡镇。景区面积102.5平方公里，其中核心区42平方公里。虎形山—花瑶风景名胜区自然资源丰富奇特，规模宏大，人文资源历史久远厚重。由万贯冲梯田、大托石瀑、崇木凼古树林、旺溪瀑布群、花瑶古寨等几大景区组成，虎形山十里大峡谷、大托2000米宽的石瀑、旺溪大峡谷瀑布群、万贯冲万亩梯田等上百处自然景观，令人留连忘返。花瑶独有的民俗文化和民族风情、风格迥异的花瑶服饰、建筑、手工业品、山歌及饮食别具一格。

【城市荣誉】邵阳获得的荣誉主要有全国文明城市提名城市、国家卫生城市、全国双拥模范城、湖南省园林城市、湖南省文明城市、湖南省卫生城市等称号。

【友好城市】截至2018年，邵阳市的友好城市共3个。分别是日本大野町（1998年缔结）、澳大利亚新南威尔士州怀昂市（2016年缔结）、泰王国清迈府（2018年缔结）。

【城市象征】2014年7月30-31日召开的邵阳市第十五届人大常委会第十一次会议表决通过了《关于提请审议确定邵阳市"市树、市花"的议案》，确定香樟树、紫薇花为邵阳市的"市树""市花"。

湖南城市大典　武冈市

武 冈 市

❧

　　武冈市，古称都梁，西汉文、景帝年间（公元前179-前141年）置县，1994年撤县设市，境内有武冈云山、法相岩、武冈城墙、文庙大成殿、都梁侯国遗址、黄埔军校二分校旧址、宣风楼等名胜古迹。

◇ 城市概况

　　【区划范围】武冈，湖南省辖县级市，由邵阳市代管。位于湖南省西南部，雪峰山东麓，南岭北缘，资水上游，是邵阳市西南五县之间的中心地域。地理坐标为东经110° 25′ ~111° 01′，北纬26° 32′ ~27° 02′。疆域东西极宽60.8公里，南北极长54.43公里。素有黔巫要地和湘西南重镇之称。东南西北依次与邵阳县、新宁县、城步县、绥宁县、洞口县、隆回县交界。现辖3个乡11个镇4个街道，全市总面积为1549平方公里。中共武冈市委员会、武冈市人民政府驻迎春亭街道广乐路5号，电话区号：0739，邮政编码：422400。

　　【地理环境】位于雪峰山东南麓与南岭山脉北缘，属湘南丘陵区向云贵高原隆起的过渡地带。地形三面环山、中部低平、北向敞口，大体呈南高北低倾斜地势。境区地貌以山地、丘陵为主，山、丘、岗、平、水俱全。境内有天子山、照面山海拔千米以上大的山系五处，有中山56座，面积为131.16平方公里；中低山81座，面积323.17平方公里。其中海拔500米以上的山峰428座。属中亚热带山地气候，四季分明，雨量充沛，冬少严寒，夏无酷暑，山地逆温效应明显，年平均气温为17℃左右。一年中最热月为7月，最高气温39℃左右；最冷月为1月，最低气温-8℃左右。境内主要自然灾害包括干旱、洪涝、风灾、冰雹、冰冻和低温等。

　　【资源物产】武冈资源较多，物产丰富，是全国商品粮食基地之一。境内矿藏以煤为主，铁、锰、铅、锌、砂金、磷、锑、硫、铁、白钨、滑石、石膏、大理石、石灰岩、白云石、石英、陶土等有一定储量。其中煤炭储量占湘西南地区探明储量的70%。含煤面积400平方公里，储量6324万吨，铁矿总储量3200多万吨。境内有资水水系和夫夷水水系，大小河流150条，总流量24.72亿立方米，流域面积1543.07平方公里。森林以杉、马尾松、柏木纯林和阔叶、针阔叶混交林为主。有野生植物218科、485属、1168种，有木本植物97科620种，属国家、省级重点保护的珍贵树种有云山伯乐、云山白兰、云山青冈等25种。全市有野生动物计168种，其中系国家一级、二级保护的动物种类分别达5种、23种。常见的野生动物主要有鸟类、鼠类、蛙类、蛇类。

【建置沿革】西汉文、景帝年间（公元前179-前141年）置武冈县，隶属长沙郡。汉武帝元鼎六年（前111年）改武冈县为都梁县，隶属零陵郡。三国吴宝鼎元年（266）复名武冈县，隶属昭陵郡。晋元帝建武元年（317）封王导为武冈侯。东晋至隋朝末年，武冈县相继改名为武刚县、武强县、武攸县；唐高祖武德四年复名武冈县，治所在今城步县，隶属邵州；宋初，武冈县治所迁今武冈城。宋徽宗崇宁五年（1106）升武冈县为武冈军。元世祖至元十三年（1276）置武冈安抚司，次年改为武冈路总管府。洪武九年（1376）改武冈府为武冈州。明成祖永乐二十一年（1423）十月，朱元璋第十八子岷王朱楩从云南改封武冈州城。清顺治四年（1647）四月，南明桂王朱由榔建立永历王朝后迁武冈，以岷王府为王宫，改武冈州为奉天府；八月，永历帝败走黔滇，武冈复为州。民国元年（1912），武冈知州公署改为武冈州行政厅；民国二年九月，武冈州改为武冈县。1994年4月，经国务院批准，撤销武冈县，设立武冈市。

【人口民族】截至2016年末，全市总人口846309人，常住人口767012人，其中，城镇人口324602人，城镇化率为42.32%。年内出生人口23918人，出生率为16‰。年内死亡人口12107人，人口死亡率为8.1‰；人口自然增长率7.9‰。境内有苗、侗、仫佬、回、瑶、壮、土家、满、蒙古、黎、白、水、高山、彝等15个民族。

【区位交通】武冈区位优越，位于"湘、桂、黔"交界之地，地处邵阳、怀化、永州、桂林4市交汇中心，素称"三省通衢、黔巫重镇"。武冈商贸繁荣，已成为邵阳市西部地区乃至湘、桂、黔边境地区重要物资集散地。境内有公路800多公里，S219、S220两条省道贯通全市，邵怀高速公路竹市至武冈至城步连接线全线开通，且紧邻娄邵、京广、湘桂等铁路和G320国道。随着洞新高速建成通车，武冈机场的通航，武靖高速的动工兴建，武冈的交通区位得到明显改善，形成以航空为引领，以高速公路为主，以主要省道为辅，四通八达立体化的交通网络。

【社会发展】2016年，全市小学、初中适龄儿童入学率都为100%，小学毕业生升学率为100%。全市中等职业学校在校学生10338人；普通中学在校学生50127人；小学在校学生62.34人；特殊教育学校在校学生216人；幼儿园在校学生23183人。全市163所学校"薄改"基本完成，建设义务教育合格制学校18所，成功创建国家农村职成教育示范县（市）。全市有高新技术企业26家，实现总产值425261万元，同比增长4%，高新技术产品产值392513万元，同比增长0.8%。全年投入研究与试验发展（R&D）经费支出11887万元，专利申请214件，授权专利107件。全市拥有各类卫生机构394个，其中，医院、卫生院21个、社区卫生服务中心（站）7个，村卫生室302个；实有床位3515张，卫生技术人员2849人，其中执业（助理）医师1465人、在职注册护士1384人。新农合参合农民69.11万人，平均参合率达到97%。新建农民体育健身工程的行政村70个，年均送戏下乡70余场，放映农村公益电影6087场。全年开展全民健身活动15次，参加活动的人数达35万余人。2017年末全市参加基本养老保险职工人数44705人，参加医疗保险职工人数41300人、城镇居民基本医疗保险参保人数69708人、参加失业保险金职工人数23681人、参加工伤保险职工人数42423人、参加生育保险职工人数30500人。全市3169名五保、农村1.13万名、城镇6550名低保对象实现了应保尽保。

◇ 城市建设

【综述】武冈按照建设湘西南地区中心城市目标，多措并举加快城市基础设施步伐，提升城市品位和形象，改善人居环境，让改革、发展、城市建设的成果惠及百姓，推进社会和谐稳定发展。全面实施"城镇带市"战略，城区面积拓展到18.03平方公里，城镇人口增至31万人，城镇化水平提升到44.22%。在城市道路建设方面，共投入资金4亿元，新建、拓改城市道路12条、26余万平方米，硬化道路面积22万平方米，目前，城区道路总长度达132公里、总面积298万平方米。市区高标准改造了武冈大道等7条城市主干道，完成了城区主干道"白改黑"、人行道改造任务，初步形成了"新东路—春光大道—水云路—云山路—新东路"城市一环路的骨架。统筹城乡发展，着力打造特色城镇，加快新型城镇化建设进程，加大小城镇水、电、路、灯、园林绿化、污水处理、生活垃圾等基础设施建设力度，实施城乡环境综合整治，小城镇辐射带动效应有新的提升。

【城市规划】2017年6月，武冈市公示了《湖南省武冈市城市总体规划（2010–2030）（2017年修改）》，《规划》提出未来武冈应融入大湘西，积极参与邵阳市在大湘西地区的经济竞争与合作，努力发展成为湘西南地区中心城市。加快产业"增量提质"，打造具有武冈市特色的产业体系。以武冈机场、汽车站、港口为依托，实现公路、城市公交、机场无缝换乘，打造湘西南区域综合交通枢纽。规划"一心、两轴、三重点、五示范"的市域镇区（集镇）空间布局结构。规划构建"一心、两轴、一带、多区"的城市整体空间结构。重点打造现代综合产业、特色农林产业、文化生态旅游业和煤炭产业。到2030年，中心城区人口规模约

35万人，城市建设用地规模约35平方公里，人均建设用地约为100平方米。将武冈市建设成为湘西南区域中心城市和具有生态旅游和环境宜居特色的工贸型城市和历史文化名城。

【武冈教育新城】位于市区东部，武冈大道南侧，法相岩办事处塘富、紫甸、红星村境内。规划方案范围总用地面积约1400亩，定位为集教育、文化、体育、居住、商业于一体的创新性教育服务集聚区，规划为师大附中、安置区与幼儿园、小学四大板块。湖南师范大学附属武冈实验中学项目是教育新区的核心支撑项目，办学规模为8000名全日制学生，其中高中部90个班（每班55人），初中部60个班（每班50人）。

【武冈铜宝新城】位于市城北庆丰路北厢。总投资7亿元，用地总面积1806亩，总建筑面积163110平方米。以行政办公、物流、居住、市场、市政设施为主，将建成行政中心、物流中心、商业服务中心及配套居住小区。新的行政中心共包括市委、市政府、市人大、检察院、公安局、国安局、法院、卫生局、劳动局、林业局、环卫局等在内的49家行政单位，形成湘西南第一个规模化、集中式的区域办公系统。

【武冈机场】位于市正北方向，是湖南省目前海拔最高的支线机场，距离邵阳市区120公里、武冈市区约9公里，距长沙黄花国际机场约360公里，地理位置处于湖南省西南部区域中心，可辐射周边衡阳、怀化、永州、桂林等地，人口2500多万，是湘西南乃至中国西南黄金旅游线上的一个重要节点。机场飞行区等级为4C，远期向干线机场发展。机场着陆系统可确保飞机在雾天盲降。

【武冈市汽车北站】国家一级客运站，占地面积54.18亩，总投资4500万元，可日发458个班次、输送旅客1万人次，定位为长途客运、城乡客运、城市公交、城市出租"四位一体"的邵阳市综合性交通客运枢纽。

【武冈大道】由洞新高速的东连接线扩改，西接庆丰东路（庆丰东路指邮政局路口到河边段，宽60米），东到安乐河，武冈大桥至龙溪河段取名"武冈大道"，全长2.5公里，设计路面宽100米，总投资4.46亿元，其中加宽部分投资2.97亿元，2017年10月竣工通车。

【云山大道】武强路以西约300米的一条南北走向主干道，全长4.3公里，北至规划的狮子山路，南接水云路，主干道宽80米，双向八车道设计，两边是20米宽的人行道和绿化带，概算总投资5亿元。云山路全线建成后，将形成以庆丰路、云山路、水云路、春光路为主的城市一环线，打通武冈南北向及县际交通瓶颈。

【春光大桥】春光大道的跨河大桥，全长341.08米、宽28米，双向6车道、匝道立交，共16孔，工程总预算4800万元。春光大桥工程项目于2005年4月经省发改委批复立项，2009年11月开工，2012年12月20日全部完成，累计完成工程投资4558万元。2012年6月19日建成通车。

【云山大桥】建设长度402.90米，桥面全宽50米、净宽39米，双向八车道，设计荷载为城市—A级。项目起于赧水河北岸、西直街南的辕门口革新村，跨赧水，终点位于赧水河南岸、资云村三组，接云山南路，项目投资约9465万元。

【武冈师范学校】坐落于迎春路27号，创办于1936年，其前身为世界著名平民教育家晏阳初博士创办的湖南衡山乡村师范学校，面向全省招生。抗日战争时期移址武冈，更名为湖南省第六师范学校，1953年改名为湖南省武冈师范学校，当时占地360余亩，面向邵阳全境招生。现有土地面积120亩，教职员工131人，其中研究生学历教师14人，高级讲师32人，讲师31人，建有现代化的教学楼、艺术楼、实验楼、学生公寓等。2005年经省教育厅评估确定为湖南省专科层次小学、幼儿园教师培养基地。2010年评为国家重点职业中专。

【武冈市第一中学】坐落于迎春路云台山巷17号，创建于1922年。学校现有在职特级教师3人，硕士研究生7人，高级教师65人，中级教师125人；全国优秀教师1人，省级优秀教师6人，省级骨干教师18人，地市级优秀教师及中青年专家17人。2001年学校评为邵阳市重点中学，2003年晋升为湖南省重点中学。先后获得全国支持语文第二课堂先进单位、湖南省现代教育技术实验学校、湖南省体育传统项目学校等数十项国家、省、市级荣誉称号。2015年成为湖南师范大学授牌的第八个附属实验中学。现已发展成为占地202亩，有在职教工213人，教学班66个、在校学生数达4100余人的全省范围内办学规模较大的省重点中学。

【武冈市人民医院】位于乐洋路57号，始建于1939年，是一所二级甲等医院。医院现有在职人员1258人，其中正高职称13人，副高职称110人，中级职称287人，研究生27人，开放病床1000张。医院设有急诊科、心血管呼吸内科、神经血液肾内科、消化内分泌科、内科、儿科、新生儿室、康复科、传染科、普腹肝胆外科、心胸泌尿外科、骨外科、神经外科、烧伤整形科、妇产科、五官科、中医科、体检中心等33个临床科室和放射、检验、药械、B超、心脑电图、高压氧、病理室、理疗室等12个医技科室。

【武冈市中医院】位于玉龙路76号，始建于1958年，是一所集医疗、教学、科研、预防、保健、康复为一体的二级中医医院，是国家中医药适宜技术推广培训基地，是武冈市交通事故急救中心，医保、农合等定点医疗单位。医院编制病床300张，设有急诊科、内科、儿科、外科、骨伤科、眼科、针灸科、烧伤科、妇产科、耳鼻喉科等临床科室和检验、放射、CT、超声影像、病理等科室。

【武冈市图书馆】位于富田路13号，是在解放前湖南知名教育家周调阳先生创办的都梁图书馆（私立）和民众教育馆的藏书为基础建立起来的综合性图书馆。1994年4月，武冈撤县设市，改称武冈市图书馆。1998年底，馆内在编人员15人（其中在职11人，退休4人），馆藏书12万余册，其中古籍25000余册，设借阅室、成人阅览室、少儿阅览室、资料室、参考咨询室、过刊借阅室、古书库和采编室8个服务窗口，1998年参加全国公共图书馆评估定级活动，该馆被评定为"国家三级图书馆"。

【武冈市博物馆】位于古城西片区，西直街与云山路交叉口东北角地块，建设规划用地面积约60.8亩，项目建筑面积12548平方米，园林绿化面积4560平方米，道路广场面积6910平方米，工程投资估算1.3亿元左右，建筑风格以明代官式建筑构造为主，仿照明代王府三门两朝、前朝后寝的格局进行布置。2016年开工建设，建筑工期2年。

【武冈市历史文化中心】位于市西直街以北、云山路以东，总占地面积为40533平方米，总建筑面积为12200平方米，建设资金1.5亿元，新建岷王文化展示中心和历史文化演艺中心，建筑面积分别为17529.6平方米和28232平方米。

【武冈市革命历史纪念馆】位于市区中心城壕路，占地面积500多平方米，纪念馆共分四个展室，从工农革命运动的兴起、扑不灭的星火、抗战中的武冈、黎明前的决战、武冈换新天五个方面陈列了武冈人民从1919年的至1956年的革命斗争史实。

【武冈百姓广场】坐落于新东路与铜宝北路之间，于2007年动工建设，2011年7月28日投入使用。在重大节假日和平时每两周周末夜晚，百姓广场开启一次广场音乐喷泉和亮化灯饰，已成为武冈市民休闲娱乐场所。

【威溪水库】地处邓元泰镇和城步县威溪乡交界处的威溪水库，是武冈城区重要的饮用水水源，属于湖库型中型水库，正常库容3280万立方米，水域面积7.5平方公里，集雨面积115平方公里，全长7.5公里，坝高49米。

【邓家铺镇】位于武冈、洞口、隆回、新宁等县交界之地，距武冈市区40公里，现辖36个行政村，人口6万余人。地理位置优越，区位优势明显，省道1865线贯穿全境，该镇交通便利，自古以来就是一个交通要道和重要物资集散地，周边辐射人口达15万人，被列为全国重点镇及湖南省十大美丽乡镇。

【龙溪镇】位于市区南部，距城区5公里，面积49平方公里，现辖24个村委会，人口3.3万。与武冈至新宁县石门公路交叉，是市区云山旅游公路必经之地。市属氮肥、水泥、电石等厂在境内。乡镇企业有农机修造、建筑材料、造纸、食品加工、瓷器工艺等厂和采矿、林、茶、柑橘等农场。农业主产水稻、小麦、油菜。被评为全省特色乡镇。

【邓元泰镇】前身为转湾乡，1984年12月建镇，1995年4月江塘乡、城西乡并入。位于市境西南部，距城区13公里，面积141.7平方公里，辖42个村委会，人口6.3万人，镇政府驻邓元泰。竹（市）城（步）公路纵贯全境。已纳入"第三批湖南省示范镇"。

◇ 城市经济

【综述】武冈市是全国粮食生产先进县（市）、优质稻生产基地和全省养猪大县（市）、国家商品粮基地市、茶叶生产基地市、"丰收计划"重点市和省瘦肉型猪、辣椒基地及"铜鹅之乡"。近年来，武冈经济社会发展迅速，全市围绕加快发展主题和建设湘西南中心城市目标，着力打造新型工业基地、旅游文化名城、商贸物流中心、现代农业样板，努力提升经济发展的整体实力，加快富民强市步伐。2007年元月武冈被中国食品工业协会命名为"中国卤菜之都"，武冈卤菜已进入东南亚和美国市场。规模工业企业由49家增加到61家，规模工业总产值由52亿元增长到92亿元。工业园区累计完成固定资产投资84.86亿元，新引进项目33个，完成产值305.97亿元，形成了以新型建材、食品加工、电子信息、林木加工、机械制造、医药六大主导产业为重点的工业体系。

有蜂窝煤机、微型电机、汽车万向节等拳头产品，云峰水泥、华鹏卤菜、法新豆腐等骨干企业已成为武冈工业的品牌。2016年，全市实现生产总值132.24亿元。

【武冈经济开发区】成立于1992年9月，为省级开发区，规划面积5平方公里，2004年重点兴建工业园，2013年3月通过扩区调区方案评审，拟定规划面积12.25平方公里。北以资水为界，西起武冈康宁路，东至洞新高速与安乐桥，南抵南山寨及老工业基地，横跨资水，S220与S219相交而过，洞新高速武冈东互通设置区内。拥有武冈市唯一的中国驰名商标1个（华鹏食品），省级著名商标和省优产品数十个；发展壮大了永锐电子、云峰水泥、华鹏食品、云山木业、雄杰包装等一批有影响力的规模企业，初步形成了食品加工、电子信息、彩印包装、竹木加工等产业集群。

【武冈临空经济区】以发展临空产业为核心，在机场周围1公里内，发展机场的基础设施机构和直接与航空运输业相关的产业，包括飞机后勤、旅游服务、航空货运、停车场和航空公司的办事机构；在机场周边的1公里至5公里范围内，主要是发展商业服务区，为空港运营、航空公司职工和旅客提供相关的商业服务，包括住宅、超市、金融机构、生活服务设施等；在机场周边5公里至10公里内，或15分钟车程可达范围发展利用机场的交通优势所发展的高时效性、高附加值的相关产业，包括资金和技术密集型的相关产业、利用机场区位优势所发展的物流配送、旅游博览等第三产业。

【武冈湘商产业园】位于法相岩街道塘富路，园区规划面积为1.5平方公里，主导产业农副食品加工业、电器机械与器材制造业。园区现有11个招商项目，总投资达5.8亿元，包括湘商产业园标准厂房建设项目、葛根系列产品扩建项目、年产8000吨休闲食品项目、10万吨优质精米加工项目、皮革手套制品项目、竹笋用蔬菜加工系列项目等。目前已经有武冈市安达置业有限公司、湖南武冈市三团电器有限公司、武冈市凌峰新能源有限公司、武冈市上林电器有限公司、武冈市皇城国际有限公司、武冈市腾兴热水器有限公司、武冈市海泰食品包装有限公司和武冈市军勇机电有限公司落户该产业园。

【都梁文化产业园】位于迎春亭街道办事处荷塘村，是依托邵阳武冈机场打造的特色小镇。项目规划用地225亩，土地流转500亩，项目概算总投资1亿元，包括都梁古街、都梁书院、村民统筹建房、荷塘湖、产业融合发展示范区和景观园林区。项目按照政府引导、平台运营、社会参与、集中安居的模式建设，于2017年6月建成开园。

【武冈市嗨花弄农业创意产业园】位于水西门街道办事处龙田村，紧邻洞新高速武冈西出口，距武冈市区5分钟车程；距武冈机场15分钟车程；处于大岚山旅游圈中心位置。规划面积2000亩，总投资2.2亿元。2017年9月正式对游客开放，2017年11月被评定为国家3A旅游景区。嗨花弄景区以"田园、山丘、建筑、花海"为设计元素；以四季花海、创意花艺为特色；以文化展示、亲子体验为主导；融合"都梁兰"、武冈美食等多元历史文化，开发以"嗨翻花玩国""花艺嘉年华"为主题的都梁"花海迪士尼"，打造邵阳首个集观光旅游、餐饮民宿、休闲娱乐、养生度假、种植研发于一体的创意田园综合体。

【武冈市华鹏食品有限公司】位于武冈市工业园区，成立于2001年4月。总占地面积达70000平方米，固定资产8000多万元，现有龙溪桥镇和工业园区两大生产基地。员工总人数为800余人。是一家以从事武冈传统特色产品豆制品、卤制品、无公害武冈铜鹅卤制品生产与销售的企业。公司主导产品为：豆制品、卤制品、无公害武冈铜鹅卤制品三大系列。2004年以来，"华鹏"商标和"乡里妹"商标被评为"湖南省著名商标"，2008年公司被列为"省级工业旅游景点"，2010年11月被评为"湖南省食品二十五家诚信企业"。2010年10月8日"华鹏商标"顺利通过国家工商总局认定，被正式评为"中国驰名商标"。2011年公司被评为"湖南省工业旅游示范点"。

【武冈市陈氏金福元卤业食品有限责任公司】位于湾头桥镇同富工业园，成立于2004年，是一家专门从事卤制食品生产、研发、销售于一体具有地方特色的传统食品企业，目前已拥有8600万元的固定资产，现有职工400多人，生产厂房达15000平方米，已形成了年产10000吨的卤豆制品及2000吨的卤肉制品生产能力。目前，主要产品有卤香干系列、卤铜鹅系列、手撕豆干系列、卤肉制品系列等共100余个品种，公司现有产品研发及生产技术已处于国内先进水平。公司现在全国拥有30多个销售网络，网点遍及全国各地。

【武冈市法新食品有限责任公司】位于工业园新铺路3号，公司成立于2005年8月12日，注册资金960万元，是"武冈豆腐制作非物质文化遗产传承企业"，国家地理标志产品专用标志产品使用单位，湘菜食材品牌企业，"法新"牌是湖南省著名商标。公司主要生产盐豆腐、卤豆腐及休闲食品等豆腐系列产品，兼有种植开发。现有总资产8000多万元，年产值近1.2亿元。现有正式员工300多人，加工厂房共25000多平方米。拥有5个循环生产链的大型资源基地，形成了种、养、加工费物循环利用的立体农业产业化企业。自主研发了武冈豆腐原浆工艺制作成套自动化设备，豆制品烘烤热风循环自动设备。

【武冈市永锐电子有限公司】位于工业园春光大道，成立于2007年，占地面积28000余平方米，标准花园式厂区。公司专业生产汽车线束、工程车线束、军车线束、民用电缆、电力电缆等产品，公司引进当今最先进的电缆电线及连接线束的生产设备和检测仪器，获得中国CCC，德国VDE，美国UL，加拿大CSA等国家强制性认证证书。所有产品符合欧盟ROHS，REACH，PAHS环保标准要求。目前内地的主要客户有：三一重工，中联重科，北汽福田，众泰汽车，远大空调等国内大型知名企业，公司入围2017年湖南省上市企业后备资源库。

【湖南菁芗米业股份有限公司】位于武强北路，创建于2009年4月。中国农业发展银行、国家粮食局重点扶持的粮油产业化龙头企业。占地面积76823平方米，建筑面积10000平方米，是以种植、收购、加工、储备、销售、科研为一体的省级农业产业化重点龙头企业。2013年8月26日公司在天津股权交易所成功挂牌上市。

【武冈市云山木业有限责任公司】位于武冈市工业园区内，成立于2007年7月，占地面积48亩，是武冈市唯一一家集造林、育林、加工销售指接板、细木工板、复合板等的林业产业化龙头企业，公司充分利用林材的"剩余物""次小薪材"和人工速生丰产林等资源制造加工。公司经营范围包括造林、育林；指接板、细木工板、集成板、高档家具、竹地板加工及销售其产品等。先后被评为邵阳市农业产业化龙头企业、省级林业产业化龙头企业、湖南省守合同重信用单位、"云山鸿"中国著名商标、2A级信用等级企业。2011年通过了ISO9001质量管理认证体系。

【武冈豆腐】民国27年，在北门口一代开始生产豆腐，品种有水豆腐、干子豆腐、油豆腐、豆腐脑（民间叫懒豆腐）、豆腐皮、霉豆腐、卤豆腐等十余个品种。武冈豆腐多为手工水磨加工而成，因产地不同而各具特色：木瓜桥夏宏时的桂子油豆腐，高桥戴四德的二干豆腐，稠树塘镇生产的"法新豆腐"干子已成品牌。个体豆腐作坊达20多家，产品有竹编豆腐、麻辣豆腐等20多种，另加兼营豆豉等制品的企业3家。主销深圳、香港等地。

【武冈铜鹅】武冈养鹅已近千年的历史，素有"铜鹅之乡"的美称。据史料记载，远在400年前的明朝嘉靖年间，武冈的鹅就被誉为"世界名鹅"。武冈铜鹅肉质鲜美，营养丰富，性温清热。武冈铜鹅，抗逆性强，适应性广，生长快，耐寒，耐粗饲料。武冈铜鹅分青、黄两种。青铜鹅羽毛全白，嘴、趾、蹼及皮肤均为黄色。武冈铜鹅肉质鲜美、细腻，它的加工方法很多，如板鹅、红烧鹅、清炖鹅、米粉鹅等，深受国内外消费者的欢迎。

◇ 城市文化

【综述】武冈历史悠久，自西汉文景置县起，至今已有2200多年建城史。现存文物保护单位58处（其中国家级文物保护单位4处，省级文物保护单位6处），非物质文化遗产19项，各类馆藏文物1639件（其中珍贵文物148件）。以黄埔军校二分校旧址为代表的黄埔文化、以国家级非物质文化遗产武冈丝弦为代表的民俗文化、以武冈卤菜为代表的饮食文化、以云山胜力寺为代表的宗教文化久负盛名。这里有"六九福地""楚南胜境"之称的国家森林公园——云山，"法相洞天"法相岩，"湖南百景"之一的中山堂和"盖天下"之称的古城墙；有"绝似青云一枝笔"的凌云塔，文天祥赞颂"都梁称伟岸"的文庙大成殿；还有始建于康熙年代，楹联荟萃的浪石古民居，纪念屈原的渔父亭和屈子庙，"湖南二十八古井"之一的武陵井。特别是武冈古城格局保存完整，布局相对集中，"内城、小王城、外城"格局依存，2011年被确定为全省重点建设的特色历史文化城市之一。

【武冈方言】武冈属于老湘语区，境内方言不完全一致：以县城为中心，包括头堂、安乐、邓元泰、龙溪、大甸、文坪、龙田及湾头桥镇部分村，居民所操口音俗称"城里话"。一般作为武冈方言的代表；稠树塘及司马冲等与新宁接壤，居民带新宁口音，东北邓家铺一带，离县城较远.居民口音与"城里话"差别较显著；北部荆竹、马坪、湾头桥部分村，居民近于高沙话。但境内居民所用词汇、语法没有多大差别，流行的谚语、歇后语一致，言语交际没有问题。

【武冈古城】武冈是集侯国都城、藩王治所、帝王都城于一体的历史文化名城。公元前124年，长沙定王之子刘遂为都梁侯国敬候，在武冈置都梁侯国，历时131年。公元1423年，朱元璋第18子朱木便在武冈封"岷王"，建王城，传袭14代，历时228

年。武冈古王城格局保存完整，布局相对集中，不仅具有独特的地域特色、多样的文化交融、延续的家族伦理、传统的自然观念、鲜明的宗教结构，在布局模式上疏密得当、虚实相生。大王城、小王城和外城，至今保存完好，城内的古建筑风格独特，其中武冈城墙是中国石头城墙的典范，素有"武冈城墙盖天下"美誉。

【武冈六月六尝新节】"六月六尝新节"是武冈民间除春节之外又一个古老淳朴热闹的传统节日，主要是感谢祖宗和天地神灵，祈求庇佑五谷丰登，是传统农耕文化的一个缩影。"尝新节"活动不仅有传统习俗杀猪宰羊、采禾打穗、捞鱼摘菜、敬狗喂牛、祭祀尊老，还有舞龙耍狮、山歌对唱、丝弦阳戏、傩戏舞蹈，以及竹竿舞、挑禾比赛、夫妻赛跑等。武冈"六月六尝新节"已于2012年列入第三批湖南省非物质文化遗产保护名录。

【武冈美食节】武冈美食历史悠久、品种众多，拥有葛根等7个国家地理标志产品，卤菜和铜鹅列入省市非遗。血浆鸭、大坝豆腐、米粉、扶冲米花、红薯粉等特产驰誉市内外。美食节主体活动包括美食摄像大赛、佳肴品鉴会、特产展销会、文化博览会以及十大特产、十大名吃、十大名菜、十大名厨、十大名店评选，美食节于2007年第一次举办，至今已成功举办三届，成为宣传武冈美食文化的重要节庆活动。

【武冈丝弦】一种民间曲艺，已有四百多年的演唱历史，现为国家级非物质文化遗产。主要流传于以武冈为中心的邵阳、隆回、洞口、城步、新宁等地，是湖南曲艺的一个独具特色的重要组成部分。丝弦产生于明朝初年，是在宫廷音乐江南丝竹的基础上，吸收当地的民歌小调、戏曲音乐、寺庙音乐等加工创造而成。最初主要为岷藩王王宫所专享，明中叶以后逐渐传入民间，流行于当地上流社会和有闲阶层。丝弦的曲调高雅、旋律轻柔、唱腔舒展、色彩丰富、如云行流水、珠落玉盘，使人情感交集、心旷神怡，深受当地人们的喜爱。2006年，武冈丝弦成功申报为湖南省第一批非物质文化遗产保护名录。2011年5月，"武冈丝弦"列入全国第三批国家非物质文化遗产名录。

【武冈阳戏】起源大概在清末民初，专业艺人不多，大都临时搭班，农闲凑合外出演戏，春来回家生产，后为巫师继承掌握，作为人家"酬愿"（又喊还愿）、招客演唱的工具，有健康的，也有不健康的，但是有一定的地方色彩。节目有"何氏磨媳""赶子牧羊""傅公子逃难""铁板桥""湘子服药""刘海戏蟾""磨豆腐""打草鞋""打妻劝夫""磨房生子"等70来曲。1956年，武冈文化馆挖掘出63曲，记录成册。"降成风"通过整理，于1956年11月参加湖南省民间艺术会演，评为优秀节目二等奖。

【武冈龙灯】在武冈城乡，每到新年都要玩龙灯来恭贺新春。玩灯的种类有龙灯、草龙灯等。尤以龙灯最为普遍。龙灯一般用竹、木、纸、布扎成，节数不等，均为单数。武冈龙灯有火龙和布龙之分：火龙以燃烛置于龙身（节）内，节与节之间以红布或红绸连接，白天夜晚均可玩耍舞动，适合走街串巷、入村进寨；布龙多以黄、红、蓝、黑、白等布将龙头、龙身、龙尾连成一整体，十分灵活，适于白天广场空旷之所玩耍。玉屏龙灯多火龙，龙灯的形状主要有头灯、牌灯、宝灯、龙头、龙身、龙尾、鱼灯、虾灯、蚌灯等。

【武冈米粉】选用一级中稻米，制作前，必须提前几天对大米进行浸泡。浸泡出缸后，洗净磨成细腻的米浆，再予滤干，然后加以生熟配料，搅拌入榨，变成粉条。粉条从榨机出来后，直接流入沸水锅内沸煮，再捞入清水中漂洗冷却。以上还只能称为半成品。有了半成品后，才能真正进入烹制阶段。烹制时，地道的做法是先一碗一碗地将米粉用沸水浇烫两次，使米粉由凉变热，然后再以油烫水浇烫一次，让油腻一步一步穿透米粉的本质。此道工序完成后，就要将熟猪油、肉茸、辣酱、酱油、腐乳、味精、葱花、香菜八样称为"八锦"的盖码进行现炒了，同样必须一份一份进行，绝对不混炒。

【武冈血酱鸭】武冈的一道名菜，历史悠久，闻名遐迩。血酱鸭以武冈地产丝鸭为主，以带皮猪肉为辅，加上生姜、红辣椒、甜酱、酱油、鸭血烹饪而成。宰鸭时在血中放盐、醋或酸水（腌菜用的水），鸭血不能凝固，待鸭肉入锅炒熟后，依次放入佐料和鸭血爆炒，待锅内无水时，才把血浆和甜酱以及味精倒入锅中，边倒边炒，直到血浆完全成熟。血熟后起锅。血酱鸭香、甜、脆、辣，味道十足。

【武冈米花】据武冈州志记载："早在西汉年间，武冈建都梁候国时，逢过年过节，民间就有油炸米花的风俗，当时称为都梁米花"。米花用糯米饭制成，每个米花约1厘米厚，由红、白两层组成，上层为红米饭。将做好的米花摆在簸垫或木板上，放在阳光下晒干。白色底层若碎玉铺就，红色面层如玛瑙嵌成，远远看去，像艳丽的花朵，故称之为"米花"。

【武冈空饼】中秋节吃空饼是武冈古老的习俗，已经有五六百年历史。在中秋节的晚上，人们要祭拜月神。空饼是武冈人烧柚香、敬月神中一种必不可少的贡品。做空饼需要传统古法熬制的麦芽糖，只有采用早稻米才可以制作上好的麦芽糖。制作空饼分和面、揉面、和馅、揉馅、包馅、压饼、团饼、上芝麻、再团饼、烘焙十道工序。刚出炉的武冈空饼外表焦黄，皮薄中空，空饼平底镶满芝麻粒儿，里面饼底铺满一层黑红色的糖衣，香甜酥脆。

【朱王魂断三座桥的传说】武冈市东郊有三座桥，分别叫玉带桥、落马桥和断头桥。相传朱元璋第十八个儿子名叫朱梗，在武冈州城内建岷王府。岷王在武冈先后传袭了14代200多年，因在武冈时间最长，故称武冈岷王，群众则俗称朱王。朱王当传到朱企豐这一代时，已是残阳一轮了，朱企豐荒淫残暴，在武冈做了许多坏事，公元1643年，农民起义军功陷武冈，最后一位岷王朱企豐被断头而杀，后来，王府安葬朱王时，找不到他的脑袋，只好铸了个金脑壳安在他的尸身上下葬。这以后，州人便把朱王被砍断玉带的那座桥叫"玉带桥"，将朱王翻身落马的那座桥叫"落马桥"，将朱王被砍头的那座桥取名为"断头桥"。

【武冈文庙】位于武冈渠水北岸，攀龙桥与让龙桥之间，又名孔圣庙，始建于宋绍兴8年（1138）历元、明、清财经修葺，愈修愈善，第一组建筑群，由泮池、戟门、成殿、左右斋廊，尊经阁等构成，建筑面积3000平方米。现1990年被列为邵阳市重点文物保护单位。

【凌云塔】位于城北东1.5公里迎春亭附近，濒临赧水西岸，俗称东塔。建于清道光九年（1830）。塔高36.2米，七级，内有阴阳两径直达塔顶。因塔壮丽挺拔，"绝似青云一枝笔"，故称凌云塔。原塔西200米处还有名闻遐迩，建于宋元丰元年（1078）的泗洲塔（又名花塔或斜塔）。塔3.5公里处另有南塔。三塔远近相映，雄伟壮观，使古城更增姿色。可惜南塔、花塔均于1970年毁坏。

【泗州塔】现塔基存于云台岭上（市气象局旁）。又名花塔、斜塔，始建于宋元丰

元年（1078），系楼阁式砖石结构建筑，通高30.5米，倾斜度6.22°，可与著名的意大利比萨斜塔齐名，较之举世闻名的意大利比萨斜塔（倾斜度5.45°）要早建98年，超出倾斜度0.77°。1969年为省修筑防空洞用砖，塔被炸毁，成为千古憾事。

【法相岩】位于武冈市区法相岩街道境内。又名宝胜山、资胜山，法相岩由8个天然的岩洞组成，各个洞口崖壁上都镌刻有一丈见方，端庄挺秀、笔划娴熟的隶书洞名，它们分别是：栖真、太保、上屏、朝阳、迎阳、芙蓉、稳山、花乳。各洞大小不一，错综复杂，却又相互贯通，形成洞中有洞，洞外又有洞的奇观。因而誉之以"法相洞天"的美称。法相岩早在1959年就被列为省级文物保护单位；1992年被国家旅游局收入《中国旅游信息库》中英文版。

【武冈化龙寺】坐落于武冈化龙桥上，始建于清代康熙初年，时有观音阁，观音阁位于桥上，由于地处人口密集的城中要道，善男信女来往方便，香火远较其他寺院兴旺。同治年间化龙桥曾遭烧毁，善男信女又捐款重修，两年后建成的桥和殿宇，较以前更加宽阔雄伟。神座内供奉观世音菩萨，前面还留有足够信众参拜的场地。

【武陵井】用青石板砌成，呈长方形，长约七尺、宽三尺余。唐代诗人王昌龄游览武冈时，曾写下一首脍炙人口的《武陵春色》诗："红绽夭桃缀小春，清深甘井艳浮新：东风阅尽娇花面，不见渔人更问津。"

沿着王昌龄的足迹，又有很多文人墨客前来武陵井游玩，留下了许多美好诗篇。明朝朱元璋的的后代岷藩王的宫殿就在上面不远，王宫吃水用水，靠的就是这井。

【胜力寺】位于城南云山风景名胜区内。是湘西南著名的宗教文化活动场所和游览胜地，邵阳市级文物保护单位始建于三国吴国时，初名"制止寺"，唐代改名为"胜力寺"，并沿用至今。宋代以后，屡加扩建，结构和造型极为宏伟壮观，其时名甲湘西南，与南岳齐名，使云山佛教处于鼎盛时期。后经战乱多遭损毁，2003年重建，现寺庙面积2500平方米。寺内由弥勒殿、大雄宝殿、观音殿等构建而成。

【武冈大炮台】位于古州城北端高处。清咸丰十年（1860），武冈知州谢廷荣，费银18476两，于州城正北建大炮台一座，周长达四十余丈。同时在城北建大炮台一座，筑小炮台52座。大、小炮台成马面形向前突出，可三面御敌，易守难攻。当年十月，太平天国石达开部队围城7昼夜，因城墙和炮台坚固无法攻入。现在炮台遗址上建有武冈革命历史陈列馆，辟为游园。

【宣风楼】坐落在济川门（老南门）城墙上，原名宣风雪霁楼，是古代观赏雪景的胜地。登楼望远，雪景尽收眼底，宋朝赵均任邵州防御使时定下"宣风雪霁"四个大字，制成匾额，悬挂在城楼上。明末毁于战火。清康熙二年知州吴从谦重建，光绪元年复建，民国塌废。1994年得以重建，面积708平方米，仿宋式建筑风格，上下两层，回转式走廊，气势恢宏，雄伟壮观，现为国家级重点保护区文物。

【木瓜桥】又叫红军桥。位于武冈城西南15公里邓元泰镇木瓜村东，始建年代不详，该桥于清康熙五十年增建桥亭。现存之桥体系同治八年（1869）重建。桥全长44米，面宽4.7米，四墩五拱，墩上叠木，拱间架木，逐层往上出跳，木以上石板加重压固，构成12排木架长廊。1930年12月，26岁的邓小平和李明瑞、张云逸率红七军攻打武冈古城，当年留下的"共产万岁"红色标语，至今还依稀可见。

【李明灏将军别墅】位于安乐乡政府内。1938年李明灏将军迁至武冈法相岩时所建。坐东北朝西南，占地面积3600平方米，建筑面积1172.58平方米。原系三进两横土木结构四合院建筑，现仅存主体建筑四合院。为黄埔军校二分校留存甚少的旧址建筑之一。2010年与中山堂一同申报国家级文物保护单位，是全省第三批爱国主义教育基地，于2013年批准为国家级文物保护单位。

【黄埔军校第二分校旧址】位于湖南省武冈市第二中学校内。民国27年，1938年，日军进逼武汉，中央陆军军官学校武汉分校被迫迁来武冈，改名为中央陆军军官学校第二分校，又名武冈分校，黄埔军校第二分校主任李明灏将军为纪念革命先行者孙中山先生而建，1941年3月动工，1943年7月建成。

中山堂座北朝南，由正厅、左右厢房、花园等组成，占地面积1300多平方米。系"中西合璧"的大庑顶外带四个攒尖顶角楼的砖木构建筑，是黄埔军校本校和十二所分校中现存唯一保存完整的纪念孙中山先生的旧址建筑。2013年，中山堂获批全国重点文物保护单位。

【都梁侯国遗址】位于头堂乡七里村七里桥东资水南岸二层台地高埠处。汉元朔五年（公元前124年），汉武帝刘彻封长沙王刘定之子刘遂为都梁侯，建侯城于此。现遗址除遗存部分文化层、七里桥两端桥墩及驿道外，还出土了大量的纹饰砖、鼓形磉石、瓦当、陶罐、铁釜、三足铜洗、三足盘、方柄焦壶等汉代器物。

【四季岩遗址】位于文坪镇拥坪村东州山山脚，距武冈城中心20公里，因洞内常年四季如春，故名四季岩。1984年，湖南省文物研究所从该洞穴里出土了新石器时代人类狩猎生活使用的工具石斧、青铜铜、石刮、彩陶等，从而被国家文物局列为新石器时代遗址。

【回龙街】指武冈城内清渠街、新陵街、回龙街、鳌山街及穿城河两侧传统建筑集中的区域，占地面积7.08公顷，主要为清末民初传统街河店屋特色，已毁大型建筑有学署、财神庙、玄妙观、鳌山书院、鳌山庙、张家祠堂等，留存下来的有武陵井、龙王庙、兴龙桥、攀龙桥、牛市桥、清渠门、西水门及濂溪宫，寿佛寺等5处民居院落。

【西直街】以西直街为东西主轴，覆盖庆丰巷、木货街、寿佛寺巷、砚池塘、安远巷等的传统民居密集区，占地面积16.45公顷，主要为清末民初传统小商品手工业的商住交融特色建筑。已毁大型建筑有张家花园、城隍庙、游击署、天后宫、江西公馆、三义宫、寿佛寺、报恩寺、守署、天主堂、三皇殿、贤进宫等，留存有庆成门、同春档、龚家院子、唐家院子、张家祠堂、按察司行署等文保单位13处，重点保护院落41处。

【太平门】梯云桥至太平门两侧大部分地段，及五显巷、三元宫巷、桶匠街两侧地段，占地面积为7.74公顷，主要为传统会馆文化与沿河近代工业遗产特色，已毁大型建筑有太平门、薰和门、天府宫、上湘公馆、马王宫、梓潼宫、五显庙、石牌坊、福音堂等，留存建筑有大郎庙、洞天宫、祝融宫、机械厂旧址、禹家院子、丁家院子等16处保护院落。

【陈氏金福元卤菜】百年老字号品牌，经过二十八代人的传承与创新，在地方享有盛誉。武冈市陈氏福元卤业食品有限责任公司作为武冈卤菜行业的龙头企业之一，主要产品有卤香干系列、卤铜鹅系列、手撕豆干系列、卤肉制品系列等共100余个品种，手撕豆干系列产品经国家科技局鉴定，被评为科技创新二等奖。

【武冈卤菜制作术】一种民间传统食品的制作技术，已有上千年的历史，主要流传在武冈城区范围内。武冈卤菜制作技艺最为鲜明之处，就是"以药为卤，以糖上色"，由此彰显出与一般卤菜不同的"药卤"技艺特色。主要采用大茴、小茴、桂皮、公丁、母丁等二十多味纯正中草药辅之以猪筒子骨汤反复熬制，每熬制一次，凉干、冷却再反复三次以上。2008年，武冈卤菜制作术成功申报为湖南省第二批非物质文化遗产保护名录。

【李道纯】（生卒无考），字元素，号清庵，自号莹蟾子，元武冈路（今武冈市）人。宋末元初著名道士，得白蟾子弟子王金蟾真传，为一代玄门宗匠和杰出的内丹大家。李道纯的学说以全真南宗为主，兼取北宗。他通老、易，达禅机，认为"人情多聚散，世道有兴衰，唯有真常在，古今无改移"。

【曹一夔】（生卒无考），字子韶，号双华，明武冈州文拳团（今独山）人。明神宗万历二年（1574）进士，历任监察御史、浙江嘉湖兵备金事、都察院副御史。曹每到所任，都要清理积案，洗雪冤狱，革除弊政，故得罪权贵而被罢官。万历十一年复起用，任都察院副都察御史。入京，则向朝廷陈述当时存在的八项弊政。神宗皇帝赞扬他说得很好，下诏各地除弊兴利。不久又遭诽谤，削官归家，筑室同宝岩山麓，闭门读书，著有《虚白堂集》传世。诗作风格浓郁沉雄，成为明代武冈诗坛大家。

【郑维城】（1592-1657），字浮远，

明武冈州龙头团（今安乐乡玉龙村）人。性格豪爽，广交朋友，常与人摔跤、拳击遣兴。他身材魁梧，手力大，好读兵书，立志尚武。神宗万历年间中武科举人，不骄不躁，习武更勤。明天启二年（1622）中武进士，殿试登武科状元，为武冈唯一的"状元公"。历官刘河游击、舟山参将、总兵、都督等职。明亡，他弃官为民，殁于清顺治十四年（1657）。

【潘应斗】（生卒无考），字章辰，号素斋，明武冈州儒林乡（今邓元泰镇山岚铺村）人。思宗崇祯九年（1636）举人，十六年会试登进士，序列二甲，被誉为"不世之才"。任广东万州知州一年，政绩斐然，百姓感恩戴德，为他修建生祠。清兵南下，攻陷金陵，应斗离任。顺治四年（1647），桂王朱由榔被拥立于广东肇庆，改元永历，初授潘应斗监察御史，未应征，继改授吏部铨选司郎中加太常寺卿。时刘承允挟迁桂王于武冈，骄塞跋扈，擅权乱政。应斗度大势已去，辞谢归乡。清顺治年间，朝廷曾先后三次征他出山作官。他名节凛然，拒不从命。

【邓辅纶】（1828-1893），字葆之，清武冈州南乡大甸湾（今大甸乡大甸村）人，邓仁望之子。邓辅纶3岁入州学，15岁补廪生，后就读长沙城南书院，与王闿运、邓绎、李篁仙、龙汝霖结"兰陵词社"，时人誉为"湘中五子"。左宗棠独叹邓为异材。清道光二十九年（1849）拔贡。清咸丰元年（1851）入京会试，列恩科副榜，叙用

内阁中书。居京期间，常与湘籍仕宦文人相过往，以诗酒会友，倡创"湖湘诗派"。

【刘筠】（1929-2015），鱼类繁殖和育种专家，武冈人。1953年毕业于湖南大学。曾任湖南师范大学教授、副校长。兼任中国水产学会副理事长。率先应用细胞工程和有性杂交相结合的综合技术，在国内外建立了第一个遗传性状稳定且能自然繁殖的四倍体鱼类种群，成功地培育出了优质的三倍体鲫鱼和三倍体鲤鱼。1995年当选为中国工程院农业、轻纺与环境工程学部院士。是中国水产学会副理事长，湖南水产学会理事长，全国政协第六至八届委员。

【钟训正】（1929-），教授、博士生导师，中国工程院院士。1929年7月9日生于武冈城区。1947年考入中央大学（建国后改名国立南京大学），1952年毕业于南京大学建筑系。先后在湖南大学、武汉大学、南京工学院（现东南大学）建筑系任教。1997年11月当选为中国工程院院士，兼任中国建筑学会理事、中国建筑师学会名誉理事、江苏省土木建筑学会副理事长。

◇ 城市生态

【综述】21世纪以来，武冈加大了生态建设力度，相继启动了退耕还林工程、长江防护林体系建设工程、巩固退耕还林成果工程、国家木材战略储备林体系建设工程、中央财政造林补贴及森林抚育补贴工程等一系列林业重大工程。加强生态建设，维护生态安全，弘扬生态文明，整体纳入国家首批生态文明先行示范区、全国第二批生态文明示范工程试点区、高标准农田建设实施重点县（市）、全国集约节约用地模范县（市），被邵阳市确定为"西部生态圈中心城镇"，文坪独立工矿区列入国家重点治理区域，经济开发区申报国家新能源示范区，衡邵干旱走廊专项治理在水浸坪乡试点。森林覆盖率达到43.5%，湿地面积占国土面积的1.98%，总体环境空气质量处于良好水平，优良以上空气质量达标率90%，城市空气环境质量稳步推进，可吸入颗粒物、二氧化硫、二氧化氮均达到国家一级标准。2017年全市饮用水源水质达标率100%，城市污水集中处理率为92.6%。

【云山国家森林公园】位于市城南5公里处，属雪峰山余脉，共有71座山峰，最高峰紫霄峰海拔1372.5米，云山东西狭长，绵延20公里，总面积3110平方公里，以山奇、水秀、林幽、云幻著称。境内动植物资源丰富，堪称生物资源王国，有植物203科，1518种，其中属国家一级保护的植物有银杏、水杉、香果树、南方红豆杉、钟萼木、秃杉等，现有保存完好的原始次生阔叶林200公顷，林区郁闭度达0.9以上。有脊椎动物66科211种，其中属国家一级保护的有长尾雉、红腹角雉、云豹；二类保护的有麝香、水鹿、大鲵、绵鸡、穿山甲等。分为伴山冲景区、云山堂景区、紫霄峰景区三大景区，景区中云海、古树、流泉、溪涧、瀑布、幽谷、山峰、怪石、古刹、灵寺、古道、古迹一应俱全。

【威溪国家湿地公园】坐落在武冈市与城步苗族自治县交界处，规划总面积357.3公顷，其中湿地面积200.7公顷，湿地面积占总面积的56.2%。威溪国家湿地公园依托自然、历史、人文景观资源优势，重点保护威溪水库、玉溪河湿地及武冈云山特有植物、库区水栖候鸟栖息地，维护威溪湿地和资江上游区域生态安全。

【狮子湖生态公园】距城区约2公里，园区规划占地面积2400亩，其地形地貌基本保持生态原状，山水相依，树木葱郁，风光宜人。景区范围包括狮子山、狮子湖水库、同保山及其周边地区，公园定位于拥有休闲度假、主题玩乐、户外运动和文化体验四大旅游产品的综合型休闲度假旅游区。

【王城公园】位于武冈古城的原小王城旧址。因历史的变迁，小王城已不复存在。2004年，武冈在旧址上改建了王城公园、步行街。其中王城公园占地2.1万平方米，修复了古城墙，恢复了古楼阁亭台，立了石刻，种植了大量花草树木，新建了大面积的绿地和游憩设施。和宣风楼、王城广场、文庙大成殿等景点融合在一起，是武冈市民爱好的休闲游览去处。

【资江两岸风光带】西起云山大桥，东至春光大桥，两岸拟控制范围以规划道路及街区为界限，扩展范围在40-200米，范围内河道长约5.1公里，覆盖面积约3.7平方公里，概算投资3.5亿元。其中滨江公园项目，占地110亩，控制区面积150亩，功能分区为：浏览区、游乐区、水上公园、休闲区等。建筑总面积2.4万平方米。

【武冈市第二污水处理厂】位于市头堂乡双乐村，投资5980.21万元，采用较为先进的污水处理工艺改良氧化沟，建设日处理设计规模为4万吨/天，一期工程为2万吨/天。处理工艺及出水标准：污水处理采取"水解酸化+改良型氧化沟+高效沉淀池工艺"，出水水质达《城镇污水处理厂污染物排放标准》（GB18918-2002）一级B标准，排入资江。

【武冈市城市生活垃圾卫生填埋场】位于安乐乡安乐村呙子冲，于2001年4月经省发改委批复立项，2008年8月正式动工，占地221亩，采取卫生填埋的方式，总库容为330万立方米，投资1.17亿元，日处理垃圾260吨，设计使用年限为30年。填埋场配套了排水系统，采用"雨污分流"的科学设计，从源头上控制渗滤液产生量，减轻下游液调节池的负担。垃圾渗滤产生的污水则排入投资2000多万元修建的污水处理厂，通过生化超滤、纳滤、反渗透等国内最先进的污水处理工艺，达到国家一级排放标准。

◇ 城市名片

【综述】武冈历史悠久，自西汉文景置县起，至今已有2200多年建城史。有"六九福地""楚南胜境"之称的国家森林公园——云山、"盖天下"之称的古城墙；还有始建于康熙年代，楹联荟萃的浪石古民居。武冈铜鹅乃世之名鹅，是"湖南三宝"之一；武冈卤菜历为皇家贡品，2007年武冈被中国食品工业协会冠名为"中国卤菜之都"，"武冈卤菜制作术"入选省级非遗名录、"武冈卤菜"获评国家地理标志符号。

【云山】位于武冈市城南5公里处，以云多奇幻而得名。最高峰海拔1372.5米，是山岳型自然风景区。1992年被批准为国家级森林公园，1994年被批准为省级风景名胜区，2006年被批准为国家3A景区。云山四季云雾缭绕，云带灵气，峰呈福象，许多胜迹隐现其间。云山分伴山冲景区、云山堂景区、紫霄峰景区几大景区，景区中云海、古树、流泉、溪涧、瀑布、幽谷、山峰、怪石、古刹、灵寺、古道、古迹一应俱全，被誉为"楚南胜地"。

【武冈古城墙】始于汉恒帝派窦应明"伐蛮筑城"。北宋为"屯兵峙粮、控制蛮獠"，于"军署"治所夯土板筑城墙，总周长约十里，城门上建有"醮楼"。元末毁于兵燹。明洪武四年（1371）朝廷派江阴侯吴良主持修建武冈城，他改土城为石城，以数百上千斤乃至成吨重的方形青石砌筑墙体，"内外皆石，上亦石镘之"，长774丈，高二丈，顶阔八尺。为当时世所罕见的纯石质结构城墙。古城墙今幸存城垣四段（内城两段、外城两段），总长1450米，墙体分墙基、墙垣、雉堞（垛子）三部分。墙基石深入地下0.5至2米不等。墙垣高6至6.6米不等，分四层砌筑，内外靠摘，城墙和马面上有女儿墙，墙上原有既能藏身又能瞭望、射击的凹口和方孔，均已毁。城门四座：即济川门、清渠门、迎恩门、庆城门。各城门分两层，城墙基址、城门保存完好，均为方条形青石砌筑。2013年，核定为第七批全国重点文物保护单位名单。

【浪石古民居群】位于双牌镇浪石村，公元1409年，明朝官宦之子王政海相中此地，迁居于此，因见后山上石板层层翻起，其形如浪，取"浪人至此，如石生根"之意，故改村名为"浪石"。现存明、清至民国初年的建筑88幢，分为大院子、上房头、二房头三片区，总占地面积24980平方米，建筑面积18880平方米。房屋之间充分利用建筑高差自然采光，房前屋下明沟暗涵相连，排水系统通畅，建筑构件大多施雕刻，泥塑，彩绘等传统工艺。每个角门的石楹柱上都刻有楹联，现保存完好的石刻楹联有41幅，这些楹联的书法或遒劲、或清秀、或飘逸灵动，有多副楹联字体出自清代著名书法家何绍基之手迹，被誉为"中国古楹联第一村"。

【武冈卤菜】卤菜是武冈传统地方食品，已有上千年的历史，清代为宫廷贡品，是清官员餐桌上的美味佳肴。卤菜制作极其讲究，以大茴、小茴、桂皮等十几味名贵中药材为佐料，以豆制品、铜鹅、猪、牛肉等为原料，采用独特的配方、独特的工艺，经浸泡蒸煮制作而成，达到色美味香，口感独特的效果。武冈卤菜现已开发出多种产品，制成的卤品有卤豆腐干、卤豆腐丝、卤猪血丸子系列；卤鹅肉、卤鹅掌、卤鹅翅系列；卤牛肉、卤牛肚、卤牛肠子系列；卤猪耳、卤猪肉、卤猪脚、卤猪尾系列；卤蛋系列等。

【城市荣誉】武冈市获得的荣誉主要有中国卤菜之都、中国最负盛名特色品牌市、中国最具投资潜力城市、2016-2017年度全国食品工业强市、全国生猪标准化示范城市、全国区县级百强政府网站县（市）、省级卫生城市等荣誉称号，是全国商品粮生产基地、茶叶基地，全国平安农机示范县（区、市）、全国集约节约用地模范县（市）、全国小型农田水利建设重点县（市）、全国粮食生产先进县（市）和湖南省瘦肉型猪基地、辣椒基地和养鹅"丰收计划重点县（市）"。

岳 阳 市

岳阳，古称巴陵、又名岳州，建城始于公元前505年，1960年成立市，1983年升为地级市。以洞庭湖与岳阳楼闻名于世界，先后被评为国家历史文化名城、中国优秀旅游城市、国家卫生城市、国家园林城市、全国文明城市。

◇ 城市概况

【区划范围】岳阳简称岳，古称巴陵、又名岳州，为湖南省辖地级市，位于湖南东北部，素称"湘北门户"。地处北纬28°25′33″～29°51′00″，东经112°18′31″～114°09′06″之间。东邻江西省铜鼓、修水县和湖北省通城县；南抵湖南省浏阳市、长沙县、望城区；西接湖南省沅江县、南县、安乡县；北接湖北省赤壁、洪湖、监利、石首市（县）。东西横跨177.84公里，南北纵长157.87公里，辖区总面积15087平方公里。现辖岳阳楼区、云溪区、君山区3个区，湘阴县、岳阳县、华容县、平江县4个县，代管汨罗市、临湘市2个县级市。中共岳阳市委员会、岳阳市人民政府驻岳阳大道，电话区号：0730，邮政编码：414000。

【地理环境】地势东高西低，呈阶梯状向洞庭湖盆地倾斜。东有幕阜山脉自东南向西北雁行排列，西南有玉池山脉。有大小湖泊165个，280多条大小河流直接流入洞庭湖和长江。东洞庭湖面积约1328平方公里，是洞庭湖泊群落中最大、保存最完好的天然季节性湖泊，占洞庭湖总水面的49.35%。在洞庭湖周边，沿东、南、西、北4个方向，分别有新墙河、汨罗江、湘江、资江、沅江、澧水、松滋河、虎渡河、藕池河九条大中江河入湖，形成以洞庭湖为中心的辐射状水系，亦被称"九龙闹洞庭"。全市长5公里以上河流有273条，流域面积100平方公里的河流有27条，流域面积2000平方公里以上的河流有汨罗江和新墙河。处在东亚季风气候区中，属湿润的大陆性季风气候。年平均降水量为1289.8～1556.2毫米，年平均气温在16.5～17.2℃之间。年日照时数为1590.2～1722.3小时，年无霜期256～285天。市境主导风向为北风和东北偏北风，年平均风速为2.0～2.7米/秒。

【资源物产】属中亚热带阔叶林带区，

幕阜山及连云山区天然针阔叶林植被群落和君山岛繁杂的刚竹属植被类群，成为全省重要的天然物种基因库之一。有野生植物、栽培植物90多科300多属1118种，属国家保护的古树古木有19种。野生动物有以洞庭湖为核心的湿地生态类型（水禽为主），以幕阜山、药菇山为核心的森林生态类型（兽类为主），境内各类动物23目84科近600种。鸟类资源极其丰富，仅东洞庭湖自然保护区内观测记录的鸟类有338种，其中，属国家一类保护的有7种。鱼类资源有11目22科124种，其中，国家一类保护的有中华鲟、白鲟等。境内矿藏、矿点近200处，主要有矾、铅、锌、黄金、钨、铌、长石、白云石、石英石等。多年平均径流量加地下水年平均水量，水资源年平均储量为115.27亿立方米。多年平均理论水能蕴藏量为41.5万千瓦，其中可开发利用的年均水能资源为14.24万千瓦，占理论蕴藏量的34.2%。

【建制沿革】 夏商为荆州之域、三苗之地。周敬王在此修筑西糜城，为岳阳境内筑城之始。东汉建安十五年（210），成立汉昌郡，郡治在今平江县金铺观。南朝宋元嘉十六年（439），置巴陵郡，郡治设在巴陵城。隋开皇十一年（591），改巴州为岳州。开皇十八年（598），岳州辖巴陵、罗县、湘阴、华容及沅江五县，今岳阳各县（市）全部归属一州。民国二年（1913）废府存县，改巴陵县为岳阳县。1949年，中华人民共和国成立后，岳阳、临湘、平江和湘阴属长沙专署，华容县属常德专署（后改

属益阳专署）。1970年岳阳专署改称岳阳地区。1983年2月8日，国务院批准，岳阳市升为地级市。1986年1月27日，国务院批准撤销岳阳地区，将临湘、华容、汨罗、平江4县划归岳阳市管辖。

【人口民族】 2016年末，全市总户籍人口为570.52万人，其中，市辖区人口为109.96万人。常住人口为568.11万人，其中城镇常住人口为315.98万人。男性人口294.28万人，女性人口273.83万人。全市全年出生人口73735人，出生率为12.98‰；死亡人口18366人，死亡率为5.98‰。有土家族、苗族、蒙古族、回族和满族等51个少数民族，12900多人，约占全市总人口的2.3‰。

【区位交通】 湖南的"北大门"和"出海口"，国家长江经济带和长江中游城市群中的节点城市，境内京广铁路、京广高铁和京港澳、随岳、通平、石华、岳常高速、107国道纵横穿越，岳望、大岳高速、临湖公路、蒙华铁路荆岳段正在加快建设。拥有163公里长江黄金水道，属长江沿岸亿吨级大港城市。城陵矶港是国家对外开放一类口岸、海峡两岸首批货运直航和港澳直航港口。岳阳三荷机场于2015年12月10日开工建设。2016年，全市完成邮电业务总量（2010年不变价）57.92亿元；电信业务总量49.69亿元；年货物运输总量3.1亿吨，全市物流业产值达到627亿元。

【社会发展】 2016年，中等职业教育招生2.28万人，在校生5.51万人，毕业生1.59

万人。普通高中招生2.86万人，在校生8.34万人，毕业生2.75万人。初中招生5.44万人，在校生15.95万人，毕业生5.46万人。普通小学招生6.22万人，在校生34.3万人，毕业生5.52万人。特殊教育招生154人，在校生1158人，毕业生64人。幼儿园在园幼儿17.41万人。国家工程技术研究中心1个，省级工程技术研究中心14个。专利申请2801件，授权专利权1620件。全市共有体育场地8806个，其中体育馆20座。新建农民体育健身工程的行政村180个。全市共有医疗卫生机构4630个，其中医院241个，妇幼保健院10个，专科疾病防治院（所、站）18个，村卫生室3402个。卫生技术人员29160人，其中执业医师和执业助理医师14312人，注册护士10350人。全市疾病预防控制中心（防疫站）11个，卫生监督所（中心）10个。医院床位29823张。参加城镇基本医疗保险人数166.7万人。参加失业保险人数36.13万人。年末全市领取失业保险金人数3.15万人。参加工伤保险人数77.16万人。参加生育保险人数40.97万人。

◇ **城市建设**

【综述】围绕建成"长江中游区域性中心城市、湖南省域副中心城市、洞庭湖区生态示范城市和滨湖人文城市"的目标，以健全城市功能、改善城市环境、强化城市基础、完善城市路网等为重点，强力推进城市建设。城市"东扩、北靠、西联、南延、中

提"战略卓有成效，市中心城区建成区面积扩大至100平方公里；南湖北岸、东岸截污主干管基本形成。综合保税区、汽车整车进口口岸、进口肉类指定口岸、进口粮食指定口岸、固废进口指定口岸获批运营，城陵矶港纳入启运港退税政策试点范围，成为全国唯一拥有6个国家级开放平台的地级市。至2016年底，全市城镇化率55.62%，市城区累计建成城市道路760公里（含主、次干道和支路），新增各类城市道路78公里。城市建成区面积78平方公里，城市建成区绿化率达到39.29%，人均拥有公共绿地面积达到9.46平方米。

【城市规划】《岳阳市城市总体规划（2008-2030）》将岳阳的区域发展定位为湖南省"3+5"城市群的次中心和首位门户城市。按照圈层模式，构筑"一带两圈"的对接南北、联动东西的城镇空间布局形态。"一带"指中部城镇发展带，包括湘江和长江以东、京港澳高速公路以西地区，发展轴线包括京广铁路、长江、湘江、107国道、京港澳高速及其复线、长临城际铁路，通过发展轴线向北融入武汉城市圈、向南对接长株潭城市群，引导人口、产业、土地、基础设施等城镇建设要素向该地区集聚。"两圈"指"岳—临—荣"都市区和"汨—湘—营"城镇群。"岳—临—荣"都市区是指以中心城区为中心，包括临湘市长安街道和岳阳县城为外围城镇的都市区，以306省道、杭瑞高速、荆岳铁路、岳常铁路为发展轴线，以一小时通勤距离为服务半径，辐射

华容县城、市域西部和鄂南地区城镇，形成市域北部"3+1"的城镇空间布局形态。"汨—湘—营"城镇群是指以汨罗市区、湘阴县城和营田镇为核心的城镇群，以308省道、平益高速、平益城际铁路为发展轴线，以一小时通勤距离为服务半径，并联平江县城，辐射市域东部城镇，形成市域南部"3+1"的城镇空间布局形态。到2020年，城镇人口355万人，城镇化率到60%；2030年城镇人口435万人，城镇化水平70%。

【南湖新区】1992年10月经湖南省人民政府批准建立的全省首家省级旅游度假区。2000年6月，加挂岳阳南湖风景区的牌子。2011年1月，岳阳南湖旅游度假区更名为湖南岳阳洞庭湖旅游度假区。2015年9月2日，岳阳南湖风景区更名为"岳阳市南湖新区"，管辖面积由28平方公里调整为约56平方公里，辖南湖、求索、湖滨3个街道办事处和龙山、月山2个管理处，共有19个社区、2个村，管理人口14万。区内以南湖为依托，重点发展生态旅游和休闲娱乐业；以湖滨园艺场为载体，规划设置湖滨绿色科技工业园，主要发展高新技术产业和无污染、低能耗的环保型产业。

【高铁新城】地处市城区"东扩北靠"战略的核心圈，东依金凤湖生态示范区，西连主城区，南接木里港工业区，北抵规划建设中的城市高压走廊。片区以商贸金融、体育休闲、生活居住和交通枢纽为主体功能的门户板块，以及现代化城市次中心。作为岳阳城市"一核四片区"城市规划的重点打造区域，高铁新城是城市"东扩北进"的主战场，也是城市功能向东部逐步疏解的关键节点。《岳阳市城市综合交通体系规划（2010年–2030年）》将岳阳高铁东站、岳阳汽车站整合成岳阳东客运枢纽。金凤桥片区通过对外交通及城市道路将打造成集公路、铁路、航空、磁悬浮一体化的综合客运枢纽。

【岳阳大道】城市"主动脉"，是市中心城区链接京港澳高速的主要城市通道。西起中心城区北港路，东至107国道太阳桥，全长3012米。路幅宽度为120米，双向10车道，为"四板五带"分辐，机动车道中间及机动车道与非机动车道之间均设绿化带分隔，绿化面积达46%，总投资近2亿元。岳阳大道工程自2000年9月动工，2002年4月建成通车。

【洞庭大道】城市南区西部南北向干道。1958年后依旧街陆续扩建而成。北起北门渡口，南至南津港，长4320米。又以与巴陵路相交处为中点分作两段，北段又称洞庭北路，沿路有洞庭橡胶厂、岳阳宾馆、市气象站、岳阳楼等；南段又称洞庭南路，沿路有百货公司、岳阳港分局、祠氏塔等。

【南湖大道】位于市南区东南部。起自东茅岭路，向南直达南湖。长2260米，宽50米。两侧人行道各宽4米，有两条花木林带与中间车行道分隔。沿路有国际大厦、体育馆、科技信息大楼和岳阳游乐园。1984年始建，初名云梦路，1988年改名南湖大道至今。

【环南湖旅游交通圈】 东抵羊角山路，南至赶山路，西临南津港大堤，北靠求索路，分电动车道、自行车道和步行道，规划面积33平方公里（包括南湖水面10.6平方公里）。项目总投资约为35.3亿元，临湖核心圈建设投资约为22.42亿元。建设内容包括"五个系统"（即电动游览车系统、自行车系统、步行系统、机动车系统和水上游览系统）、节点景观、配套的便民设施、服务设施、环保设施等。该工程既是南湖水环境综合治理工程，也是生态修复保护工程、历史文化保护工程、旅游休闲产业壮大工程和环南湖旅游交通建设工程。

【城陵矶港】 湖南最大港口、长江中游水陆联运、干支联系的综合枢纽港口。位于市东北15公里长江与洞庭湖交会的右岸，距市中心区7.5公里，隔长江与湖北省监利县相望。1898年辟为对外商埠，1970年辟为水陆联运中转港。港区南起七里山，北至陆城，使用岸线长6.6公里，水域面积405万平方米，陆域面积269万平方米。有堆场13处，码头34座，泊位50个。有港口铁路专用线4股、28公里。有趸船17艘，装卸机械79台。码头有斜坡式和直立式两种。

【巴陵大桥】 位于市南区中部，为巴陵路跨京广铁路立体交通桥。1979年开始建设，1982年竣工，以岳阳之古称巴陵命名。桥为钢筋混泥土结构，三墩支撑。桥长500

米，高9米。车行道宽14米，两侧人行道各宽3米。两侧有悬臂式楼梯和"之"字形阶梯供行人上下。桥面沿边栏杆雕琢花鸟虫鱼图案，桥上排列两行玉兰花路灯。桥西西侧建有绿化园地，引桥下有农贸市场。

【洞庭湖大桥】 位于洞庭湖与长江交汇处，东接洞庭大道和107国道、京珠高速公路，西连省道3063线。大桥横跨东洞庭湖区，全长10174.2米，主桥梁长5747.8米，设计通航等级Ⅲ级。主桥桥型为不等高三塔、双索面空间索、全飘浮体系的预应力钢筋混凝土肋板梁式结构的斜拉桥，跨径为130+310+310+130米。索塔为双室宝石型断面，中塔高为125.684米，两边塔高为99.311米。三塔基础为3米和3.2米大直径钻孔灌注桩。引桥为连续梁桥，跨径20至50米，基础直径为1.8和2.5米钻孔灌注桩。1996年12月开工建设，2000年12月26日建成通车，是我国第一座三塔双索面斜拉大桥，亚洲首座不等高三塔双斜索面预应力混凝土漂浮体系斜拉桥。

【岳阳自来水公司】 成立于1960年，是一家集自来水生产、销售及配套供水管网设计、施工和维护管理的国有中型企业。公司下辖岳阳市广益供水安装有限公司，岳阳市广润给水设计工程有限公司、湖南广达水务有限公司、岳阳市广通维修有限公司四个子公司。建有两座水厂，原水取自风光秀丽的铁山水库。日总供水能力40万立方米，制水一厂保留原洞庭湖取水口作为应急备用水源，形成双水源保障。供水区域布局东至经开区机械工业园，北至临港产业新区永济乡，西沿洞庭湖至湖滨，南至岳阳县新开镇，为全市市民提供生产、生活用水保障。

【**岳阳步行街**】地处市中心商业圈，即现步行街地下数万平方米经东茅岭路地下至国大，设计为地下二层，总建筑面积约90000平方米，总投资约10亿元。地下一层为地下商业街兼过街道，主要用于疏导人流。同时还能将周边商户连接成片，集成商业人气繁华的东茅岭商圈。该城市综合体包含百货商店、五星级酒店、CBD商务中心、美食餐饮城、城市公馆、商业内街、文化休闲广场等，总建筑面积约40万平方米。

【**湖南理工学院**】以理工科为主，理、工、文、经、管、法、教、艺等多学科协调发展的省属全日制普通高等学校，是经国务院学位委员会批准的硕士学位授权单位，是首批国家产教融合发展工程应用型本科高校。学校可追溯至1910年举办的湖滨大学，后历经发展变迁，1999年经教育部批准，岳阳师范高等专科学校、岳阳大学及岳阳教育学院合并为岳阳师范学院，2003年更名为湖南理工学院。校园面积2100余亩，拥有4公里风光优美的湖岸线，校舍总建筑面积近70万平方米；建有省内设施、环境一流的图书馆，拥有各类藏书292万余册（含150万种电子图书）。设有16个教学院及1个独立学院——南湖学院，拥有学士学位专业54个，一级学科硕士学位授权点8个，普通全日制本科生、研究生、留学生23000余人（含独立学院）。现有教职员工1273人，其中教授139人，博士226人，硕士生导师180人，外籍教师23人。校址：岳阳市学院路。

【**湖南民族职业学院**】公办全日制普通高等学校，是湖南省高职院校中唯一同时有资格招收小学教育、学前教育等教师教育专业的学校。最早为1901年美国传教士海维里夫妇创办的贞信女子学校。位于岳阳楼附近，占地面积1000多亩，建筑面积约26万平方米。现有教师和各类专业技术人员807人，专任教师607人，其中正副教授280余人，硕士研究生200多人，"双师型"教师127人。学校设有学前教育学院、初等教育学院、艺术与设计学院、现代服务与管理学院、工程技术系、通信系、公共教学部、西藏部等院系和成人教育学院。在校学生13000多人，分别来自全国24个省市、26个民族。

【**岳阳市第一中学**】创办于1903年，初名岳州府中学堂，1976年更名为岳阳市第一中学。占地122亩，建筑面积7万余平方米。有功能齐全的体艺馆和高标准的400米全塑胶田径场，有终端遍布所有教室与办公地点的千兆以太校园网，有高规格的生物标本室和藏书逾15万册的现代化图书馆，有设施完备可同时容4000人进餐的学生食堂，有宽敞舒适，可同时容纳2000人住宿的学生公寓。在职教工291人。拥有汉、藏两部，58个教学班。其中汉班49个，藏班9个，在校学生

3550人（含藏族学生450人）。校址：岳阳楼区洞庭北路381号。

【岳阳市第一人民医院】始建于1964年，坐落于洞庭湖畔，是一所集医疗、教学、科研、预防、保健、康复于一体的三级甲等综合性医院。现有职工1928人，其中副高职称以上的医（护、药、技）师384人，医学博士10人，硕士270人。全院共开设57个诊疗科目，其中临床类45个，医技类12个。开放病区39个，其中院本部27个，东院12个。是中南大学湘雅二医院医疗协作医院、中南大学湘雅医学院临床教学基地、湖南省全科医生转岗培训基地、国家住院医师规范化培训基地、国家药物临床试验机构、卫生部脑卒中筛查与防治基地、国际紧急救援网络医院、外国专家定点医疗机构。分设院本部和东院，院本部占地面积13亩，建筑面积4.3万平方米，编制病床1029张；东院占地面积50亩，建筑面积5.9万平方米，编制病床400张。医院地址：岳阳市东茅岭路39号（院本部）、岳阳市经开区岳阳大道28路（东院）。

【岳阳市中医院】始建于1958年，是一家集医疗、教学、科研、预防、保健、康复于一体的三级甲等中医医院。占地57亩，建筑总面积46000平方米，编制床位1000张。年门诊50万余人次，出院2万余人次。设有内、外、妇、儿、急诊、肛肠、骨伤、ICU等45个临床科室和放射、功能、检验、病理等12个医技科室。张氏正骨术评为全国十三

大中医骨伤学术流派之一；推拿学科列为全国八大推拿重点临床学科之一。建有国家重点专科4个（肿瘤科、内分泌科、治未病中心、推拿科），省级重点专科1个（颈肩腰腿痛科），市重点专科12个。现有职工1263人，主任医师56名，副主任医师116名，博士5名，硕士研究生189名，硕士生导师26名，享受国务院特殊津贴专家1人、全国优秀中医临床人才1名，全国中药特殊人才2名、省级名中医3人、岳阳市十大名医2人、市级首席专家及名中医48名。医院地址：枫桥湖路269号。

【岳阳市图书馆】前身是岳阳县民众图书馆，1929年成立于县教育局内，藏书8000余册。1976年，岳阳市图书馆正式成立。1985年12月4日，新建馆舍，总投资近300万元。岳阳市图书馆新址位于南湖大道与金鹗大道交叉口东南侧。该馆占地18亩，主楼及其他公用房屋总建筑面积达6400平方米，现有藏书35万册，报刊杂志1000余种，阅览座席500余个。设有外借处、现刊阅览处、过刊阅览室、参考咨询室、地方文献室、少儿外借处、少儿阅览室、电子阅览室、岳阳作者文库，岳阳市诗词馆，报告厅11个服务窗口，每周开放60个小时以上。

【岳阳文化艺术会展中心】位于岳阳大道，集会议、展览、文艺活动于一体，聚集表演、影视、艺术为一身的多功能建筑，2008年9月投入使用。主体建筑东西长133米、南北深93米、高30米，建筑面积43000

平方米。地下二层为设备及其他用房。一层设有1176座的大剧场、439座的小剧场各一个，以及贵宾厅、新闻发布厅等。二、三层设有4个大型排练厅，岳阳规划展览馆，多个音乐、舞蹈、书法、美术、编导艺术工作室以及办公用房等。中心配备目前世界一流的全数字化灯光、音响系统。剧场设有先进的升降舞台和升降乐池，能承担国际一流的文艺团体演出，同时兼容会议、展览、培训之用。

【华夏民族文化风景园】 由"一山（中华山）、一湖（望名湖）、一园（民族园）、二馆（体育馆、陈列馆）、五林、十雕、十二景点"的民族风情格局组成，整个园区以观赏、观看和体验民族文化风情为主：沿环学院民族风情线，以最短的时间穿越全国55个少数民族的历史，把悠远化为眼前；品55个少数民族的美食，增强各民族统归中华的认同感；赏55个民族的文化符号、工艺、服饰，留下永远的念想；观看少数民族武术特技大型室内表演，把刺激与惊险凝固在90分钟的演出时间；玩少数民族传统体育、游戏、舞蹈项目，在体验中忘却自我。

【岳阳市博物馆】 位于南湖广场龙舟路14号。1996年8月破土动工，1999年10月落成并正式对外开放。该馆由赵朴初先生题写馆名。建筑风格上趋向于传统建筑与现代建筑的互补，建筑外墙用花岗岩自然面，表现出一种历史的厚重感。大门两旁有直径为1.5米、高为9.2米的石柱，雕刻着象征中华古文化的图案和纹饰，创造了一种庄严、肃穆的氛围。该馆占地面积11000平方米，建筑面积6600平方米，高度为28.8米，是地方志综合性博物馆，负责全市的文物保护、考古调查发掘以及开展博物馆陈列展览、藏品保管、宣传教育、学术研究等各项活动。自1979年以来，该馆通过考古发掘、征集、划拨等多种渠道，不断充实文物藏品，馆藏文物已达20000余件，其中国家一级文物6件（套）。

【岳阳市科技馆】 于1997年建成投入使用，建筑面积5300平方米。位于岳阳大道西296号。建成三个常设科普展厅，从2005年起全免费向公众开放。2015年成为中国自然博物馆协会第一批免费开放科技馆试点单位。"常设科普展览""巴陵千名小院士孵化工程""青少年模型竞赛"中小学生课外文化教育""科普大蓬车""青少年科技创新大赛"构成了青少年科普活动的"六驾马车"，形成了馆内馆外结合、动静结合、馆校结合、学用结合的模式。

【岳阳市体育馆】 坐落于市区南湖大道与金鹗路交叉路口西南侧，始建于1985年，1988年11月投入使用。体育馆占地面积21亩，主馆总建筑面积8350平方米，设有固定座位3650个，配备大型双基色电子显示屏、专业音响及比赛照明等设施，是省内较大型的综合性体育馆。

【岳阳火车站】 位于市站前路9号，始建于1914年，同年8月启用，1994年迁入新址，隶属广州铁路（集团）公司长沙车务段管辖，现为一等站。岳阳火车站日均办理旅客列车70余列。主要为广州站到发及京广铁路的各类旅客列车。客运办理旅客乘降，行李、包裹托运；货运办理整车、零担、集装箱货物发到，办理整车货物承运前保管，不办理危险货物发到。

【岳阳东站】岳阳高铁站，位于岳阳楼区巴陵东路东端，于2008年12月26日正式投入运营，是京广高铁（京广客运专线）由北往南进入湖南的第一站，属中型站。距城区2.5公里，其建筑面积5.09万平方米，现有站房面积1.5138万平方米。经改扩建之后站房总面积将增加一倍。岳阳东站设有基本站台1座、岛式候车站台2座，正线2条、到发线5条。

【岳阳机场】位于岳阳经济开发区三荷乡，2015年12月开工建设。岳阳机场是全国民用航空建设布局规划，属于中部机场群中新增14个支线机场之一。规模按支线机场4D规划、飞行区按4C标准设计，新建一条2600米的跑道；航站区按满足2020年旅客吞吐量60万人次，货邮吞吐量1800吨的目标设计，航站楼6000平方米，站坪机位4个；配套建设通信、导航、气象、供电、供水、供油、消防救援等生产设施。该项目总投资10.32亿元。

【南湖广场】位于岳阳楼区南湖大道，靠南湖边，2002年建成。是集文化休闲、绿化旅游、市民休闲为一体的城市综合性广场，东西向宽260-310米之间，南北向长460-520米，总用地面积16万平方米。从南湖大道南端往南湖麦子港北岸依次分为文化集会、主题雕塑、音乐喷泉、林荫休闲、亲水平台和东区绿化6个功能区。

【太阳桥建材大市场】地处市中心城区的岳阳大道与通海路交汇的黄金商贸地。占地628亩，有近40万平方米的建筑面积和经营场地，建有板线、洁具、陶瓷、灯饰、铝合金、石材、玻璃、油漆、钢材、五金、布艺、家具12个专业经营单体区，市场建有经营门面1500个，可容纳2万人就业经营。有3个近1万平方米的绿化广场，而交通便利配套服务设施齐全，是服务岳阳、辐射周边、连锁全国的跨区域性建材批发大市场。

【步步高广场岳阳店】位于金鹗中路与学院路交汇处，于2011年12月30日盛大开业，总建筑面积超8万平方米、总投资超5亿余元，自主经营专柜超过400家。步步高广场岳阳店整合时尚百货、Hyper-mart大卖场、大型餐饮、五星级影城、电器等多业态城市综合体验模式，真正做到集购物、休闲、娱乐于一体。

【岳阳大酒店】地处岳阳市站前路，占地面积12000平方米，建筑面积近31000平方米，酒店集旅游、商务、会议、康娱、美食于一体，拥有风格独特、宽敞舒适的客房200多间（套），设有智能化房控系统；中西美食、本土佳肴汇集，豪华典雅的各式餐厅可同时容纳1500余人用餐；酒店设备先进，功能齐全，有大小各异的会议厅7个；康乐中心设施齐全，KTV、美容美发、棋牌中心、恒温游泳馆、健身中心等一应俱全。2016年成为五星级酒店。

【铁山水库】位于岳阳市新墙河上游，又名"相思湖"。1977年兴建，1982年关闸蓄水。斜墙坝，高44.5米，顶长227米。其水面面积6.2万亩，库容6.35亿立方米。具有城市供水、养鱼灌溉、防洪、拦沙、发电、旅游等综合效益。库内风景优美、水质优良、天然饵料丰富，适合各种鱼类生长、繁殖，是绿色水产品生产基地。

【陆城镇】云溪区辖镇，位于长江南岸。东连路口镇，南接云溪镇，北及西与湖北省监利县螺山镇、洪湖市隔江相对。面积112.48平方公里，人口2.1万人。辖2个社区居委会，15个建制村。镇政府驻陆城居委会。201省道过境。临江有长岭炼油化工厂专用码头。古迹有铜鼓山殷商文化遗址、清代石砌建筑寡妇矶、儒矶塔，以及宋明清民居古建筑群、古井、明清城墙等，其中大矶头、铜鼓山古文化遗址为省级保护文物。

【钱粮湖镇】君山区辖镇，因清乾隆皇帝下江南到此一游而得名。该镇曾是国营钱粮湖农场场部所在地，2000年10月根据省市撤场建镇并区精神，由原钱粮湖农场东北湖渔场、一、三、六3个分场和层山镇组建成钱粮湖镇。2015年11月，钱粮湖镇与采桑湖镇成建制合并，辖29个建制村，7个社区，面积161.71平方公里，人口6.59万人，镇人

民政府驻朝阳社区（原钱粮湖镇人民政府驻地）。该镇滨洞庭、靠长江，地势平坦，土壤肥沃，盛产棉、稻、猪、鱼、禽和绿色食品，"三分店鸭"和"六门闸鱼"等美食品牌享誉南北。

【广兴洲镇】君山区辖镇，初名晒网洲，为渔民栖息晒网之所，后上岸定居的渔民逐年增多，乃于嘉庆年间开始筑堤围垸，并逐步形成一条近1里长的小街，为求共同兴旺，取名为广兴洲，1954年建镇。面积88.4万平方公里，辖12个村3个居委会、4.38万人，耕地面积6.8万亩，水面1万亩。以现代农业为主体，主产蔬菜、稻谷，油、果、瓜、鱼、猪、禽齐头发展，是有名的鱼米之乡。近年来，获国家农业部"全国一村一品（蔬菜）示范村镇"称号，"广兴洲大白菜"通过全国工商总局地理标志证明商标认定。2009年被授予省"楹联之乡""诗词之乡"称号，2015年，被评为"全国文明村镇"。

【西塘镇】岳阳楼区辖镇，位于市区东南部。面积141平方公里，人口4.8万人，原为岳阳县辖，2005年划归岳阳楼区管辖，委托岳阳经济开发区管理。现辖2个社区居委会、40个建制村，总面积141平方公里，总人口4.8万人，镇人民政府驻三荷社区（原三荷乡人民政府驻地）。水果产业已成为该镇的支柱产业。镇区建有湘闽铸钢有限公司、西塘铸钢厂、西塘铝制品加工厂、西塘木业加工股份有限公司等骨干企业。有初级

中学1所，完全小学1所，西塘中学校园环境优美。

◇ 城市经济

【综述】岳阳融入对接长江经济带、长江中游城市群、洞庭湖生态经济区等国家战略，全力打造全省开放发展的"大门户"、洞庭湖生态经济区的"大引擎"、江湖名城"大名片"、现代港口物流产业的"大基地"，努力加快湖南发展新增长极建设。是中南地区重要的石化、造纸、电力能源基地、再生资源产业基地、农产品加工基地。形成石化、食品产业两大千亿产业集群，现代物流有望成为第三个千亿产业。全市共有10个省级以上工业园区，规划总面积约1100平方公里。城陵矶综保区、启运退税港和进口肉类、汽车、粮食、固废口岸全部建成运营。北斗应用、生物医药等新兴产业快速发展。2016年，全市实现地区生产总值3100.87亿元，其中，第一产业完成增加值345.84亿元，第二产业完成增加值1469.10亿元，第三产业完成增加值1285.94亿元，三次产业构成为11.15∶47.38∶41.47，全年固定资产投资2317.4亿元，进出口总额完成14.87亿美元，城镇居民人均可支配收入27546元，农村居民人均可支配收入13119元，全市居民人均消费支出15930元。

【岳阳经济技术开发区】1991年批准成立、1992年正式开发建设，2010年3月升级为国家级经济技术开发区，现辖3个乡镇、2个管理处，总面积约253平方公里，常住人口近30万人。有规模以上工业企业107家；省级以上高新技术企业32家。本土上市企业4家（主板2家、新三板2家）。国家、省、市产学研平台（工程技术中心）分别达到2家、4家和19家，名牌产品、著名商标、驰名商标等30余件。已逐步形成了"木里港工业区、金凤湖生态示范区、三荷空港产业区、现代新型城区"四区一体"功能布局。

【湖南城陵矶临港产业新区】成立于2009年12月，位于市东北部，是"两带"（长三角、珠三角经济带）、"两区"（长株潭城市群、武汉城市圈改革实验区）的"十字交汇点"，同时也是国家新一轮城镇化布局"一纵一横"（沿长江通道和京广铁路）的"十字交汇点"，承东接西，贯通南北。规划控制面积100平方公里，是长江经济带建设的重要节点、洞庭湖生态经济区建设的主要区域、湖南省东进出海的"桥头堡"。区内城陵矶港是国家首批开放的外贸港口、湖南唯一通江达海港口、长江八大深水良港之一。长江中游综合交通运输的重要枢纽、现代物流的重要园区、全面深化改革的先行区。已成为湖南高新技术产业开发区、国家级产城融合示范区，是湖南正在打造的十大千亿园区之一。

【湖南岳阳绿色化工产业园】原为湖南岳阳云溪工业园，2003年8月经湖南省人民政府批准设立省级经济技术开发区。2012年9月，更名为湖南岳阳绿色化工产业园，该园以云溪工业园为依托,以巴陵石化和长岭炼化两个大厂为龙头,形成"一园三片"的用地布局,产业园核心区面积15.92平方公里,近期(至2020年)建设用地规划52平方公里,远期(至2030年)建设用地规划70平方公里,重点规划发展丙烯、碳四、芳烃、煤化工四条石化产业链。至2016年底,园区共开发面积15.9平方公里,引进各类化工配套石化企业208家。园区先后被批准和评为国家高技术产业基地、国家新型工业化产业示范园区、国家火炬特色产业基地,国家循环化改造示范园区和国家低碳园区等,被纳入到全省重点发展和培育的"千亿园区"和"千亿产业集群"之列。

【岳阳高新技术产业园】原名岳阳县生态工业园。2015年5月经省政府批准升格为岳阳高新技术产业园,同年12月又获批湖南省新型工业化产业(生物医药)示范基地。基础配套设施日益完善,形成了以京珠高速公路连接线为东西干线、工业大道为南北轴线二纵五横的大路网格局,配备了3万吨的日供水能力、4万千伏安的供电能力,具备了高标准的排水、排污、通信、电视、天燃气等条件。引进科伦制药、中粮米业、健强药业、茂昌医药、同安医药、民康医用材料、利尔康生物、大力神电磁、贝特科技、金海科技、兴业光伏发电、椰星饮料等50余家企业,形成了生物医药为主、先进制造和新材料为辅的产业格局。现有国家级高新技术企业12家,获得各类专利授权260余件。

【华容工业集中区】由石伏工业园(包括杨家桥创新创业园)、三封工业园和洪山头工业园组成,规划面积977.52公顷,已开发面积385公顷,2006年3月开工建设,2010年进入全国农副产品加工基地行列,2012年经省政府批准设立为省级工业集中区,2013年被评为省新型工业化产业示范基地。2016年,园区入驻企业达到70个,实现工业总产值280亿元,创税收1.45亿元。

【湖南平江工业园区】2002年批准成立,2006年成为省级工业园区。2012年园区被工信部授予"国家新型工业化产业示范基地",2014年被省人民政府认定为"湖南省高新技术产业园区",2015年先后获批为"省级创新创业基地"以及"产城融合示范区",2016年获批为全省创新创业带动就业示范基地。规划面积12平方公里,建成面积4.5平方公里。根据整体规划,目前寺前工业小区正在逐步实行"退二进三"(缩小第二产业,发展第三产业)。2016年,园区技工贸总收入206亿元。

【际华三五一七橡胶制品有限公司】创建于1951年,位于岳阳楼对面,占地1平方公里,拥有职工6000余人。三五一七是中国第一双解放鞋的生产企业,是新式装备胶鞋的研制和生产基地,是99作训鞋、01登陆鞋的研制和生产企业。形成了军品、民品、内贸、外贸并举的多元化经营格局。主要产品有鞋类产品、胶布制品、橡胶配件、印染色布四大系列,年产各种胶鞋5000万双、印染布3500万米、各式雨衣160万件套、充气垫和充气席梦思60万条、桑拿桶100万个、大直径橡胶密封圈300万条、瓦楞纸箱500万平方米。"3517"商标被国家工商总局认定为"中国驰名商标"。1996年公司在同行业中率先通过ISO9001国际质量体系认证，2005年通过ISO14001国际环境管理体系认证。

【中国石化集团资产经营管理有限公司巴陵石化分公司】始建于1969年9月，由原岳阳石油化工总厂、洞庭氮肥厂、鹰山石油化工厂融合而成。2007年11月更现名，是一家大型石油化工、煤化工联合企业，也是国内最大的锂系聚合物、环氧树脂和商品环己酮生产企业。公司拥有固定资产原值67亿元，在岗职工7500余人；主要生产装置包括年产200万吨炼油、6万吨MTBE、10万吨环己酮、20万吨SBS、2万吨SEBS、4万吨顺丁橡胶、7万吨聚丙烯、10万吨烧碱、3.2万吨环氧氯丙烷、5万吨氯丙烯、4.5万吨环氧树脂等，年生产总量近300万吨。公司地址：云溪区岳化三工区。

【中国石油化工股份有限公司巴陵分公司】公司成立于2000年5月，坐落在岳阳市云溪区和岳阳楼区，紧邻南北交通大动脉京广铁路、武广高铁、107国道和随岳高速，西接洞庭，北倚长江。是以石油炼制为龙头、集油化纤肥于一体的特大型石化联合企业和国内最大的SBS、环氧树脂、己内酰胺和商品环己酮生产基地，拥有固定资产原值113.4亿元。主要产品有汽柴油、稀释

剂、环己酮、SBS、环氧树脂、己内酰胺、尿素等160多种，分别注册"巴陵牌""芙蓉牌""鹰王牌"和"白蓉牌"商标，年生产总量400万吨，年不含税销售收入超过200亿元、上缴税金近30亿元。企业通过ISO9002质量体系、HSE管理体系认证。

【中国石油化工股份有限公司长岭分公司】成立于2000年6月，公司位于云溪区路口镇。前身为长岭炼油厂，始建于1965年，是中南地区重要的石油化工产业基地。主要生产汽油、煤油、柴油、丙烯、液化石油气、石脑油、苯类、沥青、醋酸酯等60余种产品，有17种产品获省部级以上优质产品称号，其中出口轻柴油和6#抽提溶剂油获国家金质奖，石油甲苯、二甲苯和120#溶剂油等产品获国家银质奖。

【岳阳纸业股份有限公司】位于岳阳楼区光明路，始建于1958年，由湖南泰格林纸集团股份有限公司作为主发起人发起设立，2004年5月在上海证券交易所上市。下辖湖南骏泰浆纸有限责任公司、湖南茂源林业有限责任公司和永州湘江纸业有限责任公司三个全资子公司。主营业务包括机制纸、机制浆的生产和销售及木材种植、销售。拥有数台多功能纸机，可以根据市场需求生产复印纸、轻涂纸、新闻纸、轻型纸、颜料整饰纸、热敏原纸、淋膜原纸、包装纸、工业纸等几十种纸，主要产品是复印纸、轻涂纸、颜料整饰纸、淋膜原纸和包装纸。公司造纸产能100万吨/年，商品浆产能40万吨/年。开

发了轻量涂布纸、轻型印刷纸、颜料整饰胶版纸、45克/平方米低定量高级彩印新闻纸等新产品。

【湖南中科电气股份有限公司】位于岳阳市经济开发区168号，2004年4月成立，2009年12月在深交所创业板上市，是国内电磁行业上市公司，国内电磁冶金行业品牌企业。致力于电磁冶金整体解决方案，集现代制造和现代服务于一体的高新技术企业及软件企业，产品包括冶金电磁搅拌成套系统、起重磁力成套设备、磁力除铁器、高压变频器及无线远程终端服务。

【湖南科伦制药有限公司】成立于2001年5月，经营范围包括生产、销售大容量注射剂等。2008年3月由湖南省经济委员会授予"2007年度湖南省医药行业十佳企业"。"KL牌"大容量注射剂产品于2008年12月获"湖南名牌"称号，2009年获得《高新技术企业证书》。2012年湖南省科学技术厅批准成立"湖南省大容量注射剂工程技术研究中心"。还先后被评为"湖南省私营企业100强"。公司现获得三十余项专利的授权，包含发明专利、实用新型、外观设计等专利。

【湖南天一科技股份有限公司】位于平江县新城天岳经济开发区，前身为创建于1958年的一家地方国有农机制造企业，为一家集工、农业各种泵类、油田输油设备、电气自动控制设备制造销售的科技型上市公司。1999年2月，公司股票于深圳证券交易所挂牌上市（股票简称：天一科技，股票代码：000908），总股本2.8亿元人民币，总资产8亿元人民币。公司下辖6家控股分子公司，在册员工800余人。2006年中国长城资产管理公司入主天一科技，现为中国长城资产管理公司绝对控股的上市公司。

【君山银针】产于岳阳洞庭湖中的君山，属于黄茶。其成品茶芽头苗壮，长短大小均匀，茶芽内面呈金黄色，外层白毫显露完整，而且包裹坚实，茶芽外形很象一根根银针，故得其名，雅称"金镶玉"。君山茶历史悠久，唐代就已生产、出名。文成公主出嫁西藏时就曾选带了君山茶。后梁时已列为贡茶，以后历代相袭。

【岳州扇】因产于岳阳而得名。最初，岳阳只生产毛坯，不生产纸扇。解放后，湖北洪湖人徐开春带其两个妹妹及妹夫来岳阳借助岳阳所产楠竹原料，从事制扇业，地址在竹荫街（现工商银行处），1956年加入竹器生产合作社（现梅溪桥菜市场处），标志着岳州扇专业厂家的起步。1960年，扇厂改名岳阳市纸扇厂，生产不断发展。目前品种多达200多个，主要分为纸扇、羽毛扇、绢扇、骨扇、宫扇、帽扇、轻便扇、套扇、戏剧舞蹈扇和香木扇等十几大类。

【君山金龟】这种龟平时藏身于岩石之中，每到黎明和傍晚，它们才像畏惧生人的小孩子一样蹑足而出，因此被称为蹑龟。由于其龟背高耸，花纹奇特，龟边、龟板和龟头两侧呈金黄色，故又称金龟。又因它常常守护着君山灵芝草，所以又叫芝龟。清代文学家吴敏树隐居君山时，就曾经掘得一株硕大的灵芝和一只贪婪伏在灵芝仙草上吃着露水的金龟，留下了一篇脍炙人口的散文《君山芝龟记》。

【岳阳洞庭春茶】产于岳阳县黄沙街，饮用始于隋、盛于唐，至五代被列为贡茶，至今有1400年历史。洞庭春茶以形、色、香、味四绝闻名。其外形聚结微曲，白毫满披隐绿，香气高鲜持久，滋味醇厚鲜爽，汤色清澈明净，叶衣嫩绿明亮，深受消费者喜爱。

【华容芥菜】县志记载魏晋时期，华容种植芥菜。华容县是全国最大的芥菜生产区，2015年芥菜生产面积达13万亩，年产量70多万吨，芥菜加工转化率85%，商品率达95%。2008年通过国家地理标志保护认证，2013年获国家地理标志证明商标，2015年中国农产品区域公用品牌价值评估为8.77亿元，居全国蔬菜类排名第9位，湖南省第1位。已拥有1个中国驰名商标，1个省名牌产品，4个湖南省著名商标。

【洞庭湘莲】岳阳洞庭湖区的特产，是富有营养、清香味美的上等食品。湘莲的品种很多，大致可分食用和观赏两种，食用莲中，采果用的叫子莲，采地下茎用的叫藕莲。子莲按形态特征又分白莲、冬瓜莲、红莲三种。湘莲营养丰富，味道甘美。其蛋白质的含量比鸡蛋的含量还高。另外，还含丰富的钙、铁、磷、维生素B1、B2和胡萝卜素。湘莲还是很好的中药材，根叶花实都可入药。

【鹤龙湖大闸蟹】鹤龙湖是湘阴县最大的万亩内湖，闸蟹产量很大。鹤龙湖大闸蟹青背、白肚、金爪、黄毛，蟹黄厚实，肉质细嫩。荣获2010国际农博会"金奖"。

◇ 城市文化

【综述】岳阳具有2500年的悠久历史，为国家历史文化名城、中国优秀旅游城市、中国楹联文化城市、中华诗词之市。全市拥有国家级历史文化名村1个、省级历史文化名镇2个，不可移动文物1670处。其中国家级文物保护单位17处，省级44处，市级98处，县级711处。进入非物质文化遗产序列的文化资源共有46项，其中列入国家级非物质文化遗产保护名录7个，省级非物质文化遗产保护名录17个。境内有岳阳楼、君山岛、屈子祠、张谷英古建筑群等风景名胜193处，有平江起义旧址、任弼时纪念馆等革命文物纪念地22处。杜甫归葬平江小田让巴陵成为"文化人的圣地"。以屈原为代表的求索文化，以岳阳楼为代表的忧乐文化，以任弼时为代表的骆驼精神传承不息。2013年10月，岳阳被文化部正式批准成为第二批32个创建国家公共文化服务体系示范区城市之一，并于2016年10月通过验收。2016年末，全市有艺术表演团体112个；群众艺术馆、文化馆11个；公共图书馆11个，博物馆、纪念馆12个，放映农村公益电影3.69万场；全市广播电台1座，广播综合人口覆盖率99.48%；电视台1座，电视综合人口覆盖率99.68%，有线电视用户68.83万户；文化产业总值达到583.88亿元，增加值占GDP比重达到4.95%。

【岳阳方言】岳阳主城区和临湘路北、云溪区以及华容县紧靠长江洞庭的地带为第一区，具有西南官话、湘语、赣语等多重特征；岳阳县和临湘路南为第二区，是湘语、赣语的交叉地带；平江县大部分地区和汨罗市东北部为赣语区，保留了很强的古语特点；汨罗、湘阴则是典型的新湘语区，与益阳、长沙话相似。岳阳方言内部差异较大，五里不同音，其中东部地区，与鄂东南山区方言相仿，同湖北赤壁、通城、崇阳（湘赣方言区）等地方言十分接近。岳阳方言的特点在于字字铿锵，升调较多。

【忧乐文化】范仲淹的《岳阳楼记》借助"乐得其道"和"恐失其道"的"道论"及忧乐情怀，阐发了国家社稷和芸芸众生价值的至上性和伦理的合理性，为江山社稷的保护与建设、民生伦理的改善注入了一种内在的精神动力。"先忧后乐"作为中华忧乐精神的基本旋律，彰显了个体与天下伦理关系的次序，强调个体只有树立"先天下之忧而忧，后天下之乐而乐"的伦理精神，才能真正成就一番功德圆满的人生志业。

【耍故事】耍故事，又叫抬故事、出天星，是流传于汨罗、湘阴、临湘民间春节期间的一种娱乐形式。历史上曾有文字记载：明嘉靖三十三年（1554）的《湘阴县志》中有"元夕，城市剪纸为花灯，居民奔走以乐，云彩朱衣鬼面，或步或骑，相聚数十人为戏。乾隆二十一年（1756）《县志》记载："元宵，剪纸为灯，或悬之庭户，或列之街衢，或携以行。至有扎龙灯、鳌山、塔、球者。城市彻夜游玩，各乡村，朱衣鬼面，持灯人家，打花鼓，唱民歌，相聚数十人为戏，曰'耍灯'"。传至清末民初，就变成了大规模的"耍故事"了。所谓"耍故事"，是人们按照古代历史、小说、戏剧、神话中的故事内容，挑选一些青少年与幼儿，画脸挂须，戴盔披甲，穿红着绿，点额画眉，乔装打扮成故事中的人物，配以场景，安置在一个个木质台子上，每台用四至八人抬着，基本上是一个台子上一个故事，也称一出戏。再配以旗、龙、锣、鼓，在灯笼火把的簇拥下结队而行。

【巴陵戏】俗称（乐舞台），为湖南著名的地方大戏，也是全国独一无二的剧种，至今已有300多年的历史。流行于湘北的岳阳、湘阴、汨罗、平江、临湘、华容及湖北通城、监利和江西修水、铜鼓等地。传统剧目有450多个，分整本、半本、褶子、小戏4类。整理、改编的传统剧目有《打严嵩》《九子鞭》《夜梦冠带》《打差算粮》《三审刺客》等。2006年5月20日，经国务院批准列入第一批国家级非物质文化遗产名录。

【九龙舞】发源于伍市镇，据史料记载，始于汉、兴于唐。相传伟大的爱国诗人屈原投江以身殉国，劳动人民每年端午节都要划起龙舟前来打捞，此举感动了洞庭龙王的九个儿子，九条小龙翻江倒海，大闹洞庭，逼着老龙王把屈原的遗体送回人间。人们为感激九龙的义举，纪念屈原，模仿九龙的舞姿，创造了九龙舞。1999年中央电视台"中国一绝"摄制组专程赴伍市镇白杨村拍摄九龙舞，向世界推介。九龙舞表演的传统艺术套路有16套之多，200多人同场演出，气势磅礴，撼人心魄。九龙舞所使用的打击乐，均由平江民间铜匠、鼓匠制作，音色浑厚，或十分清亮，整套打击乐音差高低可达16度，对比非常强烈，富有强烈的感情色彩。2001年，国家文化部授予平江伍市镇"中国民间艺术之乡"。2006年，平江九龙舞列入国家非物质文化遗产保护名录。

【柳毅井】亦称桔井，位于君山龙口内的龙舌的根部。据《隆庆岳州府志》记载："巴陵（今岳阳市）则有邕湖井及巴蛇、罗汉、秦皇诸井，而井之著者，又曰'柳毅'井旁有古桔一珠，大'五六围'，枝干奇古。《县志》又说：桔井"相传为柳传书之处（入龙宫之门）。井入口丈许，有片石作底，凿数孔以通泉，石下深不可测。"过去，崇圣祠有个老和尚作过试验，用半斤丝线，一端系上铜钱吊下井去，丝线放完了，还未探到井底。在唐代，因井旁有一棵大桔树，故此井又名"桔井"。井旁的桔树虽已不复存在，但善良正直的柳毅的传说永远在民间传颂。

【湘妃祠】又名湘山祠，位于君山东侧，为湖南最早的祠建筑之一。《史记·秦始皇本纪》记载："始皇二十八年（注：指公元前219年），……浮江至湘山祠。"唐代巴陵县令李密思《湘君庙纪略》载："昔人有立湘君祠于此山，复谓之君山，其庙宇为秦王毁废后，亦久无构置。"重建的湘妃祠以《巴陵县志》嘉庆九（1804）图舆为蓝本，以清式砖本结构的单檐殿宇、一轴线为主本庭院式、两边为砖石结构的骑马墙、三进殿宇相对封闭空间的布局手法。总建筑面积1003.8平方米，1986年9月1日竣工开放。

【张谷英历史文化村】位于岳阳县张谷英镇。自明朝初年张氏始祖张谷英在此地定居以来，子孙繁衍，聚族而居已历600余年。张谷英村虽几经沧桑，仍基本保留了原状。面积51000多平方米，房屋厅堂1732间，天井206个。现存比较完整的门庭有"当大门""王家塅""上新屋"三栋主体建筑。其建筑群既是一个严密的整体，又具有明、清建筑的不同风格。特别在通风、采光、排水、防火的设计处理上有许多独到之处。建筑群的木石雕刻，笔画简练，线条清晰，形象逼真，历数百年风雨侵蚀，仍完好如初。是研究我国古代民间建筑艺术是不可多得的资料。2001年，张谷英村被国务院公布为全国重点文物保护单位（第五批）。2003年，张谷英村被中华人民共和国建设部、国家文物局授予首批全国"历史文化名村"称号。

【大矶头】位于云溪区陆城镇新设村马鞍山西北面，是长江中游水道上的一个著名矶头，系古代长江过往船只拉纤、树立航标的建筑。2006年被湖南省人民政府公布为第八批省级文物保护单位，2013年被国务院公布为第七批全国重点文物保护单位。

【慈氏塔】又名慈氏寺塔，位于岳阳楼区洞庭南路西侧宝塔巷。唐显庆三年（658）曾在此建有佛楼（世称"南屠"或"南楼"），后梁乾化四年（914）在南楼故址修有一座木质宝塔"一字关"塔，此即为慈氏塔的前身，可惜该塔毁于北宋熙宁年间的一场大火。现存古塔为南宋荆湖制置使孟珙（？~1246）于淳祐二年（1242）所修。慈氏塔塔身高为34.58米，占地面积46平方米，七级八方实心，为仿木结构的楼阁式砖塔，是湖南现存最早的砖塔之一。距今已有近八百年的历史，1956年即被公布为省级文物保护单位。2013年被国务院公布为第七批全国重点文物保护单位。

【湘阴文庙】位于湘阴县城关镇弼时街25号。湘阴文庙始建于宋庆历八年（1048），历经修葺。现存大成殿为乾隆九年（1744）重修，重檐歇山顶，由32根大石柱支撑。殿内后墙上嵌二方清康熙御撰孔孟赞石碑，1983年大修，修复了东西厢房。1983年湖南省人民政府公布为重点文物保护单位。2013年由国务院公布为第七批全国重点文物保护单位。

【左文襄公祠】又名左公祠，民间称相国祠。是为纪念清末爱国将领左宗棠而修建的地方性祠庙建筑。清光绪十一年（1885）左宗棠去世后，湖南巡抚吴大澂奉旨所建，光绪十八年（1892）竣工。位于县城文星镇八甲老街上，由三组硬山式屋宇组成，屋宇间用边廊连结，形成整体，加上东西两侧庑院，占地面积达2640平方米。是湖南境内唯一保存尚好的、由皇帝颁旨营建的殿宇式建筑。百年以来，已成为湘阴最重要的地方景观。2002年5月公布为湖南省省级文物保护单位。2013年被国务院公布为第七批全国重点文物保护单位。

【大云山三战三捷摩崖石刻】（以下简称三战三捷）是原国民党第九战区副司令长官、第二十七集团军司令杨森为纪念湘北抗日和长沙三次会战的胜利，在大云山留下的大型石刻。它刻石于1942年12月，选址于大云山隆兴宫西侧200米处的一块大石崖，1998年7月被岳阳县公布为第二批文物保护单位，大云山国家森林公园的一级人文景点。三战三捷石刻将作为中国爱国官兵抵御外侮的历史见证，永远激励着后人。2002年5月，被湖南省人民政府公布为省级文物保护单位。2013年被国务院公布为第七批全国重点文物保护单位。

【"三月扑城"指挥所旧址】又名中共平江县委旧址，位于平江县三阳乡大众村成家塝，距县城1.2公里。建于公元1919年，当初为四合院形式，砖木结构，二层楼房，小青瓦双坡顶屋面，占地面积5000余平方米。1926年夏，大水冲毁旧址东栋及附屋。1932年，国民党反动派强行拆除了旧址前栋及西栋，仅剩后栋7间及偏房3间，中堂西边两间分别为当时县委办公室及会议室。1927年6月至1928年3月，以毛简青为首的中共平江县委在此领导、策划、指挥了1927年的秋收暴动和1928年"三月扑城"武装暴动。2013年由国务院公布为第七批全国重点文物保护单位。

【岳州关】又名城陵矶海关，俗称上洋关，建于清光绪二十七年（1901），位于岳阳楼区岳阳城陵矶客运码头东侧的山丘上。岳州关于光绪二十五年（1899）正式开关，光绪二十七年（1901）三座关房及附属建筑完工，这三栋英式二层建筑呈"品"字形屹立于湖畔山头，分上、中、下三馆，上为帮办公馆，中为办公地点，下为税务司公馆。中、下两馆由于历史原因已被拆除，现仅存上馆，即上洋关。岳州关帮办公馆座东朝西，居山丘之巅，处江湖交汇要冲，地理位置十分优越，是对过往船只进行监督和管理的极好场所。岳州关是清政府自鸦片战争门户开放以来的第一个自开口岸，是帝国主义列强对湖南进行经济侵略的第一个据点，也是岳阳及湖湘对外开放的历史见证，其西式建筑又是研究建筑发展史的宝贵实物资料。2002年公布为省级文物保护单位。2013年由国务院公布为第七批全国重点文物保护单位。

【岳州窑】位于湘阴县城关镇堤院一带，北起水门，南至洞庭庙旧址，全长700余米的范围内。湘阴县旧属岳州，故名。当地居民中至今流传"湘阴是个万窑窝，未有湘阴先有窑"。湘阴县是个古城，湘阴窑窑址发现于1952年，1972年又在窑头山、梨园等地发现了早期窑址，1975年冬进行了试掘，出土了大量晋至初唐的青瓷器和窑具。它烧造的时间，可上溯至汉代、三国，可见其历史久远矣。岳州窑在中国陶瓷史上地位比较重要，上承江浙越窑青瓷，下启长沙铜官窑，是华中地区先民用瓷的主要产地。

【平江起义纪念馆】1928年6月，彭德怀率领的国民革命军湖南陆军独立五师第一团和第三团三营驻平江，在南昌起义和秋收起义的感召下，在天岳书院发动了平江起义。起义旧址天岳书院对彭德怀、滕代远当年的住房进行复原陈列，新开辟了文物陈列室。1982年，陈云为其题写"平江起义纪念馆"匾额。2007年初开始动工建设的平江起义纪念馆总投资近4000万元，2008年7月正式开馆。由平江起义旧址、彭德怀铜像广场和平江起义史料陈列馆三部分组成。该馆为全国重点文物保护单位。其中，平江起义史料馆包括"举义平江城""奔赴井冈山""转战湘鄂赣"等内容。纪念馆内共展出实物有70余件，其中《分田册》为国家一级文物，图片200余幅。

【平江起义旧址】原为1867年所建的天岳书院，位于平江县城开发区，占地面积

3000平方米。大门上方为清代学者李次青所书"天岳书院"四个大字。1928年6月，彭德怀率领的国民革命湖南陆军独立五师第一团和第三团三营驻平江，在南昌起义和秋收起义的感召下，彭德怀、滕代远、黄公略等共产党人在天岳书院发动了"平江起义"，成立中国工农红军第五军。1988年，平江起义旧址被国务院公布列为第三批全国重点文物保护单位。2016年12月，平江起义旧址被列入《全国红色旅游经典景区名录》。

【岳阳教会学校】位于市南湖风景区湖滨办事处黄沙湾社区今岳阳市委党校和岳阳特殊教育学校院内。清光绪二十七年（1901）4月，美国牧师海维礼之妻海光中在此租赁房开办补习班，宣统二年（1910）最后建成。内设大学部，后改为高级农业职业科，俗称湖滨大学。抗战期间，该校迁往湘西沅陵继续坚持办学，建国后改为岳阳农校。校舍为砖木结构的欧式建筑，现存建筑共有13栋。其中市委党校院内有外籍教师楼、校长楼、教师楼、学生宿舍楼四栋及顶部坍塌的教堂一栋；市特殊教育学校院内有牧师楼一栋和呈曲尺形排列的别墅式员工住宅七栋。整个建筑群呈南北带状分布在低缓的黄沙湾山顶及东西两侧山坡上，西面山下为烟波浩渺的洞庭湖。2002年5月，被列为省级文物保护单位。2013年由国务院公布为第七批全国重点文物保护单位。

【岳阳花鼓戏】起于清嘉庆癸亥年间，距今已有200多年的历史，主要流行于湘、鄂、赣三省邻近的数十个县市。岳阳花鼓戏广泛吸收岳阳民间小调，山歌特色，同时汲取了其他剧种的艺术因素，具有独特的风格，高亢明快，淳厚质朴，吐字清晰，以伴代唱，以声传情，既善于表现激昂慷慨、悲壮高歌的场面，又能抒发深沉、轻柔、哀怨的情感，具有湘北地区民间音乐的特色和乡土气息。1956年《补背褡》一剧进京演出，毛泽东主席和周恩来总理亲临观看，并受到周恩来总理的亲切接见和深情勉励。此后，分别有《洞庭春》等一大批剧目参加各级重大汇演，荣获众多奖项。2007年，被国务院确认为第二批国家级非物质文化遗产重点保护项目。

【洞庭渔歌】流传于岳阳楼区，源自战国时期，最迟在北宋年间，就已广泛流传于古岳阳地区，范仲淹《岳阳楼记》中便有"渔歌互答，此乐何极"的描述。代表作有《湖风吹老少年郎》《养女莫嫁驾船郎》《河水哪有我眼泪多》《十二月渔民苦》《我撒网子妻荡桨》《阳雀子唤醒打鱼人》《送郎一条花手巾》《赶郎不到是冤家》《篙子一响船要开》《情姐下河洗茼蒿》《郎想姐来口难开》《蓑衣歌》《情姐爱的打鱼郎》《吃茶歌》《盘渔歌》《洞庭仙》等三百余首。

【黎淳】（1427-1491），字太仆，本姓杨，后随姑父姓黎，今华容县胜峰乡龙秀村人。明英宗天顺元年（1457），黎淳中进士，是历史记载的唯一一位岳阳籍殿试钦点状元，授翰林院修撰。成化元年（1465），黎为皇帝讲解经史，一年后，升任皇太子朱佑樘所在东宫的左谕德，负责对皇太子进行讽谏规劝，并参与撰修《英宗实录》，因功擢升左庶子。弘治元年（1488），明孝宗朱佑樘即位，黎淳调任南京工部尚书，不久改任礼部尚书。弘治四年（1491），以年老多病辞官回乡，被封一品阶荣禄大夫。不久，病逝，终年64岁。孝宗赐祭葬，谥"文僖"。

【**左宗棠**】（1812-1885），字季高，湖南湘阴左家塅（今湘阴县金龙乡）人。道光十二年（1832），20岁的左宗棠参加本省乡试，与哥哥同榜中举。咸丰十年（1860），左宗棠奉诏以四品京堂从曾国藩治军。他招募5000人组成"楚军"，即左系湘军，成为拥兵带队、手握实权的将领，以至与曾国藩等并驾齐驱，参与镇压太平天国，成为同治年间朝廷的"中兴名臣"。光绪元年（1875），清廷遂命左宗棠为钦差大臣，督办新疆军务，出兵平叛。在新疆3年，他率军共收复失地160万平方公里，是我国历史上收复失地最多的将领。左宗棠多次建议新疆建省，并提出具体方案。光绪十年（1884），清廷批准新疆建省。光绪十一年（1885年）9月5日，病逝于福州，终年73岁。有《左文襄公全集》134卷流传于世。

【**何长工**】（1900-1987），原名何坤，湖南华容人。中国共产党久经考验的忠诚的共产主义战士、老一辈无产阶级革命家、卓越的军事家、军事教育家，1918年毕业于湖南长沙甲种工业学校，去北京长辛店法文专修馆半工半读，1919年赴法国勤工俭学。1922年在法国加入旅欧中国少年共产党，同年转为中国共产党党员。1923年去比利时做工。1924年回国，从事党的秘密工作。1925年在湖南南县、华容从事学生运动，曾任新华中学校长，并任该校中共党委书记，创建该地区中共党团组织。1926年秋任华容县农民自卫军总指挥，中共南（县）华（容）地委常委兼军事部部长。

【**魏曦**】（1903-1989），字东升，湖南岳阳人，医学微生物学家，我国微生态学的奠基人。1924年考入长沙湘雅医学专门学校（1925年改称湘雅医科大学）学习。主要集中于人兽共患病——立克次体病及钩端螺旋体病的病原学和流行病学的研究。提出了菌群调整疗法治疗菌群失调症并获得良好效果。对我国生物制品事业的创建与发展做出了重要贡献。任中国微生物学会第二届副理事长，人兽共患疾病病原学专业委员会第一任主任委员，中华预防医学会微生态学学会名誉主任委员。

【**张震**】（1914-2015），平江长寿镇人。1927年夏，湖南发生"马日事变"，他参加了纠察队，任平江县劳动童子团副团长。1928年3月，参加了著名的平江20万农军攻打县城之役。1930年，加入中国共产党并参加中国工农红军。中华人民共和国成立后，任中国人民解放军总参谋部作战部部长，第二十四军代军长兼政治委员，中国人民解放军军事学院副院长、院长，武汉军区副司令员，葛州坝水利工程指挥部政委，总后勤部副部长、部长，中国人民解放军副总参谋长，国防大学校长。1992年，任中央军委副主席。1955年，被授予中将军衔。1988年授予上将军衔。

【毛致用】（1929-），湖南岳阳人。1952年12月加入中国共产党。1951年7月参加工作。初中文化。1973年至1977年任中共湖南省委书记（当时设有第一书记）。1977年至1983年任中共湖南省委第一书记，省革委会主任。1983年至1988年任中共湖南省委书记。1988年至1993年任中共江西省委书记。1993年至1995年任中共江西省委书记、省人大常委会主任。1995年至1998年1月任江西省人大常委会主任。1998年3月当选全国政协副主席。

◇ 城市生态

【综述】岳阳突出水系治理和生态建设，以海绵城市理念推进河湖水系治理、绿地生态景观、道路广场透水铺装、城区渍水整治等系列工程。围绕城市水环境治理问题，建成了65公里环南湖截污管网，截流了70余个污水直排口，中心城区累计建成排水管网1270.5公里（含截污管网531.5公里）；建成了集治污、环保、防洪于一体的千亩湖旅游走廊；完成了全市最大城市黑臭水体治理示范项目——王家河流域综合

治理工程，净化水域面积63.3万平方米；新、改、扩建了29座城镇污水处理厂，设计处理能力67.47万吨/日，全市污水处理率91.3%，实现了县以上城市污水处理设施全覆盖。南湖水质也已由原来的劣五类提升至四类水的标准，湖中心基本达到了三类水质。全市共新增城市公园绿地100多万平方米，城市建成区绿地达39.25%，绿化覆盖率达40.88%，人均公园绿地面积达9.17平方米。2016年全市森林覆盖率稳定在45.3%，提前完成森林覆盖率小康考核目标，全市湿地面积367万亩，湿地保护率77.3%，城区环境空气质量优良率77.3%。建成公园3个（金鹗山公园、南湖游园、王家河公园），珍珠山公园在建。《岳阳市洞庭湖生态环境专项整治三年行动实施方案（2018-2020年）》要求到2020年，湖区COD、氨氮、总磷等主要污染物排放量分别比2015年削减11%、12%和10%以上，区域内主要流域和东洞庭湖水质均达到Ⅲ类水质标准以上（总磷≤0.1毫克/升）。

【岳阳楼洞庭湖风景名胜区】位于市区西北部，为国家级风景名胜区。包括岳阳楼古城区、君山、南湖、芭蕉湖、汨罗江、铁山水库、福寿山、黄盖湖等9个景区，总面积1300多平方公里。以岳阳楼为主体的景区面积为670亩，分为文物保护封闭式管理区和公益性开放式休闲区，内有三醉亭、仙梅亭、怀甫亭、小乔墓、瞻岳门、洞庭风韵诗廊、汴河街、双公祠、五朝楼观、碑廊、吕仙祠等多处景点。

【东洞庭湖国家自然保护区】位于长江中下游荆江江段南侧，地理坐标介于东经112°43′~113°14′，北纬29°00′~29°38′之间。总面积19万公顷，主要保护东洞庭湖特有湿地生态系统和生物多样性。保护区成立于1982年，1992年加入"国际重要湿地公约"，被列为我国首批加入"国际重要湿地公约"的六个国际重要湿地之一，1994年经国务院批准为国家级自然保护区。保护区内记录到鸟类338种，其中国家一级保护的有白鹤、白头鹤、东方白鹳、黑鹳、大鸨、中华秋沙鸭、白尾海雕7种，二级保护的有小天鹅、鸳鸯、白枕鹤、灰鹤、白额雁等45种；淡水鱼类117种；野生和归化植物1186种。

【东洞庭湖国家湿地公园】"国际湿地公约"收录的由中国政府指定的21个国际重要湿地自然保护区之一，主要保护洞庭湖湿地生态和生物资源。公园面积60平方公里，分为7大区域，湖区生活着约132头江豚和50头麋鹿。丰富的鱼类资源、水生植物和纵横交错的湖汊滩涂，吸引了大量的珍贵鸟类来这里越冬。每年10月至次年3月，有217种鸟类共1000万只候鸟在这里越冬。最珍贵的国家一级保护鸟类有白鹤、白头鹤、白鹳、黑鹳、中华秋沙鸭、大鸨、百尾海雕7种，二级保护鸟类有35种。

【大云山国家森林公园】位于岳阳县大云山，横跨岳阳、临湘两市县。山上古珍稀树挂牌列入省级珍稀名木古树保护名录的树种有200多棵，树龄均在800~1000年。保存有木兰科、八角科、五味子科、腊梅科、金缕梅科、杜仲科、大血藤科、金栗科、小檗科等被公认的被子植物原始类型种；发现有红花本莲、云山伯乐、云山白兰花、云山椴、云山八角枫、云青冈、云山石栎、云山灰木、武冈木樨、云山稠等特有植物种。现纳入国家保护名录的动物有19种动物资源，其中，国家一级保护动物有白鹤（俗名白山鸡）、白颈长尾雉、云豹、穿山甲，国家二级保护动物有蛙蛙鱼、野猪、红腹角雉、白鹇、红腹锦鸡等。1992年，湖南省林业厅批准，设立湖南省大云山森林公园。1996年升级为国家森林公园。2009年12月，大云山创建为国家3A级景区。

【石牛寨国家地质公园】位于平江县东北部，地处汨罗江上游，湘赣交界地带，距平江县城110公里，地理坐标为东经113°56′26″~114°02′05″，北纬28°49′54″~28°57′14″，范围涉及大坪乡、龙门镇、木金乡三个乡镇，2011年获批为国家地质公园。景区景观以丹霞地貌为典型特色，是国内目前所发现的规模最大的丹霞地貌群落之一，景区内丹霞丘峰众多，姿态各异，以"十里绝壁、百里丹霞"为典型代表。

【金鹗公园】位于市中心的南湖大道边，既是洞庭湖风景名胜区的主要景点，又是岳阳市的市级文化休息娱乐乐园。有金鹗书院、吴三桂驻军营垒、谢登之墓、桃花洞、奎星洞、文昌亭等主要古迹遗址，1976年开始创建公园。主要景点有望岳亭、玉兔亭、翠谷亭、弯月桥、荷香楼等。

【南湖】位于市城区的南郊，古称邕湖，湖水面积18000余亩。西通洞庭，南临赶山、龟山、北接金鄂山、白鹤山。湖面终年碧波荡漾，幽静雅洁，湖岸多湾，港湾曲折，有"一龙赶九龟"的地貌造型，为省自然风景保护区和国际龙舟赛场。湖中产鱼，岸畔产茶，鱼肉鲜美，茶叶香馨。在南湖大道的尽头修建了宽广辽阔的南湖广场。南湖广场与南湖公园连成一体。

【东风湖】位于市郊区东洞庭湖东北侧。原名白义湖，为洞庭湖支汊。1959年自南向北沿湖筑堤，成为内湖，同时更名为东风湖。水面3平方公里，深2.5米。草类植物多，宜于鱼类繁殖。

【濠河】位于君山区境内。传古为长江河道，后因冲击作用，江道北移，形成牛轭湖。湖呈"U"形，长8.5公里，最宽处700米，最深处10米。总水面积4.5平方公里，湖水经人工渠道，北通长江、南连东洞庭湖，有运输、排渍、蓄洪之用。

【团湖荷花公园】位于君山区内，与东洞庭湖国家自然保护区相邻，省道1804线擦肩而过，占地5平方公里，是岳阳楼—洞庭大桥—君山岛—荷花公园—东洞庭湖—天井山旅游线路的重要组成部分。被上海大世界吉尼斯评为"面积最大的野生荷花成片聚生地"。

【生态博览园】位于康王乡羊角山，毗邻康王工业园，距中心城区6公里，49路终点站，占地面积600亩，拥有岳阳市郊唯一的一片次生林。已收集保存各类种质资源100多个，其中包括珙桐、银杏等国家一级保护树种以及多个洞庭湖区珍稀物种。新近竣工的樱花园占地100亩，引进了纯正的日本吉野樱以及通过湖南省科技厅鉴定的华中樱花、湖南樱花、醴陵樱花、尾叶樱花、山樱花、金源樱花7个品种。

◇ 城市名片

【综述】岳阳集名山、名水、名楼、名人、名文于一体。君山原名湘山，有神仙"洞府之庭"之称，传说舜帝的二妃娥皇、女英曾来这里，死后即为湘水女神，屈原称之为"湘君"，故后人又把这座山叫"君山"。君山使爱情诗、神话境、丹青卷在此达到了和谐完美的结合，历代墨客骚人都曾登临君山揽胜抒怀，留下了无数千古绝唱，李白的"淡扫明湖开玉镜，丹青画出是君山"、刘禹锡的"遥望洞庭山水翠，白银盘里一青螺"更使君山名声大噪。岳阳楼自古有"洞庭天下水，岳阳天下楼"之美誉，与湖北武汉黄鹤楼、江西南昌滕王阁并称为"江南三大名楼"，北宋范仲淹脍炙人口的《岳阳楼记》更使岳阳楼著称于世。岳阳拥有洞庭湖60%以上的水域面积，洞庭湖不仅是长江流域重要的调蓄湖泊，还是中国传统文化发源地和中国传统农业发祥地，是著名的鱼米之乡。

【岳阳楼】 位于市古城西门城墙之上，下瞰洞庭，前望君山，自古有"洞庭天下水，岳阳天下楼"之美誉，与湖北武汉黄鹤楼、江西南昌滕王阁并称为"江南三大名楼"。1988年1月被国务院确定为全国重点文物保护单位。主楼高19.42米，进深14.54米，宽17.42米，为三层、四柱、飞檐、盔顶、纯木结构。楼中四根楠木金柱直贯楼顶，周围绕以廊、枋、椽、檩互相榫合，结为整体。作为三大名楼中唯一保持原貌的古建筑，其独特的盔顶结构，更是体现古代劳动人民的聪明智慧和能工巧匠精巧的设计和技能。北宋范仲淹脍炙人口的《岳阳楼记》更使岳阳楼著称于世。

【洞庭湖】 古称云梦、九江和重湖，处于长江中游荆江南岸，跨岳阳、汨罗、湘阴、望城、益阳、沅江、汉寿、常德、津市、安乡和南县，以及荆州等县市。洞庭湖之名，始于春秋、战国时期，因湖中洞庭山（即今君山）而得名。洞庭湖北纳长江的松滋、太平、藕池、调弦四口来水，南和西接湘、资、沅、澧四水及汨罗江等小支流，由岳阳市城陵矶注入长江。洞庭湖古代曾号称"八百里洞庭"，湖盆周长为803.2公里，总容积220亿立方米，其中天然湖泊容积178亿立方米，河道容积42亿立方米，是长江流域重要的调蓄湖泊，具强大蓄洪能力。洞庭湖是历史上重要的战略要地、中国传统文化

发源地和中国传统农业发祥地，是著名的鱼米之乡，是湖南省乃至全国最重要的商品粮油基地、水产和养殖基地。

【君山岛】 古称洞庭山、湘山，是八百里洞庭湖中的一个小岛，与千古名楼岳阳楼遥遥相对，据传秦始皇南巡遭风于此，以为阻于湘君，乃赭其山。岛呈椭圆形，总面积0.96平方公里，由大小七十二座山峰组成，最高处响山海拔69米。其间古迹甚多，据清光绪《巴陵县治》载，昔有36亭、48庙、5井、4台等。现存虞帝二妃墓、柳毅井、传书亭、朗吟亭、酒香亭、听涛阁、封山印、杨幺寨、飞来钟、龙涎井、猴子洞等。君山岛被"道书"列为天下第十一福地，现为国家级重点风景名胜区、国家5A级旅游区。

【幕阜山】 位于平江县境内，横亘湘鄂赣三省，延伸至江西庐山，其主峰一峰尖海拔1606米。相传三国吴太史慈曾在山阜扎下营幕，操练兵马，幕阜山也因此而得名。年平均气温11℃，盛夏7月，山顶一峰尖的极端最高温仅28.5℃，素有"幕阜无夏季"之称。2001年，湖南省人民政府批准设立幕阜山为省级森林公园，原中央军委副主席张震将军为公园题写了园名。2005年，国家林业局批准幕阜山为国家级森林公园。森林覆盖率为94%，有Ⅱ级保护植物银杏、金钱松、福建柏、胡桃、香果树等9种，并有我国长江以南最大面积的天然黄山松1000多公顷。已发现国家Ⅰ级保护动物云豹，Ⅱ级保护动物虎纹蛙、平胸龟、猕猴、穿山甲、豺、大

灵猫、水獭等22种。

【城市荣誉】 先后被评选为国家历史文化名城、中国优秀旅游城市、长江沿岸首批对外开放城市、国家卫生城市、国家园林城市、中国魅力城市、全国文明城市、全国绿化模范城市、全国宜居城市百强、中国最佳投资城市、中国大陆最佳商业城市、中国最具幸福感城市、中国最具文化软实力城市、2015中国十大活力休闲城市等。

【友好城市】 国内友好城市重庆合川、浙江青田；国际友好城市包括日本沼津市、赤平市；美国泰利威尔市、萨利纳斯市、库帕蒂诺市；加拿大的卡斯尔加市、保加利亚的旧扎果腊市、澳大利亚的亚科克本市。

【市花市树】 1986年7月2日，岳阳市一届人大常委会第十五次会议讨论通过决定栀子花为"市花"；同年8月28日，十一届人大常委会第十六次会议讨论通过决定杜英树为"市树"。

湖南城市大典 汨罗市

汨罗市

汨罗市，公元前221年置县，1987年撤县设市，汨罗江是战国时期文学家屈原自沉之地，汨罗"传统文化版图"沿江绵延不绝，"汨罗江畔端午习俗"列入联合国人类非物质文化遗产代表作名录。

◇ 城市概况

【区划范围】汨罗，简称罗城，为湖南省辖县级市，由岳阳市代管，因境内有汨水、罗水会合，其下游名汨罗江，因以名市。汨罗位于湖南省东北部，属幕阜山脉与洞庭湖平原的过渡地带，西临洞庭湖。地处东经112°51′~113°27′，北纬28°28′~29°27′之间。地势由东南向西北倾斜。汨罗市东与平江相靠，南与长沙、望城两县相携，西与湘阴县、沅江市接壤，北同岳阳县毗邻。最东处为三江镇山阳村的山阳寨，最西处是芦苇场的石湖包，最南端系川山坪镇鹿峰村的陈家湾，最北端是白塘镇汨岳村的汨岳界。南北相距66.75公里，东西相距62.5公里，全境周长301.84公里，总面积1669.8平方公里。现辖1个乡、17个镇、1个街道，中共汨罗市委员会、汨罗市人民政府驻汨罗市建设路，电话区号：0730，邮政编码：414400。

【建置沿革】据考证，最迟在9000年前的新石器时代，先民就在汨罗江畔繁衍生息，属于大溪龙山文化范畴。东周庄王七年（前690），楚武王灭罗子国，将其遗民从宜城（今湖北宜城）迁至丹阳（今湖北秭归）附近的枝江，次年，楚文王迁都于郢（今湖北江陵西北），随后将罗子国遗民迁至湘江流域，筑城于汨罗江尾闾南岸（今汨罗城区西4公里处），故名罗城。秦始皇二十六年（前221），以罗子国移民领地设置罗县。梁大通二年（528）至太平元年（556），境内置罗州，建岳阳郡，郡治设今长乐镇长南村。武德八年（625），撤罗县并入湘阴县（治所今川山坪镇城江村），隶岳州。从此时历经五代、宋、元、清和中华民国时期，至1966年2月，历时1341年，汨罗境地隶属湘阴县。1966年2月，置汨罗县。1987年9月，经国务院批准，撤销汨罗县，改设汨罗市。

【地理环境】汨罗地势东南部高、西北

部低，由山地向滨湖平原呈梯降过渡，头枕幕阜，脚踏洞庭。东南部峰岭起伏，连绵成脉，形成天然屏障。西北部属湖区，地势低平。主要河流有汨水、罗水，还有湘江段流长4公里。最高处为玉池山的达摩峰，海拔777米；最低处在磊石乡二道沟，海拔24米。丘陵多处于岗地与低山过渡地带或山地余脉末梢。海拔一般在110~250米之间。岗地是汨罗分布最广的地貌类型，面积613.51平方公里，占全市总面积的39.28%。平原位于汨罗江及其支流溪谷两侧，海拔绝大部分在50米以下。属亚热带湿润性气候，四季分明。年平均气温17℃，降水量1345毫米，年平均日照时数为1650.1小时，无霜期263天。

【资源物产】全市土地面积234.29万亩，其中耕地面积51.16万亩，农林特产，主要有优质稻米、高油玉米、茶叶、西瓜、烟叶、杉、松、楠竹、生猪、黄牛、鱼类等。动植物资源十分丰富。属国家保护的有水杉、银杏、杜仲等，主要用材树种有松、杉、樟、檫、楠竹等；属国家保护动物的有鲮鲤（穿山甲）、金钱豹、大鲵（娃娃鱼）、猴面鹰、江豚（江猪）、大灵猫等。市境蕴藏砂金和非金属矿产资源比较丰富。已开发利用的有黄金、花岗石、砂砾石、钾长石、石英和粘土等，尚待开发的是高岭土。其中汨罗江砂金矿是已探明的长江以南最大的河流矿床，地质储量20吨左右。石油、天然气具有一定的找矿前景，发现矿床、矿点、矿化点40多处。境内河流多且水

量丰富，地表水资源总量44.65亿立方米，尚可利用的地表水资源为28.43亿立方米，水资源的理论蕴藏能量4.01万千瓦。

【人口民族】2016年末，汨罗市总人口676150人，其中，非农业人口101324人，农业人口574826人。全年出生人口9669人，人口出生率14.3‰。0-17岁人口128679人，占户籍人口的19%；18-59岁人口412155人，占户籍人口的61%；60岁及以上人口135316人，占户籍人口的20%。全市有15个少数民族，汉族人口占99.95%。2017年，全市户籍人口871480人，其中男性349674人，女性321806人。

【区位交通】地处长沙市与岳阳市的中点，位于"长株潭一小时经济圈"内，交通便利，京广铁路、107国道、京珠高速公路、武广高速铁路纵穿南北；汨罗江、S308线、湘慧线、省道201线横贯东西。城区内建有汨罗火车站和京广高铁汨罗东站。城区与107国道、京珠高速公路均有专门连接线，距107国道6.6公里，距京珠高速24公里，距长沙黄花机场80公里，距岳阳城陵矶货运码头90公里。2016年，全市铁路旅客发运量107.9万人，其中高铁发运量61.0万人，汨罗站发送旅客46.9万人。通讯网络、移动通信基站建设加快，移动电话、互联网用户大幅增加。

【社会发展】2016年，全市有学校280所，其中幼儿园101所，在园幼儿15690人；小学129所，在校学生39910人，小学适龄

入学率100%；职工中学4所，在校学生6517人；特殊教育学校1所，在校学生211人；普通中学45所，在校学生26213人。全市在编教职工4951人，离退休教师2655人，专任幼师634人。全市专利申请量375件，其中，发明专利申请量35件。专利授权量221件，其中，发明专利授权量12件。有卫生机构677个。其中，医院9个，妇幼保健院1个，专科疾病防治院2个，乡镇卫生院33个，社区卫生服务中心（站）3个，诊所、卫生所、医务室187个，村卫生室435个。卫生技术人员3300人。医院拥有床位总数3286张。乡镇卫生院拥有床位总数1123张。全市年末参加城镇基本养老保险职工28776人，参加城镇基本医疗保险128469人，参加失业保险职工26039人，参加工伤保险职工36855人，参加生育保险职工29376人，新型农村养老保险登记参保406636人，新型农村合作医疗参合率98.23%，城市低保标准420元/月，月救助水平达278元，农村最低生活保障标准220元/月，月救助水平达123元。年末各类收养性社会福利单位床位440张，收养各类人员400人。

◇ 城市建设

【综述】 汨罗城市建设起步于建县，1966年3月，原汨罗镇被定为新县城址，当时镇区只有铁路以西1条小街，铁路以东还是一片荒岗，规划县城范围4平方公里，按照"人民城市人民建"的方针，动员各单位通过多种渠道集资，按县城规划建设，至1979年，完成5条主要街道及其配套设施的建设，城区初具规模。1987年撤县建市，1988年制订城区建设总体规划，城区规划范围扩大到18平方公里，至1993年，城区已建成由24条街道、32条巷道、6座桥梁组成的街道网和地下排水系统，建成各类房屋及与之配套的供电、供水、供热、通风、广播电视、公共交通、环境卫生、园林绿化、集贸市场院、学校、医院、体育场、影剧院等公共设施，总建筑面积252万平方米，建成区面积达7.4平方公里。随着新市工业园的建设启动，一批工业企业的进驻，不但使汨罗的经济实力大大增强，而且城市结构形态由原来的单核心逐渐演变成主辅双城结构模式，城市总人口增长至17.2万，用地规模达到了18.85平方公里。到2016年，许多重点项目如汨罗新火车站、汨新大道、汨罗江大道、龙舟广场、建设路改造、团山再生资源市场、工业园开发、汨罗江沿江风光带、屈子生态湿地公园等相继建成或提质改造。搬迁中心汽车站，建成星火、长乐汽车站。商品房开发面积79.94万平方米，人均居住面积39.49平方米。城区绿地覆盖率达37.33%。城镇化率55.7%。

【城市规划】《汨罗城市总体规划（2001－2020）》2009年进行了修订，指出通过对汨罗市发展和比较优势的分析，城市定位为："一个中心，两个基地，两星城市"。即长株潭卫星城和环洞庭湖明星城、国家循环经济试点基地、湖南重要的旅游休闲基地、长岳中部地区重要的物资集散中心。以"生态优先"理念来构建城市总体空间结构，以汨罗江为空间主轴线分为四个组团，即汨罗江北岸西面结合屈子祠、屈原墓规划屈子文化及龙舟文化旅游产业园（不计入城市建设用地），东面靠近107国道用地规划为红花组团。汨罗江南岸分高泉组团和新市组团，两个组团用地在现状基础上往北延伸至汨罗江，高泉组团往西、往南伸展，新市组团主要依托武广铁路客运站往南面丘陵地带发展。这样，城市形态由原来的哑铃形结构转变成以汨罗江为轴，由生态保护用地适当分隔的"一江两岸多组团"的带状组团生态结构，达到人工与自然的交融。城市在区域中的发展战略上实施"合纵连横，竞和共赢"，"合纵"——融入长株潭城市圈，"连横"——与岳湘平互补合作。到2020年，总人口73.5万，城镇化率58%，中心城市人口达到30万。期末城镇人均道路面积大于15平方米，人均公共绿地面积大于9平方米。

【汨罗高铁新城】即汨罗高铁新城产城融合项目，是汨罗建设更高品质的生态文化活力汨罗的重要载体，是举全市之力建设的汨罗新门户，也是推进汨罗产城融合后崛起的重要引擎。位于循环经济产业园核心区范围，以武广高铁汨罗东站为核心，规划面积3.8平方公里，直接投资约100亿元。高铁新城以"一年成势、三年成型、五年成城"的开发规划，分期推进。以"汨罗新门户、城市新家园、产业新高地"为发展定位，以交通枢纽支撑产业新枢纽的形成，聚集辐射能力，初步形成"以产兴城、以城促产"的发展新格局，充分展示"新枢纽、新功能、新城市"形象。

【汨罗时代步行街】地处劳动北路与山塘路的交汇处，是一个集购物、休闲、娱乐、商务、餐饮为一体的综合类商业步行街。由汨罗凯华房地产开发有限公司投资建设，总投资达1亿多元。总建筑面积近16000平方米，地面设有200多个停车位，满足有车一族停车的需求。二楼新颖独特的连廊设计，使得步行街商业五栋楼有机相融，消费者可自由在各楼层中穿梭。步行街正门入口处，设有一个大型活式喷泉；在步行街正中央，建有一个面积近2000平方米的大型商业露天中心广场，广场中央设有一个大型的伸缩型舞台，配备有高音质的音箱设备。

【汨罗东站】即汨罗高铁站，位于汨罗市东南12公里、新市镇西南约5公里，汨罗东站站房的屋檐由16艘龙舟石雕模型并排组合而成，按照中间8艘，两边各4艘方式排列。这种建筑方式，既凸显了龙舟竞渡的汨罗特色，又通过建筑主体结构表现力争上游的龙舟精神，使得建筑在传承了本地特色的同时，彰显了现代的建筑美感。站房总建筑面积6201.6平方米，地上一层，局部夹层。站前广场上嵌入一个长12米、宽4.8米的龙舟图案。自京广高铁北段正式通车之后，日纳乘客5000名。

【汨罗火车站】属于一个京广线上的铁路车站，位于汨罗市车站路，建于1918年。离北京西站1509公里，离广州站785公里，隶属广州铁路（集团）公司长沙车务段管辖。现为三等站。客运办理旅客乘降，行李、包裹托运；货运办理整车、零担、集装箱货物发到。

【汨罗中心汽车站】该站于2001年10月正式破土动工，2003年3月竣工，总投资1000余万元。位于通达路与求索路交汇处东北角，东距火车站广场仅200余米，坐北朝南，占地2.11公顷，东西宽111米，南北长175米，分为站前区、维修区、停车区、营运区四大方块。实际用地面积为1918.2平方米，总建筑面积3388平方米，其中主站房面积2958平方米，建筑占地面积1655.1平方米，容积率0.17，停车场面积12576平方米，绿化率17.65%，主站楼内候车厅面积463平方米（含空调厅87平方米），二层为办公区，建筑面积775平方米，三、四、五层为司乘公寓。

【屈原大道】原为城西路，2018年3月更名，南起G536，北至汨罗江大桥，全长5.318公里。其中湘汨路至站前路段长2976米，红线宽38米。2013年8月，启动提质改造，改造分中段、北段、南段三阶段进行。站前路广场至汨罗江大桥段长2342米，将道路拓成60米宽，道路两边设置绿化带、辅道、人行道等。

【罗城大道】原为罗城路，2018年3月

更名，东起平伍公路平汨联接线，西至汨罗镇九雁水库，全长14.745公里，其中九雁水库至红旗路长2525米，红线宽60米，红旗路至城西路段长1005米，宽32米，城西路至大众路段长2200米，红线宽42米，大众路至双塘广场段长810米，红线宽50米，双塘广场至平汨联接段线长8205米，红线宽60米。

【汨罗江大桥】起于汨罗市范家园茶场开发区与S201线改建工程相接，终点与S307线相接，于2008年10月29日开工，2010年10月竣工通车。汨罗江大桥全长8172米，其中主桥长896米，连接线长7276米，全线采用二级公路设计标准，路基宽12米，桥宽15.5米，设计时速80公里。

【汨罗市自来水公司】位于迎宾路8号。始建于1981年，水厂常规日处理总规模为6万立方米，城区主管网130公里，用户4万余户，年供水量达千万余吨。近年已向城乡结合部及古培、上马、团山等周边乡镇部分村、组进行管网延伸，初步形成城乡供水一体化模式。公司利用优质的兰家洞水库水作为源水，拥有先进的生产制水工艺和水质自动监控系统，确保了出厂水的水质和稳定性。自来水出厂水水质符合并优于国家生活饮用水水质标准GB35749-2006。

【汨罗市第一中学】位于九章路42号，是湖南省重点中学、湖南省示范性普通高中、湖南省现代教育技术实验学校。学校前身为创建于1956年的湘阴县第三初级中学，1986年，命名为汨罗市第一中学。截至2012

年5月，校园面积86400.4平方米，建筑面积61687平方米，有60个教学班，在校学生3100余人，在编教职工268人。

【汨罗市人民医院】地处人民路44号，始建于1966年，现已成为一所集医疗、教学、科研、预防保健、康复于一体的二级甲等综合性医院。全院占地35亩，总建筑面积3.6万平方米，医院编制病床725张，现有职工824人，专业技术人员占88%，其中高级职称57人，中级职称215人，硕士研究生5人，设置23个临床科室、14个医技科室和24个职能科室。全院年门诊量22万人次，年出院病人3.6万人次，年手术6千台，是中南大学湘雅医院双向转诊定点指导医院、省人民医院临床指导医院、新型农合作医疗定点单位、汨罗城镇职工、居民基本医疗保险定点单位、汨罗市城乡医疗救助定点单位。

【汨罗市中医院】位于人民路13号，是一所集医疗、急救、教学、科研、保健、康复和法医学鉴定为一体，以中医为主、中西医结合的二级甲等现代化综合性医院。占地面积21463平方米，建筑面积27360平方米，医疗用房面积9000平方米，南院9371平方米，设有门诊大楼、急诊大楼（120急救中心）、住院大楼、放射楼、药剂楼、综合大楼、教学大楼、学生住宿大楼。医院现有在职职工272人，其中高级职称15人，中级职称83人，中医中药专业技术人员152人。开放床位180张，设有13个临床科室、10个诊治科室，开设有骨伤科、针灸按摩科、肛肠

科、腰腿痛科、微创手足外科及不孕不育6个特色专科。

【汨罗江国际龙舟竞渡中心】始建于2005年，2005以来，在此连续举办了四届国际龙舟节。每年都有20多支国内外龙舟队参赛，近30万观众齐聚汨罗，观看这一节会盛况。中央电视台、湖南卫视等媒体进行了现场直播。2008年6月，北京奥运圣火传递也来到了汨罗江畔，并在这里举行了岳阳站传递活动的结束仪式。中心东侧是为纪念奥运火炬传递而建的火炬广场，巍然屹立于正中央的祥云火炬高6.3米，寓意6月3日奥运圣火来到汨罗，其基座高20.08厘米，寓意2008年。江边的骚坛是每年龙舟节期间举行祭屈仪式的地方，汨罗江两岸人民每年五月初五都要来到这里，虔诚悼念伟大的爱国主义诗人，并举行龙舟竞渡。

【诗歌中华国际交流中心】选址于屈子书院东北角，占地面积为97.24亩，拟建设成集培训、讲座、会议、演出、文化创作、产品开发、生态酒店为一体的的建筑集群。建筑完成后，将每年在此举办中华诗歌节，以诗歌交流、研讨、传播诗歌文化为宗旨，邀请海内外知名诗人，打造全球华人的诗歌交流文化圣地。

【汨罗市图书馆】建于1979年2月，原址在体育巷文化馆内，前身为1974年组建的县文化馆图书室，现址在人民路17号，馆舍面积2700平方米，设有外借、报刊阅览、少儿阅览、参考咨询、信息服务5个读者服务

窗口。该馆现有工作人员14人，其中本科学历、副研究馆员1人，大专学历4人，初级职称9人。总文献藏量11万册，其中图书9万余册。年征订报纸34种、期刊126种，收藏工具书933种，地方文献374册。配有电脑采编系统一套，流动书车一辆，设馆外图书流通点10处。有持证读者1546个。

【兰家洞水库】位于八景乡高华村，坝址控制集雨面积49平方公里，多年平均降雨量1461.3毫米，设计灌溉面积14.2万亩。该工程于1975年开始兴建，1976年8月建成。水库总库容6420万立方米，正常蓄水位106.4米，正常库容5260万立方米，汛限水位105.4米，汛限库容4910万立方米。水库枢纽工程主要由主坝、三座副坝、溢洪道、放水涵洞及电站等组成。该水库是汨罗市的主要骨干工程，灌溉汨罗市江北地区8个乡镇8万亩农田，担负着下游10.2万人、汨罗市城区、京广铁路、京珠高速公路和107国道的防洪保安任务，是一座以灌溉为主，结合防洪、发电、养殖的综合性工程。

【汨罗镇】全国重点镇，位于市区西侧，扼守市区西大门，镇区距市区2公里，因靠近汨罗江而得名。该镇东邻城郊乡，南接古培镇，西与湘阴县东塘接壤，北与屈原行政区相连。辖周家村、甘坪、汴塘、九龙山、雁塘、童家、南托、北托、茶木、眠羊山、李家坪、大坪李、黄家坪、蟠龙桥、龙塘、鱼鳃15个行政村，2个居委会，面积35平方公里，总人口2.3万人。汨罗镇境内有

S307、S308、S201三条省道和县道X056交汇，区位优势明显，该镇的李家坪、鱼腮、北托、南托、燎家山、龙塘等村、社区与城区紧邻。全境均为洞庭湖平原，地势平坦，适合兴办大型工业企业和进行农业机械化作业。

【长乐镇】全国重点镇，东依巍巍幕阜山余脉，南临盈盈汨水河，位于市东北部，与京珠高速公路，107国道紧密相连，距岳阳市70公里，距省会长沙市82公里，全镇总面积58平方公里，辖17个行政村（居）委会，总人口27898人。长乐镇的人文资源异常丰富，如回龙门、故事会、佛教圣地、麻石街，等等，2011年，长乐抬阁故事会进入第三批国家级非物质文化遗产保护名录。长乐镇区社会、经济发展较快。食品加工业发达，"长乐甜酒""风味腐乳"远近闻名，"长乐绿茶"香飘万里。建材、商贸、服务业发展迅速。同时，该镇城镇化建设初显规模，集镇建成区面积达3平方公里，公共服务设施不断完善。

【营田镇】全国重点镇，位于市西部偏北18公里处，是岳阳市屈原管理区机关所在地。因岳飞在此把营屯田得名。东临黄金乡，南靠湘阴县三塘镇，西滨湘江与湘阴县清潭乡对望，北接白鱼歧办事处，南距长沙市区80公里，北距岳阳市区70公里，东距京港澳高速复线入口8公里，屈汨公路过境，省道S307穿过镇中，与107国道相距15公里，东与汨罗火车站相距10公里，并有千吨

级推山嘴码头，交通十分方便，被誉为湖南农垦第一镇。辖5个居委会、14个行政村，面积28.9平方公里，耕地面积2.2万亩，社区人口4.3万人。全镇形成了以饲料、建材、食品、轻纺为主体，机械、化工、印刷、服装、加工为辅翼的工业体系。上市公司正虹科技股份有限公司设在镇区。

◇ 城市经济

【综述】汨罗综合实力稳步攀升，农业经济基础坚实，粮食、油料、茶叶、西瓜、水果、蔬菜数量和质量实现"双提升"。汨罗高新技术产业发展步伐坚实，循环经济产业园进一步壮大，围绕"千亿园区"目标，发展了先进制造业为主的高新技术产业，运营创新创业园，建设电子安防产业园，推动长沙经开区汨罗产业园基础设施建设和产业落地，形成化工、机电、建材、冶金等门类较齐全的工业体系。园区成为各种资源的聚集地，已集聚各类企业256家，其中规模企业141家，再生资源深加工、农产品加工、绿色环保和农机制造四大产业群强势崛起。长沙经开区汨罗产业园成功列入全省首批"飞地经济"试点园区，建成标准厂房21.27万平方米，入驻企业7家，初步形成两翼齐飞的工业发展格局。服务业发展势头较好。经济社会实现了持续快速协调发展，率先进入全省小康县（市）行列。2016年，全市完成GDP347.4亿元，三次产业结构比例为8.3∶74.2∶17.5，按常住人口计算，人均

地区生产总值55222元；完成固定资产投资260.7亿元，实现社会消费品零售总额86.3亿元，完成财政总收入15.4亿元，金融机构各项存款余额为181.4亿元；城镇居民人均可支配收入27014元，农村居民人均可支配收入15277元。

【汨罗循环经济产业园】省级重点工业园，按"一区两园"布局规划，其中新市片区整体规划面积18平方公里，2015年调扩区核准面积689.19公顷，弼时片区即飞地园区整体规划面积19平方公里（含弼时镇集镇4平方公里），2012年调扩区核准面积301.3公顷。目前园区已建成面积10平方公里。产业园区现已集聚各类企业256家，其中规模企业141家，从业人员近40000人。2005-2014年，园区先后获批国家首批循环经济试点、国家首批"城市矿产"示范基地、国家循环经济标准化试点单位、省特色县域经济特色制造业园区、省新型工业化示范基地。力争到2020年，全区实现工业总产值1000亿以上，步入千亿产业园区梯队。

【长沙经开区汨罗产业园】该园于2013年成立，由长沙经开区和汨罗市合作共建，是湖南省首个正式实施、跨市州合作的飞地工业园。长沙经开区汨罗产业园以片区开发为主要形式，在弼时镇规划19平方公里（工业区15平方公里、镇区4平方公里），按照功能布局，形成"一核一心，两廊四区"的规划构局。产业园定位为全省创新发展、两型生态的"飞地经济"示范园区，主要承接

长沙经济技术开发区主导产业（即先进制造业、电子信息、新材料等）和其他战略性新兴产业。2015年举行第一批重大项目建设集中开工仪式。

【汨罗龙舟文化产业园】规划古罗子国遗址修复、汨罗江怡情园、恢复屈原书院、建设好汨罗江国际龙舟竞渡中心、龙舟艺术精品大观园、楚人风情街、楚风庄院、中国屈原陈列馆、汨罗江两岸5公里绿化、汨罗江两岸5公里基础设施、汨罗江系列旅游产品开发等12大建设项目。逐步建成集龙舟竞渡、休闲娱乐、艺术欣赏、民俗展示、旅游产品开发为一体的多功能现代文化产业园，形成"汨罗江一日游"的发展态势，实现年旅游收入过两亿元的发展目标。通过园区的发展，带动八景洞、红花山、磊石山、屈子祠镇、长乐回龙门等以汨罗江为轴心的屈子祠汨罗江风景名胜区的建设。

【湖南省同力循环经济发展有限公司】成立于2008年6月，位于新市镇新书村。是湖南汨罗再生资源回收利用市场和加工示范基地建设主体单位。目前建设和运营的湖南汨罗再生资源回收利用市场和加工示范基地项目（简称同力循环产业园），总投资16.5亿元，总体规划4000亩。形成回收、加工再生资源年经营300万~400万吨，再生资源回收交易规模300亿元以上，精深加工工业产值300亿元以上，再生资源交易所现货、期货交易规模在500亿元以上，总目标为1000亿元产值的完整的再生资源产业链

和产业集群。2013年7月，通过了ISO9001、ISO14001、OHSAS8001管理体系认证。

【湖南省汨罗市环保设备制造有限公司】位于车站南路9号，前身汨罗市环保设备制造总公司，是一家集科研、开发、生产、安装于一体的大型环保综合企业。公司注册资本6660万元，从业人员500余人，其中工程技术人员128人，拥有各型专业机械设备40余台（套）。自二十世纪七十年代以来，公司相继研发开发出WMC、SPX、HZX、SYM、SXL、SG等脱硫除尘产品。公司还研制出了XLD立式旋风除尘器、XTC陶瓷多管除尘器产品，用于预收干灰，实现了煤灰的综合利用。近年来公司与国内知名电除尘器厂家合作，新推出了BS型系列静电除尘器。

【汨罗市联创铝业科技有限公司】位于市再生资源工业园区。创办于1998年，前身为汨罗市国泰有色金属有限公司，2006年8月更名为汨罗市联创铝业科技有限公司，是一家集科研、生产、经营为一体，专业生产铸造铝合金锭的企业。占地面积2万多平方米，目前拥有国内先进的再生铝合金熔炼设备和附属配套设施，可年产再生铝锭5万吨。目前，公司主要生产的产品有日本JIS标准之ADC10、ADC12、AC2B等；美国牌号之A360、A380等；同时，也可按客户指定成份生产。主要为国内外汽车工业、摩托车行业以及家电、灯饰企业提供优质的铝合金锭系列产品。

【湖南湘电长泵汨罗江制泵有限公司】
位于九章路，系湖南湘电长沙水泵厂与汨罗水泵厂按照现代企业制度要求组建的合资企业。公司创建成立于1951年，属国家二级企业。公司1993年跨入"中国500家最大机械工业企业"行列，是中国水泵行业五大重点骨干企业之一。公司与美国的英格索兰、艾力考，日本的荏原、日立、久保田，英国玛珀、荷兰耐荷泵业等国际知名制泵公司建立和保持了良好的技术交流和合作关系，在产品开发上坚持引进与自行开发相结合，形成了40个系列、590个品种、2008个规格的产品。产品遍及能源、冶金、化工、建材、轻纺、城建、机械、农用排灌、环保等领域，畅销全国并远销欧、美、亚、非等42个国家和地区。1997年公司通过了ISO9001质量保证体系认证。

【汨罗市钰锋光电科技有限公司】坐落在汨罗江畔，公司成立近四十年，拥有环境优雅的花园式厂区，现代化的生产制造机械和检测设备，专业生产光学镜片、放大镜片、凸透镜、路灯透镜、棱镜、胶合镜、石英镜片、柱面镜、非球面、镜头等、镜片直径3毫米到1200毫米都可以加工生产。产品主要用于电脑舞台灯光、医疗仪器、金融机具、教学仪器、光学投影仪、LED照明灯具、照相机、美容仪器、印刷检测、电子业、制造业、纺织业、科研考古、集邮、珠宝鉴定等光电仪器领域。产品广泛销往欧美、日韩等50多个国家和地区，并以其精湛的品质取得良好的声誉。

【岳阳汨罗市金龙铜业有限公司】成立于2006年4月，位于汨罗市工业园，是一家利用废杂铜加工再生铜的循环利废企业。总投资1500万元，现占地有37亩。主要有两条生产线：一条是铜锭和冰铜的生产线，生产设备有熔炼炉、风机和收尘房；一条是阳极板生产线，生产设备有阳极炉、圆盘浇铸机、沉降房和收尘房。公司采用成熟的工艺加工再生铜，可年生产15000吨再生铜，主要销往云南铜业集团有限公司、江西铜业集团有限公司、铜陵有色金属集团有限公司、富春江冶炼有限公司和北方铜业股份有限公司等。

【长乐甜酒】长乐自南北朝时起建镇，商贾云集已历千年。东倚智峰山，南临汨水，人杰地灵，"长乐甜酒"就是在这块神奇的土地上酝酿的奇葩。相传乾隆皇帝下江南时，经过长乐。闻甜酒香而试之，满口生津，甜彻心脾，御赐"长乐甜酒"，长乐甜酒因此得名，誉满江南。美丽的传说给长乐甜酒染上一层神秘的色彩，但甜酒的香甜可口要靠酝酿的三个条件：一是长乐的酒曲；二是"三粒寸"糯米；三是清澈的井泉水。这样精酿而成的甜酒浓香扑鼻，具有疏筋固气，提神醒脑，催乳，去风湿等功能。

【兰花萝卜】又名蓑衣萝卜，是明末清初由洞庭湖区盛产的皮薄、肉嫩、光洁的鲜萝卜为原料，辅之以辣椒粉、盐创制而成。后经改进，萝卜经数刀切后，仍为一个整体，提起时形同盛开的兰花，又如过去农民的雨具蓑衣，故得名。它保存了传统的鲜辣风味，又有脆嫩郁香的余味。兰花萝卜是湖南省著名的传统酱菜，已有60多年的生产历史。原料配方：萝卜咸坯100千克、香油4千克、优质辣椒粉3千克、酱油40千克。产品特点：色泽金黄、红润，造型美观，如花似棱，味道香、甜、辣相间，脆嫩可口，并有开胃增食之功。

【龙舟毛尖】 汨罗市特产，曾多次获省部级金奖，已编入中国名茶大词典，远销欧盟、美国。湖南龙舟茶业有限公司位于蓝墨水的上游——汨罗江畔、文化人的圣地——屈子祠风景区。公司由原汨罗市龙舟茶厂改制而成，是一家有限责任公司。始建于1957年，是一个融生产、加工、销售于一体的茶叶加工企业，具有自营出口权，年加工能力5000吨。主要产品有龙舟毛尖、绿茶、红碎茶、功夫条茶、花茶、绿碎茶、千两茶等。

【屈原醇酒】 公元前278年，秦国大将白起带兵南下，攻破了楚国国都，屈原的政治思想破灭，对前途感到绝望，虽有心报国，却无力回天，只得以死明志，就在同年五月五日投汨罗江自杀。为纪念屈原，取此江的水酿出的酒人们取名为屈原醇酒。屈原醇酒取自汨罗江的水，由高粱、小麦、大米、糯米、玉米五种粮食发酵酿造而成，从投粮到酿成需要经历半年的时间，属于五粮型白酒。具有"酒质纯正，香醇甜净，回味悠长，舒爽怡畅"的特点，深得港澳台及东南亚外国朋友的青睐。

◇ 城市文化

【综述】 汨罗历史悠久，文化深厚，既是世界文化名人屈原晚年吟诗求索、怀沙自沉之处，又是开国元勋任弼时诞生成长之地，还哺育了杨沫、白杨、康濯等文艺名家。屈原文化、龙舟文化脉脉相承，求索精神、骆驼精神代代相传。屈子祠、任弼时纪念馆名列湖南百景。汨罗"传统文化版图"沿江绵延数十里。"长乐抬阁故事会"列入国家级非物质文化遗产保护项目，"屈原传说""屈子祠祭典"等列入省级非物质文化遗产保护项目。2005年，新建了汨罗江国际龙舟竞渡中心，每年端午节举办了汨罗江国际龙舟节。同年，"汨罗江畔端午节"被确定为国家非物质文化遗产。以此为契机，全力打造龙舟故里国际品牌和屈子文化历史传承，挖掘屈原龙舟文化资源，提炼湘风楚韵元素，增强文化软实力，提升城市品味。

【屈原文化】 汨罗是屈原投江殉国的地方，也是他从事屈赋创作长期栖居之所。屈原留在汨罗的文化资源极为丰富，形成了两千多年来，在汨罗地方文化中不断传承并丰富着的屈原文化传统。它包括屈原生平活动遗址，且与之相关的纪念地文化和楚辞文化所影响的汨罗民俗文化。屈原生平活动遗址有南阳里、玉笥山、独醒亭、屈原宅、濯缨桥、盘石马迹、罗渊；屈原直接性纪念地有屈子祠、屈原碑林、屈原墓、骚坛、藏骚阁、江潭；间接性纪念地有贾谊吊屈原处、太史公垂涕处、宋玉招魂处、屈原塔、招屈亭、楚塘、寿仙台等；传说性纪念地有绣花墩、望爷墩、剪刀池、桃花洞、饮马塘、晒尸墩、女婴庙、烈女桥等。这些纪念地组成屈原文化的宝贵文化资源。

【长乐故事会】源于隋唐，盛于明清，由元闹花灯中演变而来，是一项集惊、奇、险、巧于一体的传统民间杂技，并集表演、彩绘、历史、天文、地理、文学、民情、时代精神等融为一体的独特的、古老而又神秘的民间行为艺术。故事会分为地故事、地台故事、高彩故事、高跷故事四大类，分上、下市街故事会。2012年，列入国家级非物质文化遗产名录。

【地花鼓】属灯舞类，最初仅限于春节等传统佳节时与大闹花灯活动穿插进行，汇同"狮子""龙灯""彩莲船"一起进行表演，载歌载舞，情节生动，内容朴实，表演风趣，喜闻乐见。这种文化习俗后来逐渐进入人们日常生活领域，民间操办红白喜事也打起花鼓子来。

【汨罗江国际龙舟节】1991年6月13-18日，由湖南省旅游局、省体委、省对外文化交流协会、岳阳市政协联合举办的中国湖南汨罗江国际龙舟节在南湖举行。来自英国、日本、澳大利亚、马来西亚、香港、中华台北和国内广西等地的27支龙舟队参赛。国家副主席王震出席开幕式并题词"岳阳汨罗江国际龙舟节"，出席开幕式的领导有中央顾问委员会常委肖克、陈锡联，国家旅游局局长刘毅，中华全国体育总会主席李梦华，全国侨联主席庄炎林等。参与和观光者达120万人次，其中境外宾客近3000人。到2017年，汨罗江国际龙舟节已举办了13届。

【任弼时故居】坐落在弼时镇唐家桥村，又称"任家新屋里"，建于清末，由任氏祖居自沙河西冷水井迁至此。具体建筑时间无法考证，是清末时期江南典型的砖木结构民居。故居面积为3600平方米，分上中下三进外加一罩亭，有大小37间房，上进左侧7间房为弼时同志及父母一家居住。故居坐东朝西，三面环山，门临池塘，土筑围墙护院，后面是梅山，为任氏祖坟山，建有弼时纪念亭；前临白沙河，河道注入湘江，曾可通船，是任弼时少年时代游泳场所。1988年1月，国务院公布为全国重点文物保护单位。

【罗子故城】位于归义镇西北的罗城，现属岳阳市屈原管理区河市镇古罗城村一组。为汨罗江下游南岸自翁家港至马头槽之间一块广阔的土洲。罗子城址整体略呈长方形，南面略向内凹。城址东南长约590米，西北宽400米，总面积约23.6万平方米。城址东面护城河原系李家河，东南、西三面护城河均保存甚好，现存宽约5-10米，深浅不一，最浅处亦超过3米。北面城墙及西面大部城墙保存较好，墙基宽达14米，墙高3米，系用黄土分层夯筑而成。城址西北部，中部地面散见建筑遗存板压、筒瓦和生活器皿如陶鬲、陶豆残片。城址西南部位原有一小山丘名猪形心，只见建筑遗存，应为建筑基址。城址内试掘出土有陶鬲、盂、豆、罐，依据陶器的类型学研究，其年代在春秋中期。国务院公布为全国重点文物保护单位。

【普德观】普德大庙，位于汨罗江北，始建于康熙七年。这里虎象两山傲视，汨江秀水环抱，常见烟波浩渺。她曾属春秋战国时期的罗子古城之境，紧倚我国古代伟大爱国诗人、"世界四大文化名人"之一的楚三闾大夫屈原之灵冢墓区。传说，曾有高仙飞临此境盛赞曰："左瞧右看此脉灵，虎象两山前把门，罗江之水大源引，可带龙气入庙庭"。普德大庙占地面积120余亩，建筑面积2.2万平方米。已初步建设成为集释道儒三教文化于一体的宗教场所。

【营田江防遗址】包括营田抗日阵亡烈士墓、刘家山抗日战壕、磊石山抗战哨所三处与抗日战争有关的遗址，是抗日战争期间国民党军队为防止日军从水路进攻长沙而在湘江和汨罗江交汇处的营田一带修建和留下的重要的抗战遗迹。营田抗日阵亡烈士墓位于屈原管理区营田镇湘江东岸。墓冢正好建在汨罗市航运公司院内，其北、东、南三面全部为屈原管理区营田镇城区，西为湘江。主要是为纪念第一次长沙会战期间"营田之战"中死难的抗日军民，由国民政府于1940年所建，后又收集第二、第三次长沙会战中营田江防一带殉难的抗日烈士遗骸并集中安葬于此。

【张学尹】（1775-1851），字子任、少衡，晚年号听翁，今汨罗新市张家河人。清嘉庆进士，后奉父丧归葬而迁居汨罗的黄柏塅大河塘。服丧毕，即分发福建。历任归化、莆田知县，补闽清县候官知县，擢台湾府北路理番同知、代理兴化府知府。张一生勤于政事，清正恤民，政绩卓著，为民拥戴。在台湾离任时，当地百姓建"雨耕祠"以纪念他。张学尹博学能文，对经史尤为精通。他罢官回到故乡后，治经讲学30年，主持宛南、濂溪、石鼓诸书院。留传后世的作品有《春秋经义》《周易辑义》等200余卷。

【彭家煌】（1898-1933），字蕴生，号韫松，又名介黄，笔名芳草、韦公、岛西，今汨罗市铜盆乡人。1917年入省立第一师范读书，1920年秋毕业。任教北京女子师范大学附属补习学校，并在北大听课。1924年，只身赴上海，在中华书局《小朋友》杂志工作；次年转入商务印书馆，任《小说月报》《教育杂志》《儿童杂志》，开始文学创作。先后出版了《怂恿》《茶杯里的风波》《皮克的情夫》《平淡的事》等10多本小说集，还发表过一些单篇小说、散文、童话、杂文。他所写的《虾和鳝及其他》《仙人》《度、量、衡新制》《脸与0》《救命圈》等杂文，得到鲁迅的赏识。

【任弼时】（1904-1950），原名任培国，湖南汨罗人。1920年8月加入"中国社会主义青年团"。1922年初加入中国共产党。1927年7月任第四任共青团中央总书记。1927年5月在中共五大上当选为中央委员。1927年8月，当选为中共临时中央政治局委员。1931年在中共六届四中全会上当选为中央政治局委员。抗日战争爆发后，任中共中央军委华北分会委员、八路军政治部主任。1941年9月任中共中央秘书长。1943年3月与毛泽东、周恩来、刘少奇、朱德组成以毛泽东为首的中共中央书记处。1945年在中共七届一中全会上当选为中央政治局委员、书记处书记。由于长期抱病工作，"过度劳累"使病情突然"加重"，1950年10月27日在北京逝世，终年46岁。

【杨敬年】（1908–2016），著名经济学家、翻译家；湖南汨罗人；1936年毕业于中央政治学校；1948年获牛津大学哲学博士学位；同年起任南开大学教授；译有雅·科隆诺德《经济核算制原理》、约瑟夫·熊彼特《经济分析史》、保罗·巴兰和保罗·斯威齐《垄断资本》等；曾任南开大学经济系学位委员会主任，中国对外经济合作学会常务理事等，被英国剑桥国际传记中心收入《大洋洲及远东地区名人录》；1998年，90岁高龄的杨敬年依然笔耕不辍，翻译完成英国亚当·密斯的《国富论》；百岁时撰写《期颐述怀》一书，回首其百年人生。

◇ 城市生态

【综述】汨罗市作为我国循环经济重要

领域——再生资源回收利用体系建设试点基地，再生资源产业历史悠久，已形成极具地方特色的发展新模式。通过实施再生资源一号议案，再生资源划行归市加快推进。环保建设扎实推进，环境总体质量有效改善。铺设污水管网，建成重金属污水处理一期，规划建设生活垃圾焚烧发电项目。向家洞、兰家洞等水源地实施"六禁"保护，汨罗江汨罗段实现全线禁采，关闭一批麻石开采、加工企业，关闭取缔小砖窑、小瓦窑。加强固体废弃物处置，危险废物达标处理率、工业固体废物综合利用率等指标大幅提升。秀美乡村建设加快推进。全市乡镇场实现了生活垃圾村收集、乡集中，城区周边及G107沿线乡镇实现市集中处理，乡村环境明显改善。白水镇、桃林寺镇、黄柏镇被评为岳阳市美丽乡镇，白水镇西长村、黄柏镇神鼎村被评为"全国生态文化村"。汨罗生态资源丰富，东南高、西北低的丘陵中奔涌着115条大小河流，水资源丰富。森林覆盖率达41.8%，积蓄林木218.3万立方米。

【汨罗江国家湿地公园】地处汨罗市境内，位于湖南省东北部，幕阜山与洞庭湖之间的过渡地带。成立于2009年12月，规划面积2954.1公顷，湿地面积2812.24公顷。湿地公园共区划为5个功能区：湿地生态保护保育区1259.64公顷、湿地生态恢复重建区398.64公顷、湿地科普宣教展示区14.35公顷、湿地休闲游览区1278.15公顷、综合管理服务区3.32公顷。湿地野生动植物资源丰富、河流形态自然、岸线优美、植被景观秀丽、观赏性强，是我国中亚热带江河冲积平原向低山丘陵区过渡区域河流湿地的典型代表，具有较高的科学价值。

【汨罗江风光带】2013年启动建设，在尽量保留现有建筑设施和绿化带的前提下，按照依势造形、尊重自然的原则，整体风格统一、区域功能凸显的思路，将全线工程自西向东分为三个标段：第一标段从友谊河出口至归义路出口，全长约1300米，以商业、健身场地为主，主体设施为停车场、龙舟下水码头、楚人风情街和健身场地；第二标段从归义路出口至红花大桥以西，全长约900米，以休闲娱乐为主，主要包括香草美人阁、屈原雕塑广场、4个音乐清吧、若干个茶座；第三标段从红花大桥以西至二水厂，全长约800米，主要功能为凸显屈子文化和汨罗地方特色。

【屈子公园】位于市区西端，东北毗邻罗城经济开发区，西南与汨罗镇接壤，从市区主干道——建设路直通公园大门，南接交通性主干道——汨营路。屈子公园红线范围占地面积共88.13公顷，其中水面有55.08公顷，占总用地62%，陆地面积33.08公顷，占总用地38%。屈子公园是给市民一个融游憩、龙舟竞渡、地方文化于一体的全市性综合公园。

【神鼎山】位于黄柏镇境内，因相传黄帝采首山铜在此铸鼎而得名。神鼎山属东南大山脉，主峰岳峰尖海拔高464.3米，山地面积2.4万亩。山体呈南北走向，鸟瞰如棱形，蜿蜒起伏，峰岭参差，山间林木翠绿，花草斑斓，自然景色十分秀丽。宋真宗大中祥符七年（1014年）在神鼎山上建资圣寺。宋仁宗御题"资圣禅林"。经元、明至清代，多次修茸扩建，资圣寺愈加宏伟富丽，气势磅礴。寺内藏经书万卷，住寺100余僧，自宋代从衡岳来的第一代洪湮禅师至清末已传40余代，其中，宏觉禅师系清世祖敕封。

【八景洞】地处市东北部，总面积47.7平方公里，属汨罗市八景乡，是一个尚待开发的新兴旅游地区。全区共有山林6.9万亩，森林覆盖率98%。3座总蓄水量达一亿立方米的水库（兰家洞、八景洞、向家洞水库），像3颗璀璨的明珠镶嵌在绵延起伏的群山之中。重峦叠嶂，水碧山青，溪流湍急，湖光山色，相映成趣，乾隆年间以福果寺、八丈瀑、龙王潭、日月盆、三狮抱球、金蛙、观音试掌、迎客松大景点而得名。奇山异水、奇草异兽，同生共荣、浑为一体，是一个生态系统完整的天然野生动植物园。

【玉笥山】坐落在市西北4公里的汨罗江北岸，属幕阜山余脉，为长沙北往第一山，岳阳南来一隅独秀，最高峰——达摩岭海拔800米。相传战国时楚国大诗人屈原，当年流放于沅、湘时曾居于此山，故山中的名胜古迹，大多与屈原有关。玉笥山的主要名胜古迹有屈子祠和"玉笥八景"。玉笥八景是骚台、濯缨桥、独醒亭、桃花洞、寿星台、望爷墩、绣花墩、剪刀池。前5景与屈原有关。望爷墩、绣花墩、剪刀池3景与屈原的女儿有关。相传屈原自沉汨罗江后，它们分别是屈原之女为父招魂处、为父绣像处、为父自刎处。

◇ 城市名片

【综述】公元前278年，伟大的爱国诗人屈原在汨罗江边惊天一跃，一条江（汨罗江），一个人（屈原），一个节（端午节）在中国历史上定格，永恒。2006年，以端午龙舟文化为主要元素形成的"汨罗江畔端午习俗"被国务院公布为国家级非物质文化遗产；2009年9月，被列入联合国《人类非物质文化遗产代表作名录》。汨罗被誉为"中国龙舟名城"。

【汨罗江】位于洞庭湖东侧，属洞庭湖水系。汨罗江分为南北两支，南支称"汨水"，发源于江西修水县黄龙山的梨树埚，为主源；北支称"罗水"，因源出巴陵罗内而得名。二水至汨罗市屈谭（大洲湾）汇合称"汨罗江"。汨罗江全长253公里，流域面积达5543平方公里。长乐以上，河流流经丘陵山区，水系发育，水量丰富。长乐以下，支流汇入较少，河道展宽可以通航。为南洞庭湖滨湖区最大河流。诗人屈原曾于公元前278年农历五月初五投汨罗江自杀，在汨罗江注入湖口以上约1.5公里处，有石碑记其事。

【屈子祠】位于汨罗市玉笥山，是纪念战国时爱国诗人屈原（约公元前340年～前278年）的古建筑，又名汨罗庙、三闾祠。始建于汉代，原址无考，清乾隆十九年（1754）迁建至玉笥山上。屈子祠坐北向南，占地7.8亩，自山脚至祠有石阶119阶。此祠为三进青砖结构。祠正门牌楼墙上绘有13幅屈原生平业绩和对理想追求的写照的浮雕。在过道的墙壁上，镶嵌着许多石碑，镌刻着后人凭吊屈原的诗文词赋。后殿矗立一尊1980年重塑的屈原像。2001年6月，屈子祠被国务院公布为第五批全国重点文物保护单位。

【汨罗江畔端午习俗】具有一整套丰富、独特而又神秘的端午习俗，分布于汨罗江流域中下游一带。汨罗江畔端午节一般从农历五月初一开始到十五日止，整个节日活动具有悠久的历史性、广泛的群众性、丰富的多样性、浓郁的文化性、狂热的参与性和深远的影响。汨罗江边的楚塘渔街、凤凰山、河市、归义、红花、新市、浯口、长乐等一带的端午习俗，除办盛宴、吃粽子、插艾挂菖、喝雄黄酒、赛龙舟外，雕龙头、偷神木、唱赞词、龙舟下水、龙头上红、朝庙、祭龙、祭屈等都有神秘的仪式和独特的文化内涵，观龙舟、回娘家、辞端阳、插艾叶、喝雄黄酒更有浓郁的地方含义。先后被列入国家级非物质文化遗产保护名录和联合国《人类非物质文化遗产代表作名录》。

【城市荣誉】汨罗先后被列为中国商品粮基地县（市），国家循环经济试点，国家首批"城市矿产"示范基地，全国基础教育先进县，全国体育先进县，全国卫生先进城市。2012年，汨罗入选年度湖南省县域经济十强县（市）。

【友好城市】日本赤平市。

湖南城市大典 临湘市

临湘市

临湘，994年建县，1992年9月撤县设市，全国有名的"竹器之乡""茶叶之乡""浮标之乡"以及"有色金属之乡"，被国务院定为中国成熟型资源城市，境内有瑶族先民南下迁徙留下的早期千家峒。

◇ 城市概况

【区划范围】临湘市为湖南省县级市，由岳阳市代管，位于湘鄂两省交界处，长江中下游南岸，素称"湘北门户"。地理坐标为东经113°15′~113°45′、北纬29°10′~29°52′。西北滨长江水道与湖北省监利、洪湖隔江相望；东南依幕阜山与本省岳阳县和湖北省通城、崇阳、赤壁毗连；东、西、北三面嵌入湖北省境。市域总面积1760平方公里，辖13个镇/街道办事处，162个村/居委会。中共临湘市委员会、临湘市人民政府驻长安西路，电话区号：0730，邮编：414300。

【地理环境】境内南高北低，东南群峰起伏，中部丘岗连绵，西北平湖广阔，大体为"五山一水两分田，二分道路和庄园"。最高山药菇山海拔1261.1米，最低点江南镇谷花洲海拔23米。长江流经市境西北边沿，全长32.7公里。境内河流众多，桃林河、坦渡河、源潭河蜿蜒北注长江。长江南岸有黄盖湖、涓田湖等水域。年平均气温16.4℃，无霜期259天，日照率41%，降水量1469.1毫米。

【资源物产】市域沿江水广洲阔，是鱼米之乡，为粮、棉、油、猪、鱼的重要生产基地；山丘林海苍莽，有近百万亩松、杉、竹、茶、果、药，尤以茶叶享誉中外。境内林业用地达1568800亩，楠竹蓄积量1023万株，茶园11.2万亩。作为亚洲最大的钓鱼用浮标生产基地，年产浮标1500万只。地下矿藏30余种，萤石储量居全国之首；白云矿总储量超过3亿吨，年产量200多万吨，是钢铁工业、玻璃工业、电子工业不可缺少的原材料；钾长石、石灰石、高岭土、水晶、云母蕴藏丰富，品味极高，由省地勘局探明的特大型钨矿——儒溪虎形山，钨储量在21万吨以上，潜在经济价值达1000多亿元。

【建置沿革】春秋战国属楚，秦属长沙郡地，西汉为长沙国下隽县地，晋属巴陵县地，五代后唐清泰年间（934-936）马殷置王朝场。宋淳化五年（994）升为王朝县，至道二年（996）更名临湘县。清代属王禾上、下里，民国6年（1917）粤汉铁路北段通车，设车站于此，遂逐渐发展为集市。民国19年（1930）县治由陆城搬迁至现址。民国24年（1935）设长安镇，1936年改为长安乡，因怀念古都，一直袭用此名。1984年4月，临湘县部分地区划归岳阳市。1986年1月27日，国务院批准（国函〔1996〕18号）：撤销岳阳地区，将临湘、华容、汨罗、平江4县划归岳阳市管辖。1992年9月1日，民政部批准（民行批〔1992〕96号），撤销临湘县，设立临湘市。

【人口民族】2016年末，全市总人口54.3万人，比上年增加0.6万人，其中常住人口51.51万人，非农人口14.29万人，农业人口40.01万人，户籍人口城镇化率26.31%。全年人口出生人数7107人，死亡人数1950人，自然增长人数5157人。

【区位交通】临湘水陆两便，交通发达，可以概括为"一江环绕，两省交界，三线横亘"。"一江环绕"即长江黄金水道傍境东流38公里，并有儒溪汽运码头与湖北螺山隔江对渡，互通往来；"两省交界"即地处湖南、湖北交汇处，与赤壁、通城、崇阳紧密毗连，商贸物流发达；"三线横亘"即G4高速公路、107国道、京广复线三条交通大动脉穿境而过。离武广高速铁路岳阳东站半小时车程，特别是纵贯全境的杭瑞高速公路、依江而建的儒溪长江货运码头和岳阳机场建成后，临湘与沿海发达地区的时空距离将进一步拉近。

【社会发展】2016年，全市普通小学学校总数65所，在校小学生34733人，教职工1524人；中学29所，初中在校生15075人，高中在校生8132人，教职工2178人；平均受教育年限10.3年，高中阶段毛入学率96.1%。专利申请量237件，专利授权量150件，高新技术产业增加值39.5亿元。床位数2511张，每千人口拥有病床数为4.9张；5岁以下死亡率为5.68‰。全市共有执业医师数1205人，每千人拥有医师执业数为2.36人。人平均预期寿命为76岁。农村卫生厕所普及率达91.49%。体育馆5座，体育场地182个。年末参加城镇基本养老保险职工人数51238人，比上年末增加4100人。其中，参保职工28856人，参保离退休人员22382人。参加医疗保险人数452502人。其中，参加城镇职工基本医疗保险人数28942人，参加城乡居民医疗保险人数423560人。参加失业保险职工人数20064人。参加工伤保险职工人数41500人。参加生育保险职工人数19788人。登记参加城乡居民养老保险人数230996人。年末领取失业保险金职工人数281人。全年获得政府最低生活保障的城镇居民10.15万人次，发放最低生活保障经费3145.74万元；获得政府最低生活保障的农村居民21.23万人，发放最低生活保障经费2825.54万元。

◇ 城市建设

【综述】城市建成区面积15.54平方公里，建设用地面积14.16平方公里。S301公路、临鸭公路、铁桃公路建成通车，与107国道、京港澳高速公路和杭瑞高速形成交通网络。城市主次道路总长33.43公里，桥梁5座，93%以上的道路实施了沥青路面改造，道路的人行道实施率达100%。长安河风光带、临湘大道、星河广场、污水处理厂等重点工程建设，白云湖建设、107国道城区段升级改造、星河广场商业步行街、文汇财富中心等工程极大地提升了城市整体功能。城市供水普及率达99%，天然气供气覆盖率超过60%。先后改造安装LED节能路灯8000盏，累计投资金额1.1亿元，率先进入全国"路灯节能减排项目试点县级城市"行列。背街小巷已实现道路照明装灯率100%。2016年城镇化率49.7%、市区人口（城镇人口）14.29万人、建成区绿化覆盖率32.4%、人均拥有公共绿地面积（人均公园绿地面积）7.08平方米/人。

【云湖新区】为主动对接岳阳中心城区，在"1+4+2"大岳阳城市圈中同频共振、借力发展，调整、提出了"西进南扩"战略发展思路，率先启动云湖新区的规划和建设。云湖新区规划总面积20平方公里，西起武广高铁，东至桃矿铁路，南起三湾工业园，北抵湘北大道、长白路，按照区域发展、产城融合、生态新区的设计理念，规划建设用地约350亩文化创意园片区、用地1100多亩城市综合体片区，用地1200多亩教体新城片区，用地700多亩中国浮标小镇片区，以及总用地面积4.5平方公里的新型绿色工业片区，等等，预计总投资过千亿。目前，新区规划设计已通过评审，游钓基地一期工程基本完工，文化创意园、城市综合体等重大项目顺利推进。

【湘北大道】全长23.6公里（武广铁路—中洲桥），西接岳阳，东连赤壁，是由鄂入湘的重要交通要道。2016年，将湘北大道提质改造作为"一号工程"纳入"全景临湘、全域旅游"的重要范畴，全面实施提质改造。工程包括道路拓宽改造、绿化提质、亮化美化、地下管网、立面改造等建设内容，总投资4.7亿元。高标准进行了绿化亮化美化提质改造，绿化总面积46.2万平方米，道路两侧共栽植乔木15000余株，灌木7500余株，建设自行车驿站一处。

【临湘火车站】位于长安街道（五里牌），建于1917年。离北京西站1398公里，离广州站896公里，隶属广州铁路（集团）公司长沙铁路总公司管辖。现为四等站。客运办理旅客乘降，行李、包裹托运。货运办理整车、零担货物发到。

【临湘汽车站】位于临湘大道2号，由湖南临湘龙鑫运输有限责任公司经营，隶属于临湘市交通运输局。共有营运客车390台，省际班线16条，市际班线5条，县际班线16条，县内班线45条，一个二级甲等客运站场——临湘长安汽车站（简称西站），地处临湘大道三角坪转盘处，占地50亩，可容纳停靠车辆800多台，日发班902个，日发送旅客1万人次。

【临湘市第一中学】位于长安西路，创办于1927年，其前身系旧县城陆城镇莼湖书院。1931年随新县城迁至长安桥畔新校舍（今一中校址），先后使用"临湘县立中学""临湘县城关中学""临湘县第一中学""临湘市第一中学"等校名。是岳阳市重点中学，湖南省一级A类学校，湖南省体育传统项目学校。校园占地面积6.5万㎡，建设面积5万㎡。学校现有教学班级50个，在校学生3150人。在岗教职员工216人，其中特级教师1人，高级教师85人，一级教师92人，9人具有研究生学历，有40多人评为国家、省、市级优秀教师，20多人被评为省市级骨干教师或学科带头人。

【临湘市第二中学】位于桃林镇万安路57号，占地300余亩，建筑面积近70000平方米，始建于1958年。学校设有初中部、高中部，以高中部为主，有68个教学班。是湖南省示范性普通高级中学、省级文明单位、岳阳市品牌单位。学校现有教师250余人，其中特级教师2人，高级教师40多人，全国优秀教师2人。

【临湘市人民医院】始建于1937年，是集医疗、科研、教学、预防保健、康复理疗于一体的二级甲等综合性医院。为武汉科技大学定点教学医院、南华大学临床实习医院、岳阳职业技术学院定点教学实习基地，与湘雅三医院、武汉亚心医院、湖南省人民医院建立了长期定点指导关系。现有职工890人，博士1人，硕士研究生18人，本科生331人，其中高级职称89人，中级职称356人。医院医疗业务用房面积27466.7平方米，开放床位597张。设有内科、外科、妇科、产科、传染科等18个一级临床科室和急诊科、口腔科、功能科、检验科、放射科等28个门诊诊疗科室，单独设立了急救中心及ICU、CCU病房。地址：长安西路25号。

【临湘市中医医院】创建于1976年，是一所二级甲等医院。医院设有骨伤科、内科、外科、妇产科、康复科、中风专科、糖尿病专科、哮喘病专科、风湿骨病专科、肛肠科10个临床住院科室和急诊科、口腔科、五官科、中医内科、中医儿科、检验科、放射科、功能科等19个门诊医技科室。地址：长盛西路30号。

【临湘市妇幼保健院】创建于1958年，是集医疗、保健、计生、预防为一体的二级甲等妇幼保健机构，地处向阳路南端，开设床位300张。有专业技术人员225人，其中副主任医师11名，中级以上职称人员占35%。拥有腹腔镜、宫腔镜、高档进口四维彩色B超、DR等先进医疗设备。设有妇女保健中心（胎心监测中心、产前优生筛查中心、产后康复中心、婚检中心）、儿童保健（康复）中心、妇科、产科、儿科、医技科等医疗保健科室。产科为特色专科，国家产后出血防治项目在该院试点成功并在全国推广。

【临湘市图书馆】建立于1983年5月。1984年，筹集经费50多万元，在城中北路8号征地5亩，新建馆舍1560平方米，1985年竣工开馆，楼馆两层，书库可藏书26万册。1996年又采取多种形式自筹资金48万元，新建文化艺术培训楼3层，1033平方米，1997年竣工投入使用。该馆馆藏共10.6万册（件），馆舍总面积3003平方米；阅览室座席242个，少儿阅览座席72个，书架4040米。

【临湘市博物馆】位于长安河畔风景区，紧临107国道，占地4.2亩，总建筑面积880平方米，其中展厅面积500平方米，办公和其他业务用房380平方米，于1997年6月落成开馆，是一个综合性的博物馆。馆藏文物有石器、陶器、瓷器、青铜器、金银器、玉器等。

【淡泊博物馆】由五尖山国家森林公园引进文化名人淡泊先生个人资本建成，分为室内馆和室外馆。室内馆为屈原书院，共有建筑面积1000平方米，分为名家书画陈列馆、古董文物陈列馆、黄花梨木家具陈列馆和求索厅四个展厅。室外馆为世界碑林博物馆，占地1500亩，规划刻石一万品，分为十个园区：古今楹联书法大观园、诗文曲赋大观园、少数民族书法大观园、政界名流题词长廊、七百院士题词区、各省市书法专墙区、世界华侨书法专墙区、怪字奇文区、名家古典经文区、本土书法专墙区。以收集刻石保存古今中外书坛巨匠和各国首脑、社会名流书写的诗词楹联、美文佳句、妙语题词为主要内容。

【羊楼司镇】位于市北部，地处湘鄂边界，是沿107国道由北进入湖南的第一镇，扼三湘咽喉，守湘北门户，是湖南四大边境重镇之一。镇域东抵湖北省赤壁市和崇阳县，南与临湘市忠防镇、壁山乡和湖北省通城县毗邻，西与临湘市聂市镇、五里碑街道办事处接壤，北与临湘市坦渡乡镇相连。境内有京广铁路、107国道、京珠高速公路、武广高速铁路贯穿腹地，有"小汉口"之称，是湘鄂赣毗邻地区农副产品集散中心。辖15个村5个社区，393个村（居）民小组，5.6万人。该镇特色农产品：茶叶，楠竹，水产。年竹业产值达到8亿元，占全镇工农业总产值的44.5%，人平均竹业纯收入达到3388元，占人平均纯收入总数的52%，为"中国竹器之乡""全国森林绿化佳镇"，全国重点镇。

【桃林镇】位于市南部，东与忠防镇紧贴，南与长塘、白羊田两镇相邻，西与桃林镇接壤，北与长安街道交界，镇政府驻地距临湘市区18公里。在元朝初期为云梦泽，八百里洞庭东北一角。随着地质的变迁，云梦泽逐渐缩小，形成陆洲。洲上野生桃树，茂树成林，故名"桃林"，历代沿用至今。镇域总面积160.7平方公里，辖29个行政村、2个社区，共463个村（居）民小组，总人口6.1万人。有农产品加工、商贸物流、旅游三大支柱产业。先后被评为全国重点镇、中国田径之乡、湖南省经济百强镇、湖南省小康示范镇、岳阳市明星乡镇、临湘市"特色小镇"发展战略乡镇。

【黄盖镇】前身为岳阳市国营黄盖湖农场，2000年体制改革，撤场建镇归并临湘市。位于湖南省最北端，北枕长江黄金水道，南畔烟波浩渺洞庭湖。面积34.3平方公里，耕地面积3.56万亩，总人口1.83万人。下辖六村一居委会，32个村民小组。境内省级公路穿境而过，长江水道四通八达，是享誉两省的"粮棉大镇""鱼米之乡"。先后被评为"全国文明村镇创建先进乡镇""省级文明村镇"等四十余项国家、省市级荣誉。

【江南镇】因地处长江南岸而得名。位于市境北端，北临长江，与湖北洪湖市隔江相望。1992年建镇。2015年11月，儒溪镇、江南镇成建制合并设立江南镇，镇人民政府驻江南居委会（原江南镇人民政府驻地）。现辖14个村（居）委会，总面积197.3平方公里，5.1万人，耕地面积10.4万亩，养殖水面5.7万亩。2016年，全镇实现国民生产总值16.9亿元，固定资产投资1.5亿元，完成财政收入2378万元，农民人均纯收入达到17100元。

◇ 城市经济

【综述】依托资源优势，形成了浮标、楠竹、茶叶等特色支柱产业。钓具界有"威海的杆，临湘的漂"的美誉，成为国内乃至国际上知名的浮标生产基地。竹资源丰富，全市楠竹面积达58.5万亩；境内羊楼司镇被评为"中国竹器之乡"，拥有竹加工企业1200多家，从业人员2.2万人，产品销往全国20多个省、市、自治区以及日本、澳大利亚等14个国家和地区。全市茶园面积10.8万亩，总产量17000吨。2016年，全市地区生产总值233.17亿元，人均GDP42238元。第一产业增加值31.28亿元，第二产业增加值126.96亿元，第三产业增加值74.93亿元，全市三次产业结构比为13.4：54.5：32.1，第一、二、三产业对经济增长的贡献率分别为5.2%、58.1%和36.7%。工业增加值占地区生产总值的比重为32.3%；高新技术产业增加值占地区生产总值的比重为16.8%。公共财政预算（完成财政总收入）7.7亿元，进出口总额1803万美元，城镇居民人均可支配收入24064元，农村人均可支配收入13364元。

【临湘工业园区】下辖两个产业区，形成"一园二区"的格局，其中三湾工业园区于2003年8月开园，实际开发面积3.2平方公里；滨江产业区于2007年8月开园，远景规划面积20平方公里，近期规划面积7.1平方公里，已开发1.5平方公里。该产业区初步纳入湖南岳阳绿色化工产业园规划建设范围，列为岳阳市沿江经济带、全省36个重点产业基地之一。建园至今，园区共引进项目46个，协议总投资69.74亿元，到位资金38.1

亿元。其中投资过亿元项目23个，超5亿元项目3个，超10亿元特大项目1个；建成投产项目31个，在建项目15个。

【湖南临湘永巨茶叶有限公司】前身是1865年创立的永巨茶庄，是清末民初中俄茶叶之路的发源地之一。位于聂市镇，是湖南省茶业（集团）有限公司旗下集产学研、贸工农于一体的农业产业化龙头企业，是湖南黑茶（青砖）产品定点生产企业，注册商标"洞庭"牌是中国黑茶（青砖）标志性品牌、湖南省著名商标，荣获了中国茶叶百强企业、国家边销茶民贸用品定点生产企业、广州军区给养应急保障动员企业等荣誉称号。

【湖南省明伦茶业有限公司】成立于2006年9月，是集茶叶科研、种植、生产、加工、出口、包装设计、印刷、制作、茶文化推广于一体的综合型企业。位于季台坡，现有资产总额5000万元，占地面积26000平方米，建筑面积16000平方米，其中高标准的专业化、清洁化生产车间4000余平方米。拥有茶园基地15000亩，其中自建有机茶园3000亩，拥有先进的包装设备和名优茶生产设备240台（套），职工280人，其中专业技术管理人员38名。年加工茶叶1500余吨，其中名优茶10余吨。

【湖南一叶舟钓具有限公司】成立于2014年12月，位于长安街道永东路36号。以钓具产品研发、生产、销售、钓具连锁为龙头，跨界经营健康食品、健康养老、健

康休闲、健康文化、健康旅游等，2015年6月，在深圳前海股权交易中心挂牌（股权代码：362024），成为中国钓具产业联盟连锁品牌。先后荣获多项国家专利，授权一项科技专利，拥有代理商1000余家，近200家国际连锁，主要生产销售浮漂、钓杆、钓线、钓钩、钓饵、钓箱、钓伞、钓服、钓帽、饵盆等系列钓具产品。有"一叶舟""真英雄""戚继光""五湖明月""孝行天下""义行天下""桃花源""九歌""三千丈""千江月""鱼硕士"等20余个品牌。先后通过ISO9001质量管理体系认证，被评为湖南省著名商标。

【临湘市众鑫竹业有限公司】成立于2015年3月，位于羊楼司镇中洲居委会横街组。公司占地20余亩，一线工人近100人，年产值近4000万元，目前公司主要经营加工各类休闲竹椅、竹折床、竹类小家俱等，同时公司具有强大的研究机构，可为客户量身打造，来样加工各类产品。

【龙窖酱菜】以龙窖山地域范围内所产瘤状茎用芥菜、萝卜、山泉水为原料，采用当地特定工艺制成的，具有鲜、香、嫩、脆、辣独特风味的盐渍酱菜。富含维生素B1、谷氨酸和铁、锌、锰等微量元素龙窖酱菜因龙窖山而得名，主要包括榨菜和萝卜两个品种。

【临湘茶叶】传统大宗经济作物，盛产绿茶和边茶（青、伏砖茶），被列入国家21个基地县（市）之一。全境茶园7.5万亩，

产茶8800吨，其中名优茶50吨，绿茶270吨，黑毛茶8600吨。境内除江南镇外，其余乡镇办事处都产茶，主要产茶的乡镇有横铺乡、聂市镇、忠防镇、桃林镇、羊楼司镇等，茶园面积均在5000亩以上，其中横铺乡的茶园面积超过了1万亩。

【临湘黑茶】 境内有着适宜茶叶生长的海拔高度、降雨量、温湿度、土壤条件，特别是高山多云、土壤腐殖质含量丰富、日夜温差较大的高山茶区，所产茶叶持嫩性强，内含物十分丰富，氨基酸、茶多酚等成分含量高，成品茶以条形壮实、滋味醇厚耐冲泡、香高而持久为特征。自康熙年间起，临湘青砖就远销俄罗斯，极盛时年销量达1.7万吨。

【龙窖腐乳】 因龙窖山而得名。龙窖腐乳切面呈乳黄色或者淡黄色，均匀一致，块形整齐，厚薄均匀，质地细腻，具有"内色杏黄、沉香细嫩、鲜香浓郁、咸淡适口"的独有特征。不仅是一种传统的食品，而且是瑶文化遗迹最好的体现。龙窖腐乳在民间传说有两千多年的历史。2015年8月，原国家质检总局批准对"龙窖腐乳"实施地理标志产品保护。

◇ 城市文化

【综述】 临湘历史悠久，文化深厚。境内龙窖源是瑶族先民"飘洋过海"的早期"故乡"，龙窖山堆石墓群被列为国家重点文物保护单位。临湘嗡琴戏被列为第三批国家级非物质文化遗产保护项目、十三村酱菜制作技艺被列为湖南省首批非物质文化遗产，十三村还荣获中国驰名商标。为省现代公共文化服务体系建设示范区。全市13个镇（街道）全部建有综合文化站，每个文化站面积超过400平方米，有6个镇建有文化家园，5个镇建有1000平方米以上的中心文化广场，成为广大群众文化活动的大舞台。全市161个村（社区）全部按照"七个一"的标准建成村级文化活动中心，建有农家书屋和文化信息资源共享基层服务点，实现了广播电视村村通。该市推行公共文化服务均等化，全市"四馆一站一中心一书屋"全部免费开放，并形成了"临湘大讲堂""文化艺术进校园""图书借阅自点餐"等8个品牌服务项目。电视人口覆盖率99.3%，广播人口覆盖率99.3%，农网注册有线电视用户29235户，无线数字电视用户13270户。艺术表演团体15个，文化馆1个、公共图书馆1个、博物馆1个、国家级非物质文化遗产保护目录1个、省级非物质文化遗产保护目录2个。人均公共文化设施面积达2.24平方米。2016年文化产业增加值7.56亿元，占比3.05%。

【龙窖山遗址】 位于羊楼司镇境内，面积约180平方公里，现已发现52处文化遗存，500多个文物遗迹单位。它是瑶族先民南下迁徙留下的早期千家峒，是全球300多万瑶胞魂牵梦萦的先祖聚居地，是我国南方地区唯一的、以石构筑物为特征的大型古文化遗址。

【龙窖山堆石墓群】位于羊楼司镇，是瑶先人西晋—北宋时的千家峒遗址。北宋祥符三年以后，因战争举族迁离，留下了大量瑶人生活遗迹，总面积约78平方公里。现存"三关九锁"、石屋、石井、吊脚楼、石墓、青石工程等40多处遗迹，对于研究瑶族的历史文化及民族迁徙具有重要意义。2002年5月被公布为省级文物保护单位。2013年被国务院公布为第七批全国重点文物保护单位。

【6501人工洞】又名银水洞，是根据中央军委1965年一号文件精神而兴建的地下军事工程，从1965年动工到1973年停建，历时八年。6501地势险要，符合地下工程隐蔽性强的要求。山洞全长17000多米，面积80000多平方米，共分上、中、下三层，上下相通，结构极为复杂，有如长藤结瓜，共串有25个厅室（包括首长室、控制室、兵营等），17个通风竖井，大洞设计可通火车，小洞均可供汽车行驶。6501工程被外界誉为"中国地下长城"，被誉为"天下第一洞"，规模之大让人叹为观止，是目前已知中南地区公开的最大人工洞窟。

【十三村景区工厂】果园式工厂，也是岳阳市首个工业旅游景点。致力于打造生态工厂、园林式厂区，着力传承千年的酱文化，吸引了来自市内外八方游客，从而成为临湘旅游富有特色的一个品牌。十三村公

司厂区内仅果树品种就有50多个，其中包括南方苹果、樱桃、银杏、杨梅、柿子、酸枣等品种。另外，厂区内还安装了260多个人工鸟巢，成为岳阳市最大的鸟类"安居工程"。

【临湘塔】又名濡矶塔，位于濡溪镇。离古县城陆城不足五公里，与湖北省监利县遥想呼应。塔八方七级，高33米。塔基条石铺成，塔身由青砖和条石砌成，是座实心塔，塔的各层有短檐挑出，檐角上翘，翘首成卷尾状，檐角下悬风铃，如今仅有数只残存，塔身四周设有佛龛，内置佛像，塔顶置莲花宝顶，宝顶上置有铜尖。临湘塔建于清光绪七年（1881），由时任台湾道台刘璈捐资主修，塔身嵌一方汉白玉质、由清代名士吴獬亲笔撰写的《临湘塔记》。

【临湘嗡琴戏】有500多年历史，由岳阳花鼓戏发展而来，后期又受长沙花鼓戏的影响，形成以岳阳花鼓戏为主体，兼唱长沙花鼓戏和临湘地方小调的花鼓戏演唱风格。因主要在临湘市境内的桃林河流域流传，使用的舞台语言是临湘方言，故当地又称之为临湘花鼓戏。因演奏的主要乐器中有叫嗡琴者，当地老百姓又俗称其为"嗡琴戏"。临湘嗡琴戏被列为第三批国家级非物质文化遗产保护项目。

【十三村酱菜制作技艺】以湘北民间传统手工生产制作技艺为起源，以三国文化为底蕴，以传统手工技艺为主结合现代生产技艺的传统酱菜制作技艺。其产品从原料的大

棚种植，到祖传密法的制作以及土法窖藏各环节，均为原生态方法，用此法所生产的产品口味非常独特，口感以湖湘人的偏辣为主，综合了川味的麻辣，北方风味的甜酸，形成了自成一体的辣中有麻，麻中有酸，酸中有甜的独特的大众化风味。主要产品有：古香榨菜、精制剁辣椒、兰花萝卜、沉香腐乳、八味豆豉、乡里豆瓣、腊八豆、芝麻麦酱、什锦菜、酸辣豆角等。

【张尚阳】（1011-1078），聂市镇人，幼时在家乡攻读经史，稍长，随在朝为官的兄长张尚祖赴京，投入太史鲁宗道门下。因学业锐进，声闻京城，被宋仁宗选为驸马，与仁宗女儿升平公主结为伉俪。康定元年（1040）范仲淹以龙图阁直学士的身份经略陕西、抗击西夏。仁宗令张尚阳以驸马都尉随行，协助范仲俺主持军务。庆历三年（1043），范仲淹出任参知政事，提出了著名的《十事疏》。张尚阳支持范仲淹的改革举措，积极游说皇帝和大臣，使这些措施为仁宗所采纳，以诏令形式颁行全国，这就是历史上的"庆历新政"。宋仁宗赞曰："朝廷赖其赞襄，边防得其谋议。"

【杨柱朝】（1618-1687），字石林，号娲宫，晚号洞庭渔隐，清代临湘人。顺治十一年（1654）中举，顺治十六年（1659）中进士。曾任四川平武知县，治绩突出，百姓拥戴。后辞官回乡，全身心投入治学之中，参加修纂康熙《湖广通志》、康熙《岳州府志》、康熙《临湘县志》，撰写《诗经

订伪》《读史笔断》《读史学》《广法言》《印庄娲宫诗话》《印庄笔秋堂集》《钓余手钞》等著述，是一位难得的既贯通经史、又精工诗文的岳阳本土文学家。

【李国武】（1969-），聂市镇人，原为下岗职工，现为临湘富食村购物超市整体策划人，湖南十三村有限公司总经理，中国民主促进会会员，岳阳市工商联合会副会长，湖南省十届人大代表。曾经荣获全国五一劳动奖章获得者、全国双优民营企业家、全国诚信之星、全国杰出青年兴业领头人等荣誉，曾受到习近平总书记的亲切接见。

◇ 城市生态

【综述】全市划分为自然生态保留区、生态功能保育区、食物环境安全保障区、聚集环境维护区、资源开发环境引导区5个环境功能区。划定了农业空间和生态空间保护红线，生态保护红线总面积638.4878平方公里，占全市国土面积的37.15%。从空间上协调社会经济发展和生态环境保护的关系，构建起科学合理的城镇格局、农业发展格局、生态安全格局，科学引导城市与乡镇扩展，做到快速增长，精细保护。重点制定生态指标，依托山水自然资源，营造与生态环境和文化资源相匹配、山水特色鲜明、竞争力较强的空间结构，形成环境友好、资源节约、宜居宜业的城市风貌，展现现代绿色宜居临湘，构建长江中游地区绿色产业发展和

休闲度假胜地。污水净化中心于2006年竣工投产。填埋库容510万立方米、服务年限为25年的垃圾无害化处理场，年均垃圾清运处理13.49万吨，垃圾清运率、处理率达95%以上。

【五尖山国家森林公园】位于城西南1公里处，系幕阜山脉与江汉平原的过渡地带，是一座突起于丘陵的孤山。因由望城山、轿顶山、鹰嘴山、周家山和麻姑山五座山峰组成，故名"五尖山"。公园总面积2879.89公顷，最高海拔588.1米，森林覆盖率98.2%，地处中亚热带向北亚热带过渡区域，作为长江、洞庭和城市的绿肺，森林资源十分丰富，是一个以生态休闲为主题的森林公园。2006年获评国家3A级景区；2008年晋升为国家森林公园，获评湖南五星级休闲农庄；2010年创建为"湖南省生态文明教育基地"。

【黄盖湖】原名太平湖，两千多年前的"三国"时期，东吴水军主将黄盖曾在这里操练水军。在赤壁之战中，黄盖行"苦肉计"使东吴大胜曹军，取得赤壁之战的胜利。孙权论功行赏将太平湖赐给黄盖，并更名为"黄盖湖"，沿袭至今。黄盖湖拥有水面13万亩，是东亚地区候鸟迁徙路线的重要停歇和中转站。流域纵横临湘境内1106平方公里，是湖南第二大内湖。到处是柳岸芳堤、渔舟唱晚、山清水秀、稻莲飘香的自然风光。尤当霞抹月染，云遮雾裹时，美如梦幻。

【冶湖】位于在临湘市北部，长江南岸。系长江古河道经积水而成的河迹湖。水位27米，长8公里，最大宽5.4公里，平均宽3.75公里，面积30平方公里；最大水深5米，平均水深4.7米，蓄水量1.41亿立方米。湖水依赖湖面降水和南部丘陵山区溪流补给，出流经冶湖撇洪总干渠注入长江。湖内水草丛生，盛产螺、蚌、鱼、鳖和芡实，具蓄洪、灌溉和养殖之利。

【白云湖公园】原来是一个水利防讯工程，总占地约60公顷，已建成有45公顷的蓄洪水面和4公顷的行洪水渠。根据公园的游览性要求，因地制宜地对环湖绿地和驳岸进行了改造，使之更生态和具有游览性。目前公园规划面积1700亩，湖水面积3600平方米，总投资2.96亿元，功能兼顾城市生态、市民休闲、文化传承与前瞻发展。公园内有长安河东的民俗文化园与莼湖书院、长安街等景观。

【黄盖湖生态治理】坚决对河湖沿岸污染源说"不"，关停流域内小纸厂等"十小"企业11家，取缔黏土砖厂32家，退养畜禽养殖场122家。将9636亩围栏、6800口网箱全部端掉，3069个"迷魂阵"、23万根渔篙付之一炬，分批次帮扶111户捕捞渔民拖船上岸，种田进厂。开展"清洁家园"行动，完善河湖沿岸垃圾清运车辆、垃圾箱、垃圾桶等环卫设施，清理河湖塘库陈年垃圾22.96万吨。黄盖湖流域生态环境整治修复，累计修固堤防52公里，疏浚水系沟渠

3000公里，矿山复绿12处共15000亩，退耕还林50000亩。生态湿地正逐步得到恢复。

【临湘市污水净化中心】位于市城区长安河下游的白云镇杨田村。1998年1月经湖南省计委批准立项，2000年1月开工建设，2004年底调试运行，2006年竣工验收。总投资7309.55万元。主厂区占地62亩，另外建有两座污水提升泵站。2018年9月进行提标改造。

【垃圾处理场】位于白云镇杨田村磨刀岭，占地22公顷，服务年限25年，日处理垃圾360吨，填埋库容为385万立方米，总投资12244.09万元。渗滤液处理采用生化+生物工艺。设计处理能力为300吨/日，根据目前日处理垃圾量150吨，渗滤液处理量约70~100吨/日。

◇ 城市名片

【综述】临湘市素称"湘北门户"，历史悠久，文化深厚。龙窖源是瑶族先民"飘洋过海"的早期"故乡"，龙窖山堆石墓群被列为国家重点文物保护单位。"威海的杆，临湘的漂"，临湘已成为国内乃至国际上知名的浮标生产基地。临湘是茶马古道原始地之一，永巨"洞庭牌"黑茶被评为中国驰名商标。临湘资源丰富，物产丰饶。是全国有名的"竹器之乡""茶叶之乡""浮标之乡"以及"有色金属之乡"。

【龙窖山】位于市区东南30公里，又名药姑山，五岭山系幕阜山余脉，面积200平方公里，北与湖北赤壁，东与崇阳，南与通城交界，群峰绵亘，最高峰海拔1261.1米。龙窖山有天然的老龙潭瀑布，秀丽的龙源水库，古老的青石寨，珍稀的白果树。这里山峦重叠，烟霏雾结，晴日不消。地势险要，是湘鄂赣革命根据地的游击区之一。林木密集，山药甚多，达450多种，人称"天然药库"，相传"药圣"李时珍曾来此采药，悬壶济世。龙窖源是瑶族先民"飘洋过海"的早期"故乡"。

【临湘浮标】钓具界有"威海的杆，临湘的漂"的美誉，临湘已成为国内乃至国际上知名的浮标生产基地。1993年，由当时的县经济协作办引进台商与长安镇合资，兴办了当地第一家浮标生产企业。由于浮标生产属劳动密集型产业，技术含量低，产品利润率高，不久，该厂一些管理、营销人员纷纷脱离企业自己办厂，全市浮标生产迅速发展，形成了一个颇具影响的特色产业群。现有浮标生产企业400多家，数百品牌，上万多个品种，产品远销欧美、东南亚、台湾等20多个国家和地区。

【临湘茶马古道】源于古代西南边疆的茶马互市。临湘是万里茶马古道的南方起点之一。临湘茶叶道经湖北、河南、山西远销俄罗斯的恰克图、圣彼得堡等处。据《临湘市志》载："康熙年间，晋商在临湘设茶庄120多家，并在莫斯科及西伯利亚等10多个城市设立分庄，销售茶叶。"据考证，临湘境内茶叶（粗制茶）有4条运输路线；茶砖有2条运输路线；砖茶外运路线有3条。临湘至山西祁县的茶路自黄盖湖水路50里、铁山嘴（太平口）水路300里、汉口水路1215里、樊城水路345里、赊旗陆路775里、泽州陆路775里到祁县，全程水陆里程3315里。

【城市荣誉】连续五年被评为"湖南省群众体育工作先进单位"，先后被授予"全国亿万老人健步走先进单位"，"全国群众体育工作先进单位"和"全国全民健身日先进单位"，并荣获全国"田径之乡"和"龙舟之乡"的美誉。

湖南城市大典 常德市

常 德 市

常德市，史称"川黔咽喉，云贵门户"，被誉为"桃花源里的城市"，秦始皇元年置黔中郡，1949年建市，1988年撤地设市，境内有被称为世界城市之母、稻作之源的城头山遗址，改写了中国乃至世界文明史。

◇ 城市概况

【区域范围】 常德市，古称"武陵""朗州"，是湖南省辖地级市、省域副中心城市。位于湖南西北部，东滨洞庭湖，与益阳市的南县、沅江市湖汊交错；西靠武陵山，与张家界市慈利县、永定区及怀化市沅陵县一脉相承；北枕鄂西山地和江汉平原，与湖北恩施土家族苗族自治州鹤峰县、宜昌市五峰县的山地和荆州市松滋市、公安县、石首市的平原相连；南抵资水流域，乌云山脉是常德市与益阳市资阳区、桃江县、安化县之间的分水岭。地处东经111°69′，北纬29°05′，东西宽179.35公里，南北长190.8公里，面积18189.9平方公里，其中市区面积2510平方公里。现辖武陵区、鼎城区2个市辖区，安乡县、汉寿县、澧县、临澧县、桃源县、石门县6个县，代管津市市。中共常德市委员会驻建设东路、常德市人民政府驻朗州路，电话区号：0736，邮政编码：415000。

【地理环境】 常德市西北部属武陵山系，多为中低山区；中部多见红岩丘陵区；常德地貌大体构成是"三分丘岗、两分半山、四分半平原和水面"。山地面积677.61万亩，占常德市土地总面积的24.8%，平原面积978.98万亩，占总面积的35.9%，水面220.76万亩，占8.1%，丘陵岗地853万亩，占总面积的31.2%。全市整个地势由西向东部倾斜，地貌类型呈中山、中低山或山原，低山—侵蚀剥蚀丘陵，岗地—流水堆积平原和湖积围是平原的顺序展布。境内海拔1000米以上的山峰43座，最高峰壶瓶山2098.7米。湖南四大水系中的沅、澧两水横贯境内，支流众多，还有松滋、虎渡、藕池河系流经境内。常德市属中亚热带向北温带过渡的季风湿润气候区，四季气候分明，春秋短，夏冬长，热量充足，年降水量1200~1900毫米，年平均气温在16.1℃~18.2℃之间，年均日照1688.4小时，相对湿度在68~89%之间，年平均相对湿度为61%，无霜期长达272天。

【资源物产】常德独特的气候条件和丰富的水土资源，给动植物提供了良好的生存和生长环境。拥有陆生脊椎动物464种，其中两栖类30种，爬行类50种，鸟类312种，哺乳类72种，国家重点保护脊椎动物75种，占陆生脊椎动物总物种数的16.16%，国家一级保护动物有云豹、金雕、中华秋沙鸭等10种，国家二级保护动物有穿山甲、猕猴等65种；有维管束植物3420种，其中裸子植物9科39种，被子植物187科3014种，蕨类植物39科92属367种，国家一级保护植物有银杏、南方红豆杉、珙桐等8种，国家二级保护植物有金钱松、黄杉等27种，省重点保护的有铁坚油杉等56种，列入CITES（濒危野生动植物物种国际公约）附录的植物有石斛兰等87种。主要矿藏有雄黄、黄金、金刚石、石煤、石灰岩等50余种，其中雄磺储量亚洲第一，金刚石、石煤储量为全国之首，磷矿、石膏矿、膨润土等蕴藏量和产量均居湖南省前列，被誉为"非金属矿产之乡"。水资源比较丰富，多年平均水资源总量153.37亿立方米，人平均占有量为2556立方米。流经本市的沅水、澧水多年平均客水量600亿立方米。水能蕴藏量达200万千瓦，其中河长5公里以上集雨面积10平方公里以上的河流有371条，可开发利用的有65.15万千瓦，占全省可开发量的6%。地下水分布面积达17568平方公里。据计算，地下水动储量为16.8~20.28亿立方米，静储量为20.8~25.56亿立方米。

【建置沿革】常德历史悠久。澧县城头山遗址的发掘证明，远在9000年前的新石器时代，就有人类在此繁衍生息。秦昭襄王三十年（公元前277年），蜀守张若"伐取巫郡及江南"，在今武陵区城东建筑城池，这是常德建城之始。秦始皇元年（公元前221年），常德属黔中郡，郡衙设临沅县。西汉，高祖时取"止戈为武，高平为陵"之意，改黔中郡为武陵郡，隶属荆州刺史部。三国时期，归吴国管辖，仍名武陵郡，隶属荆州。隋开皇16年（596）改嵩州置朗州，治所在武陵。隋炀帝大业初复为武陵郡。唐武德四年（621）平萧铣，置隋武陵郡为朗州。天宝元年（742），改为武陵郡。乾元元年（758），复为朗州。北宋初年，常德沿隋唐之旧称"朗州"，宋大中祥符五年（1012）改朗州为鼎州，治所在武陵。常德之名始于北宋，政和七年（1117）鼎州置常德军节度使。南宋，乾道元年（1165），鼎州升为常德府。1914年，湖南省政府废除府、厅、州，保留"道"，岳常澧道改为武陵道，原常德府、直隶澧州各县由武陵道直辖。1949年7月常德解放，8月成立常德专员公署。1979年3月，成立常德地区行政公署。1988年1月，经国务院批准，撤地设市。

【人口民族】截至2016年底，常德常住人口为584.4万人。其中城镇人口289.6万人，农村人口294.9万人。年末户籍总人口为611万人，其中城镇人口164.7万人，乡村人口446.3万人。男性人口311.1万人，女性人口299.9万人。18岁以下人口95.9万人，18-34岁人口126.0万人，35-59岁人口254.4万人，60岁以上人口134.7万人。全市全年出生人口5.81万人。常德是一个散杂多民族地区，2010年全国第六次人口普查，常德市46个民族，其中少数民族人口47万人，占常德市总人口的8%，在湖南省14个州市中居第五位。除汉族以外，还有蒙古、回、藏、维吾尔族、苗、彝、壮、布依、朝鲜、满、侗、瑶、白、土家、哈尼、傣、佤、黎、畲、高山、水、景颇、土、仫佬、锡伯、普米、俄罗斯、鄂伦春、毛难、仡佬等少数民族。居住人口较多且保持民族特色的有土家族、回族和维吾尔族。土家族聚居在澧水中上游的石门县。回族和维吾尔族主要聚居在沅水下游的桃源、武陵、鼎城、汉寿四区、县和澧水下游的澧县、津市。同时桃源县枫树维回乡是全国除了新疆自治区之外唯一的维吾尔族集中聚居区，有"维吾尔族第二故乡"之称。

【区位交通】常德史称"川黔咽喉，云贵门户"。国家中长期铁路网规划（2016-2030）的呼南高铁、渝厦高铁在常德交汇，其中渝厦高铁黔张常段已开工建设，石长铁路贯穿境内，可以直达北京、上海、广州等中心城市；二广、杭瑞、长张高速在市城区交汇形成"一环六射"高速公路网络，安慈高速公路已开工建设，"八进八出"的城市快速通道基本形成；桃花源机场升级改造为4D级机场，开通了北京、上海、广州、深圳等10条航线；沅水、澧水千吨级航道整治

工程基本完工，8个千吨级码头正在加快建设；市到县、县与县之间全部实现二级及以上公路连接，全市100%的乡镇和行政村实现通水泥路。2016年，全市完成邮政业务总量6.9亿元，电信业务总量86.9亿元，年末固定电话用户数49.3万户，移动电话用户441.3万户。

【社会发展】常德坚持教育优先发展，到2016年末，全市拥有普通高校6所，在校学生4.7万人。中等职业学校47所，在校学生5.4万人。普通高中46所，在校学生8.1万人。初中学校241所，在校学生12.6万人。普通小学511所，在校学生29.3万人。推动科技与经济结合，专利申请2795件，授权专利1324件，有省级院士专家工作站8家，全年高新技术产品总产值达1037.4亿元。医疗卫生事业快速发展，市第一人民医院住院大楼、市中医院门诊大楼、常德湘雅医院等建成使用，市、县、乡（街道）医疗卫生体系更趋完善，疾病防控、妇幼保健、爱国卫生运动、健康教育持续加强。全市拥有卫生机构5447个，其中医院、卫生院296个，妇幼保健院10个，专科疾病防治院25个。卫生技术人员共29548人，其中执业医师和执业助理医师13347人，注册护士11179人。全民健身事业蓬勃发展，全市现有运动场512个，各种训练房425个，开展全民健身项目42项次，新建农民体育健身工程的行政村1140个，全年获得世界冠军3个，获得亚洲冠军5个，全国冠军10个。社会保障制度体系日趋完善，全市基本养老、基本医疗、工伤、

失业、生育参保人数分别达到107.86万人、95.6万人、51.3万人、28.2万人、33.1万人。拥有政府最低生活保障的城镇居民达12.2万人，农村居民达23.9万人。

◇ 城市建设

【综述】常德坚持高起点规划城市、高标准建设城市、高效能管理城市，城市形成了"三山、三水、三镇"的总体格局，即以太阳山、河洑山、德山为屏障，以沅水、穿紫河、柳叶湖为绿带，以江北、江南、德山三镇为主体的现代化城市新格局。1988年撤地建市成为常德城市发展的里程碑，城市面积迅速扩张，人口迅速增多，功能越来越完善，在城市基础设施、生态宜居、住房保障、历史文化等突出了人本主题。新建了武陵大道、柳叶大道、常德大道、柳叶湖环湖大道、桃花源机场大道、沅水大桥、绕城高速、管道燃气、火车站广场、污水处理厂、垃圾填埋场等一批市政重点工程。武陵阁、长途客运站、步行城、诗墙公园、体育中心、博物馆、规划馆等一批标志性建筑相继建成。特别是从1996年以来，先后开展了两轮"四个城市一起创"工作。第一轮，顺利完成了中国优秀旅游城市、全国创建文明城市工作先进市、国家卫生城市、国家园林城市的创建任务；2003年开展第二轮创建全国交通管理模范城市、国家环境保护模范城市、中国最佳人居环境城市、国际花园城市的工作。2013年7月，常德开启城市建设

"三改四化"大幕。通过城市创建和"三改四化"，提升了城市品位和形象。到2016年，常德城市化水平为49.55%，城市建成区面积93平方公里，市区人口90万人，人口在15万人以上的县城达到3个。

【城市规划】《常德市城市总体规划（2009-2030）》确定城市性质为湘西北地区中心城市、综合交通枢纽城市和生态宜居城市。依托市中心城区的发展，形成"一主、一副、四轴"的市域城镇空间结构。"一主"为常德市中心城区；"一副"为市域北部副中心城市（津澧一体化发展）；"四轴"分别为两条一级发展轴（沿常张高速公路和长常高速公路的西北—东南向发展轴、沿常岳高速公路和常吉高速公路的东北—西南向发展轴）和两条二级发展轴（沿澧水流域的北部城镇发展轴、沿二广高速和市域南北向高等级公路的中部发展轴）。大力提升湘西北地区商贸物流中心、新型工业基地、旅游服务基地和文教基地等城市职能。到2030年，市域总人口710万人，其中城镇人口约420万人，城镇化水平达到59%左右，建成中心城区人口155万、面积160平方公里的大城市。

【柳叶湖新城】常德城市新区，也称常德北部新城。位于柳叶湖畔，总用地27平方公里，是常德中心城区"一城三片"之一的江北老城区向北拓展的区域，其中包括市级行政中心、接待中心、会展中心和商务中心为重点的行政和商务区，一个集行政、休闲

和商务于一体的定位高端、理念先进的城市新区已然形成。"北部新城"以国家4A级旅游风景度假区柳叶湖度假区为依托，以"都市桃花源"为战略定位，构筑常德乃至湘西北的"国际化绿色生态宜居新城"。"北部新城"常德行政中心、金融街、会展中心、大剧院、旅游接待中心、大湘西旅游集散中心、环湖公园、马拉松赛道、水上运动中心等正在规划建设中。

【空港新城】常德城市新区，利用滨江的斗姆湖镇的水运优势和桃花源机场的航空优势，打造常德市的空港经济区AED（Airport Economy District）。规划以机场扩建提质为契机，充分发挥临空经济区区位、交通、环境资源优势，结合空港新城整体产业布局功能，融入产城一体、三区（港区、园区、镇区）联动的规划策略，把常德空港新城建设成为"常德之翼、德行天下"的智慧空港城。立足常德市空港新城区域功能，确定常德市空港新城的功能定位为："常德之翼"——泛湘西北交流枢纽商贸物流中心；"智慧之港"——临空型高新产业园区；"文化之门"——德文化展示和发扬的窗口；"生态之城"——循环水系和低碳宜居新城。

【西城新区】在推进"西进北拓"中，随着三馆三核心、桃花源大桥等大型项目的陆续竣工，智慧谷、新河水系风光带、烟厂新区、物流园等大型项目逐步呈现，一座崭新的智慧新城、宜居新城、生态新城、幸福新城正在常德西城强势崛起。长庚路、紫菱西路、滨湖西路、洞庭大道西延线、竹叶路、高泗路六条主次干道新建工程、奔河桥大桥、张家港桥、杨桥河大桥三条过江通道相继竣工，三纵六横路网体系大致成型。柳叶大道西延线的逐步拉通，市区和桃源县的融城步伐更加紧密，将推动西城新区经济强势增长。

【常德桃花源机场】位于鼎城区斗姆湖，距市区12.2公里，离桃花源旅游风景区33公里。机场始建于1958年，1986年、1993年两次扩建后，成为4C级民用机场，1996年8月复航。2009年底启动第三次扩建，飞行区等级升级为4D，跑道长2600米、宽45米，现有停机位13个（含3个登机廊桥），可供A321、B767等中型客机满载起降，可满足年旅客吞吐量220万人次、货邮吞吐量1.6万吨、运输起降2.1万架次。新建航站楼于2015年12月22日正式启用，面积2.1万平方米，到达厅直通大气疏朗的105亩站前广场，出发厅外接420米的U字型高架桥，旅客进出港分流互不干扰，可与长沙、张家界互为备降，保障航空安全。迄今为止已开通了北京、上海、广州、深圳、昆明、海口、武汉、重庆、南京、南宁、杭州、福州、郴州、厦门、天津、珠海、成都、郑州、兰州、温州、西安、济南等城市国内航线。

【常德火车站】位于常德大道与武陵大道交汇处。建于1997年，占地34公顷，每天旅客流量达20000人次。常德站隶属广州铁路（集团）公司长沙车务段管辖，现为二等站。客运办理旅客乘降，行李、包裹托运，不办理货运业务，货运列车，只经不停。2017年9月21日石长动车试运营，标志着常德进入了"动车时代"。根据国家"八纵八横"铁路规划，呼南高铁和厦渝高铁"纵一横"的两条高铁线在常德交汇。拟在原有的基础上拆除常德站老站房，以高架站房、路基站场形式，改造南广场、新建北广场，实现高铁与普铁合站共建，修建站场8台20线站房，规模约6万平方米的高铁枢纽新站。

【常德汽车总站】2001年9月建成正式投入运营，地处武陵区南坪路，与常德火车站毗邻，占地5万平方米，是目前城区规模最大、省市际班线最多、候车环境极具特色的旅客集散中心，承担着常德市主要的公路客运运输任务。目前进站经营客车428台，开通班线75条，其中省际36条，市际39条，所开行班线东到上海、西至兰州、南抵海口、北往天津，辐射到全国100多个大中城市。日均发330班次，日发送旅客4700余人次，是集休闲、娱乐、候车于一体的一级甲等汽车客运站。

【常德盐关港区】位于武陵区启明街道沅安路1号。该港区系交通部与常德市政府联合投资建设，项目总投资8600万元，码头岸线总长288米，项目占地约80亩，1999年该项目正式动工。2003年，项目一期建成投产1个300吨级散货泊位和2个500吨级件杂货泊位。2006年，二期建成投产2个1000吨级集装箱和件杂货泊位。港口设计集装箱吞吐量2万标箱、件杂货吞吐量90万吨、散货吞吐量80万吨。2014年，常德市政府再次投资2300万元，对港区进行口岸升级改造。同年12月8日，省政府批准设立常德盐关水运口岸。2017年8月，盐关港区与湖南远洋、中远海能等多家集装箱运输公司联合，开通常德—岳阳—上海集装箱五定班轮，为常德及湘西北地区外向型企业货物进出口提供方便、降低成本。

【常德德山港区】常德市继盐关港区后第2个拥有千吨级码头的港区。2013年经省发改委批准设立，位于沅水南岸常德公铁两用桥下游约3公里处。码头一期工程已累计投资3亿元，设计年吞吐量约200万吨，占地220亩；共建成千吨级件杂货泊位4个，占用岸线390米。德山港区一期4个千吨级件杂货泊位能够满足近期常德经开区及周边地区件散货吞吐需求。预计2025年以后，随着盐关港区集装箱业务及德山港区件杂货日益饱和，常德港建设重心将向德山港区转移，届时择机启动德山港区中、远期工程建设，增加一批内贸集装箱、散杂货及液体货泊位，并配套建设德山水运物流园，进一步完善常德港货运功能。

【常德火车站广场】集交通、休闲、娱乐等诸多功能为一体的火车站重要的配套设施，是常德两个文明建设的具体体现和传播"窗口"。火车站广场东西长350米，南北深215米，总占地面积78800（约118亩）平方米，总造价5200万元。椭圆形的露天舞台下沉广场、叠式音乐喷泉、欧式的花岗岩柱廊、绿树成荫的休闲区、宽阔的人行天桥、流畅的环形交通通道，使整个火车站广场如同一幅美丽的图画，凸现了整个广场"以人为本"的主题思想。功能齐备的火车站广场为人们的出门旅行带来更大的便利，使常德广场文化更加丰富多彩。

【常德大道】贯通常德江北城区的城市主干道，西起丹溪路、南至沅水公铁桥，与德山城区联通，东延至常长高速公路德山互通处，由原启明路、原207国道等组成，全长18.4公里，常德大道总宽为70米，设计速度60千米/小时，保留BRT快速专用道建设。2016年12月28日，常德大道西延线（二标段）正式动工建设，项目道路全长2460米，红线宽度52米，两侧各9米宽用地作为自行车道和绿化带，建成后将直接对接沅澧快速干线一号大道。成为常德市城区前往临澧、澧县的一个主要出口。常德大道西延线（二标段）工程总投资规模约1.2亿元，于2018年1月通车。

【武陵大道】位于江北城区，是连接火车站、步行街和常德诗墙的一条重要生活性主干路，交通流量大，全长5公里，宽60米，分三段先后建设，1987年先建成中段，1996年建成南段，1998年建成北段。该路与洞庭大道构成常德城区纵横轴十字骨架。1999年，被湖南省建设委员会评为"湖南省样板路""湖南省最美一条街"。2013年进

行改造，把原水泥混凝土路面改造成沥青混凝土路面，两侧非机动车道改成机动车道，在靠近分隔带一侧设置公交专用道，全线保持双向八车道。人行道形式为2.5米的绿化带+2.5米的人行道+2.0米的自行车道+1.5米的树池+1.5-10米的人行道，保持人行道统一。

【常德柳叶湖国际马拉松赛赛道】常德建设的全新专业马拉松赛赛道，是目前全国唯一一条环湖专业马拉松赛赛道。全长约40公里的柳叶湖环湖大道，一边为行车道，于2015年正式通车；一边为专业马拉松赛赛道，路面为彩色沥青，宽8米，这个彩色沥青赛道也是湖南省内最长的彩色沥青路。沥青赛道在最大程度上，减小了对跑友膝盖的伤害，不仅如此，赛道路线平均海拔低，从海拔34米左右处出发，高点不超过37米，最低点不低于30米，起伏不大，便于开展马拉松赛事。在2016年11月举办的首届常德柳叶湖国际马拉松赛（简称"德马"）中，就以围绕柳叶湖打造的特色专业马拉松赛道成功打响最美PB赛道的称号。

【常德武陵大桥】位于市城区国道207线和国道319线的交汇处，跨越沅水，桥全长1407.86米。边墩区引桥为跨度25米桥面连续预应力混凝土简支梁桥，其在南岸为7孔一联，北岸4孔一联。桥面宽19.5米，采用宽翼缘单箱单室横截面，翼缘悬出长度4.3米。三向预应力配筋，纵向采用大吨位的XM锚具；上部结构箱梁采用悬臂浇筑法

施工。主桥墩采用双壁钢围堰施工，施工水位深达18米。于1986年10月建成通车。

【常德德山大桥】即常德市沅水公铁桥。南起207国道与德山莲池路交汇处，北跨马凌河与启明路相接，总长度3642.71米，其中桥长3122.8米。于2000年9月建成通车。该桥与铁路桥共基、分墩、分梁并列布置，公路桥位于上游，铁路桥属于石长线一部分。公路桥设计荷载汽车20吨，双向4车道，桥面全宽18.4米。该桥的建成通车有效地缓解了常德城区交通紧张状况，适应了207国道改造升级，同时使常德大道得以南北贯通。

【常德桃花源大桥】常德市沅水上第三座跨江大桥，总投资规模约8.5亿元。在常德市桥梁建设领域有三项第一，该桥是常德第一座景观斜拉桥，大桥全长2802米（其中桥梁长2308米），主跨248米，长度最长，跨度最大，该桥主塔高110米，高度最高。于2013年9月建成通车。该桥建成通车与常德大道、桃花源大道及机场快速路共同构成市城区快速环线，成为连接常德江北城区、西城新区和江南城区的重要通道。

【常德市自来水公司】始建于1958年，经过60年的发展，已成长壮大为以供水经营为主，集安装、维修、设计为一体，具有良好服务水准的国有中一型自来水生产企业，具有市政公用工程施工总承包二级资质，是常德市公用事业的骨干企业。公司坐落于沅水之滨的黄家巷，总占地面积367.48亩，下设沅南水厂、沅北水厂两个水厂，公司供水辐射面积近90余平方公里，拥有直径75毫米以上的供水主干管线1290公里，拥有供水客户30万余户，城市供水普及率达到100%，水质综合合格率达99.5%。日供水能力35万立方米。

【武陵阁】常德标志性建筑，是耸立在常德诗墙上的四座楼阁之一，以常德古称武陵而得名。位于武陵广场正南，背倚沅江，正对面为湖南"最美一条街"——武陵大道。武陵阁高七层，远看似一座城楼，是四阁中最大的一阁，内设诗墙博物馆。阁名为中国书协副主席李铎题写，馆名为著名文物专家杨仁恺题写。阁顶两侧装有特大时钟，钟响远近可闻。武陵阁也是常德市防洪大堤的四个闸门之一。

【常德市一中】学校前身为1902年维新人士熊希龄先生创建的西路师范讲习所，曾先后更名湖南省西路公立师范学堂、湖南省公立第二师范学校等，1953年定名常德市第一中学。位于武陵区朗州路263号，占地210亩，是湖南省首批8所重点中学之一、湖南省首批示范性高中。拥有湖南省重点建设学科3个和常德市首个名师工作室；特级教师8名、常德市学科带头人6名、市骨干教师9名、高级教师84名；聘请了包括清华大学、北京大学、中国人民大学等，以校友为主体的客座教师17名。学校现有教学班48个，学生2600多人。园内东南角有逾500年银杏树（常德市第1、2号古树）。2017年11月，学校被评为第一届全国文明校园。

【湖南文理学院】位于洞庭大道西段170号，是一所多学科全日制普通本科院校，成立于1958年。学校面向全国31个省（市、自治区）招生，现有在校全日制本科生23000余人。2004年学校获准招收外国留学生，是湖南省第一批获得教育部批准举办中外合作办学本科教育项目的地方院校之一。截至2016年8月，现有18个教学院、2个教学部、1个独立学院，51个本科专业，涵盖文、理、工、农、史、法、经、管、教、艺十大学科门类。教师中有国家"百千万人才工程"国家级人选1人，教育部教学指导委员会委员3人，交通部新世纪"十百千人才工程"第一层次人选1人，教育部"新世纪优秀人才"支持计划1人，享受国务院政府特殊津贴专家3人，曾宪梓教师基金奖获得者1人，教授113人，副教授347人，博士135人。

【常德职业技术学院】位于白马湖街道南湖坪1号，是一所以医药卫生和工科专业为主，农林、经管等专业共同发展的全日制国有公办普通高等院校，主要为医药卫生、装备制造、建筑、农林、IT、商贸、经济管理等行业培养高素质技术技能型专门人才。学院创办于清光绪31年（1905），具有百年办学历史。2003年4月，原常德农业学校、常德卫生学校、常德机电工程学校三所国有公办普通中专学校合并升格为高等职业院校。学院占地1086亩，建筑面积35.89万平

方米，馆藏纸质图书42万册。全日制专科在校生13000余人，在岗教职工612人。

【湖南幼儿师范高等专科学校】经省人民政府批准、教育部备案的全日制公办普通高等学校。2013年，学校由原常德师范和桃源师范合并升格而成，两校历史已有百年。学校坐落于常德职业教育大学城，占地近500亩，建筑面积15.2万平方米。现有仪器设备总值1.5亿元，馆藏图书30万余册，面向湖南各地州市及周边12个省市招生，在校学生近6000人。学校有教工350名，其中副教授及以上职称122人，硕士研究生105人，省市级学科带头人12名，特级教师16人。

【常德市第一人民医院】位于人民路388号，前身为1898年由美国教会创办的"广济诊所"，光绪二十七年改为"广济医院"，旋又改"广德医院"，1949年改为常德人民医院，1989年改为现名。现已成为一所集医疗、科研、教学、预防、保健、康复等功能为一体的大型综合性三级甲等医院。医院占地面积7.7万平方米，建筑面积18.9万平方米。在职职工2595人，其中卫技人员2374人，高级职称482人（其中正高95人），中级职称586人。硕士学位440人，博士9人。全院共设有24个职能科室，8个行政班组，42个医疗医技科室，55个病区，67个护理单元。编制床位1200张，实际开放床位2434张。是中南大学湘雅医学院广德临床学院，中南大学、南华大学、吉首大学临床医学硕士研究生培养基地，徐州医科大学麻

醉学硕士研究生培养基地，国家级住院医师规范化培训基地，国家级全科医生转岗培训基地。

【常德市第一中医医院】位于滨湖中路588号，始建于1953年，是全省建立最早的中医医院之一，现已成为三级甲等中医医院、全国首批示范中医医院、中医（全科）住院医师规范化培训（培养）基地、湖南中医药大学附属常德医院，常德市120急救中心，是集医疗、科研、教学、预防保健于一体的综合性中医医院。医院占地3万平方米，医疗建筑面积5.5万平方米，编制床位800张，实际开放床位1038张。拥有省级名中医2名，市级名中医8名，市级名中药师1名，正高级技术职称39人，副高级职称151人，中级职称277人，博士生导师1名，硕士生导师9名，博士5名，硕士125名，拥有湘西北首个医疗博士后科研工作站，在站博士后3名。医院开设32个临床科室和医学影像、检验、病理、输血科、药剂科等10个医技科室。

【湘雅常德医院】位于市北部新城月亮大道1688号，是由常德市委、市政府主导，由常德市经济建设投资集团有限公司投资建设、中南大学湘雅医院全面托管的非营利性大型三级综合医院。医院占地面积230亩，规划分两期建设，一期建筑面积30.8万平方米，投资30多亿元，一期设病床1100张。医院于2013年6月1日开工建设，2017年11月18日竣工开业，科室设置齐全，开放的业务科室涵盖了综合医院除精神病和传染病以外的所有临床、医技科室39个。作为一所新型合作办医模式的医院，主要管理团队和业务专家全部由中南大学湘雅医院委派，已有70余人长期派驻湘雅常德医院，包含临床学科主任、技术组长、护士长等主要技术骨干和管理团队主要成员。

【武陵阁步行城】常德商业区。前身为常德步行街，总投资800万元，于2000年7月1日建成开业。全长560米，宽30米，有1200多家门店，总营业面积9万多平方米，从业人员5000余人。2001年3月，常德步行街成为湖南省第一家被命名为全国"百城万店无假货"活动示范街。步行城东起朗州路，西至武陵大道，北起四眼井街，南抵人民路的内部区域，以及人民路（青年路至朗州路段）两侧。占地规模292亩，建筑面积11.712万平方米。2014年10月，对大兴街及人民路"T"字形区域进行提质改造，2015年2月完工。后又进行了美化提质，将步行城打造成了功能分区明晰、业态分布合理、交通组织完善、城市景观丰富的集游、购、吃、玩、学于一体的现代城市"购物公园"。

【老西门街区】地方文化特色鲜明的旧城改造街区，由城投天源公司承建，旨在打造集"文化体验、建筑博览、旅游购物、创意市集"于一体的文旅创综合体，占地面积130亩。2011年启动，2016年5月街区一期开放。通过棚户区改造与休闲旅游配套、海绵城市建设、完美社区打造，再现老常德历史文化民俗记忆，恢复湘西北窨子屋民居、重构常德饮食文化钵子菜馆群落、传承非物质文化遗产常德丝弦、开发明清城墙遗址公园和护城河景观水道，初步形成了"一带、三心、四区"的开放性街区。

【**常德河街**】位于市城区穿紫河畔北岸，于2015年1月兴建，2016年10月开街，总占地面积196.9亩。按照"异地重建、修旧如旧"的原则，通过现代与传统技法相结合，再现1940年前常德城市的历史场景和建筑特色，河街分为三段，第一段麻阳街，采用全木结构，一边靠城墙搭建，一边临河形成吊脚楼；第二段小河街，建筑单体略大于麻阳街，采用砖木结构；第三段大河街，建筑以四合院和窨子屋为主，采用砖混结构。三段街区融为一体，形成了有特色、有文化、有故事、有民俗，同时又兼具商业气息和休闲观光氛围的新型综合街区，最大限度地复原了沈从文笔下的常德河街原始风貌。

【**德国小镇**】位于穿紫河畔，南接七里桥及丹阳路，北临柳叶大道，距离"中国城市第一湖"柳叶湖仅仅10分钟左右车程。小镇于2016年10月建成，总建筑面积约4.76万平方米，街区长约450米，拥有16栋单体传统德式建筑，还原了常德友好城市——德国北部名城汉诺威20世纪30年代的风貌。为保证德国小镇的原汁原味，该项目由德国汉诺威水协、德国莱茵之华设计院进行设计，采用德国传统建筑风格，引入典型的德国和欧洲城市空间元素，部分外装饰材料，如铜瓦、外墙砖、保温系统全部由德国进口，以德国商户为主，由德国人经营，出售德国产品。设计植入临河酒吧街、河心岛、德国餐厅及设计工坊、德国博物馆等，营造典型德国小镇风格。

【**常德桥南市场**】位于鼎城区武陵镇，地处常德沅水大桥南端319和207国道的交汇处，该市场由1985年的南站轮渡河坡地摊市场发展而来，逐渐形成以桥南工贸市场为主体，以桥南副食城、桥南商贸城、桥南家电城等专业市场为骨干，以周围20家中小型市场为整体的市场群。整个市场群占地3000亩，门面摊位15000多个（间），有来自全国20个省120多个县（市、区）的万余名商人在此经营。商品辐射国内10多个省200多个县（市、区），辐射区人口达7000余万人。市场日人流量逾10万人次，商品日吞吐量10000多吨，是湘西北商品集散中心，为全国十大综合批发市场之一。2004年12月21日发生特大火灾，市场内5栋建筑全部烧毁。2005年3月28日重建动工，2006年10月18日新市场开业。

【**常德体育运动中心**】位于穿紫河畔武陵大道和朗州路之间，于1996年7月建成，湖南省第八届省运会（1996年8月6日至9月7日）在此举行。占地面积近200亩。体育场东西两大看台设有1.8万个观众席位，其中400米塑胶跑道标准田径场居国内领先水平。设有室内健身馆、拳击馆、瑜伽馆、体育舞蹈室、跆拳道馆及太极拳俱乐部等多个健身场馆。体育场外侧建有四片室外网球场、一个五人制足球场、一个室外游泳游乐场。体育场东侧的康乐园是广大体育爱好者的健身之地。园内设有篮球练习场10片，标准篮球场1个，乒乓球桌12台，室内门球场2座。室外门球场2座，室外地掷球场2座。此外还设有健身步道和专门的器械健身区，共有健身器材57件，供市民健身娱乐。

【常德博物馆】位于武陵大道南路，1990年开始筹建。1991年5月主体建筑奠基，1993年3月28日主体馆竣工，并成功举办了《全国"星火"计划科技成果展览》。南北专题馆于1998年3月动工，1999年5月竣工。博物馆的基本陈列于1993年10月28日正式对外开放。占地面积2.13万平方米，馆舍面积1万平方米，为四合院式仿古建筑，由主体馆和南北专题馆组成。主体馆分前厅、中央大厅和后院。馆藏文物10419件，其中三级以上珍贵文物1650件，国家一级文物83件。2014年启动原址改扩建，改扩建后的常德博物馆建筑面积11000平方米，展厅面积5267平方米。将推出《常德历史文物展》《常德抗战文化展览》基本陈列和《中华根展》《常德民俗展》《常德名人展》《常德山水文化展》专题陈列。

【常德图书馆】始建于清光绪二十九年（1903），由浏阳人雷茂才在常德城吕祖庙租地创办，是我国最早以"图书馆"命名的图书馆。1988年3月，位于武陵大道南路的新馆大楼落成开放，原中共中央总书记胡耀邦亲笔题写了馆名。总馆面积8331平方米，分馆总面积3442平方米，馆舍总面积11773平方米。常德市图书馆是一座具有藏、借、阅、视听、培训、展览、讲座、阅读推广、学术研究等多重功能的综合图书馆。现有藏书57.86万册，每年接待读者约29万人次，借阅书刊27.2万册，每周开放时间68.25小时。曾先后荣获"国家一级图书馆""全国文化工作先进集体""全国读者最喜爱的图书馆""全民阅读先进单位"等殊荣。

【常德规划馆】位于白马湖文化公园内，建筑面积10000平方米，布展面积7600平方米，投资约1.6亿元，工程获"鲁班奖"，2013年1月1日正式免费对外开放。是一座集展示和宣传城市形象的窗口、招商引资和接待来宾的客厅、规划宣传和交流的平台、科普教育和爱国爱市教育基地等功能于一体的综合性展馆。展馆充分运用声光电等高科技展示手段，向游客展示了常德的城市变迁、历史文化、规划建设、社会经济的发展，2014年12月被评为国家4A级旅游景区。

【常德文化馆】位于柳叶大道（西段）白马湖公园内，馆舍面积8411平方米，是集小型剧场、艺术教学辅导培训、美术书法摄影展览、非物质文化遗产展示、文化娱乐、公共文化资源整合调配于一体的城市标志性建筑。主体是一个小型剧场，配置以5

层（含半地下层和夹层）多功能区和办公区。总体布局设置为演出区、群众文化活动区、教学辅导培训区、展示展览区、艺术创作研究区等。常设活动有常德市群众文艺演出百团大赛，《武陵欢歌》大型广场文化活动，少儿艺术大赛，美术书法摄影展览，农民工子女艺术培训班，中老年艺术培训班，常德丝弦进校园，常德市沅、澧水流域鼓王擂台赛，群星合唱团以及馆办刊物《艺术常德》等。

【黄石水库】 位于桃源县黄石镇的沅水一级支流白洋河上，距常德市55公里，枢纽工程1958年9月动工兴建，1968年4月基本竣工，同年开始放水灌溉，1970年7月坝后电站发电受益。工程由大坝、溢洪道、泻洪洞、引水系统、电站厂房组成。大坝主坝为心墙坝，坝顶高程945，最大坝高405，坝顶长219米，顶宽59米。该水库集水面积552平方公里，总库容量6亿立方米，以灌溉为主，兼有发电、防洪、养殖等效益。设计灌田37.5万亩，实灌31万亩；总装机容量7300千瓦，年发电量1800万千瓦小时；下游保护耕地8万亩，防洪标准提高到10-20年一遇。

【皂市水库】 位于洞庭湖水系澧水流域的I级支流渫水上，坝址下游距石门县城19公里，距皂市镇2公里，由皂市水利枢纽而形成的人工湖称为仙阳湖。1959年曾一度开工建设，1961年因国家经济困难下马。1998年大水后，再度被国务院及水利部、湖南省提上议题，2000年正式立项，2004年2月8日正式开工，2008年12月电站机组并网投入商业化运营。坝址控制流域面积3000平方公里，占渫水总流域面积的93.7%。枢纽任务以防洪为主，兼顾发电、灌溉、航运等综合利用。水库正常蓄水位140米，总库容14.4亿立方米，防洪库容7.83亿立方米；坝型为碾压混凝土重力坝，坝轴线长351米，坝顶高程148米，最大坝高88米。

【蒿子港镇】 鼎城区辖镇，国家重点镇。东临澧水与安乡县交界，西接西洞庭管理区，南与十美堂镇相邻，北与中河口镇毗连。该镇面积为158.3平方公里。辖居民委员会4个，建设村民委员会13个。人口约为6.3万人。该镇主产棉花、水稻、油菜、珍珠等，特种养殖有肉牛、珍珠、甲鱼。省道1804线穿境而过。水路可至长沙、岳阳、沅江、安乡、津市等地。该镇拥有"省级产业化龙头企业"——天泽农业发展有限公司、"市级产业化龙头企业"万头猪厂——常德市民生生猪养殖有限公司、引进了"外资企业"——永德利复合肥厂、"现代化生产线"——天泽冻冷食品厂、建筑面积近四千平方米的"新农村最大超市"——亿客隆连锁超市等企业。

【祝丰镇】 国家重点镇，常德市西洞庭管理区的政治经济文化中心。成立于2002年9月，由原西洞庭二分场、七分场及场部改制而成。地处常德市鼎城区东北部，周边分别与鼎城区石公桥镇、周家店镇、中河口镇、蒿子港镇接壤，总面积30.25平方公里。辖区内共有7个行政村，3个居委会。总人口约3.5万人。省道S306、S205线纵横境内，离常德市区40公里。全镇现有民营企业30家，拥有湘陵、华乐、祝丰、湘庭等知名品牌，农业盛产稻米、湘莲、油菜、食用菌、肉牛、生猪、鲜鱼、珍珠、毛蟹、工业产品有食糖、纸张、罐头、棉纺、电表、医疗器械、脱水菜、盐渍蘑菇、机制砖瓦、印刷包装，产品远销20多个省市，部分产品还运销欧美及东南亚市场。

【灌溪镇】鼎城区辖镇，国家重点镇。东界武陵区南坪乡，西邻桃源县奋田乡，南接武陵区河洑镇，北抵石板滩镇。总面积64平方公里。辖14个村，2个居委会，总人口约3万人。镇内交通便捷，新老207国道、常张高速公路、石长铁路贯穿境内。灌溪镇产业以工业为主，拥有"中国吊车第一镇"的美称。1993年，小区工业产值突破了亿元大关，成为常德市乡镇工业的旗帜。1994年湖南省人民政府批准设立灌溪工业小区。有机械制造、食品加工、建筑材料、纺织印刷、冶炼化工5个工业门类30家企业。生产包括荣获国家银奖的武陵吊车在内的59个系列共110个品牌产品。

【花岩溪镇】鼎城区辖镇，位于鼎城区西南40余公里，由原港二口镇和逆江坪乡合并成立。辖35个建制村，3个社区居委会，总面积178.11平方公里，总人口约3.34万人。是著名的楠竹之乡，享有国家级生态乡镇、"全国群众体育先进单位""湖南省最具民生幸福感乡镇"等多种荣誉称号。花岩溪国家级森林公园位于雪峰山余脉九龙山北麓，鼎城、安化、桃源三县交界处，花—岩—溪天然和合，田园风光如诗如画，农家风情飘逸浓郁，民风淳朴，古韵悠长，是休闲养生的天然氧吧、诗意栖居的心灵福地，一块不可多得的红尘净土和世外桃源。

◇ 城市经济

【综述】常德地处湘西北，是长江经济带、长江中游城市群、洞庭湖生态经济区的重要组成部分。随着常德高新区成功跨入"国家级"方阵，使常德成为全省第三个同时拥有国家级经开区和国家级高新区的市州。依托资源优势，以国家级常德经济技术开发区、常德高新技术产业开发区和桃源高新技术产业开发区、湖南临澧经济开发区等8个省级工业园区为平台，形成了食品医药、纺织造纸、电子信息、机械化工、能源建材等工业为主的门类较为齐全的工业体系。到2017年，全市完成工业增加值1147.3亿元，省级以上园区规模工业比重为86.7%。常德也是"鱼米之乡"，有5个县、区成为国家农产品商业基地，主要农特产品有中华鳖、柑橘、东山秀峰茶、大叶茶、珍珠、银鱼、金健米等。非金属矿业发达，石膏、大理石、花岗石、滑石、石灰石、煤等矿产储量大、易开采，是全国有名的"非金属矿之乡"。近年来，加快催生现代物流、文化旅游和现代金融三大现代新型服务业集群。桃花源景区、穿紫河风光带、常德河街、德国风情街、老西门文化旅游街区、城头山国家遗址公园等一批旅游新热点涌现，美丽经济方兴未艾，新动能新优势正在形成。2017年，全市实现生产总值3238.1亿元，人均地区生产总值达到55404元，三次产业结构为12.2∶39.9∶47.9，完成一般公共预算收入246.5亿元，固定资产投资2296亿元，社会消费品零售总额1172.6亿元，进出口总值11.3亿美元，城镇居民人均可支配收入28735元，农村居民人均可支配收入13847元。

【常德经济技术开发区】位于常德老工业基地德山，与主城区隔江相望，1994年3月被省人民政府批准为省级经济开发区；2010年6月被国务院批准为国家级经济开发区，并定名为"常德经济技术开发区"。全区现有面积155平方公里，下辖樟木桥街道、德山街道、石门桥镇，总人口15万。先后被授予"国家高新技术产业基地园区""湖南省承接产业转移示范园区""湖南省综合性高新技术产业基地"等称号。园区现有工业企业500多家，规模工业企业148家、亿元企业56家、高新技术企业31家、世界500强投资园区的企业5家，建成标准化厂房100万平方米，初步形成了机械制造、新材料新能源、食品医药三个主导产业和电子信息、现代商贸物流两个辅助产业的"3+2"产业发展格局。千吨级码头、污水处理厂、环保发电厂、城市快速公交、综合物流园、星级酒店、城市防洪圈等已经建

成，城市功能配套日益完善。2017年，全区完成技工贸总收入801亿元，完成规模工业总产值390.3亿元，完成一般公共预算收入18.1亿元。

【常德高新技术产业开发区】前身为鼎城高新技术产业园区，2017年获批国家高新技术产业开发区。在空间布局上，辐射带动武陵移动互联网产业园、汉寿工业园、西洞庭生物科技产业园，形成"一区三园"协同发展格局。核心区战略规划面积62.8平方公里，建成区面积10平方公里，现有工业企业196家，其中规模以上企业85家、年产值过亿元的23家，形成了以中联重科、中国建材、常德远大、湖南黄金、粤港模科等骨干企业为龙头，现代装备制造、新材料、光电信息为主导，现代服务业、生命健康、轻工为辅助的"3+3"产业发展格局。是科技部"科技服务业区域试点园区"、全省首批"新型工业化产业示范基地""全省知识产权工作试点园区""全省创新型产业集群试点园区""全省大众创业万众创新示范基地"。

【湖南中烟公司常德卷烟厂】位于洞庭大道西段，是全国烟草行业的重点骨干企业和国家520重点扶持企业之一。常德卷烟厂始建于1951年，2006年11月16日，湖南烟草工业实现强强联合，常德卷烟厂成为湖南中烟工业公司旗下的六个卷烟生产企业之一。目前主业在岗员工2756人，拥有6000公斤/小时制丝线2条、5000公斤/小时制丝线

1条、卷包设备47台套，并建有动力中心、高架库及相关的自动物流系统，卷烟年生产能力达170万箱以上，总体装备达到国际先进水平。主要产品为"芙蓉王"系列卷烟。"芙蓉王"先后获得"中国驰名商标""中国名牌""出口免检产品"和"中国500最具价值品牌"等荣誉。2016年3月，该厂启动了易地技改项目。

【湖南金健米业股份有限公司】位于德山崇德路，由常德市粮油总公司发起，于1998年4月成立，同年在上海证券交易所上市，被誉为中国粮食第一股。是我国粮食系统率先跻身资本市场的企业，也是首批农业产业化国家重点龙头企业、"十五"第一批国家级科技创新型星火龙头企业、全国优秀食品工业企业、国家水稻工程优质米示范基地、农业部稻米工程研发分中心、湖南省稻米工程技术中心、湖南省重点支持的"双百工程"企业、湖南省重大科技专项示范企业和湖南省高新技术企业、郑州商品交易所早籼稻及菜籽油指定交割库。公司的主导产品有"金健"牌系列精米、专用面粉、面条、食用油、乳品、米粉及药品等。"金健"牌大米、面条为"中国名牌产品"，"金健"商标为"中国驰名商标"。

【大湖水殖股份有限公司】位于建设东路，公司成立于1999年1月，2000年6月在上海证券交易所上市，是全国唯一采用水面权益资本化方式上市的公司，被誉为"中国淡水养殖第一股"。公司以淡水鱼放养销售为主业，兼营酒业、医药贸易、食品加工、投资和高新技术开发为一体的综合性集团公司。现拥有全国最大的淡水养殖基地和水产良种繁育基地，拥有全国最尖端的水产养殖及加工技术，特别是洞庭青鲫的驯化与选育、抗病草鱼的选育、蒙古鲌与翘嘴红鲌的全人工繁殖、三角帆蚌的选育以及大水面综合开发利用技术和珍珠生物酶解技术等。公司积极推行标准化生产和管理，建立并实施了完善的食品安全保证体系，先后通过ISO9001质量管理体系认证、ISO14000环境管理体系认证，有机产品认证。

【湖南武陵酒业有限公司】位于德山中路。全国17大名酒生产企业之一、酱香型三大名酒之一、中国驰名商标品牌。武陵酒历史渊远流长，源自唐宋时期盛极一时的崔婆酒。1952年，武陵酒公司的前身——原常德市酒厂在崔婆酒酿造的旧酒坊上建成，1972年武陵酒的工程师在学习传统酱香白酒酿造工艺的基础上，自主创新研制出风格独特的幽雅酱香武陵酒，1989年在全国第五届评酒会上，与茅台、泸州老窖等一起荣获中国名酒称号并获得国家质量金奖。厂区总建筑面积46000平方米，国家级品酒师、省级品酒师、高级酿酒师等各类专业技术人员80余人。历经半个多世纪的发展，已成为一家集产品系列化、包装系列化和生产标准化的大型酒类生产企业，产品主要有酱香武陵酒—武陵上酱、武陵中酱、武陵少酱，浓香型武陵洞庭春色系列，兼香型武陵芙蓉国色系列，涵盖酱香、浓香、兼香三大领域。

【**常德纺织机械有限公司**】中国纺织机械（集团）公司控股的经纬股份的子公司。位于常德市经济开发区高新技术工业园内，占地25万平方米，拥有雄厚的技术人才实力。公司产品包括：KS系列高速经编机、GE272SM系列毛巾经编机、GE241Y系列贾卡提花经编机、E2268网类经编机、GE283A、E2281、E2291系列双针床经编机等7个系列的经编机；FA251E、FA256两种系列的棉精梳机；用于棉、毛、麻、绢、中长纤维的8大类26个产品的各系列摇架。2000年，公司生产的YJ2及YJ4系列摇架被列入国家级火炬计划，2001年公司的新型摇架、KS系列高速经编机、E2281及E2291系列经编机被评为湖南省"高新技术产品"，2002年公司被湖南省认定为"高新技术企业"。产品除了国内畅销外，还远销西班牙、意大利、英国、越南、印度、印度尼西亚、巴基斯坦等20多个国家和地区。

【**常德大汉汽车集团有限公司**】位于德山乾明路，是一家集生产、销售大型豪华客车为主营业务的产业集团。从1994年组建湖南省常德奢谷胶辊厂以来，公司飞速发展。通过2002年收购原国营常德第二纺织机械厂，2004年收购湖南专用汽车制造厂，2008年受让长沙中联四星客车有限公司全部股权等一系列资本运作，2009年公司又与北方兵器集团下属北方华德尼奥普兰客车有限公司进行深度合作，成立中国大汉汽车集团有限公司，授权生产尼奥普兰豪华客车。公司主要产品有"尼奥普兰"牌豪华大型客车，以及系列公路客车、旅游客车，其中豪华大型客车，拥有全承载技术，技术水平属国内一流。厂区规划用地面积600亩，员工1200余人。产品畅销全国，并出口到20多个国家和地区。

【**湖南云锦集团股份有限公司**】位于德山莲花池。于2001年9月成立，是一家集纺织、棉花收购及加工、纺织贸易于一体而迅速崛起的大型工贸企业，也是湖南省优秀非公有制企业、湖南省农业产业化龙头企业、湖南省高新技术企业、湖南省级技术中心企业、常德市纺织产业集群核心企业。旗下有常德云锦纺织有限公司、衡阳云锦纺织有限公司、湖南云锦集团股份有限公司高新分公司、安乡云锦棉业有限公司、湖州金通纺织品有限公司、上海锦通国际贸易有限公司、常德聚锦纺织原料有限公司、新疆中锦棉业有限公司等多家分公司。拥有德国进口清钢联生产线、气流纺生产线、高支精梳纱生产线、差别化纤维纱生产线、高档服装面料生产线。主要生产"天锦"牌精梳纯棉系列、精梳涤棉系列和高档高密织物等。产品不仅畅销国内，在南非、东南亚各国和地区等国际市场也深受客户青睐。

【**湖南恒安纸业有限公司**】位于德山桃林路，为外商独资企业，创建于1997年6月，公司占地面积14万平方米，有员工1100人，其中高级技术人员200余人。主要生产经营以进口纯天然木浆为原料的"心相印"

品牌的高档系列生活用纸，如卷筒纸、面巾纸、手帕纸、印花餐巾纸、成品原纸、宾馆酒店各类卫生用纸等。拥有造纸设备2台，均从奥地利ANDRITZ公司引进，是目前世界上最先进的高速卫生纸机，年生产能力7万吨。纸机的传动系统及质量控制系统均从瑞典ABB公司引进，是目前世界上最先进的自动控制系统，自动化控制水平为国际一流。拥有原纸加工线27条，大部分从国外引进，具有世界领先水平，年加工成品350万箱。

【湖南洞庭药业股份有限公司】位于德山东沿路。创建于1958年，1997年改制为股份公司，是化学药品生产、销售和自营进出口业务的综合实体，国内精神科药物和化学止血药领域的领先企业。主要原料药产品氨甲环酸、氨甲苯酸、富马酸喹硫平、尼群地平、劳拉西泮、盐酸阿米替林、盐酸硫利哒嗪等远销十二个国家和地区。主要制剂产品富马酸喹硫平片、氨甲环酸针（片）、氨甲苯酸针（片）、盐酸氯米帕明片、盐酸阿米替林片、尼群地平片等在国内享有较高的知名度。公司于1998年完成国家经贸委审批的"双加"技改项目，按GMP标准建成了氨甲苯酸、氨甲环酸生产车间，使公司的化学止血药生产能力居全国同行前列。2003-2004年投资完成国家计委高新技术产业化示范工程——富马酸喹硫平20吨原料药2亿片剂技改项目。公司全部产品取得了国家GMP认证证书。氨甲环酸质量符合美国药典、英国药典、日本药局方和欧洲药典标准，并通过了美国FDA、英国MHRA、欧盟COS、日本

PMDA认证，出口到30多个国家和地区。

【金健米】由金健米业股份有限公司生产，在国内具有很高的品牌优势和市场占有率，是中国名牌产品。公司生产企业均采用国际、国内一流的生产设备、一流的工艺流程和全新的自动监控手段。"金健"牌系列精米先后被评为"全国用户满意产品""全国放心粮油产品""国家免检产品""中国名牌产品"等称号。荣登2012年中国十佳大米品牌榜首。

【武陵系列酒】由常德市武陵酒厂生产。武陵酒为酱香型大曲法白酒，有53度、52度、48度三种类型，产品涉及酱香、浓香、兼香三大体系。酒液色泽微黄，酱香突出，幽雅细腻，口味醇厚而爽冽。以川南地区种植的糯红高粱为原料，用小麦培制高温曲，以石壁泥窖底作发酵池，一年为一个生产周期，全年分两次投粮、九次蒸煮、八次发酵、七次取酒，以"四高两长"为生产工艺之精髓，采用固态发酵、固态蒸馏的生产方式，生产原酒按酱香、醇甜香和窖底香3种典型体和不同轮次酒分别长期贮存（3年以上）精心勾调而成。

【德山系列酒】"德山大曲"创制于20世纪60年代，由常德市酒厂（湖南德山酒业的前身）取当地"莲花池"优质水，以糯高粱为原料，小麦制曲生产。属浓香型大曲白酒，芳香浓郁，入口醇和，绵软甘冽。1963年、1984年、1988年三次全国评酒会上获得银质奖，1988年首届中国食品博览会上获金

质奖，1992年在美国纽约举行的国际酒类饮料博览会上获银质奖。2018年3月获得国家地理标志产品保护。

【汉寿甲鱼】国家地理标志保护产品。体薄片大，裙边宽而厚，腹内脂肪呈蛋黄色；体质健壮，爬行灵活，免疫力强，生长速度快，成活率高。食用时，其肉质纯正，细嫩鲜美，有嚼味，其营养价值和药用价值也优胜于其他种群。汉寿甲鱼含高比例的鲜味氨基酸，尤其是其中的五种鲜味氨基酸（ASP、GLU、GLY、ALA、ARG）相对氨基酸总量的比例分别达到了42.89%和59.23%。汉寿县境内养殖的甲鱼蛋白质含量较高，含有18种氨基酸和多种维生素，特别是含有钙、磷、铁、锌、钾等人体必须的微量元素。另外，汉寿甲鱼肌肉中硒的含量为258微克/千克即25.8微克/100克，是一般动物鲜肉中的1.2~9.4倍。

【临澧黄花鱼】临澧县特产，国家地理标志产品。黄花鱼肉质细嫩，味道鲜美，富含硒、DHA、牛磺酸、钙等，因其悠久的历史、美丽的外表和独特的品质闻名省内外，被人誉为"水中瑰宝"。据传，战国末年，楚大夫宋玉居住于云梦之田封地（今临澧县）期间，特别喜食浴溪河里一种黄色的鱼。宋玉仙逝后，葬于浴溪河畔，其居住地被后人命名为宋玉城（现临澧县望城乡宋玉村）。每年四月油菜花开时节，河水陡涨，鱼群汇集至宋玉墓前，鱼尾翘出水面，波光粼粼，涟漪圈圈，犹如朵朵黄花水中盛开，与油菜花海交相辉映，场面蔚为壮观，神似朝拜宋玉。临澧先贤为纪念和缅怀这位文学先祖，将此鱼命名为"黄花鱼"。

【桃源大叶茶】国家地理标志保护产品。系桃源大叶经过独特工艺精制加工而成的茶制品的统称，按加工工艺和产品品质分为：桃源大叶芽茶、桃源大叶毛尖、桃源大叶绿茶。该品种枝条粗壮，芽头肥硕，茸毛较多，叶片大而富有，叶色深绿，叶质柔软。1969年，卢万俊等人在本县太平铺乡深山中发现野生大叶茶优良单株，经选育、繁殖和试验示范，于1989年通过湖南省省级科技成果鉴定，1992年通过湖南省农作物品种审定委员会审定，定名为"桃源大叶"。桃源大叶茶是桃源优质茶叶基地生产品种之一，种植面积667公顷，占优质茶总面积的20%，目前年产约4000吨。

【桃源鸡】国家地理标志保护产品，全国著名鸡种。又名铜锤鸡，因其颜色金黄，鸡腿形似铜锤，故名。据《桃源县志》记载，桃源喂养这种鸡已有300多年历史。桃源鸡为肉用型鸡，肉嫩味美，体内脂肪不多，体格高大，近正方形。公鸡羽毛金红色，母鸡多为黄色、麻黄色或褐麻色，偶有白色、黑色。单冠，呈灰黑或朱黄色，腿粗壮。此鸡觅食力强，宜放牧，但生长慢、成熟晚。开产日龄195~255天。成年公鸡体重3.5~4千克，母鸡2.5~3千克。年产蛋100-120枚，蛋重57克，蛋壳淡黄色。

【东山峰茶叶】常德名特产，以石门

县东山峰为中心的地区是历史"宜红"茶主产区，早在唐代就有石门茶禅记载。清朝光绪十八年，广东商人卢次伦（号月池，广东中山县翠亨村人），修筑石板小道100余里，在泥沙（东山峰周边）设立茶庄采购茶叶出口英国（石板道、古茶庄现均有遗址）。东山峰天然的生态环境是生产名优茶的最佳境地，以东山峰现有茶业为基础，以欧盟有机茶为标准，联合周边乡镇，实施有机茶产业化基地建设，正建设成为湖南最大的茶叶产业化集团。

【石门柑橘】国家地理标志保护产品。据史志记载，早在600多年前的明朝洪武年间，石门就是江南著名的柑橘产区。果实每年九、十月间成熟，外形扁圆，大小均匀，整齐美观，单果重150-170克。果皮色泽金黄，鲜亮光滑，薄韧易剥。果肉由10-13个囊瓣组成，汁多，无核，化渣，含糖量高，甜香爽口，风味浓郁，富含氨基酸、芳香油、维生素、钾、钙、硒、磷等多种营养成分，品质优异，畅销欧美东南亚等十多个国家和地区。1987年开始选进北京钓鱼台国宾馆，1989年被评为"国家优质水果"，石门柑橘的品牌——湘冠牌柑橘被中国绿色食品发展中心认定为绿色食品A级产品。

【珊瑚湖黑鲫】国家地理标志保护产品，安乡县珊瑚湖的特产。珊瑚湖，是具有2000多年悠久历史的天然湖泊。珊瑚湖黑鲫古称鲋鱼，《吕氏春秋》载："鱼之美者，洞庭之鲋。"清嘉庆《常德府志》载："诸鱼惟鲫鱼最可食。"鱼体肥厚，呈青色，生活在水底底层，俗称"青壳鲫鱼""粑粑鲫鱼"，当地人叫其黑鲫，肉质细嫩，味鲜美，汤如奶。据测定每100克肉含蛋白质高达20克；钙1335毫克；牛磺酸218毫克；不饱和脂肪酸1.7克，其中DHA含量为0.12克，占7%；天冬氨酸、谷氨酸、甘氨酸、丙氨酸4种鲜味氨基酸含量占15种氨基酸总量的42.3%。清代曾将珊瑚湖鲫作为贡品。

【汉寿玉臂藕】国家地理标志保护产品。明、清时代，一直为贡品。相传，明朝有位皇帝在吃这种藕时，见西湖藕白嫩脆爽，清甜，一节节如同宫女的手臂一样嫩白，十分喜爱，于是便命为"玉臂藕"。玉臂藕含有丰富的淀粉、胡萝卜素等成份，有较高的营养价值，是席上珍品。高明的厨师可用它做成"金蜂归巢""孔雀开屏""玉琢银塔"等各式花色的美味。玉臂藕无渣、无丝、多水、脆嫩甜香，适宜生食。吃起来芳透齿颊，满口生津。它还可以制成罐头、藕粉等多种营养食品。产地范围为汉寿县龙阳镇、岩汪湖镇、洲口镇、罐头嘴镇、坡头镇、酉港镇、沧港镇、蒋家嘴镇等现辖行政区域。

◇ 城市文化

【综述】常德是一座具有两千多年历史的文化古城。30万年前，常德地区就有原始人群在沅、澧二水流域的平原山川生活、聚居。常德历来人文鼎盛，是湘楚文化、农耕文化和中华道德文化的重要发祥地。德山因善卷而闻名，到如今还流传着一则民谣："常德德山山有德。"可以说，善卷是常德德文化的先驱。据石门皂市商文化遗址发掘的文物表明，常德较早进入青铜时代。春秋时期，楚国势力进入如今常德地区。春秋末年，楚国大量移民到湖南垦殖，灭蔡（前447）后，把蔡国移民迁徙到高蔡（今武陵区一带）。这些移民带来的先进生产技术，加速了本地的开发。到战国中晚期，今常德地区已成为楚文化发展和传播的重要地区。战国末年，楚国诗人屈原第二次被流放，途径常德，"行吟泽畔"。随着城市的发展，许多文化遗产、历史典故和民间习俗也流传下来，例如善卷坛、招屈亭、铁经幢、孤峰塔、笔架城等得以保护和修复，"刘海砍樵"等典故至今仍耳熟能详。常德还是中央王朝引以瞩目的地方，曾是七朝郡治、七朝军府、七代藩封之地。自晋代起，经宋、齐、梁、陈、南宋至明朝七代，都在常德封王建藩，如南朝封的武陵王、南宋封的普安王、明朝封的荣定王等，这些王中有两个后来回朝廷当上了皇帝，即武陵王刘骏后来当了宋孝武帝，普安王赵眘（曾任常德军节度使）后来当了宋孝宗。至2016年末，全市拥有公共图书馆9个（国家一级馆2个，国家二级馆5个，国家三级馆2个），文化馆10个（国家一级馆2个，国家二级馆2个，国家三级馆2个），各类博物馆纪念馆21个，影剧院10个，艺术表演团体1667个（含专业艺术表演团体10个）；广播电台9座，广播综合人口覆盖率达到99.7%；电视台9座，电视综合人口覆盖率达到96.5%，有线电视用户93.2万户；国家级非物质文化遗产保护目录7个，省级非物质文化遗产保护目录20个。

【常德方言】常德方言属西南官话，虽地处南方，但仍属于北方方言。据史料记载：秦汉以来，不断有北方居民南迁。西晋末年的永嘉丧乱，引起北方人口第一次大南迁，大量人口沿汉水流域南下，渡江到达洞庭流域，这次大迁徙一直延续到南北朝。唐朝的安史之乱，曾使北方居民迁徙规模大，人数多，地域集中，使其语言不仅难以被本地土著语言所同化，反而给当地土著语言以巨大的冲击，这是常德话与北方话产生亲缘关系的历史渊源。常德地区方言归属，在历史上有过几次变化：最先划分为上江官话，后来又归入江淮官话—常鹤片，1988年又归入进了西南官话—常鹤片，直到2008年最新版的《汉语方言地图集》出版后，重命名片属为西南官话—湖广片。

【中国常德桃花源桃花节】原为中国常德桃花源游园会，每年桃花盛开的3月下旬在风景如画的桃花源风景区内举办。桃花源位于常德城西南34公里，因东晋诗人陶潜所写的《桃花源记》和《桃花源诗》而得名。自1992年3月28日首次举办，至今已成功举办了10多届。2009年，一年一度的"中国常德桃花源游园会"更名为"中国·常德桃花源旅游节"，定于3月30日–31日在常德市举行。在提质改造闭园3年后，2018年更名为中国常德桃花源桃花节，于3月25日-26日在桃花源旅游管理区举办。

【常德诗人节】2003年9月17日，首届中国·常德诗人节在常德举行，近三百名来自全国各地的诗人和书画家、艺术巨匠汇聚一堂，在首届诗人节上，中华诗词学会研究决定，授予常德市全国第一个"诗词之市"的光荣称号。现常德诗人节已经举办到第六届，诗人们每每会来到常德诗墙、柳叶湖，感受诗城的魅力。2012年6月举办的第六届中国·常德诗人节由中华诗词学会、《诗刊》杂志社、中共常德市委、常德市人民政府共同主办，湖南省诗词协会协办。

【中国（湖南石门）柑橘节】也称中国柑橘文化节。经农业部批准，首届中国（湖南石门）柑橘节于2001年10月15日在石门县举办。柑橘节每年一次，是国家级的经贸活动和文化活动，由国家农业部、湖南省人民政府主办，湖南省农业厅、常德市和石门县人民政府承办。石门县自古产橘。早在唐朝，弘文馆校书郎、著名诗人李群玉对石门柑橘就有"隽味品流知第一，更劳霜橘助茅鲜"的崇高评价。经过上千年的栽培种植，如今已经形成44万亩面积、年均40万吨产量、综合产值逾7亿元的宏大规模，先后荣获了"中国柑橘之乡""全国柑橘标准化示范区""全国园艺产品（柑橘）出口示范区"等荣誉称号，果品畅销欧美、东南亚等16个国家和地区以及国内各大中城市。

【常德丝弦】流行于常德沅江、澧水一带的传统地方曲种。明末清初，江浙一带的民歌和时调小曲传入常德后，经与当地民间音乐相结合，不断演变、发展而成。演奏用杨琴、琵琶、三弦、京胡、二胡等弦乐，还因用常德方言演唱，故称常德丝弦。常德丝弦以唱为主，以说为辅，说唱穿插，既演唱抒情小段，又演唱有人物、有情节的大段子。它的唱词典雅、曲调优美、曲目丰富、结构完整、腔系多样，旋律朗朗上口，是群众性创编、演唱活动中常用的一种曲艺音乐形式。常德丝弦拥有100多个传统曲目，大部分取材于历史故事和民间传说。2006年，常德丝弦列入第一批国家级非物质文化遗产名录。

【常德高腔】一种湖南省的传统戏曲剧种，属于常德汉剧高、昆、弹三大声腔之一。常德高腔有三十余种基本腔和七十余种曲牌，演唱形式有滚唱、帮腔等，其中帮腔受沅水船歌、扎排号子音调的影响较大，分人声帮腔和乐器随奏两类，人声帮腔一唱众和，乐器随奏以大锣、大钹和唢呐伴奏。其唱腔与本地方言紧密结合，并融入了大量本地巫腔、傩愿腔、渔鼓调的音乐素材，表现力很强。演唱时有本嗓、边嗓、夹嗓、小嗓等多种表现方法。明代万历至清代乾嘉年间是常德高腔最为兴盛的时期，此后随着弹腔南北路的兴起而逐渐走向衰落。《祭头巾》《思凡》《两狼山》《双猴斗》《程咬金娶亲》等是常德高腔中的代表性剧目。2006

年，常德高腔列入第一批"国家级非物质文化遗产名录"。

【常德花鼓戏】以鼎城区为中心，流行于常德市所辖各县城乡的地方小戏，历有灯戏、花鼓戏、楚剧等称谓。清乾隆、嘉庆年间由当地民间歌舞、傩戏并融合外来腔调综合发展而成。主要唱腔曲调"正宫调"借鉴沅水号子和山歌的某些特色唱法，用假嗓翻高八度唱句尾，形成一种独特的音乐风格。这种音域和音色突然强烈反差的声腔形态，人称"金线吊葫芦"，乡民用土语形容为"喀喀"（不平和之意）。史载，清道光初年以花鼓戏称呼的常德花鼓戏已有相当规模的专业戏班。2008年，常德花鼓戏列入第二批"国家级非物质文化遗产名录"。

【常德汉剧】湖南省的地方传统戏曲之一。以常德、桃源、汉寿、慈利为中心，流行于洞庭湖西岸各县及黔阳、湘西自治州一带，并远及湖北西南部和贵州东部地区。兼有高腔、弹腔、昆曲3种声腔，现以演唱弹腔为主。它与荆河戏、巴陵戏的声腔、剧目及表演风格大体相近。据已抄录的剧本统计，传统剧目有450余个，弹腔戏占百分之九十以上。一般分两大类，各班共演的剧目叫"江湖戏"；清末以来4大名班各自擅演而又各有特长的剧目叫"一家戏"，"一家戏"的形成，极大地丰富了常德汉剧的剧目内容。1986年曾更名为武陵戏。

【常德渔鼓】一种湖南省的传统民间曲艺，在常德流传甚广。渔鼓渊源于唐代的

《九真》《承天》等道士曲，以道教故事为题材，宣扬出世思想，名为"道情"。南宋时开始用渔鼓和筒板为道具，故又叫"渔鼓"。大约在明代中叶传入常德，和当地民歌相融合，题材也有所扩大，逐渐形成具有地方特色的常德渔鼓。常德渔鼓的演唱形式是由单人演唱多种角色，既能演唱小段节目，又能演唱有完整情节的大型剧目。演唱中使用的道具很简单，除渔鼓筒外，有单钹、云板、竿子。渔鼓词包括韵文唱词和散文说白两部分，以唱为主，以说为辅。常德渔鼓演唱形式简单，唱词说白通俗，演唱的故事情节生动，因此深受广大群众喜爱，城乡茶楼酒肆之中，皆有演唱。

【常德三棒鼓】在常德流行盛广，几乎在今天的常德各区县市境内都能找到三棒鼓艺人的身影。以一种技艺独特的走唱形式表演，演唱不择场地，茶馆酒楼、街头巷尾、田间地头可随时随地演唱。三棒鼓的道具简单：鼓、锣、棒（或刀，甚至是火把）。表演者可以是单人，也可以有两人、三人打的（两人表演为常见）。演唱者不插道白，单人表演者自己抛耍三根嵌入有铜钱的鼓棒击鼓伴唱，并敲打挂在鼓侧的马锣。双人表演则一人同时扔棒击鼓并演唱，另一人敲马锣并伴唱，集唱、念、抛、打于一体。即一边唱，一边双手去接"三棒"，或一手握棒击鼓，另一手转回丢接另两棒，口中念唱不止，类似杂耍，花样繁多。尤其是换耍三把利刀（或镰刀、斧头等利器，以增强表演的刺激性）时，利刀在空中翻飞，反复抛接，

高潮迭起，引人入胜。

【桃源木雕】在业内又称"桃源工"。"桃源工"是集与建筑、家居、文化交往有关的石雕、木雕、刺绣、玉石雕等手工艺的简称，木雕只是其中一种。自唐以来，常德就是藩府之地，明孝宗弘治四年，明宪宗第十三子朱祐枢被封荣庄王就藩常德，第二年便修建荣王府，不但从京城皇宫调集大批能工巧匠，将精湛奢华的宫廷营造艺术及雕刻技艺带入常德，同时还征召了不少本地木雕艺人，李显家族的李家銮及其子李兴楚等都在被召之列。豪华精湛的宫廷技艺，在相当长的时间内与本地质朴大气的民间工艺相融合，便形成了精美细致与粗犷质朴相结合的具有独特艺术风格的手工艺，后人称之为"桃源工"。桃源木雕雕刻的主要内容包括风景、花鸟、人物、故事等，犹以表现喜庆、吉祥的牡丹、梅花、松树、喜鹊、笑佛等居多。

【善卷传说】一个古老的传统神话传说故事。传说在尧帝南巡时，在德山脚下的善卷垸遇到了用黄牛耕田的善卷先生，看到那黄牛拉犁并不太用劲，还时不时吃田坎上的青草，而善卷先生呢，虽然手里拿着根用荆棘做成的鞭子，但并没有抽打到牛的身上。尧帝感到很好奇，就上前问道："先生耕田怎么不用水牛呢？黄牛力气小而且很懒惰呢。"善卷先生回答说："黄牛力气小但是每天负犁耕田养活了我，你怎么能说它的坏话呢？我也不能让它更辛苦啊！"尧帝又

问："你不想使它用力拉犁，怎么手里还拿着荆条呢？"善卷回答道："我手持荆条是为了驱赶黄牛身上的蚊子啊！"尧帝大悟，知道眼前是一个大善大德之人，后来又知道他是这里德行达智、名震四方的善卷先生，意欲禅让帝位予善卷，但被坚拒不受，于是便拜善卷先生为师。

【刘海戏金蟾传说】相传常德城内丝瓜井里有金蟾，经常在夜里从井口吐出一道白光，直冲云霄，有道之人乘此白光可升入天堂。住在井旁的青年刘海，家贫如洗，为人厚道，事母至孝；他经常到附近的山里砍柴，卖柴买米，与母亲相依为命。一天，山林中有只狐狸修炼成精，幻化成美丽俊俏的姑娘胡秀英，拦住刘海的归路，要求与之成亲。婚后，胡秀英欲济刘海登天，口吐一粒白珠，让刘海做饵子，垂钓于丝瓜井中。那金蟾咬钩而起，刘海乘势骑上蟾背，纵身一跃，羽化登仙而去。后人为纪念刘海行孝得道，在丝瓜井旁修建蟾泉寺，供有刘海神像。"丝瓜井"也由此而来。流传于常德民间的"刘海戏金蟾""刘海砍樵"都是源于刘海和胡秀英一段坚贞爱情故事的神话传说。

【崔婆井传说】相传，一道士经常往来崔婆小店，每每索酒数壶畅饮，累计百壶而从未付钱，崔婆并不计较。一日道士对崔婆说，我喝了你许多酒，却无钱偿还，就让我为你掘一口井吧。翌日，井成如泉涌，涌出来的则全是酒，香气扑鼻。"以此井作为酒

资偿还你罢"，道士说完即飘然而去。崔婆从此不再酿酒，而此井冒出来的酒却比陈酒还好，不过三年，崔婆就成了当地的一大富翁。一日，前度道士复来，崔婆表示万分感谢，道士于是问，酒还香吗？崔婆回答："好是好，只是因为不必酿酒而无酒糟，俺家的猪没有吃的罢了"。道士摇首叹气，挥笔在墙上题了一首诗：天高不算高，人心第一高。井水当酒买，还说猪无糟。题罢掷笔而去，从此，井不再出酒，然香气犹存。

【善卷坛】相传我国部落时代的名士善卷先生，为了躲避舜帝的禅让，隐居德山。隋武陵刺史樊子盖深慕善卷德行高超，在德山筑了一座台，名"善卷坛"；又修了一座祠，名"善德观"，以作纪念。唐咸通年间，朗州刺史薛廷望重葺。宋绍兴年间（1131-1161）李焘复建祠，奉木主以祀，并写了《善卷先生祀堂记》，该在石碑上。后来遭受兵灾焚毁，帷坛独存。迨后世复建时，善德观成了佛庐，并祀道家真武祖师，不再祀善卷。祀善卷改在其附近的"楚望亭"举行。民国时期起，观、坛俱毁，其史实现存于常德的旧地方志中。

【皿方罍】全称皿天全方罍，商代晚期铸造，属酒器中的盛酒器一类，因器口铭文为"皿天全作父己尊彝"而得名，被称为"方罍之王"。该器于1922年在桃源县漆家河因暴雨冲刷而在山间沟边重见天日，器盖于1956年由湖南省博物馆保存至今，器身流至国外。2014年3月19日经多方沟通和协议，皿天全方罍于6月14日回归湖南长沙，6月28日，结束了近一个世纪海外漂泊的商代青铜器皿方罍的器身与湖南省博物馆藏器盖在湖南完成合体，从此身首合一。皿天全方罍原器身通高63.6厘米，器盖通高21.5厘米。这件距今3000多年的"皿天全"方罍，造型雄浑，形体巨大，通体集立雕、浮雕、线雕于一身，其高超卓绝的铸造技术，神采飞动的气势和令人倾倒的精美纹饰，是其他古代青铜器无与伦比的，堪称"罍中之王"，是举世无双的"稀世珍宝"。

【铁经幢】发现于常德德山国家经济开发区七一机械厂宿舍区内，经考证，是始建于唐代的乾明寺之宗教遗物，铁经幢在乾明寺遗址的前方。1979年迁到常德市滨湖公园的湖心岛上。全国重点文物保护单位。铁经幢用白口铁铸成，空心，下大上小，呈圆锥宝塔形，边缘刻有云莲纹饰，高4.33米，底部直径0.9米，净重1520.8公斤，幢身共17层，各层间用石灰粘结。第一层有八尊金刚力士浮雕像，双手弯曲作顶托状，好像整座铁经幢是由这八位力士顶托而起的。第二层上部有莲花状装饰纹络；中部周围铸有十尊释迦牟尼像，披肩袒胸，合掌打座；下部有四龙四狮，形象逼真。第三层到第五层，用阴文刻有《般若波罗蜜多心经》全文，以及施舍人的官职姓名，第五层上部还有飞檐，八面挑角，甚为壮观。第六层有重复的莲花纹，中间铸有一圆拱门，双扉紧闭。第七层铸有五个象征东西南北的五方法论。第八和第十一两层的上部有出檐，八面攒尖。该幢铸造于北宋初期。一般的经幢凿石为柱，此幢不用石造，而用生铁铸成，仿木结构，在我国现存经幢中少见，为研究我国佛教史、冶炼铁造史的重要资料。

【荣王府】明朝封于常德的藩王名荣王，明弘治四年（1491）八月，封宪宗朱见深第十二子朱佑枢为荣王，建王府于常德。其府第位于常德城内西北隅。此地包括现今常德市一中、市财政局、市公安局、青阳阁等处。在常德盛极一时，规模宏大，按照京城王宫的模式，外修王城，内设王宫，砌以砖城。外为承运门、承运殿，内殿门东曰"体仁"、西曰"遵义"、北曰"广智"、南曰"端礼"。外缭以红墙，周回若干丈。现在的武陵区青阳阁社区一带曾是荣王府内宫梳妆处。清嘉庆年间，在青阳阁西街建考试院时，还曾在民舍内掘得大礎墩十余蹲，庞大的礎墩曾支撑过王府的雕栏画栋、盛世荣华。荣庄王朱祐枢及其子嗣在常德共生活了135年，荣王府的主人相继为荣庄王朱祐枢、荣恭王朱载墐、荣简王朱翊珍、荣王朱常溰、荣宪王朱由枵、荣王朱慈炤。

【皇经阁】常德重要古迹。皇经阁距城东一里处，即原常德粮食机械厂一带，南临沅水，明朝建，至清乾隆三十一年（1766），被洪水冲塌，五十二年募资重修。内供真武祖师像，收藏皇经。抗日战争时被日军焚毁。现今市民仍呼此地为皇经阁，并建成武陵区皇经阁社区。

【常德会战阵亡将士公墓】位于武陵区青年路。为了纪念常德会战阵亡将士，当时国民党七十四军军长王耀武和常德县长戴九峰主持修建了常德会战阵亡将士纪念公墓。首先是以旧城墙为背景，面对南方，正对西围墙大街，划出一大扁圆形院子为阵亡将士公墓之地。1944年，七十四军驻常留守处正式动工修建，修建了矮花眼围墙，集中将士遗骨堆成一座长55米、宽45米、高0.8米的大方台，上铺青石板。1945年，七十四军工程处又予以重新修建，主要建筑有牌坊、纪念碑、两座纪念亭、纪念堂、公墓等。解放初期，原来的建筑得以保留，后来把牌坊和纪念碑上的文字用水泥覆盖，将纪念堂改建为工人文化宫和少儿图书馆等。1981年后，常德市人民政府进行了修复，恢复了部分原貌。2014年被国务院列入《第一批国家级抗战纪念设施、遗址名录》。

【常德城区古井群】含四眼井、丝瓜井、葵花井、白龙井、崔婆井。四眼井是历史记载最悠久的古井，武陵城内记载历史最悠久且至今保存最完好的古井是四眼井。丝瓜井常德城里名气最大、影响最广的古井。旧时相传把井水盛在器皿里，水中便自然现出丝瓜之形，故以为名。丝瓜井的位置在今建设路卫门口小学对面丝瓜井巷。葵花井，位于现常德一中校园内，系明代荣王府邸唯一原址遗存，相传井中常现葵花，舀入瓢中则瓢中有葵，注入桶中则桶中带花。《湖南通志卷二十三·地理二十三》说，白龙井在德山乾明寺内。常德民间关于白龙井的传说极多，说法大同小异，都反映了人们根治水患的共同愿望。崔婆井，在河洑山下去桃源的公路旁临沅江一侧，如今泉竭井存。崔婆井位于武陵区河洑国家森林公园，居太和观南沅水堤边。"崔婆井水当酒卖"的故事在当地流传甚广。

【笔架城】武陵大道的起点，雄伟的武陵阁旁耸立的一堵笔架城垛，巍然屹立在沅水岸边，笔架城因其状如笔架而得名，由并列的三角形五个城垛构成，中间一垛最高，为3.75米，两侧稍低，为2.75米，再两侧又低，为2.35米。搁笔的文具，多为古代读书人所使用。笔架城下的现育英小学历来为宋儒学府和元文庙所在地。儒学府乃古代施教孔孟之道的所在，笔架城为儒学府的配套装饰建筑，以此鼓励莘莘学子勤习笔墨，攻读五经四书。笔架城曾多次修缮，有史可查的有七次。清同治《武陵县志》载："崇祯十一年（1638），邑人杨嗣昌奏请加修，三年竣工，拆旧易新，极其壮固。"1980年，常德市人民政府又拨款整修，成了市民休闲的好场所。

【常德清真寺】始建于明代永乐年间，素有"培养阿訇的摇篮"之称。原址在回民聚居区沙河街（一度改名"回国街""民族街"）古迹玉带桥右侧，于清初顺治二年改建于现址东门外二铺街。全市现有回族、维吾尔族穆斯林4万多人，是湖南穆斯林居住较为集中的地区，城内有穆斯林5000多人。

现寺内礼拜大殿主梁上刻有"顺治年重修"字样。大殿檐前厅屋大梁上刻有"大清咸丰岁次辛酉壹拾壹年桂月又一次重修"。原建筑为"工"字形。前有牌楼，南为宫殿式三进大厅（即殿前厅、礼拜大殿和讲经楼），内进为南北对峙的两排教室。大殿前有花园，左侧厢房为客厅，与此联结，北端为一排房，由东至西分别为保管室、井亭与水堂子等。现礼拜殿檐前当存"古今唯一""教传真位""无极真源"三块大金字匾额。

【德山乾明寺】位于德山东麓，始建于唐初，为当时佛教第五十三福地，唐咸通元年（860），朗州刺史薛廷望奉敕重修，请禅宗大师宣鉴为住持，唐宰相裴休书题"古德禅院"匾额。寺院内有金刚塔、慧光塔、峋嵝塔、毗卢阁、断桥、铁经幢、白龙井、乌龙、钵盂泉等。几经沧桑，乾明寺现存留的文物仅铁经幢和两块宋碑。因缘和合，万物皆生。2001年，经湖南省人民政府宗教事务局和常德市人民政府批准，恭请全国政协常委、中国佛教协会圣辉会长为顾问，著名高僧佛源大和尚为方丈，筹资三千多万，主持修复乾明寺，以仿宋建筑风格，按唐代乾明寺的规模来恢复。

【夹山寺】全国重点文物保护单位，又名灵泉禅院，位于石门县夹山国家森林公园内，距石门县城8公里。唐代咸通十一年（870）善会大和尚获赐领众僧开山建寺。享有"三朝御修"的盛誉，规模宏大有"骑马关山门"之称。至明代，由于兵火连年，殿宇大多毁落，佛事衰退，仅有僧众60余名。到清顺治初年，扩建有大雄宝殿，大悲殿、经殿、天王殿、韦驮庄、山门、涌花亭、洗墨池、玉玺井、放生池、塔林、紫石碑坊以及钟、鼓楼等，规模远超唐、宋、元时期，誉称为"楚南名刹"。宋代高僧圆悟克勤在此住持说法评唱的《碧岩录》，被誉为天下"禅门第一书"。据说大顺帝闯王李自成兵败禅隐夹山住持30年。

【孤峰塔】坐落在与常德城隔江相望的德山孤峰岭。前身是建于唐代的楚望亭，因刘禹锡的《楚望赋》而命名。明万历三十五年（1607）在此建"文峰塔"，与北岸笔架城遥相映衬，象征常德人杰地灵，文运昌盛，后毁于战火。现塔80年代重建，1988年春竣工，塔高33米，底径7米，七级八面，四周八角檐上装有铜铃；塔内有旋梯直到塔顶，游人登塔极目四望，周围的沅江及城市风光尽收眼底。

【郎江书院】始建于清乾隆十年（1745），知府董思恭改城西育婴废馆建，工未竣而去。十五年知府雷畅与武陵知县李际隆捐资改建，次年院成，有前中后讲堂三进及学舍、厅房、门楼等，计74间。士绅捐银8750两发典生息，年收银1050两供经费。每年招正课、附课生童各40名。嘉庆十七年（1812）知府应天烈重修。二十年武陵陈耀南捐田231亩以充膏火，增取正课生童20名。咸丰元年（1851）邑人陈启迈捐银500两，生额曾增至130-140人。九年郡人增

修。同治元年（1862）署布政使恽世临增膏火银200两。历任山长有善化俞东枝，长沙陈士雅，湘潭刘元燮、张九。

【德山书院】清光绪十三年（1887），由武陵县县令李宗莲主持，在杨彝珍等人的积极支持下，选址于德山乾明寺的青莲庵遗址，动工修建德山书院，于次年（1888）冬竣工，书院首聘余蓉初先生为山长（院长）。当时著名的湖南学政（督学）曹鸿勋题写了"德山书院"匾额，书院有头门、仪门、讲堂、川堂、文昌阁、藏书楼、斋舍、客厅等，"其规模直与岳麓埒"。二十年主讲杨彝珍"痛抉以科目取士之弊"，戒诸生"不徒沾沾焉习为帖括"。湖南新政时期，山长余蓉初聘近代湘籍著名数学家许奎元（垣）主讲算学，开新学之风。二十九年（1903）改为武陵官立高等小学堂。

【招屈亭】原在城东南沅水滨，今南碈出口东侧。据传，屈原流放沅湘途中，曾在常德多处居住过。三国时，魏人常林著《义陵记》云："初，项羽弑义帝于郴，武陵人缟素哭于招屈亭"。据此，亭当建于屈原死后不久。招屈亭屡圮屡修。民国二十七年（1938）修筑"鄢公堤"时，该亭被撤毁，未及修复。1997年，常德市政府扩建南城堤时，在堤外河边筑台重新建亭一座，题名为"招屈亭"。

【徐家大屋】坐落在东门外甘露寺东北五百米处，为民间望族徐姓住宅，始建于清朝。民国十九年（1930），大富户徐泽桃

扩建成为三进、两厢，约大小三十余间，全部为木质结构。1941年11月4日，因侵华日军731部队的飞机在常德城上空撒播鼠疫细菌，感染死亡者累累，疫情逐渐扩大。常德联合防疫便在徐家大屋设立鼠疫防治临时隔离医院。徐家大屋也就因鼠疫关系而闻名于世。

【常德丁玲文学创作促进会】位于洞庭大道东段175号，是为了纪念常德籍享有国际声誉的著名作家丁玲，由常德市文联发起成立的文学创作奖励机构。组织成员为湖南常德市和丁玲第二故乡黑龙江北大荒两地热心社会公益事业的社会知名人士、企业家、作家和文学组织工作者。常德丁玲文学创作促进会宗旨是通过奖励优秀文学作品及其作者、促进社会主义文学事业进一步繁荣。丁玲文学奖1988年举办第一届评奖活动，每3年评奖一次，至2017年已举办了10届。

【武陵诗社】成立于1985年2月，是中华诗词学会发起单位之一。武陵诗社成立以来为弘扬中华传统文化、为常德市三个文明建设作出了卓越贡献，特别是近十五年来，诗社以主要精力、人才为获得吉尼斯纪录的文化工程——中国常德诗墙的修建以及丛书编辑服务，成就斐然，并协助常德市委、市政府成功举办了两届常德诗人节，使常德市荣获全国第一个诗词之市的称号。2005年12月31日，武陵诗社隆重召开了二十周年庆典活动，诗社在继承传统、采风创作、研究诗墙文化、促进诗词走向大众等方面继往开来，作出更大努力。

【太阳山石雕壁画】由摩崖石雕画廊、盘古座像和盘古之歌壁画等组成。盘古座像高43米、长90米，头部23米见方，头部内呈圆柱体的全空状态。2011年，上海大世界吉尼斯总部授予"最多原生石垒砌的石像——盘古座像"大世界吉尼斯纪录。这尊座像全部采用太阳山的原生石头垒砌，共使用80吨以上巨石86块、10吨以上巨石260块、10吨以下石头数千块，总计2万余立方米。盘古之歌壁画长70米、高6米，生动描绘了盘古开天辟地的古老传说。摩崖石雕画廊依山势而雕，长600米，由生肖竞妍、飞龙在天、大爱无疆、心灵呼唤、拥抱未来五部分组成，融知识性、地方性、民俗性、互动性为一体。是一幅形象多样，神态生动，古今绝类的露天画卷。

【林伯渠故居】全国重点文物保护单位。坐落在临澧县修梅镇凉水井村。始建于清光绪年间，是一座典型的清代居民建筑。林伯渠在这里度过了他的童年和青年时代。故居由于年久失修，仅存一道封火墙。为纪念跨越二个世纪的革命家林伯渠诞辰100周年，临澧县委、县政府于上世纪80年代动工修复，2016年在国家文物局批准后实施了故居修缮工程和复原陈列。故居座北朝南，为三进，每两进之间设一天井，有正房14间，杂室5间，建筑面积857平方米。砖木结构，硬山顶，两侧封火墙造型，后堂屋"九牧世家"之匾牌，高悬梁上。整个建筑古朴典雅，且"诗礼伴家"之气息浓厚。故居内开设六个陈列室、陈列林伯渠在各个历史时期的图片、照片和文物资料。故居前有腰围约4米的千年古柏巍然屹立于前晒场中央。"林伯渠同志故居"匾额是邓小平亲笔题写。

【清真第一春】常德老字号，原名"南京春"，1937年抗战爆发后，由来常德避难的南京回族穆斯林火介眉先生创办。1968年更名为"回民饭店"。二十世纪八十年代初，在现址建成具有伊斯兰风格的五层营业大楼，并定名为"清真春"，成为当时中南七省规模较大的清真餐饮名店。2002年春国企改制，被湖南霞山房地产开发公司收购并成立常德市清真春餐饮有限公司，并将整栋大楼装饰一新。2007年7月全面改扩建，建筑面积由2000平方米扩大到近7000平方米。2009年升级装修，现集住宿、餐饮、会议、娱乐、休闲于一体，具有浓厚伊斯兰文化内涵和鲜明回维族特色，是目前中南七省较大的接待伊斯兰朋友的（场所）窗口。1989年荣膺中商部"金鼎奖"；1994年荣获国家"中华老字号"称号；2002年获国家"中华餐饮名店"殊荣。

【吉春堂】常德老字号，创业于清光绪二年（1876），民国十九年（1930）原业主以三万银元抵押给城区有"朱砂大王"之称的胡祥阶药商。百余年来，以重视商誉，选料认真，善于经营，敢于创新，驰名城乡。兴建的常德老吉春堂制药有限公司前身是湖南

省珍珠保健制品厂。经省、市有关主管部门批准，在常德市德山高新技术工业园进行异地GMP技改工程项目。项目总投资5000万元，2004年3月竣工并完成试生产，2004年6月获散剂GMP证书。2005年9月通过片剂、胶囊剂、颗粒剂三个剂型GMP认证。公司新开发产品有妇康宁片、八珍益母片等。

【常德钵子菜】又称炖钵炉子菜、炖钵菜、火锅，是湖南省传统的名菜，属于湘菜系，和北方的涮锅、四川火锅、砂锅同出一脉，它们的共同特点是用火烧锅，以水（汤）导热，煮（涮）食物。常德钵子菜即是一种餐饮形式，又是一种美味佳肴，传承着一种古老的饮食文化。它来自远古时代，来自于民间，带着浓重的泥土芳香。常德钵子菜是将事先初步烹制好的原料，用陶钵、瓷钵或砂锅盛装，随炭火炉子上桌，由食者边煮边吃，这种方式更加完好地保留着古代先民"鼎食文化"的古朴遗风。钵子菜的烹调方法有清炖、浑炖、侉炖三种。如此制作出来的钵子菜味道鲜美，风味独特。

【常德米粉】一种常德地区的风味小吃，米粉历史悠久，闻名三湘。常德饮食店的米粉，有免码粉与油码粉两种。按照粗细可分为米粉、米面两类。米粉油码分汉、回两大类。历史上常德以三种牛肉油码最为有名：一是大西门百年老店——回族黄宪记粉馆的小坨牛肉粉；一是东门回族黄珍记的清炖牛肉粉；一是高山街清真第一春的五香红烧牛肉粉，其中尤以清真第一春红烧牛肉

油码更为著名。清真第一春红烧牛肉油码选用上等半瘦半肥牛肉；漂清血水，切成小方块，放在钵中，同时在钵内放入公丁、母丁、山柰、花椒、桂皮等10多种香料配制的香料包，用小火烧煮，这样烧煮出来的牛肉油码，既保持了牛肉的原汁原味，又增添了各种香味，与米粉一起食用，香气四溢，回味悠长。

【武陵擂茶】相传二千多年前，马援率兵南征，屯驻司马错城（今鼎城区长茅岭乡），军营闹瘟疫，有仙人献验方，验方上写着"芝麻、绿豆、生姜、茶叶、炒米，放入擂钵，用梓姜木捣成糊状，开水冲泡"。服后疫病痊愈，自此传入民间，在洞庭湖区源远流长。擂茶，具有生津止渴，清热解毒，消炎去疾之功能，是沅水流域民众待客的上乘饮料。喝时，佐以炸炒的富有地方特色面点以及专门制作的坛子菜，称之为"压桌"。压桌，少则十几种，多则达四十八种，边吃边喝，饶有趣味。

【常德酱板鸭】以鸭、酱料为主，选用洞庭湖区蛋鸭为材料，通过杀鸭、退毛、擦盐、复腌、最后用谷草引火，撒上糠壳，待初烧青烟散去，将鸭子反复熏烘至金黄色即成的一道美食。配以30多种名贵中药浸泡、10余种香料，经过风干、烤制等15道工序精致而成，成品色泽深红，皮肉酥香，酱香浓郁，滋味悠长。产品香、辣、甘、麻、咸、酥、绵适中，具有醇香可口，色香俱全，低脂不腻，回味无穷，食用方便的特点。常德

酱板鸭1999年被评为湖南省首届农博会优质产品奖、2000年10月荣获首届中国西部粮酒副食展销会金奖等荣誉、2013年获得国家地理标志产品保护。

【李群玉】（808-862），唐代澧州人，极有诗才，"居住沅湘，崇师屈宋"，诗写得十分好。《湖南通志·李群玉传》称其诗"诗笔妍丽，才力遒健"，《全唐诗·李群玉小传》载，早年杜牧游澧时，劝他参加科举考试，但他"一上而止"，宰相裴休视察湖南，郑重邀请李群玉再作诗词，他"徒步负琴，远至辇下"，进京向皇帝奉献自己的诗歌"三百篇"。唐宣宗"遍览"其诗，称赞"所进诗歌，异常高雅"，并赐以"锦彩器物"，"授弘文馆校书郎"。三年后辞官回归故里，死后追赐进士及第。

【龙膺】（1560-1622），字君御，出生于武陵望族，20岁举进士，是明代著名的诗人和戏剧家。龙膺初授徽州府推官，善于断疑案，被称为"神君"。不久，即邀与他"有宿好"的公安派领袖袁宏道在澹园吟诗酬唱，龙膺还请来交往甚密并酷爱戏曲的荣定王朱翊珍观赏自己编创的《金门记》《蓝桥记》等戏剧，《湖广总督志》称"音律刻漏，咸穷厥妙"，后来荣定王府还上演龙膺的这两部大戏。身为文士的龙膺，每当国家需要之时，他无怨无悔，离开都城，驰骋疆场，先后在青海、甘肃等地抵制外族的侵犯，取得了一系列胜利。晚年，龙膺引退，归休，逃禅，将筑在柳叶湖畔的精舍命名为

瀜园，来往于桃源渔仙纶屿之间，终老于湖光山色之中。

【髡残】（1612-1692），清画家。本姓刘，出家为僧后名髡残，字介丘，号石溪、白秃、石道人、石溪道人、残道者、电住道人。湖广武陵（今湖南常德）人。与石涛合称"二石"，又与八大山人，弘仁，石涛合称为"清初四画僧"。好游名山大川，后寓南京牛首山幽栖寺，与程正揆交往密切。擅画山水，师法王蒙，喜用干笔皴擦，淡墨渲染，间以淡赭作底，布置繁复，苍浑茂密，意境幽深。善书法，能诗。存世作品有《层岩叠壑图》《卧游图》《苍翠凌天图》《清髡残江上垂钓图》等。

【刘复基】（1885-1911），字尧徵，亦作瑶臣，投笔从戎后易名汝夔，自号武陵器生，1885年1月20日出生于湖南武陵县（今鼎城区）的一个农民家庭。1904年加入华兴会，发动长沙起义。1906年回国，运销《民报》，1909年赴上海创《竞业旬报》，后至武汉主办《商务报》，宣传革命思想。1911年夏，文学社与共进会联合，任临时总司令部参议。1911年10月10日凌晨，刘复基连呼"同志速起，还我河山"等口号，和彭楚藩、杨宏胜英勇就义于武昌湖广总督署东辕门外。时年26岁。

【宋教仁】（1882-1913），字钝初，号渔父，常德桃源人，中国"宪政之父"。1902年考入武昌普通中款学堂，常议论时政，萌生了"实行革命，推翻帝制"的思想，走上了反清革命道路；1904年2月华兴会在长沙成立，黄兴任会长，宋教仁任副会长。1904年因长沙起义失败，前往日本，入日本东京法政大学学习西方政治。1905年加入中国同盟会，任司法部检事长。1911年10月11日湖北军政府在武昌成立，宋教仁致力于建设民主共和政权，大力宣传革命宗旨。1912年中华民国成立，宋教仁被任命为法制院院长。1913年3月在上海火车站遭暗杀，年仅31岁。

【黄爱】（1897-1922），湖南常德人，湖南工人运动领袖。1913年考入湖南甲种工业学校学习。1919年2月，考入天津直隶高等工业学校。五四运动爆发后，积极参加反帝爱国斗争。在天津学联执行部、《天津学生联合会报》工作，与周恩来一同战斗。1919年9月，被周恩来邀请为觉悟社第一批社员，因向北洋政府请愿，被拘押38天。1920年1月，经李大钊介绍去上海《新青年》杂志社工作，并得到陈独秀的赞许。1920年9月，回到长沙，结识毛泽东、何叔衡等，并与庞人铨等，发起组织湖南劳工会，被推选为主任干事和教育部主任。1922年1月13日，湖南第一纱厂工人发动大罢工，组织大规模游行示威。赵恒惕派军警包围劳工会，将黄爱、庞人铨逮捕。1922年1月17日，将黄爱杀害，时年25岁。

【林伯渠】（1886-1960），原名林祖涵，字邃园，号伯渠，湖南安福（今临澧县）修梅镇凉水井村人。早年加入同盟会。

1921年加入中国共产党。曾参加南昌起义、长征等重要革命活动，任陕甘宁边区政府主席。新中国成立后，林伯渠任中央人民政府委员会秘书长，全国人民代表大会常务委员会第一、二届副委员长。林伯渠同志是著名的无产阶级革命家、教育家、党和国家重要领导人之一，与董必武、徐特立、谢觉哉、吴玉章并称"延安五老"。1960年林伯渠先生去世，骨灰安放在八宝山革命公墓。2013年4月2日，林伯渠同志骨灰回归故里。

【丁玲】（1904-1986），女，原名蒋伟，字冰之，又名蒋炜、蒋玮、丁冰之，笔名彬芷、从喧等，湖南临澧人，毕业于上海大学中国文学系，中共党员，著名作家、社会活动家。1936年11月，丁玲到达陕北延安，是第一个到延安的文人。丁玲的到来，给陕甘宁抗日根据地原本力量薄弱的文艺运动增添了新鲜的血液。代表著作有处女作《梦珂》，长篇小说《太阳照在桑干河上》《莎菲女士的日记》，短篇小说集《在黑暗中》等。1951年，《太阳照在桑干河上》获斯大林文学奖，并被译成多种文字，在各国读者中广泛传播。

【潘振武】（1908-1988），湖南武陵（今常德）人，1926年投身大革命，成为北伐一兵。1930年7月参加中国工农红军，1930年10月加入中国共产党，参加过中央苏区一至五次反围剿，参加过长征、抗日战争、解放战争，1955年被授予少将军衔，荣获二级八一勋章、一级独立自由勋章、一级解放勋章。曾任中华人民共和国驻前苏联大使馆武官、总参谋部外事局局长、党委书记、中共湖北省委书记等职。1988年7月被中央军委授予一级红星功勋荣誉章。第五届全国政协委员。

【帅孟奇】（1897-1998），出生于汉寿县坡头镇陈家湾贫苦农民家庭，青少年时期接受进步思想，追求真理。1926年2月加入中国共产党。帅孟奇同志是"中国共产党的优秀党员，久经考验的忠诚的共产主义战士，中国妇女运动的先驱，我党组织战线杰出的领导者"，原中共中央顾问委员会委员，中共中央组织部原副部长、顾问。党和人民尊称其为"帅大姐"。1998年4月13日12时03分，帅孟奇同志因病医治无效，在北京逝世，享年102岁。

◇ 城市生态

【综述】常德集武陵山的雄奇险峻、洞庭水的烟波浩渺及江南山水的秀丽典雅于一身，是一个自然景观种类多样、山水风光美丽迷人的好地方。全市有国际重要湿地1处，国家重点风景名胜区1处、国家级自然保护区3处、国家森林公园7处、国家湿地公园8处以及省级自然保护区、风景名胜、森林公园及旅游度假区近10处。沅、澧两水水质一直稳定在Ⅱ类—Ⅲ类之间，源地水质总体良好，大气环境质量得到改善，PM2.5年平均值在全省处于较优水平。城镇环境基础设施不断完善，生活垃圾无害化处理率增加，城镇生活污水处理率显著提高，形成了石门秀坪、柳叶湖太阳谷、桃源枫树等一批示范亮点，石门县获批国家生态功能区建设试点县。生态文明体制改革全面启动，出台了一系列生态文明体制改革、饮用水水源保护、土壤污染综合防治等条例。在全省率先进行千人以上集中式饮用水源保护区划分，全市200多处饮用水源地保护工作有序推进。到2016年，全市森林覆盖率47.98%，完成造林面积2.56万公顷，退耕还林1406公顷。城市污水集中处理率达91%，城市生活垃圾无害化处理率达100%。全市万元GDP能耗0.36吨标准煤（按2010年不变价计算），下降10.7%。万元GDP电耗351.5千瓦时，下降27.4%。

【湖南壶瓶山国家级自然保护区】 地处石门县境内，地处东经110°29′~110°59′和北纬29°50′~30°09′之间，东南西三面分别与石门县太平镇、所街乡、罗坪乡及东山峰管理区、南北镇接壤，北与湖北省五峰县、鹤峰县毗邻，总面积66568公顷，其中核心区22800公顷，缓冲区19500公顷，实验区24268公顷。区内已记录维管束植物2836种，其中国家一级保护植物有珙桐、光叶珙桐、银杏、钟萼木、红豆杉、南方红豆杉6种；记录脊椎动物54种，其中国家一级保护动物有金雕、林麝、云豹、豹、华南虎共5种。1982年，经湖南省人民政府批准成立省级自然保护区，1994年经国务院批准晋升为国家级自然保护区。

【湖南乌云界国家级自然保护区】 位于桃源县南部，地处雪峰山余脉的北坡，云贵高原向湘赣丘陵、湘西山地向洞庭湖平原过渡的典型地带，地处东经111°06′~111°20′，北纬28°29′~28°40′。总面积33818公顷，其中核心区面积16385公顷，缓冲区面积7655公顷，实验区面积9778公顷。2006年2月经国务院批准成立乌云界国家级自然保护区，属森林生态系统类型保护区，有华中低海拔地区现存面积最大、保存较完整的中亚热带常绿阔叶原始次生林。森林植被覆盖率达92.5%，是湘西北重要的水源涵养区和生态屏障。

【湖南西洞庭湖国家级自然保护区】 位于汉寿县境内，地处东经111°57′~112°17′，北纬28°47′~29°07′，属湿地生态系统类型自然保护区，总面积30044公顷，其中核心区面积9061公顷，缓冲区面积6155公顷，实验区面积14818公顷。西洞庭湖是洞庭湖的西部咽喉，吞吐长江松滋、太平二口洪流，承接沅、澧二水，是长江中下游洪流的首个"承接器"和防旱"前哨站"，是构建洞庭湖湿地乃至长江中下游湿地安全体系的重要战略要地。区内拥有河流、湖泊、沼泽、人工湿地等多种湿地生态类型。"涨水为湖、落水为洲"是其主要特征。区内植物、动物及景观资源丰富，生物多样性在亚热带内陆湿地类型中具有典型的代表性，保护和科研价值极高。2002年被列入国际重要湿地名录，2014年获批国家级自然保护区。

【河洑国家森林公园】在常德市河洑国有林场的基础上建立，位于市西郊四公里处，东临渐河，南濒沅水，常张高速公路从公园西面擦肩而过，高速公路连接线（常德大道）贯穿公园北部，省道1801线环山而行，公园距张家界160公里，地理位置优越。公园有山林面积5029.5亩，大小山头56个，幽谷42条，沅水、渐河绕山脚而过，山清水秀，鸟语花香，人文景观优美，树种资源丰富，名胜古迹繁多，地理位置独特，水陆交通方便，是大家游玩休闲的圣地。河洑国家森林公园动物物种也十分丰富，山水景观美学价值较高，这里文化旅游资源价值较高，名胜古迹达到50多处，特别是古战场景观保持完整，有历代农民起义的古战场、革命战争时期的古战场、"中日常德会战"的主战场等；另外还有太和观、崔婆井、犀牛口、月亮井、仙源观、女儿坟等名胜古迹。

【花岩溪国家森林公园】地处雪峰山余脉九龙山北麓，鼎城、安化、桃源三县交界处，与桃花源风景区比邻，距常德市50公里，占地面积45平方公里，是国家3A级旅游度假区，省级自然保护区。花岩溪国家森林公园以山水大观、白鹭王国、农家风情为三大旅游特色，被称为"江南休闲胜地，中国白鹭之乡""水彩画的王国"。景区由中心区、五溪湖、龙凤湖、栖凤山和仙池山五大景区组成。主要景观有鹭舞花溪、鹭台日出、农家夕照、五溪湖飞舟、龙凤湖行

船、龚家洞山泉、银盘山庄、尼克松林、观舟峰原始次生林、仙池古寺、栖凤古寺、吉祥寺、鸟语林、乾隆石碑、白龙石壁与核桃沟、古风民宅、千年香樟、情圣苦槠十八景。

【汉寿竹海国家森林公园】位于汉寿县境内，是资水和沅水的分水岭，也是洞庭湖的水源涵养地。作为洞庭湖的绿色屏障，在调节气候，保持水土，改善洞庭湖生态环境方面发挥着重要作用。森林公园内山峦叠嶂、植被类型多样、水资源丰富，是典型的"山水林田湖"生命共同体，景观优美和谐统一。森林公园不仅拥有万亩竹林，形成了一望无际的竹海景观，还拥有千年古银杏、千年古枫、姻缘树、烈马回头等自然景观，敞口堂屋建筑群、千年古驿道、五宝仙山、天宝庵、铁甲村等人文景观，江东水库、柳溪水库、龙潭水库等水文景观。

【黄山头国家森林公园】地处鄂南湘北边界的公安县、石首市、安乡县结合部。北望荆州古城，南临洞庭湖国家重点风景名胜区，是集自然风光和人文景观为一体的游览胜地。因"土石皆黄色故名"。总面积100平方公里，中心景区面积50平方公里。地处低湖平原地带，山势西北高，东南低，呈心脏状，平均海拔33.17米。大小山峰共32座，主峰海拔286米。有忠济庙、谢公墓等景点，是荆楚古文化的发源地之一。所谓"山不在高，有仙则灵；水不在深，有龙则灵。"黄山头就是这样一个充满灵气的地

方，钟灵毓秀，人才辈出，数千年来，无数英豪如刘禹锡、谢麟、刘弘、段弘古等为此地增光添彩。

【夹山国家森林公园】 在石门县夹山国有林场、石门县林业科学研究所的基础上建立起来，2006年8月，经国家林业局批准，成为首批获得中国国家森林公园专用标志使用授权的国家级森林公园。公园距石门县城8公里，总面积1530公顷，植物种类有204种，有属国家重点保护的珙桐、银杏、香果树、鹅掌楸等名贵树种，有原始次森林15公顷，有被列为石门县古木大树保护名录的古树18株，森林覆盖率高达93.6%。园内群峦叠翠、万木峥嵘，空气清新、环境幽雅，以人文历史悠久，自然风光秀美成为江南名胜，是邑郊园型森林公园，2014年被评为"中国4A级旅游区"。

【鸟儿洲国家湿地公园】 位于充满神奇传说的鼎城区十美堂镇境内，以沙潮湖为主体，连接澧水和牛耳湖，总面积1641公顷，其中湿地面积1634.5公顷，湿地率99.6%。境内野生动植物资源丰富，公园规划范围内发现野生脊椎动物共28目、70科、171种，种子植物111科、324属、455种。公园内现有鸟语花香的鸟儿洲、风景秀丽的澧水古洪道、鸟类观赏区；公园中心有文化休闲广场、健身走道、文化长廊、农家乐一条街、新旧农产品一条街、垂钓基地等，公园旁有万亩油菜花观赏的紫流洲，是一座系湿地保护、文化传播、休闲健身、野生动植物保护

于一体的综合性公园，更是人们向往的生态家园。

【湖南桃源沅水国家湿地公园】 位于常德市西南部，沅水流域下游，桃源县城东南方向，距离县城约15公里，面积751.79公顷。西起东经110°51′47″，东至东经111°36′41″。公园湿地资源丰富多样，根据《全国湿地资源调查技术规程（试行）》的分类系统，湿地公园湿地面积701.64公顷，占规划范围土地面积的93.33%，其湿地类型可分为永久性河流湿地和洪泛湿地两类型。公园内景观文化资源丰富，有桃源八景"桃川仙隐、潼舫古渡、漳江夜月、梅溪烟雨、楚山春晓、绿萝晴画、浔阳古寺、白马雪涛"，又有三塔三阁"白佛阁，漳江阁，文昌阁；楚望塔，文星塔，回风塔"。

【湖南安乡书院洲国家湿地公园】 地处安乡县境内，主要包括安乡县境内的松滋河、虎渡河及其周边一定范围的区域。湿地公园由北向南呈狭长型廊道走向，最南端至杨家河洲，北端至松滋河东支望槐处、松滋河中支黄沙湾处和虎渡河黄狮嘴处。地理坐标为东经112°4′9″~112°13′34″，北纬29°16′19″~29°29′59″。公园内湿地总面积3918.8公顷，占公园总面积的92.7%，湿地分为河流湿地、沼泽湿地和人工湿地三大湿地类和永久性河流、洪泛平原湿地、草本沼泽和水产养殖场四个湿地型。

【穿紫河风光带】 西起朝阳路，东至常德大道，北临柳叶大道，南抵南碈，实际上

包括了穿紫河、姻缘河和三闾港的一段。风光带总面积414.81公顷，其中，水域面积185.69公顷，绿地面积229.12公顷。穿紫河风光带设计定位为文化河、商业河、旅游河和爱情河，规划方案以实现"水安、水净、水亲、水流、水游、水城"为总体目标，突出两大主题，即诠释以大、小河街为代表的常德记忆，和以姻缘河为载体的浪漫之旅，充分体现常德本土历史文化，保持建筑风格上的一致和简朴自然的生态风貌。

【滨湖公园】位于武陵区朗州路，是市中心城区唯一大型的水景公园。占地28.27公顷，公园内树木葱茏、百花吐艳，湖水碧波涟涟，曲桥凉亭，小榭楼台，处处体现了浓郁的水乡特色。园内有铁经幢和宋碑等名胜。铁经幢是一座宋代铸成的塔形建筑，上刻经文，原来在德山山麓，后迁至滨湖公园，为全国重点文物保护单位。宋碑原在德山乾明寺故址内，1979年迁此。是研究封建寺庙土地制度的重要资料。公园创建以来，政府总投资超过2亿元。园内建有锁龙石、三观亭、石拱桥等多处人文与小品景观，历史文化底蕴深厚。

【丁玲公园】位于江北城区，在龙港路以东、皂果路以西、新河路以南、紫菱路以北，面积为448亩，总投资约3.2亿元，是常德市目前唯一的集历史名人纪念、民俗文化展示、休闲游乐、湿地景观保护为一体，能满足市民游玩的综合性公园，园内有丁玲纪念馆、丁玲雕塑等标志性建筑。公园东北方，有古戏台、风雨廊桥、窨子屋等传统民居建筑群，一条沿水而建的仿古民俗文化长廊展示着常德的历史、特色民俗文化，结合古朴的常德老街风格形成了集观光、游玩、购物于一体的常德民俗街。休闲游乐区有多项游乐设施对市民开放。在湿地景观保护区内，大量水塘、河流贯穿连通，原有湿地系统将与整个公园建设浑然一体，形成生态幽静的休憩环境。

【白马湖文化公园】常德市城区穿紫河风光带上的中央景观节点，占地面积625亩，项目总投资接近4亿元。于2010年8月动工建设，历时两年零四个月基本竣工建成。公园内有"三馆""三中心"两大建筑群，德善、德舞两大广场，一套大型音乐喷泉，三座景观桥梁，一处童趣乐园，一处观景长廊。公园内共种植大型景观树木2000株，绿化面积达到7.8万平方米，被誉为现代常德的城市"绿心"。

【屈原公园】由原临江公园改名。屈原是楚文化的代表人物，曾到过常德的许多地方，并留下了"沅有芷兮澧有兰"等许多名句。公园原是以植物造景为主的综合公园，入口道路转弯处正在修建一个牌坊——"屈原公园"，屈原雕塑以白色的花岗岩为材料，体现出诗人的高风亮节，形成广场的中心景观。在公园的主道沿线2公里，设立了诗作碑刻，将屈原的部分诗作，如《离骚》《九歌》等20首刻在汉白玉的石碑上，一路铺展开来，形成一本流动的诗集，游客可一路赏景一路诵诗。

【德山公园】1991年经常德市人民政府批准成立的城市公园，地处市中心城区南部，西临沅江支流枉水河，北与孤峰公园、乾明寺遥相对望，东抵城市主干道善卷、桃林两路，南与有德路和常张、常吉高速公路相接，距市城区7公里。德山森林公园又是市城区最大的城市公共绿地，拥有较为完整的森林植被和山水风光。园内古树参天，遮荫蔽日，六溪十八涧透卧其间，并与枉水相依，登山瞭望，水网密布，农耕渔网，令人感慨世外桃源之悠闲，德山森林公园因拥有深厚的文化底蕴而著称于世，德山，又名善德山，由尧帝赐名，是四十八大福地之一。"常德德山山有德"早已闻名遐迩。

【太阳山森林公园】距离市城区仅十几公里，1992年6月经常德市人民政府批准在常德林场范围内以太阳山山脉为主体建立了太阳山森林公园（市级）。2001年9月经湖南省人民政府批准建立常德太阳山森林公园（省级）。公园总面积1.7万亩。森林公园的主要山峰为太阳山，主峰高568米，其山势雄伟险峻，地形地貌独特，似游龙雄居常德城北。太阳山与沾天湖、柳叶湖融为一体，太阳山有较多的人文景观和自然景观，有丰富的动植物资源。由于森林植被丰富，太阳山上常年空气新鲜，环境幽静，四季花开不断，是人们游玩、休闲、度假的最佳场所。

【目平湖】位于洞庭湖西部，汉寿县境内东部，是洞庭湖的重要组成部分，也称西洞庭湖。总面积3.568万公顷，1998年，经省人民政府批准，建立了省级自然保护区。2002年，西洞庭湖湿地被列入国际重要湿地名录。2005年，被国家建设部命名为"西洞庭湖国家城市湿地公园"。广阔的湖面上星罗棋布地散布着140个人迹罕至的湖洲和湖岛。生长着湿地植物865种、鸟类207种、鱼类114种，其中国家一级保护动物有中华鲟、白鹤、白头鹤、中华秋沙鸭等10多种，是世界上最大的苇荻群落之一，其景观和生物多样性在亚热带内陆湿地类型中具有典型的代表意义。

【夷望溪】亦称怡望溪，长江流域洞庭湖水系沅江的支流。发源于桃源县西安镇，流经桃源县、沅陵县，在桃源县注入沅江。夷望溪主流长103.9公里，流域面积734平方公里，年产水量8.3亿立方米，河宽50-150米，河流坡降5.1‰。夷望溪流域水力资源丰富，流域内水电工程、灌溉工程遍布。下游常德市桃源县的夷望溪镇一段，景色秀美、山水怡人，被称为常德的"小桂林"。

【星德山】位于常德市桃源县境内，地处常德桃源、石门、张家界慈利三县边沿，海拔842.5米，明朝洪武三年（1370），道教名师张道会慧眼独具，在此潜心修行，修筑了三元宫，并将星子山改名为星德山。明朝天启二年（1622）桃慈二县官员奉诏修灵宵行宫，三元宫易名为灵宵宫，以后又经几代道人数度扩建，形成了以星子宫为主体的古建筑群。因此山紫砂岩开采便利，所以古建筑皆为石结构，石墙、石阶、石门、石瓦、石柱、石梁雕刻精美，珠联璧合。

【常德市污水净化中心】坐落在常德市东北郊的柳叶湖畔，占地350亩，主要担负常德市江北城区污水的净化处理。于1992年由原省计委立项，1998年全面动工建设，2001年建成投入运行。工程总投资15010万元，规模为日处理城市污水15万吨。

【常德市皇木关污水处理厂】占地面积110亩，由一座日处理能力10万吨的污水处理厂及配套污水管网组成。项目分两期建设，一期建设工程日处理污水5万吨，配套建设污水收集管网45公里，污水提升泵站2座。一期工程于2016年6月投入运行，每天能处理5万立方米污水。二期扩建污水处理能力为15万立方米/日，总规模为20万立方米/日。

◇ 城市名片

【综述】常德被誉为"桃花源里的城市"，全市大小景点300多处，其中国家4A级景区9个。世外桃源、陶渊明《桃花源记》原型地桃花源，是中国道教圣地第三十五洞天、第四十六福地，也是千百年来文人墨客所向往的"心灵家园"。世界城市之母、稻作之源城头山，改写了中国乃至世界文明史，以"城头山——中国最早的城市"为题的城头山模型，是2010年上海世博会中国馆的第一景。世界最长的诗书画刻艺术墙中国常德诗墙，进入吉尼斯世界之最，被朱镕基同志赞为"一大创造"。中国城市第一湖、"刘海砍樵"传说之地柳叶湖，其水域面积21.8平方公里，约为杭州西湖的4倍。坐落于常德太阳山玄天第一峰东侧的天然太阳神像，是目前所知自然类人图像中最大的一尊，被上海大世界吉尼斯认定为年代最久的楚人祭祀天然太阳神像。湖南屋脊、世界自然基因物种库壶瓶山，是全球200个重点生态区之一，也是湖南十大山岳景观、山水文化新潇湘八景之一。茶禅祖庭夹山寺，因宋代高僧圆悟克勤在此住持编著"禅门第一书"《碧岩录》、闯王李自成禅隐之争而名噪一时。常德还荣获有国际花园城市、国际湿地城市、全国文明城市、中国最佳人居环境城市等称号。

【桃花源】国家重点风景名胜区。位于桃源县西南15公里的水溪附近，距常德市34公里。桃花源风景名胜区留有新石器时期大溪文化遗存，是《辞海》《辞源》中《桃花源记》原型地。桃花源风景名胜区总面积157.55平方公里，其中世外桃源主体景区15.8平方公里，武陵人捕鱼为业的沅水风光带水域44.48平方公里，外围保护区96.9平方公里。1992年，桃花源被国家林业部批准为国家森林公园。2001年，被批准为国家4A级景区。2011年，常德市委、市政府将桃花源上收市管，成立了桃花源管理区，并对景区进行了全面建设，主要是老景区提质扩容、完善基础设施配套等。包括桃花山、桃源山、桃仙岭、秦人村4个景区，100余处景点。2017年8月，桃花源试运营开放。

【城头山遗址】位于常德澧县境内，是中国南方史前大溪文化至石家河文化时期的遗址，也是迄今中国唯一发现时代最早、文物最丰富、保护最完整的古城遗址，被誉为"中国最早的城市"。1979年湖南省文物普查时，澧县考古工作者首次发现城头山遗址。1991年至2011年，由湖南省考古所主持，澧县进行了13次考古发掘，发掘面积近9000平方米，先后出土有古城遗址、氏族墓葬、大型祭坛、灌溉设施完备的水稻田等大批珍贵文物。城头山古文化遗址代表了长江流域新石器时代古文明的发展高度，对研究人类文明的起源、早期城池的建立以及阶级、国家的产生具有重要意义。1996年，城头山古文化遗址被批准为全国重点文物保护单位；2001年，被评为"中国20世纪100项考古大发现"之一，镌刻到"中华世纪坛"的青铜甬道上；2017年12月，城头山国家考古遗址公园入选第三批国家考古遗址公园名单。

【中国常德诗墙】位于市沅水防洪墙外侧，占地面积约14000平方米。全长6华里，分《百代沧桑》《名贤题咏》《武陵佳致》《兰芷风华》《华夏新声》《五洲撷英》六大篇章，选刻自先秦以来有关常德的诗作和中外名诗1267首。诗词用书法形式表现，由全国包括港澳台在内的948名书法家书写，真、行、隶、篆、草集于一墙。其间刻嵌43篇精美的中外石壁画。各大篇章墙名和篇名，分别由我国当代著名书法家赵朴初、沈鹏、启功、颜家龙、孙其峰、王学仲和萧娴、张仃、臧克家、方毅、陈天然等题写，曹禺、舒同、吴作人生前也分别作了"武陵风流""风景这边独好"等题签。2000年9月5日，上海吉尼斯总部正式对其命名"世界最长的诗书画刻艺术墙"，使它载入了世界文化工程的史册。

【柳叶湖】因湖面形似一片柳叶而得名，是五万年前形成的一个天然湖泊，属于西洞庭湖的一部分。坐落在常德古城东北，东临洞庭湖、南临沅水、西依武陵山，北枕太阳山，总面积175平方公里，其中水域面积21.8平方公里，是集山、水、田园、城四位一体的复合型旅游度假区，被誉为"中国城市第一湖"和"城市环抱的水上天堂"。拥有欢乐水世界、沙滩公园、环湖风光带、白鹤旅游小镇、体育生态园、太阳山森林公园、大小河街、德国小镇、柳毅传书、柳叶诗韵等景区景点，基本形成了湖泊休闲、森林休闲、城市休闲、乡村休闲的发展格局，成为众多游客休闲度假的旅游目的地。柳叶湖旅游度假区成立于1993年，是国家4A级旅游景区、国家级水利风景区、省级旅游度假区，目前正在全力创建国家级旅游度假区。

【壶瓶山】位于石门县西北部，是湘鄂

两省分界山，海拔一般在2000米以上，主峰高达2098.7米，被誉为"湖南屋脊"。壶瓶山山顶四周高，中间低，形如壶口，故名壶瓶山。壶瓶山旅游区是全球三百个重点生态区之一、国家级自然保护区、省级生态旅游示范区。被誉为"地球怪圈"（北纬三十度）上的"自然迷宫"，东半球上的"诺亚方舟"，古为遥望隘土司设寨固守之地。相传唐代诗人李白流放过此，写下了"壶瓶飞瀑布，洞口落桃花"的千古佳句；清乾隆皇帝有诗感慨"壶瓶好景看不足，来生有幸再重游。"2012年7月，央视"远方的家《北纬30°中国行》"摄制组来到壶瓶山，拍摄了第69集"常德壶瓶山夜行"一辑，向世人展示了壶瓶山的神奇与魅力。

【城市荣誉】常德获得的荣誉主要有国际花园城市、国际湿地城市、全国文明城市、国家卫生城市、国家园林城市、国家森林城市、中国优秀旅游城市、中国最佳人居环境城市、中国魅力城市、国家科技进步先进市、十大最佳休闲城市、全国法治城市、中华诗词城市、全国文明创建模范城市、全国交通管理模范城市、国家社会治安综合治理先进城市、2012年度中国特色魅力城市、200强中国围棋之乡（常德市）、2013年全国十大最佳休闲城市、2017年中国特色魅力城市200强。

【友好城市】2003年12月7日与中国海南省海口市结为友好城市，2005年1月27日与美国安妮阿伦德县结为友好城市，同年7月27日与日本东近江市结为友好城市，2006年11月7日与俄罗斯季米特洛夫格勒市结为友好城市，2007年与中国江苏省无锡市结为友好城市，同年7月12日与澳大利亚伊普斯维奇市结为友好城市，2010年7月10日与德国汉诺威市结为友好城市。

【城市象征】2009年10月29日，常德市第五届人大常委会第十二次会议审议决定，确定香樟、桃花分别为常德"市树""市花"。

湖南城市大典 津市市

津市市

津市市，素为湘北名埠，九澧门户，有50万年前的虎爪山旧石器遗址，以及有关孟姜女的遗址、遗迹，还是东晋孝武帝时吏部尚书车胤的故里。津澧融城的推进使津市城市发展进入了新的城市时代。

◇ 城市概况

【区划范围】津市市，为湖南省辖县级市，由常德市代管。素为湘北名埠、九澧门户。位于湖南省西北部，澧水下游，傍澧水、滨洞庭，东邻安乡，南接常德，西靠临澧，北倚澧县。地跨东经111° 46'~112° 40'，北纬29° 11'30"~29° 39'40"，东西极宽24公里，南北极长48.8公里。现辖5个街道、4个镇，总面积556平方公里。中共津市市委员会、津市市人民政府驻大同路50号，电话区号：0736，邮政编码：415400。

【地理环境】津市地处武陵山余脉向洞庭湖盆地过渡地带，地形以澧水为天然分界线，澧水西南岸为武陵山余脉，东北岸为长江中下游平原的边地，整个地势由南向东北倾斜。地表差异升降明显，最高点为棠华红颜寨，海拔377.1米，最低点为白衣镇建国村，海拔23米；北部为澧阳平原，地势平坦，河湖纵横，海拔24~32米；南部沿南、西、北边缘地带为丘陵岗地，呈"E"字形结构；东部边缘与洞庭平原相接，大小湖泊串珠密布。地貌属流水、第四系松散堆积物、岗地、平原地貌类型。属亚热带季风湿润气候区，年平均气温16.4℃，1月平均气温4.5℃，7月平均气温29℃。年降雨量1164毫米。日照1800小时。无霜期270~280天。

【资源物产】粮食、棉花、藠果、芦苇、蚕丝等农副产品资源富足，"津市藠果"获得国家地理标志产品认证。域内水资源丰富，其中澧水为湖南四大河流之一，过境总长47公里。除澧水外，市境内还有道水、澹水、涔水等澧水支流、四口水系的松滋河、官垸河以及西湖水系的岗丘溪河等。湖泊星罗棋布，市内的毛里湖为湖南省第二大淡水湖，面积达6250公顷，是从事水产养殖和水上娱乐的黄金水面，已成为"湖南大湖股份公司"水禽水产综合开发的主要基地。地下水储量丰富，0-7米以内单井日出水量，达2200吨以上，7米以下单井日出水量达1000吨以上。

【建置沿革】津市素为澧州（县）属地。因地处澧水北岸，"为水陆要津"而得名。明正德九年（1514）津市始建镇，为澧洲所辖。从15世纪中叶到18世纪后期，或曰村、或曰镇、或曰里。1949年，津市和平解放，首次设市成立中共津市市委员会和津市市人民政府。此后与澧县几分几合，数度易制，1979年撤镇建市，1988年确定为省辖县级市，由常德市代管。

【人口民族】2017年末全市居民总户数96216户，总户籍人口235205人，其中城镇人口121791人，乡村人口113414人。按性别分，男性人口119253人，女性人口115952人。按年龄分，0-17岁32515人，18-34岁46028人，35-59岁99866人，60岁及以上56796人。年内人口出生率9.02‰。人口以汉族为主，并有土家、回、苗等少数民族。

【区位交通】津市交通便捷，是湘西北水陆运输枢纽、洞庭湖区著名商埠。市区公路四通八达：353国道贯市而过，北通鄂南，南接湘中，西抵湘西，与石长铁路、枝柳铁路和京广铁路相连；湘北公路连接常德机场，可飞抵京、沪、闽、粤等地的重要城市。穿市而过的澧水由西往东入洞庭湖，北出松滋、虎渡两河通长江，形成为四通八达的水道网。津市港常年可通航300至500吨级船只，是湖南6大良港之一。同时还是湘西北地区邮政处理中心。随着"二广"高速过境、涔水大桥通车，澧水二桥、千吨级码头

建设竣工，沅澧快速干线、"安慈"高速即将启动，津市的交通和区位优势逐步凸显。

【社会发展】截至2017年，共有中小学学校32所，其中：小学18所，初中学校9所，普通高中2所，中等职业学校1所，特殊教育学校1所。各类在校学生15903人，其中小学在校学生9077人，初中在校学生3516人，高中在校学生2511人，特殊教育学校在校学生135人，中等职业学校在校学生799人。幼儿园在园幼儿数4782人。高中阶段毛入学率97.4%。全市医疗卫生机构总计225家，卫生机构人员数1805人，其中卫生技术人员1367人，卫生机构实有床位1227张。全市拥有体育场地88个，其中运动场4个，游泳池1个，各种训练房21个。年末城镇登记失业率3.18%。参加城镇基本养老保险职工人数27202人，新型农村养老保险登记参保人数51746人，城镇基本医疗保险参保人数255635人，城镇职工基本医疗保险参保人数30027人，参加工伤保险职工人数31895人。

◇ 城市建设

【综述】通过开展"两城"创建、"三改四化""五城"同创等主题活动，城市功能品质持续提升，获评国家卫生城市，获得国家智慧城市试点、省海绵城市试点。近年来，累计投入资金10多亿元，新建改造主次干道及小街小巷67条、农贸市场7个、老旧小区及城中村小区68个，建设雨污管网55公里，告别了城市内涝的历史。筹资27亿元，

建设保障性住房10815套，改造棚户区26694户，基本实现了城乡住房保障的全覆盖，棚改"津市模式"被《人民日报》等媒体广泛报道。城乡一体化建设稳步推进，成为常德市唯一的城乡一体化试点，实现了城乡公交、城乡环境整治等一体化，在常德各区县中率先实现安全饮水全覆盖，构建了全省率先、常德唯一的城乡供水一体化模式。

【城市规划】《津澧新城城市总体规划（2016-2030）》确定，津澧新城城市性质为湘鄂边界及澧水流域中心城市、常德市域副中心、产城融合的现代宜居新城。城市职能为湘鄂边界商业贸易和流通中心、湘西北现代工业重镇、常德北部旅游服务枢纽、新型城镇化示范基地。规划形成"一带双轴三片四心"的中心城区空间结构，作为引导津澧新城未来空间发展的基本框架。新城人口规模预计近期（2020年）新城人口总量为124万人，城镇化率为58%，城镇人口规模为72万人，中心城区人口为65万人；远期（2030年）新城人口总量将达到135万人，城镇化率为72%，城镇人口规模为98万人，中心城区人口为85万人。新城用地规模近期（2020年）城镇建设用地规模约为53平方公里，人均城镇建设用地约为91.38平方米；远期（2030年）城镇建设用地规模约为79.42平方公里，人均城镇建设用地约为99.28平方米。

【孟姜女大道】贯穿市南北区，南至新洲，北抵蔡家河，为市中心南北向主干道。

此路穿车胤大道、银苑路、津澧大道等，形成多处交叉路口。全长10公里，路宽30-34米，主干道宽24米，人行道宽6-10米。道路照明普及率为100%，路灯2618盏。街道树分植香樟、广玉兰。

【津市大道】高新区的一条城市主干道，道路为东西走向，西起二广高速收费站，东至孟姜女大道，全长约5公里，道路红线宽度30米，其中车行道宽21米，路面为混凝土结构，工程2011年8月开始修建，2012年9月建成通车。

【车胤大道】位于市北区中部，东起小渡口，西抵澧澹乡东洲垸间堤，全长4516米，机动车道宽21米。由北大西路、北大中路、北大东路3段组成，穿刘公桥路、孟姜女大道、万寿路、凤凰路、双济路、会仙桥路、澹津路7条主要干道，形成7处纵横交叉口。行道树栽植香樟、水杉、法国梧桐，人行道绿化宽三米，主要栽植红叶石楠和春鹃。道路照明普及率100%。

【津澧大道】位于市区北部，津市段东起湾水大桥，西止临津桥，系津澧融城主干道。全长4017米，路幅宽50米，其中机动车道20米，非机动车道2×5.5米，绿化隔离带2×3米，人行道2×6.5米。道路行道树主要为香樟，分车绿带主要为木槿、丰花月季、红叶石楠。该大道系市内主干道，亦是省道302线过境道，为城市对外交通要道，已完成沥青罩面黑化提质工程。道路照明普及率为100%。

【大码头巷】在市城区中部，南临澧水，北会建设路。以狭窄街巷通江滨大码头得名。昔有朝阳阁、会仙桥、观音楼等著名建筑。两侧店铺栉比，清人有"绿酒红灯大码头"之句述其胜况。今巷长190米，宽10米，混泥土路面，为津市市商业繁荣街巷，且为农副产品贸易区。

【襄阳街】在市城区南部，澧水南岸。原为城郊集镇，因与阳由垸相邻，得名相阳街，后谐音为襄阳街。1949年后市城区向南岸扩展，成为城市地片。房舍沿澧水、皇姑山麓和襄窑路分布。原湘澧盐矿矿部和市味精厂、市蚊香总厂、市电子管厂、市人民医院、市津市一中、电大津市分校、市第六中学设此。襄阳街道办事处驻此。

【津市城市澧水防洪大堤】在市城区澧水北岸，东起小渡口，西至羊湖口，全长4550米。1974年建成，其中1650米为混凝土浆砌块石结构。有穿堤建筑物5处。从1981年开始加修加固，现堤顶高程46.82米（吴淞基面），底宽10~20米，顶宽1.8~6米。堤外平台宽5~10米，供人行及车辆往来。为津市北岸城区防洪屏障，建成后已经历十余次洪水考验。

【津市澧水大桥】全国首创的刚性梁、柔性墩公路大桥，共计21个墩台，全长752.37米。桥式为6×25米T型预应力简支梁（引桥）+（88+135+88）米三跨预应力砼钢构（主跨）+11×25米T型预应力简支梁（引桥）。下部结构采用钻孔桩基础，扩大基础。1986年10月开始修建，1989年12月建成。1995年获中铁工程总公司优质样板工程奖，1996年获铁道部优质工程二等奖。

【津市澧水二桥】位于澧水大桥下游约1.7公里，是跨越澧水的一座特大型桥梁。该项目北起新开路跨澧水，经阳由垸，接清远路上S205。工程全长6129米，其中主桥全长1903米，连接线长4226米。采用公路Ⅰ级标准设计施工，主桥桥宽21.5米，连接线路基宽21.5米，工程总投资约3.8亿元。津市澧水二桥已作为省道公路桥梁列入省"十三五"干线公路建设规划，同时，该桥梁也是湖南省洞庭湖生态经济区规划中西洞庭湖环湖公路过澧水的特大型桥梁。目前正在建设中。

【津市港】位于市区澧水沿岸。扼澧水流域咽喉，是湘西北重要内河港口。有四个港区：北岸有新码头至太子庙和汪家桥港二港区，南岸有皇姑山和窑坡渡二港区。两岸岸线全长21公里，有货运码头26座，泊位35个。仓库1.24万平方米，堆场5.8万平方米。码头最大泊位能力为300吨级船舶。2016年开始进行窑坡渡千吨级码头项目建设。有装卸机械设备92台，最大超重能力10吨。客运泊位1个，候船室面积266平方米。原辟有津市—长沙、津市—常德、津市—安乡等客运航线，1984年辟津市—长沙客运快班。2016年津市港码头泊位共26个泊位（含在建千吨级码头2个泊位），完成吞吐量达388.1万吨。

【津市港窑坡渡港区嘉山作业区】位于高新区澧水河段西岸，是我省水路交通"十二五"重点建设项目之一。项目码头陆域纵深185米，占用岸线长200米，总占地83亩。码头设计年吞吐量83万吨，其中件杂货50万吨，集装箱1万TEU（标准箱，集装箱运量统计单位），拟建1000吨级通用泊位2个，主要为津市及周边区县的食品、能源、原材料等大宗物资运输服务，工程总投资1.3亿元、目前正在建设中。

【津市市汽车站】2001年5月由省交通厅批准立项，于2004年7月竣工，位于市西大门，占地51亩，总投资2000多万元，主体建筑高5层。2005年12月该站按照"联大联强，共同发展"的原则与常德市欣运集团津市分公司进行了合股经营，合并后的车站，成为二级甲等车站，经营规模进一步扩大，有营运线路26条，车辆200台，日发班次296个，日行驶35000多公里。客运网络已辐射到我国的华东、华南、中南地区的大部分省及直辖市的大中城市，覆盖了全省大部分地州市和常德市所有区县市，使人民群众出行更加方便快捷。

【城市综合体】宝悦乐城为津澧地区最大的城市综合体。项目总投资约6亿元，占地面积42895平方米，建筑占地面积24769平方米，总建筑面积223415平方米。其中商业面积78230平方米，住宅面积98084平方米，酒店10541平方米，写字楼面积8816平方米。重点打造了2万多平方米的大型主力店超市、特色美食广场、室内品牌情景购物街、电影院、体验式情景购物广场、高档商务酒店、休闲娱乐不夜城、居家生活体验馆、数码IT城、家电城等，可同时容纳3-5万人购物、休闲娱乐、用餐、商务、旅游、观光等活动。

【津市市自来水公司】成立于1971年，2001年改制为津市市自来水有限责任公司。公司拥有2座水厂，日供水能力8.1万吨，负责全市24余万城乡居民的饮用水供应，其白龙潭水厂坐落于津市市古大同原大洼纸厂处，于2014年7月正式投产运行，水厂工程建设分三期总设计日产15万立方米/日生产能力，现投入运行的一期工程为日产5万立方米/日。2017年，水厂在现有5万立方米/日生产能力的基础上扩容改造至7.5万立方米/日，新增水泵机组、V型滤池等配套设施；谢家堰水厂坐落于毛里湖镇土桥村，于2012年10月正式投产运行，2013年完成管网扩建，水厂设计供水规模0.6万立方米/日，受益近40个行政村，受益人口达6.3万人。全市供水用户71893户。城区DN100以上管网170公里，农村DN100以上管网350公里。公司水质监测站通过省级CMA认证的水质检测项目55项，水质综合合格率99.9%。

【津市长燃燃气有限公司】成立于2005年5月，注册资本2587.5万元，拥有津市市域辖区内（包括津市高新技术开发区）30年管道燃气特许经营权以及压缩燃气汽车加气站特许经营权。公司经营范围涵盖天然气、液化石油气的输配、充装、销售，燃气管道安装及维修，各种燃气具、水暖器具以及与燃气相关的五金产品购销，汽车加气站的建设与经营，燃气业务咨询服务，天然气运输车租赁等多个方面。

【津市一中】创建于1943年，前身是"湖南私立明道中学"，先后四迁校址，五更其名，1957年学校正式定名"湖南省津市市第一完全中学"，1961年11月被省教育厅命名为"湖南省重点中学"，2001年重新确定为"湖南省重点中学"，2004年统一更名为"湖南省示范性普通高级中学"，2011年10月接受并通过了湖南省示范性普通高级中学的督导评估。学校坐落于城南的麓头山上，总占地230亩；总建筑面积达66000多平方米；绿化面积达40%以上。现有在编教职员工198人，其中专职教师167人，中学高级教师78人，中学一级教师73人。

【津市德雅中学】创建于2010年，位于津澧大道九澧广场以东，占地152.6亩，建筑面积50550平方米，由津市市人民政府、长沙雅礼中学联合创办的一所寄宿制的初级中学，是全国青少年足球特色学校和国防教育示范校。

【津市市人民医院】位于孟姜女大道19号，是一所集医疗、科研、教学于一体的二级甲等综合性医院。前身为1911年芬兰国教会创办的"津兰医院"。2017年2月28日，津市市人民政府与常德市第一人民医院签署全面战略合作协议，津市市人民医院成为常德市第一人民医院津市分院。医院专科设置齐全，目前开放床位500余张，设有30个临床医技科室，拥有2个大型门诊部和1所市区卫生服务中心，津市市120急救中心挂靠医院。在建的17层现代化外科大楼，建筑面积近5万平方米，投入使用后医院开放床位达800余张，手术间15个。

【津市市中医院】位于建设路59号，成立于1953年，是澧水流域一所集医疗、科研、防疫、保健于一体，以中医中药为主的二级甲等综合性中医医院。占地面积8639平方米，建筑面积6884平方米，开放床位200张，现有职工110多人，其中高级职称9人，中级职称43人。医院开设有眼科、肛肠科、内外科等20多个辅助科室。

【津市市图书馆】前身是澧县三区区立津市图书馆。1958年10月，经湖南省文化局批准，津市市图书馆正式组建。馆址几经变更，新馆于1979年竣工，坐落于市北大路336号，建筑面积784平方米。总藏量近16万册，藏书结构侧重于文史、化工、医药、轻纺、农业，也兼顾其他，并注重地方文献的收集。馆内分别设有采编室、文学书库、工具书库、综合书库、报刊库、参考咨询室、报刊阅览室、少儿阅览室8个业务工作部门。1994年授予国二级图书馆。1991年、1995年两次评为省文明图书馆。

【津市市博物馆】位于孟姜女大道，有馆藏各类历史文物5000多件。收藏有距今50万年前的津市市虎爪山旧石器遗址石片、石球、砍砸器、刮削器、尖状器等20余件，还有西汉变形凤纹双耳瓿、十四世纪印度德里国金币、唐代葵形盘龙纹铜镜、晋青铜三足盘、东周宽内青铜戈、元莲舟仙渡银盘盏、元八棱双耳龙凤纹金套杯、清青花五彩仕女图将军罐、明象牙兽钮梵文印章等珍贵文物。

【**津市红旗剧院**】前身为"双胜戏院"，成立于清朝末年，100多年来仍在原址经营。1954年公私合营后收归国有命名为"津市剧场"。后进行了两次翻建，第一次是1958年初，同年10月2日开业，时值红旗杂志创刊，遂更名为"红旗剧院"，名称沿用至今。第二次是1983年开始至1987年初竣工。面积从1122平方米增加到3447平方米。红旗剧院与荆河戏剧团在1971年5月至1979年初合并，其间成为"专歌"（常德地区歌舞团）下放驻地。于2012年正式改企，更名为"津市市红旗剧院有限公司"。

【**津市步行街**】建于2003年，位于市中心繁华地带，紧傍澧水大桥，北至建设路与三洲街社区交界，又称城隍庙步行街。现存古迹城隍庙始建于明初，在九澧享有盛誉，建成后"文革"中遭到毁坏。为满足信教群众愿望，于1995年颁文重修。现存的照壁、头门、二门、戏台、大殿、后殿，建筑完整，气势宏伟，郡庙内还保存着数块碑刻及古迹，是津市现存为数不多的古庙之一。步行街占地面积33966平方米，建设用地面积31635平方米，总建筑面积56000平方米，其

中商业建筑面积14000平方米，商业店铺320间，成为津市最大的购物中心。

【**车胤广场**】2002年建成的综合性城市广场，位于城市景观轴中心，毗邻城市主干道车胤大道、澹津路及澧水大桥，广场总面积2.3公顷，绿地面积1.2公顷，投资1200万元，整个广场由东、西两部分组成。东边是一个小广场，有喷泉、雕塑、及五福门等园林小品，象征着风调雨顺、五谷丰登；西边是整个广场的核心，有下沉式的椭圆形广场，有喷水池、雕塑、音乐喷泉、休憩廊、艺术墙等建筑小品，镶嵌在喷水池上方的蓝色玻璃球，象征着津市这颗璀璨的湘北明珠。

【**九澧广场**】位于九澧大道中心地段，因此命名，占地0.3平方公里。九澧广场东南西北分布四个小花园，每天早晚都有许多市民到广场散步、健身、跳广场舞，是市民娱乐休闲的好去处。四周环绕澹津社区、新村社区，临近学校、银行、企事业单位，交通便捷。

【**新洲镇**】位于澧水中下游，紧傍嘉山，毗邻津市高新区，是津市市的西南门户。新洲镇人文底蕴深厚，自公元680年唐代李泌筑城，距今有1300多年，国家级非物质文化遗产孟姜女传说享誉国内外，省级非物质文化遗产"囊萤照读"故事薪火相传。2015年11月，湖南省民政厅同意将新洲镇、灵泉镇成建制合并设立新洲镇，新设立的新洲镇辖7个建制村，4个社区居委会，总面积

86.12平方公里，人口3.03万人。经济以传统农业为主，辅以特色种养殖业和三产服务业。是全国重点镇、湖南省重点镇、湖南省特色旅游名镇。镇人民政府驻万寿宫社区。

【药山镇】位于津市最南端，与临澧县和鼎城区接壤，距常德市38公里，距市区45公里，镇内交通便利，是环洞庭湖公路沿线交通区位优势明显的交通重镇。2015年，根据湖南省津市市乡镇区划调整方案，渡口镇、棠华乡成建制合并设立药山镇。总面积134.31平方公里，辖有11个村，2个居委会，总人口4.3万人。耕地面积5.98万亩，水田4.4万亩。药山镇是一个历史悠久的乡镇，始建于唐初的药山寺，拥有深厚的文化底蕴和独特的人文景观，源远流长，为佛教曹洞宗祖庭，存有曹洞宗祖师惟俨墓。镇人民政府驻文昌阁社区。

【毛里湖镇】地处津市、安乡、鼎城三县市结合部的"金三角"地带，是一个工商业、服务业繁荣的小城镇，因毛里湖而得名。毛里湖水面6250公顷，是湖南省第一大溪水湖、第二大天然淡水湖。2015年，根据津市市乡镇区划调整方案，保河堤镇、李家铺乡成建制合并设立毛里湖镇。辖11个建制村，4个社区居委会，总面积107.82平方公里，总人口4.25万，耕地面积4480公顷。毛里湖镇自然资源丰富，棉花、水产、蘁果、湘莲、蔬菜、柑橘等特色产业初具规模。毛里湖镇水陆交通十分便利，澧水石龟山码头货运四方，省道S205、S306线及安慈高速在此交汇，被称为津市"小香港"。镇人民政府驻大山社区。

【白衣镇】位于市区南方，市域中心，地理位置优越，交通便利。全镇有一条县级主干道，由南往北贯全镇，东与省一级公路相毗邻。东与毛里湖镇隔岸相望，南连药山镇，西与临澧县烽火乡毗邻，北与新洲镇接壤，西毛里湖南、中、北三大湖泊延伸其中，属丘陵山区。全镇共有7个自然村，2个社区居民委员会，总面积92平方公里，总人口2.8万人，耕地面积4.22万亩。是全省有名的"鱼米之乡""特产之乡"。以"柑橘""蘁果"两大产业为支柱，2010年，"白衣蘁果"获得国家地理标志产品认证。镇人民政府驻白衣庵社区。

◇ 城市经济

【综述】津市是湘北的工业重镇，工业基础雄厚。现有工业企业近300家，形成了装备制造、生物医药与食品、盐化工、纺织等优势产业。主要工业产品有车桥、食品、味精、糖化酶、蚊香、丝绸、风味小食品等五十多种，分别荣获国优、省优、部优。中意糖果、"雪"牌食盐全国驰名，中意果冻、"梅花"牌糖化酶获中国驰名商标。2017年，全年实现地区生产总值150.3亿元，规模工业增加值47.8亿元，社会固定资产投资135.7亿元，财政总收入7.08亿元，社会消费品零售总额68.0亿元，城乡居民人均可支配收入分别达到30664元、14259元。

【津市高新技术开发区】2005年底启动建设，2012年获批省级工业集中区，2016年升级为省级高新技术产业开发区，规划面积18.96平方公里。园区以生物医药、装备制造、健康食品为主导产业，是国家火炬生物酶制剂及应用特色产业基地、全国最大的酶制剂生产出口基地、全国最大的甾体药物原料药生产基地、全国产销规模最大、品种最多的轻型车桥专业化生产基地、全国最大的猪鬃出口基地。2017年，高新区共有工业企业82家，其中高新技术企业13家，完成工业产值187亿元，税收1.56亿元。

【溢多利生物医药产业城】2017年1月13日，广东溢多利生物科技股份有限公司与津市市人民政府签订战略合作协议，建设溢多利生物医药产业城，打造生物医药发酵生产基地、生物酶制剂发酵及生物医药制剂生产基地、绿色饲料添加剂生产基地、植物提取物生产基地"四大基地"。该公司为全国最大的酶制剂生产和出口基地、最大的甾体原料药生产基地，2016年4月获批"国家火炬津市生物酶制剂及应用特色产业基地"。2017年，在津市市"两湖"生物医药园新征地900亩，投资10亿元，建设康捷年产15000吨食品用酶制剂项目、格瑞年产20000吨生物酶制剂项目、科益新甾体药物项目和科益新医药中间体项目4个新项目。

【湖南中联重科车桥有限公司】位于孟姜女大道800号，始建于1970年，原名湖南拖拉机制造厂，是"四五"期间国家投资兴建的具有年产5000台东方红-30型拖拉机生产规模的中型企业。1983年企业加入东风汽车集团转产汽车产品，1984年更名为湖南汽车车桥厂。2008年7月，由中联重科收购重组，更名为湖南中联重科车桥有限公司。现已形成以汽车车桥为主体，客车底盘、客车整车为补充的三大系列的产品结构。具有年产1.5-11吨系列前后桥40万根、6-9米系列客车底盘1万辆、6-9米的邦乐牌客车1000辆的生产能力。企业主导产品汽车车桥总成已形成11种产品系列，是国内轻型车桥产销规模最大，品种最多的专业化生产企业。

【湖南省湘澧盐化有限责任公司】在始建于1969年的湖南省湘澧盐矿的基础之上整体改制而成的，位于襄阳街办事处盐矿社区，是一家集水溶采矿、真空制盐、冷冻提硝、供热发电、机械加工、Ⅰ类Ⅱ类及钛材压力容器设计制造为一体的大型国有制盐企业，为湖南省轻工盐业集团有限责任公司的骨干企业。主要从事盐产品、工业无水硫酸钠和碘酸钾的生产和销售，现已具备年产盐硝100万吨，碘酸钾100吨生产能力。企业于2001年2月获得ISO9001质量体系认证证书，2009年3月通过了ISO9001：2008标准换版。主要产品"雪"牌精制盐和"钻塔"牌工业无水硫酸钠，质量优良，均为省、部优产品，曾在首届全国轻工博览会和第二届北京国际博览会上双获银奖和金奖。

【津市市中意糖果有限公司】原为街道集体企业，成立于1994年，1996年改制，

2008年整体迁转入园后迅速做大做强，成为中南地区最大的糖果、果冻生产基地，2009年"中意"商标荣获"中国驰名商标"称号。受多种因素影响，公司冲击上市未果，资金链断裂，于2014年进入破产程序。为盘活闲置资源，有效发挥"中意"品牌效应，津市市委、市政府引入中国粮食第一股——金健米业股份有限公司整体收购原中意糖果公司，组建成立了湖南新中意食品有限公司。新公司成立后，迅速恢复生产、稳定了市场，开发新品20多个，并成功进入了美国市场。公司地址：嘉山工业新区。

【湖南鸿鹰生物科技有限公司】位于嘉山工业新区，成立于1978年，1997年改制成股份制企业。占地面积40000平方米。现有职工总数278人，其中大专以上学历85人，从事研发工作人员46人。现已成为全国最大的酶制剂生产和出口基地，是中国生物发酵产业协会常务理事单位、全国酶制剂行业重点生产企业、全国酶制剂创新发展服务联盟成员单位、高新技术企业、湖南省农业产业化龙头企业。主导产品有高纯度高转化率糖化酶浓缩液、耐高温α-淀粉酶、β-淀粉酶、木聚糖酶、纤维素酶、β-葡聚糖酶、各种食品添加剂用酶制剂及饲料用单酶和复合酶等近20个酶制剂品种，其中，饲料用酶、造纸用酶、纺织用酶是国家重点发展的新型生物产品。公司相继通过了ISO9001：2008质量管理体系认证、ISO14001：2004环境管理体系认证、Kosher认证（犹太食品）。"梅花"注册商标2014年被评为中国驰名商标。

【中意糖果】津市市中意糖果有限公司生产，有各类中、高档糖果生产线20多条。"中意"牌产品有：果酱夹心糖、粉末夹心糖、巧克力夹心糖、酥糖、软糖、奶糖、浇筑棒糖、系列巧克力、太妃糖、精品牛轧糖十大系列300多个品种，年生产能力为2万吨左右。"中意"牌产品畅销全国30多个省、市、自治区，部分产品出口新加坡、俄罗斯、朝鲜、韩国、澳大利亚、保加利亚等，并成功进入美国市场。

【津市牛肉米粉】津市牛肉米粉历史悠久，其制作工艺为籼稻制粉、滨湖牛壮，工在备料、秘在吊汤，艺在后厨、彩出店堂，守诚用信、口碑至上，津市一绝、永续流长。目前已形成刘聋子、黄记、曹记、贺记、清香、回族杨记六大流派。域外市场主要已分布在湘、鄂、赣等地城市，门店约4000家。2014年9月，津市牛肉米粉获得国家地理证明商标、2015年7月又注册为集体商标，已成为湖南省知名小吃品牌和津市名片。

【津市藠果】津市藠果结构紧凑、皮层多、长卵形、单个重6-10克，具有洁白晶莹，新香嫩脆的特性，同时富含粗蛋白、脂肪、维生素C、维生素E、维生素B1、维生素B2、粗纤维、氨基酸等多种营养物质。于2006年11月荣获湖南省第一个藠头产品最高奖——中国·湖南第八届（国际）农博会金奖。栽培藠果面积最大的津市市白衣镇被冠名为"中国蕌果之乡"，并已获得无公害农产品产地认定证书和国家地理标志证明商标。

◇ 城市文化

【综述】津市市文化底蕴深厚。境内有佛教圣地药山寺、道教第四十四福地彰观山。出土了5000多件珍贵的历史文物，其中有新石器时代大溪文化、屈家岭文化、石家河文化的各类陶器，还有各个历史时期的陶瓷器、青铜器、铁器、金银器和大量历朝历代的钱币等，特别是出土了全国罕见的商代青铜瓿、元莲舟仙渡银盘盏、东晋铜伎俑、十四世纪印度德里国金币。这里尚有孟姜垸、姜女祠、望夫台、镜石、绣竹等有关孟姜女的遗址、遗迹。还是东晋孝武帝时吏部尚书车胤的故里，其"囊萤照读"的动人故事一直为古今教科书所传载，车公祠、囊萤台、萤台书院、车胤墓等遗址至今犹存，是珍贵的非物质文化遗产。虎爪山旧石器遗址被国务院公布为全国重点文物保护单位。2017年，全市拥有艺术表演团体1个，群众文化馆1个，公共图书馆1个，新增图书分馆2个，博物馆1个，国家级非物质文化遗产保护目录1个，省级非物质文化遗产保护目录1个。

【嘉山孟姜女传说】作为中国古代四大爱情传奇之一（其他三个是《牛郎织女》《梁山伯与祝英台》和《白蛇传》），千百年来一直广为流传。最早的传说可上溯到《左传》。据《直隶澧州志》载，澧州修祠祀孟姜女，约在明嘉靖年间（1522-1567）。户部尚书、澧州人李如圭撰有《贞节祠记》，详细记载了修祠祭祀之事。其中有云：孟姜女传说，"自秦历今千余年，澧人称诵不衰，往往形之歌咏。但寻夫之后，莫知所终。"嘉靖辛卯（1531）秋，李如圭奉旨抚赈延绥之后归澧，途经西安府同官县方始得知，"孟姜女果至长城，获范喜郎骸骨，负之归……行至同官而卒。同官人之感其贞烈，凿石为祠……祀之，然莫识其为澧人也。"李如圭复抵澧之后，即与澧州知州汪倬议建祠宇，工将就，湖广巡抚林大辂又来澧筹款增修，塑像祀之。祠曰："贞节"，堂为"百炼"，百炼堂专供从同官塑来的孟姜女像。传说接回其像途经千里，接像人一路上虔诚而呼："魂兮归来！魂兮归来！"今九澧一带仍有这种"喊魂"之俗。李如圭还带头吟句，文人骚客随之撰文赋诗，对孟姜女称诵备矣。2010年津市嘉山孟姜女传说列入国家非物质文化遗产名录。

【车胤囊萤照读的故事】典出《晋书·卷八十三·车胤传》："车胤字武子，南平人也。曾祖浚，吴会稽太守。父育，郡主簿。太守王胡之名知人，见胤於童幼之中，谓胤父曰：'此儿当大兴卿门，可使专学。'胤恭勤不倦，博学多通。家贫不常得油，夏夜则练囊盛数十萤火以照书，以夜继日焉。"车胤（约333~约401），字武子，东晋南平郡（今湖北公安，湖南安乡、津市一带）人，自幼聪颖好学，家境贫寒，常无油点灯，夏夜就捕捉萤火虫，用以照明夜读，学识与日俱增，成为知名学者。今新洲镇车渚村有"囊萤台"，相传为车胤囊萤照读遗址。

【药山寺】始建于唐初，相传曾有唐"尉迟敬德督建"石碑。唐贞元至太和年间（785-840），续有扩建，殿宇雄伟，有大佛殿、戏台等20多进，长约一公里，俗传"跑马关山门"。唐高僧惟俨于德宗贞元年间从衡山移居药山寺，是禅宗的重要祖庭，曹洞宗的法脉源头。自宋代以后，曹洞宗信众逐渐遍布日本、韩国和东南亚地区。惟俨禅师圆寂后，葬于药山，墓塔名化城，唐伸撰碑铭。碑、塔年久湮灭，明崇祯十三年重修，墓碑尚存。1983年以来，日本佛教界权威人士四次组成寻根参拜团到药山寺参拜。90年代初，药山寺开始重修，留下两进小院，现也残破不堪。遗址仅剩宋碑一块，另有古樟，古罗汉松多株。现辟为重点佛教场所，列入国家重点寺庙。2015年启动重建。

【中武当道观】坐落在津市关山之顶，相传为真武祖师飞身之地，始建于唐朝。明朝扩建，正殿楣上"廉洁"二字系朱熹手迹。殿前柱上有一楹联"利锁名缰，笼络多少好汉；晨钟暮鼓，映醒无数痴人"。内供真武祖师铜像重达150公斤，香案前置一陨石250公斤，黄质黑章。此地视野开阔，可观澧水，澧阳平原万顷秀色，为道教圣地，可与南北武当相比。过去道徒云集，为九澧著名道场，如今香客如云。

【津市市荆河戏】本市流传的地方剧种，追溯其源，应为清代道光年间的湖北汉剧。汉剧的前身是江西的弋阳腔支流，俗称"汉调"。汉剧又分四大派系，即汉河派、荆河派、襄河派、府河派。荆河派流传以湖北宜昌、荆州为中心。津市荆河戏是汉剧荆河派清道光年间传入的，其声腔特色有南路、北路、反南路、三眼等。南路、反南路、三眼等源于安徽的徽调二黄，京剧叫二黄或高拨子。北路源于陕西的西安梆子，京剧叫西皮。表演特色分内八大块、外八大块。内八大块指人物内心刻画的手法，即喜、怒、哀、乐、悲、欢等人物情绪。如愤怒之极，便吹动长须、双目圆瞪、抖动头盔、双袖颤动等。外八大块指荆河戏的程式套子，刻画人物的外部舞台动作。如起霸、趟马、走边、抖色、摇翎、甩袖、舞弄刀枪棍棒等。

【车胤】（约333年-401年），字武子，南平新洲（今湖南津市）人。东晋大臣。车胤自幼聪颖好学，因家境贫寒，常无油点灯，夏夜就捕捉萤火虫，用以照明，自此学识与日俱增。风姿美妙，敏捷有智慧，荆州刺史桓温辟为从事。宁康初年，迁中书侍郎，累迁侍中，转骠骑长史、太常，进爵临湘侯，因病离职。起任护军将军，出拜吴兴太守，迁丹阳尹，入朝拜吏部尚书。为人公正，不畏强权，后为会稽王世子司马元显逼令自杀。

【郝希贤】亦作霍希贤、忽都达儿、又

名护都达儿。字通叟。生卒年不详，出生于今津市毛里湖土桥村一带。元延祐五年（1318）右榜状元，授秘书监著作郎。是常澧历史上唯一的元朝汉人状元，湖南省的七名状元之一。见于《元史》纪第二十六卷仁宗之三中记载："三月戊辰，御试进士，赐忽都达儿、霍希贤以下五十人及第、出身有差。"其"选举志一"中记载："延祐年春三月，廷试进士护都达儿、霍希贤等五十人。"《乾隆湖南通志》卷八十二记载："郝希贤，状元，澧州人，名下注：赐名忽都达"。

【李如圭】（1479-1547），字国宝，明朝澧州澧阳（今津市市新洲镇）人，教谕李通之孙，明朝宪宗成化十五年（1479）出生于澧州嘉山南麓三十里桃林东里樟树村（今津市毛里湖镇樟树村）。己未年（1499年）殿试考取进士。先后任江西安福、建昌知县。后因成绩卓著，擢升监察御使，官至正七品。正德年间，患病回家休养。嘉靖十年（1531）秋，任陕西巡抚，嘉靖十五年春，受命总理疏浚河道，后晋升为户部总督仓场兼西苑农事。嘉靖十八（1539）年，皇帝仁宗到显陵拜谒，见他同靖远伯王谨居守显陵有功，颁诏封为工部尚书，后改任户部尚书，官至正二品。68岁时卒于澧州。

【熊应栋】（1913-），1934年长沙明德中学毕业后考入清华大学，1939年毕业于清华大学经济系。1940年至1943年先后任国民党政府审计处会计专员、水利银行总稽核。建国后，历任西安市大华纺织厂副经理，西安市地方工业局副局长，陕西省第四届政协副主席和第五至七届人大常委会副主任，全国工商联第四至六届副主席，民建中央委员、陕西省委主任委员。是第一至六届全国人大代表。

【唐本忠】（1957-），生于湖北潜江，籍贯湖南津市。高分子化学家。香港科技大学讲座教授，中国科学院院士，英国皇家化学会会士。1982年毕业于华南理工大学高分子科学与工程系，获工学学士学位，1985年、1988年先后获日本京都大学高分子化学系硕士、博士学位。曾在加拿大多伦多大学化学与药学系从事博士后研究、日本NEOS公司中央研究所任高级研究员。1994年7月至今历任香港科技大学化学系助理教授、副教授、教授、讲座教授。2006年3月受聘为浙江大学"光彪讲座教授"。2009年当选中国科学院院士。

◇ 城市生态

【综述】津市集山川湖泊平原于一身，生态环境秀美，是省级园林城市。通过深入开展"蓝天碧水净土"行动，划定水源保护区、畜禽养殖适养区、限养区和禁养区。在全省率先实现集镇污水集中处理全覆盖，"户分类、村收集、镇转运、市处理"的农村生活垃圾处理模式在全省推广，农村垃圾分类处理"绿色存折"制度被中央深改办专题推介。澹津公园、三湖公园分别坐落在城东和城市中心，其植物造景颇负盛名，嘉山森林公园成功申报为国家森林公园，境内毛里湖进入国家良好湖泊名录，成功创建国家湿地公园和3A级旅游景区。建成区绿地面积574.65公顷，绿地率33.76%，建成区绿地覆盖面积636.53公顷，绿地覆盖率37.4%，共有18个公园广场，绿地面积111.3公顷。人均公园绿地9.70平方米/人，公园绿地服务半径覆盖率84.90%。市城区现有城市道路30条，道路总长度51974米，道路两旁种植有行道树的城市道路长度51974米，道路绿化普及率为100%。

【毛里湖国家湿地公园】位于市东南部，公园东至毛里湖镇，西至白衣镇，南至药山镇，北至新州镇。毛里湖生物资源极其丰富，是鱼儿的家园、鸟类的天堂、植物的王国。按照《公园总体规划》，10年内计划投资11.85亿元，实施环湖180公里风光带、湿地水体恢复、环湖退耕还湿等13大建设工程，力争到2030年，把毛里湖国家湿地公园打造成江南湖泊湿地生态系统保护与建设的典范，展现湘楚农耕文化和渔文化的良好载体，公众回归自然的旅游休闲胜地，湖南重要的湿地有机食品示范基地，人与自然和谐共处的示范区。

【嘉山国家森林公园】位于市城区西南角，由关山、嘉山和药山三个景区组成，1992年经省林业厅批准为省级森林公园。2014年1月国家林业局做出行政许可决定，批准在津市市境内设立湖南嘉山国家森林公园。公园总规划面积2225.8公顷，森林覆盖率达95.5%。公园内现有野生动物150多种，属国家二级保护的野生动物有虎纹蛙、小灵猫、穿山甲等12种；有野生植物811种，属国家保护的一级植物有3种，即银杏、水杉和南方红豆杉。

【药山文化旅游景区】位于津市西南门户，西邻临澧县，南邻常德鼎城区，距津市市区40公里，距常德市区55公里。药山属于武陵山脉，山势连绵，丘陵岗坡，最高处海拔377.1米。药山属于湖南沅水、澧水水系之间的丘陵地带，区域内水库湖泊众多，形成了山环水绕的秀美景色。竹林禅院位于东冲湖畔，依山傍水而建，占地六亩，茫茫如海，绿浪奔涌，水库溪边大片的毛竹林，与大片野生樟树纯材，形成了一道独具特色的景观，禅院建筑为全钢结构，仿唐风格，有圆通宝殿、会贤唐、止观堂、选佛场、临湖轩等十多栋建筑，白墙漆窗，简约素朴，极具现代气息，自然与人文天然融合，堪为现代人心灵栖息的净土。

【皇姑山公园】位于澧水河南岸，因明代华阳王朱悦耀的妃子葬于山南，故得此名皇姑山。皇姑山公园的开发属省级嘉山风景区建设的一部分，并经省林业厅批准为省级森林公园的一部分，公园总面积38.35公顷，绿地面积30.81公顷。这里物阜民丰，水路交通极为便利，百业兴旺，风景如画，当年华阳王甚喜，于是斥巨资在关山脚下修建一座豪华的宫殿，将四周辟为果园，遍栽果木，为其享乐所用。园内历史古迹，古墓葬等人文景观奇多，贺龙、任弼时、肖克、王震、廖汉生等革命家均在此留下光辉足迹。

【三湖公园】位于人民路北侧，1980年辟建，用地面积20.1公顷。园内置观鱼廊、水榭、仿古六角凉亭、浓荫游道、六孔拱桥、九曲桥。1985年建成开放，2013年，经过多次升级改造三湖公园绿地面积达到12.53公顷。2014年7月3日，对三湖公园进行截污处理，提高了三湖公园整体的卫生环境。2016年，市政府投资4000万元对三湖公园进行整体提质改造，使三湖公园再次成为市民的主要休闲场所。

【澹津公园】位于东城区车胤大道，用地面积12.85公顷，始建于1982年，1983年元旦对外开放，公园以植物造景为主，有植物54科130多种。按游览功能和空间组合划分为五个功能区和八大景点。1986年被省建委、省绿委联合授予"最佳公园"称号。2016年，市政府对澹津公园进行局部提质改造，对其道路进行黑化，破损游道进行恢复，水体驳岸改造建设，重新修建门牌，并在公园主入口修建停车场。

【津市市生活污水处理厂】坐落在市经济开发区幸福闸旁，占地面积35.43亩。设计规模为日处理城镇化生活污水4万吨，一期规模为日处理2万吨，总投资1.1亿元，主要承担津市市城北老城区生活污水处理任务。于2009年3月正式开工建设，于2009年12月通水试运行，2010年5月正式投入商业运行。污水处理工艺采用国内外广泛应用技术较成熟的改良氧化沟工艺，出水质量完全达到《城镇污水处理厂污染物排法标准》（GB18918-2002）一级B标准。污水处理达标后排入澧水河，污水处理产生的剩余污泥运至市垃圾填埋场进行填埋。二期改扩建工程投资估算总投资额为6500万元，二期项目建成后污水处理总规模为日处理4万吨。

【津市市垃圾无害化处理场】位于市镰刀湾（明道、团湖、关山三村交汇处），距城中心区7公里，占地面积246亩，集城市和农村垃圾处理于一体。投资概算约为8700万元，整个工程分为二期，设计使用年限20.5年，其中一期使用年限为10年，二期使用年限为10.5年。现已完成一期投资概算6800余万元，由中机国际工程设计研究院设计。一期于2010年4月开始动工建设，工程建设及运行管理均符合国家标准，2011年9月通过省住建厅预验收并投入试运行。日处理生活垃圾能力220吨，年处理量8.03万吨，日处理渗沥液能力150吨（其中回灌50吨），年处理量5.47万吨。

◇ 城市名片

【综述】津市市山川形胜、钟灵毓秀，物华天宝、人杰地灵，旅游资源丰富。拥有国内知名的距今50万年前的虎爪山旧石器遗址。由嘉山、古城新洲、石岭青山、胥家湖等组成的嘉山风景名胜区，不仅风景秀丽，这里的孟姜女传说、囊萤夜读故事更是闻名遐迩。始建于唐朝的药山寺，一代高僧惟俨法师圆寂于此。有湖南省最大的溪水湖、被称为湖南省域内的第三大天然优质淡水湖——毛里湖，保持有400万年前古老的自然岸线，形如海中珊瑚，支汊众多，千回百转，美不胜收。津市是省级文明城市、省级卫生城市、省级园林城市。

【虎爪山旧石器遗址】位于澧水南岸四级阶梯上，是一处旧石器时代早期的旷野遗址，地质时代为早中期。虎爪山遗址与北京周口店遗址是相同石器遗存，是湖南目前发现的一处时代最早且经科学试掘的旧石器时代遗址，距今约50万年。文化性质表现为华南砾石石器传统，分布面积约20万平方米。1988年初被调查发现，石制品有石核、石片和石器三大类。器形有砍砸器、刮削器、尖状器、石锤等，考古界特定为"澧水文化类群"。

【嘉山】位于新洲镇境内，离城区7.5公里，是湘北地区一个以孟姜女等人文景观为主题的省级风景名胜区。规划面积为36平方公里，核心景区17.35平方公里，外围保护面积18.65平方公里，由嘉山、古城新洲、石岭青山、胥家湖四大景区组成。嘉山风景名胜区的核心景点嘉山，西扼澧水，南枕绮丽田园，山高147.07米，面积2平方公里。其孟姜女的传说闻名遐迩，古人为纪念孟姜女对爱情的忠贞，修建了姜女祠，亦称姜女庙，祠前有望夫台，侧有镜石，环墙四周绿树葱郁。嘉山山脚的车渚村，相传为东晋吏部尚书车胤的故里。车渚萤辉讲述了车胤"囊萤夜读"的故事，激励世代华夏儿女"尚书、勤读、求知"。

【毛里湖】湖南省最大的溪水湖、湖南省域内仅次于洞庭湖的第三大天然优质淡水湖，面积达6250公顷，湖面纵深约20公里，远望烟波浩渺，近观山清水秀，美不胜收。毛里湖有99条汊，99道湾，99个滩，形如海中珊瑚，支汊众多，千回百转，常年蓄水量1.38亿立方米，水深7至9米、水域面积高达10万亩。毛里湖及其周边地区有着悠久的历史和灿烂的文化，作为古洞庭湖的一部分，她周围山岗丘陵起伏，保持古老的自然岸线，是研究洞庭湖生成、发育、演变史的最佳地点。

【城市荣誉】津市先后荣获了全国平安建设先进县市、全国科技进步先进县市、全国平安畅通县市、全国道路交通管理优秀城市、全国法制宣传教育先进县市、全国养老服务社会化示范县市、国家卫生城市等诸多国家级荣誉，以及湖南省园林城市、湖南省卫生城市、湖南省文明城市、常德市农村环境卫生整治工作先进单位等诸多省和常德市级荣誉。

湖南城市大典 张家界市

张家界市

张家界，公元前202年置充县，三国时期置天门郡，1988年，成立大庸市，1994年更现名，境内有国家第一个森林公园，武陵源被列入《世界自然遗产名录》，全球首批《世界地质公园》，被誉为"人间仙境"和"立体山水画"。

◇ 城市概况

【区域范围】张家界市，原名大庸，为湖南省省辖市。市域地理坐标为：北纬28°52′~29°48′，东经109°40′~111°20′。东与常德市的石门县与桃源县交界，南与沅陵县毗连，西与永顺县、龙山县接壤，北与湖北省的鹤峰县与宣恩县为邻，东西最长167公里，南北最宽96公里，总面积9516平方公里，市区面积2572平方公里，辖慈利、桑植两县和永定、武陵源两区，辖34个镇，20个乡。中共张家界市委员会、张家界市人民政府驻永定区南庄路2号，电话区号：0744，邮政编码：427000。

【地理环境】全市地形复杂、地貌多样，境内山地、丘陵起伏，兼有山间盆地、河谷带状平原，地势西北高，东南低。境内石灰岩地层分布广泛，岩溶地貌发育完全，堪称全省之冠。主要山脉有武陵山脉，北支有历山，桂英山，青龙山；中支有天星山，红溪山，朝天山，青岩山，茅花界；南支有七星山，崇山，天门山，大龙山，天合山。主要河流有澧水及其一级支流楼水、零溪河、大溶溪等51条。全市地处北半球中纬度，属中亚热带山原型季风性湿润气候，历年平均日照、气温和降水量分别为1440小时、16.8℃和1400毫米左右，历年平均无霜期在216天至269天之间。

【资源物产】地处我国具有国际意义的17个生物多样性关键地区，是我国生物区系中心地带华中区的重要组成部分，拥有原始的生态环境、丰富的物种资源，被誉为自然博物馆、天然植物园和天然动物园。森林资源丰富，森林覆盖率达64.61%，名列全省第一。境内木本植物110科320属850种，古老孑遗树种40多属，国家级保护植物56种，珍贵乡土树种100余种。全市脊椎野生动物146种，国家级保护动物40种，野生兽类60余种。矿产有煤、铁矿石、镍、钼、铅、锌、铜，非金属矿产有石灰岩、白云岩、大理石、萤石、重晶石、硅石（石英）等。全市水资源丰富，流域面积10平方公里，长度达5公里以上的河流212条，水能蕴藏量达328万千瓦。工艺特色产品有大理石、紫砂陶、土家织锦等。

【建置沿革】有关大庸的历史记载最早可追溯到秦王嬴政二十六年（公元前221年）；西汉高祖五年，分黔中郡置武陵郡；三国时期，吴景帝永安六年将嵩梁山命名为天门山；商周时期，地属荆楚。春秋战国为楚之黔中地。公元前221年秦始皇设郡县，张家界一带属黔中郡慈姑县。西汉高祖五年（公元前202年），分黔中郡为武陵郡，析慈姑县为孱陵县、充县（今桑植县、永定区、武陵源区和慈利三官寺及湖北鹤峰等地）和零阳县。三国时期，吴王孙休改嵩梁山为天门山，分武陵郡西北部置天门郡（郡治在张家界永定区），析充县增置娄中县（县治在今慈利三官寺乡），西晋太康四年（283）废充县、改置临澧县。后多做郡治或县治。明洪武二年（1369），降慈利州为大庸县，隶属于澧州府。1988年，成立大庸地级市，辖慈利、桑植两县和永定、武陵源两区。1994年，大庸市更名为张家界市。

【人口民族】截至2016年底，全市户籍总人口170.87万人，常住人口152.91万人，城镇人口70.43万人。按性别分，男性77.3万人，女性75.61万人。按年龄分，0-17岁的33.52万人，18-34岁的37.47万人，35-59岁的64.91万人，60岁以上的34.97万人。据2010年第六次全国人口普查统计：张家界全市常住人口为147.65万人，具有小学以上文化程度人口129万人，其中初中53.4万人，高中（含中专）18.9万人，大专以上6.7万人。每十万人中拥有大学文化程度人口为6472人，高中（含中专）12748人，初中36147人，小学31890人。全市少数民族33个，以土家族、白族、苗族为主，少数民族人口111.15万，占总人口的75.28%，实有土家族人口98.09万人、白族9.52万人。

【区位交通】张家界地处湘西北山地东北部，武陵山脉北段，北邻湖北，属我国中西部结合部和湘鄂渝黔边区中心。已形成航空、铁路、公路三位一体的交通网络。荷花国际机场于1994年建成并投入使用，先后开通张家界至香港、澳门、韩国首尔、釜山、日本福冈、大阪等航线，已开通至国内北京、上海、广州等32条航线。新火车站2008年建成运营，离市区仅1公里，枝柳铁路贯穿张家界市境130.34公里，2016年铁路营运里程117公里，铁路电气化率100%。全市公路总里全程2479公里，其中高速公路118公里，主要高速公路有长张高速、张花高速，主要公路有S228、S306省道，公路运输网络连接湘、鄂、川、黔、渝五省（市）40余个县、市和全国各地，长张高速连接京珠高速，仅3小时车程，经常德可连通湖北汉宜高速公路，从中心城市到中心景区乘车仅需20分钟。

【社会发展】2016年末，全市普通高校

3所，各类民办学校503所，吉首大学张家界校区、张家界学院办学条件日臻完善，办学水平不断提升，张家界航空工业职业技术学院整体搬迁工程全面启动。普通高中招生8455人，中职招生3939人。民办学校在校学生3.2万人。小学适龄儿童入学率100%，高中阶段教育毛入学率88.1%，落实义务教育保障资金1.94亿元。拥有省级工程技术研究中心2个，全年登记科技成果11项，签订技术合同9项，授权专利273件，其中发明专利32件，实现高新技术产业增加值9.5亿元，增长17.8%。医疗卫生事业快速发展，2016年末，全市卫生机构（含村和社区卫生机构）1262个。其中，医院26个，妇幼保健院5个，专科疾病防治院1个，社区卫生服务中心19个，村卫生室842个。卫生技术人员8266人，医院拥有床位总数5307张。全民健身事业蓬勃发展，全市体育场地1799个。其中，体育馆3座，游泳池28个，运动场10个，各种训练房71个。全市基本养老保险覆盖率96.5%，已参加基本养老保险人数112万人。基本医疗保险覆盖率99.5%，已参加基本医疗保险人数152.16万人。

◇ 城市建设

【综述】张家界建市以来，致力国际旅游城市建设，城市功能不断完善。城市路网已基本形成，以大交通为重点，建设了张花高速公路，扩建了荷花国际机场，开工了黔张常、张吉怀高铁和张桑高速公路，推进了桑龙、宜张、安慈高速公路等重大项目的前期工作。建设了武陵山大道、子午西路延伸段、杨家界大道、沙堤大道等互联快捷通道，新改建119公里城市主次干道、355条小街小巷、63.6公里绿道，推进了邢大等167.3公里旅游干线公路建设。城市功能布局日趋合理，新建了大庸古城、陈家溪特色街区等一批重点旅游产业项目，深入开发了西溪坪、且住岗、沙堤组团和澧水两岸片区等区域，城市社区金融、商业、物业等服务设施不断完善。建成了以光缆为主、微波和卫星为辅的大容量、数字化的干线信息传输网。中心城区提质步伐加快，澧水大桥、白马泉高架桥、西溪坪东互通立交改造主线桥、张联公路等建成通车，中心城区21公里滨水环线通车；澧水大桥南延伸段高架桥、西溪坪东互通立交上、下匝道和道路建成通车。大庸桥公园、紫舞公园、杨家溪体育公园、宝塔岗公园、人民广场、武陵源生态休闲园等一大批公共绿地建设完成。2016年，城市建成区面积34平方公里，市区人口70.4万人，城镇化率为46.1%，建成区绿化覆盖面积1465公顷，绿化覆盖率43.09%。

【城市规划】《张家界市城市总体规划（2007-2030）》明确市域城镇空间结构为"一主两副三轴"。"一主"指张家界市中心城市，包括中心城区和武陵源城区，中心城区即张家界政府和永定区政府驻地，空间增长边界总面积约262平方公里，主要沿澧水两岸的带状用地发展空间，至2030年，中心城区建设用地主要分布在澧水两岸，包括阳湖坪、枫香岗行政界限之间的地域，承担旅游服务中心职能、现代服务业中心职能、中心城区职能。武陵源城区作为国家级风景名胜区和世界自然遗产所在地，主导职能为世界自然遗产与国家级风景名胜区保护、游览组织与管理。"两副"：指两个市域副中心城市，分别为慈利县城（零阳镇）和桑植县城（澧源镇）。"三轴"：指以常张高速公路、省道S305和省道S228为依托的三条市域城镇发展轴线。规划中期2020年全市总人口为172万人，城镇化率为52%，规划期2030年总人口为181万人，城镇化率达65%。到2030年末，将建成具有1个市域中心、2个市域次中心、6个中心城镇和26个一般城镇构成的金字塔型规模结构的城镇体系。

【天门山先导区】包括43个行政村和石长溪国营林场，总面积约为312平方公里。可分为核心区和控制区。核心区总面积137平方公里，控制区总面积约174平方公里。天门山先导区的战略定位是：以天门山为核心，以天门山隧道和省道228构成的环天门山公路为主要发展轴，充分发挥环天门山区域在张家界旅游综合改革中的先行先试作用，建设成为国家旅游综合改革先导区、国际一流的休闲度假区、国家生态文明建设示范区、国家城乡统筹示范区。规划2020年，天门山先导区接待总人数达到1500万人次，实现旅游收入120亿元以上，以旅游为特色的现代服务业占全区GDP比重达到40%以上。

【大庸古城】位于南门口片区，属原址重建，规划用地总面积约242.62亩，其中项目用地213.24亩，城市道路占地28.38亩。一期项目总建筑面积约16.49万平方米，其中地上建筑面积约9.94万平方米（不含原二期酒店区域地上部分），地下建筑面积10.89万平方米。项目由张家界旅游集团股份有限公司斥资约20亿元建设，是集文化体验、休闲度假、建筑艺术为一体的古城文旅综合体，也是张家界目前单体投资最大的城市旅游文化项目，将在城市中心重现明清时期的盛景，并成为张家界城市旅游的新地标、新亮点和新名片。

【武陵源区吴家峪门票站】武陵源的标志门，是武陵源核心景区五个门票站中最美票站，同时也是武陵源城区一道亮丽风景。标志门是当地人习惯性简称，已成为武陵源的地标性建筑。新标志门于2005年重建，以"庭院深深深几许，转角飞檐檐九重"为创意，集世界自然遗产和土家建筑文化于一体，耗资2500万元，建筑面积5045平方米，其中主体建筑物共9层，高39.9米，宛如一个小巨人屹立在武陵源城区。

【江垭水库】位于慈利县境内的澧水一级支流娄水中游，坝址下距江垭镇5公里，距离慈利县城57公里。坝址以上控制流域面积3711平方公里，占娄水流域面积的73.5%。江垭水库是娄江中游上一项以防洪为主，兼顾发电、灌溉、航运、旅游等综合效益的水利枢纽工程，国家4A级风景区。

高达131米的江垭水库大坝巍然耸立，腰斩烟波浩渺的溇水，形成了八万亩的水面，是矗立在峡谷当中一道亮丽的风景线。水库沿岸的区域分布着九溪古城、江垭古镇、龙王洞、索水及溇水漂流等景区，它们既有原始质朴的乡村吊楼，又有历史悠久的古城古街，更有浓郁的土家族、苗族风情，集人文于一体，熔山水在一炉。

【江垭温泉度假村】位于慈利县江垭镇，毗邻张家界世界自然遗产核心景区武陵源，是张家界第一家温泉度假村，也是目前湘西地区唯一一家仿古式半露天温泉。度假村建有20余种各具特色、各富功效的高标准露天温泉池和室内温泉池。江垭温泉泉水清澈碧透，泉水出口温度常年保持在54℃左右。江垭温泉水富含镁、钙、锌、硒等几十种对人体有益的微量元素和矿物质。在保留原有温泉文化的基础上，将张家界独特的土苗文化融入温泉旅游，把道教养生文化、自然山水文化、苗药文化、民俗文化、餐饮文化和现代的绿色消费文化等融入温泉旅游之中。

【张家界荷花国际机场】曾称大庸机场、张家界荷花机场，为4D级民用运输机场，是湖南省第二大国际机场，和中国自然风景最漂亮的机场之一、可远观天门洞。1991年奠基开工。1993年大庸机场试航成功。1994年年初，大庸机场更名为"大庸张家界机场"，1994年8月18日，张家界机场宣告正式通航。1995年10月31日，大庸张家界机场更名为"张家界荷花机场"。1999年，张家界航空口岸开通，举行首航香港仪式并开通了澳门航班。2007年，投资近19.62亿的改扩建工程正式启动。新航站楼建筑面积4.65万平方米，其中国际厅1.3万平方米，共计21个停机位，6座登机廊桥。2011年张家界航空口岸扩大并通过国家验收，张家界荷花机场升级为张家界荷花国际机场。2015年9月30日，机场T2航站楼启用。2016年，机场完成起降架次1.69万架次，货邮吞吐量1014.4吨，旅客吞吐量170.17万人次，位居全国第56名。

【张家界火车新站】位于永定区官黎坪，是湖南省湘西北地区最大火车站，原名大庸南站，建于2008年，隶属中国铁路广州局集团有限公司管辖。站房设计有5个主候车厅，候车面积1.88万平方米，最高聚集人数可达3000人，站房建有3个站台，5条旅客列车到发线。售票厅有14个售票窗口，2个咨询窗口。

【张家界高铁站】2016年9月开工，计划2018年9月完工，是黔张常铁路最大的区段客运站，规划建设的张吉怀高铁也将引入建站，成为两条高铁交汇的客运站，站址位于永定区沙堤街道办事处。总投资约10亿元，站房建筑面积2.8万平方米，站前广场规划总面积约320亩。主要包括广场、游客活动中心等配合设施，建设工期3年，建成后旅客发送量近期为550万人次/年，远期为1060万人次/年。

【张家界中心汽车站】位于永定区官黎坪，与张家界火车站和天门山索道公司比邻。至张家界国家森林公园约35公里（现已开通峪园隧道约25公里），至武陵源索溪峪军地坪镇约38公里，至永顺王村（芙蓉镇）约80公里，至吉首约150公里，至凤凰约228公里，至常德全程高速约180公里，至长沙西站全程高速约350公里。

【溪布街】位于武陵源区，武陵大道区政府对面。北靠武陵大道，南向沿400米索溪河岸水景，东邻张家界大剧院，西接前往宝峰湖要道——宝峰桥。项目占地面积约100亩，总建筑面积约7万平方米，是集水上酒吧街、中华名特小吃街、湘西民俗购物精品街、休闲客栈、创意工坊等为一体的复合型旅游商业步行街，由张家界金瑞旅游发展有限公司投资开发，总投资约3亿元人民币。

【武陵山大道】连接永定区与武陵源核心景区，全长28.4公里。工程分为城区段和景区段两部分，城区段10.2公里，按双向6车道建设。景区段全长18.2公里，其中半幅路基主要利用老路改建，半幅路基新建，按双向4车道建设。工程于2016年9月8日动工，2018年9月完工。

【永定大道】永定区通往张家界火车站的主要交通干线，全长4.2公里，东起张家界火车站广场，西至鹭鸶湾大桥东。红线宽52米，双向6车道，水泥硬化路面，总投资4800万元。

【澧水大桥】原澧水大桥1971年建成通车，为多跨双曲拱桥，桥长246.6米，宽12米，是连接张家界城市南北交通线的重要纽带。2015年9月8日，原澧水大桥被爆破拆除，新澧水大桥于9月23日重建工程正式开工，新桥建设范围起于邮政大厦酒店附近的十字平面交叉口（天门路与大桥路交叉口），终于南庄坪中国农业银行附近的十字平面交叉口（大桥路与南庄路交叉口），道路红线宽25米，主线长395米，主桥设计为双向6车道。2016年12月，澧水大桥建成通车。

【旅游观光磁浮专线】连通永定城区与沙堤高铁站、荷花机场的重要交通工具，也是串联天门山索道下站（拟建新址）、吴家峪、宝峰湖、黄龙洞、大峡谷等主要景区、景点的新型旅游观光线路。观光磁浮规划全长61.3公里，其中主线长59.3公里，支线长2公里，一期从天门山索道下站至吴家峪站，全长约39.6公里，沿线拟设天门山站、荷花机场站、市民广场站、高铁站、森林公园站、吴家峪站6个站点，预计投资91.08亿元；二期从吴家峪站至大峡谷站，线路全长约21.7公里，沿线拟设宝峰湖站、黄龙洞站、大峡谷站3个站点，预计投资49.91亿元。2017年已完成决策部署、成立工作领导小组、方案比选以及开展规划设计等。计划2018年张家界建市三十周年时建成其中一段运营、2019年一期全线建成运营。

【吉首大学张家界学院】位于永定区温泉路1号，是湖南省属综合性大学吉首大学举办的一所独立学院。学院现有全日制本科学生7000余人，40个本科专业，教师470余人，其中副高以上职称的占30%以上。学院占地面积748亩，面向地方经济社会发展培养"通识素养宽厚、专业基础扎实、职业技能熟练"的应用型高级专门人才。学院积极开展国际交流合作，先后与韩国、美国、意大利、澳大利亚、日本、加拿大等国的13所高校建立了校际合作关系。

【张家界航空工业职业技术学院】位于永定区解放路38号，是2001年8月经湖南省人民政府批准建立的全日制普通高等学校。学院占地面积762亩，校园环境优美、设施完善、动静相宜。学院创建于1979年，先后隶属于原航空工业部、航空航天工业部、航空工业总公司、湖南省国防科技工业局，现隶属湖南省经济和信息化委员会。学院现有专任教师320人、兼职教师132人，副高以上专任教师109人，省级专业带头人和青年骨干教师9名，建有院级大师工作室2个、创新工作室2个。设有航空制造、航空维修、航空电气、航空服务、旅游管理五大特色专业群，开设33个专业，主编（审）、参编全国公开出版发行的教材达200余种，主持多项国家级、省（部）级科研课题，拥有30余项国家发明专利。

【张家界市第一中学】学校创建于1938年，1980年6月被湖南省教育厅确定为省重点中学，1998年10月经省教育厅重点中学专家组评估合格后于1999年10月正式挂牌，2003年9月顺利通过了省重点中学督导评估，2004年被确定为湖南省首批示范性高中。学校拥有教学班98个，学生5800余人，教职工近340人。学校占地面积161838平方米，校园总建筑面积59930平方米，绿化面积达70%以上。

【张家界市人民医院】位于永定区古庸路192号，是一所集医疗、科研、教学、预防保健及康体疗养为一体的三级综合医院。2015年，张家界市中心城区市级公立医疗机构整合，医院形成了"一院三区"的发展模式。医院占地面积512亩（中心区59.4亩、东区58.6亩、新院区394亩），业务用房面积7.53万平方米。编制床位1200张。开设临床科室44个，其中：呼吸内科为省级重点专科，心血管内科、儿科为地州市级重点专科；医技药科室12个。医院是国家住院医师规范化培养基地、国家全科医生培训基地、湖南师范大学附属医院、长沙医学院教学医院、吉首大学医学院实习基地、湖南师范大学医学院外科学、内科学硕士研究生培养点。

【张家界市中医院】位于永定区回龙路173号，始建于1958年，2009年升格为张家界市中医医院。已形成集医疗、预防、保健、科研、教学于一体，中医药特色突出的国家三级甲等中医医院。医院本部占地1.8万平方米，建筑面积38320平方米，固定资产2.3亿元。现有职工530人，其中高级职称53人、中级职称153人。医院有4个中医药特色重点专科，其中省级特色重点中医专科3个，市级重点专科1个。中医内科在湘西北地区久享盛誉，推拿专科是湖南省十大品牌中医专科、中华中医药学会推拿学会张家界医疗保健技术培训基地，其"黄氏推拿法"享誉国内外。

【张家界市博物馆】位于永定区大庸桥公园对面文化广场内，始建于2001年12月，2002年12月竣工，耗资3900万元，公园占地面积46.36亩，建筑总面积1.5万平方米，由地质馆、历史文化馆和城建规划馆组成。一楼是地质馆，由地球厅、张家界地貌厅、园区珍稀动物展示区等组成，展示张家界地貌特征、以芙蓉龙为代表的古生物化石、有亚洲基因库之称的多样性生物标本。二楼是历史馆，由张家界故事、守望精神家园、百年记忆三大展厅组成，展示全市历年来考古发掘、征集和接受捐赠的具有重要历史、艺术、科学价值的历史文物、民族文物、革命文物等。三楼为城建规划馆，以"世界的张家界"为主题，展示张家界从古代到现代的城市发展以及对未来的展望。

【张家界市文化馆】位于永定区大道区治大院内，成立于1990年。馆内机构设置为四部一室，即办公室、群文部、活动部、培训部、艺术部。建成以来，曾多次承办中国湖南张家界国际"森保节"、国际乡村音乐周、"欢乐潇湘·美丽张家界""元宵灯会""六月六"等大型文艺演出。美术作品《岁月》获得文化部设立的政府最高奖——群星奖，大型现代花鼓戏《羊角号与BP机》，现代喜剧《黄婆做媒》等作品获得全省"五个一工程奖""田汉戏剧文学奖"。2001年、2004年，两次在全国群众艺术馆、文化馆评估定级中评为国家三级馆。

【中国大鲵生物科技馆】张家界（中国）大鲵生物科技有限公司投资6000万兴建的科普旅游文化场馆，属世界首家大鲵生物科技馆。坐落于武陵源区宝峰路8号。以张家界世界地质公园的地址演变为背景，集科普、旅游、艺术于一体，揭开大鲵神秘面纱，让人能在赏心悦目的游览中愉悦的接受科普旅游知识。馆内设有生物万物、星罗鲵布、冰晶体、上古封印、大鲵家园、探秘大鲵、4D动感影院等展区，其中大鲵家园以多媒体互动展示技术淋漓尽致地演绎了一首首张家界四季情歌。

【沅古坪镇】永定区辖镇，位于永定区东南部，距市区56公里，境内有土家族、苗族、白族、侗族、汉族5个民族，面积140.3平方公里，森林覆盖率达75%，总人口1.56万人。处于沅陵、慈利、永定三区县的交界之地，属边境农副产品的贸易集散地。种植业、林业、畜牧业为该镇三大传统支柱产业，主要物产有稻谷、烤烟、油菜籽、辣椒、仔猪、腊肉等，其中腊肉、七星椒、野味等特色产品在省内外享有盛誉。沅古坪镇是典型的喀斯特地形，境内旅游资源非常丰富，位于境内的五龙河两岸有三大瀑布八十多个景点，两岸群峰叠翠，如屏似画，交错掩映，被游览者称其为"世外桃源之典范，休闲避暑之胜地"。

【教字垭镇】永定区辖镇，位于永定区西北部，距市区32公里。境内有汉族、土家族、苗族、侗族、瑶族5个民族，面积258平方公里，森林覆盖率41%，总人口4.6万人。东邻沙堤乡、尹家溪镇，南接茅溪水库、罗水乡，西抵桥头乡，北靠张家界国家森林公园、武陵源区中湖乡，素有张家界西线旅游中转站和旅游接待副中心之称，先后被列为国家重点镇、湖南省特色镇和张家界市特色旅游风情镇。全镇物产丰富，粮、油、干水果、苎麻等种植业是其经济主体，柑桔、板栗、奈李、金秋梨、鸡、鸭、羊、牛等饮誉八方。

【茅岩河镇】永定区辖镇，位于永定区西北部。面积159.17平方公里，总人口1.5万人。2015年由青安坪乡、温塘镇成建制合并设立。境内旅游资源丰富，百里画廊茅岩河贯穿全境，为茅岩河风景名胜区的核心地区，茅岩河漂流起点码头、平湖游终点码头均在境内，集疗养、休闲为一体的温泉享誉一方，风土人情具有浓郁的地方民族特色。原始次森林丰富，境内拥有猪石头、金山界、麻山林场等大小林场多个。境内水资源充足，还拥有较为丰富的煤铁资源。

【天门山镇】永定区辖镇，位于永定区西南部，含6个建制村和2个居委会，总面积约为120平方公里，总人口1万人。2015年，大坪镇更名为天门山镇，将原三岔乡的许家庄、丁家界、蔡家溪、小坪4个建制村成建制划归天门山镇管辖。小镇致力于打造成为张家界旅游美轮美奂的会客厅，发展成为"水在山中、山在城中、城在绿中"的休闲度假胜地，具备生态良性循环、旅游经济发达、生活环境优美、适宜人类休闲与居住的和谐家园，成为集多种功能于一体的国际化休闲度假天堂。

◇ 城市经济

【综述】张家界立足于得天独厚的自然条件和资源优势，突出旅游业主导产业的地位，强调旅游业对地区经济的带动与发展功能，以旅游为龙头，带动了经济全面发展。农业方面，2008年提出了大力发展"城市农业、旅游农业、生态农业、品牌农业"的战略目标，2012年4月，永定区被农业部、国家旅游局授予全国休闲农业与乡村旅游示范县称号。工业方面，大力发展无污染的农特色产品深加工和旅游商品生产，旅游商品、清洁能源、生物医药三大新型产业突出发展，工业园区建设不断加快。第三产业方面，针对全市旅游经济和社会发展的重大问题，加快旅游科技成果转化，建立了完善高效的社会信息、咨询服务平台，旅游电子商务达全国先进水平。2016年，全市地区生产总值497.6亿元，第一产业增加值56.3亿元，第二产业增加值106.8亿元，第三产业增加值334.5亿元。三次产业结构比为11.3：21.5：67.2，工业增加值占地区生产总值的比重为17.6%，第一、二、三产业对经济增长的贡献率分别为5.1%、15.8%、79.1%。全年景点接待旅游人数6143万人次，接待过夜游客2857万人，其中境外游客447万人。实现旅游总收入443.1亿元，其中门票收入33亿元。全体居民人均可支配收入13606元，城镇居民人均可支配收入21030元，农村居民人均可支配收入7802元。

【张家界经济开发区】位于市城区东南部，始建于1992年，属张家界市唯一一家省级经济开发区。规划面积27平方公里，分为A、B、C三区。A区为市中心城区东部商务区，规划面积6平方公里；B区为休闲安养度假区，近期规划面积3平方公里，远期规划20平方公里；C区为科技工业园及城市综合新区，重点发展新型工业，规划面积18平方公里。截至2016年底，累计完成固定资产投资72.7亿元，其中基础设施建设投资21.7亿元，前后引进投资过5000万元项目32个，其中过亿元项目13个，入区企业总数达102家，建成投产66家，其中规模以上企业31家，产值过亿元企业6家。

【桑植县工业集中区】前身为2009年7月经张家界市人民政府批准设立的桑植县工业园，2012年9月批准为省级工业集中区。园区分A、B、C三区，地跨澧源、利福塔、瑞塔铺三镇，距张家界火车站、荷花机场54公里。总控制面积为20平方公里，核心区规划控制面积7.15平方公里，省政府批复的规划面积为3平方公里。规划A区为能源建材园，B区为绿色产业园、生物医药园、赤溪示范园，C区为高铁开发新区。截至2016年底，已完成土地开发面积3.2平方公里，投资5亿元，完成标准厂房、园区道路、供电通信、供排水系统、安置区等基础设施配套工程。

【慈利县工业集中区】创建于2003年，前身为张家界市人民政府批准设立的市级工业园。位于慈利县城东郊，澧水南岸，东距常德桃花机场80公里、西距张家界荷花国际机场80公里，园区总体规划面积为6.42平方公里，总人口为5万人。园区包括三园（即矿产工业园、新材料园、械电工业园）。园区现已汇集了恒昌钼业、衍金钼业、金秋葛业、三峡燃气、昌元机电、恒亮新材料、石昌钼业、硕鸿鞋业、华仪实业、中南实业、美达服饰等业内有广泛影响的骨干企业和优势项目。

【张家界旅游集团股份有限公司】前身为成立于1992年12月的张家界旅游开发股份有限公司，1996年8月29日上市，股票代码：000430。公司总部位于永定区三角坪145号张家界国际大酒店三楼，注册资金3.2亿元人民币，旗下拥有10余家成员公司，员工1200余人，2011年6月7日变更为"张家界旅游集团股份有限公司"。下设武陵源分公司和四家子公司，主要从事景区开发、酒店管理等旅游业务。拥有湘西猛洞河旅游开发公司75%和宝峰湖旅游实业开发公司75%股权，拥有张家界景区最著名景点宝峰湖和猛洞河的经营权。公司下属主要景点还包括十里画廊、德夯、坐龙峡、道吾山、周洛等。

【张家界灵洁绿色食品有限公司】成立于2003年，后期工厂位于张家界经济开发区C区，在沅古坪镇和罗水乡建有前期工厂，注册资金400万元，现有总资产1915万元，固定资产1087万元，是一家主要从事农产品、畜产品加工的民营企业。公司主要从事土家族的养生膳食系列产品的开发、生产、销售。其中"灵洁辣酱"开创了"吃辣椒不上火"的先河。2005年10月被评为"张家界市名牌产品"，2008年11月荣获湖南（国际）农博会"金奖"，2009年11月荣获中国中部（湖南）国际农博会"金奖"，2010年8月获得国家农业部绿色食品认证。

【张家界仙踪林农业科技开发有限公司】成立于2011年10月，位于永定区桥头乡梅家坪村，是一家集中药材种植、中药饮片、农产品深加工、植物精油浓缩提取的产、学、研于一体的现代高科技企业，注册资本300万元（实际投入资金1.2亿元人民币）。企业总占地面积3万多平方米，建筑面积达1.5万多平方米，已建成以GMP为标准的生产厂房及配套设施，并通过了国家ISO9001：2008质量管理体系认证。企业拥有多项知识产权及发明专利，研发和生产的多个产品，如"乌风蛇油精"，治疗心脑血管之神的"高浓缩保健养生浴足泡腾片"等

系列产品均被"中国行业领先品牌组委会"评为"绿色养生首选产品""植物提取创新产品"并重点推广。公司拥有"仙踪林"药品商标、"醫源"保健食品商标、"沁园村"土特产商标。公司自成立至今曾先后被授予"全国质量和服务诚信优秀企业""全国质量检验稳定合格产品""湖南省农业产业化龙头企业""张家界市农业产业化龙头企业""张家界市先进企业"等称号。

【张家界久瑞生物科技有限公司】成立于2008年12月，坐落在张家界市经济开发区科技工业园，占地面积13万平方米，公司专注于天然产物的提取和加工，目前主要产品有五倍子系列，皂素系列和橙皮甙等。五倍子加工能力全国第一，技术领先，通过了ISO9001：2008，HACCP，HALAL，FAMI-QS，KOSHER等认证，并完成了REACH预注册。公司重视环境保护，建立起符合国家标准的水处理系统，拥有整洁卫生的生产环境，秉承"以人为本，共享成功"理念，为全球市场提供价格优惠的高质量产品。

【旅游商品产业园】地处永定区沙堤乡郝坪村，位于张清公路旁，占地1000亩，计划总投资40亿元。项目分一期、二期建设。一期占地287.32亩，安置区等占地89.75亩，拟建成高标准建设国内一流旅游商品深加工中心、聚散中心和旅游服务中心，并打造成张家界又一处5A级旅游景点。项目建成后主要用于旅游商品生产工艺展示、商品展览及商品交易、旅游商品的购物中心、电子交

通平台及文化旅游、旅游接待服务、培训基地，是集游览、观赏、体验、养生、购物、娱乐为一体的综合园区。

【张家界酒】主要由张家界广源酒业生产，是张家界以市名为酒名的唯一品牌酒业。该酒精选高山生态粮及深山活氧山泉水为酿造材料，采用白酒最佳储藏容器陶坛，储藏在常年恒温20度左右、湿度78%左右的窖藏仓库，张家界酒承接土家传统酿酒工艺，结合现代先进酿酒技术，具有酒香醇厚、回味悠长、入口甘美、下喉净爽等特点。

【石耳】又名岩耳，生长在武陵源景区砂岩绝壁上，是张家界三宝之一。《本草纲目》记载，石耳有滋补、消炎、降压功能，可以"明目益精"，能延年益寿。"采石耳者以长绳一头束腰，一头绾铁钉，陷石罅中渐移，遇上下亦如之"，"间或偶遇飞虎剪绳，则立成齑粉"，故石耳极为珍贵，不仅是山民桌上的上等菜，而且是国宴中的佳肴。由于岩耳得来不易，长住名山古刹的和尚，也把它当做佛家珍物，如果偶然得到岩耳，便"宝而藏之"，用来馈赠教友和亲朋。

【杜仲茶】张家界盛产杜仲，慈利县有杜仲之乡之称，用杜仲制成的杜仲茶，被称为"张家界一绝"。杜仲茶以杜仲叶为原料，在杜仲叶生长最旺盛时，或在花蕾将开放时，或在花盛开而果实种子尚未成熟时采收，以做杜仲茶，其品味微苦而回甜上口，常饮有益健康。医学证明，杜仲茶能够减少

体内脂肪，有减肥功效，也有抑制高血压，提升低血压的作用，在中国古代被视为茶中名品。杜仲也是中药的药材之一，具有公认的药效，可以调整肾脏和肝脏功能，提高肠子的蠕动与排泄能力，改善体质。

【土家织锦】又名"西兰卡普""土花铺盖"，为土家族传统工艺品之一。它是土家族姑娘在特制的木质织机上以棉纱为经，棉线、五彩丝线为纬，手工提花织成。20世纪中叶，土家族织锦曾漂洋过海至欧美等国巡回展出，也先后在日本、东欧等国展出，受到国内外人士的高度赞赏。土家织锦以其质地厚实、坚韧，色彩鲜艳，格调古朴，流畅生动著称，虽经百年仍完好如初，如今已远销欧、亚、美、澳四大洲。

【挑花】又称十字绣。是土家族姑娘在直纹平布上，按照布纹的经纬十字交点用与底布色相反的线挑成图案。不需织机，工艺也远比织锦简单，只要着意构图，精心挑制就能创造出风味独特、情韵别致、令人赏心悦目的艺术品。挑花图案纹样有各种各样的几何图案，有各种花、草、虫、鸟、鱼、龙、竹、树，还有"龙凤呈祥""麒麟送子""狮子滚绣球"、"鲤鱼跳龙门""福禄寿喜""吉祥如意"等传统图案。

【绣花】土家语叫"卡普查"。土家族绣花一般先将要绣的花用纸剪成花样，贴在绣花底布上，然后照着纸样用丝线绣制。绣成之后，丝线便把底样蒙盖在里面了，图案略略突出，视之有立体感。土家刺绣一般喜

欢选用青、蓝、大红等深色布料做底布，图案纹样的绣线则多选浅色，或者相反。土家绣花多取材于花、草、虫、鱼、鸟、兽、竹、树等物或者绣"龙凤呈祥""凤穿牡丹""鲤鱼跳龙门""鸳鸯戏水""喜鹊闹梅""鹭鸶踩莲""仙鹤松涛""寿桃仙翁"等等传统图案。

【印染】土家族民间印染工艺十分独特。先把十张一叠的白纸用猪血浸泡晒干做成纸版，再用刻刀在纸板上刻出各种各样的花纹图案，这叫做"花版"。然后，将花版紧紧压盖在白布上，再涂上用石灰和豆粉调治成的灰膏，待灰膏干结以后，把布置入染缸浸泡，浸透后捞出，氧化十余分钟，又放回染缸浸泡，反复五六次。把染好的布晾干，然后用刀削去灰膏，印花布就制成了。

【张家界大鲵】张家界是中国大鲵最主要的原产地，张家界大鲵肌肉中含有铁锌、铜、钾等70多种天然活性物，具有极高的学术科研价值，也具有极高的医用、食用等经济价值。上世纪90年代以来，张家界实施"以大鲵特色养殖富民强市""合理开发利用促进大鲵资源保护"战略，制定了张家界大鲵产业中长期发展规划。目前，张家界市获准使用"张家界大鲵"专用标志的企业10家，辖区已有驯养繁殖许可企业20余家，已在桑植县、慈利县、永定区和武陵源区的15个乡镇建立商品大鲵养殖中心，正在修建张家界大鲵综合利用基地。

【永定菊花芯柚】产于大庸县西溪坪乡胡家河村，迄今已有130多年历史。据胡光桃之孙胡大富口述，其祖父胡光桃幼年时，看到院墙外有株小树，便移回院内栽培。过了几年之后，此树开花结果，果实味道殊佳。后来，胡光桃赶考，特将此果送给主考官，主考官品尝后问果名，胡答无名，主考官详细观察，发现果顶部花纹似菊花，便称之为"菊花芯柚"，此名一直沿用至今。大庸菊花心柚是柚类的一个优良品种，果肉淡红色，柔软汁多，脆嫩细腻，含糖量为17%，吃起来清香味美，甜酸适中，品质优佳，可与著名的广西沙田柚媲美。张家界有句俗话："好水不及白沙井（在张家界），好果不及'菊花芯'"。

【茅岩莓茶】"国家地理标志"产品，又名土家甘露茶、土家神茶等。产于永定区西北部的罗塔坪乡、青安坪乡、温塘镇、三家馆乡4个乡镇境内，产区面积382.2平方公里。主产区茅岩莓茶生产面积稳定在34公顷以上，总产量在15吨以上。野生茅岩莓目前还不能人工迁植，只生长在张家界海拔800~1300米云凝雾绕的张家界原始森林红砂岩中，其环境不受任何污染。茅岩莓生命力极强，具有野兽家畜不吃、病毒蚊虫不生的特点，该植物落地即生根，掉籽即发芽，表面有一层纯天然的蛋白霜，故命名为茅岩莓。茅岩莓既有药品的疗效，又有食品的营养，是目前世界上黄酮成份含量最高、营养最丰富的野生植物，富含17种氨基酸和钾、钙、铁、锌、硒等14种微量元素，并具营养性、药理性。

【土家三下锅】相传明嘉靖三十三年（1555），尚书张经上奏朝廷，请征湘鄂西土兵平倭。永定卫茅岗土司覃尧之与儿子覃承坤及桑植司向鹤峰、永顺司彭翼南、容美司（今湖北鹤峰）田世爵等奉旨率士兵出征。时值阴历年关，覃尧之深知一去难返，决定与亲人过最后一个年，于是下令："蒸甑子饭，切砣子肉，斟大碗酒，提前一天过年再出征。"因时间紧，就来了个腊肉、豆腐、萝卜一锅炖，叫作"合菜"，吃了好上路，这道菜以后演变成"三下锅"。这种特殊的土司宴，沿袭到今天，成为当今张家界地区最具特色风味的美味佳肴。如今张家界的三下锅多为肥肠、猪肚、牛肚、羊肚、猪蹄或猪头肉等选其中二、三样或多样经过本地的土厨师特殊加工成一锅煮。

【土家合渣】又名"懒豆渣"，因为在当年那兵荒马乱时，粮食非常缺少，很多人都吃不饱，而合渣的出现救了不少人的生命，曾经一度流传"辣椒当盐，合渣过年"的民谚。合渣是土家族人的家常菜汤，是黄豆磨成豆浆后，不过滤豆渣，加入切丝的青菜调煮而成的菜汤，因为和豆渣合在一起调煮，故得名为"和渣"或"合渣"，是一种非常营养天然的健康饮食。合渣的黄豆富含蛋白质、青菜富含维他命，营养价值很高，味道清淡爽口，又带豆香，土家人食用口感粗糙的主粮"苞谷"时，搭配汤汤水水的合渣就极易下喉。

【龟纹石】学名"华莹山多壁珊瑚石"，图案为多角状复体，呈六边形，酷似龟纹，其对角线长8-10毫米，内部结构单骸紧密相连，呈蛛网状。该化石为典型暖水生物群体，早在二叠纪前，经海水冲积，地壳变化，形成珊瑚化石。桑植县民族工艺厂利用龟纹石为原料生产出来的石砚、茶具及长颈鹿等装饰系列产品，其造型美观、工艺精巧，远销日本、东南亚以及港、澳、台地区，深得广大顾客喜爱。

◇ 城市文化

【综述】张家界是少数民族聚居区，民俗古朴，民族文化浓郁，有各类非物质文化遗产15类70多项，桑植民歌、张家界阳戏、白族仗鼓舞3项非物质文化遗产项目入选国家级名录，12项入选省级名录。《张家界·魅力湘西》和《天门狐仙·新刘海砍樵》于2010年进入全国首批35个文化旅游重点项目之列，其中《天门狐仙·新刘海砍樵》还获"影响中国旅游文化演出类"的唯一金奖。魅力湘西大剧院和《天门狐仙·新刘海砍樵》被文化部授予"国家文化产业示范基地"称号。全市有国家级重点文物保护单位7处，省级文物保护单位24处，市级文物保护单位6处，区、县级文物保护单位488处。张家界还是革命老区，是湘鄂西、湘鄂川黔革命根据地的发源地和中心地域，张家界市及桑植县被编入全国红色旅游精品线路，贺龙故居和贺龙纪念馆被列入"全国红色旅游经典景区"，湘鄂川黔革命根据地纪念馆被列入全国爱国主义教育基地和全国重点文物保护单位。近年来，全市已建成国家级文化站46个，建成农家书屋1612个，基本实现行政村全覆盖，全市公共图书馆图书总藏量227千册，区县文化馆、图书馆、贺龙纪念馆、红二方面军陈列馆、乡镇综合文化站全面实行免费开放，全市年均放映公益电影18000场、送戏下乡230场。2016年，全市艺术表演团体2个，公共图书馆4个，博物馆、纪念馆7个，电视节目综合人口覆盖率96.52%。

【桑植民歌】桑植民歌丰富多彩，历史悠久，曲调丰富，其旋律优美，节奏明快，加上别具一格的衬词、衬腔，显示出鲜明的民族风格和浓厚的乡土韵味。2006年5月20日，桑植民歌经国务院批准列入第一批国家级非物质文化遗产名录。曾于1957、1960、1978年三次参加全国部分省市民歌演唱会，先后演唱《要在人间建天堂》等二十多首，均获得成功。曾得到周恩来、刘少奇、邓小平、贺龙等党和国家领导人的称赞。1987年，在波兰举行的第十九届国际民间舞蹈演出会上，桑植民歌手尚生武第一个登上国际舞台，演唱《桑木扁担软溜溜》《棒棒儿捶在岩板上》等五首桑植民歌，在国际上赢得极高的声誉。《马桑树儿搭灯台》已改编为交响乐曲，在国外演出引起轰动，被誉为"金色的旋律"。

【天门狐仙——新刘海砍樵】表演地选址在天门山风景区，山门口内至天门山顶的整条峡谷，峡谷全长约5公里，海拔高差达1100米。主舞台建于山门口内的峡谷下端。主表演台与峡谷、奇峰、森林、溪流飞瀑溶为一体，共同形成一个纵深数公里、横宽和高差均逾千米的超级大舞台。剧情源于家喻户晓的民间故事和花鼓戏《刘海砍樵》，通过对这个经典故事的重新构思、巧妙编排，并在音乐旋律的引领下，层层展开一幅幅绚丽优美、哀婉生动的舞台场景，重新讲述了以砍柴为生的青年樵夫刘海和在天门山中修炼千年的白狐仙之间曲折而浪漫的爱情经历，融入了桑植等地的民歌和土家的民风、民俗。

【张家界·魅力湘西】初创于2000年，演出地点为张家界魅力湘西大剧院。项目由黄永玉题名，宋祖英、张也、陈思思三位湘籍歌唱家演唱主题歌。获得了"国家文化产业示范基地""国家文化旅游重点推荐项目""中国文化品牌30强""中国十大民俗文化企业""中国旅游演艺票房十强""湖南省民族传承基地""民族团结进步模范集体"等荣誉。先后与古丈县及凤凰县剧团、湖南省民族歌舞团、湖南省歌舞剧院合作，在保留大湘西原生态民俗文化的基础上，将民族音乐进行提炼升华，使传统民族艺术、技艺等与现代舞台之声、光、电技术完美融合，最终打造出"火·鼓""千古边城翠""追爱相思楼""狂野茅古斯""豪情合拢宴""英魂归故乡"等一个个精品节目。

【龙凤梯田】位于市西北部，属永定区罗水乡管辖，与天泉山国家森林公园背靠背紧紧相连。上亿万年前，在云贵高原的强烈造山运动作用下与武陵山脉相撞击而形成龙凤梯田原型、龙凤山脉。梯田规模宏大、历史悠久，相传为明初土家族农民起义军领袖覃垕率领数万大军开垦而来，距今已七百多年了，堪与广西龙胜的龙脊梯田媲美。梯田始建于春秋战国时期，形成至今已有上千年的历史，是龙凤村历代先民的劳动结晶，是稻作文化的历史遗存。

【渔浦书院】位于慈利县阳和土家族乡渔浦村境内。清光绪初年，慈利一代名儒田金楠首倡，议建书院，乡绅李德灼、王堂信等附而议之，并竞相解囊、慷慨捐资，八都九都士人群起而效之。至半，因所募资金告罄，役用不敷，几临半途之废。时有乡富李长青者，置酒集客，待酒至半酣之际，慨然出资百万钱。李长青者，旧有啬名，人皆闻之并耻之，今日慷慨如斯，人尽愕其所为，由是，尽奋勇而前，争输缗钱。书院土木役用之资，由是尽足焉。书院既成，与娄江书院、娄东书院、两溪书院共称慈邑四大书院。1980年3月，慈利县革命委员会以慈革发（1980）45号文件，将渔浦书院列入第一批重点文物保护单位。

【社巴节】又称"舍巴节"，土家族古老的宗教祭祖节日，通常在立春后第五个戊日举行。节日当天，主持节日者之房族不分男女老少、排成长队，敲锣打鼓，吹起土号，放三眼炮、鞭炮，由"梯玛"领队来到社场。队伍中还有一个头戴烂草帽、身披土花被面的人，相传这人是祖先，他后边跟着一个拿扫帚的人，边走边扫，传说祖先战死后其尸体长了蛆虫需清扫。跟在后面的人群，由族长带领，一路吆喝，领唱人每唱一句，众人齐声哪喊："干哉！干哉！啊喂！……"和声整齐，地动山摇。

【土家三过年】土家人每年要过三次年，腊月二十九（或二十八）"过赶年"，农历六月二十五过"六月年"，十月初一过"十月年"。"过赶年"的晚上，寨中空场燃起篝火，土家人围着篝火跳摆手舞，唱调年歌。"六月年"是因土家人历史一次重要的迁移，完成迁移的这一天是农历六月二十五日，土家人在这天宰牛祭神，慢慢形成过"六月年"的习俗。"十月年"是土家人在迁移后为迎接新家园第一个丰收季节而进行的，十月初一，土家人组织起庆祝活动，互相拜年，共庆"十月年"。

【土家六月六】土家族都将六月六称之为"晒龙袍"。女人们爱在这天把所有的衣物拿出来翻晒，土家族人相信这天经太阳晒过的物品，一年四季都不长霉，品质如新。传说这一天是湖南茅岗土司覃篨蒙难之日。在刑场上，覃篨怒目圆睁，当刽子手凌迟剥皮时，忽然从他身上飞出九条金龙，霎时天昏地暗，日月无光。朱元璋吓得从金殿龙椅上晕倒在地，连忙爬起来祷告苍天。同时下令将人晒干，扎成覃簌像，让他每年坐七天帝位。土家族人将覃簌血染的战袍抢回来洗净晒干，立庙祭祀，谓之"晒龙袍"。

【茅古斯】源于母系氏族社会向父系氏族社会过渡的土家原始剧种。演时全身缠茅草，头着5根棕叶长辫。除女茅古斯（祖婆）外，每人拦腰扎一根草绳，前头一端染成红色，或缠上红布，模拟"粗鲁棒"（男性生殖器）。演唱"砍畲""筛灰""挖土""撒种""打猎""接媳妇"（土语：洛卡妮）等生产生活内容，插以吆喝、对话和鲁莽动作，是似歌似舞又似戏的古老戏剧。每年正月初三敬祖，村民们装扮毛人表演先祖故事，故名。作为一种"驱秽辟邪，禳灾纳吉"的崇祀和祭奠先人、传承祖风的盛典，存活于湘西境内的摆手活动（土家族谓之"社巴日"）中，已有数千年的历史。茅古斯从原始巫舞脱胎，在渔猎环境中发育，梯玛（土老司）祭仪提供了表演手段与基本模式。它属于原生形态的戏剧，中国戏曲最远源头上遗存至今的活化石。

【张家界国际乡村音乐周】两年一届的张家界国际乡村音乐周首创于2009年，旨在展示和交流世界各民族的乡土音乐，继承和弘扬乡村音乐艺术，促进世界民族文化艺术的发展，提升张家界乃至湖南在国际上的知名度和美誉度。音乐节邀请不少于20个国家的具有典型乡村音乐艺术特色、代表目前世界水准的22个民族民间音乐团体参加。主要有22个国外团体参加，平均每个团队12人以内，总人数在160~230人之间；8个国内团体（蒙古族、维吾尔族、藏族、朝鲜族、侗族、高山族、土家族、苗族），共不少于200人。张家界国际乡村音乐周已成功举办5届，成为张家界另一张文化名片，文化部曾专文评价其为"巧用软实力提高国家形象的一次成功实践"。

【张家界国际森林保护节】我国目前唯一的以森林保护为主题的节庆活动和公益盛会。首创于1991年，以"地球呼唤绿色、人类渴望森林"为主题，这是全国首个以森林保护为主题的节庆活动和公益盛会。迄今为止已成功举办了18届，为宣传推介张家界、提升旅游品牌形象、弘扬生态文明理念、传播生态文化，发挥了重要作用，成为我国十大自然生态类节庆活动品。其丰富的文化内涵正吸引着越来越多的国际组织和境内外媒体的关注，并逐渐成为全球森林保护事业、构建和谐世界的重要交流与合作平台。

【傩戏】起源于原始巫术祭祀活动，是从古代"傩祭"活动中蜕变演化而来的一种原始宗教戏剧，至少已有3000年的历史。今天的"傩愿戏"是宗教、戏剧相融合的文化产物，是原始宗教仪式的完好保留，堪称戏剧艺园中的"活化石。"桑植县傩戏有"高傩""低傩"两个流派，分别流行于汉族区和土家、白族、苗族聚居区。傩戏装束、唱腔、程式及剧目基本相同。以驱鬼逐邪、还

愿、解厄、乞求吉祥为主要目的，称为"还
傩愿"，也有为蒸"祝米酒"、白族少年
"脱白穿青"或寿庆之日表演的。

【阳戏】阳戏的得名，有两种说法，一
是认为是种田人、种阳春人演的戏，艺人大
多是农村农民，并且长期在农村演出，所以
称之为"阳戏"。另一种说法是因为傩戏与
阳戏同班演出，傩戏是为娱乐鬼神而演，故
称"阳戏"，阳戏显然也有还傩愿的酬神演
出，但在庭前扎台唱阳戏，主要是娱人，故
称之为"阳戏"。从民间歌舞发展成为戏曲
剧种，阳戏经历了"二小""三小"，以及
"多行当戏"等阶段。发展过程中，受到民
间花灯、傩戏、辰河戏等艺术形式的影响。

【花灯】起源于唐代京都民间"灯儿
戏"。土家花灯音乐，讲究字正腔圆，曲式
一般是两个或四个乐句的单句段，分正调、
杂调。正调多唱传统词，杂调可即兴新编，
灵活多变。土家花灯唱词颇具文采，五、
七字句居多，灯词轻快活泼。以四季、十二
月、数十的数字为逻辑顺序组织唱段，富有
浓郁的地方生活特色和民族特色。土家族花
灯舞蹈，分"单花灯""双花灯""花灯"三
种。一般情况下只跳单花灯，就是"一旦一
丑"两人跳，俗称"二人转"，其他人和声
伴唱。每年正月初三至十五，一到傍晚花灯
队就打起灯笼，敲响锣鼓，走村串寨或登门
到户进行拜年活动。正月十五晚上还要举行
送灯烧灯仪式，至此，一年一度的新春花灯
活动才到此结束。

【桑植白族仗鼓舞】大约在元朝初期产
生，白族迁始祖来桑落脚，创造发展仗鼓
舞，形成原始白族的舞蹈雏形白族仗鼓舞。
到明初年间，许多有武术功底的白族艺人对
仗鼓舞进行加工和编排，逐渐形成"三十二
连环""四十八花枪"等套路。仗鼓舞粗
犷、刚劲、原始、大方又杂夹武术套路，广
泛用于游神、庙会、节日庆典、祭祀、庆贺
丰收等民俗活动中，和"土家摆手舞""苗
族猴儿鼓"并称为张家界三朵艺术奇葩。主
要分布在马合口、麦地坪、芙蓉桥、洪家
关、走马坪、淋溪河、刘家坪七个白族乡
镇，外半县如官地坪、瑞塔铺等乡镇也流行
跳仗鼓舞。

【土家婚俗】在历史上，土家族婚俗曾
几度变革。改土后，男女婚配的婚礼逐渐接
近当地汉民习俗，同时也有一些民族和地
方特点。一般婚龄都偏小，多为十六七岁
即婚，亦有十二三岁为婚的。婚前姑娘必须
自制精美的土花铺盖。择定婚期后，在出嫁
前必须哭嫁。婚日之前，男女均行"簪花"
的成年礼。婚日，男在未发轿迎亲前，备好
猪头一个、鸡一只，至土王祠中祭祀土王，
新郎必须九叩八拜。男方至女方迎亲得行拦
门礼，新娘在婚日着露水衣，打露水伞，由
兄弟背负上轿。上轿前，还须掷筷子、甩火
把，有的还行"蹬门"之俗，有的入洞房，
还要有"争床"仪式。

【土家葬礼】过去土家多行火葬，改土
后渐多土葬。长者善终者多请土老师念经，

僧道开路。土老师念经多歌唱开天辟地神话、民族迁徙，颂祖先及死者功绩等悼词。"丧事尚歌谣"，晚上要唱孝歌，打夜锣鼓以歌丧。出殡时，土老师为死者饰，死者为女，土老师负被、鞋；死者为男，土老师则负烟袋、弯刀，家属环绕哭吊。吊毕，即焚毁土老师背负物件。并椎牛羊祀神。然后，由僧道"发引"、下葬。对非正常死亡者则请土老师"上刀梯"超度以葬。新中国成立后，有的办丧事只举行一个追悼会，寄托哀思。

【土家腊肠】烹调方法比较多，一般用来与鲊广椒、蒜苗、山野菜、小米一起炒、蒸而食。在湘西土家山区的农家堂屋中间，家家都有一个冬季不熄的大火塘。火塘里任何时候都架着一个很大的树蔸或树桩在燃烧，火塘上面则有一个能够升降的大铁钩，悬挂着鼎锅或水壶，用于煮饭烧水。把腌好晾干的肉条挂在火塘上面高高的屋梁上，利用火塘上升的青烟自然地去熏制肉条。由于这样的烟熏过程时间长，缓慢而充分，加之燃烧的树蔸或树桩大都有特殊的香味，故这样熏制出的腊肉味道很好。

【酸酢鱼】土家族人的饮食以酸辣为主，因气候湿热，新鲜食材难以保存，便以腌、鲊、酸酢的方式处理食物，腊肉、鲊辣椒、酸合渣、酸酢鱼，都是土家族的特色美食，尤以酸酢鱼为至鲜。"酸酢鱼"就是将捕捉到的新鲜小鱼，破肚洗净，裹上米粉（米粉中要放少许食盐，调匀），然后放进菜坛内，腌上3至5天，待有酸味以后再挖出来用茶油或其他植物油炸熟，这样色泽金黄，味道又酸又香，十分可口。"酸酢鱼"因为在菜坛里长时间腌渍，且经过食盐浸渍鱼已酢熟，故可以从坛内取出来吃。"酸酢鱼"是少数民族同胞待客的名菜，主人家平常都舍不得吃，非客至不食。

【秦始皇赶山填海】传说秦始皇在位的时候，有一次到蜀地看到大片的山脉，忽然突发奇想："我要是将这里的山分出一部分，填平东海，我的疆域不就又扩大了吗？"于是，秦始皇挥起神鞭，将峨眉山从金顶向下一劈两半，随后驾起天马，沿着蜀道就将山向东海赶去。那时候，张家界地区还是一片平原，秦始皇将山赶到这里，感觉有点累了，就停车小憩。此时，东海龙女趁机偷走了那根神鞭，于是这片从蜀地赶来的山也就只好长久地留在这里，变成了武陵山脉，当初劈开的半个金顶，变成了今天的云梦仙顶。

【张良归隐张家界】汉惠帝七年十月（前188年），高皇后吕雉临朝称制，张良身处危难之中，毅然辞仕出走长安，"从赤松子游"，隐匿江湖，成了中国历史上一大古谜。据《澧州府志》《永定县志》载："赤松子，隐赤松山（今张家界天门山东最高峰谓赤松山），有丹灶列天门十六峰之一。张良从赤松子游，天门、青崖诸山，多存遗迹。"至今，张家界民间，还流传着不少关于咏叹张良的诗。如：太平原是将军定，不许将军见太平；痴人贪禄刀上死，直上林泉隐姓名。

【鬼谷子】鬼谷子，楚国人，姓王名诩，又名王禅，道号玄微子。曾隐居于鬼谷，故以自号而人称鬼谷子。在张家界市，关于鬼谷子的传说古来有之。《永定县乡土志》载："鬼谷洞丹篆。洞在天门山绝壁，无路可阶，有樵者误入洞，见壁上画字如篆文，离奇不可辨，欲再往，则云气怒涌不可支……"《直隶澧州志》载："鬼谷子。隐居天门山学《易》。石室幽邃，下有清流。今石壁上有甲子篆文。"相传鬼谷子在天门山创造一种健身功——硬气功，俗名"鬼谷神功"。

【周赧王墓】周赧王，名姬延，春秋战国时西周最后一个国王，后被秦国所灭，秦王将赧王墓迁葬以辱尸。赧王旧臣不忍先主再遭不测，遂秘密将尸骨南迁，葬到僻远蛮荒的大庸丁家溶。《直隶澧州志》载："周赧王墓。县西十五里，有赧王山，中有大冢，封殖甚高，周列小冢四十余，或云殉葬宫嫔也。"唐代大诗人王维诗："蛮烟荒雨白千秋，夜邃空余鸟雀愁。周赧不辞亡国恨，却怜孤墓近欢兜。"洪容斋《笔记》："慈利县周赧王冢中藏古器物甚多。"清诗人罗光普竹枝词："赧山王下莽榛芜，落日苍凉过客孤。为问周家天子墓，可留玉碗与金凫？"

【普光禅寺古建筑群】位于市区文昌阁步行街，寺庙建于明永乐十一年（1413），

属佛门五宗之临济宗，原管辖本境80余座佛寺，200余僧侣，常住僧侣达50多人。整个建筑采用传统斗拱和藻井结构，设计精巧、宏伟壮观，由大山门、二山门、钟鼓楼、大雄宝殿等组成一个庞大的古建筑群，具有宋、元、明、清各朝的建筑风格和特点，同时融佛教文化、道教文化、儒家文化于一体，是我国古代人民超凡智慧的结晶，在建筑和宗教方面都有较高的研究价值。

【石堰坪古建筑群】位于永定区王家坪镇石堰坪村，由200余栋多建于明清时期的土家传统吊脚楼构成，其建筑形式多样，别具一格，在南方民居建筑中一支独秀。2013年5月，正式被国务院公布为第七批全国重点文物保护单位。土家文化是石堰坪的一张王牌，吊脚楼作为载体，古香古色的吊脚楼错落有致，水碾、筒车、老式油榨作坊别意犹存。全村面积1700公顷，现居住有土家族900多人，拥有除吊脚楼以外的糊仓、扬叉舞、薅草锣鼓等土家特色浓厚的非物质文化遗产，还有土家族特色的饮食文化。

【老院子】位于市区永定大道东2号（近常张高速入口处），是田氏族人的祖居，田家大院始建于清代雍正年间，是地质学家田奇镌故居，是国务院原总理朱镕基就读的校园。"田家大院"建筑风格融入土家族和汉族的文化元素，为天井式四合院的封火墙建筑；雕梁画栋、飞檐翘角，是富有土家族特色的毕兹卡民居，享有"湘西地区第

一宅"美誉。古色古香的"田家大院"共有四十多间房屋，建筑面积近五千平方米，被湖南省政府于2006年公布为省级重点文物保护单位、被国务院于2013年批准为全国重点文物保护单位。

【红二、六军团长征出发地旧址】位于刘家坪白族乡龙堰峪，由贺龙纪念馆代管，为全国重点文物保护单位。1935年11月，贺龙、任弼时、关向应、萧克、王震等红二、六军团领导人，在这里召开了具有历史意义的刘家坪会议，决定实行战略转移，开始长征。该旧址原为当地乡绅刘九桐等人的宅院，建于清朝末年，系四连环走马转角吊脚楼群，属典型的湘西土家族传统民居建筑风格。旧址房屋形成左、中、右三天井，当年依次驻中共湘鄂川黔省委、中央军委分会、省军区和红二、六军团总指挥部等机关。房子中贺龙、任弼时等红二、六军团领导人当年用过的办公桌椅、生活用品以及睡过的床铺等遗物至今仍保存完好。

【骑龙岗古墓群】位于慈利县零阳镇十板村零溪河东侧山岗上，山岗西600米为白公城城址，北为叶家凸古墓群。骑龙岗古墓群墓葬沿山脊轴线分布，愈北愈密，墓内有墓、墓下有墓的现象比比皆是。岗地总面积约2万平方米，以2002年的发掘情况推算，整个骑龙岗古墓群的墓葬总数应超过千座。古墓群大、中、小型各类墓兼备，且墓葬无论早晚无一被盗，资料完整，历史线索清晰，是进行墓葬断代、分期研究不可多得的

材料。2013年，骑龙岗古墓群被国务院公布为第七批全国重点文物保护单位。

【贺龙故居】位于桑植县洪家关村，一栋坐北朝南、四扇三间的普通木房，原是贺龙祖父贺良仕于清道光年间修建，后为贺龙的父亲贺仕道所继承。贺龙和他的姐姐、妹妹、弟弟都出生在这里，并在这里度过了他们的童年和青少年时期。由于他们家人口多，贺龙父亲将这三间房用木板隔成六间。正中一间为堂屋，门首红底金字匾额上的"贺龙故居"四个字为邓小平手书。堂屋前间置放贺龙元帅身穿戎装的半身铜像。院内修建了贺龙生平事迹陈列室，1983年，湖南省人民政府将贺龙故居列入重点文物保护单位。2006年5月25日，贺龙故居被国务院批准列入第六批全国重点文物保护单位名单。

【土家冲天楼】"靛房河流的油，树比有座冲天楼。"位于龙山苗儿滩镇，建修于清康熙年间，到如今已传了15代，已有374年的历史，是土家建筑工艺的活化石。树比原名"树碧"，距惹巴拉土家文化风情园4公里，由小树比、大树比、狠咱龙、阿枯4个自然寨组成。大树比全寨88栋民房，其中21栋转角楼，2栋望月楼，1栋四水屋，1栋土家民居最长间：巴列榻王氏大长间（15排14间，右配转角楼）。2011年，树比冲天楼被列入湖南省文物保护单位。

【军声画院】国家3A级旅游区，位于永定区子午路2号，距离武陵源风景名胜

区约35公里，于2001年创建，是展示砂石画的专题展馆。以砂石、植物等自然材料为绘画创作原材料而创造的砂石画，具有中国画的神韵，水彩画的清新，油画的凝重，工艺画的精巧，又有半浮雕的立体感，因其取材于自然而享有"绿色画种"和"环保画种"的美誉，被外界称为"砂石画艺术宫殿"。馆内主要展示砂石画的创作流程和其创始人李军声潜心研究与探索的砂石画艺术珍品。

【哈利路亚音乐厅】位于黄龙洞生态广场入口处，由北京大学建筑与景观设计学院院长、哈佛大学教授俞孔坚担纲设计，按国际标准建设，建筑面积为4970平方米，总投资1.6亿元。音乐厅原名黄龙洞生态剧场，建成于2009年。2010年9月15日，张家界黄龙洞投资股份有限公司将公司投资建设的音乐厅正式命名为哈利路亚音乐厅，著名绘画艺术大师黄永玉为音乐厅题写了厅名。该音乐厅背靠植被茂盛的黄龙洞山体，面朝炊烟袅袅的稻田，南邻潺潺东流的索溪水，环境极佳。

【江垭古街】自溇水河边至跑马场，全长1500余米，依山而建，蜿蜒曲折，连绵起伏，街道全用麻条石铺筑，石级踏步时上时下，街道两侧现存木构建筑较多，特别是丁字街至兴隆街保存基本完好，全为前店后院式院落，90%以上为两层。古建群保留着从清代到民国时期的各类商用建筑50余栋，老街之中的地名、街巷名、建筑物名，依然

谓之旧名，至今还保留有写在墙上的老商号名。

【九溪明代卫城】位于慈利县江垭镇。明洪武年二十三年，朝廷在溇江北岸设立九溪卫，以土治土，成为当时管理大湘西最重要的门户。九溪卫城作为古代军事设施使用达300多年，南方少见。城堡占地约37万平方米，城墙周长约4000米。南北城门保存完好，底座用石条砌筑，青砖卷顶，南城门外侧刻有"迎熏门"匾额，北城门双层构建，选料、砌法考究，平整端庄，坚固牢实。城内主干道布局成"十"字形，分别称东、西、南、北街，排水系统保存完好，现在仍旧使用。此外还幸存明清时期的民居建筑近10栋，以木构封火墙结构为主，沿街巷而建，有安家院子、文庙等。

【土司城】原为永定土司城，是一座古老的土家山寨。土司制度初建于五代十国时期，到了明朝已非常成熟，土司王有无上的权威，在湘西有三大土司王分别是桑植土司向氏、永顺土司王彭氏、慈利土司王张氏，其中又以永顺溪州土司彭氏实力最强。彭氏分别在永定、永顺修建了二座土司城。在永定的土司城内，彭氏为显示其地位，修建了湘西最高的一座高达48米，共12层的吊脚楼，整栋楼竟无一根铁钉，堪称土家吊脚楼建筑史上的奇迹，此楼于2002年9月被评为最高吊脚楼，荣获世界吉尼斯之最。

【刘明灯】（1838-1895），字照远，号简青，永定区二家河乡人氏。少攻诗书，

朝夕练武，臂力过人，咸丰己卯中武举。1861年入左宗棠楚军，由于作战英勇由把总督晋升千总、参将、副将，到功升总兵，加提督衔，授福宁镇总兵。1868年调台湾镇总兵，后调甘南各军提督。光绪四年（1878）为父母丁忧由青海解甲归田。光绪二十一年（1895）年2月12日，土家军主帅刘明灯亦病死于故里，终年57岁。

【杜心武】（1869-1953），武术家，道号"斗米观"居士。慈利县人，家世业儒。自幼文武双修，9岁拜师从严克习文练武；后又从数名拳师习少林拳械与鹰爪拳、梅花桩以及运气站桩等，13岁时已有武名。后从四川峨眉异人徐霞客习自然门武艺8年，尤精此艺。1900年（亦说1890）东渡扶桑，考入日本东京帝国大学农科。就读期间，结识宋教仁，回国后，参加了辛亥革命武昌起义，历任北京农业传习所气象学教授、北京西郊农场技正、民国政府农林部（亦说农矿部）佥事。第二次国内革命战争失败后，在家装疯，人称"杜癫"。1939年复出。30年代初始收徒传艺，弟子甚众。1949年后，定居长沙。晚年练辟谷功，并继续传授武术。1953年因旧伤复发，咯血而逝。

【贺龙】（1896-1969），桑植县洪家关人。1926年参加北伐战争，历任国民革命军师长、军长等职。1927年参加领导八一南昌起义，任起义军总指挥。1934年在贵州东部与任弼时领导的红六军团汇合后开辟了湘鄂川黔革命根据地。1935年参加二万五千里长征。抗日战争时期任八路军一二0师师长，创建晋绥抗日根据地。1940年任晋绥军区司令员、陕甘宁晋绥五省联防军司令员。1950年，任西南军政委员会副主席，1952年，被任命为国家体委主任及中央人民政府劳动工资委员会主任。1954年任中央革命军事委员会副主席。1955年被授予中华人民共和国元帅军衔。1969年6月9日逝世。

【卓炯】（1908-1987），1908年生于慈利县国太桥镇。1931年考入中山大学教育系，后转入社会系，攻读政治经济学，受业于王亚南、何思敬、邓初民、周谷城、杨东莼等进步教授。1939年加入中国共产党，在第四战区主编《新建设》《阵中文艺》杂志，进行马克思主义的宣传工作。1941年回中山大学任教，先后任讲师、副教授，与王亚南共同钻研《资本论》。1946年，被国民党列入黑名单，党组织通知他转移到香港，后侨居泰国曼谷，任南洋中学校长兼中共支部书记。1948年9月回国，在云南参加地下党组织的人民武装斗争。1949年3月，任云南省人民反蒋自卫军第二纵队政治部主任。1987年当选为中共十三大代表。同年6月24日，在广州病逝，终年80岁。

【廖汉生】（1911-2006），桑植县人，土家族。1929年参加桑植县农民协会和县苏维埃的工作。1930年红军主力东下洪湖。1933年7月，经贺龙、关向应介绍加入中国共产党。1935年11月，随红二六军团从桑植出发长征。1937年5月出席在延安召开的中共苏区代表会议。抗日战争时期，任八路军第一二0师三五八旅七一六团副团长、团政委。1939年挺进冀中，任独立第二旅副政委、代旅长。1940年回师晋西北，参加了晋西北反"扫荡"和百团大战。1941年入延安八路军军政学院和中央党校学习。1945年，任中共襄南军分区政委兼地委书记。解放战争期间，历任晋北野战军副政委、晋绥军区第一纵队政委、陕甘宁野战集团军副政委、西北野战军第一纵队政委、第一军政委。新中国建立后，任中国人民解放军第一军政委兼青海军区政委、中共青海省委副书记、省政府副主席。1955年被授予中将军衔。2006年10月在北京逝世。

【陈能宽】（1923–2016），著名金属物理学家。慈利县人，中共党员，中国科学院院士。1946年唐山交通大学矿冶系毕业，1947年赴美国留学，1949年获硕士学位，1950年获美国耶鲁大学研究院物理冶金博士学位。1955年回国后历任中国科学院应用物理所研究员，二机部第九研究所实验部主任、第九研究院副院长、院科技委主任、院高级科学顾问等职。1986年任核工业部科技委副主任，1988年兼任国防科工委科技委副主任。领导组织了核装置爆轰物理、炸药和装药物理化学、实验核物理等学科领域的研究工作。1982年获国家自然科学奖一等奖，1984年获国家发明奖二等奖，1985年获三项国家科技进步奖特等奖。2016年5月在北京逝世。

◇ 城市生态

【综述】张家界地处武陵山脉腹地，森林资源丰富，是理想的生态旅游区、国际度假区。全市现有国家森林公园4处。自然保护区7处，其中国家级1个，省级3个，自然保护区面积3.94万公顷。2016年，全市森林覆盖率达到70.98%，活立木蓄积量2672.1万立方米。全年完成造林面积0.69万公顷，年末实有封山育林面积2.3万公顷。全市境内溪河纵横，水系以澧水和溇水为主。全市地表水各省控监测断面水质常年保持在II类以上。随着生态文明建设的深入开展，张家界在全省率先推行农村垃圾治理和全国农村环境连片综合整治试点，建成国家级、省级生态示范村镇300多个，跻身全国首批国家主体功能区建设试点示范、全国生态文明示范工程试点市、武陵山片区国家生态文明先行示范区行列，武陵源成为省级生态区，张家界市成为中国绿色旅游示范基地。城镇环境基础设施不断完善，2017年，城市污水处理率95%，城市生活垃圾无害化处理率100%。全市万元规模工业增加值能耗0.66吨标准煤。全社会用电量24.67亿千瓦时，主要污染物中，化学需氧量排放量比上年削减5.08%，二氧化硫削减15%，氨氮削减2.6%，氮氧化物削减15%。2017年被授予"国家森林城市"荣誉称号。

【张家界世界地质公园】位于武陵源区，公园面积约398平方公里，其中特级保护区面积21.02平方公里，一级保护区77.63平方公里，二级保护区16.29平方公里，三级保护区139.54平方公里，发展控制区143.52平方公里。2001年，国土资源部批准建立国家地质公园。2004年，入选首批世界地质公园网络成员。2015年，成为联合国教科文组织世界地质公园。地质公园主要发育有砂岩峰林地貌和岩溶地貌，公园内砂岩峰林地貌包含有砂石山峰柱、方山台寨、天桥石门、障谷沟壑、岩溶峡谷、岩溶洞穴、泉水瀑布、溪流湖泊和沉积、构造、地层剖面、古生物化石等地质遗迹。公园内拔地而起的峰柱达3000多座，高几十米至400米，其中高度超过200米的有1000多座，具有重要的地质与地貌学价值。岩溶洞穴地貌是公园区内另一重要地质遗迹类型，共有大小洞穴几十个，其中以黄龙洞最具代表性。

【大鲵国家级自然保护区】位于武陵源区，面积14285公顷，1995年经湖南省人民政府批准建立，1996年晋升为国家级，主要保护对象为大鲵及其生态环境。地处武陵山脉东段，境内以山地为主，最高峰斗蓬山海拔1890.4米，是湖南湘、资、沅、澧四大水系的发源地。由于太平洋东南季风受到武陵山脉的阻挡，形成当地的季雨气候，其特点是四季分明，夏无酷暑、冬无严寒，适宜的气候条件和发达的水系为国家重点保护野生动物大鲵的栖息和繁衍提供了良好的生态环境，使保护区成为我国大鲵的集中分布区之一。除大鲵外，本区的其他野生动物资源也非常丰富，已知高等植物达3000余种，其中珙桐、水杉、鹅掌楸等被列为国家重点保护的珍稀濒危植物。野生动物中，列入国家一、二级保护的还有云豹、大灵猫、红腹角雉、穿山甲、水獭等。

【张家界国家森林公园】1982年国务院委托国家计委批准成立的我国第一个国家森林公园，1983年成立张家界国家森林公园管理处，代管张家界村、袁家界村，公园总面积4810公顷，森林覆盖率98%，木材蓄积量35万立方米。公园常驻人口3800人，管理处干部职工1500人。公园以独特的石英砂峰林地貌著称，集"雄、奇、幽、野、秀"为一体，是"缩小的仙境，扩大的盆景"。公园已开辟黄石寨、金鞭溪、鹞子寨、袁家界等精品游览线，130多处精华景点。公园自然景观奇特，动植物资源异常丰富。有木本植物93科517种，观赏植物720种，鸟类13科41种，兽类28种，有"天然植物园""动物王国"之称。

【天门山国家森林公园】1992年7月，天门山被国家林业部批准为张家界的第二个国家森林公园。在漫长的地质历史中，天门山经历海相沉积上升为陆相沉积，形成高山，特别是大规模的喜马拉雅山造山运动，使天门山分别被两条断层峡谷切为四周绝壁的台形孤山，几公里之内高差达到1300多米，从而造就了孤峰高耸、临空独尊的雄伟气势。天门山的山顶部分相对平坦，面积达到2平方公里，发育着典型的中山岩溶台地峰林地貌，溶丘石芽遍布，宛然一片神奇的空中石林。

【湖南天泉山国家森林公园】 位于永定区的西北部，东与罗水、桥头乡交界，南与温塘镇相连，西与青安坪乡相依，北与桑植县瑞塔铺白族乡接壤。公园总面积3538.1公顷，分为两片区：第一片区面积3532.1公顷，第二片区面积6公顷。公园属武陵山脉，境内群峰竞秀，沟谷纵横，山坡陡峭，整个地形东西窄、南北长、中间低的狭长地形。天泉山主峰海拔为1264.1米，公园最低海拔为270米，一般海拔在800米左右。地貌类型为中山地貌，园内风景资源独特，景观资源丰富、质量高，天然次生林覆盖率高，环境质量优越，小气候宜人，历史文化底蕴深厚，民俗风味浓郁。

【八大公山自然保护区】 位于桑植县的北部边陲，1986年，经国务院批准建立。主要保护对象为亚热带森林植被及珍稀动植物。海拔自346米至2003米，由斗蓬山、杉木界、天平山三大林区组成，总面积4.49万公顷。保护区现有高等植物216科2408种，国家一级保护植物7种，二级保护植物32种，特有植物有10科30种。其中，朱兰、石豆兰等52种植物被列入《濒危野生动植物物种国际贸易公约》（CITES）。药用植物有1000余种，被国内外誉为"绿色宝库""天然博物馆""世界罕见的物种基因库""天然中华药库"。

【湖南峰峦溪国家森林公园】 前身为桑植县贺龙森林公园，建立于2008年12月，总面积为2216.6公顷，由梅家山、西界和峰峦溪、九天洞四个景区组成。公园森林资源丰富，林地面积1221.4公顷，占总面积的98%。有木本植物75科128属532种，其中乔木185种，灌木146种，木质藤本64种。珍稀树种有南方红豆杉、银杏、钟萼木等。公园内野生动物较多，其中国家重点保护动物有豹、麝、毛冠鹿等；省重点保护动物有红嘴相思鸟、腹蛇、银环蛇、豪猪等。2004年被列入世界地质公园。

【红石林国家石漠公园】 地处市区西北郊，位于永定区尹家溪镇红石林村，距市区20公里，包括永定区尹家溪镇红石林村北坡及永定区属茅溪水库沿岸河谷景观地带，规划总面积1123.25公顷。公园片区内以红石林和地下溶洞为主的石漠化资源分布广、规模大，具有生物资源的多样性和文化资源的特殊性。

【杨家溪体育公园】 位于西溪坪东方明珠住宅小区临澧水河畔，总用地面积约34700平方米，总投资约4300万元。公园以运动为介质，以足球文化为主要运动文化切入点，致力于打造乐活运动、健身极地、足球文展的现代体育公园典范园。体育公园共有主入口体育文化广场区、滨水足球文化展示区、体育设施综合馆区、户外健身区四大景观特色运动区域，并设置有贯穿全园的环形健身跑道。在公园的中央位置，规划了体育设施综合馆，馆内布置了各类室内体育健身运动设施。户外健身区布置有户外网球场、户外篮球场、儿童游憩区、运动休憩长廊。

【大庸桥公园】始建于2001年12月18日，于2002年12月30日竣工。占地160余亩，其中水面40余亩，总投资3900万元，是张家界市内规模最大的区域性公园绿地，以大面积的滨水绿带、蔬林草地为主，并点缀小品和休息设施，环境十分宜人。公园呈扇面形，一水中分。园中的文化柱，摆手舞广场很好的弘扬了土家族文化，音乐喷泉是园中的恢弘一笔。园中标志性建筑——木子塔，积木而成，代表中国文化双木而林，三木而森，也有喜迎八方来客的意义。

【烈士陵园】位于永定区迎宾路。在革命斗争时期中，3000余名英雄儿女献出了宝贵生命，其中团以上干部100余人。为纪念牺牲烈士，陵园于1985年始建，占地面积13万多平方米，建有烈士纪念塔、纪念馆、功德亭、回龙阁等，有烈士墓153座。是湖南省首批爱国主义暨国防教育的基地，也是吉首大学、张家界航空工业学院等三十多所学校的爱国主义暨国防教育的基地，已成为融参观、教育、健身于一体的园林式烈士陵园。

【赵家垭水库】位于慈利县，始建于1972年，是一座以抽水蓄能发电为主，兼具蓄洪防洪、抗旱灌溉、营林旅游、水产养殖等多功能于一体的中型水利水电骨干工程，水库本身集雨面积33.5平方公里，

外引集雨面积24平方公里。水库枢纽大坝为粘土斜墙堆石坝，坝底高程为500米，坝高46米，水库属封堵天然溶洞而建，大坝潜于水下，被称为我国第一座"无坝"水库。水库管理处目前下辖三座梯级开发水电站，在县电网平抑负荷、调峰填谷中发挥了关键作用。

【宝峰湖】地处武陵源风景名胜区的核心地带，距天子山8公里，距武陵源区政府1.5公里，距黄龙洞8公里，总面积4100亩。三亿八千万年前，武陵源一带地壳下降，海水浸入，成为汪洋大海。经过亿万年流水的冲刷、切割和节理的发育，形成了千峰耸立、万石峥嵘的自然风光，宝峰湖是其典型代表。宝峰湖集山水于一体，融民俗风情于一身，尤以奇秀的高峡平湖绝景、"飞流直下三千尺"的宝峰飞瀑、神秘的深山古寺闻名，是世界自然遗产、世界地质公园、首批国家5A级旅游区张家界武陵源风景名胜区的组成部分，属张家界地貌内自然山水与人文民俗相结合的湖泊型自然风景区，被称为"世界湖泊经典"。

【金鞭溪】位于武陵源区张家界国家森林公园东部，因流经金鞭岩而得名，全长7.5公里，穿行于绝壁奇峰之间，溪谷有繁茂的植被，溪水四季清澈，被称为"山水画廊""人间仙境"。金鞭溪西汇琵琶溪，东入索溪，两岸风景秀丽，景点目不暇接，主要景点有金鞭岩、神鹰护鞭、文星岩、紫草潭、千里相会、跳鱼潭等。

【黄石寨】位于张家界国家森林公园西部，因整座山像一头勇猛的雄狮，又名黄狮寨，海拔1200多米，占地面积250余亩。相传汉朝留候张良看破红尘、辞官不做，追随赤松子隐匿江湖，云游张家界，被官兵围困，后得师父黄石公搭救而得名黄石寨，是张家界美景最为集中的地方，也是张家界最大的凌空观景台。

【澧水源】澧水为湖南省四大河流之一。有北中南三源。北源出桑植县西北与湖北鹤峰交界之七眼泉，中源出桑植县西北与龙山、湖北宣恩交界之栗山坡仙人洞，南源出永顺县北万笏山龙泉寨十万坪，至两夹澜合而水势大盛，名龙江口。三源既会，经桑植县城西，东南流经桑植、永顺、张家界、慈利、石门、临澧、澧县、津市等县（市）后注入洞庭湖之七里湖。

【澧水风貌带】澧水风貌带北岸西起小河坎张桑公路处，东止毛塔张联公路；南岸西起木龙滩电站处，西止西溪坪杨家溪，沿滨河路向南北延伸各约200米范围，长度约12公里，用地规模约1279.1公顷，是极具地方文化特色的城市滨河风光带，致力于打造国际旅游服务区滨河景观带、民俗风情区、城市文化形象活力新区和滨水生态居住区，提升城市旅游功能。

【索溪河风光带】索溪河是武陵源区的母亲河，索溪河水景观规划范围涵盖索溪湖至黄龙洞段的溪河，全长13.47公里。标志门至喻家嘴大桥的索溪水景观分为漂流水文化体验区、浅水深潭急流体验区、河滨湿地跌水水景欣赏区、水上娱乐休闲区4个功能区域，是一道集滨水景观、旅游休闲、生活休闲、文化休闲为一体的沿河特色风光带。

【茅岩河风光带】茅岩河是澧水上游50多公里长的一段河。清代光绪《永定县乡土志》载曰："澧自苦竹河入境，重滩叠濑，其著者八十有奇，浪头河大多奇险"。茅岩河的主要景点有茅岩滩、温塘温泉、麻阳古渡、茅岩河峡、水洞子瀑布等。河的两岸青山绿水，风光如画，故又称"百里画廊"。游人乘橡皮船顺水漂流，既可以欣赏美丽的峡谷风光，又可领略到急流险滩的惊险与刺激。

【宝塔岗污水处理厂】位于永定区崇文街道，是永定城区第一个污水处理厂，一期建设处理规模2万吨/日，项目总投资1400万元，2006年9月开始运行。项目占地13亩，采用国内外比较先进的专利技术硅藻精大处理剂处理污水，设计处理污水出水达到《城镇污水处理厂污染物排放标准》（GB18918-2002）一级A类标准。

【杨家溪污水处理厂】位于西溪坪老火车站东侧，占地40余亩。是张家界市2008年十七个重点建设工程之一。该项目污水处理规模近期为4万立方米/日，远期为8万立方米/日，总投资6700万元。污水处理工艺采用成熟的A2/O处理工艺，污水出水水质符合GB18918-2002城镇污水处理厂污染物排放标准中的一级B类标准。

◇ **城市名片**

【综述】张家界因旅游建市，是中国著名的旅游城市，也是湘鄂渝黔革命根据地的发源地和中心区域，先后获评全国20大最受关注旅游城市、中国十佳最干净城市、国内最佳自驾游目的地、国内最佳旅游景区、中国十佳空气品质城市。拥有264平方公里的石英砂岩峰林峡谷地貌。武陵源风景名胜区素有"奇峰三千、秀水八百"之美誉。造型之巧，神韵之妙，意境之美，堪称大自然的"大手笔"。天门山是张家界永定区海拔最高和最早被记入史册的名山，其天际线之美，堪为山的典型。张家界大峡谷集山、水、洞、湖于一身，被誉为"张家界地貌的博物馆"。百龙天梯是自然景观与人造奇迹的结合。天门山索道是天门山旅游风景区"四大奇观"之一。张家界大峡谷玻璃桥是世界首座斜拉式高山峡谷玻璃桥，其建成创造了多项世界纪录。黄龙洞被列为国际旅游洞穴会员、全国35个王牌景点之一、中国首批4A级旅游区（点）、中国旅游首批知名品牌、湖南省最佳旅游景区、湖南省著名商标、张家界旅游精品线之一，享有绝世奇观之美誉。

【武陵源】由张家界森林公园、索溪峪自然保护区和天子山自然保护区组合而成，总面积约500平方公里。1984年，时任中共中央总书记的胡耀邦视察此地时将张家界、索溪峪、天子山三大风景区命名为"武陵源"，后又开发了杨家界风景区。1988年8月，武陵源风景名胜区列入第二批国家重点风景名胜区。1992年，由张家界国家森林公园等三大景区构成的武陵源自然风景区被联合国教科文组织列入《世界自然遗产名录》。1995年3月，江泽民同志视察张家界时亲笔题词："把张家界建设成为国内外知名的旅游胜地"。2004年2月，武陵源风景名胜区被列为中国首批世界地质公园。2007年被列入中国首批国家4A级旅游景区。

【天门山】位于永定区，古称云梦山、嵩梁山，是永定区海拔最高的山，北距城区8公里，因自然奇观天门洞而得名，最早被记入史册的名山，被誉为"湘西第一神山""武陵之魂"和"张家界之魂"。主峰1518.6米，1992年7月被批准为国家森林公园。天门洞南北对穿，门高131.5米，宽57米，深60米，拔地依天，宛若一道通天的门户，至今已有1754年历史，洞内终年氤氲蒸腾，景象变幻莫测，时有团团云雾自洞中吐纳翻涌，时有道道霞光透洞而出，瑰丽神奇，宛如幻境，似蕴藏天地无穷玄机。山顶相对平坦，保存着完整的原始次森林，有大量极为珍贵和独特的植物品种，森林覆盖率达90%。

【张家界大峡谷】2011年成功创建4A级景区，2016年跻身全市第三大景区，成为全省十二条旅游精品线，2017年张家界大峡谷正式启动4A级景区创建工作，2018年张家界大峡谷成为全市首个国家级服务业标准化示范区。峡谷内的主要景点有：一线天天梯栈道、三叠游道、平台吴王坡、石壁裂、张家界大峡谷缝、全家福、妇唱夫随、千年古藤、石上森林、慈航普渡、天仙水瀑布、曲径幽林闯王亭、张家界大峡谷南方红旗渠、天河观景台、翠潭揽瀑、一路平安桥、隔音石、竹仙泉、仙人洗面、蝴蝶泉瀑布、怪谜洞、佛手遮天、烂船岩、张家界大峡谷土匪洞等景点。

【百龙天梯】位于世界自然遗产张家界武陵源风景名胜区内，由北京百龙绿色科技企业总公司、英国佛洛伊德有限公司合资兴建。1999年9月动工，2002年4月竣工并投入试营运，电梯主要设备由德国Rangger（朗格尔）国际电梯公司研究生产，耗资1.8亿元。天梯垂直高差335米，运行高度326米，由154米的山体内竖井和172米的贴山钢结构井架组成，采用三台双层全暴露观光并列分体运行，目前以"最高户外电梯"荣誉而被载入吉尼斯世界纪录，是自然美景和人造奇观的完美结合。

【天门山索道】世界最长的高山客运索道。共有轿厢98个，索道支架57个（含3个救护支架），全部采用法国POMA公司原装进口设备。索道全长7455米，高差1279米，是国内为数不多高差超过千米的索道之一。索道以张家界市中心的城市花园为起点，直达天门山顶的原始空中花园，依山籍壁，拔地冲天，恢宏壮观，是天门山旅游风景区"四大奇观"之一，中站到上站之间的局部斜度高达38度，为世界罕见，是国内局部斜度最大的索道，同时也是支架最多的索道。

【张家界大峡谷玻璃桥】又名"云天渡"，位于张家界大峡谷景区栗树垭和吴王坡区域内，是世界首座斜拉式高山峡谷玻璃桥、世界最高最长的玻璃桥、世界首座大张开量的空间索面悬索桥、世界首座超大跨度而没有抗风缆的悬索桥，也是一座景观桥梁，兼具景区行人通行、游览、蹦极、溜索、T台等功能。大桥主跨430米，一跨过峡谷，桥面长375米，宽6米，桥面距谷底相对高度约300米。2016年8月20日开放试营运。

【黄龙洞】位于武陵源风景名胜区索溪峪自然保护区东部，索溪峪镇东7公里（索溪峪河口村）的一座山腰上。张清公路穿境而过，距离张家界市城区及张家界荷花机场、张家界火车站、张家界市中心汽车站36公里，距长沙至张家界高速公路30公里，属典型的喀斯特岩溶地貌。黄龙洞分旱洞和水洞。共四层，长13公里，最高处百余米，最大洞厅的面积12000平方米，可容纳上万人。洞内有一个水库、两条阴河、三条地下瀑布、四个水潭、十三个大厅、九十六条游廊。2005年被评选为"中国最美的旅游溶洞"。2009年，黄龙洞被评选为"中国最美的旅游奇洞"。

【城市荣誉】张家界先后获"全国优秀旅游城市""中国面向世界推荐的旅游目的地"等多项殊荣。1982年9月，张家界国家森林公园成为中国第一个国家森林公园。1988年8月，张家界武陵源风景名胜区被列入国家重点风景名胜区；1992年，由张家界国家森林公园等三大景区构成的武陵源风景名胜区被联合国教科文组织列入《世界自然遗产名录》；2004年2月，被列入全球首批《世界地质公园》；2007年，被列入中国首批国家5A级旅游景区。2017年，被授予"国家森林城市"荣誉称号。

【友好城市】张家界先后与韩国河东郡、美国圣塔菲市、日本鸣门市、安道尔公国卡尼略市、泰国春武里府芭提雅市、法国艾克斯莱班市等结为国际友好城市。

【城市象征】2017年6月29日，张家界市七届人大常委会第四次会议审议决定，确定香樟、珙桐花（鸽子花）分别为张家界"市树""市花"。

湖南城市大典 益阳市

益阳市

益阳市，因在"益水之阳"得名，秦置益阳县，1950年设益阳专区，1994年撤地设市，南洞庭湖湿地的岛屿汀洲、珍稀物种，茶马古道上的文物古迹和动人传说，诠释着"我国湖光胜景第一处"的独特风韵。

◇ 城市概况

【区划范围】益阳市，别名"银城""丽都"，为湖南省地级市，位于长江中下游平原的洞庭湖南岸，地处湖南省中北部。北近长江，同湖北省石首市抵界，西和西南与本省常德市、怀化市接壤，南与娄底市毗邻，东和东南紧靠岳阳市和省会长沙市，居雪峰山的东端及其余脉带，是环洞庭湖生态经济圈核心城市之一，也是长株潭3+5城市群之一。益阳地理坐标为北纬27°58'38"~29°31'42"、东经110°43'02"~112°55'48"，东西最长距离217公里，南北最宽距离173公里，总面积1230.38平方公里。益阳市辖3县（安化县、桃江县、南县）、1市（沅江市）、2区（资阳区、赫山区）。中共益阳市委员会、益阳市人民政府现驻梓山路1号，电话区号：0737，邮政区码：413000。

【地理环境】益阳市由南至北呈梯级倾斜，南半部是丘陵山区，属雪峰山余脉；北半部为洞庭湖淤积平原，一派水乡景色。"背靠雪峰观湖浩，半成山色半成湖"。南部山区最高峰为安化九龙池，海拔1621米。北部湖区最低处为海拔26米，南北自然坡降为9.5%。市境属亚热带大陆性季风湿润气候，境内气候温暖，四季分明；热量充足，雨水集中；春温多变，夏秋多旱；严寒期短，暑热期长。年平均气温16.4℃~17.4℃，日照1322小时~1589小时，无霜期263天~276天，降雨量1256毫米~1714毫米。

【资源物产】益阳矿藏资源丰富，是远近闻名的"小有色金属之乡"。已知的矿床、矿点有200多处，已探明的矿床、矿点50余处，其中大型矿床3处、中型矿床11处，小型矿床39处，锑、钨、钒、石煤的储量均居湖南省前五位。益阳水资源丰富，全市水资源总量为101.5亿立方米，其中年均地表径流量约为99.37亿立方米，平均每亩耕地拥有水量2260立方米。另外，湘江、资水、沅水、澧水和长江三口每年给益阳市带来过境客水3000多亿立方米，蕴含丰富的水能发电资源。益阳野生动物资源，按经济意义和生态地理分布，大致可分两种类型：境内东北部的南县、沅江市和赫山区东部，湖泊众多，河港交织，水草丰茂，盛产鱼虾和龟、鳖、鳝、螺等小水产。陆栖脊椎动物较常见。境内西部和中部地域，包括安化县、桃江县、赫山区和资阳区西南部，山丘延绵，森林广布，以哺乳类、爬行类和鸟类居多。主要为斑鸠、野鸡、野猪、獾、貉和蛇等。全市植物资源有藻类、菌类、苔藓、蕨类、裸子植物和被子植物六大类，广泛分布在山地、平原和水域，直接或间接地为农业利用。全市盛产乌鳢、鳜鱼、青鱼、大口鲶、优质鲫鱼、优质鲤鱼等名贵鱼和甲鱼、河蟹、青虾等特种水产品。

【建置沿革】 东周以前，市境系《书·禹贡》所载九州的荆州之地。战国时期为楚国黔中郡属地。秦属长沙郡，置益阳县，因县治位于益水（今资水）之阳而得名，是为市境设县之始。南朝梁时置药山县（今沅江市）。宋置安化县。清末设南州直隶厅（今南县）。新中国建立初期，从益阳县析出桃江县和县级益阳市。2200多年间，境内的县有增加，但未形成州府级行政建置。各县沿革及隶属关系时有变更。民国二十九年（1940）4月，湖南省府将益阳、安化、沅江、湘乡、宁乡、汉寿6县组成第五行政督察区，专员公署驻益阳县城，是为区境地区一级行政建置之始，至1949年不变。1950年9月，建立益阳市，直属益阳专署领导。1952年11月，益阳专区建置撤销，原辖宁乡县划属湘潭专区，湘乡、双峰、涟源3县划归邵阳专区，益阳、桃江、安化、汉寿、沅江5县及益阳市划归常德专区，历时10年。其间，益阳市于1953年4月改为省辖市，授权常德专署领导。1962年12月，恢复益阳专区建置。1968年益阳专区改称益阳地区。1994年3月，益阳地区撤地设市。

【人口民族】 2017年，益阳市户籍总人口478.85万人，常住人口439.20万人。其中男性人口为224.58万人，占比为51.13%，女性人口为214.26万人，占比为48.87%。人口出生率14.37‰，死亡率4.7‰，人口自然增长率9.67‰，出生人口性别比109.56。0-15岁少年儿童人口占总人口的比重为18.77%，16-59岁成年人口比重为62.64%，60岁及以上老年人口比重为18.59%，其中65岁以上人口比重为12.47%。益阳市是湖南省典型的杂散居少数民族地区。全市有回、土家、苗、维吾尔、满、壮、白、蒙、侗、瑶、布依、黎、朝鲜族等45个少数民族成份，共1.8万余人，其中回族约占少数民族人口的75%以上。

【区位交通】 湖南四大水系中资水、沅水、澧水经益阳汇入洞庭湖并经城陵矶注入长江，益阳是湖南中西部地区沿三大水系走水路通江达海的必经之地，具有得天独厚的水运优势。陆路交通上，益阳境内有两纵四横国道网，一环七射三纵一横的高速公路网络已逐步形成，益阳是319国道和厦门经长沙至成都高速公路湖南路段的咽喉，是省会通往常德和大西南的要冲；207国道和二广高速公路纵穿市域的马迹塘、梅城一带，是沟通南北的公路大动脉；铁路则有湘黔线、石长线和洛湛线，其中洛湛线是重要的出海通道，石长铁路即将开工建设的长益高铁与洛湛铁路规划建设的呼南高铁交汇于益阳中心城区，连通京广、沪杭、云贵，是"湘北的铁路枢纽"。2017年末全市固定电话用户29.7万户，移动电话用户348万户，移动电话普及率上升至78部/百人。互联网宽带接入用户67.1万户，互联网手机用户252.1万户，94%的行政村实现光网覆盖，互联网宽带普及率达50.9%，成为"宽带中国"示范城市和国家电信普遍服务试点市。

【社会发展】2017年，全市各级财政用于科学技术的投入3.37亿元，省科技厅认定的高新技术企业126家，高新技术产业（含高新产品企业）增加值317.16亿元，财政教育支出56亿元，高中阶段毛入学率93.57%，全市小学适龄儿童入学率100%，九年义务教育巩固率100%。基本公共卫生服务均等化水平不断提高，至2017年每千人口床位数6.05张、每千人口执业（助理）医师数2.53人、5岁以下儿童死亡率4.62‰、孕产妇死亡率13.62/10万、农村卫生厕所普及率80.3%。适龄儿童免疫规划疫苗接种率保持在90%以上。至2017年底全市建成4个省级体育后备人才基地、1321个标准体育场地、1019个村级农民体育健身工程，有2所国家级高水平体育后备人才基地、1所省级体育

人才后备基地和1个省级体育后备人才定点县，被选为"湖南省对外体育技术交流培训基地"和"湖南省对外体育技术交流接待基地"。社会保障体系逐步健全，城乡居民社会养老保险实现全覆盖，城乡低保、农村五保实现应保尽保，2017年城镇职工基本养老保险年末参保500696人，机关事业单位养老保险年末参保94354人，城乡居民养老保险年末参保239.73万人，基本医疗保险年末参保455.17万人，工伤保险年末参保35.05万人，失业保险年末参保21万人，生育保险年末参保17.7万人，全市基本养老保险参保率94%，基本医疗保险参保率95%以上。

◇ 城市建设

【综述】按照"经济繁荣、环境优美、秩序优良、功能齐全、特色鲜明的环省会中心城市，现代化新型工业城市和宜居山水生态旅游城市"的功能定位，益阳市以创建全国文明城市为核心，同步开展创建国家交通管理模范城市、国家园林城市、国家环保模范城市、申报国家历史文化名城"五城同创"活动，加快城市提质改造，城市整体形象明显提升。以益阳中心城区为核心，"一江三路"（资江风貌带、益阳至沅江一级公路、益阳至桃江一级公路、城区至宁乡的银城大道）整治取得实效，资江风貌带和"一园两中心"（梓山湖生态公园、益阳市市民文化中心、益阳市市民服务中心）建设全面启动。从2005年下半年开始，益阳市全

面铺开了中心城区九大重点项目建设：益阳大道的提质改造，已成为全面提升益阳对外形象的窗口；资江城市防洪续建工程包括框架式防洪风光带、资江一线大堤建设等10项建设任务，江南、江北形成坚固的城市防洪保护圈；会龙公园建设工程，包括栖霞寺后续工程、福林塔、广法寺、小西天、佛源方塔、佛教文化走廊等十大建设项目；梓山湖主题公园建设工程，已建成开放的市民广场；园区道路畅通工程，包括银城南路、团圆南路、高新大道、云雾山路、梅林路和迎宾路6条道路建设。再加上资水会龙、时代广场、香港城、梓山湖新城以及世纪大厦等项目的实施，在重点推动中心城区发展的同时，充分发挥中心城区对周边区域的辐射带动作用，吸引沅江市区和桃江县城向益阳中心城区方向发展，加快与中心城区的融合，以更大的城市经济总量对接和融入长株潭。

【城市规划】根据2013年修订的《益阳市城市总体规划（2004--2020年）》，益阳市城市性质确定为洞庭湖生态经济区南部中心城市、长株潭都市区副中心城市、现代新型工业城市、宜居山水生态旅游城市。益阳东部新区被纳入新版总规，使益阳城市规划区面积由原来的760平方公里扩展至1058平方公里，将构筑"一轴三带"（串联主城区和益阳东部新区的城镇发展轴和资江风光带、西部山林风光带、东部农田风光带）、"一城一区"（主城区和益阳东部新区）的哑铃状双城空间结构。规划加大石码头和东门口历史街区的保护更新力度，以及中心城区棚户区和城中村改造力度。在区域职能分工、基础设施建设、生态环境保护和产业协调发展等方面，将加强中心城区、益阳东部新区与长沙之间的区域统筹。至2020年，城市建设用地控制在109平方公里以内，城市人口109万人。

【东部新区】位于宁乡县与赫山区的交界处，距长沙仅30分钟车程。东部新区于2010年12月经省政府批准设立，区域列入省两型社会建设"五区十八片"示范区之一，规划控制面积120平方公里。区域总体定位为全国两型社会建设示范区、高端三产业集聚发展区，致力于打造国家级文化旅游度假区和生态产业新城，重点发展生态旅游、体育健身、休闲度假、生态居住、商务会展、科教文化等现代第三产业。2017年6月18日，益阳市人民政府与湖南广电网控集团、湖南发展资产管理集团、湖南体育产业集团等三大省管企业签署了《关于合作开发益阳东部新区的战略框架协议》，并列为全市的"一号工程"。已入园的产业项目有天意木国、美蓝科技鱼形山游艇示范基地、和香居养生养老国际度假区、江南古城、鱼形山智慧谷网络科技国际示范园等，日光湖畔户外运动营地乐园、北大新世纪益阳附属学校等项目也即将落地。2017年7月30日，益阳东部新区鱼形湖运动休闲特色小镇以湖南省第一名的排名成功入选全国第一批96个运动休闲特色小镇试点项目名单。

【益阳市第一中学】地处市桃花仑，北

依资水，南临会龙山，前身为1906年挪威信义创办的"信义中学堂"，1952年由益阳市人民政府接管，定名为益阳市第一中学，现为湖南省示范性高中、湖南省课改样板学校、全国文明校园，学校校训为"勤谨、求实、团结、进取"。占地面积168亩，三栋教学大楼，一栋综合教学楼，设置60个标准多媒体教室、4个标准奥赛培训室、4个学生电子阅览室、2个多功能报告厅、1个音乐教学中心、1个美术教学中心、1个综合艺术中心、1个体育馆和田径运动场。在职教职工257人，其中特级教师5人，省、市级骨干教师，学科带头人，国家、省、市级优秀教师、优秀班主任80余人。先后与美国麻省北瑞丁公立学校、以色列蒂格瓦市青年大使学校结成友好学校。

【湖南城市学院】位于赫山区迎宾东路518号，学校前身为1970年创办的益阳地区师范专科学校和1978年创办的益阳基础大学。2002年3月，经教育部批准，当时的益阳师范高等专科学校和湖南城建高等专科学校合并为湖南城市学院，是内陆地区第一所以"城市"命名的全日制公办本科学校，被誉为"城建人才的摇篮"。现有校园面积1568亩，建筑面积53.4万平方米，设有城建类、信息制造类、管理服务类和基础类四大类学科群，共55个本科专业，现有教职工1214人，包括教育部本科教指委委员1人，新世纪优秀人才2人，享受国务院特殊津贴专家11人，省级教学名师4名，省新世纪"121人才工程"人选13人。全日制在校学生17500余人，成人教育学生6500余人。

【湖南工艺美术职业学院】位于市栖霞路135号，学校创建于1975年9月，原名为益阳市业余工艺美术大学。1978年，湖南省轻工局与益阳市人民政府联合办学，改校名为湖南省益阳工艺美术职工大学。现有在校学生6800余人，教师400余人。占地358.86亩，校内建筑面积15.6万平方米。主要专业有服装设计与工艺、装潢艺术设计、广告设计与制作、环境艺术设计、室内设计技术、雕塑艺术设计、动漫设计与制作、时装设计与工艺、时尚箱包设计与工艺、陶瓷艺术设计、湘绣设计与工艺等。面向工艺美术行业需求，开展岗位培训、资格认证和鉴定、学历提升等培训和继续教育服务。

【益阳医学高等专科学校】位于市迎宾东路516号，学校始建于1950年，前身是益阳卫生学校，2007年经教育部批准升格为全日制普通高等专科学校，学校校训为"明德弘医、博学致远"。占地面积501.6亩，建筑面积16.6万平方米，拥有省内一流的生命科学馆、中药标本馆、环洞庭湖血吸虫与病源微生物感染控制技术重点实验室、武陵山中医药研究所等，开设了临床医学、口腔医学、药学、护理、助产、医学检验技术、康复治疗技术、中药、药品质量与安全9个专业，其中护理专业为省级特色专业，口腔医学和药学专业为中央财政支持专业。学校建有1所直属综合型附属医院和1所附属口腔医院，床位800张。拥有2所非直属附属医院，

9所教学医院和80余家校外实践基地。现有教职员工700余人，具有高级职称的141人，教师队伍中有全国五一劳动奖章获得者1人，全国优秀教师1人，湖南省"121"人才库专家1人。

【益阳职业技术学院】位于资阳区迎风桥镇新塘村，学院前身为1972年创办的益阳地区农校和1979年创办的益阳地区供销学校（后更名为益阳工贸学校），2004年经湖南省人民政府批准两校合并为益阳职业技术学院。2016年8月，市政府将益阳商务电子中专学校划归学院管理。现有校园面积579.64亩，建筑面积20多万平方米，总资产2.88亿元。在校教职员工336人，在校学生8000多人。设汽车工程系、经济管理系、机电工程系、生物与信息工程系、基础课部、继续教育学院（职业培训中心）和中职部7个系部，开设23个专业，面向全国20个省市招生。学院拥有现代制造、汽车检测与维修、汽车驾驶员培训考证、工业机器人、电子电器、船舶、粮油检测、财会电商、园林花卉培植等100多个实习实训基地。学院坚持"质量立校、品牌强校、人才兴校"发展战略，走开放办学、内涵发展、特色发展、创新发展的道路，是"全国德育工作先进集体"，是教育部人才培养工作水平评估"优秀学校"，2016年被省经信委评估确认为"湖南省企业人才培训示范基地"。

【益阳市博物馆】坐落在城区康复南路的朝阳高新区，成立于1984年12月，曾于1991年异地兴建，2005年7月再次乔迁新馆。新馆规划总占地面积45亩，建筑面积8000平方米，设有基本陈列厅、专题陈列厅、临时展览厅、电教室、文物库房、接待室、资料室、文物修复室等设施。博物馆功能基本完善。益阳市博物馆属地方综合类博物馆，现有馆藏文物2万余件，其中珍贵文物306件，包括石器、青铜器、陶瓷器、书法、绘画、玉器、竹木器、钱币等十多个门类。馆内常年性的文物征集、陈列展览、文物保护维修和文博科研活动，是展示益阳历史文化和三个文明建设的窗口。

【益阳市图书馆】原名益阳地区图书馆（1994年撤地建市改为现名），创建于1976年5月，1977年1月正式对外开放，为当时湖南省唯一的地区级公共图书馆。原址益阳市桃花仑长坡路4号，1988年迁至益阳市桃花仑长坡路13号，现改为15号。馆址占地面积9.56亩。1997年新建主馆大楼落成并对外开放，工作用房面积4911平方米。编制21人，大专以上20人，高级职称4人（其中政工2人），中级职称11人，初级职称7人。馆藏图书15万余册，年订购报刊300余种。馆内设有综合图书外借室、综合报刊阅览室、参考咨询室、电子阅览室、过刊过报借阅室、少儿图书借阅室、地方资料库等8个向读者开放的服务窗口，其中5个窗口开架借阅，每周开放63.5小时，持证读者6000余人。

【中国黑茶博物馆】位于安化县县城东面、资江南岸的黄沙坪古茶市，由原全国人大常委会副委员长李铁映题写馆名，2012年9月破土动工，2015年10月向市民免费开放。中国黑茶博物馆是全国唯一的黑茶专题展示博物馆，是中国黑茶之乡的标志性建筑，占地面积约10亩，总投资4000多万元，主楼及地库房共10层，高39米，裙楼两层，建筑面积6250平方米，采用中国传统楼阁式建筑风格。现有馆藏文物5037件，其中珍贵文物458件（一级文物6件、二级文物45件、三级文物407件）；所藏文物中最具特色的文物为茶文物和牌匾石刻文物，其中有一级文物4件、二级文物12件、三级文物80件、一般文物800多件。

【益阳市中心医院】位于市康复北路118号，前身为挪威传教士于1906年创办的"信义医院"，至今有111年的历史，是一所集医疗、教学、科研、预防保健为一体的全市唯一综合性三级甲等医院。医院现为湘雅医学院益阳临床学院、南华大学研究生协作培养单位、南华大学临床教学医院、湖南省中以合作临床医学研究培育基地、全国百姓放心示范医院、国家临床药物试验基地、国家级全科医师培训基地、国家级住院医师规范化培训基地。医院占地10.6万平方米，建筑面积12.5万平方米，编制床位1200张，现设置行政职能科室20个，临床、医技专业学科43个，其中省级重点学科8个，市级重点学科4个。医院为全国第一批获得国家卫计委器官移植准入资质机构。医院现有在职职工1900余人，专业技术人员1600余人，其中高级专业技术人员356人，享受国务院特

殊津贴专家5人，省政府特殊津贴专家2人，国家二级主任医师4人，硕士研究生260余人，博士生4人。医院已和以色列施耐德儿童医学中心签订合作协议，东部新区分院建设工作正在稳步推进。

【益阳市第一中医医院】即原益阳市中西医结合医院，始建于1976年，地处市萝溪路58号（萝溪路与秀峰东路交汇处），是第二家三级甲等医院，医院集医疗、科研、教学、康复、预防保健为一体，系国家重点中医医院建设单位、湖南中医药大学教学基地、中南大学湘雅二医院医疗联盟医院、长沙医学院非直管附属医院、益阳医专临床实习基地。医院占地面积42亩，医疗用房35000平方米，编制床位600张，实际可开放床位780张，在职工作人员619人，其中高级职称84人，中级职称176人。设有20个临床科室和7个医技、辅助科室，其中康复科为国家级重点建设专科，中风病科、针灸科、肛肠科、肾病科、骨伤科、肿瘤科、心病科、妇科为省级重点专科，"治未病中心"被确定为国家级中医"治未病"能力建设项目，中风科头针靶向定位治疗脑中风疗效独特。医院拥有自主知识产权的专病制剂20余种，且性能稳定，疗效可靠。

【益阳市第四人民医院】益阳市直属公共卫生医疗机构，是"益阳市血吸虫病防治专科医院、益阳市传染病医院、益阳市精神卫生防治中心、益阳市公共卫生突发事件应急救治中心、益阳市动物咬伤医院"，是湖

南省晚期血吸虫病救治定点医院、湖南省尘肺病农民工救治救助定点医院，也是市中心城区传染病管理与集中收治的唯一定点医院。现有职工420余人，其中高级以上职称40余名，中级以上职称110余名；医疗用房4万余平方米；编制床位420张，实际开放床位800张。设置行政职能部门10个，设有临床及医技科室30余个，其中有市级唯一特色重点专科血防专科、精神科、结核科、肝病科、手足口病科、性艾科，有综合发展的市级重点科室内分泌科、重症医学科、心血管内科、普外科、泌尿外科、骨科。

【益阳市自来水公司】 位于市高新区海棠西路368号，始建于1963年，已建成水厂三座，日供水能力32万吨，其中三水厂20万吨/日，会龙山水厂12万吨/日；供水主干管长610公里，自来水用户145215户，用水人口65万，供水区域面积85平方公里，城区供水覆盖率100%。2015年11月，益阳市自来水总公司改制为两位股东的有限责任公司：其中由市益阳市银湘国有资产经营有限公司持有新公司10%的股权，上实环境水务（深圳）有限公司持有新公司90%的股权，将"益阳市自来水总公司"变更登记为"益阳市自来水有限公司"。

【会龙山大桥】 位于白鹿寺东侧，地处益阳资江十景的"裴亭云树""白鹿晚钟""会龙栖霞"之间，是一座具有民族特色的悬练空腹式钢筋混凝土双曲拱桥，1974年12月建成通车。大桥由当时的湖南省交通规划设计院设计，湖南省陆运公司第二、第三工程队施工，全长618米，由4孔72米共长323米的主桥和6孔28米、4孔24米共长295米的引桥组成，加上南岸接线362米和北岸接线277米，建筑总长度1257米。大桥荷载20吨，挂拖100吨。桥位水面宽300多米，通航标准为三级航道。资江一桥将资阳区的马良路和赫山区的金山路连为一体，成为城市主干道，桥南、桥北也因此而得名。资江一桥于2000年和2009年维修拓宽两次，附近的资江两岸已经建起了沿江风光带和步行街。

【益阳大道】 位于益阳市资江以南，东接益长高速，西连虎山路，是资江南城区的重要交通干道，与南北走向的龙洲路、康富路、金山路构成益阳城区纵横轴骨架。全长10.9公里，分三段先后建设，东段原名朝阳路，长5.1公里，1985年开始建设，1987年通车，2007年进行第一次改造，把原水泥混凝土路面改造成沥青混凝土路面，2017年采取就地热再生对路面进行第二次改造，路幅宽60米，双向八车道，两侧非机动车道，人行道形式为8.0米的绿化带+5.5米的人行道；西段一期长3.6公里，2016年建成通车，路幅宽42米，双向六车道，两侧非机动车道，人行道形式为4.0米的绿化带+2.5米的人行道；西段二期长2.2公里，现正在推进前期工作。

【银城大道】 北起中心城区桃花仑东路，南至衡龙桥镇马龙坝村，是益阳市建设东部新区、拓展城市空间、主动对接长沙而建设的一条快速城际干道，益（阳）沧（水铺）段北起中心城区迎宾路，北接已建成的银城南路，南至沧水铺镇黄团岭村，共计10.85公里，采用城市主干道技术标准，设计速度80千米/小时，路基宽45米，路面宽31.5米，双向八车道，沥青混凝土路面。沧（水铺）宁（乡）段北起益沧段终点（沧水铺镇黄团岭村），经沧水铺镇、衡龙桥镇，止于南岳坪，与宁乡金洲大道延伸线对接，共计长13.77公里，按一级公路标准建设，路基宽65米，主路面宽31.5米，双向八车道，沥青混凝土路面，设计速度60千米/小时，两侧辅路宽7米、绿化带6.75米、人行道3米。另道路两侧控制15米绿化带。

【益阳火车站】位于赫山区迎宾西路445号，属国家二等火车站，1998年10月建成投入营运。车站占地35.68公顷（合535.24亩），站房工程为二层框架结构，建筑面积14850平方米，其中大厅为钢网架结构，跨度30.8米，大厅及环廊全部为花岗岩地面。站内建有到发线（含正线）10条，股道全长8428米。车站对侧西端设有机务折返段，股道8条，车站同侧西端设有粮食专用线及长沙工务段维修中心。该车站隶属广州铁路（集团）公司管辖，是湘北地区重要的交通枢纽。

【中央储备粮益阳直属库】位于赫山区迎宾西路9号，是"八五"期间由国家投资兴建的重点粮库之一，于2001年10月上收为中国储备粮管理总公司直属库。占地面积356亩，仓容总量2.8亿斤，并建有铁路专用线、机修间、配电间、麻袋库、药品库、机械罩棚等附属配套设施，年平均库存粮食10万吨以上，是集粮食储备、流通、运输于一体的国家大型粮食库，是洞庭湖区粮食集散中心。

【柘溪水库】位于安化县城西部15公里处，是20世纪60年代初期拦截资江筑大坝修建起来的一座大型水力发电站，大坝长330米，高104米，控制流域面积22640平方公里，占全流域面积的80%，总库容35.7亿立方米，防洪库容10.56亿立方米。柘溪电站1958年开工，1962年第一台机组投产发电，1975年7月六台机组全部投入运行，装机容量44.75万千瓦。20世纪80年代至90年代，六台机组实行了机组挖潜和增容改造，自动化程度不断提高。为充分利用汛期弃水，2005年实施机组扩建，2008年两台新机组并网发电，总装机容量达102.2万千瓦，水能利用率达95%。

【奥林匹克公园】地处赫山区康复南路30号，是国内首个4A旅游体育主题公园，是中国羽毛球队益阳训练基地。整体地幅呈矩形，东西长700余米，南北宽约460米，总占地面积约500亩。毗邻梓山湖国际高尔夫球场和益阳市委市政府办公新区，东西南北四周紧靠城市主干道并设有出入口，是一个自然与人工交融，现代建筑与丘陵景观有机协调的体育主题公园，被誉为"银城之光"。公园主体设施为"一场三馆"，即综合体育场、综合体育馆、综合网球场、羽毛球训练馆、恒温游泳馆。建有多处集散广场、景观小品、灯饰水景、户外运动健身器材休闲游乐设施，具备旅游观光、休闲游乐、运动健身、会展演出和体育赛事功能。自建成以来，每年举办的各种体育赛事或大型演出活动有数十场次。

【益阳朝阳汽车站】 位于赫山区迎宾西路327号，由原湘运桥南汽车南站迁移新建，2011年开业运营。总建筑用地面积73亩，建筑面积6600平方米，站场开发建设等级为一级甲等客运站。主要承担省际、地际及部分省内班线的任务，同时兼顾益阳地区各个区县中短途客运业务，是一个综合枢纽性车站，日发送量可超过5000人。

【益阳赫山汽车站】 位于赫山区桃花仑东路1025号，原名汽车东站，2003年建成投入运营，为一级甲等车站。现有停车场面积12000平方米，候车大厅面积800平方米。共开通省际线路15条，省内线路21条，平均日发班次133个，日平均输送旅客1400余人次。现有进站高、中档营运客车146台，总计5110座位。

【益阳资阳汽车站】 位于资阳区桥北马良路8号，于1997年元月竣工营业，隶属益阳湘运集团有限责任公司，为二级甲等车站。益阳资阳汽车站（北站）占地面积约19亩，现开通营运线路共54条，其中农村短途班线8条，跨县班线30条，市级班线12条，跨省班线4条，进站参运车辆323台，日发班次700次，日发送旅客近8000人。

【茈湖口镇】 资阳区辖镇，地处益阳市资阳区东北部，洞庭湖南岸，资水尾闾，南临湘阴，北联沅江，是资江汇入洞庭湖的交叉口，属典型的湖乡城镇、农业大镇、边陲重镇。全镇总面积92.38平方公里，辖13个行政村、1个社区，总人口4.1万人，现城镇建成区面积达1.2平方公里，城镇常住人口1.2万余人。茈湖口镇充分挖掘地域优势资源，突出"特色小镇、美丽乡村、特色产业"发展，加快推进乡村振兴，积极培育新飞村稻虾产业示范园、刘家湖鱼稻瓜生态轮作种养示范园、注南湖莲藕产业示范园，全镇现有39家农业专业合作社、47家家庭农场，稻虾套养面积达20000亩，稻鱼套养9000多亩，已形成稻虾、稻鱼、稻瓜、莲藕四大特色产业，努力建设产业兴旺、主题鲜明、配套完善、生态优美的特色小镇。

【兰溪镇】 赫山区辖镇，位于市东北部，距市区仅8公里，人口9.3万人，镇区日均流动人口达1.3万人。兰溪镇三面环水，是益阳花鼓戏发源地之一，兰溪山歌、双桡龙舟已列入省级非物质文化遗产，枫林过桥列入省级文物保护单位。兰溪是洞庭"鱼米之乡"米都，盛产稻谷，是全国十大米市之一，有各类大米加工厂142家，年加工大米150万吨，拥有"粒粒晶""佳佳"等知名品牌，已成为区域经济特色。已开工建设的粮食产业园，致力打造粮食产业产值超200亿元的现代米市新引擎——"兰溪米都"。

宜居宜业宜游的兰溪、舌尖上的兰溪、稻花香里的兰溪、桨声灯影里的兰溪将成为益阳特色小镇品牌。

【沧水铺镇】赫山区辖镇,位于市城郊东南部,是益阳东接东进战略的"桥头堡"。全镇辖9个村,1个社区,总面积69.62平方公里,总人口4.02万人。以过境的319国道、益宁城际干道和教育路为纵线,以高新大道、沧泉路和云峰路为横线,全镇形成了"三纵三横"的道路网络。早在上个世纪80年代,这里就是闻名全国的"包装袋之乡",中南地区最大的包装袋集散中心,构建2.5平方公里以包装袋为主要的循环经济园区。直接影响全国20多个省、市、自治区的包装袋市场。目前共有规模企业13家,从事塑包产业的人员有12000多人,成为沧水铺镇的主导产业。

【谢林港镇】高新区辖镇,地处市西郊,镇区面积76平方公里,人口3.4万人,是益阳高新区辖区内唯一的建制镇。洛湛铁路、绕城高速、益马高速公路、益桃公路等交通干线贯穿全镇,已经成为益阳市全面建设大益阳城市圈的重要节点和桥头堡。谢林港镇竹资源非常丰富,竹林面积达4.4万亩,竹凉席产业是其传统主导产业,拥有竹制品加工企业320余家,凉席加工设备近1000台,从业人员5000多人,年创产值过亿元,产品曾获得巴拿马国际轻工博览会银奖,是全国有名的"水竹凉席之乡"。该镇历史悠久,文化底蕴深厚,是"三周文化"

(周立波、周扬、周谷城)的发源地,周立波长篇小说《山乡巨变》的创作原型就是这里的人和事。

【迎风桥镇】资阳区辖镇,位于资阳区西北部,与常德市汉寿县接壤,镇区面积约54平方公里,人口约3.8万人。迎风桥镇是著名华侨教育家张国基先生的故里,以"产业化、资本化、民营化"为基本运作模式,以湖南国基职业教育基地为中心,着力打造集人才培训基地、技术成果实践基地、文化产业集聚基地于一体的教育特色小镇,目前镇区已建成学前教育、小学、初中、中专、普高、大专、老年人大学等学校(幼儿园)20所,现有在校学生2.2万余人。

◇ 城市经济

【综述】益阳围绕建设富饶、创新、开放、绿色、幸福益阳"五个益阳"总愿景,大力实施产业兴市、创新引领、开放崛起、乡村振兴、可持续发展"五大战略",抓好以坚持绿色发展为先、推动生态立市,以助推转型升级为先、推动产业兴市,以做强先进制造为先、推动工业富市,以打造创新生态为先、推动创新强市,以突出招大引强为先、推动开放活市"五先五市"总抓手,基础设施逐步完善,民生保障不断增强,城乡生态环境持续改善,新型工业化、城镇化和农业现代化水平不断提升,形成了食品加工、装备制造、电子信息三大支柱产业,经济社会快速发展。截至2017年,益阳市拥有省级工程技术研究中心19家，国家级农业产业化龙头企业4家，省级龙头企业44家，市级龙头企业298家，农民专业合作组织5081个，获评湖南名牌产品59个。2017年全市实现地区生产总值（GDP）1665.41亿元，人均GDP37745元，全市三次产业结构为17.2∶38.8∶44.0，第一、二、三次产业对经济增长的贡献率分别为8.3%、34.1%和57.6%。全市社会消费品零售总额709.8亿元，外贸进出口总额78999万美元，全年实际引进内资形成固定资产502.18亿元，新批外商直接投资项目6个，直接利用外资2.75亿美元，增长14.7%。

【益阳高新技术产业开发区】 处于市中心城区，比邻湘江国家新区，是长益常经济发展走廊的重要节点，益阳对接长沙的桥头堡。前身为1994年成立的朝阳经济开发区，2002年经省人民政府批准为省级高新技术产业开发区，2011年经国务院批准为国家级高新区。全区分朝阳产业园和东部产业园两部分，规划总面积67.07平方公里。先后被授予"国家新型工业化示范基地""国家低碳示范园区""国家高技术产业基地益阳信息产业园""国家火炬计划益阳先进制造技术产业基地""国家级电子商务示范园区"等称号。2017年发布的2016年度全国147家国家高新区评价结果，益阳高新区综合考评第64名，排名提升5名，名列湖南省第3名。园区优先发展云计算、智能制造、生物科技三大新型产业，重点发展电子信息、新能源、新材料、装备制造、农产品精深加工业

五大基础产业，加快发展电子商务、医疗健康、文化旅游三大现代服务业。目前全区共有各类企业300多家，其中规模工业企业139家。2017年，益阳高新区实现技工贸总收入623.87亿元，规模工业总产值297.49亿元，高新技术产值167.57亿元，一般公共预算收入约16.88亿元。

【龙岭工业集中区】 位于市城区东南部，成立于2000年11月，近期规划面积28.34平方公里（含衡龙新区）。益阳龙岭工业集中区实施"一园带多区"战略，建成了龙岭核心区、泉交河片区、衡龙桥片区、中医药产业园等特色园区，形成了医药、电子、机械、轻纺、食品、新型建材六大规模产业，先后评为全国低碳示范园区、湖南省新型工业化产业示范基地、湖南省首批中小企业创业基地、湖南省中小企业信用体系建设示范园区、湖南省电容电子产业集群基地、飞地经济示范园区。已累计引进项目268个，建成投产企业214家，规模工业企业137家，其中上市公司4家，进入上市程序的公司3家，上市后备企业5家。入园企业拥有专利技术达700项，湖南著名商标30个，中国驰名商标5个。2017年新增规模工业企业18家，实现规模工业总产值408.2亿元，实现规模工业增加值110.2亿元，实现税收13.068亿元。

【益阳长春经济开发区】 位于资阳区，成立于1996年，2006年升格为省级开发区，2008年被国家商务部确定为加工贸易梯度转

移重点承接地，2011年获批省级"两化融合"试验区，2012年3月被授牌为第一批湖南省新型工业化产业示范基地。园区占地面积18.39平方公里，总人口7万余人。近年来，长春经开区重点开展产业规划布局，坚持以产业链为导向，实行生产专业化和科技兴区、连片开发的发展战略，成为资阳区"项目立区、工业强区"的重要发展平台。园区共有企业137家，先后聚集了电子信息产业、新材料产业、农产品加工产业、装备制造产业四大主导产业集群，形成了电子产业园、新材料产业园和食品加工园"一区三园"的发展格局。2017年长春经开区在全省134家省级及以上园区综合评价中排名前十。2017年，园区共完成规模工业总产值251.90亿元，实现规模工业增加值57.32亿元，其中高新技术产业增加值32.45亿元，占比56.6%，完成税收38373万元，实际利用外资3285万美元，进出口总额495359.98万元。

【湖南艾华科技集团】 公司总部位于市桃花仑东路，专注于铝电解电容器的生产与销售，具有从腐蚀箔、化成箔到铝电解电容器的完整产业链，并自主研发制造电容器生产设备、自主开发电容器品质专业管理软件系统，是该行业中全球少数具有完整产业链的高科技企业之一，是中国第一、全球第五的铝电解电容器制造商，为中国电子元件百强企业，2015年5月在上交所上市，股票代码603989。公司已获得19项国家专利，商标荣获"中国驰名商标""湖南

省著名商标""湖南省名牌产品""中国电容器行业十大知名品牌""最受欢迎电子元件品牌"等多项荣誉，拥有德国欧司朗、荷兰飞利浦、美国GE、日本松下、东芝、海尔、海信、长虹等国内外客户。"CD11GE耐高纹波电流特长寿命铝电解电容器产业化项目"荣获省级新产品认定，"CD91B型铝电解电容器"荣获国家级新产品认定，公司生产的节能照明专用铝电解电容器寿命长达130℃5000小时（相当于105℃20000小时），性能达到国际同行先进水平。

【亚光科技集团股份有限公司】 2018年1月，湖南太阳鸟游艇制造股份有限公司（2010年9月在深交所上市，股票代码300123）完成对成都亚光电子股份有限公司的收购，公司全称变更为亚光科技集团股份有限公司。湖南太阳鸟游艇制造股份有限公司创立于2003年，位于湖南省沅江市游艇工业园，是国内规模最大、设计和研发水平最高、品种结构最齐全的复合材料船艇企业之一，共有三大系列产品：游艇（从6米-60米）30个规格、60种型号；商务艇（从10米-90米）20个规格、50种型号；特种艇（从10米-80米）20种规格、30种型号。已先后获得授权各类国家专利技术共计40多项，具备年产各类高性能复合材料船艇500艘的生产能力。自主品牌产品出口至美国、英国、意大利、西班牙、澳大利亚和东南亚、中东、非洲、美洲等国家和地区。自主开发设计生产的游艇产品先后荣获"省长杯"广东工业设计奖、中国创新设

计红星奖、"芙蓉杯"国际工业设计奖，公司自主创新设计的3600双体游览船荣获上海"世博创优游船"称号，中国复合材料展览会"优秀创新产品"奖，2011年获得"亚洲最佳游艇动力供应商""中国游艇行业新锐"称号。收购成都亚光电子后，亚光科技致力于高技术船用电子、船用装备及其产品研发、设计、生产，是军工电子、微波雷达、智能船艇系统解决方案提供商。

【汉森制药股份有限公司】是湖南省高新技术企业和重点医药工业企业，前身为始建于1969年的益阳制药厂，位于市银城南路龙岭工业园，总占地面积165116平方米，总建筑面积79695平方米，现有员工2000多人，公司注册资本2.96亿元，总资产逾12亿元。公司于2010年5月在深交所上市，股票代码002412，是益阳市首家上市的本土企业，下辖湖南汉森医药有限公司、湖南汉森医药研究有限公司、汉森健康产业（湖南）有限公司、云南永孜堂制药有限公司。公司"汉森"商标为"中国驰名商标"，产品四磨汤口服液为"湖南省高新技术产品""湖南省名牌产品"并被授予"湖南省产品质量奖"。公司拥有湖南省企业技术中心、湖南省消化道药物工程技术研究中心、湖南省高校"创新药物研究与开发"产学研合作示范基地。公司以生产中西药制剂为主，化学合成药为辅，所有10个剂型和4个化学合成药已全部通过国家GMP认证，拥有药品批准文号188个，共131个品种，年生产能力为口服液5亿支、胶囊5亿粒，产品主要涉及消化系统用药、心血管系统用药、呼吸系统用药、伤科用药、诊断用药等，主导产品有四磨汤口服液、愈伤灵胶囊、缩泉胶囊、泛影葡胺注射液、陈香露白露片等。

【克明面业股份有限公司】国内挂面行业领先的民营食品高科技企业，前身为始创于1984年的陈克明面条厂，2012年3月16日，公司在深圳证券交易所挂牌上市，股票代码002661。公司以研发生产挂面为主，致力于"柔韧、细腻、口感好，易熟、耐煮、不糊汤"的品质定位，制面设备和生产工艺获得10多项国家专利，主要产品为"陈克明"品牌挂面，包括营养、强力、如意、高筋、礼品、儿童6大系列、500余个挂面产品，拥有9大生产基地，其产能、销售额、市场占有率均名列全国挂面行业前茅，先后获评"农业产业化国家重点龙头企业""全国食品安全示范单位""国家科学技术进步二等奖""农业产业化国家重点龙头企业""国家火炬计划重点高新技术企业"。

【奥士康科技股份有限公司】成立于2008年5月，注册资本10803.9万元，总资产119254万元，建设面积11万余平方米，现有员工3500余人。公司主要生产高密度互联电路板，总设计生产PCB规模为450万平方米/年，是世界电子电路板百强企业、国家高新技术企业、湖南省企业技术中心，获得中国印制电路行业第二届"优秀民族品牌企业"称号。公司旗下拥有全资子公司惠州奥士康，海外拥有奥士康科技（香港）有限公司、奥士康国际有限公司两大贸易公司，缔造"一地设计、两地制造、全球交货"的经营格局。公司研发设备原值有4000万元以上，拥有省级研发平台两个（企业技术中心和工程研究中心），建设有行业内先进的物理、化学实验室，与长沙理工大学、电子科技大学、广东工业大学等建立"产学研"基地，每年研发经费投入每年超过了销售收入的3%。拥有有效专利发明103项，其中18项发明专利，产品广泛应用于视听、平板电脑、伺服器、通讯、汽车、轨道交通、工控、安防、电源等领域，在亚洲、欧美拥有广泛市场，有70%的产品出口，主要客户有戴尔、现代汽车、三星、华硕、联想、夏普、爱普生、大德电子、深南、富士康、联宝等世界500强企业20余家，并与之建立合作伙伴关系。

【益阳水竹凉席】又称水竹篾手工席，最早发源地在益阳，是我国传统的出口产品。益阳出产的水竹凉席素有"薄如纸，明如玉，平如水，柔如帛"的美誉，1952年曾获德国莱比锡国际博览会银奖，后又被评为国家轻工部优质产品。水竹凉席按照质量等级分类可分为纯头青细篾、纯头青粗篾、纯二青粗篾、头青二青混编，编制方法主要有挑2压2和挑3压3两种。

【桃花江擂茶】又名三生汤，基本原料是茶叶、米、芝麻、黄豆、花生、盐及桔皮，有时也适当添加青草药。茶叶除采用老茶树叶外，更多的是采摘可供食用野生植物的嫩叶，如清明前的山梨叶、大青叶（不分季节）、中药称淮山的雪薯叶，等等，不下十余种，经洗净、焖煮、发酵、晒干等工序而制备。"擂"茶的用具是擂棍和擂钵，前者取一根粗的樟、楠、枫、茶等可食杂木，长短2-4尺不等，上端刻环沟系绳悬挂，下端刨圆便于擂转；后者乃内壁布满辐射状沟纹而形成细牙的特制陶盆，有大有小，呈倒圆台状。"打擂茶"即将原料擂成酱状茶泥，冲入滚水，加上炒米，目前已形成"水井巷"等擂茶品牌。

【大通湖大闸蟹】产于益阳大通湖，规模放养的历史可追溯到二十世纪七十年代。大通湖大闸蟹体形近似圆形，脂满膏肥，体厚实，母蟹一般只重在125克以上、公蟹只重在150克以上；蟹壳呈青泥色，平滑而有光泽；贴泥的脐腹甲壳，晶莹洁白，无墨色斑点；蟹腿的毛呈黄色，根根挺拔；蟹足金黄，坚实有力。大通湖大闸蟹不仅体大、肥美、营养丰富，还以其青背、白肚、黄毛金爪的特点在螃蟹中独占鳌头。2007年，大通湖大闸蟹通过了国家绿色食品A级产品认证，获2007第二届中国（长沙）国际食品博览会金奖。2012年，大通湖所在沙堡洲办事处被授予"中国河蟹之乡"称号。2013年，大通湖大闸蟹获得国家质检总局地理标志产品保护。

【益阳松花皮蛋】益阳市驰名的特色名

菜，传统特产之一，已有500多年的历史。1981年5月，在全国食品质量评比会上获得国家银质奖。益阳松花皮蛋呈棕色或绿褐色，体软而有弹性，滑而不粘手，蛋白通明透亮，能照见人影，玳瑁皮层，上面有自然形成的乳白色的松枝图案。蛋黄呈墨绿、草绿、暗绿、茶色、橙色五层深浅不同的色彩。松花皮蛋每100克含水份67%，脂肪12.4%，蛋白质13.6%，碳水化合物4%，营养丰富，有增加食欲、降血压、解热息火等功效。

◇ 城市文化

【综述】益阳物产丰富，历史悠久，号称"鱼米之乡"，有"湖广熟，天下足"的美誉，历来有"金湘潭，银益阳"之称，具有相当丰厚的文化底蕴，是楚文化的重要发祥地、汉传佛教的策源地、著名的三国古战场，竹文化、茶文化、梅山文化、湖乡文化、三国文化等源远流长，素有"中国诗歌之乡""花鼓戏窝子""羽毛球冠军摇篮"等美誉。作为"万里茶路"的重要起点之一，益阳还成为中西文化交流的前沿阵地，中国传统文化、湖湘地域文化、西方文化共同塑造着富有特色的益阳文化。益阳文化遗产、遗存众多，迄今查明有文物点1018处，其中国家级重点文物保护单位7处，省级重点文物保护单位23处，市级重点文物保护单位60处。中心城区国保单位2处5个点，省保单位8处，保存较完好的历史街区两处。非物质文化遗产45个，其中国家级4个，省级8个，市级33个。

【益阳话】主要特点是无卷舌音，大多数无翘舌音，浊音不论平仄俱成不送气清音，保留古入声字较多。与普通话比较，在词的构成上，表达浓厚感情色彩的缀加式合成词颇具特色，许多词在意义的广狭程度上与普通话也有较大差别。县境各乡镇的语言，由于地理和历史的原因，稍有差异。如岳家桥、衡龙桥一带夹宁乡话音，上湖一带夹望城话音，牌口一带夹湘阴话音，沙头、茈湖口一带夹沅江话音，泥江口一带夹桃江话音。县城赫山镇周围，包括邓石桥、谢林港、羊舞岭、天成垸、兰溪、千家洲等县内大部分地区，则流行较为典型的益阳话。用益阳话通行全境，不会发生交际困难。

【益阳弹词】俗称"道情"或"月琴戏"，是一种民间说唱道情的曲艺形式，自清嘉庆十五年形成以来，至今已有近二百年的历史。经过历代民间艺人的传承和发展，形成了一套独具特色的道白、唱词、唱腔、曲调和演唱形式，深受广大人民群众喜爱，并具有较高的学术价值和实用价值，著名曲目有《双风奇缘》《月唐演义》等。2009年该项目列入湖南省第二批非物质文化遗产保护名录。

【兰溪双桡龙舟】可追溯到200多年前的清道光年间，与各地龙舟相比，益阳龙舟长而窄，船头装有龙头，船尾配以龙尾，一般有28舱或者32舱，最大的36舱，船身和桡片绘有鳞甲，船上结七彩，张旗伞，配吹乐。龙头安装前按照传统的祭祀方式，要请礼宾司哼读告文，用三牲酒肉祭祀龙头。益阳龙舟由于每船参赛的划手都在100人以上，每支龙舟队都是以自然村为单位，每一艘龙舟悬挂的旗帜既表示该龙舟所属地理位置和行政村镇，也代表着集体的精神和名誉，益阳龙舟竞赛的激烈程度充分体现了益阳人民的精神风范和顽强意志。

【益路花鼓】原名益阳花鼓戏，旧时亦称楚剧，新中国成立后，于20世纪六十年代初，归属长沙花鼓戏剧种。益路花鼓是益阳千百年的文化积淀，它承载着大量的"梅山""洞庭"狩猎文化和农耕文化的信息，因其声腔体制较为健全，戏剧化程度大，以及声腔来源的特殊性，在发展中逐步形成了它的正、悲剧风格，如《芦林会》《清风亭》《赶潘》等。在表演上，除地方小戏所具有的小生、小旦、小丑，所谓"三小"的共性外，更突出"须生""正旦""青衣"的唱工戏，主要声腔有益路川调（弦子腔）、八同牌子、老辞店调（打锣腔）等。2009年被列入省级非物质文化遗产保护名录。

【兔子山遗址】位于赫山区铁铺岭社区。2013年4月，经国家文物局批准，省文物考古研究所与市文物管理处联合实行抢救性发掘。目前已发现古井16口，出土了包括全国首次发现的"秦二世文告"简、"张楚之岁"瓠在内的15000余枚简牍及大量瓦当、漆木器、铁器等生产、生活器具。遗址未间断地保留了楚、秦、汉、三国乃至唐宋时期的遗迹遗存，古城壕、衙署、古井、地貌、水系等基本格局清晰，是益阳古县衙所在地，延续时间约1500年，可谓益阳文化之根，入选2013年全国十大考古新发现。

【五马坊牧师楼】全国重点文物保护单位，位于资阳区沿江东路南门口社区城内办事处，始建于清光绪三十年（1904），由挪威牧师原明道和益阳教徒刘复生修建。牧师楼与信义大学教舍建筑群隔江相望，坐南朝北，平面呈T形，东西长18.7米，南北宽14.3米，通高14.3米，建筑面积近1000平方米；单檐悬山顶，砖木抬梁结构，屋顶上盖绿釉琉璃筒瓦。整栋楼面阔六间，分东西两半，三层，北向门厅两边各有独立木楼梯至楼顶，每层独成单位套间；一、二层均设有前后凉台，凉台宽阔设木制护栏，廊柱采用青砖砌成，花岗岩条石屋基。

【白鹿寺】位于市城区资江南岸的白鹿山，毗邻会龙山，距离资江一桥仅200余米。始建于唐宪宗元和年间（公元806年-820年），是现今益阳规模最大且历史悠久的寺庙，据记载古寺原有四进，第一进为弥勒佛殿，两旁为四大天王；第二进为观音殿，两厢为佛学堂；第三进为大雄宝殿，两厢是禅堂和斋房；第四进为药师殿与藏经楼。寺内僧众最多时达三百多人。寺内大钟重逾千斤，敲响时声传十数里，响彻益阳古城，伴霞飞月出，被称为"白鹿晚钟"，为益阳"资江十景"之一。明、清以来，寺庙屡毁屡建，直到2003年3月，白鹿寺历史上规模最大的一次重修全部完成，寺内古木佳卉，奇花异草，僧众逾百人，四时香客云集，香火旺盛，胜境重光，成为益阳乃至湖南的重要宗教活动场所。

【龙洲书院】位于市城区资江南岸龟台山上，建于明嘉靖三十年（1551），至清光绪三十年（1904）废科举、兴学校，改为益阳县立第一高小，后为龙洲师范，现为益阳市二中，至今已有450多年的历史。龙洲书院原有大小房60间，学田300多亩，规模约与岳麓书院、石鼓书院相等。辛亥志士刘文锦、刘承烈，革命烈士熊亨瀚、萧山令、夏曦、张昆弟、袁铸仁，当代历史学家周谷城、文艺理论家周扬、著名作家周立波、华侨教育家张国基均在书院接受过教育。

【小郁竹艺】小郁竹艺是一种采用直径5公分以下的刚（麻）竹为骨架、毛竹为部件加工成各种器用具的一种民间传统手工制作工艺，由选料、下料、烧油、郁制等三十多道工序组成，明嘉靖年间（1522-1566年）即成行业，清道光十二年开始出口英、法等国，近百年在国际、国内的各种展览会上获金银奖八十余次。从1963年到1989年益阳小郁竹艺技师作为文化交流使者，先后有68人次去亚、非、拉、欧等十六个国家传授小郁竹艺。小郁竹艺产品结构方正、美观大方，符合人们的审美情趣，被木制、铁制家俱及装修行业广泛借鉴，2011年列入国家级非物质文化遗产保护名录。

【奎星塔】位于赫山区泉交河镇下节街，西距泉交河镇150米，南距泉交河大桥300米。为清代黄秉煦、胡星发、徐其是、徐光荣诸贤所倡修，竣工于1828年，据传此地钟灵毓秀，人文蔚起，故取"奎主文昌"之义而得名。晚清湖北巡抚、湘军领袖胡林翼之祖父胡显昭先生于奎星塔落成之时，题诗"两河交汇泉流远，一塔凌空笋出新"。当时的大学士曹振镛、侍郎李宗翰、巡抚陶澍、状元彭浚等随即作和诗20首，石刻于塔内，流传至今。

【厂窖惨案纪念碑】位于南县西部的厂窖镇内，落成于1986年。纪念碑左边有一处"厂窖惨案民族教育展览馆"，右边有一处警钟亭，纪念碑亭下是当年侵华日军制造的万人坑。1943年5月9日至12日，日军对逃难到厂窖垸的4万多手无寸铁的中国军民，实行四面围剿捕杀，这是仅次于南京惨案的一次大屠杀。厂窖惨案纪念碑是日本军国主义当年侵略中国杀害中国人民的铁证，也是今人对当年三万多遇难同胞的纪念碑。

【周立波故居】位于赫山区谢林港镇邓石桥村，始建于清乾隆53年（1788），占地面积1510平方米，院落依山傍水，坐北朝南，土木结构，悬山小青瓦屋顶，土筑围墙，属于典型的洞庭湖区特色民居宅院。故居是周立波出生成长和他1955年至1965年回乡与农民群众"三同一片"创作《山乡巨变》《山那面人家》等长篇、短篇小说的原型地，因而保存了他的大量遗物。2002年，省政府将其公布为重点文物保护单位。2007年，周立波故居所在村被列为社会主义新农村建设示范村。在省文物局文物保护中心专家的指导下，按照"修旧如旧"的原则，益阳市财政投资100万元将故居全面修复1000平方米，共计二正四偏28间房屋。故居陈列分复原陈列、周立波生平事迹展览、周立波文学研究室三个部分，反映周立波在文学创作道路上的艰苦历程以及他一生创作的所有作品。其中故居复原陈列主要陈列周立波在50年代回乡创作《山乡巨变》时的生活场景。

【陶澍陵园】位于安化县小淹镇沙弯坪，占地50亩，由陶澍陵墓和享堂组成，为回乡奔丧的胡林翼商左宗棠监造完成，1996年被列为省级文物保护单位。右门入侧处有御碑亭，亭内两只巨大的石鳌背负一块道光皇帝御赐的、著名书法家何绍基书写的碑文，进门左侧为陶澍墓，中间主墓有碑为"陶文毅公墓"，墓前有墓表、石俑、石马、石虎、石兔，陵园庄严肃穆。在陵园下游约3公里为尚书宅地，内有总督府、太保第、乡贤祠、赐书楼、石雕龙凤门、双玉飘香、引水石渠等。文塔揽月位于资江石门潭北岸，1836年由陶澍回乡捐资所建。塔高21米，八方七层，四至七层塔角铜铃32个，风吹铃响，似仙女奏乐。第一层汉白玉石匾额上刻着道光皇帝御书"印心石屋"，第二层嵌"文澜塔"青石匾额。

【胡林翼故居】即"宫保第"（胡生前官太子少保故称"宫保"），坐落在泉交河镇大塘村，占地数十亩，四周筑有厚达一尺余的三合土围墙，墙外有丈余宽的护城河沟。府第内有房舍、官厅、花苑、仓、门堡等房屋多达上百间，是一座城堡式的庄园。由于时代的变迁，"宫保第"已经几近毁坏，里面的珍贵文物或流落民间，或毁坏丢失，国有博物馆收有少量文物，"宫保第"仅存房屋基础和一些残墙断壁。

【陶澍】（1778-1839），字子霖，号云汀，安化县小淹乡人，有"江南第一才子"之称，曾任江苏巡抚，两江总督。在任期间，勤政爱民，革弊端，清吏治，于水利、盐政、漕运、学政等方面，多有建树，是清代嘉庆、道光年间著名贤臣和理财良士，道光帝亲赐"印心石屋"御笔，流传全国各地，对后来的胡林翼、左宗棠、曾国藩、李鸿章有重大影响，是近代湖南人才辈出的最早领军人物。

【胡林翼】（1812-1861），字润芝，晚清中兴名臣之一，湘军重要首领，益阳泉交河人。清道光进士，官至湖北巡抚、太子少保、兵部侍郎。抚鄂期间，注意整饬吏治，引荐人才，协调各方关系，曾多次推荐左宗棠、李鸿章、阎敬铭等，为时人所称道，与曾国藩、李鸿章、左宗棠并称为"中兴四大名臣"。死后，追赠总督，谥号"文忠"，称胡文忠公，代表作品有《胡氏兵法》《胡文忠公遗集》《胡文忠公遗集》等。

【张子清】（1902-1930），桃江县板溪乡人，中国工农红军早期著名将领。曾参加毛泽东领导的湘赣边界秋收起义和井冈山会师。在"三湾改编"时被任命为工农革命军第1军第1师第1团3营营长，率部转战于湘南桂东一带，积极开展游击活动，先后攻克遂川、宁冈、新城、茶陵，迎来了井冈山初创时期的繁荣局面。在草铺湾追击逃敌时，张子清腿部和左脚踝骨中弹负伤，由于缺医少药，伤口溃烂日渐恶化，仍然坚持把自己的盐包拿出来给别的受伤战士清洗伤口，自己最终不治身亡，他的领导才能和人格品德广受红军战士拥护和爱戴。

【周立波】（1908-1979），出生于市谢林港镇清溪村，1932年参加左翼作家联盟，并加入中国共产党。1939年奔赴延安，先后在《解放日报》工作和鲁迅艺术学院任教，创作了长篇小说《山乡巨变》和《山那面人家》等20多篇短篇小说，他的长篇小说《暴风骤雨》，荣获斯大林文学奖。他的作品被称为故乡生活小说的作品，其本质性意义在于以自觉的群众代言人意识，反映人民心声，讴歌新的时代。周立波共创作出版有《周立波短篇小说集》《周立波散文集》《周立波选集》《立波文集》《文学浅论》《战场三记》等作品集，译著有《被开垦的处女地》等。

【周扬】（1908-1989），益阳莲庄湾人。现代文艺理论家、文学翻译家、文艺活动家、中国科学院哲学社会科学学部委员。历任陕甘宁边区教育厅长、鲁迅艺术文学院副院长、延安大学校长等，中华人民共和国成立后，一直从事文化宣传方面的领导工作，任职中共中央宣传部副部长、文化部副部长等。著有《关于"社会主义的现实主义与革命的浪漫主义"——"唯物辩证法的创作方法"之否定》《十五年来的苏联文学》《现实主义试论》《典型与个性》《关于国防文学》《文学与生活漫谈》等。翻译《安娜·卡列尼娜》和《生活与美学》（1979年更名为《艺术与现实的审美关系》由人民文学出版社再版）。1959年与郭沫若共同主编出版大跃进民歌集《红旗歌谣》。《周扬文集》共5卷，自1984年历10年至1994年出齐。

【周谷城】（1898-1996），益阳县汾湖州人，曾任全国人大常委会副委员长，中国史学会常务理事兼首任执行主席、中国太平洋历史学会会长、上海市哲学社会科学联合会副主席、上海市历史学会会长。周谷城的教学和研究涉及史学、哲学、美学、逻辑学、政治学、社会学、教育学等学科；纵述古今、横论中外。六十多年来，著述数百万字，出版专著十余部，发表论文两百余篇。代表作《中国通史》上、下册，《世界通史》一、二、三册，打破以欧洲为中心的世界史旧体系，在世界史研究方面起了拨正方向的作用，在史学界产生广泛影响，1982年他编写的这两部史列为全国高等院校文科教材。

【艾国祥】（1938- ），湖南益阳人，中国天体物理学家，历任中国科学院北京天文台台长、北京天文台太阳物理学研究员、博士生导师、怀柔站首席科学家、中国科学院国家天文台台长、中国科学院研究员、国家高技术航天领域专家委员会委员。1993年当选为中国科学院院士。2002年当选为第三世界科学院院士。独立发明并主持研制了太阳磁场望远镜，1987年获国家科技进步一等奖；主持太阳磁场与速度场研究，其研究成果获1994年中科院自然科学一等奖；发明以双折射滤光器为基础的两维同时光谱仪，将太阳磁场测量方法连续推进了三代；主持研制了太阳多通道望远镜，获得1995年中国科学院科技进步一等奖。1996年获何梁何利奖。2003年以来发明并主持中国区域导航定位系统（CAPS）的研发。

◇ 城市生态

【综述】 在推进区域性生态中心城市建设中，益阳市重点开展自然资源保障体系建设、生态产业与循环经济体系建设、生态环境治理与保护体系建设、生态人居体系建设和生态文化体系建设五大生态体系建设。为了让水更清，组织了疏浚沟渠、塘坝清淤、清理河道等行动，先后开展了志溪河、兰溪河"两河"综合治理、洞庭湖区沟渠塘坝清淤疏浚、资水干流及中小河流治理、河湖保洁、入河湖排污口综合整治等工作，并结合河长制湖长制工作，全面推进水生态保护综合治理。关停或搬迁规模养殖户3565户，

功能性摧毁矮围、网围76处；砍伐南洞庭湖自然保护区核心区2.81万亩黑杨，完成人工生态修复7100亩；完成1246个畜禽规模养殖场改造，设施设备配套率达73.9%，建成4个粪污处理场，畜禽粪污资源化利用率达64.51%；新建乡镇垃圾压缩中转站114个，新建9个省级及以上工业园区（聚集区）污水处理厂。资水益阳段总体水质为优，大通湖、三仙湖等水质明显改善，总磷指标持续下降，柘溪水库水质由Ⅲ类改善为Ⅱ类。为求山更绿，扎实推进退耕还林、长防林、石漠化治理、中央财政森林抚育等重点生态工程建设。为求天更蓝，关闭175家粘土砖厂，新增新能源公交车914台，淘汰黄标车6947台，21家企业纳入2018年强制清洁生产强审范围，全市单位规模工业增加值能耗为0.72吨标准煤/万元，大气二氧化硫含量比上年下降50%以上，空气质量明显改善。

【秀峰公园】 位于桃花仑西路南侧，金山北路桃花仑路口。始建于1988年，2012年进行了改造，公园总面积约600亩，其中湖面占310多亩，有东西南北四大门，各具特色。其中西门最大，广场宏大东门有展现益阳山水之城文化特色和小说山乡巨变情节的的长卷壁画。通过改造的秀峰公园绿地面积达7.3万平方米，投放各种观赏鱼2万多尾，设置各类灯饰500余盏，增添了音乐喷泉、雕塑、廊桥等各种景致，和白鹿寺、会龙山连为一体，是一座集山水风光、人文景观、休闲健身于一体的综合性开放式公园，成为益阳市民休闲、游乐、健身的胜地。

【会龙公园】位于赫山区的会龙山上，始建于1965年，2005年开始进行扩建改造，新的会龙山公园北接资江，南达花乡路，西靠志溪河，东接资江一桥繁华路段，总面积152.2公顷。公园分为三个景区，其中心区为佛教人文景区，北为滨江景区，南为自然山林景区。主要景点包括九龙广场、栖霞寺、福源寺、广法寺、福林塔、曾士峨烈士纪念碑、烈士陵园、何凤山墓、立波亭等。

【梓山湖】位于赫山区益阳大道（东）南侧，总面积6.2平方公里，其中水面1.6平方公里。以往的主要功能是做水库用，汇集山溪水保证周围一万多亩农田的灌溉，副业是在库中养鱼。湖周森林茂密植被好，湖边绿色半岛港湾多，益阳市已将其规划为健身、休闲度假胜地，并列为益阳市旅游产业建设的重点项目。2001年，于梓山湖畔建设27洞72杆国际标准的高尔夫球场。

【浮邱山】位于桃江县城西南12公里处，海拔752.4米，面积约58平方公里。山上有48面峰，层峦叠翠，气候宜人，年平均气温16℃，最高不超过34.2℃。浮邱山是湖南道教的发源地。在历史上被誉为"楚南名胜"和"湘中第一道场"。现存有浮邱寺（浮邱观）、飞来石屋、丹台、仙翁洞门、齿石、风洞、火云洞、古银杏林、炼补亭、子良岩、会仙观等一大批道教历史文化遗址和"三月三""九月九"真武祖师庙会等历史悠久的人文景观。

【柘溪风景区】位于安化县柘溪镇境内，偎依湖南"红宝石"——柘溪水电站，距县城仅10公里，益溆高速、张新高速贯通全境，是一处以柘溪水库水景为主体，以民俗文化为内涵，以地质遗迹景观为亮点，以茶果观光旅游为主调的湖泊型风景区，内有柘溪水电站库区风光、雪峰湖地质公园展览馆、大溶民俗文化村、大溶溪白鹤瀑布群、冰碛岩带等风景名胜旅游资源。其冰碛岩带是目前世界上发现的最大冰碛岩，具有最原始、最完整、厚度大、碳酸岩含量高的特点，柘溪冰碛岩带的发现为世界科学家研究和探索动物生命的起源提供了实物，也为柘溪风景区提供了一块罕世"招牌"。

【大通湖】位于南县东南部，接沅江市界，是洞庭湖湖中之湖，属于大通湖管理区管辖。湖泊面积82.7平方公里，是省内居前三的内陆淡水湖。湖面东西长15.75公里，南北宽13.7公里，呈三角形。湖岸堤线长65公里，平均水深2.5米，常年蓄水2.32亿立方米。水产资源丰富，素有"三湘第一湖"之美誉。

【洪山竹海】位于桃江县东南面，距县城桃花江镇仅1.5公里，东与桃江美人窝渡假村相连，南以桃益一级公路为界，西与桃灰公路相邻，北与原桃益公路接壤，总面积761.2公顷。最高海拔雪峰坳335.4米，最低海拔37米，3万多亩翠绿挺拔的楠竹，组成了竹涛滚滚的海洋，是其最有特色的景观。山顶有一处竹海红楼，是最高最佳观景点。

【资江风貌带】2015年10月开工建设，西起青龙洲大桥、东至清水潭大桥下游九洲搅拌场，全长12.3公里，总建设用地为15000亩，规划控制用地6500亩，是集防洪保安、棚户区改造、生态观光、城市交通、休闲健身和产业开发于一体的重大民生工程。资江风貌带按照建设"海绵城市"理念和建设生态城市要求，在将资江防洪标准提升为100年一遇的同时，对河道进行生态化、景观化改造。一方面改善水生态水环境，增强城市吸水、蓄水、渗水、净水功能，一方面又为市民休闲健身提供好去处，成功打造了生态、自然的亲水景观格局，实现了防洪功能与景观功能的有机结合，带动了沿线文化、旅游等产业的发展，提升了市民生活的幸福指数，是一条综合性的安全带、生态带、休闲带、文化带、产业带。

【六步溪国家级自然保护区】原称"鹿步溪"，位于安化县苍场乡，保护区创建于1999年4月，2009年9月18日国务院批准为国家级自然保护区。保护区总面积14239公顷，核心面积6094.3公顷，是雪峰山北部唯一一块保存完好的原始次森林，曾是鹿的乐园，被誉为益阳的"西双版纳"。区内海拔最高1130米，最低海拔258米区域面积122.5平方公里。保护区内生物资源丰富，珍稀濒危动植物繁多，具有典型的亚热带常绿阔叶林植被和复杂的森林生态系统，有伯乐、香果、银杏等国家一、二级保护植物30余种，昆虫860种，大型真菌19目43科82属188种。主要保护对象有青檀林、榉木林以及白颈长尾雉等其他珍稀野生生物资源。

【桃花江国家森林公园】位于桃江县境内，处在长沙至张家界、凤凰之间，距省会长沙约90公里。桃花江国家森林公园于2008年1月7日经国家林业局批准设立，总面积3153.05公顷，由桃花江竹海、浮邱山、桃花湖三个景区组成。公园内除水体外森林覆盖率高达98.75%，野生动植物资源丰富，自然生态环境优良，共有银杏等国家重点保护植物14种，白鹤、云豹等国家一级保护动物14种；大气质量、土壤环境质量均达国家一级标准，空气负离子含量达1.39万个/立方厘米，地表水质量达国家Ⅱ类水质标准，形成了良好的森林气候。

【雪峰湖国家湿地公园】地处安化县境内，于2009年经国家林业局批准设立。主要包括雪峰湖、资江干流安化东坪珠溪口段及周边区域。总面积9450.2公顷，分布东坪、拓溪、拓溪林场、古楼、烟溪、坪口、南金、江南、小淹等乡镇。公园及其周边区域共记载了维管束植物1419种，维管束湿地植物150种。同时，公园内有国家重点保护植物10种，其中包括国家一级重点保护植物2种，国家二级重点保护植物8种。列入国际公约保护植物名录的兰科植物22种。野生脊椎动物共计281种，为湖南已知脊椎动物总数的31.6%，其中列为国家二级重点保护的野生动物22种。公园中还发现了1种湖南省以前从未报道过的鱼类——红尾副鳅，以及1种湖南省以前未曾报道过的蛙种——无声囊树蛙。

【羞女湖国家湿地公园】位于桃江县，2014年开始国家湿地公园试点工作，是南洞庭湖最大的补给水源，总面积2300.5公顷，其中湿地面积1916.6公顷，湿地率85.27%，分布有12个江心洲，水域面积1837.0公顷，总库容1.42亿立方米。目前在该区域发现的野生脊椎动物有64科156种，其中有国家Ⅱ级以上重点保护野生动物斑头鸺鹠、领角鸮等8种；维管植物753种，其中湿地植物209属295种，国家Ⅱ级保护野生植物有中华结缕草、旱莲木等5种，还有一级保护植物水杉。尤其还发现了5只中华秋沙鸭，是我国特产稀有鸟类，属国家一级重点保护动物，目前全球仅存不足1000只。

【黄家湖国家湿地公园】位于资阳区长春镇境内，中心城区以北7.5公里，2011年12月被批准为国家湿地公园试点单位。主要包括资阳区境内的黄家湖、南门湖、甘溪港河的永兴至窑山口段及其周边区域，总面积2267.1公顷，湿地面积2098.9公顷，占土地总面积的92.6%。公园内有河流湿地、湖泊湿地、沼泽湿地和人工湿地四大湿地类别和永久性河流、洪泛平原湿地、永久性淡水湖、草本沼泽、森林沼泽、运河、水产养殖场和稻田八个湿地类型。有植物547种，脊椎动物171种，其中南洞庭湖及其邻近水系分布的有鱼类41种，鸟类91种，并有莼菜、白琵鹭等国家一、二级保护动植物12种，生物多样性丰富。皇家湖国际旅游休闲度假区、云梦方舟、紫薇村、三眼塘洞庭乡愁成为这片湿地上旅游元素相对集中的旅游休闲目的地。

【南洲国家湿地公园】位于南县境内，是洞庭湖重要腹地和心脏地带，北依长江，四面环洞庭，是东、西洞庭湖走廊地带，主要包括淞澧洪道，南从茅草街开始，向西包括天星洲大部分、再西洲、北洲子、护山洲、顶兴垸、五公滩、张家湾、龙船洲、中洲、乐安垸、大佑垸、年丰垸、达峰洲，北至马泗脑；藕池河贯穿南县境内的中支、西支的全部及包含的洲垸；南茅运河及其沿岸14米缓冲区域；沱江水库及其沿岸14米缓冲区域，规划总面积11383.5公顷。于2011年开始国家湿地公园试点工作，2016年8月通过国家林业局的验收。有鱼类47种，其中有中华鲟、白鲟、银鱼、鳗鲡等珍稀名贵鱼类。辽阔的洲滩是珍稀鸟类的栖息地，已发现的鸟类有94种。

【大通湖国家湿地公园】公园主要包括大通湖湖泊全部、金盆河、老河口运河全部。湿地公园规划总面积8939.5公顷，共包含湖泊湿地、河流湿地、和人工湿地3个湿地类、4个湿地型，面积8836.6公顷，占总面积的98.8%。湿地公园内共调查到维管束植物64科、152属、235种，其中包含有国家Ⅱ级保护植物野菱；脊椎动物共有5纲29目73科208种，其中包含虎纹蛙、白琵鹭等12种国家Ⅱ级重点保护物种。

【来仪湖国家湿地公园】位于赫山区

东北部，主要包括来仪湖、鹿角湖、白萍湖、窑头湖、高湾湖等湖泊，规划区总面积1706.82公顷。经统计湿地公园内湿地野生维管束植物共有84科、254属、409种，包含野大豆、金荞麦、莲三种国家Ⅱ级重点保护野生湿地植物，在湿地公园植物区系组成中，被子植物的科、属、种数占绝对优势，蕨类植物的种类相对较少；记录到的野生脊椎动物26目71科151属227种，公园范围内分布有国家Ⅱ级以上重点保护动物12种。

◇ 城市名片

【综述】益阳是环洞庭湖生态经济圈核心城市之一，也是长株潭3+5城市群之一，先后获得最适宜人居城市、中国杰出绿色生态城市、全国优秀旅游城市、国家森林城市、国家卫生城市、全国文明城市提名城市、湖南省历史文化名称等称号，是中国黑茶之乡、中国淡水渔都、楠竹之乡、芦苇之乡、小有色金属之乡，素有中国诗歌之乡、花鼓戏窝子、羽毛球世界冠军摇篮等美誉。

【安化黑茶】安化县特产，属于后发酵茶，为六大基本茶类之一。安化是中国黑茶的重要发源地之一，安化黑茶中的茯砖茶在特殊的制作工艺过程中会自然发酵生成其独有的"冠突散囊菌"（俗称金花），富含18种氨基酸，450多种对人体有益的成分。安化黑茶主要品种有"三尖""三砖""一卷"。三尖茶又称为湘尖茶，指天尖、贡尖、生尖；"三砖"指茯砖、黑砖和花砖；

"一卷"是指花卷茶，现统称安化千两茶。2008年，安化千两茶和茯砖茶的制作技艺列入国家第二批非物质文化遗产保护名录；2009年，安化黑茶成为国家地理标志保护产品；2010年，安化黑茶入选上海世博十大名茶和湖南省十大茶品牌；2011年，安化黑茶被评为中国最具带动力和最具传播力的茶叶区域公用品牌；2017年，安化黑茶被评为"中国茶叶十大公共品牌"。

【茶马古道】唐宋以来至民国时期，安化境内连接内地产茶区和西北、西南边疆少数民族地区进行茶马交易的交通要道，也是一条通往边陲的经贸之路。在茶马古道上，益阳的茯砖茶、千两茶、黑砖茶和三尖茶名扬天下，历经千年发展形成了高城峒、江南古镇、永锡桥、洞市老街、唐家观、新化圳上、白溪、隆回滩头、宝庆等茶市老镇和交通要塞。

【桃花江】桃江县境内的一条小河流，在雪峰山脉的东北部，20世纪30年代，著名音乐家黎锦晖，谱写的一曲《桃花江是美人窝》，让"天下桃花江，山水美人窝"闻名中外。"桃花江美人"成为"湘女多情"文化景观里的一个经典坐标，"美人"只是桃花江之美、益阳城市印象最直观的体现，桃花江的内涵还包括竹文化、屈子文化、茶文化、民俗文化等重要要素。

【九龙池】位于安化县南金乡，海拔1622.8米，湘中第一高峰，也是益阳市境海拔最高点。峰顶有一池，水深如墨，清凉彻骨，九股清泉从池底涌出，咕咚之声清雅悦耳。相传远古大熊山有九座峰峦，尽得天地之灵气，黄帝登熊山时将其点化为九条金龙，从池中遁入东海。自此池中涌出九股清泉，直通龙宫，九龙池因此得名。

【城市荣誉】2012年，益阳市被全国绿化委员会、国家林业局授予"国家森林城市"称号，成为继省会长沙之后，湖南省第二个获此殊荣的地级市。2015年3月24日，益阳被全国爱国卫生运动委员会正式命名为国家卫生城市。2016年1月12日，湖南省人民政府批准益阳市为省级历史文化名城。

【友好城市】益阳市已经与以下城市缔结为友好城市：韩国南海郡、以色列佩塔蒂科瓦市。与以下城市签署友好交往备忘录或意向书：哈萨克斯坦乌斯季卡缅诺戈尔斯克市、美国弗里蒙特市、俄罗斯奔萨市、罗马尼亚普拉霍瓦省米济尔市、捷克西波西亚大区克拉托维市。

【城市象征】1986年6月9日，益阳市人民代表大会常务委员会通过《关于命名益阳市市树市花的决定》，确定益阳的市树为樟树，市花为月季。

湖南城市大典 沅江市

沅 江 市

沅江市，地处"八百里洞庭"腹地，因沅水过境注入洞庭湖而得名，自南朝梁武帝普通三年（522年）始建县，1988年经国务院批准县改市，境内南洞庭湖湿地是国际最大的湿地自然保护区之一，2002年被列入《国际重要湿地名录》。

◇ 城市概况

【区划范围】 沅江，位于益阳市东北部，地处八百里洞庭腹地，以沅水归宿之地而得名，为湖南省辖县级市，益阳市代管。东北与岳阳县交界，东南与汨罗市、湘阴县为邻，西南与益阳市接壤，西与汉寿县相望，北与南县、大通湖区毗连。地理坐标为东经112°14'37"~112°56'20"，北纬28°42'26"~29°11'17"。东西长约67.67公里，南北宽约53.45公里，全市总面积2012平方公里，现辖2个街道、10个镇。中共沅江市委员会、沅江市人民政府驻沅江大道8号，电话区号：0737，邮政编码：41300。

【地理环境】 沅江市地域接纳湘、资、沅、澧四水，吞吐长江，河湖相通，连接成网，呈"三分垸田三分洲，三分水面一分丘"的地理格局。地势西高东低，北为冲积平原堤垸区，海拔26米以上，西部为丘陵；西南地势低洼，有万子湖、东南湖等，东北水陆相间，多沼泽和浅滩地，漉湖位其间，境内有草尾河、蒿竹河、白沙长河等。全市属中亚热带向北亚热带过渡的大陆性季风湿润气候，其主要特点是：光照充足，气候温和，常年平均气温为17℃，无霜期277天；雾日多，风力大，历年平均相对湿度为81%，历年平均蒸发量为1302.1毫米，城区历年平均风速为2.6米／秒。从典型年份降雨量来看，每年汛期4~9月降雨量占全年70%以上。

【资源物产】 沅江市有包括农作物在内的高等植物137科404属648种，林木品种62种，森林蓄积量582794立方米。芦苇资源31.75万亩，芦苇常年产量25万吨左右，品种以"荻"为主，占95%以上，市境芦苇群落和71种水生植物、16科82种野生牧草。沅江市动物资源有75科324种。水生动物220种，经济鱼类114种，虾类4科9种，贝类9科48种。珍贵稀有的中华鲟、江豚在洞庭湖高水季节也常出现。全市境内每年候鸟群集，据统计，野生鸟类有16目42科160种，其中水禽108种，占总数的68%，以鸭科和鹬科为优势种群。市域矿产资源相对贫乏，主要矿种为砖瓦用粘土矿和河道砂石，粘土矿主要来源于第四纪网纹红土和第四纪全新世以来的湖积冲积土，全市有28个工矿点，厚度6-10米，总储量约61.21亿立方米。

【建置沿革】东周以前，沅江属《书·禹贡》所载九州中的荆州管辖。战国时期为楚国黔中郡属地。秦属长沙郡。西汉属益阳县，南朝梁武帝普通三年（522）析益阳县置药山郡，领药山、重华二县，均沅江县域。隋开皇初改安乐县，十八年（598），又改沅江；唐乾宁中（894-897）改乔江，宋乾德元年（963）复名沅江县，后历代相沿。民国29年起（1940），沅江县属于第五行政督察区。1949年8月，沅江县解放后隶属益阳专区，1952年11月隶属常德专区，1962年12月复属益阳专区。1988年10月，经国务院批准，民政部［1988］37号文件批复沅江县改为沅江市。

【人口民族】2017年末，全市公安户籍总人口74.16万人。年末常住人口69.34万人，其中城镇人口36.06万人，农村人口33.28万人。全年出生人口9247人，出生率12.51‰；死亡人口4077人，死亡率4.92‰；人口自然增长率7.59‰。2000年第五次人口普查，沅江市共有24个民族，以汉族为主，少数民族有23个；有汉族人口677140人，占总人口的99.81%；少数民族人口1262人，包括土家族、侗族、蒙古族、苗族、回族，占全市人口的0.19%。

【区位交通】沅江水路连湘、资、沅、澧四水，直通长江，是湖南重要的水上交通枢纽，沅江港口年吞吐量100万吨，是湖南四大港口之一；陆路有沅益一级公路南接长石铁路和长常高速公路，北连市境南北交汇点的白沙大桥和茅草街大桥，省道1831线纵贯全境，形成了四通八达的公路交通网络，益南高速沅江段全长43公里将在2018年通车，改写沅江湖乡水域难有高速的历史。沅江市汽车客运北站、沅江市公交总站、白沙千吨级港口码头二期、漉湖千吨级港口码头正在做前期工作。一张四通八达的水陆交通网络，使沅江所具有的环洞庭湖物流中心的作用日益显现。

【社会发展】2016年，全市共有各级各类学校104所，中小学生5.41万人，幼儿园125所，其中公立幼儿园14所，民办幼儿园111所。高中升学率98.28%、初中入学率100%、小学入学率100%、学龄儿童入学率100%。科技事业进一步发展，2016全年年申请专利430件，授权280件，获得省知识产权示范县（市）称号。获得益阳市级科技进步奖2项、省知识产权示范县（市）称号。2016年全市共有医疗卫生机构697个，医疗卫生机构床位数3421张，卫生工作人员4395人。劳动和社会保障体系不断完善，2016年发放城镇居民最低生活保障金7376.36万元，享受最低生活保障25.83万人次，发放农村最低生活保障金3777.23万元，享受最低生活保障27.92万人次，发放城乡医疗救助资金1383.8万元，救助6.1万人次，新型农村合作医疗参合率100%。社会福利中心及琼湖五岛、草尾上码头、共华白沙等敬老院改扩建基本完工。

◇ 城市建设

【综述】沅江市围绕建设"生态水城"目标，全面铺开城市建设。2016年，全市基础设施建设完成投资83.32亿元，其中，水利环境和公共设施管理完成投资42.42亿元，主要用于五湖连通及综合整治工程、城市主干道工程、南洞庭大道桥路工程、城市宜居组团开发建设工程、产业配套设施建设工程、市民广场建设工程、市民健康工程、星级酒店建设工程、城市给排水及垃圾处理工程、市民文化体育中心工程十大标志性建设。益沅一级公路、沅茅二级公路、华茅二级公路、茅草街大桥、赤山大桥、乐漉线改造、省道202线沅江段提质改造工程等项目相继竣工通车，沅江交通新干线成型；乡村公路快速发展，所有行政村全部实现公路通达，道路交通更加便捷，农村公路通达率达100%，全市形成了路桥相接，南北相连的公路主骨架。全市城镇建成区面积达32平方公里，城镇化率达53.02%；2013年成功创建省级卫生城市，2015年入围国家智慧城市、省新型城镇化试点市。

【城市规划】根据《沅江市城市总体规划（2011-2030年）》《沅江市新型城镇化综合试点工作方案（2015-2020年）》，沅江市基本构建了"一心、三轴、四片"的城镇发展布局结构（"一心"，即中心城市核心区；"三轴"，即南北城镇发展主轴、南北城镇发展次轴、东西城镇联系主轴；"四片"，即西北城镇集聚发展片区、中部城镇集聚发展片区、东北城镇集聚发展片区、环洞庭湖生态旅游发展片区），形成了"横向到边、纵向到底"的全覆盖城乡规划体系。进一步突出了沅江市成为"环长株潭城市群"西部重要的次中心城市，"环洞庭湖生态经济圈"生态宜居旅游水景城市，益阳市副中心城市的城市定位。小城镇建设工作取得明显成效，草尾、南大两镇被评为国家级重点镇。草尾镇被列入省级中心镇（试点镇），南大膳镇、三眼塘镇被列入省级特色镇，四季红镇被列入益阳市级重点镇。

【洞庭湖博物馆】位于市中心，东临琼湖，占地面积2316平方米，公用建筑面积1600平方米。洞庭湖博物馆于1992年建馆，是一个具有地方特色的综合性历史艺术博物馆，也是我国建馆最早，馆藏文物最多的县级博物馆之一。馆藏文物达1万多件，东晋的陶瓷俑，南宋刘松平、明代沈丹、清代康有为、近代齐白石等人的书画真迹价值连城，堪称国宝。馆内还有距今300万年前的动物化石，石器时代生产工具，战国时期青铜兵，历代陶瓷；民俗文物中有民间生产、生活用具，雕塑、剪纸等传统艺术作品及世界最高少女曾金莲部分生活用品，国家一级保护鱼类"中华鲟"标本。

【沅江市图书馆】馆址在中山路9号，位于市区中心，馆舍800平方米。1958年正式建立沅江县图书馆，"文化大革命"期间图书馆停办。1969年建立毛泽东思想宣传站，恢复了图书室。到1978年4月，由县革委下文，重新恢复沅江县图书馆，并独立建制，编制8人，馆址在中山路9号，位于沅江市区中心，馆舍800平方米，藏书逐年有所增加。1988年沅江县改市，更名为沅江市图书馆。全馆在职职工人数19人，其中大专文化以上15人，中级职称以上6人。馆藏书刊11.7万册，其中古籍线装书1.8万册，少儿书2万册。图书馆在近十年里，创造了全省"四个第一"：第一个成立县级少儿图书分馆；第一个创建图书户；第一个创办少儿读书夏令营；第一个成立县市级图书馆学会。

【沅江市第一中学】位于市城北跑马岭琼湖书院旧址，创建于1898年，其前身为闻名遐迩的"琼湖书院"，经过多年的艰苦创业，现已成为湖南省现代教育技术实验学校、湖南省科技创新示范基地、全国优秀体育传统项目学校、湖南省重点中学、湖南省示范性普通高中。目前学校总面积为310亩，教师300人，学生4200人，固定资产1.2亿，建筑面积9万平方米。各项现代教学、生活设施一应俱全，校园网、电视网、广播网遍布整个校园。

【水上运动休闲中心】2002年，为承办省九运会水上运动项目和全国赛艇锦标赛两大赛事，沅江市投资350万元兴建。中心位于后江湖，2002年8月竣工，占地153亩。中心比赛航道全部采用国际通行的"阿尔巴诺系统"标准，航道全长2150米。赛艇道6道，皮划艇航道9道，各种航道标识牌均按国际标准要求设置。设有800平方米综合楼、3500平方米绿化广场、4000平方米停车坪和可容纳500人的狮子昂看台，并拥有一条长600米、宽3米由60条趸船连接而成的观察道。

【沅江市人民医院】位于市杨泗桥57号，创建于1939年，是一所集医疗、科研、预防、教学于一体的县市级综合医院。1994年被国家卫生部授予"二级甲等医院"称号，1995年被世界卫生组织和国际儿童基金会授予"爱婴医院"称号。医院占地面积128亩，房屋建筑面积72000平方米，其中业务用房49000平方米，拥有固定资产1.14亿元，每年诊治门诊病人21万余人次，收治住院病人4万余人次。医院有职工794人，其中正高职称7人，副高职称55人，中级职称217人，卫生技术人员占职工总数的87.8%。核定床位800张，可开设病床1000张，分设19个临床科室、5个医技科室，26个专业学组。专科设置以微创外科、骨外科、神经外科、心血管内科、神经内科较为见长。

【沅江市中医院】位于市庆云山路39号，是湖南省公立二级甲等医院，改扩建后

2016年整体搬迁至现址，占地面积达30.78亩，其中医疗用房建筑面积将达到2.2万平方米，改扩建总投资达到6000万元。经改扩建后的门诊医技综合楼、中医康复楼和住院楼连成一体，共开设中医理疗康复科、针灸推拿科、疼痛康复科、大内科、大外科、妇科、门急诊等科室，设住院床位350张，核磁共振、CT、彩超、DR、全自动生化仪等医技检查设备一应俱全。

【美世界城市商业广场】位于城西开发新区，距沅江市政府300米，项目四面临街，北临沅江大道，西临桔城大道，东临金橙路，南临永兴路，南边距沅江市东西干道琼湖路仅40米，总占地面积170亩，总建筑面积155000平方米，是沅江新城发展的商业配套工程，也是沅江的标志性建设群。2007年1月1日美世界城市商业广场试开街翻开了沅江商业史上的新篇章。

【沅江大道】连接金竹路和新沅路的一条重要生活性主干路，全长1.63公里，道路红线宽85米，具体分幅为6米人行道+6米非机动车道+20米绿化带+21米车行道+20米绿化带+6米非机动车道+6米人行道。道路分二段先后建设，2004年先建成西段，2008年建成东段。该路是中心城区四横四纵（纵向中联大道、新沅路、桔城大道、庆云山路；横向为琼湖路—白沙大道、巴山路、沅江大道、跑马岭路）的组成部分。2012年进行白改黑改造工程，把原水泥混凝土路面改造成沥青混凝土路面。

【琼湖路】连接白沙大道和庆云山路的一条重要交通性主干路，全长3.0公里。道路分为琼湖东路、琼湖中路、琼湖西路三段。其中琼湖东路为庆云山路至新沅路段，于1986年修建。本段长1.33公里，红线宽30米，具体分幅为8米人行道+14米机动车道+8米人行道；琼湖中路为新沅路至桔城大道段，于1993年修建二车道，1998年扩建至36米，2003年进行了道路改造。本段长0.95公里，红线宽36米，具体分幅为8米人行道+3米非机动车道+14米车行道+3米非机动车道+8米人行道；其中琼湖西路为桔城大道至白沙大道段，于1998年建设二车道，2003年扩建至45米。本段长0.72公里，红线宽45米，具体分幅为6米人行道+4.5米非机动车道+4.5米绿化带+15米机动车道+4.5米绿化带+4.5米非机动车道+6米人行道。2011年进行白改黑改造工程，把原水泥混凝土路面改造成沥青混凝土路面。

【新沅路】新沅路前身为S1831线，于1985年省道改道建设而成，路基宽9米。是连接沅纸大道、新中路和南洞庭大道的一条重要交通性主干路，全长6.1公里，现状已建沅纸路至新中路段，长4.04公里。道路分为新沅北路和新沅南路两段。其中新沅北路为沅纸路至狮山东路段，本段长2.85公里，红线宽50米，具体分幅为8.5米人行道+33米机动车道+8.5米人行道；新沅南路为狮山东路至新中路段，本段长1.19公里，红线宽36米，具体分幅为7.5米人行道+21米车行道+7.5米人行道。1992年扩建市地税局至市老国土局段至50米，2005年修建了市老国土局至市第二自来水厂段，2010年修建市地税局至中联重科段，2013年修建自来水二厂至沅纸路段，2016年修建中联重科至新中路段。2012年对柳庄路至桔园桥段进行了白改黑改造工程，把原水泥混凝土路面改造成沥青混凝土路面。

【赤山大桥】属湖南省洞庭湖"通达工程"建设项目，2003年省发改委批准立项，2007年5月完工。大桥起于赤山岛上的南嘴镇鸡婆村，跨赤磊洪道至共双茶垸，大桥及接线全长3962.74米，桥宽10米，主桥为混凝土箱形连续梁，主桥群桩基础，钻孔桩长66.5米。设计洪水频率百年一遇，桥下航道Ⅲ级。两岸接线总长995.5米，技术标准为三级公路，路基与桥同宽。

【茅草街大桥】省道S204线上改渡建桥工程，由淞澧洪道主桥、南汉垸高架桥、藕池河西支桥、南茅运河桥、沱江长春桥四座桥组成。主桥桥型为三跨连续自锚中承式钢管混凝土系杆拱桥，主跨368米；主拱采用悬链线线型，横桥分上下游两肋，拱肋肋间由"K""米"形撑连接，最大吊重72吨。淞澧洪道主桥引桥、藕池河西支桥、南茅运河桥、沱江长春桥均为T型结构，南汉垸高架桥及匝道桥分别为箱梁和空心板结构。大桥全长11216米，其中桥梁部分长3009.42米，全桥设计宽度为16米，路基宽15米。

【沅江市百合汽车站】位于市巴山西路与沅益一级公路S204线交界处，二级汽车站。占地面积60亩，总投资1.5亿元，建筑面积10000多平方米，于2011年1月交付使用。建制车辆164台，驾乘人员187人，营运线路40条，其中跨省班线10条，跨区班线14条，区内班线16条。

【沈家湾灌溉排涝工程】分布于市长春垸、大通湖垸、共双茶垸、保民垸、新胜垸、畔山洲垸、目平湖垸7个堤垸，灌排面积286平方公里，其中耕地面积26.24万亩，承担着全市主要的灌溉排涝任务。该工程是列入国家大型灌溉排涝更新改造项目，总投资9385万元，项目分二批实施，更新改造17处机房、1个管理所，工程于2015年上半年已全部完工。

【共双茶垸蓄洪安全建设工程】共双茶垸位于沅江市北部，北濒草尾河，南临黄土包河，由沅江市共华垸、双华垸及国营茶盘洲农场三垸组成。四面环水，是常德、津市至岳阳入长江和通长沙的主干航线。工程总长度为12586米，建设内容包括抛石护岸、填塘固基、混凝土护坡、草皮护坡、水泥土防渗墙、穿堤建筑物加固等项目。目前包括创业安全区、泗湖山安全区、幸福安全区三个安全区，安置总面积10.57平方公里；朱家嘴外台、冯家湾外台两个安全台，总长6.73公里。

【沅江市自来水公司】位于市琼湖路211号，创建于1984年，1986年正式投产。

是集自来水生产、供应、工程设计、工程施工为一体的国有企业。目前有水厂二座，总供水能力3万立方米/日，在册用户五万余户，服务人口十五多万。余氯、浊度、细菌、大肠杆菌等各项指标均达到国家标准。

【沅江港】20世纪50-60年代，洞庭湖经过三次大整修，沅江、草尾、南大、阳罗、黄茅洲、泗湖山、幸福港、百家沟等港口逐渐形成规模。至1985年，沅江港已跻身全省11个年吞吐量100万吨以上大港行列，为益阳第三大港口。目前，沅江市有沅江港、莲花塘港区、石矶湖港区、许家湖港区、纸厂港区、凌云塔港区、泊兰湖港区、塞南湖港区、白沙港区、草尾港、黄茅洲港、漉湖港、幸福港、泗湖山港、南大新港、百家沟港、黄土包港、阳罗港，其中白沙港已建成千吨级码头。

【南大膳镇】位于市东北部，位居环洞庭湖经济圈的中心位置，南与茶盘洲镇、泗湖山镇隔水相望；东西与漉湖芦苇场、黄茅洲镇接壤；北面环水，西北与金盆镇相通。镇域面积169.7平方公里，镇区面积4.18平方公里，总人口9.98万人，集镇常住人口3.06万人；辖1个社区、20个行政村、8大商品鱼基地、1个工业园区；2013年财政收入实现4340万元，人平均可支配收入10440元。1995年南大膳镇评为湖南省经济"百强镇"，2000年列为国家小城镇特色产业项目镇，同年被湖南省和益阳市定为重点建设镇，2016年评为全国重点镇。

【草尾镇】地处市西北部，是洞庭湖区典型的农业型乡镇，堪称"鱼米之乡"。现草尾镇下辖24个村、两个渔村、1个社区，人口10.8万、耕地面积15万亩。省道S202和县道乐漉线穿镇而过，处于沅江市、南县、大通湖区的结合部，具有很强的集聚和发散功能。2010年4月，被确定为"益阳市农村土地信托流转试点镇"；2011年4月，被确定为"湖南省新农村建设联系镇"；2011年9月被确定为"益阳市统筹城乡发展试验镇"；2012年4月，被确定为"湖南省第三轮示范镇"；2012年12月，被确定为"湖南省文明乡镇"；2016年被评为全国重点镇。

【四季红镇】位于市北部大通湖畔，是柘溪库区外迁移民集中安置镇，与南县、大通湖区相接。垸内地面平均高程为海拔26米，素有"洞庭湖锅底"之称。全镇集雨面积2.2万亩，有效耕地1.645万亩，现有人口1.7万余人，辖九个行政村，四个居委会。1990年经上级批准，改乡为镇建制。2005年开始，该镇被沅江市农业局定为瓜类示范基地，其产品已获得国家农业部中南四县绿色农产品认证。水稻、棉花、苎麻、瓜类、黄鳝远销各地，以"四季红花玲腐乳食品厂"为龙头民营企业生产的腐乳享誉中华、远销港澳。

【新湾镇】位于市西北沅、澧二水汇合处的赤山岛上，1995年10月撤区并乡，原杨阁老乡全部及明月乡的明月村、柏冲村两个村并入新湾镇，镇政府驻地新湾村。全镇辖8个农业村，1个社区，总人口2.85万人，镇域面积56.5平方公里，拥有耕地面积26479亩，其中水田7692亩，旱土18787亩，湖洲滩头面积4万余亩。省道204线贯穿该镇，辖区内有首批国家级重点职业中学和湖南省示范性中等职业学校——沅江市职业中等专业学校；有省级森林公园——龙虎山森林公园。

◇ 城市经济

【综述】沅江牢牢把握洞庭湖生态经济区建设、湖南省特色县域经济重点县建设和大益阳城市圈建设机遇，以培育"百亿产业"为重点，发挥中联重科、太阳鸟、鑫海绳网、辣妹子、沅江纸厂等骨干企业、主导产品的辐射带动作用，加快推进服装产业园、食品产业园、益阳船舶制造基地、专用汽车制造基地等项目建设，培育装备制造、食品加工、纺织服装、林纸板材、沅江芦笋5个百亿产业集群。装备制造产业是沅江市工业发展的重要支柱产业，船舶制造和专用汽车两大产业尤其突出，沅江高新技术产业园区和沅江船舶制造产业园成为引领全市经济发展的强力引擎。作为沅江市传统优势产业，2016年服装产业园共实现工业总产值13亿元。此外，沅江大力发展特色种养业、农产品加工业、休闲观光农业，打造全省最大的农产品生产基地和交易中心，湖鲜食品深加工及冷链物流项目已成为国家重点建设项目。2007年起，沅江市连年进入全省县域经济发展20强。2012年，沅江市入选第三批全国发展改革试点城镇（城市区），沅江高新技术产业园区被授予全省第一批新型工业化示范基地，并跻身全省同类园区综合实力20强。2016年，全市实现地区生产总值（GDP）255.51亿元，城乡居民人均可支配收入21614元，人均消费性支出15511元，全年实现社会消费品零售总额89.46亿元。

【沅江高新技术产业园区】原名沅江经济开发区，位于枫杨路8号，是经湖南省人民政府同意，于2012年4月成立的省级高新技术产业园区。2016年5月，经省编办批复同意，升格为副处级机构。园区现有规划面积6.09平方公里，形成了以中联重科沅江工业园为龙头的装备制造业、以辣妹子为龙头的食品加工业、以新马制衣为龙头的成衣制造业、以鑫海网业为龙头的新材料四大主导产业。2012年，园区工业总产值首次突破百亿元，并跻身全省同类园区综合实力20强；2013年度被评为湘商十大最具投资价值经济园区；从2008年至2014年连续7年被评为益阳市同类园区先进单位；2017年，沅江高新区五大考核指标居益阳十大园区榜首。

【沅江船舶制造产业园】位于琼湖中路132号，是经国家发改委授牌，湖南省人民政府办公厅、湖南省发展和改革委员会批准成立的国家级船舶制造产业园区。创建于2010年5月，总规划面积5.8平方公里。园区紧临湘水、资水、沅水、澧水四水交会的黄金水道，距益沅一级公路、S204线1公里，距长常高速公路28公里、黄花国际机场

120公里，水、陆、空交通便捷。园区现已形成以太阳鸟公司为龙头的复合材料游艇制造，以湖南金瀚公司为龙头的钢质船舶制造，以湖南帝豪公司为龙头的船舶配套件生产的船舶产业集聚发展产业格局，先后获得"国家高技术产业基地""国家小型船艇动员中心""湖南省新型工业化示范基地"的称号。

【太阳鸟游艇股份有限公司】位于沅江船舶制造产业园，创立于2003年，致力于高性能多混材料船艇研发、设计、生产、销售及服务，公司注册资本1.5亿元，已拥有湖南益阳和广东佛山、珠海三个生产基地，长沙太阳鸟、上海兰波湾、香港普兰帝、美国普兰帝、意大利拉斐尔五家子公司，分别从事游艇研发设计、销售与服务，公司总占地面积61万平方米（湖南40万平方米，珠海15万平方米，佛山6万平方米），员工人数1800多人，其中技术研发与设计人员300人，年可生产各类多混材料船艇1000余艘，是国内制造规模最大、设计和研发技术水平最高、品种结构最齐全的多混材料船艇企业。

【湖南大汉起重科技有限公司】位于沅江高新技术产业园，由湖南飞涛专用汽车制造有限公司和大汉专用汽车制造有限公司重组而成，是2004年在湖南专用汽车制造厂基础上改制而成的股份制企业，也是原国家计委、国家经贸委和机械工业部定点生产随车起重运输车的生产基地，国家统计局公布的全国200家大交通运输机械生产企业之一。

该公司是国内第一家引进国外先进技术生产随车起重机的生产企业，通过自行研制与消化，生产2至12吨伸缩式和折臂式随车起重机系列产品。工厂占地面积11万平方米，生产车间建筑面积3.8万平方米，主要生产设备700多台套，具有年产随车起重机2000台，液压配件10000台套的年生产能力。

【辣妹子食品股份有限公司】位于沅江高新技术产业园，公司成立于1998年，是一家集农副产品深加工和销售为一体的股份制企业，湖南省农业产业化重点龙头企业。公司拥有的"辣妹子"商标是中国著名品牌，并已在美洲、欧盟、亚洲等十几个国家注册。主要生产调味品和水果罐头，同时生产部分速冻食品，年产量达20000余吨。新建食品工业园年生产能力桔片20000吨，调味品20000吨及10000吨其他产品，是中国较大的现代化调味品和速冻食品（IQF）生产基地。工厂全部按照国际食品生产的要求，在各产品生产过程中制定并实施了GMP、SSOP、HACCP。

【新马制衣有限公司】位于沅江高新技术产业园，公司占地面积达140余亩，主要为国际知名品牌：Hugo Boss、Lacoste、Armani、POLO等加工高档纯棉针织服饰，产品出口欧美、日本、韩国等地。现有员工1600余人，已开设裁床部、车缝部、品质部、包烫部、洗水部、印花部等部门，车缝部现有生产线20多条；各类衣车设备2400余台，投资1500万美元，年产量达500多万件。公司2016年销售收入3.5亿元，上缴税收2600万元、出口创汇4215万美元。

【鑫海网业有限公司】原名鑫海绳网制造有限公司，位于沅江市工业园区，占地面积280余亩，注册资本5000万元，主要研发、生产、销售各种海洋围拖网具和淡水养殖网箱。公司已通过ISO9001质量管理体系认证，是全国农业科研专项《节能型渔具与捕捞装备技术集成》研究示范基地，是全国渔网行业唯一一家获得中国驰名商标的企业，也是全国渔网行业唯一一家参与编制GB/T18673-2008《渔用机织网片》国家标准的企业。"鑫海"牌系列绳网系湖南省名牌产品，已畅销全国，并远销东亚、东南亚、澳洲、非洲及欧美地区，产品市场占有率达12%。

【沅江纸业有限责任公司】始建于1958年，原属国家轻工业部唯一直接管辖造纸企业，系国家八大凸版纸厂之一。2000年3月，经湖南省政府批准同意并入湖南泰格林纸集团（原岳纸集团）。现占地面积110余万平方米，拥有资产总值16.1亿元，固定资产11.4亿元，员工2200余人，其中在岗员工1630人，各类专业技术人员155人。公司主要产品有10多个品种，30多个规格，主导产品有书写纸、胶版印刷纸、道林纸、静电复印纸、不干胶底纸、复合原纸、轻型纸等，是集制浆、造纸、碱回收、发电、供热、环保于一体的国有大型文化用纸生产基地。

【沅江苎麻】地理标志证明商标，历史上享有"无沅麻不成庄"的美称。沅江苎麻常年产量占湖南的40%、占全国的20%，2003年被定为"湖南省优势区域农作物——苎麻产业带"，2004年被省农业厅定为"湖南省万亩苎麻标准化生产示范基地"。目前沅江市苎麻种植面积达37万亩，其中"中苎一号""湘苎二号"占总面积的90%以上。沅江市苎麻常年亩平均单产达200公斤，高产麻园亩平均达250公斤以上，常年总产原麻5万吨以上，商品率达98%以上，单纤维支数在1800支以上，强力达40以上。

【沅江芦笋】沅江市特产，是洞庭湖区一种天然野生绿色食品，与野芹菜、野藜蒿、蓼米被誉为"洞庭四珍"。沅江芦笋含有大量的膳食纤维、16种人体必需的氨基酸以及丰富的硒、钾、钙、锌、镁和黄酮等成分，特别是有机硒含量高于普通蔬菜10倍以上。芦笋是洞庭湖区的传统食材，也是一种食药同源的天然食材，更是湖区农民增收的传统副业。沅江芦笋先后获得2015年中国中部（湖南）农业博览会"金奖"产品荣誉称号、2015年中国湖南特色旅游商品评选（大赛）铜奖，被认定"湖南名优特产商品"，2016年荣获湖南首届十大农业品牌、中国食品餐饮博览会消费者喜爱的十大品牌、中国中部消费者最喜爱的农产品。

【沅江柑桔】柑桔是沅江著名的特产，宋代时，沅江早已是江南著名的柑桔产地，沅桔以其"早熟、皮细、味美"而为世人所称誉。沅江柑桔集中于琼湖、赤山、三眼塘三个区，这些地区具有水陆交错的生态环境，湖泊效应良好，柑桔成熟期比湖南其他地区早15~20天。也比温州密桔早7~10天，沅江柑桔就曾以此优势打入香港市场。全市柑桔居全省柑桔产量的第二位，产值约占全市农业总产值的25%。大约有柑桔品种87种，其中橙类34种，柑类21种，桔类10种，柚类12种，蜜柑类3种，选育品系6种，枳属1种。其中以南桔、蜜桔、酸橙为主，种植面积约占市桔园总面积的99%。

【沅江麻香糕】产生于1821年，由沅江人创制，主要利用洞庭湖区黑泥糯米、芝麻、蔗糖为原材料，通过10多道制作工序加工而成，产品薄脆香甜、落口消融，至今已有近200年历史。沅江"麻香糕传统手工技艺"作为沅江市唯一省级非遗项目，正式被列入湖南省省级非遗名录首批数字化记录保护试点项目。

【四季红腐乳】为地理标志证明商标，有300多年的历史。在制作过程中，特别注重"三最"，一是黄豆选最纯的；二是豆腐用最嫩的；三是量最足。整个加工过程，全都是手工操作，不添加任何化学物品，是一种纯天然食品。1993年，街道居民梁宁辉、刘志强、韩冬生等人办起了小型腐乳加工厂，乳腐由家庭作坊进入规模生产，腐乳加工逐渐成为了当地农民增收的一个主导产业，涌现出了"兆哥""群香""湘怡"等一系列品牌。目前，全镇已有腐乳加工厂52

家，产量由1993年的1万坛，发展到2004年的40万坛，年产值1000多万元。

◇ 城市文化

【综述】沅江是洞庭湖区的重要商埠，是楚文化的发祥地之一。市境内有旧、新石器时代遗址20多处，有明朗山汉墓群等名胜古迹，国家级文物保护单位10多处，省级文物保护单位多达100处。赤山岛上曾出土10万年前新石器，漉湖等地早在5000多年前已形成原始村落，莲子塘一带至青铜器时期聚居村落密集，湖中岛屿明朗山上的汉墓和原始社会遗迹表明了洞庭湖区悠久的人类文明。凌云塔、镇江塔、魁星楼是洞庭湖区现存最为完好的人文景观。市博物馆藏有历代文物4000件，其中国家一、二、三级文物48件；省、地级文物保护单位共有6处。沅江文化工作注重从灿烂悠久、富有特色的湖乡文化中汲取养料，通过文化网络来丰富群众的精神文化生活。1994、2003年市文化馆被评为"全国标准文化馆"和"国家一级文化馆"；2000年，沅江被评为"全国文化先进市"；2016年市文化馆、博物馆、图书馆进一步深化免费开放工作，全年免费服务群众26.65万人次，其中文化馆7.6万人次，博物馆8.85万人次，图书馆10.2万人次。

【魁星楼】位于城区东北角文昌阁旧址前（今义和街6组），以原有泥塑"魁星点斗"神像得名，俗称"八角亭"，建于清乾隆五十九年（1794）。魁星楼为境内仅存的清代攒尖顶楼阁式土木建筑，具有南方建筑的清秀风格，也有北方建筑的庄重气质。楼高15米，3层、3檐、6方。基座为花岗岩砌成，高1.85米，6方每边长5.40米，第一层外围砖墙无窗，仅东南方开有正门，与凌云塔遥望。第二、三层和顶部全为木结构，底层至第三层均有木梯相连。魁星楼三层檐面均盖彩色琉璃筒瓦，上下两层为黄色，中层为绿色。每层飞檐翼角高翘，角首置琉璃饰品，底层为龙，中层为凤，上层为鱼，18条屋脊装琉璃花格砖，砖面饰忍冬花草。尖顶为三迭球状琉璃宝葫芦。

【琼湖书院】位于市城北跑马岭琼湖书院旧址，创建于光绪二十四年（1898），二十六年竣工，其间曾因资金不足停工，赤山名儒张解元闻铭破产兴学，捐献山田十石（合63亩），始行建成。光绪二十九年，改建琼湖书院为沅江县小学堂，其宗旨"培养国民之善性，扩充国民知识，强壮国民之气（质）体"。设修身、读经讲经、国文、算学、史学、舆地、格致（声、光、电、化）、图画、体操、乐歌、习字等课，书院建筑面积3000余平方米。琼湖书院一直为沅江最高学府，现为沅江第一中学北校区，原书院经逐年拆建，现仅存院门。今琼湖书院为隶属于沅江市教育局管理的全日制完全中学，校园占地120亩，建筑面积42475平方米。院内山清水秀，古木参天，是省级"园林式单位"和市级"双文明先进单位"，为沅江读书讲学，进德修业之胜地。

【洞庭渔火节】2005年9月，沅江市成功举办首届"洞庭渔火节"，迄今已举办3届。渔火节以"洞庭水、渔火情"为主线，通过举办渔火晚会、南洞庭风情摄影展、飚歌南洞庭大众歌汇、南洞庭湿地浅度游、湖乡风情民俗表演等活动，向外界集中展示南洞庭湖区的自然风光、湖乡风情、渔耕文化和沅江发展风貌。

【镇江塔】建设于清乾隆四十七年（1782），位于市区东南三十五公里处的小口塞湖朱家嘴。镇江塔坐北朝南，塔的西南方第三层门上嵌有"镇江塔"三个大字，是一座典型的文峰塔。塔为八面七层，第二、三、四层为空，第一层及四层以上为实心砖砌。前人修筑镇江塔为寄托镇水患、驯江流之愿。镇江塔远挹七十二峰之岳色，近临八百余里之湖波，给洞庭湖风光增色不少。2006年5月31日，益阳沅江镇江塔被公布为第八批湖南省文物保护单位。

【凌云塔】耸立在离市区五公里的万子湖千秋浃水上，始建于1793年冬，竣工于1797年春，塔基下打有松桩，填有煤炭，整个宝塔用花岗岩砌成，塔身公用石料16.7万块，耗白银4710两。塔高33.3米，7层8方，为中空楼阁式石塔，是洞庭湖中建造精美、保存完好的一座水上宝塔。宝塔正门原有石牛一对，第一层门楣上，书刻有"凌云塔"三个大字。两边的门联为："文星磊落昭银汉，笔陈嵯峨焕彩霞"。第二层北门则刻有"挺出一支挥翰墨，联登七级会风云"的对联，描绘出了宝塔雄伟壮丽的气势。从二层到七层，每层有窗户两扇和东南西北四门，窗格图案多样，窗花格调清新，每层有左右旋梯相通，供游人登高远眺。该塔为县境清代单体建筑艺术中的杰作，在全省现存清代石塔中，其风格与质量亦属上乘。1983年列为省重点文物保护单位。

【竹马舞】亦称"竹马灯""马灯舞""跑马舞""跑马灯""船灯"，流行于益阳、沅江一带。竹马用竹篾编制成马头、马身，用纱布缝在马头、马身内可点蜡烛。马身中间留空穴，可立扮演者。竹马灯大多由民间职业剧团扮演成戏剧人物故事，有赵子龙长板坡救主、一男一女的杨中保与穆桂英、刘关张三兄弟，以及八虎抢幽州等。其表演动作有：探路、驯马、引路双引路、虎啸马惊、骏马飞腾等。伴奏以鼓、锣、镲三大件，气氛热烈，大都在春节时表演。

【洞庭渔歌】被渔民称为丫口腔的渔歌（即张口就唱，渔民可以自由发挥，尽情地抒发自己的感情），是洞庭渔民长期的社会实践中产生和发展起来的。渔歌词往往是渔民见景生情，即兴抒怀，随口编唱。常用比兴手法，艺术形象比较集中、单一，表现的内容比较直接朴实，但也有多段体的分节歌式的叙事诗。有情歌，绝大部分反映洞庭渔民对幸福生活的追求，刻划了渔民真挚朴素的爱情和高尚纯洁的情操。有儿歌，内容诙谐有趣，富有知识性和娱乐性。分为耍歌、盘歌和骂歌。有劳动歌曲，是渔民在行船时，为了消除疲劳，调节情绪而演唱的歌曲，内容以即兴抒怀和传授知识为主。如《手撒鱼网口唱歌》《洞庭四季歌》《洞庭湖上搭歌台》等，形象地表现了渔民欢快的劳动生活情绪。

【洞庭阁】位于市第一中学北校区东侧的南洞庭湖滨，为纪念沅江人民1996年抗洪斗争而建，占地面积784平方米，其中阁楼主体建筑面积496平方米，为钢筋混凝土梁柱五层八方攒尖顶楼阁式仿古建筑，总高度为21.8米。西面正门两侧刊有"名楼忧进退越数千年历史，饱经风雨沧桑纵览人间苦乐；高阁示腾骧临八百里洞庭，静对波涛云雾总关天下兴亡"的楹联。阁内立柱上镌刻着徐耀辉题写的"建阁照前事，树碑警后人"及李荣华题写的"筑防洪墙笑五四型恶浪九六式凶涛怎能撼巍然铁臂，登洞庭阁观八百里平湖数千年壮史谁不生浩荡豪情"楹联各1幅。阁楼西侧五楼琉璃檐盖正中下侧悬挂"洞庭阁"镀金牌匾，由全国著名书法家沈鹏题写。洞庭阁于1997年1月开工，同年10月竣工，为全市防汛抗灾标志性建筑。

【景星寺】位于城区庆云山上，唐贞观年间尉迟恭监修。正殿门檐下有"唐敕景星寺"匾额。主轴建筑三进，前为弥勒佛殿，中为如来佛祖殿，后为观音大士殿。观音殿左侧为"洞华精舍"，系一回廊厅阁。中轴建筑左侧为清华宫，右建半湖亭，为景星寺山门。该寺于明代废圮，光绪六年修复。民国2年（1913）再次被毁，再次修复。抗战时被日军毁坏。1970年冬全部拆除。1999年在琼湖公园钟家嘴划地重建，至2000年已建成天王殿、三圣殿等。

【张琳】（1856-1917），字伯琴，沅江琼湖镇人，素以倡学显名。光绪年间历任温州、杭州、湖州、台州知府，政绩卓越，因为才识出众，袁世凯曾两次召赴北洋，均被谢绝。伯琴嗜书，任职各地，不务搜刮民脂民膏，只求购史志政书。解印归田后，在家乡马公铺建"琼澜阁"，藏书万余册。曾专赴长沙谒见湖南巡抚陈佑帅，陈述沅江湖泊兴垦利敝及建造书藏。光绪二十四年，湖南巡抚拨下经费，再加上自己的俸银，张伯琴在景星寺旁兴建了"北渚书阁"，书阁藏书海量，不但有经史子集经典古籍，亦有译自外文的天文算术、舆地图表，开沅江一代"新学"之风。

【周维寅】（1895-1949），沅江县三眼塘人，国民革命军第十集团军中将参谋长。1916年冬任湖南陆军第二炮兵团第二连副连长、连长，湘军第八混成旅炮兵营营长，驻防澧州，以少胜众，攻破吴佩孚北军。1926年参加北伐，驻防祁阳，率部驰援被叶开鑫部队围困的友军，激战两昼夜，收复邵阳，旋即跟踪追击，与友军连克宁乡、益阳、常德、桃源。升任十二旅旅长，率部经湘阴进攻岳阳，追击吴佩孚部，协同何键师合围汉阳，与张发奎部会师武昌城下。秋末，随大军兼程北进，相继攻克广水、武胜关。1927年2月晋升师长。当时报载：

"三十六军三师师长周维寅勇敢善战，能以少胜多。"1937年7月抗日战争爆发后，兼任第十集团军中将参谋长，驻防杭州及温州沿海一带，提出既能阻敌前进、又能保护新建的钱塘江大桥的方案，受到好评。1938年11月回军事参议院任中将参议，直至抗日战争胜利。1946年，因不满国民党发动内战，呈请退役还乡。乡居之日，他捐资修建海上小学，并捐山田3石以充常费；捐垸田470亩，资助县中学和本乡中心小学，还常至各校勉励学生学知识求上进。

【张舜徽】（1911-1992），沅江人，中国现代著名历史学家、文献学家。华中师范大学历史系教授，博士生导师；中国历史文献研究会会长等，长于校勘、版本、目录、声韵、文字之学。出生书香世家，自幼由父亲自授业，后又转益多师，从小到大，走的是自学之路。在华中师范大学执教40年之久，曾任中国历史文献研究会会长，是中国第一位历史文献学博士生导师。一生完成学术著作24部共计八百万字。精于"小学"，博通四部，成为一代"通人"大家。其学术著作全部由毛笔撰写完成。

【冯亮】（1947- ），沅江县阳罗洲人，中国人民解放军少将，军事经济学院副院长。1965年8月考入装甲兵工程学院。1980年10月，选送到解放军后勤学院指挥培训队学习，1982年7月毕业后留在后勤学院工作，在《后勤》杂志和《后勤学术》等刊物上发表了40余篇学术论文，出版了《海湾战争后勤启示录》等5部著作。1986年在解放军首次战役理论研究会上，他首次提出战区三军联合作战实施整体保障的理论，在军内引起重大反响，被广泛引用。他主编的《军队后勤指挥学》是国家哲学社会科学"七五"重点规划课题，被誉为"第一部研究后勤指挥基础理论的开拓性著作"，被国防大学等军队院校指定为军事后勤专业研究生基本教材。

◇ 城市生态

【综述】为了打造以湿地旅游、生态宜居为特征的"生态水城"和洞庭湖生态经济区核心城市，沅江市着力加强湿地保护，扎实推进生态文明建设。2007年开始启动城区五湖连通工程建设，形成了中心城区"河畅、水清、岸绿、景美"的水生态体系。2015年以来，加强五湖后续治理，同时制定洞庭湖生态经济区水环境综合整治五大专项行动实施方案，扎实推进污染减排。加强重点生态功能区建设，改善环境质量，重点生态功能区，县域生态环境质量通过省级考核，并成功入围农村环境综合整治。整县推进项目县，新湾、草尾等5镇获"省级生态乡镇"命名。2016年单位GDP能耗、森林资源蓄积量增长率、城镇建成区绿化覆盖率实现程度均为100%，并且仍在不断优化；城镇污水处理率和农村生活污水处理率实现程度提升较快，分别为100%和68.3%，分别比上年提高8.7、10个百分点；农村垃圾集中

处理率本年已实现达标，实现程度比上年提高0.1个百分点。

【琼湖国家湿地公园】地处南洞庭湖与西洞庭湖2处国际重要湿地交汇处，资江、沅江与澧水三水汇合的半岛之上，包括以沅江市区为中心，互为连通的后江湖、蓼叶湖、上琼湖、下琼湖、石矶湖及胭脂湖等湖泊群构成，是洞庭湖湿地的重要组成部分。地理坐标为：东经112°16′35″~112°23′58″，北纬28°44′36″~28°51′42″。总面积1760.4公顷，其中湿地面积1702.9公顷，占规划面积的96.7%，涉及三大湿地类、六大湿地型。公园及周边地区有种子植物543种，隶属于353属、119科，其中湿地种子植物138种，有金荞麦、中华结缕草等4种国家二级重点保护植物；古树名木70余株；有脊椎动物共计5纲30目73科198种，鱼类与鸟类资源突出，有鱼类48种，占湖南已知鱼类的27.9%；鸟类110种，占湖南已知鸟类的28.7%；有鸳鸯、雀鹰、鸢等国家二级重点保护动物17种。

【五湖风景区】沅江水城风采生态环保景观工程，被称为湖生态景观走廊。从2007年开始设计实施五湖连通工程，将城区的蓼叶湖、浩江湖、石矶湖、下琼湖、上琼湖五湖内部连通。总投资约20亿元，建设内容包括修建小河咀防洪大堤叠马山引水闸（可通游船）；加宽加深4处运河，即汲水港运河、边山运河、桔园桥运河、胜利闸运河；开挖2处人工连通运河，即巴山路人工

运河、杨泗桥人工运河，建设运河两岸风光带；改扩建8座控制水闸，新扩建8座桥梁。

【蓼叶湖公园】位于金竹路以西、白沙大道以北，紧邻市治大院，占地476亩，总投资约7000万元，分二期建设，于2008年开工，2010年基本竣工。一期景观设施主要包括组合长廊、中心广场及龙图腾柱、临水舞台、戏水池、渔翁广场、亲水平台等，二期建设分入口、健身、疏林草地、休闲、花木游赏、亲水、游船赏景、水面舞台八个区域，有洞庭广场、五湖主题文化广场、万人看台及水中舞台、阳光沙滩、游船码头、揽月塔六个景点。公园里除了种植了大量的樟树外，还有银杏、三角枫、榔榆、桂花、紫薇等名贵树种。

【龙虎山森林公园】位于赤山岛中部，海拔九十点五米，山有两峰，一呈龙形，一类虎状，颇为壮观，龙虎山因此得名。该山黄泥、砂石混杂，宜于植林，1961年县政府在此成立国营林场——龙虎山林场。相传春秋时，范蠡乏舟五湖，阴翳蔽日，在此栖居，以后有人在此建蠡山祠，香火颇盛。该山黄泥、砂石混杂，宜于植林。如今森林公园面积2100多亩，古树参天，阴翳弊日，游人如织。

【南洞庭湖湿地和水禽自然保护区】位于洞庭湖西南，沅江市境内，地跨东经112°18′15″~112°56′15″，北纬28°113′30″~29°3′45″。保护区内有15个乡、镇、场，30万人口，总面积16.8万公顷。每年在保护区越冬的水禽约1000万只，是白鹳、白鹤等许多水禽的重要栖息地，也是国家一级保护鱼类中华鲟的栖息地，被列为"湿地和水禽自然保护区"。南洞庭湖有118个人迹罕至的湖洲和湖岛，有植物863种，鸟类164种，鱼类114种，国家一级保护动物有中华鲟、白鲟、白头鹤、中华秋沙鸭等10种。

【草尾河】联系西、东洞庭湖的一条较为狭窄，落差较大的洪道型河流，全长57.34公里。该河道自西向东横贯沅江市，其北岸是大通湖垸，南岸是共双茶蓄洪垸，两岸共有一线防洪大堤114公里。草尾河是长江三口，澧水及部分沅水汇入东洞庭湖的主洪道，又是沟通洞庭湖区各港口的水路交通要道。

【漉湖】位于市区东北，属于东洞庭湖湿地保护区，又名"捞湖"，相传屈原投江后，当地渔民在这片水域打捞了7天7夜。平坦的湖洲上，四十万亩芦苇连成一片，是我国珍稀动物——麋鹿的原生地。漉湖是天然的芦苇生产基地，有世界上最大的芦苇荡，五六十年代曾经为天津造纸厂提供大量造纸原料。这里有石城山古人类文化遗址，红军洞庭湖游击大队遗址等。有鸟类268种，其中6种属于国家一级保护动物；鱼类有147种，属于国家一级保护的有7种；湿地植物863种，生物多样性特征明显，是大自然生物遗传基因库。

【沅江污水处理厂】位于市石机湖的东

南边，占地54亩，厂区一期工程于2008年9月动工，2009年11月建成并投入运行，一期设计日处理污水规模为2万吨，可通过不间断满负荷的生产，工程采用改良型氧化沟工艺流程处理污水，彻底结束了沅江污水裸露排放的历史。2015年，累计处理污水850.7万吨，比设计规模多处理污水120.7万吨，运行负荷率达到116.5%，有效地改善了内湖的整体水质，提高了水环境质量，有效改善当地群众生产生活环境，二期工程于2016年开始建设和运营。

◇ 城市名片

【综述】沅江素有水乡桔城与苎麻之城之称，围绕打造长沙卫星城市、益阳次中心、环洞庭湖经济核心城市的总体目标，按照"魅力水城"的城市定位，依托其城中有湖、湖中建城的独特优势，打造城市名片、挖掘城市文化、提升城市品质，先后获得"中国苎麻之乡、中国芦苇之乡、中国柑桔之乡、中华杨树之乡、湖南省文明城市"等美誉，境内的南洞庭湖是国际公认的重要湿地，誉为"我国湖光胜景第一处"。2012年4月，沅江市作为湖南省3个县市之一，入选第三批全国发展改革试点城镇（城市区）。

【赤山岛】原名蠡山岛，相传春秋战国时范蠡携西施泛舟到此隐居而得名，后因历史变迁更名为赤山岛。横卧在南洞庭与西洞庭之间，是洞庭湖中最大的岛屿，长30公里，宽4公里，周围75公里。四面环水，山峦起伏，古木参天，遍地是茂林佳木，异草奇花。蠡公湖、周公湖和五汊湖是赤山岛上的内湖，"湖中生岛，岛中生湖"为一大奇观，蠡山遗祠、关公沙嘴、明月澄湾、大仙石迹、金鸡峻岭、骏马临川、九溪龙潭、汴洲渔钓为八大奇景，还有奇人曾金莲、奇树樟生腊、奇石和十万年前旧石器。

【胭脂湖】位于市城区西南，益南高速公路东侧。湖流域面积近90平方公里，湖面面积21500余亩，湖水清亮纯净，达国家一级水质标准。水产资源特别丰富，著名的胭脂鱼，名贵的银鱼、鳜鱼，还有青鱼、甲鱼、河蚌等220多种水生动物。胭脂湖赤红湖岸上，绵延的桔林茶树四季常青，清香四溢。数以万只的野鸭在青山绿水之间自由自在飞翔游弋。主要景点有知青之家、沙滩泳场、农家乐、二龟拜美、晒羞坪。

【万子湖】在洞庭湖南移过程中形成，在明朝以前只是一条河，叫"青草河"。相传我国历代文人墨客每到阳春三月，都要相邀到这里来踏青吟诗，故名"万子湖"，意指众多文人骚客游览之地；也有传说战国时越国大夫范蠡曾携美人西施泛舟南洞庭，后人将这一片湖面叫作范子湖，而范子湖的范字在本地方言中与万字同音，万子湖由此而来；也有人说这一片水域涨水时汪洋一片，落水时湖洲上呈现无数小湖，万子湖意指众多小湖。境内几十个大小渔岛居住着6000多渔民，世代以捕鱼为生，形成了特殊的渔文化。凌云塔、镇江塔及南宋时期众多的古战场和秦朝文物遗址的发现更使人们感到南洞庭湖是一个养在深宫的"闺女"。2012年，渔民曾在湖里捕获到一条重48斤的鳡鱼，并将此鳡鱼和全体渔民签名的感谢信送给时任省委书记张春贤，一时成为时代佳话。

【城市荣誉】1958年，被国务院誉为全国第一个诗歌之乡，由周恩来总理亲自署名颁发奖牌，被授予"湖南省诗词之乡"称号。先后评为省级文明城市、全国文化先进县（市）、"全国体育先进县"、全国科技进步先进县（市）、"全国生态林业建设先进县（市）""全国林业系统先进集体""全国绿化模范县（市）""湖南省造林先进单位"等。

湖南城市大典 郴州市

郴 州 市

　　郴州市，古称林邑，意为林中之城，公元前221年置县，1995年撤地建市，境内义帝陵是郴州历史的最早见证，"一山、一湖、一泉"是郴州山水风光的精髓，郴州还被誉为"中国温泉之城""中国女排起飞之地"。

◇ 城市概况

　　【区划范围】郴州市，古称林邑，别名"福城""林城"，有"林中之城，创享之都"的美誉，为湖南省辖地级市。位于湖南省东南部，地处罗霄山脉以西、南岭山脉北麓，东经112°14′~114°10′，北纬24°53′~26°50′。"北瞻衡岳之秀，南直五岭之冲"，自古以来为中原通往华南沿海的"咽喉"。东界江西赣州、吉安，南邻广东韶关、清远，西接湖南永州，北连湖南衡阳、株洲，素称湖南的"南大门"。全市东西宽194公里，南北长217公里，土地总面积1.94万平方公里，占湖南省全省总面积的9.2%。现辖2区1市8县，分别是北湖区、苏仙区，资兴市，桂阳县、永兴县、宜章县、嘉禾县、临武县、汝城县、桂东县、安仁县。中共郴州市委员会驻苏仙北路、郴州市人民政府驻五岭大道，电话区号：0735，邮政编码：423000。

　　【地理环境】郴州地势自东南向西北倾斜，东南面山系重叠，群山环抱；西部山势低矮，向北开口，中部为丘、平、岗交错。东部是南北延伸的罗霄山脉，南部是东西走向的南岭山脉，西部是郴道盆地横跨，北部有醴攸盆地和茶永盆地深入，形成低平的地势，一般海拔200~400米，最低处海拔70米。主要山脉有莽山、齐云山、八面山、苏仙岭等。主要河流有耒水、春陵水、永乐江、宜水、泉江、章江（集龙河）、城口水（浈江）、武江。分属长江和珠江两大流域，湘江、赣江和北江三大水系。郴州属中亚热带季风性湿润气候区，具有四季分明、春早多变、夏热期长，秋晴多旱、冬寒期短的特点。年降水量1452.1毫米，年平均气温17.4℃，年均日照1466.9小时，无霜期长达290天。

　　【资源物产】郴州资源丰富，素有"中国有色金属之乡""南方重点林区""湖南能源基地"之称。据调查统计，郴州市有野生动物182种，其中，鸟类111种，兽类35种，两栖爬行类36种。有国家一级重点保护野生动物华南虎、云豹、黄腹角雉、白颈长尾雉、蟒蛇六种及列入濒危野生物种国家级保护公约A类Ⅰ级的蟒山烙铁头蛇，国家二级重点保护野生动物水鹿、短尾猴、穿山甲、大灵猫、小灵猫等39种。郴州有国家一级重点保护野生植物银杏、银杉、红豆杉属（红豆杉、南方红豆杉）、水松、伯乐树（钟萼木）等6种，国家二级重点保护野生植物蓖子三尖杉、福建柏、柔毛油杉、华南五针松等30种，省地方重点保护野生植物黄枝油杉、江南油杉、铁坚油杉（铁坚杉）、黄山松等80多种。郴州矿产资源种类多，蕴藏量大，是全球有名的"有色金属之乡"。截至2016年末，已发现各类矿产112种，已探明储量的矿产46种，已探明的有色、稀有金属矿床160多处，实施地质勘查项目（含续作项目）130个，实施资源危机矿山找矿项目11个。其中钨、铋储量全球分列第一和第二，钼、石墨储量全国第一，锡储量全国第三，锌储量全国第四。柿竹园多金属矿被誉为世界"有色金属博物馆"。全市有色金属储量占湖南全省总储量的三分之二，其中石墨储量占全国储量的一半以上。郴州有特色的矿物晶有燕尾双晶，香花石，水晶与黑钨，菱镁矿石，立方体透明萤石，九九归一矿物晶体，红色立方体方解石，车轮晶体矿，层解石等。郴州水能资源相对丰富，全市水能理论蕴藏量237.1万千瓦，可开发量166.1万千瓦，其中农村水电可开发量105.7

万千瓦。

【建置沿革】郴州历史悠久。春秋战国属楚地。秦代置郴县。汉高祖五年（前202），分长沙郡南部地区置桂阳郡，其区域除含今郴州市（不含安仁县）外，还包括今耒阳市、蓝山县和粤北部分地区。西汉元鼎四年（前113），桂阳郡辖郴、临武、南平（今蓝山县）、便（今永兴县）、耒阳、桂阳（今连州市）、阳山、阴山、曲江、含洭、浈阳（以上6地均在今广东省境内）11县。西晋建兴三年（315），分设桂阳郡、平阳郡。隋开皇九年（589），统为郴州。五代后晋天福元年（936），郴州改称敦州。后汉乾祐三年（950），复称郴州。宋为郴州军、桂阳军。元为郴州路、桂阳路。明、清时为郴州（郴州直隶州）、桂阳州（桂阳直隶州）。民国2年（1913），郴州直隶州改为郴县，桂阳直隶州改为桂阳县。民国26年，为湖南省第八行政督察区。民国29年，改为第三行政督察区，辖郴、资兴、桂东、汝城、宜章、临武、蓝山、嘉禾、桂阳、永兴10县。新中国建立初，原第三行政督察区各县由衡阳专区代管；1949年11月，成立郴县专区；1950年11月，更名郴州专区；1958年8月，设县级郴州市；1967年3月，郴州专区改称郴州地区；1994年12月，撤销郴州地区，设立地级郴州市；撤销县级郴州市和郴县，设立北湖区和苏仙区。

【人口民族】2016年，全市常住总人口471.1万人，其中城镇居住人口246.2万人，乡村人口224.9万人。全市出生人口7.3万人，死亡人口3.7万人，人口自然增长率6.75‰。全市现有瑶、畲、苗、侗、回、满、壮、土家族等少数民族42个。设有13个少数民族乡镇，均为瑶族乡镇，其中，汝城5个（延寿、盈洞、岭秀、小垣、三江口），资兴2个（团结、连坪），北湖2个（月峰、大塘），桂阳2个（华山、杨柳），宜章1个（莽山），临武1个（西山）；另有50个散居少数民族村分布在非少数民族乡镇。全市少数民族人口10万余人，民族地区总人口22万余人，分别占全市总人口的1.9%和4.7%。

【区位交通】历来被称为"楚粤之孔道"，已形成了高铁、铁路、高速公路、国道、省道横卧东西、纵贯南北的四通八达的交通格局。拥有郴州站及郴州西站，其中郴州站是全国铁路客运特等站；郴州西站是应武广高铁而新建的现代化大型火车站。京广铁路贯穿郴州全境，另有四条地方铁路呈枝状向东、西南侧展开。境内有G4京港澳高速公路、G4E京港澳高速复线、岳深高速（湖南岳阳至深圳高速郴州段）、G76厦蓉高速公路（厦门至成都）、长莽高速（长沙至郴州莽山）、宜凤高速等高速公路。106国道、107国道、107绕城公路、322省道纵横交错。省道1806线、1803线和郴资桂、桂嘉高等级公路贯通东西，东连江西、西接广西，从而构成了"三纵三横"的立体交通网络。全市已实现县县通高速公路或半小时内

上高速公路，形成了半小时和1小时交通经济圈。2016年全市邮电业务总量79.2亿元，其中，邮政业务总量8.0亿元，电信业务总量71.2亿元。郴州北湖机场已经国务院、中央军委批复同意并启动配套项目建设。

【社会发展】科技工作成绩卓著，2015年郴州高新区获批为国家高新区，正式跻身"国家队"行列。截至2016年底，全市共培育国家高新技术企业67家，其中年销售收入超10亿元的高新技术企业达到9家，全市高新技术产业增加值539.1亿元。全市取得各类科技成果31项，其中省部级以上科技成果5项。全年专利申请1835件，其中发明专利申请459件。素质教育得到全面推进，2016年全市新建义务教育阶段合格学校209所。普通高等教育本专科在校生2.4万人，毕业生0.6万人；中等职业教育在校生1.3万人，毕业生1万人；普通高中在校生7万人，毕业生1.9万人；初中学校在校生20.1万人，毕业生6.5万人；普通小学在校生46.9万人，毕业生6.9万人。全市有普通高校4所，各类民办学校837所。年末全市卫生机构4597个，其中，医院、卫生院342个，妇幼保健院（所、站）12个，专科疾病防治院（所、站）1个，社区卫生服务中心（站）23个，诊所、卫生所、医务室754个，村卫生室3412个，疾病预防控制中心（防疫站）12个。医院和卫生院拥有床位总数2.95万张，卫生技术人员2.65万人，其中，执业医师和执业助理医师1.02人，注册护士1.15人。年

末全市共有体育场地9041个，其中，体育馆17座，运动场345个，游泳池30个，各种训练房392个。2016年末城镇职工基本医疗保险参保人数52.1万人，其中，参保职工36.4万人，离退休人员15.8万人；参加失业保险职工人数29.3万人；参加生育保险职工人数36.3万人；参加工伤保险职工人数46.5万人。获得政府最低生活保障的城镇居民9.8万人，农村居民22.6万人。

◇ 城市建设

【综述】郴州市突出推进中心城市建设，成功创建"国家园林城市""国家森林城市""国家卫生城市""全国交通管理模范城市"等，并获得创建全国文明城市提名资格。按照"一核两轴四带一圈"的空间结构，以市中心城区为核心，采取县市区整体联动，实现交通同网、城镇同建、产业同兴、环境同治、城乡同筹，努力构建郴资桂—郴永宜"大十字"区域城镇群。以县城和中心镇为重点，走分层次、组团式、生态型、特色化的城镇化发展道路，郴州被列为第三批国家级新型城镇化综合改革试点市、全省新型城镇化建设试点市。着力构建以公园为点、以河流为线、以山为面的城市立体生态体系，强化了"开窗见绿色、出门进游园"的生态优势。推进地标建筑建设，市文化艺术中心、市体育中心、国际会展中心等相继建成。截至2016年底，全市城镇化率达到52.3%，城市建成区面积78平方公里，中

心城区常住人口62.74万人。建成区绿化覆盖率为45.8%、绿地率为41.5%，人均公园绿地面积达到12.3平方米。力争通过5年时间成功申报国家级历史文化名城。

【城市规划】《郴州大十字城镇群城镇体系规划（2018-2030）》提出，到2020年，全市实现80万农业转移人口城镇市民化，2020年城镇化率超过62%。市中心城区建成面积达到85平方公里、城市人口80万；资兴、桂阳县城城区人口达到28万以上，宜章县城城区人口达到20万以上，永兴县城城区人口达到22万以上，30个示范镇平均人口达到2万以上，100%的县通高速公路或未通高速公路的县半小时到达高速公路，农村公路通畅率达到100%。市域基本形成"一核两轴四带一圈"的城镇空间架构；大十字城镇群形成"一心两廊、四极多点"的城镇空间格局；市中心城区形成"一城两区六组团"的空间结构。到2020年，将郴州大十字区域建设成湖南省最开放最具发展活力、湘粤赣省际区域最具国际影响力的现代化城镇群。市中心城区建成区绿化覆盖率提高到44.5%以上，人均公共绿地面积提高到12平方米以上。县城以上污水处理率达到90%，生活垃圾无害化处理率达到95%；县城以上建成区绿化覆盖率提高到38%以上，绿地率达到33%。大力发展现代服务业，实施旅游精品战略，努力将郴州打造成"国际生态休闲度假旅游目的地"，到2020年全市文化旅游体育产业总产值达到1200亿元。

【城东新区】郴州城市新区。位于苏仙区，是郴州"南延东进、东进优先"城市发展战略的核心区、与国际接轨的先行区、承接产业转移的示范区。一个面积20平方公里，可容纳20万人口，功能齐全、产业发达的现代化新城正迅速崛起，一个新的行政中心、经济中心、教育中心和文化体育中心加速形成。京珠高速郴州互通口，保证城东新区对外交通联系的通畅。郴州大道、郴永大道、郴县路，滨河路、观山大道、学院路、前营路等"七纵三横"路网融汇贯通，加速与资兴、永兴的融城步伐。10分钟畅达郴州市中心商圈，20分钟通达武广高铁郴州站，四通八达的交通网为新城区的发展注入源源不断的动力。城东新区坐拥湘南学院和郴州职业技术学院两所高等院校。湘南中学、湘南小学、爱莲湖学校以及凤形初中、观山洞小学、上白水小学、相山小学将城东新区教育发展强有力的保障。郴州市城投大厦、市体育中心、市会展中心是城东新区标志性的建筑。爱莲湖公园、王仙岭生态旅游公园、西河沙滩公园、林邑公园、体育公园、新城区与各种自然元素的有机结合，实现了生态、自然和谐的理念。

【福城新区】郴州城市新区。以郴州西站为依托，于2008年10月正式开工建设。按照高起点规划、高标准设计、高质量建设、高效益经营的要求，完成车站周边各项工程建设。总体上已形成"一轴、两心、六组团"的空间结构。一轴：即片区的空间发展轴，呈"L"形，由郴州西站站前大道和金福大道共同组成；两心：分别是站前商服中心和片区居住区中心；六组团：分别由两个产业组团、一个公共服务设施组团和三个居住组团构成。产业组团分别位于片区北面和东面，对外交通方便，以发展电子、信息、制造业等为主。公共服务设施组团位于片区中部，主要包括站场、站房、广场、车站管理用房、公共场站等综合交通设施和旅馆、酒店、信息、购物、咨询等为车站服务的各种城市功能设施；居住组团包括北面的兴城组团、南面的丹华组团和东面的塘尾组团，人口规模约5.4万人。郴州武广福城新区北距郴州五岭广场约5.6公里，东距京珠高速出入口约10公里。

【郴州西站】京广高铁沿线的一个重要地级市站，位于北湖区增福街道增湖村，隶属广州铁路（集团）公司长沙站管辖，2009年12月26日建成。郴州西站为四坡顶，总面积为40547.88平方米，由主站房和站台雨篷组成，其中站房建筑面积12142.24平方米，站台雨篷建筑面积28405.64平方米。主站房分为三层，分别为候车大厅一层、办公及设备用房二层（局部夹层一层）、设备层一层。站房面积在整条京广客运专线上只算中等规模，但停靠列车对数及日发送客流量均高居京广高铁全线地级站中第一。候车大厅可容纳800人，日发送旅客6000人，但日均实际发送旅客超过一万两千人。现在每天有50对列车停靠。

【郴州火车站】位于北湖区解放路1号，建于1936年。离北京西站1920公里，离广州站374公里，离茂名东站735公里，离杭州东站1239公里，隶属广州铁路（集团）公司衡阳车务段管辖，现为一等站。车站设有2个站台，5条线路，有3个候车室，8个售票窗口，2个行李寄存处。每日接发旅客列车193列。

【郴州汽车总站】国家交通部核定的一级汽车客运站，属郴州汽车运输集团有限责任公司的核心层企业，1999年5月建成投入运营。位于市中心商贸区，与火车站相毗邻。拥有进站参营客运车辆700多台，日发班次1200余次，经营客运班线130余条，旅客日发送量1.8万人次。品牌发送的"快运班车"遍及上海、广州、温州、贵阳、长沙等城市；总站现拥有一个售票大厅、14个检票口、配有远程网络售票系统、二维条形码检票系统、车辆GPS卫星定位系统等现代化设施，全面实现了站务管理自动化，是郴州市最主要的客运集散中心之一。

【郴州大道】前身为郴资桂高等级公路，在推进郴资桂一体化两型社会建设，对郴资桂高等级公路进行了提质改造，2011年6月建成通车。郴州大道途经桂阳、北湖、苏仙、资兴等县市区，全长约70公里，双向八车道，规划路幅为60米，是郴州城市道路建设史上的标志性工程。

【南岭大道】由原107国道郴州市城区段改扩建而成，该大道经郴州市发展和改革委员会于2010年批准立项建设，起于长冲片区新科路与107国道交叉口，止于梁马路口。全长31.84公里，总投资近5亿元，2012年12月27日全线竣工。南岭大道是城市扩容提质的一条重要交通要道，该路段的建成不仅缓解了郴州市区的交通压力，同时为郴州城市建设增添了一道亮丽的风景线。

【郴州市第一中学】始建于1906年，其前身是郴州官立学堂，由时任郴州牧的金镜蓉先生牵头创办。早在1959年，学校就被评为"湖南省重点中学"，后又被评为"湖南省实验中学""湖南省示范性普通高中"。学校是北京大学、清华大学、浙江大学、中国科技大学、南京大学、中国传媒大学、广州军区等重点大学和部门的优质生源基地，湖南省首批具备聘请外国专家资格的学校。学校占地面积119亩，现有教职工329人，学生4028人，拥有12名特级教师和150名高级教师。

【湘南学院】经教育部批准组建的综合性全日制普通本科高校，学校分王仙、北湖两个校区，主校区（王仙校区）位于风景秀丽的王仙岭生态公园东麓。学校占地1542.16亩，总建筑面积69.86万平方米。学校设22个教学单位，有1所直属附属医院、3所协作型附属医院，与110个行业、企业合作的育人单位。学院现有在职教职工1377人，专任教师988人，其中教授（主任医师）116人、副教授（副主任医师）367人。现有全日制在校生19326人。

【郴州市第一人民医院】系有百年建院历史的综合性国家三级甲等医院。其前身是1907年美国长老会开办的"郴县惠爱医院",是郴州市最早运用西医诊治疾病的地方。医院设有医学硕士研究生点。占地面积12.7万多平方米,现有建筑面积32万平方米;实际开放床位3345张,共设置科室146个;现有在职职工3499人。在艾力彼中国地市级医院竞争力一百强排名38位。医院分设中心医院、南院、北院、东院(在建)、西院(在建)。中心医院重点为大综合;南院是以肿瘤诊断治疗为主的大专科小综合医院;北院是儿童专科医院;东院是以提供个性化医疗服务的大专科小综合的专科医院;西院是以康复医学、老年医学为主的专科医院。

【郴州市中医医院】创建于1957年6月,是市内唯一一家综合性三级甲等中医医院,是湖南中医药大学和湖南中医药高等专科学校教学医院,是广东省中医院定点业务指导与协作医院。2013年郴州市中医医院被郴州市第一人民医院托管。由于体制机制原因于2015年9月解除托管,中医医院成为独立的法人机构。医院分为罗家井老院及石榴湾新院。罗家井院占地面积20余亩,医疗用房1.9万平方米,定编床位370张。石榴湾院总占地面积74亩,设置病床500张,总建筑面积5万平方米。现有员工400余人。

【郴州市体育中心】由郴州市城市建设投资管理中心投资近6亿元建成。位于湘南学院对面,东临学院路,西接前营大道,南面郴县路,北靠青年大道东段,占地面积20.33万平方米,总建筑面积6万平方米,由拥有3万个看台席位的体育场、容纳5000名观众的体育馆和室外运动场及相关配套设施组成。按国际标准,采用北京"鸟巢"技术,全部由钢架结构焊接而成,设计先进、造型新颖、功能完善,富有浓厚的现代气息,可提供跑步、足球、手球、篮球、排球、羽毛球、乒乓球、网球、体操、举重、武术等体育项目比赛场地。

【郴州市会展中心】由湖南省建工集团与郴州市人民政府采用BT模式(建设—回购)合作投资建设,位于城东新区白水组团(湘南学院对面),南临郴州大道,西接前营大道,东靠学院路,北依相水路。规划总用地面积约28.8万平方米,总建筑面积约34万平方米,是湖南省地级市中规模最大、功能最全、专业水平最高的大型现代化、多功能展览场所。由会展中心、博物馆及图书馆三部分组成,其中会展中心建筑用地面积525745平方米,博物馆、图书馆建筑用地面积14276平方米,商业地建筑面积22557平方米,项目概算总投资5.1亿元。

【郴州市演艺中心】系郴州市实施"南延东进"城市发展战略的重点建设项目。位于郴江路东侧,建筑面积14200平方米,其中地下室面积5961.8平方米,南北向长53.1米,东西向长70.5米,檐口高24米。中心观众席共设1128席,北面设有200席大型会议室一个，60席中型会议室一个，于2009年3月底开工建设，概算总投资约1.2亿元，2010年10月20日基本竣工并投入使用。由广州市生达投资有限公司采用BT模式投资建设，施工单位为汕头东楚建筑公司。

【郴州市博物馆】位于五岭广场南侧郴州市文化中心内，建筑面积约8000平方米。馆内藏书达16万套、280余件珍贵文物、100余枚西晋简牍、180余幅图片。设有历史文物陈列、简牍陈列和抗击特大冰雪灾害展三个展厅，集中展出了郴州最具代表性的部分珍贵历史文物，从不同时代、不同层面展示了郴州社会发展及政治、经济、文化、生活等基本概况，特别是市内古井出土的、以竹简形式记录政府档案的西晋简牍，在中国文物史上具有重要价值。也是爱国主义和革命传统教育的重要基地和展示郴州优秀历史文化、社会文明和建设成就的窗口。2018年9月，成为第三批国家二级博物馆。

【湘南起义纪念馆】位于郴州市烈士公园东塔岭，是省级爱国主义教育基地、郴州红色旅游的重要景点之一，建筑面积为4886平方米，其中展厅面积2900多平方米，分"浴血重生朱德率部奔湘南""风展赤帜百万之众斗敌顽""波澜壮阔创建苏维埃政权""战略转移湘南义军赴井冈""千秋史册伟绩闪耀功勋榜"五个部分，全方位展示了湘南起义历史过程。还设立了"红色老区革命精神永传承""湘南福地今日郴州"两个专题。

【华塘镇】全国重点镇。位于市北湖区西北部，距市中心16公里。东邻市郊乡，郴江镇和万华岩镇，南连保和乡，西界桂阳县正和乡、城郊乡、团结乡，北接同和乡、苏仙区荷叶坪乡。清代、民国时期，华塘村原属吉阳乡，新中国成立初，华塘为建制乡，1958年改称人民公社，1984年改为建制镇，1995年划归北湖区。2012年4月，华塘镇与同和乡成建制合并，设立华塘镇。全镇总面积171.28平方公里，11160户，32157人。镇政府驻华塘圩，辖曹家田村、同和村、塔水村、石山头村、吴山村、华塘村、招旅村、大泉头村、南岸村、豪里村、塘昌村、土坑下村、油山村、三合村、茅坪村、梨园村16个村，华塘社区、同和社区2个社区。

【良田镇】全国重点镇。位于市城区以南22公里处，是苏仙区的南大门，辖23个行政村，3个社区，399个村（居）民小组。镇域面积191.9平方公里，人口5.14万，森林覆盖率达87%。107国道、京港澳高速公路、厦蓉高速公路、京广铁路、武广客运专线均穿镇而过。拥有骡马古道、上下古街、两湾洞古民居、苏仙区革命烈士纪念馆等丰富的历史文化资源。2016年，全镇实现GDP47.06亿元，完成财政收入5204万元。先后获得"全国重点镇""全国千强镇""湖南美丽乡镇""郴州市文明村镇"，连续12年（2004年-2016年）获"郴州市十强经济乡镇"等国家和省、市荣誉。

【栖凤渡镇】全国重点镇。位于市苏仙

区最北面，距市区22公里，是苏仙区北面政治、经济、文化、交通中心。现辖25个行政村、6个居民委员会，299个村（居）民小组。镇域面积103.96平方公里，总人口5.7万人，其中城镇户数3868户、城镇人口2.2万人。107国道、京广铁路、京珠高速、资五路穿境而过。有丰富的煤碳、页岩资源和历史悠久的鞭炮烟花、引线传统加工产业。近五年来，该镇连续名列全区综合绩效考核前列，先后荣获"全国人口和计划生育依法行政示范乡镇""湖南省优美乡镇""湖南省安全生产示范乡镇"等荣誉称号。

【**五里牌镇**】全国重点镇、湖南省文明乡镇、郴州市小城镇建设示范镇、郴州大十字城镇群重要节点镇。镇域面积103.37平方公里，总人口4万人。现辖12个行政村、1个社区，259个村民小组，是苏仙区"鱼米之乡"，全区唯一的烤烟万亩乡镇，是郴州市北部交通枢纽；京港澳高速郴州北互通口设于此，拟建的永桂高速也将在此设立互通口。郴州货运北站整体搬迁至此，设货运专线，建成后将成为郴州货运物流中心。

◇ 城市经济

【**综述**】郴州市经济发展坚持稳中求进工作总基调，大力实施"产业主导、全面发展"战略。全市拥有省级及以上园区14个，居全省第一位；郴州高新区、资兴经开区、桂阳工业园、永兴经开区4个产业园区进入全省20强，郴州高新区成功跻

身国家高新技术产业开发区行列。有色冶炼、烟草、化工、装备制造、生物医药等支柱产业有力支撑全市工业增长。郴州成为全国最大的白银、铋、微晶石墨生产基地，湖南省最大的铅锌和新型干法水泥生产基地。培育中国驰名商标和国家地理标志保护产品17件。全市规模企业数量达到1124户，其中，年产值过50亿元企业2家，过30亿元企业6家，过亿元以上工业企业665户。2016年，国内生产总值2190.8亿元，人均国民生产总值46408元，财政一般预算收入235.5亿元，居民储蓄存款余额1371.2亿元。城镇居民人均可支配收入27730元，农村居民人均可支配收入12756元。社会消费品零售总额905.1亿元。工业经济总量连续四年排全省第三，郴州工业作为全省重要增长极的地位逐渐凸显。

【**郴州高新技术产业开发区**】2003年4月经省政府批准设立，原名为郴州有色金属产业园区。2012年3月，更名为郴州高新技术产业园区。2015年2月，经国务院批准升级为国家级高新区，定名为郴州高新技术产业开发区。2015年，注册入园企业有600多家，常住人口近8万人，其中产业工人6万多人。2015年，园区实现技工贸总收入1131.56亿元，完成工业总产值618.63亿元，实现规模以上工业增加值189亿元，完成固定资产投资147.79亿元，完成财政收入7.96亿元。

【**郴州出口加工区**】2005年6月经国务

院批准设立，2007年11月封关运行，2009年6月叠加保税物流功能，2013年8月升格为副厅级机构。郴州出口加工区与郴州高新技术开发区实行"一套机构、两块牌子"的管理模式，托管苏仙区白露塘镇和望仙镇5个村，辖区面积125平方公里，在郴州市105平方公里的城市总体规划中占43平方公里。

【湘南国际物流园】2003年，2008年被省委、省政府列为"湖南省八大重点物流园"，2015年被省政府确定为"省级示范物流园区"，2018年1月由国家发改委、中国物流及采购联合会等组织评为国家级示范物流园区，成为湖南省第二家国家级示范物流园。园区总规划面积12平方公里，一期规划6平方公里。2015年园区技工贸总收入100亿元，实缴入库税收1.6亿元，年货物吞吐量1405.9万吨。拥有仓储、商贸物流企业等119家，2017年完成货物吞吐量3075万吨，实现外贸进出口额3亿多美元、加工贸易额4900万美元。

【有色金属产业】郴州市支柱产业。郴州是全球有名的有色金属之乡。2013年，为实现有色金属产业的集聚发展、跨越发展，郴州市出台了有色金属"五个一"战略体系建设实施意见，即培育一批品牌企业、组建一个国家质检中心、发布一个价格指数、建立一个交易平台、建设一个展示平台。截至2016年底，有色金属"五个一"战略体系基本建成，有色金属产业成为全市首个千亿产业。宇腾有色等21家有色金属企业进入全省行业50强，其中宇腾有色、金贵银业、金旺铋业、华信有色4家企业进入全省10强，年产值过30亿元的有色金属企业5家。嘉禾被授予"中国锻造之乡·绿色锻造发展基地"。2015年全市有色金属产业完成工业产值1060.1亿元，实现规模工业增加值361.0亿元，占全市规模工业增加值的32.2%。

【郴州市金贵银业股份有限公司】郴州市龙头企业。成立于2004年，项目占地230亩，是一家以生产经营高纯银及银深加工为主的高新技术企业，我国白银生产出口的重要基地之一，拥有全国领先的白银冶炼和深加工技术，白银年产量居全国同类企业前列。公司以白银冶炼及其深加工产品为核心，不断拓展白银产业链条，并同时回收铟、铜、锑、锡等贵重金属。公司大力推行品牌战略，"金贵"牌银锭获"湖南省出口名牌""湖南省国际知名品牌"称号，高纯银产品获"湖南省名牌产品"称号，"金贵"注册商标获"湖南省著名商标"称号，并于2007年成功在英国、美国批准注册。2014年成功挂牌上市，首次公开发行募集资金近6.9亿元，2016年市值首次突破了百亿元大关。总部地址：郴州市苏仙区福城大道1号。

【临武舜华鸭业有限公司】农业产业化国家重点龙头企业和全国农产品加工业示范企业。自1999年10月创立以来，舜华鸭业始终贯彻"服务农民、报效社会"的经营宗旨，构建了"公司+协会+农场"的产业化经营模式，致力于中国八大名鸭之一的临武鸭的种苗孵化、养殖、加工、销售一体化经营。已建成现代化加工厂2座，种鸭场3个，养殖农场169个，带动临武鸭养殖农户3260户、辣椒和茶油种植农户2.3万户，成为中国最大的麻鸭养殖加工企业。"舜华"系列美食凭借独特的风味和可靠的品质，深受广大消费者青睐，并荣获了"中国驰名商标""国家地理标志产品保护""中国食品工业质量效益奖""中国食品安全示范单位"等殊荣。公司地址：郴州市临武县武水大道与环城南路交叉口。

【**郴州裕湘面业有限公司**】郴州市龙头企业。建于1988年，是一家以面粉为主要原料加工、生产、研发系列挂面、方便粉丝的湖南省农业产业化龙头企业。公司现有员工600多人，年产面条能力达2万吨以上，生产规模和经营效益位居国内同行前列。"裕湘"牌系列面条、粉丝有玉米面、仙人掌面、南瓜面、儿童营养面、红薯方便粉、香芋粉丝等130多个品种，分为普通、精品、花色、杂粮、营养五大系列。产品畅销国内并远销泰国、南非等国，被评为湖南省名牌产品，裕湘商标亦被评为湖南省著名商标，为湖南省百强私营企业之一。地址：郴州经济开发区。

【**临武鸭**】国家地理标志产品，是享誉国内的肉蛋兼用型地方优良鸭种。具有生长发育快、体型大、产蛋多、适应性强、饲料报酬高、肉质细嫩、高蛋白、低

脂肪、味道鲜美等特色。自舜帝起为历朝贡品，中国八大名鸭之一。临武鸭地理标志产品保护范围包括临武县武源乡、西瑶乡、楚江乡、花塘乡、双溪乡、武水镇、城关镇、南强乡、岚桥镇、广宜乡、同益乡、汾市乡、水东乡、土地乡、金江镇15个乡镇现辖行政区域。

【**莽山脐橙**】全国名特优新农产品，产于宜章县，具有皮泽橙红、味甜而浓、质脆化渣、有机生态等特点，先后获评农博会金奖、中国绿色食品A级产品、畅销优质农产品金奖、全国名特优新农产品、地理标志证明商标等。种植面积达20.3万亩，是湖南省8个脐橙大县之一，年产量10万吨，产值4.5亿元，成为富民产业。

【**永兴冰糖橙**】国家地理标志产品，是永兴县农技人员通过株系选育而成的一种优质水果，甜润爽口，品质极优。果实11月上、中旬（立冬前后）成熟，较耐贮藏。1995年获第二届中国农博会金奖，1999年-2005年连续七届获得湖南省农博会金奖和最畅销产品奖，是湖南省柑橘名牌产品。2009年11月29日，在陕西西安举办的2009年全国名优果品展评暨中国果蔬产业品牌论坛上，被正式授予"中国十大名橙"称号。产地范围为永兴县油麻乡、悦来镇、马田镇等17个乡镇现辖行政区域。

【**桂东黄菌**】系桂东县的三件宝（玲珑茶、黄菌干、花豆）之一，一种较为稀有的野生食用菌。因全身黄色故名黄菌。主要产

于高海拔、低纬度的山岭之中。在桂东也只有东洛、普乐、大塘、新坊、寨前、增口、三洞、黄洞、城关、寒口等乡镇才有生长。其肉质肥厚细嫩，又香又脆，还有很高的药用价值，对抗老防癌、降低血压有显著的功效。黄菌目前还无法进行人工培植，很多专家为此进行过各种实验，都未成功。黄菌因其保鲜难度大，所以在市场上以干菇闻名，其实鲜菇味美干菇数倍。

【桂东玲珑茶】郴州名特产品。"生在高山上，长在云雾中"的玲珑茶，是桂东县八面山茶树嫩芽精制而成，条索紧细卷曲，头状若环钩匀整，色泽隐翠油润，银毫显露闪光，香气高纯持久，汤色杏绿明亮，滋味醇原鲜爽，属高档绿茶精品。1998年获首届中国食品博览会金奖，1991年获中国食品工业首届优秀新产品奖，1994年获首届"湘茶杯"金奖和第五届亚太国际贸易博览会金奖。产地范围为桂东县的沙田镇、城关镇、清泉镇等16个乡镇及八面山自然保护区现辖行政区域。

【永兴银器】郴州名特产品。永兴银器历史悠久，声名远播，已迅速成为全县最重要的支柱产业之一。共有各类金银企业100多家，再生白银年产量占全国总产量的1/4强，共从"三废"中累计回收白银1.5万吨，黄金50吨。2002年，在世界白银协会和中国有色金属工业协会举办的中国首届白银年会上，永兴县被授予"中国银都"的美誉。

◇ 城市文化

【综述】郴州是一座具有两千多年历史的文化名城，1988年被湖南省政府公布为历史文化名城。郴州传统文化艺术厚重，至今仍广为流传的戏剧有：昆剧、祁剧、京剧、越剧、花鼓戏、花灯戏、皮影戏及杂技等，其中尤以昆剧最负盛名。民俗资源丰富，如傩戏傩舞、安仁赶分社、瑶族盘王节、伴嫁哭嫁歌、香火龙、元宵花灯及遍布农村各地的赶圩场等。郴州文化体现了湖湘文化与岭南文化的交融与发展，郴州人既充分汲取了湖湘文化"敢为天下先"的豪气和自强不息的锐气，又继承发展了岭南文化开放包容的大气和拼搏进取的勇气。朱德、陈毅所发动的湘南起义，成为了中国革命史、建军史上不朽的丰碑，郴州被誉为"英雄的城市"。"无私奉献、团结协作、艰苦创业、自强不息"的郴州精神深入人心。文化、体育和广播等各项事业健康发展，群众文化生活内容不断丰富。目前全市有文物点800余处，馆藏文物8000余件。共有艺术表演团体10个，群众艺术馆、文化馆12个，公共图书馆11个，博物馆（纪念馆）10个。全市有电视台1座，广播电台1座，中、短波广播发射台和转播台2座。有线电视用户数79.7万户。全市广播综合人口覆盖率98.3%；电视综合人口覆盖率97.8%。

【郴州方言】为郴州地区两种代表类型方言之一（一种是以郴州话为代表的北方官

话型，一种是以资兴话为代表的湘南土话型）。郴州话好土，太阳念成日头，石头又被念成马拉牯。郴州话好怪，全市百里不同音，十里不同调，独独街上哇喀个话，一到乡下就变刮地。其实郴州话一点也不土，它是古代的官话。郴州话有许多古音和古词汇，江仍念成古音"缸"，闪电称曜火，休息喊歇力，厨房叫灶屋。郴州话中后头有"子""头""地"和"得"的话数都数不称，要知道这些词尾可都是有来头的，最少都出自唐宋。比如有想头，有搞头，有看头，有盼头，有念头，有嚼头等；又如日头，年头，念头，房头，前头等；还有院子，日子，宅子，笼子，燕子等；以及认得，吓得，看得，用得，记得，不见得等。

【安仁赶分社】郴州节庆。是一项与炎帝神农紧密关联，全县百姓从古至今自发组织、参加的民间岁时节令活动，时间是春分节前后三天，地点在安仁县城。最早源自于"炎帝神农"在安仁"制耒耜奠农工基础，尝百草开医药先河"的传说。从汉代开始，每当春分时节，民众便纷纷前往炎帝陵去祭拜炎帝。后来"赶分社"兴于唐、盛于宋。安仁赶分社活动的主要内容是祀神祈谷、集会结社、赶场交易、吃药下田。赶春分是当地进行祭祀炎帝和中草药、中草药材、谷种、农具、农副产品、竹木器等商品交易活动，来自各地的中草药琳琅满目。现已成为了传统农具、竹木家具以及中草药贸易交流的盛会。2006年，安仁赶分社被列入为湖南省第一批非物质文化遗产。

【永兴汉三侯祠重阳庙会】郴州节庆，是融民间艺术、宗教信仰、物资交流、文化娱乐为一体的汉族传统民俗文化盛会。汉"三侯"祠位于永兴县塘门口镇西河村，原称汉王庙，清代末叶大庙建成之初，主事信士们就议定为每年"九九"重阳为纪念三侯圣会节日。每年重阳节期间，都会举行隆重的庙会，以弘扬"三侯"的忠孝礼义信等优秀品格。当地人把重阳庙会活动放在"三侯"祠进行，他们将历史人物或传说人物的行为与宗教观念相结合，相互渗透、相互影响，逐渐融合成一道区域文化元素较为明显的民俗节日，并成为当地历代人们追求进步、追求幸福生活的精神载体。每逢庙会，村民们都预先相互转告，盛情邀请四邻八村的亲友前来观赏庙会，家家户户"座上客常满，杯中酒不空"。

【宜章夜故事】郴州风俗，是宜章县历史悠久的汉族传统群众性民俗文化活动。每逢春节，从初一到十五元宵期间，或单家独户，或多户联合，或以群团、单位组织装演夜故事，由于"故事"活动时间在夜间进行，"夜故事"也就由此得名。其形式是将汉族民间传统、神话故事，著名文学、戏剧故事和各时期新人新事等，用戏剧手法将真人化妆、着装、造型，配之以道具和场景，利用马、板车、轿子、彩棚等，或驮或推或抬，将"故事"高高托起展示，使观众见其型而悟其意，联想其故事情节。"故事"游展时，火把通明，爆竹轰鸣，锣鼓喧天，观看群众人山人海。1995年，湖南省文化厅授予宜章县城关镇为"夜故事艺术之乡"；2010年，宜章夜故事入选第三批国家级非物质文化遗产名录。

【汝城香火龙】郴州风俗。起源于庆贺丰收、祈福祛灾的图腾信仰，特定于每年春节的正月至元宵节期间夜晚隆重举行，至今已有一千三百多年的历史，集中表达了人民追求风调雨顺、国泰民安、祛邪消灾的美好愿望，蕴含了尊敬祖先，追求进步，遵礼崇教的文化底蕴，是一种独具特色的民间综合艺术活动。表演香火龙时，必有两龙（母龙和子龙）、两狮（母狮和子狮）陪随而舞，一狮在龙前引路，一狮在龙尾跟随。香火龙的全身用竹子和稻草扎成。"母龙"长度一般为七节，"子龙"长度一般为五节，用当地特制的"罗汉香"（约0.53米长）插满龙的全身。2008年被列入国家级非物质文化遗产名录。

【湖南昆剧】昆剧（又名昆曲），已有600多年的历史，是中国优秀的民族文化遗产，被称之为"百戏之祖，百戏之师"，与古希腊悲剧和印度的梵剧并称为世界三大古老戏剧，是世界首批"人类口头和非物质遗产代表作"，在世界艺术之林中具有极高的声誉。全国六大昆剧院团中郴州占有一席的湖南省昆剧团，成立于1964年，是中国文化部确立为全国专业昆剧保护院团之一，在充分吸收郴州地方戏曲、语言和民情风俗的基础上，其创作、演出的《雾失楼台》《荆钗

记》《彩楼记》等昆曲被列为经典剧目，剧团曾经出访英国、爱沙尼亚、新加坡等国家演出，受到国外观众的高度评价。

【嘉禾花灯戏】为湘南花灯戏的主要代表，桂阳叫"对子调"，郴县称"地花鼓"，嘉禾叫"花灯"，是一个很有特点的地方小戏剧种。它流传于湘南以及广西梧州、粤北地区。因别具特色的嘉禾民歌、伴嫁歌等民间艺术形式对湘南花灯戏的形成影响颇大。湘南花灯戏流布于舂陵河流域的嘉禾、桂阳、宁远、蓝山、新田、临武等县市的广大城乡。2008年，嘉禾花灯戏被确定为湖南省第二批非物质文化遗产名录项目。

【临武傩戏】又称"舞岳傩神""大冲傩戏"，俗称"神狮子"。相传为油湾村17世祖王思能于明成化年间，在从师学习傩祭作法的过程中，有所创造丰富。而后油湾村的村民在长期的生活和劳动中，一代代心口相传，演变成了今天的临武傩戏。现存于湖南省郴州市临武县大冲乡油湾自然村。历史上的油湾村由于偏僻封闭，交通不便，单一的农耕生产方式，生活条件极为艰苦，正是这种独特的地形和单一的生活环境，使临武油湾村傩戏世代相传，流传至今。2008年，临武傩戏被确定为湖南省第二批非物质文化遗产名录项目。

【临武特色祁剧】流传于郴州市临武县，自清朝道光年间从祁阳传入临武，几经兴衰起落和筱玉梅、伍福秋、张汉华等老一辈祁剧著名演员的传承与创新，不断地贴

近民众，贴近生活，紧跟时代脉搏，推出了一系列轰动省内外，盛极一时的精品力作。尤其是在1981年前后掀开了临武特色祁剧艺术发展的新篇章，造就了一批又一批祁剧编导、表演、音乐、舞美等艺术人才。临武特色祁剧在继承与创新中发展，在祁剧艺术传统特征的基础上，把郴州语系与临武官话运用到祁剧的念、唱之中，形成了战鼓与班鼓，大锣与虎音锣有机结合的临武特色祁剧。2008年，临武特色祁剧被确定为湖南省第二批非物质文化遗产名录项目。

【大布江拼布艺术】郴州民间工艺，是郴州市永兴县流传的一项非遗文化。起源于明，盛行于清和民国时期，一种流行于民间的原生态造型艺术，具有独特的表现技法和艺术语言。其艺术特色是构图对称而饱满，用色大胆而奔突，造型简练而夸张，往往以平面构图为主，偶尔也会结合湘绣技法，使画面产生一些光影和立体效果。

【元宵米塑】郴州民间工艺，是安仁县人民用来庆祝节日或喜事的传统工艺美术品。做元宵米塑，俗称"琢鸡婆糕"，是千百年来安仁人民自发形成的一种独特的乡土文化习俗。每年元宵节期间，全县无论城乡，家家户户，男女老少，都要动手做米塑庆贺节日，主要表现用来祭祀始祖神农氏，供小孩娱乐，市场交易，小吃，收藏等。闲时，人们结婚嫁女、做寿、小孩子满月也要做元宵米塑祭祀诸神或作为礼品赠送亲邻好友以示庆贺。久而久之影响周边县市也形成这一习俗。元宵米塑与其说是一种艺术，不如说是一种情感。反映人们对美好生活的向往和对至善至美艺术的追求。

【子龙郡坛子肉】郴州特色饮食，又名辣酱肉，有瘦肉和五花肉型坛子肉。传说三国时期蜀国名将赵子龙将军智取桂阳郡，驻守桂阳郡期间治军抚民有方，军不扰民、受到老百姓拥戴，老百姓同呼桂阳郡为子龙郡。当地老百姓用本地特产方元五爪辣椒腌制猪肉皮和五花肉，赠送给赵子龙将军下酒，深得其喜爱。子龙坛子肉由此得名，并流传至今。

【永兴四黄鸡】郴州特色饮食，是永兴县特有珍禽，以显著的"四黄"为特征，外貌美观，肉嫩味美，药用和经济价值极高，曾多次参加全国农业展览会、万国博览，享誉海内外。最大的特点是黄羽、黄喙、黄脚、黄皮。羽毛细小柔软，光彩艳丽、体小紧凑。成年公鸡平均体重1.5公斤，母鸡1.25公斤，是现代家庭餐桌佳肴。肉质细嫩鲜美、鸡纤维细、脂肪适中且胆固醇含量低、各类氨基酸含量比例适当。

【犀牛井】郴州重要历史典故传说。位于苏仙区裕后街涌泉门，为长条石方井。井中有一青苔石斜卧，酷似犀牛。井边还立有两块碑刻，其中一块刻有"永禁洗衣"。过去人们一直把她作饮用水源来保护。相传在远古时候，神农给郴州带来了九条犀牛，使郴州风调雨顺，人寿年丰。可是，好景不长，不知从什么地方来了一条造孽的恶龙，把瘟疫带到了郴州。为了战胜恶龙，九头犀牛与它搏斗了九天九晚。最后，恶龙被打败了，八头犀牛将恶龙驱出郴州，一直追到东海去了。还有一头犀牛，由于在搏斗中跌伤了脚，落在这眼井里，变成了横卧井底的巨石，从此，这眼井就唤作"犀牛井"。虽然化成了石头，但灵性未泯，患了疾病，饮上一口井水，便可痊愈。因此，人们又称犀牛井为"愈泉"。

【苏仙传说】郴州重要历史典故传说，发生在郴州市的民间故事。相传西汉年间，郴州市城东潘家坪有一位长得十分漂亮的姑娘，在郴江边洗衣，被一根飘来的红线缠住，既扯不掉也咬不断，丝线钻入肚中，以致怀孕，她躲在苏仙岭一个石洞中生下一男孩，此即苏仙。苏仙出生后，有白鹤以羽暖其身，有白鹿喂其奶水，苏仙自小修炼，修成后跨白鹤升天，飞升前预知郴州将有瘟疫，遂嘱其母以井水、橘叶熬药拯救众生，百姓感其恩，在苏仙岭上修建苏仙观，供奉其神像，苏仙岭由此得名。苏仙走了，这里留下了白鹿洞、升仙石、望母松等"仙"迹。2014年入选国家非物质文化遗产名录。

【苏仙桥】始建于北宋后期，又名"飞仙桥"。1964年，郴州镇人民政府将其改建为公路桥，取名郴江桥。1986年利用原郴江桥石拱下部结构，将上部加高加宽为钢筋混凝土梁式公路桥，恢复苏仙桥桥名。1999年"8·13"洪灾被冲毁，2001年重建。屹立在郴江上近500年历史，连通了郴州到资

兴、桂东、江西的道路，促进了郴、资、桂的经济发展。

【湘南年关暴动指挥部旧址】位于宜章县城关镇起念巷82号，1996年由国务院公布为全国重点文物保护单位。原为清代宜章守备署，占地面积4080平方米，建筑面积2789平方米。该旧址始建于清顺治十年（1653），1912年为警务局，1919年改为县立女子学校。1928年1月，朱德、陈毅等率领南昌起义保留下来的一部分队伍，由广东折回湘南举行了年关暴动，建立了湘南第一个红色政权宜章县苏维埃政府。改编部队正式组成中国工农革命军第一师。旧址建筑原状为晚清风格，四栋两层建筑物的四合院，一栋在坪东，一栋在坪西，相互对峙着。

【濂溪书院】始建于宋宁宗嘉定十三年，系汝城人民为纪念理学鼻祖周敦颐而建，距今已将近800年历史。2002年被湖南省人民政府列为省级文物保护单位。濂溪书院为仿宋建筑，四合院砖木回廊结构，建筑面积1618平方米。自创办以来，书院人文蔚起，声名远播，濂溪遗韵历久弥光，历代名师在此传道授业，一大批经天纬地之才脱颖而出。明代两广总督、太子太保朱英，江西、福建布政使范辂，清代著名诗人郭远，当代中国人民解放军上将朱良才、李涛，原中国作家协会党组副书记朱子奇等均在此求学立志，迈向辉煌人生。

【郴州三绝碑】位于郴州市苏仙岭风景区白鹿洞东北40米天然石壁上，为北宋著名

词人秦观流放郴州期间所作的《踏莎行》词摩刻，高52厘米，宽46厘米，共十一行，八十一字，行书。"三绝"指的是秦词、苏跋、米书"三绝"，即秦少游作词、苏东坡写跋、米芾书法。从1956年起，先后4次被公布为省级重点文物保护单位。北宋词人秦观作了《踏莎行·郴州旅舍》一词，苏轼写了跋，著名的书法家米芾把词和跋写下来，其艺术价值很高，还嵌有陶铸同志题词。

【裕后街】位于苏仙区中心城区，是郴州市现存最古老的一条古街。它积攒着城市的历史渊源，沉淀着湘南历史古韵，印证着古老的地域文明，是最能代表湘南文化与郴州特色的地方。既有传承历史底蕴的骡马古道、犀牛井、曹氏宗祠、化龙桥、涌泉门、沿江码头，还有孕育文化气息的湘南戏院、江西会馆、燕泉洲等。在岁月的流转中，曾经的辉煌逐渐斑驳。随着郴州"两城"建设的风生水起，重建裕后街，给郴州人民以荣耀，成为湘南明珠之城的名片。

【绣衣坊】位于汝城县城郊乡益道村三拱门范家村口，湖南省石牌坊建造时代最早的一座，是巡按湖广监察御史毛伯温领衔率领郴州和桂阳县（今汝城县）的一批地方官员于正德十四年十二月（1520）专门为旌表监察御史范辂反对宁王朱宸濠和宦官勾结谋反的事迹而建，系古代表彰功德的纪念性坊表建筑物。座东朝西，白石结构，分主楼、次楼、边楼，三门四柱，每楼檐下有斗拱，通高686厘米，面阔650厘米，中门高238厘米，宽291厘米，两侧门高193厘米，宽165厘米。中门门楣上方横额内自右至左阴刻双勾"绣衣坊"三个正楷大字。距今已历483年的历史，为国内罕见专门旌表监察官员的年代最早的珍贵文物。

【中国女排群像雕塑】1988年国家投资47万元（其中市政府拨45万元，建设部拨2万元），由中国美术协会湖南分会会员雷宜锌设计建造了一组栩栩如生、设计新颖的大型中国女排群雕。中国女排在郴州集训获取"三连冠""五连冠"殊荣之后，郴州，这个在中国版图上毫不起眼甚至常被人误作"柳州""彬州"的地方，便伴随着中国女排姑娘的威名而声誉鹊起。郴州人民为纪念中国女排在郴州的腾飞，就在北湖公园竖立了中国女排大型雕塑——"拼搏"。

【何孟春】（1474-1536），明代文学家，汉族。官至明工部、吏部侍郎。字子元，号燕泉，湖南郴州人。生于宪宗成化十年（1474），孝宗弘治六年（1493）进士。李东阳赏识他的才干，准备推荐他进史馆，因丧父而作罢。后授兵部主事，旋以员外郎、理陕西马政。武宗正德初，为河南参政，擢太仆少卿，进为卿。何孟春屡次上书称病告老，到嘉靖六年（1527）春天，才得到批准。等到《明伦大典》编成以后，辞去了他的官职。嘉靖十五年（1536）于家中逝世，年六十二岁，谥文简。隆庆初年，朝廷追赠他为礼部尚书。何孟春的住处有一处泉，因为燕去水干、燕来水满而得名燕泉，他就被人称为燕泉先生。孟春工著有《燕泉集》《馀冬叙录》《馀冬诗话》《何文简疏议》及《孔子家语注》等，并行于世。

【曾朝节】（1534-1604），字直卿，号植斋，湖南临武人。明神宗万历五年（1577）丁丑科沈懋学榜进士第三人。曾朝节自幼隽朗不群，警敏风发。与弟朝符、朝简一同随父亲居住在衡州吏舍读书。曾朝节17岁为府学生员，嘉靖三十七年（1558）乡试第十名，当时24岁，跟从程天津潜心研究王心斋的"格致之学"。曾朝节出身寒微，致位通显，而持身廉正，居处俭朴。每次他回临武扫墓，乡间的道路狭窄不能容车马，大家商议扩修。曾朝节以"有伤农田"，坚执不允。他又曾在京城购买土地，创设京师湖广会馆，题扁额"瑞春堂"。还在家乡置义田，以周济族中贫困之人。万历三十二年（1604），曾朝节病逝于京师寓所。著有《臆言》《经书正旨》《紫园草》《南岳纪略》《易测》等，《四库全书》有存目。

【黄克诚】（1902-1986），中国工农红军及中国人民解放军主要领导人之一，军事家、中华人民共和国开国大将。湖南永兴人。早年加入中国共产党，并在国民革命军唐生智部任职，参与北伐。之后参与领导湘南起义，之后陆续担任中央红军红四军第12师第35团团长、红五军、红三军团政治部主任等，随后跟随主力长征，并到达陕北，担任红一方面军政治部和红军总政治部部长。八年抗战期间，陆续担任八路军115师第344旅、第二、四、五纵队政委，新四军第3师师长兼政委等职位，并参与创建苏北抗日根据地。中华人民共和国成立前后，历任天津市委书记、湖南省委书记、中国人民解放军总参谋长等职位。1986年，黄克诚在北京去世。

【萧克】（1907-2008），当代军事家、军事教育家，中华人民共和国开国上将。原名武毅，字子敬，乳名克忠，出生于1907年7月14日，湖南嘉禾人。1927年3月参加革命工作，1927年5月加入中国共产党，1955年被授予上将军衔。曾担任第一、二、三届国防委员会委员，中国人民政治协商会议第五届全国委员会副主席，中国共产党第八届中央委员，第十届候补中央委员，第十一届中央委员。主编百卷巨著《中华文化通志》。2008年10月24日12时51分，萧克因病医治无效在北京逝世，享年102岁。

【邓力群】（1915-2015），无产阶级革命家，马克思主义理论家。湖南桂东人。北京大学毕业。1935年参加革命，1936年加入中国共产主义青年团，同年由团转入中国共产党。新中国成立后，邓力群先后担任中共中央新疆分局常委、秘书长、宣传部部长，中共中央办公厅第一办公室组长、中共中央书记处办公室组长，《红旗》杂志常务编委、秘书长、副总编。1975年后担任国务院政策研究室负责人，中国社会科学院副院长、党组副书记，中共中央办公厅副主任，中央宣传部部长。1982年在中共十二大上当选为中央委员，在十二届一中全会上当选为中央书记处书记。1987年在中共十三大上当选为中央顾问委员会委员。中国共产党第八次全国代表大会代表，第三届、第五届全国人民代表大会代表。2015年2月10日在北京逝世，享年100岁。

◇ 城市生态

【综述】郴州把生态文明建设放在突出位置，让城市融入大自然，努力建设宜居城市。从2013年开始，全面实施"青山、碧水、蓝天、净土"四大工程，着力推进森林生态景观提质、"三江"流域水源保护工程、城区"五河"综合治理、东江湖生态环境保护、三十六湾区域生态植被恢复治理等九大生态文明示范工程。同时，每个县（市、区）重点实施3-4个具有本地特色的生态文明建设项目。近几年来，全市共筹资260亿元，用于生态文明建设四大工程，生态环境不断改善。加快推进水生态文明城市建设试点工作，将水生态文明建设与国家卫生城市、国家森林城市、国家生态园林城市、国家环保模范城市、全国绿化模范城市、全国生态文明示范工程试点城市、全国文明城市的创建统筹推进。目前，郴州11个县（市、区），有7个列入了重点生态功能区；共有5个国家湿地公园、8个国家森林公园、2个国家级自然保护区、1个省级自然保护区。全市45个水质监测断面中，保持三类标准以上的有43个，水质达标率均为

100%；全市森林覆盖率达67.7%。

【莽山国家自然保护区】位于宜章县，面积19833公顷，1982年建立省级自然保护区，1994年晋升为国家级，主要保护对象为亚热带常绿阔叶林及华南虎等珍稀动物。保护区地处南亚热带和中亚热带植物交替的过渡地区，生物地理位置特殊，植被垂直分布明显。区内的原生性亚热带常绿阔叶林是世界湿润亚热带常绿阔叶林保存最完好、面积较大、最具代表性的地域。保护区植物种类繁多，组成复杂，有高等植物2314种，其中国家保护植物21种。动物有兽类57种、鸟类111种、两栖类33种、爬行类48种、昆虫619种，其中国家重点保护动物32种。该保护区在研究古热带泛北极区系演化规律，及世界湿润亚热带常绿阔叶林生态系和对华南虎的保护方面具有独特和重要的意义。

【桂东八面山自然保护区】位于桂东县境内的西北部，西与资兴交界，东与桂东四都乡毗连，南与桂东青山乡接壤。总面积为64466亩，森林面积43233亩。2008年列入国家级自然保护区。保护区属于南亚热带山地湿润气候，冬无严寒，夏无酷暑，秋温高于春温，区内年平均气温15.8℃，素有"天然空调"之称。区内海拔800~2042米，高山耸峙，林海苍茫。珍稀濒危物种资源丰富，有种子植物146科，584属，1182种，很多属国家一级保护的珍稀树种。另有国家二、三级保护植物29种。区内野生动物136种，其中稀有珍贵野生动物数量为湖南第一，有属于

国家一级保护动物华南虎、金猫、云豹等，属于国家二级保护动物猕猴等，共15种。幸存享有植物"熊猫"之称的"国宝"——银杉和全国三大名虎之一的华南虎，是我国最大的生物基因库，也是我国第一个以华南虎为重点保护对象而设立的自然保护区，有"动植物王国"之称。

【郴州西河国家湿地公园】地处郴州市境内，范围涉及郴州市北湖区、苏仙区、桂阳县、永兴县两县两区的14个乡（镇、街道）67个村。主要包括湘江上游的耒水支流西河及其源头——湖南省重要湿地仰天湖山地湿地及其周边部分区域。地理坐标为东经112°43′52″～113°02′53″，北纬25°30′18″～26°10′41″，总面积1578公顷，湿地面积1128.8公顷，湿地率71.53%。

【飞天山国家地质公园】位于苏仙区，地跨苏仙区的桥口、许家洞、五里牌三镇，总面积约110平方公里，以丹霞地貌和喀斯特溶洞为主要特色，素有"南岭福地，湘南明珠"的美誉。公园距离郴州市仅18公里，交通十分方便。京广铁路、京深高铁、厦蓉高速、G4高速及其复线、107国道环绕公园，资五公路、郴永大道、郴州大道、X091线、造香公路直达景区，战备公路、黄桥公路连接公园各景区景点。飞天山风景区为典型的丹霞地貌，其丹霞地貌的形态和规模在同类地形中均已达到极限。

【五盖山国家森林公园】位于苏仙区，五盖山为岭南山脉之一，山峰耸立，直插云霄，峰顶常年被云、雾、雨、露、雪所盖，故称五盖山。1988年被评为国家级森林公园，是依托五盖山林场建立的城郊型森林公园，总面积6441公顷，由五盖山景区、王仙岭景区和高峰景区组成。为南岭亚热带季风湿润区，气候温和，雨量充沛。年平均气温17.8℃，绝对最高温30℃，最低温0℃，最热的七月平均气温28.5℃，最冷的一月平均气温5.5℃，平均降雨日182天，平均降雨量为1473毫米。一般海拔高度在800~1200米，最高海拔1619米，最低海拔351米。公园内野生动植物资源种类繁多，生态景观优美，是开展森林生态旅游、宗教朝圣和休闲度假的良好场所。

【九龙江国家森林公园】建立于2003年，2005年升为省级森林公园，2009年被国家林业厅正式评为国家级森林公园。地处湘、粤、赣三省交界的岭北地区，与汝城大坪国有林场管辖范围一致，实行两块牌子一套人马的管理体制。公园以天然生长的阔叶林为主，海拔处在185至1381米之间，现有管辖面积15644.8公顷，森林覆盖率达93.6%，森林蓄积量194万立方米，楠竹60万根，气候宜人，属中亚热带向南亚热带过渡的季风湿润气候区。境内山清水秀、资源丰富、文化深厚、交通方便，发展森林旅游业极具优势。公园是华南地区保存完好、物种最多的原始次生林区之一，具有探险、生态旅游、科研等价值。

【西瑶绿谷国家森林公园】位于临武县

西南部西瑶乡境内，是在原西山国家林场的基础上发展而来，2009年经湖南省政府批准为省级森林公园，2010年经国家林业局批准为国家级森林公园。公园总面积12441公顷，森林覆盖率95%，园内有集中连片保存较完整的天然次生林4000多公顷。西瑶绿谷国家森林公园分为长河、分水坳、黄木坳、凤凰岭四大景区，主要景点68处，具有清、幽、秀、奇、险、古的特色。园区涵盖了生物景观、地文景观、水文景观、人文景观、及天象景观五大类型，园内有植物1730种，动物323种，其中国家一级保护植物3种，重点保护动物33种。

【永兴丹霞国家森林公园】位于永兴县，紧邻县城，总面积9006公顷，以丹霞地貌中存有完整的森林资源为最大特色。2014年被评为国家级森林公园。园内融丹霞、森林、湖泊于一体，构成丹霞崖壁、丹霞峰林、丹霞洞穴、丹霞沟谷等千姿百态的地貌景观；保存有大面积的常绿阔叶林和结构完整的落叶阔叶林、针叶林、竹林、水生及沼生植被，孕育着良好的石生植被，共有植物176科、709属、1309种，陆生野生脊椎动物27目、77科、196种，水生动物2纲、7目、16科、43种；有湖南省发现的最大的唐代石刻群——"侍郎坦"石刻群。永兴丹霞森林公园是老年期丹霞地貌的典型代表，拥有丹霞地貌区较为罕见的深厚土层，特殊的土壤条件孕育了国内丹霞地貌中少有的森林植被，其植被和植物群落类型的多样性为全国罕见。

【齐云峰国家森林公园】位于桂东县，地处湘、粤、赣三省黄金旅游圈交汇中心地带，是全国著名的绿色膏腴之地和红色沃土。2014年被评为国家级森林公园。由相互独立的南华、三台山、齐云峰三大片区组成，平均海拔1311米，总面积120.78平方公里，占全县国土总面积的8.31%，属于国家山岳型+城郊型的大型森林公园，森林覆盖率92.5%。公园保存了较为完好的自然生态系统，孕育了独特的生物群落，被誉为物种资源和遗传基因的天然宝库，同时也是湘东南重要的生态安全屏障。现有国家I级保护植物3种、国家II级保护植物13种；国家I级保护动物2种、国家II级保护动物24种。公园处在我国候鸟迁徙的第二大通道，冬候鸟种达61种。

【北湖公园】始建于1975年，位于市中心城区，占地面积474亩，园内游乐设施丰富多彩，景色幽雅宜人，遍栽树木花卉，一年四季绿树成荫，花香四溢。公园南部为陆地娱乐设施区。公园北部是郴州市区独一无二的大尺度的自然水体——北湖，约206亩，是郴州人的"母亲湖"，传承了悠久的北湖文化。入夜，月色水光，倒影如画，故有"北湖水月"之称，乃郴州古八景之首，曾吸引过无数历史文人墨客。2006年北湖整体提质，滨湖区风光带以湖水为基础，以植被作装点，根据自身环境，加以概括和提炼，充分体现"北湖水月"的诗画境界。

【爱莲湖公园】位于郴江河畔、郴州大

道与香雪大道交汇处，因周敦颐的《爱莲说》而得名。爱莲湖公园是结合郴江的整治而建的市民休闲区，它与郴州大道隔郴江相邻，因此，桥、水面、曲廊、牌坊、书院构成它的全部。爱莲湖水面面积为60亩，可蓄水40000立方米。湖水源自郴江河水，可供大小游船自由划翔，湖边建有香远楼、益清阁、君子亭等建筑，适宜休闲垂钓。亭台楼阁、花草树木与湖中倒影相映成趣，相得益彰。秀美的自然风光与独特的人工景致浑然而成为人间乐园，游人至此，心旷神怡，留连忘返。

【南塔公园】位于老城区南部南塔岭，公园占地面积580亩，最高海拔270米，距市中心约1.5公里，北邻骆仙路，西与国庆路延伸段相接，南临香雪大道。是一处文化遗存较好、生态保护较好，以展现本土历史民俗文化为题材的综合性公园，享有"南塔夕照"的美称。南塔公园于1996年正式成立，因经费紧等原因，南塔公园实际上有名无园。通过历时四年的高起点规划、高标准建设，新落成的南塔公园，园内车道、游道盘山而上，亭台楼阁错落有致，繁花似锦，绿树成荫，成为郴州市一处重要的"文化地标"，为郴州创建国家园林城市增添了一道亮丽风景。

【西河体育公园】第一个以体育为主题的公园，地处郴州市苏仙区西河上游观山洞片区，是城东新区重要的基础设施项目之一，也是湘江流域（西河）重金属污染治理项目的组成部分。该项目业主为郴州市新天投资有限公司，总投资2亿元，总占地面积约1100亩，呈南北向长条形分布，北接郴州大道，南接后营大道，东面紧靠西河，西面与滨河南路融为一体，交通非常方便。体育公园依地就势，按三个区域进行规划：分别为全民生态健身区、体育运动区和休闲养生区。

【西河沙滩公园】郴州城东新区重要的基础设施项目，是湘江流域（西河）重金属污染治理项目的组成部分。公园占地面积33.3万平方米，原为采选矿企业尾砂库区域，关闭选矿企业后已清运及集中处理尾砂80多万方，覆土100万方，并绿化面积30万平方米。主要分为沙滩区域、竹林区域、休闲健身广场区域及科普植物园林区域。其中沙滩面积约1万平方米，全部采用来自海南三亚的优质且无污染的海沙铺成。中间设有3个绿岛，种植热带树种，绿岛四周设置健身器材。竹林占地面积5万平方米，移植本地楠竹7万余株。整个公园栽种100余种绿色植物。

【西河水生态风光带】为加强辖区内西河综合治理而实施的一项重大民生工程。风光带自2014年启动建设，由桂阳、北湖、苏仙、永兴4县市区分段同步实施。已完成河道岸线、沿河绿化带线、城际绿道线和旅游道路线"四线"建设，完成生态公园建设8处和沿途驿站。110公里长的西河全线贯通，成为郴州市新农村建设的示范带、城乡统筹示范带和规范农村村民建房示范带，是一条在全省乃至全国享有美誉度的水生态风光带。西河水生态风光带的建成形成了与郴州大十字城镇群发展相适应的生态环境和休闲游憩空间格局，同时加速了郴桂永三城的生态融城，成为郴州建设国际化现代化城市的又一张靓丽名片。

【郴州市第二污水处理厂】 建于2016年，采用较为先进的污水处理工艺A/A/O工艺，其设计规模为8万立方米/日，先期日处理规模达到4万立方米/日，项目投资近1.3亿元。位于北湖区北湖街道同心桥村，建设规模：前期规模为4×104立方米/天（2020年），远期规模为8×104立方米/天；占地面积34547平方米，构筑物占地面积1795平方米。该污水处理厂极大地改善了周围水体环境，对治理水污染，保护当地流域水质和生态平衡具有十分重要的作用。

◇ 城市名片

【综述】 境内山清水秀，风光旖旎，历来被誉为"四面青山列翠屏，山川之秀甲湖南"，"一山、一湖、一泉"是郴州山水风光的精髓。距今已有2200余年的"义帝陵"，是郴州最早的历史见证，市内著名的风景区苏仙岭被誉为天下第十八福地，拥有国家4A级旅游景区、湿地公园东江湖和第二西双版纳之称的莽山国家森林公园等一大批优秀旅游景区，是中国优秀旅游城市、中国温泉之城，也是中国女排"五连冠"的起飞

地，老一代女排聚训郴州，成就"五连冠"伟业。1988年被湖南省政府公布为历史文化名城。

【莽山】 位于宜章县境内，南岭山脉北麓，东、西、南面与广东省乳源县交界，总面积2万公顷，1992年被评为国家级森林公园。莽山处于郴州市最南端，是我国南方面积最大，生物物种保存最完好的国家森林公园，也是地球同纬度保存得最完好的原始森林，素有"第二西双版纳"和"南国天然树木园"之称。"莽山壮美惊天下、原始生态第一山"便是它最真实和生动的写照！森林覆盖率高达99%！这里气候温和，雨量充沛，优越的自然条件，使这里的森林植被种类繁多，形成了独特有趣的格局，热带、亚热带、温带，还包括少数寒带的森林植物在这里都可以见。它因拥有一片世界湿润亚热带地区面积最大、保存最好的原生型常绿阔叶林和丰富的动植物资源而享有"地球同纬度带上的绿色明珠"和"动植物基因库"的美称。

【苏仙岭】 位于苏仙区城区苏仙南路。原名牛脾山，郴人苏耽在此修道成仙，故改名苏仙岭。早在唐代，苏仙岭就享有"天下第十八福地"之美誉。主峰海拔526米，岭上有白鹿洞、升仙石、望母松等"仙"迹，自然山水风光久负盛名。由秦少游作词、苏东坡作跋、米芾书写的《踏莎行·郴州旅舍》被篆刻在苏仙岭的岩壁上，史称"三绝碑"。陶铸1965年来郴州视察，写下了《新

踏莎行》；西安事变后，张学良将军曾幽禁于此，写下了"恨天低，大鹏有翅愁难展"的名句。

【义帝陵】秦末义帝熊心之陵墓，距今已有2200余年历史，现占地3539平方米，是郴州历史的最早见证，已成为郴州历史文化名城的重要标志，也是市区中心唯一的省级文物保护单位。义帝名心，是战国楚怀王熊槐之孙。据史书记载，秦末陈胜、吴广揭竿起义，群雄纷争。各路起义军在薛县会盟，共同拥立在民间牧羊的楚怀王之孙熊心为楚怀王。秦灭，项羽分封诸王，并佯尊熊心为义帝。次年，又假借"古之帝者，地方千里，必居上游"之名"使徙义帝长沙郴县"（《史记·项羽本纪》320页），并派九江王英布弑义帝于郴城穷泉旁，郴人怜之，遂葬于城邑西南边后山。汉王刘邦曾派王陵、周勃、樊哙三人来郴发丧，并以项羽"大逆不道，弑君不臣"之名，缟素三军，会盟诸侯，共伐项羽，引发"楚汉之争"。

【汝城温泉】坐落在由住建部颁布的中国首批特色小镇——热水镇，是国家4A级旅游景区。位于湘粤赣三省的交界处，毗临九龙江国家森林公园，是我国南方水温最高，流量最大，水质最好，热田面积最宽的天然温泉。热水水温一般为91.5℃，最高达98℃。热泉水无色透明，稍有硫化氢气味，为低矿化、低硬度、高温弱碱性重碳酸、硫酸钠型氟及硅质矿泉水，含硅、钠、钾、钙、锶、硼、氟、氡等三十多种对人体有益的元素。其中"氡"元素正常情况含量30IMA即可做为生殖系统辅助治疗药物，根据联合国教科文组织官员实地考察，热泉水"氡"含量达到了130IMA左右，对治疗不孕不育的生殖系统疾病有较好的辅助治疗效果。

【城市荣誉】郴州城市荣誉主要有：国家园林城市、中国矿物晶体之都、中国奇石之乡、中国女排训练基地、中国有色金属之乡、中国民歌之乡、中国书法之乡、中国优秀旅游城市、中国温泉之城。2012年入选"2012年度中国特色魅力城市200强"，2010-2011年度中国最佳管理城市，中国人居环境范例奖、全国空气质量最佳"十六城"之一，中国最佳金融生态创新城市等。

【友好城市】2012年12月郴州与美国塞班岛缔结友好城市；2016年9月与南非金伯利市缔结友好城市；2017年5月与法国圣玛丽市缔结友好城市；2016年与新疆喀什结为友好城市。

【城市象征】1999年9月，郴州市第一届人大第31次常委会审议决定，樟树为郴州市市树，月季为郴州市市花。2014年10月28日召开的市第四届人大常委会第19次会议审议通过，增补紫薇为郴州市市花。

湖南城市大典 资兴市

资兴市

资兴市，公元136年建县，1984年撤县建市，境内东江湖是我国中南地区目前最大的人工湖泊，也是集雄山、秀水、奇石、幽洞、岛屿、漂流等于一体，自然景观与人文景观交相辉映的国家级风景名胜区和旅游度假区。

◇ 城市概况

【区划范围】资兴市，为湖南省辖县级市，由郴州市代管。位于湖南省东南部，因唐代旧县治位于资兴江畔（今东江湖）而得名。资兴市地处湘江流域耒水的上游，在罗霄山脉西麓、茶永盆地南端，为湘、粤、赣三省交汇处。北纬25°34′~26°18′，东经113°08′~113°44′，东邻桂东县、株洲市炎陵县，南接汝城县、宜章县，西连苏仙区，北抵永兴、安仁县。全市东西宽60公里，南北长80公里，总面积2747平方公里。现辖11个乡镇、2个街道。中共资兴市委员会驻唐洞街道普宁路229号、资兴市人民政府驻唐洞街道普宁路1号，电话区号：0735，邮政编码：423400。

【地理环境】资兴市地貌形态以山地为主，丘、岗、平地交错。东南部为山地，西北部主要为丘、岗、平地。地势东南高、西北低，东部最高点为八面山，海拔2042米；西北部最低点为程江口，海拔仅为106米。全市有海拔800米以上的山峰200余座。境内河流属湘江流域，主要分为耒水东江水系、永乐江水系、船形河水系和耒水程江水系四大水系。其中，耒水干流东江，支流有沤江、浙水、滁水、资兴江、程江；洣水支流有船形河和永乐江。资兴市属亚热带季风湿润气候，四季分明，夏秋多旱，冬无严寒，夏无酷暑，雨水充沛。年均气温17.7℃，极端最高气温40.6℃，极端最低气温-7.5℃；年均降雨量1487.6毫米，多集中在春夏3-6月和8月，年均降水日数为182天，年均无霜期347.9天，年均日照1700小时。

【资源物产】资兴市资源丰富，素有"水乡、电城、煤都、林海、粮仓、游乐园"的美称。东江湖蓄水量81.2亿立方米，人称"湘南洞庭"，水火电装机容量110万千瓦，煤炭储量3亿多吨。矿产资源丰富，已探明的多金属矿藏有钨、锌、铅、金、银、铜、铁、锡、铋、钼、黄铁、钛、硅石、稀土等，非金属矿藏有煤、石灰石、莹石、钾长石、陶土、石墨、大理石等。资兴市动植物资源富足，是国家重点林业县市之一，森林覆盖率达75.8%，活立木蓄积量1224.5万立方米；楠竹蓄量1600万根。野生植物有2100多种，珍稀植物有银杉、银杏、水杉等，其中烟坪乡顶寮村的银杉群落和光叶白兰群落为世界之冠。珍稀野生动物有云豹、大鲵等。其中国家森林公园——天鹅山，生物资源丰富，是天然的动植物基因库。

【建制沿革】资兴市秦朝属苍梧郡，郡治所位于郴。西汉时期先后隶属于长沙国、桂阳郡、荆州刺史部。东汉永和元年（136）建县，称汉宁。三国时期为东吴管辖。晋代太康元年（280）属荆州；永熙年间属江州；永嘉年间属湘州。南北朝时期为郴县。隋朝开皇九年（589）改为晋兴，属潭州；大业十二年（616）改为郴县，属郴州；大业十三年（617）属潭州。唐代咸亨二年（671）改为资兴，属江南西道。后汉乾祐初年，改为泰县，属南汉。南宋理宗绍定二年（1229），改县名为兴宁，治所设管子豪（今兴宁镇）。元朝至元十三年（1276）属湖广行省。民国三年（1914），因与广东省兴宁县同名，复称资兴县。后建制多次变更。1984年12月24日，经国务院批准，资兴撤县建市。

【人口民族】2016年，全市年末户籍总人口为38.25万人，常住人口34.79万人。其中，城镇人口24.25万人，乡村人口14.01万人，城镇化率63.38%。年内出生人口4.57万人，出生率为11.96‰；年内死亡人口2.99万人，人口死亡率为7.84‰，人口自然增长率4.12‰。资兴市现有瑶族、壮族、苗族、土家、侗族、满族、黎族、布依族、回族、畲族等27个少数民族，设有回龙山、八面山2个瑶族乡，另有唐洞街道茶坪瑶族村、白廊镇杨家坪瑶族村、清江镇上堡瑶族村、黄草镇长兴瑶族村4个散居瑶族村。少数民族人口6705人，其中瑶族人口5324人。少数民族人口占全市总人口的1.78%。

【区位交通】资兴是湖南对接粤港澳的"南大门"，处于长株潭、珠三角高铁1小时经济圈。资兴市境内高等级公路主要有：资五公路、永桂高速、省道S322线、郴州大道等。境内郴三线（又称资许支线）在许家洞站与京广线相连。资兴市有150公里东江湖航线。"十二五"以来，资兴市推进交通大建设，郴永大道（资兴段）、环城北路、省道903线、东江湾北岸路网等相继建成通车，城区道路实现100%沥青改造。新改扩建干线公路46公里，新修农村公路366公里，实施安保工程730公里，100%的行政村通水泥或柏油路。城市规划区实现清洁能源公交车全覆盖，90%建制村通班线客车。

【社会发展】2016年，全市中等职业在校生2177人，普通高中在校生5095人，初中在校生10515人，小学在校生25061人，特殊教育在校生232人。共申请专利112件，全市高新技术企业达10家。全市卫生机构356个。其中，医院33所，妇幼保健计划生育服务中心1个，皮肤病防治所1个，社区卫生服务中心4个，社区卫生服务站5个，诊所（卫生所、医务室）35个，村卫生室274个，疾病预防控制中心（防疫站）1个。卫生技术人员1841人，其中执业医师和执业助理医师705人，注册护士790人。医院和卫生院床位2029张。全市共有体育场地644个，其中体育馆1座，运动场602个，游泳池4个，各种训练房37个。2016年末，城乡居民基本养老保险参保人数16.66万人，城镇基本医疗保险参保人数13.03万人，参加新型农村合作医疗人数23.57万人，参合率99.87%。

◇ 城市建设

【综述】坚持城乡统筹发展，深入推进以人为核心的新型城镇化，城市功能更加完善。推进中心城区提质，完成了鲤鱼江污水处理厂、青鲁湖公园、民生路等基础设施建设，实施了东滩组、渡口组、康家塘组等"城中村"改造。整体推进"一湖两线、十镇百村"统筹城乡发展示范带建设，打造了一批特色小镇和示范小康新村。白廊镇被评为"全国文明村镇"，兴宁镇被评为全国重点镇，黄草镇被评为全国特色景观旅游名镇、全国美丽宜居小镇，流华湾村等6个村被列为第四批中国传统古村落保护单位。资兴市获评全国新型城镇化质量百强县市、国家卫生城市等国字号品牌。城市建成区扩大

到20平方公里，城镇化率达61.6%。

【城市规划】《资兴市城市总体规划（1999-2020年）（2016年修订）》提出，坚持"区域发展、生态和谐、以人为本"等规划理念，强化区域中心功能，突出工业和旅游发展，结合山水生态环境，注重城乡统筹、交通顺达和景观打造等。城市发展"西进北跨，南延东优"，以一体化的唐鲤东三组团为主城区，外围发展资五产业园、程江两个产业组团，构筑"一主两次"空间结构。资兴市规划发展成为"湖南'两型社会'示范城市、郴州市市域次中心城市、现代工业文明城市、生态宜居旅游城市"。到2020年，中心城区城市人口达到28万人，城市建设用地30.5平方公里。2016年11月提出创建国家园林城市、国家环保模范城市、全国文明城市，把资兴打造成为国际化旅游开放城市、中国最生态宜居城市。

【东江湾新城】资兴城市新区。东起小东江水电站，西至鲤鱼江水电站，北接莲花路、S213线，南至迎宾路、郴桂路，规划总用地575.6公顷，形成"四桥三环两极"的新城框架，即新建东江湾大桥，与鲤鱼江大桥、东江大桥、凉树湾大桥形成联系两岸的四座桥梁；建设和完善北岸莲花路、东岸大兴路、南岸S322线城区段、沿江路等，形成环绕水面的三个交通环；建设以生活住宅为主的城市生活发展极和以旅游开发为主的城市旅游发展极。2016年以来，先后投资2.3亿元，建成了寿佛寺、东江文化广场、水上

体育中心等，东江游艇和风情酒吧一条街等项目也相继立项上马。吸引外资投入7.63亿元，先后建成了依波茵花园、东江新天地、碧水云轩等高档住宅小区，并加快推进了鲤鱼江城区与水电八局东江基地旧城改造。

【旅游文化街】资兴商业区。位于东江大道（迎宾路）东端，与东江湖游客中心大楼相连，也是集住宿、餐饮、美食、购物、参观、休闲、娱乐为一体的综合性旅游地，是来东江湖旅游者必游之地。全长约1500米左右，总建筑面积1.7万多平方米，紫瓦青砖、粉墙回廊，具有浓郁明清湘南民居特色。2011年动工兴建，2014年对外开放。旅游文化街有五大展览馆、水街景观、生态茶馆、休闲公园等，还有百余家住宿餐饮美食店，几十家土特产、土工艺和外地土特产销售店。街区建设突出东江湖水元素，打造独特的水景，成就"代言三湘四水、突出资兴特色"的精品旅游景点。

【东江湾大桥】起于东环路与寿佛路平交口，先后跨越沿江南路、东江河道、沿江北路，终于莲花路并与莲花路平交。全长920.389米，桥梁总长605.32米。全线采用双向六车道沥青砼路面，城市I级主干道标准，设计时速60公里。桥梁宽30.5米，桥梁两端两侧设置12.75米辅道。大桥于2016年6月1日开建，建设工期24个月，建设总投资2.2亿元。

【资兴大道】白溪镇到资兴市区的城市主干公路，是郴州大道的延伸道路，也是资兴市区进入三都镇的重要通道，长达20余公里，双向四车道，经东江罗围、鲤鱼江镇、唐洞街道办事处三地，途经鲤鱼江大桥、东江南路、资兴市区。具有提升资兴城市形象，对接郴州城市建设的重要作用。

【东江大道】与资兴大道相连，起于东江罗围，终点为东江湖景区入口，长达5公里，是进入东江湖风景名胜区的必经之道，双向四车道，途经东江水电厂、东江水电八局、东江中学等。东江大道作为城市地标性景观道路，具有提升东江湖旅游景区形象的重要作用。

【资兴市汽车站】位于城市中心主干道东江中路，建于1994年，建筑面积2300平方米，设计日发旅客4000人。至2016年末，全市拥有运输车辆3108辆，其中客运车辆264辆：大型客车40辆，中小型客车224辆，总座位4978个。现开行班线58条，其中跨省线路9条，跨地区、跨县线路22条。

【资兴市自来水有限公司】位于唐洞新区文锋路，于1985年10月成立，主要经营自来水生产、水管安装、水暖器材等业务。担负唐洞新区、鲤鱼江、东江以及兴宁镇等城镇的供水任务。下设东江水厂、兴宁水厂、给排水安装工程部、测漏部等12个部门和机构，公司日供水量大约10万吨。

【资兴市立中学】创建于1988年，1998年成为湖南省重点中学，2004年成为首批省级示范性普通高级中学。学校占地面积9万多平方米，建筑面积6万多平方米。学校拥有高标准的教学楼、图书馆、科教馆、办公楼、学生公寓和食堂，教学生活设施齐全，布局合理，环境优美。学校办学理念为"以人为本，以德立校，依法治校，质量兴校"，校训为"艰苦奋斗，团结进取，开拓前进，永不满足"。学校招飞工作成绩突出，2012年成为湘南地区唯一的"空军招飞优质生源基地"，每年面向郴州市招收一个飞行员预备班。

【资兴市一中】创建于1915年，是郴州市级示范性普通高级中学。学校坐落在兴宁古镇，濒临东江湖，环境优美、人杰地灵，曾中生、曾希圣、谭政文、曹里怀、李铁民等无产阶级革命家、政治家、军事家曾在这里就读，著名女作家白薇曾在这里担任过国文教员。校园占地面积15.7万平方米，建筑面积4万余平方米。校训为"团结、勤奋、求实、创新"。学校坚持"质量立校，特色强校"，走综合高中发展之路，是全国特长学校、湖南省体育一级学校、湖南省体育传统项目学校。

【资兴市第一人民医院】始建于1988年，综合性二级甲等医院。经过20多年的建设，各方面都得到了长足发展。现拥有固定资产总值5000多万元，在职职工280人，其中高级职称20人，中级职称100余人。医院科室健全，功能齐备，技术力量雄厚，设有13个临床科室和5个辅助科室，开设病床260张。院内的郴州庆兴司法鉴定所是资兴市唯一能承担司法鉴定任务的专业机构。医院拥有一系列的领先技术。

【资兴市第二人民医院】始建于1941年，是辖区内成立最早、历史最长的综合性二级医院。坐落于古城兴宁镇，位于全市地理位置的中心，紧邻省道322线，市属正科级事业单位。全院共有在职职工145名，其中高级职称3人，中级职称40人，助理级职称66人。医院占地面积1.86万平方米，总建筑面积2.33万平方米；医院床位编制110张，实际开放病床158张，开设了门、急、外一、外二、内、儿、妇产、传染科、五官科、中医、放射、检验、B（彩）超、心电图、胃肠镜、理疗、骨伤科、碎石科、口腔等基础科室。

【资兴市中医院】始建于1979年，是一所集中医医疗、教学科研、预防保健为一体的国家"二级甲等"综合性中医医院，首批"湖南省农村示范中医医院"。医院现占地53亩，建筑面积35000平方米，床位200张，职工270人，其中高级职称24人，中级职称89余人。医院拥有美国GE公司最新一代的全新十六排高档螺旋CT机、立体成像的飞利浦四维彩色B超、日本富士能电子胃镜、德国狼牌输尿管镜、体外冲击波治疗仪、干涉波疼痛治疗仪、生物反馈治疗仪、骨质疏松诊断治疗仪、进口骨密度检测仪等一大批先进医疗设备。

【资兴市体育馆】集体育教学、健身、办公、培训、体育赛事、文娱活动等于一体的综合性体育场馆，位于文峰路东侧，总占地面积约20亩，总建筑面积8273平方米，于2013年元月正式启动，2015年完工并投入使用，是市内唯一的功能设施齐全的室内体育活动场馆。主场馆使用面积1200平方米，馆内可容纳观众3000人，可以开展篮球、羽毛球、排球、乒乓球、健美操等赛事活动；设有面积约150平方米的舞台一个，可开展中小型文艺表演活动。

【东江移民博物馆】位于市文化旅游街，为纪念东江大坝关闸蓄水，东江湖库区移民搬迁所建，是湖南首个水库专题移民博物馆。博物馆展馆共分为湖底故园、电站建设、移民搬迁、产业建设、唱响东江等板块，通过文字、声音、影像、物品、雕塑、艺术装置等形式，借助声光电等现代多媒体技术展陈手段，以"东江移民之歌"为主题，再现东江移民历程和资兴人民艰苦创业、务实创新的精神风貌。

【五岭农耕文明博物馆】坐落于美丽的东江湾畔，背靠青青凤凰山，面朝悠悠东江水，为展示和抢救五岭先人所创造的宝贵遗产而新建，2010年9月正式开馆并免费对外开放。总占地面积4560平方米，总建筑面积近3000平方米。博物馆具有典型的湘南特色。外观上，青砖黑瓦，翘檐飞角，兰桂竹木点缀于庭院内外；内部为两层六间大厅，均采用镂空暗红漆木门，地铺黑色复古瓷砖，整体墙面为素净温和的灰色细格棱式样。

【资兴市图书馆】始建于清嘉庆年间，时称"尊经阁"，1935年成立民众图书馆，1949年民众教育馆与民众图书馆改为资兴县人民文化馆，1954年在文化馆内开设图书室。1972年文化馆图书室重新开放，1983年12月成立资兴县图书馆。1992年7月从老区搬迁至新市区。1998年5月新馆正式对外开放，新馆位于资兴市唐洞新区大全路68号，占地面积6.35亩，业务大楼2515平方米，宿舍723平方米，总投资254万元。馆内设有少儿阅览室、报刊阅览室、科教视听室、社科阅览室、自科阅览室、采编室、目录厅、图书出纳处、咨询室、复印打字资料室。同时开放可容纳读者450人。书库四层，可藏25万余册图书资料。

【资兴人民广场】位于唐洞街道晋宁路北侧，人民政府旁边，是一座观光、休闲式绿化广场。1998年7月18日动工，1999年2月14日开放，总投资480万元。广场占地2.67平方公里，游览面积460平方米，绿地面积1.64万平方米。广场有32杆庭园灯和36盏草坪灯，整个风格以欧式为主，广场中间为小型下沉式椭圆形广场，椭圆形广场中央为直径24米的圆形喷泉池，喷泉池中央有一座城市雕塑，高16米，由三柱水浪和一大三小4只天鹅组成，取意于东江湖旅游区和天鹅山国家森林公园。

【兴宁镇】全国重点镇。位于资兴市中部，是1987年市政搬迁后由原城关镇和城郊乡合并组建而成。下辖13个行政村和1个居委会，总面积68平方公里，耕地总面积8648

亩，总人口29684人，其中农业人口9365人。现有市直驻镇单位80余家，镇内交通便捷，省道1813线、322线穿城而过贯通全境，区位独特，是资兴市东南部20余乡镇的交通枢纽和经济、文化、教育、卫生中心，也是资兴市最大的农副产品集散地和小工业品批发中心。2016年全镇完成地区生产总值50.65亿元，地方财政收入5162万元。享誉资兴内外的资兴八景之首——"云盖仙亭"就坐落于兴宁镇城区，是一座拥有700余年悠久灿烂文化的古城。

【白廊镇】全国文明村镇、国家级生态乡镇。位于资兴市中部。处于东江湖风景名胜区、东江湖国家湿地公园的核心区域，总面积347.8平方公里，区内湖域面积12万亩占东江湖面积一半。人口1.7万人，辖17个村、2个居委会。拥有东江湖最大的货运码头长盈头综合港、新兴旅游码头白廊码头、湿地绿道环湖公路，桂新高速规划临境而过。全镇生态良好、山青水秀，森林覆盖率达86%，水域广阔，水面12万亩，是东江鱼产地，有中华鲟、三角鲂、青鱼、三文鱼等东江名贵鱼品种；岛屿众多，山水林果并存，是小水果之乡，盛产东江湖蜜桔、脐橙等。旅游资源十分丰富，有白廊景区、兜率景区两大旅游景区。全国著名作家白薇的故乡。

【黄草镇】全国特色景观旅游名镇、全国美丽宜居小镇。位于资兴市南部国家5A级景区东江湖的核心景区，国土面积354.6平方公里，1.8万人，辖25个村，1个居委会。镇政治经济文化中心金牛岛，山环水绕，享有"东江湖中花，江南水中镇"和"梦里水乡"的美称。境内气候宜人，自然资源丰富，盛产杉木、松木、楠竹，拥有红豆杉、银杏、澳洲桉树、景烈白兰等珍稀树种。林业、渔业、果茶业、旅游业为该镇的四大支柱产业。辖区内有惊险刺激的中国生态第一漂——"东江漂流"和神秘清幽的"沃水峡谷"。盛产水果、生姜、板栗、鱼、冬笋、香菇、茶油、蜂蜜等土特产。

【三都镇】资兴市是人口大镇和经济重镇。位于市东北部，境内有宝源河、龙凤江、内木垅河三大水系，国土面积68.3平方公里，耕地面积1551公顷，林地7446公顷，煤炭地质储量34022万吨。全镇辖14个行政村，5个社区（居委会），68个居民小组和192个村民小组，总人口5.4万人。2016年全镇实现生产总值19.45亿元，财政收入1177万元。三都镇倾力打造流华湾休闲旅游观光体验区，围绕"龙虾垂钓体验区、赏花品古体验区、天洋葡萄观光园、新农村建设参观区、甜笋参观区、稻田公园"，形成"以古民居为中心向四周拓展"的总体空间结构。

◇ **城市经济**

【综述】资兴市连续多年进入湖南省县域经济十强县，县域经济综合实力稳居全省第一方阵。扎实推进资源枯竭型城市转型，成为国家循环经济示范市。深入实施"旅游大开发"战略。大力发展商贸物流、电子商务、现代金融等服务业。致力开发大数据、新能源、电子信息、先进制造、食品加工、硅石材料等产业链。积极推进农业产业标准化、品牌化发展，"东江鱼"被国家质检总局认定为国家地理标志保护产品，"东江湖蜜桔"被农业部认定为农产品地理标志登记产品，"狗脑贡茶"获评中国驰名商标。积极发展庄园经济，培育新型农业经营主体，获评全国农村集体"三资"管理示范市。2016年，全市完成生产总值324.4亿元，人均国民生产总值93629元，财政总收入30.05亿元。城镇居民人均可支配收入29331元，农村居民人均可支配收入17104元。社会消费品零售总额80.6亿元。

【资兴经济开发区】1992年经省政府批准的省级开发区。规划建设了6.2平方公里的江北工业园及占地2000亩的罗围食品工业园。罗围食品工业园位于郴资桂高等级公路资兴入口处，先后吸引了青岛啤酒、东江湖渔业、金浩茶油等知名食品生产企业入园，是一座新兴的食品工业园区。江北工业园是资兴市实施新型工业化战略的重要平台，与经济开发区罗围食品工业园隔江相望，产业定位以冶金、化工、建材、机械为主。2015年，实现技工贸总收入730.5亿元，完成规模工业企业总产值521.2亿元，实现规模工业增加值177.1亿元，规模以上工业企业实缴税金11.8亿元。

【旅游业】资兴市将旅游业确立为转型发展的支柱产业，深入实施"旅游大开发"和"百亿投资计划"。2013年，出台《关于鼓励扶持休闲旅游产业发展的若干意见》等政策文件，明确了政府性旅游投入每年10亿元以上，市财政每年安排旅游产业引导资金5000万元以上，加大了旅游政策引导作用，调动了社会民间资本投入休闲旅游的积极性，加快了资兴休闲旅游快速发展步伐。市境内的东江湖是湖南省唯一同时拥有国家5A级旅游区、国家级风景名胜区、国家生态旅游示范区、国家森林公园、国家湿地公园、国家水利风景区"六位一体"的旅游区。2016年，全市共接待游客965.19万人次，旅游总收入58.72亿元。

【有色金属新材料产业】充分发挥湖南省新型工业化有色金属新材料产业示范基地的示范效应，用示范基地带动产业集群的发展，重点抓好传统有色金属行业和战略性新兴产业的融合发展。华信有色与中国诚通金属集团共同组建中国白银集团，投资10亿元研发高纯银项目；展泰有色和中国国际金融有限公司开展战略合作，推动A股上市；丰越科技依托国家环境保护有色金属工业污染控制工程技术中心，开展资源综合利用，从工业废渣中提取金、银、铟、锡、镉等八种贵重金属；华康新材料6万吨变形镁合金铝合金管材项目二期工程加快推进。

【东江湖特色食品业】利用东江湖这一特色资源，走规模化、品牌化、特色化发展道路，重点发展东江湖水系列产品深加工、东江湖鱼产品深加工、酒类饮料、东江湖茶叶等特色食品加工。引进了广晟集团、大诚中药等一批战略投资者；青岛啤酒建设了湖南省首条易拉罐啤酒生产线，东江希品饮料有限公司年产700万吨瓶装、桶装饮用水项目建成投产，狗脑贡茶建设了茶叶废弃物深加工和茶叶熟食加工项目，金万嘉食品、东江湖渔业、山水天然食品等企业，抢抓东江湖国家5A级景区和世界著名旅游度假区机遇，主动对接旅游大发展，大力发展休闲旅游食品。

【东江湖大数据中心】东江湖大数据中心由中国电信与海捷投资旗下湖南云巢信息科技公司合作共营，位于市沿江北路，占地30亩，项目总投资12亿元，分三期建设。中心一期工程已建成使用，共3000个机架，投资3亿元，年销售收入达3亿元。项目配套建设河边取水工程、变配电站、给排水、道路等附属设施，建筑面积3.76万平方米。利用资兴市小东江常年低于13摄氏度的自然冷水，建成能源效率指标PUE低于1.2的全国最节能、绿色的大型数据中心，相较传统数据中心节能30%~40%。

【青岛啤酒（郴州）有限公司】位于市东江湖畔，成立于2000年2月。占地面积11.6万平方米，拥有总资产1.67亿元，注册资金7000万元，年生产能力10万吨，现有员工300余人。公司生产青岛啤酒及青岛啤酒系列产品，主要包括青岛啤酒、山水啤酒等品牌。所有产品均选用进口麦芽，优质大米，特级啤酒花，配以未受任何污染、水质达国家二级饮用水标准的百米以下的东江湖水。

【资兴市山水天然食品公司】成立于2007年，是一家集鲜鱼养殖、加工、销售和研发于一体的股份制企业，2010年正式落户资兴经济开发区食品工业园。公司现有员工100余名，生产用地面积7000平方米，养殖基地10000亩，总资产达3000余万元。主要生产"东江福"牌鱼制品，产品包括"休闲、湘味、干货、礼品"四大系列。2014年公司被认定为湖南农业产业化重点龙头企业，获得科技进步奖及四项包装外观专利，"东江福"注册商标被认定为湖南省著名商标。

【郴丰鞋业有限公司】位于资兴市经济技术开发区。是一家由萨摩亚高俊管理有限公司投资、经省政府批准成立的外商独资企业。成立于2001年3月，共占地300亩，总投资670万美元，有职工近2000人。公司现有三栋现代化、标准化的主体厂房，每栋长110米、宽30米，厂房占地面积近70000多平方米。主要生产各类男、女式皮鞋、凉鞋、马靴，产品主要畅销于美国、欧洲、东南亚等市场，公司有着广泛的海内外客户群体，其中沃尔玛是公司最大的合作伙伴。

【湖南华信有色金属有限公司】成立于2008年8月，占地面积1282亩，集科研、生产、销售于一体。20万吨铅锌联产及合金新材料项目是湖南省重点项目，总投资20亿元。年产铅10万吨、锌10万吨、硫酸30万吨、合金新材料7万吨、白银600吨、黄金1500千克，同时综合回收原料中的铜、铋、锑、镉等多种金属。通过了ISO9001质量认证、ISO14001环境管理体系认证，拥有自主进出口权，属海关A类企业，银行信誉等级2A级，拥有湖南省企业技术中心，被评为湖南省高新技术企业。

【东江水力发电厂】 建于1986年6月，所属大、小东江两座电站，总装机容量555千瓦，其主力电站大东江水电站装机500千瓦，是一座以发电为主，兼有防洪、航运、城镇工农业及生活用水等综合效益的大型水电工程。东江水库坝高库大，调节性能好，总库容量89.43亿立方米，库容率数1.25，为多年调节水库，是华中电网优秀的调峰调频电站。2002年被原国家电力公司授予"一流水力发电厂"。在电网中起到重要作用，还在洪涝旱灾中发挥巨大的减灾作用。

【湖南华润电力鲤鱼江有限公司】 成立于2002年9月28日，位于市东江街道，占地面积159公顷，由华润电力控股有限公司和五凌电力有限公司合资经营。前身为湖南省鲤鱼江电厂，始建于1956年，经前后四期建设，共8台机组，其中6台机组已先后退役。2台30万千瓦机组扩建工程作为国家西电东送第二批开工项目于2001年11月25日开工建设，分别于2003年7月1日、9月17日竣工投产，总投资27.82亿元。以创建"绿色电力"为目标，在省内发电企业中率先实现了全公司废水零排放；粉煤灰实现了100%综合利用；投资达1.5亿元的2台30万千瓦机组烟气脱硫工程已经正式投入运行。

【东江鱼】 国家地理标志产品。东江，江水清澈，藻类、浮游植物为鱼儿提供纯天然的食物。东江湖的水温常年在8~12摄氏度左右，鱼在冷水环境中生长较缓，富含丰富的氨基酸和蛋白质，鱼在水质优越条件下生长成的味道更加鲜美。小鱼在8-12摄氏度的水温下自然生长，寸把长、指尖粗，肉质紧致、有嚼劲，成就了湖南郴州东江鱼的绝美味道，啃辣族最爱的美味。

【东江湖蜜桔】 国家地理标志保护产品。东江湖地理位置得天独厚，水质纯净，造就"东江湖蜜桔"口感香甜，入口即化。亩产2000~4000公斤，到2015年柑桔种植面积已达12.3万亩，产量超过26万吨，产值6.8亿元，涉及农户15万人，带动了13万人脱贫致富，成为了东江库区移民的主导产业。

【狗脑贡茶】 盛产于汤市乡，外形条索紧细、巧曲奇卷、银毫满披、色泽绿润灵雅，内质经冲耐泡、汤色嫩绿明亮、香气高锐持久、滋味鲜厚醇爽、回味悠长、页底嫩匀，是外形内质兼美、色香味形具佳的名优茶精品。获1995年"湘茶杯"金奖，1996年"全国新技术产品交易会"金奖，1998年湖南省"名优茶金牌杯系列评会"金奖，1999年"湖南省名优特新农产品博览会"金奖，

2001年"国际茶博览会"金奖。

【资兴杨梅】资兴山区多杨梅，以"糯米杨梅"品种为上品，其果大，核小，成熟时呈紫黑色，味甜汁多，是湖南省优良地方品种。资兴杨梅历史悠久、个大、色乌、清香而味甜，且摘下来保质期比普通杨梅要长。杨梅外表颜色有紫黑色、乌红、白色几种。"夏至杨梅满山红"，夏至前后是杨梅成熟期。杨梅营养丰富，还有药理作用，能消暑开胃。

【玉兰片】资兴漫山遍野的毛竹林为生产加工各种笋制食品提供了丰富的原料，资兴每年产冬、春笋500多万斤，加工成各种清水笋、保鲜方便竹笋、玉兰片、笋干、笋衣等笋食品约1500吨，是资兴市重要的出口创汇商品。玉兰片分冬片、春片、桃片等品种，是资兴市传统的地方名产，年产约10万斤。它的制作工艺十分讲究：选择鲜嫩的冬、春笋，通过剥壳、蒸熟、烘干等多道工序加工而成。食用时先用清水浸泡，再切成丝、条或片状，配上佐料或其他主菜，味道鲜嫩、醇香。

◇ 城市文化

【综述】资兴历史悠久、人文荟萃，是一座新兴城市。自东汉永和元年（136）建置以来，已有1800多年历史，孕育了程子楷、曾中生、曾希圣、曹里怀、谭政文、白薇、袁亚湘等资兴籍风流人物。1984年撤县设市，1989年市政搬迁，形成了独具特色的红色文化、寿佛文化、农耕文化、移民文化、山水文化。全市现有省级非物质文化遗产保护名录3个，郴州市级非物质文化遗产保护名录7个。《炎帝传说》入选省级非物质文化遗产代表名录。全市共有全国重点文物保护单位1处，省级文物保护单位8处，郴州市级文物保护单位13处，资兴市级文物保护单位15处。

【资兴方言】指以"兴宁话"为代表的全市方言。兴宁镇（原城关镇）设县治已有780年（1229-2009）的漫长岁月，原是资兴县政治、经济、文化、交通的中心，故其语言在语音、词汇、语法诸方面亦为资兴各地人民所容易接受，兴宁话自然成为资兴话的标准语。资兴市是湘南"双方言区"特殊县市之一，市内居民一般都会讲两种话，即土话和官话。而瑶族和迁进来较晚的赣、粤人再加上他们自己原来的母语，则一般能操三种话，他们聚居之处可说是"三方言区"。资兴人从小学土话，对内用土话，入学后则学官话，念书和对外都用官话。

【东江湖奇石馆】位于市文化旅游街。总投资3.5亿元，建筑面积6500平方米，分为10个奇石展厅和1个红色文化展厅，是全国拥有世界级、国家级珍品、绝品的奇石展览馆之一。馆内拥有观赏石、古生物化石、矿物晶体、宝玉石等奇石及标本300多个品种、1万多件；拥有6万多枚各类毛主席像章和16个国家、8个民族文字的毛主席语录及大批文革物品，是一个集科学性、知识性、文化性、观赏性及真实性于一体的文化旅游体验项目，2012年8月被中国观赏石协会评为"中国观赏石多功能综合基地"。

【东江湖摄影艺术馆】位于市文化旅游街。总投资4000多万元，建筑面积4600平方米。分为1个多媒体影视厅和12个专题展示厅，还设有多功能报告厅、VIP室、摄影沙龙室，是全国目前唯一一个功能齐备的专业摄影艺术场馆。首期展出国内外摄影艺术家的460多幅作品。东江湖摄影艺术馆是一个收集、展示、保存、记录资兴风光风情的摄影文化资讯平台。

【东江湖人文潇湘馆】位于市文化旅游街，总投资3000余万元，总陈列面积2800平方米，为湖南省首个以展示数千年湖湘人文为主题的专题陈列馆。全馆分湖湘士子、人文资兴等7个部分，集合空间造型、雕塑、绘画、书法、刺绣等艺术表现形式，结合声、光、电、互联网等高水平展示技术，集中体现湖湘人文、湖湘人物、湖湘文化学术和着力展示资兴的红色文化、寿佛文化、移民文化、水文化。

【大岸盈古民居】始建于1876年，位于市州门司镇鸭公垅村，2008年被郴州市人民政府公布为郴州市级文物保护单位。系砖木结构的湘南民居，有上、中、下三级一体的大厅屋，厅屋左右设有36间住房，住房均为三层，总占地面积为1500平方米，具有古

村、古貌、古风、古韵的科学价值。

【春牛舞】本为春耕的开耕仪式，后来演变成一个原生态的民间舞蹈。传说有《寿佛牵牛安居》的故事。有一天，寿佛从汝城牵着一头油光发亮的水牛，沿着耒水上游行走，一直想找个好地方把牛安顿下来，途中经过黄草、滁口、渡头（今已淹没在东江湖）等地查看，却都未能如愿。当寿佛牵牛来到青草江，只见这里视野开阔，整个一大片江坪内都是绿油油的青草，再观青草古村坐北朝南，黄氏宗祠景观壮丽，青草江可谓真是块风水宝地。因此，寿佛诀意把牛安顿在青草江。后来，青草江人丁发达，五谷丰登，六畜兴旺。为此，村民们每年春节就扎起了牛头，唱起了民歌，跳起了舞。因此一代一代传承下来。

【曾中生曾希圣故居】始建于1896年，位于州门司镇春牛村，2006年被省人民政府公布为省级文物保护单位。故居系土木结构的湘南民居，即土砖墙、木框架、木楼板、清水墙、小青瓦，有正房四间，偏厢一间，共二层。曾中生和曾希圣系同胞兄弟，俩人在这里度过了童年和少年时代，其后外出求学，早年投身革命，为中国解放和建设事业做出了重大贡献。

【观澜书院】始建于公元1231年，位于回龙山瑶族乡柏树村，取孟子"观水必观澜"之意，因建在醴醁泉旁，所以曾经名"醴醁书院""醴泉书院"。书院坐西朝东，面对回龙峰，左有天平仙寺钟声绕梁，

右前方有笔架山和七宝山相拱，后有青松翠竹相拥，前有醽醁泉潭清澈如许。到清朝时，观澜书院仍颇具盛名。晚清名臣张之洞特为书院题写对联："虽富贵不易其心，虽贫贱不移其行；以通经学古为高，以救时行道为贤。"

【寿佛寺】位于东江河畔凉树湾，是东江湾景区的重要景点之一。源起寿佛，寿佛释全真，俗姓周，名宗惠，公元728年生于资兴周源山，公元867年端坐圆寂，享年138岁。由于他德懋寿高，被尊称为"无量寿佛""寿佛老爷"。寿佛寺总体规划面积30.7公顷，建设用地面积11公顷，总投资3500万元。采用唐朝寺庙古建风格，中轴线上依次设山门殿、寿佛殿、大雄宝殿，东面厢布置钟楼、鼓楼、斋堂、客堂等，整个寺院古朴简约，雄劲幽雅。2007年7月奠基修复建设，2009年5月举行盛大的落成庆典暨全堂佛像开光祈福法会。

【曾中生】（1900-1935），中国工农红军杰出指挥员，军事家。原名钟圣，字炎光，兴宁县东乡七都里（今资兴市州门司镇）牵牛坳村人。1925年考入黄埔军校第四期。曾任中共中央军事部参谋科科长、中共南京市委书记、中共中央军事委员会委员、武装工农部部长、中共鄂豫皖特委书记兼军委主席。1933年9月，被张国焘逮捕；1935年8月，被张国焘派人秘密杀害于四川西北部卓克基。1945年，党中央为曾中生彻底平反；1989年11月，被中共中央军委确定为中

共33位军事家之一。

【程子楷】（1872-1945），辛亥志士。字嵩生，号忍公。兴宁县北乡三都三里（今资兴市唐洞街道）石鼓村程家人。任同盟会副揆，湖南讨袁军第一军司令，清朝光绪年间拔贡，授孙中山国民革命政府上将军衔。首批参加同盟会，参与指挥了辛亥革命，1945年在反抗日军侵略中以身殉国，终年73岁。1946年，鉴于他在国民革命中建下功勋和崇高的民族气节，国民党湖南省政府为他举行隆重葬礼，并报请国民政府军事委员会追授上将军衔。

【谭政文】（1910-1961），又名谭哲，号藻如，湖南资兴人。1927年初考入广州国民革命军第二军官教导团。1949年10月1日，中华人民共和国举行开国大典，有30万人参加，其保卫工作除主席台外，其余全部由市公安局担负。在谭政文的周密部署下，开国大典从始至终秩序井然，受到中央的表扬。1949年11月，任中共中央华南分局常委、社会部长、广东省公安厅长、广州市公安局长兼广州警备区政委；1953年，任最高人民检察署副检察长；1954年，宪法颁布后，任最高人民检察院副检察长。中共"八大"代表。1961年12月12日，因病在北京逝世。

【曾希圣】（1902-1968），革命家、政治家。字腾光，曾中生之弟，兴宁县东乡七都里（今资兴市州门司镇）牵牛坳人。先后任晋冀鲁豫野战军副参谋长、山东野战军

第7师政治委员，中共中央华东局国民党统治区工作部部长，第二野战军副参谋长兼豫西军区司令员。中共皖北区委书记兼第三野战军皖北军区司令员、政委等职。新中国成立后，任中共皖北区委书记，中共安徽省委书记、第一书记，安徽省人民政府主席，中共山东省委第一书记，中共中央华东局第二书记，中共中央西南局书记处书记。

【白薇】（1894-1987），著名女作家。原名黄彰、黄鹏，别名黄素如，兴宁县南乡渡头（今资兴市白廊镇）秀流村人。青年时代曾入衡阳第三女子师范，因反对校长被除名。又入长沙第一女子师范。毕业后，为反抗婚姻，只身出走，留学日本，考入东京女子高等师范。在60余年创作生涯中，著有大量诗歌、小说、剧本、散文，其代表作主要有剧曲《琳丽》、剧本《打出幽灵塔》、长篇小说《炸弹与征鸟》、长篇自传体小说《悲剧生涯》等。

【曹里怀】（1909-1998），空军元勋。原名曹李槐，字植三，号树邦，资兴回龙山瑶族乡人。1928年3月参加工农革命军第32团，后随部队到井冈山，同年加入中国共产党。1952年4月被中央军委任命为中南军区空军司令员。1956年6月，担任空军副司令员，长期负责空军武器装备的研究、科研定型方面的工作。曾获朝鲜民主主义人民共和国二级国旗勋章；1955年被授予中国人民解放军中将军衔，并获一级八一勋章、一级独立自由勋章、一级解放勋章；1988年获一级红星功勋荣誉章。第三届全国人大代表，中共第九、十、十一届中央委员，中共"十二大"中顾委委员。1998年5月19日，因病在北京逝世。

【袁亚湘】（1960-），中国科学院院士，湖南资兴人。中国科学院数学与系统科学研究院研究员计算数学与科学工程计算研究所研究员。他在非线性优化计算方法及其理论方面成果显著。他的贡献主要集中在信赖域法、拟牛顿法和共轭梯度法三个方面。他首创性地提出了用信赖域方法和传统的线搜索方法的结合来构造新的计算方法，开创了利用非二次模型信息构造二次模型子问题的方法，提出了非拟牛顿方法。曾获得国家自然科学二等奖（2006），中国青年科学家奖（1996）和"中国十大杰出青年"称号（1998）。2011年当选中国科学院院士。

◇ 城市生态

【综述】资兴市狠抓城乡绿化攻坚，实施了乡村绿化、通道绿化、水系绿化、矿山复绿等重点林业生态工程，共完成造林绿化23.6万亩，森林覆盖率达75%。大力实施东江湖保护"一号工程"，积极推进亚行贷款东江湖生态保护和治理项目，实施规模畜禽养殖退出、农村集镇区污水和垃圾处理设施建设等工程。成立了东江湖水环境保护院士工作站、东江湖渔业可持续发展院士工作站。东江湖获评"中国森林氧吧"，东江湖成为国家5A级景区、国家生态旅游示范区、国家湿地公园、国家水利风景区等国字号品牌。全市被纳入国家重点生态功能区，获评全国国土资源节约集约利用模范市。

【东江湖风景名胜区】位于资兴市境内，是一处自然景观与人文景观交相辉映，融山、水、湖、坝、岛、庙、洞、庄、漂、瀑、雾、林、园、石、温泉、狩猎、水上娱乐等于一体的国家级5A级风景名胜区和旅游度假区。区内的风景旅游资源主要集中分布于东江湖、天鹅山国家森林公园、程江口三大区域内，其中最负盛名的是被誉为"中华奇景、宇宙奇观"的小东江水雾。每年的4月至11月，每逢太阳升空前和太阳落山后，从东江湖风景区的门楼至东江大坝12公里的小东江狭长的平湖上，云蒸霞蔚，宛若一条玉带在峡谷中飘拂，似驾祥云，遨游仙境。东江湖水面面积达160平方公里，蓄水量81亿立方米，相当于半个洞庭湖。湖周森林环绕，水质清洌，有湖心岛和半岛13个，岛上有山奇水秀，景色迷人，享有"东方瑞士"的美誉。

【天鹅山国家森林公园】位于罗霄山脉南端，资兴市中部偏东，东与桂东交界，西为东江湖环抱，东西长23公里，南北长11公里，总面积10.6万亩，其中生态公益林6.99万亩，境内有八面山（主峰海拔2042.1米）。天鹅顶（海拔1058米）属观云海看日出的最佳胜地，1992年被评为国家级森林公园。公园内植被完好，气候宜人，雨量充沛，在海拔800米以上为常绿落叶混交林，在海拔800米以下为亚热带常绿阔叶林和针叶林，既保存了完好的原始次森林，又有大面积的人工栽培林。而在原始次森林中，有古树参天，遮荫蔽日，还有全国稀有的银杉植物群落及国家重点保护树木景烈白兰、红花木莲、银雀树、红豆杉等。

【东江湖国家湿地公园】始建于2007年，2014年被国家林业局正式批准为国家湿地公园。位于资兴市南部，罗霄山脉南端，八面山西坡，南岭北坡，湘江支流的耒水上游，包括整个国家级4A旅游风景区东江湖及与东江湖水面相连的第一层山脊线向水坡地部分区域，总面积48039公顷，其中湿地面积30596.25公顷（含水域面积16306公顷），湿地率63.69%。属中亚热带季风性湿润气候，森林覆盖率为81.0%，园内物种丰富，现有已知种子植物146科、541属、1246种，国家重点保护野生植物银杉、水杉、银杏、南方红豆杉、伯乐树等17种。国际贸易公约规定的保护物种名录中的物种14种，其中鸟类10种。列入中国濒危动物红皮书的物种4种。

【湘南植物园】位于东江湾景区内，毗邻东江湖、寿佛寺，是一个以植物引种驯化为主，兼科普教育、生态旅游于一体的综合性植物园。总规划面积267公顷，核心区占地37公顷。专业分区为樱花园、紫薇园、山茶园、红豆杉园，玫瑰园五大园区。园内现有野生植物种类361种，其中药用植物超过100种，开发价值较大的种类占总数40％以上。园内种有国家一级保护植物银杉、南方红豆杉、银杏、水杉、伯乐树、落叶木莲、单性木兰、珙桐8种；国家二级保护植物福建柏、篦子三尖杉、馨香木兰、香木莲、长柄双花木等24种；成功引种特色树种269种，是湘南地区植物资源最丰富的区域。

【秀流公园】位于区唐洞街道晋宁路，是市区内唯一景区景点，始建于1994年4月。主体由一个石灰坝水库和九座连绵的小山组成，园内地势开阔、山环水绕、自然环境幽雅，有白薇书院、玉兰亭、驳岸、水栈道、亲水平台、景观桥、景观石等人文景观与自然景观相得益彰。总占地面积79.5公顷，其中水面积20公顷，绿地面积59.5公顷，绿地覆盖率为85％。自2005年5月实行免费开放以来，已成为广大市民理想的休闲娱乐场所和外地游客来资兴市旅游地必游景点之一。

【程江口风景名胜区】位于程水镇程江村，具有丹霞地貌，自古有程江绿水甲天下，历史上是资兴古八景之一。程江口河面宽阔，风景如画，绿水如镜，小船悠悠，奇峰怪谷，坦洞相间，鸟鸣鱼跃，青松翠竹，古木参天。有保存上千年的水浒庙，韩愈的摩崖刻"昌黎径此"，并留下了千古名诗"舟次程江口"，徐霞客称之为人间仙境。特别是有数十万只规模的蝙蝠洞，极具旅游开发价值。上有国家地质公园飞天山，下与永兴便江风光带相连，旅游资源共享。建有程江口电站。

【回龙山】位于东北部回龙山瑶族乡境内，海拔1420米，总面积16平方公里。这里集2000多年宗教历史文化及古朴的瑶族风情文化于一身；集巍峨壮美、灵秀神奇于一体。山顶有一古寺庙和望天台，由片石磊砌而成，古寺庙处有一残缺石匾"古南岳回龙山"字样。南与东江湖旅游区遥相呼应，东与炎帝陵、井冈山紧密相连，北与南岳相望，西与飞天山、苏仙岭相接。景区内自然景点150多个，古文化旧址120多处，聚居着瑶族居民。

【大王寨景区】大王寨地处市西郊的程水镇内，距城区4公里，交通便捷，有大小自然景点8个，总面积50平方公里。属丹霞地貌景观区，有奇特的山川，复杂的溶洞，令人心旷神怡的幽谷。景区植物繁多，植被良好，景观丰富。呈现红岩绿水、险寨奇涧的小桂林景观。

【龙景峡谷】位于东江湖畔，是一处集旅游观光、休闲健康、水上娱乐为一体的综合性旅游景区。峡谷全线游程为2.5公里。沿途山势陡峭，青山滴翠，古木参天，清潭、瀑布成群，有大小瀑布26处，水潭18个，其中有瀑布群龙景十八瀑。在景区中能呼吸到高达9.4万个/立方厘米的空气负氧离子和多种有益人体健康的植物精气，是国内罕见的高负离子区，拥有龙景峡谷负氧离子集聚区和龙景水上滑道。

【兜率灵岩】位于东江水库中的一座岛屿上，系资兴古八景之首。以绿波托青山，山崖藏厅洞，洞内建佛殿，殿前立僧舍的独特景致闻名遐迩。核心景点兜率灵岩特大溶洞，形成于三亿两千万年前的古生代石炭纪，素以高、大、深、广、奇著称于世。兜率灵岩洞长5公里多，内有铜钟洞、锣鼓洞、彩石洞等，可谓洞中有洞。洞内有擎天石柱，高36米。洞内钟乳倒垂，天然物象。洞底许多晶莹透明的细石，用灯光照射，光芒闪烁，宛若天河群星，璀璨夺目。1993年7月26日，世界洞穴专家考察后留言："兜率灵岩是世界上最壮观的洞穴景观，它的洞穴空间是任何洞穴所无法比拟的。这是一个人人都值得前来参观的溶洞。"

【猴古山瀑布】位于东江大坝附近西南的山弯中。这里青山环抱，古树参差。瀑布高39米，宽10余米，终年不息。夏秋季节水流湍急，由于地势陡峭，瀑布倾泻而下，撞击石壁后，跌落到水潭里，宛若大珠小珠落玉盘，令人赏心悦目。冬春季节水流较小，瀑布便分成几绺从山顶上挂下来，那洁白的水帘飘然而下，洋洋洒洒，如绸缎飘舞，分外妖娆，别有一番风味。

【东江漂流】东江漂流位于东江湖最南端的黄草镇境内，全程28公里，从龙王庙起漂点到燕子排终漂点整个落差75米，急滩108个。因河流两岸为原始森林，郁郁葱葱，古藤缠绕，鸟语花香，属自然漂流

而闻名遐迩，被誉为"中国生态旅游第一漂"。2002年5月1日，中国女排姑娘参加了东江漂流首漂仪式，美丽的东江湖、惊险刺激的东江漂流给女排姑娘留下了深刻印象，2007年，女排姑娘再一次来体验了东江漂流。

【鲤鱼江污水处理厂】占地面积6.21公顷，建设总体规模为日处理污水4万吨。工程分两期建设，一期工程（2015年）建设规模日处理污水2万吨，二期工程（2020年）新增规模2万吨。一期工程于2013年5月开工建设，2014年12月完成主体工程，2015年6月开始通水试运行。已建设了截污管网、污水提升泵站、预处理构筑物、氧化沟处理构筑物、加药脱水间、贮泥池、自动控制和排放水在线监测系统等。

【兴宁污水处理厂】东江湖生态环境保护项目子项目之一。2004年开始建设，设计日处理能力5000立方，投资近3000万元。主要建设项目包括生活污水预处理池、生物池、二沉池、紫外光消毒池、污泥泵站以及厂外配套管道、进出水在线监测系统等。该污水处理厂满负荷运行时，每年可消减化学需氧量219吨、氨氮18吨、总磷2吨、总氮23吨。兴宁镇在环东江湖8个乡镇中人口最多，是东江湖的集镇生活污水主要来源地。环东江湖的兴宁镇城区3万人的生活污水已纳入污水处理厂，日收集处理量为3000立方，彻底结束了兴宁镇城区生活污水直排东江湖的历史，为保护东江湖优质水资源发挥

了重要作用。

◇ 城市名片

【综述】资兴市依托东江湖这张靓丽名片，坚持走绿色发展之路，大力提升城市形象，先后获得国家可持续发展先进示范区、全国社会治安综合治理最高奖项——"长安杯"、全国文化先进市、国家卫生城市、国家循环经济示范市等荣誉称号，被确定为首批国家新型城镇化综合试点县市。获评全国土资源节约集约利用模范市，被中国摄影家协会授予为"中国摄影之乡"。东江湖获评"中国森林氧吧"。获批全国支持农民工等人员返乡创业试点市，入选第二批创建"国家全域旅游示范区"名单，被纳入国家重点生态功能区。

【东江湖】总面积160平方公里，平均水深51米，最深处达157米，因为水体较深，所以蓄水量相当大，达81.2亿立方米，相当于半个洞庭湖，因此被誉为"湘南洞庭"，是湖南省最大的人工湖泊，被誉为"人间天上一湖水，万千景象在其中"。东江湖烟波浩渺，水天相接，青山绿水，风光旖旎，以"秀、奇、幽、趣"特色享誉中华大地。

【小东江】位于资兴市东江湖景区内，为一条长约10公里的狭长平湖，这里长年两岸峰峦叠翠，湖面水汽蒸腾，云雾缭绕，神秘绮丽。小东江的水是从上游东江大坝

100多米深的湖底流出，水温常年保持在8-10℃，下游水温却在20℃左右，湖水早晨上热下冷，傍晚上冷下热，就在湖面上形成一层水雾，再加上两岸植被繁茂，空气潮湿，因而常在水面形成云雾，其雾时移时凝，宛如一条被仙女挥舞着的"白练"，美丽之极，堪称中华一绝。

【东江大坝】我国自行设计建造的第一座双曲薄壳拱坝，于1958年动工，1992年枢纽工程全面竣工。枢纽工程由拦河坝、钢管引水道和坝后厂房、两岸滑雪式溢洪道、一级放空兼泄洪隧洞、二级放空隧洞等建筑物组成。坝高157米，顶厚7米，坝顶中心弧长438米，正常水位高程285米。大坝结构新颖，造型美观，气势雄伟，在世界同类坝型中排名第二，在亚洲居第一位。

【城市荣誉】2000年–2012年，资兴连续三届被中央综治委授予"全国平安建设先进市"后获得"长安杯"。2014年，资兴市成功创建"国家卫生城市"。2017年9月，被中央综治委授予"2013–2016年度"长安杯"。2017年10月，被住建部命名为国家园林城市。

【友好城市】2004年9月，与美国拉雷多市、罗克尔兰市，墨西哥塞米格尔市、蒙德洼市正式结为友好城市；2013年与法国莫雷市结为友好城市。

湖南城市大典 永州市

永州市

永州市，古称零陵，得名于舜葬九嶷，秦时建县，隋初置永州总管府，1995年设地级市，是理学鼻祖周敦颐故里，玉蟾岩出土过距今一万二千年的稻谷遗存，柳宗元谪居永州10年，写下"永州八记"和《捕蛇者说》等名作。

◇ 城市概况

【区划范围】永州市，别名"零陵""潇湘""竹城"，为湖南省辖地级市。地处湖南省南部，东连郴州，南界广东省清远市、广西壮族自治区贺州市，西接广西壮族自治区桂林市，北邻衡阳、邵阳两市。湘江经西向东穿越零祁盆地，潇水从南至北纵贯全境。位于北纬24°39′~26°51′，东经111°06′~112°21′之间，南北长245公里，东西宽144公里，土地总面积2.24万平方公里。下辖冷水滩区、零陵区、祁阳县、东安县、双牌县、道县、江永县、江华瑶族自治县、宁远县、新田县、蓝山县。中共永州市委员会驻冷水滩区湘永路58号，永州市人民政府驻冷水滩区逸云路1号，电话区号：0746，邮政编码：425000。

【地理环境】永州市位于湖南省南部三面环山、向东北开口的马蹄形盆地的南缘。境内地貌复杂多样，河川溪涧纵横交错，山岗盆地相间分布。山地面积大，主要山脉有越城岭—四明山系、都庞岭—阳明山系和萌渚岭—九嶷山系。在三大山系及其支脉的围夹下，构成零祁盆地、道江盆地两个半封闭型的山间盆地。山地总面积11044.53平方公里，占永州市总面积的49.5%。丘陵3242平方公里，岗地3979平方公里，平原3191平方公里，水面880平方公里，分别占总面积的14.5%、17.81%、14.29%和3.94%。主要河流有湘江、潇水、宁远河、泠江、白水、祁水、春陵水、永明河等。中亚热带大陆性季风湿润气候区，一年四季比较分明。年均气温为17.6~18.6℃，无霜期286~311天，年平均日照时数为1300~1740小时，太阳总辐射量达101.5~113千卡/平方厘米，年平均降水量1200~1900毫米。

【资源物产】境内拥有黄腹角雉、五步蛇、猕猴、穿山甲、金钱豹、麝、红腹角雉、毛冠鹿、水鹿、大鲵、红石猴、灰腹角雉、有獐、青羊、苏州羚、白鹇、金鸡等国家级野生保护动物；有草、青、鲢、鳙、鲤、竹鱼、大鲵等鱼类；珍贵水产兽类有华东水獭；有银杉、水杉、珙桐、香杉、伯乐树、苏铁、楠木、银杏、冷杉、中华珂等国家级保护植物。矿产资源比较丰富，截至2012年底，中国168个矿种在永州市发现的达65种，其中已探明储量的或具有一定规模的矿种有40种，锰、稀土、铷、锂保有储量居全省第一位，有30种纳入矿产资源储量平衡表。优势矿种有锰、稀土、铷、锂、铅、锌、锡、锑等，全市已发现矿产地653处，通过地质工作达到工业矿床要求的有109处。

【建置沿革】秦始皇二十六年始置零陵县。元朔五年，置泉陵侯国（今零陵区）。元鼎六年，始置零陵郡。新莽王朝时，零陵郡改名九嶷郡，零陵县治（今零陵区）。东汉光武帝建武元年，复名零陵郡，改泉陵侯国为泉陵县，将零陵郡治所移至泉陵县（治所在今永州市零陵区）。三国吴、西晋及怀帝永嘉元年、东晋安帝义熙十三年、梁天监十四年，设零陵郡（今零陵区）。开皇九年置永州总管府，大业三年又改永州总管府为零陵郡，郡治零陵县（今零陵区）。宋太祖建隆元年，为永州，零陵县治（今零陵区）。元世祖至元十三年，改永州路，零陵县治（今零陵区）。明洪武元年，改路为府。洪武九年，将道州府降为道州，隶属永州府。清顺治元年，永州府属湖广右承宣布政使司。康熙三年，永州府属湖南省衡永郴桂道。1949年10月，成立永州专区。1950年5月，改名零陵专区。1952年11月，衡阳、

零陵、郴州三个专区合并为湘南行政区。1962年12月底，恢复零陵专区，专员公署设零陵县芝城镇（今零陵区）。1968年9月，改零陵专区为零陵地区。1995年，撤销零陵地区设立地级永州市，2000年，市委市政府驻地由零陵区迁往冷水滩区。

【人口民族】2016年，全市常住人口546.52万人，其中城镇人口253.04万人，乡村人口293.48万人。全年出生人口9.1万人，死亡人口4.67万人，自然增长人口4.43万人。永州市是一个多民族地区，除汉族以外，有瑶、壮等48个少数民族，少数民族人口63.09万，占全市总人口10%。根据第六次全国人口普查，永州市常住人口中共有家庭户1424823户，家庭户人口为50.13万人，平均每个家庭户的人口为3.52人。从性别构成上来看，永州市常住人口中，男性人口为269.79万人，女性人口为248.23万人。总人口性别比为108.68。

【区位交通】永州自古便是华中、华东地区通往广东、广西、海南及西南地区的交通要塞，也是湖南对外开放的重要门户，素有"南山通衢"之称。"距水陆之冲，当楚粤之要，遥控百蛮，横连五岭，梅庚绵亘于其前，衡岳镇临于其后"，镇东北可入中原腹地，控制西南扼广西边陲之咽喉，据东南握广东海滨之通道。湖南唯一与两广接壤的地区，市区到广州仅500多公里，是"沿海的内地，内地的前沿"。境内永蓝、道贺和厦蓉三条高速公路，加上泉南、二广高速公

路（邵永段），东安至广西边界、国道207双牌大山段、S215宁远柏家坪至新田关口、S217冷水滩至东安南桥镇、永州大道、祁阳至冷水滩一级公路等一批出省跨境公路及干线公路，湘桂铁路横贯东西，通过扩能改造于2013年12月开行动车组。零陵机场已开通5条航空航线。北可到达华中重镇武汉，北上中原，东出华东。西南向可以直通西南部各省区，并可从广西北海、防城和广东湛江出海。

【社会发展】全市共48家企业获得国家高新技术企业审批认定，省级工程研究中心2个。2016年，获得省级科技进步奖1项，获得省级技术发明奖1项。专利申请量3162件，专利授权量1126件。全市普通高等教育学校在校生2.77万人，中等职业教育学校在校生5.84万人，普通高中在校生8.6万人，初中学校在校生21.63万人，普通小学在校生50.79万人，特殊教育学校在校生735人，幼儿园在园幼儿22.66万人。各类民办学校77所，在校学生6.88万人。全市医疗卫生机构5948个，卫生技术人员2.74万人，注册护士1.07万人。疾病预防控制中心（防疫站）12个，卫生技术人员574人；卫生监督所（中心）12个，卫生技术人员295人；乡镇卫生院194个，卫生技术人员5188人。医院和卫生院床位数35872张。新型农村合作医疗参保人数486.97万人。全市城乡居民社会基本养老保险登记参保人数332.95万人，城镇居民基本医疗保险参保人数96.01万人，失业保险参保人数30.43万人；工伤保险参保人数34.02万人；生育保险参保人数28.44万人。农村特困人员供养水平提高到每年3200元，城乡低保标准提高到每月420元和220元。年末各类收养性社会福利单位床位10371张，收养各类人员8227人。城镇建立各种社区服务设施1500个。实施各类棚户区改造3.3万套，解决农村危房改造2.28万户。

◇ 城市建设

【综述】永州推进城市提质行动，着力完善公共服务设施，解决了市民用水、供电、供燃气、排水等重点民生工程建设；改造背街小巷150余条，提质城区道路10余条，打通断头路23条；改造小学7所，新增1.2万个学位；改造黄泥井超级市场等32个农贸市场。以湘江风光带建设为重点，在冷水滩中心城区实施梅湾路、零陵路等城市道路沿街建筑立面改造。同时，以创建国家园林城市为抓手，大力倡导庭院绿化、屋顶绿化、居家绿化；加快城市小游园、公园、城市广场等绿色休闲场所建设，新建17个小游园和柳子景区等9个公园，逐步实现居民出门"300米见绿、500米见园"的目标。借助棚改政策，住建部门还推进了旧城区和城中村的改造。全市有8个全国传统村落、5个国家级历史文化名村、1个省级历史文化名镇、8个省级历史文化名村、13个全国重点镇、11个省级中心镇、9个省级特色镇、2个省级示范镇。2016年，全市城镇化率为46.3%，中心城区建成区面积62.2平方公里，人口63.6万人。

【城市规划】《永州城市总体发展规划（2009-2030）》提出，到2020年，永州市中心城区人口85万人，中心城区人均建设用地面积为109.5平方米/人。城市发展总目标：发挥湘、粤、桂交通枢纽的区位优势，推进产业结构调整，强化中心城区职能，优化城市空间结构，提高城市竞争力；继承并发扬城市历史文化内涵，体现历史文化名城特色；改善城市生态环境，构筑现代化大城市生态框架，保障城市经济、社会可持续发展。将永州建设成为先进工业主导，商贸、物流、旅游业发达，生态环境优美、文化底蕴深厚、城市特色突出的湘粤桂省际区域性中心城市。城市总体结构为：一圈一带一轴。一圈即城市外环高速公路圈；一带即湘江风光带；一轴即永州大道城市发展轴。城市内部主干路红线宽度36-60米。冷水滩西片区形成六纵十横，东片区形成六纵六横的主干路系统；岚角山新区形成四纵七横的主干路系统；零陵区西区相处一纵两横，零陵区东区形成四纵六横的主干路系统。2030年规划人口125万人，城市建设用地规模136.9平方公里。

【永州零陵机场】位于零陵区和冷水滩区中间，距连接永州两城区的永州大道（原零陵大道）1.2公里。1993年经国务院、中央军委批准海军零陵机场实行军民合用，按4C级机场标准进行改扩建。扩建后机场跑道长2600米，宽50米，平行滑行道长2600米，宽16米；四条联络道各长100米，宽16米。年设计旅客吞吐量40万人次，高峰每小时231人次，货邮吞吐量1200吨，可满足波音737-300型飞机及以下类型的飞机起降。

【永州火车站】建于2002年11月，2004年4月开通运营，位于冷水滩区河西珊瑚路与潇湘大道的交汇处，隶属广州铁路（集团）公司衡阳车务段管辖，现为一等站。是广州铁路（集团）公司与南宁铁路局的分界站，拥有5台13线站场规模，及数条站外轨道（编组）组成，是湘南地区最大的铁路枢纽站和最大的客运站，永州站中心线里程为湘桂线K140+493、衡柳线DK135+900、益湛线K324+672处。永州站是高铁动车组和普速列车同时上下乘运行的车站。

【永州零陵汽车站】位于芝山路115号，又名永州汽车南站，1936年7月零陵汽车站开通"零陵至枣木铺"的第一次班车。为湖南省一级乙等客运站，是永州市汽车客运历史最久的汽车站。站房建筑面积4845平方米，站场面积为5598.4平方米，日发班车340次，设有客运线路80余条，日发送旅客10000人次以上；主要负担城区与市内各县乡之间、永州与省内及广东、广西、浙江、贵州等全国各地的旅客运输。

【潇湘步行街】位于零陵西路。总用地70余亩，总投资3.3亿元。以景观文脉化、环境生态化、功能休闲化为设计理念，充分考虑了永州的历史文化特色，将舜文化、瑶文化、理学文化、柳子文化、民情风俗雕塑、名家字画碑林、微缩风景名胜，融入广场和步行商业街区之中，是一个集购物、休闲、美食、娱乐、文化、旅游等功能于一体的时尚步行商业街。

【曲河大桥】1978年建成通车，位于冷水滩区S217线K252+218处，桥长305米，桥宽12米，上部结构为单波空腹式双曲拱桥，下部构造为重力式桥台，桥墩基础为桩基础，是连接河东和长丰工业园的交通要道。2013年对该桥主拱圈、0号桥台、工字梁及其他主要承重构件进行加固改造，部分微弯板的更换及裂缝修补，桥面水泥混凝土全部破除更换钢筋混凝土、5厘米沥青混凝土，桥台破损处修补，桥栏由原钢筋混凝土花板栏更换为不锈钢桥栏，人行道铺设大理石、盲道及瓷砖。

【潇湘大桥】1994年12月建成通车，全长592.68米，桥宽19米，双向4车道，是连接冷水滩区河东、河西的最主要通道，承载了几乎河东到河西70%以上的车流和人流。2017年，对主桥和引桥进行加固维修，主要建设内容包括大桥的加固、维修、桥面改造等配套设施的完善，其中主桥加固包含对主桥箱梁顶板及横隔板、箱梁裂缝的修补及对主桥基础采用抛石处理等；引桥加固包含空心板贴钢板加固、支座修复或更换以及盖梁、桥台修复处理等，此外全桥附属工程包含桥面铺装、栏杆、线槽、桥面排水、伸缩缝等均进行修复或更换处理。

【永州大桥】2008年8月开工，2011年5月竣工。省道S217线冷水滩至南镇公路上跨湘江的一座控制性大桥，位于冷水滩城区绕城段，是连接中心城市河东、河西的一座重要桥梁。大桥的设计为双向四车道，桥宽28米，全长511.08米，其中主桥为悬浇连续箱梁，长292米，引桥为预应力砼T梁，长210米，另有路基接线长230米，小桥一座，宽24.5米，设计行车速度每小时80公里。

【潇湘大道】1993年3月开建，1995年12月正式通车，原名零陵大道。2010年更名为永州潇湘大道（简称永州大道）。从零陵区七里店街道虎啸花坛至冷水滩区上岭桥镇曲河大桥，全长15.5公里，幅宽42米。其中，日升路至长丰大道，正试点建设地下综合管廊，全线16.4公里，总投资约9.48亿元。

【永州市水务运营发展有限责任公司】"两供两治"中心城区供水和污水处理PPP项目合资公司，由政府和北控水务共同控股，从2016年8月1日起正式接管原永州市自来水公司的人、财、物和业务，全面负责中心城区冷水滩区（含经开区）供水和零陵区向家亭污水处理厂的经营管理及城区管道设施的建设和维护工作。公司现有工作人员317人，下设三个水厂、12个部门科室和一个全资子公司，分别是菱角山水厂、荷叶岭水厂、曲河水厂。

【永州市第一中学】简称永州一中，位于宗元路，始建于清光绪二十九年即1903

年。前身是永州府官立中学堂，永郡联立萍洲中学，1949年10月并于湖南省第七中学，1952年底改名零陵一中，50年代至60年代初期是湖南省19所重点中学之一。1969年2月改名为零陵工农中学，1975年9月复名为零陵一中，1982年元月改为永州一中，1998年恢复省重点中学。2004年被定为首批"湖南省示范性普通高级中学"之一。校园占地403亩，现有学生5000多人，在职在岗教工345人。

【湖南科技学院】创建于1941年，位于杨梓塘路130号，前身为湖南省立第七师范学校，1971年创办专科教育，2002年由原零陵师范高等专科学校升格为本科院校——零陵学院，2004年更名为湖南科技学院。学校以地方文化、应用科学和教育科学研究为重点，积极推进科学研究，是一所集文学、理学、工学、法学、经济学、管理学、教育学等学科于一体的地方本科院校。现有15个教学学院，46个普通本科专业，面向全国27个省（市、区）招生。普通本科在校学生14800余人，成人教育在校学生5000余人。教职员工近1100人，其中专任教师750余人，具有正高、副高职称338人，省"121"人才工程人选7人，享受国务院政府特殊津贴人员1人，湖南省政府特殊津贴人员1人，省级学科带头人5人，省级青年骨干教师47人。学校占地面积76.3万平方米，建筑面积45万平方米，教学仪器设备总值1.4亿元，图书资料107万册。

【永州职业技术学院】位于潇湘大道289号，2000年7月经湖南省人民政府批准教育部备案，由零陵卫校和零陵农校合并升格而成。2003年6月经湖南省人民政府批准，将原零陵商校、零陵师范、零陵工校三所普通中专并入。学院现占地面积3362亩，建筑面积47万平方米，馆藏图书86万册。在职教职工967人，其中，正高职称69人、副高职称297人。开设了34个高职专业，现有全日制在校学生1.5万人。现有国家级教改试点专业2个，国家重点建设专业5个，国家普惠性重点建设专业2个，省级精品专业和教改试点专业8个，省级示范性特色专业2个，省级特色专业2个。

【永州市第一人民医院】位于零陵区南津北路338号，前身是英国基督教循道会于1905年创办的"普爱医院"，后与中华民国湖南省立零陵医院合并。医院经历了零陵专区人民医院、零陵专署人民医院、零陵地区人民医院、永州市人民医院等阶段，目前已发展成一所集医疗、教学、科研、康复、社区医疗、预防保健、医学鉴定于一体的永州市人民政府举办的非营利性三级甲等医院。医院占地面积440余亩，医疗用房22万平米，基本医疗点有两处：北院（冷水滩区逸云路396号）和南院（零陵区潇水西路151号）。核定床位600张，现已开放500余张，临床专业科室近50个、医疗病区13个、医技科室20个。

【永州市中医院】位于九嶷巷14号，创

建于1955年，是永州市科室设置齐全、技术力量雄厚、医疗设备完整的集临床、教学、科研、预防、保健于一体的三级甲等中医院。市、县（区）两级医保、农合及各类商业保险定点医院，湖南中医药大学教学医院，湖南中医药高等专科学校教学医院，国家执业医师（中医类）实践技能考试基地，湖南省全科医生培养基地。医院占地80余亩，业务用房68000平方米，实际开放床位800张。设有内、外、妇、儿、针灸、骨伤、ICU等30多个临床和医技科室。其中，针灸科属国家级重点专科；骨伤科属全国临床疾病协作组成员，湖南省重点专科；内科系统中的中风病科、脾胃病科均属湖南省重点专科。医院现有在职职工650余人，其中高级职称60余人。

【永州市图书馆】1985年建成开馆，位于零陵区黄古山中路32号，为全国一级图书馆，曾荣获全国文明图书馆、全国读者最喜爱的图书馆、全国文化工作先进集体等荣誉称号。占地面积3亩，建筑面积2624平方米，藏书19万余册，其中古籍2.6万余册。设有综合阅览室、少儿阅览室、电子阅览室、古籍文献库、综合外借处、文学外借处、过刊外借处、辅导室8个对外开放部门，座席274个。开放时间：每周64小时，全年天天开放，实行免费阅览，免费查询资料服务。

【永州市博物馆】位于零陵区南津南路414号，国家三级博物馆。于1998年10月开馆，博物馆主楼共5层，其临街地上4层，地下一层，裙楼2层，建筑座东朝西，造型为中国传统大屋顶四合院形式，占地面积18000平方米，建筑总面积7075平方米。全馆收藏文物10000余件，其中国宝文物17件，设有四个展馆，分为"文物古迹馆""青铜陶瓷器馆""金银玉石器馆""江永女书馆"。共有16个展厅，展厅总面积2194.8平方米，展线1280米。现有4个固定展览，分别为《永州国宝展》《永州瑶族民俗展》《江永女书展》和《道县玉蟾岩远古文化陈列》。开馆以来先后主办了《澳门回归展》《勿忘国耻，警钟长鸣——纪念抗日战争胜利60周年图片展》《永州市纪念改革开放30周年成就展》等一系列临时展览，还开展馆际合作，引进了《蝴蝶昆虫展》《海洋生物展》《昆虫标本展》《航天航空模型展》等临时展览。

【涔天河水库】位于江华县东田乡潇水支流涔天河口，1970年9月建成蓄水。是一座以灌溉为主，兼顾发电、过木航运、防洪等综合效益的大型水利水电工程。属低坝水库，正常蓄水位254.26米，总库容1.05亿立方米，设计木材过坝年运输量35万立方米，设计灌溉面积12.3万亩，实际灌溉8.6万亩，装机容量22.5兆瓦，年发电量1.09亿千瓦时。2017年7月，涔天河水库扩建工程电站首台机组顺利发电启动。现今水库正常蓄水位为313米，总库容15.1亿立方米。

【毛俊水库】"十三五"期间开工的重

大水利工程之一，是一座以灌溉为主、结合供水、兼顾发电等综合利用的大（二）型水库，由枢纽工程和灌区工程两大部分组成。设计总库容11650万立方米，库容9200万立方米，水库库区水面面积409万平方米，灌溉干渠总长112.372公里，设计灌溉面积41.15万亩。

【黄田铺镇】零陵区辖镇。辖33个村和白龙街1个居委会。总面积127平方公里，总人口约3万人。207国道、322国道、衡枣高速公路穿越境内。农业以种、养殖业为主，主产粮食，土壤为沙壤，盛产西瓜和"纽荷尔"脐橙，组建了脐橙种植协会。以"公司+农户"的形式，实现生产、加工、销售的一体化。一方面与农户签订订单、落实种植面积，另一方面与加工企业签订加工销售订单，与湖南熙可公司签订脐橙种植面积4000亩。

【普利桥镇】冷水滩区辖镇，东邻黄阳司镇，南毗牛角坝镇，西界东安县花桥镇，北接杨村甸乡、祁阳县。管辖38个村和正东、正西2个居委会。全镇总面积135.8平方公里，人口近5万人。境内属丘陵地形，主产水稻、大豆、红薯、烤烟、红枣、向日葵、百合等经济作物，尤其是红薯粉产量多。矿产资源丰富，锰、煤储量大。早在明初就形成集市，圩日上热闹非凡，传统的"二月八"闻名遐迩。境内有小二型水库9座，骨干山塘465口，石溪江、龙江穿越境内。

【蔡市镇】位于冷水滩区西南部，冷水滩区的卫星城镇。镇政府驻巴洲滩村，辖邓家铺、巴洲滩、九牛岭等19个村。矿产以锰、石灰石、砂卵石为主。仔猪、优质稻、茶油远销省内外市场。有小（一）型水库1座，小（二）型水库16座。是冷水滩区的产粮基地和制种基地，有173公顷优质制种田，同时又是重要的畜牧、水产基地，共有500头以上的大型养猪场6个，以及千亩以上的养鱼场1个，50亩以上的水库养鱼基地7个；有4个村的锰矿资源丰富。乡镇企业和商贸经济比重较大，镇年工农业生产总值5600万元，年财政收入395万元。

【菱角塘镇】位于零陵区境中东部，距零陵城区6公里。全镇总面积157.8平方公里，耕地2420公顷，总人口3万余人。境内东南部山岭巍峨，均系南岭余脉。金牛岭山峰挺秀，丫髻岭山径盘旋。潇水南来北往，双牌右干渠贯穿全镇，另有花山岭水库（小一型）一座。境内永连公路穿镇而过，系通往南六县和广东的咽喉要道。是湖南省杂交水稻制种专业第一镇，又是林木、板栗、柑桔的重点产区。镇经济中乡镇企业和商贸经济占有较大比重，镇年工农业生产总值20880万元，年财政收入110万元。境内有永州市客车修制厂、红薯粉丝厂、竹溪营养食品厂、宝石厂、拼板厂等。

◇ 城市经济

【综述】以永州高新技术产业开发区、

永州工业集中区、道县工业集中区、新田工业集中区、双牌工业集中区等产业园区为平台，形成了以食品、机械、轻纺、建材、冶金为骨干的门类比较齐全的地方工业体系。新型工业化稳步推进，全市实现工业增加值458.53亿元，高新技术企业282家。主要企业有长丰集团、零陵卷烟厂、潇湘集团等。主要工业产品有猎豹汽车、红豆系列、芝城系列香烟、浯溪牌水泥、九疑牌水泥、水电设备、盘式电机、硅锰合金、喉咽清口服液以及湘君面粉、男儿王酒等多种类型的纺织品、纸品等。农业产业化水平进一步提升，全市农产品加工企业4470家，实现销售收入513亿元。全市市级以上龙头企业发展到266家，其中国家级龙头企业3家、省级43家、市级220家，年销售收入过亿元龙头企业达53家。拥有优质米、香柚、脐橙、蜜桔、烤烟、油茶、水稻制种、瘦肉型生猪、蔬菜和特种养殖等大型生产基地，江永三香（香米、香柚、香芋）、东安鸡、永州异蛇、江华珍珠椒、道州红瓜子以及香菇、木耳、竹笋等土特产品，畅销国内外市场。2016年，全市人均地区生产总值28744元，一般预算收入102.55亿元，金融机构各项本外币存款余额1914.84亿元，个人储蓄存款1277.11亿元，城乡居民人均可支配收入16764元，社会消费品零售总额589.91亿元。

【永州高新技术产业开发区】位于中心城市西北部，系省级高新区。原为永州经济技术开发区，2016年批准为省级高新技术产业开发区。永州经济技术开发区前身为永州市凤凰园经济开发区，始建于1988年，1990年晋级为省级重点开发区。总规划面积121平方公里，建成区22平方公里，其中工业区14平方公里，商业区8平方公里，总人口8.5万。现管理一个乡镇，下设长丰工业园、凤凰工业园、冷水滩高科技工业园3个工业园区，重点发展了先进装备制造、生命健康、高新技术主导产业。

【长丰集团有限责任公司】总部在长沙，永州基地在猎豹北路66号，前身为中国人民解放军第7319工厂，始建于1950年6月。1996年10月，经总后勤部批准由工厂制整体改制成为国有独资有限责任公司。2001年9月由军队整体移交湖南省人民政府，现隶属于湖南省国资委管理。公司注册资本16.69亿，总资产超过120亿元，现有员工5700余人。主要经营猎豹系列越野车、皮卡等汽车整车及相关零部件的研发、制造与销售。下辖湖南猎豹汽车有限公司和安徽猎豹汽车有限公司2家整车制造企业；在湖南长沙市、永州市、衡阳市，安徽省滁州市，广东惠州市等地设有18家控股子公司。

【湖南省建华精密仪器有限责任公司】原为湖南省建华机械厂（1966年成立），是国有独资公司，省属大型二档军民结合型企业，位于零陵区富家桥镇。现有固定资产1.4亿元，员工1800余人，各类专业技术人员500多人，平均技术水平达5.5级。公司占地122万平方米，拥有各类主要设备1100余台（套），具有较强的机械加工、工具制造、冲压、压铸、表面处理、塑料压型、电子产品、化工产品等生产和科研开发能力。公司已分别通过GJB/Z9001-96和ISO9002：1994质量体系第三方认证。

【湖南恒远发电设备有限公司】原零陵发电设备有限公司（有60多年的历史），位于猎豹南路68号，是湖南省机电行业骨干企业，湖南省水力发电设备出口生产基地。获得湖南省出口商品质量保证合格证，拥有机电产品自营进出口权。混流式水轮发电机组荣获湖南省优质产品证书，卧式冲击式水轮发电机组荣获联合国TIPS中国国家分部颁发的"发明创新科技之星奖"。公司通过ISO9001质量体系认证。公司已有六十多年水力发电设备的设计制造历史，自行设计制造过轴流式、混流式、冲击式、贯流式水轮发电机组。拥有自行设计制造单机100兆瓦以下的各种型式水轮发电机组、各种直径0.6米至5米的蝴蝶阀和直径0.3米至1.5米的球阀的能力。中、小型水轮发电机组具有系列化、标准化、通用化的特点。公司产品出口到美国、伊朗、印度尼西亚、越南、斯里兰卡、巴西、加拿大、伯利兹等国家。

【湖南神斧集团湘南爆破器材有限责任公司】原名湖南省湘南器材厂（代号国营9644厂），1966年始建于东安县塘夫乡。2001年改制为国有独资公司，2004年整体易地搬迁到永州市冷水滩（永州高新区）。2007年与湖南向红机械公司和湖南169化工公司三家单位整合为湖南神斧民爆集团，现系湖南新天地投资控股集团有限公司二级子公司，是国家民用爆破器材生产、销售、配送、爆破服务区域一体化企业。占地面积86.7万平方米，注册资本5688万元，总资产3.7亿元，下辖一家控股子公司永州市旺达民用爆破器材经营有限公司。现有员工1090人，其中各类专业技术人员300余人。主要产品及年生产能力为：导爆管雷管6000万发、工业导爆索2000万米、塑料导爆管3.5亿米、烟花引线1000万米、点火线2000万米。

【湖南熙可食品有限公司】1997年建厂，位于凤凰园经济开发区向荣工业村，以生产柑桔、甜玉米、蘑菇、草莓等果蔬食品为主的农业产业化国家重点龙头企业，专业提供中国南方水果产品与服务的供应商，也是中国出口罐装酸性水果供应商。主要产品有橘子、胡柚、枇杷、杨梅、芒果、菠萝、荔枝、椰果等罐头食品。现有总资产4.1亿元，其中固定资产2.3亿元。

【湖南金浩植物油有限公司】成立于1996年，位于322国道北。产品"金浩"牌茶籽色拉油荣获"97全国（HN）新技术新产品科技创新"金奖、"第十届中国新技术产品博览会""湖南省产品质量奖""2002年国家质量稳定合格产品"、中国湖南第四届（国际）农博会金奖。现有长沙销售分公司、武汉销售分公司与北京销售分公司三大销售分支机构。现有员工368人，其中大专以上学历的人员268人。

【湖南奔腾文化创意股份有限公司】公司前身为湖南永州奔腾彩印有限公司，是国家印刷复制示范企业、国家文化出口重点企业、国家3A级信用企业、高新技术企业、国家少数民族特需商品定点生产企业。位于凤凰园银象北路1098号。总资产5.6亿元，员工1200余人，占地面积255亩，建筑面积10万平方米，拥有立体弹跳书生产线、创意包装生产线、高速瓦楞纸板生产线、产品研发中心和创意设计团队等，是湘西南地区生产规模最大的文化创意企业。已通过ISO9001国际质量管理体系认证和ISO14001环境体系认证，ICTI国际玩具认证、迪士尼认证、FSC森林认证和绿色印刷认证等资质。产品立体弹跳书出口欧洲、亚洲、美洲等发达国家，包装产品销往湖南、广西、贵州、四川、河南等大型需求包装生产企业。2017年新三板正式挂牌，成为永州首家新三板挂牌企业。

【潇湘集团】1997年，由永州市多家省管、市管国有大型企业湖南省黎家坪水泥厂、湖南九嶷水泥股份有限公司、湖南建华机械厂、湖南跃进机械厂、零陵制药厂、永州市路桥公司等企业按照现代企业制度组建，以水泥生产、机械制造为主，集路桥设计和施工、塑料编组包装、化工、建筑安装、交通运输、装饰材料、电子仪器、修配、旅店餐饮等于一体。位于黎家坪镇。注册资本13.86亿元，员工6500余人。1997年，位列湖南省百强企业第12位。主导产品"浯溪"牌425R和525普通硅酸盐水泥，分别通过国家质量认证和"双采"验收，并通过ISO9002质量体系认证，1992年至1995年连续四年被评为"向全国消费者用户推荐产品"，1994年被评为"国家免检产品"，1995年被评为"湖南省名牌产品"，1997年浯溪牌商标被评为"湖南省著名商标"。

【江永三香（香米、香柚、香芋）】香米系一种具有浓烈芳香的软稻米，仅产于江永县源口乡富源村的48丘田内，是一种传统特产，从唐代开始种植，至今已有一千多年的历史。古时有"永明好米、其香五里"之说。历代被定为贡品。香柚是沙田柚的变种，原产广西容县沙田村，来江永安家落户已有100多年的历史了。江永香柚色泽金黄，果形美观，果肉晶莹似玉，肉厚多汁，嫩脆清香，酸甜适度，且可久贮，江永是中国香柚之乡。香芋，又叫槟榔芋，在江永种植的历史已有一千多年，主要产于江永县的桃川洞，故又叫桃川香芋。江永香芋具有个大、肉嫩、味美等特点，在国际市场上，被称为"中国桃川香芋"。

【江华珍珠椒】产于江华白竹塘村，以形似珍珠而得名。其色泽艳丽，肉厚香脆，辣度适中，味美可口。古代文人墨客曾赞誉道："客中虽有八珍宝，哪及山家珍椒香"。经专家测定，珍珠椒维生素为136毫克/100克，氨基酸达18种之多，总量为251.23毫克/100克。钙、磷、铁为39.4毫克/100克。

【江华苦茶】产于南岭山脉江华瑶族自治县境内的萌诸岭山系，属半乔木型，大叶类，其树姿、叶片形态、解剖结构、生化成分均与云贵高原的大茶树相似，所制出的红碎茶，外形黑润带棕，颗粒重实；内质汤色红艳，金圈厚，滋味浓强，具有云南大叶种风格，又有独特的香型。夏茶鲜叶多酚类含量39.21%，水浸出物48.50%，氨基酸164.0毫克/克，茶氨酸249.90毫克/克。

【永州血鸭】特色传统名菜，也是普通老百姓家的一道家常菜。一般做鸭肉都是此种做法，根据个人口味使用不同的配料，具有美味，开胃凉血的特点，深受大众喜爱。其做法是将鸭子去毛剖腹切块，再与生姜、干红辣椒、蒜瓣一道入油锅爆炒，然后又加鲜汤焖至快干，最后将鸭血整个儿淋在鸭块上，边淋边炒，再加料起锅。

【永州异蛇酒】由永州市异蛇科技实业有限公司生产，是用永州特产之异蛇，配以多种名贵中草药及陈酿粮酒，在历代民间秘方基础上，采用现代工艺，生浸活蛇精制而成。异蛇蛇毒含有高活性抗凝成分，饮用能促进人体血液循环、舒筋活络、可预防心脑血管疾病，有异蛇酒、异蛇王酒（异蛇酒特制型）、异蛇鞭酒、异蛇胆酒等产品。

【东安鸡】东安鸡产地范围为东安县芦洪市镇、鹿马桥镇、端桥铺镇、新圩江镇、川岩乡、花桥镇、井头圩镇、大江口乡、紫溪市镇、白牙市镇、大庙口镇、石期市镇、大盛镇、南桥镇、横塘镇、水岭乡、黄泥洞林场现辖行政区域。鸡脚较细，呈青色或浅灰色，脚底青白，表皮浅黄，光亮细滑，肌肉丰满有弹性，肌间脂肪分布均匀；表皮和肌肉切面有光泽。同时也是东安县一道传统的名菜，选用鲜嫩小母鸡肉、米醋和鸡油等，将鲜小母鸡肉放入汤锅内约6分钟，至鸡肉七成熟时捞出晾凉再炒，属于湘菜系，被列为国宴菜谱之一、八大湘菜之首，是国家地理标志产品。

◇ 城市文化

【综述】永州有着5000多年农耕文明史及2000多年城市发展史，远在新时器时期就有人类繁衍生息。是一座有着两千多年悠久历史的湘南古邑，为国家历史文化名城。《史记·五帝本纪》载："舜南巡狩，崩于苍梧之野，葬于江南九疑，是为零陵。"为舜德文化发祥地，有世界最早的人工栽培稻和陶器遗址，有"世界稻作农业之源、世界制陶工艺之源、中华道德文明之源"的美誉。孕育了唐代书法"草圣"怀素、宋代理学鼻祖周敦颐、清代著名书法家何绍基、哲学家中国共产党创始人之一李达以及革命家李启汉、蒋先云、陶铸、江华等众多英才。司马迁、柳宗元、李白、徐霞客等历代众多文人志士，都曾在永州留下了灿若繁星的文艺珍品。永州虽历经沧桑，境内仍有一大批保存完好的古皇陵、古营垒、古村落、古宅院、古文庙以及风格各异的古寺、古塔、古桥。舜文化、柳文化、理学、碑刻书法、瑶文化、女书等与永州众多文物古迹及多元的地方民俗文化交相辉映。2016年末全市共有艺术表演团体11个，群众艺术馆、文化馆12个，公共图书馆12个，博物馆、纪念馆3个。有线电视用户45.45万户，年末广播综合人口覆盖率88.3%，电视综合人口覆盖率96.78%。农村公益电影放映6.06万场次。国家级非物质文化遗产保护目录12个，省级非物质文化遗产保护目录27个。

【永州方言】永州方言，即永州话，为永州市区（零陵区和冷水滩区）所用方言，又叫零陵话。属于汉语方言—北方语—西南官话—零陵话（永州话）。因古零陵县得名近年来也称冷水滩话，今主要分布于永州市区（零陵区和冷水滩区）及双牌县的北部，以零陵城区为中心。另外永州地区汉语方言还有以白牙市镇为中心的东安话，以浯溪镇为中心的祁阳话，以道江镇为中心的道州话，以舜陵镇为中心的宁远蓝山新田话，以沱江镇为中心的江华江永话。永州地区北部几县区虽在湖南省境内，但却深受西南官话的影响。

【舜文化】核心是"德为先，重教化"。主要内容是：伦理道德，在家庭之中讲究伦理道德，推行父义、母慈、兄友、弟恭、子教。社会道德，推行良好的社会公德，"专门利人，毫不利己""把方便让给别人、把困难留给自己""乐于助人"。职业道德，以诚信至上，讲究职业道德，对待商品生产和经营，要求用心研究和改进，制作出了精美的产品；经商时，童叟无欺，绝不惟利是图。政治道德，在对待用人上，"举八恺、用八元"，"流逐四凶"，举贤任能，唯才是用；在对待问题决策上，"辟四门，明通四方耳目""命十二牧论帝德，行厚德，远妄人。"明辨是非，广开言路；在对待民族问题上，"舞干戚于三苗"，以道德和高尚的音乐艺术去感化、教化三苗民族"弃恶从善"，重大局，识大体，宽宥有度；在对待接班人选上，"利天下，而不利一人"，心怀天下，赏罚分明。

【湖南公祭舜帝大典】九嶷山舜帝陵是舜帝的安寝之地，自夏朝始建，从夏朝开始祭舜，历朝历代传承不息。2005年，湖南省举办首次公祭活动，到2015年止，已先后举办了四次公祭舜帝活动，祭典活动由湖南省政府主办，永州市政府、宁远县政府承办。公祭舜帝，在鸣炮击鼓，向舜帝敬献三牲、五谷、百果之后，全体人员肃立，向舜帝铜像三鞠躬。随后，恭读祭舜帝文，读毕将书写祭文的帛书置于香炉焚烧，帛书化为袅袅青烟，告慰始祖先灵。2015年公祭舜帝大典分为四大部分，即迎宾仪式、开道仪式、导引仪式和大典仪式，集传承性、民族性和创新性于一体。

【舜帝祭典】2011年5月，被列入第三批国家级非物质文化遗产名录。从夏代开始，九疑山就建有祭祀舜帝的庙宇。最初建在九嶷大阳溪，当地人呼为大庙，由於离陵山还有二十多公里，也只能远望陵山而祭祀，因而当地望祭的山冈称为"望岗"。四千多年来，祭舜活动传承不辍。官方祭祀可分为告祭、例祭、公祭。民间祭祀多为家庭家族、民间社团。除清明节、舜诞日外，其余均由祭祀人自择日期，四时不拘。民间社团的祭祀仪式多依照各地的祭祀程式进行。方式有望祭、物祭、乐祭、舞祭、文祭、燎祭、花篮祭等。

【盘王节】瑶族祭祀祖先盘瓠的重大节日，也称"跳盘王"或"调盘王"。在湘南、湘西南的江华、蓝山、宁远、江永等县的瑶族地区，每年的农历十月十六日，瑶族男女老少都要穿上自己民族的节日盛装，聚居在一起唱歌、跳舞，欢度盘王节。他们唱的歌是以《盘王歌》为主的乐神歌；跳的舞则是每人手拿长约80厘米的长鼓群舞，一般为双人或四人对舞。

【赶鸟节】瑶族多在山上居住（有所谓"无山不瑶"之说）。我国南方山上树木繁茂，鸟类群聚，瑶民与鸟关系密切，感情深厚。瑶山传承着与鸟有关的风俗和传说就比较多。农历二月初一，繁忙的春耕还未开始。这一天，江华瑶族民众穿上本民族的节日盛装，愉快地开展喂鸟、比鸟、歌鸟等活动，也称赶"鸟会"。传统的鸟会，一般都有比鸟、歌鸟两项活动。"比鸟"，是甲、乙两方把各自的鸟笼挂在一起，双方的鸟便进行搏斗。"歌鸟"以鸟为由，以歌为媒，男女青年对唱瑶歌，选择伴侣，自由恋爱，缔结良缘。

【斗牛节】江永县瑶族姑娘流传的"斗牛节"。名为"斗牛"，实为姑娘会友，参加的都是未出嫁的成年姑娘，又称"姊妹节""女儿节"。这一天瑶家姑娘穿上美丽的服装，邀朋约伴，成群结队，选择当地风景幽美的山林或溪泉水边进行。在"斗牛"集会时，各人的"三花"食品，互相品尝，评论一番，谁的花样图案精巧玲珑，新奇美观，就会受到称赞、推崇。在"斗牛"集会中，除了唱山歌、讲传说故事和游乐嬉戏外，还谈个人生活情趣、婚姻计划等。"斗牛节"的游戏主要有"画眉跳圈"。

【祁剧】发祥于祁阳，旧称"大戏""祁阳戏""祁阳班子""楚南戏"等，新中国成立后，始称祁剧。明代中叶，江西"弋阳腔"目莲戏传入祁阳，与祁阳地方语言、音乐、祭祀、风俗、民情相结合，逐步演变为祁剧高腔。以后昆、弹腔相继传入，成为祁剧三大声腔。明嘉靖年间，祁剧已初具规模。此后，逐步流传到湘南、湘西、湘中、粤北、赣南、闽西、广西、黔东一带，有"祁阳弟子遍天下"之称。在长期流传过程中，造成剧目、唱腔、脸谱、服饰、应工、表演风格的差异，形成两大流派：以祁阳县、永州市为中心的湘南各地祁剧叫永河派，以邵阳市为中心的湘中、湘西各地祁剧叫宝河派。

【萍州书院】位于宗元西路30号。始建于清乾隆四年（1739），由零陵人、江苏桃源（今泗阳）县令眭文焕父子创建。光绪十三年（1886），湘军名将王德榜、席宝田重建，周崇傅为山长。清代又称白萍洲书院、白萍书院，因建于萍洲之上而得名。书院秉承唐宋以来的书院传统，开设有国学课程，内容包括国学概论、经学通论，史学通论、子学通论、集部通论、儒家学术通论、道家学术通论、佛学通论等。建筑中轴线自北向南，有奎星阁、讲堂、中门、大堂、大门、门庭、影壁和长廊。讲堂为半开放式的大厅。

【周敦颐故居】位于道县楼田村内的周敦颐故居始建于北宋初年，为典型湘南农村古式二层建筑。现存建筑是当地2010年按照"仿古如古、修旧如旧"的原则在原址恢复重建，面积为300平方米。主体已恢复历史原貌，外围青砖蓝灰土墙，内部纯木结构。

【舜帝庙遗址】位于宁远县城南30公里九疑山瑶族乡舜源峰北麓。又名舜祠、舜殿。原有仪门、拜亭、正殿、寝殿等，今仅存仪门、拜亭、寝殿部分建筑。"帝舜有虞氏之陵"碑两侧碑林犹存部分碑刻。宋代舜帝陵庙规模十分宏大，建筑面积达32000多平方米，现在已经发掘5014平方米。舜帝庙遗址被列入第六批全国重点文物保护单位。

【塔下寺】位于蓝山县城东，寺区二十余亩。寺宇依山傍水而建，四周香樟古槐，苍松翠柏环绕，清清舜水绕寺而过，环境清幽犹如仙境。据民国《蓝山县图志》，塔下寺传为唐代古刹。明万历以前称净住寺，寺宇座北朝南，中轴线上依次为山门、大雄宝殿、传芳塔、东侧有观音阁、观浪亭、厢房、西侧有小山门、戒堂等。现存传芳塔为明嘉靖四十二年至万历八年重建，历时十六载竣工，塔门"峻塔凌霄"四字，冠名传芳塔。

【浯溪碑林】位于祁阳县城西南的湘江西岸，为我国罕见的露天诗海碑林。史载唐代中期的诗人元结在溪水之畔建庐而居，又建吾台，并将该溪命名为"浯溪"，浯溪由此得名。元结在公元761年撰写了《大唐中兴颂》，后来大书法家颜真卿将元结的这篇文章书写下来镌刻在江边崖石上后，从此浯溪名闻天下。以后又有宋人黄庭坚、清人何绍基、吴大徵等名家来此题名刻石，逐渐形成了碑林。碑林中还有清代越南使者途经此地留下的四块刻石。

【祁阳小调】一种有词有曲、词曲结合，结构完整，旋律优美；有说有唱、说唱结合，以唱为主的一种地方色彩很浓的民间曲艺形式。曲牌极为丰富，约有300来个。流传较广的有《四季花开》《十月花开》《三杯酒》《讨学钱》《摘菜苔》《送金花》《走场调》《五更留郎》《闹五更》等。唱词属民歌体，句子结构形式有：一种为正规句子，七字一句，四句一段，或五字一句，四句一段；另一种为非正规句子，由长短句组成，唱词灵活自由，多用口头语。曲调结构形式，多为一段体，由上下两个乐句或四个乐句为一段构成。其中有只唱不说的，也有唱与韵白结合的，演唱形式一般为一人唱一人伴奏，动作不大，主要靠面部表情；也有男女二人边歌边舞，风趣活跃。1982年出版的《中国百科全书》已将它列为全国的一个曲种。

【零陵渔鼓】 被列为国家级非遗。今永州境内所有渔鼓的统称，流布于永州全境及周边地区，产生于明末时期。表现形式有三种：一是只有唱；二是有说有唱；三是说、唱、表演结合。演唱内容一般取材于民间传说、神话故事、历史演义等。唱腔起初是一种曲调反复演唱的单曲体，后根据曲目情节的变化、人物性格的不同，变化唱腔。零陵渔鼓的语言始终以地方语音为基础，源于民间、流传于民间、发展于民间，将历史演义、英雄故事、哲人箴言等作为说唱题材，也有取材于当代现实生活各个方面的小故事。零陵渔鼓将渔鼓腔、小调、戏曲腔等进行有机融合，形成了多元唱腔。

【红旗水库】 衡邵干旱走廊是湖南粮食主产区，也是水资源量最少的地区，一直是湖南发展的最大难题之一。华国锋同志在湖南工作时，高度重视抓农业生产，特别重视搞好农田水利基本建设。1956年时任湖南省委统战部长的华国锋到衡阳专区（当时永州属衡阳专区）蹲点，为考察建设水利工程问题，他第一次来到四明山。考察之后决定在岭口一带建设一个中型水库。1958年水库动工建设，华国锋亲自带领人们挑土筑坝，并把水库取名"红旗水库"（这是湖南的第一个"红旗水库"，后来各地出现不少"红旗"水库）。现在岭口"红旗水库"是冷水滩区唯一的一座集灌溉、发电、养殖为一体的中型水库。

【宁远文庙】 又名学宫，位于宁远县舜陵镇。始建于北宋乾德三年（965），明、清两代重建，现存建筑为清同治十二年（1873）至光绪八年（1882）时建。占地面积9760平方米，主要建筑有大成殿、后殿、棂星门、廊庑、泮池等。砖木结构，除金柱木质外，其余全为石柱，其中20根石柱浮雕龙凤纹饰。大成殿顶为歇山重檐，后殿为悬山重檐，其他则为硬山顶，是祭祀孔子的庙堂，又是古代社会官办的学堂，庙学合一，是传播儒文化的神圣殿堂。历史上曾多次进行修缮，现为全国重点文物保护单位。

【柳子庙】 坐落在潇水之西的柳子街上，始建于北宋仁宗至和三年（1056），是永州人民为纪念唐宋八大家之一的柳宗元而筑建。南宋始兴十四年（1144）和清朝光绪三年（1877）重建。占地面积达2000多平方米，砖木结构，面对愚溪，背靠青山。庙门上镌有柳子庙三字石刻，两边有联。进入大门可见庙为三进三开，首先一座双檐八柱戏台。后行至二进中殿，再后为三进，是正殿，殿中有柳宗元塑像供人祭祀。历代碑碣甚多，其中《荔子碑》《捕蛇歌》《寻愚溪谒柳子庙》等堪称文物珍品。正殿后墙的石碑，亦是三绝碑，碑文为韩愈所撰，苏轼书写，颂扬柳宗元的事迹，此碑首句为"荔枝丹兮焦黄"，故又名荔枝碑。2001年，被列为第五批全国重点文物保护单位。

【零陵武庙】又名关圣庙、关帝庙、关云长庙，是专门祭祀关圣大帝——关云长的寺庙。坐落于零陵古城东山，坐东朝西，始建于明洪武年间，现仅存正殿及抱厦，清光绪十年（1884）重修。历史上，零陵武庙曾是湘南永州、衡阳、邵阳、郴州等州府共同奉祭的高等级武庙，五进五开间，为我国江南规模最大的武庙。正殿位于东山之巅，砖木结构，建筑面积约700平方米，歇山重檐式，红墙青瓦，翼角高翘，端庄雄伟。殿前檐廊宽约三米，六廊柱，其中青石龙柱四根，柱径0.41米，浮雕雌雄蟠龙，从下往上缠绕，龙头硕大，横跨凌空0.62米，张嘴含珠，腾空欲飞，为全国最大青石龙柱之一。抱厦前的青石浮雕五龙丹墀，筋骨鳞爪毕现，功力透彻，亦映衬出关公的勇武精神。2013年，零陵武庙与零陵文庙合为零陵文武双庙被列为全国重点文物保护单位。

【廻龙塔】位于零陵区城北廻龙塔路西侧潇水东岸。明万历甲申年（1584），邑人右佥都御史吕藿为镇水患而建。廻龙塔虽为明代建筑，但却保存了诸多宋代建筑手法和艺术风格，各层平座与腰檐之间高度不等，使塔身外形立面具有变化丰富的韵律感。双筒体的组合结构，配以每层台阶进出方向的不同，有如迷宫。平座和腰檐下设有五镇作斗拱，斗为砖制，拱为石作，形制上保留了宋代建筑的遗风。塔顶置覆体，上置铁相轮与宝葫芦顶，其上置铜针，绕塔仰望，塔顶宝葫芦似与彩云相接，不仅增添了宝塔雄姿，且具避雷作用。

【周家大院】位于零陵区富家桥镇东南18公里何仙观涧岩头村。始建于明世宗嘉靖年间（1550），完成于清光绪三十年（1904）。因聚族而居于大院里的世代子孙均为宋代理学鼻祖周敦颐的后裔，故名"周家大院"。由六座庞大的民居宅院组成，包括老院子、红门楼、黑门楼、新院子、子岩府。2006年被列为湖南省第八批省级文物保护单位，2007年评为中国历史文化名村并列为全国重点文物保护单位。

【岁圆楼】1008年建成。位于双牌县理家坪乡坦田村，古民居群落。主体部分由"六如第""二润庄"和"四玉腾飞"组成。一栋三进，砖木结构。每栋由前、中、后三进厅及南北厢房组成。门前全部用大青石铺地。门楼飞檐翘角，两根门柱立在镌刻有精美图案的圆柱形石磴上。门框由条青石组成，上有阳刻的对联。门楣由整块的条石架在门框石上，两头是浮雕石狮、石麒麟。门坎也是整块的青石，上刻"双凤朝阳""龙凤吉祥"图。大门是两寸多厚的木板，上有铜制门钹装饰。进门设有照壁。照壁由四块实木板组成，每块都能活动，可以方便地装取。木板面向厅堂的一面上刻有精致的花纹图案。紧临照壁的就是天井。天井约两米宽，二点五米长，由三块青石板铺成。四角是行笔流畅、美观大方的角纹。天井中砌有两个相对的青砖柱子，柱子上安放着大花盆。天井旁是一圈明沟，明沟与暗沟相通，天井与天井之间由暗沟相连，组成了完整的排水系统。天井的两边为厢房。

【淡岩石刻】 位于零陵区富家桥镇富家桥村淡山脚下淡岩内。淡岩摩崖石刻众多，其年代最早可追溯至秦代，有年代可考究的最早石刻是宋熙宁七年（1074）的《柳应辰记》。宋崇宁三年（1104）黄庭坚游淡岩写下了《淡山岩诗》二首，并发出"永州淡岩天下稀"之感叹。自此，历代文人名士摩肩接踵，纷至沓来，淡岩石刻也日渐增多。宋有柳应辰、黄庭坚、周敦颐、张子谅、邹昌龄、李建中、宋迪、范祖禹、杨万里、卫樵，明有徐霞客、张勉学、王泮、顾璘，清有杨翰、萧昌炽、周崇傅，民国有韦荣昌等约400余人游淡岩并撰文题刻。淡岩石刻，文献记载的共有206方，其中宋代152块，元代2块，明代28块，清代24块。碑刻书体有篆、隶、楷、行、草等体。2013年列为国家级重点文物保护单位。

【李达故居】 位于冷水滩区，北靠湘江，两岸群山环抱，绿树掩映。故居出门左边的墙壁上，迄今还保存着李达同志亲笔题写的"辅仁小学"四个遒劲的大字。1987年5月，冷水滩区人民政府将李达故居公布为重点文物保护单位。1990年9月，冷水滩区人民政府拨出专款进行全面的维修，并开辟了李达生平陈列室，陈列了李达部分遗物、手稿及从事革命活动和工作的照片资料。

【怀素】（737-799），唐代书法家，字藏真，俗姓钱，永州零陵人，唐代书法家，以"狂草"名世，史称"草圣"。自幼出家为僧，经禅之暇，爱好书法。与张旭齐名，合称"颠张狂素"。怀素草书，笔法瘦劲，飞动自然，如骤雨旋风，随手万变。他的书法虽率意颠逸，千变万化，而法度具备。怀素与张旭形成唐代书法双峰并峙的局面，也是中国草书史上两座高峰。传世书法作品有《自叙帖》《苦笋帖》《圣母帖》《论书帖》《小草千文》诸帖。

【周敦颐】（1017-1073），又名周元皓，原名周敦实，字茂叔，谥号元公，北宋道州营道楼田堡，今道县人，世称濂溪先生。周敦颐是北宋五子之一，是宋朝儒家理学思想的开山鼻祖，文学家、哲学家，著有《周元公集》《爱莲说》《太极图说》《通书》（后人整编成《周元公集》）。所提出的无极、太极、阴阳、五行、动静、主静、至诚、无欲、顺化等理学基本概念，为后世的理学家反复讨论和发挥，构成理学范畴体系中的重要内容。

【何绍基】（1799-1873），晚清诗人、画家、书法家。字子贞，号东洲，别号东洲居士，晚号蝯叟。道州（今道县）人。道光十六年进士。咸丰初简四川学政，曾典福建等乡试。历主山东泺源、长沙城南书院。通经史，精小学金石碑版。据《大戴记》考证《礼经》，书法初学颜真卿，又融汉魏而自成一家，擅长草书。有《惜道味斋经说》《东洲草堂诗·文钞》《说文段注驳正》等著。

【李达】（1890-1966），出生于零陵郡岚角山镇一个佃农家庭。中国共产党创始人之一，1920年参加上海共产主义小组，主编《共产党》月刊。中共一大被选为宣传主任。北伐战争时期任国民革命军总政治部编审委员会主席。曾任湖南大学、武汉大学校长，中国哲学学会会长、中共八大代表、第一至三届人大代表、三届人大常务委员，第一、二届政协委员等职。著有《社会学大纲》《实践论解说》《矛盾论解说》，主编《唯物辩证法大纲》等。

【陶铸】（1908-1969），无产阶级革命家、国务院原副总理，原名陶际华，号剑寒，永州祁阳人。1926年入黄埔军官学校，同年参加中国地方从事兵运工作。1929年到1933年，先后担任中共福建省委秘书长、书记，漳州特委书记，省委组织部长，福州中心市委书记等职务。1937年出狱后被组织派往湖北担任省委常委兼宣传部长，创建了鄂中游击区。1940年到延安，先后任中央军委秘书长，总政治部秘书长兼宣传部长，出席了中国共产党的第七次代表大会。在平津战役中，陶铸化装进入北平同傅作义将军谈判。建国后，先后担任中南军区政治部副主任、主任，广西省委代理书记，中共中央华南分局书记，中共广东省委第一书记，中共中央中南局第一书记。在中国共产党第八次全国人民代表大会上当选中央委员。在党的八届十一中全会上当选为中央政治局委员、中央政治局常委，兼任中央书记处常务书记，并任国务院副总理、中共中央宣传部部长。

【蒋先云】（1902-1927），字湘耘，别名巫山，新田县大坪塘乡大坪塘村人，黄埔一期高材生，毕业后留校任政治部秘书，为"黄埔三杰"之首，以其卓越的才能，成了国共两党合作与交往的桥梁，在承上启下、出谋定计、沟通信息和促进团结合作的过程中发挥过无可代替的作用。1919年参加"五四运动"，1921年相继加入中国社会主义青年团、中国共产党，1922年与李立三、刘少奇等领导安源工人大罢工，1925年在周恩来领导下发起成立中国青年军人联合会，同年参加两次东征，1927年任湖北省工人纠察总队队长，5月28日在河南临颍英勇牺牲，后被追赠为中将军衔。

◇ 城市生态

【综述】永州先后出台了《关于加快推进生态文明建设的实施意见》《永州市水污染和大气污染治理实施方案（2016-2020年）》《永州市落实〈水污染防治行动计划〉实施方案（2016-2020年）》等一系列方案措施。永州市冷水滩区湘江水源地、零陵区潇水水源地、祁阳县湘江水源地、道县潇水水源地4处水源地成为全国重要饮用水水源地。实施监测的46个水功能区中Ⅰ、Ⅱ类水超过97%，12个重要饮用水水源地水质在Ⅱ类水以上。2016年，全市共有国有林场29个，国家级森林公园8个，省级森林公园4个，国家湿地试点公园8个，新建湿地保护区、湿地公园3个。全市自然保护区6个，面积101.74万亩，其中国家级4个，省级2个。森林蓄积量6176.16万立方米，森林覆盖率64.7%。城市建成区绿化覆盖率和人均公园绿地面积分别达到41%和12.45平方米，水岸、道路、村庄林木绿化率分别达到92.4%、86.6%和33.7%。

【都庞岭国家级自然保护区】 位于市境内西南端与广西交界处，南岭山地中部、都庞岭主脉。东与道县清塘镇、江永县千家峒乡相连，南与江永县允山镇相接，西与广西灌阳为界，北与道县寿雁镇、仙子脚镇相邻，地理坐标为东经111°5′~111°23′，北纬25°15′~25°36′。保护区总面积20066公顷，核心区、缓冲区、实验区面积分别为7497公顷、6195公顷、6376公顷；分别占37.4%、30.8%、31.8%。主要保护对象是中亚热带向南亚热带过渡地带上最具典型和代表的植被类型及森林生态系统，属森林生态系统类型自然保护区。

【祁阳浯溪国家湿地公园】 以湘江干流浯溪库区、湘祁库区和石洞源水库为主体，包括浯溪库区、湘祁库区及洪泛淹没区，与之相连的白水、祁水、黄花河、石洞源水库、沿岸河洲漫滩及部分山地。总面积3453.5公顷，其中湿地面积3034公顷，湿地率达87.8%。公园湿地生态系统完整性好，生态系统类型多样，动、植物资源丰富，有

野生脊椎动物5纲28目81科220种，其中国家二级保护动物15种。种子植物95科293属439种，其中，湿地植物68科148属282种，国家二级保护植物6种。

【零陵潇水国家湿地公园】 位于南岭山脉北部、零祁丘岗盆地南端、"南岭山脉生态屏障"向"湘江生态屏障"过渡地带，范围包括潇水、贤水零陵段及周边部分山地等。湿地面积1376.2公顷，湿地率达88.82%。湿地公园涉及7个乡（镇、街道）48个村。划分为保育区、恢复重建区、宣教展示区、合理利用区和管理服务区5大功能区。湿地公园在涵养水源、调蓄、净化水质、改善区域气候、保障国土生态安全等方面发挥着重要的功能。

【江永永明河国家湿地公园】 位于江永县西北部，有熔岩喀斯特地貌特征，属于交错过渡地带，西起大坪坳水库，东至江永与道县交界处，北至都庞岭国家级自然保护区，南至松柏瑶族乡棠景村，总面积1058.64公顷。其中，自然湿地面积占85.4%，人工湿地占7.4%，湿地率88.8%。内有国家重点保护野生植物报春苣苔、野大豆、伞花木等11种，种子植物达700多种。有国家重点保护动物虎纹蛙、小鸦鹃等17种，脊椎动物250余种。

【双牌日月湖国家湿地公园】 总面积3882.9公顷，范围从双牌县潇水大桥开始，沿潇水往上至理家坪车龙村水域（大坝以上称"日湖"，大坝以下称"月湖"）及周

边河汊水系、部分山林地。湿地公园由南向北呈狭长型廊道走向，全长约51.5公里，湿地率为56%。划定为保护保育区、恢复重建区、宣教展示区、合理利用区和管理服务区5个功能区。公园以湿地和生物多样性保护为核心，以建设长江以南"中华秋沙鸭"等候鸟重要越冬栖息地为重点，以生态文化为内涵，以生态旅游为依托，集湿地保护保育、恢复修复、科普宣教、科研监测和合理利用于一体。

【阳明山国家森林公园】位于湖南、广西、广东三省区交界处，主峰海拔1625米。方圆数十里间，山高水秀、林木茂密，环境幽美，景色迷人，是个天然游览胜境。阳明山境内70%的山地海拔在1000米以上，群山连绵，山峰环立，主峰望佛台海拔1624.6米，登峰远眺，极目千里，上可达九嶷，下可见衡岳。山高谷幽，石怪峰奇，森林茂密，树种繁多，松涛和鸣，秀竹滴翠，流泉飞瀑，云山雾海，路转峰回，鸟语虫鸣，奇花异草，相互辉映，人立山间，宛若进入"鸟鸣山更幽"的人间仙境。万寿寺是阳明山国家森林公园的核心景点。

【月岩国家森林公园】位于道县境内。公园内动植物资源十分丰富，月岩林场有维管束植物214科、861属、1949种，其中包括国家一级保护植物3种（资源冷杉、南方红豆杉、伯乐树），二级保护植物35种。南岭山地的代表树种长苞铁杉屹立在山岩，苍劲、挺拔，国家二级保护植物福建柏在这里

广泛分布，并组成了我国现存最大面积的群落。道州野橘在这里广为分布并组成群落。境内分布有脊椎动物226种，其中陆生脊椎动物202种。在这些陆生脊椎动物中，属于国家二级保护的动物有21种。

【福音山国家森林公园】位于新田县城郊，属湘、粤、桂三省区交汇地带，为南岭山脉（阳明山）南麓。公园总面积6829.7公顷，森林覆盖率90.3%。公园内有种子植物168科、675属、1410种，属国家一级保护植物2种，二级保护植物17种，保存有古树名录9000余株，有世界银杏之王、千年南方红豆杉、珍稀上甘茶等，野生动植物4纲、29目、82科、281种，属国家一级保护动物2种，二级保护动物22种，有金钱豹、林麝、穿山甲、红腹锦鸡、五步蛇等国家重点保护动物。

【湘江源国家森林公园】湘江的源头，位于蓝山县荆竹、紫良、大桥三个瑶族乡相交的板塘原始次森林自然保护区，于2008年被国家林业部批准为国家森林公园。公园内物种繁多，被专家们称之为"自然博物馆和天然植物园"，共有高等植物1699种，陆生脊椎动物201种，国家重点保护的野生动物30种，是我国南方生物物种保存最完好、最齐全的高海拔国家森林公园。

【紫金山】位于潇水河西面，南与道县相邻，北与芝山相交，西与广西全州相连。浩浩几百平方公里，巍巍几百座大山。在靠近双牌县城这一片，又名永山。山里有一条

透亮的河，名永水河。芝山的何仙观，也是紫金山的一部分，那里不仅物华天宝，也是出神话故事的地方。八仙过海里的何仙姑，相传就生于斯，长于斯。飞腿一双绣花鞋，引出了接履桥这一典故传说。据山里人讲，在紫金山的腹地，曾有一座仙姑庙，那是幼时何仙姑炼就奇术妙艺的地方。

【鬼崽岭】道县县城往南约30公里的田广洞村有一个神奇的鬼崽岭，宽约150多亩，石雕人像约1万个。这里古木参天、遮天蔽日。山上和附近池塘里散落着大大小小被当地人称之为"鬼崽崽"的几千尊石雕像。石雕像千姿百态，不一而足。它们有的悠然地坐在树杈上，有的懒洋洋地斜躺在土里，有的害羞地裸露在地面，还有的半身埋在淤泥里……有叱咤风云的将军，有指挥若定的军官，有冲锋陷阵的士卒，有手执玉笏文臣，有大腹便便的孕妇……有的慈眉善目，貌若神仙；有的竖眉鼓腮，疾恶如仇；有的两手叉腰，有的腿散开；有的蹲着，有的站立……它们最高的约一米，小的仅有4至9厘米。

【潇湘公园】位于冷水滩河东。始建于1990年，占地面积38.7万平方米，现有职工120人。公园内地势起伏不平，最高海拔200米，最低海拔150米。园内森林茂密，山水依傍，空气清新，溪水潺潺，为永州市市民休闲、娱乐的主要场所之一。是在一座山上建造的公园，树木繁多。

【虎岩公园】位于冷水滩区零陵中路与狮岩路的交叉处，面积3万平方米，是冷水滩八景之一的"狮岩吼雨"的所在地，距火车站仅2公里。园内地貌怪异，岩石嶙峋、姿态各异，有"天然图画"之称；境内有亭台轩树，假山池沼，花草掩映，曲径通幽等人工景点；有游乐设施近100余种之多，主要有露天舞厅、冰场、液压自控飞机、欢乐小火车、碰碰车、中型激光射击、转马、唐老鸭、小飞机等。

【怀素公园】位于零陵区潇湘中路南面，是唐代著名书法家"狂草大师"怀素出家修行种蕉练字的地方。1957年，建亭一座，以护碑文，其旁种有芭蕉，用以托景。1992年，为纪念怀素，弘扬古文化，永州市人民政府在绿天庵一带依山修建了融古建筑和园林风格于一体的怀素园。该园占地面积为300亩，园内修建了醉僧楼、种蕉厅、求学亭、书禅经舍、公园湖、牌楼及竹长廊、石级踏阶、水榭湖心亭及曲桥、怀素像、游乐场，配置了水上游艇若干。

【永州市珠山污水处理厂】2016年建设，地点位于零陵区珠山镇。采用较为先进的污水处理工艺，其设计规模为4万立方米/日，先期日处理规模达到4万立方米/日，污水处理厂污水管网19千米，其中，管径DN300-500管网13千米，DN600-800的管网6千米；出水水质达到（GB18918-2002）一级排放标准的B标准。

【坦塘垃圾处理场】位于冷水滩区岚角山镇，2003年启动建设，占地1000亩，总库容1075万立方米，设计日处理垃圾860吨，服务期限30年，采用卫生填埋工艺，现已填埋处理垃圾137万吨。2007年2月开始填埋垃圾，中心城区及附近乡镇生活垃圾进入了垃圾场进行无害化处理，到目前累计卫生填埋处理生活垃圾约140万吨，垃圾无害化处理率达到100%。坦塘垃圾填埋场沼气发电项目占地面积2000多平方米，一期投资3500多万元，投入2千瓦燃气发电机组。

◇ 城市名片

【综述】永州古称零陵，得名于舜葬九嶷。九嶷山舜帝陵是舜文化的藏精之所，一代伟人毛泽东写下了"九疑山上白云飞，帝子乘风下翠微"的壮丽诗篇，更使九嶷山蜚声中外。自然风貌优美，境内国家森林公园有7处，舜皇、阳明、九嶷"三山"尤其有名。文化底蕴深厚，江永"三千文化（瑶族故地千家峒、千年古村上甘棠、千古之谜女书传奇）"更是增加了永州的神秘感。唐代著名的思想家、文学家、政治家柳宗元被贬永州十年中，写了著名的《永州八记》，使永州山水闻名于世。

【舜帝陵】位于宁远县城南三十公里处的九疑山，是中华民族始祖"五帝"之一——舜帝的陵庙。占地面积5万平方米，分为两个自然院落，九个单体建筑，从外入内有玉带桥、仪门、神道、山门、午门、拜殿、正殿、寝殿、左右厢房、左右碑房和碑廊，三面宫墙环绕；是我国始祖陵中最高最大的陵，被称为"华夏第一陵"。舜帝陵庙前广场东侧，有手书"九嶷山舜帝陵"汉白玉碑一块，北边是长长的神道，两旁并立石人石兽，神道尽头建三桥，横跨九嶷河。对面有山峰矗立，与舜源峰遥望，相传为娥皇峰。西北不远，是女英峰，两旁还有小山，叫美女峰和梳子峰，据说是女英的侍女。娥皇女英两峰并峙，有诗道："云际两峰立，相传是二妃。山山朝帝寝，树树带春晖。有泪洒斑竹，无人尚举衣。依稀松柏里，还见彩鸾飞。"

【九疑山】由许多山峰组成，其中有九座山峰，拨地而起，比较相似。元结《九嶷山图记》曰："九峰相似，望而疑之，谓之九嶷"。有名的山峰如娥皇峰、女英峰、舜源峰等。舜帝陵、紫霞岩溶洞、玉琯岩是九嶷山的主要景点。明朝大地理学家徐霞客曾在紫霞岩溶洞住了三天四夜，洞内留下唐代元结、宋代沈绅、寇准等名人骚客的石刻和墨迹。玉琯岩是秦汉至宋元时的舜庙旧址，留下了大量的摩崖石刻，即玉琯岩碑林。九疑山斑竹又名湘妃竹、泪竹，是中国一种稀有珍贵的竹子。斑竹的外皮，有逼真的泪痕和批纹痕，呈棕黑色或紫晕色。"斑竹一枝千滴泪"，相传舜帝地巡，死于苍梧，葬于九疑，娥皇、女英二妃前来寻觅，历尽艰辛，终未得见，恸哭不止，泪珠洒在竹子上，即成了斑竹。1981年，这一带已经建立斑竹自然保护区。

【舜皇山】位于东安县西部30公里处，史籍记载为舜帝南巡驻跸之处，故名。主峰海拔1882.4米，总面积14549公顷，森林覆盖率为91.8%，原始次生林5300公顷。山中有高等植物1640种，野生脊椎动物118种，国家一级保护植物7种，国家一级保护动物8种。千米以上高峰12座，景观多变；峡谷9条，层进渐险；30米落差以上瀑布22处，吐珠喷雾；大型溶洞13个，景致精美；怪石、崖壁26处，似物像人，巧妙逼真；成景山泉7处，淙淙流淌。山、水、石、林巧合成景，岩、泉、树、藤自然成趣，四时花开不断，气候宜人。更有山北之古庙，山麓之舜王庙及多处名人题咏碑刻等人文景观。中国工农红军二万五千里长征，中央直属机关的"红章"纵队和"红星"纵队于1934年11月17日从新宁县老山界途经东安县舜皇山大庙口镇塘旁边，翻越"雷群岭"进入广西桂林地区。

【江永女书】女书，世界上唯一的女性文字。古时，江永县上江圩镇及周边一带的女性中出现并传承一种符号般的文字——女书。她们书写七言、五言诗，或七言间五言、五言间七言和长短句。2002年4月，被列入"中国档案文献遗产名录"。2005年10月，女书以"全世界最具性别特征文字"收入《吉尼斯世界纪录大全》。2006年6月，女书习俗列入中国非物质文化遗产名录。女书常用字500字左右。字形如长菱，笔画纤细均匀，似蚊似蚁，民间俗称为长脚蚊字或蚂蚁字。古时，用棍子笔沾墨汁写在毛边纸、折扇上，绣在手帕、织在花带上。与其他文字相比，女书有五处独特：一是妇用男不用；二是传女不传男；三是记录当地方言土语，用当地土语唱读；四是字形奇特，右高左低，呈长菱形；五是人死书焚，陪葬送终。现存的女书文本最早为明、清时期留下的。

【玉蟾岩遗址】首次发掘在1993年，1995年第二次发掘，1995年被评为全国十大考古新发现。遗址文化堆积厚1.2~1.8米，出土遗物主要为打制石器和骨、角、牙、蚌制品及大量的动物遗骸，呈现出由旧石器文化向新石器文化过渡的面貌，时代约在1万年前。特别在两次发掘中均发现有稻谷遗存，是探索稻作农业起源的时间、地点及水稻演化历史的难得实物资料。此外，出土的火候很低，质地疏松，外表呈黑褐色的陶片，对探讨中国制陶工艺的起源与发展有重要价值。

【上甘棠村】距江永县城西南25公里，现有453户居民，共1865人，除7户人家是建国后迁入该村的异姓外，其他都是周氏族人。周氏族人自宋代以前就开始定居上甘棠村，世代繁衍，延续至今。该村是湖南省发现的年代最为久远的千年古村落之一。从汉元鼎六年（前111年）起至隋开皇九年（589年）止在此建谢沐县治，长达700年。谢沐县以谢沐二水汇合为谢沐河而得名。这两条水实则为雌雄二水。雄水发源于都庞岭雄川源，源于高山雨水；沐水为雌水，源于石灰岩地下水。雄雌二水汇合处，山环水抱。周氏先祖唐朝天宝年间在此定居立宅，取名甘棠，至今已达1240年。名胜古迹甚多，碑亭楼阁完好。明清时期，这里是农村集市贸易中心。周氏在此定居千余年，成为"忠孝廉节"和崇文尚武的教化之乡，历代出过节度使、尚书、宣政大夫、太守、刺使、知州、通判、县令、文林郡、将军等100人。

【城市荣誉】国家卫生城市（2015）；全国创新社会治理优秀城市（2016）；全国森林旅游示范市（2017）；国家历史文化名城（2017）。

【友好城市】2012年6月18日，与广东省湛江市缔结为友好城市；2012年与昆明结为友好城市；2008年10月13日，与斯里兰卡中部省努瓦拉·埃丽亚市缔结为友好城市；2012年5月2日，与马来西亚巴生市缔结为友好城市。

【城市象征】2015年3月4日，永州市人大常委会审议通过了市人民政府《关于将香樟和杜鹃确定为我市市树和市花的议案》，确定香樟为永州市市树，杜鹃为永州市市花。

湖南城市大典 怀化市

怀化市

❦

　　怀化市，别称鹤城，自古素有"黔滇门户""全楚咽喉"之称，1998年设市，有"广木之乡""水果之乡""中药材之乡"的美誉，是一座火车拖来的城市，全国性综合交通枢纽，中华民族抗战胜利的受降地，世界杂交水稻的发源地。

◇ 城市概况

　　【区域范围】怀化，别称鹤城，古称鹤州、五溪，湖南省辖地级市。全国性综合交通枢纽城市，武陵山经济协作区中心城市和节点城市。宋代以"怀柔归化"之意设怀化砦，怀化之名由此得来。位于湖南西部偏南，南接广西（桂林、柳州），西连贵州（铜仁、黔东南），与邵阳、娄底、益阳、常德、张家界等市和湘西苗族土家族自治州接壤，地处东经109°10'~110°35'，北纬26°9'~27°54'，东西宽229公里，南北长353公里，总面积27564平方公里，是湖南省面积最大的地级市。辖12个县（市、区），包括鹤城区、洪江市、中方县、沅陵县、辰溪县、溆浦县、会同县、麻阳苗族自治县、新晃侗族自治县、芷江侗族自治县、靖州苗族侗族自治县、通道侗族自治县。中共怀化市委员会驻迎丰中路333号，怀化市人民政府驻鹤城区府前路1号，电话区号：0745，邮政编码：418000。

　　【地理环境】怀化处于武陵山脉和雪峰山脉之间，沅水自南向北贯穿全境。地形复杂，山水相间，雪峰山脉山体主脊海拔在1000~1500米，最高峰苏宝顶山位于洪江市境内海拔1934米。雪峰山脉西坡较缓，东坡较陡，成为湖南东西两半部自然呈现的天然分界线，也是资水与沅水的分水岭。怀化市属中亚热带季风气候区，四季分明，冬无严寒，夏无酷暑，光热资源丰富，雨量充沛，且雨热同步，对农作物生长有利。但受地形影响，地域差异和垂直差异明显，气候类型多种多样，旱涝等自然灾害时有发生。全市年平均气温16.4℃，西南部山间盆地年均气温较高，北部和南部岗地段低，年均无霜期为287天，平均年日照时数为962~1452小时。

　　【资源物产】怀化是华南的重要林区，生态优势独特，森林覆盖率高达70.83%，是全国九大生态良好区域之一，有原始次森林30多处，国家级湿地公园、森林公园和自然保护区16个，省级森林公园和自然保护区28个，处处都是"天然氧吧"，被誉为"一座会呼吸的城市"。境内林木种类达3716种，其中27种属国家重点保护品种；药用植物达1900多种，蕴藏量居全省第一、全国第二，175种为国家重点中药材保护品种，其中茯苓出口量占全国出口量的70%以上。水能理论蕴藏量达346.5万千瓦，占全省四分之一，属全国10大水电基地之一。物产非常丰富，靖州杨梅、溆浦蜜枣、麻阳冰糖橙、沅陵茶叶、新晃黄牛肉久负盛名。

【建置沿革】怀化历史悠久，古称鹤州、五溪。新石器时代就有先民在此繁衍生息。春秋战国属"荆楚之地"。秦朝统一中国后在此立郡置县。唐代设辰州等6州。宋代以"怀柔归化"之意设砦，怀化之名由此得来。元代隶属湖广行省。明代隶湖广布政使司。清康熙三年湖南设省，怀化市境划归湖南省。新中国成立后，怀化分设会同、沅陵两个专区。1952年撤销沅陵专区，以会同专区为基础成立芷江专区，形成现在怀化市的雏形。1953年改名黔阳专区。1968年改称黔阳地区。1975年，黔阳地区移治怀化县城，1981年改称怀化地区。1998年撤销怀化地区，改设地级怀化市。

【人口民族】2017年底，全市总人口达521.82万人，年末常住人口达496.00万人。常住人口中城镇人口228.90万人，乡村人口267.10万人，城镇化率为46.15%。全市有汉、侗、苗、土家、瑶等51个民族，有5个少数民族自治县、2个少数民族人口过半县，少数民族以侗族、苗族、土家族、瑶族等为主，少数民族人口达210万，占全市总人口的40.5%。

【区位交通】怀化境内湘黔、焦柳、渝怀铁路呈"米"字交汇，沪昆、张吉怀、怀邵衡等高铁快铁呈"大"字交汇，是全国72个铁路交通枢纽城市之一、全省第二大高铁枢纽。杭瑞、沪昆、包茂、娄怀、绕城高速公路四通八达，通车里程达到680公里，居湖南省首位。芷江机场已开通至北京、天津、上海、深圳等13条航线。以沅江为主体的水运体系通江达海、十分便捷。立体的交通网络，承东启西、连通南北的区位优势，使怀化成为国家"一带一路"战略中联结海上丝绸之路与陆上丝绸之路的重要节点。

【社会发展】2016年，全市有普通高校4所，义务教育阶段合格学校516所，各类民办学校654所、在校学生11.06万人。每万人口发明专利拥有量0.5件，R&D经费（全社会研究与试验发展经费）支出占GDP比重0.69%。全市拥有卫生计生机构（含村卫生室）4789个，其中，医院、卫生院394个，村卫生室3588个，社区卫生服务中心（站）26个，妇幼保健院14个，专科疾病防治院1个。卫生技术人员28495人，其中，执业医师和执业助理医师10959人；注册护士11677人。疾病预防控制中心（防疫站）14个，有卫生技术人员503人。医院、卫生院床位29703张。每千人拥有执业医师数

2.23人。城镇基本医疗保险参保人数112.32万人，其中，城镇居民基本医疗保险参保人数65.18万人，城镇职工基本医疗保险参保人数47.14万人。城镇基本养老保险职工人数37.19万人，新型农村养老保险参保人数270.00万人，新型农村合作医疗参保人数386.39万人。

◇ 城市建设

【综述】近年来，怀化城市建设紧紧围绕"一极两带"和"一个中心、四个怀化"发展战略，按照"南延北扩、靓河纳山"的总体思路，优化功能布局，完善配套设施，城市建设不断提速，城市品质不断提升，中心城区基础建设扎实推进，环城北路、高堰东路、云集西路、刘塘路、红星北路、迎丰路立交桥、顺天南路延长线、环城东路南延段竣工通车，湖天大桥及锦溪桥改扩建完成，高堰西路、顺天南路、香洲南路、高堰大桥、鸭嘴岩大桥等项目有序推进。城乡交通网络不断完善，怀化铁路枢纽改造及编组站搬迁、怀邵衡快铁、武靖高速、怀芷高速、怀化综合客运枢纽站、城市公交站场等项目加快推进。鹤中洪芷生态城镇群建设步伐加快，高铁新城核心区完成规划设计。随着智慧怀化云计算中心投入试运行，主城区市容市貌明显改善，成为湖南省2016年文明城市，全面启动国家卫生城市、全国文明城市、国家园林城市创建，城市宜居度、美誉度不断提升。截至2017年底，中心城区建成区面积扩展到64平方公里、道路骨架拉开到85平方公里、常住人口达到56.72万，城镇化率达到46.15%。一座欣欣向荣、宜居宜业的生态中心城市正在加速崛起。

【城市规划】根据《怀化市城市总体规划（2007-2030）》，至2030年，预计城市人口85万人，城市建设用地总规模85平方公里。城市空间结构为"四心辉映、八片交融、四山环绕、两水穿城"，构成"山水之间、城市交融、组团布局、共为一体"的生态型山水空间城市结构。以城中区为依存，城市绕城快速环道以内地区为核心，湖天路、天星路、迎丰路、红星路、武陵路—舞阳路、顺天路、鹤洲路—正清路为放射主轴，依托"山水"组织契入绿地，以铁路、城市主干道、河流为界，形成中心城区"一核三轴六组团"空间格局和"一圈两水四山七园"生态布局。

【怀化高铁新城】用地规模约34平方公里，用地范围为太平溪、卢林路、绕城高速围合区域，是中心城区"一核三轴六组团"重要组成部分。根据规划，高铁新城包括核心区、严控区和其他区域三部分，其中核心区域面积约为10平方公里；综合定位为以交通枢纽、文化设施、居住、综合商务、商业为主要功能，兼具生态游憩、旅游接待功能于一体的，集中展示怀化市城市特质并具有国际品质的综合生态新城。规划到2020年，将高铁新城打造成"怀化城市门户""现代交通枢纽""商业商务中心""旅游集散中心"和"高端居住社区"。

【芷江机场】位于芷江侗族自治县，距怀化市40公里，距高铁芷江站5公里，为4C级民用机场，是湖南省支线机场之一。始建于1936年10月。2003年1月，改扩建工程开工建设，2005年12月正式通航；2017年1月20日，飞行区扩建工程通过行业验收。改扩建后的芷江机场占地2270亩，跑道长2600米，宽45米，厚度0.3米，两侧道肩各1.5米，联络道长208米，停机坪22900平方米（100米×105米），跑道两端设有长60米，宽48米的防吹坪，可满足波音737-300型飞机（140个座位）全载起降。

【怀化火车站】位于鹤城区鹤洲路，占地面积为1.25万平方米，是中国铁路广州局集团有限公司怀化车务段管辖的客运站，为湘黔、焦柳、渝怀3条铁路交会的枢纽，车站主要办理客运业务，担当客运列车的分解、摘挂和技术作业，办理货物列车接发工作。每日始发旅客列车15对，通过客车50.5对，年发送旅客560万人次，办理行包42万件。

【怀化南站】即怀化高铁南站，位于鹤城区湖天大道东侧、高堰路南侧，是沪昆高铁、怀邵衡快铁（在建）的和张吉怀高铁（在建）的高速动车（G）、普速动车（D）共用枢纽站。车站现设5个站台14条轨线，引入张吉怀高铁沪昆场新增1台1线、引入怀邵衡场新增2台4线，预计总规模达8台19线。怀化南站正启动实施改扩建工程，

拟新增1.86万平方米线下候车室，配套规划7条动车存车线（远期动车所）。2017年全年发送旅客近400万人次。

【怀化综合客运枢纽站】位于鹤城区湖天片区盈口乡岩头村，沪昆高铁怀化南站西侧。于2016年5月9日开工建设，总投资4.8亿元，征地面积5.232公顷（78.48亩），建筑面积7.2万平方米。建成后的枢纽站包括客运区、修车区、停车场、交通信息大楼4个主要部分，平均日旅客发送量可达11069人次，地下将设两层停车场，有550个停车位。建成后的综合枢纽站为一级站规模，实现与高铁无缝对接，旅客出行"零换乘"。

【怀化绕城高速】位于鹤城区、中方县境内，路线起于怀化市神家庄，北接娄怀高速泸阳枢纽，南接包茂高速董家枢纽，路线全长23.6公里，2010年12月开工建设，全线共设置泸阳（枢纽）、怀化东、杨村、怀化南、董家（枢纽）5处互通式立交，怀化东、杨村、怀化南匝道3处收费站，以及隧道监控站1处。主线采用双向四车道高速公路标准建设，设计速度100千米/小时。

【迎丰路】西起麻阳路口，东至环城路口，全长6.25千米，东接S223，西连G320。作为怀化中心城区的东西大动脉和城市空间发展的最重要轴线，它不但是城市经济腾飞的重要载体，更是怀化城市景观形象的重要窗口。分为迎丰西路、迎丰中路、迎丰东路，在怀化东北至西南绵延约6500米。于2000年和2010年经历过二次大改造，改造后

的目标定位为改造成宜人、舒适的城市样板街，更亮、更绿、更美的迎丰路。

【湖天大桥】为湖天大道骨干桥梁，1996年建成通车，长334米、宽20米、双向四车道。2015年对湖天大桥进行拓宽改造，由北端接线、湖天大桥和南端接线组成，建成后与大桥两头的道路等宽。其中北端接线长82米，湖天大桥长334米，南端接线长99.475米，全长515.475米，设计标准宽度40米，双向8车道。另外，大桥还设置2.5米宽的非机动车道。2017年建成通车。

【怀化市自来水有限公司】始建于1975年，前身为怀化市供水总公司，2011年划归怀化市水务投资集团有限公司管理，2013年更名为怀化市自来水有限公司，主要负责市区供水设计、建设、维护、运营和管理以及供水水质检测等工作。截至2016年底，公司已建成自来水厂两座，合计日供水能力25万立方米。现有各类供水管线770公里，其中DN300以上供水干管140余公里，供水管网基本覆盖怀化城区范围，直接供水服务人口近50万人。公司具备市政给排水勘测、设计、施工、管网查漏、水质监测、水表检定等较为完备的综合资质和能力。

【五溪文化广场】建成于2004年4月，总面积320亩，水域面积60亩，分为中心广场区、人工园区和自然生态区，位于怀化市鹤城区卢林路。广场建设以五溪流域历史和民族文化为背景，以人工湖和植物造园为主要内容，充分利用自然空间。整个广场分为

七大功能区：以中心广场区为中心，合拥老年人活动区、儿童娱乐区、青年活动区和水上娱乐区，背倚民俗风情园和江南风情园。广场景点设计倚山就势，曲直随态，点上成景，环上成带。广场内的五溪柱、千鹤湖、音乐旱喷泉、五溪人物墙、大型电子显示屏、水幕亭等大型人文景观相互映衬，相得益彰。整个广场注重"人性化"设计，广场内的主要通道都安装了盲板，修建了无障碍通道，卫生间安装了残疾人专用卫具。广场一期工程于2003年7月破土动工，2004年4月底竣工开园。

【怀化学院】创办于1958年，前身为怀化师范高等专科学校，位于怀化市鹤城区怀东路180号。2002年经国家教育部批准升格为全日制普通本科院校。占地1100余亩，建筑面积42万平方米，分东、西两个校区办学。拥有馆藏图书139万册，电子图书55万册，中文期刊1712种；教学科研仪器设备总值达1.7亿元。有教职工1171人，其中教授84人、副教授243人，具有博硕士学位的教师分别为132人、569人；有省级教学名师1人，省级学科带头人7人；15人获得过曾宪梓教育基金奖，6人享受政府特殊津贴，8人分别获得"全国五一劳动奖章""全国优秀教师""全国教育系统劳动模范"称号。学校面向全国25个省、市、自治区招生，有全日制在校学生16241人，成人学历教育学生近4000人。学校现有21个学院（部、中心），55个本科专业，专业覆盖经、法、教、文、理、工、农、管、艺九大学科门

类，已同美国、加拿大、西班牙、乌克兰等国的高校建立了教学、科研及人才培养等方面的友好合作关系，并实现教师、留学生互派，形成了开放办学格局。

【湖南医药学院】国家公办的全日制普通医学本科院校，位于锦溪南路492号。学校肇始于1912年，前身为留美归国华侨、著名医学教育家、公共卫生学家颜福庆先生创立的长沙红十字会看护训练所，1924年正式建立长沙仁术护病学校，1961年从长沙迁到安江建立黔阳地区卫生学校，1984年搬迁至怀化并更名为怀化地区卫生学校。2000年3月，升格为怀化医学高等专科学校。2014年5月，经教育部批准升格并更名为湖南医药学院。学校占地面积1418亩，校舍建筑面积26.8万平方米，在校全日制大学生8995人，其中本科生4381人，现有教学科研仪器设备总值6453.0万元，图书馆馆藏纸质图书72.5万册，中外文纸质期刊708种，电子期刊70万册。现有教师603人，其中专任教师553人。有教授等正高职称教师70人，有副教授等副高级职称教师173人，具有博士、硕士学位教师295人，其中博士30人。学校现有直属三甲附属医院1所。有医学、管理学2个学科门类，开设12个本科专业。

【怀化职业技术学院】前身系1939年创建的国立第十一中学职业部，1950年2月，更名为湖南省安江农林技术学校。2003年4月在原湖南省安江农业学校和怀化机电工程学校合并组建的基础上成立怀化职业技术学院，位于鹤城区天星西路。占地面积900余亩，建筑面积20万余平方米，学生规模8000余人。学院开设高职专业25个，是工、农、文、理兼容的综合性职业院校，现有教职工429人，专任教师中有教授、副教授105人，博士、硕士74人；馆藏纸质图书30万余册，各类型载体文献15万余册，有同方知网电子期刊资源和先进电子阅览室；拥有设备先进的实验实训室62个，设有杂交水稻研究所、现代制造中心、计算机网络中心、电子电气实训中心、生物技术与组织培养中心、动物疫病诊疗中心、商贸物流实训中心和国家职业技能鉴定所等。

【怀化市第三中学】位于怀化市迎丰中路435号。学校始建于1958年，是国家西部开发助学工程"宏志班"承办学校、湖南省示范性高级中学。2015年8月正式成立怀化三中教育集团。现旗下共有怀化三中高中部（本体校）、东校区（民办公助学校）、大成学校（初中部）、拟建宏宇中学、对口帮扶学校为中方县二中和鹤城区振华学校。2011年，学校入选第四届"中国百强中学"，成为清华大学"新百年领军计划"优质生源基地，获得中国人民大学"校长直通车计划"推荐资格。学校现有88个教学班，在校学生5000余名，教职工404人，其中特级教师3名，高级教师172人，教学名师、学科带头人31名。

【怀化市第一中学】坐落于舞水东岸、中坡山麓，是怀化地区首批地级重点中学，湖南省示范性普通高中。学校始建于1943年，原名怀化县立中学，1974年7月，学校恢复原名为"怀化县第一中学"，1979年被确定为怀化地区首批地级重点中学，1983年5月怀化县改市，学校更名为"怀化市第一中学"，2002年跻身湖南省重点中学行列（后更名为湖南省示范性普通高中），2007年实行高、初中剥离，成为独立高中，目前在职教职工199人，在校学生2000余人。

【怀化市铁路第一中学】创建于1973年，前身是广铁集团公司的一所铁路子弟学校，2004年从铁路分离后归怀化市教育局直属管理。校园占地面积8.29万平方米，校舍面积3.5万平方米。现有教职员工198人，在校学生约2200人。现为湖南省体育传统项目学校，湖南省普通示范高级中学、湖南省现代技术教育实验学校。2012至2014年连续三年获得北京大学校长实名制推荐资质。

【怀化市第一人民医院】位于怀化市锦溪南路144号，成立于1970年，前身为湖南省铁路工程指挥部医院、怀化地区第一人民医院，是湖南西部集医疗、科研、教学、康复、预防于一体的大型三级甲等综合医院。医院占地255亩，业务用房11.86万平方米。职工2229人，专业技术人员2041人，有正、副教授369人，硕士研究生导师22人，博士6人，硕士205人，编制床位1800张，承担本科、硕士研究生等多层次教学任务。现有40个临床科室、15个医技科室，业务辐射周边五省市40余县市。

【怀化市第二人民医院】位于怀化市城东新区五溪大道（五溪文化广场对面）。始建于1944年，前身为湖南省立洪江医院，是怀化历史悠久的市级医院，现已发展成为一家集医疗、科研、教学及保健于一体的大型现代化医疗集团（怀化总院、靖州院区、洪江院区、坨院社区卫生服务中心）。医院占地面积367亩，编制床位1680张，在职职工1700余人。怀化总院位于怀化市城东五溪湖畔，有50多个临床医技科室。2014年8月，医院正式通过了湖南省三级肿瘤专科医院验收，怀化总院成为湖南省第二家、武陵山片区第一家规范化肿瘤三级专科医院。

【怀化市中医院】位于怀化市迎丰西路40号。创建于1958年8月，1989年和2009年分别与原怀化地区安江疗养院和中铁五局怀化医院合并，1995年创建二级甲等中医医院，2013年创建为集医疗、教学、科研、预防、保健、急救于一体的三级甲等中医医院，是湖南医药学院及长沙医学院附属医院，湖南中医药大学、吉首大学等临床教学医院。医院占地面积103.7亩，现有建筑面积7.8万㎡，编制床位862张，现有职工980名，其中高级职称人员130多名。医院目前针灸推拿科为国家中医药管理局重点专科；骨科、儿科、肛肠科、脑病科为省级重点中医专科；妇科、脾胃病科、中药学、中医护理为省级重点中医专科建设项目。

【怀化市图书馆】位于鹤城区湖天南路328号，2009年7月开工建设，2011年6月，正式开馆。占地25亩，总投资3980万元，总建筑面积8360平方米。馆内有藏书20余万册及电子图书上百万册，分文学、医学、体育等22个类别。可提供免费开放少儿阅读、电子阅读、报刊阅读、残疾人阅读、图书外借等服务项目。

【怀化市体育中心】位于锦溪南路和天星东路交汇处，是怀化市最大的全民健身中心，总投资约3.7亿，占地230亩，由主体育场、综合体育馆、室外全民健身广场、篮球综合馆（在建）构成，2008年建成主体育场，2010年建成综合体育馆，2011年8月怀化市体育中心场馆全面对市民开放，2017年开始建设篮球综合馆。主体育馆总用地面积9.4万平方米，建筑面积3.07万平方米，场馆高度35米，座位20000个，设有400米跑道及标准田径场，标准十一人制天然草皮足球场，多个运动员训练服务场地用房。综合性多功能体育场馆占地面积0.9平方米，建筑面积1.3万平方米，场馆高度23.8米，座位3600个，馆内有50×22米标准游泳池一个，22×15米标准跳水池一个，游泳池全年开放，温度较低时加热恒温开放。另建有标准篮球场两块，在铺设专业地胶和设备后可开展羽毛球和网球运动。

【怀化市博物馆】坐落在迎丰中路360号，1984年5月开始筹备，1985年11月建成开馆，占地面积7992平方米，建筑面积3964平方米，展陈面积1802平方米，主展馆为攒尖、盝顶、双阕式仿古建筑，馆名为著名画家黄永玉亲题，属于地市级综合性博物馆，2009年被评为国家三级博物馆。市博物馆收藏文物15000余件，其中一级45件，二级95件，三级1190件。免费对外开放时间为每周三至周日9：00-16：00，年接待游客观众10余万人次。

【五强溪水库】位于沅陵县，控制沅水流域面积的93%，1952年开始勘测，1956年和1980年先后两次动工又停工，1986年4月复工建设，1994年12月第一台机组发电，1996年底全部机组投产。水库以发电为主，兼有防洪、航运等综合效益。大坝为混凝土重力坝，最大坝高85.83米，正常蓄水位108米，总库容42.9亿立方米，属季调节水库，在上游凤滩水库配合下可将尾闾堤垸防洪标准由5年一遇提高到20年一遇。通航建筑物为单线连续三级船闸，设计年货运量250万吨，年过木量46万立方米。

【凤滩水库】位于沅陵县境内沅水支流酉水下游，下距沅陵县城45公里。水库库区流域跨湘、鄂、黔、渝三省一市共17500平方公里，占酉水流域面积的94.4%。水库总库容17.33亿立方米，正常水位205米，相应库容13.9亿立方米，死水位170米，相应库容3.3亿立方米，有效库容10.6亿立方米，库容系数0.067，属季调节水库。枢纽工程由大坝、坝内式厂房、深井式引水道、泄洪放空底孔、通航建筑物及灌溉进水管等部分组成。大坝坝型为定圆心定半径的混凝土空腹重力拱坝，最大坝高112.5米。枢纽于1970

年10月1日动工，1978年5月1日第1台投产发电，大坝工程1979年一季度基本完成，同年12月4台机组全部安装完毕投入运行。

【黄金坳镇】鹤城区辖镇，2015年芦坪乡与黄金坳镇成建制合并设立黄金坳镇。总面积78.35平方公里，距城区15公里，东与泸阳相连，南与盈口乡、石门乡毗邻，西与贺家田接壤，北与芦坪乡、凉亭坳乡交界，是鹤城区"三乡一镇"文化、经济、商贸中心。全镇交通便利，209国道贯穿全境，2014年基本完成全线改造升级；枝柳、渝怀铁路纵贯南北，镇区范围内设同田湾和黄金坳两个四级铁路站点；吉怀、溆怀两条高速公路建成通车，并与沪昆高速连通。全镇辖10个行政村、1个居委会，130个村民小组，总人口共16241人，5158户。黄金坳镇1999年被省批准为"湖南省山地开发与综合改革试点镇"，2005年又被列为省第二轮小城镇建设重点镇。

【中方镇】中方县辖镇，距怀化市区15公里，是怀化市生态工业园和中方县城（生态城）所在地。辖31个建制村，5个社区居委会，总面积288.2平方公里，总人口5.84万人。2015年11月24，湖南省民政厅办公室印发《湖南省民政厅关于同意中方县乡镇区划调整方案的批复》（湘民行发〔2015〕68号），同意中方镇、牌楼镇、炉亭坳乡成建制合并设立中方镇，镇人民政府驻龙井（原中方镇人民政府驻地）。

【泸阳镇】中方县辖镇，2015年由泸阳镇、聂家村乡、下坪乡成建制合并设立泸阳镇。该镇距怀化市中心13公里，是中方县东北部的经济文化中心。东北邻花桥镇，东南接新建镇，南界泸阳林场，西毗鹤城区坨院街道和黄金坳镇。该镇交通十分便利，湘黔铁路、S223省道贯穿全境，全镇辖28个村，3个居委会，156个村民小组，4490户，总人口4.23万。辖区内的怀化市磷化工总厂，建于1965年，是国有中型企业，化工部钙镁磷肥定点生产厂家和湖南省重点磷化工企业。位于该镇五里村境内的怀化金大地水泥有限责任公司，主要生产普通硅酸盐水泥，是怀化市重点民营企业，湖南西部最大的水泥生产企业。

【桐木镇】中方县辖镇，位于中方县西南部，东与洪江市太平乡接壤，南与洪江市双溪镇毗邻，西接芷江县罗卜田乡，北连中方县牌楼镇。距中方县15.7公里。辖1个居民委员会，9个村民委员会，总人口2.2万人，其中，城镇人口0.6万人，总面积101.4平方公里。围绕"建设葡萄产业强镇、打造乡村旅游之乡"目标，发挥自然区位优势，依托科技，抢占市场品牌，推进产业融合，逐步形成了以葡萄为主导产业，并建有葡萄酒庄1座，乡村旅游产业发展势头强劲。先后被评为"国家农业生产标准化示范区""湖南省新农村建设科技示范镇""湖南省环境优美乡镇""湖南省优秀科普示范基地"。特别是"湘珍珠"葡萄产业得到快速发展，被誉为"中国南方最大的葡萄沟"。

◇ 城市经济

【综述】近年来，怀化市经济结构更趋合理，工业经济提速升级，发展活力不断增强。拥有国家级、省级现代农业产业园20个，国家和省级科技创新平台17个，高新技术企业75家。落户怀化的500强企业29家，进出口企业47家。全市国家等级旅游景区（点）46个，其中，4A级景区（点）7个，3A级景区36个，2A级景区3个。靖州、鹤城、沅陵、溆浦、洪江区入列全省精品旅游线路重点县。获批成为全国农产品冷链流通标准化试点示范城市。会同、溆浦、辰溪、通道、新晃、麻阳、中方、沅陵、靖州、芷江共10县列入全国电子商务进农村综合示范县。2017年，实现地区生产总值1546亿元，同比增长8%。三次产业结构比调整为13.9∶35.8∶50.3，对GDP增长贡献率分别为7.2%、29.5%和63.4%。全社会固定资产投资1235.5亿元，一般公共预算收入136.53亿元，社会消费品零售总额620.9亿元，城、乡居民人均可支配收入分别达24490元、8840元。

【怀化高新技术产业开发区】位于中方县中方镇，总规划面积72平方公里，核心区面积约41.3平方公里。2003年7月14日开园，前身为湖南怀化工业园区，2006年4月，经国家发改委审定、省人民政府批复为省级工业园区。2016年7月14日，经省人民政府批复，设立怀化高新技术产业开发区。

2018年2月升级为国家级高新技术产业开发区。已形成以生物医药、农产品精深加工、装备制造为主导的高新技术产业，先后获批为国家农业科技园核心区、湖南省第一批循环经济试点园区、湖南省两型示范创建园区。

【怀化经济开发区】地处鹤城区、中方县、芷江县交界之处，是怀化主城区的重要组成部分。1998年经湖南省人民政府批准、国家发改委审核同意设立的省级经济开发区，规划面积82.15平方公里，建成区面积逾9平方公里。入驻企业1500余家，个体工商户1.2万余户，建成专业批发市场32家，营业面积达200万平方米，年商品交易总额达230亿元，日物流吞吐量近10万吨，基本形成以现代商贸物流业、配套服务业和产品加工（新兴产业）为主的发展态势。先后被确定为中国物流实验基地、国家现代服务业数字媒体产业化基地怀化分中心、国家工商行政管理总局怀化商标受理中心、省级服务业集聚区和省级电子商务示范基地。

【怀化国家农业科技园区】2015年2月经国家科技部批准建园。核心区面积1.5万亩，分布于怀化高新区、鹤城区坨院街道办事处、中方县中方镇和桐木镇的18个行政村范围内，集科研攻关、科普试验、示范推广、精深加工、贸易物流、培训交流、旅游观光七大功能于一体，包括现代农业科技博览、管理服务与培训、名特优水果种植、中药材种植、杂交水稻制种、高产优质竹木培育、特色家畜生态养殖、农产品精深加工与物流、休闲农业与民俗文化旅游九大功能区。形成"一稻"（杂交水稻制种）、"二木"（楠竹、杉木）、"三果"（冰糖橙、杨梅和刺葡萄）、"四药"（鱼腥草、茯苓、龙脑樟、天麻）、"五畜"（肉牛、肉羊、肉兔、生猪、肉鸡）的现代农业产业体系，打造怀化九丰现代农博园、新晃绿丰蔬菜产业园、中国南方刺葡萄沟等现代农业典范，培育农业产业化龙头企业41家，拥有中国驰名商标4个、湖南省著名商标78个、湖南省名牌产品11个。

【怀化九丰现代农博园】位于鹤城区坨院街道办事处。项目一期占地1000亩，总投资5.8亿元，集合了当今国内最先进的蔬菜种植技术、最现代的农业管理模式，成功实现生态、创新、融合发展和园区景区化、农旅文一体化。包括农业科技展示区、绿色果蔬栽培区、生态休闲体验区、蓝色海洋创意区、稻草人儿童游乐区、综合管理服务区六大板块，建设智能观光温室、生产温室、采摘温室、智能化育苗中心、海洋科技馆、冰雕乐园、农业技术培训中心等。其中智能观光温室占地36000平方米，为目前国内最大的独栋温控观光温室，整合了50多种先进的现代农业种植技术，种植的稀特品种达360种。海洋科技馆集科普教育、互动、餐饮、购物于一体的大型海洋观光科教场所，面积达6000多平方米，可同时容纳2000人参观。项目二期计划总投资6亿元，规划用地1200亩，以智慧农业、高端花卉、渔菜共生、农

耕文化四大板块为主题，计划建设智能观光大棚3.6万平方米、蔬菜恒温生产大棚面积30万平方米及园区路网等配套设施项目。

【湖南正清制药集团股份有限公司】创立于1992年，位于怀化工业园财富路7号。公司凭籍雪峰、武陵山脉丰富的中药材资源，建立了覆盖种植、科研、生产、销售的完整产业链条，同时在大品牌战略引领下推陈出新，打造湘西中药谷，致力于成为世界级优秀中医药企业。是国家中药现代化高科技示范企业、农业产业化国家重点龙头企业，拥有国内首家专门从事鱼腥草谱效学研究的企业博士后科研工作站，是湖南省重点高新技术企业和湖南省四大医药企业之一。公司拥有130多个药品批文，发明专利40余项。开发的"正清风痛宁片"等7个产品被国家卫生部列为国家中药保护品种，"青风藤现代系列制剂"项目被国家发改委评为高新技术产业化示范工程，正清风痛宁缓释片、玉清抗宫炎片被评为国家级重点新产品。正清风痛宁缓释片荣获湖南省优秀技术创新项目称号，青藤碱缓释制剂及制备方法2005年获湖南省优秀专利奖。

【湖南怀仁大健康产业发展有限公司】1996年创建，前身为怀仁大药房，2002年成立怀仁大药房连锁有限责任公司，2007年成立湖南怀仁药业公司。是集医药品零售、批发配送、医疗服务、健康体检为一体的区域强势品牌企业。公司现拥有总资产2亿元，员工2000多人，药师、执业药师117人，直

营门店98家，加盟店170家。门店遍及湖南、贵州、江西、湖北、浙江、广西六省27个地级市，50多个县城、乡镇。公司荣获："中国诚信示范单位""全国诚信光荣榜上榜单位""湖南省放心药店""湖南省重质量、守信誉百佳单位""湖南省医药行业诚信单位""湖南省重合同守信用单位""湖南省消费者信行过单位""湖南省品牌信誉百强企业"等荣誉称号。

【怀化华汉茶业有限公司】成立于2007年，位于中方县桐木镇，设有中方县桐木茶厂（原怀化市茶厂，始建于1970年）、华汉茶叶庄园、华汉时尚酒店、华汉茶业滨江店等，是集茶叶研发、种植、加工、销售为一体的茶企，同时发展旅游观光、休闲度假，已成为茶旅融合、农业休闲、科普实践为一体的复合型企业。公司主要产品有：雪笋茶、雪笋翠芽、茉莉花茶等，其中"雪笋茶"被评为湖南名茶，"雪笋翠芽"荣获湖南省农博会金奖。公司被评定为"全国青少年农业科普示范基地""湖南省五星级休闲农庄""湖南省科普基地"和国家AAA级旅游景区。

【湖南奥谱隆科技股份有限公司】成立于2008年10月，位于怀化市中方县泸阳镇，注册资本10002万元，以经营杂交水稻和杂交玉米种子为主，集科研、繁育、生产、加工、销售、推广、咨询服务为一体，具备全国育繁推一体化经营及进出口业务许可资质的农业高科技企业。"杂交水稻之父"袁隆平院士为公司题名并担任技术顾问。公司2012年批准建立"院士专家工作站"。曾获中国种业信用骨干企业，中国种子协会理事单位，湖南种子协会副理事长单位，湖南省农业产业化龙头企业，湖南省重点上市后备企业，湖南省创新型（试点）企业。

【湖南洪盛源油茶科技股份有限公司】原名怀化市洪源农林开发有限公司，成立于2007年，位于怀化市工业园发展路16号，注册资本一亿元。公司以农业产业化经营为己任，致力于油茶产业的开发建设，采取"公司+合作社+农户+基地+研发+精深加工+市场"的经营运作模式，立足打造国家级资源型、科技型龙头企业。在中方县、辰溪县、沅陵县集约山地2万亩，建设完成自有高产油茶林新造油料基地，并建成占地200亩规模的湖南西部最大优良油茶苗木骨干中心苗圃，2011年8月与北京中科前方生物技术研究所签署合作协议，建立中国首家油茶产业中试与孵化中心；首条油茶现代制造业终端产品中试生产线已于2013年1月竣工投产；2013年1月与国家质量监督检验检疫总局紧密合作，在洪盛源共同建立中国标准化研究院基地及油茶产品标准检测中心，是湖南省林业产业化龙头企业。

【怀化正大有限公司】是泰国正大集团与怀化市鹤城区合作兴办的大型现代化饲料加工企业，位于鹤城区沿河南路200号。公司投资1000万美元，占地108亩，1994年正式投产。现有两条生产线分别从美国MEC

和WEM公司引进，年生产能力18万吨，生产全过程实行电脑控制和自动计量检测，设备性能具有21世纪世界先进水平。公司通过了省级《饲料质量安全管理规范》示范企业验收、ISO9001：2008质量管理体系认证、ISO22000：2005食品安全管理体系认证。

【湖南佳惠百货有限责任公司】成立于1999年8月，是一家现代民营企业。公司发源于湖南西部怀化，集团总部位于鹤城区怀黔路1栋109号。下辖湖南零售连锁超市公司、贵州零售连锁超市公司、佳惠华盛堂百货公司、佳惠衣行顺鞋服公司、佳惠置业（萃圆房地产）公司、黄金屋房地产公司、怀化市中小企业信用担保公司、湖南惠农物流有限公司、专业批发公司等九大分公司。现拥有总资产8亿元，员工10000余人，直营门店70多家，加盟店200多家，门店遍及湖南、贵州两省地级市，建有怀化、贵阳2个物流配送中心及多个专业公司。

【冰糖橙】1935年在怀化洪江市安江镇发现，1976年育成后以果圆味甜如冰糖而定名，属于本地特产。冰糖橙肉质细嫩，风味浓甜，清香爽口，可溶性固形物12.3%以上。1984年1月，时任总书记胡耀邦来怀化考察时，对冰糖橙赞不绝口。如今，"冰糖橙"为国家原产地保护地理标志产品，荣获"中华名果"、中国百强农产品区域公用品牌、湖南省首届十大农业区域公用品牌等称号。全市冰糖橙种植面积45万亩，年产量达65万吨以上，不仅牢牢占据了国内冰糖橙消费市场，还漂洋过海，远销国际市场。

【碣滩茶】绿茶品种，属于中国国家地理标志保护产品和中国地理标志证明商标产品，1991年被评为"国际文化名茶"，载入《中国名茶录》，因产自怀化沅陵碣滩山区而得名，"质、形、色、香、味、气、韵"七品俱佳，茶汤内涵丰富，氨基酸含量达3.5%、茶多酚含量20%以上，水浸出物高达49.8%，高出国家标准12.8个百分点，为中国绿茶类之首，具有抗衰老、防癌、降三高的保健功效。1972年9月，日本首相田中角荣在访华期间，向周恩来总理提及碣滩茶，称其为"中日友好茶"。2017年，碣滩茶被评为"中国优秀茶叶区域公用品牌""湖南省十大农业区域公用品牌"，品牌价值评估为18.96亿元，是全市品牌价值最高的农产品品牌。

【靖州杨梅】湖南省农业十大区域公用品牌。靖州杨梅酸甜多汁、生态环保，具有色泽呈乌，果实硕大等特点，其特有的"木洞杨梅"更是享有"江南第一梅"的美誉。靖州杨梅种植面积达8.6万亩，优质杨梅基地十多个，年产鲜果近9万吨。

【靖州茯苓】茯苓自古被誉为中药"四君八珍"之一，据《本草纲目》记载，具有消肿、解毒、清火、利尿之药性，有养心安神治病之疗效，有光泽肌肤，去脂减肥健美之功用。靖州茯苓栽培历史悠久，享有"靖州茯苓甲天下"的美誉，已获国家地理标志保护产品、国家农产品地理标志、国家地理标志证明商标等荣誉。已成为全国茯苓最大的集散地和以茯苓为主的中药材生产、收购、转出口生产基地，茯苓系列产品远销日本、马来西亚、韩国、新加坡等10多个国家和地区，外贸出口量占全国的70%。

【新晃侗藏红米】怀化新晃独有的地理环境孕育出来的古老珍稀红米，有好运吉祥的民俗文化内涵，一直为新晃侗民所珍藏及食用，故名为新晃侗藏红米。侗藏红米稻兼有籼稻、粳稻及糯稻特征，为世界珍贵的复合型原生红米水稻品种，富含硒、铁、锌等微量元素和18种人体必需的氨基酸，营养全面均衡。新晃侗藏红米有丰富的原始稻作文化底蕴深厚，得到包括袁隆平院士在内的众多专家学者的高度重视和大力支持。2014年5月，新晃侗藏红米种植系统列入第二批中国重要农业文化遗产名录，成为全国与西湖龙井茶、福建铁观音等全国知名品牌同批入选中国重要农业文化遗产的吉祥红米。

【会同魔芋】国家地理标志保护产品。会同魔芋产地范围为会同县林城镇、坪村镇、堡子镇、马鞍镇、金竹镇、若水镇、团河镇、广坪镇、沙溪乡、连山乡、地灵乡、高椅乡、炮团乡、金子岩乡、青朗乡、漠滨乡、蒲稳乡、宝田乡共18个乡镇的现辖行政区域。魔芋被世界卫生组织定为十大保健食品之一。会同是全国闻名的"广木之乡""南竹之乡"，该地适宜魔芋生长，是全国为数不多的魔芋适生区。

【辰溪稻花鱼】怀化辰溪县素有稻田养鱼传统，其鱼以稻花为食，稻花谢尽、稻穗泛黄时节，稻鱼通身金黄，赤鳍红尾，收获后即可鲜食，也可深加工，肉质鲜嫩肥美，有一丝淡淡的的稻花芳香。清代乾隆年间，辰溪"稻花鱼"曾是朝廷贡品。近年来，通过采用生态种养、绿色防控等方式，稻花鱼生态环保品质日趋突出。2016年，获批国家农业部稻田生态种养绿色高产高效创建项目，养殖总面积达15万亩，年产稻鱼900万斤。2018年2月，成功获得农业部农产品地理标志保护认证。

【新晃黄牛】国家地理标志保护产品。新晃侗族自治县特产。该牛肉来源于中国南方最优良的黄牛品种之一，主产于新晃，新晃黄牛养殖已有上千年历史。牛肉特点是：肉质细嫩，香味浓郁，风味独特，营养价值高。它是根据当地自然条件和生产需要，经过长期的自然选择和人工选择而形成的品种，是中国南方最优良的黄牛品种之一，已被列入国家畜禽遗传资源保护名录。2016年全县养牛16.66万头，出栏肉牛5.72万头，有省级牛肉龙头加工企业3家，市级1家，年加工能力2万吨。

【芷江鸭】国家地理标志保护产品。芷江鸭在当地已有上千年的养殖史，以其制作的菜肴，更是被称为"湘西一绝"。白条鸭胴体肉色红润，皮薄，骨细软，皮下脂肪少，肌肉发达，切面有光泽，纹理清晰，富有弹性；熟肉酥嫩，煮沸烹饪后肉汤乳白色，香味浓郁，不腥不腻。活体鸭体长而丰满，嘴长，眼大而灵活，头稍小，颈细长，鼻孔较大略呈圆形，腿粗壮，两腿间的距离宽，胸部深宽，臀部丰满下垂而不擦地，尾部宽扁齐平，羽毛细致，以深褐色麻雀羽居多。

【溆浦鹅】国家地理标志保护产品。溆浦鹅是一个饲养年代悠久的著名地方品种，被原农牧渔业部定为优质鹅种，其体型大，肥肝性能特别，溆浦鹅肉质细嫩，全净膛肉为80%，可煮可炒。煮食清香味美，鲜嫩适口，肥而不腻；炒食酥脆，色美味浓，香酥，食而不厌；其肥肝胆固醇含量低，属动物内脏的低脂食品。溆浦鹅多饲养在溆水中游的平丘地区。

◇ 城市文化

【综述】怀化是中华文明的重要发源地，百万年的人类繁衍生息史、8000年的文明史和2200年的筑城置戍史，构成了怀化延绵厚重、源远流长、丰富独特的地域文化。怀化古城、古镇、古村群落众多，是湘西南古代政治文化中心、大西南商业中心。怀化13个县市区均被认定为革命老区，是向警予、粟裕、滕代远等老一辈无产阶级革命家的故乡，是红军长征通道转兵之地。怀化是中国抗日战争正面战场的前线，抗战最后一战——雪峰山会战的战场，中华民族抗战的受降地。怀化是世界杂交水稻的发源地，"当代神农"袁隆平在此工作生活37年，开启了杂交水稻的研究历程。怀化还是中国最

美侗乡、中国侗苗祖地、中国花瑶之乡，少数民族的传统习俗独具风情。独特的历史进程、多样的人文特征，造就了以生态文化、民俗文化、古建筑文化、红色文化、稻作文化、和平文化为支撑的文化体系。近年来，怀化市高度重视文化建设，文化事业取得了长足的发展。2017年，全市建有文化馆15个，图书馆15个，博物馆、纪念馆8个，剧院（场）34个，国有文艺院团7家，电影公司13家，影剧院13家，公共图书馆年流通人次141万，公共文化设施面积387万平方米。人均拥有公共文化设施面积2.31平方米，文化馆（站）年服务人次128万。市本级有5家新闻媒体（怀化日报、边城晚报、怀化新闻网、怀化电视台、怀化广播电台），全市有13个电视台，11个广播电视转播台，有线网络已覆盖各县市区。

【和平文化】1945年4月9日至6月7日，抗战进入关键时期，日本意图抢占芷江机场，于是雪峰山周边发生了一场决定中国抗日战争胜负的雪峰山会战，又称芷江保卫战或抗战最后一战。中国军队凭借雪峰山天险和芷江机场的战机供防，最终战胜了侵略者的军队，此役使芷江成为中国人民反法西斯胜利的转折之地，成为中华民族的转运福地。"八年烽火起卢沟，一纸降书出芷江。"1945年8月21日，中国在芷江接受了日本侵略者代表的洽降，标志着中国人民八年艰苦抗战胜利结束，芷江，在中国近半个世纪的反对日本帝国主义斗争史上，在近百年的反帝斗争史上，写下了光辉灿烂的篇

章。芷江和平文化引起了全世界人民的浓厚兴趣，其影响力波及深远，对于促进国际和平事业发展起到了非常重要的作用。

【学富五车　书通二酉】成语典故，出于沅陵县二酉山。传当年秦始皇"焚书坑儒"时，朝廷博士官伏胜冒着生命危险，从咸阳偷运出书简千余卷，辗转跋涉，藏于二酉洞中，使先秦文化典籍得以流传后世。这些书简在秦灭汉兴时献给汉高祖刘邦，刘邦在获得伏胜所献大量秦前书简时大喜，亲自将二酉藏书洞封为"文化圣洞"，将二酉山立为"天下名山"。从此后，二酉山二酉洞就成为天下圣迹，成为读书人毕生向往和追求的地方。在山半石洞下方，留有京师大学堂总监督即北京大学第四任校长、湖南督学使者张亨嘉于清光绪六年（1890）二月所立的榜书碑刻"古藏书处"四个大字。

【龙兴讲寺】位于沅陵城西虎溪山麓，坐北朝南依山而建，俯瞰沅、酉二水。唐贞观二年（628）唐太宗李世民敕建，占地2.8万平方米、建筑面积5000平方米，是以台阶为基础的木构建筑群。有火神庙、黔王宫、头山门、头过殿、天王殿、二山门、东西厢房、大雄宝殿、弥陀阁、旃坛阁、观音殿、虎溪书院等14座主体建筑，历经各朝扩建修缮，建筑群融唐、宋、元、明、清建筑风格于一体。明代礼部尚书董其昌亲题"眼前佛国"匾额于大雄宝殿之上，著名哲学家王阳明曾在此（虎溪精舍又名阳明书院）传授"致良知"学说。1996年评为国家重点文物保护单位。

【通道转兵】1934年12月，中国工农红军长征途径湖南通道，召开了通道会议，决定转道贵州，不仅为之后遵义会议的召开打下了重要基础，还在危急关头挽救了中国革命。1934年12月12日，红军占领湖南通道后，在毛泽东的极力主张下，中共中央负责人召开紧急会议，讨论战略行动方针问题。毛泽东根据敌我双方的军事态势，建议中央红军放弃北上同红二、红六军团会合的原定计划，立即转向西，到敌军兵力比较薄弱的贵州去开辟新的根据地，挽救危局。参加会议的多数同志赞成和支持毛泽东提出的方针。12月13日，中央红军在通道境内突然改变行军路线，分两路转兵西进贵州。

【龙津风雨桥】位于芷江县，全长146.7米，宽12.2米。人行道宽5.8米，长廊两侧共设厢房式店面94间，隔间建有7处凉亭，亭最高17.99米，抚扶木栏，登上观赏亭，舞水两岸风光尽收眼底。明山叠翠，舞水拖蓝，犹如一幅流动的山水画卷，令人神往，浮想联翩。整个风雨桥为全木质架构，无一钉一铆，气势宏大，如一条长龙横贯东西两岸。风雨桥整体设计建造简洁明快，工艺精雕细琢，既保留侗乡建筑文化品位，又充分体现当代的园林建筑艺术。

【高椅古村】位于会同县高椅古乡境内的巫水河畔，因其三面环山一面临水，地形宛如一把太师椅而得名。整个村寨中百分之八十五的村民为杨姓，系南宋威远侯杨再思的后裔，侗族。古村以五通庙为中心，高椅古村每栋建筑坐北朝南，外表相似，呈梅花状分布排列，巷道与封闭式庭院呈八卦阵式，将村落分为五个自然村庄。村内保存有明洪武十三年到清光绪七年五百年间的古民建筑一百零四栋，总建筑面积近两万平方米。是湖南省迄今发现的规模较大、保存较完整的明清时期古民建筑村落，被专家誉为"江南第一村""民俗博物馆"。是全国重点文物保护单位，湖南省重点文物保护单位、省历史文化名村。

【荆坪古村】位于中方县中方镇舞水河西岸，距怀化市区15公里。古村战国时是牂牁古国之都且兰古城，汉代为舞阳县址，唐宋为溆州城址，是清朝乾隆皇帝启蒙教师潘仕权的故土。村内现有祠堂、古驿道、伏波宫、文昌阁、节孝坊、唐代古井、水文碑、龙凤桥、观音阁、五通神庙和旧、新石器时代遗址等20多处古文化遗址。荆坪古村农家根本都是由一个个小院子组成的明清建筑群，与周边山水田园相融，给人朴素内敛之感。村里更有唐朝古井、明代城墙、清人新居，加之千年夫妻树、古代石鱼，可以让你充分体会前史的厚重、古村的安静。2007年3月公布为首批省级历史文化名村，2013年3月公布该古建筑群为第七批全国重点文物保护单位。

【皇都侗文化村】位于通道县坪坦乡，距县城10公里，由头寨、尾寨、盘寨、新寨等4个纯侗族村寨组成。1995年开始对外经营，是集侗民俗文化、体验、休闲、度假为一体的综合型旅游度假区。这里山美，水美，人更美，是通道的"美人窝"。这里的人们热情好客，能歌善舞，是湖南省首批命名的民间文化艺术之乡。这里的拦门酒、合拢宴妙趣横生，普修桥、鼓楼工艺精湛，被列为中国八个经典村落景观之一。这里民风淳朴，生活安康有序，素有"路不拾遗，夜不闭户"的美誉，是和谐社会的原始版本，被无数文人墨客称为和谐美丽的世外桃源。

【芋头古侗寨】位于通道县双江镇芋头村，国家3A级旅游景区，始建于明洪武年间，至今有640多年历史，清顺治年间遭火灾，复建后形成以芋头溪流为轴线向两边分叉布置的7个聚居群。清乾隆四十二年建芋头廻龙桥、牙上鼓楼、龙氏鼓楼，清道光、光绪年间分别修建芦笙古楼、龙门，维修古驿道等。古侗寨因山就势，建筑造型具有典型的侗族风格，鼓楼、门楼、芦笙场、凉亭、古井、萨岁坛、吊脚楼等一应俱全，且保存完好，具有很高的历史、人文和艺术价值，被称为侗族建筑的"实物博物馆"，有侗乡的"小布达拉宫"之美誉，2001年被公布为第五批全国重点文物保护单位。

【沅陵辰州傩】沅陵古曰辰州，自古是一个苗、土夹居、"巫傩文化"盛行的"神秘王国"。沅陵巫傩文化流传几千年，它的神秘与奥妙惊服国际学术界。然而，"巫傩"至今仍是一个难以破解的谜，谜底就是人类尚未认识的某种科学玄机。沅陵辰州傩已列入国家级非物质文化遗产。其内容有三个部分：傩祭、傩戏、傩技。傩戏按其形式有傩堂正戏、小戏和大戏之分。音乐曲调古朴，地方特色浓郁，主要剧目《孟姜女》和《七仙女》。傩技主要有上刀梯、过火海、踩犁头等。辰州傩所用的傩面具颇具特色，是区分其他戏曲的重要标志。"还傩愿"，即辰州傩中的傩祭，旨在敬奉傩神送子发财，保佑一家平安，六畜兴旺。行傩有两大类：一类是"单傩愿"，另一类是"夹傩愿"。

【辰河高腔】五溪之一的"辰溪"，又称"辰河"。辰河戏，以高腔为主，兼有昆腔、低腔和弹腔。它流行于沅水中、上游广大地域。其演出形式，除了舞台演唱以外，还有木偶演唱和围鼓坐唱。辰河高腔源于弋阳腔，约于明初由江西移民传入，经过与当地语言、民歌、号子、傩腔及宗教音乐的长期结合，逐步衍变而成。早期的辰河高腔，以祭祀活动中扮演目连戏为主。辰河高腔剧目丰富，俗有"唐三千，宋八百，演不完《封神》和《三国》"之说。演出形式有三种：围鼓堂（坐唱）、矮台班（木偶演出）和高台班（舞台演出）。音乐高亢、粗犷，具有湘西地方特色。现在曲牌168首。剧目保留了较多的明清传奇古本，四大本看家戏是苏（演苏秦故事的《黄金印》）、刘（演刘知远故事的《大红袍》）、潘（演潘葛故事的《一品忠》）、伯（演蔡伯喈故事的《琵琶记》）等为其特有剧目。2006年，被列入第一批国家级非物质文化遗产代表作名录。

【侗族大歌】是侗族特有的一种多声部合唱歌曲，是侗族民歌中的佼佼者。流行于通道、靖州等地，起源于元代。侗族人民模仿大自然的蝉唱、松涛、流水声的大合唱中，演唱出侗族大歌，体现出心灵美与自然美的和谐。由于演唱场所、表演形式或演唱人员性别的不同，侗族大歌又可以分成"鼓楼大歌""声音大歌""叙事大歌""礼俗大歌""儿童大歌""戏曲大歌"等。到了20世纪50年代，才被音乐界发现。

【粟裕故居】位于会同县坪村镇枫木村，毗邻209国道。粟裕故居1984年被列为县级文物保护单位，1996年被省人民政府列为省级文物保护单位。2016年12月，会同县粟裕同志故居和纪念馆景区通过评定，被正式批准为国家3A级旅游景区。

【向警予】（1895-1928），原名向俊贤，土家族，湖南溆浦县人，是中国共产党最早的女党员之一，被誉为"我国妇女运动的先驱"。1918年参加毛泽东、蔡和森领导的"新民学会"，1919年赴法国勤工俭学，1922年回国后加入中国共产党。在党的二大、三大、四大上当选为中央候补委员、中央委员，四大后增补为中央局委员。是党的第一位女中央委员和第一任妇女部长。1925年去苏联莫斯科大学学习。大革命失败后在武汉坚持斗争，1928年3月20日因叛徒出卖在汉口法租界被捕，于五一国际劳动节被反动派残酷杀害，年仅33岁。

【滕代远】（1904-1974），麻阳县人，1924年参加中国共产党。1937年任中央军委参谋长。1942年任八路军参谋长并参与北方局工作。解放战争时期，历任晋冀鲁豫军区副司令员、中共晋冀鲁豫中央局常委。1948年任华北军区副司令员。参与组织指挥邯郸战役。并随刘伯承、邓小平率野战军主力挺进大别山。中华人民共和国成立后，任铁道部部长。1974年12月1日在北京病逝。他是中国人民解放军的领导者之一、新中国人民铁路事业的奠基人。是中共第七、八、九、十届中央委员；第一、二、三届中华人民共和国国防委员会委员。

【粟裕】（1907-1984），初名粟多珍、粟志裕，侗族，怀化市会同县伏龙乡（今坪村镇）枫木树脚村人。中国现代杰出的军事家、战略家、革命家。1955年被授予大将军衔。淮海战役、上海解放战役等一系列重大战役的指挥者，建国后历任中国人民解放军总参谋长、国务院业务组成员（副总理级）、中国共产党中央军事委员会常委、第5届全国人大副委员长。

【王跃文】（1962-），湖南溆浦人。现任湖南省作家协会主席、党组副书记，湖南省政协文教卫体和文史委员会副主任，中国作协主席团委员。曾荣获第六届鲁迅文学奖，2006年度湖南省青年文学奖，多次获《当代》《小说选刊》《中篇小说选刊》等刊物文学奖。曾被授予"湖南省德艺双馨文艺家"，被推为湖南省2010年度十大文化人物。主要作品包括：长篇小说《国画》《梅次故事》《朝夕之间》《爱历元年》《大清相国》；中篇小说《漫水》《无雪之冬》以及散文随笔集《幽默的代价》等。

◇ **城市生态**

【综述】怀化拥有优越的生态自然环境，是全国9大生态良好区域之一，森林覆盖率高达70.83%，远高于全国平均水平，城区空气优良率达90.1%，环境空气质量综合指数排名全省第2位，14个集中式饮用水源地水质达标率100%，有原始次森林30多处，国家级、省级自然保护区、风景名胜区、地质公园、森林公园和工农业旅游示范点27个，处处都是"天然氧吧"，被誉为一座"会呼吸的城市"。

【中坡国家级森林公园】位于怀化市城北中坡山，占地面积1367公顷，森林覆盖率达96.8%。有各类野生动物100余种，有木本植物93科690余种，国家一、二级保护树种达30余种。公园设有蝴蝶标本馆、珍稀树木园、度假山庄、五溪景园、山顶观景台、儿童游乐场等旅游设施和景观，可开展生态旅游、科普旅游、儿童游乐、登山长跑、森林探险、林区野营、农家乐等多种旅游活动。是一家集森林资源保护、林业科研、森林旅游于一体的城市生态型森林公园。公园于1992年经湖南省人民政府批准，在原怀化市林业科学研究所基础上组建，2002年12月升格为中坡国家森林公园，是怀化第一家国家级森林公园。2016年12月，被批准为国家3A级旅游景区。

【借母溪国家级自然保护区】位于沅陵县境西北隅，总面积为13041公顷，其中核心区面积5705公顷，缓冲区面积2045公顷，实验区面积5291公顷。成立于1998年，2008年1月列为国家级自然保护区。湖南借母溪国家级自然保护区是以保护中亚热带北部亚地带区域的原始次森林生态系统和自然生态资源为主，包含亚热带原始次生常绿阔叶林、完整石灰岩植被和独特的原始次生硬叶阔叶林顶级群落的保护区。据科考，保护区共有维管束植物206科894属2368种，陆生野生脊椎动物共有4纲27目73科242种。

【鹰嘴界国家级自然保护区】位于会同县东南部，怀化市南端，沅水上游，地处雪峰山脉西支南段，距会同县城约35公里，总面积15900公顷，其中核心区面积6310公顷，缓冲区2830公顷，实验区6760公顷。成立于1998年，2006年2月列为国家级自然保护区。湖南鹰嘴界国家级自然保护区是一个低海拔集森林生态系统与野生动植物保护于一体的自然保护区，是我国中亚热带地区生物多样性最为丰富的动植物王国之一。据科考，区内有维管束植物216科860属1798种，有野生脊椎动物226种，有昆虫16目159科730种，大型真菌4纲36科55属186种。

【思蒙国家级湿地公园】位于溆浦县西部的岩溶、丹霞地貌区，沅江支流溆水的下游，东起卢峰镇地坪的桔颂坝，西至大江口镇的犁头嘴，范围包括溆水下游河道、银珍水库、河洲漫滩和周边部分山地。总面积1018公顷，湿地面积715.8公顷，占70.32%。湖南溆浦思蒙国家湿地公园主要以盆地、丹霞、峡谷等不同的地貌组成，有"碧水丹霞，烟雨思蒙"的美称。著名爱国诗人屈原曾在此居住，有屈子峡、溆水屈僵、三闾滩、桃源洞天、五佛山等诸多景点，这里还留下南朝皇帝萧纲、盛唐七绝圣手王昌龄、"知行合一"王守仁、民族英雄林则徐的足迹，湿地美景与屈原文化的有机融合，让思蒙在大湘西旅游中大放异彩。公园紧邻县城，娄怀高速穿境而过，交通十分便利。2006年"烟雨思蒙"当选湖南"新潇湘八景"之一。2013年经国家林业局审批列入国家湿地公园试点建设。

【五龙溪水利风景区】位于中方县，面积16.7平方公里，距怀化市区25公里，距中方县城15公里，距芷江机场45公里。景区所依托的五龙溪水库是一座以灌溉为主，防洪、发电、供水、养殖、休闲娱乐为一体的综合性水利工程，水库大坝高48米，最大库容1320万立方米。五条漂水汇聚于此，自然、人文、水域风光等旅游资源丰富。拥有龙溪飞瀑、岩溪洞仙、将官寨、猫耳洞、妖怪洞等一批知名景点。民居建筑多为湘西土家、苗民风格，境内流传有"五龙会水""四姓老人庙""岩溪洞仙"等民间传说，自然人文景观奇绝，是水上娱乐、会议接待、登山野营、运动休闲城郊型旅游的胜地。

【南方葡萄沟】坐落于中方县桐木境内，这里地处北纬26° 56′~27° 29′，南有雪峰山脉，北有武陵山区，享有"原生态植物园"和"物种天堂"的美誉。这里的葡萄属于中国独有品种，由当地深山的野生刺葡萄驯化而来，果实犹如紫色水晶，清凉爽口，汁多味甜，吃下去唇齿留香。湘珍珠刺葡萄，2013年7月，湘珍珠刺葡萄被授予"国家地理标志保护产品"。

【湖天公园】位于湖天片区二环路北侧，公园定位为青少年活动公园，区域性的休闲中心和教育基地，项目总用地838.5亩，结合体育场馆建设，打造成集体育建设功能、奥林匹克文化运动、地方体育名人文化为一体的综合性体育公园。

【舞阳公园】位于河西经济开发区舞水桥以南，东侧隔滨江路与舞水河相邻，南为神龙路，西为凤西路，规划总用地面积为11.1公顷。园内大部分为自然山体，密林遍布，生态条件好。舞阳公园内相对高差不大，园内最高点270.70米，最低点226.50米，最大高差约44米，园内地形起伏变化较为复杂，各种山势特征如"坡""谷""峰""岗"等一应俱全。

【舞水风光带】起于舞水四桥，经舞水一桥、舞水二桥、舞水三桥、舞水五桥至高速公路连接线桥，河道中心线全长11200米，两岸红线控制左岸80米，右岸86米，项目用地3200亩，总投资20亿元。该工程集城市防洪、污水治理、绿化、文化休闲于一体，充分发挥本地优势做好"水绿"文章，以水为脉，以绿为衣、以文为蕴，以人为本，突出城市生态特色；通过截污、清淤、实现舞水河清流本色；通过沿河道路堤防建设，达到100年一遇的防洪标准；通过两岸沿线及接点广场园林绿化、景点雕塑、旅游设施建设、营造功能齐全、亲水近绿的舞水河风光带，实现舞水河沿线"水清、岸绿、景美"，成为怀化城市景观的"新亮点"。

【怀化污水处理厂】包括怀化市污水处理厂和河西污水处理厂，两座共计日处理污水17万吨。怀化市污水处理厂坐落于鹤城区本业大道61号，设计处理能力为日处理污水10.00万立方米。自2008年5月正式投入运行以来，污水处理设备运转良好，日平均处理污水量为8.55万立方米。2013年完成了怀化全城污水处理厂5万吨/日扩容工程和河西污水处理厂（近期2万吨/日）新建项目，使怀化城区污水处理量提高至目前的17万吨/日。

◇ 城市名片

【综述】怀化历史悠久，人文荟萃，是

中原文化和五溪文化碰撞融合的交汇区，是湘西南古代政治文化中心，是西南边陲的商业中心，是抗战后期正面战场的最前线，独特的历史发展进程和人文风貌为怀化增添了独特的城市色彩，留下了边城、抗战受降城的美誉。近年来，"火车之城、杂交水稻发源地、抗战受降、会呼吸的城市、中国第一古城古镇古村群落""四个怀化"等正在不断为世人所知，正成为怀化市一张张闪亮的名片。

【中国人民抗日战争胜利受降纪念馆】中国人民接受百万侵华日军投降纪念地，国民政府于1947年在原受降地修建了"受降纪念坊"，该坊为华夏大地纪念抗战胜利的唯一标志性建筑，为世界六座著名凯旋门之一。属全国重点文物保护单位，国家4A级景区、全国重点文物保护单位、全国爱国主义教育基地、国家红色旅游经典景区、全国重点纪念馆之一、湖南潇湘百景之一。位于芷江县城区东3.5公里七里桥村境内，现占地63亩，主要由受降纪念坊、中国战区总受降旧址（包括受降会场旧址、中国陆军总司令部旧址、何应钦办公室、萧毅肃陈列馆）、中国人民抗日战争胜利受降纪念馆、受降纪念碑林、七里桥旧址等纪念性建筑物组成。

【洪江古商城】坐落在沅水、巫水汇合处，坐拥湘西第一佛教名山嵩云山，依山伴水，蜿蜒迂回，群峰叠翠，全景犹如巨幅天然山水太极图。起源于春秋战国时期，成形于唐代的草市，鼎盛于明末清初，水路交通便利，是滇、黔、桂、湘、蜀五省地区的物资吞吐枢纽，曾以集散洪油、木材、土药而成为了中国西南地区最大、最早、最完整的商业重镇和金融中心。享有"小南京、湘西明珠、五省通衢"的美誉。洪江古商城是一座用完整的商业语言来诠释其历史与发展的商业古城，现完好保存着明清及民国时期的寺院、古庙、会馆、钱庄、商号、洋行、作坊、店铺、青楼、厘金局、报社、烟馆等古建筑380余栋，总面积达30多万平方米，规模之大、面积之广、建筑之奇、气势之雄，全国罕见，被誉为"资本主义萌芽时期的活化石""中国第一古商城""中国市场经济教科书"。2006年列入国家重点文物保护单位。

【万佛山侗寨】位于通道县城的东北部，是世界自然遗产提名地，国际级风景名胜区，国家自然遗产、国家4A旅游景区，地跨两镇两乡，总面积168平方公里，由8大景区、46处绝妙景点和510余处地质遗迹组成，其中丹霞地貌面积为94.35平方公里，万佛山丹霞地貌区分为万佛山、将军山、神仙洞、七星山、玉带河五个景区，是近年来我国乃至世界范围内发现的品相极为罕见的特大型丹霞地貌群。

【城市荣誉】怀化获得的荣誉主要有全国双拥模范城、2017中国特色魅力城市200强、全国十佳生态文明城市、省级文明城市、省级卫生城市。

【友好城市】2008年11月14日怀化市和浙江嘉兴缔结为友好城市。2017年9月，怀化市芷江侗族自治县和俄罗斯联邦列宁格勒州基洛夫斯克市签署缔结友好城市协议。

湖南城市大典　洪江市

洪 江 市

洪江市，公元前202建县，1997年黔阳县与洪江市合并，成立新的洪江市，境内拥有黔阳古城、洪江古商城、安江农校纪念园、高庙遗址、雪峰山国家森林公园等名胜景点，是杂交水稻的发源地、中国冰糖橙之乡。

◇ 城市概况

【区域范围】洪江市，湖南省辖县级市，由怀化市代管。位于湖南省西南部，东接溆浦县、洞口县，南邻绥宁县、会同县，西界芷江侗族自治县，北依怀化市。地理座标为东经109°32'~110°31'，北纬26°91'~27°29'。市境东起洗马乡土岭界，西止托口镇鲤鱼湾，长102公里；南起龙船塘乡雪峰界，北至岔头乡大沅，宽55公里。现辖20个乡镇，共有194个行政村，24个居委会，总面积2173.54平方公里。中共洪江市委员会驻黔城镇雪峰大道东、洪江市人民政府驻黔城镇雪峰大道行政中心，电话区号：0745，邮政编码：418100。

【地理环境】洪江市位于沅水上游，云贵高原东部边缘的雪峰山区，地势受雪峰山脉影响，洪江以山地为主，占总面积的74.1%。东南高，西北低，山地夹丘陵与河谷平原相连。境内依山临水，形态类似"鸡

型"，地势由东、南、西三面向北倾斜，以中部云雾山为全区最高点，海拔894米，境内最著名的山峰有焦岩山、大峰坡、老鸦坡、密岩尖、嵩云山等，海拔在170~894米之间。沅水自西向东转北流入城区，巫水自南而北合沅水于城市中心，割市区为三部分。境内溪河纵横，沅水纵贯全境，渠水、舞水分别于托口、黔城注入沅水。区域内气候温和，四季分明，日照充足，平均日照1354小时，雨量充沛，年平均气温17度。

【资源物产】洪江资源较多，物产丰富。探明储量的矿产20余种，矿床及矿点38处，主要矿产有重晶石、黄金、水泥石灰石、石灰石、耐火粘土、磷、电石、铜等，位居全省前5名的有黄金等矿产。已查明有木本植物91科584种，林地面积24万亩，活立木蓄积量25万立方米。境内有大小河流327条，河流总长度596公里，年平均降水总量32.2亿立方米。地表径流量16.8亿立方米，地下水储量2.6亿立方米。沅水自南

向北贯穿全境，境内流长106.5公里。全市水能蕴藏量101.9万千瓦，可开发量为88.76万千瓦。市内有水电站52座，装机总容量48505万千瓦，发电量2.05亿千瓦时。市内共有中型水库1座，小型水库119座，蓄水总量0.9亿立方米。山平塘4727口，蓄水总量1.3亿立方米。

【建置沿革】 战国属楚地，秦为黔中郡地。西汉高祖五年（公元前202），置镡成县，县治在黔阳西南，属武陵郡。宋太祖建隆三年（962）湖南归顺，神宗熙宁七年（1074）置黔江城。元丰三年（1080）改置黔阳县，以在黔水之阳，故名（一说县境石皆黑色，故以黔名），隶属于沅州。清顺治四年（1647），黔阳县纳入清室版图，仍属辰州府。乾隆元年（1736），沅州升为府，黔阳属沅州府。民国初年，废府存县，黔阳县属辰沅道。1949年10月3日，黔阳解放。1949年11月1日，成立黔阳县人民政府，县治改设安江镇，隶属会同专区。1952年8月撤销会同专区，成立芷江专区，黔阳县隶属芷江专区。1952年12月2日，芷江专区更名黔阳专区。翌年5月，专署机关迁黔阳县安江镇大畲坪。1975年2月，专署机关迁怀化市。1981年6月，黔阳行政公署更为怀化行政公署，黔阳县隶属怀化行政公署。1997年11月经国务院批准，黔阳县与洪江市合并，成立新的洪江市。

【人口民族】 截至2016年底，洪江市年末户籍总人口为435651人，其中乡村人口365454人，城镇人口70197人。年内出生人口4441人，出生率10.19‰；死亡人口1548人，死亡率3.55‰。年末全市常住人口达42.95万人，城镇化率为40.51%。洪江是一个多民族聚居的地区，现有侗、苗、瑶、回、土家等20个少数民族，有深渡苗族乡、龙船塘瑶族乡两个民族乡。

【区位交通】 洪江市交通区位优势明显，距西南五省（市）周边中心城市——怀化35公里，距芷江机场40余公里，枝柳铁路、320国道、209国道、沪昆高速公路、包茂高速公路穿境而过，各旅游景区均有便利的交通直达。2016年末，包茂高速洪江市段及黔城连接线和江市连接线、G209线怀化池回至黔城公路改造工程建成通车，怀邵衡铁路洪江市段和安江、黔城、托口3个港区500吨级货运码头建设顺利推进，启动了焦柳铁路电气化改造项目，黔城火车站成功复站。全市共有公交线路8条，营运公交车76台；营运出租车80辆，营运货车405辆，营运客车307辆，营运客船131艘。累计投入客运班车315台，在20个乡（镇）开通乡镇集镇到村客运班线74条，行政村客运（公交）班线通达率达98.1%。

【社会发展】 2016年，全市共有中小学校（幼儿园）87所，其中，普通高中2所、完全中学2所、中等职业学校3所、普通初中27所、小学20所、幼儿园32所、教师进修学校1所。在校普通高中生5360人、中等职业学校在校学生3679人、初中生9764人、小学生21482人、在园儿童10236人；现有中小学教职工3165人。"十二五"期间，共组织实施各类科技项目35项，其中国家级2项、省级29项、怀化市级4项。获国家专利122项，其中发明专利25项。获怀化市科技进步一等奖1项、二等奖2项，省科技进步三等奖2项。共有各级各类医疗卫生机构34个，卫生从业人员1934人，乡村医生391人，各类卫生技术人员中，副高以上职称49人，中级职称351人，本科以上学历298人，大专学历1010人；病床2140张，每千人拥有病床4.9张。各类保险总参保人数451000人，其中失业保险参保总人数15000人；企业养老保险参保人数为28717人；机关社保参保总人数14209人；城镇居民医疗保险累计登记参保47500人，城镇职工医疗保险23726人，生育保险参保20322人；工伤保险参保32569人；城乡居民养老保险参保268993人。

◇ 城市建设

【综述】洪江市推进城镇化建设，城区不断扩容提质，城市功能不断完善。中心城区黔城镇历史悠久，自西汉初年置县至1949年，一直为县城所在地。1998年，黔阳县和洪江市合并成立新的洪江市，新洪江市人民政府驻黔城镇。至2016年黔城城区面积扩展至7平方公里，并且规划2020年扩展至15平方公里，使黔城建设成为洪江市的政治经济文化教育中心和怀化的后花园。2015年11月，黔城镇、双溪镇、红岩乡、土溪乡和

岩垅乡干溪坪村成建制合并设立黔城镇。龙标大道以北路网工程、龙标大道东延线等城市主干路网建设进展顺利，城区道路"白改黑"、路灯改造和三个入城口亮化全面完成，"五横六纵"的路网体系基本形成。黔城相思湖生态公园、滨江公园、古城路仿古风貌改造及亮化等休闲景观工程建成并投入使用，城市棚户区改造、供水供气管网、垃圾污水处理设施、公共停车场等功能性基础设施建设稳步推进。到2016年，洪江市城市化水平为40.5%，城市建成区面积扩大至6平方公里，市区人口17.4万人。

【城市规划】按照《洪江市城市总体规划（1998-2020）（2013修改）》及市"十三五"规划纲要，到2020年，战略布局进一步显现，城市功能进一步完善，城市承载力明显提升，人才聚集优势明显扩大。实施"一核三区、协调发展"战略：即"一核"指洪江市的发展核心——黔城，"三区"指安江片区、托口片区、雪峰山片区。优先做强市治黔城核心和安江、托口、雪峰山片区三个经济增长区，形成"提升核心、三区并进、带动全局"的良好发展布局。全市城镇化率达到54%左右，年均提高2.7个百分点以上，城镇总人口达到23万人以上，城镇建成区面积达到36平方公里左右；铁路、公路等级不断提升，通畅工程全面完成，基本实现"市内大循环，市外大畅通"。

【黔城汽车站】位于洪江市芙蓉路，距黔城火车站仅400米。该汽车站于2007年6月

正式投入使用，占地43亩，建筑面积4300平方米，总投资1800万元，按二等四级车站标准建设，设计年旅客发送量800万人次。黔城汽车站已开通至怀化、中方、桐木、洪江区、洞口、通道和洪江市内的安江、托口、岩垅、沅河、湾溪、铁山、洗马、塘湾、沙湾、龙船塘、罗翁等地的短途班车，并已开通至长沙、株洲、中山、深圳宝安等地的长途班车。

【关圣宫抗战纪念广场】位于安江镇，2015年，为纪念抗日战争胜利70周年，对关圣宫进行大修，并在旁边修建胜利广场。关圣宫建于明代（1628）年，由当时安江民众所建，长约32米，占地面积500余平方米，1934年红军长征时曾做过指挥部，1945年抗日战争最后一战"湘西雪峰会战"，关圣宫成为中国第四方面军司令部，会战指挥部。

【洪江市安江图书馆】原名黔阳县图书馆。1998年原黔阳县和原洪江市合并成立洪江市，故更名为洪江市安江图书馆。该图书馆成立于1957年1月，是湖南省建制较早的县级公共图书馆之一。1991年投资106万元，易地修建新馆，1994年7月1日开馆，馆舍面积1510平方米，图书用房齐全。现馆藏总量10.04万册，以工具书、农业类图书和普及性读物为藏书特色，并收藏有《古今图书集成》《二十四史》《十通》等古籍线装书万余册。征集了《黔阳县志》《黔阳近百年气象资料》等地方文献资料109种188册。

【黔阳一中】创建于1941年，其前身为湖南省立第十中学，1953年6月，迁址至安江镇枫树坪，更名为湖南黔阳第一中学，1954年被定为省、地重点中学。70年代初，黔阳专署迁址怀化，黔阳一中下放归黔阳县管辖，更名为黔阳县第一中学。1998年，黔阳洪江合并，更名为洪江市黔阳一中，学校现为湖南省示范性普通高中，湖南省体育传统项目学校，湖南省现代教育技术实验学校，湖南省绿色学校，湖南省安全文明校园。学校占地面积155亩，建筑面积5.87万平方米。共设37个教学班，在校学生1958名。学校现有在编教职工192人，其中高级教师66人，一级教师82人。

【洪江市人民医院】坐落于安江镇北郊，是一所县市级综合性医院。其前身是原黔阳地区人民医院，1978年行署搬迁怀化之后，该院移交给原黔阳县人民政府，更名为黔阳县人民医院，1998年4月洪江市与黔阳县合并后改称洪江市人民医院。设有：内、外、妇、儿、传染、中医、骨伤、五官、口腔、皮肤、痔瘘11个临床科室和麻醉、药剂、放射、检验、病理、物理诊断、针灸按摩7个辅护诊疗科室。设有120医疗急救中心，高危孕产妇抢救中心。拥有床位500张。

【洪江市第一中医医院】原名黔阳县中医院，1958年建院，1996年确定为二级甲等中医院。设病床124张，有职工198人，中级职称以上卫生技术人员46人。建筑面积2.1万平方米，占地22亩，医疗器械总值730万元。拥有美国全新GE螺旋CT、GE彩超、自动生化仪、C型臂X光机、500毫安X光机、彩色多普勒等先进医疗设备。设置急诊、内、外、妇、儿、骨伤住院科室及相应门诊，还有五官、皮肤性病、糖尿病、中医内科、针灸推拿、风湿病科等。医院环境优美，病房设施完善是理想的治疗休养场所。

【托口水电站】位于洪江市托口镇境内，2003年正式启动建设，2012年首台机组发电，是沅水流域梯级开发第三期重点项目，托口水电站坝址位于沅水上游，洪江市托口镇下游3.5公里，是沅水干流的第5个梯级电站；电站正常蓄水位250米，死水位235米；装机容量83万千瓦，年均发电21.31亿千瓦时，年创税收约1.5亿元，总投资63亿元。

【安江水电站】2010年10月开工，2012年10月，实现首台机组并网发电。安江水电站工程，距安江镇约7.9千米，距怀化市约70千米，是沅江干流规划中的第九级电站，与上游洪江水电站梯级相距31千米，下游铜湾水电站梯级相距47千米，为日调节低水头径流式电站。枢纽工程属II等大（2）型，是一座以发电为主，兼有航运、旅游等综合利用效益的水利水电工程。正常蓄水位165米，装机容量140兆瓦，多年平均发电量5.62亿千瓦时，通航建筑物按IV级航道标准，通航500吨船舶。

【苏宝顶风电】位于洪江市与洞口县交汇的雪峰山，总装机规模15万千瓦，根据山地风资源分布变化安装三种不同类型的2000千瓦风机，是华能国际电力股份公司首个风力直驱型发电项目和在华中地区投资建设的第一个高山风电项目。该项目于2013年10月25日开工建设，首批风机于2014年10月15日并网发电。2015年5月，75台风机全部投产，风电场年发电量达到3.15亿千瓦时。

【洪江水库】位于沅水干流中上游河段，是沅水干流开发规划中的重要梯级工程，沅水梯级开发的第8级电站，上距洪江市21千米，下距洪江区4.5千米。工程以发电为主，兼顾航运、灌溉等综合效益。坝址以上控制流域面积35500平方公里，多年平均流量705立方米/秒，多年平均年径流量222亿立方米。水库总库容3.2亿立方米，正常蓄水位190米，汛限水位187米，调节库容0.75亿立方米，属周调节水库。电站装机6台，总容量270兆瓦，多年平均发电量9.7亿千瓦/时。船闸设计年过坝货运量80万吨、木材运量25万立方米。从水库引水4.08立方米/秒，灌溉农田3333公顷。工程于1998年3月正式开工，2002年12月8日下闸蓄水，2003年2月25日首台机组发电，年底全部机组投产发电，主体工程竣工。

【托口水库】位于沅水干流上游，洪江市托口镇下游约3.5千米的东游祠。本工程枢纽采用分散式布置，主坝、泄洪门及生态放水小电站发电厂房等布置在托口镇下游东游祠附近，大电站发电厂房、通航建筑物及副坝等布置在王家坳垭口处。厂房区距洪江市（黔城镇）公路里程约20千米、距洪江区公路里程约30千米、距怀化市公路里程约70千米。以发电为主，兼有航运等综合利用效益，属一等大（1）型工程，航运按50吨级船只过坝设计，设计货运量20万吨/年，航道等级Ⅶ级。托口水电站正常蓄水位250米，相应库容12.49亿立方米，调节库容6.15亿立方米，库容系数0.037，具有不完全年调节性能。

【安江镇】位于洪江市中东部，沅水上游东岸，距市治黔城53公里，距怀化市区50公里，距芷江机场60公里。安江镇辖区面积192.8平方公里，总居住人口约12.85万人，辖17个村、9个社区居委会，是洪江市中东部地区30万人口的经济、信息、教育、文化中心，同时也是辐射周边50多个乡镇80余万人口的商贸物流中心。安江镇2003年被列为全国小城镇综合改革试点镇，2004年被国家建设部、国家发展和改革委员会等6部委列为全国重点镇。安江拥有距今7400年的新石器时代高庙遗址、国家级重点文物保护单位——安江农校纪念园、关圣宫雪峰会战指挥部旧址等景点，享有"杂交水稻发源地""中国冰糖橙之乡""中国水果之乡""中国天麻之乡""没有污染的神奇绿洲土地""物种变异的天堂"等众多美誉。

【托口镇】位于洪江市南部，属两省（湘、黔）、四县市（洪江市、会同县、芷江县、天柱县）交接地，东与江市镇相连，南接会同县，西与芷江侗族自治县相

邻，北与沅河镇为界。该镇因位于沅江、渠水汇合处，两水互为顶托，故名托口。唐贞观八年（635），析龙标置朗溪县，属叙州，托口即朗溪故城。宋置托口砦，属黔阳县。民国时期为托口镇，建国后隶属四区（托口区），1956年建乡，1958年改乡建公社，1984年恢复乡建制，1985年撤乡并镇。土地总面积117.3平方公里，辖12个行政村，新民街1个社区，总人口34720人。镇政府驻托口古镇大桥街居委会（已经淹没），现驻在托口新镇商业街托口中心广场附近，距市治黔城22公里，距怀化市72公里。

【江市镇】位于洪江市西南部，东接黔城镇，南邻会同县马鞍乡，西界托口镇，北接沅河、岩垅两乡镇。1956年撤区建立江市乡，1958年公社化建立江市人民公社。1984年3月，撤公社建立江市乡人民政府。同年10月，乡改镇，设立江市镇人民政府。全镇土地总面积95.6平方公里，辖11个村委会，总人口20671人，镇政府驻江西街。该镇交通便利，枝柳铁路、209国道穿境而过，距怀化市60公里，距芷江机场50余公里，距市治黔城9公里。

◇ 城市经济

【综述】洪江市紧紧围绕"一核三区、协调发展"战略目标，以决战决胜脱贫攻坚、全面建成小康社会为总揽，大力推进

新型城镇化、新型工业化、农业现代化和生态文化旅游业融合发展，着力稳增长、强基础、兴产业、惠民生，以全面建设"怀黔千亿经济走廊"为契机，加快市工业集中区建设，逐步形成了以新型能源、新型建材、农产品加工为主导产业的新格局。2016年，完成生产总值106.74亿元，固定资产投资112亿元，城乡居民可支配收入分别达到20573元、9240元，全市规模以上工业增加值达31.68亿元。被评为"国家级杂交水稻制种基地县""国家级产粮大县""省中药材种植示范县""省畜禽水产品质量安全监管示范县"。

【洪江市工业园】位于洪江市黔城镇，成立于2008年，2012年晋升为省级工业集中区。集中区总规划面积3.2平方公里，分为株山产业片区和双溪产业片区，株山产业片区产业定位食品产业为主导产业，以农产品资源、竹木资源为基础，依托雪峰米业、绿色食品等现有优势企业，重点发展食品加工、农林产品深加工产业，同时加大招商引资力度，培育发展生物制药产业；双溪产业片区产业定位新材料制造产业为主导产业，以优势矿产品资源为基础，依托港翔公司新材料园、三兴炉料等现有优势企业，重点发展新材料制造、矿产品深加工产业，同时积极承接沿海地区产业转移，培育发展机械、电子加工等产业。

【湖南武陵山四维住宅工业有限公司】成立于2013年6月，注册资本5000万元，现有员工282人。公司占地300亩，位于洪江市工业园双溪产业园区内，是一家精诚于住宅产业化研发、设计、生产、销售、物流、施工、安装、室内外装饰和建筑物联为一体的住宅产业化企业，湖南省2015年十五家住宅产业化基地之一。公司目前下辖洪江市四维混凝土预拌站有限公司、怀化四维建材销售有限公司和怀化市港翔管桩有限公司三个全资子公司。

【湖南联翼农业生物科技有限公司】从事微生物高科技饲料技术研究、生产与销售，集无公害生态养殖、饲料原料贸易为一体的农牧企业。坐落于洪江市工业集中区双溪产业园，占地面积30多亩，现有员工68人。公司依托湖南农业大学的科技支持，自主研发了特色化无抗高效生物饲料。公司目前有联翼、博怀、湘怀、众杰四大品牌。主要产品有浓缩料、猪配合饲料、禽配合饲料、鱼配合饲料等。公司现有年生产12万吨饲料的能力。

【湖南全顺生态农业有限公司】洪江市优秀农业产业化龙头企业。是一家以打造原生态产品为特色的高山黄牛养殖企业，在洪江市现代农业发展扶持政策的支持下，通过公司+基地+合作社的模式不仅壮大了自身实力，还带动了该市群峰乡59户贫困户、21户退伍军人、33名残疾人一起发展产业，实现了创新产业发展与扶贫对接。

【黔阳冰糖橙】明清时已美名远播，以品种优良，味浓甜、肉质脆嫩而倍受市场欢迎。自1963年在洪江市选育成功后，曾获中国柑桔选育种鉴评会第一名、中国科学大会奖、中国优质农产品金杯奖、湖南省优质水果金奖、评为"中华名果"等荣誉称号。别名"冰糖泡"，是柑橘中的著名品种，因其果质脆嫩、果味甘甜如冰糖而得名。黔阳冰糖橙树型美观，也可植于庭院观赏。挂果成熟期为11月中旬，果实橙黄，锃亮芬芳，皮薄汁多无核，富含糖类、柠檬酸和多种维生素（含糖12.8–14.5%，可溶性固形物16.3–18.4%）。

【黔阳脐橙】栽培历史十分悠久，是湖南优势柑桔基地和国家优质柑桔基地重点县（市）之一。1978年，该市农业技术人员从美国引进的纽荷尔、朋娜等柑桔品种中，成功选育出了一种适合当地栽培的高产优质品种，取名为"黔阳脐橙"。该品种果实个大，果形端庄，皮薄光亮，着色艳丽，果肉汁多无核，甜酸适度，细嫩化渣，风味纯正。2004年和2008年，该品种两次荣获湖南西部农博会金奖。全市种植面积已达24.78万亩，总产量突破24万吨，总产值超过3亿元。

【托口生姜】已有100多年栽培历史，姜枝细嫩修长，色泽美观，姜肉脆嫩化渣、香辣适中，产品远销湘、黔、川、渝等省、市。托口生姜独特的鲜脆、肥厚、口味醇正的优势，已成为农副产品的后起之秀，成为托口的拳头产品和支柱产业。经国家工商总局商标局核准，洪江市"托口生姜"正式注册为中国地理标志证明商标。

【大崇金秋梨】自上世纪九十年代初黔阳县（今洪江市）大崇乡岩脚村果农段天汉与安江农校合作选育成功以来，金秋梨以其汁多、味甜、个大等特点赢得"南方梨王"美誉，被全国多个省市广泛引种。2013年，"洪江市大崇金秋梨"注册为国家地理标志证明商标。大崇金秋梨果大，外观金黄、晶莹透亮，具有肉质白、脆、嫩、细、汁多味甜等特性，1994年在全国农副产品博览会上被评为"金奖"，1999年、2000年在湖南省农副产品博览会上，连续两年被专家评审为"金梨"。该品种在洪江市海拔300米至750米地区均有分布，在原产地洪江市，大崇金秋梨已成为当地农民脱贫致富的支柱产业，总种植面积达3万亩，产量3万吨，产值1.2亿元。

【雪峰乌骨鸡】国家地理标志保护产品，俗称"药鸡"，系湘西南雪峰山区经长期自然选育而成的乌鸡品种。种皮、肉、骨、喙、脚及胃、肝、脾、心等内脏，全为乌黑。内含氨基酸的种类与数量和我国著名药鸡——泰和鸡不相上下，还含有促进红细胞、血红蛋白生成的黑色素和紫胶素及丰富的维生素E，具有较高的营养、保健和药用价值。洪江雪峰镇、熟坪乡、铁山乡、硖洲乡等20余个乡镇的群众历来就有饲养乌骨鸡的习惯。

◇ 城市文化

【综述】洪江，具有7400年人文历史。

几千年来，世居于黔阳古城的侗、苗、瑶、汉等各族人民共同创造光辉灿烂的历史文化，秦王伐越、诸葛亮征蛮历史遗存仍在，盛唐诗人王昌龄、李白的诗篇余韵犹存，清代著名书法家龙启瑞、王继贤残墨尚香。境内拥有安江高庙文化、托口古商城、户外基地雪峰山等旅游名胜，以及一座有2200年历史且保存完好的龙标古城——黔城，而起源于春秋，成形于盛唐，鼎盛于明清的洪江古商城古建筑群，堪称我国江南民居古建筑之经典，中原文化、苗蛮文化、荆楚文化、百越文化等各种文化在这里交融，2003年1月批准成为省级历史文化名城。

【高庙遗址】 位于洪江市安江镇东北约5公里的岔头乡岩里村，地处沅水北岸的一级台地上，分布面积约3万平方米。整个遗址为一顶部较平、周边呈坡状的台子。是保存完好的新石器时代贝丘遗址，分布面积约1.5万平方米。文化堆积最厚处距地表达5米多。遗址最初在1986年被发现。迄今为止共进行了三次发掘（1991、2004、2005年），发掘的总面积近1700平方米。2006年5月25日国务院公布第六批全国重点文物保护单位。遗址可分为下部遗存和上部遗存。下部遗存与皂市下层中晚期年代相当（距今约7400年），出土有相当数量的白陶器、釜、罐、钵等，器物造型奇特，很少带有附耳。纹饰戳以印笔点凤鸟纹、兽面纹最具特色。上部遗存与大溪文化的年代相当（距今约6500-5300年），与大溪文化有一定的联系，纹饰以戳印纹和凸点纹为主；釜、罐类陶器，仍保留着曲颈的传统风格，因而被有关学者分别命名"高庙下层文化"和"高庙上层文化"。

【洪江市"三月三"女儿节】 从2010年开始，截至2016年末，洪江市"三月三"节会活动至今已经成功举办了六届，在社会各界引起良好反响，成为洪江市文化旅游强市战略的一个品牌性节会活动，现已纳入怀化市非物质文化遗产，是怀化乃至全省对外展示文化旅游魅力的窗口和名片。农历"三月三"女儿节，洪江市民间吃荠菜煮鸡蛋的习俗已有上千年的历史。因"荠菜"与"聚财"谐音，每年农历三月三这天，百姓倾家而出，采摘"荠菜"煮鸡蛋，讨个"聚财"的吉利。而这一天，美丽的洪江女子服饰亮丽，头戴荠花，手提花篮，笑语喧哗，构成另一道美丽的风景线。民间"有女初长成"，也会选择在这一天举行成人礼，这些习俗一直沿袭至今。

【钟鼓楼】 坐落在东边古龙标山普明寺内，为国家级文物保护单位，建于宋熙宁中（1071），明正统十四年（1449）毁于兵火，成化八年（1472）重建，成化二十三年（1487）铸钟于楼。钟鼓楼为三重檐方亭尖顶木结构，占地200平方米，高14米，有旋梯可上，各层有矮栏，四面开敞，登高望远，龙标十二景尽纳疏棂短槛之中。钟鼓楼内、外侧，分别有千年铁树和古樟树，都是普明寺的遗存，也是古城历史的活化石。

【万寿宫】 位于黔阳古城内，又名"江西会馆"，是明清时期江西客商所建的大型会馆，始建于清同治十二年（1873），重建於光绪元年（1875）。其建筑规模宏大，总占地面积约1500平方米，建筑面积1000平方米，分为主殿与偏殿两部分建筑，有古戏楼。宫内还存有大量木石雕刻，价值极高。

【托口古商镇】位于洪江市西南部，距离黔城古城23公里，是洪江市历史文化名镇。托口是因桐油生产和木材销运而形成的湘黔边地商贸重镇。民国初该镇的经济发展到鼎盛时期，形成了九街十八巷的繁华局面。现存油榨作坊、木材商号、店铺、豪宅、会馆祠堂等建筑约三百余栋，总面积达0.7平方公里，宋朝时诞生于托口的杨公菩萨是闻名遐迩的内陆土著河神，当时从贵州茅坪到武汉鹦鹉洲沿途水陆码头均有杨公庙。镇内现存的"刘同庆油号""刘安庆榨坊""河街传统商贸区""赵氏宗祠""万寿宫""富商豪宅群""诸葛古城"等重点文物保单位及大量保存完整的商贸古建筑，堪称中国南方丝路商道文化博物馆。

【沅城古村】位于洪江市沅神湾旅游度假区，是湘桂黔渝鄂五省周边最大的内陆海岛，因侗族水神杨漱兵败升天而名扬天下。乘坐排筏顺清水江漂流而下，西海落日、绝壁神剑、悬浮山群、十里古窑、丝路商镇、河洲湿地、红色侗寨、十里沙滩、诸葛城堡、天界茶园10大绝版美景映入眼帘，伴随着两岸的森林、草地、水鸟，静静的与大自然深呼吸，或和着排工激情飞扬的号子，与

漂友打一场透身冰凉的水仗。不管认识与不认识，在经历了一次又一次的惊险闯滩和大快朵颐农家菜肴之后，夜幕降临，浪漫清爽的沙滩酒吧将彼此拉得更近，贴得更紧，甜甜的，涩涩的……美妙无比，这就是岛上的沅城，与你萍水相逢的感觉。

【易图境】（1922–）字森庭，洪江市洗马乡人，著名花鸟画家。现为怀化学院教授、湖南师范大学艺术学院、湘潭师范学院、中南大学客座教授、湖南书画研究院特聘画师、湖南九歌书画研究会会长。作品多次入选全国大展并选送到新加坡、美国、日本等十几个国家和香港、澳门、台湾地区展出。不少作品被美术馆、博物馆、纪念馆以及中外名人收藏，其艺术传略载入《中国美术家名人辞典》《当代国画家大辞典》《中国新闻人物》等专业辞典。

【向其柏】（1935–），洪江市龙田乡涝溪村人，中共党员，南京林业大学教授，博士生导师。曾任该校林学系副主任、校研究生部主任，中国植物学会理事，现任南京林业大学桂花研究中心主任、中国花协桂花分会副会长、国际生物科学联盟栽培植物命名委员会委员、中国园艺学会栽培植物命名和登录委员会副主任、法国自然博物院分类与进化系客座教授、江苏省植物学会副理事长。著名植物学家、植物分类学家、五加科专家、桂花专家、权威园林专家、国际花卉木犀属品种登录权威。1992年开始享受国务院特殊津贴。

【蒋长栋】（1943- ），洪江市人，汉族，大学本科毕业，中共党员，毕业于湖南师大中文系，现为湘潭大学中文系教授、古典文学教研室主任，硕士研究生导师，任湖南省古代文学学会副会长兼秘书长，湘潭白石诗社副社长，中国韵文学会会员。出版《言诗研究》（湖南文艺出版社）、《王昌龄评传》（中州古籍出版社）、《唐宋文学揽胜》（中州古籍出版社）等专著，在《文学遗产》《中央民族大学学报》《学术研究》等20余家刊物发表转载论文50余篇，获《语文学习》主办的全国论文大赛奖。

【杨国平】（1958- ）号湘西山民，毕业于怀化师专美术系、湖南师大美术系。师从著名画家易图境、杨晓村、王乃壮诸先生。现为湖南科技大学艺术学院教授、硕士生导师、南京农业大学兼职教授、清华大学美术学院"美术理论研究与书画创作高研班"导师、中国美术家协会会员、湖南省美术家协会副主席、湖南省画院特聘画家、湖南潇湘书画院院长、湖南省文史馆研究员。作品《郊野拾趣图》入选"第二届中国美术家协会会员中国画精品展"、《郊野拾趣》入选"首届齐白石国际文化艺术节——全国中青年中国画提名展"、《栖鸟数声春雨馀》"长江颂"全国中国画提名展（国家级）。

◇ 城市生态

【综述】洪江市生态环境优良，坚守生态底线，着力强基础美环境，生态文明建设成效初显，为"国家重点生态功能区"。围绕改善生态环境，完成以工业原料林为主的绿化造林15万亩、生态公益林68.2万亩，全市森林覆盖率提高到68.24%；连续6年荣获"怀化市'碧水、青山、蓝天'工程先进单位"。围绕改善农村人居环境，着力抓好以"三化一改"为重点的农村环境卫生综合整治工程，农村"散、乱、差"的状况明显改观。成功创建国家级生态乡镇2个，省级生态乡镇14个、生态村5个，怀化市级生态村191个；省级"美丽乡村"示范村4个，怀化市级30个；荣获"全国生态文明先进市"和"全国绿化模范市"称号。

【雪峰山国家森林公园】位于洪江市东部雪峰山脉地域，前身是雪峰山林场（始建于1958年），包括雪峰山度假山庄、抗日战争纪念园、雪峰山狩猎园、雪峰山植物园、雪峰山登山运动基地、李自成纪念园等综合性森林公园。2004年，雪峰山获准设立省级森林公园；2008年1月9日颁发《准予设立雪峰山国家级森林公园的行政许可决定》，定名为"湖南雪峰山国家森林公园"。园内动植物资源相当丰富，仅木本植物就达90余科，700多种，其中属省级以上珍稀保护树种有银杏、樟木、鹅掌秋、红豆杉等50余种；园内散布野天麻、灵芝、白术、茯苓、金银花等药用植物500余种，是一座天下罕见的天然中药植物园。境内有野生动物约190种，其中：国家重点保护野生动物有16种，其中Ⅰ级有2种，即：云豹、黄腹角雉；Ⅱ级有14种，即：大鲵、穿山甲、獐、豺、青鼬、草鸮、长耳鸮、短耳鸮等。野生动物中，以蛇类和鸟类最为常见，如五步蛇、眼镜蛇、菜花蛇、乌梢蛇、画眉、竹鸡、斑鸠、大山雀、白头翁、八哥、啄木鸟、角雉等。

【湖南洪江清江湖国家湿地公园】位于洪江市托口电站库区，因水库干流清水江而得名。它终年湖水清清、江波荡漾，十分秀美。位于怀化市洪江市、芷江县部分及贵州黔东南境内，紧靠枝柳铁路和包茂高速、209国道，距怀化市中心70余公里，距芷江机场只有40余公里，距洪江市治黔城（黔阳古城）33公里，交通极为便利。湖区控制流域面积达2.45万平方公里，水面最大处东西长8.8公里，南北宽5.6公里，平均水深50米，水域总面积达52平方公里，湖面在湖南省内仅次于洞庭湖，可称"西洞庭"，当地人曾有别名称"西海"。有"东有浙江千岛湖、西有湖南清江湖"之美誉。

【相思湖公园】位于黔城城市中心，东至雪峰大道，西至与潕水河交汇处，南至芙蓉路，北至荷塘路，公园规划总面积为316.57亩，2014年春节对外开放，成为城市绿化景观走廊，是居民散步休闲好场所。

【岩鹰洞大峡谷】位于洪江市龙船塘瑶族乡境内，为天然风景胜地，乃是雪峰天险鬼斧多神工而成的大自然杰作。此处奇峰夹岸，仰视如一线天，巨石凌空，洞有鹰隼出入栖息，故名岩鹰洞。岩鹰洞高约6.7米，全长4500米，鹰洞窄处须侧身而行，壁间多生石耳，下有深潭，附近山顶有巨石笔立如箭，名为前岩，寻溪而上，景致更为壮观。它"千方岩石助其雄，万条溪涧助其秀"，被誉为"怀化的张家界"，峡谷全长9公里，集险、瀑、幽、秀、奇、诡于一体，将军岩、牛鼻子、水帘洞、一线天、白吊水瀑布等众多景点令人叹为观止。

【沅神湾】位于洪江市沅河镇，距怀化市64公里，是沅水在此大拐弯，形成的一个"钵形"太阳岛，地貌为丘陵山地。是集游览、观光、休闲、度假为一体的综合型旅游度假区，拥有两千年之谜的诸葛古营、活化石之称的十里古窑、绿草如茵的十里河滩、千古之谜绝壁神剑、千年古银杏树、地主庄园和红军标语墙等景观。享有"神秘侗人岛、浪漫银沙滩""天然影视城"之美誉。2004年被列为洪江市、怀化市青少年爱国主义教育基地。

【苏宝顶】位于洪江市境内，雪峰山自然保护区的主峰，海拔1934米，与邵阳洞口县毗邻。是东西两部不同自然景观及沅江和资水之间的分水岭，于沅江与资水之间。南起湖南、广西边境，与南岭相接，北上洞庭湖西南。西南段山势陡峻。苏宝顶风景优美，植被丰富，破坏极少，处于原始状态。山地冬冷夏凉、潮湿多雨。高居1405米处的雪峰气象站年均温10.5℃。华能湖南苏宝顶风电场在雪峰山脉苏宝顶主峰建成。该项目总投资14.5亿元，总装机15万千瓦，安装75

台2000千瓦风力发电机组，是目前全省装机容量最大、海拔最高的风电场。

◇ 城市名片

【综述】洪江市依托黔阳古城、高庙遗址、雪峰山国家森林公园、安江农校纪念园、岩鹰洞风景区等独特资源，充分展示"杂交水稻发源地，神秘湘西古黔城"的文化魅力，着力打造"杂交水稻发源地""黔阳古城"等城市名片。被评为"国家级杂交水稻制种基地县""国家级产粮大县""省中药材种植示范县""省畜禽水产品质量安全监管示范县"。荣获"全国生态文明先进市"和"全国绿化模范市"称号，成功纳入"国家重点生态功能区"。

【安江农校纪念园】2010年挂牌开园，前身为湖南省安江农业学校（今怀化职业技术学院）校址，坐落于洪江市安江镇溪边村，占地面积310亩，建筑面积26100平方米。1953年至1990年间，杂交水稻之父袁隆平院士在此从事教学和科研工作，这里承载和见证了杂交水稻诞生的全过程，有"世界杂交水稻发源地"之称。纪念园保有二十世纪四十至九十年代安江农校老校门、教学楼、校训牌、青年教工宿舍、讲师楼、图书馆、学生食堂、果树科研基地、运动场等，以及袁隆平院士科研团队使用过的玻璃温室大棚、实验田、实验楼、专家楼和袁院士旧居等，为全国重点文物保护单位。

【芙蓉楼】坐落于沅、㵲水汇流之处的洪江市黔城镇（即古唐龙标、巫州治、黔阳古城所在地），为古典园林建筑，占地4250平方米，北廊临江，依林踞阜。筑叠巧思、错落有致，有"楚南上游第一胜迹"之誉，是历代文人墨客吟诗作画之处，也是唐代著名诗人王昌龄宴宾送客之地。芙蓉楼一色青瓦屋面，屋顶泥塑丰姿多彩，地方风味浓郁，它虽无皇家园林之气势，苏州园林之精致，却也飞檐卷垛，储蓄淡雅，清秀宜人。1956年6月，湖南省人民政府公布"芙蓉楼"为湖南省重点文物保护单位，1985年芙蓉楼正式对外开放。2013年被国家文物局确定为全国重点文物保护单位。

【黔阳古城】位于洪江市治所在地，是中国整体风貌和街巷格局保存最完整的古城，以侗族首领杨再思、诗家天子王昌龄、民国特务头领戴笠为代表的官道文化极具旅游价值。黔阳古城跨清水江、舞水、沅水三江六岸，山水之雄胜甲于湘西，现为全国重点文物保护单位和国家4A级旅游景区。大黔阳古城包括明清黔阳府城、大唐叙州侗王城、秦汉镡城卫城、芙蓉楼园林、犁头嘴稻米古道碑、炮坡界古城堡、水口山东关门等景城一体化景点相互呼应。

【城市荣誉】洪江获得的荣誉主要有全国生态文明先进市、全国绿化模范市、湖南省历史文化名城、湖南省卫生城市。

湖南城市大典 娄底市

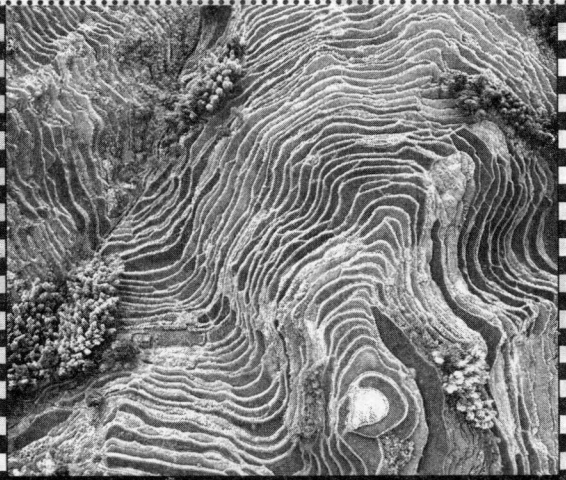

娄 底 市

❧

娄底市，相传天上二十八星宿中的"娄星"和"氐星"在此交相辉映，故而得名。1977年置涟源地区，1999年撤地设市，境内有世界灌溉工程遗产、全球重要农业文化遗产紫鹊界梯田，堪称世界溶洞极品的梅山龙宫。

◇ 城市概况

【区划范围】娄底市，别称星城，是湖南省辖地级市。位于湖南省中部，介于北纬27°12'31"~28°14'27"、东经110°45'40"~112°31'07"之间，处于江南地形由西向东递降的第二阶梯（云贵高原）向第三阶梯（江浙丘陵）的过渡地带。东起双峰县荷叶乡新高村，西至新化县上团乡上团村，东西直线距离160公里；南起双峰县花门乡仁山村，北至新化县大熊山毛坪界，南北直线距离102公里。现辖娄星区、涟源市、冷水江市、新化县、双峰县、娄底经济开发区、娄底市水府示范片万宝新区，总面积8117平方公里。中共娄底市委员会、娄底市政府机关驻娄星区湘中大道，电话区号：0738，邮政编码：417000。

【建置沿革】娄底一带原为少数民族杂居之地，相传先民们是盘古的后裔，属三苗、九黎部落，出自五帝中的颛顼。夏商周时，娄底为荆州一隅。春秋战国时期，娄底境域属楚国。秦统一中国后，娄底正式列入中央集权制的封建的多民族国家秦的国土，隶属长沙郡。西汉属长沙国。三国时分属衡阳郡、昭陵郡。西晋、东晋、南朝（宋、齐、梁、陈）分属邵陵群。唐、五代、宋朝分属潭州、邵州。元代，分属天临路、宝庆路。明分属长沙府、宝庆府。清同明属。民国元年（1912），属长宝道，民国3年，改为湘江道。民国11年（1922），取消道制直属湖南省。民国29年（1940），分属湖南省第五、第六行政督察区。新中国成立后，先后隶属益阳专区和邵阳专区。1977年9月，国务院批准建立涟源地区，辖新化、新邵、邵东、双峰、涟源5县和冷水江市，地区机关驻娄底镇。1982年12月更名为娄底地区。1999年1月，经国务院批准，娄底撤地设市，原县级娄底市改名为娄星区。

【地理环境】娄底境内有山地、丘陵、冈地、平原四种地貌，形态呈山地成片，冈丘交错成串，冈地如波，平地绵展的特点。整个地势西北高，东南低。境内平均海拔172米，海拔1500米以上的山峰10座，最高点是新化九龙池，海拔1622米；最低点是双峰的江口峡谷，海拔64米。娄底属中亚热带大陆性季风湿润气候区，四季分明，春季多雨，夏季多酷热，秋季晴朗温暖，冬季少严寒。全年平均气温16~17.3℃。年平均日照时间1538小时，无霜期268天。娄底市横跨湘、资两大水系，境内河网密布，资水贯穿南北，涟水流经东部。年降水量1300~1400毫米，年平均流量60亿立方米。由于雨水偏多，土壤湿重，多为红壤，其次还有黄壤、黄褐土等。

【资源物产】娄底境内动植物资源十分丰富，是中南地区最大的物种基因库，共有各类植物种类194科、761属、1758种，其中药用植物176科、676属、1234种；用材植物60科、280种；观赏与美化环境植物73科、272种。有香果树、柏乐树、银鹊树、银杏、三尖杉、红豆杉、金钱松等50余种国家级珍贵古树和珍稀保护树种。位于新化大熊山古寺的银杏王，树冠160平方米，树高28.5米，树龄1400多年，有"中国银杏王"之美称。有云豹、金猫、豹猫、林麝、黄麂、果子狸、中华小鲵、透明蛇、响尾蛇、白蛇等50余种国家级重点保护野生动物。娄底矿产资源丰富，已探明可供开采的矿藏达48种，其中探明储量的有25种，占湖南省探明储量矿种的30%。其中，锑矿储量居世界之冠，均集中在冷水江锡矿山；煤炭储量居

湖南全省第一，已探明储量11亿吨，以烟煤和无烟煤为主，局部见有石煤、石膏、石墨、重晶石、大理石等非金属矿藏在湖南乃至全国名列前茅。2001年，中南石油局勘探开采的"冷水江一井"结束湖南无油气历史。全市河川多年平均总量193.93亿立方米，可利用水能资源14.25万千瓦。

【人口民族】截至2016年底，全市总人口为453.17万人，常住人口389.41万人。其中，城镇人口176.36万人，乡村人口213.05万人。年内出生人口7.3万人，出生率为16.08‰。年内死亡人口3.36万人，死亡率为7.4‰，自然增长率为8.68‰。娄底市以汉族为主，有汉、苗、土家、侗、蒙古、回、藏、维吾尔、彝、壮、布依、朝鲜、满、瑶、白、哈尼、黎、傈僳、佤、高山、纳西、土、布朗族共23个民族。少数民族最多的是苗族。

【区位交通】娄底区位优越，交通便捷，是环长株潭城市群一小时经济圈的重要城市。沪昆铁路和沪昆高铁横穿东西，洛湛铁路和娄邵铁路纵贯南北，成为湖南重要的"十字型"铁路枢纽。境内公路纵横交错，四通八达，上海至云南瑞丽高速公路经过娄底。207、320国道以及涟（源）溆（浦）、宁（乡）邵（阳）、娄（底）衡（阳）、娄（底）湘（乡）4条省道贯通全区，通车里程达5000多公里。资水、涟水两大水系贯穿全区，常年通航里程达200多公里。娄底机场建设进入前期准备阶段。

【社会发展】2016年，全市普通高中38所、初中学校247所、普通小学770所、各类民办学校701所。全市各类在校学生477953人、其中高校在校生27600人、中等职业学校在校生34200人、高中在校生77200人、初中在校生141300人、小学在校生62500人、特殊教育学校在校生353人、各类民办学校在校生134800人。幼儿园在园幼儿123400人。全市科技创新能力不断提升，2016年高新技术产业总产值达713.4亿元，高新技术产业增加值达163.6亿元。申请专利1576件，其中发明专利申请290件；专利授权1093件，其中发明专利授权91件。疾病预防和控制体系、急救医疗体系、卫生监督体系逐步完善，疾病预防控制和应对突发公共卫生事件的能力较强。拥有医疗卫生机构4024个，其中医院76个、乡镇卫生院85个、社区卫生服务中心14个、村卫生室3479个，诊所、卫生室、医务室250个，妇幼保健机构6个，疾病预防控制中心（防疫站）6个，卫生监督检验机构6个。卫生技术人员19122人，其中执业医师及执业助理医师8231人，注册护士7298人。医疗卫生机构床位23049张，其中医院16403张、乡镇卫生院5384张、妇幼保健机构868张、社区卫生服务中心394张。广泛开展全民健身活动。拥有各类体育场地5160个，其中体育馆14座，运动场381个，游泳池30个，各种训练房246个。就业创业服务体系逐步完善，覆盖城乡居民的社会保障能力和水平不断提升，更多的人享受社会保障权益。2016年，娄底市新增城镇就业人员3.83万人，帮助失业人员实现再就业1.84万人，城镇登记失业率为4.19%。年末参加城镇基本医疗保险92.45万人，其中城镇居民基本医疗保险54.87万人，城镇职工基本医疗保险37.58万人；全市新农合参合人数达318.08万人，参合率96%。参加城镇基本养老保险职工人数50.39万人，参加新型农村养老保险人数190.82万人。参加失业保险职工人数32.12万人，全年领取失业保险金职工人次为2.87万人次。参加工伤保险职工人数40.2万人。参加生育保险职工人数25.01万人。全市共有6.08万人享受城市居民最低生活保障，发放城镇居民最低生活保障经费2.14亿元；16.7万人享受农村居民最低生活保障，发放农村居民最低生活保障经费2.49亿元。

◇ 城市建设

【综述】娄底是湖南省最年轻的地级市，是环长株潭城市群的重要成员城市。1999年撤地设市以来，城区建设扩容提质，配套设施不断健全，城市功能不断完善，绿化亮化不断推进，城区面貌更加靓丽。投入315.16亿元，先后建成和开工建设娄新高速、安邵高速、新溆高速、长韶娄高速、益娄高速、娄衡高速6条高速公路；完成二级干线公路改造460公里，路面提质及新建高速连接线共120公里；建成农村公路9650公里，已覆盖了全市97.5%的行政村。娄底所有的县城和城市都实现了高速连接，所有的乡镇都实现了在一小时内就近上高速。城市发展南拓北延，东优西联。中心城区空间增长边界：东至娄底市行政边界，西至涟源市水洞底镇大坡头，南至娄星区茶园镇奇形山，北至牯牛山，东西宽约22公里，南北长约23公里，面积391.18平方公里。城市基础设施建设力度加大。娄星南路、孙水河大桥、城市内环线、娄底市第二水厂提质改造、娄底高铁南站枢纽一体化工程等重点城建项目相继建成，天然气综合利用工程、娄底大道等重点城建项目和娄底经开区、万宝新区、娄星工业集中区等园区市政设施配套项目顺利推进，城市面貌焕然一新。城乡一体化发展稳步推进，到2016年底，城镇化率达到45.29%。

【城市规划】《娄底市城市总体规划（2000-2020）》明确了"极化一点，构筑一带，壮大三轴"的城镇体系空间格局。突出中心城市（娄底中心城区），带动市域经济的全面发展，加强中心城区与次中心城市（冷水江市）的联系。建设双峰、涟源、冷水江、新化等发展轴上城市和主要城镇，形成娄底城市带和长株潭城市群辐射中西部的重要发展轴。预计2020年市域人口为455万人，城镇化水平为55%，城镇人口为250万人。城市立体交通网络建设快速发展。至2020年娄底将建设成集铁路、公路、水运、航空、管道于一体的综合交通枢纽，形成以沪昆高速铁路、沪昆铁路、洛湛铁路、安张娄衡铁路和汨罗—益阳—娄底—衡阳、湘潭—娄底城际铁路为主体的铁路网；以上瑞、二广、娄新怀、益娄衡、长娄新、长娄高速往西延伸与二广高速相交于龙塘并西延伸至新化琅塘，龙山至新化至武冈、邵阳至坪上至冷水江等高速公路和G320、G207国道为骨架的公路网；以资江和涟水为主体的内河航运网络；规划建设新化机场；西气东输湘潭至娄底至邵阳段燃气管道和湘潭至娄底成品油干线管道为主体的管道运输体系。

【万宝新区】娄底城市新区。2010年10月开始筹备，正式成立于2011年1月6日，是长株潭城市群"两型"社会建设"五区十八片"之一，是娄底水府示范片区的核心区和主要承载区。万宝新区规划范围北至涟水河，东至娄星区行政边界，南到双峰县洪山殿镇、蛇形山镇和杏子铺镇，西至涟源市水洞底镇，总用地面积约110平方公里，其中建设用地面积约38平方公里。核心区范围北至孙水河（包括原娄星经济园区），南至娄新高速，西至高丰路，东至娄邵铁路既有线。万宝新区核心定位为区域性商贸物流中心，重点发展以生活资料为主的现代物流、综合商贸、高档商住、金融服务和环保科技型新材料等产业。在高铁片区发展互联网+、金融CBD，以仙女寨为中心发展文旅休闲产业，以娄底西站和诚通物流园为中心发展铁路物流。

【东部新区】娄底城市新区。东部新区毗邻国家级水府湿地公园，故又名为水府国际新城。2010年8月，东部新区开发建设正式启动，定位为水府国际生态新城，重点发展高端三产、现代装备和先进制造、精品钢材与薄板、汽车制造及零部件、以生产资料为主的现代物流等产业。规划范围为北至娄底经济开发区二工业园规划一街、娄涟公路及沪昆铁路，东至湘乡市边界，南至涟水河，西至吉星路，总用地面积约32.33平方公里，其中城市建设用地面积约20.8平方公里。新区"一心一带，三轴五区"的规划和空间布局已逐步成型。"一心"即城市生态绿心，"一带"即涟水河风光带，"三轴"即湘阳街城市发展轴、娄涟大道城市发展次轴、迎春路城市发展次轴，"五区"即先进装备区、现代物流区、休闲旅游区、中央服务区和低碳宜居区。

【娄底火车站】建于1958年，位于氐星路。隶属广州铁路（集团）公司娄底车务段管辖，现为一等站。娄底火车站是国家铁路网规划"八纵八横"重要枢纽站，沪昆铁路、洛湛铁路交汇于此，离上海南站1228公里、离昆明站1411公里（沪昆线），离洛阳东站1031公里、离湛江站955公里（洛湛线）。是东西方向的物流运输重要关口，是南北大（同）湛（江）重要出海通道。2015年3月进行升级改造，2016年1月6日，新娄邵铁路顺利开通，设计时速提升到200公里，新路全长93公里。2016年6月底，娄底站升级改造完成，实现了客货分流。

【娄底高铁南站】位于万宝镇，北距娄底市中心约7公里（距娄底站大约9公里、北距市政府不足4公里），是沪昆高铁长昆段重要站点之一。在湖南高铁站中，娄底南站的规模只小于长沙南站、衡阳东站、怀化南站，是湖南高铁第四大站，也是沪昆高铁长沙南至新晃西第三大高铁站。2014年7月，娄底南站开始实行联调联试，12月16日长沙南至新晃西正式通车，娄底正式进入高铁时代。

【娄底汽车南站】位于娄星区大科街道境内，南接潭邵高速公路、背临孙水河、紧靠洛湛铁路线，是娄底目前最大的公用型客运中心。娄底汽车南站是潭邵高速公路配套的省级重点项目，是实施南扩战略、加快融入长株潭城市群的重点工程。汽车南站占地面积104亩，由省交通厅、市交通局和娄底湘运汽车运输有限责任公司共同投资建设、由娄底湘运公司负责经营管理。总投资5400万元，设计日发送旅客量35000多人次，日发班次1200次，经营线路通达湖北、山西、江西、上海等7省一市和湖南境内的主要县市。

【城市内环线】娄底市中心城区城市内环线由吉星路、湘中大道、高丰路和城北娄涟大道呈环形构成，2013年建成通车，全长29.2公里，全线按Ⅱ级城市主干道、路幅宽55米、双向6车道的标准建设，设计车速60千米/小时。

【娄底大道】起于双峰县城，止于新化县城新区，包括娄双段、娄涟段、涟冷段、冷新段。全长116公里，途经双峰县、娄星区、涟源市、冷水江市、新化县，全程按Ⅰ级公路标准建设，设计速度80千米/小时，路基宽24.5米。总投资31亿元。

【娄涟高等级公路】娄底境内第一条高等级汽车专用公路，于1995年立项，1998年6月3日正式破土动工，2002年9月28日建成通车。总投资5.14亿元，是娄底对外与境内国道、省道公路并网连接的一条重要交通动脉。娄涟公路东起娄星区西阳粟家塘娄湘公路，西至涟源市三甲乡马埠桥207国道，全长59.96公里，其中主线长57.3公里，联络线长2.26公里，由水泥砼或沥青材料修建。

【娄底一大桥】始建于1975年，是联系娄底城南城北的一座重要桥梁。2005年在原桥位处重建大桥。新建大桥总长202.92米，宽32米，其中中央分隔带宽1.5米，两侧各0.5米宽防撞墙、11.75米宽机动车道、3米宽人行道。大桥主桥上部构造为悬浇变截面连续箱梁，桥墩台均采用柱式桥台。

【娄底市第一中学】创办于1979年，是湖南省示范性普通高级中学。学校现有南、北两个校区，实行一套班子两个校区的运行体制，总占地面积405亩，建筑面积19万平方米。城南校区于2014年投入使用，位于娄星区湘中大道，总占地面积296.8亩，实际建筑面积154747平方米，可容纳7500名学生。娄底一中（北校区）位于娄底市贤童街。目前，学校有特级教师5人，高级教师144人，市级"学科带头人"9人，有1人获得省政府第七届"徐特立教育奖"，有3人

被省教育厅列入"未来教育家"培养对象，有20余人被评为师德标兵。中学一级教师181人，中级以上职称教师占教职员工总人数的60.6%。先后获得了全国群众体育先进单位、教育部教育信息化试点学校、湖南省现代教育技术实验学校等荣誉称号。

【娄底市第三中学】创建于1982年，地处长青中街，占地162亩。教学班级95个，在校学生6800余人。学校以"尚德、博学、求实、创新"为校训。现有在职教职工372人，其中：研究生学历12人，本科299人，专科46人。中学高级职称87人，中学一级教师191人。国家级骨干教师1人，省级骨干教师13人。全国优秀教师4人，省级劳模1人。教学班级95个，其中高中47个，初中48个。

【湖南人文科技学院】位于娄星区氐星路。最初名涟源师范大专班，后陆续更名为湖南师范学院涟源分校、娄底师范专科学校、娄底师范高等专科学校。2000年8月，娄底师范学校并入娄底师范高等专科学校"。2004年经教育部批准，学校升格并更名为湖南人文科技学院，成为一所全日制本科普通高校；2010年经国务院学位委员会批准，学校取得硕士学位授予权。学校校园面积613255.9平方米，校舍建筑面积391094平方米，教学科研仪器设备总值11718.9万元，有教职工1142人，设有政治与法律系、中文系、外语系、经济与管理系等15个教学系、部、学院，开办46个普通本科专业，有各类在校生1.9万余人。

【娄底职业技术学院】位于娄星区月塘街727号。2001年由娄底经济贸易学校和娄底工业学校合并升格组建而成，2007年娄底机电工程学校并入娄底职院，2016年娄底卫校整合到娄底职院。现有在校学生18000余人，校园占地面积900余亩，建筑面积34万平方米。现有在职教职工1000余人，其中专任教师近600人，具有副高以上职称的专业技术人员300余人。省级教学名师2人，省级专业带头人9人，省级青年骨干教师15人。39个专业，其中机电一体化技术、煤矿开采技术、畜牧兽医为中央财政支持的国家级重点建设专业；建筑工程技术、应用电子技术为国家级重点建设专业；应用电子技术、旅游管理专业获得教育部财政部"支持高职院校提升专业服务产业发展能力项目"专项资助。

【娄底市第一人民医院】2010年由涟钢职工医院更名成立，位于娄星区黄泥塘办事处碧溪路。涟钢职工医院始建于1958年，目前拥有功能完善的现代化住院楼与门诊楼，是娄底市一所集医疗、保健、教学、科研于一体的综合性国家二级甲等医院。医院占地面积4.256万平方米，建筑面积3.17万平方米。编制床位500张。开设有整形烧伤专科病房，对各种整形、烧伤病人的救治有丰富的临床经验。

【娄底市中医院】始建于1958年，地处乐坪西街，是一所中西结合，集医疗、教学、科研、预防、保健为一体的二级中医综合性医院。总建筑面积3万余平方米，开设病区9个，开放病床400余张。设有22个临床医技科室。现有在职职工260余人，其中专业技术人员210人，正高职称4人，副高职称22人，中级职称98人。

【九亿步行街】娄底商业区。2003年，由大汉集团巨龙房地产开发公司投资8000万元开发的娄底第一条现代化商业步行街。位于春园公园东侧，总长261.8米，总面积11330.04平方米，建筑面积为20765平方米，街宽15-22米，商铺总数340个，商业住房18套。娄底九亿商业步行街居中的区位，中西合璧的风格，青山相倚的环境，吸引数十家知名品牌聚集于此，形成了娄底新的城市商圈。

【春园商业步行街】娄底商业区。地处娄底中心城区成熟繁华地段，东起市府北门，西临底星路，北至长青街，南接乐坪街，街区呈十字型交合辐射状，总长1080米，规划用地面积8万多平方米，总建筑面积为20万多平方米，总投资6.8亿元，是娄底市规模最大的商业步行街和城市对外开放的标志性工程。

【万豪城市广场】娄底商业区。位于春园商圈氐星路黄金地段。项目占地面积4.5万平方米，总建筑面积38万平方米，总投资逾16亿元，融汇大型购物中心、白金五星级酒店、甲级专业写字楼、精装修国际公寓与城市花园住宅等，是娄底市迄今最大的商业群。万豪城市广场商业部分采用U型街区规划与立体人流动线设计，规划有时尚街、名店街、名品街、精品街、名仕街、美食娱乐街6大体验式步行街区。

【娄星广场】总建筑面积109060平方米，造价2100万元。娄星广场坐落在乐坪街与氏星路、育才路的交汇处，由原来的漪园和街心公园组成，是一个开放的现代化大广场。整个广场改建设计，充分考虑了绿化，不仅尽量保持原有林木花卉，而且因地制宜因景而需新栽绿树花草，绿地率占60.4%，是娄底城区一道亮丽的风景线。

【娄底市体育中心】位于娄星区月塘街。集体育比赛、文艺表演、健康娱乐、购物休闲、会议会展于一体的多功能综合性活动中心，是娄底城市形象的标志性建筑。占地面积500亩，建筑面积89340平方米，总投资9亿元，建有一场（主体育场）三馆（体育馆、游泳馆、综合馆）一中心（妇青活动中心）一公园（体育公园），以及室外篮球场、网球场、门球场、轮滑区等健身场所。主体育场，建筑面积4.18万多平方米，观众席42760个，其造型好像一个摇篮，也像一只振翅欲飞的雄鹰。

【娄底市博物馆】位于长青中街17号。始建于1994年，馆舍面积3400平方米，馆藏文物数千件。常设"成仿吾纪念室"和"娄底名人展室"。"成仿吾纪念室"集中展示了成仿吾先生光辉而功勋卓著的一生，现已成为湖南人文科技学院研究成仿吾文学、教育思想的重要基地。"娄底名人展室"陈列展示了数十位在中国近代政治、军事、文化、科技等方面产生过重大影响的娄底籍人士的图片、实物和文字资料，是展示娄底地方文化特色、进行优秀文化传统教育和娄底市对外宣传的重要窗口。

【娄底图书馆】位于娄星区氏星路29号，建立于1982年4月，1987年4月经省文化厅批准为娄底地区中心图书馆。1990年10月，新馆竣工，定名为娄底市图书馆，1992年5月，新馆正式对外开放。新馆坐落于市中心清泉广场，占地面积为4500平方米，其中主体建筑面积3900平方米，书库面积420平方米，阅览室面积为2100平方米，另外附属建筑面积1600平方米。图书馆藏书12万册，开设有综合外借室、少儿借阅室、集资书库、综合阅览室、地方文献收藏室、业务辅导部、采编室、过刊八个业务窗口。

【双江水库】位于娄星区双江乡。1995年11月动工兴建，于2008年6月竣工建成，工程长达8年之久，总投资8845.41万元，是一座以灌溉为主，结合供水、防洪、旅游等功能的中型水利工程。水库总库容1146万立方米，正常库容1035万立方米，设计灌溉面积达3.46万亩，肩负着娄星区涟水河以北五个乡镇农田灌溉的重任，解决恩口煤矿闭矿后周边地区水资源匮乏的问题，可平均每年向涟钢供水507万立方米。

【万宝镇】娄星区辖镇。1949年属乐善乡，1951年为万宝等乡，1956年合并置万宝乡，1995年建镇。2015年万宝镇与茶园镇成建制合并设立万宝镇。新设立的万宝镇辖43个建制村，总面积81.05平方公里，总人口4.45万人，镇人民政府驻万宝（原万宝镇政府驻地）。万宝镇为市属乡镇企业基地，有微型电机泵、食品加工机械、水泥、煤矿、农机、建材、再生胶、胶管、建筑瓷、水力发电等厂。农业历来主产水稻，盛产柑桔、草莓、葡萄。万宝镇还是湘军将领刘蓉、杨昌濬以及直隶知州刘东岩故居所在地。

【石井镇】娄星区辖镇。2015年百亩乡与石井镇成建制合并设立石井镇。辖34个建制村，总面积65平方公里，总人口3.79万人，镇人民政府驻松江（原石井镇政府驻地）。石井镇地理位置优越，境内宁涟公路、娄涟高等级公路从东到西穿过，娄斗铁路、娄插铁路横贯全境，交通十分便利。因毗邻涟钢，地处城郊，个体私营经济蓬勃发展，建材企业遍地开花，素有"建材之家"的美誉。全乡现有大型轮窑砖厂25家，年产值上千万元的大型洗煤厂9家，是湘中地区最大的洗煤基地。

【杉山镇】娄星区辖镇。距娄底城区10公里，东邻湘乡市涧山乡、市经济技术开发区大埠桥办事处，南接市经济技术开发区涟滨办事处，西与石井镇、小碧乡、涟源市渡头塘镇接壤，北接湘乡市壶天镇。全镇总面积66.38平方公里。下辖35个建制村和1个居委会，总人口4.32万人。镇内有省道S209线、娄韶长高速公路娄北连接线、杉西公路、水果路和西恩铁路专线等主要公路和铁路。规划中的北二环和吉星路北段贯穿全镇。2016年娄底启动高速公路沿线特色小镇试点建设，杉山镇位列其中。

◇ **城市经济**

【综述】娄底是湖南乃至全国的重要新型能源原材料产业基地。目前，围绕冶金、能源、建材、化工、机械五大支柱产业，聚集了华菱涟钢、三一重工、博长股份、大唐华银金电、闪星锑业、湖南海螺、湖南宜化、华润电力等665家规模以上工业企业，已形成1000万吨优质钢、1000万吨煤炭、1000万吨水泥的巨大产能。与此同时，加紧打造汽车零部件及工程机械零部件产业园、三一产业园、冷水江循环经济产业园及光电产业园、双峰农机机电以及不锈钢产业园等一批百亿产业园区。2016年，全市实现地区生产总值1398.17亿元。按常住人口计算，全市人均GDP36008元。三次产业结构为14.7：47.8：37.5，三次产业对全市经济增长贡献率分别为6.8%、41.1%和52.1%，分别拉动全市GDP增长0.5个、3.1个和4.0个百分点。非公有制经济增加值639.51亿元，占地区生产总值的比重为45.7%，对全市经济增长的贡献率为48.9%。全市财政总收入104.59亿元，其中地方财政收入68.25亿元；全市公共财政预算支出267.58亿元，占全市财政支出的比重达77.5%；全市完成固定资产投资1199.92亿元；全市完成社会消费品零售总额485.27亿元；全市实现进出口总额8.93亿美元；全市居民人均可支配收入15306元。

【娄底经济技术开发区】1992年获批省级开发区，2013年升级为国家级经济技术开发区。辖区面积75.6平方公里，开发建设面积22平方公里。经开区位于新星北路，是湖南省第六家"千亿园区"，综合实力排名湖南省产业园区（144家）第8位。园区现有薄板深加工、汽车及零部件、工程机械制造、电子信息、商贸物流五大主导产业。先后被认定为国家高技术产业基地、国家新型工业化产业示范基地、湖南省承接产业转移示范基地、湖南省汽车配套产业基地、湖南省电子信息产业园、湖南省最具产业影响力产业园区，薄板及深加工产业集群被列为湖南省十大"千亿产业集群"。

【娄星工业集中区】2010年设立，2012年获批省级工业集中区。位于娄星区西部，总规划面积48.66平方公里，北与宁乡县毗邻，东与湘乡市接壤，南与娄底中心城区联通，西与涟源市相邻。分为起步区、拓展区和远景发展区三个区域。其中，起步区8.26平方公里，依托湖南华菱涟源钢铁有限公司，重点发展钢铁深加工产业和资源循环利用产业，配套发展生产资料物流产业；2011年起步建设的钢铁深加工产业园和再生资源循环经济产业园2个专业园区已具规模。拓展区17.82平方公里，主要布局电子信息、日用消费品生产和商贸物流产业；远景发展区22.58平方公里，主要布局现代服务业和商业地产。

【双峰经济开发区】1992年经湖南省政府批准建立，是湖南省唯一以农机机电产业为支柱的工业园区。1997年建设湘中农机机电大市场，占地3000亩，成为中南地区重要的农机交易市场，目前集聚27家规模农机企业，获得国家农机系列专利153项，现拥有"好运来""中国驰名商标"1个、"丰彩""银松"等"湖南著名商标"4个。园区后被授予"湖南省农机机电制造基地""湖南省承接沿海产业转移基地""湖南省新型工业化示范基地"等称号。

【涟源钢铁集团有限公司】1958年建成投产，位于娄星区桑塘路490号。已具备800万吨钢的产能，拥有从炼焦、烧结、炼钢到轧钢全流程生产线。产品结构以高技术含量、高附加值的超薄高强热轧、冷轧卷板为主。涟钢产品覆盖建筑、家电、船舶和汽车等各个领域。"双菱牌"商标入围"中国十大公众认知商标"，被认定为"中国驰名商标"。三峡工程、黄河小浪底工程、武广高铁、湘西矮寨大桥等国内100多个重点工程指定使用"双菱"精品钢材。汽车板、工程机械用钢、家电板等系列重点产品，已进入国内一线品牌供应链，并出口东南亚和欧美等40多个国家和地区。

【华菱安赛乐米塔尔汽车板有限公司（VAMA）】坐落于娄底经济开发区。由华菱钢铁与安赛乐米塔尔合力创建，消化吸收本地供应热轧基板，采用高科技生产加工流程，生产目前市场上短缺的高强度汽车用钢产品。公司注册资本为39.36亿人民币，其中，华菱钢铁持股比例为51%，安赛乐米塔尔持股比例为49%。作为国家发改委和商务部共同批准的主要投资项目之一，于2012年6月开始全面建设，总投资额为52亿元。2014年6月完成并投产，年产量达到150万吨，包括80万吨冷轧卷材、20万吨铝卷以及50万吨热镀锌钢卷。

【湖南农友机械集团】成立于1995年，位于双峰县科技工业园内。旗下拥有7家企业。主要产品为"好运来""农家旺""恒昌""振丰""晶星"等品牌家用组合米机、智能柜式组合机、耕整机、多功能耕耘机、稻米加工成套设备、气力输送机械、农用工程机械、收割机、电机、玉米脱粒机、磨浆机、水泵等，产品核心技术自主研发，拥有100多项国家专利，并通过ISO9001：2008质量管理体系认证。产品先后荣获"国际农博会金奖""湖南省产品质量奖""湖南名牌""湖南省著名商标"，其6NF-2.2型家用谷物加工组合机、智能柜式组合米机、新型双辊耕整机、旋耕开沟机、收割机等16个产品纳入国家、省支持推广的农业机械产品目录，产品畅销20多个省市及东南亚、非洲等10多国家、地区。

【娄底市乐开口实业有限公司】位于新星南路，是一家集科、工、农、贸为一体并拥有进出口经营权的综合性高新技术企业。公司下辖17个分部、2个办事处（长沙、广州）和1个生产基地。现有员工298人，其中大专以上学历的科技人员45人，注册资本6000万元，公司总资产11837万元。公司致力研制农产品加工机械，开发无公害放心米粉，被业界认定为湖南省新型农产品加工机械研制的旗帜性企业，拥有自动化一步成型米粉生产设备组的独立知识产权，总计授权专利45项，其中发明专利5项。

【湖南瑞奇电器有限公司】创办于1998年，前身为娄底市瑞奇电器有限公司，2010年更为现名。公司位于娄星区万宝镇，是一家专业从事电取暖桌研发、制造、销售和服务的两型高新科技企业。现拥有万宝新区瑞奇工业园和万宝镇瑞奇园区两处现代化的研发生产基地，拥有30项国家专利。年生产能力可达18万台。瑞奇电取暖桌现有六大系列产品：不锈钢系列、玻璃桌系列、茶几系列、学生桌系列、休闲娱乐桌系列、脚暖板系列。

【华达汽车空调（湖南）有限公司】位于乐坪大道，原为华达杰克赛尔（湖南）汽车空调有限公司，是娄底市人民政府国有资产监督管理委员会、株式会社法雷奥热系统合资兴建的生产汽车空调压缩机的专业厂家，是国家定点生产汽车空调压缩机的主要企业。公司于1996年12月27日成立，1997年3月1日开业。主要生产经营DKS-13S、DKS-15S、DKS-17S型汽车空调压缩机，生产能力为30万台/年。通过多年的实践与研究，自主开发了DKS-CH、DKS-SE、DKS-

15DS、DKS-17DS、DKS-21DS新产品。产品主要配套一汽、二汽、重庆五十铃、郑州日产、福建东南等多家汽车生产厂家。

【娄底市中兴液压件有限公司】位于娄星区经济技术开发区新坪街11号。2005年，由三一重工股份有限公司投资成立，是专门从事液压油缸研发、生产的高科技技术企业。公司占地面积约860亩，现有员工1000余人，大专以上技术人员400余人，其中硕士生、博士生40余人。拥有多项自主知识产权，并获得专利15项，其中发明专利6项，实用新型专利9项，能自主研发工程机械、煤矿机械、冶金矿山、汽车制造、橡胶陶瓷等行业的各型号液压油缸。

【湖南创一电子科技股份有限公司】位于娄底市经济技术开发区太和工业园。原名为湖南创一电子科技有限公司，成立于2009年6月12日，是一家专业从事高性能软磁磁性材料研究和生产的企业。2018年更为现名。公司产品主要应用于汽车、医疗、通讯及消费类电子信息领域。

【娄底市安地亚斯电子陶瓷有限公司】成立于2004年，是专业生产电子结构陶瓷、工程陶瓷等工业陶瓷系列产品的中美合资企业。公司位于娄底市经济技术开发区第二工业园，占地面积55亩，拥有标准厂房13000余平方米，员工300人。拥有产品发明专利、新型专利及科技成果等23项，是比亚迪、中国中车、中国北汽、力神电池等电动汽车及动力电池企业供应商。

【永丰辣酱】产于双峰县永丰镇，它以本地所产的一种肉质肥厚、辣中带甜的灯笼椒为主要原料，搀拌一定份量的小麦、黄豆、糯米，依传统配方、科学办法晒制而成，其色泽鲜艳，味道鲜美，辣中带甜，芳香可口。永丰辣酱始产于明代，已有三百多年的历史。据说以蔡和森祖辈经营的蔡广祥店最有名。咸丰年间，清朝大臣曾国藩将永丰辣酱带到京城，倍受皇帝喜爱。从此，永丰辣酱被列为贡品。解放后，永丰辣酱多次评为省优、部优产品。

【国藩溪砚】采用双峰县杏子铺镇溪口村所在的涟水河畔盛产一种天然远古化石及特种石——溪石作为雕刻砚台的材料。溪砚的特点：质地坚固，纹理细滑，与墨相恋，经久不干。用时不生墨垢，亦不损笔，写字不粘不滞，十分应手。如遇寒冬，只消以嘴呵气，即可化水研墨，十分神奇。国藩溪砚被评定为"中国最具收藏价值的文化工艺品"，先后参加长沙、张家界旅游商品博览会并获得金奖。

【紫鹊界贡米】紫鹊界黑香米，亦称黑贡米，有"药米""长寿米""黑珍珠"之美誉，是由黑稻加工而成的黑糙米，谷粒呈短圆形，皮黑，闻之有清香。煮熟后饭呈紫黑色，香味浓郁，柔软不黏。据《新化县志》载：老庄村志留纪正长岩风化物发育的麻粉泥田，生产优质"香稻"，历史上称为"贡米"。

【湘村黑猪】以湖南地方品种桃源黑猪

为母本，引进品种杜洛克猪为父本，经杂交合成和群体继代选育而培育的国家级新品种；湘村黑猪被毛黑色（允许肢、鼻和尾端有少许杂毛），体质紧凑结实。背腰平直，胸宽深，腿臀较丰满。头大小适中，面微凹，耳中等稍竖立前倾。四肢粗壮，蹄质结实。乳头细长，排列匀称，有效乳头12枚以上。于2012年7月通过国家畜禽遗传资源委员会审定，是湖南省目前唯一通过国家品种审定的具有自主知识产权的畜禽新品种，现已跻身全国五大生猪品牌。

【奉家米茶】产于新化县。芽叶细嫩，香气馥郁，氨基酸、儿茶素含量尤高。当地人称"若得米茶天天饮，明目益思人长春。"清同治年间，被列为清迁贡品，以抵"征粮"。1982年起，地区茶叶学会、科委组织茶叶界的专家和技术人员在继承传统工艺的基础上，借鉴各类名茶的采摘经验和加工技术，于1986年成功地将奉家米茶改造为形质皆美的新名茶——月芽茶。

【东岭田鱼】田鱼在新化农村很普遍，但以东岭田鱼最为有名。东岭田鱼是精选新化高寒山区稻田里的鲜活小鲤鱼，用高山泉水养5个小时以上；剖去鱼肚内的肠杂；以食盐和天然辛香料特殊方法腌制；蒸熟；料糠上烟；文火烤干包装。东岭田鱼成品外观焦、酥、脆，内感鲜、嫩、软。白辣椒炒田鱼，是新化一道名菜。"东岭田鱼"2006年获中国湖南第八届（国际）农博会金奖。

◇ 城市文化

【综述】娄底历史悠久，人文荟萃，是湖湘文化的主要发源地之一。梅山文化、蚩尤文化源远流长，博大精深。耕读文化、龙山药文化脉络清晰，结构完整。新化山歌、梅山武术、剪纸艺术、傩戏等根植民间，独具魅力。饮食文化自成体系，比较有名的就有"十荤""十素""十饮"。独特的文化孕育了清代中兴重臣曾国藩、晚清著名外交家曾纪泽、民主革命斗士陈天华、谭人凤，还有中共早期杰出领导人蔡和森、中国妇女运动领袖蔡畅，以及无产阶级革命家、教育家成仿吾、国际共产主义战士罗盛教和当代著名企业家梁稳根等杰出代表。娄底重视对双峰县荷叶镇、涟源市杨市镇、新化县水车镇楼下村、双峰县三塘铺镇枫树山村、双峰县甘棠镇香花村、涟源市三甲乡古村落群等历史文化名镇、名村的保护。继承和发扬湖湘文化，先后获得"全国书画之乡""全国诗词之乡"等荣誉。"文化娄底"的形象逐渐鲜明。2016年末，娄底市共有艺术表演团体5个，艺术馆和文化馆6个，博物馆和纪念馆4个，公共图书馆6个，国家级非物质文化遗产保护目录4个，省级非物质文化遗产保护目录7个。出版报纸4种，报纸总印数1448.8万份，出版期刊1种，期刊总印数0.6万册。放映农村公益电影3.92万场。娄底市共有广播电台5座，电视台5座，有线电视用户82.44万户，电视综合人口覆盖率99.74%，广播综合人口覆盖率99.54%。

【娄底方言】属于湘方言—老湘语—娄邵片，娄邵片整体特点一致，古语特点明显，但仍然五里不同音，细分而言，从东往西，双峰和娄底市区为第一区，涟源为第二区，冷水江与新化为第三区。该地区方言与现代普通话差距较大，难以与之外的新湘语、官话或其他方言沟通。

【湘博会】经省政府批准、国家商务部重点支持的重要经贸展会。自2009年首届"湘博会"举办以来，八届展会共有100多个国家、100多位部长级贵宾、27000多名中外客商参会参展，累计签订招商引资项目291个，合同投资1603.6亿元；累计签订贸易合同1125个，合同总额227.54亿元。"湘博会"已成为推动湖南制造业发展，加强对外交流交往，落实"一带一路"战略，推进"湘品出湘"的重要平台。

【新化山歌】流传于新化县的汉族民歌，山歌内容广泛、调式古老、风格独特、音韵简朴、结构多变，音乐特色鲜明，表现形式丰富多样，句式长短有致，俚俗方言衬词较多，说唱风味很浓。山歌以口头创作、传唱的方式生存于汉族民间，其曲调、节奏、结构、句式都很自由，音调依新化方言按字行腔。形成了独具特色的汉族民间文化艺术。2006年新化山歌列入湖南省非物质文化遗产首批名录，2008年6月，被列为第二批国家级非物质文化遗产项目名录。

【梅山武术】素以古老神秘而著称，是当今中国传统武术流派中历史最为悠久、并能很好地保留古传武术功法与技击精髓的优秀拳种。不论是徒手套路还是器械套路，均讲究"神、气、意"三者有机结合，要求"气流丹田，心与意合，意与心合，气与力合""桩固势稳，出手泼辣，发劲凶狠，吐气抑声"。新中国成立初期，梅山拳术作为"增强人民体质"的传统体育项目而得到发展。2014年11月11日，梅山武术经国务院批准列入第四批国家级非物质文化遗产名录。

【傩头狮子舞】最具典型性的代表作是水车镇傩头狮子舞。现存16段36合，表演情节简单，主旨为祛邪求子祈福，以哑剧舞蹈形式表演，风格古朴原始，其中保留了大量的傩母崇拜、生殖崇拜等原生态信息。傩狮头造型十分独特，像狮子并非狮子，实则为红面鼓眼阔口獠牙的饕餮纹"吞口"，是以"南蛮"始祖蚩尤为原型的傩面具。

【水车柴火腊肉】历史悠久，制作精细，是新化县最具地方风味的传统食品。每年农历9-12月份，以水车本土优质猪肉为原料，加入适当的盐、酱油、味精、香料等，经过多道工序精心淹制，利用柴炭火熏烤30-40天，然后洗净、风干、切割、包装。腊肉蒸熟切片即可食用，也可配以辣椒、蒜苗、姜丝等烹炒。腊肉色泽红润，芳香四溢，食之油而不腻，是上等的美食佳肴。

【水车鱼冻】鱼冻用材极讲究。必用当地河溪、山潭新鲜鱼；必汲取百年古井之泉水,必不放油、葱等任一种调味品,仅放少许盐将其炖熟。然后加器物覆盖置于室外,只要气温低于摄氏18度,鱼汤便会自然冻结。最奇怪的是,鱼冻结后,在常温下不会再融化。食用时,配以水车镇剁椒。鱼冻晶莹剔透,一眼即望到底,入口不烂,颇有几分嚼劲。鲜香甜美,十分爽口。

【梅山三合汤】梅山传统地方名菜。三合汤选料相当讲究,最好要用水牛牯之牛血,厚实之牛肚及黄牛牯里脊肉为主料。牛肉要横切,牛肚梅山人吃法奇特:呷黑不呷白。杀牛开膛后,取出牛肚将粪便抖干净,炒前几分钟方可将其洗净,若去黑皮,甜味鲜味全无。牛肉、牛肚猛火热油翻炒后,加入米酒酿、生姜、红椒粉后出锅。牛血稍炒,久炒则不嫩。最后三者合之。加沸水烹煮成汤,配山胡椒、酱油等调味。于是,味辣、汤沸、味道鲜美的三合汤就出炉了。

【穇子粑蒸鸡】新化俗话:"没上过高山,不知道平地;没吃过穇子,不知道粗细。"穇子是种一年生的草本谷类作物,属禾本科。据《本草纲目》记载,它有补中益气、厚肠胃之效。穇子粑蒸鸡是先把穇子糯米磨成粉,按1:1的比例用凉水和好做成粑粑,再油炸熟待用。选新化本地产土鸡一只,以羽毛、爪、喙都为黄色,俗称三黄鸡的最佳。穇子粑与鸡肉蒸熟食用,鸡块金黄细滑,肉质细嫩,穇子粑像闪亮的黑珍珠,不但营养好,还有滋阴养胃,利水消肿的功效,让人胃口大开。穇子粑蒸鸡与牛肉牛血牛肚做的三合汤、猪肉米粉做的坛子米粉肉合称为新化三大碗。到新化,请你吃"鸡粑",千万不要以为主人说"粗话",而是一种礼遇。

【上梅古城】始建于北宋绍圣年间,已有900多年历史,是新化的经济、政治、文化中心,曾以八街九巷驰名。清一色的青石板路,长约1公里,共铺11排青石,中间一排稍高,左右各5排,形似龟背,呈对称流线型美感。街边的明清建筑群,或用青砖砌,或以青砖砌墙、木材为主,或全用木材修筑,饰以马头墙、小青瓦、白粉墙,精巧玲珑的楼阁,镂刻精美的花纹图案,加上小门、大堂、天井错落有致,风格典雅,青灰的色调与青石板街道浑然一体,彰显明清建筑的独特风格。

【蔡和森、蔡畅故居】蔡和森、蔡畅故居光甲堂,位于双峰县井字镇杨球村,建于清朝末年,砖木结构,总面积550余平方米,是蔡和森、蔡畅同志亲少年时期的故居。1900年5月14日中国妇女运动卓越领导人蔡畅诞生在这里,并与哥哥蔡和森在这里度过了8年多的童稚时光。1985年邓小平题写的"蔡和森故居"金字红木匾悬挂于故居大门。2013年3月光甲堂被国务院核定为第七批"全国重点文物保护单位"。

【洛阳湾古建筑群】地处双峰县城北面的测水镇。洛阳湾是明朝前人对测水镇的雅称。建于明朝永乐年间(1403-1423)的古建筑群由关圣殿、观音阁、龙王阁、文昌阁四大建筑组成，四者背山面水，互为犄角，连成一体，整个建筑朱栏画栋，亭角峥嵘，气势雄伟壮观。江心有一巨石，其上建石塔，巍峨雄伟，与四大建筑相映成趣。塔上有对联云："为学相期登道岸，余灰尽使付东流"。

【新化北塔】位于新化县城北资水西岸，以方位命名。史书记载新化北塔始修于清道光十三年（1833），道光十五年（1835）落成，塔为八角七层，高13.85丈。层与层之间突出短檐，角上镶嵌石舫，似翘角，铜顶铁瓦，底层为青石方块，塔体纯青砖砌成。塔内有相对螺旋砖阶上升，共492级。2013年新化北塔入选第七批全国重点文物保护单位。

【红二军团长征司令部旧址】位于新化县奉家镇上团村。原名"竹园"，是大地主奉世卿的庄园。始建于清代，占地面积10余亩，为2进2出15弄2层的四合院。1935年12月12日，贺龙元帅率领红二军团从溆浦县的岩家凼出发，经桥江、罗家坡进入新化县奉家镇的墨溪岗，前行到寨园村茶岗岭时，兵分两路，一路进下团村，一路到上团村，军团司令部就设在上团村的"竹园"。解放后成为上团公社办公场所。旧址内尚存有贺龙元帅使用过的雕花木床、桌椅、文柜等原物及红军行军灯（行军灯收藏在县文史馆）。2013年5月，该旧址入选第七批国家级文物保护单位。

【罗盛教纪念馆】位于新化县上梅镇资江大桥西端。占地面积3000平方米，建筑面积1100平方米，1985年4月22日烈士诞辰54周年开馆。馆内共有展厅3间，面积370平方米。三个展厅分别介绍了罗盛教烈士由一个普通农家孩子成长为一个伟大的国际主义战士的全过程，集中展示了烈士生前学习、劳动和参军用过的实物以及其他相关的实物共114件。同时，还有党和国家领导人周恩来、叶剑英和朝鲜人民的伟大领袖金日成接见罗盛教父亲罗迭开以及反映中朝两国人民传统友谊的照片78幅，图片51幅，塑像4座，模型1座。

【贺德英】（1238－1252），南宋理宗嘉熙二年生于湘乡焙塘（今娄底市杉山镇田湾村），七岁会诗文。十二岁时，闻父与人构讼被湘乡县衙关押，即赴县请求考试，以赎父罪。有诗"谁剪银河水，飞花出汉霄，月明人竟往，踏破水晶街。"曾被誉为"湖南童子破天荒"。

【曾国藩】（1811－1872），字伯涵，号涤生，原名子城，派名传豫，清湘乡县荷叶塘（今双峰荷叶乡）人。中国近代政治家、战略家、理学家、文学家，湘军的创立者和统帅。官至两江总督、直隶总督、武英殿大学士，封一等毅勇侯，谥曰文正。与胡林翼并称曾胡，与李鸿章、左宗棠、张之洞并称"晚清四大名臣"。

【曾纪泽】（1839－1890），字劼刚，清湘乡县荷叶塘（今双峰荷叶乡）人。清代著名外交家，曾国藩长子。初袭父一等毅勇侯爵。光绪年间曾担任清政府驻英、法、俄国大使，也是当时秉承"经世致用"新思维的官员。其后与俄人力争，毁崇厚已订之约，更立新议，交还伊犁及乌众岛山，帖克斯川诸要隘，有功于新疆甚大。中法战争时，力与法人争辩。官至户部左侍郎。光绪十六年（1890）卒，年五十一，赠太子少保，谥号惠敏。

【陈天华】（1875-1905），中国近代民主革命家，原名显宿，字星台，亦字过庭，别号思黄，新化县荣华乡栗树凤阳坪人，华兴会创始人之一。1903年留学日本，参与组织"拒俄义勇队"和"军国民教育会"，次年回国参与组织"华兴会"，筹备发动长沙起义。1905年抗议日本政府颁布的《清国留学生取缔规则》，在日本东京大森海湾愤而蹈海殉国，时年30岁。所著《猛回头》和《警世钟》成为当时宣传革命的号角和警钟。

【谭人凤】（1860-1920），字石屏，名有时，号符善，晚年自号雪髯，人称谭胡子。新化县人。清咸丰年农历八月初六（1860年9月20日）生于新化县福田村（今隆回县鸭田镇南湾村）。谭人凤是清末资产阶级民主革命家，同盟会早期会员和重要骨干，在武昌首义为策反黎元洪起了重要作用。

【蔡和森】（1895-1931），字润寰，号泽膺，双峰县永丰镇人。1895年3月，蔡和森出生于上海，后随母亲回到家乡双峰。1913年进入湖南省立第一师范读书，期间，同毛泽东等人一起组织进步团体新民学会，创办《湘江评论》，参加五四运动。1921年10月，蔡和森从法国归来，在中共三大、四大上当选为中央局委员，参与中央领导工作。并在中共五届一中全会上当选为中央政治局委员、常委，随后又兼任中共中央秘书长。1931年，蔡和森在组织广州地下工人运动时遭叛徒出卖被捕，牺牲在广州军政监狱，终年36岁。

【罗盛教】（1931-1952），原名罗雨成，1931年生，新化县人。1947年入省立十三中学高中部，并改名罗盛教。1951年4月，抗美援朝战争爆发，罗盛教参加了中国人民志愿军，并随部队奔赴朝鲜。1952年，为救落入冰河的少年牺牲，年仅21岁。1952年2月，中国人民志愿军政治部为罗盛教追记特等功，同时授予"一级爱民模范""特等功臣"的称号。1953年6月25日，朝鲜民主主义人民共和国最高人民会议常任委员会授予他一级国旗勋章及一级战士荣誉勋章。

【成仿吾】（1897-1984），原名成灏，笔名石厚生、芳坞、澄实，出生在新化县知方团（今琅瑭镇）澧溪村一个知识分子家庭。与郭沫若、郁达夫等人1921年7月在日本东京建立了著名的革命文学团体创造社。1926年3月任教于广东大学，1928年8月加入中国共产党。从1934年在瑞金中央党校任教以来，一直从事党的教育事业。曾任华北联合大学、华北大学、中国人民大学、东北师范大学、山东大学等校长。他精通德、英、日、法、俄五种语言，长期致力于宣传和捍卫马克思主义。1984年，在北京病逝，终年87岁。

【蔡畅】（1900-1990），原名蔡咸熙，是中国共产党早期领导人之一，女权主义领袖，无产阶级革命家、妇女解放运动领导人之一。蔡畅是红军长征年龄最大的女红军，中国妇女运动的领袖和国际进步妇女运动的著名活动家。曾任全国妇联第一至三届主席、第四届名誉主席，第四、五届全国人大常委会副委员长，中共七至十一届中央委员。

【杨小燕】（1930-），新化县人。1968年开始学习桥牌，1971年起多次代表美国参赛，1978年在新奥尔良举行的世界奥林匹克桥牌赛上夺得金牌，被誉为"桥牌皇后"。在世界桥牌赛上获得过3块金牌，4块银牌，是中国血统女子获得世界最高级桥牌特级大师第一人。曾为美国女子桥牌队主力，任过美国桥牌协会慈善基金会理事兼总裁。1986年世界桥联任命她为"桥友"组织的4名创始人之一。

◇ 城市生态

【综述】娄底市加快城市人居环境和生态文明建设，成功创建国家园林城市。

2016全年，全市活立木蓄积量1508万立方米，森林覆盖率为50.21%，城市人均公园绿地面积9.55平方米。实际监测的地表水断面中，满足Ⅲ类标准及以上的断面比例95.3%；全年中心城区环境空气质量优良天数达到309天，优良率为84.7%；中心城区污水处理率达91.2%，城市生活垃圾无害化处理率100%。全市万元地区生产总值能源消耗量下降5.47%。全年规模工业综合能源消费量1049.36万吨标准煤，下降2.1%，万元规模工业增加值能源消耗量下降8.21%。依托境内山清水秀洞奇的资源优势，加强旅游开发，着力人文环境建设和城市景观打造，涌现出紫鹊界秦人梯田——梅山龙宫"自然与文化双遗产"、曾国藩故居"全国重点文物保护单位"和湄江风景区、大熊山国家森林公园"百姓喜爱·湖南百景"等一批重点景区；打造出珠山公园、石马公园、青山公园、涟水河风光带、孙水河风光带等一批颇具特色的城市景观。

【洪家山国家森林公园】位于娄星区北端的双江乡境内，与宁乡、湘乡、涟源等县市接壤，属亚热带常绿阔叶林区，森林覆盖率达58%，有植物84科、436种。洪家山森林公园集山、水、洞、林和人文景观于一体，由120多座山头组成的洪家大山，层叠起伏、林木苍翠，空气清新、景致独特。另有险幽奇深的圣仙洞、保存完好的华池洞，还有红军虎将——贺国中烈士故居。

【大熊山国家森林公园】位于新化县境

北部，距新化县城62公里，公园总面积7623公顷，森林覆盖率95%。境内有蚩尤文化体验区、春姬峡谷观光区、大熊峰登山揽胜区、川岩江原始探险区、生态养生度假区、森林生态保护区六大功能区。公园内物种繁多，是湘中唯一的物种基因宝库，有国家保护的银杏、南方红豆杉、钟萼木等珍稀植物43种，以及云豹、草号鸟，红腹锦鸡等珍稀动物27种。

【九峰山国家森林公园】 位于双峰县东南部30公里，在石牛乡、荷叶镇与衡阳县接界。该地为弧山地形，主山脉呈弯曲的"一"字型，从西北走向东南。主峰正托峰海拔750.4米，位于公园南端。九峰山森林公园分为古罗坪、槐花托两个景区，共有一级景点4个：定慧庵、千年连理枝、揽胜峰、五松迎客。二级景点4个：神鳅吐水、美女梳头、铁钉寨、雷祖殿。三级景点有钵盂山等十余个。如若登临其上，远眺紫云、白石、回雁、祝融诸峰，湘中美景尽收眼底。

【新化龙湾国家湿地公园】 属柘溪库区的一部分，距新化县城50公里，以新化县琅塘镇、荣华乡为主体。湿地公园规划总面积2504.9公顷，其中湿地面积2171.4公顷，占总规划面积的86.68%。龙湾湿地资源十分丰富，包括河流湿地、湖泊湿地、沼泽湿地和人工湿地4大湿地类中的永久性河流、喀斯特溶洞湿地、永久性淡水湖、季节性淡水湖、草本沼泽、库塘、洪泛平原湿地、水产

养殖场和稻田9种湿地。龙湾湿地是候鸟迁徙通道的停歇地和补给站，公园内有维管束植物73科、145属、372种，国家一、二级重点保护野生植物5种。野生动物资源十分丰富，有脊椎动物5纲27目67科157种，有国家二级重点保护野生动物12种。

【奉家古桃花源景区】 奉家下团村地处新化西部边陲，与溆浦县、隆回县紧邻。这里古称"玄溪峒蛮"，属"武陵郡"，山峦重叠，幽谷深洞，山溪交错，梯田层层，古风人情，让人"怡然有余乐"。据当地奉姓家族编纂于清道光年间的奉氏族谱记载，奉氏乃秦献公后裔，为避商鞅乱，南逃至此，易"秦"为"奉"，世居此地。

【珠山公园】 位于市城区东南部，原名苦槠山。占地总面积67.2公顷，是集生态保护、文化娱乐、旅游观光、运动休闲、科普教育于一体的多功能综合型城市公园，是目前娄底市中心城区最大的绿色生态屏障。全园设东、西、南、北四个主出入口，园内廊路回环，亭台呼应，有涟亭晨雾、风情园、红叶溪谷、鸳鸯泉、云台参星、映翠长廊、文化艺苑等"珠山八景"。

【石马公园】 旧称"石马山"，位于市区中心，与娄底新火车站相距0.5公里。公园东接新星路，南依湘阳街，西邻春园路，北连月塘街，总面积22.5公顷。公园设计是以山地为主的自然式园林，其中山地约占五分之三。内以石马阁为主景，御马湖为主

体。园内有市区最高点石马山主峰，高40余米，可登高望远。

【青山公园】坐落在涟源钢铁厂的青山区，是娄底城区最大的公园，公园面积达数十万平方米，周围居住着数万居民，是娄底人口居住最密集的地区之一。公园山顶有个宝塔，塔身7层，高30多米，登顶可俯视涟钢全貌，亦可远眺娄底城区高大的建筑。山下有二口水塘，常有市民来此垂钓。公园里有人造湖，湖面宽阔，湖水碧绿清澈，还有许多供孩子们玩的游乐设施。

【涟水河风光带】规划范围起点为娄星区黄泥塘办事处恩口村境内的红卫坝，终点为娄底经济开发区大埠桥办事处白露村境内水府庙水库库尾，全长28.5公里，总面积约500公顷。涟水河风光带总体定位为娄底中心城区最重要的历史文化生态画廊。根据规划"城水相依，山水融城"的整体空间形态，建设分为涟钢上游自然村落段、涟钢工业段、大街至澄清塔历史人文资源集中段、体育馆至东部新区城市新区建设段、下游水府庙水库旅游段，设计打造"五光十色"——五大区段，十大节点空间布局结构。

【孙水河风光带】孙水河是娄底的母亲河。孙水河风光带规划以保护河流生态，打造生态文化产业廊为主要目标，由孙水河及滨河生态绿地共同构成，旨在加强娄底水源保护区控制，改善城市公共空间，推动城市转型，促进城市生态绿色发展。规划范围西起洛湛铁路娄邵新线跨孙水河大桥，东至仙女寨生态公园，长约15.4公里，总面积为309公顷。

【娄底市第一污水处理厂】位于娄星区花山办事处对江村，建设规模为日处理污水10万吨，项目分两期建设，一期工程占地59.6亩，建设规模为日处理污水5万吨。2007年10月建成投产。二期工程占地61亩，建设规模为日处理污水5万吨，于2011年10月建成投产。目前，运行日处理生活污水规模10万吨。截污区域包括乐坪街以北，丹桂路以东，涟滨街以南，吉星路以西的区域以及涟水河以北的涟钢、娄底经济开发区区域，服务面积28.28平方公里，服务人口26.4万人次。

◇ 城市名片

【综述】娄底属于大梅山地区，这里具有独特的山水自然风貌，鲜明的巫傩、山歌、武术等地域文化。紫鹊界梯田，是南方稻作文化与苗瑶山地渔猎文化融化揉合的历史文化遗存，2013年成为中国首批19个重要农业文化遗产之一；2014年入选首批世界灌溉工程遗产名录；2018年荣膺"全球重要农业文化遗产"。梅山龙宫风景名胜区是国家级风景名胜区、国家自然与文化双遗产。景区内的天然钟形乳石——平安钟，被大世界吉尼斯总部认证为"最大的钟乳石（钟形）"。娄底人才辈出，是湘军名将的故里。娄底还是湖南重要的能源、矿产和化工重镇。工业以钢铁、煤炭为基础，兼有轻纺、电子等。湘博会（湖南省"农业机械、矿山机械、电子陶瓷产品博览会"）是为娄底量身定做的产品展示展销重要平台。自2009年第一届"湘博会"以来，娄底市已成功举办了八届"湘博会"，成为娄底的一张名片和"金字招牌"。

【紫鹊界梯田】位于新化县水车镇。总面积近6万亩，集中成片的有2万余亩，坡度在25-40度，最陡达50度以上，且层层叠叠于海拔500米-1100米之间，共400余级，蔚为壮观。梯田没有山塘、水库等任何明渠储水系统，全靠天然的自流水灌溉，且四季常流不止，当属世界一绝。据考证，紫鹊界秦人梯田起源于先秦，盛于宋明，已有2000余年的历史，最早为苗瑶两族祖先开创。她集自然美、古朴美、形态美、文化美于一体，特色鲜明、风格独具，是人与自然的伟大杰作。

【梅山龙宫】雪峰山（古称梅山）的腹地景区，位于新化县资水河畔，是一个集溶洞、峡谷、峰林、绝壁、溪河、漏斗、暗河等多种喀斯特地质地貌景观于一体的大型溶洞群，有九层洞穴，探明长度2870余米，已开发游览路线1896米，其中包括长466米世界罕见的神秘地下河。整个洞府分为龙宫迎宾、碧水莲宫、玉皇天宫、龙宫仙苑、龙宫风情、龙凤呈祥六大景区。

【曾国藩故居】曾国藩故居富厚堂，又名毅勇侯第，是曾国藩的侯府国内保存最为完好的乡间侯府。富厚堂坐落在位于双峰县东部的荷叶镇富托村的鳌鱼山下，总占地面积四万多半方米，主体建筑近一万平方米，砖木结构，内有八本堂皇、求阙斋、筱吟斋、勤敬斋、归朴斋、贲宏斋、艺芳馆、思云馆、八宝台、缉园（含花圃、风月亭）、凫藻轩、棋亭等，雕梁画栋，富丽堂皇，是典型的沿中轴线对称的宋明回廊式风格的古建筑群体。富厚堂坐南朝北，背倚的半月形鳌鱼山从东南西三面把富厚堂围住。从远看去，富厚堂好似坐在一张围椅中。

【蔡和森纪念馆】位于双峰县城复兴路与书院路交汇处，1987年7月1日建成开馆，总建筑面积1624平方米，正门上方是聂荣臻元帅题写的"蔡和森同志纪念馆"馆额。馆前为蔡和森广场，竖立9米高的纪念碑，碑文由陈云同志亲笔题写，顶层为蔡和森同志立身塑像。馆内陈列有蔡和森同志从青少年时代勤奋学习到为中国革命奋斗终身的文物、照片、著作等140多件。1995年3月30日，蔡和森诞辰一百周年纪念日，馆前蔡和森、向警予、蔡畅、葛健豪四人群塑破土奠基。同年，该馆被确定为湖南省爱国主义教育基地。

【城市荣誉】娄底拥有国家森林城市、全国绿化模范城市、中国优秀旅游城市、国家园林城市、国家卫生城市、中国十大宜居城市、"全国书画之乡"（双峰）、"中华女杰之乡"等荣誉称号。

【友好城市】2013年娄底与佛山结为友好城市。

【城市象征】2004年10月28日，娄底市第二届人大常委会第七次会议审议决定，樟树、杜鹃分别为娄底市市树、市花。

湖南城市大典 冷水江市

冷水江市

❧

　　冷水江市，因境内涟溪两岸多井，井水极冷而得名"冷水江"，被誉为"世界锑都"，1950年设区，1960年设市，后区市名称、属地多次变更，境内的波月洞享有"地下艺术宫殿"之称。

◇ 城市概况

　　【区划范围】 冷水江市，为湖南省辖县级市，由娄底市代管。位于湖南中部，资水中游，雪峰山东麓，地处北纬27°30′49″~27°50′38″，东经111°18′57″~111°36′40″之间。东抵涟源市，南邻新邵县，西部和北部接新化县。市境周长128.5公里，南北最大纵长39公里，东西最大横跨22公里，总面积431.89平方公里，下辖19个乡、镇、街道办事处。中共冷水江市委员会、冷水江市政府机关驻平安大道，电话区号：0738，邮政编码：417500。

　　【地理环境】 冷水江地势南北高、中部低，呈不对称马鞍形。北部有龙虎山脉、玄山山脉、龙盘山脉、谢铎山山脉，南部有大乘山脉、天龙山脉。海拔400米以上山峰有123座，其中800米以上山峰20座。北部山地面积155.8平方公里，最高点在癞子岭，海拔994米。南部山地面积46.79平方公里，最

高点在祖师岭，海拔1072米。中部是资江谷地，以平原、岗地、丘陵地貌为主，平原面积35.94平方公里、岗地面积73.77平方公里、丘陵面积92.41平方公里。境内5公里以上河流共16条，其中，资水水系11条，湘江水系5条。冷水江属亚热带湿润型气候区，其特点是四季分明，气候温和，雨水充沛，无霜期较长，季风气候显著。平均气温为16.7℃。年平均降水量1446.1毫米。生长期年平均294天，无霜期年平均280天。

　　【资源物产】 境内已探明具有开采价值的矿藏有锑、煤、铁、铅、锌、镁、钨、硅石等40余种，其中锑产量占全球的60%，位居世界第一。煤炭的地质储量5.5亿吨，天然气资源达4000亿立方米。冷水江水资源丰富，资水绕城而过，流域面积326.5平方公里，年过境水量126.28亿立方米，可利用地表水资源总量为124.66亿立方米。岩溶地下水动储总量0.33亿立方米。电力资源富足，年发电量达56亿千瓦时。野生动植物资源丰

富，属国家一级保护的引进树种有水杉，二级保护乡土树种有银杏、篦子三尖杉、金钱松。哺乳动物有8目33种，鸟类有14目52种，爬行动物有3目17种，两栖动物仅存1目4科9种，鱼纲动物有4目89种。昆虫是境内最多的动物，有17目317种。

【建置沿革】冷水江市，历史上为新化县管辖。1950年6月，将新化县漆矿、七里乡和飞水岩、矿山、冷水江3镇划出，成立锡矿山矿区人民政府，属邵阳专署。1950年11月，将新化县兴隆、中连、下连、船山、晏家、永溪、车田7乡划入锡矿山矿区管辖。1952年8月，改属新化县第二十一区。1960年2月，将新化县禾青、毛易、矿山、中连、渣渡5个人民公社划出置冷水江市。属邵阳专署。1962年7月，撤冷水江市入新化县，就地置冷水江特区。1969年9月，复置冷水江市，将新化县冷水江、矿山2镇和中连、毛易、梓龙、渣渡、潘桥、金竹山7个人民公社划为该市行政区，属邵阳专区。1977年9月，划归涟源行署（1982年12月改名为娄底行署）管辖。1983年2月，撤销娄底地区，撤销冷水江市，设立邵阳市冷水江区。1983年7月，复置娄底地区，设立冷水江市，归娄底地区（1999年1月，娄底地区改为娄底市）管辖。

【人口民族】2016年，全市年末总人口37.24万，常住人口34.52万人，其中农村常住人口7.99万人，城镇常住人口26.53万人，城镇化率76.86%。冷水江是典型的少数民族散居地区，呈大分散、小集中的格局。渣渡镇木瓜村28户107名回族同胞，是娄底市唯一的少数民族同胞集中居住区。

【区位交通】冷水江是沟通湘西、湘东地区的主要通道，紧靠南北大动脉洛湛铁路及上瑞高速公路，市中心城区东距娄底市87公里，南距邵阳市83公里，西距怀化市244公里，东北距省会长沙市236公里。湘黔铁路在市境内设有冷水江东、冷水江西和金竹山3个客货火车站，形成了联动东西、纵贯南北的铁路运输网。随着沪昆高铁、太澳高速公路、娄怀高速公路以及冷水江—桃江航道等交通网络建设，东至长株潭、南至邵阳、西至怀化、北至常德益阳的"一个半小时交通经济圈"正在形成。

【社会发展】2016年底，冷水江市财政投入民生领域的资金累计80亿元，占总支出的75%，民生改善取得新成效。实现9184人脱贫，8个省级贫困村摘帽。城镇"零就业家庭"实现动态清零。城乡居民社会养老保险参保人数达10.1万人，基础养老金提高到77元/月·人。建成公办幼儿园10所，改造义务教育阶段学校28所。公立医疗改革试点稳步推进，免费实施11类43项基本公共卫生服务项目，乡镇卫生院改造全部完成。建成保障性住房12121套，改造农村危房4111户。乡镇文化站和村级农家书屋实现全覆盖，市图书馆、市文化馆、市美术馆免费开放，农村广播"村村响"、直播卫星"户户通"工程全面完成。群众体育蓬勃开展，获得"全国群众体育工作县市"荣誉。高新技术发展基础雄厚，成功立项"湖南省科技成果转移转化示范县"，成功申报高新技术企业1家，申请专利121件，授权80件，其中工业企业专利权量为26件。2016年，冷水江全面建成小康社会总实现程度达到95.2%，位居全省47个二类县市区第4位。

◇ 城市建设

【综述】冷水江市大力推进城市东扩，新行政中心整体搬迁入住，三横二纵骨干路网基本贯通，10平方公里城东生态新城初具规模。老城区提质步伐加快，全面完成冷江大桥维修加固、环城北路、布溪防洪堤、滨江公园、红日岭公园、青山公园等建设，成功创建省级卫生城市、省级文明城市、省级园林城市。城乡一体化建设稳步推进，累计投入15亿元，实现了184个村（农村居委会）新农村建设全覆盖，创建全省新农村建设示范村15个、全省美丽乡村建设示范村2个，原农科社区被评为全国美丽宜居示范村庄，原资江村被评为全国生态文化村，眉山村荣获全国文明村称号。路网升级全面加速，娄怀高速、沪昆高铁冷水江段均建成通车，结束了境内无高铁、无高速的历史，新城大桥、娄怀高速金竹山互通相继建成通车、娄底大道冷新段开工建设，完成了S312线、S217线提质改造、沙禾公路改造等项目建设，村级公路通畅率达到100%。

【城市规划】《冷水江市城市总体规划（2012-2030）》提出，依托自然环境，以资江为带、以群山为屏、组团发展、生态隔离，实施"东扩南跨西延"战略，加快城市扩容提质，形成"一中心、三组团"的城市总体空间结构。坚持以城东生态城建设为龙头，推动中心城区向东扩张，向南跨越资江，辐射邵阳北站高铁新城。以娄底大道冷新段建设为纽带，以中连乡诚意片为主接点，推动中心城区向西延伸，与新化县城融合发展。预计2020年，城市建成规模达到40平方公里，城镇常住人口35万人，形成铎山镇、渣渡镇、锡矿山街道、三尖镇互为犄角，拱卫中心城区的新型城镇发展格局。重点支持禾青镇打造全国小城镇建设示范镇和省级新型城镇化试点特色产业镇，支持金竹山镇打造区域性商贸物流镇，支持铎山镇打造美丽乡村移居示范镇，支持三尖镇打造县市边贸重镇，支持渣渡镇打造高效生态农业镇，支持中连乡打造城市西延的重要节点融城乡镇。

【东部生态新城】2010年7月，冷水江市提出城市东扩战略目标，在紧邻老城区的毛易镇群丰村地区，新建10平方公里的现代化行政新区、文化新区、生态新区。2016年，城东新城初步形成"一廊二圈"，即资江生态走廊，城市核心防护圈和城郊生态防护圈。平安大道、资江大道、群丰路、荷叶路等骨干路网基本成形，新行政中心已进驻办公。中心城区面积达30平方公里，中心城区人口30万。占地总面积约为1000亩，投资30亿的滨水新城综合体项目现已开工建设，将被打造成为冷水江市的城市新地标。

【冷水江东站】位于金竹东路。建于1961年，隶属广铁集团娄底车务段管辖。2008年开始，车站吞吐量突破11000万吨，日均运用车保有量480辆，最高726辆。随着车站运输量每年不断增长，2010年，车站由三等站直接升格为一等站，主要运输煤炭、钢铁、化肥以及有色金属等大宗货物。2014年12月随着附近沪昆高铁邵阳北站、新化南站的建成通车，极大地分流了冷水江东站的客流量。2015、2016年由于世界煤炭价格大跌，煤炭产能运能大减，车站降为三等站。

【冷水江汽车站】始建于20世纪60年代末70年代初，位于新城路冷江市场旁，为二级车站，隶属于湖南娄底汽车运输公司。2007年，车站搬迁到新建的金竹汽车站，新车站按一级车站建设，位于金竹中路，毗邻资江大道与冷水江火车东站，班车主要发往娄底以东的大中城市。

【新城大桥】2017年6月30日建成通车，总投资约2.5亿元，全长1035米，主桥为2×149米门型独塔斜拉桥，桥宽34米，塔高101米，双向六车道，南连娄新高速冷水江南收费站，北接资江大道。新城大桥对完善周边路网、有效连接境内娄新高速、G354及沪昆高铁邵阳北站有着极其重要的意义。

【平安大道】城东生态城的交通主干道，东西走向，西起滨湖路，东至贸易路，

接省道S312线，道路全长3350.579米，道路红线宽度为80米。道路建设分一期和二期工程，分别于2010年、2014年开工建设，工程总投资5.5亿元。

【资江大道】城东生态城主要交通干道，起点接金竹东路，跨湘黔铁路，与平安大道、人民路相交，终点至毛易镇大洲村4组，全长3400米，工程总投资3.35亿元。

【冷水江市第一中学】位于锑都中路70号。创办于1956年，其前身为新化县第十四中学。1969年，冷水江建市，即更名为冷水江市第一中学。学校办学宗旨是"育人为本、和谐发展、追求卓越"，校训为"尚德、厚生、博学、修能"。目前，学校在校学生4000多人，共61个教学班级。专任教师150多人，其中特级教师2人，高级教师50人，一级教师78人，全国骨干教师2人，省级骨干教师9人。

【冷水江市图书馆】位于锑都中路28号。成立于1976年10月，馆舍面积5200平方米，现有职员16人。该馆设有综合阅览室、少年儿童借阅区、低幼儿绘本阅览室、公共电子阅览室、多媒体报告厅、图书借阅区、过期报纸区、过刊借阅区、地方文献室、采编室10个服务窗口。

【冷水江市人民医院】位于锑都中路33号。创建于1969年，现已是集医疗、保健、预防、科研、教学于一体的全市最大的综合性二级甲等医院。医院总建筑面积44838平

方米，固定资产4820万元，病床630张，有行政科室13个，临床科室26个，医技科室12个。在791名在职员工中，副高以上职称117人，中级技术职称256人。

【冷水江市中医医院】原名冷水江市中医院，位于广场路52号，具有30多年的办院历史，是家集中西医疗、预防保健、教学科研于一体的二级甲等中医综合性医院。医院占地6212.6平方米，建筑面积23360平方米，固定资产30000余万元。门诊部设有30个临床医技科室和10个中医专病门诊。住院部开设高标准病床420张。医院专业技术人员占职工总人数85%，其中正主任医师6人，副高级职称54人，中级职称102人。

【冷水江市美术馆（文化展览馆）】位于锑都中路与健康路交汇处，为公益性免费开放的多功能文化艺术专业展览场所。建筑面积700余平方米，馆内配备大展区300余平方米，中展区200余平方米，多功能设施区域100多平方米。同时配置了展览厅、贵宾休息室、控制室、多功能室、资料室、收藏室等，可同时或分别举办不同类型、不同题材的展览。具有收藏、研究、陈列展览、教育、交流、服务六大功能。

【冷水江市商业步行街】位于锑都中路。呈T型交合辐射，东邻冷水江钢铁总厂，北至轧钢路，紧靠冷水江市第一中学，西临锑都中路，与市公交公司和电影院隔街相望，南接金竹西路与武陵城国际比邻。占地总面积40711.43平方米。是冷水江市目前规模最大、投资最大、业态最为丰富、品种最为齐全的一站式购物中心。

【禾青镇】位于市区南郊，东隔资江与金竹山接壤，南与新邵筱溪毗连，西与三尖镇、潘桥乡为邻。湘黔铁路穿境而过，省级公路冷邵线、市级公路冷禾路和沙和路在境内交错，交通十分便利。总面积45.7平方公里，辖13个村、3个居委会，总人口5.3万。禾青依托工业集群，建设煤化产业园、绿色建材产业园、循环经济产业园和现代物流园四大园区，创建特色小镇。是全国发展改革试点镇、全国重点镇、湖南省第三轮小城镇建设示范镇、湖南省新型城镇试点建制镇、湖南省卫生镇。

【金竹山镇】地处市东部，东与岩口镇接壤，西与禾青镇隔资江河而望，南临新邵县坪上填，北连毛易镇。总面积26.6平方公里，人口1.5万，辖13个行政村，1个居委会。拥有丰富的煤炭、石灰石、粘土等矿产资源。辣椒、柑桔、生猪、肉牛等农产品久负盛名。工业基础雄厚，涟邵集团金竹山实业公司、富源碱业、金陆水泥外加剂有限公司等一批大中型企业入驻当地，随着大唐华银电厂、金竹山电厂2×600兆瓦易地扩建工程建成投产，工业发展又跃上了新台阶。境内有娄怀高速金竹山互通、邵阳北站连接线，目前，正依托交通区位优势，融合园区建设，打造商贸物流小镇。

【铎山镇】位于市东陲，1996年获批建制镇，是一个典型的工业主导型小城镇，地处冷水江、涟源、新邵三县市交界地，在冷水江市的区域经济发展中起着龙头示范作用。铎山交通便利，省道S312线横贯东西，毗邻邵阳北高铁站15公里，区位优势明显。现辖31个建制村，4个社区居委会，总面积52.29平方公里，总人口4.73万人，镇人民政府驻岩口（原岩口镇人民政府驻地）。现有9家煤矿，响莲集团、瑞泰硅质耐火材料有限公司等地面骨干企业；千亩以上葡萄、杨梅、油茶、黄柏、金银花等产业基地10余个，是湖南省新农村建设首批整体推进镇。铎山镇历史悠久，文化底蕴深厚，有谢冰莹故居、花桥牛席等旅游资源，目前，铎山镇已成功申报进入湖南省旅游业"十三五"发展规划100个特色旅游小镇名录；眉山村（锦绣嵋山葡萄）被农业部确定为第六批全国一村一品示范村。

◇ 城市经济

【综述】冷水江市坚持在转型中发展，在发展中提质。淘汰落后产能，扩能提质华新水泥、耀华冷耐，关闭整合乡镇煤矿由66对至16对。推动钢铁、有色、煤电、煤化、建材五大传统产业转型升级，大力培育紧固件、不锈钢、电子陶瓷、生物医药等接续产业。电子商务发展势头强劲，电子商务创业园一期、二期建成运营，阿里巴巴"农村淘宝"项目落地实施，荣获"全国电商百佳县（市）"称号。在全国资源枯竭城市转型绩效考核中，冷水江市被评为"优秀"等级。

2016年，全市实现市内生产总值288.1亿元，人均GDP为83756元。一、二、三产业增加值占国内生产总值的比重分别为3.7%、64.8%、31.5%。全社会固定资产投资达到218.7亿元。财政总收入和地方财政收入分别达到17亿元和10亿元。城乡居民收入分别达到29456元和19614元。2016年，冷水江再次获评湖南省经济十强县（市）。

【冷水江经济开发区】位于冷水江市东郊，省道S312、湘黔铁路、株六复线穿越园区而过，娄怀高速公路入口距开发区仅1公里，对外交通联系十分便捷。开发区规划面积9.66平方公里，位于沙塘湾办事处。根据产业定位，规划为"一心四园"。"一心"即公共服务中心；"四园"即不锈钢产业园、紧固件产业园、新材料产业园、电力能源产业园。园区企业总数达到63家，2014年，进入全省园区综合评价武陵山片区前三名。

【冷水江再生不锈钢产业园】娄底市"打造千亿不锈钢产业"的重要战略部署项目。产业园由泰和金属制品有限公司投资建设，计划总投资18亿元，分三期规划建设。2015年，产业园一期工程竣工投产，完成了40万吨钢坯产能及相配套酸洗退火生产线，并与三家下游企业达成了入园意向。预计在2020年全面建成后，入园企业将达到20家以上，形成年产40万吨不锈钢热轧卷、60万吨不锈钢制品的生产能力，实现产值过百亿。

【金竹山物流园】位于城东新城，南枕

资水，东接火车东站，湘黔铁路、洛湛铁路、株六复线、上瑞高速、娄新高速、省S312线穿区而过，与沪昆高铁等形成立体式、综合化、现代化交通运输网络。园区占地200亩，建筑面积7.8万平方米，总投资1.8亿元。包括"五区一中心"即：办公服务区、货物快速装配区、仓储交易区、工业商品物流专区、电子商务信息区、车辆维修中心等。

【**冷水江钢铁集团有限公司**】原为冷水江钢铁总厂，位于冷水江市轧钢路，东依湘黔铁路，南临资江。始建于1958年，2000年改制为股份制企业。现辖有：冷水江博长控股集团有限公司、冷水江博强铆螺钢有限公司、冷水江博大钢铁有限公司、冷水江博虹环保能源开发有限公司、冷水江天宝紧固件制造有限公司、冷水江博环渣业开发有限公司。主要产品有Φ10mm–Φ32mmⅡ级、Ⅲ级螺纹钢，Φ12mm–Φ40mm铆螺钢，厚度1.2mm–16mm宽度450mm–865mm热轧中宽带等。其中"博长"牌热轧带肋钢筋已获"国家免检产品"和"湖南省名优产品"称号。2016年，冷钢集团连续11年进入"中国企业500强"（列430位）。

【**华银金竹山火力发电分公司**】大唐华银电力股份有限公司下辖公司，位于冷水江市沙塘湾街道，其前身为湖南省金竹山电厂，始建于1967年。金竹山发电公司装机容量为180万千瓦（1、2、3号机组），其中1、2号机组为60万千瓦亚临界机组，于2006年9月投产发电；3号机组为60万千瓦超临界机组，于2009年7月投入运行。2014年2月，公司1、2、3号机组铭牌增容，机组总装机容量达到195万千瓦，成为湖南最大的坑口型火力发电厂。

【**冷水江天宝实业有限公司**】隶属于中国500强湖南博长控股集团，国内紧固件行业前三甲。2006年8月组建成立，坐落于冷水江市经济开发区。是一家从事钢铁产品深加工、专业生产系列金属制品的制造企业。主要产品规格：国标（GB）、日标（JIS）、国际标准（ISO）、德标（DIN）、美标（ANSI），等等各类高品质螺栓、螺母、螺钉、非标准特殊紧固件及牙条产品；各种规格型号的GB/T3091-2008低压流体输送用焊接钢管与GB/T13793-2008直缝电焊钢管；各种规格的高速公路护栏板和其他热镀锌产品。公司品质管理体系通过了ISO9001、TS16949质量管理体系认证。2012年获评湖南省著名商标。

【**锡矿山闪星锑业有限责任公司**】位于冷水江市040县道。是一家于1897年正式开采，集锑采、选、炼、科研为一体的大型有色金属联合企业，是全球最大的锑品生产商和供应商。公司锑品市场占有率占全国的30%，占全球25%，是国家锑品主要研发和出口基地，产品远销日本、美国、欧洲等50多个国家和地区。2016年12月，锡矿山被中国五矿集团列入97家重要骨干子企业之一。公司已形成60万吨年锑采选、2万吨精锑、4

万吨锑品生产能力。

【湖南宜化化工有限责任公司】原湖南省资江氮肥厂，始建于1969年，原属于军工配套支农项目，后来转产尿素，是一家集化工化肥、机械制造于一体的综合性企业。2007年成为湖北宜化集团的全资子公司。公司位于冷水江市南郊，占地面积170.43万平方米。是湖南省最大的尿素生产企业和最大的甲醇生产企业，主导产品尿素、甲醇是湖南省名牌称号，其中"资江牌"尿素是全国免检产品，荣获ISO9000质量体系认证证书。

【湖南大乘医药化工有限公司】位于禾青镇。成立于1986年10月，原隶属于资江氮肥厂，是一家集消毒剂科研、生产、销售为一体的高新技术产业，也是国内最早从事消毒剂研制与生产的专业化企业。2007年企业实行全面改制，由国有企业转化为股份制民营企业。公司资产总额6000万元，占地面积35亩，现有在册员工120余人，其中博士1人，高级工程师4人，工程师9人，专业技术人员40人，生产消毒剂、民药中间体等30余个产品。

【湖南贵鸿生态农业发展有限责任公司】位于岩口镇，成立于2011年9月。前称是冷水江市贵鸿农业发展有限责任公司，原名为"塘冲村石子岭园艺场"。2012年5月另行增资升级，注册资金1100万元，是一家以油菜、黑花生、玉米、西瓜等及林药种植为主体，集科研、生产、加工、营销于一体

的综合型企业。2016年，荣获国家级农业标准化示范区称号。

【冷水江三A新材料科技有限公司】位于冷水江市经济技术开发区。始建于1993年，是一家具备自主研发、生产二氧化硅气凝胶、硅铝吸附剂两大系列的综合性新材料企业。是全国三大无机硅生产基地之一，也是其中产销量最大的一家。公司现有科技人员58人，其中：高级技术职称13人，中级技术职称11人。博士4人，国家行业专家3人。主要产品：二氧化硅气凝胶系列年产8000吨、硅铝吸附剂系列年产1000吨。

【铁山杨梅】冷水江市铁山村素有杨梅之乡的美称。不仅山上梅树成林，庭前院内也都遍植梅树。铁山杨梅种类繁多。大的有核桃般大，肉厚核小，分乌白两种。乌梅水份饱满，溢于外表，用手轻轻一拈，即能印上指印，落口即消融，甜中微酸，沁人心脾；白梅呈乳白状，且透明。小的称金钱梅，有大红、紫红、黄、棕、麻花等色，味酸肉硬，一口咬去，酸得人牙齿打颤，却是调味的佳品。

◇ 城市文化

【综述】冷水江是古梅山蛮峒最后一代梅王苏得常（苏甘，1040-1120）居住地，亦是古梅山政治、经济、文化中心，是梅山文化的核心区和发源地。冷水江以梅山文化为核心，保护并整合本土民俗文化资

源。2016年，组织推选国家级非物质文化遗产梅山傩戏的代表性面具及相关艺术品参加第十二届中国（深圳）国际文化产业博览交易会。与此同时，冷水江不断发展以文化创意、文化娱乐、文艺展演、书画创作为重要支撑的文化产业，依托梅山蚩尤文化保护基地、傩文化研究基地，深挖梅山山歌、傩戏等地方特色文化资源，将锑都文学社、锑都诗社、市书法美术协会的现代创作和传统文化进行有机结合，建设了以市美术馆（展览馆）为主要平台的艺术品交易市场。对民俗文化旅游业加大扶持力度，依托冷水江120年的锑业开发历史，打造锡矿山烈士纪念碑、锡矿山展览馆、谢冰莹故居、锡矿山矿冶遗址、锑品博物馆等大量人文景观和历史景观。加强特色文化乡村建设。2016年，开展送电影、送戏下乡，在全市城乡放映公益电影1836场，送戏下乡104场次。全市拥有广播电视台1个，实现农村广播"村村响"，并被评为全省农村广播"村村响"先进单位。全面完成"户户通"工程建设4140户。完成12家乡镇文化站、189家标准农家书屋建设。

【梅山傩戏】 梅山傩戏具有古老的宗教特征，发源于原始的楚巫，是一种传承了数千年的"迎神还愿"的宗教艺术。主要流传于古梅山地区，以岩口镇为核心向周边辐射，是民间举行祈福、求子、驱邪等傩事活动时扮演的娱神、自娱戏剧形式，被称为民间文化的"活化石"。今冷水江所传承的傩戏，为保存最为丰富、最为完整的梅山傩戏。主要由本土土著巫傩师以家传和师传两系传承至今。2011年列入第三批国家级非物质文化遗产名录。

【柳溪风雨桥】 位于沙塘湾街道毛易村，是冷水江历史最为悠久、保存较为完好的一座三拱石桥，呈南北走向，全长34.5米，宽4米，通高11.3米，桥廊上覆盖小青瓦，中部有重檐歇山顶，桥头两端各有石阶梯15级。始建于明隆庆年间的柳溪桥曾因灾害被毁，清朝康熙年间进行了一次重建，是当时新化至涟源蓝田去往省城的交通要道。1953年，当地的洪水冲毁了两岸的石坝，桥身也受到了严重的损坏，一直未得到完整修复。2016年，冷水江市委、市政府下拨专项资金对这座古桥进行完整性地修复。

【六房院】 位于三尖镇新屋村，2011年1月湖南省人民政府公布为第九批省级文物保护单位。六房院距今大概已有160多年，是保存较好的晚清典型的乡村庭院，其主体建筑及整体结构基本完整。这座宅院约3000平方米，前后有三进，两个大天井，有篮球场大，里面栽花种草，环境清幽，东西两边都有较大的厢房，青砖黑瓦，雕梁画栋。前进大门口的那对白玉迎客坐磴，堪称一绝。

【花桥牛席】 铎山镇是中国牛席之乡，食牛文化始于宋朝，已有数百年历史，现已成为湘中饮食文化的一张重要名片。铎山牛席当数花桥街最为纯正、地道，固有"不吃花桥牛席，不到牛韵小镇"之说。牛全席选材于本地产的小黄牛，从选材、宰杀、刀功、烹调到包装都十分讲究，一道牛全席足有30多个菜品，具有鲜、全、奇三大特点：所谓鲜，即客人点菜，可立洗立烧，其味特鲜；所谓全，凡是牛身上的，均可入菜，酸辣脆、炖炒焖俱全；所谓奇，铎山人吃牛肉、喝牛血方法奇特，特别是"叫公鸡"炖牛鞭，功效奇特，是大补之物，亦属奇菜。花桥牛席以其独特的工序，新颖的菜式，原汁原味的食材，配上本地的胡椒油、干红辣椒、白辣椒等，鲜嫩酸辣，风味独特，吸引省内外众多食客慕名前来大快朵颐。

【谢冰莹故居】位于铎山镇龙潭村，2011年1月湖南省人民政府公布为第九批省级文物保护单位，并已进入国务院第七批"国保"单位候选名单。谢冰莹故居分为新栋"守园"和旧栋"花灼堂"两部分。"守园"是谢冰莹四次逃婚前的住所，整体基本完好，屋内精美的雕窗和彩绘的飞檐都极具湘中民俗特色。"花灼堂"是谢冰莹的出生地。

【锡矿山矿冶遗址】又名"忆苦窿"，位于锡矿山街道办事处联盟居委会的飞水岩下，2011年1月湖南省人民政府公布为第九批省级文物保护单位。2001年锡矿山闪星锑业有限责任公司对"忆苦窿"洞口和表演区进行了装修，并培养一批"忆苦窿"的表演人员，设置了参观座椅等供人们观看最原始的采矿表演。

【羊牯岭碉楼】位于锡矿山街道办事处联盟居委会冷锡公路旁的羊牯岭上。碉楼高14米，长10.4米，宽6.8米，墙厚0.8米。共设瞭望孔6个，射击孔195个，砖木结构，墙体保存良好，屋面、楼板及楼梯已损毁。碉楼是锡矿山的开源公司大矿主段楚贤为垄断锑矿开采而建，是资本家垄断锑矿开采权，残酷压迫工人、镇压工人运动的历史见证，碉楼内有水牢，并置列刑具。2002年5月湖南省人民政府公布为第六批省级文物保护单位。

【锡矿山革命烈士纪念碑】位于市内锡矿山矿务局北矿山头，碑高14米。1949年9月9日，为了解放锡矿山，人民解放军第47军106师478团在胜利山黄土坑（今锡矿山矿务局北选厂后面）围歼国民党军63师残部。在战斗中，营教导员吴振宗、连长吕庭轩等9位同志壮烈牺牲。当地人民曾在烈士牺牲的地方修成烈士墓。1974年8月1日，为纪念革命先烈，将原烈士公墓迁移现址并建成此碑。

【中共第一个企业党支部诞生地旧址】地处锡矿山北矿肖家湾小学平民学校内，面积约10000平方米。1925年7月，中共湘区区委委派共产党员肖铁生（石月）、仇寿松来锡矿山与邹建武等一起创立平民学校，并建立了中共锡矿山特别支部，发展党员21人，直属中共湘区委员会，发动了轰轰烈烈的工人运动，使锡矿山成为当时全省三大工运中心之一。1927年11月，建立中共锡矿山特别区委。解放战争时期，锡矿山地下党总支积极发展党员，扩大党的组织，迅速发动广大矿工开展护矿迎解支前运动，主动配合人民解放数军147师和160师打响锡矿山的战斗，经过三天激战，解放了锡矿山。特别支部的多数同志已在战斗中牺牲，有的被捕英勇就义。

【红军第二、六军团驻扎遗址】地处锡矿山长龙界陶塘街。面积约6600平方米。1935年11月，贺龙、任弼时率领中国工农红军第二、六军团，遵照党中央关于北上抗日的指示，离开湘鄂川黔革命根据地，突破敌人的层层封锁，兵分三路向湘中地区挥戈猛进，于11月27日凌晨横渡资水，急行军百多里，经新化荣华、小鹿、白溪、油溪、吉庆、温塘等地，于当日深夜到达锡矿山。红军在锡矿山住了7天，在6个乡、2个办事处的33个村开展革命宣传、筹粮筹款、招兵扩军等活动，筹集银元5万块和一大批粮食、布匹、衣物等物资，招收新兵近千人。

【曾杰】（1886-1942）字伯兴，冷水江市禾青镇人。从小颇具数学天赋，后入湖南高等学堂（岳麓书院）读书。1904年参加华兴会，因事败而逃亡日本，次年在日本参加同盟会。毕业于日本警政学校，曾在湖南铁路学堂任教。1912年赴欧，在柏林大学主攻政治经济学、社会学。1916年回国，任北平民国大学教授，后改任上海中国大学教授。1927年任武汉国民政府首席参事，随迁南京任立法委员兼交通部顾问。1929年任湖南省国民党指导委员兼组织部长。"九一八事变"后，赴沪创办《义勇周刊》，宣传武装抗日。抗战期间，1942年11月因抨击蒋介石之对日投降政策，被蒋介石别动队暗杀于长沙市郊猴子石。

【苏鹏】（1880-1953），又名先骞，字凤初，自号柳溪遁叟，冷水江市市毛易镇人。1902年自费留学日本弘文学院，参与组织"拒俄义勇队"和"军国民教育会"，从事反清革命活动。民国后，曾任湖南省铜元局局长，秘密资助蔡锷的护国军；1921年-1926年，当选为湖南省议员并任副议长，与程潜、唐生智等支持孙中山北伐。1927年后退出政界从事教育，在新化创建青峰农业职业学校。1953年病逝于新化，享年73岁。晚年辑有诗文集《海沤剩沈》，并主编《新化县志》一部，惜散失未存。

【谢冰莹】（1906-2000），原名谢鸣岗，字凤宝，是我国现代著名女兵作家，在中国现代文学史上与冰心、苏雪林并称为"三棵常青树"、与丁玲、白薇誉为"女性作家三杰"，是中国现代报告文学和纪实文学的先驱者和开拓者，被誉为"女兵文学的祖母"，是二十世纪中国具有巨大影响的女作家之一。她的作品在台湾、马来西亚及美国具有知名度与影响力。2000年1月5日，在美国的旧金山溘然长逝。代表作有《女兵自传》等。

【陈响莲】（1964-），湖南冷水江人，湖南娄底响莲实业发展有限公司董事长，娄底市政协委员、工商联副会长。1989年，陈响莲女士涉足煤矿实业，现拥有4个公司、6家煤矿和多个加工厂。陈响莲女士致富不忘报国，她的公司为当地解决劳动力就业2870余人，其中下岗职工1230余人，残疾人100余人。2009年2月23日被评为十大感动中国人物之一。

◇ 城市生态

【综述】冷水江市坚持把"城市生态化"作为"一转三化"战略的重要内容，在成功创建省级卫生城市的基础上，全力创建省级园林城市。2016年，强力推进锡矿山示范区建设，集中实施了一批治水治渣治土治气项目，历史遗留砷碱渣无害化处理一期工程、集中砷碱渣库建成投入使用，长子岩、炭家湾等砷碱渣集中堆放区域重新披上绿装，青丰河、涟溪河锑、砷含量大幅下降，核心区域完成万亩大造林，温金公路沿线拆违拆旧及风貌改造全面铺开。目前冷水江市建成绿地率达33.45%，绿地覆盖率达37.14%，人均公园绿地面积达16.26平方米。整市推进农村环境综合整治项目通过验收，累计造林8.2万亩，森林覆盖率达到50.3%，城镇集中饮用水源地水质达标率100%。

【紫云峰森林公园】位于市城区东北郊，距离市行政中心2公里。公园以毛易国有林场为中心，总面积15150亩，其中毛易国有林场6890亩。公园分紫云峰、新世界、迥龙庵、生态林业观光四个景区。目前，在紫云峰森林公园基础上，积极创建紫云

峰——大乘山国家森林公园。规划包括紫云峰片区、大乘山片区和水云峰片区三大片区，合计面积76570亩。内有波月洞、老鹰山等地文资源40余处，猴面鹰、穿山甲、水杉等国家保护野生动植物100多种，听泉瀑、翠竹岩瀑布等原生态瀑布30余处。

【大乘山风景名胜区】大乘山位于冷水江市东南方向，属雪峰山余脉，形成于距今五至七亿年前的寒武纪，南北走向，绵亘数十里，宛若一条卧龙，尾堕邵阳，爪踞新邵，头枕冷水江市禾青镇，痛饮资江之甘露。大乘山风景名胜区包括大乘山景区、茶花溪景区、祖师岭景区和新邵县内的筱溪景区，总面积达30余平方公里。1994年湖南省人民政府批准为省级风景名胜区。目前，正积极创建国家森林公园。

【茶花溪】位于大乘山山脉中部，介于大乘山景区和祖师岭景区之间，沿途茶花遍野，故名茶花溪。茶花溪是一条宁静秀丽的小溪，溪谷幽深、山崖陡峭、灌木丛生，主要以雄伟的瀑布景观和溪流景观为主，其中，衔云瀑、翠竹岩瀑布、水帘洞瀑布构成了景区三大壮观景象。

【祖师岭】位于大乘山景区南端，最高主峰海拔为1072.3米。景区景致百态，山岭挺拔险峻、山麓林丰竹翠、泉水潺潺，山腰松涛阵阵，云岚出岫，山顶则怪石奇峰，崖峭壑深。主要有古刹神庙、蟾蜍拜月、观音坐莲、牛郎织女、雄狮守池、青龙腾飞、甘露池、槽花冲瀑布、紫花溪瀑布、祖师殿、

南天门、寿星石、一线天、祖师岭观景台、仙女池、龙咀岩等40多个景点。

【仙湖周头湖】 位于市郊11公里处的梓龙山上，水域面积12.63平方公里。该湖四面青山环抱、水如台镜，水质优良，捧而可饮。相传，上古时代，天王命令28位星君追杀蝙蝠精，路过此地，在湖中沐浴。自此，周头湖被命名为浴仙湖。

【九门奇洞】 位于市渣渡乡，因洞内有开山、流沙、莲蓬、飞鹋、卧牛、雄鸡、七星、玲珑、月日九门而得名。洞大而宽，入洞称"千丘田"。"千丘田"旁有一小门，夹如合掌，即"开山门"。七星门前氛雾缭绕，石壁上如有九条龙在翻飞腾舞，撩云布雨。那龙角相互抵触，龙须清晰可辨，龙身盘空，张牙舞爪，豪气贯虹，俗称"七星门前九龙穿"。第九重门有一石隙直彻洞顶，洞外光由隙中下射，宛如钩月，构成"石壁脚下映清泉"的奇景。

【鸿云洞】 位于市潘桥乡鸿云村，集悬岩、古刹、洞天于一体。相传明万历四十三年（1615），明宗宝江川王书"鸿云胜境"四字于洞口，笔情秀健，鸿云洞因此而得名。鸿云岩有上、中、下三洞，上、中两洞尚未开发，下洞即鸿云洞，洞口开阔，前临深壑，使人毛骨悚然，沿崖砌有石墙，造有木栅，以供游人观险。洞内为石厅，宽400米，高约10米，景象宏伟壮观。洞右有飞涓悬岩，洒落松竹林之间形成一幅天然的松竹飞涓图，洞顶缝中有一泉水，长年不

断，有如珠帘帷幕，滴速均衡，人称"仙子送水"。

【青山公园】 处于城区南面，隔江与红日岭、美女山相望，整体形成"三面江山抱城廓，四面山势锁烟霞"的城市风水格局，是布溪组团天然的绿色屏障。公园占地面积约2.6平方公里，核心景区为1.7平方公里，是一座以天然林为主体，依山建成的城市综合公园，公园生态资源丰富优良，次级原生森林覆盖率达95%以上，山上的树木，种类繁多，四季常青。

【红日公园】 又名红日岭公园，位于市区西侧，从1984年起，修建了一批人文景观和建筑物，尤以顶峰的"红日阁"巍巍壮观。该阁三层八角，每层都建有回廊，顶层为重檐攒尖顶，盖黄色琉璃瓦，高32米，60多级台阶绕中心柱而上，登至顶阁可俯瞰冷水江市全景。阁四周砌汉白玉石栏，雕刻工艺精湛。红日岭上还建有二亭二桥及三条长达1100多米的石板路，有盆景园、园中林，设有餐饮、歌舞娱乐设施。

【滨江公园】 滨江公园是冷水江市"一点一线一面"城市美化亮化工程中最为重要的"一点"，占地9.4万平方米，总投资3500万元。公园内共分为亲水平台区、老人活动区、儿童活动区、中心广场、休闲区、主入口等12个区，设有休闲廊亭、文化墙、休闲广场、景观灯、背景音乐、停车场、管理用房等配套设施。

◇ 城市名片

【综述】冷水江矿区发现于明代末年，当时把锑误认为是锡，所以称为"锡矿山"。1897年，锡矿山正式建矿开采，是著名的"世界锑都"。境内有省级风景名胜区大乘山—波月洞，享有"地下艺术宫殿"之称。电视剧《西游记》中的《三打白骨精》和《花果山水帘洞》在此拍摄。

【锑矿山】冷水江锑矿产量占全球的60%。锑，原子序数51，原子量121.75，元素名来源于英文名，原意是"辉锑矿"。锑在古代就已发现。锑在地壳中的含量为0.0001%，主要以单质或辉锑矿、方锑矿的形式存在。锑为质脆有光泽的银白色固体，有两种同素异形体：黄色变体仅在-90℃以下才稳定；金属变体是锑的稳定形式。

【大乘山】大乘山山势逶迤、连绵起伏、甚为壮观。山上林竹成荫，古树参天，瀑布飞泻；山泉流响，气候宜人，负氧离子异常丰富；其"龙鳞"石为世间罕见。深厚的大乘佛教文化，历经千年沧桑，一直香火不断，大乘山也因此而得名。大乘山是大乘山风景名胜区的主要景区，拥有乘山大佛、望云寺（圣帝殿）、观音殿、澄碧湖、吻乳崖、十八湾、哮天犬、百步龙鳞等主要景点。

【波月洞】位于冷水江市北郊1公里处。波月洞因洞门高大，呈半圆形，洞口小湖呈弯月形，每当月上东山，粼粼湖水映着弯弯洞门和天上明月，雅静优美，故名波月洞。洞分上、中、下三层，现已开发游览线路1800余米，共27个大厅，81处景点，总面积4万多平方米。波月洞规模之巨大，钟乳石品种之齐全，色泽之瑰丽，以及形成时代之多期性，沉积物大小之悬殊性，钟乳石发育之密集性，均为我国洞穴所罕见，被誉为"地下岩溶博物馆""地下自然艺术宫殿"。其1.98米高的边石坝、1.1米长的鹅管、1.5米深的网状天槽堪称"三大世界之最"。在80年代拍摄的《西游记》中的《三打白骨精》便是在这里拍摄而成。1994年，波月洞被湖南省人民政府批准为省级风景名胜区，2004年列入湖南人民喜爱的"湖南百景"之一，2009年12月评定为国家3A级旅游景区。波月洞主要有迷宫、千丘田、翠屏金塔、水帘洞、鹅管群、海天揽胜、石坝等景点。

【友好城市】2017年冷水江市与美国加利福尼亚州密尔布瑞结为友好城市。

湖南城市大典 涟源市

涟 源 市

❦

　　涟源市，素有"百里煤海""建材之乡"和"有色金属之乡"的美誉，1952年立县，1987年撤县建市，境内有千年文化古镇杨市，"湘军古镇群"建筑是全国独一无二、不可复制的"历史文化名片"。

◇ 城市概况

　　【区划范围】涟源市是湖南省辖县级市，由娄底市代管。位于湖南省中部涟水上游，东毗娄星、双峰，南接邵东、新邵，西邻新化、冷水江，北连安化、宁乡。地处北纬27°27′~28°2′，东经111°33′~112°2′，东西最大宽度40公里，南北最大长度65公里。现辖19个乡镇、街道，461个行政村，43个社区居委会，总面积1830平方公里。中共涟源市委员会驻光明路、涟源市政府机关驻蓝田街道人民路，电话区号：0738，邮政编码：417100。

　　【地理环境】涟源地处湘中丘陵北部。西北部有雪峰山余脉，南部有龙山，雪峰山横亘中部构成三面山地环绕，中部呈屋脊状隆起，并朝东敞开的"E"字形盆地。境内地形多样，以山地、丘陵分布最广。最高点为龙山主峰岳平峰，海拔1513.6米，最低点在渡头塘乡桥溪村江东湾，海拔103.5米。

有大小溪河172条，除西北部有3条小溪属资水水系外，其余均为湘江水系。主要河流有涟水、孙水和湄水，均注入湘江。属中亚热带湿润季风气候区，年均气温16.9℃，降水量1354毫米，无霜期278天。

　　【资源物产】涟源境内资源和旅游资源十分丰富。享有"煤矿之乡""建材之乡"和"有色金属之乡"的美誉。目前，已探明储量的矿产资源有煤、铁、锰、锑、铜、铅锌、硅石等40余种，其中煤炭储量4.36亿吨，是全国100个重点产煤县市之一。旅游资源得天独厚，湄江风景区以其神奇的地质地貌、奇山、秀水、妙洞组合的自然风光成为三湘一秀，已批准为国家地质公园。南部的龙山森林公园既是一个大自然的博物馆，又是一座天然氧吧，山顶昂然耸立着一座明代建筑"药王殿"吸引着许许多多海内外游人前来祈福求药。

　　【建置沿革】秦属长沙郡，东汉时分属荆州长沙郡和零陵郡的连道、湘乡、益阳、昭陵县，三国时分属荆州衡阳郡和昭陵郡的连道、湘乡、益阳、昭陵县，晋分属湘州衡阳郡和邵陵郡的连道、湘乡、益阳、邵陵县地，南北朝时分属湘乡、益阳、邵陵县地，隋分属长沙郡益阳、衡山、邵阳县地，唐代分属江南西道潭州长沙郡和邵州邵阳郡的湘乡、益阳、邵阳县地，宋代分属湘乡、安化、新化、邵阳县地，隶属潭州长沙郡和邵州邵阳郡，元分属湖广行省湖南道天临路和宝庆路辖下的湘乡州和安化、新化、邵阳县地，明代分属安化、新化、湘乡县地，隶属湖广布政使司长沙府和宝庆府，清代分属湖南省长宝道长沙府和宝庆府辖下的安化、新化、湘乡、邵阳县地。1949年新中国成立后，分属益阳专区和邵阳专区。1952年中央政务院批准设立蓝田县。后因与陕西蓝田县重名，而更名为涟源县，以地处涟水源头而得名。1987年，经国务院批准，撤县建市。

【人口民族】截至2016年底，全市总人数118.8万人。人口出生率16.5‰，死亡率10.6‰，自然增长率5.9‰。人口密度每平方公里622人。全市常住人口以汉族人口为主，少数民族只占极小比重。全市少数民族人口3232人，占全市总人口0.27%，分属苗族、土家族、壮族、侗族、瑶族、满族等36个少数民族，分布有局部集中、零星分散特点。少数民族人口较多的有七星街、桥头河、斗笠山、金石等乡镇，大部分是通过婚嫁途径而来的少数民族女性。

【区位交通】地处湘中腹地的涟源，是勾通湖南东西、南北经济走廊的咽喉之地，交通位置重要。娄新高速、长韶娄高速过境涟源。2016年，安邵高速（涟源段）竣工通车。三条高速在境内十字交织并设有出口联接线9处，境内高速公路总里程达130公里，到深圳、香港等地仅8小时左右，到长沙仅1小时。沪昆高铁在涟源边境设有一站，到长沙只需半小时，到上海约4个小时。

【社会发展】2016年，全市共有公办中小学校380所，其中普通高中6所、中等职业学校4所、初级中学54所（含九年一贯制学校13所），小学联校221所、教学点94个。现有特殊教育学校1所、民办学校（含部门办学）3所。全市现有在职教职工7921人，离退休教师4191人。全市共有独立幼儿园178个，在园幼儿24536人；各类学前教育机构353个；学龄儿童入学率达到100%。2016年，推动知识产权建设强县建设。共申报省级科技计划项目12个，申报娄底市科技计划项目22个，共争取资金302.2万元。专利申请254件，授权152件；发明专利申请51件，授权8件，查处假冒专利案件25件，查处专利纠纷案件2件。社会民生持续改善，2016年，全市全面建成小康社会实现程度达到83.3%。全市医疗卫生机构床位数4362张，全市共有104.89万人参加了医疗保险，参保率达100%，实现了全覆盖。

◇ 城市建设

【综述】涟源以建设秀美城市、塑造特色小镇、打造美丽乡村为重点,加快城乡一体化发展。城市品位日益彰显,涟水公园、梅亭东路及沿河配套工程、涟水河风光带南岸游步道等"提品位"的休闲景观工程建成使用。燮和路、国师路等"拉骨架"的城市路网全线拉通。龙琅高速全线开工,娄怀高速、长韶娄高速、沪昆高铁等建成通车,娄邵铁路全面扩能改造,安邵高速(涟源段)竣工通车,行政村客运班线通达率99%,便捷快速的路网基本形成。村镇建设步伐加快,杨家滩农贸综合商业城、兴源农产品综合市场(一期)相继建成。新农村建设有序推进,涟源市连续两年被评为"湖南省美丽乡村建设先进县市"。龙塘镇宽家村、茅塘镇石门村先后被省人民政府授予"湖南省新农村建设示范村",湄江镇蒿子村、杨市镇东园村被授予"湖南省美丽乡村建设示范村",农村面貌明显改观。城乡一体化加快发展,到2016年底,城镇化率达到37.37%。

【城市规划】《涟源市中心城区总体规划(2007-2020年)》提出,构建"一心、三轴、多点"的市域城镇空间格局,突出中心城区(蓝田办事处、六亩塘镇、石马山镇)建设"一心"发展,加快沿G354娄底大道东西向城镇发展轴、沿国道G207南北向城镇发展轴、沿省道S210西北至东南发展轴等"三轴"发展。因地制宜确定全市各乡镇发展定位,实行差异化发展,加快湄江、七星街、斗笠山、水洞底、渡头塘、茅塘等特色产业发展重点乡镇,桥头河、杨市、三甲、白马等高速出口交通节点乡镇和古塘、伏口、金石等边际节点乡镇建设。到2020年末,中心城区面积达35平方公里,城区人口规模达到25万人,总用地规模达到24.88平方公里;主城区主要向东和向北发展,城东新区规划建成面积达到3.4平方公里,以龙湖新区为主体的城北新区建成面积达到3平方公里,山水生态宜居城市生机勃发。

【龙湖新区】龙湖新区是涟源市实施"东进北扩西拓南完善"城市发展战略的一个重大举措。建设地点位于老城区西北部,环北东路与娄涟公路互通联络线以西,是涟源市总体规划的新兴建设区,面积约243.42公顷。2015年9月25日正式开工建设,新建岛石路、得志北路、交通路北延线等城市主干路,以及洪青路、洞庭路、牛角北路、得志南路等次干道,新建道路总长约8800米,面积约24万平方米。

【涟源火车站】原名蓝田站,位于市城区南端,始建于1939年。1988年,涟源火车站拆除旧客站,在原址重建。隶属广州铁路(集团)公司管辖,1989年元月竣工启用,有6股半正式车道,2个客运站台,730平方米候车室,171平方米售票厅,195平方米行包房,以及其他生活、服务用房。货场(即今东货场)有站台1个,分货场6个,总库2个和各种大、中型装卸机械。

【涟源汽车站】1956年正式营业，二级客运站，位于市环北西路。2015年，车站完成提质改造，站内停车场面积近1.75万平方米，候车室面积近1000平方米，有长短途两个发车库，总库位22个，配有联网售票系统、电子导乘系统、全天候监控系统、危险物品检测系统、智能化调度系统及进站一卡通综合服务管理系统等现代化设施，共有遍布全省班线30条，进站车辆305台，日发班次550班，日旅客发送量达8千人次，是涟源主要交通枢纽和公路旅客集散地。

【人民路】西起娄涟公路，东至振定路，全长6000.8米，是贯穿整个城区东西的主要城市干道，也是涟源市的政治文化中心地带，市政府以及许多政府行政职能部门、银行、学校乃至商业圈都坐落在人民路上。

【福源路】西起树亭路，东至果园路，全长3632米，是为缓解城区交通所建的一条环城公路。2017年，福源东路Ⅱ段正式开工建设，起点对接在建的环北东路（与果园路交叉处），途经农科所石山果园一、二队与石马山镇马家境村、新中村，分别与规划路、新城北路、书院路、三一路平交，终点与振定路相交。道路全长约1894.667米，路幅宽45米。机动车双向6车道，设计车速40千米/小时。

【涟源市第一中学】由著名教育家廖世承先生创办于1938年，原为国立师范学院，当年文学巨匠钱钟书于此执教，以国师为原型写就世界名著《围城》。1946年国师旧址改办省立十五中，1952年用今名，1980年定为省重点中学，现为"湖南省示范性普通高级中学"。位于蓝田办事处国师路。校园占地213亩（不含农场40亩），分为教学、生活、宿舍、运动、生产和花园六大区。校园四季绿荫覆盖，鸟语花香，两次被评为"省园林式单位"。2012年挂牌为"湖南师范大学附属蓝田中学"。

【涟源市图书馆】成立之初，与市文化馆合署办公。1978年4月17日，市图书馆单独建制办公。1994年评为国家二级图书馆。在1982－1992年间，因工作成绩突出，曾连续四次被省文化厅评为省文明图书馆。1998年，再次被评定为国家二级图书馆。2016年荣膺全国"2016最美基层图书馆"荣誉称号，成为湖南省唯一获此项殊荣的基层公共图书馆。图书馆位于市文艺北路与沿河街交汇处北，馆舍面积1400平方米（其中爱心书屋馆舍面积为700平方米），设有图书外借处、期刊阅览室、科技阅览室、少儿阅览室、过刊外借处、参考咨询室、采编室。设有读者座位200个（其中少儿室座位70个），书架长度为3000米，馆内图书用品设施齐全。

【涟源市体育文化中心】位于涟源市体育路，该馆于2014年6月建成并投入运营。是一座集比赛、训练、健身、娱乐、休闲、办公、集会于一体的综合性体育文化中心，其外观轮廓为矩形的结合体，南北长约96米，东西宽约138米，其中主体育馆占地面积4.4万平方米，内设游泳馆、排球馆和篮球馆，以及100米跑道和乒乓球、羽毛球训练馆，工程总投资1.9亿元。

【涟源市人民医院】 创建于1952年，综合性二级甲等医院。发展至今，已成为一家临床专业、科室设置齐全集医疗保健教学科研为一体的现代化综合医院。医院位于市交通路19号，现有职工960人，其中主任医师12人，副主任医师以上职称120人。开放病床700多张，设置临床科室24个，医技科室5个，配备有血液净化中心和ICU、CCU病房，开通了120急救绿色通道。

【涟源市中医医院】 始建于1961年，是一所以中医为主，中西医结合，集医疗，预防，教学，科研，康复为一体的大型综合性医院。医院地处涟源市蓝田办事处桑枣坪，占地面积43亩，建筑面积12400平方米。在编职工197人，卫生技术人员占90%，其中高级技术人员26名，中级技术人员71名，初级职称73人。住院开放病床260张，开设15个临床科室，门诊设立了市内唯一的中医国医馆，聘请市内和省中医附属医院的中医专家坐诊。

【涟源市湘剧保护传承中心】 成立于1950年，前身为涟源市湘剧院，位于涟源市文艺路3号，是湖南省目前唯一的县级湘剧院。现有演职人员55人。其创作生产的湘剧《热土忠魂》《篾匠闯兵营》《桃李争》《兵妈妈》等剧目荣获田汉新剧目奖、五个一工程奖、双百场演出奖。剧团也连续三届

九年被评为全省好剧团。2009年，涟源湘剧入选湖南省非物质文化遗产名录。新编历史湘剧《烧车御史》荣获国家艺术基金2015年度资助项目、第五届湖南艺术节田汉大奖及湖南省廉政文化优秀作品一等奖。

【洪源商贸城】 于2015年10月15日开工建设，总投资1.2亿元人民币。占地面积约32亩，总建筑面积4.63万平方米，配备停车位156个，是集农副产品交易中心、生活易耗品大卖场、美食娱乐广场、仓储物流为一体的现代化大型商贸中心。目前成功引进深圳一百购物、深圳城市青年酒店、北京儿童阳光乐园、长沙金牛电器城、芒果KTV、花之艺茶艺、金鹰奥特莱斯等国际品牌入驻。

【白马水库】 位于孙水源头，始建于1958年，1972年配套运行，水库控制集雨面积205平方公里，年平均来水量1.8亿立方米，水库正常库容6500万立方米，是娄底市饮用水源一级保护区，娄底中心城区第二取水点，每年枯水期向娄底中心城区供水2000万立方米以上，全年供水8000万立方米以上。2016年11月，白马水库经国务院批准纳入国家重要水源地保护建设项目。

【大江口水库】 位于涟水一级支流湄水河上游河段，距涟源城区47公里，是一座以灌溉为主，集防洪、发电、养鱼、旅游等综合效益的中型水利工程。大坝坝型为圬工双曲拱坝，坝高82米，坝顶高程432米，正常库容4180万立方米，集雨面积102.2平方公里。大坝采用正堰式溢洪道泄洪，设五扇

8×5.2米的钢板弧型闸门，最大泄洪流量达1187立方米/秒。工程于1974年破土动工，1992年大坝竣工蓄水。

【桥头河镇】位于涟源市东北部，东邻渡头塘，南界石马山，西连龙塘，北抵七星街镇，地理条件优越，处于长株潭1小时经济圈内，面积140平方公里。总人口11.2万人，城区面积2.6平方公里，城镇人口3.8万人，现辖48个村、4个居委会。桥头河是历史上有名的商业古镇，素有"小南京"之称。桥头河土壤富含硒元素，特别适宜蔬菜生长，主要盛产的蔬菜有：萝卜、白菜、青椒、尖椒、包菜、茄子、苦瓜、冬瓜、南瓜、西红柿等百多个品种。所产萝卜最为有名，2002年桥头河被列为湖南省九大蔬菜基地和放心菜基地，种植面积3.8万亩，年产蔬菜32万吨以上。2016年，桥头河镇以"蔬菜小镇"入选成为省"第一批产镇融合示范镇"。

【杨市镇】全国重点镇。位于孙水中游，地处涟源市东南部，距涟源市城区17公里，1995年机构改革撤区并乡时，由原来杨家滩镇、太和乡、快溪乡合并而成的三合一大镇。2016年建制村合并后，共辖29个行政村，7个居委会，共734个村民小组。全镇总面积119.5平方公里。杨市为湖南省历史文化名镇，早在2000多年前就是汉代连道县县治，是著名的"湘军摇篮"。从这里走出的清代湘军将领达58位之多，其中1位总督、3位巡抚、7位布政使、5位提督、10位总兵，创造了"秀才带兵"的奇迹。老刘家大夫第、彭氏宗祠等多处古建筑尚保存完好，为省级重点文物保护单位。

【伏口镇】全国重点镇。地处三市（长沙、益阳、娄底）四县（宁乡、安化、新化、涟源）的交界处，总面积182.7平方公里，辖32个行政村和1个社区居委会，总人口6.2万，城区常住人口2.3万，有耕地3.6万亩、林地11万亩。这里人文荟萃、民风醇厚，是古巫文明——梅山文化的发源地之一。1917年7月，青年毛泽东曾携友游学于此，与伏口同窗一道考察社情民风。伏口镇地理位置优越，对外交通便捷。古有梅山茶马古道连接东西，现有国道207线贯通南北。二广高速、长韶娄高速和安张衡铁路从伏口镇附近通过。伏口矿产资源丰富，储量大、品种多，已探明的有煤、石膏、锰、钒、石灰石等20余种可开采的矿产资源。煤炭产业是伏口镇工业经济的龙头，作为湖南省的产煤重镇，全镇年产煤量超100万吨。

◇ 城市经济

【综述】2011年，涟源被列入全国第三批资源枯竭转型发展试点。以此为契机，涟源着力改造提升传统产业，积极培育接续替代产业，经济、社会、民生等各领域转型发展取得明显成效。2014年被评为全国7个资源枯竭城市转型发展优秀城市之一。目前，涟源有规模工业企业133家，其中民营企业达126家，有三一集团、五江集团、回春堂药业等品牌企业，形成了采掘、机械、建材、冶金、制药、化工六大优势产业。涟源是国家现代农业示范区、全国产粮大县（市）、全国生猪调出大县（市），近年来绿色农业得到长足发展。拥有各类农产品加工企业306家，龙头企业65家，其中省级龙头企业8家，有"湘中黑牛""回春堂""富田桥""湘山茶油""湘鹏"等涉农省级著名商标24个，有"三品一标"认证的农产品38个。"桥头河萝卜""枫木贡茶""涟源茶油"正在申报国家地理标志保护产品。随着商贸物流、金融、房地产、文化旅游等产业快速发展，涟源服务业增加值由2010年的39.59亿元增加到2016年的92.2亿元。成功创建湖南省旅游强市，湄江风景区成功创建4A级景区，龙山国家森林公园被授予全国最佳养生休闲基地、湖南十大最受欢迎养生（旅游）基地。截至2016年底，全年实现地区生产总值263.3亿元。完成固定资产投资211.1亿元。完成社会消费品零售总额112.3亿元。完成财政总收入12.04亿元。三次产业结构比为20.4：44.4：35.2，一、二、三产业对GDP增长的贡献率分别为9.5%、41.6%和48.9%。城乡居民人均可支配收入分别达到18696元、8180元。

【娄底高新技术产业开发区】位于市城区东部。于1992年创建，1994年批准为省级经济开发区，2016年7月升级为湖南省高新技术产业开发区，2017年9月5日更名为娄底高新技术产业开发区。辖区总面积11.29平方公里，其中规划建设面积7.34平方公里。基础设施完善，配套建有22万伏、11万伏变电站各一座；5万吨/日自来水厂、4万吨/日生活污水处理厂、2万吨/日工业污水处理厂各一座，建设了三纵四横两连接的道路网路。现有企业119家，其中规模以上企业44家，高新技术省级认定企业30余家，从业人员近万人，建成有4家科技创新服务机构、4大省级科技创新平台，形成了以先进装备制造、新材料和生物医药为主，以特色农产品加工、仓储物流为辅的产业格局，是湖南省新型工业化先进装备制造示范基地、湖南省大众创业万众创新示范基地。

【桥头河现代农业产业园】成立于2013年，核心区位桥头河镇，面积约35000亩。园区地势平坦开阔，土地肥沃，土壤中富含硒元素，境内有涟水、湄水两条湘江二级支流，水资源丰富。园区内蔬菜种植业是传统优势产业，油茶、白茶、食用菌、优质稻、珍稀苗木、软籽石榴、特色畜牧养殖等产业也已初具规模，观光休闲等新兴产业蓬勃发展。园区处于长株潭1小时经济圈内，交通十分便利，国道207线、省道210线、华雷线、县道桥祖线、桥侧线贯穿园区，安邵高速公路、长韶娄高速在园区设有互通进出口。

【湖南省回春堂药业有限公司】2002年由湖南省回春堂制药厂改制而来。公司建有古塘、石马山、温江等六大种植基地，种植药材有金银花、玉竹、茯苓、桔梗、白术、厚朴、重楼、黄芩，基本能够保证原材料的自给。公司以生产中成药为主，用传统炮制工艺加现代科学方法精练而得。形成了以全国独家产品"茸桂补肾口服液"、省优产品"大黄庶虫丸"、中药保护品种"如意定喘片""伤科七味片"、名优产品"三宝胶囊"为代表的产品结构，建立了遍布全国的销售网络。2011年被评为"中药百强企业""中药成长型企业10强"。"回春堂"被授予"湖南省著名商标"，评为"湖南省农业产业化龙头企业"，回春堂所属中药材种植基地通过"无公害农产品产地认证"。

【湖南五江轻化集团有限公司】1996年3月18日成立，位于茅塘镇石门工业区。公司经营涉及轻工、煤化工、房地产、贸易物流、高新技术、农业六大产业，是全球产、销量最大的保温瓶生产企业，在湖南、江西、新疆、山西、山东设有5个生产基地，年产量达1.95亿只，销售约占全国30%左右的市场份额；是全国搪瓷日用品的主力生产企业和娄底市主要的出口创汇企业，日用保温瓶和日用搪瓷产品被评为湖南省名牌产品、中国质量过硬服务放心信誉品牌；"五江""碧波尔"牌商标被评为湖南省著名商标，"五江"牌商标还被评为中国驰名商标。

【湖南海湖矿灯有限公司】原名湖南省湘阴电源总厂涟源市矿灯厂，涟源市海湖矿灯有限公司。地处涟源市经济开发区，始建于1987年，是原煤炭部定点矿灯生产单位，2009年10月更名为湖南海湖矿灯有限公司。

公司注册资本1080万元，占地面积11400平方米，厂房面积5000平方米，总资产3400万元。公司主要生产甲烷报警矿灯、锂离子电池LED矿灯、矿用隔爆型LED巷道灯和锂电矿灯充电架等多种产品。

【湖南远扬煤机制造有限公司】始建于1938年，八十年代国家机械工业部投资重点级单位。1996年改制，1998年成立湖南远扬煤机制造有限公司，生产0.6米~4.0米矿用防爆、非防爆5个系列（JT、JTK、JTP、JK、RW），128个品种规格矿用提升机及各类井下架空索道运输设备。2001年公司发明的无级调速绞车获国家发明专利权。公司利用自主知识产权的研发成果制造出具有国际首创、技术国际领先的新一代矿井提升机，2009年7月被省科技厅评定为省高新技术企业，获2009年度湖南省优秀技术创新项目。

【湖南天华实业有限公司】位于涟源市石门工业区，公司拥有安格斯种牛场、湘中黑牛繁育场、高档肉牛育肥场、肉牛屠宰加工厂、牛肉制品厂、方便食品厂和肉牛品改基地、牧草基地、大型沼气厂等，已形成完善的产业链。2005年被授予湖南省农业产业化重点龙头企业。2010年被评选为湖南省唯一的国家肉牛产业技术体系综合试验站、被农业部命名为标准化养牛示范场。

【三一中源公司】三一集团的发源地，1991年收购原涟源畜牧场，从茅塘镇搬迁到涟源市郊并成立湖南三一集团有限公司，以生产焊接材料为主导产品。1993年更名为三一集团材料工业有限公司，转产为集团生产配套的配件基地，主要为集团各主机提供锻件、铸件、耐磨材料、高强材料等配件产品。

【湖南锻造厂】始建于1965年，位于市水洞底镇，占地面积15.5万平方米，建筑面积2.6万平方米，拥有总资产2384.26万元。工厂主要生产经营铁道车辆车轴、各类汽车、摩托车、矿山机械等系列锻件。拥有8MN快锻机组、10吨、5吨蒸空两用模锻锤、J81-1250压力机及数控车床等生产设备。

【湖南神斧集团一六九化工有限责任公司】前身是涟邵矿务局化工厂。公司占地面积85万平方米，员工900余人，现有资产总额2.16亿元，拥有四家子公司，一家分公司和两家绝对控股子公司。公司的主导产品有乳化炸药、改性铵油炸药、工业电雷管等三大系列10多个品种20多种规格的民爆产品。2009年企业通过了ISO9001：2008质量管理体系的认证。"通力"系列品牌的工业炸药荣获"省名牌产品"称号。

【富田桥游浆豆腐】国家地理保护标志产品。产于荷塘镇富田桥村，当地最有名的是曾氏游浆豆腐。据传，从清乾隆初叶，曾氏先祖尚奇公首创富田桥曾氏游浆豆腐，距今已有二百八十余年历史。富田桥豆腐精选优质大豆，采用当地独有的深井水，经20多道工序精制而成，产品具有奇、健、美三大特点：奇：豆腐加工不放石膏、卤水等任何

添加剂和防腐剂，堪称绿色食品。健：产品为纯植物蛋白质食品，营养丰富，富含人体所需的多种蛋白质、氨基酸、维生素和矿物质，实乃上等保健食品。美：色、香、味俱全，风味别具一格，口感细腻甜润，食之回味无穷，口齿留香，堪称下酒好菜。

【湘中黑牛】天华科技牧业有限公司利用"安格斯"公牛和湘西黄牛杂交而成的新产品。"湘中黑牛"具有初生量重，生长速度快，出肉率高，油脂含量低，肉质鲜嫩，蛋白质含量高等特点。2007年，"湘中黑牛牌"系列被评为湖南省唯一向北京奥组委推荐的品牌牛肉。

【涟源黑山羊】黑山羊系原始品种。相传于四百年前，引入涟源繁殖。黑山羊，头清秀而较小，眼大有神，耳斜坚立，额稍凸起，公、母羊均有角，颈较细长，肩胸部结合良好，躯体成楦形，后躯较前躯发达，毛色黑而光亮，四肢矫健，蹄壳坚实，具有爬山越岭的独特本领。具有繁殖快，成活率高。肉质细嫩，脂肪少，营养丰富等特点。涟源为全国黑山羊板皮产地之一。

【桥头河萝卜】桥头河镇特产。"桥头河的萝卜一上街，药店老板要收摊；桥头河的萝卜不放油，筷子夹起两头流。"这句俗语在解放前就流行在三湘大地，可见桥头河很著名，所产蔬菜很著名，所产的萝卜更著名。桥头河镇土壤肥沃，涟水、湄水河东西横贯，湿度适中，所产蔬菜、水果鲜嫩多汁，富含硒等稀有矿物质。

【枫木贡茶】俗名"香十里"，产于古塘乡古仙界，源于古梅山枫木岭野生茶。史载："崖边畲畔，不种自生"。自晋而今已逾1700年历史。以优异品质闻名九域，明清二代均为贡茶。今枫木贡茶以传统手工艺与现代科技精制而成，被评为"优质名茶"。观之：条索细圆紧直，色泽翠绿，白毫显露。泡之：汤色通透青绿，嫩香拂面，清气宜人。饮之：味道甘醇爽口，口舌生津，经久弥芳。

【涟源金秋梨】由涟源市农副产品先锋有限公司生产，纯绿色食品。果实中等，外形美观，果型指数0.86，单果重200~250g，果皮光滑，肉质细脆，石细胞少，汁多味甜，口感纯正，糖份和Vc含量高，营养丰富，商品价值高。且果树栽培期间均未施用农药及化肥。2004年7月，通过国家农业部农产品质量检测中心无公害农产品认证。

◇ 城市文化

【综述】涟源有着深厚的历史文化底蕴。唐宋明清历代名流徜徉此间山水，药王孙思邈曾在涟源龙山尝遍百草，治病救人，著有千金药方。龙山药王殿始建于唐朝，是著名的名胜古迹。抗日战争时期，以廖世承为院长的国立师范学院创立于蓝田，钱基博、钱钟书等大批名师荟萃此间执教，一代文学大师钱钟书以蓝田为背景不仅创作了闻名中外的小说《围城》，还在此创作出版《钱默存诗稿200篇》，同时，《湖南日报》等报刊亦在境内刊印，蓝田成为湖南抗战政治文化中心，有"小南京"之誉。这里有三甲乡古村落群、金石镇乐恺堂等古民居群，还是清朝乾隆时御史谢振定的故里，两百年来"烧车御史"谢振定不畏强权，一身正气，大义凛然、铁面执法的故事，至今仍被相传称颂。珠梅抬故事、涟源湘剧、湄江棕编，都是珍贵的非物质文化遗产。

【珠梅抬故事】属于梅山文化的一种，流传于龙塘珠梅一带，传承历史已有四百多年，珠梅抬故事源于古老祭祀活动"抬菩萨"习俗，意在祈求国泰民安，"抬故事"这种民俗活动，传承传统美德，对构建社会和谐有很好的社会价值。2014年"抬故事"被正式列入国家非物质文化遗产拓展项目。

【涟源湘剧】湘剧的一个分支，在涟源存在有近三百年的历史，1952年正式组建涟源湘剧团。涟源湘剧是一门综合性艺术，其继承了传统湘剧的四大声腔，在创作中融入了梅山山歌的曲调，使其更具湘中一带的生活气息。其创作剧目最多达千余个，解放后能演出的有近六百多个。《烧车御史》代表湖南省基层剧团进京演出。2008年，涟源特色湘剧被确定为湖南省第二批非物质文化遗产名录项目。

【富田桥秆龙灯会】起源于顺治年间（1645），当时痢疾暴发，染病者多，当地祖先教导村民用稻草烧灰泡水喝，以治顽疾，期间受启示用稻草编织神龙，以期祛灾祈福，最终形成了上街和下街的"神火双龙"。富田桥街道分上、下两节，上街的是"神龙"，长11节；下街"火龙"，长13节，均以稻草扎成。稻为"五谷"之王，寄予了村民祈求五谷丰登的原始情感。秆龙是用稻草扎成龙头、用三支稻草鞭子织成龙身、龙尾3个部分，最后按节插入木柄，形成龙的节骨。龙头的制作较繁复，以树杈为龙角，以稻草编成细长草绳，缠成龙头，以朱沙鸡血点睛，苎麻作龙须。

【枫坪傩狮舞】属于梅山文化的一种，源于明朝万历年间，传承有六百多年历史，最先逢元宵节或集会、庆典，民间以狮舞助兴，有祭神祭祖驱邪色彩，目前保留节目100多个，从业人员30多人，枫坪傩狮舞2012年申报为省级非物质文化遗产保护项目。

【湄江棕编】涟源民间工艺，已有600多年的历史，并流传下一套完成的工艺制作流程。取材于湄江的野生棕叶、棕皮等原料，经过精心加工编织而成，形象生动，惟妙惟肖，活灵活现，集艺术性、观赏性、收藏性于一体。棕编看似简单实则复杂，编一只小昆虫都得用上十余片叶子，脚爪还得用钢丝塑形，用鸳鸯豆"点睛"。2011年，经国务院批准列入第三批国家级非物质文化遗产名录，并被国家文化部认定为"中国民间艺术一绝"。

【涟源民间剪纸】涟源剪纸风格独特。在题材上，主要表达吉祥如意的美好愿望

与追求，多为"龙凤呈祥""喜烛花瓶""喜鹊登梅"等；在构图上，多取对称形式，不用大边框，显得质朴自然；在刀法上，细致圆浑，含蓄耐看。它受到姊妹艺术的深刻影响，与民间刺绣、木雕、漆画有着密切的联系。

【龙山药王殿】位于涟源市、新邵县百里龙山国家森林公园，居岳平顶北坡。祀唐代名医、"药王"孙思邈。传始建于唐。原地在峰南马鞍山脊，历代均有修葺。明代迁此，至清光绪十三年（1887）形成现有规模。1958年大部分建筑被毁，1987年修复，2001年维修。坐西南朝东北，占地面积900平方米，建筑面积约300平方米。由山门、主殿和药店、僧房、客房等组成，围墙环护，砖石铁瓦，古朴庄重。山门为石砌四柱五楼牌坊式，门前有数十级石阶。券门上横额楷书"湘南孕育"四字。主殿为四合院式。券门门楣浅浮雕双凤朝阳；竖额刻"药王殿"三字，边饰双龙戏珠、双狮抢宝。殿堂高约8米，硬山顶，殿内神龛供奉药王塑像，侧列龙、虎二将，并存有孙氏的实用药方和历代积累的祖传秘方数千个。

【蓝溪桥】原名柳家桥，始建于北宋，屡遭洪水破坏，清道光五年（1825），由谭义光首倡改址重建，道光十年完工，更名蓝溪桥，桥长33.34米，宽7.8米，高10米，由巨石券三拱，桥面两边有封闭式桥栏，栏外侧雕有桥名和蜈蚣，桥南是光明街，登24级台阶上桥，北端抵中山街。随着经济建设的

腾飞，蓝田城镇建设发展飞快，蓝溪桥已不是交通要道，其桥面成了商品交易场所。

【新车桥】 在市蓝田镇东郊的温江。始建不详，从古碑中可知，该桥曾多次补修。清咸丰六年（1856）重修，长35米，宽5.6米，石墩、木梁、木板路面，柱式木结构，重檐小青瓦屋面，上覆亭廊，桥廊柱子上挂联数幅，桥北柱联曰："春秋浩气光青史，日夜温泉下大江"。1989年，涟源市政府将该桥公布为市级文物保护单位。1991年，对桥进行了大修。1995年，市政府划定桥南20米、北、西、东各50米为保护范围。

【水晶阁】 坐落于虎形山脚下，涟水河畔。据民国十八年（1929）嵌于该阁墙壁上《整修南岸水晶阁捐碑》记："蓝市南岸水晶阁，肇于康熙初年，复修于同治季载"。于康熙初年始建后，进行过两次整修，民国时期南岸五总乡绅捐款修建，造型雅致，装饰精巧，保留古老民族建筑艺术之风格。据记载，水晶阁为三层楼，高5.1丈，长9丈，宽8.4丈，占地面积为3.23亩，庙周古树常青，风景优美，曾被誉为"蓝田八景"之一。抗日战争时期，该阁曾一度成为学生会馆及《力行日报》编辑部所在。

【城北石塔】 位于蓝田镇北郊，清道光二十六年（1846）由蓝田文达湾谭国荣等创修。该塔全用料石所砌，六角三层，高十余米。下为四方石座，高1.37米，2.86米见方。第一层塔径2.82米，二、三层依次略小，每层叠二线划弧出檐，嵌石雕瓦，

角镶石舫，葫芦形石镂宝顶。塔正面装饰较多，第一层有小拱门，高0.55米，宽0.25米，两旁各有菩萨一尊，门额雕双龙戏珠和蝙蝠等图案，在第五、六级条石上嵌有碑文，文曰："秀毓芝根固，灵钟凤喈昌；栽培凭自我，彩瑞映淮郎；梅放春回早，葭飞暑度长；气机先钓物，果报应相当。"第二层塑三尊石像，有楷书"妙入化境"四字。

【谭家花屋】 位于蓝田办事处光明山社区。房屋东临涟源一中，南临市政府机关大楼，西北临民居。始建于清末，坐北朝南，青砖木结构。房屋分上下两进，共有3个天井，风火墙、青砖地面、堂屋中间的木隔门等保存较好，木雕窗花工艺精湛，上面的花纹、瑞兽活灵活现，十分美观。上个世纪30年代，原国立师范学院就在涟源一中内。当时钱钟书父子等多名教师租住在此屋，直至国立师院迁到溆浦。钱钟书的《围城》就在这里构思而成。

【桃林湾乐恺堂】 位于金石镇桃林坝村桃林湾，是清代"翰林父子"谢振定、谢兴峣的祖居地，也叫"谢家大屋"。2011年，"乐恺堂"被评为省级文物保护单位。清康熙17年（1678）由谢添荫、谢添弦兄弟修建，堂名"乐恺"，取父子兄弟相聚一堂、和睦快乐之意，已有300余年，作为翰林府第，现在的面积大约有1万平方米。今乐恺堂正院保存较为完整。前后四排平房，青砖木制结构，三进九厅相连。正院中有两道

门，两座天井，后厅厅中木格上的金黄色油漆还十分鲜明，厅内木柱横梁上面还有很多雕刻图案。

【湘军水火席】涟源传统美食。流传在涟源南部现杨市镇、水洞底、斗笠山、枫坪等地为中心的湘中地区的一种民间传统宴席，它由两道凉拌菜：西瓜籽、炒骨和十道主菜：合菜，棋子肉，猪肝炒黄花，肠子汤，爆炒碎鸡肉，肉圆子，肉丝汤，红薯粉丝，旗帜肉，鲜鱼块汤组成。相传水火席是曾国藩领导的湘军在作战中摸索出来的一套特定的军宴，之所以叫"水火席"，主要是为了适应长期行军打仗的需要，尽量采用一些简单的烹饪方法，要求只要有水有火就可做出的饭菜。

【伏口水膀】涟源传统美食。伏口镇有一道名菜叫"水膀"（方言膀音为捧），充分体现了"梅山蛮"大块吃肉、大口喝酒的个性特点。伏口"水膀"在整个制作过程中，首先一定要把水放足，中间不能加水，两次炖煮之前，火候的把握十分重要。其次原材料的选用也十分重要，猪要选本地的熟食猪，选择猪身上味道最好的后腿，必须有九斤九两重，寓意天长地久，后人便把其称为"九把水膀"。2011年4月，伏口"水膀"荣获"娄底市首届乡土菜烹饪大赛"金奖。

【南粉合菜】涟源传统美食。涟源盛产红薯粉丝，尤以甘溪乡一带享有盛名。由于盛产粉丝，因此便有了涟源的南粉合菜。主

要原料是：切成5至6寸长的红薯粉丝、干黄花、干笋尖、时蔬、鸡汤、山胡椒等。它的用料是很讲究的，首先，南粉丝须是农家自己加工的，掺不得半点假，其成色应呈褐黄色稍透明、粗细均匀，无杂质，食用时用温水泡软。油要用乡村土猪肉炼成的猪油，黄花须是当年晒制的新货，干笋只能用尖部，否则口感不好，黄花发制时也须用温水浸泡，时蔬如萝卜丝要切得均匀，再准备点鸡汤。

【塞海煨鱼】涟源湄江地区，流行着一种煨鱼的习俗。湄江人把煨鱼视为吉祥品。每逢新春佳节，或特别的宾客进屋，都要摆上一条香喷喷油滴滴的煨鱼。食用时，尤其大年三十、初一格外讲究，不论什么人只能在鱼体的腹部夹鱼肉，鱼头鱼尾整条脊椎骨都不得戳动。表示一年要有头有尾，年年有剩鱼（余）。塞海煨鱼的制作方法十分简单，将鲜鱼漂洗干净后仅去内肚，不加盐油及任何调味品，直接用桐树包好鱼，然后用不见天的黄土和成泥把桐叶包好，放进红火的柴火灰里煨上40来分钟，剥去泥巴后直接食用。

【烧车御史】乾隆末年，宰相和珅位高权重，气焰嚣张。有被和珅宠幸的奴才常坐和珅车子外出，人们都纷纷躲避，不敢指责。嘉庆元年（1796）某日夜间，谢振定时任御史，在巡城时遇到，大怒，命手下将和珅家奴拉下车，受鞭刑。和珅家奴喊道："你敢打我，我坐我主人宰相的车，你怎敢

打我"？谢振定更加生气，加重鞭罚，并怒烧和珅之车，说："这车丞相如何再坐了"？京城众百姓本就憎恨这班宠奴，此时眼见恶奴被笞车被烧，人人拍手称快，称誉谢御史为"铁面御史""今之董宣"，于是"烧车御史"名震京城。谢御史执法烧车后，和珅衔恨报复，捏词弹劾，谢氏竟被削职归籍。

【谢振定】（1753-1809），字一斋，号芗泉，湘乡（今涟源市金石镇桃林村）人。出生于书香世家，少年聪敏好学，随父兄在家乡湘乡县常林桃林湾读书，10岁前就读遍了十三经。乾隆四十二年（1777）他与兄振宁同举于乡，越三年，为乾隆庚子科进士，改庶吉士，授编修。负经世才，尚气节，能古文辞，历官御史，罢，复起礼部员外郎。嘉庆元年（1796）怒烧和珅之车，史称"烧车御史"。有《知耻斋集》《清史列传》传于世。

【李燮和】（1873-1927），字柱中，号铁仙，汉族，安化蓝田人（今涟源蓝田街道）。1900年，李燮和到长沙求学，得识黄兴、刘揆一等人，自此走上革命道路。20世纪初，正是资产阶级革命团体风起云涌的时代，李燮和首先加入了黄兴为首的华兴会，并约集同志者创建了一个"黄汉会"，作为华兴会的外围组织。"黄汉会"意即反对满清，恢复黄帝和汉族的荣耀。李燮和参与了华兴会的一系列反清活动，曾与谭人凤等策划在湖南宝庆（今邵阳）一带组织起义，共

和告成之后，李燮和功成隐退。

【李聚奎】（1904-1995），湖南安化（今涟源市）西坪村人，原名李新喜。中国共产党的优秀党员，久经考验的共产主义战士，无产阶级革命家、军事家、中国人民解放军优秀的政治工作领导者和后勤工作领导人，中国人民解放军高级将领。原中共中央顾问委员会委员，中央军委原顾问。1958年被授予上将军衔。荣获一级八一勋章、一级独立自由勋章、一级解放勋章。1995年6月25日逝世。

【刘海藩】（1935-2014），涟源市人。1960年8月到中国人民大学政治经济学系读书，1965年7月分配到中央党校任政治经济学教研室教师。1969年6月到中央党校"五七"干校劳动。1972年11月起，任襄樊铁路分局宣传科副科长、宣传部副部长，中央党校政治部秘书、政治经济学教研室教师、经济管理教研室筹备组负责人、教务办副主任、科研办副主任兼校机关党委副书记，校委委员、副教育长兼科研部主任，校委委员、教育长。1994年3月任中央党校副校长。刘海藩是政协第九届全国委员会委员。

【彭立珊】（1922-2015），香港知名商人，著名慈善家，深圳市荣誉市民。杨市镇（今涟源市杨市镇官庄村）人。曾任香港富得发展有限公司董事长，香港余氏慈善基金会主席。2015年5月2日，彭立珊在北大深圳医院与世长辞，享年93岁。

【颜家龙】（1928-），涟源市人，当代书法家。1948年肄业干国立中央大学艺术系，1949年参加工作。曾任湖南师范大学美术学院教授、中国书法家协会理事、湖南省书法家协会主席等职。2000年被中国书协授予"德艺双馨会员"称号。2001年获中国书协授予的"中国书法家荣誉奖"。2004年9月在中国美术馆举办《颜家龙书法艺术展》。2006年评选为中国最具影响力的书法家。作品入选《中国现代美术全集》书法卷、《中国行书大典》。书法作品先后参加全国一、三、五、六、七届书法篆刻展及《二十一世纪书法大展》、当代著名书法家展。

【谭谈】（1944-），涟源市人。1959年进厂当徒工，1961年参军。1968年复员，先后做过电焊工、矿区宣传干事、记者。1978年调《工人日报》当记者，同年调入《湖南日报》文艺部。1984年调湖南省作协任专业作家，1985年当选湖南省作家协会副主席，后任常务副主席、党组书记，1995年，当选湖南省文联主席，并先后担任中国文联全委、中国作协副主席。主要作品有《风雨山中路》《山野情》《山道弯弯》及《谭谈文集》等。2002年，被评为湖南省首批优秀专家。

【梁稳根】（1956-），湖南省涟源市人。现任三一集团董事长，第八、九、十届全国人大代表，中共十七大、十八大代表，全国工商联常务执委，中国青年企业家协会副会长。2011年5月9日，《新财富》杂志发布了"2011新财富500富人榜"，梁稳根以500亿元的身家登顶，成为内地新一届首富。2012年12月12日，当选中国经济年度人物。2016年胡润百富榜，梁稳根以320亿财富排名第48位。

【曾益新】（1962-），涟源市人。1984年12月加入中国共产党，1990年7月参加工作，研究生学历，临床医学博士，中国科学院院士、发展中国家科学院院士、国际欧亚科学院院士。1985年7月毕业于衡阳医学院，获医学学士学位；1990年7月毕业于中山医科大学，获医学博士学位。现任国家卫生计生委副主任、党组成员，中央保健委员会副主任。

【廖湘科】（1963-），涟源市人。"天河一号"超级计算机项目总指挥、常务副总设计师，"天河二号"超级计算机项目总指挥、总设计师，国防科大计算机学院院长，清华大学1980级计算机系校友。荣获国家科技进步奖、军队科技奖等多项奖励，2004年获"中国青年科技奖"。2015年12月7日当选中国工程院院士。

◇ 城市生态

【综述】涟源市坚持"生态立市"发展战略，着力加强生态建设，全力打造"森林涟源"。自2012年底启动绿化涟源行动以来，至2016年底全市共完成人工造林17.5万亩，封山育林25万亩，义务植树1000余万株，高速公路、省道、铁路周边宜绿地段绿化率达到90%，县乡公路周边宜绿地段绿化率达到80%，城区绿地率达到36.71%，创建绿色示范村庄158个。环境综合整治不断加强。实施采煤沉陷区综合治理、湘江流域重金属综合治理等生态修复项目，涟水河综合治理等一批环保项目，启动孙水河（杨市段）生态廊道示范区试点建设。完成水土流失综合治理3.9万亩，治理采煤沉陷区面积350余公顷，修复矿山植被1200亩。坚决关闭高污企业，狠抓重点污染物减排，2016年城市空气质量优良率达84.9%，各监测断面水质达标率100%。娄底市首批两家乡镇污水处理厂杨市、茅塘污水处理厂建成投运。推进城乡环境综合整治，荷塘、湄江、茅塘3个乡镇被命名为"省级生态乡镇"，石马山朱泉村等15个村被命名为"省级生态村"。

【龙山国家森林公园】位于市南部，为天龙山的主体（当地人俗称龙山）。公园总面积为9286.12公顷，公园因山体庞大浑厚，山势高峻挺拔，山形伸展如龙而得名，最高峰岳坪峰高达1513.37米。公园植被属亚热带常绿阔叶林带，动植物资源十分丰富。公园内保护动物有27目、52科、143种，其中已查明的国家二级保护动物有12种，包括红腹锦鸡、白鹇、赤腹鹰、雀鹰、松雀鹰、虎纹蛙等。龙山具有独特的医药文化。据《旧唐书》记载，唐代医学家孙思邈为研究药方，撰写医书，曾定居龙山。在龙山最高峰岳坪峰顶，现仍保存着一座建于1774年，占地达900多平方米的药王殿。整个建筑条石砌墙，铁瓦盖顶，山门上"湘南孕育"四字古朴厚实。2014年涟源龙山国家森林公园获评"中国最佳养生休闲基地"。

【湄峰湖国家湿地公园】位于市西北部，地处雪峰山脉东麓，是湘江一级支流涟水上游的重要水源涵养区和源头湿地，总面积508.6公顷。其中，湿地面积225公顷，湿地率为44.3%，包括永久性河流、喀斯特溶洞湿地、草本沼泽、库塘湿地5个湿地类型，是南方喀斯特低山丘陵地区库塘湿地生态系统的典型代表，独特的喀斯特溶洞湿地在我国国家湿地公园体系中极为罕见。湿地公园有植物种类108科724种。其中国家重点保护植物6种；有脊椎动物5纲26目72科189种，其中国家Ⅱ级以上重点保护动物12种；为中国所特有的物种19种；列入国家"三有"保护物种119种。

【杨家滩国家级水利风景区】位于市杨市镇境内，依托孙水河、龙溪河和沙溪河而建，包括48个行政村，规划面积84.65平方公里，其中水域面积1.77平方公里，有大小河流83公里，属于自然河湖型水利风景区。2015年8月，涟源市成立了杨家滩水利风景区管理委员会，同年12月由省水利厅授牌为省级水利风景区。2016年8月12日，获十六批国家水利风景区名单。杨家滩自然风光秀丽，历史古迹众多，交通条件便利，距涟源市城区17公里，娄底城区20公里，距省会长沙不足两小时车程。

【洪水岭森林公园】地处市城区东南方、娄新高速北侧，位于蓝田街道办事处、石马山、六亩塘一办两镇交界处，园区总面积5000亩，森林覆盖率86%。洪水岭上的石板始修于宋代，宽约70至80厘米，长约3000余米，弯延于山腰和山顶，贯穿整片原始次森林。公园内山清水秀，苍松翠柏，鸟语花香，景色宜人，是涟源市民休闲、健身、娱乐的首选之地。

【仙女峰】位于涟源市北部，距蓝田约35公里处，又名紫华峰。相传唐朝时候曾有九女在此山修炼成仙，化鹤飞身，瑞映此峰，因而得名。在群山起伏之中，唯此峰突立，高达980多米，耸峙于大桥、桂花两乡之间，登高极目，大有"上观碧落星辰近，下视红尘世界遥"之势。峰顶有紫华庵，又名仙女庙，创建于清初顺治十年（1653）。

【人民公园】2007年在原儿童公园和商园街停车坪基础上兴建的大型市民休闲广场。位于市区中心地段，占地面积42000平方米，总投资1500万元。园内建设了一座长60米、宽6.9米的风雨桥，450米防洪堤及园林绿化设施。园内绿化面积25000多平方米，铺装面积19400平方米，是涟源城区最大的一块"绿肺"。

【涟水沿河风光带】集城市防洪、路网优化、娱乐健身、休闲观光为一体的综合项目。利用穿城而过的涟水河天然弯道、浅滩突出休闲、亲水、生态的主题，片植小灌木或铺植草皮，广栽绿化苗木，形成了赏心悦目的景观，展现了丰富的涟源历史、民俗文化特色。涟水沿河风光带里常绿树与落叶树相结合，乔、灌、草、花相映衬，形成一副季节交替、层次鲜明、水清岸绿、亭美景丽的画面，是人们娱乐、悠闲、观光、健身的大好去处。

【涟商文化主题公园】位于市城东新区，旨在展示涟商风采、弘扬"重义崇商、敢做善成"的涟商精神，号召更多的涟源人富而思源，反哺桑梓。公园占地面积99亩，总投资1亿元。主要包括有涟商文化展示区、健身运动区、水景区及植物景观等。

【博盛生态园】位于市桥头河镇，占地3000亩，累计投入资金2.7亿元，是一个集生态旅游、休闲、度假、珍稀花卉苗木培育、户外运动拓展等为一体的综合性生态园。2016年被评为3A级旅游景区、湖南省5星级乡村旅游景区。

◇ 城市名片

【综述】涟源是湖湘文化与梅山文化交汇之地，湘军之源，文学巨著《围城》背景之地，革命老区和湖南五大侨乡之一。杨市，古称杨家滩，是千年文化古镇，早有"花花绿绿杨家滩"之称。那里山青水秀，至今仍然有保存完好的古桥和古村镇群。其中"湘军古镇群"建筑更是全国独一无二，不可复制的"历史文化名片"。境内拥有独特的"牛山诗歌"地域文化。明清时期，涟源是连结湘中、湘西的重要商埠。制锅、造纸、印染等手工业闻名遐迩。抗战时期，国立师范大学等十多所大中学校迁入蓝田，一时文化教育、商业贸易兴盛。近些年来，涟源市打造城市名片，提升城市形象，先后获得一系列城市荣誉。

【湄江】国家地质公园和省级风景名胜区。位于涟源市西北部，距蓝田镇30公里。拥有观音崖、藏君洞、仙人府、塞海湖、龙泉峡、大江口六大景区，总面积128平方公里。景区内景观齐全，集山、水、洞、峰、石、泉、瀑布、悬崖、峭壁、深坑及溶崖湖于一体，可观一代帝陵、二湖秀水、三道岩门、四片绿洲、五座寺庙、六大飞瀑、七里峡谷、八百奇峰、九曲湄江、十处绝景。龙泉峡、藏君洞、黄罗湾是第四纪的产物，有褶皱、断裂和节点发育等构造地貌类型，具有较高的美学价值和地质学岩溶地貌科研价值。仙人府，洞中有洞，洞内成瀑。香炉山，一石八景惟妙惟肖。龙泉峡谷时而山穷水尽，时而峰回路转，尽头则是绝处逢生的一线天。观音崖的莲花涌泉与塞海湖一脉相通，秀丽的九曲湄江玉带将所有的佳景串联在一起。

【湘军名将故居】千年古镇杨市，古城起源于唐代，鼎盛于明清。该镇文化底蕴深厚，境内人才辈出，其中就有清代湘军名将刘岳昭（云贵总督）、刘连捷（布政使、钦命头品顶带）、刘岳㬢（布政使）、刘腾鸿（湘后营统帅）、刘腾鹤（道员）、刘岳昀（知府以道员升用）、彭基品（提督）、彭基秀（总兵）8人载入《清史稿》人物列传。他们衣锦还乡后，修建了大量的楼榭亭台，堂屋小苑，从胜梅桥顺着蜿蜒的孙水而下，就有老刘家（刘腾鸿故居）、德厚堂（刘连捷故居）、存养堂（刘岳昭故居）、存厚堂（刘岳㬢故居）、光远堂、佩兰堂、师善堂、云桂堂、静养堂、余庆堂、彭氏宗祠等十几座深宅大院组成的古建筑群巍然屹立于孙水河两岸。这些建筑规模庞大，气势恢宏。

【三甲古村落群】涟源城区四公里外的三甲，是梁姓七十世祖梁太义公后裔的原居地。三甲现存明清古民居达300多栋，是有名的学府之乡。三甲古村成名于宋高宗绍兴年间，相传有八百多年的历史。境内遗存有百余座明清时期的青砖青瓦庭院，最早的有四百多年的历史，至今保存比较完整的有"世业堂""于时处""一德庄"和"梁氏宗祠"等50多处，另有五岳寨的抗日战壕和大跃进时期的红旗居民点两处近现代重要史迹及代表性建筑，具有极高的历史价值。三甲古村落的建筑极具人文特色，散发着独特的魅力，集建筑、书法、楹联、雕刻、民俗等多重文化元素之大成。

【城市荣誉】涟源获得的荣誉主要有全国文化先进市、全国体育先进市、全国诗词之乡、全国科普先进市、全国资源枯竭转型发展优秀城市、中国最佳养生休闲基地、湖南省经济快进县市、全省脱贫攻坚先进县市、湖南省文明城市、湖南平安县市、湖南卫生城市、湖南省安全生产先进县市、全省粮食生产标兵县市、湖南省旅游强市、湖南省新型城镇化试点县市，并连续5次被评为"全国双拥模范城"，8次被评为"全省双拥模范城"。

湖南城市大典 吉首市

吉 首 市

吉首市，1912年建县，1982年撤县建市，湘西自治州首府，是国家规划的高速公路枢纽城市之一，境内有全国落差最大的流纱瀑布，有蔚为壮观的矮寨坡公路天险，有被誉为10个非去不可的世界新地标矮寨大桥。

◇ 城市概况

【区划范围】吉首系苗语（Jib Soud）音译，意为"生养的地方"。别称乾州、所里，简称"吉"，湘西土家族苗族自治州州府，湖南省县级市，湘西自治州代管。位于湖南省西部，市境东南部与泸溪县、西北部与花垣县、西南部与凤凰县、北部与保靖县和古丈县毗邻。介于北纬28° 08′~28° 29′、东经109° 30′~110° 04′之间，东西跨度55.9公里，南北跨度37.3公里，面积1078.33平方公里，其中建城区面积29.4平方公里。现辖峒河街道、镇溪街道、乾州街道、吉凤街道、双塘街道、石家冲街道6个街道，马颈坳镇、矮寨镇、河溪镇、丹青镇、太平镇和己略乡。中共吉首市委员会、吉首市人民政府驻乾州世纪大道厂坪巷5号，电话区号：0743，邮政编码：416000。

【地理环境】吉首地处武陵山区腹地，背靠武陵山，市境地质构造处于全国东部新华夏系构造第三个一级隆起带的南西段，西部为武陵山二级隆起带的南段，东南部为沅麻盆地二级沉降带的西缘，呈北北东——北东向展布，由一系列皱褶和断层组成，呈中山、中低山和低山三级梯降；山脉呈带状平行排列，西部、西北部为中山，中部为较开阔的盆地，西南部为低山。境内河流水系发达，河流众多，水域面积广阔，有大小溪河81条，总长550公里，主要河流有峒河、沱江、万溶江、司马河、丹青河、洽比河，其中峒河是境内最大的河流，发源于花垣县南部，长69公里，市境段长60公里。吉首市属亚热带季风湿润气候，年平均气温16.4℃，年降水量1440.5毫米左右，年日照时数1429.6小时，无霜期326天。

【资源物产】资源较多，物产丰富，有陆生脊椎野生动物42科108种，属国家一级保护的有金雕、白颈长尾雉2种，属国家二级保护的有28种，属省三级保护的有41种。野生植物有木本植物73科336种，其中属国家一级重点保护的珍稀植物有珙桐、银杏、苏铁、红豆杉、柏栎树5种，属国家二级重点保护的有榉木、翠柏、金钱松、红毛椿、青檀、樟树、闽楠、楠木、伞花木、厚朴、篦子三尖杉11种。主要矿藏有26个矿种，其中水泥灰岩、白云岩、大理石、钒、磷和含钾页岩为优势矿种，含钾页岩居全省首位。水资源比较丰富，地表水总量年均28亿立方米。其中本地产水9亿立方米，客水量19亿立方米，客水面积2080平方公里。平均水能蕴藏量55832千瓦，可开发量18025千瓦，占水能蕴藏量32.28%。

【建置沿革】 秦代，属黔中郡。汉代，属武陵郡。三国，武陵郡先后分属季汉和孙吴。晋代，武陵郡属荆州。南朝宋、南朝齐，隶郢州武陵郡。南朝梁，析沅陵县，建夜郎郡。南朝陈袭梁制，隋朝废夜郎郡，置静人县。市域先后属辰州和沅陵郡。唐宋时期市域属泸溪县地。熙宁三年（1070），置镇溪寨（今吉首城区）。元代，属辰州路泸溪县地。洪武三十年（1397），置镇溪军民千户所，所属辰州卫。清朝康熙四十三年（1704），撤镇溪军民千户所，设乾州厅，治乾州，隶属辰沅永靖道。嘉庆二年（1797），乾州厅升为直隶厅。民国元年（1912），废厅设乾县。民国二年（1913）4月，乾县改名乾城县，隶属辰沅道，县治仍为乾州。民国二十七年（1938）湘西绥靖公署绥署设在乾城县。1949年11月，乾城县和平解放，隶属沅陵专区。1952年8月，隶属湘西苗族自治区。同年4月，乾城县改名

吉首县，所里镇改名吉首镇。1982年撤销吉首县，设立吉首市，辖区地域不变。

【人口民族】 截至2016年底，户籍总人口30.75万人，常住人口33.65万人。其中城镇人口25.4万人，农村人口8.25万人。城镇化率为75.5%。全市人口出生率为12.8‰，死亡率为6.81‰，人口自然增长率5.99‰。吉首市是一个多民族聚居的城市，2017年少数民族人口24.22万人，占总人口的78.15%，其中苗族人口12.78万人、土家族人口11.11万人，回族0.08万人，瑶族239人。

【区位交通】 枝柳铁路贯穿吉首市南北，境内有40公里，设置吉首、吉首南、马劲坳、乾州、周家寨5座车站。吉首机场和张吉怀高铁已开工建设。公路交通方面，319国道和209国道过境吉首。截至2016年底，吉首公路通车里程达到933公里，其中通车高速公路有常吉高速、吉茶高速和吉怀高速，里程76公里；永吉高速2017年建成通车，已成为全国18个高速公路重要枢纽城市之一，全面进入"高速时代"，并逐步形成立体交通网络。吉首乡镇公路通达率100%，部分行政村实现了组组通公路和户户通公路的目标。

【社会发展】 2016年，拥有学校148所，其中大学3所，中等职业学校10所，高级中学1所，完全中学3所，初级中学10所，九、十二年制学校6所，小学26所，教学点58所，特殊学校1所，幼儿园88所。在

校学生124872人，其中，小学生29560人、初中生14138人、高中生8643人、职业中专生14035人、大学生42725人、幼儿园15641人、特殊学校130人。申请国家专利1090件，引进推广农业新技术18项次，新品种8个；实施科技项目40项，其中省级8项、州级1项、市级31项。投入科技项目经费1091万元，项目实施完成率100%。拥有各级各类医疗卫生事业机构447个，包括县以上综合医院19家；卫生工作人员6117人，其中卫生技术人员5015人，卫生机构床位数4680张。市区拥有体育场地237个，其中，综合训练馆2个、游泳池6个、运动场地231个。参加企业基本养老保险人数17972人，参加机关事业养老保险7398人，参加城乡居民养老保险人数99667人，参加城镇职工基本医疗保险人数16705人，新型农村合作医疗参保人数165469人，参加工伤保险28012人，参加失业保险16600人，参加生育保险12731人。

◇ 城市建设

【综述】吉首瞄准打造"武陵山片区生态文化旅游中心城"目标，全力推进城市提质，着力建设具有"山区特点、民族特色、时代特征"的州府城市。围绕构建"一个核心城市、半小时生态城镇群、一小时旅游经济圈"的发展格局，进一步完善提升规划，树立大通道、大旅游、大市场、大生态理念，建设了雅溪片区路网，拓宽国道209复线，推进园林城市建设。乾州古城、矮寨奇观景区被评定为国家4A级旅游景区，矮寨大桥上榜世界十大非去不可地标建筑，矮寨大桥旅游观光电梯、吉祥花谷等城市地标建成，峒河沿线特色村镇风光长廊基本形成。到2016年末，吉首市城镇化率达75.5%，城市建成区面积29.4平方公里，市区人口30.8万人，城区绿地面积846公顷，被列入"湖南省新型城镇化试点市"。

【城市规划】2016年完成《吉首市城市总体规划》修编，启动城市拓展区60平方公里若干区域的控制性详细规划编制，编制完成了《吉首市交通综合体系规划》《高铁新城概念性规划》等20余个专项规划，完成乡镇规划11个、村庄规划108个，形成了城市总体规划、市域城镇体系规划、控制性详细规划，以及各类专项规划组成的完整城乡规划体系。规划提出建设"两城四区两带两轴多点"的城市格局，全力打造"州府新城"和"高铁新城"，推动高铁新城与乾州新区、州府新城融合发展。通过推进新型城镇化，到2020年，实现城市面积55平方公里、城市人口50万、城镇化率80%左右的发展目标。

【乾州新区】吉首市新城区，吉首核心商业中心。狭义上的乾州指吉首市乾州古城四周，广义上的乾州泛指吉首市新城区（乾州街道），是吉首市政治中心，亦是吉首经济开发区所在地。乾州新区位于吉首市中部偏南，到2020年规划人口35万人，规划区域

165.7平方公里，主要包括峒河组团、乾州组团、雅溪组团、吉凤经济开发区、振武营和马鞍山等。2007年，吉首市人民政府自老城区迁驻于此。"乾州"逐渐成为一个突破了镇级行政区划的地理名词，被用于代称吉首市新城区。

【吉凤新区】吉首—凤凰城市总体规划中心区域，功能定位州域南部核心经济区。横跨吉首市、凤凰县、泸溪县和湘西经开区。北起凤凰县竿子坪镇竿子坪村和廖家冲村，与湘西经济开发区直接相连，南至凤凰县吉信镇区，东到吉首市双塘镇兴田村、周家寨村和泸溪县解放岩乡利略村和都蛮村，西邻凤凰县竿子坪镇拉务村和吉信镇三角坪村，规划总面积约100平方公里，建设用地约36平方公里。到2020年新区人口规模将达到10万人左右，中长期达到20万人左右。吉凤新区发展以文化创意、旅游产品加工、生态康健为主的特色产业，重点发展新材料、电子信息等新兴产业，加快建设工业仓储和现代商贸物流基地，着力打造武陵山区产城融合的示范样板。长期规划以州府吉首为中心，以周边5个县城和芙蓉镇为支撑，以半小时左右通勤为半径，规划建设特色经济发展轴。

【湘西文化公园】位于乾州湘西经开区，建于2017年9月，国家3A级景区。是湘西州60周年庆重点项目，是湘西州乃至武陵山片区标志性建筑之一。占地面积约600亩，总投资约30亿元，主要包括州博物馆、州非遗馆、州艺术中心、4个文化广场、5座景观桥梁、沿河景观走廊、大型音乐水秀、工人文化宫等。

【吉首步步高新天地商业广场】位于武陵东路（原军分区南院），建于2013年底。总投资7.6亿元，建筑面积14万平方米，是湘西单体面积最大的城市综合体，涵盖居住、购物、商务、餐饮、娱乐休闲等多种功能。其中步步高吉首店属湘鄂渝黔四省（市）边区最大的连锁超市，旗下的百货、超市、电器、餐饮、物流等品牌业态布局到整个湘西州。

【乾州世纪广场商业城】位于市人民广场人民路与荣光路交汇处。占地44亩，总建筑面积135870平方米，集商业广场、步行街、星级酒店、高档公寓、写字楼、休闲娱乐、大型停车场为一体的商业顶级综合项目。其中乾城中心步行街是吉首集快乐购物、潮流娱乐、特色美食多种元素为一体的一站式步行街，服务内容涵盖电影院、KTV、西式餐饮、大型家电卖场、孕婴童天地、电玩、品牌服饰等。

【吉首火车站】位于峒河街道光明西路，建于1978年，隶属中国铁路广州局集团有限公司管辖，现为二等站。离月山站1095公里，距离张家界站125公里，离柳州站556公里。1978年，焦柳铁路南段枝柳线建成通车，吉首站同期启用，是属广州铁路局怀化铁路分局管辖。1993年，广州铁路局改建成广州铁路（集团）公司，吉首站属怀化公司管辖。2005年，全路裁撤铁路分局建制实行站段直管，吉首站属广州铁路（集团）公司张家界车务段管辖。

【**吉首乾州汽车总站**】位于世纪大道209国道与大坡路交汇处，建于2007年，国家一级公路客运站，是湘西自治州首座高标准现代化的公路客运站，全国179个高速公路交通枢纽站之一。占地面积38628平方米，建筑面积8400平方米，停车位288个，发车位20个，设计旅客发送能力为每天1.2万人次。是一个集长短途、高速及旅游与城市公共交通、铁路交通接驳服务于一体的高科技、智能化、多功能的综合型站场。

【**吉首环线公路**】指城市规划中的3条环城公路。一环路是位于吉首市的一条环形（口袋型）公路，由西一环，东一环，北一环组成，现在统称为"吉首一环路"。西一环由209国道绕城西线组成，东一环由原乾城大道改名，北一环由原光明西路、原光明北路、原光明东路合并改名。二环路又称G209、G319吉首绕城公路，全长42.3公里，2016年投入使用。包括永吉高速公路吉首北连接线3.78公里，西连接线14.09公里。三环线规划起于湘西经济开发区的竿子坪，经双塘—阿娜—太坪—红岩排—振武营—己略—寨阳—强虎—社塘坡，终点回接竿子坪的环城公路。

【**湘西自治州燃气有限责任公司**】位于人民南路168号，创建于2002年。公司下设办公室、财务部、充装站、综合管理部、管网分公司、物流分公司、服务中心等机构。公司现有200立方米充气站一座、500米铁路专用线一条、400立方米贮气库一座、运输车辆7台、施工、抢修、抢险车辆3台。有瓶装气用户约4万户，民用液化气年销量约2500吨。

【**吉首市城市供水总公司**】位于武陵路30号，创建于1963年11月，主要经营自来水、纯净水供水。下辖狮子庵水厂、纯净水水厂、钟家寨水厂、石家冲水厂、纯净水厂直销门市部、道安装维修分公司。供水设计能力达日产10.5吨，综合日供水能力12万吨。年供水量2400多万立方米，管网覆盖面积约30平方公里，DN50毫米以上的环状型供水管网达256.5公里。

【**吉首大学**】简称"吉大"，位于人民南路120号。成立于1958年4月，1978年升为省属综合性大学，同年湘潭大学湘西分校并入吉首大学组建体育系，湖南医学院湘西分院并入吉首大学组建医疗系，2000年吉首卫生学校并入吉首大学，2001年湘西民族教育学院与吉首民族师范学校并入吉首大学组建吉首大学师范学院，2002年武陵高等专科学校并入吉首大学成为吉首大学张家界校区。学校入选国家"中西部高校基础能力建设工程""卓越医生教育培养计划""卓越农林人才教育培养计划""服务国家特殊需求博士人才培养项目""湖南省2011计划""中国服务外包校企联盟"，是国家民族事务委员会与湖南省人民政府省部共建大学，是中山大学、清华大学、中南大学对口支援学校和全国"文化信息共享工程"进高校的100所高校之一。总占地面积2900余亩，建筑面积近60万平方米，教学科研仪器设备总值2.9亿元，各类纸质、电子文献600余万册。有在职教职员工近1500人，专任教师1000余人，有各类在籍学生3万余人。设有22个院系，开设80个本科专业。

【湘西民族职业技术学院】位于湘西经济开发区武陵山大道1号，创办于2004年5月。学院占地面积1500余亩，建筑面积24万平方米。现设有11个教学系部，1个研究所，3所国家级实训基地，1个现代科技示范园，1个国家级职业技能鉴定所和学院驾校（筹办）。开办30余个专业，其中省级示范专业3个；专任教师800余人，正、副教授114人，硕士、博士83人，"双师型"教师247人和一大批企业高级工程师海外留学人员。在校学生10000余人。学院是国务院扶贫办授予的"全国劳动力转移培训十大示范基地"，是农业部授予的"全国开展科技扶贫，直接为地方经济建设服务先进单位"，是教育部、劳动和社会保障部、科技部、团中央等部门授予的"全国农村青年转移就业先进单位"。

【湘西州民族中学】位于小溪桥，创建于1936年，始称湖南屯区各县联立初级中学，湖南省示范性高级中学。1943年后，先后更名为湖南省立第十三中学、湘西民族中学、吉首民族中学、吉首县第二中学，1978年改为湘西自治州民族中学。1980年被确定为湖南省重点中学。2004年成为第一批挂牌的湖南省示范性高级中学。学校占地201亩，建筑面积43300平方米；有65个教学班，在校学生3800人，其中少数民族学生占学生总数的87.86%，拥有教职工334人。

【吉首市第一中学】又名湖南师范大学第五附属中学，创建于1955年，初中部位于教育路1号，高中部位于吉首市双塘街道。初命名为湖南省吉首中学，后曾改名吉首第一中学、吉首县东方红学校，1971年更名吉首市第一中学。2000年，学校挂牌成为湖南师范大学第五附属中学。2007年被认定为省级示范性高级中学和省中小学现代教育技术实验学校。学校现有3000多名学生，近300名教职工，208名专任教师中，有高级教师75人，中级教师102人，研究生2人，国家、省级骨干教师12人，全国、省优秀教师11人，州、市优秀教师29人，有市级以上学科带头人、教学能手50余人。

【湘西州人民医院】位于乾州世纪大道与建新路交汇处，始建于1952年。三级甲等医院，是全国500家大型综合医院会员医院，卫生部批准的国际救援中心网络医院、国家级流感监测哨点医院、卫生部和湖南省医院感染监测网络会员单位、高等医学院校临床教学基地、省卫生厅核定的全科医师培训基地、湘西州继续医学教育培训基地、吉首大学临床学院、湘雅二医院协作医院和香港"关怀行动"湖南工作站。医院占地530亩，建筑总面积18万平方米，设有临床医技科室58个，资产总额15.67亿元。定编床位1200张，可开放床位1700张，医疗服务覆盖湘、鄂、渝、黔四省、市边区20多个县市。在职职工2049人，其中高级职称专业技术人员273人，享受国务院特殊津贴专家3人，获国际南丁格尔奖1人。

【湘西州民族中医院】位于人民北路91号，始建于1986年。是湘西自治州唯一的集医疗、教学、科研、康复为一体的国家三级甲等中医院，是国家地市级重点中医院和国家重点民族医院。在职职工631人，其中高级职称专业技术人员70余人，中级260人。有业务用房2.59万平方米，定编床位405张，可开放床位600张。开设有重症医学科、心血管内科、针灸科、推拿科、体检科、放射科、功能检查科、检验科、病理科、药剂科等30多个临床、医技科室。

【吉首市人民医院】位于人民北路105号，创建于1970年，是一所集医疗卫生、科研教学、预防保健和急救为一体的综合性医院，是卫生部授牌的"二级甲等医院"和"爱婴医院"，是吉首市灾害事故救护中心和孕产妇急救中心。医院新住院综合大楼业务用房面积30000平方米，在职职工616人，实际开放病床600张，设临床、医技专业科室20多个。专业技术人员队伍中高级职称46人，中级职称115人，各科均有高级专业技术职称人员作为学科带头人。

【湘西州图书馆】位于武陵东路1号，创建于1956年。原名为湘西苗族自治州图书馆，1957年撤销湘西苗族自治州，成立湘西土家族苗族自治州，遂改为现名，馆舍面积仅700平方米。文革期间，与州群众艺术馆、博物馆合并成立州革命文化馆，1975年恢复原建制。1986年在吉首市武陵东路原址新建一座占地5亩、建筑面积6970平方米的图书馆舍。目前拥有阅览坐席450个，书架总长度4720米，藏书20余万册，各种信息报刊32800种（册），古籍线装书1万余册，地方民族文献资料1000多册，采、编、流计算机自动化设备1套，办公自动化设备1套，复印机2台，馆舍总面积达7100平方米。

【吉首大学图书馆】位于人民南路120号，1959年创办。2002年湘西州卫校图书馆并入成为石家冲校区馆、2003年武陵高等专科学校图书馆并入成为张家界校区馆。图书馆由吉首校区的砂子坳校区馆、大田湾校区馆、张家界校区馆组成，馆舍面积2.9万余平方米，阅览座位近3000个，有馆藏文献总量近429万余册，其中中外文纸质图书及光盘173万余册/片，电子图书256万余册。建有"民族地方文献信息中心""沈从文文献资料珍藏中心""刘永济先生文库""武陵山区少数民族口述历史"等特色文献资源库。

【湘西自治州博物馆】原中国民族博物馆湘西分馆、湘西自治州非物质文化遗产博物馆，位于环城路张家冲，成立于1957年11月1日，为综合类国家三级博物馆。建筑面积约7768平方米。馆舍按照中国传统建筑风格设计建造，主体建筑由湘西民俗风情馆、湘西剿匪胜利纪念馆和湘西剿匪胜利纪念碑等组成，两馆皆为仿古四合院式琉璃瓦建筑。馆藏文物已达10余万件，包括自然文物、革命文物、历史文物、民族民俗文物，其中民族民俗文物为馆藏特色。

【吉首美术馆桥】位于乾州古城内，创建于2016年。全桥由混凝土系杆拱桥及简支钢桁梁桥叠加组成，上层混凝土桥为小型展览厅，钢桁梁顶部桥面为大型展览厅，钢桁梁下层桥面为公共人行桥，桥台后方设置展览厅配套用房，总建筑面积约3500平方米。美术馆桥由砼拱桥和钢桁梁桥叠加组成，桥上还有桥顶屋面和系杆拱等结构，多重结构叠加，结构十分复杂，改造型结构属亚洲第一。

【峒河四桥】指峒河上四座人行景观桥梁工程，分别为"肥桥""爱桥""花桥"和"醉桥"，均是在黄永玉亲自构思、选址、命名的基础上设计而成，2012年7月建成投入使用。四座桥梁均采用扩大基础，三跨砼拱结构，但造型各异，桥面有拱有平，分别设有廊亭、雕塑、花架、花池等，突出主题各不相同，通过设置文化雕塑、镶入文化元素，使桥与文化达到了完美融合。以四桥工程为核心，吉首市将峒河游园、峒河小游园、青少年宫、老年宫、伏波宫片区、向阳街片区及东正街街区进行整体规划、提质改造，全面打造峒河文化艺术公园。

【峒河沿河风光带】分为四个区域：峒河四桥文化区（吉首大桥至峒河大桥段）、峒河花堤休闲区（峒河大桥至石家冲大桥段）、峒河水悠娱乐区（石家冲大桥至狮子庵大坝）、田园绿韵自然区（狮子庵大坝至曙光绿道起点）。包括绿道建设，从寨阳曙光绿道起点至桐油坪滨河广场，长4.5公里；城区沿河风光带，从桐油坪滨河广场起，经峒河公园至大田湾肖家坪大桥止长7.5公里，沿江修建绿道、游步道、亲水码头、桥梁、观景台、亭架、廊、雨污水收集设施及苗木种植等。

【马颈坳镇】位于市北部，省道229和枝柳铁路贯穿全镇。1950年属三区，1956年设乡，1958年设红旗公社，1984年改马颈坳乡，同年改镇。2015年撤销寨阳乡、白岩乡、马颈坳镇，新设立马颈坳镇。镇域总面积165.8平方公里。镇人民政府驻溪马社区（原马颈坳镇人民政府驻地）。辖22个建制村，1个社区。2016年，总人口2.9万人。红心猕猴桃、湘西椪柑的重要产地之一。乡镇企业有酒厂、建材厂、建筑队、加工厂及饮食服务公司等。农产品有水稻、玉米等，特产冷寨河绿茶。

【矮寨镇】吉首市辖镇。位于市境西部，距市区20公里，系苗族聚居镇。319国道斜穿东北部。1950年属二区，1956年设矮寨乡，1958年设上游公社，1984年复乡，1986年置镇，是一个以苗族人口为主的山区生态名镇、文化大镇和旅游重镇，辖21个村、2个社区和1个居委会，总面积142.27平方公里，总人口2万人，镇人民政府驻地矮寨社区。周围有大龙洞风景区、古苗河风景区、边城风景区和吕洞山风景区，境内有开路先锋铜像、国家级风景区——德夯民俗风情园，更有闻名遐迩、雄奇壮丽并诞生了我国第一座立交桥的中国公路奇观，被誉为武陵山区的明珠城镇。2002年9月举办了中国湘西德夯国际攀岩赛和中国"苗鼓节"。2005年6月举办了"中国鼓文化节"。

【河溪镇】位于市东南部，镇政府距市区15公里。地域总面积98.5平方公里，耕地总面积11190.7亩，稻田面积6335亩，旱地面积4855.7亩。辖11个村及河溪社区，总人口12624人。其中男性6352人，女性6272人；土家族7332人，苗族1243人，其他民族29人。319国道贯穿全镇6个村，总长18.6公里，常吉高速公路在河溪段设立互通口，境内有峒河、沱江、万溶江、司马河汇聚，有装机容量9600千瓦水电站一座，250千瓦镇办电站一座。主要农产品有椪柑、西瓜、红提、蔬菜、鲜鱼、茶叶、生姜、药材等。主要工业产品有电解锰、锰锭、锰粉，享有盛名的河溪香醋及"湘西第一泉"矿泉水。

【吉斗苗寨】位于矮寨镇万年峡谷的山巅之上，距吉首城区24公里的德夯风景名胜区内。吉斗是苗语的音译，意思是骑在雄鹰背上的苗家寨子。吉斗苗寨坐落的山岭，象一只硕大的展翅欲飞的雄鹰，吉斗寨恰好落在雄鹰背上。吉斗苗寨民居古朴，数十户人家住的均是古色古香、五柱八挂的四品排房，板壁漆桐油乌黑发亮，窗棂雕龙刻凤，装饰有花鸟虫鱼吉祥图案，火塘地楼仍旧保持古式模样。寨前不远处，有天问台。吉斗苗寨苗族风情浓郁，男女老少喜唱苗歌、打苗鼓、吹木叶，在这里拍摄了《血鼓》《湘西剿匪记》《六个梦》《边城》等电影、电视片共二十多部。

◇ 城市经济

【综述】改革开放以来，吉首市抓住机遇加快发展，国内生产总值以两位数的速度持续增长，经济实力明显增强。至2016年底，吉首市形成了以烟草饮料制造业、纺织业、医药制造业、电力生产供应、农副产品加工业为主的五大支柱产业。创造了"酒鬼""湘泉"两个中国驰名商标，"果王素化妆品""猕猴桃果汁""果王素牌果王油胶囊""肠康片""妇炎康片""再生胶及橡胶制品"6个湖南名牌产品。吉首经开区、河溪新材料产业园、马鞍产业园等园区加快建成。鹤盛原烟异地技改、东方红住宅产业化等一批重大项目落户吉首，宗南重工、长潭泵业、吉庄环保等一批项目投产，汇锋高新能源、湘泉药业、华方制药等一批高新技术和战略新兴产业规模不断壮大，高科技软件开发企业成聪软件挂牌"新三板"上市，边城生物科技等10家企业在湖南股权交易所优选板成功挂牌。2016年全市地区生产总值1363386万元，工业增加值333761万元，三次产业结构为5.2：30.1：64.7，完成公共财政预算收入75614万元，全社会固定资产投资1221558万元，全市社会消费品零售总额875693万元，外贸进出口总额10897万美元，城镇居民人均可支配收入25532元，农村居民人均可支配收入8749元。

【湘西经济开发区】成立于2004年7月，其前身为湘西吉凤工业园。2011年8月，经湖南省人民政府批准将湘西吉凤经济开发区更名为湖南湘西经济开发区。2009年5月，成立湘西广州工业园。2013年10月，长沙高新技术产业开发区与湘西经开区签订合作协议，结成对口联系帮扶园区。开发区规划建设用地面积20.5平方公里，核心区面积7.12平方公里，人口2万人。初步形成了矿产品精深加工、生物食品、轻工建材等主导产业。先后被国家和省授予"湘西国家锰深加工高新技术产业化基地""湖南省生物产业自治州基地""湖南省新型工业化示范基地""湖南省信息化和工业化融合试验区"。获得"湖南省内联引资先进单位""湘西自治州文明建设标兵单位"等荣誉称号。

【吉首经济开发区】2001年3月19日，经省人民政府批准成立了吉首市乾州经济开发区，2006年2月，吉首市乾州经济开发区更名为吉首经济开发区。吉首经济开发区位于市南端乾州境内，范围西起仙镇营，东至小庄村，北自雅溪村，南到吉凤交界处，规划面积20平方公里。开发区功能定位是以行政办公、商贸金融、文化娱乐、生活居住、绿色产品加工和旅游业六大功能为主导，集其他相关配套功能于一体的多功能、多中心、复合型的生态、园林城市。开发区分为四个区，即行政中心区、南区、东区和古城区。中心区规划面积为2平方公里，以州、市行政办公区、商贸、金融、房地产开发为主。南区规划面积为3.5平方公里，重点发展第三产业、教育文化产业、大型综合市场和配套生活设施。东区规划面积1.5平方公里，分雅溪工业园和吉庄工业园两块，重点发展仓储、生态工业等。古城区规划面积1.5平方公里，位于吉首经济开发区核心部位，重点以保护古城风貌，发展旅游产业为主。

【酒鬼酒股份有限公司】位于峒河街道振武营村。始建于1956年的吉首酒厂，1997年7月上市。主营业务为生产、销售湘泉酒、内参酒等系列白酒产品，曾先后荣获"全国酒文化优秀企业""全国五一劳动奖状""全国轻工业系统先进集体""全国先进集体""中国公众形象优秀企业""全国质量效益企业""全国酿酒行业优秀企业""全国酒文化优秀企业""中国公众形象优良企业""全国食品行业质量效益型先进企业""全国食品工业科技进步优秀企业"等多项荣誉。公司传承湘西悠久的民间传统工艺，依托湘西独特的自然地理环境和地域文化资源，独创中国白酒"馥郁香型"。酒鬼酒、湘泉酒曾荣获法国波尔多世界酒类博览会金奖、比利时布鲁塞尔世界酒类博览会金奖、中国首届食品博览会金奖、全国轻工博览会金奖、北京国际经贸博览会金奖、中国国际新产品新技术博览会金奖和中国白酒典型风格金杯奖，获得"中国十大文化名酒""国产精品""中国名牌消费品""世界名牌消费品"等称号。

【湘西华方制药有限公司】位于乾州新区建新路168号，原名湘西华立制药有限公司，2001年11月18日创立，为全国500强华立集团旗下的子企业，是一家致力于中药材精加工、植物提取技术开发、生产及销售的制药企业，是湘西新崛起的制药企业明星。主导产品青蒿素通过了国家药品食品监督局GMP认证，是湘西自治州第一家通过GMP的制药企业。

【湘泉药业股份有限公司】位于雅溪科技园，创建于2003年6月。是一家以生产中成药为主的具有从中药材种植、中药饮片加工、植物提取、中成药制剂，到再生资源利用（生产白酒、食用菌等）完整药业产业链的医药产销企业。现有年产8亿片口服固体制剂片剂和颗粒剂生产线一条，2004年、2009年两次通过国家GMP认证，2014年11月通过国家新版GMP延期认证。主导产品湘泉牌妇炎康片和湘泉牌肠康片为国家二级中药保护品种，2010年以来连续两届被认定为湖南省名牌产品。先后被授予中国优秀企业、国家扶贫龙头企业、国家农业产业化龙头企业、国家农产品加工企业技术创新机构、国家高新技术企业、湖南农业产业化百企、湖南省拟上市公司、湘西州重点扶持上市公司、湘西州重点财源建设单位等荣。

【湘西州丰达合金科技有限公司】位于湘西经济开发区丰达路1号，成立于2007年10月。是一家从事锰系列合金新材料的生产、销售和研发的高新技术企业，主营产品有氮化锰、锻轧锰、金属锰块、锰铝合金4大系列15个高新技术产品，产能达6万吨/年，年产值达到10亿元，是湖南省首批认定的新材料企业。锰系新材料项目先后获地市级及以上科技进步奖励3个。公司注册商标"吉丰达牌"氮化锰（DJM87-90N7-8）获湖南省名牌产品称号，"吉丰达"注册商标为湖南省著名商标。公司年出口额一直位居中国前三位，锰系新材料产品出口额排名第一，氮化锰出口额位居全球第一位。

【吉首市宗南重工制造有限公司】位于大田湾工业园，创立于2000年9月。占地20000多平方米，建筑面积17000多平方米，其中自主拥有标准厂房8000平方米。公司拥有各类加工设备250余台套，专用汽车、低速载货汽车年生产能力达15000台。公司生产销售轻型履带式拖拉机、盘式拖拉机、矿山拖拉机、变型拖拉机、农用起重吊车、混凝土搅拌运输车、粉粒物料运输车、垃圾车、收集车、洒水车等专用工程机械。2007年，被湖南省发改委列入"大湘西开发重点扶持企业"，2011年公司"宗南"商标荣获湖南省著名商标称号。

【东方红住宅工业有限公司】位于马颈坳镇阳田村溪马社区康云村交界处，创立于2015年3月，注册资本2000万人民币。公司主要经营住宅工业化技术及产品的研究开发、建筑施工、建筑部品、部件制造、预拌混凝土的生产与销售。公司下设研发中心、设计中心、制造中心、营销中心，以及管理中心。主要生产建筑PC构件，市政PC构件，园建PC构件。采用整体装配式施工的有：吉首市乾北公租房项目、吉首第一高级中学整体搬迁项目、吉首市人民南路、世纪大道、209国道城市管廊等项目。

【汇锋高新能源有限公司】位于大田湾工业园，成立于2002年6月。是一家集研发、生产钒系列产品的高科技生产企业。公司注册资本2516万元，占地面积30000平方米，固定资产8000万元，涵盖产品研发、测试评价、工程设计、装备制造等领域，致力于电池行业的先进储能技术，是湖南省高新创业投资集团股权投资企业、湖南省高新技术企业、湖南省创新型试点企业、湖南省新材料企业。与中南大学联合组建省级研发中心——湖南省钒储能电池材料工程技术研究中心，吉首大学化学化工学院产学研基地。

【吉首市民族五金厂】位于环城路，创立于1961年7月。主要经营精铝及铝制品、金银首饰、珠宝镶嵌、搪瓷制品。从建厂初期生产小五金制品，20世纪70年代改产精铝日用品，再到80年代上马金银饰品生产线，90年代引进国外现代先进设备，至今经历50多年的风雨历程，已由建厂初期名不见经传的手工作坊发展成初具规模、颇有影响的民族企业。现已有完整和先进的金银饰品生产线，生产能力年产黄金饰品200公斤、年产白银饰品5000公斤。纯银饰品于1999年获得"全国少数民族用品博览会金奖"，2000年获得"湖南省产品质量奖"，"金银花"商标为"湖南省著名商标"。

【边城香醋】由河溪香醋有限责任公司生产，是湖南省食品行业最具特色的调味产品之一。其色橙红，又名"赤醋"。于清嘉庆五年（1800）由清廷驻军员兵余森（号成泰）之妻创制，以供家庭食用，亦作礼品分赠亲友。因其色、香、味俱佳，颇受欢迎，制作技术迅即传于民间。迄今，余氏定居河溪已传六代，河溪香醋亦有190多年历史。民国初年，香醋已进行商品生产，畅销省内及贵州、湖北、四川等大中城市。1986年获湖南省名优特新产品展评"芙蓉奖"。边城香醋以花红大米及八角、丁香、山奈、小茴、花椒、网桂等为原辅料，制作工艺极为讲究，尤其是用河溪出自红沙岩层的泉水，水质纯正，物理化学性能好，故产品香气醇厚，透瓶而出，色泽红亮，透明澄清，鲜美爽口，余味绵长。

【湘西猕猴桃】又称阳桃，有中华猕猴桃、毛花猕猴桃和草叶猕猴桃等5个品种。猕猴桃在全国有三大产区：一是河南的伏牛山、桐柏山、大别山区；二是陕西秦岭山域；三是贵州高原及湖南省的西部。湘西猕猴桃产地主要分布湘西自治州及周边地区，具有质好味美的特点，含有丰富的维生素C和有机酸，能调中理气，生津润燥，有"水果之王"之称。吉首大学生物系在野生猕猴的基础上培育出的新型猕猴桃品种"米良1号猕猴桃"，更是具有结果丰、果实大、产量高、品质好、味甜美的特点。

【湘西椪柑】国家农产品地理标志产品。为历代朝廷贡品，1949年后曾大量出口，享誉甚高，素有"桔中之王"之美称，主要有"吉品椪柑""辛女椪柑""8304"三个椪柑优良株系。果实大小适中，呈扁圆形，果色橙黄，果皮易剥离，色泽鲜美肉质脆嫩化渣，汁多味浓，风味浓郁，可溶性固形物高，富含多种人体所需的微量元素，可食部分达到72-79%，可溶性固形物达13-14%，总糖10.65%，总酸0.84%，糖酸比达12.7：1，维生素c含量为23.4-25.68克/100毫升，品质极优。1990年获湖南名牌农产品，2003年被评为中国消费市场公认畅销品牌，荣获湖南省消费者信得过品牌和中国名优品牌，1999年通过中国绿色食品发展中心"绿色食品"认证。

【乾州板鸭】吉首著名传统特产，清代就远销日本及东南亚。乾州板鸭制作精良，先用肉桂、丁香、川椒、山奈、八角、白胡椒、桂子以及白糖、食盐等名贵香料配制成的混合盐香料腌制，然后入缸存储，入味后出缸晾晒。精制好的乾州板鸭呈琵琶形，色泽金黄，油光发亮，肉质细，味香可口。烹调时，先用冷水洗涤，切成小块不加任何佐料，入锅蒸熟，待肌肉离骨时即可食用，味美甜，为上等佳肴。

◇ 城市文化

【综述】吉首市是一个集历史文化、民族民俗文化和名人文化为一体的特色城市。民族文化底蕴深厚，自古以来人才辈出，富有光荣的爱国传统，文物古迹众多，有精湛的民间工艺和美妙的神话传说，共同构成了富有特色的民族文化。湘西苗族鼓舞、湘西苗族民歌、苗族四月八、土家织锦、苗画等被列入国家级非物质文化遗产名录。拥有太虚寺、关帝庙、城隍庙、龙王庙、文庙、小溪庵、天星庵、观音阁、先农坛等古建筑20余处。语言属于西南官话，作为湘西方言的标准音而存在。至2016年末，全市拥有艺术表演团体46个，文化馆1个，公共图书馆1个，广播综合人口覆盖率达到90%，电视综合人口覆盖率达到96%。有非物质文化遗产项目67项，国家级非物质文化遗产保护目录3项，省级非物质文化遗产保护目录10项。

【吉首苗歌】苗语叫"沙熊"，流行于矮寨、丹青、己略等乡镇，有古体和新体两大类，有奇句和偶句构成，内容有情歌、苦歌、喜庆歌、风俗歌、仪式歌。有"果沙""爬可连"两种唱腔。1957年3月苗族龙大姐参加文化部主办的全国音乐周大会，用高腔演唱苗歌，受到广泛好评。

【猴儿鼓舞】原为吉首苗族人民驱鬼祛邪、消灾避难、逢凶化吉活动中的一种程式舞蹈，后演化为民间娱乐舞蹈。表演人数有一人、二人和多人。表演时，由一名鼓手在鼓后击鼓作乐，另一鼓面朝向穿猴装、画猴脸谱的舞者。舞蹈动作多为模拟猴子啃吃苞谷、荡秋千、看鼓、试鼓、惊鼓、相互嬉戏等。扮演猴子的舞者可用拳击鼓，也可以槌击鼓。整个"鼓舞"不但风趣、热烈、技艺性极强，而且具有一定的戏剧情节。

【赶秋节】又称秋社节、交秋节。在立秋时，苗族群众停止干农活，穿上盛装，结伴成群，欢聚在传统的秋坡上，进行打秋千、吹笙、歌舞等娱乐活动。活动完毕时，由众人选出两位有声望的人装扮成"秋老人"，向大家预祝丰收和幸福。赶秋节是苗族民间在秋收前或立秋前举行的娱乐、互市、男女青年交往与庆祝丰收即将到来等为内容的大型民间节日活动。

【清明歌会】丹青、排吼、排绸一带苗民举行传统盛大节日歌会。清末民初，歌场设在今排吼乡、排沙村，后迁至今丹青乡清明村。世世代代居住在此的苗族人们每逢清明，便相约聚集一起，以歌为媒，以歌传情，成为当地苗族群众缅怀先祖的重要节日。丹青歌会，已成为湘西苗族传统歌会之一。与马颈坳的烧龙，矮寨的百狮会，乾州的春会构成了吉首"东歌西鼓北狮南戏中春"的民俗格局。

【苗族银饰】作为一种文化现象在历史上曾被许多民族青睐，成为多元文化交流的载体之一，融合有来自南方少数民族的"耳档"，起源于北方少数民族的"跳脱"，以及从古代饰物中沿袭而来的"步摇""五兵佩"和中国传统的龙、凤、鳞纹样，等等。苗族银饰以大为美，苗族的图腾崇拜，是银饰的重要造型。苗族图腾即与苗族有血缘关系的几种图像。苗族银饰种类繁多，但从佩戴部位上划分，大体可分为头饰、胸饰、背饰三大类。头饰有银帽、银盆、凤冠、苏山、髻簪、耳环、项圈等；胸饰有胸链、针筒、围腰，外加戒指、手圈及披肩、腰带等。

【上刀梯】苗族人民传统风习，又名爬刀梯或踩刀梯，是苗族传统的民俗表演节目。苗老司在傩事司事的过程中，凡是学艺者在应届满师时，必须要进行隆重的迁阶活动。上刀梯是迁阶活动中不可缺少的表演项目。迁阶一般是三天三夜，也有七天七夜的法事。在最后一天的时候，上刀梯就是最重要的法事活动。做法是：在宽敞的平坝里，选择一块平坦的地面，竖起一根一丈八尺这的杉木柱，上面安装有锋利无比的24把飞刀。法力高强的可安装三丈高的木柱，上面装有36把飞刀。吉首市苗族人每当重要节日，都有一次别开生面的大会——苗家上刀梯。

【苗族踩犁口】又叫烫犁口或者过犁口，是苗族民间传统文化之一。表演一般在夜晚举行，以便于看清犁口被炭火烧红的程序。表演时，在平坝里烧起一堆炭火，将七至九张犁口放在炭火里烧烤。待犁口烧红时，工作人员将烧红的犁口依次摆成一排。这时，踩犁口的表演者，赤着双脚，头包红巾，下穿红色短裤，上身裸露，口中念着咒语，从第一张犁口踩起，一直踩完全部烧红的犁口，脚板上没有一点被烫伤的痕迹。按照苗老司的傩事法典要求，在踩犁口之前一般要用刀头纸钱祭祀祖师，通过三巡踩犁口之后，傩事完备，傩师检验合格。祭祀的刀头（即猪头）就由踩犁口和法事活动的人一起煮熟吃掉。踩犁口是苗老司法事中的绝技之一，表达了苗族人民不畏艰难、不怕牺牲的优秀品质。

【湘西苗族鼓舞】国家级非物质文化遗产。我国苗族地区最独特的舞蹈艺术，流传在湘西土家族苗族自治州境内的吉首市和凤凰、泸溪、保靖、花垣、古丈等县。据历史文献记载该舞源于汉代以前，产生在苗族祭祀活动中，是湘西苗族运用最为普遍的一种民间艺术形式。以鼓乐指挥生产劳动，以鼓乐传播民族文化，以鼓乐娱乐身心，它把音乐、舞蹈、表演等艺术种类有机的组合在一起，历史悠久，内容丰富，特色鲜明。随着时代的变迁，苗族鼓舞已成为苗族人民最喜爱的舞蹈艺术形式。

【苗族四月八】又称"亚努节"。每逢四月初八，苗族民众都要聚集到喷水池举行各种活动，纪念古代英雄亚努。人们在一起吹笙、跳舞、唱山歌、荡秋千、上刀梯、玩龙灯、耍狮子等，人山人海，场面极为壮观。传说苗族祖先原来住罗格桑（今贵阳附近），他们过着丰衣足食的生活。可是，一次激烈的战斗中，他不幸被统治阶级杀害，于四月初八光荣牺牲。每逢他的遇难日，苗族同胞总要到墓地（现贵阳喷水池附近）来纪念这位古代民族英雄。年年如此，代代相传。2011年5月23日，吉首市申报的"苗族四月八"经国务院批准列入"第三批国家级非物质文化遗产名录"。

【苗族古歌】苗族古代先民在长期的生产劳动中创造出来的史诗，内容包罗万象，从宇宙的诞生、人类和物种的起源、开天辟地、初民时期的滔天洪水，到苗族的大迁徙、苗族的古代社会制度和日常生产生活等，无所不包，成为苗族古代神话的总汇。苗族古歌古词神话大多在鼓社祭、婚丧活动、亲友聚会和节日等场合演唱，演唱者多为中老年人、巫师、歌手等。酒席是演唱古歌的重要场合。苗族的古歌古词神话是一个民族的心灵记忆，是苗族古代社会的百科全书和"经典"，具有史学、民族学、哲学、人类学等多方面价值。

【苗民起义古战场】位于社塘坡乡坪垅、关侯一带。坪垅建有义军炮台，后毁。贵鱼坡为义军鏖战处。嘉庆元年，三任元帅的额勒登保统10多万清军分五路会攻苗民起义军的核心地平陇。但终因清军人多势大，起义军只好退往平陇后山贵鱼坡、石隆上，后任吴王的吴庭义、开国将军石柳邓率义军在这里与清军展开了最后决战，战斗到生命的最后一刻。

【乾州文庙】国家重点文物保护单位，始建于清雍正七年至十一年（1729-1733），乾隆六十年焚于兵燹，唯崇圣祠留存，1801年重建，1810年、1836年、1846年又相继扩建和修葺。位于乾州古城的中部，南临万溶江，北截古城墙，原占地面积5000多平方米，建筑呈塔式、竭山、硬山三种形式，庙高约20米，为两层木质建筑，下方以青色条石为基，上以鳞灰瓦盖顶。由数十根大红柱顶立，每根红柱下都有鼓石基。全部砖木结构，四周环以青砖院墙，是古城三大古建之一。主要建筑有明伦堂、文昌宫、大成殿、大成门、状元桥、棂星门、崇圣词等，占地面积约4887平米。20世纪30年代末国立八中迁入乾州，此处为初女部分校，原国务院总理朱镕基夫人劳安女士曾在此就学。

【乾州"三门开"】位于乾州古城南面，是乾州古城南门的一座月城。屹立在万溶江畔，雄伟壮观，不仅极具观赏价值，还因城开三门，成为我国古城建筑史上的绝品。纵观中国的月城，均为两座城楼及直通相对的两道城门，唯乾州古城的月城有三座城楼，开三道城门，中间一座主楼，两边各一耳楼，布局成"品"字形，主楼与耳楼的高矮错落、间距搭配可说尽善尽美，这就是几百年来闻名于世的乾州"三门开"。"三门开"独具匠心的设计，是居民生活、商贸交通、军事防御的需要与特定地形完美结合的建筑典范，是我国古城建筑中的艺术瑰宝。

【乾州观音阁】始建于明代，重建于清代。位于乾州城东，万溶江东岸，阁高20余米，直径10余米，为三层木质结构。下为青灰色鼓石奠基，上为灰瓦盖顶。阁楼四方翘角，翘角上立有飞禽雕塑，角下悬挂有风铃，每当风起，铃声传闻。阁楼建造得十分精美，每层镶嵌有古雅的花窗，显得即秀气又别致。

【潕溪书院】吉首大学师范学院（原吉首民师）的前身，位于峒河北岸的鳌鱼峰之巅。书院建于明代，明代苗族著名宿儒吴鹤先生曾在这里兴学研文，至清代，书院曾一度兴盛过。书院门前用青、灰、紫、红各色条石砌成的石级参天，怪石罗列。书院大门为红漆大门，琉璃瓦下嵌着花窗。院内为一组殿堂式古建筑群，中间为正堂，两侧是书屋厢房。左侧圆门上方题有"鹤公祠"三个字，右侧圆门上方题曰"鳌鱼池"三字。到上世纪三十年代，湘西苗族人民举行"革命抗日运动"，书院便成了一所师范学校。

【吊脚楼】多依山靠河就势而建，呈虎坐形，以"左青龙，右白虎，前朱雀，后玄武"为最佳屋场，后来讲究朝向，或坐西向东，或坐东向西。吊脚楼属于干栏式建筑，但与一般所指干栏有所不同。干栏全部悬空，所以称吊脚楼为半干栏式建筑。最基本的特点是正屋建在实地上，厢房除一边靠在实地和正房相连，其余三边皆悬空，靠柱子支撑。吊脚楼有很多好处，高悬地面既通风干燥，又能防毒蛇、野兽，楼板下还可放杂物。吊脚楼还有鲜明的民族特色，优雅的"丝檐"和宽绰的"走栏"使吊脚楼自成一格。

【湘西州文化体育会展中心】 位于湘西职业技术学院新校区，占地面积163亩，包含体育场、体育馆、艺术楼、游泳馆、展示馆。是湘西州规模最大、设施最全的文化体育中心，是湘西州非物质文化遗产保护重点工程和州庆60周年重点建设项目，是继凤凰古城和矮寨大桥之后湘西的第三张名片。该工程获得"中国钢结构金奖"和湖南省第一届BIM技术应用大赛施工组单项类一等奖。

【湘西非物质文化遗产园】 位于乾州古城内，创建于2011年5月。是武陵山区湘西土家族苗族文化生态保护实验区基地之一，包括湘西非物质文化遗产博物馆、湘西民间工艺、民族服饰及旅游产品一条街、湘西民族歌舞演艺中心等基础和配套设施。湘西土家族苗族自治州现有苗族鼓舞等国家级非物质文化遗产项目24个，乾州春会等省级非物质文化遗产项目50个，河溪香醋等州级非物质文化遗产项目190个。拥有国家级非遗项目传承人18人，省级非遗项目传承人24人，民间工艺大师30名。

【湘西州民族文化馆】 建于2014年，位于人民北路103号，是公益类文化事业单位。场馆占地面积4401.5平方米。下设书法、摄影、音乐、舞蹈、文学调研等科室，从事面向全州组织、辅导、培训、研究群众文化活动的工作。

【沈从文纪念馆】 位于吉首大学图书馆内，2012年12月开馆，建筑面积360平方米，分为沈从文生平、沈从文文学创作、沈从文遗物、国内外沈从文研究资料、沈从文物质文化史研究和沈从文与吉首大学六个展区，以沈从文生平、创作、研究为主线，以手稿、实物、图片为主要形式，完整地展示了沈从文先生伟大的一生。

【黄永玉艺术博物馆】 位于砂子坳人民南路120号吉首大学新校区内，2006年10月1日开馆。由新中国一代建筑大师张永和教授领衔设计。建筑面积4200平方米，展厅面积2600平方米，分序厅、艺术人生、书画天地、收藏世界等厅。序厅陈列有大型青铜雕《山鬼》、巨画《采芰荷以为裳》、沉睡三峡江底1.5万年之久的阴沉木和大型黄永玉摄影照，以及大型壁挂土家织锦和工艺图案。艺术人生展厅以文化为视角，以黄永玉人生和艺术世界为轨迹，以《永不回来的风景》《无愁河的浪荡汉子》《描画新生活的贵才》《"文革"中的"湘西刁民"》《十万狂花入梦寐》五大人生阶段，以文字、图表、照片形式展现。书画天地展厅陈列黄永玉先生创作的部分美术作品（含雕塑、木刻、绘画、书法等），以水墨画为主。

【湘西艺术设计学校】 即湘西美术学校，位于光明东路55号，于1998年经湘西自治州教育局审批成立。是一所专门培养设计专业人才、旅游服务与导游人才、汽车检测与维修技术人才的学校。作为一所独具特色的职业教育机构，是立足于湘西辐射湘川黔渝四省区培育实用型、社会急需型人才的摇篮，多次被州教育局评定为"优秀单位""示范学校"。学校校园环境幽雅、教学生活设施齐全、师资力量雄厚、管理科学有序。

【吴鹤】 吉首（镇溪）人，生卒年月不详，明代苗族儒士、教育家。曾随大思想家王阳明游学江西，为其著名弟子。耿直不阿，不乐仕途，拒官不就，坚持在乡里设馆办学。为唐宋以来苗族第一代汉文化知识分子。后人为其建祠立碑，开设"潕溪书院"以示纪念。有诗集，乾隆年间毁于兵燹。

【吴八月】（1729-1796），又名世宁，清乾州厅（今吉首市）平陇人，苗族。乾隆六十年（1795）正月，与贵州松桃厅石柳邓、永绥厅石三保、凤凰厅吴天半等先后起事，并合兵于永绥雅西首战告捷，攻克乾州厅城，围攻凤凰厅城，直捣麻阳、辰溪、泸溪等县。被各路义军共推为"吴王"。义军多次重创清军。同年十一月，因叛徒告密，不幸被擒。次年三月，惨遭杀害。

【杨岳斌】（1822-1890），原名载福，字厚庵，乾州厅冲角营（今吉首市寨阳乡曙光村）人，晚清湘军水师统帅。杨岳斌行伍出身，曾参与镇压新宁李沅发起义。咸丰三年（1853年），随曾国藩创建湘军水师，任右营营官，此后多次与太平军交战，屡立战功，累升至福建水师提督，赐号彪勇巴图鲁。同治年间，与曾国藩、曾国荃定计合围南京，围剿长江两岸，镇压太平天国，授陕甘总督，赏一等轻车都尉世职。光绪元年（1875），杨岳斌受命与彭玉麟整顿长江水师。光绪11年（1885），率军赴援台湾，协同刘铭传共御法军。

【罗荣光】（1833-1900）清末将领。字耀庭，乾城县（今吉首市雅溪）人。原为曾国藩部属，初任把总，后入淮军，曾赴上海（今上海市）在洋枪队任职，升总兵。穆宗同治6年（1867），因镇压捻军有功升记名提督，后补大沽口协副将。德宗光绪13年（1887），以创设水雷营、并教练有方，又升天津（今天津市）镇总兵。德宗光绪二十六年（1900）6月，率军驻守大沽口炮台。6月16日晚，联军派代表递交最后通牒，限令17日零晨二时交出炮台，他严辞拒绝。侵略军提前于凌晨一时开始攻击，大沽守军发炮还击，激战六小时，三炮台先后失守。他退至天津，后在天津失陷前三天服毒自杀。

【石启贵】（1896-1959），吉首乾州

人，苗族。早期民族学家、苗学研究的先驱，苗族教育家、政治家。毕业于湖南群治法政专门学校。回乡后，从事民族教育工作，并于1926年开始调查、搜集苗族文化资料，引进外面先进生产技术，力求发展民族政治经济，探索苗族发展强大之路。1933年5月，当国立中央研究院的凌纯声、芮逸夫来湘西苗区调查时，石启贵担任调查组的咨询，协助凌纯声、芮逸夫在苗区调查。经过多年的走访调查，石启贵于1940年完成《湘西苗族实地调查报告》文稿，这是第一部由苗族知识分子自己撰写的关于苗族历史、语言等多方面的科学著作。

【张一尊】（1902-1973），学名耀定，曾用名铁湘，出生于乾城县（今吉首市）太平乡人。自幼爱马，画马，学马叫，学马打滚，大家都叫他"马迷"。1922年从沅陵联中毕业后到长沙考入武卫军事学兵营。后专职画画，以画马和画山水著名，兼工诗词、书法。出版了《张一尊画桌》。在上海、南京、杭州、重庆、贵阳、桂林、长沙、衡阳等地举办过个人画展。代表作有《三骏图》《八骏图》《万马奔腾》等，被誉为中国画马"四杰"之一，有"北徐（徐悲鸿）南张"美誉。解放后，曾任中国美术家协会会员、湖南省文联委员、湖南省美术工作者协会主席、中国美术家协会湖南省分会主席。

【龙英棠】（1928-2013），第一代苗族女鼓王，又名龙桂香、龙成英，民间俗称龙大姐。出生于吉首市己略乡。1957年4月，新成立的湘西土家族苗族自治州政府点名调龙英棠随湖南省歌舞团赴北京演出，参加"全国音乐周"。她第一次将苗家花鼓展示在首都舞台。她走进了中南海，受到了毛主席等党和国家领导人的接见。

【石顺民】（1943-），苗族，吉首市人。从小酷爱苗族鼓舞，她表演的苗族鼓舞，以湘西苗族人们的生活生产动作为基础，不仅继承了传统的苗鼓套路和技法，而且把舞蹈技巧动作和传统动作融合在一起，有较强的技巧性，形成了自己独特的风格。其代表作有《庆丰收》《迎宾鼓》《团圆鼓》等。1964年12月参加了在北京人民大会堂举行的全国少数民族业余文艺观摩演出。1986年8月在新疆乌鲁木齐的第三届全国少数民族体育运动会上，获得鼓舞表演第一名，被国家体委、国家民委誉为全国"苗族鼓王"称号。2008年1月被国家文化部认定为"湘西苗族鼓舞国家级代表性传承人"。

◇ 城市生态

【综述】吉首市依托丰富的生态资源，积极开展生态文明示范区建设，创建10个省级生态乡镇和33个村省级生态村，其中4个为国家级生态乡镇。湘西自治州境内有白云山国家级自然保护区、高望界国家级自然保护区、小溪国家级自然保护区3处，有南华山国家森林公园、不二门国家森林公园、坐龙峡国家森林公园、矮寨国家森林公园4处，有红石林国家地质公园、乌龙山国家地质公园2处，有德夯国家风景名胜区、猛洞河国家风景名胜区、凤凰国家风景名胜区3处。吉首大力开展环境治理，主要污染物减排全面达标，城市空气质量长期位居全省第一，被评为全国绿化模范市，被授予"首批创建生态文明典范城市"，在吉首市就有德夯国家风景名胜区、矮寨国家森林公园、峒河国家湿地公园等，"城在绿中，绿在城中，城在景中，景在城中"的格局已逐渐显现。到2016年末，全市森林覆盖率74.06%。全市垃圾无害化处理率达100%，污水处理率90%。全市规模工业能耗量14.65吨标准煤。

【矮寨国家森林公园】由矮寨、红山和深坳三个独立的片区组成，公园现规划总面积3383.5公顷，其中矮寨片区1419.9公顷，红山片区1428公顷，深坳片区535.6公顷，林地面积3075.7公顷。地处中亚热带季风湿润性气候带，植被类型为亚热带常绿阔叶林，森林覆盖率达87.1%，是集"奇谷、奇桥、奇石、奇俗"于一体的山岳型峡谷森林公园。园内动植物资源丰富，共有维管束植物209科、897属、2206种以上，其中国家重点保护植物33种。有穿山甲、白颈长尾雉、猕猴、大灵猫、小灵猫、金猫、黑熊、棕熊（马熊）、豹、穿山甲、水鹿、苍鹰、鸳鸯

等43种国家二级保护动物。2013年10月31日被批准为国家级森林公园。

【八仙湖自然保护区】位于河溪水库内，东起河溪镇楠木村豹头咀与泸溪县接界，西至双塘镇大兴村遥人山与泸溪县接界，北起河溪镇永固村多除溪头，南至双塘镇大兴村白岩冲与泸溪县接壤，属低山丘岗地貌，土壤基本为紫色，最高点灯盏形海拔464.5米，最低处楠木溪海拔200米，总面积7032公顷。是一个以保护森林、湿地等多样生态系统及珍稀野生动植物和水源涵养、水土保持为主要对象的丘陵山区综合性自然保护区。森林覆盖率达到58.86%。保护区内有国家一级保护植物银杏、南方红豆杉、伯乐树（钟萼木）3种；国家二级保护植物有篦子三尖杉、榉树、连香树等22种。另外还有重点保护的兰科植物23种。保护区共有陆栖野生脊椎动物54科142种。其中被列为国家重点保护野生动物名录的共计31种。其中白颈长尾雉为国家一级保护动物；大灵猫、小灵猫、豺、穿山甲、大鲵、虎纹蛙等33种为国家二级保护动物；另有水生动物43种；昆虫种类繁多，现已具名昆虫144科618种。

【峒河国家湿地公园】总面积0.93万公顷，湿地类型多种多样，涵盖河流湿地、水库水塘湿地、滩涂湿地、农田湿地等。峒河系沅水的上游支流，是吉首市的母亲河。湿地公园有维管束植物1142种、602属、180

科，其中国家一级保护植物4种、二级保护植物10种，中国珍稀濒危保护植物12种，列入国际公约保护植物名录CITES附录Ⅱ的兰科植物12种。有野生脊椎动物256种，其中水生脊椎动物33种、陆生脊椎动物223种，分布有国家一级重点保护动物2种，国家二级重点保护动物23种，是不可多得的基因库。峒河湿地公园内人文景观古朴深厚，德夯的苗鼓、矮寨的公路奇观、乾州的古城、八仙湖的千年悬棺、农耕文化遗存等，无一不具有厚重的历史、深远的文化、浓郁的民族风情。

【红枫森林公园】 前身为红山林场，位于乾州新区西南方约3公里，公园总面积1333公顷。于2006年被批准为省级森林公园，由乾州景区和深坳景区两大部分组成，林业用地面积13平方公里，森林覆盖率达90%以上。区内形成了常绿阔叶林、常绿落叶针阔混交林及灌木灌丛三大类森林植被类型。区内共有野生植物73科、336种，其中乔木树种110种，灌木65种，藤本25种，草本136种。主要树种有南方红豆杉、银杏、枫香、樟树、楠木、栎类、马尾松、杉木、榆树、槐树、黄连木等，其中有南方红豆杉、银杏、香樟、楠木等国家级、省级保护植物16种。区内有金雕、红腹锦鸡、华南兔、穿山甲等野生动物76种，其中国家级及省级保护动物达20余种。

【德夯地质公园】 位于湘西州府——吉首市西郊23公里处，省级地质公园。主要地质遗迹为台原峡谷、峰林，区内高216米的流纱瀑布被称为中国之最。德夯拥有着遮天蔽日的原始次森林，是艺术家们酷爱的影视拍摄基地。其中，孤悬峭壁的天问台、直插云端的盘古峰，更为景中绝景。矮寨公路奇观显示了先人们的能耐和智慧；有中国路桥史上的第一座立交桥和绿岛，开中国公路之先河。而今，一条亚洲第一、世界第二的高速公路斜拉式大桥正横跨峡谷南北，融路桥之奇观，化天险为通途。

【花果山】 湘西首府吉首市一座风景秀丽的山。吉首市境地貌以中低山、低山地貌为主，中低山和低山面积占全市总面积的80%；西北高，东南低，西北与东南地势高差为824.6米；地势以山地为主。山上有个很大的花圃，花匠们在里面栽满了各式各样的花卉，从旁经过，会透着丝丝花香。最高峰位于矮寨镇西南部，形似莲台而得名莲台峰，主峰海拔964.5米，为全市最高点。

【流沙瀑布】 位于九龙溪源头，距西郊20公里，属省级风景名胜区。落差216米，是中国最高的瀑布。丰水期，滚滚流水从悬崖上飞落入深潭，犹如九龙翻波，吞云吐雾，声若巨雷，震撼山谷，气势磅礴，雄奇壮观。每当枯水时节，流水飘下悬崖，时而如轻纱拂面，时而似珠帘悬挂，宛如白纱荡涤绿潭，漾起层层涟漪，婀娜多姿，温柔秀雅。

【万溶江沿河风光带】南起湘西州技术学院，北至乾州污水处理厂，全长8公里，工程由园建和绿化组成，绿化工程内种植的有丛生栾树、桂花树等多种植被，建设人行道、自行车道的建设及绿道。包括生态体验水岸、创意文化水岸、康体休闲水岸三大景观区，结合场地自然地段设置的河滩、沙洲、角咀、河湿地等节点，为市民打造有节奏的景观体验。

【矮寨坡公路奇观】位于矮寨镇西侧，因山麓的矮寨村而得名。为国道319干线（旧称湘川公路）公路奇观。自下而上经13处弯道始达坡顶。山势陡峭险峻，近坡顶处有一公路天桥，全国罕见。山顶建有"湘川公路死事员工纪念碑"及"开路先锋"铜像。始建于1935年初，1936年9月全线竣工通车。是衔接粤汉、湘桂黔路通向西南的咽喉要道。这一段公路长约6公里，却修筑于水平距离不足100米，垂直高度440米，坡度为70—90度的大小斜坡上。八年抗战中，湘川公路是衔接粤汉、湘桂钱路通向西南大后方的唯一通道。

【乾州污水处理厂】位于乾州新区小庄村，设计处理能力为日处理污水3万立方米。主要建设包括厂区工艺设备、工艺管道安装，电气、自控系统安装，照明，防雷接地，采暖，通风，厂区道路施工及绿化等。采用先进的污水处理设备，厂区主体工艺采用SBR处理工艺，经处理后的污水水质排放标准为《城镇污水处理厂污染物排放标准》（GB18918-2002）一级B标准。自2009年7月正式投入运行以来，污水处理设备运转良好，日平均处理污水量为3.13万立方米。

◇ 城市名片

【综述】吉首市依托优质的生态资源和浓郁的民族文化，坚持以创建全国文明城市、国家卫生城市、国家园林城市和中国优秀旅游城市为目标，突出城市品牌，打造城市名片，提升城市形象。1994年吉首市被湖南省委、省政府批准为全省民族自治地方改革开放试验区；1997年被国家民委和国家体改委列为9个全国民族自治地方改革开放试点市之一；2004年和2012年吉首市先后两次获得"湖南省文明城市"称号；2015年获得"中华诗词之乡"称号；2016年获"全国绿化模范县市"称号。矮寨特大悬索桥、乾州古城、德夯风景名胜区、酒鬼酒已成为享誉全国的城市名片。

【矮寨特大悬索桥】位于矮寨镇境内，距吉首市区约20公里，是国家重点规划的8条高速公路之一——长沙至重庆通道湖南段吉（首）茶（峒）高速公路中的重点工程。2012年3月建成通车，大桥为双层公路、观光通道两用桥梁，四车道高速公路特大桥。桥型方案为钢桁加劲梁单跨悬索桥，全长1073.65米，悬索桥的主跨为1176米，创造了四项世界第一，大桥主跨1176米，跨峡谷悬索桥，创世界第一，首次采用塔、梁完全分离的结构设计方案，创世界第一，次采用"轨索滑移法"架设钢桁梁，创世界第一；首次采用岩锚吊索结构，并用碳纤维作为预应力筋材，创世界第一。

【乾州古城】始建于明正德年间。城内十里古街，城中十里河道，城外十里边墙。有万溶江、天星河二水绕洲，形成三陆横陈，状如乾卦，谓之乾州。乾州古有4200多年的历史，夏商时期这里就有土著先民繁衍生息，先有棘人，后有猺人，再后有苗人，秦汉时期这里是重要的商埠码头，南来北往的驿站、驿道在此交会。与万溶江相通的胡家塘、举世无双的乾州"三门开"、乾州文庙，观音阁等古迹，散发着浓浓的文化气息。在这块古老而又神秘的土地上，先后养育苗族知识分子吴鹤、清乾嘉苗民起义领袖吴八月、闽台抗法的陕甘总督杨岳斌、抗击八国联军以身殉职的罗荣光、中国当代画马四杰之一的张一尊等一批民族英才。

【德夯风景名胜区】国家风景名胜区，国家4A级景区，位于市西郊20公里，面积108平方公里。景区山势跌宕，绝壁高耸，峰林重叠，形成了许多断崖、石壁、瀑布、原始森林。主要景点有新寨、三姊妹峰、观音洞、玉钻峰、天门、画壁、相依岩、驷马峰、画屏峰、德夯村、接龙桥、盘太峰、原始次生林、腊梅林、云雾峰、椎牛花柱、玉泉门、玉带瀑布、雄鹰展翅、吉斗寨、椎牛界、船头山、孔雀展屏、九龙溪、梭子岩、银链瀑布、海螺峰、九龙门、流纱瀑布、九龙潭、夯峡溪大洞、骆驼峰、燕子峡、瀑布群等。德夯风景名胜区，民俗风情十分古老纯朴，德夯风景区开展的民俗旅游项目有苗家做客、拦门对歌、敬酒、苗家跳歌晚会、歌舞会、苗族鼓舞、灯火送客等三十多个旅游项目。

【酒鬼酒】吉首著名特产，国家地理标志产品，由酒鬼酒股份有限公司生产。以优质糯高粱为原料，择取吉首市郊兽塘卡龙、凤、兽3眼泉水酿造而成。泉水水质优良，纯净甘甜，其物理性能和离子成分均优于国家规定标准。生产工艺仿民间传统药曲为糖化剂，以陈年大曲老窖继渣发酵，陈年3载以上。该酒系酱香型，酒度54度，1988年开始生产。酒鬼酒清澈透明，香气优雅，酒体醇厚，回味悠长，尤以绵甜净爽、落口舒适而见长，兼具"浓型之芳香、酱型之细腻、清型之纯净、米型之优雅"。酒的陶瓶设计立意孤绝，妙手天成，古拙别致，大朴大雅。1988年获中国首届食品博览会金奖，1989年获北京首届国际博览会银奖，1993年获第七届法国波尔多世界酒类专业博览会最高荣誉金奖，1994年获比利时布鲁塞尔国际博览会金奖和北京亚太国际贸易博览会金奖，1995年被世界名牌消费品认定委员会认证为"世界名牌消费品"。

【城市荣誉】2004年评定为湖南省文明

城市，2016年获批全国绿化模范县市，是中华诗词之乡、湖南省卫生城市、湖南省卫生城市。

【友好城市】2013年湘西自治州与俄罗斯乌兰乌德市签订友好城市协议，2015年湘西自治州与南非的北开普省赞扎巴尼市建立友好合作关系。

【城市象征】2011年，吉首市第八届人民代表大会常务委员会第32次会议审议通过，确定丹桂为市树，兰花为市花。

湖南城市大典 附录

湖南城韵

童中贤

沁园春·长沙

天下星城，潇湘洙泗，楚汉王都。

看麓山霞蔚，爱晚亭榭；湘江北去，水拍橘洲。

指点江山，激扬文字，谁立天心阁上头？

波涛动，引千帆竞逐，浏河飞曲。

芙蓉国府归尤，有天河北斗弄月球。

揭马王堆遗，青铜典范；三国云迹，藏走马楼。

惟楚有材，屈贾风脉，心忧天下歌咏稠。

开福地，布湘江时代，重振春秋！

沁园春·浏阳

山朝北斗，水汇西流，千古城垣。

步道吾胜迹，围山翠染；花璨天地，古风洞绵。

枫浦渔樵，石柱流彩，相台春色盛淮川。

罗霄上，望九曲浏水，一路云烟。

天骄代起可圈，尽经天纬地意志坚。

念嗣同伟立，才常喋血；文市起义，星火燎原。

碧血丹心，忠贞不改，数典栋梁国中贤。

天竞秀，弄风生水起，千秋翩跹。

沁园春·宁乡

沩水悠悠，青铜灿灿，周楚风扬。

叹玉潭环秀，香山钟韵；天马翔空，狮顾岚光。

丹仙芙蓉，飞凤朝阳，灵峰夜月沐泉汤。

迎薰门，赏楼台晚色，回龙望乡。

国宝方尊鼎昌。立四大书院古学堂。

思楚臣靳尚，诗僧齐己，状元易祓，屯兵云长。

伟人少奇，司法觉哉，叔衡光召功流芳。

密印开，待从头收拾，新阳新康。

沁园春·株洲

治置建宁，神农懿德，化湘东隅。

掖古岳灵慧，鹿原安祖；铁犀昂首，旧址芳流。

轨连长潭，道接京沪，还享誉北郑南株。

顺天应，建新型政府，井冈同途。

醴陵窑出千秋。更天元飞虹四百州。

看石峰漫翠，芦淞列市；湘渌波涌，空灵岸尤。

云阳紫微，灵岩月照，群贤耸峙茶陵牛。

融三角，打造动力谷，驰骋五洲。

沁园春·醴陵

东仰罗霄，西眺湘江，吴楚要冲。

享瓷城美誉，瓷谷璀璨，釉下五彩，礼瓷国红。

书院春秋，朱泗文脉，东富财源长庆拥。

侯城启，把先农坛祭，牌坊恩荣。

渌水萍川脉同。更三举明义浩气空。

忆耿飚得志，立三明灏，润之寻道，左权大公。

状元芳洲，剑石惊晓，官庄平湖云岩松。

西山靖，引东台集凤，醴泉淙淙。

瞻仰潮涌毛湾，再虔诚拜谒铜像前。

看上屋场上，旧居不语；田塘碧野，一池金莲。

红日东升，杜鹃花漫，滴水洞开天地间。

酬鸿志，尽心忧天下，狂草诗篇。

沁园春·湘潭

湘川东来，伟人故里，圣地湘潭。

叹舜奏韶乐，昭王南狩；贤豪侨寓，代有苞圈。

莱子隐居，子长寻访，杜鹃红日出韶山。

万楼上，好青云平步，领略峰颠。

亭念希青肃颜。看岳塘雨湖无尽天。

又昭潭收碧，韶峰路转；楚岫凝翠，山市晴岚。

江山多娇，这边独好，瑶池水府云鹤旋。

潭城里，共君者修性，一同歌莲。

沁园春·衡阳

北雁南飞，越过楚天，独钟衡阳。

叹祝融天柱，紫盖石廪；雁峰烟雨，允春梳妆。

石鼓江山，万寿大鼎，四水奔流襟湘江。

轸星祝，并天南王地，福寿流长。

衡阳会战志昂，要尊严自由须振邦。

继舜贤禹智，何求金简？群英明翰，何惧列强？

夫之船山，玉麟骁勇，忠烈祠里浩气扬。

书院盛，把蔡伦造纸，再书华章。

沁园春·湘乡

北仰韶峰，南望衡云，始封侯地。

叹东台起凤，朝阳卧虎，碧洲芳渡，褒忠秀齐。

涟水漾涟，龙洞藏龙，茅浒水乡韵并提。

归望目，看涛涌水府，云门慈意。

东山书院格致，算百年学府伟人及。

想虚云事法，王容忧念，邓禹智勇，荣叔忠义。

公略偏师，陈赓善战，邦国总是记心里。

入吟襟，使石鱼鼓鬣，龙城胜袭。

沁园春·耒阳

荆楚名区，纸圣故乡，江南古衙。

记神农创耒，蔡伦造纸；凤雏施政，谷朗碑夸。

紫峰冠三，铁超唯俊，若兰中豪青名嘉。

兰台风，读罗含遗卷，更生论华。

花洲春涨浮沙。又油茶漫山香万家。

更竹海节亮，关王醉月，鹿岐胜概，顺湖逸达。

湿地飞鸿，古街听雨，马阜岭上凭岚发。

环秀楼，眺青麓山巅，雁点天涯。

沁园春·韶山

箫韶九成，引凤来仪，圣地韶山。

望一峰拔起，群山环抱；塔岭晴霞，韶河龙涎。

顿石成门，泉流石壁，谁为仙女筑茅庵。

舜巡此，驻神山胜境，紫气冲天。

沁园春·常宁

春陵北去，湘水东流，城滨宜江。

赏印山神韵，浯洲烟雨，泉峰曙照，湖贯天堂。

至圣晨钟，宜水塔影，毗峰山色盖山梁。

谷溪清，涌财神洞府，漂趣瑶乡。

水口矿遗无量，数世界铅都榜首扛。

念锡藩石月，沙场荐血，昌尧明治，光云济邦。

桑梓培元，天开石榜，学子怀仁笃教忙。

茶弥香，写大义青史，常宁流芳。

沁园春·邵阳

雪峰神奇，资水欢歌，古邑昭陵。

始西汉置县，三国设郡；甘棠布政，白善筑城。

邵水东来，砥柱矶耸，亭外亭绕云山云。

越城顶，眺崀山丹景，南山野青。

天道往复因心。著海国图志警国人。

赞樊锥砭弊，倡公天下；蔡锷举义，共和再生。

花瑶挑花，竹刻年画，洞口新月千年明。

宝庆路，向双清福地，城步绥宁。

沁园春·武冈

千古王城，南明行都，福地武冈。

见云山清晓，宣风雪霁，法相岩洞，五龙横江。

济川回舟，晴岚渠渡，蛮保此冈都梁香。

泽兰地，有天尊照面，问道斯方。

古城旧貌辉煌，更有卫郭石砌城墙。

探秦人古道，武冈长印；思思校址，黄埔学堂。

边民弥宁，子厚铭记，半山题刻砆岩刚。

东塔顶，望赧水北上，浪歌都梁。

沁园春·岳阳

天岳灵居，九镇中央，古郡巴陵。

看天下一水，气蒸云梦；汀兰岸芷，郁郁青青。

岳阳楼中，赊来月色，欲携青螺出洞庭。

君观否，这名山名水，名楼名文。

太白恲对酒行。约迁客骚人品银针。

敬左公御外，弼时救世；君子求索，忧乐关情。

柳毅传书，二妃贞婉，君岛爱情动红尘。

凭槛问，续范公杰作？慕阜连云。

沁园春·汨罗

东迎幕阜，西揽洞庭，汨水骚歌。

拜屈子祠里，端午泣涌，渔父问难，楚辞吟哦。

怀沙殉国，清浊分晓，苦艾青青粽香绝。

魂空断，看龙舟竞渡，思涌浪觉。

漫漫修路坷迭，要上下求索须意决。

敬骆驼负重，肱股辅弼，卫疆平乱，贤杰功泽。

神鼎隐珠，玉池泛翠，达摩岭峻智峰峨。

罗城慰，喜长乐街乐，八景相约。

沁园春·临湘

长沙古名，宋袭其名，以滨湘名。

得倚幕阜脉，畔长江流；东邻鄂境，西望洞庭。

五尖凌峰，龙窖探幽，长河泛舟揽胜兴。

三段锦，并江南大漠，药菇大云。

黄盖烽烟相倾，仗火烧营塞曹军惊。

念毅轩抗敌，凤笙潜教，东轩正直，尚阳昭明。

银水迷宫，濡矶塔寂，真君无极关永清。

十三村，把嗡琴戏唱，坦渡畅行。

沁园春·常德

善卷泽被，沅芷澧兰，风华正茂。

觅桃源梦想，桃花源记；壶瓶飞瀑，花溪香飘。
茶禅祖庭，花山艳遇，丝弦和韵荡九霄。
登阳山，赏穿紫柳叶，藏神锁妙。
德山有德自豪，引洞庭波涌万里潮。
听屈子吟咏，忧患天怵；司马谪朗，诗作风骚。
城头山中，文明肇始，德行儿女尤可骄。
俱人寰，看洞天福地，谁更妖娆？

望漫漫苇林，莽莽竹海；益山益水，洞天洞祥。
柘溪湖蜿，大通湖阔，水出芙蓉桃花江。
鲁堤上，忆碧津渡口，三国梦殇。
梅山蛮地德璋，对蚩尤部落乐安乡。
想云汀陶澍，立言革政；中兴林翼，兵法传扬。
子清献盐，宗棠授业，都贤傲竹风骨梁。
会龙也，引东南万子，抱江过洋。

沁园春·津市

洞庭吞汤，澧道澹涔，波涌兰汀。
昔设市傍津，九澧门户；物流交汇，津沙名闻。
药山大同，关山烟树，皇姑御园郁万春。
津港津，可航通淞沪，商贾云臻。
虎爪周口遗存，竟同叩华夏神秘门。
念姜女寻夫，情撼天地；车胤萤照，光耀古今。
酶剂乾坤，车桥天下，津澧融城气象新。
嘉山嘉，望江流涌月，舳舻东奔。

沁园春·沅江

水乡桔城，坐镇洞庭，吞吐长江。
叹万子怀远，平湖放浪；山禁七泽，水接三湘。
明朗碧螺，渌萝晴画，一湖胭脂满城香。
江岛赤，听鹤鹭交奏，在水一方。
江南水城斯当。更沅江千古源流长。
思重华遗邑，舜德不止；魁星凌云，景星闪亮。
子霖闲吟，舜微经史，屈子涉江著名章。
江塔耸，观乔江渔火，天际帆樯。

沁园春·张家界

惊世遗产，武陵峰林，天姿谁修？
想神仙逍遥，天子山顶；峰悬云海，翠蔓岚丘。
黄龙迷奇，金鞭灵动，老道湾里寻清幽。
山水绝，似鬼斧神工，独领潮头。
何处堪此优游？赏土家冲天楼外楼。
赞元戎菜刀，伐击贼寇；明灯治台，草岭碑留。
天门泰开，桑植慈利，万方热土竞相酬。
俗青岩，换城景交融，长享清秋。

沁园春·郴州

故郡桂阳，水注三江，福地林城。
正北瞻衡岳，南峙五岭；湘粤厚蕴，独享其郴。
中药安仁，嘉谷耒耜，楚南古邑南大门。
风八面，教水上骡子，郴义相承。
细思沧桑帝陵，恨楚霸弑君昭恶名。
步苏岭仙迹，东江雾漫；莲湖书韵，骑田开屯。
飞天丹霞，北湖水月，女排冠世出郴循。
言不尽，记湘南起义，沙田铸魂。

沁园春·益阳

背靠雪峰，仰观洞庭，银城益阳。

沁园春·资兴

始置汉宁，曾名阳安，晋兴郴间。

正东耸八面，西揽丹霞；天鹅昂首，犀牛洞天。
十龙幽潭，十寨沟壑，峦秀峰青落雪泉。
东江水，汇碧波万顷，瀑飞溪潺。
雾漫东江奇观，更南国洞庭照大千。
向龙景滑翠，牛山宿雁；汤市沐浴，兜率灵岩。
瑶岭占晴，仙亭云盖，资水资山蔚城岚。
东江坝，望资兴潮涌，盘空舞练。

觅龙标胜迹，贝丘高庙；芙蓉楼守，玉壶亭廊。
窨井幽深，街巷古朴，鳞次栉比耸灰墙。
步古城，更雕梁画栋，青石路亮。
资本萌芽商昌。把少伯遗风诗意扬。
有继贤文焕，祖乾开来；清江涛涌，洪油争航。
雄溪嵩云，沅神湾转，隆平安江育稻忙。
上云梯，喜苏宝焕彩，尾沅头扛。

沁园春·永州

舜南巡狩，苍梧翠掩，万和阳明。
品潇湘景象，永州八记；三岭九峰，涝天吞云。
帝子乘风，湘妃竹泪，天朝九嶷湘川清。
遗远古，数玉蟾岩稻，浯溪碑存。
圣德春秋方新，邀明月相照天下行。
忆名相蒋琬，文武陈遘；柳公檄文，醉素古今。
陶铸忠诚，周子寻理，江永女书铸她魂。
新常态，愿"捕蛇者"幸，共享太平。

沁园春·娄底

宋建邑城，娄底湘中，双星辉融。
有蚩尤部落，新地王化；湘军故里，藩文正公。
世界锑都，钢城煤海，涟水河岸玉宇拥。
娄星灿，任熊山秀色，掠过双峰。
百里龙山天通，赞英才济济为国荣。
叹天华警世，回头狮吼；女杰大义，共仰长风。
紫鹊梯田，湄江春涨，洞绝观梅山龙宫。
氐星耀，看仙女遗韵，波月倾空。

沁园春·怀化

身屏雪峰，头枕武陵，黔阳古城。
处东西交汇，黔头楚尾；西望苗岭，潕水涛清。
洪江商都，荆坪遗渡，龙津风雨桥畅行。
五溪域，可怀柔归化，玉壶冰心。
沅水激湍聪灵，似聆听涛声入洞庭。
果五车学富，书通二酉；千年学府，讲寺龙兴。
通道转兵，万佛庇佑，芷江受降庆和平。
杂交稻，让隆平一育，神农堪称。

沁园春·冷水江

历属新化，始置矿区，立市冷江。
昔锑矿误锡，锡矿储锑；享誉锑都，中外名扬。
百年沧桑，羊牯硇堡，矿冶遗址碑铭彰。
何曾错，把江南煤海，电能易量。
资源枯竭没商，要转型发展谋猷方。
进波月洞里，海天揽胜；石坝千丘，鹅管群吭。
祖师岭奇，翠竹岩瀑，乘山瑞气旋穹苍。
红日顶，看茶花溪动，周头湖光。

沁园春·洪江

雪峰峨峨，沅水悠悠，二城煌煌。

沁园春·涟源

湘域中心，连道涟源，击水三千。

看仙女峰上，星辰碧落；观音岩下，莲花涌泉。

五福龙山，药王圣殿，白马嘶风卷清澜。

湄江媚，到仙人府邸，君藏洞观。

孙水层迭龙涎，溯杨家滩湘军始源。

创国立学府，群英荟萃；钟书谈艺，《围城》谋篇。

海藩谭谈，湘科超算，慈善赤子余彭年。

金石正，敬烧车御使，浴日蓝田。

沁园春·吉首

苗疆吉首，武陵明珠，玛汝湘西。

看万溶江畔，乾州城古；峒河谷韵，水秀山奇。

矮寨天桥，德夯苗鼓，引来凤凰诗意栖。

优游兴，驾腾空白鹭，仙醉蓬地。

壮志意气可期。上天台对樽奏箫笛。

话沧桑岁月，荣光正气；岳斌护台，智抗顽敌。

沈公舞文，黄老弄墨，英歌哩哩苗寨吉。

忧民祉，向脱贫发展，精准给力。